工商业与人权
手册

COMPENDIUM
OF
BUSINESS
AND
HUMAN RIGHTS

[瑞典] 拉杜·麦勒斯(Radu Mares)
张万洪　梁晓晖
主编

社会科学文献出版社
SOCIAL SCIENCES ACADEMIC PRESS (CHINA)

主编简介

〔瑞典〕拉杜·麦勒斯（Radu Mares） 法学博士，知名工商业与人权专家，瑞典隆德大学罗尔·瓦伦堡人权与人道法研究所主任、高级研究员，武汉大学法学院兼职教授。著有 *The UN Guiding Principles on Business and Human Rights-Foundations and Implementation*, Martinus Nijhoff Publishers（Leiden, Boston 2012）, *Business and Human Rights-A Compilation of Documents*, Martinus Nijhoff Publishers（Leiden, Boston 2004）等。

张万洪 法学博士，武汉大学法学院教授、博士生导师。兼任武汉大学人权研究院（国家人权教育与培训基地）院长，武汉大学国际法治研究院（国家高端智库）团队首席专家，武汉大学公益与发展法律研究中心主任，美国哥伦比亚大学“大中华公益法学者”，荷兰阿姆斯特丹大学荷中法律研究中心高级研究员，日本立命馆大学研究员、《中国法律与社会评论》（*China Law and Society Review*，荷兰 Brill 出版社）和《工商业与人权学刊》（*Business and Human Rights Journal*，剑桥大学出版社）编委等。曾任美国哥伦比亚大学、日本东京大学等教研机构访问学者。曾作为专家小组成员，参与我国《国家人权行动计划》等多项政策、法律和重要文件的起草和评估工作。

梁晓晖 中国纺织信息中心副总经济师、中国纺织工业联合会社会责任办公室首席研究员，在中国政法大学、中国劳动关系学院等机构兼任客座教授等。自 2006 年起，在北京大学法学院讲授工商业与人权课程，是最早在国内开设并讲授此课程的中国学者。所著《工商业与人权：从法律规制到合作治理》（北京大学出版社 2019 年）是第一本工商业与人权领域的中文专著。2016 年 6 月，获评首届“联合国可持续发展目标先锋人物”。

导 言

本手册所涉及的主题在过去20年里发展非常迅速。企业有社会责任的观点并不新鲜，从20世纪60年代开始，大学里就将其作为“商业伦理”进行讨论。但在20世纪90年代，因为人们批评经济全球化在利益和风险分配上的不公平，企业社会责任（CSR）的概念变得异常醒目。因此，企业社会责任、企业问责、企业公民、负责任的商业行为和企业可持续发展等理念，最初得到了民间社会团体的广泛支持，随后也得到了一些龙头企业和行业协会以及政府和国际组织的支持。

“工商业与人权”（Business and Human Rights，BHR）是广义的企业社会责任理念中范围较小、专业性较强的一部分：它关注企业活动的负面影响，但不否认其积极影响；它以各国在人权条约中制定的权威性国际标准为基础，并经常强调企业和国家法律责任的重要性。自20世纪90年代初出现以来，工商业与人权强调的核心思想是：人权是个人和社区基于人类尊严的最低限度权利，也是实现更公正社会所必需的原则。因此，以国际法为基础的人权价值和规范应成为指导工商业行为所需的、与全球相关的道德和正义话语。如本书所示，人权与所有行业、所有国家相关，适用于工作场所（如工作时间、健康和安全）和周围社区（如土地权、安全权），旨在保护男子和妇女以及社会中所有面临较高伤害风险的群体（如儿童、残障人）。

一些国家的国内法中已有若干防止商业侵权的保护措施。当这些法律发挥效用时，工商业与人权只是增强了遵守当地法律的重要性。然而，法律制度并不完美，因为法律存在漏洞，而且由于多种原因，往往没有得到充分执行。工商业与人权的重要意义在于，曝光企业是如何在国际法和国内法层面利用这些漏洞（并使企业逃脱惩罚）。然后，工商业与人权强调，应当弥补这种监管和治理方面的漏洞，以便受害者能够诉诸司法，企业能够遵守人权规范。本书指出了国际组织（如联合国）、区域（如欧盟）和发达经济体最近的政策发展，所有这些都表明，政府越来越愿意在促进企业社会责任和监管企业方面发挥更强有力的作用。

这是过去十年中的一个重大变化。在国际层面上，联合国通过了《联合国工商企业与人权指导原则》（2011年），这标志着联合国成员国首次就企业社会责任文书达成一致。联合国可持续发展目标（2015 年）强调了私营部门在实现发展目标中的作用，以及人权作为发展手段和目的的重要性。另一个显著的变化是，对全球经济自由化至关重要的国际经济协定——包括投资和贸易协定——越来越多地提及劳工和人权以及负责任的商业行为。同样在过去十年中，欧洲联盟——世界上最大的贸易集团——正在成为最活跃的监管空间，对设在那里的跨国公司及其全球价值链产生直接影响。最后，跨国公司所在的工业化国家在一段时间内促进和支持企业社会责任的自愿性，有些国家似乎准备通过激励和制裁来规范企业社会责任。在这种法律和政策格局的变化中，联合国目前正在谈判一项工商业与人权条约，以协调和进一步加强工商业与人权领域的规制。

同一时期，工商业与人权作为一项国际议程和国内发展事项，也在中国得到了巨大关注和长足发展。中国政府已经意识到企业界对人权的重要影响，因而自 2011 年以来已经做出了政策转变，促使企业开始承担尊重人权的责任。这种转变体现在中国政府有关国内投资政策、海外投资政策、双边与多边贸易和投资协定、国家人权行动计划、全球发展议程如 2030 年可持续发展目标（SDGs）、全球供应链治理和“一带一路”倡议等许多方面。因此，一系列促使企业关注人权影响，履行社会责任行业指引、多利益相关方倡议等的政策和文件得以推出，共同为处理工商业与人权之间的关系探寻和提供解决方案；而中国在劳工权利、消费者权益、环境保护等领域的法律法规在这个时期也得以强化，持续提升工商业面对人权议题时的法律标准。

尽管上述发展值得注意，但解决企业不负责任的方法不仅仅是法律上的。许多人认为，法律是解决办法的一部分，但要在实践中实现负责任的商业行为和有效享受人权，还需要更多的努力。法律在工商业与人权中是一个有限的工具，原因有很多，其中之一是跨国公司或全球供应链是一个复杂、动态和流动的系统，这使它们成为一种非常难以监管的目标。这意味着它们可以而且有时确实逃避了母国和东道国的管辖，它们可以成功地利用国家间的竞争进行贸易和投资，并且有资源和力量来保护自己的利益不受立法者和民间社会的批评。虽然如此，企业的确在算计着如何应对法律、经济和社会的压力。这意味着，企业是否遵守人权规范和法律，取决于这三个影响源的强大程度，以及它们是否相互加强。这就解释了为什么在过去的 30 年里，一些跨国公司自愿采用企业社会责任，他们进行自我监管，加入多利益相关方倡议和发展伙伴关系，有时甚至支持新的工商业和人权立法。因此，理解和讲授企业人权往往不仅需要关注法律和法律专业知识，还需要其他学科的见解，以了解法规是如何产生的（法律和规范制定的过程），以及企业是否和如何对这些规范做出反应（在实践中遵守法律和尊重人权）。必须强调的是，整个工商业与人权运动是由于民间组织的压力而发生的。它们记录了侵权行为，并提高了公民、消费者、投资者、公司本身和媒体对公司和政府不法行为的认识。

因此，理解和讲授工商业与人权往往是将法律和遵守法律放在适当的背景下。从在《联合国宪章》或国家宪法中宣示人权，到人们实际享有受企业影响的人权，可能是一条法律人和其他学科的学者要共同走过的漫长道路。这也是为什么我们在编写本书时，至少想到了法学、政治学、管理学、社会学和媒体与传播学五个学科的教师。我们希望选取的材料对这五个学科都是易懂的，也希望工商业与人权能成为一个激发跨学科教学和合作的主题。

本书的目的和受众

本书旨在帮助教师们在中国准备关于工商业和人权的课程和研讨。预期的“用户”是来自五个学科的教师：不仅有来自法学院的教师，还有来自政治科学、工商管理、社会学、媒体与传播学的教师。对这些主题不太了解的研究人员，如果希望找到一个权威的参考书，以便开始阅读和研究这些问题，也可以从本书开始。

汇编的规模和结构

这是一本“案例和材料”类型的书，而不是教科书。因此，它并不是为那些期待更多解释性、介绍性书籍的学生准备的资源，尽管他们确实会受益于那些书。

本书篇幅较长，达 1000 多页。从上面的介绍中可以更清楚地看出，工商业与人权是一个新近出现的、极其多样化的、高度动态的领域。它本身就是一个新兴的科学领域，结合了许多法律部门（人权法、宪法、劳动法、民法、刑法，甚至环境法等），涵盖了所有行业、所有人权、所有国家。现在，工商业与人权的法律框架才刚刚开始出现，还需要很长的时间发展；同时，人们必须考虑到商业实践和民间社会的积极性。只有这样，人们才能了解工商业与人权中的具体责任是什么，企业是如何执行的，以及正在建立哪些监督机制。目前有很多尝试，往往是由龙头企业、公民社会甚至政府共同合作完成的。学术著作有时甚至难以跟上现实发展的步伐。

本书分三部分，共 29 章。第一部分涵盖了工商业与人权中高度多样化的法律框架，第二部分深入探讨了企业为尊重人权而建立的制度，第三部分则进一步阐述了企业责任在具体人权方面的内容，每一项人权都有其特殊性。每一章都分为国际资料和中文资料两部分，以保证教师和学生最大限度地了解相关内容。

第一部分 国际框架	第二部分 尽责管理	第三部分 人权标准
企业问责制的法律和政策	人权风险的管理	具体实例

由于要涵盖的材料太多，并适当考虑到问题的复杂性，汇编的作者做了一些谨慎的选择。

全书篇幅。我们决定让手册该多长就多长，直至超过 1000 页。但我们建议教师在阅读时首先只阅读他们最感兴趣的章节。29 章中有 15 章专门讨论具体的人权问题。我们本可以用小得多的篇幅，例如，我们可以完全删除这 15 章中的一些章节，但这也会减少具有不同背景的教师的选择。因此，教师应更多地把手册当作一部“百科全书”来使用，从而根据自己的教学情况需要来“挑捡”材料。

章节长度。另一个决定是在章节的篇幅上也没有太吝啬，如果需要的话，长达四五十页。我们只瞄准权威来源的最新材料，精心挑选高质量的素材。但同样，系统地让政府、企业、民间社会和学术界这四组资料来源都有所体现，不可避免地占用了篇幅。我们有系统地整理了：1. 法律和政策（国际公约、软性法律文书、联合国条约机构和特别报告员的报告、国家法律、司法判决）；2. 企业的文件（如企业政策、制度范例、企业社会责任报告、行业指南）；3. 非政府组织的材料（如企业侵权的案例分析、宣传活动、与企业的合作）；4. 学术著作。这些资料在正文的结构中被称为文件与材料。

内容选择。然而，另一个选择在于我们如何从每份材料中选择最相关和最重要的部分。我们的选择并不武断和仓促，而是试图找出重要的和原创的观点/数据；我们希望教师能在讲课和课堂讨论中发现这些值得强调的内容。我们在选择时遇到了一个权衡：如果太短，它们就会变得难以理解（导致教师要么去找原始来源，要么更有可能停止使用手册），如果太长，汇编就会大大超出目前的篇幅。考虑到许多材料都是从英文原版翻译过来的，这种权衡尤其困难：对于英语不流利的教师来说，所选材料本身要仅以中文就能够理解，并在某种程度上对备课有用。我们避免了所选的文本过短，这也是造成手册篇幅过长的原因。

章节结构。我们选择了标准化的每一章的格式，以使教师熟悉。各章的内容和顺序都是相同的。

引言 章节摘要	
要点 本章涉及的关键问题要点	
背景 关于本章主题的一般和可获得的信息	
国际文件与域外材料 来自上述4个来源	
中国相关文件与材料	
延伸阅读	
案例	
思考题 用于课堂讨论或课下思考	

对教师的支持

总之，每份文件都是经过精心挑选的，以保证其相关性和质量；并摘录了重要段落，以给教师们提供任何课程都不应该错过的关键方面。这些关键的方面和来源就像是“建筑构件”；更有趣的是，教师要根据自己的受众和学科，以最好的方式选择、强调和组合这些构件。

综合考虑这些选择，作者的主要优先事项是使教师能够选择主题和角度，并通过精心选择突出最重要的方面。我们估计，本书将为教师节省50%—70%的准备时间。

进一步优先考虑的是关于汇编的检索性。汇编长达1000多页。我们将择机将其作为开放的出版物上传到网络上。电子读本将以PDF格式提供，以便可以通过关键词进行搜索；同时也将建设相关网站，以便更容易和更快地浏览各章节。

为了提高可用性和方便读者，我们省略了文献原有的注释，以简化和缩短文本。请读者查阅原始资料以获取所有参考文献。

为了更新汇编，我们将考虑在2—3年内推出第二版。然而，网络平台选项（见下文）可能是另一种更有效、更吸引人的方法，以保持读本的真实性。

编译方面的说明和致谢

“译事不易”，翻译、编写本书尤为不易。有些文件有官方译本，我们尽量采用官方译本。但有些官方译文实在过于佶屈聱牙，甚至有鲁鱼帝虎之误，我们则径行修改。不同的文件，对术语的译法不尽相同，比如本书中频繁出现的“due diligence”通常被理解为一种采取合理的预防措施来预测、预见和避免伤害的行为义务，核心是“采取审慎的、知情的步骤来避免不好的结果”，与其相对的概念是“过失”（negligence）。对“due diligence”，有些文件翻译为“尽责”，有些文件翻译为“尽职”或“尽职调查”，学界和业界均无共识。尽管我们认为尽责是个更合适的译法，但并没有强求统一。工商业与人权领域发展迅速，各方跟进很快，令人目不暇接。有些文件，甫一编译完成，即有新的版本，我们也没有完全更新为最新的文件。凡此种种，我们谨致歉意。

本书是多方合作的产物。对于书的体例，我们在武汉、北京、瑞典隆德等地召开多次会议研讨，参会专家众多，在此难以一一列举，谨致谢忱。原文为英文的文件，主要由麦勒斯（Radu Mares）教授选编；中文文件主要由梁晓晖博士选编；张万洪教授组织翻译了英文文件，并补充了其他材料。柴鑫、黄钟、姜悠悠、李林芳、刘浩然、刘诗瑾、刘逸君、吕宇、牛伟婷、王科、王若茵、王玮玮、王晓娟、王馨竹、王秀梅、严姣姣、姚意、张皎洁、张远婷、周露露（按姓氏拼音排序）等参与了译校工作，陈毅颖、代纳米、冉龙旭、阮京丞协助核对了材料和注释，李卓伦最后协助张万洪完成统稿的工作。社会科学文献出版社的刘骁军老师和易卉老师给予编写团队极大的包容、耐心和专业的支持，感激之情无以言表。对瑞典罗尔·瓦伦堡人权与人道法研究所的 Malin Oud 女士、陈婷婷女士和 Jonah Wigerhall 先生在编译过程中提供的督促和支持，也表示衷心的感谢。最后但并不是最不重要的，感谢资助方的资金支持。

下一步：工商业和人权教学包

我们还雄心勃勃地计划开发更多教学辅助工具，以帮助那些有意开设工商业与人权讲座、研讨会或课程的教师。除本书外，还有教科书、教师培训和网络平台。

教科书是对“案例和材料”类书籍的自然补充，也可由学生直接使用。网络平台可以帮助教师分享教学资源，而且关键是由于工商业与人权是一个高度动态的领域，网络可以保持本书相关内容的及时更新；网络平台的论坛功能可以进一步促进围绕工商业与人权的教学经验交流，并跟踪反映该领域的新发展。一年一度的教师培训可以让教师进一步熟悉这些培训辅助工具（手册、网络平台）、教学方法和关于人权的多学科观点，以拓展课内和在线学习经验。最后，可能会出现一个参与这套教学材料的工商业与人权教师群体，广泛地开展研究项目、组织活动、向公司和利益相关方提供培训等。

愿中国的工商业与人权研究蓬勃发展!

编者

2022 年 11 月

目　录

第一编

工商业与人权的法律和政策框架

第一章　国际法律文件

引　言

批准人权条约后，各国有义务尊重和确保人权。这些义务通常是指通过将法律、政策、行政和其他措施相结合的方式尊重、保护和实现人权，以便在实践中享有人权。这意味着政府有义务通过预防和补救措施对私营企业进行监管，使企业一旦侵犯人权便会面临惩罚。但在实践中，有些国家没有建立保护人权所需的强有力的法律制度和机构。鉴于这种“监管落差”，即使国家不愿或不能保障人权，要求企业在经营中尊重国际人权标准的社会和国际压力也越来越大。过去的30年里，随着对企业社会责任的关注增加并表现为国际软法（见第2章）、企业自律准则（见第8章）和私人治理安排如多方利益相关者合作倡议（见第5章）的产生，这种压力也不断增加。联合国指出，各国对其在其他国家经营的企业进行监管是可取的，甚至是合法预期：这是关于国家保护人权义务的域外效力的讨论（见第4章）。自2014年以来，联合国已开始讨论一项可能的企业责任条约，这将成为解决国际层面“监管落差”的硬法文件。最后，规范国际贸易和投资以促进国际经济活动的硬法（见第3章）已经存在，但它们因鼓励不计后果的经济政策却忽视其对社会和环境的负面影响而受到批评。总而言之，现在人们普遍认为，各国能够而且应该通过国家工商业和人权行动计划中的综合政策来规范和促进负责任的商业行为。在对企业进行域外监管的过程中，可能会出现关于国家主权的紧张关系，而企业之间、国家之间的市场竞争是其重要动力。

一　要点

- 国家有尊重、保护和实现人权的义务
- 国家的域外义务
- 权利的逐步实现
- 人权与不同政治和经济制度的兼容性
- 私有化

- 国际法规定的非国家行为者的直接/间接义务
- 联合国有关企业问责的条约
- 关于企业人权责任的监管选择
- 落实经济、社会和文化权利的分析框架

二 背景

（一）联合国经济、社会和文化权利委员会《第13号一般性意见》[①]

46. 受教育的权利和所有人权一样，使缔约国负有三类或三个层面的义务，即尊重义务、保护义务、实现义务。而实现义务既包含便利义务，又包含提供义务。

47. 尊重义务要求缔约国不采取任何妨碍或阻止受教育的权利的享受的措施。保护义务要求缔约国采取措施，防止第三方干扰受教育的权利的享受。实现（便利）义务要求缔约国采取积极措施，使个人和群体能够享受这项权利，并便利其享受这项权利。最后，缔约国有义务实现（提供）受教育的权利。一般来说，在个人或群体由于无法控制的原因而无法利用可供利用的手段自行落实有关权利的情况下，缔约国有义务落实（提供）《经济、社会和文化权利国际公约》（以下简称《公约》）规定的某项权利。不过，这项义务的范围总是以《公约》的条文为准。

（二）联合国经济、社会和文化权利委员会《第3号一般性意见》[②]

8. 委员会指出，“采取步骤，（……）用一切适当方法，尤其包括用立法方法”的义务既不要求也不排除利用任何特别形式的政府或经济机制作为采取步骤的工具，只要这种制度是民主的，并尊重一切人权。因而，就政治和经济制度而言，《公约》属于中立性质，不能把它的原则完全说成是出于社会主义或资本主义制度的需要，或出于中央计划经济或自由市场经济或两者兼而有之的经济需要，也不能把它归于任何其他特定的属性。在这方面，委员会重申《公约》的权利可在各种经济和政治制度下加以实现，只要所涉的制度承认和体现《公约》序言申明的两组人权之间的

① UN Committee on Economic, Social and Cultural Rights, *General Comment* No. 13: The Right to Education (1999), http://www.refworld.org/docid/4538838c22.html.

② UN Committee on Economic, Social and Cultural Rights, *General Comment* No. 3: The Nature of States Parties' Obligations (1990), http://www.refworld.org/docid/4538838e10.html.

相互依存和不可分割性质。委员会还在这方面注意到其他人权的相关性，特别是发展权利。

9. 第2（1）条所反映的主要结果义务是采取步骤，“逐渐达到本公约中所承认的权利的充分实现”。“逐步实现”一语往往被用来说明这句话的意图。逐步实现的概念等于承认，在短时期内一般无法充分实现所有的经济、社会和文化权利。从这个意义上讲，这一义务与《公民权利和政治权利国际公约》第2条的义务有重大区别，该条中具有立即尊重和确保一切有关权利的义务。然而，不应把本公约中的长期实现或逐步实现误解为解除了有其充分含义的义务。一方面，这是一种有必要灵活化的安排，反映了当今世界的现实和任何国家争取充分实现经济、社会和文化权利面临的困难；另一方面，必须结合《公约》的总目标，即其存在的理由来理解这句话，这一目标就是为缔约国确立充分实现所涉各种权利的明确义务。因而它确立了尽可能迅速和有效地争取目标的义务。而且，在这方面的任何退步的措施都需要最为慎重的考虑，必须有充分的理由，顾及《公约》规定权利的完整性，并以充分利用了所有可能的资源为条件。

三　国际文件与域外材料

（一）《经济、社会和文化权利国际公约》①

第二条

1. 每一缔约国家承担尽最大能力个别采取步骤，或经由国际援助和合作，特别是经济和技术方面的援助和合作，采取步骤，以便用一切适当方法，尤其包括用立法方法，逐渐达到本公约中所承认的权利的充分实现。

2. 本公约缔约各国承担保证，本公约所宣布的权利应予普遍行使，而不得有例如种族、肤色、性别、语言、宗教、政治或其他见解、国籍或社会出身、财产、出生或其他身份等任何区分。

3. 发展中国家，在适当顾到人权及它们的民族经济的情况下，得决定它们对非本国国民的享受本公约中所承认的经济权利，给予什么程度的保证。

① International Covenant on Economic, Social and Cultural Rights (adopted 1966, into force 1976), http://www.ohchr.org/EN/ProfessionalInterest/Pages/CESCR.aspx.

（二）联合国经济、社会和文化权利委员会《第24号一般性意见》[①]

2. 委员会先前审议了关于工商活动对《公约》规定的特定权利的享有造成的影响不断增大的问题，这些权利包括健康权、住房权、食物权、水权、社会保障权、工作权、公正良好工作条件权以及组织和加入工会的权利。此外，委员会还讨论了关于缔约国报告的结论性意见中和关于一份个人来文的第一项决定中所涉的问题。2011年，委员会通过了关于与公司在《公约》权利方面的责任有关的国家义务的声明。本一般性意见应与上述意见一并阅读。委员会还考虑到在国际劳工组织和在欧洲委员会等区域组织内提出的意见。在通过本一般性意见前，委员会讨论了人权理事会2011年核可的《工商企业与人权指导原则》以及各人权条约机构和各特别程序就此问题提出的意见。

尊重、保护和实现的义务

10.《公约》规定了缔约国在三个层面的具体义务，即尊重、保护和实现的义务。这些义务既适用于国家领土内的情况，也适用于缔约国可行使控制权的领土外的情况（……）。

尊重的义务

12. 缔约国如果在没有充分理由的情况下将工商实体的利益置于《公约》规定的权利之上，或推行不利于这些权利的政策，便违反了尊重经济、社会和文化权利的义务。可能发生这种情况的一个例子是，为投资项目的需要下令强行驱逐居民（……）。

保护的义务

14. 保护的义务是指缔约国必须有效防止工商活动中对经济、社会和文化权利的侵犯（……）。

16. 保护的义务是一种积极责任，需要推出法律框架，要求工商实体尽责落实人权，查明、防止并减轻发生侵犯《公约》权利的行为的风险，防止人权遭受践踏，关注其决定和业务以及其控制的实体的业务对《公约》权利的享有造成或助长的不良影响。各国应采取措施，如提出尽责要求，防止在

---

① Committee on Economic, Social and Cultural Rights, *General Comment* No. 24 (2017) on State obligations under the International Covenant on Economic, Social and Cultural Rights in the context of business activities, http://tbinternet.ohchr.org/_layouts/treatybodyexternal/Download.aspx?symbolno=E%2fC.12%2fGC%2f24&Lang=en.

工商实体的供应链出现《公约》权利受侵害的情况，即防止出现这些权利被分包商、供应商、特许经营人或其他商业伙伴侵害的情况。

18. 以下情况属于国家违反其保护《公约》权利的义务：如因降低核准新药的标准，而未能防止或应对企业的某些行为，从而导致《公约》权利受到侵害，或可预见这样做将产生致使《公约》权利受侵害的效果；未能在公共合同中列入合理照顾残疾人的要求；授予自然资源勘探开采许可时没有适当考虑这种活动对相关个人和社区享有《公约》权利的潜在不良影响；使某些项目或某些地区免于适用保护《公约》权利的法律；未能对房地产市场和在房地产市场运营的金融行为体实行监管，从而未能确保人人享有负担得起的适足住房；有些地方缺乏充分保障措施来处理政府官员的腐败行为或私人之间的腐败行为，或因法官腐败而导致侵犯人权行为得不到处理，这些情况就会助长侵权行为。

21. 私营行为体在诸如保健或教育等传统公共领域的作用和影响日增，对缔约国遵守《公约》义务构成新挑战。私有化本身不受《公约》禁止，甚至在传统上公共部门作用很大的领域也是如此，例如供水供电、教育卫生等。但私营提供者应受到与所谓“公共服务义务”同样严格的监管：在水电供应方面，这可包括服务普及且不间断的要求、定价政策、质量要求和用户参与。同样，应禁止私营保健提供者拒绝提供负担得起的充分服务、资料或信息。例如，如果医疗人员被允许根据良心拒绝提供包括堕胎在内的某些性健康和生殖健康服务，他们就应介绍寻求这种服务的妇女或女童到合理的范围内愿意提供这种服务的医疗人员处就诊。

实现的义务

23. 实现的义务要求缔约国在其现有资源范围内尽可能采取必要措施，便利并促进《公约》权利的享有，并在某些情况下直接提供对享有这些权利至关重要的产品和服务。要履行这些责任，政府可能需要调集资源，包括推行累进税制。这可能需要寻求工商企业的合作与支持，以落实《公约》权利，并遵守其他人权标准和原则。

（三）《公民权利和政治权利国际公约》①

第二条

1. 本盟约缔约国承允尊重并确保所有境内受其管辖之人；无分种族、肤

① International Covenant on Civil and Political Rights (adopted 1966, into force 1976), http://www.ohchr.org/en/professionalinterest/pages/ccpr.aspx.

色、性别、语言、宗教、政见或其他主张、民族本源或社会阶级、财产、出生或其他身分等等，一律享受本盟约所确认之权利（……）。

（四）联合国人权委员会《第31号一般性意见》[1]

8. 第2条第1款所规定的义务对于缔约国有约束作用，因此并不具有国际法直接的横向作用。不能将《公约》看作国内刑法或者民法的替代品。然而，只有在缔约国保护个人，而且既防止国家工作人员侵犯《公约》的权利，又防止私人或者实体采取行动妨碍享受根据《公约》应在私人或者实体之间实现的权利的情况下，缔约国才能充分履行有关确保《公约》权利的主动性义务。可能会有这样的情况：由于缔约国没有能够采取适当措施或者未尽职守来防止、惩罚、调查或者补救私人或者实体这种行为所造成的伤害，结果就没有能够按照第2条的规定确保《公约》所承认的权利，最后引起缔约国对这些权利的侵犯。委员会提请缔约国注意根据第2条承担的主动性义务同在违反第2条第3款的情况下提供有效补救措施的必要性之间的关系。《公约》本身在其一些条款中设想了某些领域，在这些领域中缔约国对于处理私人或者实体的活动承担主动性义务。例如，第17条中同隐私有关的保障措施必须获得法律的保护。第7条也隐含着这样的规定：缔约国必须采取积极措施以便确保私人或者实体不得在其控制的范围内对他人施加酷刑或者残忍的、不人道的或者有辱人格的待遇或者惩罚。在诸如工作或者住房等影响基本生活的领域中，必须依据第26条的规定保护个人不受歧视。

10. 第2条第1款规定，缔约国必须尊重和保证在其领土内和受其管辖的一切个人享有本《公约》所承认的权利。这就意味着缔约国必须尊重和确保在其权力范围内或者有效控制下的任何人享受《公约》所规定的权利。其中甚至包括不在缔约国领土上的一些人的权利。正如在1986年第二十七届会议上所通过的第15号一般性意见所指出的，享受《公约》权利者并不限于缔约国的公民，而且必须包括任何国籍或者无国籍的所有个人，例如：正好在缔约国的领土上或者接受其管辖的寻求庇护者、难民、移徙工人以及其他人。这项原则也适用于在境外采取行动的缔约国武装部队的权力范围内或者有效控制下的所有人，而不论这种权力或者有效控制是在何种情况下获得的，例如，这种武装部队是缔约国因为参加国际维持和平行动或者强制实现

---

[1] Human Rights Committee, *General Comment* No. 31 (2004) The Nature of the General Legal Obligation Imposed on States Parties to the Covenant, http://tbinternet.ohchr.org/_layouts/treatybodyexternal/Download.aspx?symbolno=CCPR%2fC%2f21%2fRev.1%2fAdd.13&Lang=en.

和平行动而派出的。

（五）《联合国工商企业与人权指导原则》[①]

指导原则导论

13. 这些指导原则的目的何在？如何去解读它们？人权理事会批准指导原则，本身并不能终结工商企业与人权挑战。但它标志着发轫期的结束：通过建立共同的全球行动平台，可逐步推动进展，且不妨碍任何其他大有希望的长期进展。

14. 指导原则的规范性贡献，不在于创立了新的国际法律义务，而在于阐明了国家和工商企业的现行标准和做法的含义；将这些义务纳入单一的、逻辑上连贯的和全面的模板中；确认了现行制度有哪些欠缺，应如何加以改进（……）。

国家保护人权的义务

1. 国家必须保护在其领土和/或管辖范围内人权不受第三方，包括工商企业的侵犯。这就要求采取适当步骤，通过有效政策、法律、条例和裁定，防止、调查、惩治和补救此类侵犯行为。

评论

国家的国际人权法义务要求其尊重、保护和实现在其领土和/或管辖范围内个人的人权。这包括有义务保护人权不受第三方，包括工商企业侵犯。

国家的保护义务为一行为准则。因此，国家本身不对私人行为者侵犯人权的行为负责。然而，如果此类侵犯行为可归因于国家，或如果国家未能采取适当步骤，防止、调查、惩治和补救私人行为者的侵犯行为，它们即可能违反了其国际人权法义务。一般说来，国家可酌情决定这些步骤，但它们应当充分考虑一系列允许的预防和补救措施，包括政策、法律、条例和裁定。国家还有义务保护和促进法制，包括为此采取步骤确保法律面前平等和法律适用公正，以及提供适当的问责、法律确定性和程序上和法律上的透明度。

4. 国家应采取额外步骤，保护人权不受国家拥有或控制的工商企业，或接受国家机构，例如出口信贷机构和官方投资保险或担保机构实质性支持和服务的企业侵犯，包括在适当时，要求人权尽责。

① UN Guiding Principles on Business and Human Rights-Human Rights Council. Seventeenth Session, 2011. http://www.ohchr.org/Documents/Publications/GuidingPrinciplesBusinessHR_EN.pdf，中文本见 http://www.ohchr.org/Documents/Publications/GuidingPrinciplesBusinessHR_CH.pdf。

7. 由于在受冲突影响地区，严重侵犯人权的风险不断加剧，国家应帮助确保在此类背景下经营的工商企业不会卷入侵犯人权行为，包括：

（a）在尽可能的最初阶段与工商企业接触，帮助它们确认、防止和缓解其活动和商业关系的人权相关风险；

（b）向工商企业提供适当援助，以评估和解决不断加剧的侵权风险，尤其应关注基于性别的暴力和性暴力；

（c）对参与严重侵犯人权，又拒绝在解决问题时予以配合的工商企业，不提供公共支持和服务；

（d）确保其目前的政策、立法、条例和执行措施可有效应对工商企业参与严重侵犯人权的风险。

（六）联合国《具有法律约束力的文书草案要点》[①]

原则

重申一般原则和义务（尤其包括）：

• 一切人权均为普遍、不可分割、相互依存和相互联系的，因此国际社会必须站在同样地位上，用同样重视的眼光，以公平、平等的态度全面看待人权。

• 在国家层面和国际层面上尊重、促进和保护所有人权和基本自由应为一般义务，在执行过程中不得附加条件。

• 国家的首要责任是在其领土和/或管辖范围内保护人权不受包括跨国公司（Transnational Corporations，TNCs）和其他工商企业（Other Business Enterprises，OBEs）在内的第三方的侵犯或践踏。

• 跨国公司和其他工商企业的责任是尊重所有人权，无论其规模、所属部门、业务范围、所有制和结构规模。

• 承认人权义务优先于贸易和投资协定。

• 尊重各国主权平等和领土完整的原则，不干涉他国内政。

• 遵守国内法律、法规和行政实践。

• 承认对下列人权进行特殊保护的必要性：特别是自决，诉诸司法，获得有效的补救、参与和包容以及非歧视。

• 承认对受害者，特别是对土著居民、女性、女孩和儿童、残疾人、

① United Nations, *Elements For The Draft Legally Binding Instrument On Transnational Corporations And Other Business Enterprises With Respect To Human Rights* (29/09/2017), http://www.ohchr.org/Documents/HRBodies/HRCouncil/WGTransCorp/Session3/LegallyBindingInstrumentTNCs_OBEs.pdf.

难民，或根据国家、地区或国际适用法规条例被视为易受伤害的群体的特殊保护。

● 缔约国有责任在缔结贸易和投资协定之前编写人权影响评估，包括查明现有人权条约与随后的贸易或投资协定之间存在的任何潜在的不一致性，并避免加入这类存在不一致的协议。

● 承认国家对未能尽职地防止侵犯和滥用权利、调查和惩罚暴力行为和提供赔偿的私人行为负有责任。

● 国际合作的一般义务。

目标

● 帮助全面履行国家的首要责任，尊重、促进和保护人权和基本自由，防止跨国公司和其他工商企业在其领土和/或管辖范围内侵犯或践踏人权。

● 确保跨国公司和其他工商企业的活动充分尊重人权。

● 实施预防措施，以解决商业侵犯或践踏人权的行为。

● 确保因跨国公司和其他工商企业活动使人权遭受侵犯或践踏的受害者能够充分诉诸法律。

● 在各级为跨国公司和其他工商企业直接或间接侵犯或践踏人权的受害者，建立或加强有效的补救机制。

● 加强国际合作，包括司法协助，以解决工商企业与人权相关的侵权或践踏行为。

● 重申人权法优先于贸易和投资协定，并在这方面确立国家的具体义务。

（七）联合国《工商业与人权条约草案》（2020年修订草案）[1]

第1条 定义

2. “侵犯人权”是指工商企业在经营活动中通过作为或不作为对任何人或群体造成的任何损害，这种损害妨碍了充分享受国际公认的人权和基本自由，包括环境权（……）。

4. “具有跨国性质的商业活动”是指在以下情况下本条第3款所述的任

---

① OEIGWG Chairmanship, Legally Binding Instrument to Regulate, In International Human Rights Law, the Activities of Transnational Corporations and Other Business Enterprises (Second Revised Draft 6.8.2020) www.ohchr.org/Documents/HRBodies/HRCouncil/WGTransCorp/Session6/OEIGWG_Chair-Rapporteur_second_revised_draft_LBI_on_TNCs_and_OBEs_with_respect_to_Human_Rights.pdf.

何商业活动：

a）它在一个以上的司法管辖区或国家进行；或

b）它通过任何商业关系在一个国家进行，但其实质的准备、规划、指导、控制、设计、加工或制造、储存或分销活动在另一个国家进行；或

c）它在一个国家进行，但在另一个国家具有实质性影响。

第 6 条　预防

2.（……）缔约国应要求工商企业根据其规模、受到严重人权影响的风险及其业务的性质和背景进行以下人权尽职调查：

a. 查明和评估自己的商业活动或商业关系中可能产生的任何实际或潜在的侵犯人权行为；

b. 采取适当措施，有效防止和减少已查明的实际或潜在的侵犯人权行为，包括在其商业关系中的侵犯人权行为；

c. 监测其防止和减少侵犯人权行为的措施的有效性，包括在商业关系中的有效性；

d. 定期并以方便的方式与利益相关者沟通，特别是与受影响或可能受影响的人沟通，说明他们如何通过政策和措施处理其活动（包括商业关系）中可能出现的任何实际或潜在的侵犯人权行为（……）。

第 7 条　法律责任

4. 缔约国应采取法律和其他必要措施，确保在从事商业活动的法人或自然人造成或促成相当于或导致侵犯人权的刑事犯罪或其他违反规章的行为时，其国内管辖权规定有效、相称和劝阻性的刑事或行政制裁。

6. 缔约国可要求在其领土或管辖范围内从事商业活动的法人或自然人，包括具有跨国性质的法人或自然人，建立和维持财务担保，如保险保证金或其他财务担保，以支付可能的赔偿。

7. 缔约国应确保其国内法规定如下情形时的法律责任，从事商业活动（包括跨国性质的商业活动）的法人或自然人，如未能防止与其有商业关系的另一法人或自然人造成或助长侵犯人权行为，而前者在法律上或事实上控制或监督造成或助长侵犯人权行为的有关活动，或本应预见到其商业活动（包括跨国性质的商业活动）或其商业关系中存在侵犯人权的风险，但未能采取适当措施防止侵权行为。

第 14 条　符合国际法原则和文书

1. 缔约国应以符合并充分尊重各国主权平等和领土完整以及不干涉他国内政的原则的方式履行本文书（具有法律约束力）规定的义务。

5. 缔约国应确保：

a. 关于本文书（具有法律约束力）及其议定书相关问题的任何现有双边或多边协定，包括区域或次区域协定，包括贸易和投资协定，其解释和执行方式不得损害或限制其履行本文书（具有法律约束力）及其议定书以及其他相关人权公约和文书规定的义务的能力；

b. 任何新的双边或多边贸易和投资协定都应符合缔约国根据本文书（具有法律约束力）及其议定书以及其他相关人权公约和文书承担的人权义务。

第 15 条　机构安排

1. 应按照下列程序设立一个委员会：

a. 在本文书（具有法律约束力）生效时，委员会应由 12 名专家组成。（……）委员会成员应以个人身份任职，应在人权、国际公法或其他相关领域具有崇高的道德地位和公认的能力；

b. 专家应由缔约国选出。

2. 缔约国应通过联合国秘书长向委员会提交报告，说明它们为履行根据本文书（具有法律约束力）所作的承诺而采取的措施。

4. 委员会应具有以下职能：

a. 在审查缔约国和其他利益攸关方提交的报告和资料的基础上，就理解和执行本文书提出一般性意见和规范性建议；

b. 审议缔约国提交的报告并提出结论性意见和建议；

c. 提供支持缔约国汇编和通报执行本文书的规定所需的信息。

7. 缔约国应设立本文书所涵盖的受害者国际基金，为受害者提供法律和财政援助。

（八）《人权尽职调查：国家的角色》①

本报告介绍了各国为确保企业参与人权尽职调查而可以采取的措施。为本报告提供信息的研究审查了世界各地现有的与人权相似的或相关领域的尽职调查制度，如劳工标准，环境保护，消费者保护以及预防和侦查洗钱、贿赂（腐败）等金融犯罪。该研究还特别表明，在人权尽职调查领域，出现了新的国家实践。

本报告的一个关键结论是，有充分的证据表明，各国政府已经在监管中使用尽职调查作为一种确保企业达到特定行为标准的方法。这些规定的目的

① ICAR, ECCJ, *Human Rights Due Diligence: The Role Of States* (2012), https://www.icar.ngo/publications/2017/1/4/human-rights-due-diligence-the-role-of-states.

是通过明确企业的合规标准来防止不良影响或危害，保护人民。各国已经以这种方式在世界各地的司法管辖区内展开了尽职调查（……）。

国家和国际尽职调查制度要求企业跨组织和跨国界实施尽职调查。对依赖尽职调查的各种国家和国际法律文本的审查表明，这些不同的法律制度采用尽职调查，以克服复杂的公司结构或跨国管辖活动对有效监管造成的障碍。

（……）报告所述的选项至少表明了四种主要的监管方法，各国可以通过这些方法确保企业开展人权尽职调查活动。通常这些方法在同一司法管辖区和法律体系中共存。第一种方法将尽职调查规定为应遵循的法定事项。各国要求工商企业进行尽职调查的规定，或是将尽职调查明确为直接法律义务，或间接地向企业提供运用尽职调查为刑事、民事或行政违法行为指控进行抗辩的机会。例如，法院运用商业尽职调查来评估企业对环境、劳工、消费者保护和反腐败法律的遵守情况。同样，监管机构经常要求企业进行尽职调查，以此作为授予和批准商业活动许可的依据。

第二种监管方法是给予企业激励和利益，从而激励他们进行尽职调查的实践。例如，为了使工商企业有获得出口信贷、标签计划或其他形式国家支持的资格，国家往往要求企业对环境和社会风险进行尽职调查。

第三种方法是国家通过透明度和信息披露制度鼓励尽职调查。国家实施规定，要求工商企业公开尽职调查，目的是使市场和社会能够根据公开的尽职调查来限制任何已确定的危害。例如，证券法、消费者保护法和企业社会责任报告被要求按照信息为利益服务的逻辑运作，这将促使投资者、监管者和可能受到商业活动不利影响的人采取行动。

第四种方法是上述方法中的一种或多种的组合。国家定期将这些方法的各个方面结合起来，建立激励机制，从而促进企业尊重法规规定的标准，并确保以高效和有效的方式评估合规性。例如，关于环境保护、劳工权利、消费者保护或反腐败的行政法规要求将企业尽职调查作为获得许可或批准的基础，并且还可能要求企业定期公开报告尽职调查。执行这些规则时可以整合运用行政处罚（罚款）、刑法制裁和可能存在的民事诉讼。

（九）《关于国家在经济、社会和文化权利领域的域外义务的马斯特里赫特原则》[①]

3. 所有国家都有义务在其领土内和领土外尊重、保护和实现人权，包括

① Maastricht Principles on Extraterritorial Obligations of States in the area of Economic, Social and Cultural Rights (2011), http://www.etoconsortium.org/nc/en/main-navigation/library/maastricht-principles/? tx_drblob_pi1%5BdownloadUid%5D=63.

公民、文化、经济、政治和社会权利。

8. 域外义务的定义

域外义务包括：

（a）关于国家在其领土内或领土外的能够对在其他国家享有的基本人权产生影响的作为和不作为的义务；

（b）规定在《联合国宪章》和有关人权公约中的，采取措施单独或共同通过国际合作以达到人权普遍实现的具有全球性特点的义务。

（十）联合国人权理事会《工商业与人权国家行动计划》①

4. 欢迎工作组努力建立数据库，记录国家行动计划和关于全球执行《联合国工商企业与人权指导原则》方面的进展情况的其他有关数据；为此鼓励各国提交关于其国家行动计划和其他相关举措的资料，包括关于这类承诺的履行情况的年度报告；并请所有相关利益攸关方向工作组提交有关资料。

（十一）《联合国工商业与人权国家行动计划指南》②

工商业与人权国家行动计划的价值

联合国工作小组认为，国家行动计划及其制定过程可以规定：

- 加强政府内部就涉及工商业和人权的公共政策领域的协调性和一致性；
- 确定国家优先事项和具体政策措施及行动的包容性进程；
- 国内和国际利益攸关方的透明度和可预测性；
- 持续监测、测量和评估实施的过程；
- 构建多方利益相关者对话的平台；
- 采用灵活而普遍的形式，促进国际合作、协调以及对良好实践和经验教训的交流互通。

《联合国工商企业与人权指导原则》（UN Guiding Principles on Business and Human Rights，UNGPs）是国家行动计划（National Action Plans，NAPs）的基础

国家行动计划是落实《联合国工商企业与人权指导原则》的工具。根据《联合国工商企业与人权指导原则》，国家行动计划必须以国际人权标准为基

① Human Rights Council Res. 26/22, U. N. Doc. A/HRC/RES/26/22 (2014).

② UN Working Group on Business and Human Rights, Guidance on National Action Plans on Business and Human Rights (2016), http://www.ohchr.org/Documents/Issues/Business/UNWG_NAPGuidance.pdf.

础，反映国家在预防、减轻和补救与商业有关的不利于人权影响方面的义务和业务责任的互补性和相互关联性。国家行动计划作为公共政策战略，首先应就国家计划如何履行其人权义务作出回应（……）。

四　中国相关文件与材料

（一）《新时代的中国与世界》[①]（国务院新闻办公室，2019 年 9 月）

（……）中国有世界上最具潜力的消费市场。中国既是“世界工厂”，也是“全球市场”。中国有近 14 亿人口，4 亿中等收入群体，市场规模全球最大。中国经济持续健康发展，带来多个领域的广泛需求，为经济发展提供重要引擎。中国消费空间和潜力巨大，消费升级态势明显，消费增速超过固定资产投资，消费梯度效应凸显，消费对经济贡献越来越大（……）。

（……）中国是最具吸引力的投资目的地。中国的劳动力资源近 9 亿人，就业人员 7 亿多，受过高等教育和职业教育的高素质人才 1.7 亿，每年大学毕业生有 800 多万，人才红利巨大。中国不断优化营商环境，给国外生产者、投资者提供更加广阔的空间、更加优质的营商环境。中国实行高水平的贸易和投资自由化便利化政策，制定《外商投资法》，全面实施准入前国民待遇加负面清单管理制度，持续放宽市场准入，着力打造对外开放新高地（……）。

更大规模“走出去”惠及更多国家。中国企业积极参与国际竞争与合作，更深更广地开展全球贸易投资活动，为促进东道国经济增长、扩大当地就业作贡献。伦敦大学亚非学院（SOAS）一项关于中国在非投资情况的调查报告表明，在埃塞俄比亚的中国企业建设工地和工厂，当地员工雇佣率在 90% 以上，中国企业为非洲创造了大量就业机会。预计未来 5 年，中国对外货物贸易将达到 25 万亿美元。随着中国对外开放的大门越开越大，将有越来越多的企业到国外投资，越来越多的中国人赴国外留学、工作、旅游。中国积极推动科学技术创新走向世界，使技术发展和创新不仅造福中国而且惠及世界，让更多人享受科技发展带来的便利和好处（……）。

（二）《改革开放 40 年中国人权事业的发展进步》[②]（国务院新闻办公室，2018 年 12 月）

前言

40 年来，中国在改革开放中尊重人权，在改革开放中保障人权，在改革开放中促进

① 国务院新闻办公室：《新时代的中国与世界》，中国政府网，http://www.gov.cn/zhengce/2019-09/27/content_5433889.htm。

② 国务院新闻办公室：《改革开放 40 年中国人权事业的发展进步》，中国政府网，http://www.scio.gov.cn/zfbps/32832/Document/1643346/1643346.htm。

人权，成功走出了一条符合国情的人权发展道路，创造了人类文明发展史上人权保障的新经验、新奇迹。

40 年来，中国总结历史经验，汲取人类文明发展成果，坚持把人权的普遍性原则与本国实际相结合，不断创新人权发展理念，形成了以人民为中心、以生存权发展权为首要的基本人权、以全面加强人权法治建设为路径、以各项人权综合协调发展为目标的人权发展新理念。

一、牢固树立尊重和保障人权的治国理政原则

2014 年，中共十八届四中全会通过《中共中央关于全面推进依法治国若干重大问题的决定》，从推进国家治理体系和治理能力现代化的高度，作出了全面依法治国的重大战略部署，强调“加强人权司法保障”，“增强全社会尊重和保障人权意识”。

尊重和保障人权成为国家发展的核心目标。中国的国家发展战略坚持以尊重和保障人权为价值取向，以增进人民福祉、保障人民权利、促进人的全面发展为出发点和落脚点。

二、大幅提升生存权发展权保障水平

环境权利保障日益加强。改革开放 40 年来，中国将生态文明建设纳入国家发展总体战略，对生态环境的治理力度不断加大，生态环境状况总体持续好转，人民群众的环保权益得到有效维护。1979 年，通过第一部环境保护法。1982 年，首次将环境保护作为独立篇章纳入国民经济和社会发展计划。1983 年，将保护环境确定为基本国策。1994 年，通过《中国 21 世纪议程》，成为世界上第一个制定实施本国可持续发展战略的国家。中国坚持绿色发展理念，以前所未有的力度治理环境污染，推进生态文明建设，美丽中国建设迈出重要步伐。中共十九大明确提出打好污染防治攻坚战的重大战略部署，全国生态环境保护大会正式确立习近平生态文明思想，中共中央、国务院印发关于全面加强生态环境保护坚决打好污染防治攻坚战的意见，明确了打好污染防治攻坚战的时间表、路线图、任务书（……）。中国积极参与全球环境治理，已批准加入 30 多项与生态环境有关的多边公约或议定书，率先发布《中国落实 2030 年可持续发展议程国别方案》，向联合国交存气候变化《巴黎协定》批准文书，成为全球生态文明建设的重要参与者、贡献者、引领者。

三、有效实现各项人权全面发展

工作权得到有效保障。中国把促进就业放在经济社会发展的优先位置，坚持就业优先战略和更加积极的就业政策，努力实现更高质量和更充分就业。伴随着经济体制改革，劳动就业制度改革不断深化，逐步形成了适应社会主义市场经济要求的就业体制机制。1978 年至 2017 年，中国就业人员从 40152 万人增至 77640 万人，年均增长 961 万人，超过总人口增速。城镇新增就业自 2003 年建立统计制度以来，年均实现新增就业人数 1178 万人，城镇登记失业率长期处于低位，城镇调查失业率低于世界平均水平。城镇单位在岗职工年平均工资从 1978 年的 615 元增长到 2017 年的 76121 元，扣除物价因素，年均增长 7.7%。劳动者劳动报酬权、休息休假权、职业安全卫生保护权、女性劳动者特殊劳动保护权、参与企业民主管理等各项权利得到依法保障。全面实施劳动合同制度，稳妥推

行集体协商和集体合同制度，建设国家协调劳动关系三方机制，建立健全劳动保障监察制度和劳动人事争议处理制度，切实维护劳动者合法权益。2017 年，企业职工劳动合同签订率达到 90%。加快构建安全生产预防控制体系，有力保障劳动者工作生产安全。

社会保障权享有日益充分。（……）截至 2018 年 6 月，基本养老保险、失业保险、工伤保险参保人数分别达到 9.25 亿人、1.91 亿人、2.3 亿人，包括城镇职工基本医疗保险、新型农村合作医疗保险和城镇居民基本医疗保险在内的基本医疗保险覆盖人口超过 13 亿人；社会保障卡持卡人数达 11.5 亿人，覆盖全国 82.81% 的人口。中国根据经济社会发展水平等因素，稳步提高各项社会保障水平。自 2005 年起，连续 14 年提高企业退休人员基本养老金水平。城乡居民基本医保人均财政补助标准由 2012 年的 240 元提高到 2018 年的 490 元。

知情权得到充分保障。（……）厂务、村务公开逐步落实。截至 2017 年 9 月，全国已建立工会的企事业单位单独建立职工代表大会制度的有 500.9 万家，区域（行业）职工代表大会制度覆盖企业 138.7 万家，已建立工会的企事业单位单独建立厂务公开制度的有 487.1 万家。

四、显著改善特定群体权利

（二）妇女、儿童和老年人权利

妇女参与公共事务管理和经济社会发展的权利得到切实保障（……），加强妇女经济赋权，着力推动妇女创业就业（……），截至 2017 年 9 月，全国共签订女职工权益保护专项集体合同 136.6 万份，覆盖企业 315.3 万家，覆盖女职工 7999.9 万人。

（三）残疾人权利

残疾人就业权获得有效保障。残疾人劳动就业的基本权利受到法律的严格保护。省、市、县三级政府建立了专门的残疾人就业服务机构，截至 2017 年，残疾人就业服务机构近 3000 家，工作人员 1.5 万人。实施残疾人职业技能提升计划，建立了 500 家国家级残疾人职业培训基地，350 家省级残疾人职业培训基地。2013 年以来，中国政府为近 1800 万残疾人建立了就业和培训信息档案，年均新增就业 33.3 万残疾人。截至 2017 年，城乡持证残疾人就业人数达到 942.1 万人。

五、全面加强人权法治建设

（一）构建了较为完备的人权保障法律规范体系

保障经济社会文化权利的法律规范更加健全。（……）制定就业促进法、劳动合同法、工会法、职业病防治法等法律，保障公民劳动权。出台社会保险法，建立并完善统筹城乡的社会保障体系，落实社会保障权。制定食品安全法、药品管理法、传染病防治法、中医药法、体育法、全民健身条例等法律法规，保护公民生命权、健康权。（……）制定环境保护法、大气污染防治法、土壤污染防治法、水污染防治法、海洋环境保护法、水土保持法等生态环境法律法规，建立环境侵权诉讼和公益诉讼程序规则，为人民享有环境权利提供牢固法律保障。

六、努力推动各国人权事业共同发展

加大发展援助。多年来，中国在减贫、教育、卫生、基础设施、农业生产等领域向亚洲、非洲等发展中国家援建的农业、工业、交通运输、能源电力、信息通信等重大基础设施项目，帮助发展中国家满足基础设施建设需求、破除发展瓶颈，在保障当地民众民生权利实现方面发挥了重要作用。

提升发展能力。中国国家主席习近平近年来多次在国际场合宣布一系列重大对外援助倡议和举措，充分彰显了中国促进人类共同发展的大国责任和历史担当。（……）中国提出“一带一路”倡议，发起成立亚洲基础设施投资银行和新开发银行，设立丝路基金和南南合作援助基金，设立中国国际发展知识中心，设立南南合作与发展学院，支持和帮助受援国增强自主发展能力、减少贫困、改善民生、保护环境，为各国人民发展权的实现创造更好条件。

七、积极参与全球人权治理

中国是最早参加联合国气候变化大会的国家，全程参与并有效推动国际气候谈判，为《巴黎气候变化协定》的最终通过作出贡献。中国积极推动联合国《2030 年可持续发展议程》的制定和实施。

八、成功走出符合国情的人权发展道路

坚持把以人民为中心作为人权事业发展的核心理念。（……）把增进人民福祉，朝着共同富裕方向稳步前进作为发展的出发点和落脚点，使人民成为发展的主要参与者、促进者和受益者，让人民有更好的教育、更稳定的工作、更满意的收入、更可靠的社会保障、更高水平的医疗服务、更舒适的居住条件、更优美的环境，促进人的全面发展。

坚持把生存权和发展权作为首要的基本人权。（……）发展既是消除贫困的手段，也为实现其他人权提供了条件，同时还是人实现自身潜能的过程。中国始终把发展作为第一要务，不断解放和发展生产力，致力于消除贫困，创造了经济增长的世界奇迹，实现了人民生活从贫困到温饱再到小康的历史性跨越。中国从实际出发，遵循创新、协调、绿色、开放、共享的发展理念，遵循平衡性、可持续性的发展思路，将城乡、区域、经济与社会及人与自然之间的和谐发展作为实现和保障发展权的坚实基础。

（三）《国家人权行动计划（2016－2020 年）》（国务院新闻办公室，2016 年 9 月 29 日）

导言

（……）

但也应该看到，经济发展方式粗放，不平衡、不协调、不可持续的问题仍然突出，城乡区域发展差距仍然较大，与人民群众切身利益密切相关的医疗、教育、养老、食品药品安全、收入分配、环境等方面还有一些困难需要解决，人权保障的法治化水平仍需进一步提高，实现更高水平的人权保障目标尚需付出更多努力。

制定和实施《行动计划》的基本原则是：依法推进，将人权事业纳入法治轨道；协调推进，使各项权利全面协调发展；务实推进，把人权的普遍原则和中国实际相结合；平等推进，保障每个人都能平等享有各项人权；合力推进，政府、企事业单位、社会组织共同促进人权事业的发展。

一、经济、社会和文化权利

（一）工作权利

实施更加积极的就业政策，推行劳动者终身职业技能培训制度，进一步完善工资福利制度和安全生产长效机制，加强职业病防治。

——实现比较充分和高质量就业。实施高校毕业生就业促进和创业引领计划。促进农村富余劳动力转移就业和外出务工人员返乡创业。对就业困难人员实行实名制动态管理和分类帮扶，做好“零就业”家庭帮扶工作。支持贫困地区建设县乡基层劳动就业和社会保障服务平台。实现城镇新增就业5000万人以上。

——推行劳动者终身职业技能培训制度。开展贫困家庭子女、未升学初高中毕业生、农民工、失业人员和转岗职工、退役军人和残疾人免费接受职业培训行动。到2020年，累计培训农民工4000万人次，基本消除劳动者无技能从业现象。

——进一步完善工资福利制度。健全工资水平决定机制、正常增长机制和支付保障机制，健全最低工资标准调整机制。继续推行企业工资集体协商制度。健全高技能人才薪酬体系，提高技术工人待遇，落实带薪年休假制度。

——完善劳动保障监察执法体制和劳动人事争议处理机制。严禁各种形式的就业歧视，全面治理拖欠农民工工资问题，规范企业裁员行为，保障非正规就业劳动者权益，严格规范企业实行特殊工时制度的适用管理，依法加强对劳务派遣的监管。

——加强安全生产防控。到2020年，各类生产安全事故死亡人数累计降幅10%，亿元国内生产总值生产安全事故死亡率累计降幅30%。

——加强职业病防治。职业病危害严重的行业领域劳动者在岗期间的职业健康检查率达90%以上，用人单位主要负责人和职业卫生管理人员的职业卫生培训率分别达95%以上。

（二）基本生活水准权利

——确保食品安全。深入贯彻实施食品安全法，全面落实食品安全属地监管责任。加强进口食品安全监管。实施科学监管，建立职业化检查员队伍。健全食品安全信用体系，完善消费者权益保护机制。

（六）受教育权

——完善职业教育体系和制度建设。修改职业教育法。推动产教融合发展，完善校企合作制度。完善职业教育人才多样化成长渠道。支持欠发达地区职业教育发展。

（七）文化权利

——促进新兴文化产业发展，推进文化业态创新，大力发展创意文化产业。完善文化市场准入和退出机制，促进文化资源在全国范围内流动。

（八）环境权利

实行最严格的环境保护制度，形成政府、企业、公众共治的环境治理体系，着力解决大气、水、土壤等突出环境问题，实现环境质量总体改善。

——切实落实环境保护法和大气污染防治法，完善环境公益诉讼等配套制度。有序推进水污染防治法、土壤污染防治法、核安全法等立法规划项目进程。

——强化水污染防治。加大水源地污染治理和流域水污染防治，筛选七大流域优控污染物清单。到2020年，达到或好于Ⅲ类水体比例超过70%，劣Ⅴ类水体比例小于5%，地级以上城市建成区黑臭水体控制在10%以内。化学需氧量、氨氮排放总量减少10%。地下水超采得到严格控制。

——制定实施土壤污染防治行动计划。到2020年，完成200个土壤污染治理与修复技术应用试点项目。建设6个土壤污染综合防治先行区，受污染耕地治理与修复面积达到1000万亩，轻度和中度污染耕地实现安全利用的面积达到4000万亩。

——加强危险废物污染防治。开展危险废物专项整治。加大重点区域、有色等重点行业重金属污染防治力度。加强有毒有害化学物质环境和健康风险评估能力建设。推进核设施安全改进和放射性污染防治，强化核与辐射安全监管体系和监管能力建设。

——加强海洋资源环境保护。严格控制围填海规模，加强海岸带保护与修复，自然岸线保有率不低于35%。实施陆源污染物达标排海和排污总量控制制度，建立海洋资源环境承载力预警机制。严格控制捕捞强度。

——推动能源结构优化升级。到2020年，单位GDP能源消耗降低15%，万元GDP用水量下降23%，非化石能源占一次能源消费比重达15%，单位GDP二氧化碳排放降低18%。

——推进生态建设。加快生态保护红线划定，推动建立重点生态功能区产业准入负面清单制度。

——完善环境监察体制机制。推行全流域、跨区域联防联控和城乡协同治理模式。建立健全排污权有偿使用和交易制度。建立企业环境信用记录和违法排污黑名单制度。健全生态环境损害赔偿制度。

二、公民权利和政治权利

（三）宗教信仰自由

——遏制投资经营宗教活动场所行为，制止和纠正寺庙、道观“被承包”现象。

三、特定群体权利

（一）少数民族权利

——保障少数民族经济发展权利。促进少数民族事业发展，加大财政投入和金融支持，改善基础设施条件，支持民族地区发展优势产业和特色经济，确保到2020年在民族地区基本消除绝对贫困现象，持续促进民族地区经济发展主要指标增速高于全国平均水平。

（二）妇女权利

——努力消除在就业、薪酬、职业发展方面的性别歧视。将女职工特殊劳动保护作为劳动保障监察和劳动安全监督的重要内容，实行年度考核。

——落实《中国反对拐卖人口行动计划（2013－2020年）》，有效预防和依法打击拐卖妇女犯罪行为。

——预防和制止针对妇女的性骚扰。

（五）残疾人权利

——完善残疾人就业创业扶持政策，健全公共机构为残疾人提供就业岗位制度。加大对残疾人自主创业、灵活就业、辅助性就业、网络就业的政策扶持力度。加强残疾人就业培训与服务，为中西部地区50万名农村贫困残疾人提供实用技术培训，实现城镇新增50万残疾人就业。

——全面推进无障碍环境建设。确保新（改、扩）建道路、建筑物和居住区配套建设无障碍设施，推进已建设施无障碍改造。加强政府和公共服务机构网站无障碍改造，推动食品药品信息识别无障碍和影视节目加配字幕、手语，促进电信业务经营者、电子商务企业等为残疾人提供信息无障碍服务。

四、人权教育和研究

——支持和鼓励企事业单位加强人权教育、培训，培育人权文化，在境内外投资中将尊重和保障人权作为决策的重要考虑因素。

五、人权条约履行和国际交流合作

——推动中国海外企业在对外经贸合作、援助、投资中遵守驻在国法律，履行社会责任。

（四）《国家人权行动计划（2021－2025年）》（国务院新闻办公室，2021年9月）

六、参与全球人权治理

——促进全球供应链中的负责任商业行为。促进工商业在对外经贸合作、投资中，遵循《联合国工商业与人权指导原则》，实施人权尽责，履行尊重和促进人权的社会责任。建设性参与联合国工商业与人权条约谈判进程。

（五）《根据人权理事会第16/21号决议附件第5段提交的国家报告：中国》（A/HRC/WG.6/31/CHN/1，2018年8月20日）

中国特色人权观和人权理论体系

世界上没有放之四海而皆准的人权发展道路。人权事业是各国经济社会发展的重要组成部分，必须根据各国国情和人民需求加以推进，不能定于一尊。

中国人权发展道路根植于5000多年的文化传统，源自近代以来170多年的艰辛探索，归功于新中国成立69年，特别是改革开放40年来的伟大实践。中国坚持人权的普遍性与特殊性相结合，坚持民主和民生相促进，坚持和平与发展相协调，坚持在发展进程中促进和保护人权，谱写了人权进步的历史篇章，拓宽了国际人权保障的现实方案。

中国坚定不移贯彻创新、协调、绿色、开放、共享的发展理念，不断壮大经济实力，过去5年国内生产总值由54万亿元增加到82.7万亿元。中国切实落实2030年可持续发展议程，解决13亿多人的温饱，减少7亿多贫困人口，为7.7亿人提供就业。

中国奉行互利共赢的开放战略，坚持打开国门搞建设，既以改革开放促进自身发展，又在对外开放中展现大国担当，同世界分享发展经验和机遇。中国从“引进来”到“走出去”，从加入世界贸易组织到共建“一带一路”，为应对亚洲金融危机和国际金融危机做出重大贡献，连续多年对世界经济增长贡献率超过30%，有力促进了人类和平、发展与人权事业。

人权立法

2013年以来，中国不断完善发展以宪法为核心，以法律为主干，包括行政法规、地方性法规等规范性文件在内的，由多个法律部门组成的中国特色社会主义法律体系，为保障人权夯实法治基础。公民的生存权、发展权、人身权、财产权，基本政治权利和自由，劳动权、受教育权、社会保障权等各方面权利，通过立法得到了切实维护和保障。

工作权、社会保障权、住房权

中国政府把促进就业放在经济社会发展的优先位置，坚持就业优先战略和更加积极的就业政策，努力实现更高质量和更充分就业。2013—2017年，全国城镇新增就业累计达到6609万人。城镇登记失业率保持在4.1%以下。累计实现城镇失业人员再就业2796万人，就业困难人员实现就业876万人。高校毕业生总体就业率在90%以上。2013年以来，中国修改《劳动合同法》和《安全生产法》并加强实施工作，出台了《女职工劳动保护特别规定》《劳务派遣行政许可实施办法》等法规规章，劳动关系法律政策体系不断完善。2013—2017年，全国劳动保障监察机构共为2095.2万名劳动者追回被拖欠工资1635.9亿元。同时，积极稳妥推进工资集体协商，合理提高最低工资标准。加快构建安全生产预防控制体系，有力保障了劳动者的安全。2017年与2012年相比，事故起数和死亡人数分别下降33.9%和22.2%，连续15年实现“双下降”。

中国建立了世界上规模最大、覆盖人数最多的社会保障体系，推动世界社保覆盖率拉高11个百分点。截至2017年底，基本养老保险参保人数达到9.15亿人，基本医疗保险覆盖13.5亿人，工伤、失业、生育保险参保人数分别达2.27亿人、1.88亿人、1.92亿人。中国社会保障水平稳步提高。自2005年起，全国企业退休人员基本养老金已连续13年上调。城乡居民基本医疗保险补助标准从2012年240元提高到2017年450元。同时，失业、工伤、生育保险的待遇水平都随经济增长有了相应提高。正在修订《失业保险条例》，进一步完善失业保险制度。社会救助制度进一步完善，近6000万低保人员和特困群众基本生活得到保障。

生态环境与人权

中国政府将生态文明建设纳入人权保障体系。生态环境状况总体持续好转。制定实施大气、水、土壤污染防治三个“十条”并取得扎实成效。主要污染物排放量持续下降，重点城市重污染天数减少一半，森林面积增加1.63亿亩，沙化土地面积年均缩减近2000平方公里，绿色发展呈现可喜局面。制修订环境保护法、大气污染防治法、野生动物保护法等，保障公民的环境知情权、参与权和监督权。积极推动《巴黎协定》签署生效，气候变化南南合作“十百千”项目进展顺利。

妇女权利

中国切实保障妇女各项发展权利的实现。妇女就业结构不断改善，全国妇女就业人口占就业人口总数的43.1%，女企业家约占企业家总数的1/4，互联网领域创业者中女性占55%。深化女职工权益保护专项集体合同工作。

困难和挑战

没有任何一个国家的人权状况是完美的。中国在促进和保护人权方面仍面临不少困难和挑战。主要是：

中国仍是世界最大发展中国家，发展不平衡不充分的一些突出问题尚未解决。经济发展方式粗放，经济增长内生动力还不够足，创新能力还不够强，发展质量和效益不够高，实体经济水平有待提高。一些企业特别是中小企业经营困难，民间投资增势疲弱，部分地区经济下行压力较大，金融等领域风险隐患不容忽视。

民生领域还有不少短板，脱贫攻坚任务艰巨，农业农村基础仍然薄弱，城乡区域发展和收入分配差距依然较大。在空气质量、环境卫生、食品药品安全和住房、教育、医疗、就业、养老等方面，群众还有不少不满意的地方。重特大安全生产事故时有发生。社会文明水平尚需提高。

（六）《中国资料汇编：联合国人权事务高级专员办事处的报告》（A/HRC/WG. 6/31/CHN/2，2018年8月27日）

二、国际义务的范围以及与国际人权机制和机构的合作

3. 经济、社会及文化权利委员会（……）敦促中国考虑撤销其对《公约》第八条第一款作出的声明。①

5. 消除对妇女歧视委员会鼓励中国考虑加入《保护所有移徙工人及其家庭成员权利国际公约》（……）。

6. 儿童权利委员会（……）还敦促中国考虑批准国际劳工组织2011年《家庭工人公约》（第189号）。

四、参照适用的国际人道主义法履行国际人权义务的情况

A. 贯穿各领域的问题

2. 发展、环境及工商业与人权

14. 国家外债和其他有关国际金融义务对充分享有所有人权尤其是经济、社会及文化权利的影响问题独立专家指出，尽管由中资机构支持的开发项目带来了益处，但有些项目也对某些个人和群体造成了不利的环境、社会和人权方面的影响。中国在解决环境影响和社会影响方面取得了长足进展，但仍缺乏确保在国际借贷和对外投资方面明确尊

---

① 该款规定：“一．本盟约缔约国承允确保：（子）人人有权为促进及保障其经济及社会利益而组织工会及加入其自身选择之工会，仅受关系组织规章之限制。除依法律之规定，且为民主社会维护国家安全或公共秩序，或保障他人权利自由所必要者外，不得限制此项权利之行使；（丑）工会有权成立全国联合会或同盟，后者有权组织或参加国际工会组织；（寅）工会有权自由行使职权，除依法律之规定，且为民主社会维护国家安全或公共秩序，或保障他人权利自由所必要者外，不得限制此种权利之行使；（卯）罢工权利，但以其行使符合国家法律为限”。中国政府在1997年10月27日签署该公约时就该款作出声明如下：《公约》第八条第一款对中华人民共和国的适用应符合《中华人民共和国宪法》、《中华人民共和国工会法》和《中华人民共和国劳动法》的相关规定。

重和保护人权的全面框架。

15. 赤贫问题特别报告员强调，中国自上而下集中通过搬迁实现城镇化的做法在某些方面是成功的。政府在短时间内大规模开发基础设施、工业园区及商用建筑和居民住宅。

16. 经济、社会及文化权利委员会仍然感到关切的是，工业污染和食品污染对环境造成不利影响，并对享有适足生活水准权和健康权产生负面影响。委员会表示关切的是，对这些措施的落实和监测仍然不足，行政主管部门和私营公司没有因为违反环境法律而被追究责任。

17. 经济、社会及文化权利委员会建议中国为在中国运营的公司建立明晰的监管框架，以确保它们的活动能够促进人们享有经济、社会及文化权利，而不会对其造成负面影响。

B. 公民权利和政治权利

4. 禁止一切形式的奴役

33. 消除对妇女歧视委员会表示关切的是，缺乏全面的打击人口贩运法，不清楚国内法是否将所有形式的人口贩运都定为刑事犯罪，包括为性剥削、强迫劳动、强迫婚姻和非法收养之目的进行的人口贩运。

34. 经济、社会及文化权利委员会敦促中国采取一切必要措施，确保落实全国人民代表大会关于在全中国废除劳动教养制度的决定，并确保没有任何替代性或与之并行的强迫劳动制度，特别是在地方一级。

5. 隐私权和家庭生活

35. 禁止酷刑委员会表示关切的是，有报告称，一些私营和公立诊所提供所谓的“同性恋矫正治疗”，以改变男女同性恋者的性取向，此类做法包括实施电击，有时还包括强迫关入精神病院和其他设施，可能造成身心伤害。

C. 经济、社会及文化权利

1. 工作权和公正良好工作条件权

39. 消除对妇女歧视委员会仍然感到关切的是，两性工资差距持续存在并不断扩大，其部分原因是法律没有规定“等值工作同等报酬”原则；劳动力市场上男女之间仍然存在横向和纵向职业隔离；女性集中在低收入就业部门；男女退休年龄不同，分别为60岁和50岁。

40. 经济、社会及文化权利委员会对不适当、不安全的工作条件表示关切，包括伤亡事件、不签署劳动合同、医疗和意外保险不足，特别是在私营和非正规部门。

4. 受教育权

46. 教科文组织指出，获得优质教育对于贫困和偏远农村地区的弱势儿童、少数民族群体和农民工子女而言仍是一大挑战。

47. 儿童权利委员会感到关切的是，农村地区儿童，尤其是少数民族儿童、寻求庇护的儿童和难民儿童、母亲来自某一邻国的儿童和农民工子女获得教育和为之提供的教育方面，差距日益悬殊。

48. 消除对妇女歧视委员会也表示关切的是，有智力残疾的妇女和女童，以及在族裔和宗教方面属于少数群体的妇女和女童。

D. 特定个人或群体的权利

2. 儿童

53. 委员会感到关切的是，儿童广泛从事危险工作和最恶劣形式的童工劳动，尤其是在采矿业、制造业和制砖业中；未充分保护16至18岁儿童免于从事危险工作。

3. 残疾人

57. 经济、社会及文化权利委员会敦促中国加大力度促进残疾人融入社会，特别是融入劳动力市场，包括加强就业配额制度的效力，建立有效的执行程序和补救办法。

（七）《普遍定期审议工作组报告：中国》（A/H RC/40/6，2018年12月26日）、《普遍定期审议工作组报告：中国——受审议国对结论和/或建议提出的意见、作出的自愿承诺和答复》（A/H RC/40/6/Add. 1，2019年2月15日）

28.19 批准国际劳工组织（劳工组织）1930年《强迫劳动公约》（第29号）及其2014年议定书（大不列颠及北爱尔兰联合王国）；

28.19 拒绝。中国将继续认真研究批准公约和议定书问题。

28.47 进一步加强在人权领域和可持续发展目标方面的国际合作，包括通过技术合作、能力建设和南南合作（泰国）；

28.47 接受。

28.84 通过一项关于公共和私人工作环境的反歧视法律，保障所有人在其工作场所享有公平和非歧视待遇（乌拉圭）；

28.84 接受并已经执行。

28.90 在一年内通过立法，禁止所有公共和私营部门基于性取向和性别认同的歧视，并规定政府有积极义务促进基于这些理由的平等（荷兰）；

28.90 接受并已经执行。

28.97 继续执行旨在减贫的政策，特别注重让来自农村地区的所有移民工人获得教育、医疗保健和社会保障等服务（摩尔多瓦共和国）；

28.97 接受。

28.100 继续执行《2030年可持续发展议程》，同时继续致力于履行《巴黎协定》（孟加拉国）；

28.100 接受。

28.130 根据适用的国家和国际法以及《2030年可持续发展议程》的承诺，促进采取措施，确保其领土内外的发展和基础设施项目完全符合人权，并尊重环境和自然资源的可持续性（厄瓜多尔）；

28.130 接受并正在执行。

28. 131　考虑建立一个法律框架，保证受其管辖的行业开展的活动不会对国外的人权产生负面影响（秘鲁）；

28. 131　接受。

28. 132　按照《经济、社会及文化权利国际公约》和《工商业与人权指导原则》加强努力，减少工业化对环境的不利影响，包括空气污染（大韩民国）；

28. 132　接受并正在执行。

28. 133　根据其国际义务，在工商业与人权方面采取进一步措施，并确保在高风险或冲突地区经营的公司根据《工商业与人权指导原则》开展人权尽职调查（巴勒斯坦国）；

28. 133　接受。

28. 134　根据第二轮审议接受的工作组报告第 186. 185、186. 193、186. 224 和 186. 251 段所载建议，建立监管框架，评估总部设在中国的公司的人权和环境影响，以促进和尊重人权（海地）；

28. 134　接受。

28. 135　继续将中国的法律、法规和标准（如《工商业与人权指导原则》）拓展到在中国境外经营的中国公司（肯尼亚）；

28. 135　接受并正在执行。按属地管辖要求，在境外运营的中国企业须遵守当地法律法规，并参考《工商业与人权指导原则》等开展业务。

28. 173　制定全面的打击人口贩运立法，规定将一切形式的贩运定为刑事罪（乌克兰）；

28. 173　接受并已经执行。

28. 244　对最低工资进行适当修正，并发布工资指导原则（阿拉伯联合酋长国）；

28. 244　接受。

28. 245　进一步提高全社会对保护妇女雇员权益的认识（坦桑尼亚联合共和国）；

28. 245　接受。

28. 246　进一步改善有关工人和工会权益的法律法规（安哥拉）；

28. 246　接受。

28. 247　继续保障工作权，建立和谐的劳资关系（莫桑比克）；

28. 247　接受。

28. 248　合理调整最低工资标准，发布工资准则（阿拉伯联合酋长国）；

28. 248　接受。

28. 281　采取措施解决性别工资差异，包括通过关于同工同酬原则的立法（摩尔多瓦共和国）；

28. 281　接受并已经执行。

28. 282　促进颁布劳工立法，规定男女同工同酬（哥伦比亚）；

28. 282　接受并已经执行。

28. 283　努力促进和保护人权，实现性别工资平等（伊拉克）；

28.283 接受并已经执行。

28.284 继续促进性别平等，特别是通过改善劳工法和就业妇女监管制度（吉布提）；

28.284 接受。

28.288 继续采取和实施措施，缩小性别工资差异，并加强妇女在领导和管理职位上的任职情况（摩洛哥）；

28.288 接受。

28.304 制定一项消除童工现象的国家计划，特别是在采矿、制造和制砖部门，并保证入学率（哥斯达黎加）；

28.304 接受并正在执行。

28.329 提高工人特别是移民工人的法律知识水平（多民族玻利维亚国）；

28.329 接受。

（八）《跨国公司侵害人权问题国际立法走向深入——“跨国公司及其他工商企业与人权”法律文书政府间工作组第五次会议综述》（《中国国际法前沿》2019年11月26日）

2019年10月14日至18日，跨国公司及其他工商企业与人权法律文书政府间工作组第五次会议在日内瓦举行。中国外交部、国务院国有资产监督管理委员会和中国驻日内瓦代表团与会。近70个国家及有关国际组织、行业组织和非政府组织与会，厄瓜多尔常驻日内瓦代表Emilio Miño大使当选新一届工作组主席兼报告员。会议逐条讨论了法律文书修订案文（在2018年零案文基础上吸纳各方意见形成，共22条），决定以非正式磋商等方式继续征求意见，于2020年形成第三版修订草案。现在把会议焦点问题和讨论情况整理如下，供关心跨国公司侵害人权问题国际立法的各界同人参考。

一、法律文书适用于哪些商业活动，涵盖哪些人权？

根据修订案文，法律文书适用于“所有商业活动”，包括但不限于“跨国商业活动”，同时应涵盖“所有人权”。由于此前零案文规定法律文书只适用于“跨国商业活动”，修订案文明显扩大了法律文书适用范围，引发不少争议。尽管一些国家表示支持，但包括我国在内的另一些国家则主张，根据人权理事会第26/9号决议授权，法律文书应只规范“跨国商业活动”，企业的国内商业活动应受各国国内法规制，将法律文书适用范围扩大至“所有商业活动”超出了决议授权。一些国家特别关注国有企业问题，要求明确法律文书适用于国有企业。此外，不少国家认为，“法律文书应涵盖所有人权”这一表述过于宽泛模糊，可能导致各国各自解释，适用不同标准。我国等一些国家建议将法律文书涵盖的人权范围明确界定为国家加入的国际人权条约明文规定的人权。另一些国家则主张，“所有人权”应为国际社会普遍认可的人权和基本自由，包括各国国内法认可的人权。

二、人权遭受跨国公司侵害的受害人享有哪些权利？

修订案文第四条“受害人权利”体现了对受害人的“强保护”，对受害人权利进行了全面详尽的规定，一些权利甚至超出了保护受害人的合理需要，例如通过适当的外交和领事渠道确保受害人的诉诸司法和救济权、减免受害人诉讼费用、举证责任倒置、通过环境修复和生态恢复给予受害人救济等。与会各国对该条存在实质性分歧（……）。

我国指出，该条部分规定有违平等原则与合法性原则，且缺乏国际人权法上的依据；特别是一些条款涉及的人权义务源于特定国际人权条约，由于不少国家并非这些条约的缔约国，这将给这些国家不当创设新的人权义务；该条规定确保受害人通过适当的外交和领事渠道获得救济，易和国际法上的外交保护、领事保护混淆，需进一步澄清。

三、国家承担哪些预防义务，企业有哪些尽职义务？

修订案文第五条“预防”是法律文书十分核心的条款，涉及国家预防跨国公司侵害人权的义务和公司自身防止侵害人权的尽职义务。根据该条，缔约国应有效规范跨国公司在其领土或管辖内的活动，确保其国内立法要求公司在本国领土或管辖内尊重并防止侵害人权。该条还详细规定了跨国公司的人权尽职义务，如识别和评估自身商业活动，或与其有合同关系的其他企业的商业活动可能导致的人权侵害等，要求缔约国确保公司履行这些义务。

我国主张应避免给企业，尤其是发展中国家的企业和中小企业施加难以实际履行的义务。该条给国家创设了不少新的人权义务，也超出了为受害人建立救济机制的合理需要，例如要求一些仅以电子方式存在的跨国公司，按法律文书的规定去“识别可能受商业活动影响的团体并与其进行有意义的磋商”，将使其不堪重负；将跨国公司的人权尽职义务规定为结果义务而非行为义务，意味着其即便履行了义务也不一定能豁免法律责任，这不符合公平和法治原则。

四、如何就跨国公司侵害人权的行为追究法律责任？

修订案文第六条“法律责任”要求缔约国确保国内法对商业活动中侵犯人权的行为建立全面和充分的法律责任体系，尤其是确保国内法规定境内跨国公司应对《国际刑事法院罗马规约》禁止的战争罪、危害人类罪、灭绝种族罪以及《禁止酷刑公约》《禁止强迫失踪公约》等规范的酷刑、强迫失踪、法外处决行为承担刑事、民事或行政责任。同时，该条还规定，对与其有合同关系的供应链合作伙伴侵害人权的行为，如相关跨国公司本应预料到这些行为但未能防止其发生，也要承担法律责任。

各国对“法律责任”条款存在明显意见分歧（……）。

我国主张，追究跨国公司侵害人权的法律责任应充分尊重各国司法主权和法律原则，避免为各国规定一套全新的法律义务；对跨国公司侵害人权的行为，最根本和有效的救济在于东道国，“法律责任”条款的重点是促使东道国强化本国司法体制，管好本国领土内跨国公司侵害人权的行为；本条规定的战争罪、灭种罪、危害人类罪、法外处决等侵害人权行为，责任主体通常是国家、武装叛乱团体等，跨国公司在现实场景中不太可能犯下这些罪行，法律文书应集中精力处理最常见、最严重的跨国公司侵害人权行为，避免让商业卷入国际政治。

五、哪些国家有权管辖跨国公司侵害人权的案件?

修订案文第七条“司法管辖权”规定，侵害人权行为的发生地、受害人居所地和涉案公司住所地所在国均有权对跨国公司侵害人权的案件行使管辖权。当受害人居所地、涉案公司住所地并非侵害人权行为发生地时，基于受害人居所地、涉案公司住所地进行管辖属于域外管辖。此外，该条还规定，公司住所地不仅包括公司注册地，还包括公司的法定席位、管理中心和实质商业利益所在地。与会国家对该条引入域外管辖并建立宽泛的管辖权态度分化（……）。

我国主张，行使域外管辖权须十分谨慎，限定在国际法许可的范围内，以免侵犯他国主权。基于受害人住所地行使管辖权在国际实践中十分罕见，将公司法定席位、管理中心和实质商业利益所在地规定为公司住所地与普遍的国际实践也不一致，两者都是不合理的域外管辖，可能造成受害人任意挑选管辖法院。我国还强调，对一些国家国内法规定的“不方便法院”原则，不能轻易否定。

六、审理跨国公司侵害人权的案件应当适用哪国法律?

修订案文第九条“适用的法律”规定，审理跨国公司侵害人权的案件原则上适用法院地法，包括与冲突法有关的此类法律规则，但法院地国也可适用侵害人权行为发生地、受害人居所地和相关公司住所地法律。对该条，不少国家提出异议（……）。

我国指出，该条规定以适用法院地法为原则，具有积极意义，但其同时又规定可以适用法院地法中的冲突法，而根据冲突法规范进行的转致、反致的结果常常是适用法院地以外国家的法律，适用法院地法的原则因而很容易被规避。此外，我国还认为，该条关于适用受害人住所地法律的规定，造成了法律适用的不确定性，并可能违反刑法的“法无明文规定不为罪”原则和民法的“正当程序”原则。

五　延伸阅读

- John Ruggie, “Business and Human Rights: The Evolving International Agenda”, *The American Journal of International Law*, Vol. 101, No. 4 (Oct., 2007).
- An International Legally Binding Instrument on Transnational Corporations and Other Business Enterprises with Respect to Human Rights, UN Human Rights Council sessions (2013 –), https://www.business-humanrights.org/en/binding-treaty/un-human-rights-council-sessions.
- Radu Mares, *Three Baselines for Business and Human Rights*, Business and Human Rights Research Brief 1/2017 (Raoul Wallenberg Institute), http://portal.research.lu.se/ws/files/34400601/Three_baselines_for_business_and_human_rights.pdf.

• David Kinley & Tom Davis, *Human Rights Criticism of the World Bank's Private Sector Development and Privatization Projects*, Sydney Law School Research Paper No. 08/53, Available at SSRN: https://ssrn.com/abstract=1133179.

• John H. Knox, *The Ruggie Rules: Applying Human Rights Law to Corporations*, 2012, Available at SSRN: https://papers.ssrn.com/sol3/papers.cfm?abstract_id=1916664.

• Danish Institute for Human Rights, *The AAAQ Framework and the Right to Water-International Indicators* (2014), https://www.humanrights.dk/sites/humanrights.dk/files/media/dokumenter/udgivelser/aaaq/aaaq_international_indicators_2014.pdf.

• 李卓伦:《工商业人权条约的适用范围研究——兼论中国参与工商业人权条约进程的必要性与途径》,《南海法学》2020 年第 2 期。

• 梁晓晖:《废墟上的空中花园蓝图:联合国工商业与人权条约“零草案”解析》,载中国国际法学会《中国国际法年刊(2018)》,法律出版社,2019。

• 梁晓晖、刘慈:《构建联合国工商业与人权条约的规范路径选择与实现悖论》,《人权研究》2021 年第 3 期。

• Radu Mares、张万洪:《工商业与人权的关键议题及其在新时代的意义——以联合国工商业与人权指导原则为中心》,《西南政法大学学报》2018 年第 2 期。

六　案例

2018 年 9 月 3 日,国家主席习近平在中非合作论坛北京峰会主旨讲话中指出,中国愿以打造新时代更加紧密的中非命运共同体为指引,在推进中非“十大合作计划”基础上,同非洲国家密切配合,未来 3 年和今后一段时间重点实施“八大行动”:实施产业促进行动,实施设施联通行动,实施贸易便利行动,实施绿色发展行动,实施能力建设行动,实施健康卫生行动,实施人文交流行动,实施和平安全行动。在实施产业促进行动中,国家主席习近平明确提出要“支持成立中国在非企业社会责任联盟”,该项倡议引发广泛共识,被纳入随后发布的《中非合作论坛—北京行动计划(2019—2021年)》中。

在中非合作论坛这样的重要场合、由国家领导人亲自倡议成立,中国在非企业社会责任联盟首次为人所知可谓意义十足。这是一个重要的见证,是中非友好合作和在非中企积极履责的结果；这也是一个重要的信号，来自国家领导人对社会责任的重视，势必将推动更多企业履责意识和能力的提升；这还是一个重要的方向，可以预见，联盟的成立将为海外履责提供科学性、合理性、协同性的组织保障，推动中国海外社会责任建设进入新阶段。

值得一提的是，非洲作为“海上丝绸之路”的重要启泊地，成立中国在非企业社会责任联盟同样还将是“一带一路”倡议在非洲可持续推进、中非携手可持续发展的重要手段。

七　思考题

1. 工商业与人权是个法律问题吗？

2. 工商业与人权议题如何与国际法的发展互相影响？

3. 在工商业与人权议题下，如何理解国家的人权义务？

4. 工商企业是否为国际法的主体？在国际法上具有何种地位？

5. 如何看待在国际法上议定一项规范工商业的人权影响和责任的条约的前景？

第二章　国际软法文件

引　言

软法文件或国际组织的权威政策声明在企业社会责任领域十分重要。自20世纪70年代起联合国一直试图为跨国公司制定国际准则，并在2000年左右再次尝试；然而，即使作为软法，这些文件也从未达成一致。相比之下，经合组织和国际劳工组织在20世纪70年代成功制定了此类社会责任文件并定期更新。直到2011年，联合国才成功通过了第一个软法文件——《联合国工商企业与人权指导原则》。该指导原则是在6年的时间里，以参与性方式并根据广泛的证据和研究编写的。《联合国工商企业与人权指导原则》标志着围绕其观点国家和私人行为者的许多政策工具取得了一致。《联合国工商企业与人权指导原则》得到了国家、企业和民间社会的支持，并就企业的社会责任提出了一种可行且适度的观点。尽管较为笼统，《联合国工商企业与人权指导原则》已经成为联合国各机构、经合组织和世界银行等拥有自己的企业社会责任文书的其他国际组织、国家政策制定者、衡量企业绩效并促进人权尽责的工会和倡导团体、根据其自身特殊情况进一步细化指导原则的各企业以及会计师和律师等职业群体使用的参照点。一个显著的问题是，《联合国工商企业与人权指导原则》是否会被国际层面（见第1章）或国家层面（见第4章）的硬法、2030年议程所推动的新合作和伙伴关系（见第5章）、企业内部更好的管理制度（见第8—14章）和关于各项人权更具体的企业指导遵循。关于软法价值的争论仍在继续：从积极的方面来说，企业在人权方面的作用和责任已经更为清晰；从消极的方面来说，考虑到营利需求和市场压力，软法对企业行为的影响程度尚不清楚。企业侵权的受害者仍然缺乏救济（见第6—7章）。应该采用什么样的新法律——无论是作为国际条约还是作为发达国家的国内法——来追究跨国企业的责任，仍然是一个有争议的问题。

一　要点

- 私营部门对发展的贡献

- 企业尊重人权的社会责任
- 国家保护人权的义务
- 保护主义与竞争优势
- 软法与硬法之间的关系
- 企业社会责任与执行法律的关系
- 跨国企业的定义
- 社会对话与成熟的企业关系
- 全球化经济中的“体面劳动”
- 侵犯人权中的共谋
- 企业社会责任与贸易和发展合作的关系
- 道德与公平的全球化

二 背景

联合国人权事务高级专员办事处《尊重人权的公司责任解释性指南》[①]

问题三：人权与工商业有何关联?

国际人权条约一般不会对企业规定直接的法律义务，因此，涉及企业违反国际人权标准的法律责任和执法主要在国内法中确定。然而，工商企业的行为，正如其他非国家行为者的行为一样，可能对他人享有的人权有正面或负面影响。企业可影响其雇员、客户、其供应链中的职工或围绕其存在的团体的人权。实际上，经验表明，企业如果不对这一风险及如何减轻这一风险给予充分关注，就可能而且也确实会侵犯人权。

问题七：对工商企业来说，尊重人权的责任可否自由选择?

不可以。在许多情况下，尊重人权的公司责任至少部分地体现在与国际人权标准相对应的国内法律或条例中。例如，保护民众免遭食品污染或水污染的法律，或规定工作场所标准须符合劳工组织公约和禁止歧视保障措施的法律，或要求在进行药物试验前，须征得参加者本人知情同意的法律，所有这些，都是国内法以不同形式监管企业行为，以确保它们尊重人权。

---

① UN Office of the High Commissioner of Human rights, *The Corporate Responsibility To Respect Human Rights-An Interpretive Guide* (2011), http://www.ohchr.org/Documents/Issues/Business/RtRInterpretativeGuide.pdf, 中文版见 http://www.ohchr.org/Documents/Publications/HR_PUB_12_02_ch.pdf。

然而，尊重人权的责任不限于遵守此类国内法律条款。它的存在，超出了守法的范围，构成了对所有企业在各种情况下的预期行为的全球标准。因此，它的存在，也有别于企业自身对人权的承诺。它体现在经济合作与发展组织（经合组织）《多国企业准则》一类软文书中。企业如果没有履行尊重的责任，可能招致法律、财务和名誉后果。此类失误还可能削弱企业聘用和挽留工作人员的能力，以及获取许可、投资、新的项目机会或对企业的成功和可持续性至关重要的类似利益的能力。因此，企业若对人权构成威胁，也会越来越对自己的长期利益构成威胁。

问题八：企业是否有任何额外的人权责任?

《指导原则》载明了所有企业无论在何处运营都必须遵守人权的基本责任。除此之外，企业可出于慈善原因，自愿作出额外的人权承诺，以保护或扩大其声誉，或开拓新的业务机会。国际法律和条例或许要求企业在一些情况下开展更多活动，就特定项目与公共当局签署的合同可能就是如此。例如，与国家签署的提供水服务的合同可能要求企业帮助实现用水方面的人权。经营条件还可能导致企业在特殊情况下承担额外责任。例如，企业可能发现需要进行社会投资，比如在当地卫生保健和教育方面，以取得或保持周边社区对其业务的支持（所谓的社会运营特许）。支持人权还构成了《联合国全球契约》签署者承诺的一部分。

一些企业在一些情况下承担责任，不仅尊重人权，还需增进人权。在此问题上的辩论仍在继续。这已超出了《指导原则》的范围，因为该原则是一个全球标准，显示了所有企业在所有情况下都需承担的责任，并因此聚焦于尊重人权的责任。尊重人权关系到企业的一项核心业务——它如何处理其日常运作。它不涉及企业核心业务之外的自愿活动，无论这些活动多么受欢迎。

三　国际文件与域外材料

（一）《联合国工商企业与人权指导原则》[①]

这些指导原则是基于承认：

（a）国家尊重、保护和实现基本自由的现有义务；

（b）工商企业作为社会专门机构，履行专门职能的作用，要求其遵守所

① UN Guiding Principles on Business and Human Rights-Human Rights Council. Seventeenth Session, 2011, http://www.ohchr.org/Documents/Publications/GuidingPrinciplesBusinessHR_EN.pdf，中文版见 http://www.ohchr.org/Documents/Publications/GuidingPrinciplesBusinessHR_CH.pdf。

有适用法律和尊重人权；

（c）权利与义务需要在遭到违反时获得适当和有效补救。

一、国家保护人权的义务

1. 国家必须保护在其领土和/或管辖范围内人权不受第三方，包括工商企业侵犯。这就要求采取适当步骤，通过有效政策、法律、条例和裁定，防止、调查、惩治和补救此类侵犯行为。

2. 国家应明确规定对在其领土和/或管辖范围内的所有工商企业在其全部业务中尊重人权的预期。

二、公司尊重人权的责任

11. 工商企业应尊重人权，这意味着它们应该避免侵犯其他人的人权，并且在自身卷入时，消除负面人权影响。

12. 工商企业尊重人权的责任指的是国际公认的人权，在最低限度上，可理解为《国际人权宪章》以及关于国际劳工组织《工作中的基本原则和权利宣言》中所载明基本权利的原则阐明的那些权利。

15. 为了履行其尊重人权的责任，工商企业应制定与其规模和环境相适应的政策和程序，包括：

（a）履行尊重人权的责任的政策承诺；

（b）人权尽责程序，以确定、防止和缓解人权影响，并对如何处理人权影响负责；

（c）补救其所造成或加剧的任何负面人权影响的程序。

三、获得补救

25. 作为其针对与企业相关的侵犯人权行为实施保护的义务的一部分，确保在此类侵权行为发生在其领土和/或管辖范围内时，通过司法、行政、立法或其他适当手段，使受害者获得有效补救。

（二）《经合组织跨国企业准则》[①]

一、概念和原则

2. 遵守国内法是企业的首要义务。《准则》不能替代国内法律法规，也不能凌驾于国内法律法规之上。在很多情况下，《准则》内容超出了法律范畴，这些内容不应、也无意对企业提出相互矛盾的要求。然而，假如国内法

---

① OECD, Guidelines for Multinational Enterprises - 2011 Edition, http://www.oecd.org/daf/inv/mne/48004323.pdf，中文版见 http://mneguidelines.oecd.org/text/。

律法规与《准则》提出的各项原则和标准发生冲突，企业应在不违反国内法的限度内，最大限度地恪守相关原则和标准。

4. 从《准则》的目的来看，无须对跨国企业做出精确的定义。这些跨国企业的业务遍及所有经济部门，通常由设在多个国家的公司或其他实体组成，并且相互关联，可以通过多种不同方式协调其业务。其中一个或多个实体可以对其他实体的活动施加显著的影响，但在不同的跨国企业内部，各实体享有的自主权往往大不相同。跨国企业可能是私有、国有或公私共同所有。《准则》适用于跨国企业内部的所有实体（母公司和/或本地实体）。根据企业内部的实际职责分配情况，不同实体之间应相互合作，相互协助，以便于遵守《准则》。

二、一般性政策

27. 最后一点，应指出的是，包括《准则》在内的自律活动和其他类似举措不得非法限制竞争，也不应将其视为有效的法律和政府监管的替代物。据了解，跨国企业在制定行为守则和自律做法时，应避免可能会扭曲贸易或投资的潜在影响。

三、信息公开

32. 信息公开涉及两个领域。第一组信息公开建议呼吁及时公布关于企业所有重大问题的准确信息，其中包括财务状况、业绩、所有权和公司治理情况。公司还应充分披露董事会成员和重要执行官的薪酬情况（个人或总数），以便于投资者准确评估薪酬计划的利弊，以及股票期权方案等奖励机制对于公司业绩的促进作用。相关方交易、可预见的重大风险因素，以及事关员工和其他利益攸关方的重大问题都是应予以披露的补充相关信息。

33. 在报告标准仍在不断发展变化的领域，例如社会、环境和风险报告，《准则》鼓励企业采纳第二组信息公开或交流做法。特别是温室气体排放问题，其监督范围正在扩大到直接和间接排放量、当前和今后排放量，以及企业和产品的排放量；生物多样性问题则是另一个实例。除财务业绩之外，很多企业还会公布其他方面的相关信息，并认为公布这些信息可以表明企业支持获得普遍认可的做法。在某些情况下，第二类信息公开（与公众和受到企业活动直接影响的其他方面进行交流）可能会涉及企业财务账目以外的其他实体。例如，可能还包括分包商、供应商或合资伙伴的活动信息。这一点特别适用于监督将有损于环境的活动转移给合作伙伴。

四、人权

40. 企业可能会对国际公认人权的各个方面产生影响。在实际工作中，在特定行业或背景下，某些人权可能比其他人权面临更大的风险，因此将成为高度关注的焦点。但情况可能会变化，所有权利都应接受定期审查。根据具体情况，企业可能需要考虑更多标准。例如，企业应尊重特定群体或需要特别关注群体的个人的人权，因为企业可能对这些人的人权造成不利影响。在这方面，联合国文书进一步阐明了土著人民、民族、族裔、宗教或语言少数群体、妇女、儿童、残疾人，以及移徙工人及其家人的权利。此外，在武装冲突情况下，企业应尊重国际人道主义法的标准，这些标准能够帮助企业在这种艰难环境中开展经营时避免造成或促成不利影响。

五、就业和劳资关系

51. 本章第1段反映了国际劳工组织1998年《宣言》所载的工作中的四项基本原则和权利，即，自由结社和集体谈判的权利、切实废除童工、消除所有形式的强迫劳动或强制劳动，以及就业和职业不歧视。这些原则和权利在国际劳工组织公约中形成了具体的基本权利和义务。

六、环境

1. 建立和维持适合本企业的环境管理制度，其中包括：

(a) 充分、及时地收集并分析有关其活动的环境、卫生和安全影响的信息；

(b) 制定可衡量的目标，并在适当时制定改善环境状况和资源利用情况的具体目标，包括定期审议这些目标的持续相关性；在适当情况下，这些目标应符合相关国家政策和国际环境承诺；

(c) 定期监督和验证环境、卫生和安全目标或具体目标的进展情况。

七、打击行贿、索贿和敲诈勒索

企业不应直接或间接提出、许诺、给予或索要贿赂或其他不正当利益，以便获得或保持商业或其他非正当优势。企业还应抵制索贿和敲诈勒索行为。特别是，企业应：

(……) 2. 制定和采取适当的内部控制、道德与合规方案或措施，防止和发现贿赂情况。制定这些方案所依据的风险评估针对企业的具体情况，特别是企业面临的贿赂风险（例如企业的地域部门和行业部门）。这些内部控制、道德与合规方案或措施应包含财务和会计程序系统，其中包括合理设计的内部控制系统，确保维护公正和准确的簿册、记录和账目，确保其不被用于贿赂或藏匿贿赂的目的。在必要时应针对具体情况和贿赂风险进行定期监测和重新评估，确保企业的内部控制、道德与合规方案或措施适用或继续有效，并减轻企业成为行贿、索贿和勒索同谋的风险。

八、消费者的权益

在对待消费者时，企业应根据公平的商业、营销和广告做法行事，并应采取所有合理步骤，确保其提供的商品或服务优质且可靠。特别是，企业应：

1. 确保其提供的商品或服务符合所有议定或法律规定的消费者健康与安全标准，包括与健康警告和产品安全信息有关的标准。

2. 在适当时提供关于商品和服务价格、成分、安全使用、环境属性、维护、储存和处置的准确、可证实和清楚的信息，足以使消费者做出知情决定。在可行的情况下，信息的提供应提高消费者比较产品的能力。

3. 为消费者提供公正、便捷、及时和有效的非司法争端解决和补救机制，同时避免不必要的代价或负担。

4. 不得捏造或隐瞒信息，不得从事任何其他虚假、误导、欺骗性或不公平的活动。

十一、税收

企业应及时缴纳应纳税金，从而为东道国的公共财政做出贡献，这一点很重要。特别是，企业应遵守其活动所在国的各项税收法律法规的条文和精神。遵守税法精神需要领会和依从立法意图。不要求企业支付的税款超出依据解释确定的法定金额。税务合规的措施之一是及时向相关主管部门提供用以准确核定其业务稽征税款的相关或法定信息，按照公平交易原则遵守转让定价做法。

（三）国际标准化组织《ISO 26000 企业社会责任指南》①

6.3.1.2　人权与社会责任

一个组织支持人权的机会往往在其自身的运营和员工中达到最大。此外，一个组织将有机会与其供应商、同行或其他组织以及更广泛的社会进行合作。在某些情况下，组织可能希望通过与其他组织和个人合作来增强其影响力。对行动机会和更大影响力的评估将取决于具体情况，或取决于组织自

① International Standard ISO 26000 - Guidance on Social Responsibility. First Edition, 2010 - 11 - 01.

身的情况，或取决于实际运作的情形。但是，在试图影响其他组织时，一个组织应始终考虑潜在的负面或非预期后果。

人们普遍认为，承认和尊重人权对于法治及社会公平的概念是必不可少的，同时还是诸如司法等社会基本制度的基础支柱。

国家有责任和义务尊重、保护和践行人权。组织有责任尊重人权，包括在其影响范围内的人权。

6.4.5　劳工实践议题3：社会对话

有效的社会对话为制定政策和寻求解决方案提供了一种机制，同时考虑到了雇主和工人的优先事项与需求。因此，社会对话所产生的结果对组织和社会具有有益和深远的影响。社会对话有助于在工作场所建立工作人员参与和民主的原则，促进组织与为其工作的人员直接的理解，改善劳资关系，从而减少成本高昂的劳动争议。社会对话是应对管理变革的有力手段，它可以被用来设计技能开发计划，以促进人类发展和生产率提高，或者用于降低组织运行变革所带来的负面社会影响。社会对话还可以包括保持分包商社会条件的透明度。

6.5.1.2　环境和社会责任

环境责任是人类生存和繁荣的前提条件，因而是组成社会责任的重要方面。环境这一核心主题与其他社会责任核心主题密切相关。环境教育和能力建设对于可持续的社会和可持续的生活方式的发展是至关重要的。

6.7.1.2　消费问题和社会责任

社会责任背景下的消费者问题，与以下方面相关：公平的营销实践、健康和安全保护、可持续消费、争议解决和赔偿、信息和隐私保护、基本产品和服务的获取、满足处于弱势和不利地位的消费者的需求，以及消费者教育。《联合国消费者保护准则》提供了有关消费者问题和可持续消费的基本信息（……）。

6.7.5　消费者议题3：可持续消费

按照目前的速度消费显然是不可持续的，它加快了对环境的破坏和对资源的消耗。通过将基于准确消息的道德、社会、经济和环境因素纳入选择和购买决策的考虑，消费者可以在可持续发展中发挥重要的作用。

7.4.3　社会责任融入组织治理、制度和程序

还有一点也很重要，就是要认识到社会责任融入整个组织的过程不可能一蹴而就，而且在所有社会责任核心主题和议题方面的进展也无法做到同

步，制定社会责任计划以明确哪些社会责任议题宜在短期内处理，哪些社会责任议题需要付出长期的努力，对组织而言可能是有益的。计划宜符合实际，同时宜一并考虑组织能力、可获得的资源及社会责任议题和相关行动的优先顺序。

（四）国际劳工组织《关于多国企业和社会政策的三方原则宣言》[①]

1. 通过国际直接投资、贸易和其他手段，这些企业可推动对资金、技术和劳动力更加有效的使用，为母国和东道国带来实质性的利益。在政府建立的可持续发展政策框架内，它们也可以在世界范围内为促进经济和社会福利，提高生活水平和满足基本需求，直接和间接地创造就业机会，以及享有包括结社自由在内的人权做出重要贡献。另一方面，多国企业在国家框架之外组织经营活动所取得的进展，可能会导致对经济实力集中的滥用，并引起与国家政策目标和工人利益的冲突。此外，多国企业的复杂性以及对其繁杂的结构、运作和政策的清晰认识的困难，有时会引起母国或东道国或两国的关切。

就业保障

32. 各国政府应认真研究多国企业对不同产业部门就业的影响。各国政府以及在各国的多国企业本身应采取适当措施，解决多国企业经营对就业和劳动力市场的影响。

33. 多国企业和国内企业应通过积极就业规划，努力为它们的雇员提供稳定的就业机会，遵守经由自由谈判确定的有关就业稳定和社会保障的职责。多国企业鉴于其可能具有的灵活性，应努力在促进就业保障方面发挥主导作用，特别是在那些停止经营可能会加剧长期失业的国家。

34. 考虑到经营的变化（包括因兼并、收购或转产而造成的变化）可能对就业有重大影响，多国企业应当在这种变化前合理的时间内，通知政府当局和它们所雇用的工人及其组织的代表，以便对其影响进行共同审议，在尽可能大的程度上减轻不良后果。在因整个企业关闭而涉及集体临时下岗或解雇的情况下，这一点特别重要。

35. 应当避免任意解雇的程序。

36. 各国政府应与多国企业和国内企业合作，为工作被终止的工人提供

① International Labour Organization, *Tripartite Declaration Of Principles Concerning Multinational Enterprises And Social Policy* (MNE Declaration) 5th Edition, 2017, http://www.ilo.org/empent/Publications/WCMS_094386/lang--en/index.htm.

某种形式的收入保障。

（五）国际劳工组织《工作中的基本原则和权利宣言》[①]

国际劳工大会

2. 声明，即使尚未批准有关公约，仅从作为国际劳工组织成员国这一事实出发，所有成员国都有义务真诚地并根据《章程》要求，尊重、促进和实现关于作为这些公约之主题的基本权利的各项原则，它们是：

（a）结社自由和有效承认集体谈判权利；

（b）消除一切形式的强迫或强制劳动；

（c）有效废除童工；以及

（d）消除就业与职业歧视。

5. 强调，不得将劳工标准用于贸易保护主义之目的，并且本宣言及其后续措施中的任何内容不得被援引或被以其他方式用于此种目的；此外，无论如何不得因本宣言及其后续措施而对任何国家的比较利益提出异议。

（六）国际金融公司（世界银行集团）《环境和社会可持续性政策（2012年）》[②]

12. 不仅国家有尊重、保护和实现人权的义务，国际金融公司（IFC）认识到企业也有尊重人权的责任。这一责任意味着避免侵犯他人人权，并解决企业对人权可能导致或促成的不利影响。履行这一责任还意味着创建有效的投诉机制，帮助尽早发现各类与项目相关的投诉并及时进行补救。国际金融公司（IFC）的绩效标准支持私营部门的这项责任。每一项绩效标准都包含与企业运营中可能面临的人权问题有关的元素。根据这项责任的要求，国际金融公司（IFC）在国家、部门和赞助商提供的信息的基础上，根据绩效标准的要求，对客户带来的风险和影响识别程序的程度和质量进行尽职调查。

13. 国际金融公司（IFC）认为，妇女在实现经济稳固增长和减少贫困上发挥着关键作用。妇女是私营部门发展的重要组成部分。国际金融公司（IFC）希望其客户将经营活动中与性别相关的风险以及非故意的性别歧视

---

① ILO Declaration on Fundamental Principles and Rights at Work and its Follow up（1998），http://www.ilo.org/declaration/thedeclaration/textdeclaration/lang--en/index.htm.

② IFC, *Policy on Environmental and Social Sustainability*（2012），https://www.ifc.org/wps/wcm/connect/Topics_Ext_Content/IFC_External_Corporate_Site/Sustainability-At-IFC/Policies-Standards/Sustainability-Policy.

的影响降到最低。国际金融公司（IFC）认识到，妇女经常由于性别不平等而不能发挥她们的经济潜能，因此承诺通过其投资和咨询活动为妇女创造机会。

国际金融公司（IFC）环境和社会可持续性绩效标准①

3. 项目活动应该尊重人权，这意味着避免侵犯他人的人权，并解决项目活动对人权可能导致的或促成的不利影响。每项绩效标准都包含一个项目在运营当中可能涉及人权的相关要素。基于这绩效标准进行的尽职调查将使客户能够解决项目中的很多与人权相关的问题。

（……）在有限的高风险情况下，客户在进行环境和社会风险评估识别过程的同时，进行与特定业务相关的人权方面的尽职调查可能是有必要的。

（七）《联合国全球契约》②

人权

原则1：企业应该尊重和维护国际公认的各项人权；

原则2：绝不参与任何漠视与践踏人权的行为。

劳工

原则3：企业应该维护结社自由，承认劳资集体谈判的权利；

原则4：消除各种形式的强制性劳动；

原则5：消除童工；

原则6：杜绝任何在雇用与职业方面的歧视行为。

环境

原则7：企业应对环境问题做到未雨绸缪；

原则8：主动承担更多的环保责任；

原则9：鼓励环境友好技术的发展与推广。

---

① IFC, Performance Standard 1-Assessment and Management of Environmental and Social Risks and Impacts (2012), https://www.ifc.org/wps/wcm/connect/5fd142004a585f48ba3ebf8969adcc27/PS_Chinese_2012_Full-Document.pdf? MOD = AJPERES，中文版见 https://www.ifc.org/wps/wcm/connect/115482804a0255db96fbffd1a5d13d27/PS_English_2012_Full-Document.pdf? MOD = AJPERES。

② United Nations Global Compact, Ten Principles, 2004, https://www.unglobalcompact.org/what-is-gc/mission/principles.

反腐败

原则10：企业应反对各种形式的贪污行为，包括敲诈、勒索和行贿受贿。

共谋[①]

“共谋”一般有如下三种类型：

- “直接共谋”指的是某一企业积极协助他人侵犯人权；
- “受益共谋”指的是某一企业直接从他人践踏人权中受益；
- “默认共谋”指的是这样一种情况，即，某一企业可能未协助或怂恿侵犯人权，也未从践踏人权行动中受益，但被视为在面对人权践踏现象时保持沉默。

共谋一般由两个要素组成：

- 一家公司或代表一家公司的个人“帮助”（便利、合法化、协助、鼓励等）另一种以某种方式实施侵犯人权的行为或不行为（不作为）；
- 公司知道它的作为或不作为可以提供这样的帮助。

（八）欧盟《企业社会责任白皮书》[②]

企业社会责任涉及公司超越其对社会和环境的法律义务而采取的行动。特定的监管措施创造了一个更有利于企业自愿承担社会责任的环境（……）。

通过履行社会责任，企业可以建立长期的员工、消费者和公民信任，从而为构建可持续商业模式奠定基础。更高层次的信任反过来有助于创造一个使企业能够创新和成长的环境（……）。

欧盟理事会对企业社会责任提出了“企业因为对社会的影响而需承担社会责任”的新定义。尊重适用的立法以及社会伙伴之间的集体协议是履行这一责任的先决条件。为了充分履行其社会责任，企业应当与其利益攸关方密切合作，做好充分准备，将社会、环境、道德、人权和消费者关注进行整合并纳入其商业运作和核心战略，目的是：

——最大限度地为股东及其他利益相关者和社会创造共享价值；

---

① 更多术语和定义可参见 https://www.unglobalcompact.org/what-is-gc/mission/principles/principle-2。

② Communication from the Commission to the European Parliament, the Council, the European Economic and Social Committee and the Committee of the Regions-A renewed EU strategy 2011 - 14 for Corporate Social Responsibility. European Commission, Brussels, 25.10.2011 COM (2011) 681, http://eur-lex.europa.eu/legal-content/EN/TXT/PDF/? uri = CELEX: 52011DC0681&from = EN.

——识别、预防和减轻其可能的不利影响。

这一过程的复杂性将取决于诸如企业规模和业务性质等因素。对于大多数中小企业尤其是微型企业来说，企业社会责任的履行过程宜保持非正式和直观。

对大型企业和有企业社会责任风险的企业来说，为识别、防范和化解可能产生的不利影响，应当鼓励其开展基于风险的尽职调查，调查范围包括其供应链。(……)

公共当局和其他利益相关者的角色

社会责任的发展应以企业自身为主导。公共当局应将自愿性政策措施巧妙地结合起来，并在必要时采取补充性管制，发挥支持作用，例如促进透明度，为负责任的商业行为创造市场激励，并确保公司问责制的实施。

企业应当被赋予一些灵活性以确保其找到适合自身的企业社会责任方案。尽管如此，许多企业仍然重视由公共当局支持的原则和指导方针，多以此作为制定自身政策和业绩的基准，以促进公平的竞争环境。

工会和民间社会组织往往能够发现问题，为企业改进行动带来压力，并能够与企业开展建设性合作，共同制定解决方案。消费者和投资者能够通过消费和投资决策来提高对负责任的公司的市场回报。媒体可以提高企业的正面和负面影响的意识。在与企业的关系中，公共当局和其他利益相关者应该表现出社会责任担当。

强调企业社会责任在与其他国家和地区关系中的作用

那些试图加入欧盟的国家如果在履行其企业社会责任的指导原则和规则及其代表的价值方面得到国际公认，则将会得到欧盟肯定，欧盟委员会将在欧盟扩员时继续将此纳入考虑。

欧盟委员会通过其外部政策促进企业社会责任。委员会将继续通过全球倡议和补充立法的组合，更广泛地传播国际公认的企业社会责任准则和原则，并使欧盟企业能够确保它们在外国经济和社会事务中产生积极影响。委员会将在贸易和发展领域提出相关建议。此外，在适当的情况下，它将提出在与伙伴国和地区建立对话中解决企业社会责任问题。

欧盟发展政策也认识到支持企业社会责任（CSR）的必要性。通过促进尊重社会和环境标准，欧盟企业可以在发展中国家促进更好的治理和包容性增长。以消费者、生产者和分销商为目标的商业模式有助于将发展的影响最大化。寻求与私营部门的合作将成为欧盟发展合作和欧盟应对自然和人为灾害时日益重要的考虑因素。(……)

（九）联合国《2030年可持续发展议程》[①]

67. 私人商业活动、投资和创新，是提高生产力、包容性经济增长和创造就业的主要动力。我们承认私营部门的多样性，包括微型企业、合作社和跨国公司。我们呼吁所有企业利用它们的创造力和创新能力来应对可持续发展的挑战。我们将扶植有活力和运作良好的企业界，同时要求《工商企业与人权指导原则》、劳工组织劳动标准、《儿童权利公约》和主要多边环境协定等相关国际标准和协定的缔约方保护劳工权利，遵守环境和卫生标准。

68. 国际贸易是推动包容性经济增长和减贫的动力，有助于促进可持续发展。我们将继续倡导在世界贸易组织框架下建立普遍、有章可循、开放、透明、可预测、包容、非歧视和公平的多边贸易体系，实现贸易自由化。我们呼吁世贸组织所有成员国加倍努力，迅速结束《多哈发展议程》的谈判。我们非常重视向发展中国家，包括非洲国家、最不发达国家、内陆发展中国家、小岛屿发展中国家和中等收入国家提供与贸易有关的能力建设支持，包括促进区域经济一体化和互联互通。

（十）《二十国集团/经合组织公司治理原则》[②]

董事会责任

A. 董事会成员应在充分知情的基础上，善意、审慎地维护公司和股东的最大利益（……）。

C. 董事会应当适用严格的职业道德标准，应当考虑利益相关者的利益。董事会的核心作用之一是建立公司的职业道德环境，不仅要通过自己的行为，而且要在任命和监督关键高管（从而任命和监督管理层全体）中发挥这一作用。执行严格的职业道德准则符合公司的长远利益，是提升公司的可信度、可靠度的方式之一，不但有利于公司的日常运营，也有利于公司长期计划的实现。为了使董事会的目标清晰且具有操作性，许多公司已发现，在专业标准和广义的行为规范等基础上制定公司职业道德准则，并在公司中宣传公司职业道德，这种实践非常有效。更宽泛的行为准则可能包括公司（包括其子公司）对遵循《经合组织跨国企业准则》（其反映了国际劳工组织《工

---

① Transforming our world: the 2030 Agenda for Sustainable Development, http://www.un.org/ga/search/view_doc.asp?symbol=A/RES/70/1&Lang=E，中文版见 http://www.un.org/ga/search/view_doc.asp?symbol=A/RES/70/1&referer=/english/&Lang=C。

② G20/OECD Principles of Corporate Governance (2015), http://www.oecd.org/corporate/principles-corporate-governance.htm.

作中的基本原则和权利宣言》包含的四个原则）的自愿承诺。

（十一）国际劳工组织《关于争取公平全球化的社会正义宣言》[①]

会议确认并宣布：

A. 在当前变革加速的背景下，成员国和本组织实施国际劳工组织章程权责的承诺和努力，包括通过国际劳工标准和将充分和生产性就业以及体面劳动置于经济和社会政策的中心，应以国际劳工组织的具有同等重要性的四项战略目标为基础，体面劳动议程正是通过这些目标体现的，并可归纳如下：

（i）通过创造一种可持续的制度和经济环境促进就业，在这一环境中：

- 个人能够开发并更新使他们能够为其个人的实现感和共同的福祉从事生产性职业所需的必要的能力和技能；

- 所有企业，无论公营或私营，应是能够创造增长以及为所有人创造更多的就业和收入机会及前景的可持续性企业；和

- 社会能够实现其经济发展、良好的生活标准和社会进步的目标；

（ii）发展并加强可持续和适合国情的社会保护措施（社会保障和劳动保护），包括：

- 将包括为需要此类保护的所有人提供基本收入的措施在内的社会保障扩展到所有人，修订其范围和覆盖面，以满足和应对由于技术、社会、人口统计和经济变革引起的新的需求和不确定性；

- 健康和安全的工作条件；和

- 旨在确保所有人公正地分享进步成果以及所有在业人员和需要此类保护的人员享有一种最低生存工资的有关工资和收入、工时和其他工作条件的政策；

（iii）将社会对话和三方性作为开展下列工作最适宜的方法加以促进：

- 根据各国的需求和情况调整战略目标的实施；

- 将经济发展转变成社会进步，反之亦然；

- 促进有关影响就业和体面劳动战略和计划的相关国家和国际政策的共识建设；和

- 使劳动法和机构富有成效，包括有关承认雇佣关系、促进良好的产

---

① ILO Declaration on Social Justice for a Fair Globalization（2008），http://www.ilo.org/wcmsp5/groups/public/---dgreports/---cabinet/documents/genericdocument/wcms_371208.pdf，中文版见 http://www.ilo.org/beijing/what-we-do/publications/WCMS_220284/lang--zh/index.htm。

业关系以及建立有效的劳动监察制度；和

（iv）尊重、促进并实现工作中的基本原则和权利，无论是作为根本的权利还是作为充分实现所有战略目标所需的必要条件，它们都是特别重要的，注意到：

- 结社自由和有效地承认集体谈判权利对能够使四项战略目标得以实现尤为重要；和

- 工作中的基本原则和权利的违反不得被援引或甚至被用以作为一种合法的比较优势，而且劳工标准不应被用以作为贸易保护主义的目的。

B. 这四项战略目标是不可分割、相互关联和相互支持的。促进其中任何一个所遇到的挫折将会妨碍朝着其他目标取得进展。为最大限度地发挥其影响，为促进它们所做的努力应成为国际劳工组织有关体面劳动的全球和综合战略的组成部分。在上述战略目标中，必须将性别平等和非歧视视为涵盖所有相关活动的事项。

（十二）全球化的社会影响面问题世界委员会《一个公平的全球化》①

一个更强有力的道德框架

37. 全球化治理必须基于普遍共同的价值理念和对人权的尊重。全球化一直在道德的真空中发展，其中，市场的成败往往成为行为判断的最终标准，“赢家为大”的态度削弱了社区和社会的结构。

38. 现在，正如在对更“合乎道德的全球化”的呼吁中所见，人们有重申公共生活中基本道德价值理念的深层愿望。价值理念也是许多追求普遍事业的公共运动，范围从消除童工劳动到禁止地雷等背后的推动力。

39. 团结的社会围绕共享价值理念加以建立，它为私人和公众的行动创建一个道德和伦理框架。全球化还没有创造一个全球的社会，但是在人民和国家之间增加的相互影响更突出了对共同道德参考标准的迫切需要。

40. 在很大程度上，这样一个框架已经出现在联合国多边制度的宣言和条约中。例如，它们已体现在《联合国宪章》、《世界人权宣言》、国际劳工组织《工作中的基本原则和权利宣言》以及最近的联合国《千年宣言》之中。这些普遍价值理念和原则代表了世界精神和世俗信仰的共同点。它们必须为全球化进程提供基础。它们应该反映到全球经济规则中，国际组织应该

① World Commission on the Social Dimension of Globalization, A Fair Globalization: Creating Opportunities For All (2004), http://www.ilo.org/public/english/wcsdg/docs/report.pdf, 中文版见 http://www.ilo.org/public/english/wcsdg/docs/reportc.pdf。

据此履行职责。

（十三）麦勒斯《鲁格之后的工商业与人权》[1]

以“保护、尊重和补救”框架（2008）和“指导原则”（2011）为代表的联合国秘书长特别代表（SRSG）的工作是多层次且深入的。本章对鲁格工作的介绍绝非枯燥乏味的描述，因为其作为联合国秘书长特别代表（SRSG）是经常被赋予发言权的。读者会在本章发现大量的引文和参考资料，从而理解鲁格的推理。鲁格是通过通俗易懂的报告、工作论文、学术期刊文章、演讲、访谈和跟很多人交换意见来作出选择的，这值得被肯定和赞扬（……）。

尽管鲁格拒绝就商业与人权达成条约，而且他得出的结论是现阶段企业没有根据国际人权法而产生的法定义务。但是，如果忽视他的工作，认为他的工作与法学学术和专业问题没有多少联系，他的思想没有从法律中得到启发，那将是大错特错的。恰恰相反，对于那些对国际法、人权法、刑法、公司法、证券法、投资法、透明度法和合同法感兴趣的律师来说，可以从中找到丰富的材料、深入的分析和不同的切入点。除此之外，法律在国际治理和复杂的监管机制中的作用之类的更广泛的问题一直是鲁格工作的核心。

四 中国相关文件与材料

（一）《关于中央企业履行社会责任的指导意见》[2]（国务院国有资产监督管理委员会，2007年12月29日）

为了全面贯彻党的十七大精神，深入落实科学发展观，推动中央企业在建设中国特色社会主义事业中，认真履行好社会责任，实现企业与社会、环境的全面协调可持续发展，提出以下指导意见。

一、充分认识中央企业履行社会责任的重要意义

（一）履行社会责任是中央企业深入贯彻落实科学发展观的实际行动。履行社会责

---

① Radu Mares, “Business and Human Rights After Ruggie: Foundations, the Art of Simplification and the Imperative of Cumulative Progress”, in R. Mares (ed.), *The UN Guiding Principles on Business and Human Rights-Foundations and Implementation*, Martinus Nijhoff Publishers (Leiden, Boston 2012) pp. 1 - 50.

② 国务院国有资产监督管理委员会：《关于中央企业履行社会责任的指导意见》，见国务院国有资产监督管理委员会网站，http://www.sasac.gov.cn/n2588035/n2588320/n2588335/c4260666/content.html。

任要求中央企业必须坚持以人为本、科学发展，在追求经济效益的同时，对利益相关者和环境负责，实现企业发展与社会、环境的协调统一。这既是促进社会主义和谐社会建设的重要举措，也是中央企业深入贯彻落实科学发展观的实际行动。

（二）履行社会责任是全社会对中央企业的广泛要求。中央企业是国有经济的骨干力量，大多集中在关系国家安全和国民经济命脉的重要行业和关键领域，其生产经营活动涉及整个社会经济活动和人民生活的各个方面。积极履行社会责任，不仅是中央企业的使命和责任，也是全社会对中央企业的殷切期望和广泛要求。

（三）履行社会责任是实现中央企业可持续发展的必然选择。积极履行社会责任，把社会责任理念和要求全面融入企业发展战略、企业生产经营和企业文化，有利于创新发展理念、转变发展方式，有利于激发创造活力、提升品牌形象，有利于提高职工素质、增强企业凝聚力，是中央企业发展质量和水平的重大提升。

（四）履行社会责任是中央企业参与国际经济交流合作的客观需要。在经济全球化日益深入的新形势下，国际社会高度关注企业社会责任，履行社会责任已成为国际社会对企业评价的重要内容。中央企业履行社会责任，有利于树立负责任的企业形象，提升中国企业的国际影响，也对树立我国负责任的发展中大国形象具有重要作用。

二、中央企业履行社会责任的指导思想、总体要求和基本原则

（五）指导思想。以邓小平理论和“三个代表”重要思想为指导，深入贯彻落实科学发展观，坚持以人为本，坚持可持续发展，牢记责任，强化意识，统筹兼顾，积极实践，发挥中央企业履行社会责任的表率作用，促进社会主义和谐社会建设，为实现全面建设小康社会宏伟目标作出更大贡献。

（六）总体要求。中央企业要增强社会责任意识，积极履行社会责任，成为依法经营、诚实守信的表率，节约资源、保护环境的表率，以人为本、构建和谐企业的表率，努力成为国家经济的栋梁和全社会企业的榜样。

（七）基本原则。坚持履行社会责任与促进企业改革发展相结合，把履行社会责任作为建立现代企业制度和提高综合竞争力的重要内容，深化企业改革，优化布局结构，转变发展方式，实现又好又快发展。坚持履行社会责任与企业实际相适应，立足基本国情，立足企业实际，突出重点，分步推进，切实取得企业履行社会责任的成效。坚持履行社会责任与创建和谐企业相统一，把保障企业安全生产，维护职工合法权益，帮助职工解决实际问题放在重要位置，营造和谐劳动关系，促进职工全面发展，实现企业与职工、企业与社会的和谐发展。

三、中央企业履行社会责任的主要内容

（八）坚持依法经营诚实守信。模范遵守法律法规和社会公德、商业道德以及行业规则，及时足额纳税，维护投资者和债权人权益，保护知识产权，忠实履行合同，恪守商业信用，反对不正当竞争，杜绝商业活动中的腐败行为。

（九）不断提高持续盈利能力。完善公司治理，科学民主决策。优化发展战略，突出做强主业，缩短管理链条，合理配置资源。强化企业管理，提高管控能力，降低经营成本，加强风险防范，提高投入产出水平，增强市场竞争能力。

（十）切实提高产品质量和服务水平。保证产品和服务的安全性，改善产品性能，完善服务体系，努力为社会提供优质安全健康的产品和服务，最大限度地满足消费者的需求。保护消费者权益，妥善处理消费者提出的投诉和建议，努力为消费者创造更大的价值，取得广大消费者的信赖与认同。

（十一）加强资源节约和环境保护。认真落实节能减排责任，带头完成节能减排任务。发展节能产业，开发节能产品，发展循环经济，提高资源综合利用效率。增加环保投入，改进工艺流程，降低污染物排放，实施清洁生产，坚持走低投入、低消耗、低排放和高效率的发展道路。

（十二）推进自主创新和技术进步。建立和完善技术创新机制，加大研究开发投入，提高自主创新能力。加快高新技术开发和传统产业改造，着力突破产业和行业关键技术，增加技术创新储备。强化知识产权意识，实施知识产权战略，实现技术创新与知识产权的良性互动，形成一批拥有自主知识产权的核心技术和知名品牌，发挥对产业升级、结构优化的带动作用。

（十三）保障生产安全。严格落实安全生产责任制，加大安全生产投入，严防重、特大安全事故发生。建立健全应急管理体系，不断提高应急管理水平和应对突发事件能力。为职工提供安全、健康、卫生的工作条件和生活环境，保障职工职业健康，预防和减少职业病和其他疾病对职工的危害。

（十四）维护职工合法权益。依法与职工签订并履行劳动合同，坚持按劳分配、同工同酬，建立工资正常增长机制，按时足额缴纳社会保险。尊重职工人格，公平对待职工，杜绝性别、民族、宗教、年龄等各种歧视。加强职业教育培训，创造平等发展机会。加强职代会制度建设，深化厂务公开，推进民主管理。关心职工生活，切实为职工排忧解难。

（十五）参与社会公益事业。积极参与社区建设，鼓励职工志愿服务社会。热心参与慈善、捐助等社会公益事业，关心支持教育、文化、卫生等公共福利事业。在发生重大自然灾害和突发事件的情况下，积极提供财力、物力和人力等方面的支持和援助。

四、中央企业履行社会责任的主要措施

（十六）树立和深化社会责任意识。深刻理解履行社会责任的重要意义，牢固树立社会责任意识，高度重视社会责任工作，把履行社会责任提上企业重要议事日程，经常研究和部署社会责任工作，加强社会责任全员培训和普及教育，不断创新管理理念和工作方式，努力形成履行社会责任的企业价值观和企业文化。

（十七）建立和完善履行社会责任的体制机制。把履行社会责任纳入公司治理，融入企业发展战略，落实到生产经营各个环节。明确归口管理部门，建立健全工作体系，逐步建立和完善企业社会责任指标统计和考核体系，有条件的企业要建立履行社会责任的评价机制。

（十八）建立社会责任报告制度。有条件的企业要定期发布社会责任报告或可持续发展报告，公布企业履行社会责任的现状、规划和措施，完善社会责任沟通方式和对话机制，及时了解和回应利益相关者的意见建议，主动接受利益相关者和社会的监督。

（十九）加强企业间交流与国际合作。研究学习国内外企业履行社会责任的先进理念和成功经验，开展与履行社会责任先进企业的对标，总结经验，找出差距，改进工作。加强与有关国际组织的对话与交流，积极参与社会责任国际标准的制定。

（二十）加强党组织对企业社会责任工作的领导。充分发挥企业党组织的政治核心作用，广泛动员和引导广大党员带头履行社会责任，支持工会、共青团、妇女组织在履行社会责任中发挥积极作用，努力营造有利于企业履行社会责任的良好氛围。

（二）《中华人民共和国国家标准：社会责任指南》（GB/T 36000－2015）（中华人民共和国国家质量监督检验检疫总局、中国国家标准化管理委员会，2015年6月）

前言

（……）本标准使用重新起草法修改采用ISO 26000：2010《社会责任指南》。

本标准与ISO 26000：2010相比，在结构上有较多调整。

（……）本标准还做了下列编辑性修改：

（……）——7.3.1将ISO 26000：2010中的6.3.1.1和6.3.1.2合并，删除了ISO 26000：2010中6.3.1的标题“人权概述”，并以ISO 26000：2010中6.3.1.2的标题“人权与社会责任”作为本条的标题，以便使条文逻辑更加合理、清晰，语句更加精炼；

——7.3.2.2中，将ISO 26000：2010的6.3.2.2中不适合在国家标准中阐述的国家义务、有关侵犯国际人权的法律诉讼等内容予以删除，以使标准更适应本地化需要；

——7.3.3.1和7.3.3.2在保持ISO 26000：2010的6.3.8.1技术内容不变的前提下，依照我国宪法和法律的相应表述对条文进行重新编辑，以使其语言阐述更适应本地化需要；

（……）

4　理解社会责任

4.1　历史背景

（……）由于社会责任的各个方面反映了特定时期的社会期望，因此，随着社会的发展和社会关注的变化，对组织的社会期望将会随之改变，社会责任的某些方面也将不断发展变化，例如：起初，社会责任概念主要专注于诸如捐助等慈善活动；一个世纪或更早之前，社会责任概念开始包含诸如劳工实践和公平运行实践等主题；随着时间的推移，诸如人权、环境、消费者保护、反欺诈和反腐败等主题开始越来越受到社会关注，社会责任内涵亦将愈加丰富。

（……）

4.3　社会责任基本特征

4.3.1　概述

社会责任的基本特征是指组织将社会和环境因素纳入其决策之中并为其决策和活动对社会和环境的影响担当责任的意愿。这意味着组织行为既透明又合乎道德，这些行为能致力于可持续发展并符合适用的法律法规且与国际行为规范相一致。它还意味着已将社会责任融入整个组织，并在组织关系中实施，且考虑了利益攸关方的利益。

利益攸关方的一项或多项利益可能会受到组织决策和活动的影响。这使得利益攸关方在组织中存在“权益”，并由此而与组织形成一种关系。这种关系无所谓正式与否，甚至亦不必经利益攸关方或组织所承认。利益相关也可被称为“利益攸关方”。在确认利益攸关方的利益时，组织宜考虑这些利益的合法性及其与国际行为规范的一致性。

（……）

5　社会责任原则

5.1　概述

为了最大限度地致力于可持续发展，组织宜遵守本章所述的社会责任原则以及第7章所述的针对每项社会责任核心主题的原则。

在应用标准时，组织宜充分考虑社会、环境、法律、文化、政治和组织的多样性，以及经济条件的差异性，同时尊重国际行为规范。

（……）

5.8　尊重人权

本原则是指：组织宜尊重人权，并认可其重要性和普遍性（亦见7.3）。

组织宜：

——尊重国内法律法规和我国认可的国际人权文件所规定的人权，依法促进和保护人权；

——将各项人权作为相互依存、不可分割的有机整体，促进经济、社会、文化权利与公民权利、政治权利的协调发展，促进个人人权与集体人权的协调发展；

——既尊重人权的普遍性原则，又坚持从基本国情和新的实际出发，切实尊重人权，促进人权的实现。

（……）

7　关于社会责任核心主题的指南

（……）

7.3　人权

7.3.1　人权与社会责任

人权是人人享有的基本权利，尊重人权对于实现法治及社会的公正和公平必不可少。虽然保护人权是国家的责任，但由于组织也能影响个人人权，因此，组织宜承担尊重人权的责任，包括在其影响范围内尊重人权。

7.3.2　原则和需考虑的因素

7.3.2.1　原则

人权是固有的、不容剥夺的、具有普遍性的、不可分割的和相互依存的整体：

——它们是固有的，在于它们是每一个人与生俱来的权利；

——它们是不容剥夺的，在于人权不允许被人们放弃，或被任何机构剥夺；

——它们是具有普遍性的，在于人权适用于每一个人，无论其地位如何；

——它们是不可分割的，在于没有任何人权可以被有选择地忽视；

——它们是相互依存的，在于某项人权的实现有助于实现其他人权。

7.3.2.2　需考虑的因素

组织有责任尊重人权，这首先意味着不侵犯他人权利。为此，组织宜采取积极措施，以避免被动接受或主动参与对他人权利的侵犯。为了尊重人权，每个组织都有责任开展尽职调查，以识别、评估、预防和处理因自身或组织关系方的活动所导致的实际或潜在的人权影响。当他方可能侵犯人权且本组织有可能牵涉其中时，尽职调查可以提醒组织有责任对他方行为施加影响。尽职调查适用于包括人权在内的所有核心主题。关于组织在尊重人权方面的法定义务，相关法律法规都做出了明确规定。

在某些情况和环境下，组织很可能会面临有关人权的挑战和困境，例如：贫困、干旱、极端的健康挑战或自然灾害；涉及存在法律风险的复杂价值链等。此时，组织侵犯人权的风险可能会加重。组织需特别小心谨慎，通常宜强化尽职调查过程，如开展独立的人权影响评估等，以确保尊重人权。

组织宜建立有效的申诉机制以解决有关其决策和活动影响人权的争议。对于那些认为其人权可能遭到组织侵犯的人员，申诉机制可帮其提请组织关注并予以纠正。该机制的建立虽可为此类人员在司法机制之外提供求助和获得纠正的额外机会，但不应损害其对法律渠道的正常使用。为了确保申诉机制真正发挥有效作用，组织宜确保申诉机制合法、可获得、可预知、公正、清晰且透明、基于对话和协商。

在组织侵犯人权的案例中，歧视①较为普遍。组织宜确保不歧视其利益攸关方（如员工、伙伴、顾客等）和任何与之有联系的其他方，并检查自身行为中和其影响范围内其他方的行为中是否存在直接或间接歧视。组织还宜确保不通过与其活动相关的组织助长歧视行为。弱势群体通常易受歧视，这些群体包括：妇女和儿童、残障人员、老年人、流离失所者、穷人、文盲、艾滋病患者等。组织宜考虑帮助弱势群体成员增强权利意识，只要可行就宜努力纠正现有歧视或补救以往歧视的遗留问题。

7.3.3　人权议题1：公民和政治权利

7.3.3.1　议题描述

在我国，作为社会成员，每个人均享有我国宪法、法律和我国认可的国际人权文件所规定的，与个人生命、尊严、自由和政治参与有关的各项公民和政治权利。这些权利包括（但不限于）：生命权；免受酷刑权；人身自由与安全权；剥夺自由时的人道待遇权；公正审判权；私生活权；宗教、信仰、言论、出版、集会、结社、游行示威或婚姻自由权；选举和被选举权；在法律面前平等并受法律平等保护权等。

---

① 歧视是指出于偏见而非合法依据考虑的、有损待遇和机会平等质量的任何区分、排斥或偏向。非法的歧视理由通常包括（但不限于）种族、肤色、性别、年龄、语言、财产、原籍、宗教、民族、社会出身、经济背景、残疾、怀孕、婚姻或家庭状况、艾滋病、政治或其他见解等。歧视既可能是直接的，也可能是间接的。某些规定、准则或做法虽然看似不偏不倚，但仍有可能会将某些具有特定属性的人员置于相对不利的地位。

7.3.3.2　相关行动和期望

组织宜在其影响范围内尊重个人依法享有的各项公民和政治权利，并积极支持和促进这些权利的实现。这些权利包括（但不限于）：

——生命权；

——言论自由权；

——和平集会和结社自由权；

——个人财产权或共同财产权以及免遭任意剥夺财产的权利；

——宗教信仰自由权；

——尊重员工在受到任何内部纪律处分之前所依法享有公正的听证权和申诉权。组织对员工所采取的任何纪律措施均宜恰当，且不得包含体罚，或者使其遭受非人道或侮辱性的对待等。

7.3.4　人权议题2：经济、社会和文化权利

7.3.4.1　议题描述

在我国，作为社会成员，每个人均享有为维护其尊严和实现个人发展所需要的经济、社会和文化权利。这些权利包括（但不限于）工作、基本生活水准、社会保障、健康、受教育、文化、环境等权利。

7.3.4.2　相关行动和期望

为了尊重这些权利，组织有责任开展尽职调查，以确保不参与破坏、阻挠或妨碍享有这些权利的活动，例如：组织宜评估其决策、活动、产品和服务及新项目对享有这些权利的可能影响；不直接或间接地限制或妨碍人们对诸如水等必需品或基本资源的获取（如确保生产过程不危及稀缺饮用水资源的供应）；在基本物品和服务的配送受到危害时，组织宜在可行的情况下考虑采取或维持特定政策，以确保这些物品和服务的有效配送。

在促进这些权利的实现方面，组织与政府有着不同的作用和能力。只要可行，组织也能为实现这些权利做出应有的贡献，例如：

——为便于社区成员的教育和终生学习，只要可能就提供相关支持和便利；

——联合其他组织和政府机构为尊重和实现这些权利提供支持；

——为促进实现这些权利而探索与其核心活动相关的方法；

——提供与贫困人群购买力相匹配的产品或服务。

在促进实现这些权利时，组织还宜考虑当地的背景情况。进一步指南参见7.8。

7.3.5　人权议题3：工作中的基本原则和权利

7.3.5.1　概述

由于工作中的基本原则和权利主要关注劳动权益问题，是人权的重要方面，因此，本核心主题专门将其作为一项议题予以阐述。

7.3.5.2　议题描述

工作中的基本原则和权利主要包括：

——依法参加和组织工会的自由和集体协商的自由；

——消除一切形式的强迫或强制劳动；

——有效废除童工劳动；

——消除就业和职业歧视。

7.3.5.3　相关行动和期望

虽然法律法规对上述基本权利做出了规定，但组织宜独自确保以下事务得到正确处理：

——工会组织和集体协商。组织宜尊重员工依法参加和组织工会的权利，依法支持工会组织独立自主地开展活动，并为其活动提供必要的设施和其他便利。组织宜尊重工会组织或员工代表一方依法参与集体协商的权利，支持其参与集体协商活动并为其提供所需信息；

——强迫劳动。组织不宜参与使用强迫或强制劳动，或者从中受益。任何工作或服务均不宜在惩罚威胁下或在不自愿情况下进行。对于监狱劳动及其产品，组织宜谨慎对待，严格遵守法律法规的相关规定；

——机会平等和非歧视。组织宜制定积极的就业政策，促进劳动者平等就业，确保其就业政策不存在任何直接或间接歧视，防止工作场所的权利侵犯。组织宜仅基于工作要求而确定就业政策和做法、薪酬、工作条件、培训和升职机会以及劳动关系的建立和解除等。对社会负责任的就业政策示例如下：

- 定期评估组织政策和活动对促进就业机会平等和非歧视就业的影响；
- 积极采取措施为弱势群体提供保护和进步机会，包括：为残疾人建立工作场所以帮助其在合适的条件下谋生；创建或参与若干项目，以促进青年和老年工作者就业、促进妇女平等工作机会及在高级岗位中占有更平衡的比例等。

——童工劳动。组织宜遵守法律法规中有关最低就业年龄的规定，杜绝使用童工或从使用童工中受益。

（三）《第二届“一带一路”国际合作高峰论坛圆桌峰会联合公报：共建“一带一路”　开创美好未来》[①]（2019年4月27日）

1. 我们（……）于2019年4月27日聚首北京，出席主题为“共建‘一带一路’、开创美好未来”的第二届“一带一路”国际合作高峰论坛领导人圆桌峰会。

2. 我们相聚于世界经济机遇和挑战并存、世界正发生快速而深刻变化的时刻。我们重申加强多边主义对应对全球挑战至关重要。我们相信，构建开放、包容、联动、可持续和以人民为中心的世界经济，有利于促进共同繁荣。

3. 我们忆及首届“一带一路”国际合作高峰论坛圆桌峰会联合公报及其确定的合作目标、原则和举措，并再次确认对落实联合国2030年可持续发展议程的承诺。我们重申，促进和平、发展与人权，推动合作共赢，尊重《联合国宪章》宗旨原则和国际法，

---

① 商务部：《第二届“一带一路”国际合作高峰论坛圆桌峰会联合公报（全文）》，见商务部网站，http://www.mofcom.gov.cn/article/i/jyjl/l/201904/20190402858427.shtml。

是我们的共同责任；实现世界经济强劲、可持续、平衡和包容增长，提高人民生活质量，是我们的共同目标；打造繁荣与和平世界的共同命运，是我们的共同愿望。

6.（……）

——我们将坚持开放、绿色、廉洁。我们支持开放型经济以及包容和非歧视的全球市场，欢迎所有感兴趣的国家参与合作。我们重视促进绿色发展，应对环境保护及气候变化的挑战，包括加强在落实《巴黎协定》方面的合作。我们鼓励各方在建设廉洁文化和打击腐败方面作出更多努力。

——我们追求高标准、惠民生、可持续。相关合作将遵守各国法律法规、国际义务和可适用的国际规则标准，并将本着以人民为中心的理念，促进包容性和高质量的经济增长并改善民生。我们致力于在各个层面促进合作的可持续性（……）。

18. 为实现项目可持续性，我们支持各国在项目准备和执行方面加强合作，确保项目可投资、可融资、经济可行及环境友好。我们呼吁“一带一路”合作的所有市场参与方履行企业社会责任，遵守《联合国全球契约》（……）。

推动可持续发展

22. 为促进可持续和低碳发展，我们赞赏推动绿色发展、促进生态可持续性的努力。我们鼓励发展绿色金融，包括发行绿色债券和发展绿色技术。我们也鼓励各方在生态环保政策方面交流良好实践，提高环保水平。

23. 为保护地球免于退化，我们期待建设更具气候韧性的未来，加强在环保、循环经济、清洁能源、能效、综合可持续水资源管理等领域合作，包括根据国际公认的原则和义务对受到气候变化不利影响的国家予以支持，从而在经济、社会和环境三方面以平衡和综合的方式实现可持续发展。我们支持落实联合国关于“水促进可持续发展”国际行动十年（2018－2028）执行情况中期全面审查的决议。

24. 我们鼓励在可持续农业、林业和生态多样性保护方面开展更多合作。我们同意在抗灾减灾和灾害管理领域促进合作。

25. 我们支持在遵守各国法律法规的基础上开展国际反腐败合作，对腐败问题采取零容忍态度。我们呼吁各国根据自身在《联合国反腐败公约》等国际公约和相关双边条约下的义务，加强相关国际合作。我们期待在交流有益经验和开展务实合作方面加强合作。

（四）《法治社会建设实施纲要（2020—2025年）》[①]（2020年12月7日）

（……）

三、健全社会领域制度规范

（……）

（十一）推进社会诚信建设。加快推进社会信用体系建设，提高全社会诚信意识和

① 中共中央：《法治社会建设实施纲要（2020—2025年）》，见中国政府网，http://www.gov.cn/zhengce/2020－12/07/content_5567791.htm。

信用水平。完善企业社会责任法律制度，增强企业社会责任意识，促进企业诚实守信、合法经营。健全公民和组织守法信用记录，建立以公民身份证号码和组织机构代码为基础的统一社会信用代码制度。完善诚信建设长效机制，健全覆盖全社会的征信体系，建立完善失信惩戒制度。结合实际建立信用修复机制和异议制度，鼓励和引导失信主体主动纠正违法失信行为。加强行业协会商会诚信建设，完善诚信管理和诚信自律机制。完善全国信用信息共享平台和国家企业信用信息公示系统，进一步强化和规范信用信息归集共享。加强诚信理念宣传教育，组织诚信主题实践活动，为社会信用体系建设创造良好环境。推动出台信用方面的法律。

(……)

四、加强权利保护

切实保障公民基本权利，有效维护各类社会主体合法权益。坚持权利与义务相统一，社会主体要履行法定义务和承担社会责任。

(……)

(十六) 引导社会主体履行法定义务承担社会责任。公民、法人和其他组织享有宪法和法律规定的权利，同时必须履行宪法和法律规定的义务。强化规则意识，倡导契约精神，维护公序良俗，引导公民理性表达诉求，自觉履行法定义务、社会责任、家庭责任。引导和推动企业和其他组织履行法定义务、承担社会责任，促进社会健康有序运行。强化政策引领作用，为企业更好履行社会责任营造良好环境，推动企业与社会建立良好的互助互信关系。支持社会组织建立社会责任标准体系，引导社会资源向积极履行社会责任的社会组织倾斜。

(五)《国务院国资委成立科技创新局社会责任局　更好推动中央企业科技创新和社会责任工作高标准高质量开展》[①] (2022年3月16日)

为切实推动中央企业科技创新和社会责任工作，经中央编委批准，国务院国资委成立科技创新局、社会责任局，并于近日召开成立大会。(……)

会议认为，党的十八大以来，习近平总书记对国资央企科技创新和社会责任工作多次发表重要讲话，作出系列重要指示批示，为做好国资央企科技创新和社会责任工作指明了方向、提供了根本遵循。(……)

会议强调，(……) 要突出抓好中央企业碳达峰碳中和有关工作，“一企一策”有力有序推进“双碳”工作；抓好安全环保工作，推动企业全过程、全链条完善风险防控体系；抓好中央企业乡村振兴和援疆援藏援青工作；抓好中央企业质量管理和品牌建设，打造一批国际知名高端品牌；抓好中央企业社会责任体系构建工作，指导推动企业积极践行 ESG 理念，主动适应、引领国际规则标准制定，更好推动可持续发展。(……)

---

① 国务院国有资产监督管理委员会：《国务院国资委成立科技创新局社会责任局　更好推动中央企业科技创新和社会责任工作高标准高质量开展》，见国务院国有资产监督管理委员会网站，http://www.sasac.gov.cn/n2588025/n2643314/c23711009/content.html。

五　延伸阅读

- IFC, *International Finance Corporation's Guidance Notes: Performance Standards on Environmental and Social Sustainability* (2012).
- John Ruggie, *Just Business: Multinational Corporations and Human Rights*, Norton, 2013.（中文版为〔美〕约翰·鲁格《正义商业：跨国企业的全球化经营与人权》，刘力纬、孙捷译，社会科学文献出版社，2015。）
- UN et al., SDGs Compass-The Guide for Business Action on the SDGs (2015), https://www.globalreporting.org/resourcelibrary/GSSB-Item-29-SDG-Compass-Meeting5Nov15.pdf.
- 梁晓晖：《工商业与人权：从法律规制到合作治理》，北京大学出版社，2019。
- 程骞、周龙炜：《从"企业社会责任"到"工商业与人权"：中国企业的新挑战》，《中国发展简报》2014年第4期。

六　案例

（一）伊利：生物多样性保护的"中国样本"

2018年11月18日，作为第一家签署联合国生物多样性公约《企业与生物多样性承诺书》的中国企业，伊利在全球首发《生物多样性保护年报》，系统披露带动产业链上下游履行社会责任，保护生物多样性相关信息。这是伊利继《伊利集团生物多样性保护》案例入选联合国教科文组织优秀案例之后，再次以"中国样本"亮相世界舞台。

2018年12月7日，在"2018实现可持续发展目标中国企业峰会"上，伊利再获殊荣，被联合国"全球契约"授予"实现可持续发展目标2018中国企业最佳实践"。

新时期中国的经济全球化首先或者理应体现为中国企业经营的全球化。作为中国企业的杰出代表，伊利结合核心业务，积极响应国际倡议，常年关注生物多样性等可持续发展议题，同时拿出真金白银开展多项生物多样性实践项目，这既是新时代中国企业成长为响应全球倡议、担负全球责任的全球企业的伊利样本，同样也是中国以负责任大国形象参与全球治理的表征，真正诠释了一流企业该有的使命责任和应有的实干远见。

（二）云南铜业（集团）有限公司的可持续发展实践

云南铜业（集团）有限公司（以下简称云铜集团）投资的普朗铜矿是迄今为止亚洲最大的斑岩铜矿山，属多金属超大型矿床，也是云铜集团近年来投资最大的资源类项目。该矿临近“三江并流”世界自然遗产地、普达措国家级风景名胜区。因而，在铜矿开采全过程中对生态环境保护的要求比同类矿山更为严格，标准更高。

为追求更为绿色高效的开采方式，云铜集团从保护生物多样性、生态破坏最小化和减少废弃物排放三个主要方面着手，制定了科学的开采方案。首先，在勘探阶段，云铜集团委托专业机构对普朗铜矿一期采选工程建设所涉及的范围区域，包括采矿场、露采工业场地、坑采工业场地、废石场、选矿工业场地、尾矿库及尾矿输送管线、水源地及输水管线、矿部办公楼及生活区、炸药库等所有覆盖区域和周边区域进行野外调查，明确采矿活动对生物多样性的影响，并出具《普朗铜矿生物多样性影响评价》。根据评价结果和建议，优化项目工程设计方案，最大限度降低采矿活动对生物多样性的影响。项目施工后，及时开展矿区尾矿生态环境恢复治理工作，根据自身所处环境和区域特点，实施绿化植树、植草和边坡治理等绿化工程，提高矿区绿化率。

其次，云铜集团在普朗铜矿项目中将露天开采转为全井下自然崩落法开采，整个开采作业都在井下完成，并通过在矿体或某个矿段底部进行拉底，上部的矿岩不需借助强制爆破，在自重和引力的作用下即可持续稳定崩落。为提高采矿安全性，该矿运用智能装备与控制技术，建立采选全流程的在线监测智能系统、无人驾驶运输系统、无人驾驶铲运机系统、选矿全流程智能无人操作系统、长距离智能化尾矿输送监控系统，实现覆盖地质、采矿、选矿动力、生产管理全过程的智能化生产线。在采矿过程中，该矿还引入具有环境监理、水土保持监理相应资质的第三方单位参与项目建设监督管理，为矿山绿色开采提供专业的技术支持和监督管理保障。

最后，为将尾矿泄漏、渗透等引起的环境污染风险降到最低，该矿在尾矿库底部全范围铺设具有高防腐性能、高防渗性能、高拉伸强度的 HDPE 防渗透膜，有效隔绝尾矿废水对土壤、地下水的污染。建立了 3 座井下涌水临时处理站和 2 座生活污水临时处理站以及 1 座生活污水永久处理站，处理生产和生活污水。生产废水（尾矿浆）从选矿厂排出后通过高效浓密机浓缩并排往尾矿库，澄清后经水泵加压送至选矿厂回用，做到“零排放”；生活污水经污水处理厂处理达标后用作矿区植被绿化浇灌，最大限度发挥资源利用价值，减少废水排放。对采矿过程产生的废石（不含铜铁的废石）进行了综合利用，在废石场附近建设废石加工厂，将采矿井下的废石进行加工后作为建筑材料使用，大大减少了废石堆存量，也避免为开采建筑砂石材料出现新的开挖破坏。

相比传统露天开采，全井下自然崩落法使整个采切工程量、炸药单耗都大幅减少，有效降低了矿山开采对矿区生态系统的影响。尾矿库全防渗处理，将尾矿库发生尾矿泄漏、渗透引起环境污染的风险降到最低。采用全自动智能生产线，有效提升了劳动生产率，同时极大地降低了事故发生率，提高了矿山作业的安全性。在追求经济效益的同时，普朗铜矿将绿色环保理念贯穿采矿全过程，积极推进绿色矿山建设与生态环境和谐发展，树立了良好的企业形象，得到了社会各界的广泛好评。

七　思考题

1. 工商业与人权和企业社会责任是何种关系？

2. 根据《联合国工商企业与人权指导原则》，工商企业负有哪些尊重人权的责任？

3. 中国有多少企业参加了联合国“全球契约”，它们在人权方面表现如何？

4. 工商企业与《2030 年可持续发展议程》的哪些目标有关，该如何为其实现作出贡献？

5. 体面劳动应当包含哪些内容或标准？

第三章 国际贸易和投资协定

引 言

国际贸易和投资协定旨在促进跨境资本、商品和服务的流动，并根据其竞争优势为相关国家赢得互利互惠。以世界贸易组织和自由贸易协定为核心的世界贸易体系促进了贸易和投资便利化，成千上万的双边投资条约形成的投资体系保护了投资者的权益。尽管高速发展的经济活动值得称道，但此类协议并未纳入保护环境和保障人权的措施。更值得注意的是，这些贸易和投资协议中的经济权利受到世贸组织和国际仲裁法庭强制力的保护，而人权则根本没有得到充分考虑。因此，一直有一种批评的声音——这种协议鼓励鲁莽的经济活动而无视人权保护。然而，最近发生的一系列事件表明，社会各界正在接受这种批评并做出改变：许多“现代贸易”协议逐渐开始包含涉及劳工权利和人权的“社会条款”。新的贸易和投资协定重申了各国管理其社会和环境事务而不必担心受到经济惩罚的主权权利。世界经济合作与发展组织、联合国贸易和发展会议以及欧盟是促进经济可持续发展的主要组织，尽管世界贸易组织暂时还没有保护劳工权利的职权。即使有这些显著的发展，鉴于受害者针对影响其权利的投资者和企业仍未获得能够强制执行的权利，目前的改革是否足够充分仍然存在疑问。

一 要点

- 自由贸易协定
- 双边投资条约
- 经济法下国家的政策空间
- 投资者与东道国之间合同中的稳定条款
- 国家规制的权利
- 投资者与东道国之间争议的仲裁
- 经济协议的人权影响评估
- 投资者与东道国之间的投资合同

- 自由贸易协定中的劳工部分
- 自由贸易协定中的贸易及可持续发展部分
- 国际劳工组织的核心劳工标准
- 国家的域外义务
- 执法义务
- 贸易保护主义
- 企业社会责任
- 公民社会机制
- 合作和制度建设

二　背景

（一）国际劳工组织《自由贸易协定的社会维度（2013 年）》①

在使全球化更具社会可持续性的辩论中，一个重要部分是如何确保贸易自由化可以维持或改善劳工标准，而不是将其置于险境。近年来，劳工标准和其他劳工问题日益纳入双边和区域贸易协定。工会和社会团体投入大量资源，主张在贸易协定中列入劳工条款。越来越多的贸易谈判代表将这一问题列入议程之中。然而，人们对其有效性的看法大相径庭。虽然有些人认为它们是改善劳动标准和工作条件的灵丹妙药，但也有人批评它们只是表面文章，甚至是假的保护主义。

在贸易协定中列入劳工条款有许多理由。从社会的角度来看，基本原理是对社会保障的保护；而从经济角度来看，劳工条款是对抗不公平竞争的工具，主要的思想是：违反劳工标准会扭曲竞争力（“社会倾销”）。面对其他的不公平交易行为应当用类似的方式处理。此外，人们还担心，没有必要保障措施的贸易自由化可能会导致在劳工标准方面的竞争。还有一个人权相关的理由，即劳工条款可作为确保尊重与劳工有关的人权的手段，反映了国际社会普遍接受的价值观。通过合作和对话，这些条款还可作为一种催化剂，通过增强国家与劳工有关的执行能力来改善劳工标准（……）。

在过去的二十年中，有劳工规定的贸易协定在绝对数量和相对数量方面都大幅增加。从 1995 年的 4 项到 2005 年的 21 项，再到 2013 年 6 月，有 58

---

① ILO, *Social Dimensions of Free Trade Agreements* (2013), http://www.ilo.org/global/research/publications/WCMS_228965/lang—en/index.htm.

项贸易协定包括了劳工条款。劳工规定往往集中于“南北贸易协定”，但发展中国家和新兴国家开始将劳工规定纳入贸易协定（“南南贸易协定”），趋势虽小但日益增加。

在包含劳工条款的贸易协定中，约40%是附条件的。这意味着劳工标准会带来经济后果——经济制裁或经济利益。美国和加拿大缔结的许多贸易协定就是非常典型的附条件劳工条款。

其余60%附带劳工条款的贸易协定完全是促进性的。这些条款没有将遵守与否和经济后果联系起来，而是为对话、合作或监测提供了框架，主要存在于欧盟、新西兰和“南南贸易协定”等考虑了劳工问题的贸易协定之中（……）。

（二）联合国《联合国专家对自由贸易和投资协定对人权造成的负面影响表示关切》①

包括《跨太平洋伙伴关系协定》（TPP）和《跨大西洋贸易与投资伙伴关系协定》（TTIP）在内的自由贸易和投资协定目前正在谈判过程中。一个联合国专家小组发表了以下声明，对许多协定起草和谈判的保密性及其对人权的潜在不利影响表达了关切。

“虽然贸易和投资协定可以创造新的经济机会，我们想提醒大家关注这些条约和协定对享有具有法律约束性的文书中所载人权造成的潜在不利影响，无论是公民、文化、经济、政治还是社会权利。我们关注的领域涉及生命、食物、水和卫生设施、健康、住房、教育、科学和文化、改善劳动标准、独立司法机构、清洁的环境和不被强迫重新安置的权利。”（……）

观察员担心这些条约和协定可能会对保护和促进人权产生一些倒退影响，如降低卫生保护、食品安全和劳工标准的门槛，迎合医药垄断企业的商业利益并扩大知识产权保护。关于双边和多边投资协议可能加剧赤贫问题，破坏公平和有效的外债重新谈判，并影响土著人民、少数族裔、残疾人、老年人和其他弱势人群权利的担忧是合理的。毋庸置疑的是，全球化和许多双边投资条约（BITs）和自由贸易协定（FTAs）可能对促进民主和公平的国际秩序造成积极或消极影响，这需要实际上的国际团结。

根据投资者－国家争端解决法庭设立前数十年的仲裁经验，自由贸易协定和双边投资条约中的投资者－国家争端解决机制章节也越来越成问题。经

---

① UN Experts Voice Concern over Adverse Impact of Free Trade and Investment Agreements on Human Rights (2015), https://www.ohchr.org/EN/NewsEvents/Pages/DisplayNews.aspx? NewsID=16031&LangID=E.

验表明，许多国家的管理职能及其为公共利益立法的能力已经受到威胁。

我们认为，侵入性投资者 – 国家争端裁决所产生的“寒蝉效应”加剧了这一问题，如国家因规定保护环境和食品安全、获得仿制的基本药物、根据《世界卫生组织烟草控制框架公约》的要求减少吸烟或提高最低工资而被处罚。

投资者 – 国家争端解决机制的条款是荒唐的，因为它们为投资者而不为国家或普通人民提供保护。它们允许投资者起诉国家，而不允许国家起诉投资者。(……)

三　国际文件与域外材料

（一）《联合国工商企业与人权指导原则》[①]

9. 国家应保持适当的国内政策余地，以在与其他国家或工商企业一道追求与企业相关的政策目标时，履行其人权义务，例如通过投资《条约》或合同。

评论

国家与其他国家或工商企业缔结的经济协议，例如双边投资协定、自由贸易区协议或投资项目合同，为国家创造了经济机会。但它们也会影响到政府的国内政策空间。例如，国际投资协议的条款可能限制国家充分执行新的人权立法，或使它们面临可能的约束性国际仲裁危险。因此，国家应确保自己保持适当的政策和监管能力，以根据此类协议条款保护人权，同时提供必要的投资保护。

（二）联合国经济、社会和文化权利委员会《第 24 号一般性意见》[②]

[国家] 尊重 [人权] 的义务

13. 缔约国应根据条约拘束力原则，确定其《公约》义务与贸易或投资

① UN Guiding Principles on Business and Human Rights-Human Rights Council. Seventeenth Session, 2011, http://www.ohchr.org/Documents/Publications/GuidingPrinciplesBusinessHR_EN.pdf，中文版见 http://www.ohchr.org/Documents/Publications/GuidingPrinciplesBusinessHR_CH.pdf。

② Committee on Economic, Social and Cultural Rights, *General Comment* No. 24 (2017) on State obligations under the International Covenant on Economic, Social and Cultural Rights in the context of business activities http://tbinternet.ohchr.org/_layouts/treatybodyexternal/Download.aspx?symbolno=E%2fC.12%2fGC%2f24&Lang=en.

条约义务之间可能存在的冲突，并在发现存在此类冲突的情况下避免订立此类条约。因此，在缔结这些条约之前，应进行人权影响评估，评估时应考虑到贸易和投资条约对人权的积极影响或消极影响，包括这些条约对落实发展权的贡献。应定期评估实施协定对人权的这种影响，以便采取纠正措施。在解释现行贸易和投资条约时应考虑到国家的人权义务，须符合《联合国宪章》第一百零三条的规定以及人权义务的特定性质。缔约国在其缔结的贸易和投资条约中不得克减《公约》规定的义务。鼓励缔约国今后在条约中列入明示其人权义务的条款，确保投资者－国家争端解决机制在解释投资条约或贸易协定投资条款时考虑到人权问题。

域外的尊重义务

29. 域外的尊重义务要求缔约国不直接或间接干涉境外个人享有《公约》权利。此义务的一项内容是，缔约国必须确保不阻碍另一国遵守《公约》规定的义务。此责任与贸易和投资协定或金融及税务条约的谈判和缔结尤其相关，与司法合作也很有关。

（三）世界贸易组织《新加坡部长宣言》①

核心劳工标准

5. 我们重申遵守国际公认的核心劳工标准的承诺。国际劳工组织是制定和执行这些标准的专门机构，我们肯定、支持促进这些标准的工作。我们认为，贸易增加和进一步贸易自由化所促进的经济增长和发展有助于促进这些标准。我们反对为保护主义目的而使用劳工标准，并同意决不能质疑各国，特别是低工资发展中国家的相对优势。在这方面，我们注意到世贸组织和劳工组织秘书处将继续它们现有的合作。

世贸组织的作用

6. 为了实现为共同利益而实现可持续增长和发展的目标，我们设想了一个贸易自由流动的世界。为此目的，我们重申我们的承诺：

- 公平、公正、公开的规则体系；
- 逐步开放和消除商品贸易的关税和非关税壁垒；
- 逐步开放服务贸易；
- 反对一切形式的保护主义；

---

① WTO, *Singapore Ministerial Declaration* (1996), https://www.wto.org/english/thewto_e/minist_e/min96_e/wtodec_e.htm.

- 消除国际贸易关系中的歧视性待遇；
- 将发展中国家和最不发达国家以及转型期经济纳入多边系统；
- 尽可能高的透明度。

（四）欧盟委员会《全面贸易：朝着有效和负责任的贸易和投资政策迈进》[①]

4.1.2　促进一种新的投资方式

（……）投资保护和仲裁引发了一场激烈辩论，讨论公平问题以及欧盟和伙伴国保留公共当局监管权的必要性，尤其是在跨大西洋贸易与投资伙伴关系协定谈判的背景下。

在过去的50年里，各国建立了一个由3200多个双边投资条约组成的密集的全球网络，其中1400个条约涉及欧盟成员国，目的是保护和鼓励投资。

目前的争论暴露了许多协定共同条款被滥用的风险，以及仲裁员缺乏透明度和独立性的问题。问题不在于制度是否应该改变，而在于应该如何改变。虽然不能维持现状，但保护投资的基本目标仍然保持，因为对外国投资者的偏见和侵犯财产权仍然是一个问题。

欧盟将要：

—第一步是在双边协定中列入现代条款，更加强调国家管制的权利，这是过去没有充分强调的。欧盟双边协议将开始将旧的投资者－国家争端解决机制转变为一个公共投资法院系统，由一个初审法院和一个类似于传统上诉法院的法院组成。将有明确的行为守则，以避免利益冲突，使独立法官与常设国际法院（如国际法院和世界贸易组织上诉机构）的成员具有同等的技术和法律资格。

—与此同时，与合作伙伴达成共识，建立一个成熟的、永久性的国际投资法院。

—长期而言，支持将投资规则纳入世贸组织。这将是一个简化和更新目前双边协定网的机会，以建立一个更明确、更合法和更包容的制度。

5.2.3　重新定义与非洲的关系

非洲正在进行的变革将对世界产生重大影响。无论是在消除贫困方面还是在新的经济机遇方面，风险都很高。非洲是过去十年中经济增长最快的大

---

① European Commission, *Trade for All: Towards an Eeffective and Responsible Trade and Investment Policy* (2015), https://trade.ec.europa.eu/doclib/docs/2015/october/tradoc_153846.pdf.

陆。然而，面临的主要挑战是如何实现可持续增长。这意味着要有经济转型和工业化的有效议程。贸易和投资将有助于应对这些挑战。非洲仍然面临市场高度分散的问题，国家之间的壁垒很高。这就有充分的理由去促进区域一体化和建立有利于整个区域的枢纽。

2014 年，欧盟与非洲的贸易关系进入了一个新阶段，缔结了 3 项区域经济伙伴关系协定，涉及西非、南非和东非的 27 个国家。它在两大洲之间建立了一种新的充满活力的伙伴关系，并为今后更密切的合作铺平了道路。区域经济伙伴关系协定还支持非洲自身的区域一体化，为更广泛的非洲一体化努力奠定了基础。

履行这些协定中的承诺将是缔约国未来几年的主要任务。它们还面临许多挑战，包括确保在发展方面发挥其潜力。区域经济伙伴关系协定可以帮助提高商业环境的可预测性和透明度，但在很大程度上将取决于国内改革。这都掌握在非洲国家手中，但欧盟准备继续支持它们。现有的发展援助可以提高非洲国家的能力，使它们能够以符合其自身发展战略的方式，从区域经济伙伴关系协定中获益。

展望未来，区域经济伙伴关系协定也是通向未来的桥梁。目前的区域经济伙伴关系协定主要是关于货物贸易。将区域经济伙伴关系协定逐步扩展到服务和投资等其他领域是有充分理由的。促进和保护投资将是支持非洲发展的下一个步骤。

（五）《欧盟－越南自由贸易协定》[①]

第十五章　贸易与可持续发展

第二条　监管权和保护水平

1. 缔约方承认各方有权确定其可持续发展目标、战略、政策和优先事项，在其认为适当的环境和社会领域确立其本国的保护水平，并根据国际认可的标准或协议的原则接受或修改相关法律和政策。关于何为缔约方，详见第三章和第四章。

2. 各缔约方应努力确保其法律和政策规定可以在国内提供高水平的环境和社会保护，并应努力继续改进这些法律和政策。

第三条　多边劳工标准和协定

2. 各缔约方重申其承诺，根据其作为国际劳工组织成员国所承担的义务

① EU-Vietnam Free Trade Agreement（2016），http://trade.ec.europa.eu/doclib/press/index.cfm?id=1437.

(……)，尊重、促进和有效执行有关工作中基本权利的原则，即：

(a) 结社自由和承认集体谈判权有效；

(b) 消除一切形式的强迫或强制劳动；

(c) 有效废除童工；

(d) 消除就业和职业歧视。

3. 各缔约方将继续做出持续性的努力，批准尚未批准的国际劳工组织基本公约，各缔约方将在这方面定期交换资料。(……)

5. 各缔约方重申致力于在其法律和实践中有效执行越南和欧洲联盟成员国分别批准的劳工组织公约。

6. 各缔约方认识到，不得援引或以其他方式将违反工作中的基本原则和权利的行为作为合法的比较优势，劳工标准不得用于贸易保护主义目的。

第九条　有利于可持续发展的贸易和投资

缔约方确认其关于在经济、社会和环境方面加强贸易和投资对可持续发展目标的贡献的承诺。(……)

(d) 各缔约方认识到自愿主动行动有助于实现和维持高水平的关于环境和劳工的保护，并补充国内的监管措施。因此，各方应根据其法律或政策，鼓励制定和参与此类倡议，包括自愿的可持续保证计划，如公平和道德贸易计划和生态标志。

(e) 缔约各方根据其国内政策，同意促进企业社会责任，但与企业社会责任有关的措施的适用方式不得成为对缔约各方的任意或不合理的歧视或变相限制贸易的手段。促进企业社会责任包括信息交流和最佳实践、教育和培训活动以及技术咨询。在这方面，每一缔约国都考虑到已得到或正得到缔约国赞同或支持的有关国际接受和商定的文书，例如世界经济合作与发展组织《跨国企业准则》、《联合国全球契约》、国际劳工组织《关于多国企业和社会政策的三方原则宣言》。

第十五条　机构设置和监督机制

2. 双方应成立一个专门的贸易和可持续发展专业委员会。(……)

3. 关于贸易和可持续发展的贸易和可持续发展专业委员会应（……）审查本章的执行情况，包括根据第 14 条进行的合作活动。(……)

4. 各缔约方应召集新的或咨询现有的国内可持续发展顾问团（……）（该顾问团）应由独立的代表组成，确保可以均衡经济、社会和环境利益攸关方（包括雇主和工人组织、商业团体和环境组织）的代表。(……)

第十六条　政府磋商

1. 对于本章规定的任何事项如有异议，缔约方仅可诉诸第 16 条和第 17 条规定的程序。除本章另有规定外，第三十章［争议解决］及其附件三（调解）不适用于本章。（……）

3. 缔约方应尽一切努力达成各方都满意的解决办法。在磋商中，应特别注意发展中国家缔约方的具体问题和利益。各缔约方应适当考虑劳工组织或有关多边环境组织或机构的工作，并可经双方同意，向这些组织或机构或其认为适当的任何其他机构或个人征求意见，以充分审查该事项。

第十七条　专家小组

1. 若贸易和可持续发展专业委员会未能在 120 天或双方商定的较长期限内令人满意地解决争议，在根据第 16.4 条提出磋商请求后，缔约方可向另一方的联络点提交书面要求，要求召集专家组对该争议进行审查。

（六）《欧盟 - 越南关系中的人权和可持续发展》[①]

该协定是欧盟与发展中国家在可持续发展目标和规定方面达成的最具雄心和最全面的自贸协定，符合欧盟委员会在贸易和投资战略新沟通中所作的承诺。根据这一承诺，贸易自由化、社会公正、尊重人权、较高的劳工和环境保护水平必须齐头并进。尽管贸易政策的首要目标是促进增长、就业和创新，但它也应促进欧洲和国际价值观念。（……）

根据《欧盟 - 越南伙伴关系和合作协定》第 1 条，双方承诺尊重联合国大会《世界人权宣言》和其他有关国际人权文书所规定的民主原则和人权。

正如欧盟与第三国的协议一样，《欧盟 - 越南伙伴关系和合作协定》所包含的“人权、民主和法治条款”（简称“人权条款”，其是该协议的一个基本要素），旨在促进欧盟赖以建立的价值观和政治原则（《欧盟条约》第 2 条），并如《欧盟条约》第 21 条所述，构成欧盟对外政策的基础。（……）

“人权条款”确保人权是双方共同利益以及对话的一部分，并作为实施积极措施的基础。欧盟认为，这一条款的主要价值之一是具有法律约束力，表明他们对促进和保护人权的共同承诺。它为欧盟提出人权问题提供了明确的法律依据，也使双方不可能声称人权纯粹是内部事务。（……）

---

① European Commission, Human Rights and Sustainable Development in the EU-Vietnam Relations with Specific Regard to the EU-Vietnam Free Trade Agreement (2016), http://trade.ec.europa.eu/doclib/docs/2016/january/tradoc_154189.pdf.

如果一方未能履行伙伴关系和合作协定项下的义务，另一方有权采取“适当措施”（第 57 条“履行义务”）。除非出现严重违反协定的情况，否则必须首先由联合委员会审查。如《联合声明》第 57 条所界定的严重违约行为违反了本协议的一项重要内容，另一方可立即采取措施。这可能包括引入直接对话。

在伙伴关系和合作协定中，人权的承诺至关重要。若一方违背，则第 57 条赋予了另一方采取“适当措施”的权利，包括以中止全部或部分协议作为最后手段（……）。

自 1995 年以来，欧盟与第三国签订的所有政治框架协议（如协会协议、伙伴关系和合作协议）都包括一项人权条款，涉及 130 多个国家。该条款被定义为协议的一个基本要素。最近几项协议中的人权条款是根据理事会关于使用欧盟常驻代表委员会于 2009 年 5 月批准的政治条款的共同办法的结论作出的（……）。

（七）欧盟《贸易协定人权影响评估准则》[①]

贸易和投资政策中的人权考虑

欧盟的贸易政策旨在促进全球市场的自由和公平的贸易开放。同其他文书相结合，它可以促进各国人权的改善。

正如《通信贸易、增长与发展》所强调的那样，开放贸易一直是成功增长与发展战略的关键要素；长期的可持续发展能出现有利于人权的条件，如就业水平的提高、生活水平的提高和可用于人权有关目标的政府资源的增加。

然而，《通信贸易、增长与发展》也强调，虽然贸易是发展的必要条件，但它还不够。国际贸易可以促进经济增长和减贫，具体取决于经济结构、贸易自由化措施的适当顺序以及国内改革和公平收入分配等配套政策。国际贸易政策应被视为解决贫困和促进发展的政策和行动组合中的组成部分：包括多边和双边合作、发展援助和支持以及政治对话；与就业、社会事务、卫生、善治、法治和教育等领域的国内政策和私营部门的企业社会责任实践相匹配。

因此，在考虑贸易政策对人权问题的影响时，应考虑到欧盟与有关国家的全面关系。例如，这可能包括政治框架协定（例如伙伴关系和合作协定）

---

① EU, Guidelines on the Analysis of Human Rights Impacts in Impact Assessments for Trade-related Policy Initiatives (2015), http://trade.ec.europa.eu/doclib/docs/2015/july/tradoc_153591.pdf.

的存在，或人权对话机制的存在。这些文书为欧盟与其贸易伙伴讨论人权问题提供了主要平台。

（八）《全面与进步跨太平洋伙伴关系协定（CPTPP）》①

［签署国：澳大利亚、文莱、加拿大、智利、日本、马来西亚、墨西哥、秘鲁、新西兰、新加坡和越南］②

第一条：全面与进步跨太平洋伙伴关系协定的成立

1．各方在此同意，根据本协议条款，2016 年 2 月 4 日在奥克兰签署的《跨太平洋伙伴关系协定》（TPP）被本协定合并，并且成为本协定的一部分，其条款可以直接援引（……）。

《跨太平洋伙伴关系协定》③

第十九章　劳动

第 19.3 条　劳动权利

1. 根据《国际劳工组织宣言》，各方应在其章程和规定中承认和保护以下权利：

（a）自由组建工会和承认集体谈判有效的权利；

（b）消除一切形式的强迫或强制劳动；

（c）有效地废除童工，并为了本协定的目的，禁止最恶劣的童工形式；

（d）消除就业和职业歧视。

2. 各方都应制定并维护章程和规定，并基于此进行实践和管理，包括合理的工作环境，最低工资、工作时间、职业安全与健康。

第 19.10 条　合作

1. 各方应认识到合作的重要性。合作是有效执行本章的一个方式，它有助于增加改善劳工标准的机会，并进一步推进有关劳工事务的共同承诺，包括工人的福利和生活质量，以及劳工组织宣言所述的原则和权利（……）。

第 19.15 条　劳资协商

1. 双方应本着相互尊重的原则，通过合作与协商，尽一切努力解决本章

---

① Comprehensive and Progressive Agreement for Trans-Pacific Partnership（CPTPP）（2018），www.dfat.gov.au/trade/agreements/in-force/cptpp/official-documents/Pages/official-documents.

② 中国政府已经于 2021 年 9 月 16 日正式提出申请加入《全面与进步跨太平洋伙伴关系协定》。《中方正式提出申请加入〈全面与进步跨太平洋伙伴关系协定〉（CPTPP）》，见中国政府网，http://www.gov.cn/xinwen/2021-09/16/content_5637879.htm。

③ Text of the Trans-Pacific Partnership Agreement，https://www.dfat.gov.au/trade/agreements/not-yet-in-force/tpp/Pages/tpp-text-and-associated-documents.

项下的任何事项。

2. 一方（请求方）可随时向另一方（响应方）提交书面请求，请求就本章项下产生的任何事项与另一方（响应方）进行劳动协商。请求方应提供足以使被请求方作出答复的具体和充分的信息，包括对争议事项的确认和根据本章提出请求的法律依据。请求方应通过其他缔约方各自的联络点将请求分发给其他缔约方（……）。

12. 如果咨询方未能在收到根据第 2 款提出的请求之日起 60 天内解决问题，请求方可根据第 28.7 条（设立专家组）和第 28 章（争端解决）的规定，要求设立专家组（……）。

13. 任何一方未首先根据本条寻求解决问题，不得就本章下产生的事项根据第 28 章（争端解决）寻求争端解决。

（九）《美国－中美洲自由贸易协定》[①]

第十六章　劳动

第 16.2 条　劳工法之执行

1.（a）从本协议生效之日起，缔约方不得通过持续或反复的作为或不作为，以影响双方贸易的方式，不执行其劳动法（……）。

第 16.6 条　劳工磋商

1. 一方可要求另一方就本章项下产生的任何事项进行磋商（……）。

3. 磋商各方应尽一切努力就此问题达成双方都满意的解决办法（……）。

6. 如果事关一方是否遵守第 16.2.1 条（a）款的义务，而磋商方未能在根据第一款提出请求后 60 天内予以解决，申诉方可以根据第 20 条第 4 款（磋商）请求磋商，也可以根据第 20 条第 5 款（委员会——斡旋、调停和调解）要求委员会举行会议，此后可根据第二十章（争议解决）诉诸该章的其他规定。

7. 除第 16.2.1 条（a）款外，本章任何条款下发生的任何争议，任何一方均不得就本协议项下的争议解决提起诉讼。

8. 对于第 16.2.1 条（a）款下产生的争议，任何一方在未首先按照本条要求解决该事项之前，不得就该事项诉诸本协议项下的争端解决。

① Central American-Dominican Republic Free Trade Agreement (2005), https://ustr.gov/trade-agreements/free-trade-agreements/cafta-dr-dominican-republic-central-america-fta/final-text.

（十）《美国－危地马拉中美洲自由贸易协定》的劳资仲裁（2017）[1]

背景

2008年4月23日，美国劳工联合会—产业工会联合会以及六个危地马拉贸易工会向美国劳工部贸易和劳工事务办公室提出申诉——正式称为“公开提交”——称危地马拉未能有效执行《多米尼加共和国－中美洲自由贸易协定》第十六章要求的劳动法。申诉包括五个案例研究称危地马拉未能执行有关结社自由、组织和集体谈判以及“可接受的工作条件”的劳工法。它还强调，自从贸易协定通过以来，令人不安的反工会暴力行为不断出现。（……）

2011年8月，在两国之间的正式劳工磋商未能取得成果后，美国贸易代表办公室（USTR）根据《美国－中美洲自由贸易协定》争端解决条款申请仲裁。这是美国第一次根据贸易协议提起劳动争议解决申请。在这份文件提交后不久，美国贸易代表办公室又宣布了一次延期，两国政府都在谈判一项“劳工执行计划”，该计划直到2013年4月才签署。危地马拉未能实施该计划的关键组成部分，一年后的2014年9月18日，美国贸易代表办公室宣布将会重启仲裁程序。

美国于2014年11月3日提交了第一份书面材料，仲裁委员会于2015年6月2日在危地马拉城举行了首次听证会。由于受到诸多延误的困扰，包括一名仲裁员中途辞职，该委员会于2017年6月14日作出最终决定，此时距离工会提交申诉已经过去了9年。

分析

专家小组得出的结论是，危地马拉未能有效执行劳工法，违反了《美国－中美洲自由贸易协定》劳工章的核心义务。（……）然而，两个障碍仍然存在：违反规定是否反映了持续或重复的作为或不作为，以及它们是否以某种方式影响贸易。

委员会的决定

有记录的证据表明，危地马拉未能有效地对Avandia这一雇主执行其劳动法，这为它带来一些竞争优势。但没有证据表明其他七个未有效执行劳动

---

① Lance Compa et al., *Wrong Turn For Workers' Rights-The U. S. -Guatemala CAFTA Labor Arbitration Ruling-and what to do about it*（2018），https://laborrights.org/sites/default/files/publications/Wrong%20Turn%20for%20Workers%20Rights%20-%20March%202018.pdf.

法的案例影响了贸易（……）。虽然我们（在论证的基础上）发现，危地马拉未能有效地执行其劳动法已经构成持续或重复的作为或不作为，但我们还没有发现任何证据可以表明此做法本身会对贸易产生影响（……）。

相反，虽然我们发现了一个未能有效执行劳动法的案例且其在某种程度上影响了贸易（即 Avandia 案），但个例并不构成持续或重复的不作为。美国已证明，在 8 个工作地点和 74 名工人中，危地马拉未能有效执行其劳动法，未能确保遵守法院命令，但并不是说这些情况构成一种影响贸易的不作为过程。美国未能证明，未充分进行劳动监察足以构成其作为或不作为。小组对美国在这些诉讼中提出的其他索赔没有管辖权，因为这些索赔不在向小组提出的申请之中。因此，我们的结论是，美国没有证明危地马拉没有履行《美国 - 中美洲自由贸易协定——发展纲领》第 16.2.1 条（a）款规定的义务。

建议

作为根据贸易协定的劳动条款来解决整个纠纷的首个案例，仲裁委员会的决定对全球经济中工人权利的倡导者来说是一个毁灭性的打击。这对那些在贸易协定中寻求劳工条款保护的工人本身更有害。该委员会的方法过于精简，技术含量过高，以交易为先，在很多方面都开创了一个可怕的先例。它对所有劳工条款的可行性提出了质疑，并破坏了自《美国 - 中美洲自由贸易协定》（CAFTA Agreement）以来此类劳工权利条款的进展，尽管进展甚微，比如“5 月 10 日”范本加强了与秘鲁、韩国、哥伦比亚和其他国家的协议的标准、义务和执行机制。它们都包含“以一种影响贸易的方式”的提法，这就是本案的死刑令。

（十一）联合国贸易和发展会议《可持续发展的投资政策》[①]

投资决策的核心原则

投资决策的总体目标是促进投资以实现包容性增长和可持续发展。

1. **政策一致性**：投资政策应以一国总体发展战略为基础。对投资产生影响的所有政策都应在国家和国际一级具有一致性和协同性。

2. **公共机构**：投资政策应由所有利益相关者参与制定，并将其纳入一个以法治为基础的制度框架，该框架坚持公共治理的高标准，并确保有一个投资者可预见、高效和透明的程序。

---

① UNCTAD, Investment Policy for Sustainable Development (2015), http://unctad.org/en/PublicationsLibrary/diaepcb2015d5_en.pdf.

3. **动态决策：**应定期审查投资政策的有效性和相关性，并适应不断变化的发展动态。

4. **平衡权利和义务：**投资政策应在确定国家和投资者的权利和义务方面保持平衡，以促进所有人的发展。

5. **监管权：**每个国家都有主权权利在遵守国际承诺的情况下为外国投资建立准入和经营条件，以符合公众利益，并尽量减少潜在的负面影响。

6. **投资开放：**根据各国发展战略，投资政策应建立开放、稳定、可预测的投资准入条件。

7. **投资保护与待遇：**投资政策应为现有投资者提供充分的保护。对现有投资者的待遇应是非歧视的。

8. **投资促进和便利：**投资促进和便利政策应符合可持续发展目标，并旨在尽量减少有害的投资竞争风险。

9. **公司治理与责任：**投资政策应促进和帮助公司遵守社会责任和公司治理的最佳国际惯例。

10. **国际合作：**国际社会应合作应对投资促进发展政策的共同挑战，特别是在最不发达国家。要共同努力，避免投资保护主义。

（十二）欧盟委员会《关于欧中投资协定可持续性影响评估的立场文件》①

对人权的影响

可持续发展影响评估一开始便指出，全面投资协定对人权的正面或负面影响，将在很大程度上取决于国内法律框架的健全程度以及它们是否符合国际标准。此外，全面投资协定不包括具体的人权条款，因为它仅限于投资保护和市场准入，因此可持续发展影响评估指出，它对人权的总体影响主要是间接的。

在澄清这两点之后，可持续发展影响评估认为，这种间接影响虽然微弱但可能是积极的，主要是由于各方在可持续发展条款之后更多参与了对与劳工和环境有关的投资。来自欧盟的外国直接投资的增加也可以促进经济稳定和增长，增加就业，从而提高生活水平和减少贫困。此外，欧盟投资者应当会重视和保护人权，特别是因为他们的商业经营中经常包括企业社会责任和

① European Commission, Position Paper on the Sustainability Impact Assessment in support of negotiations of an Investment Agreement between the European Union and the People's Republic of China (2018), http://trade.ec.europa.eu/doclib/docs/2018/may/tradoc_156863.pdf.

负责任商业行为实践。随着中国在欧盟投资的增加，预计这些投资者将遵守欧盟各项立法中的人权规定，因此预计不会对欧盟造成负面影响。

可持续发展影响评估还发现，在关于投资的全面协议机制下，非国家利益攸关方可能获得机会，参与有关投资的劳动和环境方面的讨论。确保透明度、促进公众参与和公开信息的义务也可能对言论自由的权利产生积极影响。

最后，如上所述，可持续发展影响评估指出了关于投资的全面协议潜在的诉讼风险。它回应了利益攸关方的呼吁，即中国和欧盟应根据协议保留足够的政策空间，进行必要的改革，以促进社会包容、劳工权利和人权保护。另一方面，可持续发展影响评估指出，监管权将嵌入协议中，因此政策空间将得到保留。

（十三）《巴西合作与投资便利化协定范本》①

第十四条　企业社会责任

1. 投资者及其投资应根据本条规定的自愿原则和标准，通过采取高度对社会负责的做法，努力为东道国和当地社区的可持续发展做出尽可能大的贡献。

2. 投资者及其投资应努力遵守下列关于负责任商业行为的自愿原则和标准，并符合接受投资的东道国通过的法律：

（a）促进经济、社会和环境的进步，以实现可持续发展；

（b）尊重参与公司活动的人的国际公认人权；

（c）通过与当地社区的密切合作，鼓励地方能力建设；

（d）鼓励创造人力资本，特别是通过创造就业机会和为工人提供专业培训；

（e）避免寻求或接受与人权、环境、健康、安全、工作、税收制度、财政奖励或其他问题有关的法律或监管框架中未规定的豁免；

（f）支持和倡导良好的公司治理原则，制定和应用公司治理的良好做法；

（g）制定和实施有效的自律做法和管理制度，以促进公司与经营所在社区之间的互信关系；

（h）通过适当传播本政策，包括专业培训计划，促进工人对公司政策的了解和遵守；

（i）对向董事会或在适当情况下向主管公共当局提交严重违反法律或公

① （Brazil）Model Cooperation and Facilitation Investment Agreement（2015），https://investmentpolicy.unctad.org/international-investment-agreements/treaty-files/4786/download.

司政策行为报告的雇员，不采取歧视性或纪律处分；

(j) 尽可能鼓励商业伙伴，包括服务提供商和外包商，采用与本条规定的原则相一致的商业行为原则；

(k) 不对地方政治活动进行任何不适当的干涉。

（十四）《负责任的合同原则：将人权风险管理纳入国家与投资者的合同谈判》①

将人权风险管理纳入合同谈判的十项原则：

(……) 4. 稳定条款：如需使用合同稳定条款，则应当认真做好起草工作，以便在保护投资者不受未来法律变化影响的同时，不妨碍国家为履行其人权义务，以非歧视的方式实施法律、法规或政策的善意努力。

原则 4 对谈判的主要影响：

工商业投资者可依法寻求保护，防范法律中出现任意或歧视性的变动。然而，如果稳定条款"冻结"项目适用的法律或规定投资者不必受未来法律的约束，且涉及劳工、卫生、安全、环境等领域或包含其他用于履行国家人权义务的法律措施，则不符合本项原则的宗旨。若使用稳定条款，则应规定在国家实行以下类型的法律、法规或政策时不受经济或其他处罚：(a) 在非歧视的基础上执行的法律、法规或政策；(b) 反映卫生、安全、劳工、环境、技术规范等领域或涉及项目对人权的影响的其他领域的国际标准、基准和公认的良好做法的法律、法规或政策。(……)

简要说明：

31. 合同稳定条款旨在减轻法律变化给企业投资者带来的风险。并不是所有的投资合同都有这些条款，但研究表明，当这些条款确实存在时，它们的适用范围和减轻新法律对投资者影响的规定存在很大差异。

32. 商业投资者将项目融资的可预测性和连贯性视为首要考虑因素，因为大多数大型投资项目都是不可撤销的长期项目。这使得投资者很容易因为项目管理规则的改变而遭受影响。

34. 但是，特别代表开展的比较研究表明，不同的稳定条款起草方式，

---

① John Ruggie, Principles for Responsible Contracts: Integrating the Management of Human Rights Risks into State-investor Contract Negotiations: Guidance for Negotiators, Report of the Special Representative of the Secretary General on the issue of Human Rights and Transnational Corporations and other Business Enterprises (2011), http://www2.ohchr.org/training/business/8_Support_%20doc_UNPrinciplesForResponsibleContracts.pdf.

有可能会过度限制各国履行其人权义务所需的政策空间。研究发现，较之于与发达国家政府议定的合同，与发展中国家政府谈判的合同通常：（1）覆盖面更广；（2）更倾向于规定工商业投资者免于遵守未来制定的法律，或者规定向投资者作出赔偿——即使在卫生、环保、劳工和安全等直接涉及人权的领域亦是如此。

38. 此外，可以对保护投资者不受任意和歧视性法律变动影响的措施进行调整，使之不会干扰国家履行其人权义务的善意努力。在某些情况下，特别是对于固定关税项目而言，合同的缔约方可以结合若干机制来管理法律变化带来的物质和经济后果。可以制定一些具体程序，以便在出现问题时可以切实高效地加以解决，如适当的分担风险方式，或是关于各方如何本着善意就缓解法律变动的影响进行谈判的程序和要求。(……)

四　中国相关文件与材料

（一）《中华人民共和国和瑞士联邦自由贸易协定》（2014 年 7 月 1 日正式生效）

序言

中华人民共和国（以下简称“中国”）和瑞士联邦（以下简称“瑞士”）(……)

认识到彼此间在政治和经济领域长期和密切的关系与合作；

(……)

意识到经济发展、社会发展和环境保护是可持续发展中相互依存、相辅相成的组成部分，更紧密的经济伙伴关系可在促进可持续发展方面发挥重要作用；

认识到本协定的实施应以促进缔约双方公众福祉为目标，包括提高生活水平、创造新的就业机会和促进与环境保护相一致的可持续发展；

(……)

决心弘扬互惠互利的精神，并通过建立一个运行良好和互利的双边优惠贸易体系来促进互惠贸易；

承认良好的公司治理与企业社会责任对可持续发展的重要性，并确认双方将致力于鼓励企业遵守此方面的国际公认准则和原则；

(……)

第十二章　环境问题

第 12.1 条　背景和目标

一、缔约双方回顾了 1972 年斯德哥尔摩人类环境宣言、1992 年里约环境与发展宣言、1992 年环境与发展 21 世纪议程、2002 年约翰内斯堡可持续发展实施计划和 2012 年里约 +20 峰会成果文件“我们希望的未来”。

二、缔约双方认识到经济发展、社会发展和环境保护是可持续发展相互依存、相互支持的组成部分。作为可持续发展全球性方针的一部分，缔约双方强调了在环境问题上进行合作所带来的好处。

三、缔约双方再次承诺，通过促进实现可持续发展目标，并确保将这一目标纳入和反映在缔约双方的双边经济关系中的方式，来促进经济发展。

第 12.2 条　多边环境协定和环境原则

一、缔约双方再次承诺，在其法律和实践中有效实施缔约双方均为成员的多边环境协定，以及本协定第 12.1 条中提到的国际文件中体现的环境原则和义务。努力通过各种手段，包括对各自环保法律和法规的有效实施，进一步提高环保水平。

二、缔约双方认识到，通过降低或减少国内环境法律、法规、政策和实践中的保护水平来鼓励贸易和投资是不恰当的。缔约双方同意环保标准不得用于贸易保护主义之目的。

三、缔约双方认识到在制定和实施与环境有关的措施时，考虑科学技术和其他信息以及相关国际准则的重要性。

第 12.3 条　促进有利于环境的货物和服务传播

一、缔约双方应努力推动和促进有利于环境的货物、服务和技术的投资和传播。

二、为达第一款之目的，缔约双方同意交换意见，并会考虑在此领域的合作。

三、缔约双方将鼓励企业就有利于环境的货物、服务和技术开展合作。

第 12.4 条　国际论坛合作

缔约双方将在缔约双方参与的有关双边、区域和多边论坛上，努力加强在共同关心的环境问题上的合作。

第 12.5 条　双边合作

一、缔约双方重申了以环境政策合作为手段以促进本章实施，并根据国家的环境政策目标和各自均为成员的多边环境协定中的义务，进一步提升环境保护水平的重要性。

二、为追求上述目标，缔约双方将以缔约双方之间现有的环境协定和安排为基础，考虑在拥有共同利益的领域开展进一步合作活动。

三、缔约双方间的环境合作将重点关注信息和专业知识交流、能力建设和培训、研讨会和讲习班、实习和奖学金，以及关注国际上此方面动态等。上述活动应解决技术合作和转让问题，特别是关于环境友好型技术的合作和转让问题。

第 12.6 条　资源和资金安排

忆及里约 +20 峰会成果文件中关于需要从各种渠道调动大量资源并有效使用资金的决定，为了大力支持发展中国家在可持续发展方面的努力，根据缔约双方协商一致和具体项目商定的条款，并考虑到缔约双方不同的社会和经济发展水平，实施环境合作所必需的资源应由缔约双方的主管机构和组织以及私营部门提供。

第 12.7 条　实施和协商

一、为促进本章实施及相关沟通事宜，指定以下联络点：

（一）对于中国：中华人民共和国商务部（MOFCOM）

（二）对于瑞士：联邦经济总局（SECO）

二、缔约一方可通过根据第一款中列明的联络点，就本章内发生的任何问题，提请在联合委员会框架内进行协商。缔约双方将尽一切努力达成缔约双方都满意的解决方案。

三、本协定第十五章不适用于本章。如果缔约一方认为另一缔约方行为不符合本章有关条款的规定，其仅可诉诸在联合委员会下举行的双边协商和对话。

第12.8条　审议

缔约双方应考虑相关的国际动态，在联合委员会上定期审议本章所设目标的进展情况。

（……）

第十三章　经济技术合作

（……）

第13.5条　劳工和就业合作

缔约双方将根据2011年6月15日在伯尔尼签订的《中华人民共和国人力资源和社会保障部与瑞士联邦经济事务部劳动和就业领域合作谅解备忘录》，以及于2013年7月6日在北京签订的《中华人民共和国人力资源和社会保障部与瑞士联邦经济事务、教育和研究部劳动和就业领域合作协议》，加强缔约双方在劳工和就业领域的合作。

（二）《中华人民共和国政府与东南亚国家联盟成员国政府全面经济合作框架协议投资协议（参考中译文）》（2009年8月15日签署，经2015年11月21日签署之《中华人民共和国与东南亚国家联盟关于修订〈中国－东盟全面经济合作框架协议〉及项下部分协议的议定书》修订后，于2019年10月22日对所有成员国全面生效）

中华人民共和国（以下简称“中国”）政府，文莱达鲁萨兰国，柬埔寨王国，印度尼西亚共和国，老挝人民民主共和国，马来西亚，缅甸联邦，菲律宾共和国，新加坡共和国，泰王国和越南社会主义共和国等东南亚国家联盟成员国（以下将其整体简称为“东盟”或“东盟各成员国”，单独提及一国时简称“东盟成员国”）政府，（以下将其整体简称为“各缔约方”，单独提及东盟一成员国或中国时简称为“一缔约方”）：

（……）达成协议如下：

（……）

第二条　目标

本协议的目标是旨在通过下列途径，促进东盟与中国之间投资流动，建立自由、便利、透明和竞争的投资体制：

（一）逐步实现东盟与中国的投资体制自由化；

（二）为一缔约方的投资者在另一缔约方境内投资创造有利条件；

（三）促进一缔约方和在其境内投资的投资者之间的互利合作；

（四）鼓励和促进缔约方之间的投资流动和缔约方之间投资相关事务的合作；

（五）提高投资规则的透明度以促进缔约方之间投资流动；以及

（六）为中国和东盟之间的投资提供保护。

（……）

第四条　国民待遇

各方在其境内，应当给予另一方投资者及其投资，在管理、经营、运营、维护、使用、销售、清算或此类投资其他形式的处置方面，不低于其在同等条件下给予其本国投资者及其投资的待遇。

第五条　最惠国待遇

一、各缔约方在准入、设立、获得、扩大、管理、经营、运营、维护、使用、清算、出售或对投资其他形式的处置方面，应当给予另一缔约方投资者及其相关投资，不低于其在同等条件下给予任何其他缔约方或第三国投资者及/或其投资的待遇。

（……）

第七条　投资待遇

一、各缔约方应给予另一方投资者的投资公平和公正待遇，提供全面保护和安全。

二、为进一步明确：

（一）公平和公正待遇是指各方在任何法定或行政程序中有义务不拒绝给予公正待遇；和

（二）全面保护与安全要求各方采取合理的必要措施确保另一缔约方投资者投资的保护与安全。

三、违反本协议其他规定或单独的国际协定的决定，并不构成对本条的违反。

第八条　征收

一、任何一缔约方不得对另一缔约方投资者的投资实施征收、国有化或采取其他等同措施（“征收”），除符合下列条件：

（一）为公共目的；

（二）符合可适用的国内法包括法律程序；

（三）以非歧视的方式实施；以及

（四）按照第二款规定给予补偿。

二、此补偿应以征收公布时或征收发生时被征收投资的公平市场价值计算，孰为先者作准。补偿应允许以可自由兑换货币从东道国自由转移。补偿的偿清和支付不应有不合理的拖延。公平市场价值不应因征收事先被公众所知而发生任何价值上的变化。

（……）

第九条　损失补偿

一缔约方投资者在另一缔约方境内的投资，如果因另一方境内战争或其他武装冲突、革命、国家紧急状态、叛乱、起义或骚乱而遭受损失，则另一缔约方在恢复原状、赔偿、补偿和其他解决措施方面，在同等条件下，给予该投资者的待遇不应低于其给予任何第三国投资者或本国国民的待遇，并从优适用。

第十条　转移和利润汇回

一、任一缔约方应允许任何其他方投资者在该缔约方境内的投资的所有转移，能以转移当日外汇市场现行汇率兑换为可自由兑换货币，允许此类转移不延误地自由汇入或汇出该方领土。

(……)

三、尽管有第一款和第二款的规定，一缔约方在公平、非歧视和善意实施其与下列内容相关的法律法规基础上，可以阻止或延迟某一项转移，包括：

(一) 破产，丧失偿付能力或保护债权人权利；

(二) 未履行东道方的关于证券、期货、期权或衍生产品交易的转移要求；

(三) 未履行税收义务；

(四) 刑事犯罪和犯罪所得的追缴；

(五) 社会安全、公共退休或强制储蓄计划；

(六) 依据司法判决或行政决定；

(七) 与外商投资项目停业的劳动补偿相关的工人遣散费；以及

(八) 必要时用于协助执法或金融管理机构的财务报告或转移备案记录。

(……)

第十一条　国际收支平衡保障措施

一、若发生国际收支严重不平衡、外部金融困难或威胁，一缔约方可采取或保留投资限制措施，包括与此类投资相关的支付和转移。认识到缔约方在经济发展过程中面临的保持国际收支平衡的特别压力，可在必要时采取限制措施或其他方式，确保维持适当的外汇储备水平以实施其经济发展计划。

二、第一段所指的限制措施应：

(一) 与国际货币基金组织协议的条款相一致；

(二) 在缔约方之间没有歧视；

(三) 避免对任何其他缔约方的商业、经济和金融利益造成不必要的损害；

(四) 不超越处理第一段所描述情形的必要限度；

(五) 属临时性的，并在第一段所述情形改善时逐步取消；以及

(六) 给予任一其他缔约方的待遇不低于任何第三国。

(……)

第十六条　一般例外

一、在此类措施的实施不在情形类似的缔约方、缔约方的投资者或投资者的投资之间构成任意或不合理歧视的手段，或构成对任何一方的投资者或其设立的投资的变相限制的前提下，本协议的任何规定不得解释为阻止任何成员采取或实施以下措施：

(一) 为保护公共道德或维护公共秩序所必需的措施；

(二) 为保护人类、动物或植物的生命或健康所必需的措施；

(三) 为使与本协议的规定不相抵触的法律或法规得到遵守所必需的措施，包括与下列内容有关的法律或法规：

1. 防止欺骗和欺诈行为或处理服务合同违约而产生的影响；

2. 保护与个人信息处理和传播有关的个人隐私及保护个人记录和账户的机密性；

以及

3. 安全；

（四）旨在保证对任何一方的投资或投资者公平或有效地课征或收取直接税；

（五）为保护具有艺术、历史或考古价值的国宝所采取的措施；

（六）与保护不可再生自然资源相关的措施，如这些措施与限制国内生产或消费一同实施。

（三）《中国的对外贸易》①（国务院新闻办公室，2011年12月）

前言

和平、发展、合作是当今世界潮流。改革开放以来，中国顺应经济全球化趋势，不断扩大对外开放，在平等互利的基础上积极同世界各国开展经贸合作。经过多年发展，对外贸易成为中国经济最为活跃、增长最快的部分之一，中国也成为跻身世界前列的贸易大国。中国对外贸易的发展，将中国与世界更加紧密地联系起来，有力推动了中国的现代化建设，也促进了世界的繁荣与进步。

（……）

一、中国对外贸易的历史性进步

（……）对外贸易发展有力推动了中国的现代化建设，中国成长为一个开放的经济体。参与国际分工与竞争，引进先进技术、设备和管理，利用外商直接投资，极大促进了中国技术进步和产业升级，提高了企业管理水平和市场竞争力。加工贸易迅速发展壮大使中国劳动力充裕的比较优势得以发挥，加快了中国的工业化和城镇化进程。对外贸易直接带动就业人口超过8000万，其中60%以上来自农村，就业者的收入和生活得到显著改善。对外贸易与国内投资、消费一起，成为中国经济增长的三大引擎。

中国对外贸易的历史性进步是与国际国内形势的发展变化紧密联系在一起的。20世纪80年代前后，和平与发展成为时代主题。随着经济全球化不断推进，资金、技术、产品、市场、资源、劳动力等要素在世界范围内的流动和配置更加活跃。以信息、通信为主导的科学技术进步使生产效率得到极大的提高，国际产业转移不断深化和发展。经济全球化、科学技术进步、国际产业转移和各国之间加强合作等为中国融入世界经济提供了历史性机遇。中国政府顺应时代潮流，以经济建设为中心，实行改革开放，发展与世界各国的经济技术合作，积极合理有效利用外资，充分发挥比较优势，促进了国际产业链分工的深化，为对外贸易发展创造了有利条件。在这个进程中，外国企业尤其是发达国家的跨国公司在中国获得大量投资机会，其拥有的资本、技术、管理经验和销售渠道等要素实现增值，分享了中国经济高速增长的成果。中国对外贸易的发展得益于改革开放，得益于经济全球化，得益于坚持走互利合作共赢道路。中国的发展离不开世界，世界的繁荣稳定也离不开中国。

---

① 国务院新闻办公室：《中国的对外贸易》，见中国政府网，http://www.gov.cn/zhengce/2011-12/07/content_2615786.htm。

中国仍然是一个发展中国家。与世界贸易强国相比，中国出口产业仍处于全球产业链的低端，资源、能源等要素投入和环境成本还比较高，企业国际竞争力、一些行业的抗风险能力相对较弱等。实现由贸易大国向贸易强国的转变，将是一个较为长期的进程，还需要付出艰苦努力。

(……)

三、中国外贸发展对世界的贡献

(……) 中国对外贸易的发展提高了中国与贸易伙伴的国民福利。随着加速融入世界分工体系，中国依靠劳动力成本优势、较强的产业配套和加工制造能力、不断提高的劳动生产率，逐渐发展成为世界工业品的主要生产国和出口国，为世界各国和地区提供了物美价廉的商品，满足了国际市场多种多样的需求。中国在全球制造业环节的规模经济优势和加工成本优势，部分地消化了上游生产要素的价格上涨，起到了抑制全球通货膨胀、提高贸易伙伴消费者实际购买力的作用。

(……)

四、促进对外贸易基本平衡增长

(……) 中国的货物贸易顺差主要来源于外商投资企业和加工贸易。在经济全球化不断深化过程中，由于分工的细化和规模经济的要求，越来越多的国际贸易由跨国公司主导，是基于价值链分工的产业内贸易或加工贸易。改革开放以来，中国吸收外商直接投资迅速增长。在相当长的时间里，外商投资企业进出口和主要由外商投资企业经营的加工贸易在中国货物贸易中的比重都保持在50%左右。外商投资企业进出口和加工贸易是中国货物贸易顺差的主要来源。2009年和2010年，外商投资企业货物贸易顺差分别为1270亿美元和1243亿美元，占同期中国货物贸易顺差总额的64.8%和68.4%，加工贸易顺差分别高达2646亿美元和3229亿美元，大大高于同期中国顺差总额。

(……)

六、实现对外贸易的可持续发展

目前，中国对外贸易发展还存在不均衡、不协调、不可持续的问题，突出表现在：出口增长主要依赖资源、能源、土地、劳动力和环境等要素投入及耗费，科技、管理、创新等要素投入不足，外贸发展与资源能源供给和环境承载力的矛盾日益突出；企业研发、设计、营销和服务等方面的竞争力还不强，自有知识产权和自有品牌出口产品所占比重不大；外贸发展对三次产业的贡献还不够均衡；中西部地区对外贸易规模和水平还相对落后；外贸增长的质量和效益有待进一步提高等。中国政府清醒地认识到这些问题，采取积极措施加快转变外贸发展方式，实现外贸的可持续发展。

努力培育外贸发展的综合竞争优势。面对近年来劳动力成本不断上升、资源和能源等生产要素价格大幅上涨、出口产业传统的低成本优势大大弱化的新情况，中国政府提出了外贸由粗放型发展向集约型发展转变的战略目标。(……)

加快推进外贸发展中的节能减排。早在1994年，中国政府就制定并发表了《中国21世纪议程——中国21世纪人口、环境与发展白皮书》，将节能减排纳入国民经济和社会发展目标。“十一五”和“十二五”规划都把降低能源消耗和二氧化碳排放强度作为约束性指标。2004 年以来，中国多次下调甚至取消部分高耗能、高污染和资源性商品出口退税，禁止和限制部分此类产品的加工贸易，鼓励进出口企业向国际上先进的环保标准看齐。近年来，中国出口商品中“两高一资”商品的比重大幅下降，新能源和节能环保产品出口大幅增长。大部分达到一定规模的进出口生产企业都已经获得 ISO 14000 等与环保有关的标准认证。中国将努力调整经济结构和产业结构，加快先进节能环保技术的应用，促进对外贸易与资源节约、环境保护更加协调发展。

加强与贸易有关的知识产权保护。加强知识产权保护，是中国履行国际义务的需要，更是转变经济发展方式、建设创新型国家的内在要求。多年来，中国政府在知识产权保护方面做了大量工作，在立法、执法、宣传、培训及提高全社会知识产权保护意识等方面取得了显著成效。2008 年，中国制定了《国家知识产权战略纲要》，把保护知识产权提升到国家战略的高度加以推进。2006 年至 2011 年，中国连续 6 年颁布《中国保护知识产权行动计划》，实施了包括立法、执法、教育培训、文化宣传和对外交流等多个领域的 1000 多项具体措施。(……)

提高出口商品的质量和安全要求。中国出口商品质量总体上不断提高，受到全球消费者欢迎和认可。2009 年和 2010 年，经出入境检验检疫机构检验检疫的中国出口货物分别为 1103.2 万批和 1305.4 万批，不合格率分别为 0.15% 和 0.14%；出口货值分别为 4292.7 亿美元和 5521.8 亿美元，不合格率分别为 0.12% 和 0.13%。2010 年，中国出口美国的食品为 12.7 万批，合格率 99.53%；出口欧盟的食品 13.8 万批，合格率 99.78%。日本厚生省进口食品监控统计报告显示，2010 年日本对自中国进口的食品以 20% 的高比例进行抽检，抽检合格率为 99.74%，高于同期对自美国和欧盟进口食品的抽检合格率。但是，中国国内仍有少数企业为降低成本而忽视商品质量和安全，也有一些外国进口商不讲质量和诚信，压低商品价格甚至直接授意中国生产商使用不合格原料。这些行为损害了“中国制造”的信誉。针对这些问题，中国政府近年来不断完善商品质量安全法律法规，加强了各环节监管，严厉查处少数违法违规造成质量问题的企业。2011 年 3 月，中国启动“外贸商品质量提升年”活动，进一步健全外贸商品质量和安全的许可、认证和监督机制，提高了对出口商品质量与安全保障的效率。

增强进出口企业的社会责任意识。随着对外开放不断扩大，越来越多的中国企业认识到，企业自身发展壮大的同时需要承担相应的社会责任。这不仅有利于社会和谐进步，也有利于提高企业竞争力和可持续发展能力。中国各级政府正通过倡导科学发展观和和谐社会理念，推动企业提高社会责任意识，尊重劳工权益，维护消费者权利，保护生态环境。同时，中国政府鼓励企业在进出口贸易中接受有关的社会责任标准，争取获得必要的社会责任认证。2008 年新的《劳动合同法》及其实施条例施行以来，进出口企业普遍建立了“五险一金”（养老保险、医疗保险、失业保险、工伤保险、生育保险和住房公积金）制度。中国政府把增强企业社会责任作为推动外贸转型升级的一项重要任务，今后将加强对企业社会责任的宣传和培训，建立和健全进出口企业诚信管理体系，完善全社会对企业社会责任的监督，开展企业社会责任培育和管理的国际合作，推动进出口企业不断提高承担社会责任的水平。

五　延伸阅读

- 2014 UNCITRAL Rules on Transparency in Treaty-based Investor-State Arbitration, http://www.uncitral.org/pdf/english/texts/arbitration/rules-on-transparency/Rules-on-Transparency-E.pdf.

- Caroline Richard and Elliot Luke, *Human Rights in International Investment Law: Where to After Urbaser?* (2017), https://sustainability.freshfields.com/post/102enaj/human-rights-in-international-investment-law-where-to-after-urbaser.

- David Kinley, *Civilising Globalisation: Human Rights and the Global Economy*, Cambridge University Press, 2009.（中文版为〔澳〕戴维·金利《全球化走向文明：人权和全球经济》，孙世彦译，中国政法大学出版社，2013。）

- EC, *Trade and Sustainable Development (TSD) chapters in EU Free Trade Agreements (FTAs)*, 2017, http://trade.ec.europa.eu/doclib/docs/2017/july/tradoc_155686.pdf.

- Eric De Brabandere, "Human Rights and Foreign Direct Investment", in Markus Krajewski and Rhea Hoffmann (ed.), *Research Handbook on Foreign Direct Investment* (Edward Elgar, 2018), https://papers.ssrn.com/sol3/papers.cfm?abstract_id=3149387.

- ILO, *Assessment of Labour Provisions in Trade and Investment Arrangements* (2016), http://www.ilo.org/wcmsp5/groups/public/---dgreports/---inst/documents/publication/wcms_498944.pdf.

- ITUC, *Trans Pacific Partnership Labour Chapter Scorecard-Fundamental Issues Remain Unaddressed* (2016), https://www.ituc-csi.org/IMG/pdf/trans_pacific.pdf.

- James Harisson et al., "Governing Labour Standards through Free Trade Agreements: Limits of the European Union's Trade and Sustainable Development Chapters", *Journal of Common Market Studies*, Vol. 57, Issue 2, 2019, https://onlinelibrary.wiley.com/doi/10.1111/jcms.12715.

- Markus Krajewski, "A Nightmare or a Noble Dream? Establishing Investor Obligations Through Treaty-Making and Treaty-Application", *Business and Human Rights Journal*, Vol. 5 (2020), https://www.researchgate.net/publication/338751469_A_Nightmare_or_a_Noble_Dream_Establishing_Investor_Obligations_Through_Treaty-Making_and_Treaty-Application.

• Robert Howse, "The World Trade Organization 20 Years On: Global Governance by Judiciary", The European Journal of International Law (2016).

• Stephen Schill and Vladislav Djanic, "Wherefore Art Thou? Towards a Public Interest-Based Justification of International Investment Law", *ICSID Review-Foreign Investment Law Journal*, Volume 33, Issue 1, Winter 2018, Pages 29 - 55, https://doi.org/10.1093/icsidreview/six025.

• Sustainability Impact Assessment (SIA) in support of an Investment Agreement between the European Union and the People's Republic of China Final report (2017), http://trade.ec.europa.eu/doclib/docs/2018/may/tradoc_156862.pdf.

• United Nations Convention on Transparency in Treaty-based Investor-State Arbitration (2015), https://www.uncitral.org/pdf/english/texts/arbitration/transparency-convention/Transparency-Convention-e.pdf.

• 黄世席:《国际投资争端中投资规则与人权规则适用的冲突与挑战》,《当代法学》2018 年第 4 期。

• 李春林:《国际法上的贸易与人权问题研究》,武汉大学出版社,2007。

• 李西霞:《自由贸易协定中劳工标准的发展态势》,《环球法律评论》2015 年第 1 期。

六 案例

(一) 中缅莱比塘铜矿项目

缅甸莱比塘铜矿项目是亚洲最大的湿法炼铜工程,2010 年中缅两国达成协议由中缅双方共同出资修建。中国投资方为中国北方工业集团 100% 控股子公司——万宝矿产缅甸铜业有限公司(占股 49%),合作方为缅甸军方的缅甸经济控股有限公司(占股 51%)。2012 年,缅甸政府批准了缅甸莱比塘铜矿的扩建项目,但遭到当地居民和环保组织的反对。其中项目建设可能对当地环境造成巨大损害、对中国企业攫取当地资源表示警惕是反对的主要原因。在当地居民的抵制下,项目从开工至 2015 年多次停工,在此期间曾爆发过多次群体性抗议事件。至 2015 年,以昂山素季为主席的一个独立调查委员会对莱比塘铜矿项目的环境污染问题进行调查并发布调查报告。根据该调查报告,莱比塘铜矿项目并不存在严重的破坏环境现象,其环境影响评价程序也符合环保法的规定。2016 年，莱比塘铜矿扩建项目全面复工。

（二）造纸公司屡遭投诉

L 造纸（香港）有限公司（以下简称“L 公司”）于 2007 年在越南成立子公司，主要生产再生纸、瓦楞纸。2016 年 12 月，L 公司在对工厂进行测试的过程中因涉及环境污染而被环境管理局叫停。2017 年 4 月 1 日，《越南新闻》爆出 L 公司湄公河三角洲工厂在 3 月 7 日试运营时排放了未经处理的污水，影响附近居民生活。随后，越南资源与环境部下令环境管理局就该问题组成专门调查组进行调查，同时要求 L 公司公布试运营的相关信息。L 公司在向调查组递交的一份报告中承认公司在试运营期间产生了噪声、灰尘和难闻的气味，影响了附近的住户。污染是由煤仓库的煤尘引起的，并提出了整改方案，包括：在仓库周围安装防尘网、在工厂周围种植树木以防止灰尘在邻近地区蔓延、在 4 月 13 日前对其燃煤电厂的噪声进行隔音处理、建立除恶臭设施等。环境管理局经审查，接受了 L 公司的整改报告。但是，因在生产过程中使用大量化学药品可能对环境带来潜在威胁，针对 L 公司环境污染的投诉一直未停止，越南工业和贸易部已经建议中央政府暂停 L 公司部分纸浆生产线的生产活动。

七 思考题

1. 国际贸易和投资协定的缔约国在保护人权免受工商企业侵害方面负有哪些义务？
2. 国际贸易和投资协定如何约束工商企业？
3. 在现存的国际贸易和投资协定中，涉及最多的人权议题有哪些？
4. 国际投资争端仲裁在解决涉及人权的争议时有哪些优势和劣势？
5. 通过国际贸易和投资协定保护人权有哪些不足？

第四章　具有域外效力的国家法律

引　言

在过去 10 年里，发达国家通过了越来越多的规范“本国”公司国际经营行为的法律。此类法律的主要类型是报告，要求企业无论在何处运营，其政策、影响和补救措施都必须透明。与过去相比，这是一个重大突破，当时许多发达国家和地区（包括欧盟）认为企业社会责任顾名思义是自愿的，因此不能以硬法促进企业社会责任。法国在 2017 年成为唯一更进一步的国家，因为其法律现在不仅要求提高透明度，而且要求法国企业采取特别管理计划来保护人权，即使是通过子公司和承包商在海外经营时。然而，受害者仍难以在本国起诉跨国公司。因此，美国一直是向外国原告开放法院的领先国家，直到 2013 年美国最高法院对一项相当独特的美国法律进行了狭义的解释。如今，原告主要在英国和加拿大等普通法国家寻求正义，一些进步的判决来自这些国家，但在一些欧洲国家（如荷兰、法国）此类判决也越来越多。获得补救仍然是一项非常困难的挑战（见第 6—7 章），涉及人权的许多方面（例如第 15—18、25—29 章）。现在，各国已经或正在考虑通过公共采购法规等法律，为可持续商品创造市场或为那些需要国家财政支持的企业创造条件。此外，各国还可以发挥其他作用来促进企业社会责任（见第 2 章和第 5 章）。关于管辖权的问题可能会出现，但可以通过仔细区分管辖权的类型和密切注意现行法律的内容来解决这些问题。

一　要点

- 母国及其尊重和保护人权的义务
- 对冲突矿产的规制
- 供应链中的奴隶制
- 企业透明度
- 腐败和贿赂
- 税收和自然资源收入

- 司法管辖权：立法（规定）、行政（执行）和司法（裁决）
- 域外管辖权：直接域外管辖权（对外国公司的管辖）与域外效力（对在海外经营的国家公司的管辖）
- 民事和刑事责任
- 国家主权
- 子公司和供应链
- 人权尽职调查

二 背景

《联合国特别代表报告（2010年）》[1]

域外管辖

46. 所有国家都有义务在其领土和/或管辖范围内提供保护，避免与公司有关的侵犯人权行为。在许多政策领域，包括反腐败、反垄断、安全规则、环境保护和一般民事和刑事管辖，各国均认可了某些治外法权的效用。但是，就工商业与人权问题而言，情况并非总是如此。

47. 一些合法性问题正处于紧要关头，不太可能立刻得到全面解决。但是，目前的僵局必须也能够得到缓解。以最紧迫的情况为例，各国希望给受冲突影响地区的与公司有关的侵犯人权的受害者带去何种信息？表示抱歉？自行解决？或者各国将加倍努力，确保位于或者在其管辖区域开展贸易的公司不侵犯人权或不助长此类侵权行为，以及在出现侵犯人权事件时帮助补救受害者？后者显然是更可取的做法。

48. 在有关商业和人权的治外法权的激烈辩论中，两种截然不同的现象的关键区别经常模糊不清。一个是对海外行为人或活动直接执行的管辖，例如适用于儿童色情旅游业的刑事制度，无论犯罪行为在哪里发生，该管辖都取决于犯罪人的国籍。另一个是具有域外影响的国内措施，例如，要求母公司报告公司整体的人权政策和影响，包括海外子公司的情况。第二种现象取决于管辖领土，即使可能具有域外影响。

49. 因此，治外法权并不是只由两部分组成的：它包括一系列措施。

---

① Business and Human Rights: Further steps toward the operationalization of the "protect, respect and remedy" framework, A/HRC/14/27, 2010, http://www2.ohchr.org/english/issues/trans_corporations/docs/A-HRC-14-27.pdf.

实际上，可以设想一个有两行三列的模型。行是具有域外影响的国内措施；针对国外行为人或活动的直接治外法权。列是与公司有关的公共政策（例如企业社会责任和公共采购政策、出口信贷机构标准或领事援助）；监管（例如通过公司法）；以及执法行动（裁定指称的违法行为，执行司法和行政决定）。它们结合起来形成了六种“治外法权”形式，每种形式都有一组备选办法。并非在任何情况下任何形式的治外法权都同样有可能引起异议。

三　国际文件与域外材料

（一）《联合国工商企业与人权指导原则》[①]

I. 国家保护人权的义务

国家应明确规定对在其领土和/或管辖范围内的所有工商企业在其全部业务中尊重人权的预期。

评论

目前，国际人权法一般并不要求国家管制设在其领土和/或管辖范围内的工商企业的境外活动。但一般也不禁止它们这样做，只要有得到承认的管辖依据。在此情况下，一些人权条约机构建议，母国应采取步骤，防止在其管辖范围内的工商企业在境外侵犯人权。

母国阐明对工商企业在境外尊重人权的预期，有其明确的政策理由，尤其是在该国本身参与或支持这些企业时。有关理由包括通过提供连贯和一致信息，确保工商企业的可预测性，以及维护国家声誉。

各国在这方面采取了一系列方针。一些为本国措施，但具有境外影响。这方面的例子包括要求“母”公司报告整个企业的全球业务；多边软法文书，例如经济合作与发展组织的《多国企业准则》；支持海外投资的机构要求的绩效标准。其他方针等同于直接的域外立法和司法。这些包括基于违法者的国籍而不论违法行为在何处发生提出起诉的刑法制度。各种因素都可能有助于增加国家行为的可见性和实际合理性，例如它们是否基

① UN GUIDING PRINCIPLES ON BUSINESS AND HUMAN RIGHTS-Human Rights Council. Seventeenth Session, 2011, http://www.ohchr.org/Documents/Publications/GuidingPrinciplesBusinessHR_EN.pdf，中文版见 http://www.ohchr.org/Documents/Publications/GuidingPrinciplesBusinessHR_CH.pdf。

于多边协议。

（二）美国《外国人侵权索赔法》（ATCA）

对外国人仅基于所实施的违反国际法或者美国缔结的条约提起的任何侵权民事诉讼，联邦地方法院具有初始管辖权。

（三）Kiobel 诉荷兰皇家壳牌石油公司[①]

居住在美国的尼日利亚籍请愿者根据《外国人侵权法》（ATS）向联邦法院提起诉讼，声称被告——某荷兰、英国和尼日利亚公司——支持和教唆尼日利亚政府在尼日利亚违反国际法律。（……）（法院询问）法院是否以及在何种情况下可以根据《外国人侵权法》承认在美国以外的主权国家领土内发生的违反国际法行为的诉讼理由。（……）

在根据《外国人侵权法》提出的诉求不涉及发生在外国主权领土内的行为时，被告依据的是对域外适用的推定，该推定认为，“当法令未明确表明域外适用时，它就不适用”。（……）这一推定“有助于防止我们的法律与他国的法律之间产生可能导致国际纠纷的法律冲突”。（……）它通常用于判断国会规范行为的法案是否适用于国外（……），但它的基本原则在考虑可能被纳入《外国人侵权法》之下的诉讼原因时，同样限制了法院。事实上，在这种情况下，对外交政策行为进行无端司法干预的危险被放大了，此处的问题不在于国会做了什么，而在于法院可能会做什么。（……）

该推定并没有被《外国人侵权法》的文本、立法历史或目的驳倒。《外国人侵权法》的文本中没有任何明确的迹象表明其具有治外法权。涉及外国人的违反国际法的行为可能发生在美国境内或境外。而像“任何民事诉讼”一词中的“任何”这样的通用术语，并不能反驳对治外法权的推定。

《外国人侵权法》并不足以回应对治外法权推定的重大关切。最后，没有迹象表明，《外国人侵权法》的通过是为了使美国成为执行国际规范的一个独特而友好的法庭。（……）

对治外法权的推定有助于确保司法机关不会错误地解释美国法律，使之带来政治部门没有预料到的外交政策后果。（……）

然而，将美国法律适用于海盗，通常不会将美国的主权意志强加于另一

---

① *Kiobel v. Royal Dutch Petroleum Co.*, 133 S. Ct. 1659 (2013) (United States), https://www.supremecourt.gov/opinions/12pdf/10-1491_l6gn.pdf.

个主权国家的领土管辖范围，因此不会带来直接的外交政策后果。在任何国家，只要有海盗出没的地方，海盗都是合法的，因为他们通常不在任何管辖范围内活动。我们认为，针对他们的诉讼理由的存在不足以得出结论认为《外国人侵权法》下其他诉讼理由包括在另一个主权国家领土内发生的行为。(……)

事实上，提供这样一项理由，非但不能避免外交冲突，反而可能产生冲突。最近的经验证明了这一点（法院列出了加拿大、德国、印度尼西亚、巴布亚新几内亚、南非、瑞士和英国最近对《外国人侵权法》治外法权申请的反对意见）。此外，接受请愿者的观点将意味着，其他国家也可以将我国公民以在美国或世界其他任何地方发生的所谓违反国际法的罪名，强行送交法院审理。对治外法权的推定防止了我国法院引起如此严重的外交后果，反而恰当地将这种决定交给了政府部门。

基于这些事实，所有相关的行为都发生在美国境外。而且，即使这些要求涉及美国，它们也必须以足够的理由来取代对治外法权的推定。公司出现于许多国家，如果仅仅是公司的“出现”就足够了，那就太过分了。如果国会要作出不同的决定，那就需要一个比《外国人侵权法》更具体的法规。

（四）美国《加州供应链透明度法案》[①]

企业可能无意中通过供应链促进人口贩运。2013 年，美国劳工部（U. S. Department of Labor）国际劳工事务局（Bureau of International Labor Affairs）确定了 122 种来自强迫劳动或童工劳动的商品（来自 72 个国家）。这些商品涵盖了从日常用品如咖啡、棉花和鞋子到更复杂的产品如地毯、矿物或家具。(……)

加州是世界第七大经济体并拥有最大的消费基础，在解决这一问题的能力上独树一帜，并因此帮助根除全球范围内的人口贩卖和奴隶制。(……)

《加州供应链透明度法案》(*California Transparency in Supply Chains Act*，以下简称“法案”）向消费者提供了关键信息，说明企业正在努力防止和根

---

① Kamala D. Harris, *The California Transparency in Supply Chains Act-A Resource Guide* (2015), https://oag.ca.gov/sites/all/files/agweb/pdfs/sb657/resource-guide.pdf. California Transparency in Supply Chains Act (2010), https://oag.ca.gov/sites/all/files/agweb/pdfs/cybersafety/sb_657_bill_ch556.pdf.

除产品供应链中的人口贩卖和奴役行为——无论是在美国还是在海外。

该法案要求在加州做生意的大型零售商和制造商在其网站上披露他们“为销售有形商品而从（他们的）直接供应链中根除奴隶制和人口贩卖的努力”。这条法律适用于任何在加州做生意的公司，如果该公司每年在全球范围内的总收入超过1亿美元，并且在其加州纳税申报单上表明自己是零售卖家或制造商。受该法约束的公司必须在其网站上公布与五个特定领域有关的信息：核查、审计、认证、内部问责和培训。

该法案没有要求企业采取新措施，以确保其产品供应链不受人口贩卖和奴役的影响。相反，法律只要求受约束的企业披露必要信息——即使它们几乎或根本没有采取任何行动来保护自己的供应链。因此，法案约束的公司必须在每个披露类别中披露特定信息，法案为公司提供了如何披露的自由裁量权。

（五）英国《现代奴隶制法案》①

2.3　该法明确规定，该声明必须包括“本组织在本财政年度内采取的措施，以确保奴隶制和人口贩卖不在其任何供应链中发生，也不在其自身业务的任何部分发生”。当该法案提到确保奴隶制和人口贩卖不参与其供应链的任何部分时，这并不意味着该组织必须保证整个供应链中不存在奴隶制现象。相反，这意味着该组织必须在其供应链的任何部分都采取行动（也就是说，它应该掌握它已经采取的所有行动）。

2.4　该规定要求组织对其业务范围内发生的事情保持透明。这意味着，如果一个组织没有采取任何措施确保不发生奴隶制和人口贩卖，他们仍然必须发表一份声明，说明上述事实。

未能遵守

2.6　如果某一企业在某一财政年度内未能提交一份关于奴隶制和贩卖人口的声明，国务卿可通过高等法院（……）申请禁制令，要求该组织遵守。如果该机构未能遵守禁制令，他们将会被认为藐视法庭命令，或将面临罚款且数额不限。（……）

2.8　我们希望组织能够在其声明的基础上逐年发展，并随着时间的推

① UK Home Office, Transparency in Supply Chains-A Practical Guide (2015), www.gov.uk/government/uploads/system/uploads/attachment_data/file/471996/Transparency_in_Supply_Chains_etc__A_practical_guide__final_.pdf. UK Modern Slavery Act (2015), http://www.legislation.gov.uk/ukpga/2015/30/section/54/enacted.

移不断完善。然而，不遵守规定，或者声明某个组织没有采取任何措施，都可能损害企业的声誉。消费者、投资者和非政府组织将在他们认为一家企业没有采取足够措施的情况下，参与并（或）施加压力。

对现代奴隶制事件的回应

9.7 各机构可通过与其他机构（例如行业团体和多方利益相关者组织）合作，改善全行业劳工标准，并在适当情况下，提倡完善采购国的法律和政策。这可能比单独努力更有可能实现长期的改变。

（六）法国《企业尽责法》①

第一条

任何公司如在连续两个财政年度结束时，在其总部位于法国境内的直接和间接子公司内雇用至少5000名雇员，则必须建立和实施有效的警戒计划。

计划应包括合理的警戒措施，可以识别出风险和预防严重侵犯人权和基本自由权，对环境或健康风险产生影响的直接或间接的公司行为均应受到监控，以及分包商或供应商维持的商业关系。（……）

该计划应与公司利益相关者共同起草，并在适当情况下，在子公司或地区层面的多方倡议范围内起草。包括下列措施：

1. 识别、分析和排序风险；
2. 根据风险图，定期评估与公司保持商业关系的子公司、分包商或供应商的情况；
3. 采取适当行动降低风险或防止严重违规行为；
4. 与有关公司工会组织代表合作建立收集现有或实际风险报告的预警机制；
5. 警戒计划，以跟进所推行的措施，并评估其成效。

警戒计划及其有效实施报告应当公开披露。

（……）当一个公司收到关于履行第一条中的职责的正式通知的三个月后，仍未采取措施遵守规定，任何有相关合法权益的人均有权起诉，如果有需要，可以通过金融管制来敦促公司履行义务。

---

① ECCJ, French Corporate Duty Of Vigilance Law, Frequently Asked Questions, 23 February 2017, http://corporatejustice.org/news/405-french-corporate-duty-of-vigilance-law-frequently-asked-questions.

第二条

根据《民法典》第一千二百四十条和第一千二百四十一条，任何未能履行法典 L. 225 – 102 – 4 款规定义务的企业，应当承担责任且有义务弥补尽职调查本可以避免的伤害。

（七）美国《多德 – 弗兰克法案》[1]

第 1502 节　冲突矿产

国会认为，冲突矿产的开发和贸易源于帮助刚果民主共和国极端暴乱的东部，尤其是性暴力和性别暴力，导致人道主义形势非常紧急（……）。

揭露有关刚果民主共和国冲突矿产的情况

（企业应）（……）每年披露（……）冲突矿产（……）是否源自刚果民主共和国或毗邻国家，如果冲突矿产确实源自该等国家，应向委员会提交一份报告。（……）

处理冲突矿产和武装集团之间的联系的战略

国务卿与美国国际开发署署长协商后，向有关国会委员会提交一项战略，以处理侵犯人权、武装团体、开采冲突矿产和商业产品之间的联系。战略应包括以下内容：

（1）一个支持刚果民主共和国政府的计划，以促进刚果民主共和国的和平与安全，包括矿业部和其他相关机构、相邻国家、国际社会，特别是在刚果民主共和国的联合国专家组：

（a）监测和制止涉及刚果民主共和国自然资源的商业活动，如果这些活动会导致刚果民主共和国境内的武装团体活动和侵犯人权的行为；

（b）发展更强有力的管理和经济机构，以促进和提高涉及刚果民主共和国自然资源的跨境贸易的透明度，以减少武装集团的剥削并促进地方和区域发展。

（2）为了寻求对其产品中使用的冲突矿产及其供应商进行尽职调查并为正式确定其来源和监管链的商业实体提供指导，以确保这些供应商的产品中使用的冲突矿产不会直接或间接资助武装冲突、侵犯劳工或人权。

（3）对在刚果民主共和国境内以商业活动支持武装团体以及侵犯人权的行为的个人或团体采取惩罚措施。

---

[1] US, Dodd-Frank Wall Street Reform and Consumer Protection Act（2010）, http://www.gpo.gov/fdsys/pkg/PLAW-111publ203/pdf/PLAW-111publ203.pdf.

（八）欧盟《冲突矿产条例》[①]

序言

（1）虽然自然矿物资源有很大的发展潜力，但在受冲突影响或高风险地区，自然矿物资源可能成为一个引发争端的原因，因为它们的收入助长了暴力冲突的爆发或继续，破坏了为持续发展、良好管理和法治做出的努力。在这些地区，打破冲突与非法开采矿产之间的联系的一个关键因素是保障和平、发展与稳定。

（……）

（7）这项规定旨在控制冲突地区的矿物贸易，是消除为武装集团提供资金行为的办法之一。欧盟的外交和发展政策行动也有助于打击地方腐败和为当地人民及其代表提供培训等，以帮助他们警惕侵犯人权的行为。

（……）

（10）欧盟公民和民间社会行动者已提高认识，他们认识到欧盟经济经营者与冲突地区的非法开采和矿物贸易之间的潜在联系，但是前者没有被追究责任。这些深深存在于消费品中的矿物将消费者与欧盟以外的冲突联系起来。例如，消费者与对人权特别是妇女权利有严重影响的冲突有间接联系，因为武装团体经常恐吓和控制当地人口，以维护其利益。（……）

第一条

1. 该条例建立了欧盟供应链尽职调查制度（“供应链尽职调查”），以减少武装集团和安全部队在锡、钽、钨和黄金方面的贸易机会。这项规定旨在为欧盟的进口商、冶炼商和炼油商增加透明度和确定性，当它们来自受冲突影响和高风险地区时。

2. 本规定所指的负有供应链尽职调查义务的企业，其业务涉及锡、钽、钨或金或由锡、钽、钨或金组成的矿产品或金属。

（……）“供应链尽职调查”意味着欧盟关于锡、钽、钨和黄金的进口商有义务以管理系统、风险管理、独立的第三方审计和信息披露为手段，来识别和解决来自受冲突影响的国家和高风险区域相关的实际和潜在风险，以防止或减轻与他们的采购活动有关的不利影响。

---

① European Union, Regulation (EU) 2017/821 of the European Parliament and of the Council Laying down Supply Chain due Diligence Obligations for Union Importers of tin, Tantalum and Tungsten, their ores, and gold Originating from Conflict-affected and High-risk Areas (2017), https://eur-lex. europa. eu/legal-content/EN/TXT/PDF/? uri = CELEX: 32017R0821&from = ES.

（九）欧盟《非财务报告指令》[①]

第19a条　非财务报表

1. 在上一财政年度中平均雇员人数超过500人的大型企业（以资产负债表所载数据为准），应在管理报告中列入一份非财务报表，其中应载明必要的信息，以便了解该企业的发展、业绩、地位及其活动的影响，除涉及环境、社会和雇员事项、保障人权、反腐败和贿赂事项以外，还应包括以下内容：

（a）企业业务模式的简要说明；

（b）该企业就这些事项所奉行的政策，包括所实施的尽职调查程序；

（c）这些政策的结果；

（d）与企业的经营事项有关的主要风险，包括在适当和相关的范围内可能在这些领域造成不利影响的业务关系、产品或服务，以及企业如何管理这些风险；

（e）与特定业务相关的非财务关键业绩指标。

如果该企业不执行与一个或多个事项有关的政策，非财务报表应当就不执行政策作出明确和合理的解释。

（十）欧盟《关于年度财务报表的第2013/34/EU号指令》[②]

44. 为了提高向政府付款的透明度，活跃于采掘业或原始森林采伐业的大型企业和公共利益实体应在一份单独的年度报告中披露其向经营所在国政府支付的重大款项。这类企业活跃在自然资源丰富的国家，特别是矿产、石油、天然气和原始森林等资源。（……）

45. 报告应有助于资源丰富国家的政府执行《采掘业透明度倡议》的原则和标准，并向其公民说明政府向活跃在采掘业的企业或在其管辖范围内经营的原始森林伐木者收取的款项。报告应包括在国家和项目基础上披露的信息。（……）

---

① Directive 2014/95/EU Regarding Disclosure of Non-financial and Diversity Information by Certain Large Undertakings and Groups（2014），https://eur-lex.europa.eu/legal-content/EN/TXT/?uri=CELEX%3A32014L0095.

② Directive 2013/34/EU of the European Parliament and of the Council on the Annual Financial Statements, Consolidated Financial Statements and Related Reports of Certain Types of Undertakings（26 June 2013），https://eur-lex.europa.eu/legal-content/EN/TXT/?uri=CELEX%3A32013L0034.

采掘业透明度倡议原则①

2. 我们申明，为了一国公民的利益而管理自然资源财富，是主权政府为了国家发展的利益而行使的权利。

(……)

5. 我们强调政府和公司在采掘业透明度方面的重要性，以及加强公共财务管理和问责制的必要性。

(……)

7. 我们相信政府以对所有公民负责的原则和做法管理收入来源和公共支出。(……)

（十一）欧盟《养老金活动和监管指令》②

第 21 条　一般管理要求

1. 成员国应要求所有职业退休保障机构建立有效的管理制度，对其活动进行健全和审慎的管理。该制度应包括一个充分和透明的组织结构，明确分配和适当分离责任，以及确保信息传递的有效体系。管理制度还应包括在投资决策中考虑与投资资产有关的环境、社会和治理因素，并应定期进行内部审查。

第 41 条　应向未来成员提供的信息

1. 成员国应要求职业退休保障机构确保未自动加入养老金计划的未来成员在加入该计划之前了解如下情况：（……）（c）投资是否以及如何考虑环境、气候、社会和公司管理因素等信息（……）。

（十二）欧盟《鼓励股东参与的指令》③

（14）有效和长期的股东参与是上市公司管理模式的基石之一，这种模式取决于不同机构和不同利益相关者之间的制衡。股东更多地参与公司管理能帮助改善公司财务和非财务业绩，包括在环境、社会和治理等方面，尤其是联合国支持的《负责任投资原则》中提到的因素。此外，所有利益相关者——特别是雇员——更多地参与公司管理，是确保上市公司采取更长期的

① Extractive Industry Transparency Initiative，TheEITI Standard (2016).

② Directive (EU) 2016/2341 of the European Parliament and of the Council of 14 December 2016 on the Activities and Supervision of Institutions for Occupational Retirement Provision (IORPs), https://eur-lex. europa. eu/legal-content/EN/TXT/? uri = CELEX%3A32016L2341.

③ Directive (EU) 2017/828 of the European Parliament and of the Council of 17 May 2017 amending Directive 2007/36/EC as regards the encouragement of long-term shareholder engagement, https://eur-lex. europa. eu/legal-content/EN/TXT/? uri = CELEX%3A32017L0828.

方针的一个重要因素，需要加以鼓励和考虑。

第3g条　参与政策

1. 成员国应确保机构投资者和资产管理者要么遵守（a）和（b）点的要求，要么公开披露其选择不遵守其中一项或多项要求的明确和合理的理由。（a）机构投资者和资产管理者应制定并公开披露参与政策，说明他们如何将股东参与纳入其投资战略。该政策应说明他们如何监测被投资公司的相关事项，包括战略、财务和非财务业绩与风险、资本结构、社会和环境影响以及公司治理，如何与被投资公司进行对话，如何行使投票权和其他附带权利，如何与其他股东合作，如何与被投资公司的利益相关者沟通，如何管理与其参与有关的实际和潜在利益冲突。

（十三）欧盟《关于金融服务业可持续性相关信息披露的规定》①

第10条：在网站上展示环境或社会特征以及可持续投资的透明度。

1. 金融市场参与者应在其网站上公布和维护每种金融产品的下列信息（……）：

（a）关于环境或社会特征以及可持续投资目标的说明；

（b）关于评估、衡量和监测金融产品所选择的环境或社会特征或可持续影响投资方法的信息，包括其数据来源、基础资产的筛选标准以及用于衡量环境或社会特征的相关可持续性指标或金融产品的整体可持续影响。

（十四）美国《反海外腐败法》②

（适用本法的）发行者……或该发行者的管理人员、董事、职员或代理人或代表该发行者行事的股东，如果利用邮件或州际商业的任何工具或腐败手段来继续进行提供、支付、支付的允诺，或授权支付任何金钱或提供、赠送、给予的承诺，或授权提供任何财物给以下这些人，都是违法行为：

（1）任何外国官员，为以下目的：

（A）（i）影响该外国官员在公务职位上的任何行为或决定，（ii）引诱

---

① Regulation (EU) 2019/2088 of the European Parliament and of the Council of 27 November 2019 on Sustainability-related Disclosures in the Financial Services Sector, https://eur-lex.europa.eu/legal-content/EN/TXT/PDF/? uri = CELEX: 32019R2088&from = EN.

② U. S. Department of Justice, *A Resource Guide To The U. S. Foreign Corrupt Practices Act* (2015), https://www.justice.gov/sites/default/files/criminal-fraud/legacy/2015/01/16/guide.pdf, Foreign Corrupt Practices Act of 1977 (FCPA), https://www.justice.gov/sites/default/files/criminal-fraud/legacy/2012/11/14/fcpa-english.pdf，中文版见 https://www.justice.gov/criminal-fraud/statutes-regulations。

该外国官员做任何违反其法定职责的事情或做对其法定职责不尽责的事情，或（iii）取得任何不正当利益；或

（B）引诱该外国官员利用其在外国政府或其机构的影响力来影响该政府或机构的任何行为或决定，以图帮助该发行者取得或保留给任何人的业务。(……)

“外国官员”是指外国政府或其任何部门或者机构，或公共国际组织的任何官员或职员，或以公务职位代表任何外国政府或其部门或者机构，或代表任何公共国际组织行事的任何人。

历史背景

美国国会于1977年颁布了《反海外腐败法》(FCPA)。美国证券交易委员会（SEC）发现，400多家美国公司向外国政府官员行贿数亿美元，以获得海外业务。美国证券交易委员会报告称，一些公司利用秘密“贿赂基金”在美国进行非法竞选捐款，并向外国官员行贿，并伪造公司财务记录以隐瞒这些款项。

美国国会认为，通过《反海外腐败法》对于阻止企业行贿至关重要。企业行贿损害了美国企业的形象，损害了公众对美国企业财务诚信的信心，阻碍了市场的有效运作。正如国会在通过《反海外腐败法》时所认识到的那样，腐败给国内外带来了巨大的成本，导致市场效率低下和不稳定，产品质量不合格，并为诚实的企业提供了不公平的竞争环境。通过制定一项强有力的反海外贿赂法规，美国国会试图将这些破坏性影响最小化，并帮助企业抵制腐败的要求，同时解决跨国贿赂带来的破坏性的外交政策后果。

反贿赂条款

《反海外腐败法》从两个方面解决了国际腐败问题：（1）反贿赂条款，禁止个人和企业为获得或保留业务而贿赂外国政府官员和（2）会计条款(……)对发行者施加某些记录和内部控制要求，禁止个人和公司故意伪造一个发行者的账簿和记录，不落实发行系统的内部控制。违反《反海外腐败法》可能导致民事和刑事处罚、制裁和补救措施，包括罚款、追缴和/或监禁。

（十五）《关于国家在经济、社会和文化权利领域的域外义务的马斯特里赫特原则》[①]

9. 管辖的范围

国家有义务尊重、保护和实现下列任何一项经济、社会和文化权利：

---

① Maastricht Principles on Extraterritorial Obligations of States in the area of Economic, Social and Cultural Rights (2011), http://www.etoconsortium.org/nc/en/main-navigation/library/maastricht-principles/? tx_drblob_pi1%5BdownloadUid%5D=63.

（a）其行使权力或有效控制的情况，不论这种控制是否依照国际法行使；

（b）国家作为或不作为对其境内或境外经济、社会和文化权利的享受造成可预见影响的情况；

（c）国家能通过其行政、立法或司法部门进行单独或联合行动，发挥决定性作用的情况。

10. 行使管辖权的限度

国家在域外尊重、保护和实现经济、社会和文化权利的义务，并不授权国家违反《联合国宪章》和一般国际法。

评论

当原则 9 为国家强制履行人权义务的行为具有域外效力奠定了基础，原则 10 又回顾到，国家在境外尊重、保护和实现人权的义务不应被援引为采取违反《联合国宪章》或一般国际法的措施的理由。《联合国宪章》第 2 条第 4 款要求联合国会员国“在国际关系中不以武力威胁或使用武力侵犯任何国家的领土完整或政治独立，或以与联合国宗旨不符的任何其他方式”。此外，原则 24 和原则 25 已对通过监管在本国领土外保护人权的义务作了更详细的说明，如果在一国领土上出现了另一国企图施加影响的情况，该国的主权以及各国平等的原则可能会限制另一国充分实现人权的范围。

25. 保护的基础

在下列情况下，各国必须采取和执行措施，通过法律和其他手段，包括外交手段，保护经济、社会和文化权利：

（a）损害或威胁发生在其领土上；

（b）非国家行为者具有有关国家国籍；

（c）公司或其母公司或控股公司在有关国家有活动中心、进行注册或有居所，或有其主要营业地点或开展实质性活动；

（d）在有关国家与其设法管制的行为之间有合理联系的地方，包括在该国领土内进行有关非国家行动者的活动；

（e）任何损害经济、社会和文化权利的行为都构成违反国际法强制性规范。在这种违反行为也构成国际法犯罪的情况下，各国必须对负有责任的人行使普遍管辖权，或依法将其移交给有适当管辖权的国家。

（十六）欧盟委员会《企业社会责任、负责任商业和工商业与人权：进展概述（2019）》[1]

公共采购

2014 年《公共采购指令》扩大了欧盟订约当局在投标中使用可持续采购标准的可能性。

正如 2017 年 10 月关于公共采购的通信“使公共采购在欧洲并为欧洲服务”所强调的那样，推广质量标准，特别是可持续性标准，是欧盟委员会公共采购政策的一个优先事项。

在公共采购中坚持绿色公共采购和社会责任公共采购原则，可以为可持续产品创造更多的市场机会，促进供应链的尽职调查，并鼓励市场转向对环境更友好、对社会更负责的发展方向。为了支持这些标准的使用，欧盟委员会已经采取了一些行动，例如在绿色公共采购和社会责任公共采购领域，欧盟已经制定了一些指导意见。

此外，委员会还为 20 多个部门制定了绿色公共采购标准，并通过科学研究和协商进程定期更新。委员会还致力于提高对可持续采购重要性的认识，并积极倡导良好实践，以鼓励国家一级的采购举措。

四　中国相关文件与材料

（一）《习近平主持召开中央全面依法治国委员会第二次会议》[2]（2019 年 2 月 25 日）

（……）会议强调，法治是最好的营商环境。要把平等保护贯彻到立法、执法、司法、守法等各个环节，依法平等保护各类市场主体产权和合法权益。要用法治来规范政府和市场的边界，尊重市场经济规律，通过市场化手段，在法治框架内调整各类市场主体的利益关系。要把工作重点放在完善制度环境上，健全法规制度、标准体系，加强社会信用体系建设，加强普法工作。对食品、药品等领域的重大安全问题，要拿出治本措施，对违法者用重典，用法治维护好人民群众生命安全和身体健康。要加快推进我国法域外适用的法律体系建设，加强涉外法治专业人才培养，积极发展涉外法律服务，强化

① European Commission, Corporate Social Responsibility, Responsible Business Conduct, and Business & Human Rights: Overview of Progress (2019), https://ec.europa.eu/docsroom/documents/34963.

② 《习近平主持召开中央全面依法治国委员会第二次会议》，见新华网，http://www.xinhuanet.com/politics/leaders/2019-02/25/c_1124161654.htm。

企业合规意识，保障和服务高水平对外开放。

（二）《中共中央关于坚持和完善中国特色社会主义制度　推进国家治理体系和治理能力现代化若干重大问题的决定》[①]（2019 年 10 月 31 日中国共产党第十九届中央委员会第四次全体会议通过）

（……）坚持科学立法、民主立法、依法立法，完善党委领导、人大主导、政府依托、各方参与的立法工作格局，立改废释并举，不断提高立法质量和效率。完善以宪法为核心的中国特色社会主义法律体系，加强重要领域立法，加快我国法域外适用的法律体系建设，以良法保障善治。

（三）《司法部：加快我国法域外适用体系建设》[②]（《中国日报》2020 年 1 月 20 日）

1 月 18 日至 19 日，司法部召开全国司法厅（局）长会议。会议提出，要加强涉外法治工作，加快我国法域外适用体系建设，完善涉外经贸法律和规则体系，建立涉外工作法务制度，推进涉外法治工作现代化。

（……）会议提出，要加快推进我国法域外适用的法律体系建设。健全现行法律域外适用的标准和程序，强化涉外执法司法实践，提升我国司法实践的国际影响力。推动法治领域国际交流合作。发挥“一带一路”律师联盟和“中国 - 上合组织法律服务委员会”的平台作用，各地依法治省（区、市）办、司法厅（局）要组织专家学者、律师，按国别系统研究“一带一路”沿线国家法律制度和规则体系，为“一带一路”建设提供法治服务和保障。履行国际司法协助中央机关和条约审核职责，推动建立国家刑事司法协助部际协调机制，用法律武器坚定地维护国家利益。利用好上合组织，联合国毒罪办，中德、中法、中欧、中芬等双边、多边机制，加强国际交流，讲好中国法治故事。

（四）《民营企业境外投资经营行为规范》（国家发展和改革委员会、商务部、人民银行、外交部、中华全国工商业联合会，2017 年 12 月 6 日）

一、总则

（一）国家支持有条件的民营企业“走出去”，对民营企业“走出去”与国有企业“走出去”一视同仁。

（二）民营企业要根据自身条件和实力有序开展境外投资，参与“一带一路”建设，

---

① 《中共中央关于坚持和完善中国特色社会主义制度　推进国家治理体系和治理能力现代化若干重大问题的决定》，见人民网，http://cpc.people.com.cn/n1/2019/1106/c64094－31439558.html。

② 《司法部：加快我国法域外适用体系建设》，见中国日报，https://cn.chinadaily.com.cn/a/202001/20/WS5e2513b3a3107bb6b579af09.html。

推进国际产能和装备制造合作，服务于供给侧结构性改革和转型升级。

（三）民营企业开展境外投资应坚持企业主体、市场运作，自主决策、自负盈亏，量力而行、审慎而为，着力提高企业创新能力、核心竞争力和国际化经营能力。

（四）民营企业在境外投资经营活动中应遵守我国和东道国（地区）的法律法规，遵守有关条约规定和其他国际惯例，依法经营、合规发展，加强境外风险防控。

（五）民营企业要以和平合作、开放包容、互学互鉴、互利共赢为指引，按照共商、共建、共享的原则，与东道国（地区）有关机构、企业开展务实合作，实现共同发展。

二、完善经营管理体系

（……）（九）加强人才队伍建设。民营企业要加强国际化经营人才培养，选聘境内外优秀管理人员，建立健全派出人员管理制度，对派出人员出国前开展必要教育，帮助派出人员了解当地法律法规、安全环境等知识，增强派出人员遵法守法以及安全风险防范意识和能力。

三、依法合规诚信经营

（……）（十二）开展公平竞争。民营企业境外投资经营应坚持公平竞争，坚决抵制商业贿赂，不得向当地公职人员、国际组织官员和关联企业相关人员行贿。不得串通投标，不得诋毁竞争对手，不得虚假宣传业绩或采取其他不正当竞争手段。

（十三）履行合同约定。民营企业及其境外分支机构与境外相关方订立书面合同，须明确双方权利与义务，并严格按照合同履约。不得以欺诈手段订立虚假合同。

（十四）保证项目和产品质量。民营企业境外分支机构应认真执行东道国（地区）有关项目及产品质量管理的标准和规定，加强项目质量管理，严控产品质量。

（十五）保护知识产权。民营企业境外分支机构应根据东道国（地区）法律、相关条约的规定，认真开展知识的创造、运用、管理和知识产权保护工作。应根据境外业务发展需要，适时办理专利申请、商标注册、著作权登记等，明确商业秘密的保护范围、责任主体和保密措施。民营企业境外分支机构开展经营活动，应尊重其他组织和个人知识产权，依法依规获取他方技术和商标使用许可。

（十六）消费者权益保护。民营企业在境外投资经营应依法保护消费者权益，避免侵犯消费者隐私，不得有虚假广告、商业欺诈等行为。

（十七）依法纳税。民营企业境外分支机构应按照东道国（地区）法律纳税，不得偷税漏税。

（十八）维护国家利益。民营企业在境外开展投资和经营活动应有助于维护我国国家主权、安全和社会公共利益，维护我国与有关国家（地区）关系。

（十九）避免卷入别国内政。民营企业境外投资经营应避免卷入当地政治、经济利益集团的纷争，不介入当地政治派别活动。

四、切实履行社会责任

（二十）加强属地化经营。民营企业要根据实际需要确定国内派出人员，依法依规聘用东道国（地区）员工，积极为当地创造就业机会。

（二十一）尊重文化传统。民营企业派驻境外人员要努力适应东道国（地区）社会环境，尊重当地文化、宗教和风俗习惯。民营企业应积极开展中外文化交流，相互借鉴，增进理解。

（二十二）加强社会沟通。民营企业及其境外分支机构要与东道国（地区）政府保持良好关系，注意加强与当地工会组织、媒体、宗教人士、族群首领、非政府组织等社会各界的沟通与交流。

（二十三）热心公益事业。民营企业境外分支机构要坚持义利并重，积极参与当地教育、卫生、社区发展等公益事业，造福当地民众，树立服务社会的良好企业形象。

（二十四）推动技术进步。民营企业境外分支机构要加强与东道国（地区）高等院校、科研机构、有关企业等的合作，共同推动我国和东道国（地区）产业技术交流。

（二十五）完善信息披露。鼓励民营企业境外分支机构建立健全企业社会责任信息披露机制，及时披露社会责任信息和绩效，定期发布社会责任或可持续发展报告。

五、注重资源环境保护

（二十六）保护资源环境。鼓励民营企业在境外坚持资源节约、环境友好的经营方式，将资源环境保护纳入企业发展战略和生产经营计划，建立健全资源环境保护规章制度。

（二十七）开展环境影响评价。民营企业在境外项目建设前，要对拟选址建设区域开展环境监测和评估，掌握项目所在地及其周围区域的环境本底状况。民营企业在收购境外企业前，要对目标企业开展环境尽职调查，重点评估其在历史经营活动中形成的危险废物、土壤和地下水污染等情况以及目标企业与此相关的环境债务。民营企业境外分支机构要对其开发建设和生产经营活动开展环境影响评价，并根据环境影响评价结果，采取合理措施降低可能产生的不利影响。

（二十八）申请环保许可。民营企业境外建设和运营的项目，要依照东道国（地区）环保法律法规规定，申请项目建设相关许可。对于暂时没有环保法律的国家或地区，可借鉴国际组织或多边机构的环保标准，采取有利于东道国（地区）生态发展的环保措施。必要时可聘请第三方进行环保评估。

（二十九）制定环境事故应急预案。民营企业境外分支机构要对可能存在的环境事故风险制定应急预案，并建立与当地政府及社会公众的沟通机制。

（三十）开展清洁生产。民营企业境外分支机构要开展清洁生产，推进循环利用，对排放的主要污染物开展监测，减少生产、服务和产品使用过程中污染物的产生和排放。

（三十一）重视生态修复。对于由生产经营活动造成的生态影响，民营企业境外分支机构要根据东道国（地区）法律法规要求或者行业通行做法，做好生态修复。

五　延伸阅读

- Augenstein, Daniel and Dziedzic, Lukasz, *State Obligations to Regulate and Adjudicate Corporate Activities Under the European Convention on Human Rights*, EUI Department of Law Research Paper No. 2017/15 (2017), https://ssrn.com/abstract=3100186.

• De Schutter, O., et al., "Commentary to the Maastricht Principles on Extraterritorial Obligations of States in the area of Economic, Social and Cultural Rights", *Human Rights Quarterly* 34 (2012), https://www.jura.uni-bonn.de/fileadmin/Fachbereich_Rechtswissenschaft/Einrichtungen/Lehrstuehle/Herdegen/de_Wet/SoSe_2016_IWR_und_MR/35_Commentary.Maastricht.pdf.

• Mares, R., "Corporate transparency regulations: a hollow victory?", *Netherlands Quarterly of Human Rights* (2018), www.researchgate.net/publication/326130140_Corporate_transparency_laws_A_hollow_victory.

• Methven O'Brien, Claire, *The Home State Duty to Regulate the Human Rights Impacts of TNCs Abroad: A Case of Extraterritorial Overreach?* University of Groningen Faculty of Law Research Paper 2016 - 31 (2016), https://ssrn.com/abstract=2854275.

• Paust, Jordan J., "Human Rights Through the ATS after Kiobel: Partial Extraterritoriality, Misconceptions, and Elusive and Problematic Judicially-Created Criteria", 6*Duke Forum for Law & Social Change* 31 (2014), https://ssrn.com/abstract=2486875.

• 李庆明:《论美国域外管辖：概念、实践及中国因应》，《国际法研究》2019 年第 3 期。

• 廖诗评:《中国法域外适用法律体系：现状、问题与完善》，《中国法学》2019 年第 6 期。

• 唐颖侠:《强制性人权尽责立法的考量因素与类型化研究》，《人权研究》2022 年第 1 期。

• 于亮:《国家在经济、社会和文化权利方面的域外义务》，《法制与社会发展》2016 年第 1 期。

• 张怀岭:《德国供应链人权尽职调查义务立法：理念与工具》，《德国研究》2022 年第 2 期。

六　案例

韩国浦项制铁公司印度项目案[①]

作为世界最大钢铁生产商之一的韩国浦项制铁公司（简称“浦项制

① 参见联合国人权高专办新闻《印度：紧急呼吁立即停止人权问题重重的奥里萨邦大型钢厂项目》，https://newsarchive.ohchr.org/ar/NewsEvents/Pages/DisplayNews.aspx? NewsID=13805&LangID=C。

铁”）于2005年6月22日签署了一份谅解备忘录，为在印度东部奥里萨邦（Orissa）成立的一家综合性钢铁企业提供服务。浦项制铁同意向该项目投资约120亿美元，用于钢铁制造、建造钢铁厂所需的基础设施，以及在近1.2万英亩土地上开采铁矿石和其他矿石。然而，随着该项目的启动，人们开始担心它会对环境造成负面影响，包括水资源的分流和空气污染。尽管浦项制铁获得了印度环境与森林部的环境许可，但一名当地环保活动人士在2011年向印度国家绿色法庭（NGT）提起申诉。

该项目对当地社区造成人权侵犯，包括强迫迁徙、对迁徙的补偿不足以及采取任意逮捕、过度使用武力和拘留手段来压制社区的反抗。此外，由于个人获得作物和参与市场的能力受到限制，有报告称，这影响了他们的适当生活水准的权利。据报道，缺乏安全感并且害怕被逮捕或拘留，也限制了许多人获得基本保健服务和孩童接受教育的权利。浦项制铁确实为52个家庭建造了一个“浦项制铁—印度”临时安置营地。但是，有人权组织声称，这些临时棚屋没有为被安置的家庭提供足够的住房、水、食物、卫生、保健、教育。

2013年，联合国独立专家呼吁印度当局立即停止在奥里萨邦东部建造大型钢铁厂。专家们指出，印度政府应当“履行其‘保护义务’，应当在审查和处理浦项制铁所谓人权问题的期间暂停该项目”，并敦促浦项制铁在其活动的所有阶段都尊重人权。作为回应，浦项制铁驳斥了这些指控，称有关人权侵犯的报道是“一些既得利益者开展的宣传活动的一部分（……）用来诋毁浦项制铁的声誉”。在印度开展可持续发展活动的组织——人民力量计划（Lok Shakti Abhiyan）——也向韩国联络点办公室提出了申诉，但韩国联络点办公室最终在2013年6月拒绝了这些申诉，因为该办公室认定，解决这一争端是印度当局的责任。更具体地说，韩国联络点办公室发现这个问题的出现“和奥里萨邦政府的行政和司法行为有关，而与浦项制铁的商业活动并无牵连”，从而否认了该案在其管辖范围内。

对于发生在受冲突影响地区的严重侵犯人权的行为，《联合国工商企业与人权指导原则》让国家承担了更大的责任来采取预防措施，即使这些行为发生在该国家领域之外。它要求跨国公司的“母国”在协助公司和“东道国”确保企业不卷入这种侵权行为方面发挥作用。更具体地说，母国应帮助企业识别、预防和减轻人权风险，协助企业评估风险，并确保其现行政策、立法、法规和执法措施有效地应对这些风险。就韩国而言，联合国工商业和人权工作小组通过其国家报告发现，他们在韩国国内看到了积极的变化，由于越来越多的报道称韩国公司在国外严重侵犯人权，政府和公司代表开始认识到有必要查明和防止这种人权风险。然而，该组织还建议，“需要更多地关注韩国企业如何进行人权尽职调查，以避免在韩国之外造成人权损害”。因此，韩国政府需要提高对韩国公司的警惕，制定有关域外活动的必要法律和条例。对现有的法律要予以更广泛的解释，以便能够对母公司下属的子公司采取可能的调查措施。

七　思考题

1. 国家法律和国际法是什么关系？

2. 具有域外效力的国家法律是国际法吗？

3. 怎么理解人权领域出现的具有域外效力的国家法律和“人权高于主权”观点的区别？

4. 如何在法理上论证一国规定本国法律具有域外效力的正当性？

5. 当前具有域外效力的国家法律主要涉及哪些方面的内容？

第五章　多利益相关者倡议（私人和合作治理）

引　言

涉及不同私人行为者有时甚至是公共行为者的合作或者伙伴关系已经存在逾 20 年。这为公民社会团体以及联合国等组织如何与企业合作提供了充分的指导。来自许多行业的数百个合作伙伴关系涉及各种各样的社会问题。联合国的可持续发展目标数据库中包含数千个伙伴关系。也许最引人注目也最具有争议的伙伴关系是将联合国与工商界更密切的合作关系合法化的联合国“全球契约”倡议（见第 2 章）。从那时起，许多联合国决议都高度认可伙伴关系的理念，并以高度依赖伙伴关系的《2030 年可持续发展议程》为其顶峰。令人惊讶的是，人们对伙伴关系的影响及其在实现既定目标方面的有效性知之甚少。的确，更仔细地研究一下联合国的数据库就会发现，绝大多数伙伴关系并没有像预期的那样取得进展。与此同时，鉴于法律在全球化经济中的有限作用和公共治理的普遍无效，伙伴关系日益被视为协作治理的必要条件。企业还认识到，在处理童工、生活保障工资等复杂问题时，与其他企业、利益相关者甚至政府合作是产生系统性影响的唯一途径，尽管这可能需要付出更多的努力（见第 15—29 章）。支持者也越来越多地发现，与企业和政府领域志同道合的进步人士合作可以增加影响力。值得注意的是，一些企业社会责任伙伴关系已经朝着更高的标准（如《采掘业透明度行动计划》）、更严格的要求（如《联合国全球契约》），甚至是对违规行为的约束性仲裁发展。人们仍然担心伙伴关系会将公共职能“私有化”，这种合作的实际风险有：企业和利益相关者之间的权力差异，导致取消监管的合法化效应，以及洗白“有前科”的企业。此外，伙伴关系非常耗费资源，因此必须以实事求是、充分知情的心态来对待它们。

一　要点

- 伙伴关系的类型

- 管理伙伴关系的工具
- 成功的因素（使伙伴关系切实有效）
- 伙伴关系中企业的贡献（资金、知识、网络、手段、影响）
- 作为可持续发展目标实现手段的伙伴关系
- 作为改变商业行为方式的伙伴关系
- 合作伙伴的选择（排除标准和尽职调查）
- 声誉和诚信风险（来自加入伙伴关系）
- 衡量和沟通（伙伴关系）的影响
- 伙伴关系和民主治理
- 伙伴关系合法性（输入合法性和输出合法性）
- 伙伴关系中的学习（单、双和三环学习）
- 企业的伙伴关系、盈利能力和竞争力
- 竞争法（对伙伴关系的潜在担忧）

二 背景

（一）布劳威尔等《如何设计和促进多利益相关者伙伴关系》[①]

什么是多利益相关者伙伴关系?

各群体可以通过许多不同的方式进行合作以解决一个大而复杂的问题或利用一个前景广阔的新机会。从联合（coalition）、联盟（alliance）、平台到参与式治理、利益相关者参与和互动式决策，人们用了许多词语来描述这类伙伴关系和互动及其过程。我们将“多利益相关者伙伴关系”（MSP）作为一个整体性概念，强调不同群体虽有不同的利益或“利害关系”，但也可以有共同的问题或愿望的观点。

我们视多利益相关者伙伴关系为一种治理形式，或者说是一种方式，通过这种方式，无论是在地方、国家还是国际范围内，人们都可以为了集体利益而作出决定和采取行动。MSP 的平台作用是愿景的核心，在这里利益相关者可以通过互动共同学习，人们能够表达和被倾听，并且每个人的想法都可以被用来推动创新和寻找更符合所有人利益的前进道路。

---

① H. Brouwer et al., *The MSP Guide, How to Design and Facilitate Multi-stakeholder Partnerships* (2016), www. mspguide. org/sites/default/files/case/msp_ guide-2016-digital. pdf.

多利益相关者伙伴关系的特性

当我们谈到多利益相关者伙伴关系时，我们指的并不是那种“一次性”的研讨会或简单的多方参与者聚会。我们所指的是一个半结构化的过程，它帮助人们在一个较短或较长的时间里合作解决共同的问题。（……）在实践中，多利益相关者伙伴关系十分多样化。但是，运作良好的多利益相关者伙伴关系很可能具有以下全部或大部分特点。

共同而明确的“问题情境”或机会。利益相关者需要有一个将他们聚集在一起的共同的切实关注点或焦点。所有群体都必须明白为什么他们值得在多利益相关者伙伴关系上投入时间和精力。然而，尽管利益相关者需要一个共同的关注点来启动一个多利益相关者伙伴关系，但他们所关注问题的本质和焦点和其认为的真正的问题与机会，只有在多利益相关者伙伴关系的发展过程中才能充分显现。

所有重要利益相关者均参与了伙伴关系。有效的多利益相关者伙伴关系的一个关键特征是所有对引发该过程的情况有影响或受其影响的人从一开始就参与其中。遗漏重要群体或使其太晚加入会迅速毁掉一个多利益相关者伙伴关系。但是随着多利益相关者伙伴关系的发展，重点可能会发生变化，这意味着新群体可能需要加入而其他群体可能会退出。一个有效的多利益相关者伙伴关系是具有性别意识的，它确保男女老少所有人的声音都被听到。

涵盖不同部门和范围。对于大多数多利益相关者伙伴关系而言，问题的根本原因及找到解决方案的机会将是跨越学科的，跨越企业、政府和公民社会的工作的，跨越地方、国家，甚至全球不同范围的。

遵循一个议定但动态的程序和时间表。在承诺参与之前，利益相关者需要了解他们被邀请加入的程序及其持续时间。但这一过程应当是灵活的，并能回应不断变化的需求。程序和时间表会在多利益相关者伙伴关系进程中不断演变，但在任何一个时间点上，利益相关者都应当掌握有关预期程序的全部信息。

让利益相关者建立对良好伙伴关系的期望。伙伴关系需要制定关于人们如何合作，如沟通、决策、领导和责任方面的明确规则。但这些规则只有在相关各方共同制定并同意的情况下才能奏效。在伙伴关系中，这些期望往往没有得到讨论和同意，这会导致不必要的误解和冲突。

处理权力差异和冲突。不同的利益相关者群体将根据自己的财富、地位、政治关系、知识和沟通能力加入不同权力级别的伙伴关系。如果权力最大的一方占据主导地位而权力较小的一方感到被排斥或压制，这种伙伴关系就不太可能具有建设性。同样，如果不承认冲突或任其私下恶化，它们很可能对伙伴关系进程产生破坏性影响。

促进利益相关者学习。人类的创新和创造力来自我们的学习能力。我们能够回顾和分析事情失败或成功的原因，并且设想事情如何变得更好。为了学习，我们必须质疑和挑战我们的信念和假设，并考虑其他选择。好的多利益相关者伙伴关系会提供一个交互式学习过程的支持性环境，在这个环境中人们能够超越自己的固有想法和立场，以不同的方式和他人的视角来看问题。

平衡自下而上和自上而下的方法。或许，在一个理想的世界里，每个人都将一直参与所有的决策制定。但这根本不可行，社会已经形成了不同的授权决策机制。多利益相关者伙伴关系需要在处理来自高层的结构和决策与支持来自底层的各种利益相关者的输入之间找到平衡。

使变革和制度变化成为可能。当今世界我们面临的大多数问题和挑战都是根深蒂固的。它们源于当前世界与我们过去的观念、文化态度、主导技术、决策机制和法律框架之间的不匹配。“一切照旧”将无济于事，我们需要专注于变革性改变，以消除潜在的制度性障碍。

（二）经济合作与发展组织《成功的伙伴关系：指南》[①]

在过去的20年里，全世界已经建立了数百个伙伴关系。其中一些只持续了很短的时间；另一些则已经运营了很长时间。一些人专注于狭隘的地方目标，而另一些人雄心勃勃地试图在数百万人生活和工作的区域协调政策。有一些伙伴关系主要面向商界，也有一些伙伴关系侧重于劳动力市场或社会问题。“自下而上”可以被视为这里的一项关键原则，但值得记住的是，作为支持地方一级方案执行的中央政府战略的一部分，已经建立了大量的伙伴关系。许多关于这一主题的研究表明，伙伴关系是克服政策和治理框架中的弱点的宝贵工具或“组织”模式。尽管如此，伙伴关系面临几个障碍：它们难以建立和维持，需要政策意愿和资源，而且不太可能一蹴而就。

伙伴关系失效的原因

- 合作伙伴没有相同的价值观和利益。这可能使就伙伴关系目标达成协议变得困难。
- 没有共同的风险、责任、义务或利益。

---

① OECD, *Successful Partnerships-A Guide* （2006）, www. oecd. org/cfe/leed/36279186. pdf.

• 合作伙伴在资源和专业知识上的不平等决定了它们在伙伴关系决策中的相对影响。
• 一个人或合作伙伴拥有所有的权力和/或推动这个过程。
• 有一个隐藏的动机并没有向所有的合作伙伴公开。
• 伙伴关系的建立只是为了“保持形象”。
• 伙伴关系成员没有接受过识别问题或解决内部冲突的培训。
• 对合作伙伴的选择不谨慎，特别是在难以解除伙伴关系的情况下。

三　国际文件与域外材料

（一）联合国《2030年可持续发展议程》[①]

目标17　加强执行手段，重振可持续发展全球伙伴关系

多利益攸关方伙伴关系

17.16　加强全球可持续发展伙伴关系，以多利益攸关方伙伴关系作为补充，调动和分享知识、专长、技术和财政资源，以支持所有国家，尤其是发展中国家实现可持续发展目标

17.17　借鉴伙伴关系的经验和筹资战略，鼓励和推动建立有效的公共、公私和民间社会伙伴关系

执行手段和全球伙伴关系

60. 我们再次坚定承诺全面执行这一新议程。我们认识到，如果不加强全球伙伴关系并恢复它的活力，如果没有相对具有雄心的执行手段，就无法实现我们的宏大目标和具体目标。恢复全球伙伴关系的活力有助于让国际社会深度参与，把各国政府、民间社会、私营部门、联合国系统和其他参与者召集在一起，调动现有的一切资源，协助执行各项目标和具体目标。

62. （……）在恢复全球可持续发展伙伴关系活力的框架内实现本议程，包括实现各项可持续发展目标。（……）它涉及国内公共资金、国内和国际私人企业和资金、国际发展合作、促进发展的国际贸易、债务和债务可持续性、如何处理系统性问题以及科学、技术、创新、能力建设、数据、监测和后续行动等事项。

---

① Transforming our world: the 2030 Agenda for Sustainable Development，http://www.un.org/ga/search/view_doc.asp?symbol=A/RES/70/1&Lang=E，中文版见 http://www.un.org/ga/search/view_doc.asp?symbol=A/RES/70/1&referer=/english/&Lang=C。

（二）联合国可持续发展目标伙伴关系平台[①]

可持续发展目标伙伴关系平台向所有利益相关者开放，包括会员国、公民社会、地方当局、私营部门、科技界、学术界等，以登记旨在推动实施《2030年可持续发展议程》和17个可持续发展目标（SDGs）并定期更新进展情况的自愿承诺和多利益相关者伙伴关系。

登记标准：可持续发展目标伙伴关系平台欢迎伙伴关系和自愿承诺注册。（其应符合）SMART标准：

- 具体（Specific）：已登记的倡议应力争取得促成《2030年可持续发展议程》具体目标实现的具体的可交付成果；在多利益相关者伙伴关系中，每个伙伴都应当有明确的角色。
- 可衡量（Measurable）：为便于审查进展情况，已登记的倡议应制定可衡量的进展指标。
- 可实现（Achievable）：已登记的倡议应设定可实现的目标，并努力取得成果。
- 资源（Resource-based）：倡议应有一个有保障的资源基础，而非仅有项目计划书。
- 时间限制（Time-bound）：可交付成果应有特定时间范围。

鼓励已登记的倡议通过在线平台保持信息更新，并每年定期自我报告进展情况，其重点在于该倡议如何有助于实现《2030年可持续发展议程》的具体目标。

（三）联合国《联合国与工商界合作指南》[②]

1. 自1945年联合国成立以来，工商部门在其工作中发挥了积极作用，联合国系统的一些组织与工商部门有成功合作的历史。近来的政治和经济变化促进和加强了寻求合作。人们认识到，许多最紧迫的全球问题过于复杂，任何一个部门都无法独自面对。

（……）

3. 随着工商界通过贸易、投资和金融促进发展在创造就业和财富方面的

① UN, Partnerships for SDGs Online Platform (2019), https://sustainabledevelopment.un.org/partnerships.

② UN, Guidelines on Cooperation between the United Nations and the Business Sector (2015), www.un.org/ar/business/pdf/Guidelines_on_UN_Business_Cooperation.pdf.

作用日益得到认可，（联合国）与工商部门的关系变得更加重要。联合国会员国还强调私人投资在发展中的重要性。工商部门可以提供知识、专长、路径和实现等方面的关键资源，它们对于推进联合国目标往往至关重要。

（……）

5. 事实证明，与工商部门和其他利益相关者的战略接触是推进联合国目标的有效方法。合作是基于这样一种理解，即尽管联合国的目标与工商部门的目标有很大的不同，仍有些目标是重叠的，包括建立市场、打击腐败、保护环境、增加粮食安全和确保社会包容等。

（……）

6. （……）伙伴关系可被定义为联合国系统的一个或多个部门与工商部门之间自愿合作的协议或安排，在其中的所有参与者同意共同努力以实现共同目标或承担具体任务，并共担风险、责任、资源和利益。

（……）

18. 从业务的角度来看，伙伴关系有三大类：

（a）**核心业务运营和价值链：**这种类别包括调动工商部门的创新技术、流程、融资机制、产品、服务和技能以创造财富和就业，开发和提供负担得起的商品和服务。联合国和工商部门的伙伴可共同支持整体价值链在市场部门中的发展，这些部门提供了可持续发展的前景和向待遇更好的就业形式的转变。另一类型可能包括旨在增加有助于减贫的重要商品和服务的获得途径的合作（即“金字塔底部”的投资机会）。

（b）**社会投资和慈善：**这种类别包括不同类型的资源调动支持和对工商部门一系列资源的利用，包括现金和核心能力。这可能包括资金支持及公益商品和服务、企业志愿者及技术专长和支持。

（c）**倡导和政策对话：**这种方式涉及促进和推动特定目标的倡议，这些特定目标支持联合国的目标或促进多方利益相关者就与联合国宗旨与活动相关的问题进行对话。这些伙伴关系可能包括促进企业责任概念；与企业合作以改变其内部业务实践，使其与联合国的目标保持一致；制定规范或指导方针，使利益相关者参与支持联合国的目标。

选择合作伙伴

9.《联合国全球契约》为与工商部门的合作提供了一个总体价值框架（人权、劳工、环境和反腐败原则）。联合国实体在制定自己的指导方针包括选择工商部门合作伙伴时应将其作为参考。（……）

（b）在考虑此类合作和伙伴关系时，联合国将寻求与以下工商实体的合作：

i）通过支持宪章及其他公约和条约所反映的联合国核心价值观及其目标，证明其是负责任公民；

ii）通过将《联合国全球契约》的原则转化为自己影响范围内的业务实践，包括但不限于政策、行为守则、管理、监督和报告系统，证明其遵守或超越原则的承诺。

（c）联合国不会与同谋侵害人权的、默许强迫劳动或使用童工的、参与销售或制造杀伤性地雷或集束炸弹的或不履行联合国要求的义务或责任的工商实体建立关系。（……）

（e）联合国不应与未能系统地表明遵守《联合国全球契约》的原则的工商实体合作。但是，联合国可以考虑专为解决企业未履行承诺而开展合作。

10. 联合国实体可建立附加的合格和排除标准来筛选适合其特定任务与倡导作用的公司。

（四）联合国《加强联合国与私营部门的合作》①

（……）鉴于离落实《2030 年可持续发展议程》已不到 5000 天，联合国必须紧急迎接挑战，发挥与私营部门和其他伙伴合作的充分潜力。虽然在联合国全系统内达成了强烈的共识，即实现可持续发展目标需要大幅扩大联盟和伙伴关系，特别是与私营部门的联盟和伙伴关系，但也普遍承认，实现这一目标需加强努力。在整个联合国系统内，伙伴关系正朝着更深入更具战略性且以创新、可扩展性和影响为重点的合作发展。

5. 根据为本报告提供了数据的 37 个联合国实体所提供的资料，整个联合国系统目前有 1500 多个工商伙伴关系。双边伙伴关系在其中占主导地位，一半以上报告的伙伴关系只涉及一个公司伙伴。短期合作也是常态：据报，联合国和企业之间 79% 的伙伴关系维系时间短于五年。正如数据所示，可能需要进行更加协调一致的努力，以进一步建立可扩展的工商伙伴关系模式，包括旨在长期与多个伙伴更好地合作的模式、更系统地衡量影响的模式以及更有效地推进《2030 年可持续发展议程》的模式。

6. 联合国系统各实体达成普遍共识，即新的联盟和伙伴关系将对实现《2030 年可持续发展议程》至关重要，并日益认识到，私营部门是提高联合国实现可持续发展目标的能力的最关键的伙伴之一。大多数联合国实体认为，如果不大幅扩大联合国与工商界的伙伴关系，就不可能实现这些目标。

---

① UN, Enhanced Cooperation between the United Nations and all Relevant Partners, in Particular the Private Sector, Report of the Secretary-General (2017), https://undocs.org/A/72/310.

但是，它们也普遍认识到，联合国还不具备足够能力与工商界展开能产生最大影响的互动协作：只有四分之一的联合国实体觉得，联合国为与私营部门互动协作作出了足够的努力。

（……）

11. 展望未来，联合国系统认为有五条关键路线，可以扩大与工商界的伙伴关系。第一，摆脱以捐赠为基础的伙伴关系，大多数联合国实体觉得在今后三至五年内这种伙伴关系的重要性将会降低，并建立更具战略性的商业关系。第二，建立更多利用私营部门核心能力和技术、以创新为基础的伙伴关系。第三，更加注重多利益相关方伙伴关系，各机构预期在今后三至五年这种伙伴关系的数量将增加一倍以上。第四，连接和汇集更广泛的行为体生态系统。第五，增加中小微型企业的参与机会，以扩大对当地的影响。

（……）

15. 例如，“每个妇女每个儿童”倡议就是由联合国推动，动员各国政府、多边组织、私营部门和民间社会采取行动的多利益相关方伙伴关系。自2015年以来，“每个妇女每个儿童”倡议的合作伙伴对改善妇女、儿童和青少年的健康作出了60多个政府承诺和150个多利益相关方承诺，相当于承付了270多亿美元。7000多个个人和组织在《妇女、儿童和青少年健康全球战略（2016—2030）》的起草过程中提供了资料。

推动转型伙伴关系的战略转向

19. 由于联合国进入了资源日益受限的时代，因此可能回归到采用较早的合作模式。联合国各实体可能迫于压力，将与私营部门建立合作伙伴关系可用的有限资源用于筹资，这样一来就无法结成和扩大转型伙伴关系，而建立这种伙伴关系需要更多的工作人员和资源，但具有更大的潜力，可以大大推动在落实《2030年可持续发展议程》方面的进展。大多数为本报告提供资料的联合国实体承认，因为资源有限，他们建立转型和创新伙伴关系的能力受到了限制，此外，因为一方面需要在当前资源有限的环境中实现资金来源多样化，另一方面又有机会建立旨在影响更广泛的行为体并造成更大更持久的影响的关系、联盟和其他合作形式，由此产生了紧张的局面。

20. 尽管存在这种紧张的局面，联合国正力求在将有限的资源集中于本组织最能发挥作用和取得效果的问题和机会时，更具战略性并更加灵活。各机构、基金和方案越来越善于传达它们的战略利益以及为合作伙伴改进其价值主张。

（……）

22. 实现《2030年可持续发展议程》，需要对本组织的筹资办法作出重大转变。为了获得实现可持续发展目标所需的数万亿美元投资，需要作出更大努力以释放新的资金流量，特别是来自主流机构投资者的资金。联合国系统认识到，战略核心转向的时机已到来，不止于调集私营部门资金用于本组织的工作，而是促进金融创新，从而利用公共和私人投资实现各项目标，同时促进负责任的企业增长。这是2017年联合国－私营部门论坛的一个重要主题。在论坛上，首席执行官、投资者以及政府、民间社会和联合国系统的领导人探讨了如何通过为《2030年可持续发展议程》筹资来加强合作和实现繁荣。

（……）

消除伙伴关系技能、诚信和协调方面的差距

28. 对本报告提出见解的伙伴关系专业人员中有三分之一表示，整个联合国系统缺乏协调是有效伙伴关系面临的最紧迫挑战之一。联合国系统认识到加强机构间伙伴关系合作所产生的惠益；然而，这种合作面临各种挑战，包括机构间对合作伙伴的竞争、缺乏共同工具和模板以及披露伙伴名称和伙伴关系细节方面的保密障碍。联合国系统认识到，迫切需要采取更加协调、更少内部竞争的伙伴关系办法，特别是鉴于有越来越多的机会吸引公司参与本组织的多个伙伴关系，以及相应地需要立即消除将联合国看作具有挑战性的合作伙伴的看法，令人遗憾的是，许多公司仍然持这一看法（……）。

自2013年以来，联合国粮食及农业组织（简称“粮农组织”）积极谋求加强与私营部门的互动协作。粮农组织私营部门伙伴关系战略（2013年）支持该组织从历来对伙伴关系持规避风险的看法转变为采取风险管理办法。为使伙伴关系知识制度化，举办了讨论会，并建立了有用的工具和培训，包括私营部门伙伴关系手册、经验教训和最佳做法内部数据库以及其他能力建设材料。与此同时，采用了精简的尽职调查流程，从而提高了尽职调查决定的效率（将此类决定所需时间从几个月缩短到2周至4周），并产生了10个新的伙伴关系，其中8个是与私营部门的伙伴关系。粮农组织认为，该方案的成功归因于总干事和高级管理人员的大力鼓励，为进行这些努力创造了积极的环境。

（……）

32. 虽然伙伴关系的机会空间继续扩大，但联合国甄选伙伴和进行尽职调查的各种办法仍在破坏有效维护本组织诚信的工作。由于筛选和聘用企业伙伴的办法和标准不同，各机构在甄选伙伴方面可能产生不一致的决策，这可能会加剧整个组织的诚信或声誉风险。

33. 大多数联合国实体独立进行尽职调查，而在收集关于潜在企业伙伴的信息时向其他机构同事征求意见的不到三分之一。尽职调查的排除标准也不尽相同。例如，作为一项政策措施，61%的联合国实体将烟草行业排除在伙伴关系考虑范围之外；19%的联合国实体将来自该行业的公司视为高风险潜在伙伴，但不将其排除在伙伴关系考虑范围之外；20%没有适用于烟草行业的具体政策。

（……）

衡量和宣传伙伴关系成果

49. 在以下四个关键领域采取行动，有助于消除收集和传播伙伴关系成果的障碍，更好地跟踪伙伴关系对促进执行《2030年可持续发展议程》的贡献。第一，应该从一开始就明确界定伙伴关系的衡量标准和目标，以便为衡量效果提供明确的基准。第二，整个联合国系统需要一个共同的基线，以确定伙伴关系报告的原则和最低期望。第三，应将伙伴关系衡量标准纳入伙伴关系工作者的业绩管理标准，以奖励和鼓励最佳做法。第四，必须在本组织各级培养强有力的伙伴关系倡导者，必须继续支持合作和最佳做法。

（五）联合国“全球契约”①

全球最大的企业可持续发展倡议

9997家公司	162个国家	61248场公开报告

愿景

在《联合国全球契约》中，我们的目标是推行可持续发展企业和利益相关方在全球的行动，创造我们想要的世界。这是我们的愿景，为其实现，《联合国全球契约》支持企业：

• 负责任地开展业务，使其战略和业务符合人权、劳工、环境和反腐败的十项原则；

• 采取战略行动促进实现更广泛的社会目标，例如联合国可持续发展目标，重点是合作和创新。

① UN, Global Compact, www.unglobalcompact.org.

十项原则［人权、劳工、环境及反腐败］

退出和重新加入的政策[①]

- 未能就进展进行沟通（……）；
- 未能进行对话（……）；
- 过分或有系统地滥用十项原则（……）；
- 未能履行年度财务承诺（……）。

（六）《采掘业透明度行动计划》[②]

《采掘业透明度行动计划》（以下简称 EITI）标准要求各国及时、准确地公布其自然资源管理的关键信息，包括：许可证如何分配、企业缴纳了多少税款、特许权使用费和社会捐款，以及这些资金在国家和地方一级的去向。通过这样做，EITI 寻求加强公共和公司治理，促进对自然资源管理的理解，并提供数据，从而为遏制腐败和推动问责制效用提供信息和推动改革。

由多方利益相关者团体进行监督[③]

EITI 需要有效的多方利益相关者监督，包括一个运作良好的多方利益相关者团体，且其应有政府、企业以及民间社会的全面、独立、积极和有效参与。

与多方利益相关者监督相关的关键要求包括：（1.1）政府参与；（1.2）行业参与；（1.3）社会团体参与；（1.5）具有明确实施 EITI 目标的商定工作计划，以及与 EITI 董事会规定的最后期限相一致的时间表。

（七）国际劳工组织《“更好的工作”项目独立评估》[④]

“更好的工作”项目是国际劳工组织和国际金融公司（世界银行集团的成员）的一项联合倡议，自 2007 年以来一直致力于改善工作条件和提高全球服装供应链的竞争力。由于“更好的工作”项目，工厂逐步提高了劳工组织的核心劳工标准和遵纪守法的程度，这些立法包括赔偿、合同、职业安全

---

① UN, Global Compact, De-listing and re-joining Policy, www. unglobalcompact. org/docs/about_the_gc/De-listing% 20and% 20re-joining% 20policy_UNGC_Jan% 202019. pdf.

② Extractive Industry Transparency Initiative EITI, Factsheet2018, https://eiti. org/sites/default/files/documents/eiti_factsheet_en_oct2018. pdf.

③ The EITI Requirements, https://eiti. org/eiti-requirements.

④ ILO, Progress and Potential: How Better Work is improving garment workers' lives and boosting factory competitiveness, A summary of an independent assessment of the Better Work programme (2016), https://betterwork. org/dev/wp-content/uploads/2016/09/BW-Progress-and-Potential_Web-final. pdf.

和健康以及工作时间。这不仅极大地改善了工作条件，同时也提高了工厂的生产率和盈利能力。

为了进一步了解其工作的影响，“更好的工作”项目委托塔夫茨大学进行独立的影响力评估。自该项目开始以来，塔夫茨大学的跨学科研究小组收集并分析了来自海地、印度尼西亚、约旦、尼加拉瓜和越南的近1.5万名制衣工人和2000名工厂经理的回复。（……）塔夫茨大学影响评估研究的独特之处在于，它为制衣业提供了前所未有的深入资料，说明劳工条件与盈利能力之间的联系，包括工人的真实看法和管理人员的详细商业数据（……）。

研究人员使用不同的评价战略来衡量该项目的影响。其中包括一项战略，利用随机的时间间隔——反映工厂在不同的时期接受“更好的工作”，以此来隔离该项目的影响，以及进行一项随机对照试验，以评估培训主管的影响（……）。这种研究方法也有助于提高关于可持续发展问题的其他研究的效率。通过声控平板电脑调查收集数据具有创新性，可以确保所有员工，包括文化程度较低的员工或那些可能不愿直接与面试官分享经验的员工，都能有条理地表达自己的观点。诸如ACASI等这类新技术已在发展社区广泛使用，以收集受益者对其经验的看法。

结论

“更好的工作”发挥了作用。工厂层面的证据表明，所有参与该项目的国家都有对工作条件重大和积极的影响。这包括减少工作场所的虐待行为，增加工资和减少加班，在工厂外为工人及其家庭创造积极的影响。在产生这些影响的同时，企业的竞争力也提高了。“更好的工作”为工厂提供的服务组合对于实现其目标至关重要。同样明显的是，合规性监督也很重要。研究人员证明，工厂在评估期间做出了改进，但这些改进可能不会无限期地增加。因此，“更好的工作”对劳工组织标准和国家立法的遵守情况进行的定期监测发挥了关键作用。此外，初步迹象表明，只要具备某些条件，社会对话在改善工人的成果方面发挥着重要作用。特别是，妇女代表和公平选举的工人代表对于确保有效的社会对话至关重要。

赋予妇女权力至关重要。在PICCs（绩效改进咨询委员会）中有女性代表和培训女性主管是改善工作条件和提高生产率的关键战略。

改善工作条件是一项投资，而不是成本：有强有力的证据表明，改善工作条件并不是工厂的财政负担；相反，它是其成功的一个关键组成部分。工人反映，工作条件较好即合规性较高、管理人员能力较强的工厂，其生产效率和利润也更高。虐待行为，如言语虐待或性骚扰，不仅在道德上应受到谴责，而且与糟糕的经营业绩有关。

需要一种整体性的方法来应对全球供应链的压力。采购在供应商工厂实现体面的工作方面带来了内在挑战。它们通过对工作时间和工资产生不利影响，直接影响工人的福利。它们还通过在生产计划中制造不可预测性，影响主管的压力和行为。当经理和主管处于压力之下时，他们无法根据收到的信息和证据采取行动，包括观察到剥削性的工作条件对业务不利。因此，为高质量的工作建立一个“商业案例”需要所有利益相关者——品牌、零售商、工厂、决策者、非政府组织和工人及其代表——找到一个适用于全球供应链的解决方案。

咨询服务和社会对话的影响。现有的分析阐明了绩效改进咨询委员会的工作方式及其推动效率的特点。但是，必须进一步探讨绩效改进咨询委员会、工会、工人的意见及其代表之间的相互作用以及更广泛的社会对话。在柬埔寨完成目前的数据收集工作后，将加强这方面的工作，其目的是独立处理“更好的工作”对不同核心服务的影响。

（八）《孟加拉国消防和建筑安全协议》[①]

成果（截至 2018 年 5 月）[②]

2013 年 4 月拉纳广场（Rana Plaza）大楼倒塌后，全球贸易劳工联盟和全球工会联盟、8 个全球贸易劳工联盟分支机构和 43 家服装公司签署了具有 5 年法律约束力的《孟加拉国消防和建筑安全协议》（“2013 年协议”），开始推动孟加拉国成衣行业的安全发展。这项协议最终由 220 多家公司签署，到 2018 年 5 月，它为孟加拉国数百万服装工人的工作场所带来显著的安全保障。

2013 年协议概述：

- 222 家公司签署；
- 涉及 2000 多家成衣工厂；
- 涉及 200 万名工人；
- 在超过 2000 家工厂进行初步的消防、电气和结构检查；
- 公开披露所有初步检验报告及纠正措施计划；
- 2.5 万次后续消防、建筑、电气安全检查；

---

① *2013 Accord on Fire and Building Safety in Bangaladesh*, https://bangladesh.wpengine.com/wp-content/uploads/2018/08/2013-Accord.pdf.

② *Achievements 2013 Accord* (20.07.2018), https://bangladeshaccord.org/resources/press-and-media/2018/07/20/achievements-2013-accord.

- 在超过1000家工厂成立安全委员会和实施安全培训计划；
- 解决了200起健康和安全投诉。

安全性补救

2014年2月，该协议启动了一项大规模的消防、电气和结构检查计划，覆盖所有为其签署方生产服装的工厂。根据2013年协议，工程师们检查了2000多家成衣工厂，发现了超过15万个安全隐患。截至2018年5月31日：

- 所有在工厂初步检查中发现的85%的安全隐患都已得到修复；
- 150家工厂完成了安全整治；
- 857家工厂完成了90%的整治工作（……）。

2013年至2018年，该协议要求50座厂房进行（暂时）疏散，因为结构检查显示，存在严重且迫在眉睫的结构故障风险。在这种情况下，首席安全检查员将检查结果提交给孟加拉国审查小组[①]，并要求责任公司确保工厂撤离该建筑，并停止公司的生产，直到确定该建筑可以重新安全使用为止。在200多家工厂中，需要立即采取减轻负荷的措施，例如移走储存物或清空水箱，以防止建筑物倒塌，并继续（部分）生产。

品牌承诺确保供应商工厂的补救在经济上是可行的

在签署协议时，公司承诺与供应商谈判商业条款，以确保工厂维护安全工作场所并遵守补救要求的经济可行性。根据2013年协议，签署的企业利用各种类型的财政援助，使其供应商工厂的补救在经济上可行，包括保证更长的订单期，更高的订单量，更高的订单预付款以改善现金流、获得资金或直接现金援助（……）。

2018年过渡协议[②]

主要特点：

- 品牌与工会之间具有法律约束力的协议；
- 独立的安全检查和补救计划；
- 品牌承诺确保完成安全补救且有财务支持；
- 披露检查报告和纠正措施计划；
- 安全委员会和安全培训计划；

---

① 审查小组是通过劳工和就业部领导的全国视察行动计划而成立的，该行动计划可决定建筑物疏散或暂停作业。

② *The Accord on Fire and Building Safety in Bangladesh* (*2018*), https://admin.bangladeshaccord.org/wp-content/uploads/2018/08/How-the-Accord-works.pdf.

- 安全及健康投诉机制；
- 保护拒绝不安全工作的权利；
- 不断促进结社自由以促进安全；
- 可选择的家用纺织品、织物及针织配件供应商名单；
- 协议职能向国家监管机构的过渡。

该协议如何确保孟加拉国服装和纺织厂的安全

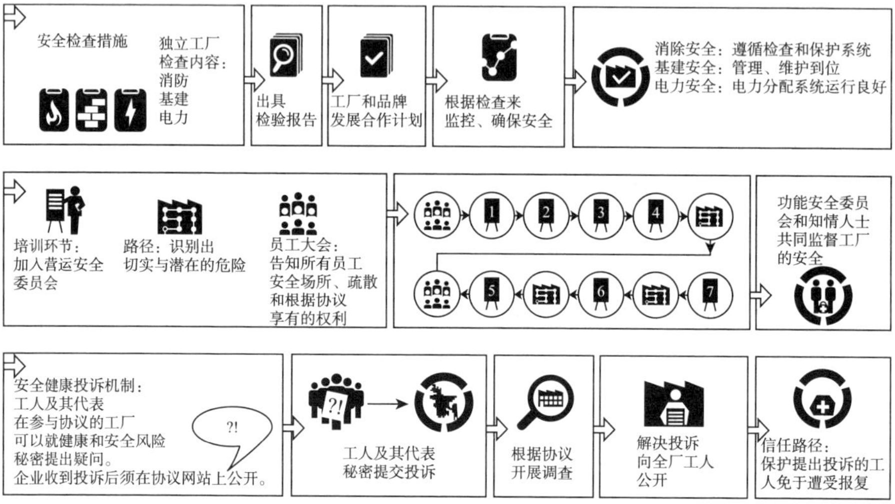

（九）荷兰《可持续服装和纺织品协议》①

本协议各项安排的目的是：

—在3~5年内，在改善因成衣及纺织生产或供应链的特定风险而受到不利影响的团体的处境方面，取得实质进展；

—为个别企业提供指引，以防止其本身的经营或业务关系对生产或供应链产生（潜在）的不利影响，并在出现影响时予以抵制；

—开展联合活动和项目，解决服装纺织企业不能完全和/或单独解决的问题。

缔约各方通过相互协议和与利益相关方的讨论确定了九个具体主题，这些主题目前值得在荷兰服装和纺织行业的企业在国际负责任商业行为方面优先注意：

① Agreement on Sustainable Garment and Textile (2016), www.ser.nl/-/media/ser/downloads/engels/2016/agreement-sustainable-garment-textile.pdf.

1. 歧视和性别；
2. 童工；
3. 强迫劳动；
4. 结社自由；
5. 生活保障工资；
6. 工作场所的安全和健康；
7. 原材料；
8. 水污染和化学品、水和能源的使用；
9. 动物福利。

尽职调查

双方同意，企业必须进行尽职调查，以履行其社会责任。因此，当事各方希望支持《协议》的每个企业签署一项声明：

—双方将在签署协议后一年内，按照各自的规模和业务情况，进行尽职调查；

—他们将向《可持续服装和纺织品协议》（以下简称“AGT”）秘书处提交年度行动计划，作为其尽职调查程序的一部分，并进行评估/批准，并声明自己同意评估过程，以及AGT秘书处可能进行的改进和批准；

—在其年度行动计划中：

- 他们将明确讨论；

他们通过尽职调查对其生产或供应链的了解，以及对《联合国工商企业与人权指导原则》和《经合组织跨国企业准则》可能产生的影响；

他们的采购流程（运输次数、合同的期间等）的潜在不利影响和应对的措施；

他们就缔约方确定的九个优先主题采取的政策和措施，以及他们将如何参与缔约方为这些主题拟订且与主题中存在的重大风险有关的集体项目；

为协议期间的改进制定数量和质量目标，并在3年和5年之后分解为更小的目标。(……)

—他们同意根据本协议建立的投诉和纠纷解决程序和裁决机制（见下文），如投诉和纠纷解决委员会处理有关事项后，对行动计划的质量仍有争议，他们同意提交仲裁。

政策的一致性和政府的作用

《关于国际负责任商业行为的协定》是政府在负责任商业行为、可持续发展和贸易以及发展合作领域的更广泛政策的一部分。荷兰政府签署本协定，作出以下承诺：

1. 将成衣及纺织行业的多方利益相关者合作事宜坚定地提上欧盟的议事日程，并加以推广（……）。

2. 作出最大的贡献，以确保企业在实际工作中清楚了解它们有何选择或在达成相互协定时适用什么限制条件（……）。这一点，以及更多的努力将通过修订过的关于竞争和可持续性的政策规则付诸实施。

（……）

4. 荷兰政府将在本协定下努力与荷兰企业购买纺织品和服装的国家的有关地方和/或国家政府达成协议（……）。

5. 各国大使馆将致力于协助本协定签署国执行其关于国际负责任商业行为的政策，主要是提供资料［和］使荷兰企业与地方当局以及利益相关方接触（……）。

9. 如果一个企业根据现有文件提出国际贸易活动的财政或其他政府支持的申请，荷兰政府承认，参与企业将更容易证明它们符合国际负责任商业行为的标准；（……）。

10. 荷兰政府将鼓励［公共当局］按照经合组织的指导方针进行采购。通过树立政府的良好榜样，并以对社会负责的方式进行采购，政府将有助于为可持续的创新产品和生产过程创造一个市场（……）。

《关于国际负责任商业行为的协定》为企业提供了在行业层面同政府和其他方面一道以结构化的方式为这些复杂问题找到解决办法的机会，从而增加了它们的影响力。（……）本协议涉及荷兰企业或在荷兰市场经营的企业的行为。（……）双方签订本协议，并非为了限制市场或减少竞争。他们无意限制服装和纺织品市场的竞争，使消费者处于不利地位。

最多在协议签署两年半后，将进行独立评估（中期检查），以评估协议的进展和运作情况，并确定是否可能或有必要设立一个监事会来监督协议。5 年之后，将进行（最终）审查。如果发现参与企业数量（2016 年 35 家，2018 年 100 家，2020 年 200 家）和/或结果不符合预期，可以采取额外措施。额外措施也可以具有更大的约束力，可确定是否采取立法和条例的措施。

（十）《评估多利益相关者的倡议》①

《评估多利益相关者的倡议》（MSI Integrity）② 调查多利益相关者倡议是

① Institute for Multi-Stakeholder Initiative Integrity (MSI Integrity), MSI EVALUATION TOOL, For the Evaluation of Multi-Stakeholder Initiatives (2017), www. msi-integrity. org/wp-content/uploads/2017/11/MSI_ Evaluation_ Tool_ 2017. pdf.

② Institute for Multi-Stakeholder Initiative Integrity (MSI Integrity), www. msi-integrity. org.

否、何时以及如何能够保护和促进人权和环境。我们对多利益相关者倡议如何包括、授权和影响社区特别感兴趣。

尽管解决商业和人权问题的多利益相关者倡议不断增多，但人们对其有效性仍知之甚少。对多利益相关者倡议的制度有效性或影响其人权影响的因素的系统评价，较为薄弱也尚不发达。许多多利益相关者倡议也不确定它们是否产生了任何有意义的影响，或者它们如何构建才能更好地保护人权。此外，对于不同多利益相关者倡议的制度设计和特点，几乎没有努力去整合证据、教训或良好的实践。

多利益相关者倡议评估工具和评估方法提供了一个框架来评估多利益相关者倡议及其制度设计、结构和运行程序的有效性。他们将当前关于多利益相关者倡议的结构和过程的理论和实践结合起来，认识到其设计特性——例如良好的治理和健全的问责机制——会影响倡议的有效性和实现积极影响的潜力（……）。

该工具最初是为了评估制定全球标准的多利益相关者倡议是否以有效保护和促进人权的方式设计的。多利益相关者倡议已成为处理商业和人权问题的最受欢迎的全球工具之一，然而，对于将这些倡议作为人权保护工具是否真正成功或有效，几乎没有研究或涉猎（……）。

该工具分为七个部分，反映了多利益相关者倡议设计中与有效性相关的七个核心领域。这七个核心领域是：（1）范围和任务；（2）标准；（3）内部治理；（4）实施；（5）发展和审查；（6）受影响的社区参与；（7）透明度和可访问性。

每个核心区由一套综合指标组成，这些指标与影响其有效性的结构和过程有关。多利益相关者倡议评估工具的用户可以通过遵循“五步法”来评估该倡议是否包括这些指标，以考虑该倡议的结构和框架的设计是否能够得出正面的结果和影响。

评估工具由一组详细的问题组成，这些问题与影响多利益相关者倡议有效性的制度设计、结构和过程的指标相关联。有三类指标，它们将最关键的设计方面与更具创新性和实验性的方面区分开来。这三类指标是：

- **基本要素**。这些指标是必要但不充分的，对于多利益相关者倡议而言，作为一份人权文件是潜在有效的。基本要素在多利益相关者倡议评估工具中以粗体字标记。
- **良好做法**。这些指标涉及加强多边战略的有效性及其保护人权的潜力的特点。
- **创新实践**。这些指标反映了多利益相关者倡议设计的新特点，这些特点至少已被一个多利益相关者倡议采用，或基于专家理论，并有望提高或优化多利益相关者倡议保护人权的能力。

通过关注影响多利益相关者倡议有效性的设计特性，该工具的用户能够评估该倡议产生影响的潜力。对于多利益相关者倡议而言，对其影响、实践、产出或结果进行评估是重要而迫切的，但需要复杂深化的方法，以及获得许多组织和个人可能无法获得的资源和信息。在未来几年，多利益相关者倡议完整性计划为这些类型的影响评估开发可行的方法。在此期间，多利益相关者倡议评估工具还应通过提供关于多利益相关者倡议的结构和运行的理解来帮助那些试图衡量影响的人。

四　中国相关文件与材料

（一）《关于构建全球负责任钴供应链的联合行动倡议》[①]（2016年4月22日）

我们密切注意到全球钴供应链中存在的社会和环境影响，严厉谴责钴矿开采过程中使用童工等侵害人权的行为。

我们认识到，钴矿资源的开发利用尤其是贫困地区的手工采矿，不仅事关尊重和保护人权，也与促进当地社会发展、减少贫困和保障生计紧密相关。

我们还充分认识到，全球钴供应链上下游各个参与者在系统解决相关挑战时应承担的共同而有区别的责任。

我们谨此呼吁，相关国家政府、手采矿从业者、钴冶炼加工企业、贸易商、下游的电子和汽车等行业企业以及非政府组织等各参与者和相关方，应本着“直面挑战、共担责任、联合行动、实现共赢”的原则，采取积极、恰当的联合行动，共同致力于构建负责任的全球钴供应链。

兹倡议联合行动如下：

1. 系统识别钴供应链社会和环境风险，研究其形成的根本原因，并形成共识；

2. 联合建立跨行业边界、多方参与、开放、透明的全球钴供应链合作机制，借此明确各方具体行动并切实落实；

3. 借鉴《联合国工商业与人权指导原则》等指导文件，倡议开发钴供应链尽责管理操作指南，推行钴供应链尽责管理；

4. 促使并协助钴供应链上的各类企业完善内部治理，提升尽责管理能力，确保在钴供应链及项目生命周期内负责任运营；

---

① 本联合行动倡议由中国五矿化工进出口商会和经济合作与发展组织，在2016年4月22日于北京举办的“负责任钴供应链建设与尽责管理国际研讨会”上联合发起。

5. 合作开展信息共享、多方沟通与对话、专题培训等行动，督促并协助当地政府部门加强公共治理水平，帮助当地企业和社区提升应对风险和挑战的能力；

6. 建立企业、行业和社会层面的多重救济机制，以补救钴供应链上的人权与劳工损害，尤其是使用童工的问题；

7. 坚持在发展过程中应对供应链挑战，防范单纯通过终止商贸关系应对供应链风险的做法，这类做法可能加剧钴开采地区贫困，恶化当地民众生计；

8. 通过信息披露增强透明度，包括定期发布钴供应链建设与尽责管理的报告和/或进展，并在征询利益攸关方意见的基础上实现持续改进。

（二）《责任钴业倡议管理办法》（2019 年 7 月版）

为了系统、有效地识别和应对钴供应链上的社会和环境风险，促进供应链企业负责任地经营，努力构建全产业链“责任共同体和利益共同体”，确保全球钴资源供应安全、稳定和可预期，推动全球钴价值链健康、包容和可持续，特发起成立“责任钴业倡议”（以下简称“倡议”）。为做好倡议建设和管理工作，现制定本管理办法。

一、总则

第一条　名称及工作地点

倡议中文全称“责任钴业倡议”，英文全称“The Responsible Cobalt Initiative”，英文缩写为“RCI”，是由全球钴供应链上下游企业以及相关机构，包括政府部门、智库、国际发展机构以及国际组织和非政府组织和民间社团等自愿共同发起成立的国际性倡议。

责任钴业倡议委托中国五矿化工进出口商会承担秘书处职责，在倡议决策委员会的指导下开展工作。

第二条　宗旨

倡议坚持“平等、开放、包容、透明”的原则，汇聚和团结全球钴产业链上下游企业以及相关机构、非政府组织等，围绕负责任钴原料供应问题，系统识别和应对供应链上的社会和环境风险，构建并推进钴供应链尽责管理体系，增强风险意识和治理能力，致力于减少因钴的供应和贸易所产生的负面影响，改善受影响社区生计。

倡议的活动须遵守国际法和东道国的有关法律法规。

第三条　高层目标

责任钴业倡议的成员共同致力于实现以下三大高层目标：

1. 目标一：供应链透明度和风险评估

“倡议”上下游企业认同《中国负责任矿产供应链尽责管理指南》和《经合组织受冲突影响和高风险地区矿物尽职调查指南》中的原则和尽责管理方法。通过五步法框架提升责任钴业倡议成员对尽责管理的认知，提高供应链透明度，努力构建负责任的全球钴供应链。倡议的服务和企业的行动将重点关注工具开发，包括供应链上下游风险评估工具、审核工具，风险减缓和解决工具，同时鼓励企业发布尽责管理报告。

2. 目标二：落地行动

推动与当地政府、当地社区、国际发展机构、国际组织、学术机构以及民间机构合作开展落地行动，包括：

（1）在当地社区（例如刚果金）采取行动，解决在钴供应链中的风险和产生的负面影响。

（2）为当地的运营商和利益攸关方提供培训，推动当地的参与者融入全球价值链中。

3. 目标三：有效沟通

建立有效的沟通和报告工具，使用公共宣传策略将工作进展和成果有效传递给公众。

第四条　职能

1. 信息分享、培训和能力建设服务：搭建交流平台，加强知识分享，促进信息沟通，向钴供应链上下游企业宣传钴供应链中存在的社会和环境风险，提供供应链尽责管理的知识、技能和风险管理培训，提升供应链上下游企业风险识别和管理的能力。

2. 供应链风险管理服务：全面识别钴供应链上下游参与者，建立供应链透明度体系，开发和推广适用于钴供应链的风险识别工具，为成员企业开展供应链风险管理提供顾问服务，努力解决成员在钴原料供应链的期望和诉求。

3. 供应链尽责管理和第三方评估服务（审核）：为企业提升供应链尽责管理能力提供知识、工具和技术支持；开发标准化的钴供应链风险评估工具、第三方评估工具，对企业的风险管理提供意见和建议。

4. 支持当地社区干预活动，解决供应链产生的负面影响：通过多渠道筹集资金（成员自愿捐赠以及第三方资金支持），推动建立救济基金，协助提升当地矿业政府部门的治理能力，改善当地矿区环境，促进当地社会发展，致力于从根本上解决钴矿开采和贸易中产生的社会和环境风险。

5. 建立行业申诉机制：在长期规划内，建立行业层面申诉机制，加强同各利益攸关方沟通、对话和磋商，回应和协助解决利益攸关方对倡议成员企业在全球钴供应链中的关切和诉求。

二、组织结构

第五条　管理机构

倡议组织结构由成员大会、决策委员会、秘书处、顾问委员会和名誉主席组成。决策委员会每届任期 1 年。

第六条　成员大会

所有确认加入倡议的机构应遵守倡议管理办法，正常履行成员义务，且均有权参加成员大会。成员享有平等的选举和被选举权。成员大会每年召开一次，选举产生决策委员会八位委员。

第七条　决策委员会

决策委员会是倡议的最高管理机构，负责监督和指导所有倡议的战略方向、财务政策、管理决策和商业活动。

决策委员会设主席 1 名、副主席 2 名（分别代表上游和下游）和其他委员 6 名（决策委员会共 9 名委员，包括为中国五矿化工进出口商会保留的作为行业协会代表的一个常任委员席位）。决策委员会成员由成员大会每年选举产生，为了保证整个钴供应链的代表性、平衡性和公平性，决策委员会将由以下三个层面的成员单位构成：

- 3位来自钴供应链下游成员企业；
- 3位来自钴供应链中上游成员企业；
- 3位来自具有代表性的行业组织或独立专家。

提名的决策委员会成员，须重点考虑以下5个维度：产业代表性、参与工作积极性、发挥作用的能力、责任行动引领性和行业声誉。中国五矿化工进出口商会作为常任委员，不需要选举。

第八条　顾问委员会

由政府间多双边机构、行业组织、智库机构、非政府组织、独立专家等组成。顾问委员会成员由秘书处提名，并经被提名单位确认，决策委员会表决通过。

第九条　秘书处和工作组

倡议设立秘书处，主要负责组织和协调倡议的日常工作。秘书处由秘书长主持工作，向决策委员会汇报工作。

除秘书长之外，秘书处根据必要的审批流程以及可用的预算设置专门岗位。秘书处工作人员应体现倡议的国际性和中国特色。除全职工作人员之外，可招聘兼职工作人员或咨询顾问若干。

鼓励成员大会成员派员参与秘书处工作。秘书处将同时负责管理三大高层目标工作组（第三条）的相关工作。每个工作组将由成员大会成员企业牵头实施，并向秘书长和决策委员会更新工作进展。

第十条　名誉主席

为了表彰主要发起方的功绩，中国五矿化工进出口商会将自行提名其高层领导担任倡议名誉主席。名誉主席不承担具体职责，但可在决策委员会同意的相关礼节性活动中代表倡议出席。

（……）

五、成员管理

第二十一条　成员条件

加入倡议的机构，应当具备以下基本条件：

1. 签署和/或承诺实施《中国负责任矿产供应链管理指南》和/或《经合组织受冲突影响和高风险地区矿物尽责调查指南》；

2. 属于钴产业供应链的企业或行业协会，签署和/或承诺支持倡议的政策、目标和行动，并在活动中执行该倡议；

3. 致力于提升钴供应链尽责管理水平，愿共担责任，统一行动，并履行成员义务。

第二十二条　成员资格终止

成员实行动态管理，凡属下列条件之一者，经决策委员会批准，可取消其成员资格：

1. 不按照决策委员会通过的尽责管理政策和措施开展工作，严重违反倡议宗旨和精神，经劝告仍坚持己见的；

2. 没有正当理由，不定期参加倡议组织活动或不履行成员自律义务的；

3. 不按照决策委员会决议履行成员义务，无正当理由不按时缴纳成员费用；

4. 严重违反相关法律法规，直接或间接造成对倡议工作及形象较大损失或不良影响的；

5. 被取消成员资格的机构，一年内（12 个月）不得再次加入倡议，并取消一切成员权利和特权。

第二十三条　成员权利

1. 参与倡议举办的各项活动；

2. 使用推动钴供应链尽责管理以及风险识别的工具和相关服务，包括审计工具和供应链调查问卷；

3. 使用钴供应链地图，阅读倡议收集的钴供应链调研报告以及其他风险信息报告；

4. 使用针对上下游企业的培训资料，同时可以参加基础的供应商培训项目；

5. 参与倡议战略规划、行动计划的制定；

6. 拥有平等的选举权和被选举权；

7. 有权参与供应链尽责管理体系的开发、改进和建议；

8. 享有倡议活动和行动的宣传工具，推动负责任的钴采购；

9. 优先在成员企业内开展供应链尽责管理试点工作，并获益于联合开展/救济基金资助的实地项目；

10. 有权公开宣传自身的倡议成员身份，并与倡议的原则和宗旨保持一致。

第二十四条　成员义务

1. 公司认可并将中国五矿化工进出口商会的《中国负责任矿产供应链尽责管理指南》和/或《经合组织受冲突影响和高风险地区矿物尽责调查指南》应用到企业运营政策和供应商行为准则（如果适用）中；

2. 积极参与倡议举办的各项活动（决策委员会将评估成员是否积极参与相关活动）；分享尽责管理最佳实践；

3. 通过信息披露提升自身透明度，包括分享供应商风险评估（如果适用）；发布钴供应链尽责管理年度报告和/或进展报告；

4. 提供自身供应链冶炼厂/精炼厂名单，用于绘制钴供应链地图以及建立利益攸关方数据库；

5. 把倡议提出的负责任采购的愿望有效传递给供应商和公众；并将自身政策告知供应商，向倡议成员提交证明并分享经验；

6. 如果是倡议成员中的冶炼厂或者精炼厂，应同意接受供应链尽责管理培训和第三方审核机构评估其尽责管理情况；

7. 积极支持和参与倡议开发相关标准和体系；

8. 努力改善自身供应链尽责管理水平，负责任地识别已被开采的钴矿；

9. 参与（基于自愿）推动提高刚果金受影响的社区生计，包括依赖采矿生存的居民。

10. 利用自身影响力，呼吁更多钴供应链相关企业加入倡议；

11. 对外沟通方法和策略应咨询倡议秘书处；

12. 依照管理办法，按时、足额缴纳基本成员费用。

（三）《“一带一路”绿色投资原则》

序言

“一带一路”倡议旨在大幅提高参与国家的基础设施和经济发展水平。在“一带一路”项目融资的过程中，需要公共部门和私营部门投资者的共同参与和相互配合。同时，在资产类别、金融产品、项目实施、参与机构管理等各环节中嵌入可持续发展原则，对项目开发商、赞助人、投资者以及当地社区都至关重要。

为确保“一带一路”的新投资项目兼具环境友好、气候适应和社会包容等属性，共同推动和实现“联合国2030年可持续发展目标”，落实《巴黎协定》各国承诺，促进“一带一路”国家共建繁荣未来，中国金融学会绿色金融专业委员会（绿金委）和伦敦金融城绿色金融倡议发起，并联合责任投资原则（Principles for Responsible Investment）、可持续银行网络（Sustainable Banking Network）、“一带一路”银行家圆桌会（Belt and Road Bankers Roundtable）、世界经济论坛（World Economic Forum）、绿色“一带一路”投资者联盟（Green Belt and Road Investors Alliance）和保尔森基金会（Paulson Institute），共同制定了《“一带一路”绿色投资原则》（以下简称“原则”）。

作为金融机构和公司代表，我们同意签署该《原则》，并承诺在我们的投资和运营中坚持履行《原则》。同时，我们也将呼吁志同道合的金融机构和公司签署该《原则》，努力使其成为“一带一路”投资和运营的重要指导原则。

投资原则内容

原则一：将可持续性纳入公司治理

我们承诺将可持续性纳入公司战略和企业文化中来。机构董事会和高层管理人员将紧密关注可持续性相关的风险和机遇，建立有效的管理系统。同时将指派专业人员对相关风险和机遇进行识别、分析和管理，并密切关注本机构在“一带一路”沿线国家的投资经营活动中对气候、环境和社会方面的潜在影响。

原则二：充分了解ESG风险

我们将更好地了解本行业内以及东道国相关的社会文化环境标准、法律法规等。我们将把环境、社会和治理（ESG）因素纳入机构的决策过程，开展深度环境和社会尽职调查，必要时，在第三方机构的支持下制定风险防范与管理方案。

原则三：充分披露环境信息

我们将认真分析自身投资业务对环境所产生的影响，包括能源消耗、温室气体排放、污染物排放、水资源利用和森林退化等方面，并积极探索在投资决策中如何运用环境压力测试。我们将根据气候相关财务信息披露工作组（TCFD）的建议，不断改进和完善我们环境和气候相关信息的披露工作。

原则四：加强与利益相关方沟通

我们将建立一套利益相关方信息共享机制，用来加强政府部门、环保组织、媒体、当地社区民众、民间社会组织等多个利益相关方的有效沟通。同时将建立冲突解决机制，及时、恰当地解决与社区、供应商和客户之间存在的纠纷。

原则五：充分运用绿色金融工具

我们将更加积极主动地运用绿色债券、绿色资产支持证券（ABS）、YieldCo（收益型公司）、排放权融资和绿色投资基金等绿色金融工具为绿色项目融资。我们还将积极探索绿色保险的运用，例如通过灵活使用环境责任险、巨灾险以及绿色建筑保险等，有效规避在项目运营和资产管理中存在的环境风险。

原则六：采用绿色供应链管理

我们将把 ESG 因素纳入供应链管理，并在自身投资、采购和运营活动中学习和应用温室气体排放核算方法、水资源合理使用、供应商“白名单”、绩效指标、信息披露和数据共享等优秀国际实践经验。

原则七：通过多方合作进行能力建设

我们将建立专项资金并指派专业人员通过主动与多边国际组织、研究机构和智库开展合作，来努力提升自身在政策执行、系统构建、工具开发等《原则》所涉及领域的专业能力。

关于《“一带一路”绿色投资原则》的常见问题

3. 为什么我们需要 GIP？

“一带一路”倡议目前由位于亚洲、欧洲和非洲的超过 100 个国家组成，但“一带一路”是一个动态概念，加入该倡议的国家数量仍在不断增加。这些国家具有巨大的经济发展潜力和温室气体减排潜力。鉴于“一带一路”地区的国家在基础设施领域的巨大资金缺口和发展潜力，新建基础设施必须具有气候适应性、环境和社区友好性，才能实现可持续发展目标和巴黎协定的目标。因此，亟须制定一套绿色投资原则，以指导金融机构和企业在“一带一路”地区的投资和运营。

4. GIP 如何区别于其他负责任投资倡议？

GIP 是根据现有负责任投资倡议的共同原则制定的，例如“赤道原则”、“责任投资原则”和《中国海外投资环境风险管理倡议》。但是，GIP 有自己的特点：

（1）GIP 的签署方不仅包括金融机构（如银行、机构投资者、基金等），还包括企业，因为只有通过金融机构和企业协力才能有效地管理环境和社会风险。

（2）GIP 重点关注跨越亚洲、欧洲和非洲的“一带一路”倡议所涉及的国家。大多数“一带一路”沿线国家都是新兴经济体，它们的参与对实现全球气候变化目标和实现联合国 2030 年可持续发展议程至关重要。

（3）GIP 所涉及的议题涵盖了环境、社会和治理（ESG）、环境信息披露、绿色金融工具和绿色供应链管理。

5. 谁会是 GIP 的参与机构（或签署方）？

GIP 的主要参与机构或签署方包括在“一带一路”地区经营或持有资产的金融机构和企业，特别是那些投资和运营环节将带来较大环境和社会影响的机构。

6. 签署方将如何实施 GIP？

我们要求签署方将原则纳入其公司战略和决策过程中。在实践中，GIP 秘书处将与合作伙伴及签署方合作，为支持“原则”的实施提供指导、培训和相关工具开发。

7. 为什么 GIP 不根据风险等级对项目和国家进行分类？

GIP 是一般原则，用于指导金融机构和企业在其投资和运营中采用与环境和社会风险管理、绿色金融、绿色供应链相关的最佳实践。GIP 不根据项目的规模和影响对项目进行分类，也不会根据法律法规的成熟程度对东道国进行区分。关于这种分类和相应的风险管理实践，建议签署方参考赤道原则（Equator Principles）的相关内容。

8. GIP 是否具有法律约束力？

GIP 是一套不具有法律约束力的自愿原则，但我们希望签署方在“一带一路”相关地区的投资和运营中遵循并积极实施这些原则。

五 延伸阅读

- Axel Marx, “Public-Private Partnerships for Sustainable Development: Exploring Their Design and Its Impact on Effectiveness”, Sustainability (2019).
- Christina Tewes-Gradl et al., Proving and Improving the Impact of Development Partnerships – 12 Good Practices for Results Measurement (2014), www.endeva.org/wp-content/uploads/2014/11/Endeva_2014_Proving_and_improving_the_impact_of_development_partnerships___1_ –2.pdf.
- Claire Kelly, “Measuring the Performance of Partnerships: Why, What, How, When?”, Geography Compass (2012).
- Ethical Trading Initiative (1998 –), www.ethicaltrade.org.
- Fair Labor Association (1999 –), www.fairlabor.org.
- H. Brouwer et al., *The MSP Guide*, *How to Design and Facilitate Multi-stakeholder Partnerships* (2016), www.mspguide.org/sites/default/files/case/msp_guide-2016-digital.pdf.
- Institute for Multi-Stakeholder Initiative Integrity (MSI Integrity), The new regulators? Assessing the Landscape of Multi-stakeholder Initiatives (2017).
- John Ruggie, “The Global Compact as Learning Network”, *Global Governance* 7: 4 (2001), www.jstor.org/stable/pdf/27800311.pdf.
- OECD, Measuring the Results of Private Sector Engagement through Development Co-operation, Discussion paper (2018).
- OECD, Private Sector Engagement for Sustainable Development: Lessons from the DAC (2016) www.oecd.org/dac/peer-reviews/Highlights-from-a-Peer-Learning-Review.pdf.

• Peter Utting, Ann Zammit, "United Nations-Business Partnerships: Good Intentions and Contradictory Agendas", *Journal of Business Ethics* (2009).

• Roundtable on sustainable palm oil (2004 -), https://rspo. org.

• Scanteam, Achievements and Strategic Options-Evaluation of the Extractive Industries Transparency Initiative, Final Report (2011), https://eiti. org/sites/default/files/documents/2011-EITI-evaluation-report. pdf.

• Sébastien Mena and Guido Palazzo, "Input and Output Legitimacy of Multi-Stakeholder Initiatives", *Business Ethics Quarterly* (2012).

• Secretary-General Proposes Global Compact On Human Rights, Labour, Environment, Address To World Economic Forum In Davos, 1999, www. un. org/News/Press/docs/1999/19990201. sgsm6881. html.

• The Kimberley Process Onconflict Diamonds (2003 -), www. kimberleyprocess. com.

• The Multi-stakeholder Initiative Database, https://msi-database. org/database.

• UN Global Compact, Global Compact Governance: Why Context Matters, Governance Note (2011), www. unglobalcompact. org/docs/news_ events/9. 1_ news_ archives/2011_04_04/UNGC_ Governance_ Note_ Apr11. pdf.

• UN Global Compact, Partnership fundamentals: A 10-step guide for creating effective UN-Business partnerships (2011), https://business. un. org/documents/resources/partnership_ fundamentals. pdf.

• UN, Addis Ababa Action Agenda of the Third International Conference on Financing for Development (2015), www. un. org/esa/ffd/wp-content/uploads/2015/08/AAAA_ Outcome. pdf.

• UN, Partnerships for the SDGs: A Legacy Review Towards Realizing the 2030 Agenda (2015), https://sustainabledevelopment. un. org/sdinaction/publication/partnerships-a-legacy-review.

• UNDP, Business Call to Action (BCtA) Impact Lab (2019), https://impactlab. businesscalltoaction. org.

www. jstor. org/stable/pdf/23223712. pdf;

www. mdpi. com/2071 - 1050/11/4/1087/pdf;

www. msi-integrity. org/dev/wp-content/uploads/2017/05/The-New-Regulators-MSI-Database-Report. pdf;

www. oecd. org/dac/results-development/docs/results-pse-results-workshopapr-18. pdf;

www. researchgate. net/publication/236629460_ Measuring_ the_ Performance_ of_ Partnerships_ Why_ What_ How_ When.

• 郎平：《“多利益相关方”的概念、解读与评价》，《汕头大学学报》（人文社会科学版）2017 年第 9 期。

• 庞林立：《“工商业与人权”议题下的跨国公司和非政府组织合作机制》，《人权》2020 年第 1 期。

• 谢坚、杨力超、张欢欢：《多利益相关方互动：对企业履行环境治理责任困境的探索》，《贵州社会科学》2016 年第 10 期。

六　案例

（一）帝斯曼与利益相关方携手共创营养、健康和绿色生活

荷兰皇家帝斯曼集团是一家在全球范围内活跃于营养、健康和绿色生活领域的科学公司，为包括人类营养、动物营养、个人护理与香原料、医疗设备、绿色产品等领域提供创新业务解决方案。目前，帝斯曼中国公司的总部和研发中心位于上海。

帝斯曼与主要利益相关方通过持续、积极主动的战略对话来分享想法和观点，提升帝斯曼对政治、社会和市场趋势以及各种驱动力和需求的洞察力，并与利益相关方一起，就与帝斯曼相关的政治和社会问题开展辩论，通过不懈的努力达到倡导的目标，（通过公私合作以及全新的商业模式）解决问题、得到认可并建立信任，同时为大家创造更多共享价值。

下面列举了两个帝斯曼与多个利益相关方合作的例子：

1. 与 WFP 开展战略合作，支持国内 NGO 学校营养餐项目

帝斯曼与联合国世界粮食计划署（WFP）、“加强营养”（SUN）运动、荷兰瓦赫宁根大学及美国国际开发署（USAID）等国际组织开展众多合作项目，不遗余力地提高人们的营养意识，强调改善营养的重要性。

营养促进是帝斯曼在发展中国家和发达国家的主要业务之一。其在相对较短的时间内迅速发展成为业内领先企业，经常为联合国机构、各国政府和非政府组织提供咨询。2007 年以来，通过与 WFP 的合作，帝斯曼为全球 1000 万人提供了有针对性的营养解决方案。

2011 年 5 月 25 日，帝斯曼中国在上海、北京、江阴、南京和淄博举行了年度“终结饥饿，行走天地间”全球慈善义走活动，以提高国人的营养意

识。逾1700名员工及其亲朋好友参加活动。通过这项活动，帝斯曼中国共募得善款80000余元，其中50%被WFP用于资助柬埔寨学校营养餐项目，另外50%则由中国扶贫基金会（CFPA）用于资助四川省的学校营养餐项目。这是帝斯曼第二次与CFPA合作为国内营养增强项目提供支持。项目曾为65000余名小学生提供了1200多万份营养餐，并为中国贫困地区的80所小学新建了厨房。

2. 帝斯曼在中国引入“千日”概念

出生前及两岁前的营养水平对儿童未来的心理及生理健康有着重要影响。如儿童未能在“千日”内摄入适当的微量营养元素（维生素和矿物质），将造成发育不良。

儿童微量营养元素缺乏在中国农村贫困地区很常见。这种“隐性饥饿”会导致贫血和生长发育缓慢。2010年，中国农村贫困地区儿童罹患贫血症的比例达到40%—50%，全国平均患病率达24%—28%。

2008年，中国政府为婴儿食品制定了新的标准，并批准了帝斯曼面向6—36个月儿童的营养包上市。多年来，帝斯曼一直与其他相关方积极宣传微量营养元素对确保儿童健康成长的重要性。

2009年，中国发展研究基金会在青海的一个儿童营养干预项目中采用帝斯曼营养包强化大豆粉。一年后，发育不良和贫血儿童数量大幅减少。在这些成绩的鼓励下，中国儿童少年基金会（CCTF）于2011年5月发起了一个项目，为整个中国的6—36个月大的儿童发放营养包。作为营养包的供应商，帝斯曼被选为该项目的营养合作伙伴。此外，帝斯曼还为CCTF将项目扩展到中国6岁以下儿童及全年龄段人群提供了大力支持。

（二）可口可乐与利益相关方携手共建应急物资供应链

2008年汶川地震时，“有个小男孩被救出来后，对救援队说的第一句话是‘叔叔，我要喝可乐’”。这启发了可口可乐人，可口可乐大中华及韩国区可持续发展副总裁张华莹说：“我们是做水业务的，把就近生产的水运送到各地市场是我们在近百年的发展中所建立的业务专长，可口可乐在“5.12”地震发生后的第二天，就立即向灾区无偿运送了上万箱饮用水及几百把大遮阳伞，以解当地群众燃眉之急。那我们能不能建立一个机制，保证无论灾难大小，我们都能在第一时间将最重要的饮用水送到现场呢？”

2008年之后，可口可乐（中国）开始接触救灾领域的学者、NGO组织、政府机构等，积极了解中国在应对灾害方面的情况。事实上，中国是一个灾害频发的国家，而且并不是所有灾害都为公众所知，更不是所有的灾害都能获得公众资源的帮助。而同时，传统的救灾体系在频发的灾害面前受到更大的挑战，尤其是在应急救援物资的采购、仓储、调配上，需要更创新有效的社会动员和参与。

可口可乐在中国拥有强大的供应链机制，能够把产品配送到全国各地。可口可乐的商业价值链在危难发生时可以做一个分布在全国各地的装瓶厂和覆盖全国物流的有机的、饮用水的应急供应链。与此同时，仓储体系是可口可乐（中国）长期运营建立的核心优势，如果将两者与灾害管理结合起来，在灾害发生时，可口可乐的物流和仓储网络就可以成为应急饮用水的供应网络，就能最大限度地发挥可口可乐的价值去帮助那些最需要帮助的人。但在具体计划执行中，需要与专业的救灾部门合作，在 2012 年，可口可乐（中国）与壹基金合作，2013 年雅安发生地震，这是可口可乐（中国）建立救灾体系之后，第一次参与救灾。当天早上，可口可乐（中国）用了 4 个小时，把雅安周边的水调集到位，通过壹基金的协调，用救灾军车以最快的速度运入灾区。云南鲁甸的救灾行动也证实了这样一个救灾体系的可行性，从 2013 年 4 月到 2015 年，可口可乐（中国）已经响应了近 50 次各类灾情。

更重要的是，在救灾体系从成型到成功的过程中，可口可乐（中国）发现了一条行之有效的可持续发展战略思路：从社会需求出发，基于自身业务优势，将企业价值最大限度地贡献于社会价值。

七　思考题

1. 工商企业有哪些利益相关者？

2. 多利益相关者伙伴关系有哪些类型？各有什么特征？

3. 在解决工商业与人权问题上，多利益相关者伙伴关系有什么优势？

4. 《联合国全球契约》是工商业对联合国的“捕获”吗，它为什么会引起这种忧虑？

5. 为什么伙伴关系经常失效？可以采取何种措施对其进行改进？

第二编
人权尽责

第六章　获得补救：司法机制

引　言

获得补救是许多国际公约所规定的一项人权。在独立的审判机构面前有机会对制裁提出异议或要求权利是一项法律原则，也是良好治理的标志。当涉及公司侵权时，受害者在法庭上寻求正义还面临重大的法律、程序和现实壁垒。这些挑战在《联合国工商企业与人权指导原则》中得到了明确承认，并在报告和学术文献中有充分记载。当受害者在自己的国家遭受司法不公正时，他们往往会试图联系母公司总部所在地的法院。这通常需要长期的努力，要花费十年或更长时间。少数在法庭上进展顺利的案件，往往也在公司不认罪的情况下达成了和解。因此，在其他国家很少有母公司对原告承担责任的案例。在 2013 年的一项判决为美国的跨国诉讼踩下刹车之前，美国的司法体系一直备受关注。通常是通过援引侵权法（特别是过失侵权法），此类案件在英国、加拿大和其他欧洲国家不断出现。联合国人权事务高级专员和一系列欧洲机构在民间社会团体的大力支持下，率先采取了补救措施。虽然《联合国工商企业与人权指导原则》通过支柱三明确界定了补救，但由于进展十分缓慢，后者已被称为“被遗忘的支柱”。软法文件（第 2 章）和多利益相关者倡议（第 5 章）经常有针对违反自愿原则的公司的申诉机制，但这些只是调解制度。正如《联合国工商企业与人权指导原则》所强调的，进入法院的多重障碍使得必须发展和使用非司法补救办法（第 7 章）和其他解决争端机制。事实证明，这可以使受害者在人权问题上更快获得补救（第 17、19、21、25 章）。

一　要点

- 诉诸司法
- 人权补救
- 补救的壁垒（实质、程序和实际壁垒）
- 获取证据（及举证责任）

- 管辖（指定、执行和裁决）
- 法律适用（在跨国案件中）
- 刑事和民事法律救济
- 责任（公司及个人责任）
- 作为和不作为的责任（作为和不作为）
- 商业组织结构（“公司面纱”“独立法人人格”）
- 母公司与子公司之间的联系（所有权、控制权、方向、自治权）
- 母公司注意义务（侵权行为法、过失、侵权责任）
- 责任承担（子公司需征求母公司意见）
- 企业责任（雇主替代责任，“刺破公司面纱”）
- 同谋（协助及教唆）
- 对域外效力的推定
- 国际合作（司法协助）
- 法院的廉洁（对地方法律制度的批评）
- 执行外国判决
- 环境恶化

二　背景

《联合国工商企业与人权指导原则》[1]

原则 25：获得补救

作为其针对与企业相关的侵犯人权行为实施保护的义务的一部分，确保在此类侵权行为发生在其领土和/或管辖范围内时，通过司法、行政、立法或其他适当手段，使受害者获得有效补救。

评论

除非国家采取了适当步骤，调查、惩治和纠正已经发生的与企业相关的侵犯人权行为，否则，国家的保护义务即失之薄弱或流于无形。

获得有效补救既有其程序性层面，也有其实质性层面。本节中讨论的申诉机制提供的补救可能采取一系列具体形式，一般而言，目的是抵消或补偿

① UN GUIDING PRINCIPLES ON BUSINESS AND HUMAN RIGHTS（2011），https://www.ohchr.org/zh/publications/reference-publications/guiding-principles-business-and-human-rights-implementing.

已经发生的任何人权损害。补救可能包括道歉、恢复原状、康复、财政或非财政赔偿和惩罚性制裁（刑事或行政的，例如罚金）以及通过例如禁令或不再重犯的保证防止伤害。提供补救的程序应是公正的，不会出现腐败，且没有左右其结果的政治或其他企图。

原则 26：基于国家的司法机制

国家应采取适当步骤，确保国内司法机制在处理与企业相关的侵犯人权行为时的有效性，包括考虑如何减少可能导致拒绝补救的法律、实践和其他有关壁垒。

评论

有效的司法机制是确保获得补救的关键。其处理与企业相关的侵犯人权行为的能力取决于其公正、廉明和建立适当程序的能力。

国家应确保它们不会树立壁垒，在司法救助是获得补救的一个关键部分或不存在替代性有效补救来源时，妨碍将合乎法律程序的案件提交法庭。它们还应确保不因司法程序的腐败妨碍伸张正义，法院独立于其他国家机构和工商企业行为者的经济或政治压力，同时，人权维护者的合法和和平活动不受干扰。

妨碍处理与企业相关的侵犯人权行为的合乎法律程序的案件的法律壁垒可能因下列因素引起：

- 根据本国刑法和民法，确定公司集团成员之间法律责任归属的方式有利于避免适当问责；
- 申诉者在东道国遭司法拒绝，又不能诉诸本国法院，无论案情如何；
- 某些群体，例如土著人民和移民，被排斥在适用于更广大人口的同等水平的人权司法保护之外。

获得司法补救的实际和程序性壁垒可源于下列因素：

- 提出申诉的费用不仅仅是为了适当阻止毫无理由的案件，或无法通过政府支持、“基于市场的”机制（例如诉讼保险和诉讼费结构）或其他手段降低到合理水平；
- 申诉者由于缺少资源或对在这一领域指导申诉者的律师的其他激励手段，很难确保司法代理；
- 聚合性申诉或扶持性代理诉讼（例如集体诉讼或其他集体诉讼程序）的选择不足，这妨碍个人申诉者获得有效补救；
- 国家检察官缺乏充分资源、专门知识和支持，以履行国家自身调查个人和企业参与人权相关罪行的义务。

许多壁垒，究其原因，往往都是与企业相关的人权主张当事方之间不平衡的结果，或因此而更趋严重，例如其财政资源不同，获得信息和专门知识的机会也不同。此外，不管是由于公开歧视，还是作为司法机制设计和运作方式的无意后果，来自高危脆弱或边缘化群体或人口的个人在获得、使用和受惠于这些机制时，往往都面临更多的文化、社会、物质和资金障碍。在获得、程序和结果等补救程序的各个阶段，都应对这些群体或人口的权利和特殊需要给予特别关注。

三　国际文件与域外材料

（一）《世界人权宣言》[①]

第 8 条　任何人当宪法或法律所赋予他的基本权利遭受损害时，有权由合格的国家法庭对这种侵害行为作有效的补救。

（二）《公民权利和政治权利国际公约》[②]

第二条

三、本公约每一缔约国承担：

（甲）保证任何一个被侵犯了本公约所承认的权利或自由的人，能得到有效的补救，尽管此种侵犯是以官方资格行事的人所为；

（乙）保证任何要求此种补救的人能由合格的司法、行政或立法当局或由国家法律制度规定的任何其他合格当局断定其在这方面的权利；并发展司法补救的可能性；

（丙）保证合格当局在准予此等补救时，确能付诸实施。

（三）《严重违反国际人权法和严重违反国际人道主义法行为受害人获得补救和赔偿的权利基本原则和导则》[③]

九、对损害的赔偿

19. 恢复原状应当尽可能将受害人恢复到发生严重违反国际人权法或严

---

① The Universal Declaration of Human Rights (1948), www. ohchr. org/en/udhr/pages/searchbylang. aspx.

② International Covenant on Civil and Political Rights (1966), www. ohchr. org/EN/ProfessionalInterest/Pages/CCPR. aspx.

③ UN, Basic Principles and Guidelines on the Right to a Remedy and Reparation for Victims of Gross Violations of International Human Rights Law and Serious Violations of International Humanitarian Law (2006), https://www. un. org/zh/documents/treaty/A-RES-60-147.

重违反国际人道主义法行为之前的原有状态。恢复原状视情况包括：恢复自由，享受人权、身份、家庭生活和公民地位，返回居住地，恢复职务和返还财产。

20. 应当按照违法行为的严重性和具体情节，对严重违反国际人权法和严重违反国际人道主义法行为所造成的任何经济上可以估量的损害提供适当和相称的补偿，此类损害除其他外包括：

（a）身心伤害；

（b）失却机会，包括就业机会、教育机会和社会福利；

（c）物质损害和收入损失，包括收入潜力的损失；

（d）精神伤害；

（e）法律或专家援助费用、医药费用以及心理治疗与社会服务费用。

21. 康复应当包括医疗和心理护理以及法律和社会服务。

22. 满足在适用的情况下，应当包括下列任何或所有措施：

（a）终止持续违法行为的有效措施；

（b）核实事实并充分公开披露真相，但披露真相不得进一步伤害或威胁受害人、受害人亲属、证人或介入干预以帮助受害人或防止发生进一步违法行为的其他人的安全和利益；

（c）寻找失踪者的下落，查明被绑架儿童的身份，寻找遇害者的尸体，并协助找回、辨认尸体并按受害人的明示或推定愿望或按家庭和社区文化习俗重新安葬；

（d）通过正式宣告或司法裁判，恢复受害人和与受害人密切相关的人的尊严、名誉和权利；

（e）公开道歉，包括承认事实和承担责任；

（f）对应当为违法行为负责的人实行司法和行政制裁；

（g）纪念和悼念受害人；

（h）在国际人权法和国际人道主义法的培训以及各级教材中准确叙述发生的违法行为。

23. 保证不再发生在适用的情况下，应当包括以下任何或所有同样有助于防止违法行为的措施：

（a）确保军队和安全部队受到文职政府的有效控制；

（b）保证所有民事和军事程序符合正当程序、公平和公正的国际标准；

（c）加强司法独立性；

（d）保护在法律、医卫专业，媒体和其他相关专业工作的人士以及人权捍卫者；

(e) 优先和不间断地对社会各阶层开展人权和国际人道主义法教育，并向执法官员以及军队和安全部队提供培训；

(f) 促进公职人员，包括执法、矫治、媒体、医疗、心理治疗、社会服务和军事人员以及企业遵守行为守则和道德规范，尤其是遵守国际标准；

(g) 促进建立防止和监测并解决社会冲突的机制；

(h) 审查并改革助长或允许严重违反国际人权法和严重违反国际人道主义法行为的法律。

(四) 联合国人权事务高级专员办事处《加强问责和获得补救》[①]

跨领域问题

A. 企业结构和管理的复杂性

21. 企业可以采取许多法律和结构形式。它们可能是单个公司实体（或"公司"），也可能是一组公司，通过基于共享所有权、合同或两者兼而有之的关系共同工作。公司法中"独立法人人格"原则即使不在全部也在大多数司法管辖区得到承认。根据这一原则，每一家公司作为单独成立的法人实体，被视为独立于其所有者和管理人员而存在。因此，拥有另一家公司（子公司）股份的公司（母公司）一般不会仅因持有该子公司的股份而对其行为、过失或责任承担法律责任。

22. 这意味着子公司活动的不良人权影响的法律责任可能不会超出子公司本身，除非母公司的责任可以建立在其他的基础上（例如，因为母公司自身在管理子公司方式上的疏忽，或者因为一些特定的立法条款）。(……)

B. 特别对跨境案件和国际合作的重要性提出挑战

25. 跨境案件的国际合作程度对问责制和在实践中获得救济具有至关重要的影响。各国已达成一系列双边和多边协议，以支持、便利和使国际合作在跨境案件的法律援助和判决执行方面开展，包括与工商业有关的侵犯人权案件。其中有些规定涉及在跨境案件中希望或需要使用管辖权。

27. 无论是否有正式国际法律协议，政府机构都会面临一系列可能破坏有效合作的实际挑战，包括缺乏关于如何向其他国家的机构提出请求的信息、缺乏跨境磋商和协调的机会、在隐私问题和敏感信息的保护上的分歧、

---

① United Nations High Commissioner for Human Rights (OHCHR), Improving accountability and access to remedy for victims of business-related human rights abuse (2016), www.ohchr.org/Documents/Issues/Business/DomesticLawRemedies/A_HRC_32_19_AEV.pdf.

缺乏及时处理请求所需的资源，以及对其他国家的调查标准缺乏认识。

（五）美国 Kiobel 诉 Shell 案[①]

原告是居住在美国的尼日利亚国民，他们根据《外国人侵权法》（ATS）向联邦法院提起诉讼，指控被告——某些荷兰、英国和尼日利亚公司——协助和教唆尼日利亚政府在尼日利亚犯下违反国内法的罪行。（……）

美国《外国人侵权法》详细规定，“地方法院对外国人仅因侵权行为而提起的任何民事诉讼具有初始管辖权，只要这些行为违反了国际法或美国条约”。据原告说，被告违反了国际法，协助和教唆尼日利亚政府犯了以下罪行：（1）法外处决；（2）危害人类罪；（3）酷刑、虐待；（4）任意逮捕、拘留；（5）侵犯生命、自由、安全、结社权利；（6）强制驱逐；（7）破坏财产。（……）

布雷耶法官的赞成判决

与法院不同，我不会援引反对治外法权的推定。相反，在外交关系法的原则和实践指导下，我认为在以下情况中是存在管辖权的：（1）涉嫌的侵权行为发生在美国本土；（2）被告是美国公民；或（3）被告的行为对美国重要的国家利益产生实质不利影响，其中包括防止美国成为酷刑者或其他人类共同敌人的避风港（免于民事和刑事责任）。

我的解释是，该法令只在涉及美国的显著利益时才提供管辖权。这一限制也应有助于尽量减少国际摩擦。权利穷竭、不便管辖和礼让等进一步的限制原则，也会起到同样的作用。法院重视行政部门意见的做法也会如此。（……）正如我曾说过的，我们不应该把这种国家的利益作为违法者的避风港，这种最基本的国际准则是与管辖权息息相关的，适用《外国人侵权法》也是基于这个目的，特别是赔偿那些受到酷刑者或其他现代海盗伤害的人。

（六）英国 Chandler 诉 Cape 案[②]

1.（……）主要问题是 Cape［雇佣 Chandler（原告）的公司的母公司］是否对其子公司的员工负有直接注意义务，为其提供咨询，或确保其工作体系的安全。被告 Chandler 先生最近因五十多年前在 Cape 建筑制品有限公司（简称“Cape 产品”）短期工作而患上石棉沉着病。那家公司已经不存在了。

---

① *Kiobel v. Royal Dutch Petroleum Co.*, 133 S. Ct. 1659 (2013) (United States), www. supremecourt. gov/opinions/12pdf/10 - 1491_l6gn. pdf.

② *Chandler v Cape* [2012] EWCA Civ 525, www. bailii. org/ew/cases/EWCA/Civ/2012/525. html.

然而，其母公司 Cape，前身是著名的石棉生产商 Cape 石棉有限公司，仍然存在。［一审法庭］裁定 Cape 对 Chandler 先生的责任并非基于任何形式的替代责任、代理责任或企业责任，而是基于普通法的责任承担概念。Cape 对这一判决提出了上诉。

32. Caparo 的三阶段试验［适用于］确定一种情况是否会引起注意义务。三个要素是：损失应该是可预见的；“在履行义务方和被履行义务方之间应该存在一种法律上的‘邻近’或‘邻里’关系；这种情况应该是，法院认为法律为一方的利益对另一方施加一定范围的义务是公平、公正和合理的”。(……)

69. 我坚决反对任何关于法院以任何方式涉及通常所说的“揭开公司面纱”的说法。子公司和它的母公司是独立的实体。没有任何强制或承担责任的理由，只因为一个公司是另一个公司的母公司。

70. 问题很简单，母公司所做的是否等同于对子公司员工承担直接责任。(……)

72. 被申诉的不是采取了什么具体步骤，而是没有采取步骤或没有提出建议。

73. 在目前的案例中，Cape 明显是在对公司的产品发出指令，例如产品混合指令（product mixes)。我们知道，没有母公司的批准，Cape 产品不可能产生资本支出。Cape 的董事会记录显示，“Cape 根据公司政策”，批准对 Cape 产品的运营进行单独管理。这并没有问题，但它表明，Cape 对子公司的公司政策是，在某些方面子公司受母公司的指导。(……)

74. （……）Cape 不实际负责执行关于产品的健康和安全措施。然而，正如 Weir 先生所指出的，本案的问题并非在于不遵守公认的开采程序。问题是系统性的。

75. （……）Cape 对石棉行业有深刻的了解（……)，其资源远远超过 Cape 产品。史密斯博士正在研究石棉粉尘和石棉肺以及相关疾病之间的关系。他还是 Cape 集团的医疗顾问（如果这个标签会对此有所影响的话)。

77. Cape 承认，Cape 产品的工作体系存在缺陷。法官不可避免地发现了这一事实——并且没有针对这一点提起的上诉——Cape 完全意识到这是由一家没有围墙的工厂的粉尘逸出造成的“系统性问题”。因此，Cape 知道 Uxbridge 石棉业务的开展方式对 Uxbridge 其他人的健康和安全构成威胁，尤其是从事制砖业务的员工。

78. 鉴于 Cape 对 Cowly Works 的了解程度，以及对石棉风险的性质和管理的透彻掌握，我毫不怀疑，在这种情况下，Cape 应当承担根据当时可用的知识，就 Cape 产品为向这些员工提供安全的工作体系必须采取的步骤提供建议的注意义务，或者承担确保采取了这些步骤的注意义务。(……)

80. 综上所述，这个案例表明，在适当的情况下，法律可能会要求母公司对其子公司员工的健康和安全负责。如本案一样，这包括如下情况：(1) 母公司和子公司的业务在有关方面是相同的；(2) 母公司对特定行业的健康和安全的某些相关方面具有或应当具有深刻的了解；(3) 母公司知道或者应当知道子公司的工作制度不安全；(4) 母公司知道或应该预见到子公司或其员工将依靠其利用这些深刻了解来保护员工。(……)

(七) 加拿大 Choc 诉 Hudbay Minerals 案[①]

4. 原告是来自危地马拉埃尔埃斯托的土著玛雅人之 Q'eqchi' 族人。他们对加拿大矿业公司 Hudbay Minerals 及其全资子公司提起了三项诉讼。他们指控 Hudbay 子公司的安保人员侵犯其人权，这些子公司据称受到母公司 Hudbay 的控制和监督。滥用职权的指控包括在危地马拉东部一个拟议的露天镍采矿作业 Fenix 采矿项目附近发生的枪击、杀害和轮奸事件。

(……)

17. 被告提出了几个主要论点。首先，他们辩称，原告暗示法庭忽视 Hudbay、HMI 和 CGN 各自的企业特性。其次，他们认为，过失索赔是试图利用普通法对母公司和祖公司（grandparent companies）就其子公司在国外的运营施加绝对监督责任。最后，他们辩称，即使有注意义务，根据索赔书中所述的事实，所指控的行为也是不可预见的。

(……)

25. 原告认为，在这三起案件中，主要的诉讼原因都是基于 Hudbay 的直接行为和疏忽的过失，而不是像被告所辩称的那样，基于母公司对其子公司行为的股权或替代责任。这一直接过失包括 Hudbay 在 Fenix 项目现场管理方面的不当行为，特别是对 Fenix 安保人员的疏忽管理，据称这些人员在 Choc 和 Chub 的诉讼事实中向原告开枪，并在 Caal 的诉讼事实中强奸了原告。

(……)

27. 原告辩称，Hudbay/Skye 的详细现场管理和控制是通过 Hudbay 聘用的管理人员实现的。这些管理人员负责危地马拉 Fenix 项目的日常运营和管理。

---

① *Choc v Hudbay*, www. chocversushudbay. com/wp-content/uploads/2010/10/Judgment-July-22-2013-Hudbays-motion-to-strike. pdf.

(……)

57. 本测试［建立新注意义务的测试］［要求］必须证明以下内容：

1. 被申诉的损害是指违反的合理可预见后果；

2. 当事人之间的联系足够紧密，使被告人承担注意义务不会不公正或不公平；

3. 不存在否定或以其他方式限制该义务的政策理由。

(……)

预见性

59. 确立注意义务的首要条件是可预见性。(……)“适当的合理预见分析(……)只要求一般损害而不是‘其发生方式’是合理可预见的”(……)。就可预见性分析的目的而言，如果一个人能够“大致预见到发生的那种事情”，那就足够了。如果实际发生的那种有形损害是可预见的，则损害的程度及其发生方式就不必是可预见的。

(……)

63. Caal 诉称，Hudbay 知道：安保人员在强迫驱逐期间经常使用暴力；在其以前要求的强迫驱逐中曾使用暴力；保安人员无证书，未经适当训练，并持有无证及非法枪械；总的来说，有发生暴力和强奸的风险。这些诉请可以使人们合理预见，Hudbay 据称所做的用数百名安保人员对社区进行强迫驱逐，可能导致安保人员使用暴力，包括强奸原告。

(……)

邻近关系（proximity）

66. 第二个问题（……）是原告和被告在每次诉讼中是否存在邻近关系，邻近关系指“原告与被告之间所固有关系的情况具有这样的性质，即被告有义务在处理其事务时注意原告的合法利益”(……)。

69. 邻近关系是通过考察各种因素确定的，不是单一的统一特征或测试。在定义关系的邻近性时考虑的因素包括，如上所述，“期望、表示、依赖以及相关的财产或其他利益”。(……) Hudbay 就其与当地社区的关系及其尊重人权的承诺发表公开声明，这将使原告产生期望。Hudbay 的总裁兼首席执行官表示，该公司也有很多相关利益，比如开发 Fenix 项目，这需要“与更广泛的社区建立关系，社区的高效运作和支持对公司在危地马拉的长期成功至关重要”。根据诉状，当被告在原告附近发起一项采矿项目并要求强制驱逐他们时，原告的利益显然受到了影响。

政策考虑

71. ［检验的第三个要素是］是否有政策理由否定或以其他方式限制表

面上的注意义务。

72. 双方均阐述了支持各自立场的政策理由。被告认为，如果存在注意义务，则应予以否定，因为：

一份要求确保加拿大的采掘企业符合环境和人权标准的私人议案被提交给联邦议会，但被否决了；

一份要求允许外国原告在加拿大提起基于违反国际法或加拿大所加入条约的索赔的私人议案被提交给联邦议会，但也被否决了（后来被重新提出，但尚未通过初审）；

认识到义务风险有可能使任何拥有外国子公司的加拿大公司面临大量索赔，其中许多索赔可能不太可取；但这反过来又会加重已经不堪重负的司法系统的负担；

认识到一项义务将优先于联邦政府在过去七年中与加拿大矿业部门合作执行企业社会责任原则的努力；

认识到一项义务可能会冲击普通法和公司法中确立的独立法人的基本原则。

73. 原告试图反驳被告的论点，并提出有充分的政策理由认为，加拿大矿业公司对在加拿大母公司直接控制下的外国业务中受到安保人员伤害的个人负有注意义务，其内容如下：

认识到一项义务将支持联邦政府所作的努力，鼓励加拿大公司达到加拿大政府目前所期望的“企业社会责任的高标准”；

认识到一项义务将支持政府所述的目标，即减少加拿大公司海外部署私人保安所造成的过度使用武力或侵犯人权的危险；

侵权法应不断演变以适应全球化，当加拿大公司在一国经营的业务活动对当地社区造成不利影响时，当地社区不应遭受没有赔偿的损失。用前法官Ian Bitmie的话来说，“普通侵权原则要求将损失分摊到产品的最终成本，并由从中受益的消费者承担，而不是由第三世界的农民过重地负担”。

74. 在本案中，承认注意义务显然存在相互矛盾的政策考虑。（……）

（八）加拿大 Araya 诉 Nevsun Resources 案[①]

4. ［民事诉讼通知书］

2007年10月，总部位于温哥华的Nevsun Resources有限公司与厄立特里

---

① （Canada）*Araya v. Nevsun Resources Ltd.*，2016 BCSC 1856（The Supreme Court Of British Columbia），https://business-humanrights.org/sites/default/files/documents/Judge%20Abrioux%2C%20re%20Araya%20v.%20Nevsun%20Resources%20Ltd.%2C%2010-06.pdf.

亚建立了一家合资企业，共同开发厄立特里亚的 Bisha 金矿。该矿是使用强迫劳动建立的，这是一种奴役形式，这种劳动是从受到厄立特里亚军队及其武器分包商胁迫和酷刑威胁的原告和其他人那里获得的。(……)

5. [Nevsun 对民事诉讼的回应]

在对民事诉讼通知书的整体回应中，Nevsun 否认原告和小组成员关于厄立特里亚军队及其武器分包商从事与 Bisha 矿场有关的强迫劳动、奴役、折磨或其他虐待，或 Nevsun 以任何方式协助、唆使或批准或纵容这种行为的指控。在任何重要时刻，Nevsun 都是一个间接股东，Bisha 矿场由 Bisha 矿业股份公司（简称“BMSC”）拥有和经营。BMSC 禁止在 Bisha 矿场使用强迫劳动和虐待工人，并采取合理步骤确保不发生这种行为。

43. 原告根据并入加拿大法律的国际习惯法对 Nevsun 提起诉讼，要求赔偿损失，理由是使用强迫劳动、酷刑、奴隶制和残忍、不人道或有辱人格的待遇以及危害人类罪。他们还根据不列颠哥伦比亚省的法律，就非法拘禁、殴打、过失、共谋和疏忽造成的精神伤害等侵权行为，向 Nevsun 寻求损害赔偿。

他们具体通过下列指控将该侵权行为与 Nevsun 公司联系起来：

(……)

(d) Nevsun 公司对 Segen、Mereb 和厄立特里亚军队的上述行为负有直接责任；

(e) Nevsun 公司对未能在其矿场制止这些做法负有直接责任，这等于协助和教唆 Segen 和 Mereb 的行为；

(……)

(g) Nevsun 对 Segen、Mereb 和厄立特里亚军队为促进 Nevsun 的商业目标而在 Bisha 矿场的行为负转承责任；

(h) Nevsun 参与了 BMSC、Segen、Mereb 和厄立特里亚军队的民事阴谋，签订了一项非法协定，向 Bisha 矿场供应强迫劳工；

(i) Nevsun 属于过失，因为它违反了对原告的注意义务；

(……)

[最终判决的执行]

306. Nevsun 还表示，它已同意将管辖权移交给厄立特里亚法庭。(……) 原告可根据外国判决执行的普通法原则，申请执行厄立特里亚对 Nevsun 作出的最后判决。

307. 原告的立场是，在不列颠哥伦比亚省，任何在厄立特里亚获得的判决都可能引发有争议的、成本高昂和耗时的诉讼。鉴于厄立特里亚的司法制度，任何败诉方都可以轻易地对任何判决的完整性提出可信的质疑。

308. 他们以雪佛龙公司诉 Yaiguaje 案（2015 SCC 42）为例，称该案件说明了在一个容易受到缺失司法独立和法治指控的法庭上申请执行判决时可能出现的困难。在美国和厄瓜多尔进行了多年的诉讼之后，厄瓜多尔法院的一项要求支付 95 亿美元的判决仍未得到执行。这在许多司法管辖区引发了诉讼。

309. 原告认为，很容易想象这个传奇故事在本案中重演。这一因素有利于法院保留“法院公正性不容置疑”的管辖权。

（九）非洲人权委员会诉壳牌尼日利亚分公司案①

2. 来文称石油财团［国有石油公司（尼日利亚国家石油公司），其是与壳牌石油开发公司组成的财团的大股东］在奥戈尼开采石油时不顾当地社区的健康或环境，使有毒废物进入环境，违反适用的国际环境标准。该财团还忽视和/或未能维护其设施，在邻近村庄造成许多本可避免的泄漏。由此产生的水、土壤和空气污染对健康造成了严重的短期和长期影响，包括皮肤感染、胃肠道和呼吸道疾病、癌症风险增加以及神经和生殖问题。

4. 来文声称政府既没有监测石油公司的业务，也没有要求采取业内标准程序的安全措施。政府没有向奥戈尼社区提供有关石油活动所造成危险的信息。奥戈尼社区没有参与影响奥戈尼发展的各项决定。

7. 来文称在过去三年中，尼日利亚安全部队以驱逐奥戈尼人民生存运动（MOSOP）的官员和支持者为借口，攻击、烧毁和摧毁了几座奥戈尼村庄和房屋。这些袭击是对 MOSOP 反对石油公司破坏环境的非暴力运动的回应。

45. 关于人权所产生的各种义务的国际公认观点表明，所有权利——既有公民权利和政治权利，也有社会和经济权利——至少为承诺遵守权利制度的国家产生了四级责任，即尊重、保护、促进和实现这些权利。这些义务普遍适用于所有权利，包括消极和积极的义务。

委员会认为尼日利亚联邦共和国违反了《非洲人权和人民权利宪章》；并且呼吁尼日利亚联邦共和国政府通过以下方式确保保护奥戈尼人民的环境、健康和生计：

① The Social and Economic Rights Action Center for Economic and Social Rights v. Nigeria, *African Commission on Human and Peoples' Rights*, *Comm. No.* 155/96, (2001), http://hrlibrary.umn.edu/africa/comcases/155-96b.html.

—制止安全部队对奥戈尼社区和领导人的一切攻击，并允许公民和独立调查人员自由进入领土；

—对上述侵犯人权的事件进行调查，并起诉涉及侵犯人权事件的安全部队和有关机构的官员；

—确保向侵犯人权事件的受害者提供充分补偿，包括为政府所发起袭击的受害者提供救济和重新安置援助，并全面清理因石油作业而受到破坏的土地和河流；

—确保为今后的任何石油开发进行适当的环境和社会影响评估，并通过有效和独立的石油工业监督机构确保今后任何石油开发的作业安全；

—向可能受到石油作业影响的社区提供关于健康和环境风险的资料，并使其有效地进入管理和决策机构。

（十）（美国）和解协议，Wiwa 诉壳牌①

Wiwa 诉壳牌案的原告宣布他们的索赔问题得到了解决。和解协议将提供 1550 万美元，赔偿原告所受伤害和他们的家人的死亡，还将为奥戈尼人民的利益建立一个信托基金，并支付诉讼费用。（……）这个信托基金将使奥戈尼在教育捐助、技能发展规划、农业发展、妇女规划、小型企业支助和成人扫盲方面能够采取主动措施。

（十一）英国 Okpabi 诉壳牌案②

Simon 法官

1. 在这两项诉讼中，索赔人要求赔偿因尼日尔三角洲及其周围的管道和相关基础设施的石油泄漏造成的严重、持续的污染和环境损害，他们认为，第一被告（RDS）和第二被告（SPDC）应对此负责。

2. 索赔人是尼日利亚公民和受漏油影响地区的居民。RDS 是一家在英国注册成立的公司，是壳牌集团的母公司。SPDC 是一家在尼日利亚注册的勘探和生产公司，是 RDS 的子公司，它是一项合资企业协议（……）的执行者。

3. 对 RDS 和 SPDC 的索赔均基于尼日利亚普通法下的过失侵权，就目前

① Statement of the Plaintiffs in Wiwa v. Royal Dutch/Shell, Wiwa v. Anderson, and Wiwa v. Spdc (Settlement agreement) June 8, 2009, https://ccrjustice.org/sites/default/files/assets/Wiwa_v_Shell_SETTLEMENT_AGREEMENT.Signed-1.pdf.

② Okpabi and others v. Royal Dutch Shell Plc [2018] EWCA Civ 191, www.business-humanrights.org/sites/default/files/documents/Shell%20Approved%20Judgment.pdf.

而言，该普通法应被视为与英格兰和威尔士法律相同。针对 SPDC 的索赔也是根据尼日利亚成文法提出的。对 RDS 的索赔是基于 RDS 对原告负有注意义务，要么因为它控制了尼日利亚发生泄漏的管道和基础设施的运营，要么因为它直接负责保护索赔人免受泄漏造成的环境损害。

7. ［上诉提出了一个问题］RDS 是否对尼日利亚管道和相关基础设施漏油事件的受害者负有注意义务。

10. RDS 作为壳牌集团的最终控股公司，开展与其角色相适应的活动，包括持有其子公司股份，为壳牌集团制定总体战略和经营原则。RDS 报告壳牌集团的综合业绩，向市场作出适当披露，并维持与投资者的关系。它还负责批准对壳牌集团的资本和公司结构的变更。

11. RDS 是一家控股公司，不是一家运营公司。作为一家控股公司，它没有任何员工。有限范围内的公司服务由不时借调到 RDS 的在壳牌集团其他地方工作的个人提供（……）。

12. RDS 不参与或以其他方式干预其数百家子公司的业务活动。作为控股公司，它不具备这样做的专业知识或能力（……）每个公司都是独立运营的，拥有自己的董事会、管理层、商业目的、资产和适合该目的的员工。董事会和管理层作出经营业务所需的决策。每个运营公司都对其绩效负责，包括其健康、安全、保障、环境和社会表现（……）。

132. 在我看来，这不是一个原告可以论证适当争议的案子，即 RDS 对其负有注意义务，要么基于承担制定重要政策的充分性，要么基于其掌握或共享对运营的控制权，这二者都是索赔的主题。

高等法院院长 Geoffrey Vos 爵士

195. 这些文件展示了我从商业角度出发的期望。它们表明，RDS 在管理、监督和工程方面制定了详细的政策和做法，它们希望子公司和合资企业遵循这些政策和做法。由 SPDC 经营的尼日利亚合资企业之所以特别，只是因为它有特殊的问题，而且从经济角度来看特别重要。详细的政策和实践似乎并不是专门为 SPDC 定制的。相反，它们都适用于所有的 RDS 子公司和合资企业，没有区别。有人说过，如果一个国际母公司对那些受其所有子公司业务影响的人都负有责任，那将是令人惊讶的，而且需要有一些更具体的东西使必要的邻近关系得以存在（……）。

205. （……）根据我的判断，索赔人未能在他们试图依靠的五个方面建立邻近关系。关于适用于 SPDC 的强制性政策、标准和手册的问题，我已经说过，这些是高层次的，即使是在相当具体的工程层次上。他们没有指明控制权；没有指明控制权属于负责其本身业务的 SPDC。在我看来，颁布的集团标准和惯例并不足以证明强制设计和工程惯例是“强加”的。没有真正的证据表明这些做法是强迫的，即使它们被描述为强制性的。需要有证据表明 RDS 自己承担了执行标准的责任，但它显然没有。委员会预期 SPDC 将适用其制定的标准。同样的观点也适用于所建议的实施 RDS 标准的“强制”监管系统，据说该标准直接涉及过失的指控。RDS 说应该有一个监管系统，但是要让 SPDC 来运行这个系统。它没有必要做任何其他事情。同样，关于在支出方面对 SPDC 实施财政控制的设想。任何母公司都希望确保良好的财务管理，但支出决策需要母公司的批准这一事实并不意味着 RDS 控制了 SPDC 的运营。最后，我不认为有证据支持 RDS 在 SPDC（日常）操作的指导和监督方面有高水平的参与的论点。SPDC 的证据不能真正应对质疑，而是指向了另一个方向。

207. 总之，（……）我同意 Simon 法官的观点，他认为对 RDS 的索赔必然会失败，这是正确的，因为没有理由认为 RDS 对他们负有注意义务。索赔人根本不可能成功地应对 RDS。

（十二）Lungowe 诉 Vedanta 案[①]

1. ［索赔人］是居住在赞比亚共和国铜带省钦戈拉地区的赞比亚公民。2015 年 7 月 31 日，他们对第一上诉人和第二上诉人（分别为“Vedanta”和“KCM”）提起诉讼，指控自 2005 年以来 Nchanga 铜矿的排放造成的污染和环境破坏，造成了他们的人身伤害、财产损失以及收入减损、市容破坏和适宜土地的丧失。

2. 该矿由 KCM 拥有和经营，KCM 是一家在赞比亚注册的上市公司。Vedanta 在该国注册成立，是一家控股公司，旗下有一批基底金属和矿业公司，其中包括 KCM。

40. （……）KCM 认为本案的全部重点在于赞比亚，这里是涉嫌侵权行为的发生地、损害结果发生地、所有索赔人的住所地、KCM 的注册地，应适用该地法律。因此，他们表示，基于不便管辖的理由，应该将允许服务超出管辖范围的命令搁置一边。他们认为在英国对 Vedanta 提出索赔没有区别，但在某种程度上它也可能很重要，他们认为，索赔是一个非法的诱饵，否则不会在英国进行诉讼。此外，他们说，无论如何，索赔人的另一种论点——

① Lungowe & Ors v Vedanta Resources Plc & Anor [2017] EWCA Civ 1528 (13 October 2017), www. bailii. org/ew/cases/EWCA/Civ/2017/1528. html.

即使英国不是审判的适当地点，索赔人也无法在赞比亚获得正义——在证据上是错误的。

原告声称，因为自己和 Vedanta 之间确实存在他们打算在英国进行诉讼的问题，而在英国法院审理这个问题是合理的。如果他们的判断是错误的，他们就会依赖司法问题，而他们说在赞比亚审判这些指控是不可能的。尽管 Hermer 先生承认，Vedanta 在英国的索赔本身并不自动得出不应搁置服务的结论，但他表示，支持这一结论影响非常重大。

119. 法律测试为索赔人带来了一个负担，表明赞比亚存在无法获得实质正义的真正风险（……）［而且］礼让原则要求法院在决定外国法院存在不公正的风险之前要格外谨慎，这就是为什么需要有说服力的证据来确定风险。（……）这必须以客观标准清楚地证明，并有积极和有力的证据加以支持。

123.（法官）提炼了材料，并确定了 7 个因素，他认为，这些因素加在一起构成“令人信服的证据，表明如果这些索赔人在赞比亚追诉 KCM，他们将得不到正义”（……）。

124. 第一，索赔人的收入远远低于赞比亚的全国平均水平；鉴于赞比亚是世界上最贫穷的国家之一，大多数人的生活处于勉强糊口的水平，他可以得出结论，绝大多数索赔人将无法支付任何法律代理费用。

125. 第二，由于贫穷，索赔人通常在赞比亚提出索赔的唯一方法是条件付费协议（CFA）。但是存在的普遍问题是，赞比亚没有条件付费协议，且其在赞比亚是非法的。

126. 第三，索赔人不可能从赞比亚获得国家法律援助。（……）法律援助委员会将无法为 1800 多名索赔人代表提出的大型环境索赔提供资金。

127. 第四，特别诉讼经费的前景是完全不现实的。这是一起涉及 1800 多项索赔的复杂而昂贵的诉讼，需要人身伤害、土地所有权和土地损害方面的详细证据，以及污染、因果关系和医疗后果方面的专家证据。根据法庭上的证据，设想律师们会在解决诉讼可能需要花费的多年时间里，从他们自己的口袋里为如此庞大且可能复杂的索赔提供资金，这是非常不现实的。

128. 第五，没有具有有关经验的私人律师愿意和能够在赞比亚承担这种索赔工作（……）。

129. 第六，以前在赞比亚提起的环境诉讼，由于各种原因，一些或所有索赔人的诉讼均告失败。（……）。

130. 第七，法官考虑了他所说的 KCM 在赞比亚可能采取的“顽固”诉讼方式，在他看来，这将大大增加时间和成本。KCM 过去曾奉行“公开宣布的拖延政策，以避免支付到期款项”（……）。

133. 我也许应该提到另一件使法官感到不安的事，即他的调查结果可能被认为是对赞比亚法律制度的批评。他明确表示，审查赞比亚法律制度不是他的职责的一部分：他只根据他面前的证据对具体问题进行调查。这种观察显然是正确的。我只想补充一点，毫无疑问，索赔人的律师们都知道这一点。必须有一个时候，在这类案件中获得司法的途径不是通过输出案件，而是通过提供当地律师、专家和足够的资金使案件能够在当地审判。

四　中国相关文件与材料

（一）《中华人民共和国民事诉讼法》（2021 修正）

第五十八条　对污染环境、侵害众多消费者合法权益等损害社会公共利益的行为，法律规定的机关和有关组织可以向人民法院提起诉讼。

人民检察院在履行职责中发现破坏生态环境和资源保护、食品药品安全领域侵害众多消费者合法权益等损害社会公共利益的行为，在没有前款规定的机关和组织或者前款规定的机关和组织不提起诉讼的情况下，可以向人民法院提起诉讼。前款规定的机关或者组织提起诉讼的，人民检察院可以支持起诉。

（二）《最高人民法院关于适用〈中华人民共和国民事诉讼法〉的解释》（2022 修正）

第二百八十二条　环境保护法、消费者权益保护法等法律规定的机关和有关组织对污染环境、侵害众多消费者合法权益等损害社会公共利益的行为，根据民事诉讼法第五十八条规定提起公益诉讼，符合下列条件的，人民法院应当受理：

（一）有明确的被告；

（二）有具体的诉讼请求；

（三）有社会公共利益受到损害的初步证据；

（四）属于人民法院受理民事诉讼的范围和受诉人民法院管辖。

（三）《中华人民共和国劳动法》

第十章　劳动争议

第八十条　在用人单位内，可以设立劳动争议调解委员会。劳动争议调解委员会由职工代表、用人单位代表和工会代表组成。劳动争议调解委员会主任由工会代表担任。

劳动争议经调解达成协议的，当事人应当履行。

第八十一条　劳动争议仲裁委员会由劳动行政部门代表、同级工会代表、用人单位方面的代表组成。劳动争议仲裁委员会主任由劳动行政部门代表担任。

第八十二条　提出仲裁要求的一方应当自劳动争议发生之日起六十日内向劳动争议仲裁委员会提出书面申请。仲裁裁决一般应在收到仲裁申请的六十日内作出。对仲裁裁决无异议的，当事人必须履行。

第八十三条　劳动争议当事人对仲裁裁决不服的，可以自收到仲裁裁决书之日起十五日内向人民法院提起诉讼。一方当事人在法定期限内不起诉又不履行仲裁裁决的，另一方当事人可以申请人民法院强制执行。

第八十四条　因签订集体合同发生争议，当事人协商解决不成的，当地人民政府劳动行政部门可以组织有关各方协调处理。

因履行集体合同发生争议，当事人协商解决不成的，可以向劳动争议仲裁委员会申请仲裁；对仲裁裁决不服的，可以自收到仲裁裁决书之日起十五日内向人民法院提起诉讼。

（……）

第十二章　法律责任

第八十九条　用人单位制定的劳动规章制度违反法律、法规规定的，由劳动行政部门给予警告，责令改正；对劳动者造成损害的，应当承担赔偿责任。

第九十条　用人单位违反本法规定，延长劳动者工作时间的，由劳动行政部门给予警告，责令改正，并可以处以罚款。

第九十一条　用人单位有下列侵害劳动者合法权益情形之一的，由劳动行政部门责令支付劳动者的工资报酬、经济补偿，并可以责令支付赔偿金：

（一）克扣或者无故拖欠劳动者工资的；

（二）拒不支付劳动者延长工作时间工资报酬的；

（三）低于当地最低工资标准支付劳动者工资的；

（四）解除劳动合同后，未依照本法规定给予劳动者经济补偿的。

第九十二条　用人单位的劳动安全设施和劳动卫生条件不符合国家规定或者未向劳动者提供必要的劳动防护用品和劳动保护设施的，由劳动行政部门或者有关部门责令改正，可以处以罚款；情节严重的，提请县级以上人民政府决定责令停产整顿；对事故隐患不采取措施，致使发生重大事故，造成劳动者生命和财产损失的，对责任人员依照刑法有关规定追究刑事责任。

第九十三条　用人单位强令劳动者违章冒险作业，发生重大伤亡事故，造成严重后果的，对责任人员依法追究刑事责任。

第九十四条　用人单位非法招用未满十六周岁的未成年人的，由劳动行政部门责令改正，处以罚款；情节严重的，由市场监督管理部门吊销营业执照。

第九十五条　用人单位违反本法对女职工和未成年工的保护规定，侵害其合法权益的，由劳动行政部门责令改正，处以罚款；对女职工或者未成年工造成损害的，应当承担赔偿责任。

第九十六条　用人单位有下列行为之一，由公安机关对责任人员处以十五日以下拘留、罚款或者警告；构成犯罪的，对责任人员依法追究刑事责任：

（一）以暴力、威胁或者非法限制人身自由的手段强迫劳动的；

（二）侮辱、体罚、殴打、非法搜查和拘禁劳动者的。

第九十七条 由于用人单位的原因订立的无效合同，对劳动者造成损害的，应当承担赔偿责任。

第九十八条 用人单位违反本法规定的条件解除劳动合同或者故意拖延不订立劳动合同的，由劳动行政部门责令改正；对劳动者造成损害的，应当承担赔偿责任。

第九十九条 用人单位招用尚未解除劳动合同的劳动者，对原用人单位造成经济损失的，该用人单位应当依法承担连带赔偿责任。

第一百条 用人单位无故不缴纳社会保险费的，由劳动行政部门责令其限期缴纳；逾期不缴的，可以加收滞纳金。

第一百零一条 用人单位无理阻挠劳动行政部门、有关部门及其工作人员行使监督检查权，打击报复举报人员的，由劳动行政部门或者有关部门处以罚款；构成犯罪的，对责任人员依法追究刑事责任。

第一百零二条 劳动者违反本法规定的条件解除劳动合同或者违反劳动合同中约定的保密事项，对用人单位造成经济损失的，应当依法承担赔偿责任。

（四）《中华人民共和国劳动争议调解仲裁法》

第一章 总则

第一条 为了公正及时解决劳动争议，保护当事人合法权益，促进劳动关系和谐稳定，制定本法。

第二条 中华人民共和国境内的用人单位与劳动者发生的下列劳动争议，适用本法：

（一）因确认劳动关系发生的争议；

（二）因订立、履行、变更、解除和终止劳动合同发生的争议；

（三）因除名、辞退和辞职、离职发生的争议；

（四）因工作时间、休息休假、社会保险、福利、培训以及劳动保护发生的争议；

（五）因劳动报酬、工伤医疗费、经济补偿或者赔偿金等发生的争议；

（六）法律、法规规定的其他劳动争议。

第三条 解决劳动争议，应当根据事实，遵循合法、公正、及时、着重调解的原则，依法保护当事人的合法权益。

第四条 发生劳动争议，劳动者可以与用人单位协商，也可以请工会或者第三方共同与用人单位协商，达成和解协议。

第五条 发生劳动争议，当事人不愿协商、协商不成或者达成和解协议后不履行的，可以向调解组织申请调解；不愿调解、调解不成或者达成调解协议后不履行的，可以向劳动争议仲裁委员会申请仲裁；对仲裁裁决不服的，除本法另有规定的外，可以向人民法院提起诉讼。

第六条　发生劳动争议，当事人对自己提出的主张，有责任提供证据。与争议事项有关的证据属于用人单位掌握管理的，用人单位应当提供；用人单位不提供的，应当承担不利后果。

第七条　发生劳动争议的劳动者一方在十人以上，并有共同请求的，可以推举代表参加调解、仲裁或者诉讼活动。

第八条　县级以上人民政府劳动行政部门会同工会和企业方面代表建立协调劳动关系三方机制，共同研究解决劳动争议的重大问题。

第九条　用人单位违反国家规定，拖欠或者未足额支付劳动报酬，或者拖欠工伤医疗费、经济补偿或者赔偿金的，劳动者可以向劳动行政部门投诉，劳动行政部门应当依法处理。

（五）《工会法律援助办法》

第二条　工会建立法律援助制度，为合法权益受到侵害的职工、工会工作者和工会组织提供无偿法律服务。

工会法律援助是政府法律援助的必要补充。

第七条　工会法律援助机构可以单独设立也可以与困难职工帮扶中心合署办公，法律援助机构负责人及相关管理人员由同级工会委派或者聘任。

法律援助工作人员可以从下列人员中聘请：

（一）工会公职律师、专兼职劳动争议调解员、劳动保障法律监督员等工会法律工作者。

（二）法律专家、学者、律师等社会法律工作者。

第八条　工会法律援助的范围：

（一）劳动争议案件；

（二）因劳动权益涉及的职工人身权、民主权、财产权受到侵犯的案件；

（三）工会工作者因履行职责合法权益受到侵犯的案件；

（四）工会组织合法权益受到侵犯的案件；

（五）工会认为需要提供法律援助的其他事项。

第九条　工会法律援助的形式：

（一）普及法律知识；

（二）提供法律咨询；

（三）代写法律文书；

（四）参与协商、调解；

（五）仲裁、诉讼代理；

（六）其他法律援助形式。

第十条　职工符合下列条件之一的，可以向工会法律援助机构申请委托代理法律援助：

（一）为保障自身合法权益需要工会法律援助，且本人及其家庭经济状况符合当地工会提供法律援助的经济困难标准。

（二）未达到工会提供法律援助的经济困难标准，但有证据证明本人合法权益被严重侵害，需要工会提供法律援助的。农民工因请求支付劳动报酬或者工伤赔偿申请法律援助的，不受本办法规定的经济困难条件的限制。

（六）《中华人民共和国环境保护法》

第五章　信息公开和公众参与

第五十八条　对污染环境、破坏生态，损害社会公共利益的行为，符合下列条件的社会组织可以向人民法院提起诉讼：

（一）依法在设区的市级以上人民政府民政部门登记；

（二）专门从事环境保护公益活动连续五年以上且无违法记录。

符合前款规定的社会组织向人民法院提起诉讼，人民法院应当依法受理。

第六章　法律责任

第五十九条　企业事业单位和其他生产经营者违法排放污染物，受到罚款处罚，被责令改正，拒不改正的，依法作出处罚决定的行政机关可以自责令改正之日的次日起，按照原处罚数额按日连续处罚。

前款规定的罚款处罚，依照有关法律法规按照防治污染设施的运行成本、违法行为造成的直接损失或者违法所得等因素确定的规定执行。

地方性法规可以根据环境保护的实际需要，增加第一款规定的按日连续处罚的违法行为的种类。

第六十条　企业事业单位和其他生产经营者超过污染物排放标准或者超过重点污染物排放总量控制指标排放污染物的，县级以上人民政府环境保护主管部门可以责令其采取限制生产、停产整治等措施；情节严重的，报经有批准权的人民政府批准，责令停业、关闭。

第六十一条　建设单位未依法提交建设项目环境影响评价文件或者环境影响评价文件未经批准，擅自开工建设的，由负有环境保护监督管理职责的部门责令停止建设，处以罚款，并可以责令恢复原状。

第六十二条　违反本法规定，重点排污单位不公开或者不如实公开环境信息的，由县级以上地方人民政府环境保护主管部门责令公开，处以罚款，并予以公告。

第六十三条　企业事业单位和其他生产经营者有下列行为之一，尚不构成犯罪的，除依照有关法律法规规定予以处罚外，由县级以上人民政府环境保护主管部门或者其他有关部门将案件移送公安机关，对其直接负责的主管人员和其他直接责任人员，处十日以上十五日以下拘留；情节较轻的，处五日以上十日以下拘留：

（一）建设项目未依法进行环境影响评价，被责令停止建设，拒不执行的；

（二）违反法律规定，未取得排污许可证排放污染物，被责令停止排污，拒不执行的；

（三）通过暗管、渗井、渗坑、灌注或者篡改、伪造监测数据，或者不正常运行防治污染设施等逃避监管的方式违法排放污染物的；

（四）生产、使用国家明令禁止生产、使用的农药，被责令改正，拒不改正的。

第六十四条　因污染环境和破坏生态造成损害的，应当依照《中华人民共和国侵权责任法》的有关规定承担侵权责任。

第六十五条　环境影响评价机构、环境监测机构以及从事环境监测设备和防治污染设施维护、运营的机构，在有关环境服务活动中弄虚作假，对造成的环境污染和生态破坏负有责任的，除依照有关法律法规规定予以处罚外，还应当与造成环境污染和生态破坏的其他责任者承担连带责任。

第六十六条　提起环境损害赔偿诉讼的时效期间为三年，从当事人知道或者应当知道其受到损害时起计算。

第六十七条　上级人民政府及其环境保护主管部门应当加强对下级人民政府及其有关部门环境保护工作的监督。发现有关工作人员有违法行为，依法应当给予处分的，应当向其任免机关或者监察机关提出处分建议。

依法应当给予行政处罚，而有关环境保护主管部门不给予行政处罚的，上级人民政府环境保护主管部门可以直接作出行政处罚的决定。

第六十八条　地方各级人民政府、县级以上人民政府环境保护主管部门和其他负有环境保护监督管理职责的部门有下列行为之一的，对直接负责的主管人员和其他直接责任人员给予记过、记大过或者降级处分；造成严重后果的，给予撤职或者开除处分，其主要负责人应当引咎辞职：

（一）不符合行政许可条件准予行政许可的；

（二）对环境违法行为进行包庇的；

（三）依法应当作出责令停业、关闭的决定而未作出的；

（四）对超标排放污染物、采用逃避监管的方式排放污染物、造成环境事故以及不落实生态保护措施造成生态破坏等行为，发现或者接到举报未及时查处的；

（五）违反本法规定，查封、扣押企业事业单位和其他生产经营者的设施、设备的；

（六）篡改、伪造或者指使篡改、伪造监测数据的；

（七）应当依法公开环境信息而未公开的；

（八）将征收的排污费截留、挤占或者挪作他用的；

（九）法律法规规定的其他违法行为。

第六十九条　违反本法规定，构成犯罪的，依法追究刑事责任。

（七）《中华人民共和国固体废物污染环境防治法》（2016 年修正）

第八十四条　受到固体废物污染损害的单位和个人，有权要求依法赔偿损失。

赔偿责任和赔偿金额的纠纷，可以根据当事人的请求，由环境保护行政主管部门或者其他固体废物污染环境防治工作的监督管理部门调解处理；调解不成的，当事人可以向人民法院提起诉讼。当事人也可以直接向人民法院提起诉讼。

国家鼓励法律服务机构对固体废物污染环境诉讼中的受害人提供法律援助。

（八）《中华人民共和国水污染防治法》（2017年修正）

第九十九条 因水污染受到损害的当事人人数众多的，可以依法由当事人推选代表人进行共同诉讼。

环境保护主管部门和有关社会团体可以依法支持因水污染受到损害的当事人向人民法院提起诉讼。

国家鼓励法律服务机构和律师为水污染损害诉讼中的受害人提供法律援助。

（九）《中华人民共和国消费者权益保护法》（2013年修正）

第六章 争议的解决

第三十九条 消费者和经营者发生消费者权益争议的，可以通过下列途径解决：

（一）与经营者协商和解；

（二）请求消费者协会或者依法成立的其他调解组织调解；

（三）向有关行政部门投诉；

（四）根据与经营者达成的仲裁协议提请仲裁机构仲裁；

（五）向人民法院提起诉讼。

第四十条 消费者在购买、使用商品时，其合法权益受到损害的，可以向销售者要求赔偿。销售者赔偿后，属于生产者的责任或者属于向销售者提供商品的其他销售者的责任的，销售者有权向生产者或者其他销售者追偿。

消费者或者其他受害人因商品缺陷造成人身、财产损害的，可以向销售者要求赔偿，也可以向生产者要求赔偿。属于生产者责任的，销售者赔偿后，有权向生产者追偿。属于销售者责任的，生产者赔偿后，有权向销售者追偿。

消费者在接受服务时，其合法权益受到损害的，可以向服务者要求赔偿。

第四十一条 消费者在购买、使用商品或者接受服务时，其合法权益受到损害，因原企业分立、合并的，可以向变更后承受其权利义务的企业要求赔偿。

第四十二条 使用他人营业执照的违法经营者提供商品或者服务，损害消费者合法权益的，消费者可以向其要求赔偿，也可以向营业执照的持有人要求赔偿。

第四十三条 消费者在展销会、租赁柜台购买商品或者接受服务，其合法权益受到损害的，可以向销售者或者服务者要求赔偿。展销会结束或者柜台租赁期满后，也可以向展销会的举办者、柜台的出租者要求赔偿。展销会的举办者、柜台的出租者赔偿后，有权向销售者或者服务者追偿。

第四十四条 消费者通过网络交易平台购买商品或者接受服务，其合法权益受到损害的，可以向销售者或者服务者要求赔偿。网络交易平台提供者不能提供销售者或者服务者的真实名称、地址和有效联系方式的，消费者也可以向网络交易平台提供者要求赔偿；网络交易平台提供者作出更有利于消费者的承诺的，应当履行承诺。网络交易平台提供者赔偿后，有权向销售者或者服务者追偿。

网络交易平台提供者明知或者应知销售者或者服务者利用其平台侵害消费者合法权益，未采取必要措施的，依法与该销售者或者服务者承担连带责任。

第四十五条 消费者因经营者利用虚假广告或者其他虚假宣传方式提供商品或者服务，其合法权益受到损害的，可以向经营者要求赔偿。广告经营者、发布者发布虚假广告的，消费者可以请求行政主管部门予以惩处。广告经营者、发布者不能提供经营者的真实名称、地址和有效联系方式的，应当承担赔偿责任。

广告经营者、发布者设计、制作、发布关系消费者生命健康商品或者服务的虚假广告，造成消费者损害的，应当与提供该商品或者服务的经营者承担连带责任。

社会团体或者其他组织、个人在关系消费者生命健康商品或者服务的虚假广告或者其他虚假宣传中向消费者推荐商品或者服务，造成消费者损害的，应当与提供该商品或者服务的经营者承担连带责任。

第四十六条 消费者向有关行政部门投诉的，该部门应当自收到投诉之日起七个工作日内，予以处理并告知消费者。

第四十七条 对侵害众多消费者合法权益的行为，中国消费者协会以及在省、自治区、直辖市设立的消费者协会，可以向人民法院提起诉讼。

第七章 法律责任

第四十八条 经营者提供商品或者服务有下列情形之一的，除本法另有规定外，应当依照其他有关法律、法规的规定，承担民事责任：

（一）商品或者服务存在缺陷的；

（二）不具备商品应当具备的使用性能而出售时未作说明的；

（三）不符合在商品或者其包装上注明采用的商品标准的；

（四）不符合商品说明、实物样品等方式表明的质量状况的；

（五）生产国家明令淘汰的商品或者销售失效、变质的商品的；

（六）销售的商品数量不足的；

（七）服务的内容和费用违反约定的；

（八）对消费者提出的修理、重作、更换、退货、补足商品数量、退还货款和服务费用或者赔偿损失的要求，故意拖延或者无理拒绝的；

（九）法律、法规规定的其他损害消费者权益的情形。

经营者对消费者未尽到安全保障义务，造成消费者损害的，应当承担侵权责任。

第四十九条 经营者提供商品或者服务，造成消费者或者其他受害人人身伤害的，应当赔偿医疗费、护理费、交通费等为治疗和康复支出的合理费用，以及因误工减少的收入。造成残疾的，还应当赔偿残疾生活辅助具费和残疾赔偿金。造成死亡的，还应当赔偿丧葬费和死亡赔偿金。

第五十条 经营者侵害消费者的人格尊严、侵犯消费者人身自由或者侵害消费者个人信息依法得到保护的权利的，应当停止侵害、恢复名誉、消除影响、赔礼道歉，并赔偿损失。

第五十一条 经营者有侮辱诽谤、搜查身体、侵犯人身自由等侵害消费者或者其他受害人人身权益的行为，造成严重精神损害的，受害人可以要求精神损害赔偿。

第五十二条 经营者提供商品或者服务，造成消费者财产损害的，应当依照法律规定或者当事人约定承担修理、重作、更换、退货、补足商品数量、退还货款和服务费用或者赔偿损失等民事责任。

第五十三条 经营者以预收款方式提供商品或者服务的，应当按照约定提供。未按照约定提供的，应当按照消费者的要求履行约定或者退回预付款；并应当承担预付款的利息、消费者必须支付的合理费用。

第五十四条 依法经有关行政部门认定为不合格的商品，消费者要求退货的，经营者应当负责退货。

第五十五条 经营者提供商品或者服务有欺诈行为的，应当按照消费者的要求增加赔偿其受到的损失，增加赔偿的金额为消费者购买商品的价款或者接受服务的费用的三倍；增加赔偿的金额不足五百元的，为五百元。法律另有规定的，依照其规定。

经营者明知商品或者服务存在缺陷，仍然向消费者提供，造成消费者或者其他受害人死亡或者健康严重损害的，受害人有权要求经营者依照本法第四十九条、第五十一条等法律规定赔偿损失，并有权要求所受损失二倍以下的惩罚性赔偿。

第五十六条 经营者有下列情形之一，除承担相应的民事责任外，其他有关法律、法规对处罚机关和处罚方式有规定的，依照法律、法规的规定执行；法律、法规未作规定的，由工商行政管理部门或者其他有关行政部门责令改正，可以根据情节单处或者并处警告、没收违法所得、处以违法所得一倍以上十倍以下的罚款，没有违法所得的，处以五十万元以下的罚款；情节严重的，责令停业整顿、吊销营业执照：

（一）提供的商品或者服务不符合保障人身、财产安全要求的；

（二）在商品中掺杂、掺假，以假充真，以次充好，或者以不合格商品冒充合格商品的；

（三）生产国家明令淘汰的商品或者销售失效、变质的商品的；

（四）伪造商品的产地，伪造或者冒用他人的厂名、厂址，篡改生产日期，伪造或者冒用认证标志等质量标志的；

（五）销售的商品应当检验、检疫而未检验、检疫或者伪造检验、检疫结果的；

（六）对商品或者服务作虚假或者引人误解的宣传的；

（七）拒绝或者拖延有关行政部门责令对缺陷商品或者服务采取停止销售、警示、召回、无害化处理、销毁、停止生产或者服务等措施的；

（八）对消费者提出的修理、重作、更换、退货、补足商品数量、退还货款和服务费用或者赔偿损失的要求，故意拖延或者无理拒绝的；

（九）侵害消费者人格尊严、侵犯消费者人身自由或者侵害消费者个人信息依法得到保护的权利的；

（十）法律、法规规定的对损害消费者权益应当予以处罚的其他情形。

经营者有前款规定情形的，除依照法律、法规规定予以处罚外，处罚机关应当记入信用档案，向社会公布。

第五十七条　经营者违反本法规定提供商品或者服务，侵害消费者合法权益，构成犯罪的，依法追究刑事责任。

第五十八条　经营者违反本法规定，应当承担民事赔偿责任和缴纳罚款、罚金，其财产不足以同时支付的，先承担民事赔偿责任。

第五十九条　经营者对行政处罚决定不服的，可以依法申请行政复议或者提起行政诉讼。

第六十条　以暴力、威胁等方法阻碍有关行政部门工作人员依法执行职务的，依法追究刑事责任；拒绝、阻碍有关行政部门工作人员依法执行职务，未使用暴力、威胁方法的，由公安机关依照《中华人民共和国治安管理处罚法》的规定处罚。

第六十一条　国家机关工作人员玩忽职守或者包庇经营者侵害消费者合法权益的行为的，由其所在单位或者上级机关给予行政处分；情节严重，构成犯罪的，依法追究刑事责任。

五　延伸阅读

- Amnesty International et al. , *Seeking Justice：the Rising Tide of Court Cases against Shell* （2018）, www. greenpeace. nl/Global/nederland/report/2018/klimaat_en_energie/Investor%20Briefing%20Seeking%20justice%20the%20rising%20tide%20of%20court%20cases%20against%20Shell. pdf.
- Beth Stephens, "TheCurious History Of The Alien Tort Statute", *89 Notre Dame Law Review 1467* （2014）, https//scholarship. law. nd. edu/cgi/viewcontent. cgi? article =4540&context = ndlr.
- Business and Human Rights Resource Centre, *Texaco/Chevron Lawsuits* （*re Ecuador*）, www. business-humanrights. org/en/texacochevron-lawsuits-re-ecuador.
- Chiquita, *Shareholder Derivative Complaint* （2007）, www. law. du. edu/documents/corporate-governance/international-corporate-governance/in-re-chiquita-verified. pdf.
- Daniel Augenstein and Nicola Jägers, "Judicial remedies-The issue of jurisdiction", in Juan José Álvarez Rubio and Katerina Yiannibas（eds. ）, *Human Rights in Business：Removal of Barriers to Access to Justice in the European Union* （2017）, www. taylorfrancis. com/books/e/9781351979153.
- Dutchappeals Court says Shell may be held Liable for Oil Spills in Nigeria,

the Guardian (18 Dec., 2015), www.theguardian.com/global-development/2015/dec/18/dutch-appeals-court-shell-oil-spills-nigeria.

- Inter-American Court of Human Rights, *Sarayaku vs. Ecuador* (2012), www.escr-net.org/caselaw/2012/pueblo-indigena-kichwa-sarayaku-vs-ecuador.
- *Jabir and others v KiK*, Legal Opinion on English Common Law Principles on Tort (Essex University Business and Human Rights Project) 7 December 2015, www1.essex.ac.uk/ebhr/documents/Legal_Opion_Essex_Jabir_et_al_v_KiK_2015.pdf.
- Jock McCulloch, "Beating the odds: The quest for justice by South African asbestos mining communities", *Review of African Political Economy*, 2005, www.jstor.org/stable/4006910.
- P. Wesche, M. Saage-Maaß, "Holding Companies Liable for Human Rights Abuses Related to Foreign Subsidiaries and Suppliers before German Civil Courts: Lessons from Jabir and Others v KiK", *Human Rights Law Review* 16: 2 (2016), academic.oup.com/hrlr/article/16/2/370/2356211.
- Pigrau Solé et al., *Human Rights In European Business-A Practical Handbook For Civil Society Organisations And Human Rights Defenders* (2016), humanrightsinbusiness.eu/wp-content/uploads/2016/09/HUMAN_RIGHTS_IN_EUROPEAN_BUSINESS_EN.pdf.
- SalilTripathi, *Bhopal and the Elusive Quest for Justice* (2014), www.ihrb.org/other/remedy/bhopal-and-the-elusive-quest-for-justice.
- Shell announces £55mpayout for Nigeria oil spills, *the Guardian* (7 Jan 2015), www.theguardian.com/environment/2015/jan/07/shell-announces-55m-payout-for-nigeria-oil-spills.
- 蒋银华:《人权行政诉讼保障的路径选择及其优化》,《政法论坛》2018 年第 5 期。
- 莫纪宏:《论人权的司法救济》,《法商研究》2000 年第 5 期。

六 案例

(一) 赌场被起诉强迫劳动、贩卖人口

自第二次世界大战结束以来,由美国控制的塞班岛于 2014 年批准开设了一家赌场,之后中国的投资开始飙升。D 公司持有在塞班岛经营赌场的唯

一许可，拥有十亿塞班博彩的项目，但目前面临被前员工——一些建筑工人以强迫劳动和人口贩运的罪名起诉的局面。

2017 年一名建筑工人去世后，美国联邦调查局突击搜查了承包商的办公室，发现了 150 多名无证工人的名单以及员工工资单。在此之前已经有一些高管陆续辞职，工人抗议活动反复出现，要求发放拖欠工资并赔偿伤害。2019 年 3 月 15 日，7 名中国建筑工人通过提交申请向北马里亚纳群岛的塞班岛联邦法院提起诉讼，对自己所遭受的损害进行了索赔，但 D 公司尚未作出回应。

原告提交了一份文件，声称工人每天工作的时间超过 12 小时，有时需要 24 小时轮班；指责公司扣留他们的工资，有时好几个星期都不发工资。他们认为 D 公司知道或至少“罔顾后果地忽视其承包商的剥削和非法行为”，并且他们对于在施工现场使用非法劳工是知情的。文件称，工人们被安排在没有淋浴或空调的宿舍里，且工作环境极其危险；主管会殴打员工，并且如果员工不服从，就会受到死亡威胁。并且提交的文件显示，所有工人都受了不同程度的伤，包括严重的烧伤、烫伤甚至手指被切断。

（二）中华环保联合会诉山东德州晶华集团振华有限公司大气污染民事公益诉讼案[①]

【基本案情】振华公司是一家从事玻璃及玻璃深加工产品制造的企业，位于山东省德州市区内。振华公司虽投入资金建设脱硫除尘设施，但仍有两个烟囱长期超标排放污染物，造成大气污染，严重影响了周围居民生活，被环境保护部点名批评，并被山东省环境保护行政主管部门多次处罚，但其仍持续超标向大气排放污染物。中华环保联合会提起诉讼，请求判令振华公司立即停止超标向大气排放污染物，增设大气污染防治设施，经环境保护行政主管部门验收合格并投入使用后方可进行生产经营活动；赔偿因超标排放污染物造成的损失 2040 万元（诉讼期间变更为 2746 万元）及因拒不改正超标排放污染物行为造成的损失 780 万元，并将赔偿款项支付至地方政府财政专户，用于德州市大气污染的治理；在省级及以上媒体向社会公开赔礼道歉；承担本案诉讼、检验、鉴定、专家证人、律师及其他为诉讼支出的费用。德

① 摘自《最高人民法院发布环境公益诉讼典型案例》，见新华网，http://www.xinhuanet.com/legal/2017－03/07/c_129503217.htm；另，该案是首批被联合国环境规划署环境法数据库收录的中国环境司法案例之一，参见《我会公益诉讼案例获联合国环境规划署环境法数据库收录》，见中华环保联合会，http://www.acef.com.cn/a/news/2019/0428/19847.html。

州市中级人民法院受理本案后，向振华公司送达民事起诉状等诉讼材料，向社会公告案件受理情况，并向德州市环境保护局告知本案受理情况。德州市人民政府、德州市环境保护局积极支持、配合本案审理，并与一审法院共同召开协调会。通过司法机关与环境保护行政主管部门的联动、协调，振华公司将全部生产线关停，在远离居民生活区的天衢工业园区选址建设新厂，防止了污染及损害的进一步扩大，使案件尚未审结即取得阶段性成效。

【裁判结果】德州市中级人民法院一审认为，诉讼期间振华公司放水停产，停止使用原厂区，可以认定振华公司已经停止侵害。在停止排放前，振华公司未安装或者未运行脱硫和脱硝治理设施，未安装除尘设施或者除尘设施处理能力不够，多次超标向大气排放二氧化硫、氮氧化物、烟粉尘等污染物。其中，二氧化硫、氮氧化物是酸雨的前导物，过量排放形成酸雨会造成居民人身及财产损害，过量排放烟粉尘将影响大气能见度及清洁度。振华公司超标排放污染物的行为导致大气环境的生态附加值功能受到损害，应当依法承担生态环境修复责任，赔偿生态环境受到损害至恢复原状期间服务功能损失。同时，振华公司超标向大气排放污染物的行为侵害了社会公众的精神性环境权益，应当承担赔礼道歉的民事责任。遂判决振华公司赔偿超标排放污染物造成的损失 2198.36 万元，用于大气环境质量修复；振华公司在省级以上媒体向社会公开赔礼道歉等。宣判后，双方当事人均未提起上诉，一审判决已生效。

【典型意义】德州大气污染公益诉讼案是新环境保护法施行后，人民法院受理的首例京津冀及其周边地区大气污染公益诉讼案件。大气具有流动性，其本身具有一定的自净功能，企业超标排放是否构成生态环境损害是本案审理的难点。本案裁判明确超标过量排放二氧化硫、氮氧化物和粉尘将影响大气的生态服务功能，应当承担法律责任，可根据企业超标排放数量以及二氧化硫、氮氧化物和粉尘的单位治理成本计算大气污染治理的虚拟成本，进而作为生态环境损害赔偿的依据，具有一定合理性。振华公司在本案审理期间主动承担社会责任，积极采取措施防止污染的持续和扩大，值得肯定。该案的审结及时回应了当前社会公众对京津冀及周边地区的大气污染治理的关切，对区域大气污染治理进行了有益的实践探索。

【点评专家】周珂，中国人民大学教授。

【点评意见】本案判决结果较充分地体现了环境司法这一新型司法领域独特的公平正义。第一，关于超标排污的正当性问题。法院判决被告超标排污的行为侵害了社会公共的环境权益，即认定了其行为的违法性和对环境公益的侵害性。这为通过环境公益诉讼的办法，使超标排污造成大气污染得到有效治理开辟了一条新的有效的途径。第二，大气污染的因果关系历来是个难点，判决不纠缠于复杂的逻辑争辩，在本案所在城市属于国内污染极为严重城市这一不需要鉴定的事实前提下，确认了鉴定报告可以作为认定事实的依据，采用了国外环境诉讼中的间接因果关系认定说，提高了审判的效率，也完全满足程序正义的要求。第三，大气污染环境公益诉讼的损害数额计算全世界也没有统一的标准，判决认定了鉴定报告采用的“按虚拟治理成本的4倍计算被告振华公司生态损害数额”的计算方法，采用了适中的倍数。这为今后环境公益诉讼正确和有效地处理这方面的问题提供了有益的经验。第四，修改前的环保法没有赔礼道歉的规定，而判决援引了2014年新环保法的有关规定，认定被告应当承担赔礼道歉的民事责任，其历史意义是重大而深远的。第五，本案法院立案受理后，及时与政府部门沟通，发挥司法与行政执法协调联动作用，促进污染企业向节能环保型企业转型发展，体现了我国绿色司法追求社会经济发展与生态环境保护双赢的目标和效果。

（三）个人信息被兜售，互联网用户在“裸奔”①

事件：2018年，个人信息泄露事件接二连三发生，网站、酒店、快递公司等都成为信息泄露的源头。2018年6月13日，视频网站AcFun对外宣称900万条用户数据外泄；6月16日，招聘网站前程无忧的195万条用户求职简历泄露；6月19日，圆通快递10亿条快递数据被售卖；7月18日，顺丰快递3亿用户数据被兜售；8月28日，5亿条华住旗下酒店客户开房数据被出售；9月10日，万豪集团5亿名客人的信息被泄露。出售个人信息已经成为一条公开的黑色产业链，本应该被保护的个人信息，却成了公开兜售的商品，公众在互联网世界里形同“裸奔”。

点评：大数据时代，个人信息的商业价值和法律意义都在提升。面对利益的冲击，更需要筑牢法律的防火墙。让企业高度重视信息数据的安全保护，职能部门加强对市场、行业的监督管理，司法机关严厉惩处违法行为，为公民隐私穿上“保护衣”。自2020年我国《民法典》将个人信息保护相关规则写入民事立法以来，我国个人信息保护法治体系迅速发展、日臻成熟。《数据安全法》和《个人信息保护法》分别于2021年9月1日和2021年11月1日起正式实施，为数字化时代的个人信息保护提供法治保障。

① 摘自《2018年十大消费侵权事件公布权健等上榜》，见人民法院网，https://www.chinacourt.org/article/detail/2019/01/id/3715590.shtml。

七　思考题

1. 怎么理解“获得补救”是一项人权?

2. 通过司法机制为人权受害者提供补救有哪些好处和不足?

3. 人权保护应当成为“刺破公司面纱”的正当理由吗?

4. 法院如何在保护公司中小股东利益和保护利益相关者利益之间做出平衡?

5. 与工商业有关的人权纠纷通常是一个复杂问题，为公正、有效地解决此类纠纷，法院应当进行哪些准备工作?

第七章　获得补救：非司法机制

引　言

获得救济是一项人权、一项法律原则和良好治理的标志。在工商业和人权方面，国际上有许多非司法机制。这与企业社会责任中存在大量的软法工具和多方利益相关者伙伴关系，以及缺乏追究企业责任的相应硬法相对应。这些机制的问题在于，它们绝大多数属于调解类型，这意味着它们无法达成具有约束力的决议。公司能够完全无视他们，甚至不参与程序，更不用说遵守其提出的建议。制裁的形式可以是从伙伴关系中除名（例如《联合国全球契约》）或负面宣传（经合组织系统）。最著名的是经合组织的调解制度和世界银行的调查和调解制度。总体而言，经合组织取得的成功相对有限，在实行这种安排的40个国家之间存在很大差别；在某种程度上，这种跟踪记录反映了调解机制的固有限制。世界银行有时未能遵循自己的政策，世界银行系统对此进行了严格和严厉的评估，但管理层有时忽视了自己的检查机构的这些发现。《联合国工商企业与人权指导原则》强调经合组织系统和国家人权机构的重要性，这是自20世纪90年代以来人权制度的一项创新。此外，《联合国工商企业与人权指导原则》确定了有助于评估非司法救济机制设计的8项标准。在特定部门内制定的多利益相关者倡议也有调解机制；成员公司（国际品牌和零售商）的影响力意味着问题可以很快得到解决（第17、19章）。企业也意识到，拥有自己的申诉处理机制有助于缓解当地的紧张局势，并能反映尽职调查体系是否按预期运行（第10—11章）。目前，关于工商业和人权的非司法机制的学术文献很少，但也在不断增加。

一　要点

- 与司法救济（裁定）的关系
- 作为过程的补救（申诉机制）和结果的补救（纠正）
- 纠正功能（HRDD反馈、预警、补救）
- 直接（个人）和间接（系统）影响

- 评估申诉机制的准则（KPI－关键绩效指标）
- 评估申诉机制的过程和结果
- 具有非司法机制的政策范畴（劳资关系、非歧视、保障消费者权益、隐私、环保、水、健康）
- 调解（例如经合组织制度）
- 国家人权机构
- 争议解决

二 背景

（一）联合国人权事务高级专员办事处《尊重人权的公司责任解释性指南》[①]

纠正/补救措施

纠正和补救是指对负面人权影响加以补救的过程，以及消除或纠正负面影响的实际结果。这些结果可能采取一系列的形式，例如道歉、恢复原状、康复、财政或非财政赔偿和惩罚性制裁（刑事或行政的，例如罚金），以及通过例如禁令或不再重犯的保证防止伤害。

问题 67. 如果企业同意自己造成或加剧了影响，但不同意受影响者关于适当补救的看法，它应当怎么办?

如企业和受影响者不能就适当补救达成共识，则可能证明需要一个中立的第三方担任调解人，或需要诉诸司法裁定。

第三方调解人须得到有关各方的自愿接受。调解人的作用是协助各方商定解决办法，不能强迫调解中的任何一方接受某一结果。各方如果确实同意某一结果，也可自愿同意接受这一结果的约束。

司法裁定不需要各方对结果表示同意，它们往往具有约束力。作出司法裁定的可以是法院、政府机构或法定机构，如监察员办公室或国家人权机构，或具有管辖权或企业与受影响者商定同意的另一机制。

① UN Office of the High Commissioner of Human Rights, *The Corporate Responsibility To Respect Human Rights-An Interpretive Guide* (2011), http://www.ohchr.org/Documents/Issues/Business/RtRInterpretativeGuide.pdf，中文版见 http://www.ohchr.org/Documents/Publications/HR_PUB_12_02_ch.pdf。

（二）联合国人权事务高级专员办事处《通过国家非司法机制加强问责》[①]

6. 国家非司法机制可采取多种不同的形式。在大多数法域，可以看到一系列机制发挥作用，处理企业相关侵犯人权行为引起的投诉和（或）化解所产生的争端。在地方、区域和国家各级政府中都可以发现这类机制。虽然有些机制的权限涉及所有人权，但许多专门机构侧重于具体的人权相关议题，如劳工权益、不歧视、消费者权益、隐私权、环境权益或享有水和卫生的权利。相关国家非司法机制的常见例子包括劳动监察局、劳资法庭、消费者保护机构（通常专门针对不同的商业部门）、环境法庭、隐私和数据保护机构、国家监察员机关、公共卫生和安全机构、专业标准机构以及国家人权机构。

7. 除了上述类别，国家可能用进一步的创新办法应对各自管辖范围内具体的企业相关侵犯人权的风险，在有些情况下已经采取的这类办法是建立专门机制，保护已查明的易受侵害或边缘化群体，如妇女、儿童、移民工人、残疾人、现代奴役或债役劳动做法的受害者或土著社区成员。

9. 这些机制的职能和权力也有不同。例如，有些是监管和（或）裁判类型的机制，而另一些则提供调停和（或）调解服务。有些机制具有自执行的权力（例如强制性参与，要求提供信息或强制执行补救结果），而另一些则依赖于当事各方的合作。有些机制有权自行开展调查，而其他一些机制采用的程序只能通过具体的投诉或争端才能启动。

10. 国家非司法机制可分为五大类：

- 投诉机制（1）
- 监察机构（2）
- 监察员机关（3）
- 调停或调解机构（4）
- 仲裁和专门法庭（5）

（1）通常由国家任命、国家支助和（或）国家批准的具有公共管理和执法责任的机构负责运作。

（2）通常由国家任命、国家支助和（或）国家批准的具有公共管理和执法责任，并具有一系列执法职能和权力包括调查权和规定处罚和（或）补

① UN High Commissioner for Human Rights, Improving Accountability and Access to Remedy for Victims of Business-related Human Rights abuse through State-based Non-judicial Mechanisms (2018), http://ap.ohchr.org/documents/dpage_e.aspx?si=A/HRC/38/20.

救行动权的机构负责运作。这种机制可自行采取行动，或根据投诉采取行动，抑或两者兼有。它还可以具有开展教育和提高认识的职能。

（3）通常具有涉及特定利益集团、监管专题或商业部门的专门权限。此种机制负责受理、调查和解决个人和工商企业之间的争端，并经常利用调停和（或）调解方法。

（4）与监察员机关相似，目的是找到一个双方都能接受的结果，而不是分摊责任。调停和调解方法往往被用来解决消费者、就业或环境争端，可以作为更正式程序（例如，仲裁和调解）的前奏。

（5）主持抗辩和（或）调查性质的争端解决程序。这种机制经常具有高度的程序正规性。其中有些具有可自行使用的调查权力。这类机制可有权作出具有法律约束力的决定。

三　国际文件与域外材料

（一）《联合国工商企业与人权指导原则》①

补救

22. 工商企业如果确认它们造成或加剧了不利影响，则应通过合法程序提供补救，或在补救问题上给予合作。

评论

即使制定了最佳政策和做法，工商企业也可能造成或加剧负面人权影响，因为这些影响是它们不曾预料或无力防止的。

如果工商企业通过其人权尽责程序或其他手段确认出现了这种情况，则尊重人权的责任就要求它或独自或与其他行为者合作，积极参与补救（……）。

当出现不是由工商企业造成或加剧，但可能因商业关系与其业务、产品或服务直接关联的负面影响时，尊重人权的责任并不要求企业自身提供补救，虽然它可能在补救过程中发挥作用（……）。

基于国家的非司法申诉机制

27. 国家应与司法机制一道，提供有效和适当的非司法申诉机制，作为补救与企业相关的侵犯人权行为的全面国家制度的一部分。

---

① UN Guiding Principles on Business and Human Rights（2011），http://www.ohchr.org/Documents/Publications/GuidingPrinciplesBusinessHR_EN.pdf，中文版见 http://www.ohchr.org/Documents/Publications/GuidingPrinciplesBusinessHR_CH.pdf。

非国家申诉机制

28. 国家应考虑在处理与企业相关的人权伤害时，如何便利获得有效的非国家申诉机制。

评论

一类非国家申诉机制包括企业自身或与利益攸关者一道实施，或由行业联合会或多利益相关者集团实施的那些机制。它们是非司法性的，但可能是裁定的、基于对话的或其他文化上适宜和权利上兼容的进程。这些机制可能有其好处，例如加快获得速度和补救速度，降低费用和/或超越国家范围。

29. 为使申诉得到及时处理和直接补救，工商企业应针对可能受到不利影响的个人或社群建立或参与有效的业务层面申诉机制。

评论

业务层面的申诉机制在工商企业尊重人权的责任方面履行两个关键职能。

首先，作为企业持续的人权尽责过程的一部分，它们支持确认负面人权影响。它们为此提供了一个渠道，帮助受企业活动直接影响者在据认为受到或将受到负面影响时提出其关注。通过分析申诉的趋势和模式，工商企业可确定系统性问题，并相应调整其做法。

其次，这些机制使申诉一旦得到确认，工商企业即可加以解决，并对负面影响及时和直接给予补救，从而防止伤害加剧，怨愤情绪不断加深(……)。

业务层面的申诉机制可成为更广泛的利益攸关者参与和集体讨价还价进程的重要补充，但不可以取代二者。它们不应当用来削弱合法工会在解决劳资争端方面的作用，或排除诉诸司法或其他非司法申诉机制的机会。

原则31：非司法申诉机制的有效性标准

为确保其有效性，国家或非国家非司法申诉机制应：

(a) 合法：以得到其所面对的利益攸关者集团的信任，并对申诉过程的公正性负责；

(b) 可获得性：得到其所面对的所有利益攸关者群体的了解，并向在获得时可能面临特殊壁垒者提供适当援助；

(c) 可预测性：提供清晰和公开的程序，附带每一阶段的指示性时间框架，明确诉讼类型、可能结果以及监测执行情况的手段；

(d) 平等性：努力确保申诉方有合理的途径获得信息、咨询意见和专门知识，以便在公正、知情和受尊重的条件下参与申诉进程；

（e）透明度：随时向申诉各方通报进展情况，提供充分信息，说明该机制如何建立对其有效性的信任，满足任何有关的公共利益；

（f）权利兼容：确保结果和补救与国际公认的人权相一致；

（g）有持续的学习来源：利用有关措施，汲取经验教训以改进该机制，同时，预防今后的冤情和伤害；

业务层面的机制应：

（h）立足参与和对话：就机制的设计和运作与其所面对的利益攸关者团体磋商，侧重以对话为手段，处理和解决申诉。

（二）《经合组织跨国企业准则》①

特定情况下的执行工作

国家联络点应按公正、可预测、公平和遵照《准则》原则和标准的方式，为解决特定情况下执行《准则》的相关问题做出贡献。（收到申诉后）国家联络点应：

1. 初步评估提出的问题是否值得深入研究，并对有关方做出答复。

2. 若提出的问题值得深入研究，则展开斡旋，协助各方解决这些问题。为此，国家联络点应与各方协商，并在适当情况下：

（a）向相关主管部门和（或）商业团体、工人组织、其他非政府组织的代表以及相关专家征求意见；

（b）与其他有关国家的国家联络点协商；

（c）如对特定情况下的《准则》解释存有疑问，请委员会提供指导；

（d）提供，并在有关方同意的情况下，促进采用各方认可的非对抗性手段，例如调解或仲裁，协助处理这些问题。

3. 在程序结束之际，并在与各方进行协商和保护敏感性商业信息和其他利益攸关方信息的情况下，通过以下方式，公布程序结果：

（a）假如国家联络点认定提出的问题不值得深入研究，应发布声明，至少说明提出的问题以及国家联络点做出相关决定的理由；

（b）假如各方就提出的问题达成协议，应发布报告，至少说明提出的问题、国家联络点为协助各方而启动的程序以及何时达成协议，在有关方同意的情况下，才能列入协议内容；

---

① OECD, Guidelines for Multinational Enterprises-2011 Edition, http://www.oecd.org/daf/inv/mne/48004323.pdf, 中文版见 http://mneguidelines.oecd.org/text/。

（c）假如没有达成协议或者有一方不愿意参与该程序，应发布声明，至少说明提出的问题、国家联络点认定提出的问题值得深入研究的理由以及国家联络点为协助各方而启动的程序。国家联络点应在适当情况下，就执行《准则》提出建议，并列入声明。声明还应酌情列入未达成协议的原因。

（三）经合组织观察《经合组织指导方针下的补救状况》①

2017年，国家联络点在全球总结了非政府组织或社区提交的18个经合组织指导方针案例。（……）（在18个案例中），只有五例产生了某种积极的结果。在这五个案例中，有四个案例的积极结果是作出了决定或改变了政策——这是一个积极的步骤，但并不表示申诉人的情况发生了切实的改变。（……）

前雇员诉喜力（荷兰国家联络点）

起诉书称，1999年至2003年，喜力（Heineken）的子公司Bralima在刚果民主共和国（Democratic Republic of Congo）进行了大规模、不公平和非法的裁员，错误计算且未支付部分工人的最终和解金。起诉书称，当时与Bralima密切合作的喜力应当知道，并应该利用其影响力，防止对这些前雇员造成进一步损害。荷兰国家联络点受理了此案，双方在乌干达和巴黎举行了调解会议，最终达成了协议。荷兰国家联络点发表了一份最终声明，声明各方希望对其协议保密。然而，同一天发布的新闻报道证实，喜力自愿向这些前员工支付了逾100万欧元。喜力还同意为在受冲突影响地区开展业务制定新的政策和尽职调查协议。这一结果具有重大意义，因为它是经合组织指导方针中迄今为止以申诉人获得赔偿收场的唯一案例。（……）

奥地利金融与贸易观察等诉Andritz AG（奥地利国家联络点）

原告声称，老挝湄公河三角洲沙耶武里大坝设计不当，将阻碍鱼类迁徙和泥沙流动，导致物种灭绝，下游依赖富沙土壤的农业社区也将陷入贫困和土地营养不良。奥地利国家联络点受理了这个案子，随后进行了三年的调解。一些申诉人由于担心保密限制而离开了程序，而另一些人则认为程序无法取得积极结果而离开。然而，有两名原告坚持了下来。双方达成和解协议，并发表联合声明，Andritz承诺加强公司内部的社会责任、信息披露和尽

① OECD Watch, The State of Remedy under the OECD Guidelines (2018), www.oecdwatch.org/publications-en/Publication_4429/@@download/fullfile/The%20State%20of%20Remedy%20under%20the%20OECD%20Guidelines.pdf.

职调查政策。这样的结果不会立即，甚至可能永远不会使申诉人受益。毫无疑问，修改大坝设计以减轻预期的影响，或补偿经济和人权方面的损害，将是一个更有力的结果。不过，政策变化确实有可能帮助企业避免重复错误，并防止未来造成额外的伤害

Sherpa 等诉 Socfin Group/SOCAPALM（法国和比利时国家联络点）

该案件当事人最初于 2010 年向法国、比利时和卢森堡三国的国家联络点提起诉讼，涉及对石油公司 SOCAPALM 及其四家控股公司的指控。申诉人 Sherpa 争辩说，SOCAPALM 减少了当地社区获得自然资源和公共服务的机会，污染了水和空气，使工人面临危险的工作和生活条件，并受到安全人员的身体虐待，从而造成了消极的人权和环境影响。法国国家联络点受理了此案，并在 2013 年迈出了重要一步，发布了一项裁定，认定 SOCAPALM 确实违反了准则，而且由于与 SOCAPALM 的业务关系，所有四家控股公司在披露政策方面也都违反了准则。在最初的拖延之后，法国控股公司 Bollore 同意进行调解，并帮助制定了一项补救行动计划，SOCAPALM 及其比利时母公司 Socfin 也接受了该计划。然而，Socfin 阻止了该计划的实施，导致法国国家联络点在 2015 年向比利时和卢森堡的国家联络点寻求帮助。比利时国家联络点在 2016 年成功说服 Socfin 加入了几场调解，但未能说服它实施行动计划。Socfin 公开承诺，将对其责任和透明度政策做出几项引人注目的改变。但在 2017 年，比利时国家联络点以 Socfin 不愿遵守国家联络点要求并执行商定的行动计划为由了结了此案。因此，试图就补救计划达成的协议从未最终实现。

Jamaa 资源倡议诉美国公司案（美国国家联络点）

原告称，一家美国公司在肯尼亚的子公司使用敏感的湿地进行水稻种植、灌溉和水电项目以及罗非鱼养殖农场等项目，导致当地农民生计丧失，并对环境和健康造成严重影响。美国国家联络点受理了此案的调解，但这家美国公司以诉讼程序正在进行为由拒绝参与，美国国家联络点结束了此案。因此，没有对申诉人采取补救措施。

（四）舍尔特曼和关特《加强国家联络点功能的替代方法》[①]

国家联络点干预带来了许多积极影响，如各方之间的协议（在一种具体

① Martijn Scheltema and Constance Kwant, "Alternative approaches to strengthen the NCP function", in H. Mulder et al. (Eds.), *OECD Guidelines for Multinational Enterprises: A Glass Half Full*, OECD (2018), http://www.oecd.org/investment/mne/OECD-Guidelines-for-MNEs-A-Glass-Half-Full.pdf.

情况下包括支付赔偿金，在其他具体情况下包括其他形式的直接补救），管理实践的变化，阐明经合组织跨国企业准则，以及促使有关公司使用影响力。

尽管如此，国家联络点的职能也面临一些挑战。主要是国家联络点在具体情况下适用指导意见的做法差异巨大，可获得性和对“材料和证据”标准的解释过于严格，导致不接受进一步审查的具体事例的比例很高，过分严格的定义（如“跨国企业”“负面影响”“业务关系”等术语），各方参与调解的成本，具体案件当事人的诚信行为、平行诉讼、拖延、在最后陈述中未充分使用建议或决定以及缺乏明确或公平的程序。此外还有如何平衡保密性和透明度以及国家联络点之间的合作与资源限制。

（五）国际劳工组织结社自由委员会《决议汇编》①

（……）有三个机构有资格听取向劳工组织提出的关于侵犯工会权利的控诉，即理事会设立的结社自由委员会、理事会本身和结社自由实况调查和解决委员会（……）。

结社自由委员会不会对政府提出指控或谴责。（……）委员会的使命在于确定任何特定立法或惯例是否符合有关公约规定的结社自由和集体谈判的原则。（……）委员会总是会考虑国情，如劳动关系的历史与社会和经济背景，但结社自由原则在各国间的适用是一致和一贯的。

在涉及的各国政府显然不愿意合作的情况下，委员会可作为一项例外措施，建议对这些指控、理事机构的建议和有关政府的消极态度给予更广泛的宣传。

1. 结社自由委员会是国际劳工组织理事会于 1951 年设立的三方机构。结社自由委员会审查了被控侵犯结社自由原则和有效承认集体谈判权的行为，这些权利被庄严载入《国际劳工组织章程》（序言）、《费城宣言》和国际法委员会 1970 年决议。（……）作为国际劳工组织的成员，每个成员国一定会尊重一定数量的原则，包括结社自由的原则，（因此即使国家并未批准 1987 年和 1998 年国际劳工组织公约中的结社自由），该原则已经成为高于公约的惯例规则。

3. 结社自由委员会在具体案件中所发表的结论旨在指导各国政府和国家

---

① ILO Committee on Freedom of Association, Freedom of Association-Compilation of Decisions (2018), www. ilo. org/global/standards/subjects-covered-by-international-labour-standards/freedom-of-association/WCMS_632659/lang--en/index. htm.

当局进行讨论，并对其建议采取后续行动。（……）结社自由委员会申诉程序的目的不是要责备或惩罚任何人，而是要进行建设性的三方对话，以促进在法律和实践上尊重工会的权利。在这样做时，结社自由委员会会认识到不同的国家现实和法律制度。

7.（截至 2016 年，在过去 65 年的 3200 个案例中）结社自由委员会的结论和建议是基于工人组织或雇主组织的申诉而制定的。（……）结社自由委员会根据此前的决议汇编得出的决定也可以比照适用于雇主组织。（……）

（六）联合国经济、社会和文化权利委员会《第 24 号一般性意见》①

39. 缔约国必须为受害个人或群体提供适当补救手段，并确保追究公司的责任。这样做的最好办法是确保受害人能诉诸独立公正的司法机关：委员会强调，“（确保追究责任的）其他措施如果不以司法补救措施辅助或补充，可能没有效果”。

非司法补救

53. 非司法补救虽然通常不应被视为司法机制的替代措施（为了有效防止某些侵犯《公约》权利的行为，司法手段仍然是不可或缺的），但可帮助《公约》权利受工商行为体侵犯的受害人获得有效补救，并确保侵犯行为的责任受到追究。这些其他机制应与现有司法机制适当协调，在处罚方面及受害人补偿方面都是如此。

54. 缔约国应利用各种行政和准司法机制，例如劳工检察署和劳工事务庭、消费者和环境保护机构、金融监督当局等。许多缔约国已经利用其中许多机制来对工商活动实行监管，对某些情况作出裁决。缔约国应探讨各种选项，扩大这些机构的任务范围，或设立新机构，使其能接收并处理所称公司侵犯《公约》权利的投诉，对指控进行调查，处罚行为方，为受害人提供赔偿并强制赔偿款的支付。应鼓励国家人权机构在其组织内设立适当部门，负责监测国家在工商业与人权方面的义务，并授权这些机构接收公司行为受害人的申诉。

① Committee on Economic, Social and Cultural Rights, General Comment No. 24 (2017) on State Obligations under the International Covenant on Economic, Social and Cultural Rights in the Context of Business Activities, http://tbinternet.ohchr.org/_layouts/treatybodyexternal/Download.aspx?symbolno=E%2fC.12%2fGC%2f24&Lang=en.

（七）联合国《关于国家人权机构的巴黎原则》[①]

1. 应赋予国家机构促进和保护人权的权限

（……）可以授权一国家机构负责受理和审议有关个别情况的申诉和请愿。个人、他们的代表、第三方、非政府组织、工会联合会或任何其他代表性组织都可把案件提交此机构。在这种情况下，并在不损害涉及委员会其他权力的上述原则的情形下，交托委员会的职务主要包括如下几点：

（a）通过调解，或在法律规定的限度内，通过有约束力的决定，或必要时在保持机密的基础上，求得满意的解决；

（b）告诉提出请愿一方其权利，特别是他可以利用的补救办法，并促使他利用这种办法；

（c）在法律规定的限度内，受理任何申诉或请愿，或将它转交任何其他主管当局；

（d）向主管当局提出建议，尤其是对法律、规章和行政惯例提出修正或改革意见，特别是如果它们已使为维护其权利提出请愿的人遇到困难时。

（八）丹麦人权研究所《国家人权机构指南》[②]

肯尼亚国家人权委员会

肯尼亚国家人权委员会利用其正式的调查权力，处理了一系列商业部门涉嫌侵犯人权的问题。例如，2005 年，委员会对马林迪区马格里尼的盐矿公司涉嫌与政府当局勾结侵犯人权的行为进行了公开调查。该调查发表了一份特别报告，《经济利益与社会正义：马林迪区马格里尼制盐业的公共调查（2006）》，并提交至总统和国民议会。2012 年，该委员会与当地社区举行了后续会议，以确定报告中提出的建议是否得到了执行。随后，在 2013 年，该委员会行使了为公众利益提起诉讼的权力，并就侵犯土地权利和清洁环境权的问题对相关公司提起了诉讼。

---

① UN, *Principles Relating to the Status of National Institutions (The Paris Principles)*, General Assembly Resolution 48/134 (1993), www.ohchr.org/EN/ProfessionalInterest/Pages/StatusOfNationalInstitutions.aspx.

② International Coordinating Committee of National Human Rights Institutions (ICC) and Danish Institute for Human Rights, *Business And Human Rights-A Guidebook For National Human Rights Institutions* (2013), www.humanrights.dk/sites/humanrights.dk/files/media/dokumenter/udgivelser/bhr_guidebook_for_nhris_2013_eng.pdf.

塞拉利昂人权委员会

塞拉利昂人权委员会在工商业和人权方面采取了一系列举措，包括2012年对通科利利地区 Bumbuna 与采矿有关的侵犯人权行为展开的正式调查。委员会的调查包括文件审查、受影响个人的口头和书面声明、专家意见、专题小组会议和公开听证会。(……)

受到导致这项调查的事件以及向委员会提交的与工商业有关的侵犯人权行为的其他报告的推动，该委员会决定开发一个监测工具，用于今后与各企业以及其他行动者进行调查和对话，以评估企业违反人权标准的行为。监测工具的发展涉及与政府、企业和民间社会代表的对话。最后定稿的监测工具将包括具体问题和指标，概述与若干业务单位职能有关的人权法律和标准，包括人力资源、环境和社区、安全、政府关系和采购。

（九）国际金融公司《合规顾问：实施指南》①

合规顾问/中立第三方部门（CAO）于1999年由世界银行设立，是国际金融公司（IFC）和多边投资担保机构（MIGA）有关环境与社会事务的独立投诉及问责机构。CAO办公室独立运作，直接向世界银行行长报告。

CAO的三项职能相辅相成：

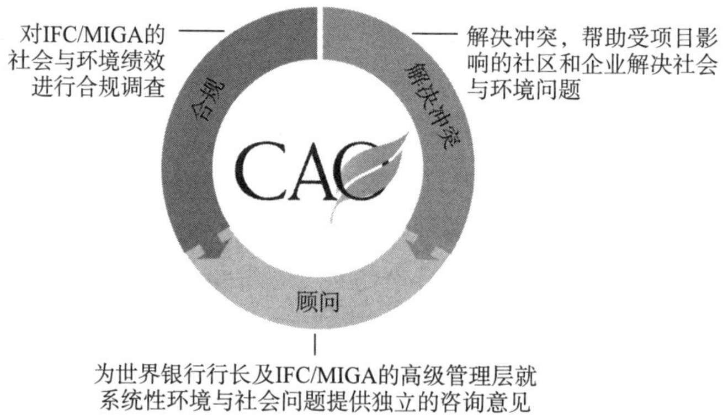

投诉的过程：

① IFC, Compliance Advisor Ombudsman, *Operational Guidelines* (2013), www.cao-ombudsman.org/howwework/documents/CAOOperationalGuidelines2013_ENGLISH.pdf，中文版见 www.cao-ombudsman.org/documents/CAO_OpGuide_CHN_Final.pdf。

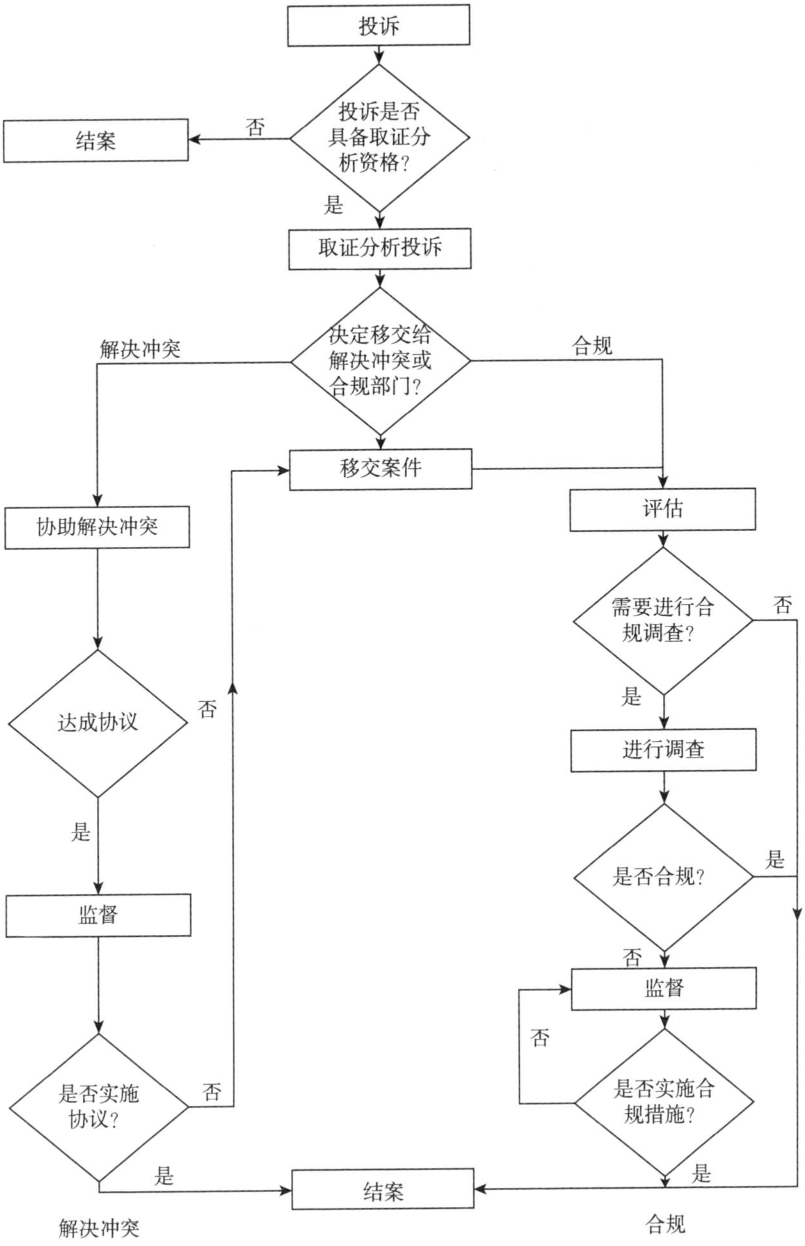

争端解决

解决争端的方式

CAO 和利益攸关方可采用多种方式，尽力找到解决问题的方案。选择何种方式将与当事方协商，这些方式有：

协助和分享信息。在许多情况下，投诉提出的问题涉及项目的当前或预计影响。CAO 解决争端团队也许能够帮助投诉方获得能解答投诉方问题的信息或说明，从而使问题得到解决。

联合实情调查。联合实情调查这种方式有助于当事方共同商定以下事项：需要调查的问题；调查使用的方法、资源和人员；当事方如何使用调查中收集的信息。

对话和谈判。如果当事方之间的交流受到限制或中断，CAO 解决争端团队可推动当事方直接进行对话和谈判，处理和解决投诉的问题。CAO 解决争端工作人员可在这一过程中提供培训和/或专业知识，协助当事方的工作。

调解与调停。在调解中，有一个中立的第三方参与到争端解决或谈判中，旨在协助当事方自愿达成各方都满意的协议。在调停中，中立的第三方可在过程中向各方提出建议。

合规

CAO 合规工作的主要对象是 IFC 和 MIGA，而非其客户。（……）CAO 评估 IFC/MIGA 如何确定其业务活动或咨询的绩效，以及业务活动或咨询的结果是否符合相关政策规定的意图。但在许多情况下，为了评估项目绩效以及 IFC/MIGA 措施是否到位以达到相关要求，CAO 有必要评估客户的活动，并在现场核实项目结果。

在进行合规评估和调查时，CAO 除了衡量其他合规调查标准外，还会考察 IFC/MIGA 如何确定机构的活动符合相关国家的法律规范。

CAO 合规职能分为两个步骤：第一步是合规评估，第二步是合规调查。（……）

调查报告由 CAO 合规部门工作人员撰写，撰写过程中根据需要采用专家小组成员收集的信息。报告通常包括以下内容：

- 项目简介；
- 说明进行调查的原因；
- 调查的目标和范围；
- 进行调查所采用的标准；
- 调查中查明的不合规情况以及不利的环境和/或社会后果，包括这些调查结果可核实的程度。

（十）国际金融公司《合规调查：Wilmar 案》①

此次合规调查涉及国际金融公司在乌克兰 Delta Wilmar（简称“DW”或“客户”）的投资。国际金融公司批准向 Delta Wilmar 提供两笔贷款：2006 年提供了一笔 1750 万美元的贷款，用于在乌克兰建立一个新的棕榈油炼油厂；2008 年，又提供了第二笔 4500 万美元的贷款，扩建乌克兰炼油厂。DW 是一家丰益集团（Wilmar Group）参与持股的合资企业，后者是一家大型农业综合企业集团，专注于棕榈油的生产和贸易，业务遍及亚洲、东欧和非洲。

Wilmar－03 的投诉引起了人们对印尼 DW 供应链的环境和社会影响的关注，尤其是土地问题。该投诉对 PT Asiatic Persada（简称“PTAP”）提出了具体的担忧。PTAP 是一家在苏门答腊岛占碑经营油棕种植园的公司，2013 年之前一直为丰益国际（Wilmar International，简称“Wilmar”或“母公司”）所有。

关于 Wilmar 的 CAO 投诉

CAO 案例	Wilmar－01/西加里曼丹	Wilmar－02/苏门答腊	Wilmar－03/占碑
投诉日期	2007 年 7 月 18 日	2008 年 12 月 19 日	2011 年 11 月 9 日
担忧	－非法用火清理土地。 －砍伐原始森林。 －清理具有高度保育价值的土地。 －未经正当程序接管土著人民的土地。 －未能与土著人民进行自由、事先和知情的协商，缺乏广泛的社区支持。 －未能与社区谈判或遵守谈判达成的协议。 －未能建立约定的小型农场区域。 －引发公司和安全部队镇压行动的社会冲突。 －未进行或等待法律规定的环境影响评估的批准。 －在没有法律许可的情况下清除热带泥炭和森林。	与 Wilmar－01 类似，还提到了由于不遵守 PS5 而导致的社区与 Wilmar 子公司之间的土地冲突。	－将一项被认为既违反国际金融公司业绩标准又使用强制性措施的解决办法强加于社区。 －PTAP 工作人员和 PTAP 承包的流动警察旅（BRIMOB）严重侵犯人权并强迫当地社区成员离开。 －清拆及安置不动产，而未就所占用的土地及其他财产支付补偿。 －Wilmar 其他子公司的土地收购及争端解决问题。

① IFC, Compliance Advisor Ombudsman, Compliance Investigation: IFC Investment in Delta-Wilmar-Complaint No. 3 (2016), www.cao-ombudsman.org/cases/document-links/documents/CAOFinal-ComplianceInvestigationReportWilmar3-ENG.pdf.

结论

结论作为对本次合规调查职权范围内所述问题的回答。

问题1：国际金融公司是否充分确保，其向DW提供贷款的环境和社会支付条件实际上在2010年1月支付前已得到满足？

国际金融公司并不能确保在2010年向客户发放贷款之前，环境和社会支付条件已经得到满足。国际金融公司没有确保在支付之前按照国际金融公司绩效标准1的要求进行供应链风险分析，而是寻求在自愿的基础上与母公司解决供应链问题。这一决定与国际金融公司的环境与社会政策不符。(……)

问题3：国际金融公司是否充分保证DW按照绩效标准1的要求进行供应链分析？

国际金融公司不要求DW进行供应链分析，尽管在供应链问题的战略层面取得了进展，尽管Wilmar在印尼供应链风险方面的具体信息来自：(a) 母公司印尼种植园的顾问审查；以及 (b) Wilmar-03向CAO提出的申诉。(……)

问题6：国际金融公司是否对Wilmar-03申诉中提出的有关DW对国际金融公司所负的环境和社会责任问题作出了充分的回应？

国际金融公司负责日常监督DW贷款的项目小组不熟悉Wilmar-03投诉中提出的问题，也没有回应并帮助客户解决所提出的问题。

不合规的根本原因

CAO对此次合规调查的职权范围应包括“了解CAO发现的任何不合规行为的直接和根本原因”。如前所述，CAO认为，国际金融公司在监管DW贷款时，没有正确运用绩效标准1的供应链要求。(……) 已查明造成这种不合规的相互联系的五个原因。

1. 始终认为，管理投资的协议并不要求DW采取任何行动来解决供应链问题：国际金融公司没有让客户按照绩效标准1的要求进行供应链分析。(……) 项目团队对绩效标准1的解释表明，缺乏对供应链的控制和影响将使客户免除分析责任，或减轻其供应链风险。(……)

2. 优先考虑与母公司在自愿的基础上解决印尼棕榈油供应链问题，并超出DW贷款的环境和社会要求：(……) 对该项目有直接了解的国际金融公司工作人员向CAO解释说，有人担心更多的基于合规的做法可能适得其反。

相反，管理层寻求与母公司保持良好关系，作为国际金融公司未来参与该领域的潜在重要合作伙伴。（……）

4. 对棕榈油供应链问题的总体理解不足，特别是 Wilmar 的供应链：CAO（……）还指出，国际金融公司继续在很大程度上依赖母公司作为可持续棕榈油圆桌会议（RSPO）成员的身份，以及作为供应链风险管理措施的对 RSPO 认证过程的参与。CAO 指出，国际金融公司认为，丰益国际与 RSPO 的合作为其改善印尼种植园的环境和社会业绩提供了相当大的安慰。（……）虽然对 Wilmar 种植园进行 RSPO 认证可能有助于降低风险，但不应将其视为绩效标准 1 所要求的供应链分析和风险管理措施的替代品。

（十一）公平劳工协会《第三方投诉程序》①

第三方投诉程序是为任何个人、团体或组织提供的一种手段，用于报告任何遵守公平劳工协会劳动标准的公司使用的设施中严重侵犯工人权利的行为。（……）这一程序是一项额外的预防措施，并不是要取代或破坏工厂现有的内部申诉渠道，或国家层面现有的法律补救办法。相反，申诉程序是作为其他渠道未能保护工人权利时的最后手段。（……）

在提出投诉时，公平劳工协会首先要核实问题工厂是否为参与的公司或授权商生产产品，以及投诉中是否包含有关违反公平劳工协会工作场所行为准则的具体和可核实的指控。公平劳工协会还考虑地方争端解决机制是否被用于解决这些问题以及它们取得了什么成果。如果投诉符合上述标准，公平劳工协会将接受投诉并进行审查，并与从相关工厂采购的参与公司联系。公平劳工协会附属公司有 45 天的时间进行评估并制定补救计划。如果有必要，公平劳工协会可以通过聘请第三方来调查指控，并向关联公司建议纠正措施来进行干预。然后，公司需要制定一个计划来解决任何不合规问题。

（十二）国际采矿与金属协会《处理和解决地方层面的投诉》②

以英美资源集团（Anglo American）为例展示投诉程序

---

① Fair Labor Association, *Third Party Complaint Process*, www. fairlabor. org/third-party-complaint-process.

② ICMM, *Human Rights in the Mining & Metals Industry*, *Handling and Resolving Local Level Concerns & Grievances* (2009), www. icmm. com/website/publications/pdfs/social-and-economic-development/691. pdf.

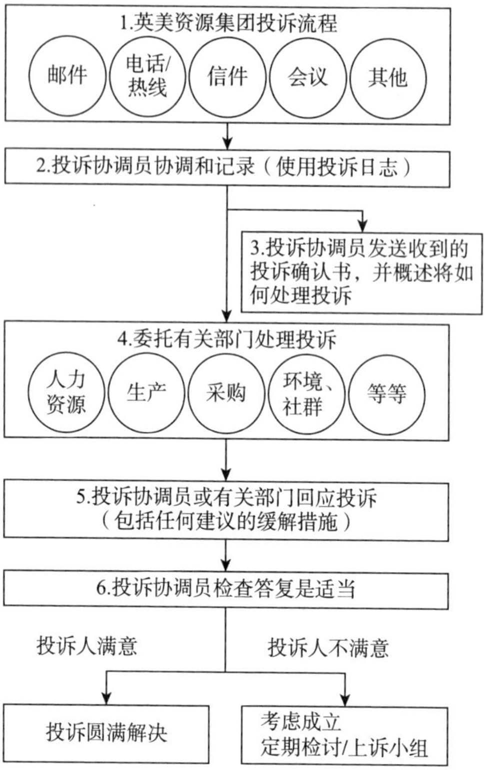

四　中国相关文件与材料

（一）《企业劳动争议协商调解规定》（2011 年）

第一章　总则

第一条　为规范企业劳动争议协商、调解行为，促进劳动关系和谐稳定，根据《中华人民共和国劳动争议调解仲裁法》，制定本规定。

第二条　企业劳动争议协商、调解，适用本规定。

第三条　企业应当依法执行职工大会、职工代表大会、厂务公开等民主管理制度，建立集体协商、集体合同制度，维护劳动关系和谐稳定。

第四条　企业应当建立劳资双方沟通对话机制，畅通劳动者利益诉求表达渠道。

劳动者认为企业在履行劳动合同、集体合同，执行劳动保障法律、法规和企业劳动规章制度等方面存在问题的，可以向企业劳动争议调解委员会（以下简称调解委员会）提出。调解委员会应当及时核实情况，协调企业进行整改或者向劳动者做出说明。

劳动者也可以通过调解委员会向企业提出其他合理诉求。调解委员会应当及时向企业转达，并向劳动者反馈情况。

第五条　企业应当加强对劳动者的人文关怀，关心劳动者的诉求，关注劳动者的心理健康，引导劳动者理性维权，预防劳动争议发生。

第六条　协商、调解劳动争议，应当根据事实和有关法律法规的规定，遵循平等、自愿、合法、公正、及时的原则。

第七条　人力资源和社会保障行政部门应当指导企业开展劳动争议预防调解工作，具体履行下列职责：

（一）指导企业遵守劳动保障法律、法规和政策；

（二）督促企业建立劳动争议预防预警机制；

（三）协调工会、企业代表组织建立企业重大集体性劳动争议应急调解协调机制，共同推动企业劳动争议预防调解工作；

（四）检查辖区内调解委员会的组织建设、制度建设和队伍建设情况。

第二章　协商

第八条　发生劳动争议，一方当事人可以通过与另一方当事人约见、面谈等方式协商解决。

第九条　劳动者可以要求所在企业工会参与或者协助其与企业进行协商。工会也可以主动参与劳动争议的协商处理，维护劳动者合法权益。

劳动者可以委托其他组织或者个人作为其代表进行协商。

第十条　一方当事人提出协商要求后，另一方当事人应当积极做出口头或者书面回应。5 日内不做出回应的，视为不愿协商。

协商的期限由当事人书面约定，在约定的期限内没有达成一致的，视为协商不成。当事人可以书面约定延长期限。

第十一条　协商达成一致，应当签订书面和解协议。和解协议对双方当事人具有约束力，当事人应当履行。

经仲裁庭审查，和解协议程序和内容合法有效的，仲裁庭可以将其作为证据使用。但是，当事人为达成和解的目的作出妥协所涉及的对争议事实的认可，不得在其后的仲裁中作为对其不利的证据。

第十二条　发生劳动争议，当事人不愿协商、协商不成或者达成和解协议后，一方当事人在约定的期限内不履行和解协议的，可以依法向调解委员会或者乡镇、街道劳动就业社会保障服务所（中心）等其他依法设立的调解组织申请调解，也可以依法向劳动人事争议仲裁委员会（以下简称仲裁委员会）申请仲裁。

第三章　调解

第十三条　大中型企业应当依法设立调解委员会，并配备专职或者兼职工作人员。

有分公司、分店、分厂的企业，可以根据需要在分支机构设立调解委员会。总部调解委员会指导分支机构调解委员会开展劳动争议预防调解工作。

调解委员会可以根据需要在车间、工段、班组设立调解小组。

第十四条 小微型企业可以设立调解委员会，也可以由劳动者和企业共同推举人员，开展调解工作。

第十五条 调解委员会由劳动者代表和企业代表组成，人数由双方协商确定，双方人数应当对等。劳动者代表由工会委员会成员担任或者由全体劳动者推举产生，企业代表由企业负责人指定。调解委员会主任由工会委员会成员或者双方推举的人员担任。

第十六条 调解委员会履行下列职责：

（一）宣传劳动保障法律、法规和政策；

（二）对本企业发生的劳动争议进行调解；

（三）监督和解协议、调解协议的履行；

（四）聘任、解聘和管理调解员；

（五）参与协调履行劳动合同、集体合同、执行企业劳动规章制度等方面出现的问题；

（六）参与研究涉及劳动者切身利益的重大方案；

（七）协助企业建立劳动争议预防预警机制。

第十七条 调解员履行下列职责：

（一）关注本企业劳动关系状况，及时向调解委员会报告；

（二）接受调解委员会指派，调解劳动争议案件；

（三）监督和解协议、调解协议的履行；

（四）完成调解委员会交办的其他工作。

第十八条 调解员应当公道正派、联系群众、热心调解工作，具有一定劳动保障法律政策知识和沟通协调能力。调解员由调解委员会聘任的本企业工作人员担任，调解委员会成员均为调解员。

第十九条 调解员的聘期至少为1年，可以续聘。调解员不能履行调解职责时，调解委员会应当及时调整。

第二十条 调解员依法履行调解职责，需要占用生产或者工作时间的，企业应当予以支持，并按照正常出勤对待。

第二十一条 发生劳动争议，当事人可以口头或者书面形式向调解委员会提出调解申请。

申请内容应当包括申请人基本情况、调解请求、事实与理由。

口头申请的，调解委员会应当当场记录。

第二十二条 调解委员会接到调解申请后，对属于劳动争议受理范围且双方当事人同意调解的，应当在3个工作日内受理。对不属于劳动争议受理范围或者一方当事人不同意调解的，应当做好记录，并书面通知申请人。

第二十三条 发生劳动争议，当事人没有提出调解申请，调解委员会可以在征得双方当事人同意后主动调解。

第二十四条 调解委员会调解劳动争议一般不公开进行。但是，双方当事人要求公开调解的除外。

第二十五条　调解委员会根据案件情况指定调解员或者调解小组进行调解，在征得当事人同意后，也可以邀请有关单位和个人协助调解。

调解员应当全面听取双方当事人的陈述，采取灵活多样的方式方法，开展耐心、细致的说服疏导工作，帮助当事人自愿达成调解协议。

第二十六条　经调解达成调解协议的，由调解委员会制作调解协议书。调解协议书应当写明双方当事人基本情况、调解请求事项、调解的结果和协议履行期限、履行方式等。

调解协议书由双方当事人签名或者盖章，经调解员签名并加盖调解委员会印章后生效。

调解协议书一式三份，双方当事人和调解委员会各执一份。

第二十七条　生效的调解协议对双方当事人具有约束力，当事人应当履行。

双方当事人可以自调解协议生效之日起15日内共同向仲裁委员会提出仲裁审查申请。仲裁委员会受理后，应当对调解协议进行审查，并根据《劳动人事争议仲裁办案规则》第五十四条规定，对程序和内容合法有效的调解协议，出具调解书。

第二十八条　双方当事人未按前条规定提出仲裁审查申请，一方当事人在约定的期限内不履行调解协议的，另一方当事人可以依法申请仲裁。

仲裁委员会受理仲裁申请后，应当对调解协议进行审查，调解协议合法有效且不损害公共利益或者第三人合法利益的，在没有新证据出现的情况下，仲裁委员会可以依据调解协议作出仲裁裁决。

第二十九条　调解委员会调解劳动争议，应当自受理调解申请之日起15日内结束。但是，双方当事人同意延期的可以延长。

在前款规定期限内未达成调解协议的，视为调解不成。

第三十条　当事人不愿调解、调解不成或者达成调解协议后，一方当事人在约定的期限内不履行调解协议的，调解委员会应当做好记录，由双方当事人签名或者盖章，并书面告知当事人可以向仲裁委员会申请仲裁。

第三十一条　有下列情形之一的，按照《劳动人事争议仲裁办案规则》第十条的规定属于仲裁时效中断，从中断时起，仲裁时效期间重新计算：

（一）一方当事人提出协商要求后，另一方当事人不同意协商或者在5日内不做出回应的；

（二）在约定的协商期限内，一方或者双方当事人不同意继续协商的；

（三）在约定的协商期限内未达成一致的；

（四）达成和解协议后，一方或者双方当事人在约定的期限内不履行和解协议的；

（五）一方当事人提出调解申请后，另一方当事人不同意调解的；

（六）调解委员会受理调解申请后，在第二十九条规定的期限内一方或者双方当事人不同意调解的；

（七）在第二十九条规定的期限内未达成调解协议的；

（八）达成调解协议后，一方当事人在约定期限内不履行调解协议的。

第三十二条 调解委员会应当建立健全调解登记、调解记录、督促履行、档案管理、业务培训、统计报告、工作考评等制度。

第三十三条 企业应当支持调解委员会开展调解工作，提供办公场所，保障工作经费。

第三十四条 企业未按照本规定成立调解委员会，劳动争议或者群体性事件频发，影响劳动关系和谐，造成重大社会影响的，由县级以上人力资源和社会保障行政部门予以通报；违反法律法规规定的，依法予以处理。

第三十五条 调解员在调解过程中存在严重失职或者违法违纪行为，侵害当事人合法权益的，调解委员会应当予以解聘。

第四章 附则

第三十六条 民办非企业单位、社会团体开展劳动争议协商、调解工作参照本规定执行。

第三十七条 本规定自2012年1月1日起施行。

（二）《集体合同规定》（2004年）

第七章 集体协商争议的协调处理

第四十九条 集体协商过程中发生争议，双方当事人不能协商解决的，当事人一方或双方可以书面向劳动保障行政部门提出协调处理申请；未提出申请的，劳动保障行政部门认为必要时也可以进行协调处理。

第五十条 劳动保障行政部门应当组织同级工会和企业组织等三方面的人员，共同协调处理集体协商争议。

第五十一条 集体协商争议处理实行属地管辖，具体管辖范围由省级劳动保障行政部门规定。

中央管辖的企业以及跨省、自治区、直辖市用人单位因集体协商发生的争议，由劳动保障部指定的省级劳动保障行政部门组织同级工会和企业组织等三方面的人员协调处理，必要时，劳动保障部也可以组织有关方面协调处理。

第五十二条 协调处理集体协商争议，应当自受理协调处理申请之日起30日内结束协调处理工作。期满未结束的，可以适当延长协调期限，但延长期限不得超过15日。

第五十三条 协调处理集体协商争议应当按照以下程序进行：

（一）受理协调处理申请；

（二）调查了解争议的情况；

（三）研究制定协调处理争议的方案；

（四）对争议进行协调处理；

（五）制作《协调处理协议书》。

第五十四条 《协调处理协议书》应当载明协调处理申请、争议的事实和协调结果，双方当事人就某些协商事项不能达成一致的，应将继续协商的有关事项予以载明。

《协调处理协议书》由集体协商争议协调处理人员和争议双方首席代表签字盖章后生效。争议双方均应遵守生效后的《协调处理协议书》。

第八章 附则

第五十五条 因履行集体合同发生的争议，当事人协商解决不成的，可以依法向劳动争议仲裁委员会申请仲裁。

第五十六条 用人单位无正当理由拒绝工会或职工代表提出的集体协商要求的，按照《工会法》及有关法律、法规的规定处理。

（三）《关于进一步加强劳动人事争议调解仲裁完善多元处理机制的意见》[①]（人社部，人社部发〔2017〕26号，2017年08月17日）

（……）

劳动人事争议调解仲裁是劳动人事关系矛盾纠纷多元化解机制的重要组成部分。当前，我国正处于经济社会转型时期，劳动关系矛盾处于凸显期和多发期，劳动人事争议案件逐年增多。通过协商、调解、仲裁、诉讼等方式依法有效处理劳动人事争议，对于促进社会公平正义、维护劳动人事关系和谐与社会稳定具有重要意义。

（二）基本原则

1. 坚持协调联动、多方参与。在党委领导、政府主导、综治协调下，积极发挥人力资源社会保障部门牵头作用，鼓励各有关部门和单位发挥职能作用，引导社会力量积极参与，合力化解劳动人事关系矛盾纠纷。

2. 坚持源头治理、注重调解。贯彻“预防为主、基层为主、调解为主”工作方针，充分发挥协商、调解在劳动人事争议处理中的基础性作用，最大限度地把矛盾纠纷解决在基层和萌芽状态。

3. 坚持依法处理、维护公平。完善劳动人事争议调解制度和仲裁准司法制度，发挥司法的引领、推动和保障作用，运用法治思维和法治方式处理劳动人事争议，切实维护用人单位和劳动者的合法权益。

4. 坚持服务为先、高效便捷。以提高劳动人事争议处理质效为目标，把服务理念贯穿争议处理全过程，为用人单位和劳动者提供优质服务。

5. 坚持立足国情、改革创新。及时总结实践经验，借鉴国外有益做法，加强制度创新，不断完善劳动人事争议多元处理机制。

（三）主要目标。到2020年，劳动人事争议协商解决机制逐步完善，调解基础性作用充分发挥，仲裁制度优势显著增强，司法保障作用进一步加强，协商、调解、仲裁、诉讼相互协调、有序衔接的劳动人事争议多元处理格局更加健全，劳动人事争议处理工作服务社会能力明显提高。

---

① 人力资源和社会保障部：《关于进一步加强劳动人事争议调解仲裁完善多元处理机制的意见》，http://www.mohrss.gov.cn/xxgk2020/fdzdgknr/zcfg/gfxwj/ldgx/201703/t20170331_268917.html。

二、健全劳动人事争议预防协商解决机制

（四）指导用人单位加强劳动人事争议源头预防。加大法律法规政策宣传力度，推动用人单位全面实行劳动合同或者聘用合同制度，完善民主管理制度，推行集体协商和集体合同制度，保障职工对用人单位重大决策和重大事项的知情权、参与权、表达权、监督权，加强对职工的人文关怀。指导企业与职工建立多种方式的对话沟通机制，完善劳动争议预警机制，特别是在分流安置职工等涉及劳动关系重大调整时，广泛听取职工意见，依法保障职工合法权益。探索建立符合事业单位和社会团体工作人员、聘任制公务员和军队文职人员管理特点的单位内部人事争议预防机制。切实发挥企业事业单位法律顾问、公司律师在预防化解劳动人事争议方面的作用。推行劳动人事争议仲裁建议书、司法建议书制度，促进用人单位有效预防化解矛盾纠纷。

（五）引导支持用人单位与职工通过协商解决劳动人事争议。推动建立劳动人事争议协商解决机制，鼓励和引导争议双方当事人在平等自愿基础上协商解决纠纷。指导用人单位完善协商规则，建立内部申诉和协商回应制度。加大工会参与协商力度。鼓励社会组织和专家接受当事人申请或委托，为其解决纠纷予以协调、提供帮助。探索开展协商咨询服务工作，督促履行和解协议。

三、完善专业性劳动人事争议调解机制

（六）建立健全多层次劳动人事争议调解组织网络。推进县（市、区）调解组织建设，加强乡镇（街道）劳动就业社会保障服务所（中心）调解组织建设。在乡镇（街道）综治中心设置劳动人事争议调解窗口，由当地劳动就业社会保障服务所（中心）调解组织负责其日常工作。积极推动企业劳动争议调解委员会建设，指导推动建立行业性、区域性调解组织，重点在争议多发的制造、餐饮、建筑、商贸服务以及民营高科技等行业和开发区、工业园区等区域建立调解组织。加强事业单位及其主管部门调解组织建设，重点推动教育、科技、文化、卫生等事业单位及其主管部门建立由人事部门代表、职工代表、工会代表、法律顾问等组成的调解组织。加强专业性劳动人事争议调解与仲裁调解、人民调解、司法调解的联动，逐步实现程序衔接、资源整合和信息共享。同时，充分发挥人民调解组织在调解劳动争议方面的作用，在劳动争议多发的乡镇（街道），人民调解委员会可设立专门的服务窗口，及时受理并调解劳动争议。各级人力资源社会保障部门要加强统筹协调，指导推动劳动人事争议调解工作，建立专业性调解组织和调解员名册制度，加强工作情况通报和人员培训。

（七）加强劳动人事争议调解规范化建设。进一步规范调解组织工作职责、工作程序和调解员行为。建立健全调解受理登记、调解处理、告知引导、回访反馈、档案管理、统计报告、工作考评等制度。建立健全集体劳动争议应急调解机制，发生集体劳动争议时，人力资源社会保障部门要会同工会、企业代表组织及时介入，第一时间进行调解，调解不成的及时引导当事人进入仲裁程序。

（八）鼓励支持社会力量参与调解。引导劳动人事争议当事人主动选择、自愿接受调解服务。通过政府购买服务等方式，鼓励和支持法学专家、律师以及退休的法官、检察官、劳动人事争议调解员仲裁员等社会力量参与劳动人事争议调解工作，有条件的可设立调解工作室。发挥社区工作者、平安志愿者、劳动关系协调员、劳动保障监察网格管理员预防化解劳动人事争议的作用。鼓励支持社会组织开展劳动人事争议调解工作。

（四）《关于在部分地区开展劳动争议多元化解试点工作的意见》[①]（最高人民法院，中华全国总工会，2020年2月20日）

为全面贯彻党的十九大和十九届二中、三中、四中全会精神，积极落实完善社会矛盾纠纷多元预防调处化解综合机制新要求，深入推进劳动争议多元化解机制建设，构建和谐劳动关系，促进广大劳动者实现体面劳动、全面发展，根据《中华人民共和国工会法》《中华人民共和国劳动法》《中华人民共和国劳动争议调解仲裁法》，以及中共中央办公厅、国务院办公厅《关于完善矛盾纠纷多元化解机制的意见》（中办发〔2015〕60号）和最高人民法院《关于人民法院进一步深化多元化纠纷解决机制改革的意见》（法发〔2016〕14号），最高人民法院和中华全国总工会决定在内蒙古、吉林、上海、江西、山东、湖北、广东、四川等省（自治区、直辖市），以及陕西省西安市、浙江省宁波市和广西壮族自治区北海市开展劳动争议多元化解试点工作。现提出如下意见：

1. 试点工作意义。开展劳动争议多元化解试点工作，是坚持和完善共建共治共享的社会治理制度，充分发挥工会参与劳动争议协商调解职能作用，发挥人民法院在多元化纠纷解决机制改革中的引领、推动、保障作用，切实将非诉讼纠纷解决机制挺在前面的务实举措，有利于依法维护广大职工合法权益，积极预防和妥善化解劳动关系领域重大风险，优化法治营商环境，维护劳动关系和谐与社会稳定。

2. 推进劳动争议多元化解。各级人民法院和总工会要加强工作协同，积极推动建立完善党委领导、政府主导、各部门和组织共同参与的劳动争议预防化解机制。鼓励和引导争议双方当事人通过协商、调解、仲裁等非诉讼方式解决纠纷，加强工会参与劳动争议调解工作与仲裁调解、人民调解、司法调解的联动，逐步实现程序衔接、资源整合、信息共享，推动形成劳动争议多元化解新格局。

3. 加强调解组织建设。各级总工会要依法积极履行维护职工合法权益、竭诚服务职工群众的基本职责，推动完善劳动争议调解组织机构，协调企业与劳动者妥善解决劳动争议。推动企业劳动争议调解组织和行业性、区域性劳动争议调解组织建设。依托工会职工服务平台、地方社会治理综合服务平台建立健全劳动争议调解中心（工作室），鼓励建立以调解员命名的工作室。推动调解组织在人民法院诉讼服务中心设立工作室，派驻调解员。

4. 加强调解员队伍建设。各级总工会要积极推动建立劳动争议调解员名册制度，广泛吸纳法学专家、退休法官检察官、劳动争议调解员仲裁员、劳动关系协调员（师）、人民调解员及其他领域专业人才等社会力量加入名册。建立和完善名册管理制度，加强调解员培训，建立调解员职业道德规范体系，完善调解员惩戒和退出机制，不断提高调解

---

① 最高人民法院、中华全国总工会：《最高人民法院中华全国总工会关于在部分地区开展劳动争议多元化解试点工作的意》，见最高人民法院网站，http://www.court.gov.cn/fabu-xiangqing-221991.html。

员队伍的专业化、职业化水平，提升劳动争议调解公信力。

5. 规范律师参与。各级总工会要积极从职工维权律师团、职工法律服务团和工会法律顾问中遴选政治立场坚定、业务素质过硬、执业经验丰富的律师参与调解工作。积极通过购买服务方式甄选优质律师事务所选派律师参与劳动争议调解工作。探索建立劳动争议专职调解律师制度。

6. 依法履行审判职能。各级人民法院要健全完善审判机构和工作机制，依法受理劳动争议案件。有条件的人民法院可以推动设立劳动争议专业审判庭、合议庭，在地方总工会和职工服务中心设立劳动争议巡回法庭，积极推荐和确定符合条件的工会法律工作者担任人民陪审员，依法公正高效审理劳动争议案件，不断提升审判质量和效率。

7. 落实特邀调解制度。人民法院要积极吸纳符合条件的劳动争议调解组织和调解员加入特邀调解名册。探索人民法院特邀调解名册与劳动争议调解名册的衔接机制，会同工会加强对名册的管理。人民法院要加强诉前委派、诉中委托调解工作，强化调解业务指导，依法进行司法确认，不断促进劳动争议调解组织提升预防和化解劳动争议的能力。

8. 完善诉调对接工作机制。各级人民法院和总工会要健全劳动争议多元化解工作沟通机制，明确诉调对接工作部门，在名册管理，调解员培训、考核、奖励、惩戒，调审平台建设和程序对接，以及重大风险预防化解等方面加强信息交流反馈，切实提升工作协同水平。

9. 完善调解协议履行机制。纠纷经调解达成协议的，劳动争议调解组织和调解员应当积极引导和督促当事人主动、及时、充分履行调解协议约定的内容。当事人申请人民法院确认调解协议效力的，人民法院应当依法办理。用人单位未按照调解协议约定支付拖欠的劳动报酬、工伤医疗费、经济补偿或者赔偿金的，劳动者可以依法申请先予执行或者支付令，人民法院应当依法办理。

10. 充分应用信息化平台。各级人民法院和总工会要善于将大数据、人工智能等现代科技手段与劳动争议预防化解深度融合，提升工作的信息化、智能化水平。各级总工会要大力推动开展在线调解，建设劳动争议调解信息化平台，推动与人民法院调解平台的对接，调解组织和调解员信息全部线上汇聚，调解过程与诉讼程序的“无缝式”衔接，实现调解员菜单式选择和在线调解、在线司法确认，方便当事人参与纠纷解决。积极运用司法大数据，共同对典型性、苗头性、普遍性劳动争议案件进行分析研判，提前防控化解重大矛盾风险。

11. 完善经费保障。各级人民法院和总工会要紧紧依靠党委领导，主动争取政府支持，协调和推动财政部门将劳动争议调解经费纳入政府财政预算，积极争取将劳动争议调解服务纳入政府购买服务指导目录。地方各级总工会要结合实际情况，将劳动争议诉调对接工作经费纳入专项预算，为开展劳动争议调解提供必要的经费保障，细化完善“以案定补”和各项考核激励机制，健全上下级工会劳动争议调解经费支持机制。

12. 巩固制度保障。各级人民法院和总工会要加强政策沟通，充分听取对方对促进劳动关系和谐和维护职工权益工作的意见建议。及时总结本地区推进诉调对接工作的成熟经验，积极推动有关部门制定或者修订完善相关地方性法规、规章，确保工作依法有序推进。

13. 加强理论研究和宣传引导。各级人民法院和总工会要与高等院校、科研机构加强合作，通过普法宣传、教育培训、课题调研等多种形式，推进劳动争议多元化解理论研究。充分运用各种传媒手段，在遵循调解保密原则的前提下，以发布白皮书、典型案例等多种方式指导企业依法规范用工。积极宣传多元化纠纷解决机制优势，提高劳动争议协商、调解、仲裁等非诉讼纠纷解决方式的社会接受度，把矛盾纠纷化解在萌芽状态。

14. 加强组织领导。省（自治区、直辖市）高级人民法院和省级总工会要共同研究制定试点工作方案，加强对劳动争议多元化解机制建设的组织、指导和监督，特别是加强业务和技术层面的沟通、协调和对接。地方各级人民法院和总工会要认真研究新情况、新问题，及时将工作进展、遇到的问题、意见建议等层报最高人民法院、中华全国总工会。最高人民法院、中华全国总工会将定期总结评估试点工作推进情况。待条件成熟时，视情扩大试点、推广经验，确保改革试点不断深化。

（五）《亚洲基础设施投资银行关于受项目影响的人民的政策机制》① （亚洲基础设施投资银行，2018 年 12 月 7 日）

1. 介绍

1.1. 亚洲基础设施投资银行（AIIB，即“亚投行”）的环境和社会政策（ESP）对亚投行所资助的项目进行合理的环境和社会管理指引。环境和社会政策为项目的环境、社会方面的风险与影响提供了一个公共协商与信息披露机制，此外，该机制还被用来接收项目层面的投诉。环境和社会政策还规定，亚投行将建立一种机制，以接收因亚投行无法实施环境和社会政策而受到不利影响或可能会受到不利影响的人的陈情。

1.2. 董事会通过的这项政策建立了一种机制，称为受项目影响的人民的机制（PPM）。投诉解决、评估和诚信部门（CEIU）应负责 PPM 的正常运行。

1.3. 尽管行长根据《亚投行协议》第 29 条第（4）款在董事会的监督下管理亚投行，本政策承认，行长已将本政策管理权限中与投资运营有关的重要方面委托给了副行长、首席投资官及政策与战略副行长。因此，在本政策中要求管理层采取任何行动的地方，“管理层”一词是指副行长、首席投资官、政策与战略副行长。

1.4. 根据《亚投行协议》第 26 条，本政策被视为董事会的“主要政策”。

1.5. 本政策于 2019 年 3 月 31 日生效，适用于在该日期或之后被考虑或批准融资的所有项目。在此日期之前被考虑或批准融资的项目均受本政策的约束，前提是与该项目有关的陈情在第 4 节（提交期限）规定的适用期限内提交。

2. PPM 和其功能

2.1. 功能：PPM 应提供对受项目影响的人民的陈情的独立和中立审查。请求者认为，亚投行没有实施环境和社会政策，导致他们受到或可能受到不利影响，且他们的考

---

① 亚洲基础设施投资银行：《亚投行关于受项目影响的人民的政策机制》，见亚洲基础设施投资银行网站，https://www.aiib.org/en/policies-strategies/_download/project-affected/PPM-policy.pdf。此中文版由编者自英文版翻译。

量无法通过项目层面的投诉解决机制与亚投行管理程序解决。亚投行的问责机制将通过下述 PPM 的三个功能得到加强。

2.1.1. 项目处理查询：目的是使受项目影响的人们能够快速消除他们对于亚投行对项目进行环境和社会尽职调查期间出现的简单问题的疑虑，这些问题无须争议解决。它们可能包括对与项目有关的协商过程的询问，或者要求解决项目准备过程中存在的任何环境妨害，例如灰尘、噪音或行动限制。

2.1.2. 争端解决功能：目的是促进亚投行、受项目影响的人们和/或客户之间的对话，以就减少已知、可量化、潜在或现实的重大不利环境或社会影响的行动达成一致，这些影响在亚投行对项目进行环境和社会尽职调查期间或在项目实施期间发生。

2.1.3. 合规审查：旨在调查受项目影响人员的指控，即亚投行在实施项目的环境和社会尽职调查或对项目的监督过程中未遵守环境和社会政策规定的义务，从而对受项目影响的人们造成或可能造成环境或社会重大不利影响，并且如果指控得以证实，则审查管理层为解决这些影响而提出的任何行动计划。

2.2. 为了实施其职能，PPM 应拥有以下权限。

2.2.1. 确定陈情是否合格。

2.2.2. 评估陈情并做出决定。

2.2.3. 执行与上述任务的履行有关的其他任务。

2.3. 投诉解决、评估和诚信部门的负责人（MD-CEIU）在董事会和行长处代表 PPM。该负责人在董事会的政策与战略委员会有不受妨碍的权限，以报告 PPM 的工作。

2.4. 资源配置：行长应确保 PPM 有足够的资源和人员配备，以履行其职能。行长还应确保 MD-CEIU 对亚投行的工作人员和文件有充分的权限，包括与 PPM 接收和处理的陈情相关的电子文件，并确保亚投行的工作人员与 PPM 的工作人员充分合作。

3. 可以提交陈情的人

3.1. 两个或两个以上受项目影响的人（请求者）可以提交陈情。他们可以授权国内代表（授权代表）代表他们提交陈情。在特殊情况下，如果无法指定国内代表，则请求者可以指定境外的个人或组织作为其授权代表提交陈情。

4. 提交陈情的时间限制

4.1. 在亚投行披露与项目有关的项目摘要信息（PSI）之后，且在融资批准之前，可以提交项目处理查询申请。

4.2. 对争议解决或合规审查的请求的提交时间：（ⅰ）在争议解决的情况中，于亚投行披露项目有关的 PSI 之后；（ⅱ）在合规审查的情况中，在融资批准之后，且在以下日期之一之前。

4.2.1. 对于主权支持的融资：截止日期。在特殊情况下，如果客户在截止日期之后仍然受到环境和社会事业的约束，则 PPM 可能认为该请求是适当的，前提是该请求在截止日期之后的 24 个月内提交。

4.2.2. 对于非主权支持的融资：亚投行基金的最后一次付款之日起满 24 个月之日；对于担保而言，则为基础义务最后一次付款之日起满 24 个月之日；对于股权融资而言，在亚投行退出投资之前。

5. 陈情资格

5.1. 以下情况中，陈情无效：

5.1.1. 它与亚投行已批准资助的项目或已披露 PSI 的项目无关；

5.1.2. 陈情是匿名的；

5.1.3. 提出针对禁止类行为的指控或与采购有关；

5.1.4. 陈情与环境和社会政策之外的其他亚投行政策相关；

5.1.5. 陈情与环境和社会政策的适足性相关；

5.1.6. 该项目由另一家多边开发银行（MDB）或双边发展组织共同出资，亚投行已同意应用环境和社会政策及程序，并依赖该机构的独立问责机制（IAM）；

5.1.7. 陈情的提交时间不符合政策要求；

5.1.8. 请求者尚未善意且努力地利用项目层面的投诉机制或与管理层合作来解决问题，且其向 PPM 陈述的为何不能这样做的理由无法达致 PPM 满意的程度；

5.1.9. 它提出了 PPM 已经考虑的问题，除非今次有前次提交时没有的新证据或情况；或

5.1.10. 陈情存在欺诈的情况，意图轻浮、恶毒、不当，或为了获取不正当竞争优势。

5.2. 合规审查的请求在以下情况中为无效：

5.2.1. 其不涉及亚投行不遵守环境和社会政策的作为或不作为，或提出与亚投行不遵守环境和社会政策无关的议题；

5.2.2. 其涉及超出亚投行合理控制范围的活动、当事人或影响（包括客户或任何第三方的行为，除非该行为与评估亚投行是否遵守环境和社会政策直接相关）；

5.2.3. 其与亚投行成员政府的法律、政策或规则相关，除非政策法规直接与亚投行对环境和社会政策的遵守有关；

5.2.4. 其与同时进行仲裁或司法审查的事项相关，除非董事会授权 PPM 处理此类请求；

5.2.5. 其与正在进行的“项目处理查询”或“争议解决”的标的相关。

（……）

7. 陈情对项目的影响

7.1. 陈情被认为合格的事实不应影响正在进行的项目准备或实施。PPM 对合格陈情的审核不应妨碍管理层直接同请求者或客户解决陈情提出的问题。PPM 在审查过程中可以考虑管理层的行动，以解决陈情所提出的问题。

7.2. 如果 PPM 在审查陈情期间发现有关项目层面的投诉解决机制或 PPM 的信息未被充分披露，或者项目层面的投诉解决机制尚未被建立或无效，则应书面通知管理层。在 PPM 通知管理层后的特定期限内，如果管理层未能采取行动解决此类问题，MD-CEIU 应通知行长，以使行长能够与管理层合作解决此类问题。如果在 PPM 通知行长后的特定时间内，适当的行动仍未得以开展，则 MD-CEIU 应以机密方式将此情况告知董事会。

7.3. 如果 PPM 在审查陈情时得出结论，继续进行项目准备或实施可能会导致不可逆转的重大不利影响，而这些不利影响尚未按照环境和社会政策予以适当解决，则 PPM 应

将可能产生的影响和达成此观点的原因以书面形式通知管理层。PPM 也可以请求管理层考虑此事并采取适当行动以解决该情况。在这种情况下，在 PPM 通知管理层后的特定期限内，如果管理层未能采取行动解决此类问题，MD-CEIU 则应通知行长，以使行长能够与管理层合作解决此类问题。如果在 PPM 通知行长后的特定时间内没有采取适当的行动，则 MD-CEIU 应以机密方式将此情况告知董事会。

8. 披露

8.1. PPM 的信息披露应按照亚投行的公共信息政策进行。因此，除非 PPM 同意保密请求，否则应在 PPM 网站上披露所有合格的陈情、PPM 收到这些陈情的回执以及所有陈情的 PPM 资格报告。

8.2. 以下附加信息将在 PPM 网站上披露：

8.2.1. 项目处理查询方面：在项目层面的行动的摘要。

8.2.2. 争议解决方面：争议解决协议（如果双方同意披露协议），或者，如果未达成争议解决协议，或者如果双方不同意披露协议，则披露争议解决流程摘要及其结果；此外，还应披露争议解决监控报告。

8.2.3. 合规审查方面：董事会对 PPM 关于批准合规审查或其他措施的建议的决定；PPM 为合规审查准备的职权范围；最终合规审查报告；管理层对合规审查报告的回应；董事会批准的 MAP（Management Action Plan）；以及任何定期的 MAP 状态报告。

9. 保密性；报复

9.1. 保密性：请求者可能出于各种原因要求保密，原因包括遭到报复的风险。陈情中应写明保密请求及其原因。PPM 将考虑保密请求，并将尽一切合理的努力给予保密。PPM 将告知所有 PPM 人员，而管理层将告知所有其他亚投行人员在处理收到的任何陈情时有义务确保请求的机密性。但是，如果机密性成为资格评估或有效解决所提出问题的障碍，则 PPM 应将此类情况告知请求者，并寻求协商如何继续。如果协商未能达成一致，则 PPM 可能会终止对陈情的审核。

9.2. 报复风险：PPM 应承认并评估对请求者、任何国内授权代表以及（如果由 PPM 确定）其他与陈情相关的人员面临的报复风险。PPM 应告知请求者和国内授权代表 PPM 无法协助提供人身保护措施，并与请求者和国内授权代表探讨对他们，以及如果适用，其他相关人员的身份和/或任何其他信息进行保密是否将减缓报复风险。

（六）社会责任资源研究所《工厂内非司法性员工申诉机制（框架）建议稿》①

导论

1. 工厂内非司法性申诉机制的设立依据来自 2011 年 6 月由联合国人权委员会采纳的

① 社会责任资源研究所：《工厂内非司法性员工申诉机制（框架）建议稿》，https://www.business-humanrights.org/zh-hans/latest-news/factory-non-judicial-grievance-mechanism-framework-advisory-draft-china/。

《联合国商业与人权指导原则》。该指导原则规定了非司法性申诉机制的有效性八原则。本申诉机制即在该原则指导下完成。

2. 工厂内非司法性申诉机制并非工厂内集体协商机制、工会制度或其他纠纷解决机制的替代，而是将员工提出申诉至申诉的最终解决加以规范化、流程化、制度化。

3. 申诉机制的目的在于在矛盾发生时，申诉机制能够为矛盾的有效解决提供具有公信力的渠道，促进“和谐企业”的实现，有效改善管理层和员工之间、员工和员工之间的关系。而申诉机制的有效性，需要严格遵照本程序的要求。

4. 试图建立申诉机制的工厂应当具有良好意愿，在国家法律法规的框架下，尊重和保障每一名员工的合法权益。

5. 申诉机制鼓励员工通过非正式沟通，私下协商解决矛盾纠纷。

6. 申诉机制从初步建立到真正完成本土化应用，需要工厂和员工保持耐心，共同探索，在鼓励参与和对话的氛围中完善申诉机制。

7. 本申诉机制的程序部分尚属框架性规定，目前在国内应用有效性八原则尚较为困难，工厂可根据实际情况做出相应调整，但工厂的探索方向应始终以有效性八原则为目标。

原则

为保证申诉机制的有效性，工厂内申诉机制应符合如下原则：

1. 合法性：申诉机制应得到员工的信任，工厂有责任保证申诉过程的公正性。

说明：获得员工的信任是申诉机制得以发挥作用的关键所在。建立申诉机制的工厂，应当下决心在管理上保证申诉机制的公信力。人情关系、差别对待、朝令夕改都应在申诉机制中杜绝发生。因此，如何在运作申诉机制中始终保持前后一致，是工厂在实际运作申诉机制过程中，应当仔细思考的重要问题。

2. 可获得性：申诉机制应为所有员工所了解。在员工使用申诉机制可能面临“特殊壁垒”时，工厂应向其提供适当援助。

说明：员工应当有条件应用申诉机制，这样方能避免申诉机制形同虚设。导致员工无法使用申诉机制的“特殊壁垒”，可能来自语言障碍（例如方言不通）、文字或语言表达能力（例如低学历员工可能不适合书面表达）、信息不通畅（例如新入职员工不了解申诉机制的存在）等。对存在“壁垒”的员工，工厂应提供必要的援助，包括在员工入职培训中，就告知申诉机制的存在；在工厂显著位置张贴申诉流程图；为提出申诉的员工提供细致而有耐心的说明等。

3. 可预测性：工厂应提供清晰和公开的程序，附带每一阶段的指示性时间框架，明确诉讼类型、可能结果以及监测执行情况的手段。

说明：模糊而复杂的申诉机制可能让员工感到门槛多而却步。申诉机制应当清晰表明每一阶段可能花费的时间、采用的评判标准和工作流程。对申诉的处理应当遵循统一的标准（例如工厂明文公示的管理规定），让员工能够对申诉处理的过程做出预先判断。申诉机制的可预测性越高，越有助于员工认可申诉机制的公信力，让员工更有意愿使用申诉机制。

4. 平等性：工厂应努力确保申诉者有合理的途径获得信息、咨询意见和专门知识，以便在公正、知情和受尊重的条件下参与申诉进程。

说明：相对工厂而言，员工在维护自身权益方面往往处于弱势，很大一个原因在于员工相对工厂的信息不对称。员工由于自身能力、学业背景、专业性的差异，常常并不能准确把握何种状况符合自身合法权益和利益诉求，而员工又不具备工厂的财力来聘请相关专业人士提供咨询。因此，申诉机制应允许员工自行获得可信任者提供援助或代理其提出申诉，配备资源为提出申诉的员工提供专业而又相对独立的咨询建议，保证员工平等地参与申诉进程。因此，工厂应在每年预算中，预留一定比例资金，用于协助员工获取专业指导。

5. 透明度：工厂随时向申诉各方通报进展情况，提供充分信息，说明该机制如何建立对其有效性的信任，满足任何有关的公共利益。

说明：透明度要求在保护当事人隐私的前提下，公开申诉的处理过程和处理结果，让对申诉的处理全面展现在工厂员工和管理层面前，将申诉处理结果带到公众面前，接受公众的检验，这对工厂在处理申诉时的能力、技巧、方式都提出了挑战，但收获是员工对申诉机制的认可与信任。

6. 权利兼容：工厂应确保申诉处理的结果和补救不违背国家和地方政府颁行的相关法律法规，并确保与国际通行准则相一致。

说明：工厂自行管理和运作的申诉机制，有可能会在重大利益纠纷面前倾向于维护资方的利益。为避免这种情况可能对申诉机制公信力造成的损伤，维持申诉机制长久的效力和促进劳资关系的重要作用，有效的申诉机制在对申诉作出处理时，其结果应当不违背国家和地方政府颁行的相关法律法规，并与国际通行准则相一致。这些国际通行准则包括联合国关于劳工权利、人权相关的公约和指导文件，工商企业行为准则等。

7. 有持续的学习来源：工厂应采取相关措施，从申诉处理中汲取经验教训以改进该机制，同时，预防今后发生同类申诉的可能。

说明：工厂人力资源部门应定期统计分析申诉的类型、申诉的原因和申诉发生的频率，为工厂管理层制定和完善相关制度措施提供决策依据。

8. 立足参与和对话：工厂应就申诉机制的设计和运作，与员工磋商，侧重以对话为手段，处理和解决申诉。

说明：工厂内非司法性申诉机制强调“对话”，通过对话化解矛盾冲突，这体现了申诉机制预防为本的根本目的；强调“参与”，让员工有空间、有条件参与到申诉机制的设计和运作，只有听取各方意见，方能让申诉机制维护各方的利益。

申诉机制中的主体

1. 工厂的所有员工都有权提出申诉。此外，任何认为自身利益受损与工厂员工相关的个人，亦可通过申诉机制向工厂提出申诉。

2. 员工在工厂的工作和生活中，遇到的各类不满、抱怨、情绪、矛盾、意见，都可通过本申诉机制向运作主体提出申诉。但本申诉机制不适宜解决集体性申诉。集体性申诉可考虑通过工厂内集体协商机制来实现。

3. 申诉的处理主体为申诉者和被申诉者的共同管理部门，负责人为该部门行政事务负责人。

4. 上诉的处理主体为申诉处理部门的直接上级主管部门，负责人为该部门行政事务负责人。

5. 人力资源部门在申诉全过程中负责协助申诉处理部门开展申诉调查，召集申诉会议，协助申诉和上诉处理部门做出决定，协助各方了解申诉和上诉程序等。

申诉的类型

工厂内可能引发员工申诉的事项包括：

* 薪资；
* 工作时间；
* 工作分配和配合；
* 食堂伙食；
* 集体宿舍；
* 领导层管理方式或管理态度；
* 工作环境、生活环境、住宿环境；
* 人际关系；
* 岗位调动；
* 工厂内娱乐活动等。

说明：在申诉机制构建初期，开展试点工作会非常有必要。申诉机制试点可首先对特定申诉事项进行处理，然后逐步扩大可申诉事项，最终确保员工的所有申诉都能通过申诉机制加以解决。

申诉处理的标准

申诉处理应与国家和地方政府的法律法规、工厂的制度规定保持一致，同时应遵守国际相关准则，例如联合国保护劳工权利与人权的相关公约，工商企业行为准则等。

程序

非正式沟通

1. 在提出申诉前，应让员工使用工厂既有的员工沟通渠道，尝试直接解决申诉所涉事项。

2. 沟通可直接与当事人单独沟通，也可在他人陪同下，或在调解员调解下，与当事人沟通。

说明：申诉机制鼓励员工以非正式沟通的方式解决各类引发申诉的问题，这能够有效节约员工和工厂在申诉机制中的成本投入。因此员工在遇到引发申诉的问题时，鼓励员工首先与当事方协商沟通尝试解决问题。

3. 非正式沟通无效，或所涉事项不适合沟通，员工可提出正式申诉。

提出正式申诉

4. 员工可就工厂内发生的任何问题提出正式申诉。

5. 员工可自行提出申诉，也可在员工代表或工厂内工会成员、获得员工信任的外部机构或个人的陪同下，提出正式申诉。员工亦可委托工厂内的其他员工作为代理人代表员工提出申诉、向员工提供咨询意见、协助员工完成整个申诉程序。

说明：员工有获得陪同的权利和指定代理人的权利。获得陪同的权利在于缓解员工在提出申诉时的紧张情绪，为员工提供参考意见，维护被陪同者的利益。指定代理人的权利在于保障员工因担心申诉可能给自己带来的潜在风险，而能够选择通过代理人表达申诉。代理人可以是工会代表，可以是非工会人员、但由部分员工推举出的员工代表，亦可是获得员工个人委托的其他员工，还可是获得员工信任的外部机构或个人。

6. 申诉受理部门为申诉者和被申诉者的直接主管部门，处理申诉的负责人为该部门行政事务负责人。人力资源部门负责协助申诉各方完成申诉流程。在人力资源部门负责人作为被申诉者时，人力资源部门亦应指派专人，协助各方完成申诉流程。

7. 正式申诉可通过书面或口头形式呈递至申诉受理部门。

8. 以书面形式提出的申诉，申诉受理部门应通过人力资源部门向员工开具收悉证明。

9. 以口头形式提出的申诉，申诉受理部门应通过人力资源部门应安排专人记录申诉，将书面记录向员工阅读，得到员工签字确认，并向员工提供书面记录副本。

调查

申诉受理部门收到申诉后，应在人力资源部门参与下，在 2 个工作日内启动申诉调查，并应在 3 个工作日内结束调查。如遇特殊情况，申诉调查启动时间或完成时间需要延期，申诉受理部门应当给出明确的理由，并应明确给出延期所需时间。

处理

10. 调查结束后 3 个工作日内，申诉受理部门应在人力资源部门参与下，召集申诉人、被申诉人，举行申诉处理会议，公布申诉调查结果。调查结果公布后，申诉人、被申诉人有权在申诉处理会议上表达自己的立场、观点和对事实的解释或澄清。申诉人、被申诉人都享有获得陪同和委托代理人的权利。

11. 申诉受理部门应在人力资源部门参与下，在申诉处理会议结束 2 个工作日内，出具申诉处理决定。

12. 申诉处理决定应传达至申诉人、被申诉人，并应在人力资源部门保留备份。

上诉

13. 若申诉人、被申诉人对申诉处理会议的处理决定有异议，可在收到申诉决定后的 3 个工作日内提出上诉。

14. 上诉处理部门为申诉受理部门的直接上级主管部门，负责人为该部门行政事务负责人。人力资源部门负责协助上诉各方完成申诉流程。

15. 上诉处理决定应在人力资源部门参与下，在上诉提出的 3 个工作日内，召开上诉处理会议。

16. 申诉人、被申诉人有权在上诉处理会议上表达自己的立场、观点和对事实的解释或澄清。申诉人、被申诉人都享有获得陪同和委托代理人的权利。

17. 对申诉的上诉处理，应以申诉受理部门的调查结果、申诉人和/或被申诉人对事实的解释或澄清为依据，原则上不对申诉内容重新展开调查。

18. 上诉受理部门应在人力资源部门参与下，在上诉处理会议结束2个工作日内，出具上诉处理决定。上诉处理决定应传达至申诉人、被申诉人，并应在人力资源部门保留备份。

19. 上诉处理决定为工厂内的最终处理决定。若申诉受理部门为工厂内最高管理部门，则申诉处理决定即为最终处理决定。

说明："两级终审制"的方式能够有效减少工厂管理层对申诉处理的资源投入，提高申诉处理的效率。同时，在工厂内部设置申诉和上诉两级环节，已能清楚表明工厂管理层对申诉的态度立场，过多的上诉环节并无必要。员工若仍对上诉处理决定不满，即可选择工厂外救济渠道。

保密

20. 工厂管理层在申诉过程中应确保相关信息不会外泄。申诉者可决定相关信息是否公开。

21. 申诉和上诉处理决定可在隐匿参与方姓名或任何可能导致参与方身份泄露等信息的前提下，由人力资源部门向全体员工或管理层公布。

说明：信息在保持匿名情况下向全体员工公开，是展示申诉处理过程透明、公开的最好方式，有利于在员工中树立申诉机制的公信力，获得员工对申诉机制的认可与信任，也有利于在员工中普及工厂的管理制度。信息在保持匿名情况下向管理层公布，有利于管理层积累管理经验和教训，提升管理工作，不断改进、完善工厂内申诉机制。

学习和改进

人力资源部门每年应统计分析申诉类型、申诉和上诉的频率等信息，并搜集员工对申诉机制的意见建议，为工厂决策者对申诉机制和工厂管理制度做出改进提供参考依据。

获得工厂外救济的权利

申诉人、被申诉人使用申诉机制，并不放弃在工厂外获得其他非司法救济或司法救济的权利。

（七）《钴供应链尽责管理申诉机制（第2版）》[①]

为了加强同受影响社区、供应链上下游企业、政府部门、非政府组织、媒体及其他相关各方的沟通与协作，及时、有效回应相关方关切，不断提高公司供应链治理能力和信息透明度，本着"诚实、守信、责任"的原则，专门建立《南京寒锐供应链申诉与沟通机制》，并在公司网站与微信公众号上予以公开。

---

① 南京寒锐钴业股份有限公司：《钴供应链尽责管理申诉机制（第2版）》，https://v1.cecdn.yun300.cn/100001_1908125006/%E9%92%B4%E4%BE%9B%E5%BA%94%E9%93%BE%E5%B0%BD%E8%B4%A3%E7%AE%A1%E7%90%86%E7%94%B3%E8%AF%89%E6%9C%BA%E5%88%B6%20%E7%AC%AC%E4%BA%8C%E7%89%88.pdf。

一、机制目的

接收、审核、回应、报告和处理各利益攸关方对供应链治理的期望和诉求，加强同外部的沟通与协作，为持续提升公司供应链治理能力搭建对话和磋商平台。

二、申诉与沟通范围

为确保申诉和沟通机制的有效运行，本机制仅接受实名和诚信提供的申诉或信息，且须满足以下条件：

1. 已识别的与本公司钴供应链相关联的风险与挑战；

2. 本公司钴供应链尽责管理体系和措施存在的差距和不足；

3. 其他具有充足证据支持的涉及钴供应链的相关建议和意见。

三、申诉与沟通渠道

任何有关上述范围的申诉与沟通信息，请优先以邮件或信函的方式发送至本公司供应链管理部，其他形式的申诉可能会影响受理的取证确认。

申斥受理专用邮箱：csr@ hrcobalt. com；

信函收件地址/人：南京市江宁经济技术开发区静淮街 115 号南京寒锐钴业股份有限公司供应链管理部负责人

四、信息提交要求

对于申诉者（包括个人与所代表的单位，下同）所提交的申诉或沟通信息，须满足以下条件，或直接填写附件《寒锐供应链尽责管理申诉单》：（注：如必要的信息缺失，在受理时可能会因为证据不充分或难以核实，而导致该申诉无法被认定有效！）

1. 写明申诉人的姓名（也可匿名）、单位（如有）以及是否要求保密，如有保密要求则本公司予以保密；

2. 如果申诉是由派出代表提交的，须提供授权人的信息以及联系方式，包括有效的电话号码与邮箱地址；

3. 详细说明申诉或沟通事项，并提供支持性证据，这将有助于申诉或沟通的有效解决。欢迎提供申诉人认为可行的解决措施建议；

4. 申诉信息尽可能请以中文、英文或法文表述，采用其他语言可能会影响申诉处理进度及回复。

五、申诉与沟通流程

本申诉与沟通机制通过以下六个步骤开展工作：

步骤一：接受申诉或沟通

受理申诉与沟通的工作人员负责记录申诉与沟通内容，并确保把相关内容记录在《尽责管理申诉登记与跟踪表》中。

步骤二：初步评估

初步评估申诉与沟通的内容是否符合本申诉与沟通机制的范围，并将相关信息传达给公司的相关领导和部门。

步骤三：申诉确认

在收到申诉与沟通事项之后的七个工作日内，向申诉者反馈书面回函，以确认收到申诉，并提供解决申诉的步骤和时间。

步骤四：申诉回应

申诉调查将在接到申诉之后立刻开展，在申诉开始之日起一个月内完成与申诉有关的调查报告或行动报告，并形成回应结论。回应的内容将会有三种方式：

1. 不符合申诉范围，申诉不成立，驳回；

2. 接受申诉，但本公司不存在申诉问题，无须采取纠正或改进措施；

3. 接受申诉，确认需要采取纠正或改进措施，如需要，参照《纠正与预防措施控制程序》要求执行。

步骤五：改进行动

如申诉方对调查报告或行动措施不满意，公司将开展进一步的调查和研究，确定需要深入开展的行动方案并予以实施。如申诉者仍旧与公司改进行动无法达成一致，可将申诉转交给第三方进行调解或聘请外部专家参与审查及磋商。

步骤六：监测与评价

公司供应链管理部每个季度将收到的申诉、解决以及未决的情况向委员会汇报；每年分析申诉解决的情况以及时限，并评估申诉与沟通机制的有效性。

六、申诉者保护

1. 申诉者信息保密

申诉信息由供应链管理部负责人登记与处理，处理人须对申诉者的信息严格保密，除分管领导与外，严禁将申诉者信息透露给其他任何人员。申诉材料作为公司绝密资料处理，除分管领导外，其他任何人不得查阅，更不允许流传到申诉利益攸关方。

2. 申诉者权益保护

供应链尽责管理申诉机制的出发点是为了提升公司供应链治理能力，因此基于客观事实的申诉也是对我司治理提升的帮助，公司鼓励此类申诉，并切实保护申诉者权益，严禁因申诉打击报复申诉者，同时保证其知情权，即申诉是否有效以及最终处置结果等信息。

3. 泄密与报复处理

对未按上述要求保密，或打击报复申诉者的，公司将视为严重违纪行为，采取解除劳动合同，并移交司法机关依法处理。

本公司郑重承诺：坚决保护申诉者权益不受侵犯！

五　延伸阅读

- Fair Labor Association, *Third-Party Complaint Tracking Chart*, www.fair-labor.org/third-party-complaint-tracking-chart.
- IFC, *Grievance Mechanism Toolkit*, www.cao-grm.org.
- International Federation for Human Rights (FIDH), *Corporate Accounta-*

bility for Human Rights Abuses-A Guide for Victims and NGOs on Recourse Mechanisms (2016), www. fidh. org/IMG/pdf/corporate_ accountability_ guide_ version_ web. pdf.

- OECD Watch, *Case Database*, www. oecdwatch. org/cases.
- OECD, *Implementing the OECD Guidelines for Multinational Enterprises: The National Contact Points from 2005 – 2015* (2016), mneguidelines. oecd. org/oecd-report-15-years-national-contact-points. pdf.
- Shift, *Remediation, Grievance Mechanisms and the Corporate Responsibility to Respect Human Rights* (2014), www. shiftproject. org/media/resources/docs/Shift_ remediationUNGPs_ 2014. pdf.
- Stefan Zagelmeyer et al. , *Non-state Based Non-judicial Grievance Mechanisms (NSBGM): An Exploratory Analysis* (2018), www. ohchr. org/Documents/Issues/Business/ARP/ManchesterStudy. pdf.
- Steven L. B. Jensen, *Lessons From Research On National Human Rights Institutions-A Desk Review on findings related to NHRI Effectiveness* (2018), www. humanrights. dk/sites/humanrights. dk/files/media/dokumenter/udgivelser/research/workingpaper_ lessons_ research_ nhris_ web_ 2018. pdf.
- UN, *Report of the Working Group on the issue of Human Rights and Transnational Corporations and other Business Enterprises* (2017), undocs. org/A/72/162.
- 范愉：《当代世界多元化纠纷解决机制的发展与启示》，《中国应用法学》2017 年第 3 期。
- 甘培忠、蔡治：《亚投行环境与社会保障政策之检思——以磋商程序与问责机制为重点》，《法学杂志》2016 年第 6 期。
- 郑晓涛、俞明传、王琦、孙锐：《中国背景下员工力量和申诉体系有效性对员工申诉行为的影响——基于三个决策阶段的整体考察》，《珞珈管理评论》2017 年第 3 期。

六　案例

智利国家电力公司潘戈分公司与比奥比奥河上游电力项目案

背景

潘戈（Pangue）水电站项目包括了智利比奥比奥河（Bio Bio）上游建设

的一系列水电大坝（于1996年9月完工）。大坝由智利国家电力公司潘戈分公司建造和运营，97.5%的份额由国家电力公司（ENDESA）所有，2.5%的份额由国际金融公司（International Finance Corporation，IFC）所有。国际金融公司还为该项目安排了1.7亿美元的贷款。比奥比奥河从安第斯山脉一直流向太平洋，为超过100万人提供饮用水和灌溉用水、娱乐和渔业资源。规划建设的大坝选址有一部分是佩文切人（Pehuenche）的家园，大坝建成后将淹没超过70公里的河谷，淹没丰富多样的森林及其野生动物栖息地。当地环保组织和原住民权利团体强烈反对该项目，大坝批评者表示，水电站的建设将违反新的智利环境和原住民法以及国家电力公司与世界银行之间的先前协议。根据该法律，佩文切人不得被迫迁离他们的土地，而该项目将迫使佩文切人离开他们的祖传土地，淹没智利南部的大片农田和珍贵的温带雨林。抗议大坝建设的原住民称“智利政府再次表现出不尊重我们人民或法律的殖民心态。”

案情

2012年7月，出于对以下几个方面的担忧，一群佩文切妇女向合规顾问办公室（Compliance Advisor Ombudsman，CAO）提出了投诉，要求启动申诉与问责机制，投诉相关方：第一，社会与环境影响减缓措施的不足和不适当；第二，对受到项目影响的个人和群体赔偿不足。从1993年10月开始，IFC在潘戈项目中所持股份就达到2.5%，直到2002年7月卖出。在项目建设期间，当地利益受损群体和非政府组织不断提出投诉，世界银行行长临时调派了时任国际自然保护联盟（the International Union for the Conservation of Nature）总干事的杰·黑尔（Jay Hair）就这些投诉进行独立的调查，最后形成的报告称为《黑尔报告》（*Hair Report*）。

虽然IFC在2002年已经将股权卖出，但是考虑到该投诉直接关系到IFC数年来在该项目中所起的作用、IFC以前所作出的承诺、先前独立调查机构所给出的意见和建议以及一些咨询机构的报告都要求IFC就投诉做出相应行动，CAO办公室决定受理该投诉。2002年7月12日，在收到投诉后几天，国际金融公司完成了退出该项目的工作。CAO办公室合规部门就项目审计进行了鉴定，并于2002年10月启动评估程序。2003年5月CAO合规部门完成了对项目的鉴定报告。报告建议，IFC披露《黑尔报告》，并将以前委任做的报告包括紧急情况应急方案和项目对下游影响的研究报告等都一并披露。应投诉团体要求，CAO办公室通过与当地的相关组织和原住民组织合作，持续监督投诉所反映的问题的解决方案，从而减弱项目带来的更深远的文化层面的影响。2006 年 2 月，一个涉及当地发展能力建设的解决协议最终落实，而 CAO 办公室继续就该协议的实施进行监督。下图展示了该案例的解决过程：

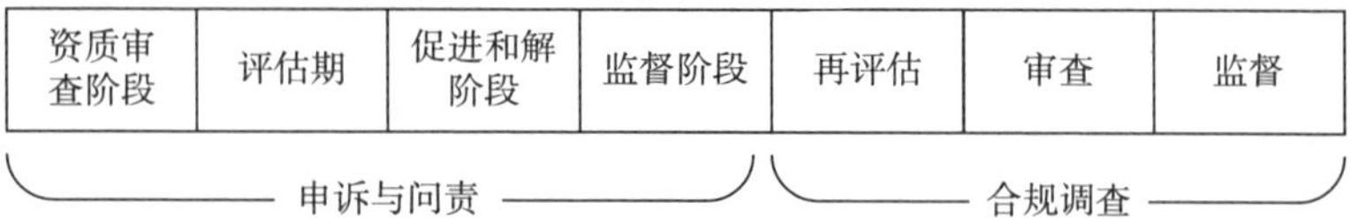

评析

国际项目的投融资过程，往往涉及环境资源开发、土地征用、移民安置和补偿、社区文化影响等一系列复杂而又必须面对的问题。其中任何一个环节或问题处理不当，都可能引发争议、争端乃至最终影响项目进程，造成经济效益损失。如何避免和妥善解决国际项目融资中的环境社会争端，已成为国际双边及多边金融机构、政府、投资方、项目所在地的当地社区以及社会民间组织等密切关注的问题。

除了提供稳定且长期的金融支持外，开发性金融也应建立规范化的市场运作机制，完善和强化实施其环境和社会保障政策，构建环境气候友好的投融资新模式。此外，开发性金融机构为降低投资风险、确保其投资的长远利益，同时体现机构负责任的态度，也应为受项目影响的利益相关者设立独立问责机制，处理项目投诉，进行权利救济。这种机制一般被称为申诉机制。

申诉机制是指服务于受到某些商业项目的负面影响的个人、工人、社区和/或民间组织的一种正式、具备法律意义或者不具备法律意义的投诉机制。申诉机制也叫作“争端”、“投诉”或“问责”机制。国际金融机构、跨国企业和国际组织都可以建立申诉机制。一些申诉机制是直接监督公司，例如项目运营级申诉机制（OGMs），而另一些则是履行国家的义务来保护投资在地国公民不被第三方侵犯权利。世界银行、亚洲开发银行、欧洲投资银行及世界主要国家的开发银行均设立了独立的申诉和问责机制。

以世界银行下处理国际金融公司投诉的合规顾问办公室（CAO）为例，CAO 于 2000 年初见雏形，它既是一种问责机制，也是一种独立且相对有效的争端解决机制。CAO 解决争端的职能旨在与全球各社区和民间社团合作，协助解决国际金融公司（IFC）和多边投资担保机构（MIGA）造成的环境和/或社会影响问题，改善其表现。该机构所处理的投诉多集中在农业产业、采矿、交通运输、水电以及其他基础设施建设等相关行业。案例涉及原住民相关权益保护、土地并购和非自愿移民、环境治理、劳工和工作条件等方面。当事方通过 CAO 这种不带有司法性质的中立渠道可能会找到令各方都满意的解决方案。因而，CAO 对案件的审查程序及标准也广泛被社会关注，被全球金融投资机构学习和借鉴。

本案是采用申诉与问责机制解决涉环境问题投资争议较为成功的案例，也是域外工商业与人权领域非司法申诉与问责机制解决的典型案例。从这个案例来看，CAO 在解决争诉问题的过程中发挥了合规调查机构的作用，最后成功促成投诉方和被投诉方达成和解协议。之后，CAO 继续监督 IFC 对投诉反映的问题的解决，历时 4 年左右，所持续的时间较长。申诉调解机构披露了评估报告、协议、总结报告和结束调查报告。

七　思考题

1. 如何看待非司法机制和司法机制的关系，它们在人权补救方面各自扮演什么角色？

2. 有哪些非司法机制可以用于为受工商企业侵害的人权提供补救？

3. 能够有效处理人权申诉的非司法机制应当符合哪些标准？

4. 非司法机制的实施机构可以采取哪些措施保持利益相关者对该机制的信任？

5. 国际工商业与人权仲裁能够成为解决工商业与人权纠纷的有效途径吗，它可能面临何种阻碍？

第八章　行为准则

引　言

自20世纪90年代以来，随着有关童工、剥削性工作条件、土地拆迁和环境退化的报道越来越多，企业开始采用行为准则。但很快这些准则便由于一些原因而声名狼藉。它们措辞含糊，没有以精确的国际人权和劳工标准为基础。由于企业未能制定必要的程序和制度，这些准则往往没有在实践中得到执行。所以准则徒有其表，更多地成了公关部门试图转移批评和粉饰恶名的工具（对伙伴关系有同样的担忧，详见第2章和第5章）。准则意味着企业可以自我监督，这暗含了另外一层意思，即企业不需要公共监管，因为它们可以自己处理问题。因此，随着全球化在20世纪90年代加速发展，准则开始与无效的自我监管和问题重重的去监管联系在一起。从那时起，准则开始变得越来越严格，现在有上百个准则参考了国际人权标准和环境公约，民间社会组织和专家参与了准则的制定工作，并且准则附有详细的工作人员指南，解释这些规定在实践中的含义与需要。现在，准则由多利益相关者倡议为其成员企业采用，或由企业单独制定。鉴于国际软法（第2章）在过去20年中取得了进展，并且围绕《联合国工商企业与人权指导原则》进行了整合，现在公众对企业应当按照准则办事的预期已经很清晰了。在所有涉及人权尽责的步骤（第8—14章）中，行为准则是要求最低的一项。

一　要点

- 行为准则的类型（企业行为准则、行业协会准则、多利益相关者准则）
- 准则的覆盖面（供应商、分包商）
- 准则的效果（人权保护的影响）
- 适用行为准则的原因
- 对人权的政治承诺（好的标准）
- 企业一致性（处于尊重人权和其他商业目标之间）
- 管理体系（将义务纳入企业功能中）

- 自律
- 企业自愿主义和与法律相关（互补、代替、相互作用）
- 工作时长（加班）
- 工作场所的骚扰
- 供应商审计
- 产业（采掘业、服装业、电子业、饮料行业）

二　背景

（一）詹金斯《公司行为准则——全球经济下的自律》[①]

20 世纪 90 年代，公司行为规范不断涌现，公司责任日益得到重视。这些是在经历了国家经济作用以及对跨国公司和外国直接投资的政策发生重大转变之后出现的。20 世纪 70 年代，许多国家的政府试图规范跨国公司活动，80 年代则是放松管制和加大吸引外国投资力度的 10 年。国际层面也有类似趋势，但监管方面的努力并未成功。

最近的自愿性行为准则浪潮就是在这种背景下产生的。美国公司在 20 世纪 90 年代初就开始实行这类准则，并于 90 年代中期传到欧洲。自愿性行为准则包括适用于国际业务的商业原则的模糊声明，以及在自我监管方面的更多实质性努力。他们试图把跨国公司的影响集中在两个重要领域：社会状况和生态环境。各种利益相关者包括国际工会组织、有关发展和环境的非政府组织以及企业部门本身，在制定国际商业行为准则方面发挥了作用。

全球经济的一些变化促使人们对企业社会责任和行为准则的兴趣日益增加。通过北半球购买者控制南半球供应者的“全球价值链”日益强化，致使后者不仅被要求承担诸如质量、交付日期等责任，而且还要承担起提供工作环境和环境影响方面的责任。同时，品牌效应和企业声誉的重要性日益提高，使得领先企业极易受到负面宣传的影响。改变公众态度也是公司采用行为准则的重要环节。北半球的企业不能再忽视其活动对环境的影响而不受惩罚。全球通信的发展使公司能够以越来越大的规模进行生产活动，也促进了关于其海外供应商的工作条件信息的国际传播，提高了公众认识，并便利了宣传活动。

---

① Rhys Jenkins, *Corporate Codes of Conduct: Self Regulation in a Global Economy*, UNRISD (2001), www. unrisd. org/80256B3C005BCCF9/search/E3B3E78BAB9A886F80256B5E00344278.

行为准则可以划分为五个主要类型：公司准则、行业协会准则、多方利益相关者准则、示范准则和政府间准则。准则之间的范围差异很大，许多甚至没有涵盖国际劳工组织的所有核心劳工标准。公司准则、行业协会准则的范围通常比与其他利益攸关方共同制定的范围更为有限。准则的覆盖范围也存在差异。虽然许多覆盖了公司的供应商，但它们通常不会延伸至供应链的全部环节，而且很少涉及家庭工人。如果要使特定准则产生任何实际影响，就必须为执行该准则和有效监管作出规定。在这方面人们也发现了一些弊端，只有一小部分准则提供了独立监管。

在评估公司行为准则时，需要指出一些局限性。其中一些是实用的，这是由到目前为止准则已经（或尚未）得到执行的方式导致的。另一些则是公司准则作为一种工具所固有的，因此超越了与过去的准则执行方式有关的限制。尽管最近准则泛滥，但其实施仍然相对有限。其他不足与他们解决的问题数量有限以及这些准则适用的对象有关。行为守则更深层次的结构性限制与20世纪90年代激增的“驱动因素”有关。它们不仅限于品牌和企业形象重要的特定行业，而且也主要应用于从事出口的公司。最后，准则倾向于关注特定问题——那些被认为可能对公司造成严重破坏的问题。换句话说，在大多数准则中，发达国家关注度高的问题可能占据突出地位。

尽管准则存在局限性，但它们可以并且已经为利益相关者带来好处。工作条件得到改善的例子表明，准则可以对企业产生影响。此外，公司因行为准则越来越多地承担起对其供应商及其子公司的活动责任。

然而，存在一种危险，即准则的实际作用被过分夸大，并且被用来转移批评和减少对外部监管的需求。在某些情况下，准则导致他们声称的受益者情况恶化。还有人注意到，准则可能会破坏工会在工作领域的地位。

本文中明确的行为准则的局限性和危险性无疑是真实的。因此，制定战略以确保准则与政府立法相辅相成，并为工人组织提供参与空间就显得非常重要。而在准则是多利益相关者准则，而不是由公司或行业协会单方面制定的时候，他们最有可能这样做。行为准则被视为政治争论的一个领域，而不是关于经济活动的全球化所造成的问题的解决方法。

（二）力拓矿业《人权为何至关重要》[①]

尊重人权有助于巩固商业成果。力拓了解到，不尊重人权会给公司带来

---

① Rio Tinto, *Why Human Rights Matter* (2013), www. riotinto. com/documents/ReportsPublications/Rio_ Tinto_ human_ rights_ guide_ - _ English_ version. pdf.

实质风险，例如运营延误、法律纠纷、声誉损害、投资者流失、经营许可证丧失以及员工不满等。

三　国际文件与域外材料

（一）《联合国工商企业与人权指导原则》[①]

政策承诺

16. 作为内置其尊重人权的责任的基础，工商企业应通过一项政策声明，表示承诺履行这一责任，该政策声明应：

（a）得到工商企业最高管理层的批准；

（b）对有关的内部和/或外部专门知识知情；

（c）规定了企业对个人、商业伙伴和与其业务、产品或服务直接关联的其他方的人权预期；

（d）予以公布并传达给内部和外部所有个人、商业伙伴和其他有关方；

（e）体现在整个工商企业的业务政策和程序中。

评论

“声明”一词一般用来描述企业无论采用何种手段，公开阐明其责任、承诺和预期。

要求确保政策声明充分知情的专门知识水平视工商企业业务的复杂性而有所不同。专门知识可依靠各种来源，从可靠的在线或书面来源，到与公认专家的磋商。

承诺声明予以公布。它应主动传达给与企业保持合作关系的实体；与其业务直接相关的其他方，可能包括国家安全部队；投资者；同时，在有巨大人权风险的业务中，应传达给可能受影响的利益攸关者。

在内部通报该声明以及有关政策和程序，应说明问责制的设计和制度，并辅之以对担负有关企业职能的人员进行必要培训。

国家应努力实现政策的一致性，同样，工商企业也应该努力实现制约其更广泛的企业活动和关系的政策和程序之间的一致性。这应包括，例如，规定了人员的财务和其他业绩激励措施的政策和程序，采购惯例，以及涉及人

---

① UN Guiding Principles on Business and Human Rights-Human Rights Council. Seventeenth Session, 2011. http://www.ohchr.org/Documents/Publications/GuidingPrinciplesBusinessHR_EN.pdf，中文版见 http://www.ohchr.org/Documents/Publications/GuidingPrinciplesBusinessHR_CH.pdf。

权的游说活动。

通过这些和其他适当手段，政策声明应内置于工商业高层的各项职能中，否则可能难以保证其行动意识到或关注人权。

（二）联合国人权事务高级专员办事处《尊重人权的公司责任解释性指南》[①]

“政策承诺”一词用在这里，是指企业决心履行尊重人权的责任的高层公开声明。这使其承诺成为一项决定其行动的明确的总政策。该政策承诺与本项指导原则（e）中提及的业务政策和程序有所不同，后者一般是非公开的，较为具体，帮助将高层承诺转化为业务用语。

履行尊重人权的企业责任的政策承诺：

（a）向企业内外表明，管理层认为这是合法开展业务的最低标准；

（b）清楚传达管理部门高层对全体职员，以及企业伙伴和其他合作企业应如何行动的预期；

（c）启动践行承诺的必要程序和制度的制定工作；

（d）是在企业价值观中内置对人权的尊重的必不可少的第一步。

（三）联合利华《人权政策声明》[②]

我们认为，只有在人权受到保护和尊重的社会中，企业才能蓬勃发展。我们认识到企业有责任尊重人权，也有能力贡献积极的人权影响。

对我们的雇员、工人、股东、投资者、客户、消费者、我们管理的社区以及民间社会团体来说，人权是一个日益重要的领域。因此，我们得到了商业上和道德上的支持，以确保在我们的运营和价值链中维护人权。本人权声明包含了我们嵌入政策和制度中的总体原则。

我们的政策

根据《联合国工商企业与人权指导原则》，我们的人权政策承诺基于国际人权宣言（包括《世界人权宣言》《公民权利和政治权利国际公约》《经济、社会和文化权利国际公约》）以及国际劳工组织《工作中的基本原则和权利宣言》中

---

① UN Office of the High Commissioner of Human Rights, *The Corporate Responsibility To Respect Human Rights-An Interpretive Guide* (2011), http://www.ohchr.org/Documents/Issues/Business/RtRInterpretativeGuide.pdf, 中文版见, http://www.ohchr.org/Documents/Publications/HR_PUB_12_02_ch.pdf)。

② Unilever, *Human Rights Policy Statement* (undated), https://www.unilever.com/Images/unilever-human-rights-policy-statement_tcm244-422954_en.pdf.

的基础性权利原则。我们遵循经合组织跨国企业准则，是《联合国全球契约》的创始签署企业。我们致力于尊重与我们的运营相关的、所有国际公认的人权。

我们的原则是，在国家法律和国际人权标准不同的情况下，我们将遵循更高的标准；如果他们处于冲突之中，我们将遵守国家法律，同时寻求最大限度地尊重国际人权的方法。

负责任采购

我们拥有庞大且多样化的供应链，我们认识到供应商在帮助我们以负责任和可持续的方式采购方面发挥的关键作用。我们的负责任采购政策规定我们在供应链当中应当尊重工人的人权，包括劳工权益。

我们只会与执行我们负责任采购政策的供应商合作。他们必须同意确保透明度，补救所有不足，并推动持续改进。

我们的负责任采购政策对申诉机制有明确的要求和指导。

我们的治理

我们在这一领域的工作由联合利华首席执行官监督，得到联合利华领导层的支持，包括首席供应链总监、首席人力资源总监、首席营销和传播总监、首席法律顾问、首席可持续发展官和全球社会影响副总裁等。这确保了我们的各业务部门都清楚尊重人权的责任。联合利华公司的企业责任委员负责监督董事会。

（四）力拓矿业《人权政策》[①]

力拓尊重并支持我们的员工、我们所居住的社区以及受我们的运营影响的人的尊严、福祉和人权。

我们的人权方针基于《世界人权宣言》和《联合国工商企业与人权指导原则》。我们开展尽职调查活动，用来识别、预防和减轻我们的运营对人权的不利影响。包括在必要时进行独立研究，以及将人权纳入现有的公司流程。

无论我们在哪里开展业务，我们都会与社区合作，以了解我们的活动的社会、文化、环境和经济影响。我们为社区提供便捷的投诉机制，倾听并采取行动处理投诉。我们致力于优化利益并减少我们的活动对业务所在社区和国家的负面影响。

我们承认并尊重原住民与土地、水资源的联系，这符合《联合国土著人民权利宣言》的规定。

我们拒绝任何形式的奴役劳动、强迫劳动以及童工。

---

① Rio Tinto, *Human Rights Policy* (2015), www. riotinto. com/documents/Human_ rights_ policy. pdf.

我们支持并实施《安全与人权自愿原则》，并确保相关员工和承包商按照这些原则接受培训。我们严格控制使用武力，并尽可能限制在我们的场所使用枪支。我们与外部利益相关者以及公共和私营安保部队合作，促进对《安全和人权自愿原则》的理解和实施，并避免在我们的场所采取安全措施时损害人权，包括滥用我们的设备和设施。

通过恰当的合同和采购原则，我们使顾问、代理商、承包商和供应商了解并遵守我们的人权承诺。我们努力确保我们的合资伙伴和非控股公司也尊重我们维护人权的承诺。

该政策为我们的人权方针奠定了基础。我们的就业政策，健康、安全、环境、社区、推崇多元化和融合等政策也同样包含了人权承诺。

（五）必和必拓《商业行为准则》[①]

尊重人权

必和必拓支持符合联合国《世界人权宣言》的人权。我们寻求建立互利的关系和包容的机会，尊重与我们有契约的员工和个人、当地社区成员以及直接受我们运营影响的其他利益攸关者权利。

我们认为，我们对发展以及社区计划的贡献可以进一步促进人权的实现。

我们承认，我们的活动有可能会影响人权，并会通过我们的核心业务实践解决这一问题，包括劳工条件、安保活动、移民安置和当地社区项目。

我们关于社区的集团文件（Group Level Document，GLD）以《联合国工商企业与人权指导原则》为基础。

我们与社区互动，并寻求了解我们的活动对社会、文化、环境和经济的影响，以便我们能够回应关切，减少负面影响，并为当地社区和整体经济优化效益。

我们对资产进行人权影响评估，以识别和了解潜在影响，并实施管理计划以减轻或消除这些影响。我们还有当地的投诉和申诉渠道，并在必要时采取适当的补救措施。

我们承认原住民的传统权利，并承认他们有权维护自己的文化、身份、传统和习俗。我们鼓励文化敏感性，承认并尊重具有文化或传统意义的遗址、地点、建筑和物品。

---

① BHP Billiton, *Working with integrity-Code of Business Conduct* (2014), http://www.bhpbilliton.com/~/media/bhp/documents/aboutus/ourcompany/code-of-business-conduct/160310_codeofbusinessconduct_english.pdf?la=en.

我们的承诺

必和必拓根据《国际采矿与金属协会有关土著居民和采矿的立场声明》承担在涉及新业务或主要基本建设项目时与土著人民协商的义务，这些项目位于传统上由土著人民拥有或按惯例由他们占有的土地上，并可能对土著人民产生重大的不利影响。

我们承诺完成东道国政府要求的程序，遵守其通常符合《国际采矿与金属协会有关土著居民和采矿的立场声明》原则的国内法律，包括遵循国际劳工组织第169号公约的管辖。

我们致力于维护业务的安全性，以维护对人权的尊重。我们的安保程序符合我们对《安全与人权自愿原则》的承诺。

必和必拓聘请的私营安保服务商必须签署或书面同意遵守《私营安保服务商国际行为守则》。我们向安保服务商提供书面建议，概述我们对《安全与人权自愿原则》的承诺以及我们对安保服务商的期望。

如果需要移民安置，则要按照国际金融公司绩效标准5——土地征用和非自愿移民。

对商品和服务供应商的人权（侵犯）是零容忍的，包括涉及童工、对员工非人道待遇以及强迫或强制劳动。

始终

——考虑我们的活动对人权的影响；

——准备好根据当地的行为、惯例和习俗调整行为，只要它不违反人权或我们的章程；

——调查人权问题和投诉，并向利益攸关方报告结果；

——对我们的合作伙伴和承包商进行尽职调查，以评估他们与人权政策的一致性。

决不

——在不确认其是否符合《安全与人权自愿原则》的要求和意图的情况下，雇用公共或私人机构为必和必拓提供安全保障。

（六）英美资源集团《人权政策》[①]

英美资源集团对人权有着坚定的承诺。尊重人权是我们作为企业的指导

① Anglo American, *Human Rights Policy* (2014), www.angloamerican.com/~/media/Files/A/Anglo-American-PLC-V2/documents/approach-and-policies/social/hr-policy-document-english.pdf.

价值，并在我们的商业原则中明确说明。我们作为联合国“全球契约”和《安全与人权自愿原则》的签署方，通过成为《联合国工商企业与人权指导原则》的支持者，进一步表达了我们对人权的承诺。人权原则包含在若干内部政策文件中，包括涉及的雇佣惯例、研究、环境管理模式、社会绩效和安全。

我们接受并支持企业尊重人权的责任，尽力避免卷入人权侵犯行为。我们的目标是通过《联合国工商企业与人权指导原则》中所述的持续尽责和适当管理，查明、评估和最大限度地减少我们造成或促成的，或与我们的业务相关的潜在不利人权影响。我们还认识到，我们的东道国政府有责任保护其管辖范围内每个人的人权，在适当情况下，我们将与各国合作进行支持该目标的能力建设。

尊重权利

我们对尊重人权的承诺包括承认所有国际公认的人权，特别是国际人权宪章（其中包括《世界人权宣言》、《公民权利和政治权利国际公约》和《经济、社会和文化权利国际公约》）、国际劳工组织《工作中的基本原则和权利宣言》和可适用的国际人道法。

我们承诺解决负面人权风险和影响，并积极创造有利于人权的环境。我们还致力于特别关注潜在弱势群体的权利。

我们认识到，从矿山的最初阶段开始，采矿作业可能会产生广泛的人权风险，我们寻求降低违规行为的风险。作为我们承诺尊重人权和全面战略的一部分，我们还将在采矿作业的整个周期内进行适当的尽职调查。我们将酌情补救造成或促成的不利人权影响。我们将就风险影响和管理措施的相关情况向受影响和可能受影响的人员提供相关信息，并让他们参与绩效监测。

我们将特别努力确保我们与最弱势群体接触，特别是在他们发表意见或听取他们的意见遇到阻碍时，并确定任何避免、防止或减轻对他们的影响的其他具体措施。

制定和实施

我们承诺将此政策融入我们的企业文化和实践中。我们的努力将以《联合国工商企业与人权指导原则》的相关章节为指导，包括：

- 积极向内部和外部利益相关方传达这一政策，包括提高人权相关问题的认识和培训；
- 将持续的人权尽责纳入适当的业务流程，例如影响评估；
- 与可能受影响的利益相关方合作，评估和解决影响；
- 酌情在与业务合作伙伴和东道国政府的合同中纳入与人权相关的

要求；

- 通过有效的投诉和申诉程序开展合作或提供补救措施。

我们将继续在与人权有关的多方利益相关方倡议中发挥积极和建设性的作用，包括《安全与人权自愿原则》，它的持续实施是本政策所规定的人权方针的重要支柱。

英美资源集团将始终遵守有效法律并尊重法治。在国内法律要求与国际人权规范之间存在冲突的情况下，我们将努力维护公司价值观。我们会考虑所有选择的结果；这可能包括避免新的或退出现有的相应司法管辖区的投资。

范围和治理

本政策适用于我们与员工、承包商以及其他公共和私营部门业务合作伙伴之间的关系。在英美资源集团没有完全管理控制权的情况下，我们将利用现有的影响力来影响对该政策的遵守情况。该政策已获英美资源集团公司委员会批准，并将定期审核。由集团首席执行官、业务部门的首席执行官负责该政策的实施。如有疑问，或寻求报告怀疑/涉嫌与人权有关事件的指导，请与集团治理和社会事务部联系。

（七）国际采矿与金属协会《可持续发展框架》[①]

国际采矿与金属协会（ICMM）成员必须遵守十大原则。这些是采矿和金属行业可持续发展的最佳实践框架。

我们希望所有成员公司全面实施这些原则，并清晰地报告执行情况。

为了确保其健全性，这些原则已经成为主要国际标准的基准。其中包括《里约宣言》、《全球报告倡议》、《联合国全球契约》、《经合组织跨国企业准则》、《世界银行业务准则》、《经合组织反贿赂公约》、《国际劳工组织公约》（第 98 号公约、第 169 号公约、第 176 号公约）和《安全与人权自愿原则》。

3. 尊重受我们活动影响的员工和社区的人权、权益、文化、习俗和价值观

- 确保所有员工的公平报酬和工作条件，绝不使用强迫劳动、强制劳动或童工。

---

① International Council on Mining & Metals, *Sustainable Development Framework-ICMM Principles* (2015), https://www.icmm.com/website/publications/pdfs/commitments/revised-2015_icmm-principles.pdf.

• 在共同关心的问题上，以建设性方式与员工建立联系。

• 实施旨在消除我们所有活动中所产生的骚扰和不公平歧视的政策和做法。

• 确保为所有员工（包括安保人员）提供有关文化问题和人权的适当培训和指导。

• 尽量减少非自愿移居，并在移居无法避免的情况下公平补偿对社区的不利影响。

• 尊重当地社区，包括土著人民的文化、习俗和遗产。

9. 继续提升社会效应，促进东道国和社区的社会、经济和体制发展

• 尽早与可能受影响的各方一起参与实施阶段，以讨论和回应有关社会影响管理的问题和冲突。

• 确保建立适当的体系，以便与受影响的各方不断互动；确保少数群体和其他边缘群体拥有公平和文化上适当的参与方式。

• 与当地社区及其代表合作，从勘探到闭矿都应促进社区发展。

• 鼓励与政府、非政府组织建立伙伴关系，确保计划（如社区卫生、教育、当地业务发展）精心规划和有效实施。

• 寻求解决贫困的机会，促进社会和经济发展。

10. 针对可持续发展挑战和机遇，以公开透明的方式积极主动地与主要利益相关方建立联系，有效地报告并独立验证进度和执行情况

• 报告经济、社会和环境绩效以及对可持续发展的贡献。

• 提供及时、准确和相关的信息。

• 通过公开咨询的方式，与利益相关方进行交流并作出回应。

（八）公平劳工协会《工厂行为守则》①

前言

公平劳工协会《工厂行为守则》旨在通过定义劳动标准，实现体面和人道的工作条件。这些守则是基于国际劳动标准设立的，并已经作为良好的劳动实践在全球范围内获得认可。

公平劳工协会的公司会员应当遵循工厂所在国的法律法规，并在相关场所实施《工厂行为守则》。当不同标准出现差异或冲突时，公司会员应当使

① Fair Labor Association, *Code of Conduct* (2011), http://www.fairlabor.org/our-work/labor-standards.

用其中要求最高的一种。

公平劳工协会通过仔细检查会员对合规标尺和审核原则的贯彻程度，监督工厂对行为守则的遵守情况。合规标尺阐明了实现每一个守则标准过程中应该达到的详细要求，审核原则对评估合规活动进行指导。公平劳工协会希望，没有达到守则标准的公司会员能够作出改善，并发展相关机制以保证合规行为的持续存在。

公平劳工协会通过提供合作、问责和透明的运作模式，致力于促进工作场所中针对工作条件的积极变化。公平劳工协会正在努力成为一个全球领导者，建立尊重和有道德地对待工人的最佳实践；并推动可持续工作环境的形成，使得工人能够在安全和健康的工作场所中得到公平的薪酬。

雇佣关系

雇主应当采取并贯彻尊重工人的雇佣规则和条件，并依照有关劳动和社会保障的国家和国际性法律法规为工人提供基本的权益保障。

非歧视

不得以性别、种族、宗教、年龄、残疾、性取向、国籍、政治观点、社会地位或少数民族为借口在雇佣、工资、福利、晋升、纪律、解雇或退休等方面歧视任何雇员。

骚扰或虐待

必须尊重每一位雇员。不允许对雇员进行人身、性、心理或语言上的骚扰或虐待。

强迫劳动

不允许使用强迫劳动，包括犯人、契约劳动、抵债劳动或者其他形式的强迫劳动。

童工

不得雇佣 15 岁以下或完成义务教育的年龄以下的工人，取两者中更高的一个作为标准。

自由结社和集体谈判

雇主必须认可和尊重雇员的自由结社和集体谈判的权利。

健康、安全和环境

雇主必须提供安全健康的工作环境，以避免工人在作业中或在使用雇主提供的工具时发生有害健康的事故。雇主应当使用尽责措施，以减少工作场所对环境带来的负面影响。

工作时间

雇主不得要求工人超过工厂所在国法律规定的正常时间和加班小时数上限进行工作。正常工作时间不得超过48小时。每7天必须允许雇员进行至少连续24小时的休息。所有的加班都必须建立在双方同意的基础上。雇主不得频繁地要求工人加班，并应当以更高的水平对所有加班工作进行补贴。除非极特别的情况，一周内正常工作与加班的时间总和不得超过60小时。

报酬

每位工人都有权利凭借一周正常的工作得到相应报酬，且这份报酬应当满足他/她的基本需求，并带来一些可支配收入。雇主应当以当地最低工资或者适当的现行工资（两者间取数额最高的一个）作为支付标准；遵循所有有关工资的法律要求，并根据法律或合同提供附加福利。当报酬无法满足工人的基本需求和带来可支配收入时，每个雇员应当与公平劳工协会合作，寻求适当的解决方案以逐步达到合规的报酬标准。

（九）公平劳工协会《工厂合规基准》[①]

雇佣关系

工作场所守则条款：雇主应采用并遵守尊重工人的雇佣规则和条件，并至少保障其在国家和国际劳动和社会保障法律法规下的权利。(……)

ER. 27　工作规则和纪律

ER. 27. 1　雇主应制定书面纪律规定、程序和实践，详细说明渐进性惩处制度（例如从口头警告、书面警告、停职，最终到解雇的渐进性纪律处分制度）。

ER. 27. 2　雇主应确保经理和主管完全了解工作场所纪律制度，并合理运用纪律条例。

ER. 27. 2. 1　纪律制度应以公平和非歧视方式执行，其中应规定由更高管理层对施加纪律惩处的经理进行复核。

ER. 27. 2. 2　雇主应保留所有纪律惩处的书面记录。

ER. 27. 3　雇主应将纪律规定、程序和实践措施明确告知所有工人。任

---

① Fair Labor Association, *Workplace Code of Conduct and Compliance Benchmarks* (2011), http://www.fairlabor.org/sites/default/files/fla_complete_code_and_benchmarks.pdf.

何例外情况（例如因偷窃或殴打等严重不当行为造成的立即解雇）也应以书面形式明确告知工人。

ER. 27. 3. 1　雇主必须在纪律程序开始执行时告知纪律惩处对象。

ER. 27. 3. 2　工人有权参加和被告知任何针对他们的纪律程序。

ER. 27. 3. 3　工人必须签署所有对其进行纪律惩处的书面记录。

ER. 27. 3. 4　纪律惩处记录必须保存在工人的人事档案中。

ER. 27. 4　纪律制度应安排强制执行过程中的第三方证人和申诉程序。

（十）道德贸易倡议《基本准则》①

道德贸易倡议（ETI）是公司、工会和非政府组织的领先联盟，旨在促进全球工人权利的尊重。我们的愿景是，所有工人都不受剥削和歧视，享受自由、安全和公平的条件。

6. 工作时间不得过长

6. 1　工作时间必须符合国家法律、集体协议以及下文中 6. 2—6. 6 条款中的规定，以对工人提供较强的保护者为准。6. 2—6. 6 条款以国际劳工标准为基础。

6. 2　工作时间（加班除外）由合同确定，每周不得超过 48 小时。*

6. 3　所有加班必须是自愿的。加班必须负责任地使用，考虑到所有如下方面：程度、频率以及工人个体和工人整体工作的时间。不得以加班代替正规就业。加班必须是加价补偿，建议标准是不少于正常工资的 125%。

6. 4　任何 7 天内的全部工作时间不得超过 60 小时，第 6. 5 款规定的情况除外。

6. 5　只有在满足如下所有条件的例外情况下，任何 7 天内的工作时间可以超过 60 个小时；

- 国内法律允许这么做；
- 与代表相当比例工人的工人组织自由达成的集体协议允许这样做；
- 采取了适当的措施保护工人的健康与安全；
- 雇主能够证明加班确属于例外情况，例如出乎预料的生产高峰、事故或紧急情况。

6. 6　必须保证工人每 7 天至少休息一天，或者在国内法律允许的情况

---

① Ethical Trading Initiative, *The ETI Base Code* (2014), https://www.ethicaltrade.org/resources/eti-base-code.

下，每14天休息2天。

＊国际标准建议，在适当的条件下，并且不减少工人的工资的情况下，渐进减少正常的工作时间至每周40小时。

（十一）责任商业联盟《行为准则》[①]

责任商业联盟（RBA），即电子行业公民联盟（EICC）的行为准则旨在建立各种标准，以确保电子行业或以电子产品为关键要素的行业及其供应链的工作环境安全，员工受到尊重并享有尊严，且经营活动符合环保和道德要求。

参与者必须将本准则应用于整个供应链。参与者还应至少要求其下一级供应商认同并执行本准则。（……）

采用本准则的基础是理解企业的所有活动必须完全遵守其经营所在国家/地区的法律、规范和法规。本准则也鼓励参与者除了遵守法律，更要积极了解国际公认的标准，从而承担更多的社会和环境责任并遵守商业道德。决不可遵守本准则而违反当地法律。本准则中的标准若与当地法律有异，责任商业联盟在界定合规性时以最严格的要求为准。与《联合国工商企业与人权指导原则》相符，本准则中的条款来源于几个主要的国际人权标准，包括国际劳工组织《工作中的基本原则和权利宣言》、联合国《世界人权宣言》。

（……）

E. 管理体系

参与者应采用或建立范围与本准则内容相关的管理体系。在设计该管理体系时，应确保：（a）符合与参与者的经营和产品相关的法律、法规及客户要求；（b）符合本准则；（c）识别并降低与本准则相关的经营风险。该体系还应促进持续改进。

该管理体系应包含以下要素：

（1）公司承诺

企业社会和环境责任政策声明确认参与者对合规和持续改进所作的承诺，且经执行管理层批准，以当地语言在工厂发布。

（2）管理问责与责任

参与者应明确指定负责确保实施管理体系和相关计划的高级执行管理人

---

① Responsible Business Alliance, *Code of Conduct* (2018), http://www.responsiblebusiness.org/standards/code-of-conduct/.

员和公司代表。高级管理层应定期审查管理体系的状态。

（3）法律要求与客户要求

用以识别、监控和了解适用法律、法规和客户的要求（包括本准则的要求）的程序。

（4）风险评估与风险管理

用来识别与参与者经营相关的法律合规性、环境、健康与安全及劳工实践和道德风险的程序。确定各风险的重要程度，实施适当的程序和实质控制措施，以控制已识别的风险并确保合规。

（5）改进目标

应制定书面绩效目标、指标和实施计划，并定期评估参与者拟定的这些目标、计划的执行进展情况，从而提高参与者的社会和环境绩效。

（6）培训

培训管理层和员工，以实施参与者的政策、规程和改进目标，并满足适用的法律和法规的要求。

（7）沟通

用以向员工、供应商和客户清晰准确地传达有关参与者政策、实践、期望和绩效信息的程序。

（8）员工反馈、参与和投诉

应制定持续程序（包括有效的投诉机制），用于评估员工对此准则所涵盖的实务和条款的了解程序、反馈，以及执行本准则条款时的违规情况，同时也用于促进持续改进。

（9）审计与评估

定期的自我评估，确保符合与社会责任和环境责任有关的法律法规的要求、本准则内容的要求及客户合同的要求。

（10）纠正措施程序

用以及时纠正内部或外部评估、检查、调查及审查中发现的缺陷的程序。

（11）文档和记录

创建并维护文件和记录，确保遵循法规并符合公司的要求及符合保护隐私的相关保密条款。

（12）供应商责任

用以向供应商传达本准则要求并监督其遵守本准则情况的程序。

（十二）可口可乐公司《人权政策》[①]

尊重人权

尊重人权是可口可乐公司的基本价值观。我们致力于根据《联合国工商企业与人权指导原则》，在我们与员工、供应商和独立装瓶商的关系中尊重和促进人权。我们的目标是帮助改善业务所在社区的人权状况。(……)

人权政策受可口可乐公司董事会监督，包括首席执行官。

土地权和水资源

我们认可与尊重整个价值链的土地使用和水资源利用对尊重人权的重要影响，并且我们通过具体政策和行动加以解决。

虽然我们通常不会直接从农场购买配料，我们必须基于作为多种农业商品的主要购买者的价值观，采取行动并使用我们的影响力，以帮助保护当地农民和社区的土地权。

我们尊重可持续供水、安全饮水的人类需求，并通过适当消毒保护生态系统和社区。通过我们的水管理计划，我们寻求基于权利的水资源利用，通过评估本地水资源风险来降低风险，咨询并与政府、社区和其他利益相关者合作，在需要的地方和需要的时候开发水资源压力解决方案，同时在我们的设施实施水源保护计划。

健康的生活方式

我们致力于提供透明的营养信息和广泛饮料选项，帮助消费者作出符合健康生活方式的知情选择。

（十三）马乐斯《全球企业社会责任、人权和法律》[②]

企业社会责任（CSR）通常被理解为一种企业本身的自愿性努力，存在于“超越合规”的领域。然而，越来越多的作者和从业者认为这种对企业社会责任的理解是不准确、无效的。在本文中，企业社会责任概念“超越合规”在逻辑性、描述性和规范性方面受到质疑；一旦摆脱了概念上的束缚，就可以鼓励企业社会责任的研究更深入地讨论企业自愿主义与法律之间的相

① Coca-Cola, *Human Rights Policy* (2014), https://www.coca-colacompany.com/our-company/human-rights-policy.

② R. Mares, *Global Corporate Social Responsibility*, *Human Rights and Law* (2010), https://papers.ssrn.com/sol3/papers.cfm?abstract_id=2920759.

互作用。(……)

企业自愿主义和法律共存并相互作用，形成监管制度。企业社会责任的重要部分在于龙头企业的实践，那些实际上能够定义并帮助改变适用于其他公司的基准。在过去的10—15年中，龙头企业及其利益相关者围绕公司和治理基准方面开展自下而上的规则制定。“企业社会责任”不仅仅是说服每一家公司“自我监管”。它是关于积极主动的公司通过成功的自我监管努力和吸取失败的经验教训，进行合法化，形成与法律相互作用、促进良好治理动态的规范。法律——东道国、母国以及国际层面——在这两个基准的制度化方面发挥着至关重要的作用。

在形成和实施阶段，特别是在发展中国家，对法律持有不切实际的假设，还忽视可以加强法律制度运作的动力，这都是徒劳的。将企业社会责任视为“超越合规”，歪曲企业社会责任的本质（强调自愿而非自由裁量权），欺骗政策制定者可获得与企业社会责任相适应的政策工具范围（承认公共政策是企业社会责任的一部分，而非硬法），并阻碍法律与企业社会责任互动的验证。

企业社会责任作为“超越合规”并非不真实，因为它很好地描述了这样一种情景：由于法律的威慑力量，企业完全没有或只有最低限度的自由裁量权。但它仍是片面的，因为仍然没有注意到企业社会责任和立法之间的相互作用和影响，并且从监管的角度来阻止对企业社会责任的全面审查也是错误的。因为企业社会责任是一个广泛适用于发达国家和发展中国家的概念，涵盖了社会、环境和经济等各个领域及其特殊的挑战和解决方案。最值得注意的是，在跨国公司等大型企业网络的运营过程中，发展中国家尊重人权的具体背景需要一种适应性的企业社会责任概念，以及对企业社会责任与法律关系的明智理解。将企业社会责任作为“超越合规”的观点掩盖了企业社会责任与立法之间的相互作用，因而无法把握龙头企业在有效保护权利制度化中的作用。

一旦解决了跨国企业的自愿性或强制性的两极分化观点，以及企业社会责任“超越合规”的限制性概念，就可以开始——正如本文所设想的那样——系统性检验企业社会责任与法律之间的相互作用，即通过负责任的商业行为加强了监管制度，法律又强化了尊重人权的企业社会责任目标。

四　中国相关文件与材料

（一）《CSC9000T 中国纺织服装企业社会责任管理体系（2018 年版）》[①]（中国纺织工业联合会社会责任办公室，2018 年更新）

前言

为了贯彻创新、协调、绿色、开放、共享的发展理念，促进转变产业发展方式，落实可持续发展战略，满足人民日益增长的美好生活需要，并贡献于联合国可持续发展目标的实现，中国纺织工业联合会十余年来一直将推动行业自律，加强企业社会责任作为一项行业发展的战略任务。

这一战略任务的核心要求在于引导纺织服装企业在企业战略、制度、运营和业务关系中全面、系统地关注自身的各种影响，回应各利益相关方的利益和期望，科学、持续、系统地履行对社会、环境和市场秩序的责任，做到尊重人权，改善劳动条件，保护环境，维护市场秩序，构建公平、有效的国际供应链和价值链，在提升企业和行业竞争力的同时，实现企业、行业与社会的共同可持续发展。

CSC9000T（Corporate Sustainability Compact 9000 for Textile and Apparel Industry）为实现上述任务提供了行为准则和工作路径。它要求企业从自身产品、服务和业务关系出发，以行为准则中的要求为基准充分识别社会责任风险和机遇，并通过尽责管理将风险和机遇的应对纳入管理体系和业务过程，做到管理体系与社会责任议题的有机融合，从而实现管理能力和社会责任绩效的持续、协同改进。

本版 CSC9000T 是 2005 年首次发布以来的第三版。过去十余年来，CSC9000T 的实施有力地改善了执行企业与利益相关方，尤其是与员工和供应链合作伙伴的关系，提高了企业的管理能力和内生竞争力，并有效地改善了行业的国际形象。本版 CSC9000T 以中国纺织服装行业“科技、时尚、绿色”的新定位以及顺应“一带一路”倡议致力海外拓展等发展趋势为现实依据，吸纳了过去十余年实施进程中累积的经验，以及国际、国内社会责任和可持续发展领域的新近发展和良好实践，在确保行业针对性和适用性的基础上适当增加了行为准则的要求和适用范围，并更加强调主动性的管理尽责。

本版 CSC9000T 还吸收了 ISO 26000《社会责任指南》和《联合国工商企业与人权指导原则》等社会责任标准和倡议的核心理念和原则要求，借鉴了 ISO 9001：2015 和 ISO 14001：2015 以及制定中的 ISO 45001 等管理体系的基本方法和新近发展，并在实体要求上为与其他社会责任和可持续性标准体系的兼容和互认提供了可行性。

（……）

---

① 中国纺织工业联合会社会责任办公室：《CSC9000T 中国纺织服装企业社会责任管理体系（2018 年版）》，http://csc9000.org.cn/d/file/p/2021/05－25/2763a239f54776ec996d5e4b0566885b.pdf。

V　社会责任行为准则

1　人本责任

人本责任要求企业遵循以人为本的原则，尊重员工、消费者和社区其他人员的权利，促进企业与人的协调发展。

1.1　员工

1.1.1　员工权利

企业应：

a）防止仅因性别、年龄、宗教、种族、出身、社会背景、残疾、民族、国籍、婚姻状况、疾病等原因使员工在招用、培训、晋职、薪酬福利、劳动条件、组织和参加工会、退休、解聘等方面受到歧视、排斥或不公平的优待，包括不得要求员工或应聘者接受可能带有歧视性目的的医疗测试或体检。

b）尊重员工依法、民主地组织和参加工会的权利、选举员工代表的权利、开展集体协商的权利，以及不参加此类活动的权利，同时不应当以任何方式干涉工会组织或集体协商的建立、运作或管理。

c）保证不招用或不支持招用低于当地最低就业年龄的未成年人，以积极审慎的措施救济已被招用的此类未成年人，并且不得将未成年工置于可能损害其健康、安全或道德的环境中。

d）确保不以暴力、威胁、抵债、契约、拐卖、非法限制人身自由、扣减应得工资或法定福利等手段强迫或强制员工劳动或者遵从管理制度，不在招用员工时收取财物或要求其提供担保，不扣留或隐匿、没收或拒绝员工查看本人的身份证明，并在工作场所预防和制止体罚、人身、心理或者语言上的骚扰、胁迫或虐待行为，包括性骚扰。

e）按照适用的法律和行业惯例，在平等自愿、协商一致、诚实信用的基础上订立劳动合同或类似协议，在向员工提供有关他们的权利、责任和就业条件的明确信息的基础上建立劳动关系，并且尊重员工依据合同或法律规定解除劳动关系的权利。

f）遵守适用的法律、集体协议或行业标准中关于工作时间、休息、加班和公共假期的规定，尤其是，所有加班应属自愿且符合职业安全健康的要求，同时保证员工每 7 天之内至少有一天的休息日。

g）以法定货币形式及时、定期、全额地向员工支付不低于法律要求或行业标准中较高者的工资和福利待遇，包括按照规定倍率支付的加班工资，同时向员工提供关于每一个工资支付周期中工资和福利组成的详细说明，而且任何报酬的扣减只可在法律允许或集体协议规定的条件下和范围内实行。

h）不采用纯劳务性质的合同、连续的短期合同或季节性合同、无传授技能或转正意图的学徒计划，或其他方案来逃避劳动和社会保障法规中的义务。

i）遵守职业健康与安全法规，尊重员工健康、安全工作和生活的权利，采取有效措施防止潜在的健康和安全事故、伤害和疾病，为员工提供安全、健康的工作和生活环境，为此，尤其应：

1）确保在其控制范围内的设备和建筑物等的卫生和安全，包括提供给员工的居住、生活和娱乐设施。

2）采取工程技术或管理手段控制危险源的暴露和影响，必要时免费向员工提供有效的个人防护装备。

3）向员工提供充分的工作场所健康与安全培训，并在工作场所清晰张贴健康与安全警示和防护信息。

4）确保员工的休息区、饮用水、饮食（包括烹饪和食物储存设施）的安全和卫生。

5）确保提供足够、有效的职业医疗援助和相关设施。

6）强化管理层和员工之间在健康和安全问题上的顺畅沟通和积极合作。

1.1.2 员工发展

企业宜：

a）尊重员工的发展需求，投入必要资源对员工进行职业教育和技能培训，不断提高员工业务素质和技能水平。

b）为员工开展职业发展培训，并提供科学合理的职业发展通道或晋升通道，提升员工的职业成就感。

c）关注员工心理健康，采取心理援助和心理健康教育等措施消除员工的不良心理状况，并致力于营造多元化和包容性的工作氛围。

d）丰富员工文化活动和社会生活，关心员工及其家庭，鼓励并协助员工实现工作与生活的平衡。

1.2 消费者

1.2.1 产品或服务

企业应：

a）确保提供的产品或服务符合所有议定或法律规定的健康与安全标准，包括与健康警告和产品安全信息有关的标准。

b）在适当情况下设计并提供适用于弱势和处境不利群体的产品或服务，最大限度满足不同类型消费者的需要。

1.2.2 消费者权益

企业应：

a）提供关于产品或服务价格、成分、安全使用、环境属性、维护和处置的准确清楚的信息，足以使消费者做出知情决定。

b）公平公正的开展商业宣传和营销活动，所提供的信息应确保准确、充分，无虚假、误导或欺骗性信息，避免歧视任何消费者群体。

c）依法或根据行业惯例为消费者提供售后服务，在可行时将产品和服务相结合为消费者提供与产品使用相关的其他服务。

d）尊重并保护消费者的隐私，合理收集、储存和使用个人信息和数据。

1.3 社区

1.3.1 尊重人权

企业应：

a）尊重社区居民，尤其是土著居民的基本权利，包括人身安全权利、土地权利、生态与环境权利以及文化和遗产权利。

b）利用自身优势和技术专长，结合企业的经济能力和业务特点开展、参与或支持有助于社区和居民发展，尤其是妇女、儿童、残疾人等弱势群体权益的项目和活动。

1.3.2　本地化运营

企业宜：

a）在同等条件下优先雇用当地社区居民，必要时为其提供技能培训。

b）在同等商业条件下优先在当地采购和投资，优先提供外包机会给当地组织和个人。

c）在开展影响到当地社区的重大活动或投资项目之前，充分披露相关活动的信息以增强透明度，必要时与当地居民或其有权代表主动开展磋商，获取当地居民的理解和支持。

2　环境责任

环境责任以最小化企业对环境的负面影响为目标，要求减少污染，节约资源，降低温室气体排放，适应气候变化，确保企业与环境生态的可持续发展。

2.1　污染

企业应：

2.1.1　遵守污染排放相关的法律法规，包括依法获取、维护并更新必需的环境许可和资质，并遵守相关运营和信息披露要求。

2.1.2　识别污染源，并从源头上或通过改进生产工艺和设施、替换材料等方法预防和减少有害物质的使用和污染的产生。

2.1.3　确保污染物达标排放，并逐步减少污染物种类和排放总量，提高排放标准。

2.1.4　确保化学品，尤其是危险物质的运输、存储、使用、回收、排放、处理与销毁的程序与标准达到适用的最高法律标准。

2.2　资源

企业宜：

2.2.1　在经营活动、产品或服务中，采取资源效率措施，减少对能源、水和其他资源的使用和废物的产生。

2.2.2　基于全生命周期的产品设计和管理，提高资源的利用率，尤其是纤维材料的再利用和资源化水平。

2.2.3　在可行时，提供有关产品和服务的可持续性信息，方便消费者了解产品或服务的资源利用特性和可持续性资质，支持可持续消费。

2.3　气候变化

企业宜：

2.3.1　通过采用清洁能源和清洁技术，参与开发利用可再生能源，参与节能自愿协议等方式，在企业控制范围内逐步减少直接和间接的温室气体排放。

2.3.2　识别气候变化可能给自身及利益相关方带来的影响，并采取必要措施适应气候变化。

3 市场责任

市场责任要求企业基于自身和整个社会的可持续发展，致力于负责任的创新，促进公平运营，加强供应链管理，实现企业与其他市场主体和利益相关方的共赢发展。

3.1 创新

企业宜：

3.1.1 从自身业务特点出发，围绕解决经济社会发展所面临的问题及促进可持续发展的需求，开展负责任的技术、产品和服务创新、经营模式创新和管理创新。

3.1.2 充分利用信息技术，推进信息化与工业化深度融合，将各类创新有机结合，促进产业转型升级。

3.2 竞争

企业应：

3.2.1 将公平、诚信作为生产经营和市场竞争的基本原则，并积极参与行业和区域层面的诚信机制。

3.2.2 尊重和保护产权，包括企业自身和他人的知识产权和专有技术等。

3.2.3 反对市场垄断等不正当竞争行为，并且不通过恶意压低价格和损害竞争对手等方式来获取竞争优势。

3.2.4 预防和惩治在商业经营和利益相关方关系中的商业贿赂和其他腐败行为。

3.3 供应链

企业宜：

3.3.1 将本 CSC9000T 行为准则的要求作为选择供应商和承包方的条件，并利用信息共享、技术指导、能力培训和供应商评价等方式协助其达到这些要求。

3.3.2 强化采购、生产和技术支持等部门之间的协调，减少供应链社会责任目标与商业目标之间的竞争和冲突，同时提高供应链透明度。

3.3.3 与供应链各方建立有关社会责任议题的沟通机制，促进共担责任与风险，共享价值与发展的协作机制与合作行动。

（二）中强光电《人权政策》①

身为电子产业公民企业，我们遵守 RBA 承诺，认同并遵循联合国《世界人权宣言》、《联合国全球契约》、《联合国工商企业与人权指导原则》、《联合国国际劳工组织公约》等各项国际人权公约，杜绝任何侵犯及违反人权的行为，明确揭示以公正与公平态度对待与尊重劳工，并遵守政府法令相关规定。

我们遵守营运所在地之劳动、性别工作平等相关法规并制定有关人权保障、劳动政策及执行相关措施；持续宣导人权政策与实务原则，透过人权守则的签署，确保全体同

---

① 《人权政策》，见中强光电网站，https://www.coretronic.com/cn/hr/human_right，2022 年 7 月 5 日更新。

仁的人权意识，并提升在各个面向的素养，使能合理的应对不同的挑战。中强光电人权政策说明如下：

- **多元包容性与平等机会**

中强光电提供员工性别平等与多元化的工作环境，秉持开放、公平的原则，不因个人年龄、性别、身心障碍、种族、宗教、政治倾向或怀孕妇女而有差别待遇。消除各种形式之强迫劳动、消除雇佣与就业歧视等，禁止骚扰，尊重隐私权，致力营造一个机会均等、有尊严、安全、平等、免于歧视与骚扰之工作环境。

目标	在人员的招募、晋用、奖酬方面，不因种族、阶级、语言、思想、宗教、党派、籍贯、出生地、性别、性倾向、年龄、婚姻、容貌五官、身心障碍或以往工会会员身份而有差别待遇 在不影响营运效率与整体公平的前提下，保障少数族群的发展机会 于「人员招募作业程序」中，揭示上述平等承诺
风险评估	除职务执行的必要，自招募流程开始，中强光电即依内控程序，杜绝不法歧视 在人员管理方面，重视「用人唯才，适才适所」，不以无关的个人特质作为管理指标
执行方法	定期盘点年龄、性别等群组比例，确保在客观因素相等的情况下，多元与平等得以维持 借由 8585 专线及信箱、实体员工意见箱、员工免费服务专线、EIP 员工专属资讯网站、员工讨论园地、劳资会议、职福会议等申诉管道，确保同仁能随时反映问题 于年度「企业社会责任报告书」揭露各盘点项目执行成果
改善措施	配合管理实务，检视各领域的多元包容与机会平等程度；并依照政府法令、社会环境的变迁，随时检视工作环境与规章 若查有违反「中强光电人权政策」之实，则与主管进行必要之改善措施，并返还员工应有之权利
2021 年成效	未接获歧视申诉案件 以性别而论，在职员工人数男女比例约为 3：2，系因职务属性影响 男女基层人员（直接人员）起薪皆为新台币 24000 元 各项员工类别，男女薪资比例约为 1：0.982，近男女同酬

- **不雇用童工**

符合当地的最低年龄的法律和规定，不雇用童工。

目标	除依政府规定办理之建教合作实习外，不接受未满十六岁人员应征公司职务，并于「人员招募作业程序」及相关程序表单，揭示上述承诺
风险评估	于人员招募前置的资料表与程序表单，持续揭示前述禁用童工之原则
执行方法	应征者应于招募表单提供年龄相关资讯，若为未满十六岁者，不得安排面谈 获聘员工于报到当日须提交相关身份证明文件（例如身份证、驾照、健保卡、学历证明等），确认已年满十六岁方得晋用 依政府规定办理之建教合作中，若有未满十六岁之实习学生，应出具法定代理人之同意方得入厂实习

续表

改善措施	依政府规定办理之建教合作中，若有未满十六岁之实习学生，不得从事繁重及危险之工作
2021 年成效	未聘雇未满十六岁人员 外包人力所有单位均遵守不雇用童工之规范，包含产学合作、暑期实习之雇用员工均无聘雇未满十六岁人员

- **符合基本薪资**

提供员工符合甚至优于当地法令所要求之最低限度的工资与福利。

目标	依营运场所所在地，所有员工的薪资均符合当地法令规定之基本工资水准，并依规定办理社会保险 提供法令规范之外的保险与福利措施 于「中强光电工作规则」，揭示上述承诺
风险评估	新进人员叙薪依据「薪资管理办法」，所有职务/职位之起薪皆优于当地法令所要求之最低限度
执行方法	新进人员于报到当日需签回任用通知书，其中载明薪资，以确保双方同意之劳雇条件符合法令规范 每个月发放之薪资，均提供项目明细与计算方式，确保发放内容符合法令规范 配合政府公告更新的基本工资，定期检视内部人员的薪资水准，确保所有人员的薪资均符合法令规范
改善措施	配合政府公告更新的基本工资，定期检视内部人员的薪资水准，若既有人员薪资低于即将生效的基本薪资，则及时调整以符合法令规范 参考市场薪资水准，定期检视薪资核叙规范，确保薪资水准符合市场标准
2021 年成效	男女基层人员（直接人员）起薪皆为新台币 24000 元，合乎台湾法定最低薪资标准

- **合理工时**

中强光电明订合法且合理的工时管理计划，并定期关心及管理员工出勤状况。

目标	依营运场所所在地，设定合于当地法规规范之工时制度与管理计划 配合营运需求，在员工同意之下，合于法令规范进行加班安排，并依员工意愿，给予加班费或补休作为补偿 于「中强光电工作规则」、「工作时间管理办法」、「加班管理办法」及相关程序表单，揭示上述承诺
风险评估	依据前述工时承诺，设定出勤管理系统，及加班计划与管理系统 若有不符规范的加班计划，资讯系统将即时禁止相关加班安排 单位主管有权责确实管控出勤与加班状况，以兼顾员工身心健康与遵守法令规定

续表

执行方法	出勤系统在检出不符合规范之出勤活动时，会发出「出勤异常通知」予本人与直属主管，及时控制可能的风险 员工提出加班计划时，若加班系统检出不符合规范的加班安排时，将提出警示讯息，并不允许继续进行加班计划 若员工累计之出勤或加班记录即将趋近法规管控之上限时，会发出「出勤异常提醒」予本人与直属主管
改善措施	定时提交整体出勤报告予主管，并提示具有工时风险的项目，以便主管进行人力与工作之安排
2021 年成效	安排黄金旅游周，并给予 7 天弹休以确保安心休假 设有夜间广播与巡厂人员，提醒同仁避免过长工时 进行「出勤工时推播」，将出勤状况及时提醒同仁及直属主管，避免超时工作

- **健康安全职场**

中强光电非常重视职场安全与卫生，期望员工能在健康、安全及充满人性关怀的环境下工作，同时能拥有健康的身心，台湾各厂区皆以建构安全健康的工作场所及零职灾为目标。

目标	积极推动各项健康促进活动，并于活动结束后进行成效评估及研拟改善策略，以期全体同仁都能获得完善照顾，致力营造健康有感、安全又舒适的友善职场 在安全工作环境方面，成立「职业安全卫生委员会」，负责职安卫事务之审议与推动年度目标，持续推动安全工作环境与职业灾害预防
风险评估	为有效降低员工遭受危害暴露及罹患职业病的风险，公司因应职安法新兴职场健康议题，针对母性、人因工程、过负荷及不法侵害订定作业说明书，给予个人健康指导及相关改善措施，以保障同仁健康 安全工作环境管理部分，除持续推动厂区节能减碳与工业减废，还定期教育训练，提升员工安全卫生意识
执行方法	在健康保护部分，每 2 年进行一次问卷评估，分析高风险人群之辨识结果，并约诊职医面谈评估及指导 持续改善环安卫管理部分，分别建置 ISO 14001 环境管理系统、OHSAS 18001 及 CNS 15506 台湾职业安全卫生管理系统以「落实风险管理、预防灾害与不健康发生、增进员工安全卫生意识、营造安全舒适的工作环境、预防污染发生、进行废弃物之减量与回收、提高资源使用效率、致力成为绿色企业」为目标
改善措施	为有效防止职业灾害发生，实施人员教育训练、工作环境巡检及内/外部稽核，检视全公司之环境、安全、卫生作业，以确保工作环境安全 订定职业灾害防止计划，以强化工作环境安全及提高机械设备安全为巡检目标，并遵循事故管理规范及落实通报系统调查、分析及改善
2021 年成效	公共空间设计艺文、音乐装置，舒缓工作压力，提升职场健康 透过爬楼梯比赛与厂内运动会，鼓励运动并促进健康保养 因应 COVID－19 疫情防治，施行相关防疫措施，详细请前往健康照护页面 关于安全工作环境策略与措施，请前往安全职场页面

- **结社自由**

本公司尊重员工的权利，员工可依法自由结社，设立多元社团，并积极宣导同仁加入社团。

目标	为保障员工福祉，成立职工福利委员会，并依法遴选员工代表委员，确保员工之权益 鼓励同仁参与正当休闲及福利活动，并依据「福委会社团活动管理及补助办法」，保障员工成立社团之权利
风险评估	社团取得必要人数之员工连署，核备福委会后即可成立
执行方法	员工社团之成立与运作系由福委会监督，俾使其宗旨为符合员工利益，不违反社会善良风俗，且不侵犯其余员工之权益 福委会针对合规成立的社团以及合法举办的活动提供补助经费，俾使员工社团得以顺利运作
改善措施	员工社团之成立与活动举办，由福委会定期监督；如有违反员工权益或其他违法事宜，亦由福委会进行纠正
2021 年成效	各项员工福利措施，请前往员工福利页面 共成立 6 个社团，并给予新台币 5.3 万元社团补助金

- **劳资协商**

制定员工与管理阶层间公开直接之沟通作业程序及提供员工多元沟通管道，宣导公司政策、制度、福利措施及各项活动，同时让员工意见得以充分表达，并适时给予回应和协助。为达到充分沟通及有效解决问题之目的，定期召开劳资会议并设有 8585 员工专线及信箱以期共创幸福企业。

目标	为保障员工权利、创造双赢劳资制度、建立劳资双向沟通管道、提供员工健全劳资关系，依据「劳基法」与「劳资会议实施办法」，定期举办劳资会议，并由员工遴选之劳方代表，就公司营运与员工议题进行劳资协商
风险评估	劳资会议依法每季分厂区进行，议题与会议记录留存以备主管机关查核，确保劳资间沟通如期进行 福委会议定期进行，确保员工福祉之执行 由员工意见管道提出之员工议题，由受理单位转呈议题权责单位，并视议题内容与员工进行沟通
执行方法	劳资会议记录依法留存以备主管机关查核，确保劳资沟通议题如实处理 福委会议记录年度公告，确保资源公平运用，员工福祉确实促进 员工意见管道提出之议题及处理结果，由集团稽核室存查，确保合理合规
改善措施	以制式之劳资会议、福委会议为基础，并以多元意见回馈管道为应用，二者互为补充，确保劳资协商机制畅通，并保障员工权益不至受损
2021 年成效	各厂区每季举行劳资会议，2021 年共举行 16 场劳资会议，并将会议记录公告于公司内部网站，确保意见充分沟通

人权教育训练

针对人权政策及各个执行面向设计推广课程并设为间接人员必修课程，共1013人次完成人权政策宣导课程，并签署中强光电人权守则，完成率达95%。未来将要求全体同仁皆须修习课程及签署守则。

人权事件申诉管道

• 内部建有8585专线及信箱、实体员工意见箱、员工免费服务专线、EIP员工专属资讯网站、员工讨论园地、劳资会议、福委会议等多元沟通管道，供员工反映问题。

• 官网设置利害关系人及员工违反从业道德行为申诉管道，供外部人员进行举报或申诉。

• 各项申诉案件，由受理单位转呈议题权责单位，并视议题内容与员工进行沟通。

• 各项申诉案件之议题及处理结果，由稽核室存查，确保合理合规。

（三）MMG《人权政策》①

根据MMG的价值观和愿景，MMG及其子公司致力于尊重人权，并相信个体的尊严。MMG承认并支持联合国《世界人权宣言》和《经合组织跨国企业准则》定义的人权，以及国际劳工组织《工作中的基本原则和权利宣言》中阐明的核心劳工标准。MMG的价值观和对诸如《安全与人权自愿原则》等倡议的坚持表明了这种支持。

我们认识到，人权涵盖了广泛的相互关联的问题，因此需要跨多种业务职能和跨资产生命周期的综合方法。我们的人力资源、供应、社会绩效、利益相关方关系、安全、地球科学、探矿和项目开发职能在履行我们对人权的承诺方面负有具体责任，并得到我们员工、政府、社区和供应商的支持。

我们将管理人权风险的方法嵌入我们更广泛的风险管理框架、流程和标准中：

• 将人权因素纳入我们的雇佣流程、风险分析活动和正式申诉流程。

• 制定流程使我们的利益相关者能够举报不可接受的行为，而不必担心受到恐吓或报复。

• 采用文化上适当的参与和协商程序，以确保弱势群体和土著社区的有意义的参与，尤其是在决策中。

• 尊重人权、利益、与土地和水域的特殊联系以及我们生活和经营的地区的土著人民和社区的观点，包括通过在我们产生影响的地方提供获得补救措施的程序。

我们的运营依照国际框架以：

---

① https://www.mmg.com/wp-content/uploads/2019/11/MMG-Human-Rights-Policy.pdf，2019年10月发布；关于该公司："MMG成立于2009年，公司的愿景是打造享誉全球的多元化基本金属公司……在主要股东中国五矿的引领下，公司的目标是，2020年前发展成为全球顶尖的中型矿业公司之一，长期目标是成为全球顶尖的大型矿业公司之一……公司总部位于澳大利亚墨尔本"，见该公司网站介绍，https://www.mmg.com/zhs/who-we-are/。此中文版由编者翻译自英文版。

• 尊重 ICMM 可持续发展框架中概述的人权，并参加涉及面广的工商业和人权议题的成员讨论和同行学习。

• 使我们的社会投资与联合国可持续发展目标保持一致。

• 坚持《安全与人权自愿原则》的宗旨，并争取加入《自愿原则倡议》。

• 努力使我们的做法与国际劳工组织的核心公约保持一致，聚焦于直接适用于企业的人权。

• 拒绝任何形式的奴役、强迫劳动和童工，并努力确保我们的业务和供应链中不存在这种做法。

• 根据《现代奴隶制法案》报告人权风险。

• 通过与传统决策流程相一致的流程，根据 ICMM 关于土著人民和采矿的立场声明的要求，获得土著人民的自由的、事先的、知情的同意。

• 实施与《联合国工商企业与人权指导原则》的"补救"规定相一致的现场申诉机制。

• 承认与人权维护者及其代表的利益相关者进行建设性合作的重要性，并认识到言论和集会自由是一项基本人权。

本政策将受到规定了 MMG 公司和其子公司运营方式的 MMG 标准和流程的支持。

（四）《华为供应商社会责任行为准则》①

华为是全球领先的 ICT（信息与通信）基础设施和智能终端提供商，我们致力于把数字世界带入每个人、每个家庭、每个组织，构建万物互联的智能世界。为此，华为支持联合国可持续发展目标（SDG）的实现，与供应链上下游的客户和供应商密切合作，共同履行企业社会责任（CSR），构建可持续的产业链。

《华为供应商社会责任行为准则》（下称"本准则"）参照《责任商业联盟行为准则》（RBA 准则）和《全球电信企业社会责任联盟供应链可持续指南》（JAC 指南），结合华为对供应商的 CSR 要求拟制而成，也是华为供应商 CSR 协议的组成部分。

华为公司要求供应商遵守其经营所在国家/地区的所有适用的法律法规，以此作为与华为合作的前提条件。华为公司鼓励供应商采用国际公认的行业标准和行业最佳实践，持续提升 CSR 管理水平。在合理通知的情况下，华为有权对供应商的现场进行审核，以评估供应商对本准则遵守的情况。

华为公司对照《OECD 责任商业行为尽责管理指南》和《IPC－1401CSR 管理体系标准》建立采购 CSR 管理体系，将 CSR 纳入采购业务全流程，包括物料认证、供应商的认证、选择、绩效评估及组合管理的全生命周期管理。对于 CSR 表现好的供应商，华为公司在同等条件下提高采购份额，优先提供业务合作机会；对于 CSR 表现差，尤其是违反 CSR 红线的供应商，华为公司要求限期整改，同时降低采购份额或限制业务合作机会；

---

① 《华为供应商社会责任行为准则》，见华为官网，https://www.huawei.com/cn/sustainability/sustainability-report/huawei-supplier-social-responsibility-code-of-conduct。

如不能限期完成整改，将取消合作关系。

本准则适用于向华为投资控股有限公司及/或其全球范围内的子公司、关联公司（统称“华为”）提供产品及/或服务的供应商。此准则适用于所有员工，包括临时工、外籍劳工、学徒工、学生工、合同工、直接雇员和其他类型的工作人员。

本准则包含五个部分：劳工标准、健康和安全、环境保护、商业道德以及管理体系。

1. 劳工标准

1.1 自由择业

供应商必须确保所有员工纯属自愿被雇用。供应商不得雇用任何形式的奴隶（包括现代奴役劳工）、强迫劳工、抵债劳工、被贩卖人口或监狱劳工。供应商不得限制人身自由，不得扣留身份证明文件，不得贩卖人口，包括不得通过威胁、强迫、强制、诱拐或欺骗方式运送、窝藏、招聘、转移或接收此类劳工或服务。员工不得被要求向雇主或代理支付押金、招聘费或其他费用。

1.2 童工和未成年工

1. 供应商应遵守所有适用的有关最低工作年龄的法律法规，禁止使用任何形式的童工。

2. 供应商应在招聘时有效鉴别所有员工的年龄，低于18周岁的未成年工不得从事可能危及其健康或安全的工作。

3. 供应商应按照适用的法律法规要求保护学生工和学徒工。

1.3 工作时间

供应商应遵守所有适用的与工作时间及休息相关的法律法规，所有加班必须自愿。标准工作周（不含加班时间）应当根据法律确定但不可以超过48小时，并且每周总工作时间不得超过60小时。员工每连续工作六天后应至少有一天休息时间。

1.4 薪资福利

供应商向员工支付的薪酬应符合所有适用的工资法律，包括有关最低工资、加班工资和法定福利在内的各项法律。供应商应足额、按时向员工本人支付工资并提供清晰易懂的工资单。

1.5 人道待遇

供应商不得使用暴力，包括但不限于言语侮辱、威胁、体罚、性骚扰或肉体胁迫员工，不得非法搜身或异性搜身，亦不得威胁实施此类行为。

1.6 非歧视

供应商不得因人种、肤色、年龄、性别、性取向、性别认同和性别表现、种族或民族、残疾、怀孕、宗教信仰、政治派别、社团成员身份、受保护的基因信息或婚姻状况等在聘用、薪酬、升迁、奖励、培训机会、解雇等用工行为中歧视员工。不得要求员工或准员工接受可能带有歧视性目的的医疗测试或体检。

1.7 自由结社

供应商应根据当地法律，尊重所有员工自愿组建和加入工会、进行集体谈判与和平集会以及拒绝参加此等活动的权利。供应商应建立有效的劳资沟通机制，定期与员工或员工代表沟通。员工和/或其代表应能与管理层就工作条件和管理实践公开交流沟通并表达看法和疑虑，而无须担心会受到歧视、报复、威胁或骚扰。

2. 健康和安全

供应商应提供安全和健康的工作环境。杜绝任何严重危及生命安全或健康的工作条件，防范任何重大火灾或爆炸事故发生，防范作业现场发生致命事故，防止在工作过程中发生或引起疾病，如传染病疫情导致集体性感染事件。

2.1 工作条件

1. 供应商应取得、维护并更新所有必要的健康和安全许可，并遵守这些许可的相关规定。

2. 供应商应识别、评估可能存在的健康安全风险（包括消防、工业卫生、强体力型工作、机器防护等），通过消除危害、替代、工程控制、预防性维护和安全工作流程（包括上锁/挂牌），来消除或降低风险，必要时，提供适当的个人防护用品。此外，还应采取适当的措施保护女工，尤其是孕妇和哺乳期女工的安全健康。

3. 供应商应制定必要的程序和体系以预防、管理、跟踪和报告工伤和疾病，并实施纠正措施以消除影响，帮助员工重返工作。

4. 供应商应采用当地语言向员工提供适当的健康与安全培训，在工作场所张贴健康与安全相关信息。

2.2 生活条件

供应商应为员工提供干净的卫生间设施和饮用水，必要时提供干净卫生的食物、储藏与用餐设施。员工宿舍应保持洁净安全，以及合理的生活空间。

2.3 应急准备

供应商应识别并评估可能发生的紧急情况和紧急事件，包括但不限于火灾、爆炸、致命事故、集体中毒等，并通过实施应急方案及应对程序，包括紧急报告、现场急救、通知和撤离程序、定期训练与演习和复原计划等，最大限度地降低对人身、环境和财产的影响。

2.4 绝对规则

供应商应遵从以下安全规则，确保所有员工全面了解并遵从，同时监督其执行：

1. 高空作业

（1）除非经过适当的培训并取得相应资质，绝不从事任何高空作业；

（2）高空作业时始终穿戴适当的个人防护装备；

（3）决不在吊装物下行走或站立；

（4）高空作业时决不抛掷工具或其他物品。

2. 驾驶作业

（1）驾驶或乘坐车辆时始终佩戴安全带；

（2）驾驶过程中决不使用手提电话；

（3）决不超速行驶；

（4）决不疲劳驾驶。

3. 带电作业

除非经过适当的培训并取得相应资质，决不从事带电作业

4. 酒精或药物

决不在酒精或药物影响期间工作。

3. 环境保护

3.1　环境许可与报告

供应商应获取、维护并更新所有必需的环境许可证（如排放监测）、批准文书及登记证，并遵守其关于运营和报告的要求。

3.2　产品环保要求

供应商应遵守所有适用的有关禁止或限制性物质的法律法规和客户要求，如RoHS、REACH等，采取有效措施禁止或限制在产品中或/和制造过程中使用特定的物质。

3.3　预防环境污染

供应商应遵守所有适用的有关污染物（包括废水、废气、固体废物）的法律法规，包括相关的制造、运输、存储、处理和排放等方面的要求，从源头上降低或消除污染的产生和排放，禁止违法排放有毒有害污染物，预防噪声污染。

3.4　节能减排

供应商应采取节约和替代措施，降低对能源、水、自然资源的消耗，以减少温室气体排放。

4. 商业道德

4.1　诚信廉洁

禁止供应商发生腐败和不诚信事件，做到“不行贿、不送礼、不关联、不弄虚作假、不偷工减料、不商业欺诈、信守承诺”，即“六不一守”。

4.2　知识产权

供应商应尊重知识产权，在进行技术、经验、知识或信息的转让时应保护知识产权、保护客户信息。

4.3　公平交易、广告和竞争

供应商应秉持公平的交易、广告和竞争标准。

4.4　身份保护和无报复政策

除非法律明令禁止，应制定程序以保护上游供应商和员工举报者，并确保其身份的机密性和匿名性。供应商应制定沟通程序，让员工能够提出疑虑而无须担心遭到报复。

4.5　负责任的矿物采购

供应商应采取合理的行动，对其产品中所含的钽、锡、钨、金和钴等金属的来源和产销监管链进行尽职调查，并按照要求向客户提供必要的尽职调查信息。

4.6　隐私

供应商应承诺保护所有业务相关人员，包括供应商、客户、消费者和员工的个人信息的合理隐私期望。供应商在收集、存储、处理、传输和共享个人信息时应遵守隐私和信息安全法律及法规要求。

5. 管理体系要求

5.1 公司承诺和管理责任

供应商高层管理者应用当地语言发布 CSR 政策声明，应承诺至少遵守法律法规、行业标准、客户要求及本准则的要求，并持续改进。

供应商应指定一名高层管理者负责 CSR 管理，基于管业务必须管 CSR 的原则，建立内部考核和问责机制，将 CSR 融入各个职能部门的日常运作，根据要求接受客户安排的现场审核，并披露相关信息。

5.2 风险评估与风险管理

供应商根据法律法规、行业标准、客户要求、本准则要求及自身战略需求，识别与其运营相关的 CSR 风险和机遇，实施适当的控制措施，最大程度降低风险。

5.3 上游供应商管理

供应商应建立采购 CSR 管理体系，将本准则要求作为采购要求纳入上游供应商管理，包括签署书面承诺、纳入认证选择标准及定期审核。

5.4 内部审核和管理评审

供应商高层管理者应定期评审自身及上游供应商的 CSR 表现，以确保其 CSR 管理体系的适宜性、充分性和有效性。

华为保留对本准则的解释权。

五 延伸阅读

- Global Compact and the UN High Commissioner for Human Rights, *A Guide for Business How to Develop a Human Rights Policy* (2011), https://www.ohchr.org/Documents/Publications/DevelopHumanRightsPolicy_en.pdf.
- Institute for Human Rights and Business, *ICT Sector Guide on Implementing the UN Guiding Principles on Business and Human Rights* (2012), https://www.ihrb.org/pdf/eu-sector-guidance/EC-Guides/ICT/EC-Guide_ICT.pdf.
- Jodi Short et al., *Beyond Symbolic Responses to Private Politics: Codes of Conduct and Improvement in Global Supply Chain Working Conditions* (2018), https://papers.ssrn.com/sol3/papers.cfm?abstract_id=2806966.
- Niklas Egels-Zandén, Henrik Lindholm, *Do Codes of Conduct Improve Worker Rights in Supply Chains? A Study of Fair Wear Foundation* (2014), https://fek.handels.gu.se/digitalAssets/1494/1494749_egels-zanden-and-lindholm--2014----do-codes-of-conduct-improve-worker-rights-in-supply-chains.pdf.
- Patrick C. Leyens, *Self-Commitments and the Binding Force of Self-Regulation with Respect to Third Parties in Germany* (2017), https://papers.ssrn.com/

sol3/papers. cfm? abstract_id = 3087417.

- Ralf Rogowski, *The Emergence of Reflexive Global Labour Law* (2015), https://papers. ssrn. com/sol3/papers. cfm? abstract_id = 2620181.
- 梁晓晖：《供应商行为守则的特性分析及其对权益保护的法律意义》，《清华法律评论》2007 年第二卷第一辑。
- 余晓敏：《跨国公司行为守则与中国外资企业劳工标准——一项“跨国—国家—地方”分析框架下的实证研究》，《社会学研究》2007 年第 5 期。

六　案例

2018 年 7 月，苹果公司与几家供应商共同宣布了一项基金投放计划。未来四年，苹果和 10 家供应商将共同向中国清洁能源基金投资近 3 亿美元。这是苹果在中国推出的首个全新的投资基金，寻求可再生能源领域的投资机会。该基金将在中国投资和开发总计超过 1 千兆瓦的可再生能源，这相当于近 100 万个家庭的用电量。

外媒指出，可再生能源一直是苹果公司 DNA 的一部分。早在 2008 年，苹果就已经在为其北卡罗来纳数据中心寻找可再生能源。据报道，该公司委托旧金山湾区的一家太阳能承包商为该中心建造了一个专门的太阳能设施，并最终为数据中心建造了三个太阳能项目，其中两个为 20 兆瓦、一个为 18 兆瓦的太阳能发电站，此外，还有一个能够产生 10 兆瓦绿色电力的沼气燃料电池发电站。

2018 年 4 月，该公司推出了新款回收机器人黛西（Daisy），通过拆解老旧的 iPhone 以回收利用其高质量部件。目前，黛西可以拆解 9 种不同型号的 iPhone，大约每小时能拆解 200 部。据悉，苹果公司曾在 2016 年宣布该公司第一代回收机器人利亚姆（Liam），而黛西则是利亚姆的升级版，并且也用了部分利亚姆的组件。

苹果同时还在与供应商合作探索减少温室气体排放的新方法。公司宣布与铝材供应商美国铝业（Alcoa Corporation）和力拓铝业（Rio Tinto Aluminum）实现了重大的技术突破，可消除在传统的铝金属制造过程中冶炼这个关键环节所产生的直接温室气体排放。

苹果公司称，“向清洁能源过渡是一项复杂而艰巨的任务”，对小型企业尤其如此，他们难以获得切实可行的清洁能源。这正是成立中国清洁能源基金的意义：凭借自身的规模和范围，能够为成员企业提供更具吸引力、更多样化的清洁能源解决方案。同时推进苹果产品供应商早日实现清洁能源供应。

2018年早些时候，苹果宣布在全球的所有设施已实现100%清洁能源供电，并启动了供应商清洁能源计划。自该计划推出以来，已有来自10多个国家或地区的23家制造合作伙伴承诺采用100%清洁能源为苹果制造产品。此外，到2020年，苹果及其供应商将在全球范围内生产超过4千兆瓦的新清洁能源，这相当于苹果目前生产制造环节碳足迹的三分之一。

“苹果的使命从未动摇过。我们是来改变世界的（……）这就是为什么我们不断努力，以更少的代价做更多的事，减少我们对地球的影响，同时扩大和重新定义未来的可能性。”苹果在其2018年的环境责任报告中写道。

据了解，中国清洁能源基金将由第三方机构DWS集团进行管理，该公司也将对该基金进行投资。首批加入中国清洁能源基金的供应商包括：可成科技、仁宝电脑、康宁公司、金箭、捷普、立讯精密、和硕、索尔维、信维通信、纬创等十家公司。这十家公司将与苹果公司一同对此项目进行投资，同时产生的清洁能源也可以抵消自己消耗的能源。

七　思考题

1. 哪些原因促使工商企业遵守自愿性行为准则？

2. 行为准则有哪些类型，各有什么特征？

3. 行为准则有哪些局限性和危险性？应当如何避免？

4. 领先企业的行为准则包含哪些人权议题，在实际经营中它们采取了哪些措施以遵循行为准则的要求？

5. 公平劳工协会为工商企业提出了哪些人权要求？

第九章　人权影响评估

引　言

影响评估是一种众所周知的监管工具，也是一种被广泛接受的风险管理方法。人权影响评估帮助企业特别是进行大型基础设施项目的企业（第25章），尽早确定其经营活动对人权的可能影响，并制定缓解措施以尽量减少负面影响（第10—14章）。不预先了解风险就无法管理风险。因此，影响评估对于了解确切损害风险和建立保障机制至关重要。环境影响评估自20世纪70年代起成为美国国家法律的一部分，但不是在所有法律制度中都很常见。20世纪90年代，社会影响评估独立或作为环境影响评估的一部分出现。人权评估是最新的一波浪潮，它们以国际人权标准为基础，并根据这些权利的全面清单对经营活动进行审查，从而补充社会评估。环境评估是法规规定的获得许可证的条件，社会影响评估是开发银行等金融贷款机构规定的融资条件，与它们不同，人权影响评估仍然是自愿的。如下文的加拿大黄金公司矿业项目所示，商业银行和投资者可能要求进行人权影响评估。这种评估很容易成为具有域外效力的国家法律的一项要求（第4章）。目前只有十几个人权影响评估向公众提供，尽管作为企业风险管理流程的一部分已进行了许多这样的评估，但鉴于所发现问题的敏感性其未公开发布。虽然有可用的指导且充分开发方法的工作在持续推进，但目前还没有普遍接受的人权评估方法。最后，企业不仅应当自己进行人权评估，它们还可以而且应当协助各种经济决策者；比如，制定国际贸易和投资协议的谈判者需要更好地了解这些经济政策对人权的影响。

一　要点

- 影响评估——环境、社会和人权评估
- 影响评估——综合评估或单一评估
- 影响评估——事前评估和事后评估
- 影响评估——国家和公司行为

- 人权影响评估的准则
- 累积影响
- 人权的相互依存
- 人权尽责
- 行业：安全、旅游、乳制品、金融、贸易和投资

二　背景

（一）乐施会《立足社区的人权影响评估》[①]

环境影响评估（EIA）是指因考虑到社会、经济、文化和人类健康之间正面或负面的相互影响而对拟议项目或开发可能造成的环境影响进行评估的一种方法。联合国环境规划署（The United Nations Environment Program，UNEP）将环境影响评估定义为，在决策前对项目的环境、社会和经济影响进行评估的一种工具，旨在于项目规划和设计早期阶段预测其环境影响，找到削弱负面影响的方法和手段，打造适合当地环境的项目并将预测和选择用于决策。通过使用环境影响评估方法可以实现环境和经济效益，比如减少项目实施和设计的成本、时间，避免产生法律法规上救济/清理的成本和影响。

社会影响评估是一个总体框架，评估人类的所有影响，以及人类和社区与其社会、经济、文化和生物物理环境相互作用的所有方式的影响。社会影响评估包括分析、监测、管理计划干预和其所引起的社会变革进程所产生的预期和非预期的社会结果（正面或负面的）。它的主要目的是营造更加可持续和公平的生物物理环境和人类环境。社会影响评估认为，社会、经济、文化和生物物理影响是相互联系的。它涵盖了诸如贫穷、健康、教育和性别平等等指标。社会影响评估可以包括环境影响方面令人关注的指标（比如生物多样性等），既可以应用于不同的环境和目的，也可以是预评估（活动发生前）或后评估（活动发生后）。社会影响评估与大量专业领域紧密相关，因此通常无法由个人单独评估，而需要采取团队合作的方式。

人权影响评估是衡量国家人权承诺（应然人权）和权利主体实际享有人权（实然人权）之间差异的一种方法。这种评估通过号召项目的所有利益相

---

① Oxfam, *Community-Based Human Rights Impact Assessment: The Getting it Right Tool-Training Manual* (2011), https://www.oxfamamerica.org/static/media/files/COBHRA_Training_Manual_-_English.pdf.

关者参与，确定哪些权利没有受到尊重或者存在日后可能会得不到尊重的迹象，以便找到令人满意的解决方案。人权影响评估建立在国际文书所述的国际人权法规范框架下，比如《世界人权宣言》、《公民权利和政治权利国际公约》和《经济、社会和文化权利国际公约》。人权影响评估工具从人权角度来检验各种活动，包括外国政府的开发项目对受益国的影响，政府立法和政策对本国人权保护的影响，跨国公司的人权影响，以及与人权有关的非政府组织实现其政策目标和目的的程度。人权影响评估主要的益处是，有助于使用者以结构化方式收集数据并建立起与国际人权标准间的清晰联系，分析政策效果，约束政府（和企业）采取行动推动改善受影响社区的人权状况。人权影响评估是更大的人权倡议的一部分，应当被视为一种方法，而不是目的。因此，应一开始就考虑后续活动。

（二）欧盟《贸易协定对人权的影响评估准则》[①]

影响评价和评估作为一种政策工具，提供了收集和分析政策制定所需依据的结构化方法。（……）

影响评估是为了提请政策制定者注意，在决策过程中不同的选择会产生不同的潜在影响，以便制定出合理的政策。影响评估应核实问题的存在，找出问题的根本原因，评估是否需要欧盟采取行动，并分析现有解决方案的利弊。它无意于判定一个国家的实际人权状况，也不是用来决定一个国家是否有资格签署贸易协定。这是在构建影响评估时应予注意的一个重要区别。

三 国际文件与域外材料

（一）《联合国工商企业与人权指导原则》[②]

18. 为衡量人权风险，工商企业应确认和评估通过其自身活动或作为其商业关系的结果可能参与造成的任何实际或潜在的负面人权影响。此一过程应：

（a）借助内部和/或独立的外部人权专门知识；

---

① EU, *Guidelines on the Analysis of Human Rights Impacts in Impact Assessments for Trade-related Policy Initiatives* (2015), http://trade.ec.europa.eu/doclib/docs/2015/july/tradoc_153591.pdf.

② UN Guiding Principles on Business and Human Rights (2011), http://www.ohchr.org/Documents/Publications/GuidingPrinciplesBusinessHR_EN.pdf, 中文版见 http://www.ohchr.org/Documents/Publications/GuidingPrinciplesBusinessHR_CH.pdf。

（b）根据工商企业的规模及其经营的性质和背景，酌情与可能受影响的群体和其他利益攸关方进行切实磋商。

评论

人权尽责的首要步骤是确认和评估工商企业可能卷入的实际和潜在负面人权影响的性质。一般而言，这包括在可能时在拟议的商业活动前评估人权背景；确认谁可能受到影响；辑录有关人权标准和问题；预测拟议活动和伴随而来的商业关系可能如何对已确认者产生负面人权影响。在此过程中，工商企业应特别关注对属于高危脆弱或边缘化群体或人口的个人的任何特殊人权影响，同时注意妇女与男人面临的不同风险。

评估人权影响的进程可与其他进程并行，例如风险评估或环境和社会影响评估，评估应以所有国际公认的人权为参照点，因为企业可能对任何此类权利产生实际影响。

由于人权状况是变动不居的，人权影响评估也应定期进行，即在展开新的活动或关系之前；在重大经营决定或经营变化之前（例如市场准入、产品发布、政策变化或企业更广泛的变化）；在应对或预测经营环境的变化（例如不断加剧的社会紧张局势）时；在活动或关系的全过程中定期进行。

工商企业为准确评估其人权影响，应努力了解可能受影响利益攸关者的关注，应与他们直接磋商，并考虑到为进行有效接触面临的语言和其他潜在障碍。在不可能进行此类磋商时，工商企业应考虑合理的替代方法，例如请教可靠的独立专家，包括人权维护者和其他民间社会团体。

（二）联合国人权事务高级专员办事处《尊重人权的公司责任解释性指南》[①]

“人权风险”指的是什么

企业的人权风险是其业务对人权造成的风险。这与卷入人权影响可能给企业带来的风险是有区别的，虽然二者日趋相互关联。

如何评估人权影响?

风险评估的标准方法或许表示，负面人权影响的或然性与其严重程度同等重要。然而，如果潜在的人权影响或然性较低，但严重程度较高，前者即不能

① UN Office of the High Commissioner of Human Rights, *The Corporate Responsibility To Respect Human Rights-An Interpretive Guide* (2011), http://www.ohchr.org/Documents/Issues/Business/RtRInterpretativeGuide.pdf, 中文版见 http://www.ohchr.org/Documents/Publications/HR_PUB_12_02_ch.pdf。

抵消后者。影响的严重程度，即“规模、范围和不可补救性”是最重要的（见指导原则14）。同样，对人权风险不能仅作简单的成本利得分析，即在企业防止或缓解负面人权影响的成本与企业被追究伤害责任的成本之间进行权衡。

企业在评估人权影响时，应有何种眼界？

评估影响的目的是确认企业可能卷入的任何负面影响。如指导原则13所载明的，这包括企业通过其自身活动造成或加剧的影响，以及并非企业造成，但因某种商业关系与其业务、产品或服务相关联的影响。因此，在评估实际或潜在人权影响时，企业应关注其自身的活动以及其商业关系。（……）

在多层面和错综复杂的价值链中，同时，对在第一个层面即有数以千计的供应商的公司来说，对每一种具体的商业关系都作出评估是不现实的。对相对于自身资源来说商业关系众多的中小企业，情况也是如此。然而，这并未减少企业尊重人权的责任：所谓不清楚与其业务、产品或服务相关联的侵犯人权行为，这类借口无法令主要利益攸关者满意，而如果企业本应了解人权尽责方面的风险，并采取相应行动，这类借口还可能引起法律上的麻烦。

如指导原则17的评论所述，虽然对每一具体的商业关系尽责是不可能的，但“工商企业应确定负面人权影响最大的一般领域，影响的原因是否在于某些供应商或客户的经营背景，所涉及的特定业务、产品或服务，以及其他有关考虑，同时确定这些因素对人权尽责的轻重缓急”。这将包括，例如，在来自已知使用童工的地区的供应商的农产品；在冲突地区或政府软弱、法治松弛的地区承包商或武装力量提供的保安服务；在教育程度低下、识字率低和法律保障薄弱的地区通过商业伙伴进行的药物测试。如果在无法合理预见的情况下确实发生了侵犯人权的行为，企业的利益攸关者将根据企业的反应来作出评估：它是否妥善和迅速采取了行动，防止或减少其再度发生，并提供或支持补救（见指导原则22和29）。

（三）鲁格《人权影响评估——解决关键的方法问题》[①]

人权影响评估的特殊性：一种不同的办法

22. 人权影响评估与环境和社会影响评估最明显的不同是，人权影响评

① J. Ruggie, *Human Rights Impact Assessments-resolving Key Methodological Questions*, Report of the Special Representative of the Secretary-General, A/HRC/4/74（2007）, https://documents-dds-ny.un.org/doc/UNDOC/GEN/G07/106/14/PDF/G0710614.pdf?OpenElement，中文版见https://documents-dds-ny.un.org/doc/UNDOC/GEN/G07/106/13/PDF/G0710613.pdf?OpenElement。

估虽然采用的是上述影响评估方法和原则，但应当以《国际人权宪章》为框架，其中包括《世界人权宣言》、《公民权利和政治权利国际公约》及《经济、社会和文化权利国际公约》。

23. 除了上文第12段提到的法规要求之外，人权影响评估还应当分门别类地列出相关人权标准，包括母国和东道国签署的国际公约中规定的此类标准（或许还应当注明这些国家尚未批准的人权公约）、土著习惯法和传统（例如有关土地分配和所有权的此类法律和传统）等其他标准以及（针对可能存在武装冲突的情况列出）国际人道主义法。

26. 人权影响评估应当脱离环境和社会影响评估采用的审议项目直接影响的办法，代之以大力审议项目同每一种权利的可能互动关系。例如，经济社会影响评估可能并不会引起关于表达自由的任何讨论，而人权影响评估就可能预见到反对所涉项目的社区抗议活动遭到国家的武力镇压。虽然按照国际人权标准目前并没有关于公司作用和义务的总体一致意见，但是人权影响评估可在没有规范性假设的条件下开展，就像假设性规划或其他类似活动一样。

27. 人权影响评估可以参照联合国开发计划署等发展机构采取的“立足人权的方针”。(……)

29. “立足人权的方针”要求分析权益所有人及其需要和权益，以及相应的责任人及其义务。这种分析的意图是在分析中评估权益无法实现的原因，以及权益人保护自己权益的能力和责任人履行自己义务的能力。这种分析可能极有助于民营部门的投资。(……)

（四）爱氏晨曦《塞内加尔人权评估》[①]

当爱氏晨曦持续在非洲市场拓展他们的业务时，该公司以负责任的方式实现发展，未对当地乳制品行业及其相关社区产生意外的不良结果，这对业务长期成功来说至关重要。作为爱氏晨曦允诺尊重人权的一部分，正如《联合国工商企业与人权指导原则》所述，该公司有责任评估和解决人权影响。因此，人权评估的目的在于确定爱氏晨曦的活动在塞内加尔是否实际或者潜在造成、加剧或恶化人权状况，尤其是就业机会、工作环境和以原奶生产、加工、分销和乳制品的市场营销为生的当地农民的适足生活水准。

---

① Arla, *Human Rights Assessment in Senegal* (2015), https://www.arla.com/globalassets/arla-global/company---overview/responsibility/human-rights/arla-human-rights-assessment-in-senegal-november-2015_1.pdf.

在咨询利益相关者的过程中，（发现）他们普遍关注爱氏晨曦未来发展模式对塞内加尔的潜在负面影响。爱氏晨曦的早期商业模式主要依靠进口奶粉的再包装，因此主要考虑它对国内乳制品业发展的潜在负面影响以及由此导致的对小农户的负面人权影响。（……）它所选择的商业模式完全依赖于再包装、分销和销售，其工厂位于达喀尔市，因此雇用了来自各地区的人员。因为公司不依靠本地采购，也不参与加工，所以与当地生产商或中小型牛奶场并没有业务联系。（……）

本报告讨论的主要问题将用于评估爱氏晨曦的商业活动对塞内加尔当地奶农及其家属适足生活水准权和相关人权的潜在影响：

1. 爱氏晨曦的奶粉销售和分销是否超过了当地生产的乳制品，从而对小规模奶农及其家属的收入和生计产生了负面影响？

2. 爱氏晨曦的奶粉销售是否阻碍了当地乳制品生产的潜能释放，从而阻碍发展？

3. 奶粉的进口是否导致当地政府缺乏动力，无法投资足够的基础设施建设当地乳制品行业？

4. 需要从更广泛的角度出发来理解一部分顾虑，即爱氏晨曦是否通过只注重分销和销售来促进和/或阻碍国内乳制品行业的可持续发展？

5. 在实地调研期间，受咨询的利益相关者所关注的问题和愿望是什么？根据我们的实地观察和文献回顾，我们的研究结果是什么？

参与者的能力

塞内加尔的乳制品行业面临许多发展的结构性障碍。总结这些挑战如下：

1. 低产量归咎于当地奶牛产奶的遗传潜力（奶牛品种为 White Fulani）；

2. 低效的畜牧生产方式（牛奶是牛的副产品、牛被视为牛奶的储藏体而不是产品本身、分散饲养、距离城市很远）；

3. 有限的杂交成功率；

4. 高投入成本（饲料、药品、服务）；

5. 缺乏加工设施（冷链、存储和加工），制约业务发展；

6. 普遍存在的牛病以及缺乏兽医诊疗；

7. 水资源短缺、繁殖培育不足；

8. 气候变化以及牧场压力日益增长导致土地冲突加剧；

9. 没有支持跨境养牛的法律框架；

10. 政府缺乏基础设施建设（道路、水、电）的投入；

11. 缺乏组织完善的生产、加工单位（合作社）；

12. 来自进口奶粉的竞争（更低的价格、易获取、定期送货、更高的食品安全标准和易贮藏）；

13. 缺乏当地鲜奶及奶制品质量控制方面的标准和设备（消费者不相信当地鲜奶的质量）；

14. 缺乏对农民和员工进行大规模奶产品生产加工的培训；

15. 缺乏对乳制品生产商的信贷和/或补贴支持；

16. 缺乏商业参与者以工业化、安全化的方式采购和加工当地原料奶（没有商业案例，缺乏商业投资来推动该产业）；

17. 乳制品行业缺乏足够的投资来刺激乳制品生产；

18. 难以进入具备冷却设施的超市（出售鲜奶的机会有限）；

19. 需求缺口巨大（奶粉需求）；

20. 由于没有资金用于维修和投资，非政府组织资助的小型乳品场倒闭（没有建立该行业的可持续商业模式）。

（五）《加拿大黄金公司马林矿的人权评估》①

弄清主要目标是确定矿山的存在和开采是否影响到人权，以及审查公司的政策、程序和做法是否消除影响、尊重人权。对谅解备忘录的条款进行了修改，以进一步表明评估是为了提高公司在尊重人权方面的表现，而不是提高加拿大黄金公司在危地马拉的盈利能力。

谅解备忘录的透明度、独立性和包容性原则定义如下：

- **透明度**：用通俗易懂的方式及时向所有利益相关者提供评估机制、阶段和过程的信息；
- **独立性**：评估过程和被选的评估员均是独立的，独立性意味着评估员和利益相关者不存在实质关系（除执行评估外），以及评估员在评估中不受外部控制；
- **包容性**：尽评估员所能，让所有受该公司在危地马拉采矿活动影响的利益相关者参与到评估过程中。

（……）为分析并确定影响和公司的合规性，制定了下列方法：

- 从利益相关者提出的关切中确定了 7 个优先议题：磋商、环境、土地征用、劳工、经济和社会投资、安全以及获得补救，它们是本报告的框架；

---

① On Common Ground Consultants Inc.，*Human Rights Assessment of Goldcorp's Marlin Mine*（2010），http://csr.goldcorp.com/2011/docs/2010_human_full_en.pdf.

• 按照《世界人权宣言》以及国际人权和劳工公约，明确每个议题的人权标准；

• 为了明确遵守国际人权标准，运用丹麦人权研究所（DIHR）人权合规（HRCA）工具相关问题和指标来确认和评估每个议题，为了更细致地分析矿山运营，参照适用于采矿的国际良好做法标准对其表现进行审查。

（……）公司尊重权利的表现分如下几类：

• 侵犯：国家的作为或不作为导致个人或群体的人权未受到保护或未得以实现；

• 加剧：公司行为导致个人或群体的人权状况恶化；

• 不尊重：公司不作为导致个人或群体可能面临人权状况恶化，包括公司未提供保护或进行充分尽职调查，进而未防止国家或其他人（比如承包商）共谋或参与人权侵犯；

• 尊重人权：公司采取行动/尽职调查管理人权侵害的风险；

• 提升人权：公司的行为被证实提升个人或群体的人权状况。

（六）乐施会《人权影响评估中的社区发言权》①

人权影响评估旨在最大限度降低人权风险，减少负面影响，强化商业投资对受影响人群的正面成效。为了实现这一目标，人权影响评估必须考虑每个受公司业务、项目、程序或服务影响的个体的想法。但经常发生的是，公司无视这种关键性投入，取而代之的是选择自上而下的方法，未听取来自社区的主张。这样做，公司就失去了将人权侵犯以及高代价冲突减至最少的机会。

（七）丹麦人权研究所《人权影响评估——指南和工具箱》②

在商业方面，人权影响评估被定义为一种方法，用来确定、理解、评估和处理业务项目或活动对受影响的权利主体（比如员工、社区居民）享有人权造成的负面影响。(……)

人权影响评估包括几个阶段或步骤，共同作用以保障评估全面。在这一指南和工具箱中，评估的阶段分为：

---

① Oxfam, *Community Voice In Human Rights Impact Assessments* (2015), https://www.oxfamamerica.org/static/media/files/COHBRA_formatted_07-15_Final.pdf.

② Danish Institute for Human Rights, *Human Rights Impact Assessment-Guidance And Toolbox* (2016), https://www.humanrights.dk/sites/humanrights.dk/files/media/dokumenter/business/hria_toolbox/hria_guidance_and_toolbox_final_may22016.pdf_223795_1_1.pdf.

1. 规划和界定；
2. 收集数据和制定基准；
3. 分析影响；
4. 缓解和管理影响；
5. 报告和评估。

人权影响评估的十大关键准则

这些关键准则涉及人权影响评估的程序和内容，展现出人权影响评估的独特性，并强调了一些方面，这些方面尽管其他影响评估方法或多或少也会有涉及，但其从人权角度出发无疑更有必要被高度重视。这些方面可以分为五种与程序相关的关键准则、五种与内容相关的关键准则。

程序性准则

1. 参与性——受影响或潜在影响的权利主体切实参与所有影响评估阶段，包括范围界定、数据收集、基准制定、影响分析以及防止、缓解和补救影响措施的制定。

2. 非歧视——参与和磋商阶段要具有包容性，高度重视性别问题，并充分考虑弱势和边缘化个人和群体的需要。

3. 赋能——对弱势或边缘化的个人和群体进行能力建设，以确保他们切实参与其中。

4. 透明度——影响评估过程要尽可能对受影响或潜在影响的权利主体透明，不会对权利主体或非政府组织、人权捍卫者等其他参与者的安全和福利造成任何风险。要适当向公众公布影响评估结果。

5. 问责——影响评估小组得到了人权专业知识的支持，影响评估、缓解和管理的角色责任分工明确并有充足的资源。影响评估要明确权利主体的权利以及相关义务人的义务和责任，比如公司、承包商、供应商、当地政府等。

内容性准则

1. 基准——人权标准是影响评估的基准。影响分析、影响严重程度的评估以及缓解措施的制定均应遵循国际人权标准和原则。

2. 影响范围——评估包括商业行为造成或加剧的实际影响和潜在影响，以及通过商业关系（合同上或非合同上）与企业自身业务、产品或服务相关联所造成的影响。评估包括累积性影响以及遗留问题。

3. 影响严重程度的评估——根据人权后果的严重程度来处理人权影响。这包括考虑特定影响的范围、规模和不可救济性，以及权利主体和（或）其合法代表的想法。

4. 缓解影响的措施——处理所有人权影响。如果有必要优先采取行动处理人权影响，则以人权后果严重程度为准。按照“防止—削弱—恢复—救济”层次，处理已查明的人权影响。

5. 获得补救——受影响的权利主体有途径对影响评估过程和结果提出申诉。影响评估和管理要确保企业能够提供补救或协助受影响的权利主体获得补救。

（八）联合国人权事务高级专员办事处《大型基础设施投资人权影响和意义的基线研究》[①]

基础设施是社会和经济的支柱，不应当被视为单个客体，而是一个连接多个基础设施资产、走廊以简化货物、数据和人员流动的复杂网络，从而实现商业、经济和社会效益。（……）这种连通性在地理范围、规模和复杂性以及从根本上改变经济、社会和政治组织的能力上不同于过去的基础设施项目。这些区域总体规划希望连接区域内或区域之间的基础设施，比如中国“一带一路”倡议（BRI）、非洲基础设施发展计划（PIDA），现作为南美洲基础设施和计划委员会（COSIPLAN-IIRSA）一部分的“南美洲地区基础设施一体化倡议”。还包括次区域规划，比如2025年东盟连通性规划。一些大型国内计划同样雄心勃勃，例如“加速与扩大印尼经济发展总体规划（MP3EI）”投资建设六条经济走廊。印度有五条大型经济走廊和号称“印度对中国海上丝绸之路的回应”的“季风计划”（the Mausam Project），目前正处在筹备和实施的不同阶段。

区域基础设施计划旨在促进经济增长和一体化，但也面临严峻的挑战。许多计划存在设计缺陷，反映出过时的工业模式——通过热电厂或水电站以及输电线提供采掘业所需能源，通过公路、铁路和管道连接港口设施。这种连通的好处通常不能为贫穷、弱势和边缘化群体所享有。诸如负担得起的能源、水、卫生设施和废物处理等重要生计问题通常被放在一边。在制订区域计划时，很少充分注意对气候变化的缓解和基础设施的复原力。此外，与这种基本设计缺陷密切相关的是，项目选择和设计的公众咨询和参与普遍薄弱甚至缺位。因此，项目缺乏民主合法性和问责制，可能增加社会冲突的风险。在世界各地，针对人权捍卫者、环保人士和工会领袖的暴力事件仍在不

① OHCHR, *Baseline Study on the Human Rights Impacts and Implications of Mega-Infrastructure Investment* (2017), http://www.ohchr.org/Documents/Issues/Development/DFI/MappingStudyontheHR-RiskImplications_MegaInfrastructureInvestment.pdf.

断增加。

为了解大型基础设施项目与人权之间复杂的相互作用，这项基线研究将潜在负面人权影响分为微观、中观和宏观三个层面。这种分类方式有助于决策者关注基础设施项目带来的大范围、多层次人权影响以及这些影响会远远超过多边开发银行（MDB）保障政策通常涵盖的范围，后者主要处理微观层面的影响。它也强调了一个事实，即不容易确定为有关人权的影响和那些看似分散或抽象的影响往往实际上会有明确的人权基础和责任后果。

这一分析侧重于能源、交通和供水部门的区域、次区域以及国家总体规划。(……) 该研究从三个层面分类和分析人权影响。

- 微观层面的影响：实施规划时的实体活动对人和环境的潜在影响。
- 中观层面的影响：相关基础设施运营对其消费者的潜在影响。
- 宏观层面的影响：政府行为和疏忽或有关基础设施计划或项目的更广泛的金融、财政、宏观经济或其他公共政策的实施对一般人口和社会的影响。

下文所讨论的征地、安置、调价或其他负面人权影响并不一定会造成人权侵害。确定侵害行为是一个根据事实情况和当事人的不同，以证据和适用法律为基础的专家判断问题，即使对于法院或其他负责此类案件的机构而言，可能也不是一件简单的事情。但是在国际公认的人权濒于险境时，严重的负面影响不能被视为更大利益的权衡取舍。进行决策时不可避免地要在不同利益之间权衡，人权框架有助于在难以取舍时提供信息和框架，确保受保护的国际公认的人权（或者权利）利益优先于其他相互竞争的利益，确保在此期间所有意见被听见，并确保在发生人权侵害时存在有效的且易获得的申诉救济机制。潜在人权侵害危险应促使所有相关方加强尽职调查，同时考虑来自国际和区域人权机构提供的所有可用的国别、背景和部门、项目相关的信息和分析。

（九）缅甸负责任商业中心《缅甸旅游业全行业影响评估》[①]

全行业影响评估

全行业影响评估（SWIA）借鉴了已有的环境和社会影响评估方法，但采用了人权视角。全行业影响评估的范围超过了单一特定项目。它关乎整个

---

① Myanmar Centre for Responsible Business, *Tourism Sector-Wide Impact Assessment* (2015), http://www.myanmar-responsiblebusiness.org/pdf/SWIA/Tourism/00-Myanmar-Tourism-Sector-Wide-Assessment.pdf.

行业，不仅包括评估特定项目对个人和群体可能产生的影响，还包括评估该行业对整个社会的潜在影响，因此它考虑了三个层面的影响。第一，它审视了行业层面的影响，涵盖行业综合影响，展现该行业与缅甸社会相互作用的“全貌”。第二，它着眼于八个方面的项目的影响，包括利益相关者的磋商、参与和申诉机制、社区影响、土地问题、劳工、高危群体、文化、物理安全与环境保护。第三，它考虑到累积影响，考虑到特定目的地的旅游活动集中，这些累积影响无法避免。同一地区或同一时间，旅游业和其他经济活动会产生综合性影响。

全行业影响评估清晰地反映出一些问题。第一是诸如蒲甘、茵莱、缅甸大金石等王牌景点已经面临来自旅游业影响的环境和社会压力，影响了当地的生计和长期发展。这种压力来自国内游客、国外游客数量的增长，且国内游客数量大大超过国外游客，尤其是一些朝圣地。它强调了旅游总体规划中已经提到的旅游目的地管理计划的必要性，这些计划应由当地居民、所有相关政府当局和旅游企业共同制定，在采取积极措施推广旅游景点或扩展酒店容量之前，应解决地区承载力问题。这些计划需要当地政府领导的旅游景点管理机构参与，其中应包括公共、私营和民间社会组织的代表，还应当促进基层群众参与旅游规划和决策。

在田野调查中频繁发现“酒店区域”的负面影响——土地被强制征收并用来集中建设酒店——是由上述所提到的旅游景点管理缺乏参与性造成的。这也反映出土地可能是任何在缅甸投资的企业所要面对的最为复杂的挑战。缅甸的土地政策和法律改革还不完善，最为明显的是新旧法律法规的混合，导致内容交叉、矛盾和混乱，这些能够而且已经被用来剥夺人们的土地。土地通常是多数农村家庭最有价值的资产，却能被轻而易举地剥夺，并且在现有乃至新的土地法下仅受有限的保护。

旅游业（以及石油和天然气行业）全行业影响评估的另一个共同发现是，与利益攸关方直接接触、真正的双向沟通以及透明度在历史上几乎完全没有。这导致了不信任、不理解和偶尔的冲突。无论是已经存在或首次投资的企业，都需要通过与工人、当地社区、国家层面利益攸关方以及当地及国家媒体进行更多接触，深入了解当地的优先事项和关注点。

关于累积影响的人权问题

从人权角度看，累积影响颇受关注，原因如下：

累积影响通常比一个项目的单独影响要更难预测。(……)

累积影响可能很严重——无论在影响类型方面（比如不断加重较差基础

设施的负担直至其坍塌）或影响广度方面（比如旅游业发展持续用水，导致地下水水位下降，进而造成干旱，普遍影响当地社区的粮食安全）（……）

即使能够确定单一负面影响的责任方，仍很难追责；而涉及累积影响时，影响责任甚至更加分散，使之更难确定承担防止、减轻、补救责任的相关方以及追究他们的责任。（……）

当公司仅仅导致其中一部分影响时，他们可能不会考虑对累积影响的责任，尤其是他们的活动单独来看，符合受认可的法律限制，但由于法律制度不够完善，未能充分考虑经过时间或空间所形成的累积影响。（……）

由于高危人群应对能力最差，最不可能要求当局或企业作出回应，他们易遭受累积影响。

累积影响的产生有时很慢，随着时间的推移逐渐增加。因此，可能很难引起关注并促使责任方迅速采取行动。

（十）人权和商业困境论坛《累积性人权影响》[①]

当落实人权尽责时，要从对利益攸关者的实际或潜在影响的角度考虑人权风险。在确认利益攸关者正在遭受负面影响以及公司正卷入其中后，负责任的公司要试图补救这一影响。但是，在某种情况下，利益攸关者可能会识别和报告以下累积影响：

- 多家公司（和其他参与者）同时性、集体性的影响；
- 一家公司或多家公司（和其他参与者）随时间推移产生的累积影响。

因此，确定负面影响的来源可能无法简单地联系到一家公司。比如，社区赖以生存的水资源已被污染或耗尽，这可能并非由于一家公司的过度使用或排放，而是由于四家公司和一些当地农民从同一水源取水或排放的累积影响。虽然每个行为主体单独并未造成影响，但所有取水的累积结果影响了社区民众的生命权、健康权、财产权或生存权。同样地，虽然单个公司向儿童宣传高糖分食物或饮料可能不会造成人权影响，但多个公司的高糖分食物和饮料以儿童为目标，随着时间推移，会对儿童肥胖症以及健康权产生累积影响。

多家公司在同一地理区域采购药品或食品和饮料等产品的原料，可能会对当地社区的食物权产生累积影响。虽然每个公司可能只是采购数量合理的原料，例如当地的野生植物，但会对当地总供应量产生严重的累积影响。

---

① Human Rights and Business Dilemmas Forum, https://hrbdf.org/dilemmas/cumulative-impacts/#.WwvaAe6FPDA.

公司影响评估很少考虑到在拟议或实际业务周围区域的土地收购、租赁和征用（即从中享有收益）的模式。但是，几家公司对同一区域的土地收购、租赁和征用，会给当地社区的迁徙自由、适足生活水准权产生重大的累积影响。例如，像上文提到的，在亚洲国家进行矿产勘探的公司所购买的土地达到一定数量后，游牧民进出牧场会受限，社区抱怨被迫迁向基础服务有限的地方。

用水会给适足生活水准权和健康权造成影响。（……）利益攸关者对企业用水的担忧包括：耗竭（……）、污染（……）、可及性和负担能力（……）、冲突（……）以及与性别有关的影响（……）。在许多情况下，社区所遭受的负面影响是由不同行为主体从相同流域汲取或向同一水体排放造成的累积结果。

（十一）日内瓦安保行业治理中心 & 国际红十字会《解决复杂环境中的安全和人权挑战》[①]

影响评估应当考虑到以下几个方面。

包容性

- 通过与妇女、男人、原住民、移民、不同社会经济、种族、民族、宗教团体和社区组织成员磋商，收集有关项目对社区潜在影响的信息。
- 咨询与弱势群体合作的专门组织。
- 由于女性和男性所受影响不同，要运用性别视角。
- 从与儿童亲密接触的成人以及儿童权专家那里获取儿童权受影响的信息。
- 由评估小组的女性成员为社区妇女安排单独的会面。

方法

- 运用参与式研究方法（比如，焦点小组、公众感知研究、多方利益攸关者会议），让社区成员积极参与评估。
- 解释评估的目的和如何使用收集起来的信息。
- 确保参与者可以用母语表达观点。为避免偏见，翻译者应当独立于公司（如果有可能的话，还应该独立于当地社区）。
- 若与社区达成共识，则公开报告影响评估结果。

---

① DCAF & ICRC, *Addressing Security and Human Rights Challenges in Complex Environments-Toolkit* (2016), http://www.securityhumanrightshub.org/sites/default/files/publications/ASHRC_Toolkit_V3.pdf.

内容

• 考虑公司业务对当地社区产生的所有直接或间接影响，包括迁徙、流离失所、土地丧失、生计丧失、生物多样性丧失、各种形式的污染、商品/服务/住宿价格、暴力和犯罪增加、对社区健康的影响、对重要的宗教/精神/文化场所的破坏以及社会政治局势紧张、斗争或冲突的加剧。

• 记录和跟踪社区成员所表达的关注。

合法性

• 确保评估小组熟悉当地环境以及建立受影响社区的信任和信心。

• 与了解当地社区历史和关系且有声誉的第三方合作。相关方可以是当地和国际民间社会组织、发展机构或智库和大学。

程度和范围

• 考虑项目生命周期各个阶段的影响。

• 定期以及在项目任何新阶段开始之前更新影响评估。

（十二）德舒特《贸易和投资协定对人权的影响评估指导原则》①

1. 所有国家都应在缔结贸易和投资协定之前编制人权影响评估。

评论

1.1　国家通过在缔结贸易和投资协定前编制人权影响评估，履行人权条约中的义务。首先，由于各国受这些现存条约义务的约束，禁止缔结任何与原来义务不一致的协议。因此，有义务查明已有的人权条约与随后的贸易或投资协定是否存在任何的不一致，并在发现存在这种不一致的情况下，避免签订此类协定。人权影响评估作为确保各国根据国际法承担义务与其所加入的国际协定之间一致性的一种工具，克服或至少减轻国际法碎片化所造成的问题。

3. 应在缔结贸易和投资协定前及时开展人权影响评估，以便及时影响谈判结果，并在必要时通过事后影响评估完成。根据人权影响评估的结果，在发现不一致处存在一系列应对措施，包括但不限于：（a）终止协

---

① Olivier de Schutter, *Guiding Principles on Human Rights Impact Assessments of Trade and Investment Agreements*, Report of the Special Rapporteur on the Right to Food (2011), http://www.ohchr.org/Documents/HRBodies/HRCouncil/RegularSession/Session19/A-HRC-19-59-Add5_en.pdf，中文版见 http://www.ohchr.org/Documents/HRBodies/HRCouncil/RegularSession/Session19/A-HRC-19-59-Add5_ch.pdf。

议；（b）修改协议；（c）在协议中加入保障措施；（d）由第三方缔约国提供赔偿；（e）采取缓解措施。

评论

3.3　并非可以预料到所有贸易或投资协定生效的影响。因此，一旦影响可以量化，事前人权影响评估应当辅之以事后人权影响评估。人权影响评估应当被视为一个反复过程定期进行，例如，每三年或每五年。应在贸易或投资协定中加入保障条款，以确保此类事后评估得出的结论是若国家在协定的限制范围内无法履行其人权义务，则应在不一致的范围内取消这些限制（以保障国家履行应尽义务）。

6. 各国应当运用人权影响评估，帮助确定贸易或投资协定对人权的正面和负面影响，确保该协定有助于全面保护人权。

评论

6.1　每个国家在平衡不同的相互竞争的优先事项时，保有确定其自身优先事项的权力。贸易和投资协定可能对某些群体有利，使其获益，但同时损害其他群体，恶化他们的处境。国家必须对其寻求实现的优先权作出微妙审慎的选择，例如，贸易和投资协定有助于经济增长，从而通过调动预算资源资助教育、食品、卫生和住房等各领域特定的公共产品和服务，提高国家实现某些权利的能力。但同时对国家保护某些群体的能力产生负面影响，如处于经济效率最低行业中的员工。（……）

6.2　人权影响评估试图澄清这些选择的性质，确保这些选择是在现有最可靠信息的基础上作出的。哪些权衡可被接受由各国在国家层面通过人权影响评估试图说明的公开和民主程序决定。但是，确定优先权和作出权衡的过程，以及结果的实质必须符合某些条件。

（十三）欧盟《贸易协定对人权的影响评估准则》[①]

2012年6月25日，欧盟理事会通过了一项关于人权与民主的战略框架，并附有一项行动计划。这项行动计划呼吁欧洲委员会“将人权纳入正在进行的所有影响评估中”（观点1），到2014年制定“一种方法来帮助审视与贸易和/或投资协定的启动或缔结有关的第三国人权状况”（观点11）。

为响应这些承诺，欧盟贸易总司（DG Trade）制定了内部准则，帮助欧

① EU，*Guidelines on the Analysis of Human Rights Impacts in Impact Assessments for Trade-related Policy Initiatives*（2015），http://trade.ec.europa.eu/doclib/docs/2015/july/tradoc_153591.pdf.

盟和伙伴国家审查与贸易有关的倡议对人权的潜在影响。

这些准则尤其侧重于影响评估（IA）——这种评估开展于欧洲委员会提出新政策倡议之前——开展时所要遵循的方法，以及与主要的双边、多边贸易谈判同时进行的可持续性影响评估（SIA）的方法。然而，所描述的原则和方法适用于倡议的整个政策周期。因此，其可用于事后评估，如在贸易协定生效并经过充足时间收集大量的数据和证据后；也可用于评估其他类型贸易政策倡议（如法规）的影响。

欧洲委员会采用综合性方法进行影响评估，确保在一份文件中分析和呈现所有可能的经济、社会、环境和人权影响。因此，综合影响评估是对任何拟议立法性或非立法性倡议的潜在影响进行均衡评估的最有效的方式。

对贸易相关倡议的人权影响的分析旨在根据《欧盟基本权利宪章》（CFR）和一些国际文件规定的人权义务规范框架，评估贸易相关政策倡议所含的贸易措施会如何影响人权，包括有关国家或领土内的个人人权，以及欧盟和相关伙伴国家履行或逐步履行其人权义务的能力。

分析的范围和深度

分析贸易相关倡议可能对人权产生的影响时，应考虑拟议倡议对欧盟和伙伴国家人权的潜在影响，包括考虑公民、政治、经济、社会、文化和核心劳工权利。

评估的深度和范围应根据倡议中所含贸易措施的类型以及预期人权影响的程度加以调整。但有一点必须始终牢记，人权是相互依存和相互关联的；因此，要考虑一项贸易措施可能产生的多重影响。

在影响评估中进行的人权影响分析（被用于支持可能产生重大且明显可见影响的欧洲委员会倡议）应是全面、参与、均衡和透明的。

筛选

筛选是缩小需要评估的措施范围的一种手段，以查明关键的人权问题以及政策倡议相关个别要素并对其作进一步重点分析。

对拟议倡议的筛选尤其旨在查明：

（a）哪些正在审议的贸易措施可能会产生重大的人权影响；

（b）哪些具体人权可能受到影响（以及关乎哪些群体）；

（c）有关权利是否属在任何情况下都不能受到限制或约束的绝对权。

为确定受贸易措施影响且需要进一步分析的权利清单，应特别考虑下列标准。

1. 直接与间接：重点关注那些与贸易直接相关且可能直接受拟议方案影响的领域。

2. 主要与次要：分析应当着眼于主要的影响；直接但非常小的影响可能与评估无关。

范围界定

应详细描述筛选过程中确定的贸易措施，说明它们将如何实际运作以及哪些特定要素或方面可能会引起人权影响。对于所确定的各项措施，应描述可能产生的人权影响，说明预期影响是有益的（增进人权）还是负面的（限制人权）。

详尽评估

详细的评估应当提供基于证据的信息，说明政策倡议中预见的特定措施会在多大程度上促进或削弱个人相关权利的实现；和/或在多大程度上加强或削弱欧盟和伙伴国家履行或逐步履行他们人权义务的能力。

基准情景

基准情景的分析（不是为了与一个国家签订新的欧盟贸易协定）也应考虑潜在机会成本：比如，欧盟未能与伙伴国家达成协议，是否会给其他经济合作伙伴拓展业务留有空间，而这些公司遵守的行为准则不如欧洲的公司？

利益攸关者磋商

执行可持续性影响评估的顾问负责确保欧盟和伙伴国家的所有利益攸关者能够参与到动态的、影响深远的和公开的磋商当中，包括社会伙伴（工人及雇主组织）、企业、专家、非政府组织和其他民间社会组织。

其他分析因素

评估需要确定对人权的潜在干扰。特别是，分析应考虑到对人权可能产生的消极影响是否在必要性和相称性方面是正当的（对权利的限制必须是：由法律规定并尊重有关权利的本质；为实现真正的公共利益和社会需求的目标或保护其他人的权利和自由所必需；与追求的目标相称）。

分析还应考虑动态趋势，并注意短期内的人权影响可能不同于长期影响的情况（比如，一项贸易协定会促进经济增长，因此在长时间内有助于改善人权状况，但是在短期内的影响微不足道）。

（十四）沃尔克《欧盟－突尼斯自由贸易协定中的人权问题》[①]

本文批判性地考察了人权在欧盟与突尼斯之间拟议的深度和全面自由贸易协定的贸易和可持续性影响评估中的整合。本文主要的贡献是以问题清单的形式列出了人权影响评估方法的基本要求，作为评价贸易协定影响评估的手段。本文使用此清单论证了欧盟－突尼斯评估是如何满足人权影响评估的诸多正式要求，但基本的人权分析和建议较为薄弱，个人和群体在评估过程中磋商和参与的方法需要审查和加强。本文建议继续将贸易协定的人权影响评估专业化，并在最后指出，欧洲委员会2015年通过的贸易相关政策倡议的影响评估中的人权影响分析准则为指导和改进未来的评估提供了一个更清晰的框架。

（十五）格兹曼《人权影响评估手册简介》[②]

人权影响评估的关键点在于力求进行一种详细的、基于证据的分析，这种分析会考虑到不同的观点，并有助于对可能影响人们享受人权的商业活动作出决策。它提供了一种系统的方法（……）：

- 确定不利的人权影响，包括从受影响权利人的角度理解这些影响；
- 通过确定应对通过预防、缓解和补救措施发现的任何不利人权影响的措施，有效地促进人力资源开发；
- 分析与商业活动有关的具体法律、规章和政策措施对人权的影响；
- 促进特定背景下的利益攸关方之间进行有意义的对话，包括商业行为体、权利持有人和其他相关方（特别是人权行为体）；
- 促进涉及影响评估的利益攸关方的参与和学习，包括通过提高对各自权利、责任和义务的认识；
- 通过记录已查明的影响和为解决这些影响而采取的措施，加强事业单位和企业的社会责任，包括授权权利人向对人权产生不利影响的事业单位和企业追究责任；

---

① Simon Walker, Human Rights in the Trade and Sustainability Impact Assessment of the EU-Tunisia Free Trade Agreement, *Journal of Human Rights Practice* (2018), https://academic.oup.com/jhrp/article/10/1/103/4958805.

② Nora Götzmann, "Introduction to the Handbook on Human Rights Impact Assessment: Principles, methods and approaches", in *Handbook on Human Rights Impact Assessment* (Edward Elgar, 2019), www.researchgate.net/publication/337558738_Handbook_on_Human_Rights_Impact_Assessment.

• 在利益攸关方之间建立伙伴关系，以处理人权影响问题，包括通过制定联合行动方案来处理累积问题或遗留问题。

四　中国相关文件与材料

（一）国家发展和改革委员会《重大固定资产投资项目社会稳定风险评估暂行办法》[①]（国家发展和改革委员会，2012 年 8 月 16 日）

第一条　为促进科学决策、民主决策、依法决策，预防和化解社会矛盾，建立和规范重大固定资产投资项目社会稳定风险评估机制，制定本办法。

第二条　国家发展改革委审批、核准或者核报国务院审批、核准的在中华人民共和国境内建设实施的固定资产投资项目（简称“项目”下同），适用本办法。

第三条　项目单位在组织开展重大项目前期工作时，应当对社会稳定风险进行调查分析，征询相关群众意见，查找并列出风险点、风险发生的可能性及影响程度，提出防范和化解风险的方案措施，提出采取相关措施后的社会稳定风险等级建议。

社会稳定风险分析应当作为项目可行性研究报告、项目申请报告的重要内容并设独立篇章。

第四条　重大项目社会稳定风险等级分为三级：

高风险：大部分群众对项目有意见、反应特别强烈，可能引发大规模群体性事件。

中风险：部分群众对项目有意见、反应强烈，可能引发矛盾冲突。

低风险：多数群众理解支持但少部分人对项目有意见，通过有效工作可防范和化解矛盾。

第五条　由项目所在地人民政府或其有关部门指定的评估主体组织对项目单位做出的社会稳定风险分析开展评估论证，根据实际情况可以采取公示、问卷调查、实地走访和召开座谈会、听证会等多种方式听取各方面意见，分析判断并确定风险等级，提出社会稳定风险评估报告。评估报告的主要内容为项目建设实施的合法性、合理性、可行性、可控性，可能引发的社会稳定风险，各方面意见及其采纳情况，风险评估结论和对策建议，风险防范和化解措施以及应急处置预案等内容。

第六条　国务院有关部门、省级发展改革部门、中央管理企业在向国家发展改革委报送项目可行性研究报告、项目申请报告的申报文件中，应当包含对该项目社会稳定风

---

① 见国家发展和改革委员会网站，https://www.ndrc.gov.cn/fggz/gdzctz/tzfg/201907/t20190717_1197572.html?code=&state=123。2013 年 2 月，为了规范和指导重大固定资产投资项目社会稳定风险分析和评估工作，发改委研究并制定了《重大固定资产投资项目社会稳定风险分析篇章编制大纲及说明（试行）》和《重大固定资产投资项目社会稳定风险评估报告编制大纲及说明（试行）》，见郑州外资企业服务中心网站，http://www.waizi.org.cn/doc/60285.html。

险评估报告的意见，并附社会稳定风险评估报告。

第七条 国家发展改革委在委托工程咨询机构评估项目可行性研究报告、项目申请报告时，可以根据情况在咨询评估委托书中要求对社会稳定风险分析和评估报告提出咨询意见。

第八条 评估主体作出的社会稳定风险评估报告是国家发展改革委审批、核准或者核报国务院审批、核准项目的重要依据。评估报告认为项目存在高风险或者中风险的，国家发展改革委不予审批、核准和核报；存在低风险但有可靠防控措施的，国家发展改革委可以审批、核准或者核报国务院审批、核准，并应在批复文件中对有关方面提出切实落实防范、化解风险措施的要求。

第九条 国家发展改革委未按照本办法规定，对项目可行性研究报告、项目申请报告作出批复，给党、国家和人民利益以及公共财产造成较大或者重大损失等后果的，应当依法依纪追究国家发展改革委有关单位和责任人的责任。

评估主体不按规定的程序和要求进行评估导致决策失误，或者隐瞒真实情况、弄虚作假，给党、国家和人民利益以及公共财产造成较大或者重大损失等后果的，应当依法依纪追究有关责任人的责任。

第十条 国家发展改革委、有关部门和机构及其工作人员应当遵守工作纪律和保密规定。

第十一条 各级地方发展改革部门可参照本办法，建立健全本地区重大项目社会稳定风险评估机制。

第十二条 本办法由国家发展改革委负责解释。

第十三条 自本办法印发之日起，国家发展改革委受理的申报项目执行本办法。

（二）《全球环境基金项目环境与社会保障标准：环境及社会影响评价》[①]（生态环境部对外合作与交流中心，2015年）

第一章 政策

1. 拟议项目必须进行环境及社会影响评价，以确保对外合作中心所执行的项目能产生环境惠益，避免或减少环境损失，并且具有可持续性。环境及社会影响评价结果应作为项目立项的决策依据。

2. 尽早进行项目梳理，以确定恰当的环境及社会影响评价范围、等级和类型，以便根据潜在的环境及社会影响和风险开展相应的评价。

3. 环境及社会影响评价应综合考虑自然环境、人类健康与安全、非自愿移民、原住民、性别主流化以及物质文化资源等各方面的因素，以及在充分尊重国家主权和国际协议的基础上考虑跨越国境的环境问题和全球环境问题。

4. 环境及社会影响评价应考虑项目是否符合国家环境保护相关法律法规、国家环境

---

① 生态环境部对外合作与交流中心网站，http://www.mepfeco.org.cn/zyxx/zcfg/201505/t20150506_569835.html。

保护规划和履行国际环境条约和出资方业务发展计划或战略的要求，项目内容不能与国家和国际要求相抵触。

5. 检验项目选址、设计、技术等方面的替代方案，应说明选择某一替代方案的合理性。

6. 在任何可行的情况下，应优先考虑预防性的措施，尽量消减、缓解或者补偿不良的环境影响。

7. 应制定环境及社会管理计划以消除或补偿项目对环境和社会的不良影响，或将其降低至可接受的水平。

8. 应聘请与项目无利益关系的外部专家和具有相应资质的环境及社会影响评价机构进行环评工作。对于风险高、争议大或者涉及多方严重环境利害关系的项目，应组成独立的专家顾问组，对项目中有关环境及社会影响评价的各个方面提出咨询建议。

9. 在项目准备过程中要尽早邀请包括受项目影响的社区或相关弱势群体以及当地非政府组织在内的利益攸关方参与，以保证他们的合理诉求能被有效传递至决策者，作为其决策依据。在项目实施全过程中应不断和利益攸关方协商，以处理与环境及社会影响评价有关的问题。应按照项目的风险和影响程度设计合适的申诉机制，以便了解和解决受影响人群对项目的环境影响的关注和投诉。

10. 应严格遵照《环境影响评价公众参与暂行办法》和《建设项目环境影响评价政府信息公开指南（试行）》的要求，及时公布环境影响报告书、表的全本（除涉及国家安全和商业秘密等内容外），如有修订，应及时公布修订后的版本。

11. 在项目文件评估之前，项目实施机构应提交环境及社会影响评价文件及环境及社会管理计划，用于公众咨询及信息公开过程。

第二章　组织架构

对外合作中心指派专人作为环境及社会影响评价联络员（ESIA Focal Point），负责对外合作中心环境及社会影响评价标准的协调、执行以及监督。

对外合作中心建立环境及社会影响评价专家库，与生物学、生态学、森林管理、环境管理、社会学、考古学等相关领域的专家保持长期合作关系，为对外合作中心环境及社会影响评价标准的执行提供专业咨询服务。

第三章　操作指南

第一节　评价范围

所有拟议项目必须进行环境及社会影响评价，以确保对外合作中心所执行或实施的项目不会导致环境问题，并且具有可持续性，环境及社会影响评价结果应作为项目立项的决策依据。

第二节　环境及社会影响评价的分类

根据建设项目对环境的影响程度，对建设项目进行分类管理，建设单位应按照《建设项目环境影响评价分类管理名录》（附件 1）的规定组织编制环境及社会影响报告书、环境及社会影响报告表或者填报环境及社会影响登记表：

可能造成重大环境影响的，应编制环境及社会影响报告书，对产生的环境及社会影响进行全面评价；

可能造成轻度环境影响的，应编制环境及社会影响报告表，对产生的环境及社会影响进行分析或者专项评价；

对环境影响很小、不需要进行环境及社会影响评价的，应当填报环境及社会影响登记表。

第三节　环境及社会影响评价方法

一、建设项目环境及社会影响评价

环境及社会影响评价（ESIA）是一种用于确定并评价一个拟议项目的潜在环境及社会影响，论证各种替代方案，制订适当的缓解措施以及管理和监测措施的方法。

为指导建设项目环境影响评价工作，需要制定环境影响评价技术导则体系，规定建设项目环境影响评价的一般性原则、内容、工作程序、方法及要求，建设项目的环境影响评价参照该体系进行。

该体系由总纲、专项环境影响评价技术导则和行业建设项目环境影响评价技术导则构成，总纲对后两项导则有指导作用，后两项导则的制定要遵循总纲总体要求。

专项环境影响评价技术导则包括环境要素和专题两种形式：大气环境影响评价技术导则、地表水环境影响评价技术导则、地下水环境影响评价技术导则、声环境影响评价技术导则、生态影响评价技术导则等为环境要素的环境影响评价技术导则；建设项目环境风险评价技术导则、公众参与环境影响评价技术导则等为专题的环境影响评价技术导则。

行业建设项目环境影响评价技术导则包括：火电建设项目环境影响评价技术导则、水利水电工程环境影响评价技术导则、机场建设工程环境影响评价技术导则以及石油化工建设项目环境影响评价技术导则等。

二、环境及社会管理计划

环境及社会管理计划（ESMP）是一种详细描述在项目实施和操作中将采取的减缓措施以及实施这些措施的具体行动的方法。对于应编制环境及社会影响评价报告书和环境及社会影响评价报告表的项目，应同时编制环境及社会管理计划。

第四节　环境及社会影响评价文件

（……）

第五节　替代方案分析

所有应编制环境及社会影响报告书及环境及社会影响报告表的项目都要进行项目替代方案分析，以确定实现项目目标的最佳方法，同时尽量减少环境和社会影响。严谨的替代方案分析还能降低项目成本，有利于提高公众对项目的支持度，并增加项目通过审批的可能性。如果没有充分利用这一机会，大多数情况下只能通过在项目实施期间采取缓解措施来降低损害程度。

为优化设计而对替代方案进行公正的考虑，需要平衡经济、技术、环境和社会等方面因素，权衡各方案的优缺点，以获得最优结果。因此，对替代方案的考虑应与项目设计/工程团队合作进行，以发现和分析所有合理可行的替代方案。分析应考虑资金和经常性支出、设计/技术是否适用于当地条件、潜在的环境和社会影响，包括在无法避免不利影响时采取缓解措施的可行性。

项目替代方案分析可在两个层面进行：

(1) 提供所需服务的方法（如可以通过不同的发电方式提供更多能源、通过垃圾焚烧或填埋管理城市垃圾）；

(2) 替代项目设计——地点、技术、设计和流程。

提供所需服务的方法。项目一旦提出，提供所需服务的方法便不太可能改变（如：用于提供更多能源的风电项目一旦提出，便不太可能考虑采用其他发电方式）。环境及社会影响评价文件中应详细说明选择提供所需服务方法的理由，一般情况下，在项目可行性报告或其他早期项目规划文件中对上述理由已有明确的说明，通常都有相关政策或规划的支持。

地点。谨慎选择项目地点是避免或降低不利影响最有效的方法之一。这对于线性基础设施建设尤为重要，如道路、输电线路和管线，小调整往往能够避免大问题（如避免影响关键栖息地、缩小拆迁规模）。慎重选择非线性项目地点也能产生很大的收益。

技术。不同技术造成的环境影响差异很大（如在热电站项目中使用亚临界锅炉还是超临界锅炉）。

设计。这可能包括项目设计各方面的替代方案（如输电杆塔的高度和跨度、遇山是开凿公路隧道还是沿山改道、道路项目中遇湿地是架桥还是筑路堤）。

流程。不同操作流程或方法对项目的影响也不同（如改变水电站的排水时间和体积，能使下游水流量适中或让河流干涸）。

替代方案分析还必须包括取消项目这一方案。这一般是指 (1) 如取消该项目，会对发展产生哪些有益结果和净贡献，以及 (2) 如取消该项目，能避免哪些主要的不利影响。

在大多数情况下，最好由环境、社会、技术和经济/财务专家组成的多学科团队进行替代方案分析，以便充分而综合地考虑、权衡不同因素，从而选出最佳方案。

替代方案分析可以分阶段进行。根据经济、技术、环境和社会因素确认替代方案雏形后，即可开始进行替代方案分析，随后确定选择标准，进而对替代方案进行详细分析/对比。最好以能够量化的重要差异化特征作为选择标准，以便进行直接客观的对比。对于每个主要因素，可以使用一个（如成本）或多个（如成本、节省的成本）标准。

替代方案分析可以在开展协商之前进行。然而，在确定选择标准和待评价替代方案时，有必要考虑利益攸关方的意见，因为他们对替代方案的支持或反对可能会成为该方案是否可行的关键决定因素。此外，本地知识能够提供关于当地状况的重要信息，从而有助于项目选址。相反，如果不提出拟定替代方案和公布选址过程中所使用的标准，项目则可能遭到群体抵制。

在选址过程中，如果发现了重大、不可接受的环境或社会影响，还可能需要使用最重要的“禁行”措施（如：项目所在地的关键栖息地出现严重变化或退化），以缩小替代方案的范围。这能够防止选择那些不可接受但根据全部标准综合得分较高的替代方案。

第六节　环境及社会影响评价标准

环境标准是以数字形式表示浓度的一种环境参数，是人们对某一生态系统、地区或区域中资源进行合理利用的参考依据。

环境质量标准是国家为保护人群健康和生存环境，对污染物（或有害因素）容许含量（或要求）所作的规定。环境质量标准体现国家的环境保护政策和要求，是衡量环境是否受到污染的尺度。

污染物排放标准是国家对人为污染源排入环境的污染物的浓度或总量所作的限量规定。其目的是通过控制污染源排污量的途径来实现环境质量标准或环境目标，污染物排放标准按污染物形态分为气态、液态、固态以及物理性污染物（如噪声）排放标准。

环境影响评价中应根据确定的评价范围中各环境要素的环境功能区划，确定各评价因子所采用的环境质量标准及相应的污染物排放标准。有地方污染物排放标准的，应优先选择地方污染物排放标准；国家污染物排放标准中没有限定的污染物，可采用国际惯例或最佳实践；生产或服务过程的清洁生产分析采用国家发布的清洁生产规范性文件。

第七节　跨境和全球影响

项目影响可能包括跨境影响和全球影响，在环境及社会影响评价过程中应充分考虑上述因素。在这些情况下，对潜在影响的程度应依照相关国际协议中的承诺进行评估，必要时应就拟建项目通知受影响的一个或多个国家。

第八节　环境及社会管理计划

环境及社会管理计划（ESMP）包括一系列在项目执行过程中实施的缓解、监测和机构建设措施，以消除或补偿项目对环境和社会的不良影响，或将其降低至可接受的水平。计划中还应包括保证这些措施实施的安排。对于应编制环境及社会影响评价报告书和环境及社会影响评价报告表的项目，应同时编制环境及社会管理计划。环境及社会管理计划的具体内容参见附件4。

第九节　公众咨询与信息公开

环境及社会影响评价中的公众咨询与信息公开应按照《环境影响评价公众参与暂行办法》和《建设项目环境影响评价政府信息公开指南（试行）》的要求进行。

一、公众咨询

（1）建设单位或者其委托的环境影响评价机构应当在发布信息公告、公开环境及社会影响报告书的全本后，采取调查公众意见、咨询专家意见、座谈会、论证会、听证会等形式，公开征求公众意见。

建设单位或者其委托的环境影响评价机构征求公众意见的期限不得少于10日，并确保其公开的有关信息在整个征求公众意见的期限之内均处于公开状态。

环境及社会影响报告书报送环境保护行政主管部门审批或者重新审核前，建设单位或者其委托的环境影响评价机构可以通过适当方式，向提出意见的公众反馈意见处理情况。

（2）建设单位或者其委托的环境影响评价机构、环境保护行政主管部门，应当综合考虑地域、职业、专业知识背景、表达能力、受影响程度等因素，合理选择被征求意见的公民、法人或者其他组织。

被征求意见的公众必须包括受建设项目影响的公民、法人或者其他组织的代表。

（3）建设单位或者其委托的环境影响评价机构、环境保护行政主管部门应当将所回收的反馈意见的原始资料存档备查。

（4）建设单位或者其委托的环境影响评价机构，应当认真考虑公众意见，并在环境及社会影响报告书中附具对公众意见采纳或者不采纳的说明。

二、信息公开

应当在项目评估之前，在合适的地点，以受影响人群和其他利益攸关方可以理解的语言和方式，公布环境及社会影响评价文件（包括环境及社会管理计划）。对于不识字的受影响人，应使用其他适当的沟通方式。

建设项目的信息公开应遵循《环境影响评价公众参与暂行办法》的要求：

（1）在《建设项目环境分类管理名录》规定的环境敏感区建设的需要编制环境及社会影响报告书的项目，建设单位应当在确定了承担环境影响评价工作的环境影响评价机构后7日内，向公众公告下列信息：

▪ 建设项目的名称及概要；

▪ 建设项目的建设单位的名称和联系方式；

▪ 承担评价工作的环境影响评价机构的名称和联系方式；

▪ 环境影响评价的工作程序和主要工作内容；

▪ 征求公众意见的主要事项；

▪ 公众提出意见的主要方式。

（2）建设单位或者其委托的环境影响评价机构在编制环境及社会影响报告书的过程中，应当在报送环境保护行政主管部门审批或者重新审核前，向公众公告如下内容：

▪ 环境及社会影响报告书、表全本（除涉及国家秘密和商业秘密等内容外）；

▪ 公众查阅环境及社会影响报告书、表的方式和期限，以及公众认为必要时向建设单位或者其委托的环境影响评价机构索取补充信息的方式和期限；

▪ 征求公众意见的范围和主要事项；

▪ 征求公众意见的具体形式；

▪ 公众提出意见的起止时间。

（3）建设单位或者其委托的环境影响评价机构，可以采取以下一种或者多种方式发布信息公告：

在建设项目所在地的公共媒体上发布公告；

公开免费发放包含有关公告信息的印刷品；

其他便利公众知情的信息公告方式。

（4）建设单位或其委托的环境影响评价机构，可以采取以下一种或者多种方式，公开便于公众理解的环境及社会影响评价报告书、表的全本：

在特定场所提供环境及社会影响报告书、环境及社会影响报告表的全本；

制作包含环境及社会影响报告书、环境及社会影响报告表全本的专题网页；

在公共网站或者专题网站上设置环境及社会影响报告书、环境及社会影响报告表全本的链接；

其他便于公众获取环境及社会影响报告书、环境及社会影响报告表全本的方式。

第十节　申诉机制

申诉机制应按照项目的风险和影响程度设计，采用易于理解和透明的程序，及时处理受影响人群的诉求和不满。该机制应适应受影响人群和社区的文化传统，不能存在性别歧视，而且不同的受影响人群都能够通过它来表达意见，不用担心受到报复。该机制不能妨碍他们寻求国家的司法和行政补偿措施。有关申诉机制的信息应及时通知受影响的人群。

第十一节　监测和报告

在项目实施阶段，要监测环境及社会管理计划的实施进度。监测活动的强度取决于项目的风险和影响程度。除了记录信息以跟踪计划执行情况，还应进行检查，以证实已开展的工作符合环境治理计划的要求并朝着预期的方向进展。对那些有可能产生重大负面环境影响的项目，应聘请有相应资质和经验的外部专家或非政府组织来确认监测信息。监测结果应编制成书面文件。

第十二节　不曾预料的环境影响

在项目执行过程中，如出现明显的不曾预料的环境影响，应当修订或制定新的环境及社会影响评价和环境及社会管理计划以评估潜在影响，比较其他替代方案，并简要说明应对这些影响的措施。

（三）《关于在东盟地区投资的社会责任与环境保护参考指引（第一版）》① （中国－东盟中心与中国－东盟投资合作基金联合制定，2014年7月）

一、本指引背景

（……）

中国－东盟投资合作基金作为第一支由中国国务院批准、国家发改委核准的离岸美元股权投资基金，致力于推动中国－东盟地区的可持续发展，通过投资该地区的基础设施、能源和自然资源等领域，促进中国和东盟十国的经贸关系和战略合作。东盟投资基金十分重视当地环境和社会的可持续发展，坚持高标准的环境和社会（E&S）责任，在

① 中国－东盟投资合作基金网站，http://www.china-asean-fund.com/files/publication/20140709150739_167.pdf。

过往几年的投资运作过程中，与世界银行下属国际金融公司（IFC）紧密合作，采用国际金融公司《绩效标准》建立了完善的环境和社会管理系统（ESMS），并根据投资实践经验不断完善、提升。

为促进企业对外投资合作业务健康和可持续发展，规范对外投资合作企业海外经营行为，提高企业社会道德意识和责任感，加强环境保护，中国－东盟中心、中国－东盟投资合作基金（有关各方简介，请详见附录一至三）联合制定了《关于在东盟地区投资的社会责任与环境保护参考指引》（简称“本《指引》”），为企业在东盟地区投资过程中，提供可以借鉴的社会责任与环境保护方面的行动建议。

二、本指引运用范围

1. 所有接受东盟投资基金投资的企业及项目需要接受并执行本《指引》。

2. 所有在东盟地区投资及运营项目的企业，可参考本《指引》内容，自觉遵守投资人义务，开展可持续和负责任的投资行为。

（……）

五、本指引的评估体系及持续跟踪

原则上由东盟投资基金投资的企业需强制执行该评估体系。建议各投资企业在执行过程中，结合实际情况，制订符合自身要求的评估体系。

企业在筛选、调查、投资和运营项目的过程中，应针对以下重点方面与被投资方进行沟通与信息收集，根据获得的信息评估被投资企业在环境和社会方面现实与标准所存在的差异。企业在进行环境和社会尽职调查的过程中，应考虑聘请合资格的专业环境和社会技术顾问进行项目风险评估，尤其是涉及A、B类的项目（关于投资项目的种类划分，请参考附录五）。企业根据评估结果制订缩减差异的行动计划。被投资企业通过执行行动计划，逐步达到投资企业所要求的环境和社会标准。

1. 针对环境和社会风险与影响的评估和管理

• 确认公司是否在公司组织及运营方面涉及环境、健康、安全、社会的相关问题及风险，制订计划以消除该项目对当地环境和社会所造成的影响。

• 基于该项目情况及公司商业活动的资料，评估该项目在社会责任和环境保护方面可能遇到的核心挑战，制订公司解决这些问题所采取的具体措施和步骤。

• 罗列在公司运营和项目执行过程中，可能受到媒体、非营利组织、公众所关注的重点问题并做好预案。

2. 劳工和工作条件

• 确认在施工、操作期间预期的项目工作人员数量；在拆卸、建造、翻修期间承建商和分包商工人数量，其中临时和兼职的工人数量；通过代理公司雇用的工人数量；非本地劳工的数量。

• 确认工人的雇佣合约中各项条款（如工作时间和假期）是否与所在国的劳动法一致。

• 制订公司与员工沟通、互动和处理投诉的方式，研究公司去年收到的关于雇员的投诉事件。

3. 资源效率与污染防治

• 确保项目对环境中造成的空气排放、废水排放以及固体废弃物的处理做好管理、防治和减缓。制订良好的监测程序，采取恰当的技术措施，尽量减少污染排放。

• 确认是否有专门的承建商收集和处理废弃物，了解废弃物的流向。

• 了解工地所有使用过和储存的有害物质，确认有关处理/处置/访问控制。

4. 社区健康、安全和治安

• 了解项目与当地居民（例如安全事件）之间的沟通情况。

• 预计项目施工地所需非本地的建筑商、承建商和劳工情况。

• 制订公司在遇到紧急情况时所应对的预案和执行程序。

5. 土地征用和非自愿迁移

• 确认项目已经获取的涉及每一块土地的土地征收信息。

• 参与土地销售过程的具体人员，以及之后需要重新安置的人数。

• 了解土地的原始用途。

6. 生物多样性保护和生物自然资源的可持续管理

• 确认公司是否就项目涉及的生物多样性的影响进行了解和处理。

• 确认公司是否在受法律保护的地区进行活动。

• 确认在项目执行过程中是否会引入外来物种。如果有引入外来物种的计划，应确认是否已经收到适当政府监管部门的批准。

• 确认项目所需要利用到的自然资源、森林及植被、淡水和海洋资源是否可以再生，并致力于以可持续的方式管理它们。

7. 原住民

• 确认所有生活在项目当地的少数族裔群体，了解他们的大致人口数量。预测需要招聘的本地承包商和本地劳工的数量。评估项目对这些群体的潜在影响。制定对当地少数族裔人士的专项政策（例如特别的民族节日期间的休息日；设立与其定期磋商的工作职位等）。

8. 文化遗产

• 确认在投资项目实施地点上的所有文化遗产、文物、考古和文化事物和特征（例如大型榕树在某些地方会被视为图腾、祖坟、特殊建筑物等）。

• 确认政府对项目所在地的文化遗产保护政策。

五　延伸阅读

• Danish Institute for Human Rights, *Human Rights Compliance Assessment tool*, https://www.humanrights.dk/sites/humanrights.dk/files/media/migrated/hrca_quick_check_english.pdf.

• Development Solutions, *Sustainability Impact Assessment in support of an*

Investment Protection Agreement between the European Union and the Republic of the Union of Myanmar: Final Report, European Commission (2016), http://trade.ec.europa.eu/doclib/docs/2016/december/tradoc_155121.pdf.

- IFC et al., *Guide to Human Rights* Impact Assessment and Management (2010), https://www.unglobalcompact.org/docs/issues_doc/human_rights/GuidetoHRIAM.pdf.
- IFC, *Cumulative Impact Assessment and Management: Guidance for the Private Sector in Emerging Markets*. Good Practice Handbook (2013), https://www.ifc.org/wps/wcm/connect/3aebf50041c11f8383ba8700caa2aa08/IFC_GoodPracticeHandbook_CumulativeImpactAssessment.pdf? MOD = AJPERES.
- IPIECA and Danish Institute for Human Rights, *Integrating Human Rights into Environmental, Social and Health Impact Assessments: A Practical Guide for the Oil and Gas Industry* (2013), https://www.ipieca.org/media/1571/integrating_hr_into_environmental_social_and_his.pdf.
- 何香柏:《风险社会背景下环境影响评价制度的反思与变革——以常州外国语学校“毒地”事件为切入点》,《法学评论》2017年第1期。
- 侯健:《人权评估的若干问题研究》,《人权》2017年第5期。
- 李强、史玲玲:《“社会影响评价”及其在我国的应用》,《学术界》2011年第5期。

六　案例

美洲人权委员会调查尼加拉瓜大运河项目[①]

2014年12月22日，尼加拉瓜大运河在尼加拉瓜里瓦斯市开工建设。该运河线路的全长约为巴拿马运河长度的三倍，联通太平洋与大西洋，大大缩短亚非航线。计划5年内建成，修建期间预计创造5万个就业岗位，运营期间预计创造20万个就业岗位。运河项目由香港尼加拉瓜运河开发投资有限公司（简称“HKND集团”）承建，该公司拥有100年独家规划、设计及运营并管理尼加拉瓜运河和其他潜在项目的权益。尽管开发尼加拉瓜运河可以说是几代尼加拉瓜人民与政府的理想，但本次运河的开发并非尽如人意：运河开发带来的环境问题，必将波及沿岸数百万人的生活、工作与健康，看似

① 美洲人权委员会官网，https://www.oas.org/en/iachr/decisions/cases.asp。

裨益无穷的项目也有可能成为尼加拉瓜百万国民的巨大人权隐患。

2013 年 6 月 13 日，尼加拉瓜国会经表决批准了耗资 400 亿美元的运河计划；同年 6 月 25 日，HKND 集团与当地政府达成了尼加拉瓜运河排他性商业协议。次年，由于政府征地以及警方暴力问题，尼加拉瓜南部里瓦斯省波托西镇数百名农民举行抗议活动，反对该公司牵头修建新运河。此外，该项目计划横贯生态保护区以及土著居民区，其人权影响亦频频受到质疑。

这些抗议与质疑并未影响运河计划的开工建设，故抗议行为愈演愈烈，甚至发展为暴力问题。2015 年 1 月 22 日，HKND 集团迫于压力，对征地安置工作进行了重新安排，并公布了项目的可行性研究和英国 ERM 公司作出的权威环境社会影响评价预报告。然而，上述报告未能平息尼加拉瓜沿岸群众的抗议，以及征地安置与环境影响引发的问题，甚至有关于反对项目的记者受到骚扰与警察虐待的报道。这些争议使受尼加拉瓜运河项目影响的群众的人权问题备受各方关注。在多次企业回应与农民游行之后，英国 ERM 公司作出的环境评估也备受抨击。针对该项目的指控渐渐引起了政府间人权组织的关注。2015 年 8 月 31 日，美洲人权委员会开始调查民间对运河项目侵犯少数族裔人权的指控。2016 年 10 月 16 日，国际人权联盟又称此项目破坏环境，践踏人权。但由于尼加拉瓜当地局势的不断动荡，以及 HKND 集团背后的信威集团自 2016 年开始停牌、破产、退市、重组，该运河项目以及所有的抗议活动皆无疾而终。

七　思考题

1. 什么是人权风险，什么是人权影响，二者有哪些区别？

2. 人权影响评估和环境影响评估、社会影响评估有哪些异同？

3. 工商企业进行人权影响评估的范围？

4. 有哪些标准方法可供工商企业使用，以便其进行有效的人权影响评估？

5. 在人权影响评估方面的领先企业是如何进行评估，如何处理评估结果的？

第十章　尽责调查和管理制度

引　言

尽责调查是企业高管熟悉的概念，他们在购买另一家企业（兼并和收购）时，为了了解所涉及资产的确切价值和负债，通常需要进行尽责调查。律师在案件辩护中也会接触到尽责调查，以表明他们的当事人采取了合理和谨慎的行动。《联合国工商企业与人权指导原则》战略性地以这种惯例为基础：当它们强调人权尽责的理念是公司尊重人权的具体方式时，它们使用的是商业语言。这种强调使企业责任显得更加合理和可行，并让公司印象深刻，即公司应该像处理其他风险一样，用同样系统和积极的方式处理人权问题。与此同时，《联合国工商企业与人权指导原则》强调，这些都是针对人权的风险，而不是针对商业声誉和业务的风险，因此管理层应调整其回应。《联合国工商企业与人权指导原则》进一步简化了尽责调查的概念，展示了公司为使自己成为一家负责任的公司而应采取的具体步骤（第7—14章）。《联合国工商企业与人权指导原则》与世界银行（第25章）和经合组织（第28章）等在风险管理中采取了同样的方法，即传统的计划—执行—检查—行动的方法。除了倡导团体和公司都采用尽责调查办法评估和改进业绩，立法者可以参考法国的立法（第4章）和联合国在关于公司责任条约的谈判中（第1章）正在努力达成的那样，将尽责调查作为一项法律要求。联合国系统的一些机构使用人权尽责的方法，提请私营部门注意其在许多人权问题上的责任（第29章）。随着尽责调查在这些方面的进步，一家仅仅采用行为守则而不支持适当的风险管理制度的公司，其声誉很可能会受到打击，并且给人一种停滞在20世纪90年代的感觉，当时的行为守则仅仅要求公司对批评进行回应（第8章）。然而，即使在今天，公司也很少发布关于其尽责调查制度的广泛而详细的信息。

一　要点

- 风险（对所有权人和企业）
- 人权尽责的循环及持续改进

- 重要影响，优先次序和强化的人权尽责
- 综合评估（人权影响）
- 国内法和国际标准之间的冲突
- 嵌入人权尽责（在公司结构、流程和管理制度中）
- 业务功能（采购、生产、法律、人力资源、销售）
- 环境和社会管理系统
- 企业文化
- 沟通、协作和说服（在企业内部）
- 供应链管理
- 供应商的选择（与预审核）
- 与供应商的合同（人权条款）
- 社会审计（影响社会审计人员识别问题能力的因素）
- 疏忽（与人权尽责相关）
- 监管策略（促进人权尽责）
- 利益攸关方参与（合作）
- 企业报告（透明度）

二　背景

Shift《在高风险情况下的人权尽责》①

人权尽责包括企业意识到和管理其对个体人权的实际和潜在影响的过程。(……）这种对受影响的利益攸关方（那些将受到影响的人）的关注，使人权尽责不同于传统的风险和重要性分析。在传统的分析中，企业的风险是最重要的。在人权尽责中，利益攸关方面临的风险是最重要的。

诊断问题：识别风险因素

A. 关于经营环境的关键问题

- 国内法在多大程度上保护人权，这些法律在多大程度上得到执行？
- 国内法是否与国际人权标准相冲突？
- 是否有系统的社会实践对人权产生影响？
- 当地居民在多大程度上获得司法公正？

① Shift, *Human Rights Due Diligence in High Risk Circumstances* (2015), www.shiftproject.org/media/resources/docs/Shift_HRDDinhighriskcircumstances_Mar2015.pdf.

- 是否存在主动冲突，或冲突前或冲突后的动态？
- 贪污是一个或多个层面的系统性问题吗？
- 受影响的利益攸关者群体中是否存在极端贫困？
- 有任何脆弱的、缺席的或持续受到威胁的公民社会组织吗？
- 是否存在重大的遗留影响（在公司参与之前的影响），可能影响利益攸关者的行动或态度？
- 行动是否可能被视为与特定的政治或其他机构利益有关？
- 是否有第三方的行为可能造成与业务相关的风险（例如，威胁供应商或工会的当地政治掮客、煽动种族冲突的媒体等）？

E. 关于管理制度的关键问题
- 企业是否有必要的政策和流程来预防和处理已识别的风险？
- 企业员工是否有能力有效地执行这些政策和流程？
- 企业是否分配了必要的预算？
- 企业是否有足够的时间进行充分的尽责调查？
- 企业是否正确理解外部视角？
- 企业是否适当地通知潜在受影响的利益攸关者并使其参与其中？

三 国际文件与域外材料

（一）《联合国工商企业与人权指导原则》[①]

人权尽责

17. 为确认、防止和缓解负面影响，并对如何消除此类影响负责，工商企业应恪守人权责任。此一过程应包括评估实际和可能的人权影响，综合评估结果并采取行动，跟踪有关反映，并通报如何消除影响。人权尽责：

（a）应涵盖工商企业通过其自身活动可能造成或加剧或因商业关系而与其业务、产品或服务直接相关的负面人权影响；

（b）随工商企业的规模、产生严重人权影响的风险以及业务性质和背景的不同而复杂性上有所不同；

（c）应是持续的，承认人权风险可能随时会因工商企业的业务和经营背

① UN Guiding Principles on Business and Human Rights-Human Rights Council. Seventeenth Session, 2011. http://www.ohchr.org/Documents/Publications/GuidingPrinciplesBusinessHR_EN.pdf，中文版见 http://www.ohchr.org/Documents/Publications/GuidingPrinciplesBusinessHR_CH.pdf。

景的变化而起变化。

评论

人权尽责可包括在更广阔的的企业风险管理制度中，即不仅仅是确认和管理对公司本身的物质风险，还包括对权利拥有者的风险。

人权尽责应在发展新的活动或关系时尽早启动，因为人权风险在合同或其他协议的筹划阶段，可能已经加剧或得到缓解，也可能通过合并或收购继承下来。

如果工商企业在其价值链中有大量实体，想要对所有这些实体的所有负面人权影响尽到责任，可能非常困难。在此情况下，工商企业应确定负面人权影响最大的一般领域，原因是否在于某些供应商或客户的经营背景，所涉及的特定业务、产品或服务，以及其他有关考虑，同时确认这些因素对人权尽责的轻重缓急。

19. 为防止和缓解负面人权影响，工商企业应联系各项相关内部职能和程序，吸纳影响评估的结果，并采取适当行动。

(a) 有效的吸纳要求；

(i) 责成工商企业内适当层级负责消除此类影响；

(ii) 内部决策、预算拨款和监督程序有助于切实应对此类影响。

(……)

评论

只有人权政策承诺内置于所有相关企业职能中，整个工商企业横向吸纳人权影响评估的具体结果才是有效的。必须做到这一点，才能确保评估结果得到适当理解和重视，并采取行动。

24. 如果必须确定消除实际和潜在的负面人权影响行动的轻重缓急，工商企业首先寻求防止那些最严重的影响，或反应迟缓将导致无法补救的影响。

(二) 联合国人权事务高级专员办事处《尊重人权的公司责任解释性指南》[①]

问题 27. 人权尽责的范围?

如《指导原则》所示，人权尽责“应涵盖工商企业通过其自身活动可

---

① UN Office of the High Commissioner of Human Rights, *The Corporate Responsibility To Respect Human Rights-An Interpretive Guide* (2011), http://www.ohchr.org/Documents/Issues/Business/RtRInterpretativeGuide.pdf，中文版见 http://www.ohchr.org/Documents/Publications/HR_PUB_12_02_ch.pdf。

能造成或加剧或因商业关系而与其业务、产品或服务直接相关的负面人权影响”。关于卷入负面人权影响的这三种可能形式的更多信息，见指导原则13。(……)

如《指导原则》中定义的，“商业关系”指的是企业与“其商业伙伴，其价值链中的实体以及直接与其商业活动、产品或服务相关联的非国家或国家实体的关系”。审视商业关系，焦点不在于一般说来有关方给人权带来的风险，而在于此一关系可能因企业自身的业务、产品或服务对人权造成损害。

问题83. 企业应如何应对相互冲突的要求?

在某些经营环境中，国内法律、条例或习俗可能要求（相对于仅仅允许）企业采取与尊重国际公认人权的责任相冲突的行为方式。这种要求可能与妇女权利、劳工权利或隐私权等有关。此类情况让企业处于两难境地：既要遵守所有适用的法律，又要履行在一切情况下尊重人权的责任。

企业的人权尽责程序应揭示出，它在什么情况下可能面对这种两难境地，可以采取哪些措施去防止或减轻这一风险。如果要求之间有直接冲突，就需要找到信守国际公认的权利原则的途径。如其他问题一样，没有现成的应对蓝图。(……)

了解相互冲突的要求的确切性质、规模和影响，是找到解决困境办法的第一个重要步骤。当地的要求可能比最初想象的更加模棱两可，或者冲突以某种其他形式被夸大。承认这一点可能为缓解冲突提供了机会。或许可以从政府或地方当局处寻求澄清，了解相互冲突的要求的范围，甚至对其提出质疑。这可能有助于既减少对个人的风险，也减少对公司的风险，并且是向利益攸关者发出信号，表明企业承诺尊重人权。行业内或国内其他企业或许有减轻人权损害的做法，可以加以仿效。例如，在结社自由受到限制的某些国营企业，已经建立了让工人参与的并行程序。(……)

如果企业面对这类挑战，它们的行为就很可能受到利益攸关者更密切的监督。企业应能够说明在这些情况下它如何努力来保持对人权的尊重，只要报告这些情况不增加侵犯人权的风险，它们往往最好是这样做。

如果出现当地法律或其他规定使企业有可能卷入严重侵犯人权行为（如国际罪行）的罕见情况，企业应认真考虑，在这种环境中能否以及如何继续经营下去但不丧失自己的诚实，同时也了解终止其活动可能导致的人权影响。

问题86. 在评估和应对困难情况提出的挑战方面，企业可向谁寻求帮助?

在对企业尊重人权的能力造成特别挑战的环境中，例如在受冲突影响地区，许多企业在规划或经营业务时，会觉得很难对风险作出适当评估。如果发生这种情况，它们应从可靠的外部来源，包括从在该地区工作或从该地区发送报告的民间社会组织，寻求咨询意见。适当时还可征求政府，包括其本国政府的意见。咨询意见的另一宝贵来源是国家人权机构。与企业合作伙伴、行业机构或多方利益攸关者倡议合作，也可有助于企业制定更适合应对复杂情况造成的人权风险的方法。

问题 87. 为什么根据人权影响的严重程度来确定行动的优先次序很重要?

在国际人权法中没有等级之分。恰恰相反，人权是不可分割、相互依存和相互关联的。但企业有时不可能立即解决所有的负面人权影响。许多企业在不同的环境中经营，有复杂的供应链和众多合作伙伴，它们有可能卷入一系列负面人权影响。对企业立即解决所有负面影响的能力，在资源和后勤方面都存在合理的限制因素。

人权尽责和补救程序旨在帮助企业尽量缩小与其经营、产品和服务相关联的人权影响。如果无法立即合理地应对所有影响，重点必须放在会对人们造成最大伤害的影响。这意味着就目前或未来在范围或规模上最严重的影响，或反应迟缓将导致无法补救的影响确定轻重缓急。在最严重的影响消除之后，企业应立即转向那些严重程度略低的影响，以此类推，直至消除所有实际和潜在的人权影响（铭记这可能是一个需要根据环境变化进行调整的持续过程)。

问题 88. 何为“严重”影响?

指导原则 14 的评论指出，人权影响的严重程度“将根据其规模、范围和不可补救性来判断”。这意味着，影响的严重程度以及受影响或将要受影响（例如受到环境危害滞后效应的影响）的人数，将是相关的考虑因素。“不可补救性”是第三个相关因素，用在这里，是指在受到影响后，将有关状况恢复到至少类似或等同于负面影响发生之前的状况的能力可能面临的任何限制。为此目的，财政赔偿只与其促成此类恢复的程度相关联。

（三）国际金融公司《绩效标准 1——环境和社会风险与影响的评估和管理》[1]

（……）《绩效标准》的制定面向客户，为他们如何识别风险和影响提

---

[1] International Finance Corporation, *Performance Standard 1 – Assessment and Management of Environmentaland Social Risks and Impacts* (2012), https://www.ifc.org/wps/wcm/connect/115482804a0255db96fbffd1a5d13d27/PS_English_2012_Full-Document.pdf? MOD = AJPERES，中文版见 https://www.ifc.org/wps/wcm/connect/5fd142004a585f48ba3ebf8969adcc27/PS_Chinese_2012_Full-Document.pdf? MOD = AJPERES。

供指导，旨在帮助客户以可持续的营商方式避免、缓解、管理风险和影响，包括客户在项目活动中与利益相关者的沟通以及披露信息的义务。

《绩效标准1》确立了以下几个方面的重要性：（ⅰ）综合评估以识别项目的环境与社会影响、风险和机遇；（ⅱ）通过披露项目相关信息和与当地社区就直接影响他们的问题进行磋商来进行有效的社区沟通；（ⅲ）客户在整个项目周期内对环境和社会绩效进行管理。《绩效标准2》至《绩效标准8》确立了避免和在最大程度上降低对员工、受影响社区和环境带来风险和影响，以及如果仍存在残余影响，补偿/抵消这些风险和影响的目标和要求。

绩效标准1

1（……）一个有效的环境和社会管理系统（Environmental and Social Management System，ESMS）应当是一个动态的、持续的过程，这个过程由管理层发起并提供支持，其中涉及客户、员工、直接受该项目影响的当地社区（以下简称“受影响的社区”）以及其他利益相关者的参与。ESMS管理系统是基于企业现有管理过程中“计划、实施、核查和行动”等各个要素，以结构化、有组织的方式，持续管理环境和社会风险与影响。

5. 客户应与其他政府负责部门和相关的第三方协调，进行环境和社会评估，并建立和维护一个与项目的性质和规模及其环境和社会风险与影响相适应的ESMS管理系统。这个ESMS管理系统应该包括以下因素：（1）政策；（2）对风险和影响的识别；（3）管理计划；（4）组织能力和资质；（5）应急预警和反应措施；（6）利益相关者的参与；（7）监督和审查。

（四）经济合作与发展组织《负责任商业行为尽责管理指南》[①]

尽责调查的特征

尽责调查涉及多个程序和目标

（……）尽责调查应成为企业决策和风险管理中不可分割的一部分。在这方面，企业可以建立传统交易或“了解对手”（KYC）的尽责调查程序（尽管比传统交易更广泛）。将负责任的商业行为嵌入政策和管理系统中，有助于企业预防关于负责任商业行为的不利影响，并通过明确企业战略、提升员工能力、确保资源的可用性和与企业高层准确沟通，支持有效的尽责调查。

---

① OECD, *Due Diligence Guidance for Responsible Business Conduct* (2018), http://mneguidelines.oecd.org/OECD-Due-Diligence-Guidance-for-Responsible-Business-Conduct.pdf.

动态的尽责调查

尽责调查的过程不是静态的，而是持续的、快速响应的和不断变化的。它包括反馈循环，便于企业知晓有效措施和无效措施。企业应以逐步改善其制度和程序为目标，避免和处理不利影响。通过尽责调查过程，企业能够随着环境的变化对其风险状况的潜在变化作出适当的反应（例如，一个国家监管框架的变化、行业中出现的风险、新产品的开发或新业务关系的发展）。

尽责调查不是推卸责任

业务关系中的每个企业都有责任去识别和处理不利影响。《经合组织跨国企业准则》中的尽责调查建议无意将责任从政府转移到企业，或从造成或促成不利影响的企业转移到因其业务关系与不利影响直接相关的企业。相反，他们建议每个企业针对不利影响承担自己的责任。如果不利影响与企业的业务、产品或服务直接相关，企业应单独或与他人合作，尽可能寻求方法来做出改变。

2. 尽责调查执行中的合作

企业可以在一个行业或多个行业的层面，以及在整个尽责调查过程中与利益攸关方进行合作，尽管企业始终有责任确保尽责调查得到有效执行。例如，可以进行协作，以便汇集知识、扩大影响力和增加有效措施。成本分担和节省往往有利于部门合作，这对中小型企业尤其有用。(……)

虽然在许多情况下，企业可以在不违反竞争法的情况下就尽责调查进行合作，还是应鼓励企业及其参与的合作计划积极采取措施，了解其司法辖区内的竞争法问题，避免其行为被视为违反竞争法。(……)

每个司法管辖区在竞争法问题上都会有不同的规则；然而，在竞争法领域下评估负责任商业行为的倡议时，企业可以考虑一些指导性问题。例如：

- 合作或倡议是否涉及竞争对手之间的协议？
- 合作或倡议本身是否会被视为违反竞争法？即是否涉及固定价格、串通投标、产量限制和市场分割（或分享）？
- 尽管合作或倡议并不寻求限制竞争，但是否会产生限制竞争的效应（例如，对消费者市场的影响，提高价格或限制货品/服务的供应）？
- 合作或倡议促进竞争的效果是否超过限制竞争的效果？
- 合作或倡议所带来的公共利益是否可纳入或优先于平衡测试？

表 3　对人权影响的规模、范围和不可补救性的指标示例

不利影响	规模的示例	范围的示例	不可补救性的示例
劳工	• 对工人健康或安全影响的程度 • 侵犯是否涉及工作中的一项基本权利	• 受影响的工人或雇员的人数 • 影响的程度是不是系统性的？（例如对某一地区、行业的影响的程度） • 某些群体深受不利影响的程度（例如少数民族、女性等）	• 不利影响在多大程度上可以得到矫正（例如通过补偿或恢复） • 受影响的工人能否恢复先前享有的有关权利 • 工人成立或加入工会时受到的恐吓将在多大程度上剥夺工人表达的权利
环境	• 对人体健康损害的程度 • 物种构成改变的程度 • 水的利用强度（使用可利用资源的百分比） • 产生废物和化学物质的百分比（吨，占百分比）	• 不利影响的地理范围 • 受到影响的物种数量	• 对自然区域复原的可能性或可操作性的程度 • 恢复所需要的时间

（五）力拓矿业《人权为何至关重要》[①]

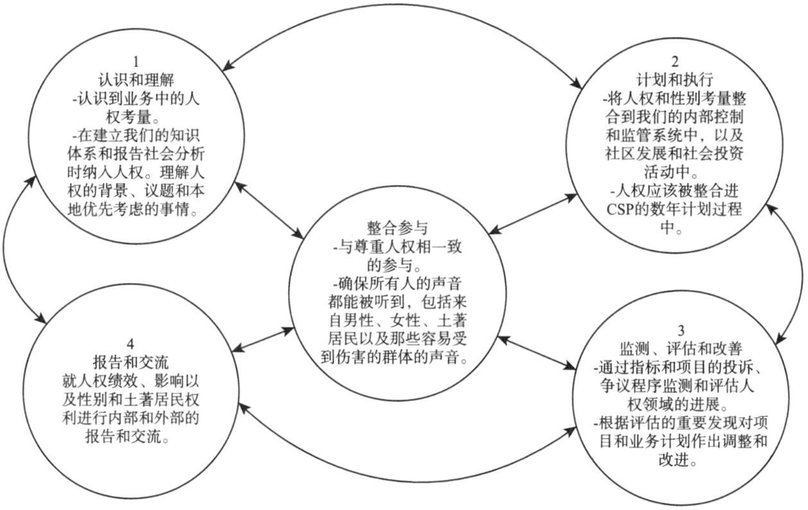

① Rio Tinto, *Why Human Rights Matter* (2013), www. riotinto. com/documents/ReportsPublications/Rio_ Tinto_ human_ rights_ guide_ – _ English_ version. pdf.

（六）英美资源集团《社会经济评估工具箱》[1]

制定社会管理计划

社会管理计划是一个详细描述企业管理社会绩效方法的框架，它应主动识别管理企业社会议题和影响以及提供社会经济效益所需的关键活动和资源。社会管理计划是所有英美资源集团管理业务的必要条件。与 SEAT 报告不同，社会管理计划主要是一个内部文档，每年更新一次。尽管它可以部分或全部与利益相关者分享，但它不会对外发布。（……）

第 7 节：资源和责任

社会管理计划的这一部分应列出下一年实施社会管理计划所需的全部人力和财力资源，并按全职等效方式计算出实施社会管理计划所需的员工人数，以及实施任何行动所需的预算。

此外，它还应该列出企业和业务部门的报告关系和职责。在为社会管理计划制定资源计划时，应确定负责执行管理行动的个人和组织。根据所管理的问题或影响，负责人可能身处广泛的业务职能中。例如，一项与当地采购有关的行为可能需要供应链增加其他职能（如社会绩效、财务、安全和可持续发展等）加以处理。

（七）公平劳工协会《公平劳动和负责任生产原则》[2]

1. 工作场所标准：会员公司制定并承诺履行明确的标准。

2. 责任和总公司/区域培训：会员公司确定并培训负责实施工作场所标准的具体员工，并对所有总公司和区域员工进行培训。

3. 供应商培训：会员公司取得承诺并就工作标准对相关供应商管理层进行培训并跟踪供应商人员培训的有效性。

4. 有效申诉机制：会员公司确保员工有权使用申诉机制，包括多个报告渠道，其中至少有一个渠道是保密的。

5. 监督：会员公司开展工作场所标准合规监督。

6. 合规信息收集和管理：会员公司收集、管理和分析工作场所标准合规信息。

---

① AngloAmerican, *SEAT Toolbox*, *Socio-Economic Assessment Toolbox* (2012), http://www.angloamerican.com/~/media/Files/A/Anglo-American-PLC-V2/documents/communities/seat-v3-jan-15-2.pdf.

② Fair Labor Association, *Principles of Fair Labor and Responsible Production* (2015), http://www.fairlabor.org/our-work/principles.

7. 及时和预防性整改：会员公司与供应商一起作出及时和预防性的整改。

8. 负责任采购实践：会员公司的计划和采购行为符合对工作场所标准的承诺。

9. 咨询民间团体：会员公司识别、研究并与相关非政府劳动机构、工会和其他民间社会机构沟通。

10. 审核要求：会员公司符合 FLA 审核和项目要求。

（八）联合国“全球契约”德国网络人权尽责信息门户[①]：管理企业人权影响的 5 个步骤

步骤 3 –确定现有的流程和步骤

这一步骤的目标

• 绘制公司现有的管理流程，以应对潜在的影响，认识到差距并进一步获取信息需求。

• 与公司的其他人协商，完善你最初绘制的流程。（……）

方法和可能的活动

你可以首先列出在处理之前已确定的人权影响时，最可能需要参与的关键业务部门以及需要研究的流程：

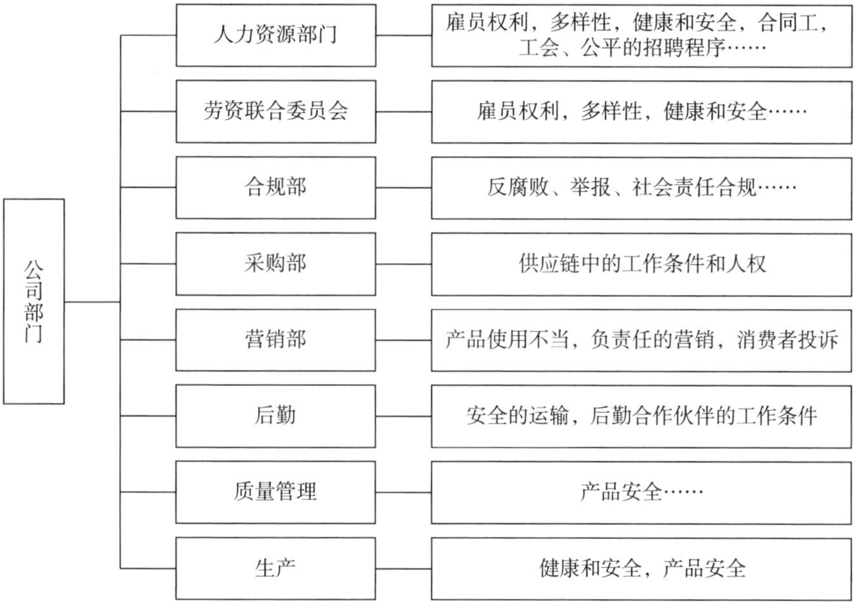

① Global Compact Network Germany, *Twentyfifty*, *Human Rights Due Diligence Info Portal* (2016), http://mr-sorgfalt.de/en.

这可以帮助你在与同事交流时：

- 留意已有的会议格式/架构，例如企业社会责任（CSR）会议或工作坊，你可以在此基础上与同事沟通。如果可能的话，尝试组织一个跨业务职能的工作坊，进行讨论或通过邮件或电话提供反馈。如果可行的话，和你的同事面谈。

- 为筹备会议，收集一些论据，说明处理人权问题对企业而言是重要的。(……)

- 在介绍主题时，使用同事熟悉的词语。这意味着，你不必和他们每个人都谈论“人权”。公平、尊重、企业价值观、诚信、健康与安全、产品安全或做一个负责任的商人，这些都是同行之间交流的切入点。有关工商业和人权的简短介绍视频，或提供有关受影响团体的图片或与你的部门相关的人权影响的例子，也可以帮助你的同事更具体地了解这个主题。

- 向你的同事传达这样的信息：他们的投入和专业知识是推动公司前进并最终保持良好业绩和负责任的商业行为所必需的。没有人愿意自己的工作给别人带来负面影响。如果你让同事意识到现有的风险和实际可行的改进机会，他们很可能会作出回应。

- 请记得让你的同事参与确定下一步的工作，并向他们传达进展情况——尊重人权只有在企业中的每一个人都留意日常业务中的潜在影响时才会奏效。(……)

绘制现有的管理流程并找到差距

在同事的帮助下，你可以完善你的潜在影响列表，并对公司解决这些问题的管理流程有一个总体的认识。他们是否意识到你所确定的潜在影响？他们会在你的清单上添加其他的影响吗？他们是否知道过去发生的事件或差点发生的、可能造成潜在影响的事件？他们如何在日常工作中防止负面影响的发生？公司有哪些检查和程序？是否有迹象表明他们的运行情况，可能在哪里存在差距？（……）人权尽责不是从一开始就很完善，也不是不出错，而是要进行充分检查和不断改进。

人权能力诊断可以帮助你评估与企业尊重人权的责任相关的管理能力。（……）人权能力诊断是一个自我评估工具，有 23 个问题，集中于《联合国工商企业与人权指导原则》所概述的公司尊重人权责任的主要内容。企业尊重的责任是所有企业预期行为的全球标准，无论其规模大小或在何处经营。要实现这一基本社会期望，就必须通过适当的政策和结构、尽责调查和补救程序，在企业内部嵌入对人权的尊重。人权理事会的诊断可用于阐明企业是否正在进行这种嵌入，以及采取了哪些步骤进一步加强这一嵌入。

（九）企业人权基准《针对农业、服装业和采掘业的方法论》[1]

为了提供真正严格和可信的公司人权表现替代衡量指标，基准力求在以下层面评估公司的人权业绩：

- 治理和政策层面（衡量主题 A）；
- 系统和过程层面（衡量主题 B 和 C）；
- 绩效层面，包括具体做法（衡量主题 D）和对指控的回应（衡量主题 E）；
- 最后一个层面，侧重于公司整体透明度（衡量主题 F）。

A. 治理和政策承诺

此衡量主题的重点是公司与人权相关的政策承诺以及如何管理这些承诺。它包括两个相关的分主题：

- 政策承诺：这些指标旨在评估公司在多大程度上承认其尊重人权的责任，以及如何将其正式纳入公开的政策声明。
- 董事会层面的问责制：这些指标旨在评估如何将公司的政策承诺作为董事会职责的一部分加以管理。

这些分主题细分为以下指标和权重：

A. 1　政策承诺（5%）

A. 1. 1　尊重人权的承诺

A. 1. 2　尊重工人人权的承诺

A. 1. 3　尊重与该行业特别相关的人权的承诺

A. 1. 3. a　土地和自然资源 – 农产品行业

A. 1. 3. b　人民的权利 – 农产品行业

A. 1. 3. c　服装业

A. 1. 3. d　采掘工业

A. 1. 4　利益攸关方参与的承诺

A. 1. 5　补救的承诺

A. 1. 6　承诺尊重人权维护者的权利

---

[1] Corporate Human Rights Benchmark, *Methodology*, *For the Agricultural Products*, *Apparel and Extractives Industries* (2018), www.corporatebenchmark.org/sites/default/files/CHRB%202018%20Methodology%20Web%20Version.pdf.

A.2　董事会层面的问责制（5%）

A.2.1　来自高层的承诺

A.2.2　董事会讨论

A.2.3　激励和绩效管理

B. 嵌入尊重和人权尽责

此衡量主题评估公司在实践中为履行政策承诺而建立的制度和流程的范围。它包括两个相关的分主题。

– 嵌入：这些指标旨在评估公司的人权政策承诺如何融入公司文化及其管理系统和日常活动，包括涵盖其业务关系的管理系统。

– 人权尽责：这些指标侧重于公司现有的具体制度，以确保实施尽责调查程序，评估公司带来的对人权的实时风险，从而整合这些调查结果并采取行动，防止和减轻影响，并跟踪和传达这些行动。这些指标与《联合国工商企业与人权指导原则》中的人权尽责步骤相一致。

这些分主题细分为以下指标和权重：

B.1　将对人权的尊重纳入公司文化和管理制度（10%）

B.1.1　日常人权职能的责任和资源

B.1.2　激励和绩效管理

B.1.3　与企业风险管理的整合

B.1.4　沟通、传播政策承诺

B.1.4.a　在公司运作中沟通、传播政策承诺

B.1.4.b　传播对商业关系的政策承诺

B.1.5　人权培训

B.1.6　监测和纠正措施

B.1.7　建立关系

B.1.8　潜在受影响的利益攸关方参与的方法

B.2　人权尽责（15%）

B.2.1　识别：识别人权风险和影响的触发因素和过程

B.2.2　评估：评估已识别的风险和影响（显著风险和关键行业风险）

B.2.3　整合和采取行动：整合内部评估结果并采取适当行动

B.2.4　追踪：监测和评价应对人权风险和影响的行动的有效性

B.2.5　交流：说明如何处理对人权的影响

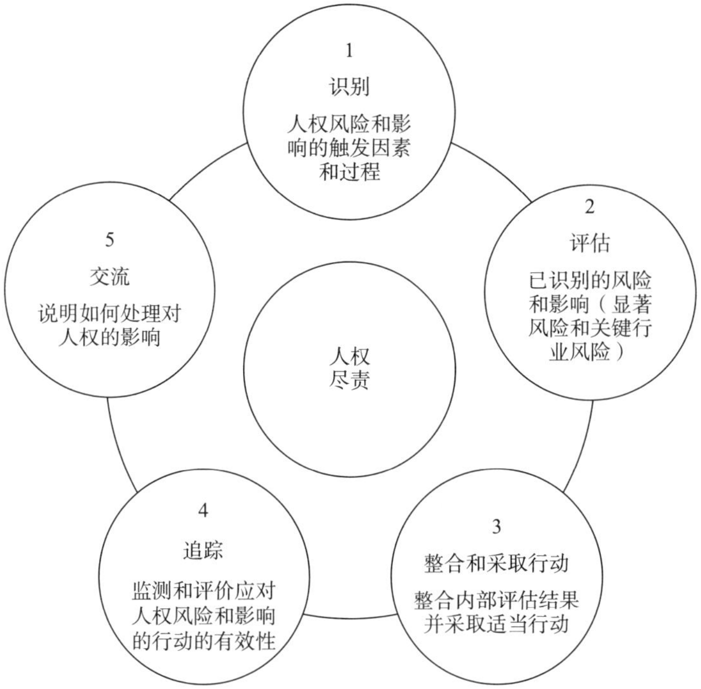

（十）惠普《供应商社会和环境责任协议》①

本协议旨在补充惠普与供应商之间关于供应商向惠普提供商品或服务的任何合同和协议（以下简称“供应合同”）。(……)

1. 供应商责任

1.1. 供应商确认已阅读《惠普供应商行为准则》（也称为《惠普电子工业行为准则》或《惠普 EICC 行为准则》）和《惠普环境通用规范》，并同意其要求。

1.2. 供应商将负责确定其业务中任何不符合《惠普供应商行为准则》和《惠普环境通用规范》的领域，并负责实施和监控旨在达到《惠普供应商行为准则》和《惠普环境通用规范》的改进计划。

1.3. 根据惠普的要求，供应商应向惠普提交一份报告，说明供应商为满足《惠普供应商行为准则》和《惠普环境通用规范》的要求所采取的措施和取得的进展。

---

① HP, *Supplier Social & Environmental Responsibility Agreement*, http://h20195.www2.hp.com/V2/GetDocument.aspx?docname=c04900239.

1.4. 在合理通知时，供应商应向惠普或其指定代表提供与供应合同相关的供应商记录，以核实供应商报告中提供的信息。

2. 惠普的责任

2.1. 惠普同意，所提及的报告和记录仅用于根据《惠普供应商行为准则》和《惠普环境通用规范》评估供应商的进展情况，未经供应商事先书面同意，不会向任何第三方披露。

3. 协议的范围

3.1. 本协议适用于所有现有的供应合同。(……)

（十一）英国国际和比较法研究所《有效供应链管理的组成部分》[①]

供应商入职

大多数公司表示，在与供应商建立关系之前，他们的影响力最强，也被称为“供应商入职”。在“入职前”阶段，公司经常使用调查问卷、数据库搜索和其他形式的桌面研究，以更多地了解供应商对人权实际或潜在的影响。如果某一供应商或某一国家、区域或部门的供应商造成特别高的人权风险，这种筛选将升级为更彻底的调查。

作为这个初始过程的一部分，公司通常要求供应商完成大部分信息收集工作。受访者指出，小型供应商通常没有建立网站，也没有将他们过去的活动记录在网上。这要求公司向供应商提出更多的问题，包括供应商自我评估，以及向了解供应商业务的其他人提出问题。为了得到真实的回答，问题往往避免使用广泛的人权用语，而代之以提出具体的问题，例如是否使用了招募机构，或者要求查看具体的文件，例如书面的童工政策。在初步筛选过程中发现了潜在的人权影响之后，一名受访者最近开始向供应商提问。他们指出，供应商“相当具有防御性”，并补充说，可以“很快从回应中看到，有一些问题是你应该调查的”。

一位受访者强调将人权纳入投标文件是有益的。他们在最近的两次招标中列入了一个人权附件。因此，提交投标书的公司必须表明，它们将如何在自有业务和与其他商业伙伴的关系中开展人权尽责。

受访者表示，他们拒绝与供应商接触，因为在他们“入职前”的筛选中出现了人权问题。一位受访者表示，这种拒绝将基于“我们可能无法找到减轻人权影响的方法，或者潜在影响非常严重，或者［供应商］处理这些影响

---

① British Institute of International and Comparative Law (BIICL), *The Components of Effective Supply Chain Management* (2018), http://human-rights-due-diligence.nortonrosefulbright.online.

的管理能力较弱的情况”。在其他情况下，公司可以与有关供应商订立合同，但需要将各项人权标准纳入合同和业务中。

（十二）肖特等《监测全球供应链》[①]

公司越来越依赖私营社会审计机构提供有关供应商行为的战略信息，避免供应链工厂因危险、非法和不道德行为而带来的声誉溢出效应。但是，究竟是什么影响了审计人员识别和报告问题的能力，公司知之甚少。我们对近 17000 个供应商审计进行分析，结果表明当个别审计员以前对工厂进行过审计、审计团队缺乏经验或缺乏培训、审计团队都是男性时，以及当审计费用由被审核的供应商支付时，审计人员报告的违规行为更少。这是首次对供应链监测进行全面和系统的分析，发现以前被忽视的交易成本，并提出了发展治理结构的战略，通过减少供应链中的信息不对称来降低声誉风险。

（十三）企业社会合规倡议《可持续发展智能仪表板》[②]

企业社会合规倡议（BSCI）是一个领先的供应链管理系统，支持企业在其全球供应链中推动工厂和农场内的社会合规和改进。（……）

Amfori 可持续发展智能仪表板是一种新的工具，旨在帮助企业解决供应链管理的复杂性，并支持他们努力提高可持续发展绩效。

通过这个工具，Amfori 为企业提供了一个在线平台，为其所有供应链绩效信息提供一个单一的接入点。该仪表板将 Amfori 成员在 Amfori BSCI 和 Amfori BEPI 数据库中收集的供应链信息连接起来，通过对国家、部门、行业、审计结果等交互式数据进行可视化处理，为公司提供 360 度生产商业绩图。

每天更新的信息可以根据业务需求进行定制并转化为丰富的图表和报告，从而提高了供应链的可视性，并可以在对广泛的 KPI 和度量标准进行大量分析之后作出战略决策。

---

① Jodi L. Short et al., *Monitoring Global Supply Chains*, Harvard Business School Technology & Operations Mgt. Unit Working Paper (2015), http://www.hbs.edu/faculty/Publication%20Files/Short-ToffelHugill2016SMJ_4746e9b3-c482-4d09-b5aa-f2861fd1010f.pdf.

② Business Social Compliance Initiative (BSCI), *Amfori Sustainability Intelligence Dashboard*, www.amfori.org/sustainability-intelligence.

（十四）联合国《人权与跨国公司和其他工商企业问题工作组有关企业人权尽责原则的报告》①

25.（……）通常，对人权尽责的理解不当会导致：

（a）对风险的曲解，即公司运营的思维模式是关注对企业的风险，而并非对工人、社区和消费者等权利人的风险。这会导致对完善人权尽责将如何改善整体风险管理方法的理解不足。内部和外部的传统型法律顾问因害怕信息披露而表现出不愿甚至拒绝执行是公司接受人权尽责的主要障碍。

（b）未能首先解决最大的人权风险，并将重点放在可能相对容易处理的风险或在特定背景下受到关注的风险，如现代奴隶制或多样性，而不是对受企业活动和商业关系影响的人们可能面临的最重大风险进行客观评估。

（c）太多的人权影响评估是以勾选的形式进行，没有与利益攸关方进行有意义的接触，包括与弱势群体或遭遇风险群体接触以及听取人权维护者等群体的批评意见。

（d）大多数工商企业仍主要处于被动状态，而不是积极主动地尝试在潜在的人权影响出现之前予以查明，包括在早期阶段与可能受影响的利益攸关方进行有意义的接触。

26. 在《指导原则》规定的人权尽责的组成部分——“采取行动”和“跟踪响应”方面，表现似乎尤其欠佳。同样，人权尽责与实际影响补救之间的联系并未在实践中得以实现。没有充分纳入性别平等视角是一个明显的缺陷。

27. 一个普遍现象是，除了少数早期采纳者——大部分为总部主要位于（但不仅限于）西方市场的大型公司——人们普遍缺乏有关公司尊重人权责任的知识，对其了解不足，特别是在规模较小的公司中。此外，从国家层面的对话中获得的经验表明，许多工商企业，特别是中小型企业，将尽责预期视为一种负担。

28. 在地方层面实施公司政策，例如在子公司，是各个部门面临的一项挑战。公司政策与实地实施之间通常存在脱节，职能与激励结构在内部协调上存在差距。这方面的一项观察结果是，公司优先考虑一般性

① UN, The Report of the Working Group on the Issue of Human Rights and Transnational Corporations and Other Business Enterprises, https://ap. ohchr. org/documents/dpage_ e. aspx? si = A/73/163.

培训，以便他们“勾选”人权培训，而没有根据具体职能对这些培训进行调整。

29. 当前供应链管理中的一个明显差距是人权尽责往往局限于第一级公司。除了第一级之外，其他层级往往只有在问题被媒体或非政府组织揭露时才会做出努力。很少有公司会要求第一级供应商证明他们——以及他们在下面各个层级中的供应商——通过要求对人权风险和影响进行评估来履行尊重人权的责任。在制定《指导原则》之前采取的做法现在仍很常见，例如公司通常要求供应商满足与有限的一组人权（主要是劳工权利）相关的预先确定的绩效标准。不过，在以下方面取得了一些积极进展：

（a）采取更有意义的合作方法，共同利用多方力量；

（b）努力跟踪第一级之外的影响，例如在矿产供应链中，主要通过行业或多利益攸关方平台。

30. 在可持续发展议程背景下存在的一个风险是企业参与实现可持续发展目标会与人权尽责混为一谈。过分强调商业机会掩盖了一种认识，即大多数工商企业为实现可持续发展目标所能作出的最重要的贡献是尊重人权。

36. 提高工商业对人权尽责的采纳度所面临的其他挑战，可归类为市场失灵问题，例如：

（a）“先发者挑战”，在此种情况下，面对风险和挑战表现透明的工商企业被批评做得不够，而不那么负责任的竞争者则根本不在非政府组织和记者们的视线范围内。在某些情况下，非政府组织和记者对“仅仅”与侵犯人权行为有关的公司而不是造成人权侵犯的公司或政府机构期望过多。

（b）大多数就“企业社会责任”提供咨询意见的咨询公司缺乏关于《指导原则》的专业知识，没有将工商业和人权纳入公司法律事务所的核心咨询服务中。

（c）由于目前缺乏系统性机制，投资者、与私营部门互动的公共机构和监管机构无法奖励良好做法，因此激励结构不足以解决对人的影响。虽然各国政府和投资者越来越重视对环境的影响，但他们在实施类似方法处理对人的影响方面有所落后。

（d）公司内部和投资者等其他利益攸关方对用以跟踪和评价表现的度量标准与指标缺乏共识。后果可能是公司收集和发布的信息“没有就其业务如何实际影响人们的基本尊严和福利提供深刻见解。市场往往奖励不良或不足行为，而领先的做法可能不被认可和无法得到充分支持”。

（十五）邦尼查和麦克考代尔《“尽责调查”的概念》[①]

尽责调查的概念可以追溯到罗马法，它被理解为履行义务所需的行为标准。根据罗马法，如果一个人由于没有达到善良家父所期望的行为标准而对他人造成意外伤害，他则负有责任。“善良家父”这一短语大致翻译为谨慎的一家之主。这是一项客观标准，它允许根据预期行为的外部标准来评价被告的行为，而不是根据被告自己的意图和动机。这也是具体的事实，因为对一个谨慎之人的期望取决于案件的情况。公元6世纪，查士丁尼详细论述道，个人可能要为“一个勤勉之人本应该预见到的事情却没有预见到”造成的伤害负责。

在许多法律制度中，善良家父标准影响了过失侵权行为的发展。过失侵权在不同的法律体系中有共同的要素——义务、违约、因果关系和损害——尽管它们的分类常常不同。在确定被告是否存在过失时，核心问题是被告是否达到了所期待的行为标准。善良家父标准作为相关的行为标准直接被纳入了《罗马－荷兰侵权法》。它也成为英国过失法中“理性人”测试的发展基础，也成为大陆法系中类似标准的发展基础。因此，尽责调查被理解为一种行为准则，与过失密切相关：“与过失相对的是注意”。

（十六）德舒特《人权尽责：国家的作用》[②]

根据国家实践和国际标准，本报告认为：

首先，报告确认，尽责调查的起源既不是联合国人权理事会的创立，也不是企业社会责任的自愿措施。尽责调查源于各国已经在使用的法律工具，以确保商业行为符合社会期望，包括法律规定的标准。

报告认为，各种法律制度中的监管尽责调查程序应符合《指导原则》和其他国际文书所述的程序。

报告介绍了尽责调查要求的概念是如何在类似于或直接与人权相关的法律领域适用，如劳工权利、环境保护、消费者保护和反腐败。

---

① J. Bonnitcha and R. McCorquodale, “The Concept of ‘Due Diligence’ in the UN Guiding Principles on Business and Human Rights”, *The European Journal of International Law* (2017), https://www.researchgate.net/publication/311493238_The_Concept_of_‘Due_Diligence’_in_the_UN_Guiding_Principles_on_Business_and_Human_Rights.

② O. De Schutter et al., *Human Rights Due Diligence: The Role of States*, International Corporate Accountability Roundtable (2012), https://www.icar.ngo/publications/2017/1/4/human-rights-due-diligence-the-role-of-states.

报告还认为，尽责调查要求可用于确保工商企业对违法行为负责，例如，克服复杂的公司结构或其跨国活动对有效监管构成的障碍。

报告中所述的备选办法表明，各国可以通过至少四种主要的监管办法确保企业开展人权尽责调查。通常，这些方法在相同的司法管辖区和法律体系中共存。

第一种方法阐述了监管合规性问题的尽责调查要求。各国实施的规则要求企业进行尽责调查，要么将尽责调查作为规则中一项直接的法律义务，要么间接地向企业提供利用尽责调查为刑事、民事或行政违法行为指控进行辩护的机会。例如，法院利用企业尽责调查来评估企业遵守环境、劳工、消费者保护和反腐败法律的情况。同样，监管机构定期要求企业尽责调查，以此作为批准和许可许多商业活动的依据。

第二种监管方法为企业提供激励和好处，作为回报，企业应该展示尽责调查的做法。例如，为了使公司有资格获得出口信贷、标签计划或其他形式的国家支助，国家往往要求企业对环境和社会风险进行尽责调查。

第三种方法是各国通过透明度和披露机制鼓励尽责调查。各国实施规定，要求企业披露是否存在尽责调查行为，以及企业的活动可能造成的任何已确定的危害，如公司供应链中存在童工。然后，市场参与者将根据公司披露的信息，试图限制任何已确定的危害。例如，证券法、消费者保护法和企业社会责任报告的运作逻辑是信息服务于利益，并将促使消费者、投资者、监管机构和可能受到商业活动不利影响的人采取行动。

第四种涉及前面一种或多种方法的组合。各国定期将这些方法的各个方面结合起来，建立一种激励结构，促使企业尊重规则中规定的标准，并确保能够以有效和高效的方式评估遵守情况。（……）

四　中国相关文件与材料

（一）《中国负责任矿产供应链尽责管理指南》[①]（中国五矿化工进出口商会，2015 年 12 月）

关于指南

《中国负责任矿产供应链尽责管理指南》旨在为《中国对外矿业投资行业社会责任

① 中国五矿化工进出口商会：《中国负责任矿产供应链尽责管理指南》，https://www.shuzih.com/pub/be5308b5badcc0e51953493d8b927935/94f93/00f51942139e1b0759c3bed7f.pdf。

指引》第2.4.6条提供具体操作方法及详细说明，并进一步帮助采掘和/或使用矿产资源及其产品，以及在任何一个环节参与矿产供应链的企业识别、防范和降低风险，避免直接或间接带来冲突、严重的人权侵犯和失职行为的发生。

本《指南》在编制过程中借鉴了《联合国工商业与人权指导原则》、《经济合作与发展组织关于来自受冲突影响和高风险区域的矿石的负责任供应链尽职调查指南》，并推动与其他相关法律、标准、规则和倡议之间的融合和协调。遵守适用的法律法规是企业的基本义务，执行本指南并不能免于或改变现行法律法规的约束。

(……)

第二章　目的和作用

编制《中国负责任矿产供应链尽责管理指南》（以下简称《指南》）的目的，是通过指导开采、使用矿产资源及相关产品和参与矿产资源供应链的企业，识别、防范和降低可能助长冲突、严重侵犯人权和造成严重过失的风险，确保在整个矿产资源供应链及项目生命周期内遵循《联合国指导原则》，落实《中国对外矿业投资行业社会责任指引》（以下简称《责任指引》）（第2.4.6条）的相关规范，并为企业提供落实该《责任指引》详细说明。

目前，一些司法辖区已经立法或准备立法要求企业进行负责任矿产资源供应链的尽责管理，督促企业遵守改进市场准入的行业倡议。为此，在该领域内《指南》将倡议并支持企业的经营活动符合该地区的法律法规和监管要求。

(……)

第三章　适用范围

本《指南》适用于所有采掘、交易、加工、运输和/或使用矿产及相关产品以及参与矿产资源及其相关产品供应链的中国企业，包括所有参与矿产供应链上游企业（如勘探、采选、冶炼、加工、贸易，以及从储运到加工之间的环节）和下游使用矿产及相关产品的企业（如电子电器、仪器仪表、首饰加工制造、通信器材等）。此处的“中国企业”包括在中国注册的以营利为目的的法律实体，以及由中国所有或控股的境外企业(……)。

尽责管理的程度取决于个体情况，受企业规模、所涉产品或服务的行业、性质、企业在矿产资源供应链上所处的位置以及供应链中风险的严重程度等诸多因素影响。

(……)

第四章　尽责管理的说明和基本程序

本《指南》提供一个基本的五步骤模式来进行基于风险的供应链尽责管理。根据《联合国指导原则》，解决不利人权影响的企业尽责管理工作应包括“评估实际和可能的人权影响，综合评估结果并采取行动，跟踪有关反馈，并通报如何消除影响”。经合组织将尽职调查定义为“一个持续的主动预见、及时应对的过程。通过这一过程，能够确保企业尊重人权，不助长冲突。尽职调查还有助于确保企业遵守国际国内的各项法律，包括对矿产资源非法贸易进行约束的法律和联合国的制裁。基于风险的尽职调查是指企业为了识别和解决实际存在或可能存在的风险所应采取的步骤，从而防范或降低与其活动或采购决定相关的不利影响。

考虑到运营环境的复杂性，包括受风险影响和高风险区域可能迅速演变和恶化的境况，尽责管理应理解成一个持续的进程，企业采取合理步骤和努力去识别并应对可能助长冲突、严重侵犯人权和过失造成的风险。

所有符合本《指南》第三章界定的采掘、交易、运输和/或使用矿产及相关产品和参与矿产资源供应链的企业，都应执行本《指南》规定的基于风险的供应链五步骤尽责管理框架。这五个步骤包括：

步骤 1　建立完善的企业风险管理体系

步骤 2　供应链风险的识别和评估

步骤 3　针对已经识别的风险制定并实施应对策略

步骤 4　对供应链中已识别的关键环节开展独立第三方评估与审核

步骤 5　对供应链风险管理过程和结果进行报告

(……)

第六章　风险来源与预警

如第五章所述，企业一旦发现在供应链中存在风险，就应开展进一步强化的尽责管理。

矿产资源来源地的重要特征可以为企业识别风险提供重要的信息，帮助他们鉴别矿产资源的开采、交易和使用中是否存在助长冲突、严重侵犯人权或严重过失的风险。

因此，作为尽责管理的一部分，所有使用矿产及相关产品和参与矿产资源供应链的企业都有必要设立一套能够及时收集信息的体系，从而有效地追溯管理矿产资源供应过程及其来源地（包括采矿与交易场所、运输路线和开采地）。

下游企业应当建立透明度体系，尽最大努力以持续、合理地方式识别其供应链中能识别警示信号的企业，并与其接洽，建立对上游关键参与者的督促机制，从而减轻风险。

对于受冲突影响或高风险区域如何确定，国际上并没有一致的详尽定义。但受冲突影响或高风险区域通常具有以下部分或全部特征：

1. 存在武装冲突（武装冲突的形式多种多样，例如，冲突可能具有国际特征或非国际特征，有可能涉及两个或两个以上的国家，也有可能是解放战争、叛乱或内战等）

2. 存在大范围暴力活动，包括由犯罪网络制造的暴力活动

3. 脆弱的冲突后区域

4. 政府管理与社会治安薄弱或缺失的区域

5. 大范围、惯常地违反国际法，包括侵犯人权的区域

6. 惯常地歧视部分人口的区域

7. 腐败成风的区域

8. 存在性暴力的区域

《指南》中受冲突影响和高风险区域应理解为已被识别为出现武装冲突、广泛暴力的任何地区。其中，暴力包括犯罪组织暴力行动或其他对人民造成严重和大规模伤害的

行径。这些区域的特点通常是政局不稳定或存在政治压迫、制度缺陷、不安全因素、民用基础设施崩溃、广泛暴力活动、违反国际或国内法律、腐败成风、严重影响环境、侵犯土地权利等情况。

(……)

矿产资源采购或开采自受冲突影响或高风险区域这一信息本身并不意味着必须暂停从受冲突影响或高风险区域采购或开采矿产资源。提供矿产资源的来源信息，目的是为了帮助企业识别并管理其供应链中的风险。应该鼓励企业在冲突影响或高风险地区继续开展经营活动，并鼓励其供应商参与到风险的管理中来。

如果企业获得可靠信息，表明矿产资源来自受冲突影响或高风险区域，即意味着“风险警示信号”的出现。在识别到风险后，可用以下方式降低供应商的风险：

1. 在降低风险的过程中继续交易。

2. 在降低风险的过程中暂时中止交易。

3. 如果降低风险的努力失败，或企业有理由认为无法降低风险或风险无法接受，则终止和供应商的关系。

第七章　尽责管理的框架与步骤

因企业在供应链上所处的位置不同，尽责管理的具体要求和程序会有所区别，但是企业在审核和筛选供应商和做出采购决定前，应该将基于风险的矿产资源供应链五步骤尽责管理框架纳入企业管理体系。这五步骤会在《指南》附件的审核体系和补充材料中按照资源类别进行详细的阐述。

7.1　建立完善的风险管理体系

企业应当：

7.1.1　制定并落实关于来自受冲突影响和高风险区域的矿产资源供应链的政策，并向供应商及公众进行清晰传达。这一政策应包含尽责管理所遵循的标准，并与《供应链政策示范模板》(见附件) 中设定的标准保持一致。

7.1.2　设立合适的内部管理架构，支持供应链尽责管理政策。

7.1.3　建立矿产资源供应链控制措施和透明度体系。

上游企业应就矿产的生产与贸易建立监管链或追溯体系，并将尽责管理信息传递给下游企业。上游企业被鼓励与下游企业互动，并要求下游企业开展自身的尽责管理。上游企业也应鼓励下游企业从已经开展尽责管理的企业进行采购，或者与其供应商一起开展尽责管理。

下游企业应建立供应链的透明度体系，以便收集上游关键参与方的信息，如已识别的关键环节 (参看步骤四及补充材料) 以及其来源国家或地区的信息。

7.1.4　加强企业与供应商的合作。

第一条所提到的企业供应链政策应纳入与供应商的合约或协议，并符合《责任指引》(第 2.3.1 条) 的要求。在可能的情况下，应尽量协助供应商进行能力建设，提升其尽责管理的绩效。

7.1.5　建立企业或行业层面的申诉机制，作为风险预警体系的一部分。

7.2　供应链风险的识别与评估

企业应当：

7.2.1　上游企业应当收集、研究和确认监管链或追溯信息，与供应商一同识别风险、确认原料的基本采购信息以及供应链中任何潜在的警示信号。下游企业应当识别含有相关原料的产品，尽最大努力来识别供应链中的上游关键参与者或其他关键环节。

7.2.2　对有潜在风险或警示信号的供应商、来源或情况，采取尽责管理措施，以识别供应链风险。

上游企业应当：

1）进行现场风险评估，可采取单独或合作的方式收集能判断生产、管理和交易性质的信息。

2）对回收的资源进行基于风险的评估，以确定原材料是否通过回收方式掩盖了来源地。

下游企业应当：

分析供应链中上游关键参与者及其他已识别的关键环节是否开展了尽责管理（例如，任何可获得的审核信息、公开的政策和报告），以此来评估风险。对于特别复杂的加工产品，一旦下游企业发现难以从直接供货商那里识别上游参与者，则可考虑与上游关键参与者在个别或行业层面进行接触，鼓励它们开展尽职管理并参与审核。

7.2.3　根据本《指南》第四章和符合《供应链政策示范模板》（见附件）的供应链政策标准，以及本《指南》中的尽责管理建议，评估不利影响的风险。

7.3　针对已经识别的风险制定并实施应对策略

企业应当：

7.3.1　向企业指定的高级管理层报告供应链风险评估的结果。

7.3.2　设计并实施风险管理计划。设计风险管理计划，通过：

1）在降低重大风险的过程中继续交易；

2）在持续降低重大风险的过程中暂时中止交易；

3）如果降低风险的努力失败，或企业认为无法降低风险，或风险无法接受，终止和供应商的关系。

企业要考虑到终止关系将带给采矿社区的潜在社会、经济影响，例如矿址中或周围的居民或将加剧或持续失去生计的风险，或对当地社区赖以为生的经济活动造成的破坏。

为了制定正确的策略，企业应当参照附件，根据自身的影响力，在合适的情况下采取措施来对能够有效预防和减轻认定风险的供应商施加影响。企业如果在降低风险的过程中继续交易或暂时中止交易，应在恰当的情况下与供应商和受影响的利益攸关方（包括中央政府、地方政府、国际或民间组织及受影响的第三方）进行磋商，就风险管理计划中降低重大风险的策略达成一致。

7.3.3　实施风险管理计划，监测和追踪降低风险措施的绩效，向指定的高级管理层汇报。

7.3.4　对需要降低的风险进行补充评估。补充评估也可在现实情况发生变化后进行。

7.4 对供应链中已识别的关键环节开展独立第三方评估与审核

企业应当：

供应链中已被识别为关键环节的企业，其尽责管理实践应接受独立第三方审核。当企业期望通过对其供应链进行完整和清晰的风险评估而认定关键环节时，应当考虑行业中及特定资源的关键环节。

本《指南》确定矿产资源供应链中的关键环节，可考虑如下方面：

1）供应链中物质形态转化的关键环节；

2）供应链中由相对较少个体（企业）处理绝大多数商品的环节；

3）供应链中矿产资源的生产和贸易中可见、可控的环节；

4）最容易对矿产资源生产和贸易产生制约的关键环节。

尽管在特定的矿产资源供应链中应该避免重复审核，但在一定情况下有必要对多个关键环节进行第三方审核。上游和下游企业应探索公平及可操作的方案，来共同承担审核的成本和效益。这些方案包括，在可能的情况下，为这些企业提供能帮助它们达到预期要求的能力建设，以及承诺进行恰当的购买，如保证以公平的价格支付。

审核须通过独立的具有完善机制的机构来完成。特定矿产资源的关键环节及其相关审核要求将在审核体系中进一步详细说明。

7.5 对供应链风险管理过程和结果进行报告

企业应当：

公开报告供应链尽责管理的政策与实践，包括已识别的风险和针对降低风险已采取的措施。

将供应链尽责管理的信息纳入其可持续性报告、企业社会责任报告或年度报告。

（二）《可持续天然橡胶指南》[①]（中国五矿化工进出口商会，2017年10月）

前言

（……）

《可持续天然橡胶指南》（以下简称本《指南》）基于风险的视角，本着包容发展、和谐共赢、开放透明的理念，确立了指导原则和适用范围，旨在为从事天然橡胶投资、种植和加工的各类从业者，在商业决策和运营中提供识别、防范和管理风险的企业政策、管理框架、风险因子、评估依据和实施方法，帮助企业将基于风险的尽责管理融入日常管理，实现企业合规运营和可持续发展。

（……）

---

① 中国五矿化工进出口商会：《可持续天然橡胶指南》，http://www.cccmc.org.cn/kcxfzzx/zyzx/bz/ff8080817ffc9cca017ffd98aed900a9.html。

第1章　适用范围和应用

（……）

使用者可在天然橡胶投资、种植和加工项目的前期论证、投资决策和实施准备阶段，按照本《指南》方法识别和评估项目在合规性和可持续性方面的风险与机遇，并将评估结果导入项目投资决策和实施准备。这意味着在项目投资规划、项目可行性研究、项目尽责管理或项目环境与社会影响评价、项目实施设计和规划、合作伙伴选择等环节依照本《指南》纳入对负责任运营和可持续发展风险与机遇的识别、评价和管理，包括按照本《指南》建立政策与方针，以及与利益相关方就识别和应对风险与机遇展开沟通和合作。

使用者也可在天然橡胶投资、种植和加工项目的实施和运营阶段，按照本《指南》持续识别和评估项目负责任运营和可持续性风险与机遇，并将评估结果纳入项目实施和运营的管理过程，包括按照本《指南》对项目有关部分和环节进行必要的调整。

使用者还可以按照本《指南》建立、健全本组织或者项目预防和应对风险和机遇的组织架构和管理体系，以及提升相关工作人员应对风险和机遇的意识和能力，包括按照本《指南》对预防和应对风险和机遇的绩效进行评价。

（……）

第3章　尽责管理的体系与实施

本议题的主要目的是帮助企业建立风险管理的框架和程序，指导企业将基于风险的社会责任管理体系带入企业的日常管理，包括评估天然橡胶投资、种植和加工等经济活动对利益相关方和可持续发展的实际和潜在的影响，将评估结果融入管理体系并采取应对措施和行动，跟踪应对措施的有效性并通报消除影响的进展。

3.1　尽责管理体系

3.1.1　尽责管理政策

3.1.1.1　根据自身产品、服务和业务关系的特点，基于对利益相关方和可持续发展实际和可能造成的影响，建立、实施和保持相应的尽责管理政策，承诺在天然橡胶投资、种植和加工等经济活动中识别、预防和减轻相关的负面影响。

3.1.1.2　由于风险可能会因业务和经营的变化而变化，尽责政策应明确指出尽责管理须持续、动态地进行。

3.1.1.3　尽责政策应向员工、客户和供应商清晰传达，并可被其他利益相关方和公众获取。

3.1.1.4　尽责政策宜包含尽责管理所遵循和/或参照的标准或文件（如本《指南》）。

3.1.2　管理架构

3.1.2.1　建立适当的内部管理架构，确保尽责管理政策融入管理过程之中。

3.1.2.2　尽责管理应纳入与跨部门业务管理相关的过程，并应努力在业务部门之间建立职能协调，尤其应关注部门业务目标与企业的可持续发展目标和尽责管理政策可能发生矛盾的情况。

3.1.2.3 在业务层面和当地社区建立关注和处理有关天然橡胶投资、种植和加工等经济活动负面影响的申诉机制，并参与类似的行业性机制，以支持和完善风险预警体系。

3.1.3 相关方合作

3.1.3.1 建立或参与尽责管理所需的信息管理系统和沟通机制，推进与利益相关方在防范和减轻不利影响方面的协作，包括建立必要的利益协调机制。

3.1.3.2 在业务关系和相关方关系中建立风险预防措施，包括将对供应商和合作方在可持续发展方面的要求和预期纳入商业合同和/或书面协议。

3.2 风险识别与评估

3.2.1 背景评估

3.2.1.1 识别并确定能够影响天然橡胶投资、种植和加工或受其影响的各种内部和外部因素，包括正面和负面的要素或条件。

3.2.1.2 识别并确定尽责管理可能涉及的相关方，以及这些相关方的有关需求和期望，尤其应识别和确定这些需求和期望中的合规性要求。

3.2.2 风险识别

3.2.2.1 识别自身产品、服务和业务关系中存在的任何实际或潜在的负面影响及其警示信号，评估其可能性和严重程度。

3.2.2.2 必要时，可通过现场风险评估、单独或合作的方式收集信息，以及借助内部和/或独立的外部专家或机构，开展风险识别。

3.2.2.3 根据天然橡胶投资、种植和加工活动的性质和背景，可酌情与可能受影响的群体和其他利益相关方开展磋商。

3.2.2.4 风险识别与影响评估应定期进行，更应在展开新的活动或关系之前、在重大经营决定或经营变化之前（如进入新市场、获取新的投资用地、开发新的天然橡胶产品或业务以及政策变化等）或者在应对或预测经营环境的变化时（如不断加剧的社会紧张局势）开展风险识别和影响评估。

3.3 风险防范与应对

3.3.1 管理融合

3.3.1.1 联系相关内部职能和程序，将风险评估结果横向纳入整个企业，设计并实施风险管理计划，以防止和缓解负面影响。

3.3.1.2 各部门的高级管理者须负责消除或缓解此类影响，且以适当的内部决策、预算拨款和监督程序确保融合的有效性。

3.3.2 应对行动

3.3.2.1 在将天然橡胶投资、种植和加工等经济活动的影响评估结果融入管理的基础上，采取适当行动应对风险。

3.3.2.2 具体行动取决于是否是自身造成或加剧了风险，是否与其产品、服务和业务关系直接关联，同时也取决于在消除风险方面对相关方的影响力。

3.3.2.3 如果对防止或缓解风险具有影响力，就应利用此影响力应对风险并采取措施加强影响力，在缺乏且不能增强影响力的情况下，可以考虑终止存在风险的关系，同时评估这样做的潜在负面影响。

3.4　效果跟踪与报告

3.4.1　效果跟踪

3.4.1.1　跟踪其行动和对策的有效性，以核实是否缓解或消除了相关风险。

3.4.1.2　效果跟踪应基于适当的定量和定性指标，并借助内部和外部反馈，包括受影响的利益相关方的反馈。

3.4.1.3　当现实情况发生变化后，可在必要时对需要降低的风险进行补充评估。

3.4.2　进展报告

3.4.2.1　向相关方通报尽责管理的政策与实践，包括已识别的风险和针对降低风险已采取的措施，尤其是当受到影响的利益相关方提出要求或关切时，应正式报告其如何应对相关风险。

3.4.2.2　报告应主动提供充分信息，采取与相关风险相当的、可供目标受众获取的形式和频度，并应确保相关信息报告不会给受到影响的利益相关方产生进一步的负面影响。

3.4.2.3　报告可采取各种形式，包括个人会晤、在线对话、与受影响利益相关方的磋商以及公开发表的正式报告（包括传统的年度报告和企业社会责任/可持续发展报告，以及在线信息和综合性财务和非财务报告等）。

（三）《海外投资企业社会责任指引：投资尽责管理体系》[①]（上海市商务委员会，2017年12月）

投资尽责管理的根本目的在于防范和管控投资过程中的社会责任风险，也即与社会责任相关的不确定性对投资目标的影响。基于风险的投资尽责管理要求将管理体系与社会责任行为准则结合在一起，以行为准则中的要求评估风险，并通过管理体系的运行防范和消除风险。

因此，投资过程中，企业应在评估自身条件及所处环境的基础上，了解利益相关方的需求和期望，规划尽责管理的实施机制，以持续地评估投资项目和活动对利益相关方和可持续发展的实际和潜在影响，将评估结果融入投资尽责管理机制并采取应对措施和行动，跟踪应对措施的有效性并在必要时就消除影响的进展开展利益相关方沟通，从而在实现投资的经济目的的同时，最大程度地控制和减少投资项目的社会和环境影响。

基于风险的尽责管理应涵盖投资项目自身活动可能造成或加剧的风险，或与其产品、服务或业务关系直接相关的风险。投资尽责管理随投资项目的规模、业务性质和背景的不同而在复杂性上有所不同，但应是持续的，因为风险可能随时会因投资项目的业务和经营背景的变化而发生变化。

---

① 上海市商务委员会：《海外投资企业社会责任指引之：投资尽责管理体系》，上海市商务委员会网站，http://sww.sh.gov.cn/swdt/20171211/0023-243453.html。

1　投资尽责管理的准备

1.1　理解海外投资项目及其环境

企业应识别并确定与其投资战略和目标相关并影响其实现负责任投资预期结果的各种内部和外部因素，这些因素包括能影响或受企业影响的环境条件，并包括正面和负面的要素或条件。负责任投资的预期结果是投资尽责管理的核心目的。企业可根据投资项目的特点，从全球、国家、行业、区域、社区、企业内部与外部等维度识别海外投资项目所处的环境因素。这些外部环境因素指法律、技术、竞争、市场、文化、社会和经济环境等方面的考虑，而内部环境因素则涉及企业的战略、价值观、文化、所有制，以及组织结构等方面。

理解海外投资项目所处的背景和环境是建立投资尽责管理体系的出发点，决定了投资尽责管理与内外部环境和背景的适宜性；基于投资项目所处背景和环境的综合考虑及决策将能使尽责管理体系的运作更具针对性，管理结果也更为有效。

1.2　理解利益相关方的需求和期望

企业应根据影响海外投资项目和受海外投资项目影响的程度识别重要相关方，并对照本《指引》第四部分提示的风险与机遇要素，识别相关方的要求和期望，尤其需要确认其中的合规义务。确立、界定和规范这些需求和期望的准则，构成投资中须予以遵行的社会责任行为准则的主体。

识别重要利益相关方有助于企业认定与某一个或多个利益相关方之间的直接或重要的利益关系。在这个过程中，企业可重点考虑以下相关方：

a）项目运营者和使用者；

b）项目所在社区及社区居民；

c）项目所需要的员工及项目供应链中的员工；

d）供应链中的供方、分销商、零售商及其他经济实体；

e）政府部门、立法和司法机构；

f）非政府组织与媒体；

g）其他投资者；

h）同业者及行业组织。

企业应重点分析项目运营者、所在社区和政府以及项目员工等重要相关方对投资项目的需求和期望，包括基本需求、期望性需求和吸引性需求等层次，确认与投资项目及其价值链活动有关的社会责任需求及其内在联系，包括实际和潜在的联系。

1.3　确定投资尽责管理的范围

在理解海外投资项目及其环境，以及利益相关方的需求和期望的基础上，企业应确定投资尽责管理的边界和适用范围，避免对投资环境相关事宜、利益相关方及其需求、投资项目及活动的描述过于宽泛或受限，确保投资尽责管理的适用性和针对性。

当确定投资尽责管理范围时，企业应考虑：

a）1.1 中识别出的外部和内部因素；

b）1.2 中识别出的需求和期望，包括合规性要求；

c）投资项目的组织结构、职能及物理边界；

d）投资项目的活动、产品、服务和业务关系；

e）投资项目的权限及其实施控制和影响的能力。

上述范围内的投资项目活动和业务关系均应包含在投资尽责管理体系之内。

2　投资尽责管理的组织

2.1　最高管理者承诺

企业的最高管理者对于投资尽责管理负有最终责任，也使投资尽责管理有效推行和发挥作用的最终保障，因此，企业最高管理者应通过以下活动发挥领导作用和展现对投资尽责管理的承诺：

a）承担投资尽责管理有效性的责任；

b）确保投资尽责管理的目标和过程符合企业战略方向和经营环境的要求；

c）确保将投资尽责管理的要求融入投资战略、投资决策和投资过程，以及投资完成后的项目全生命周期；

d）确保投资尽责管理在企业内形成共识，得到理解和全面实施，明确企业内部尽责管理的职责及绩效评价，支持其他管理者发挥其领导作用并应用于他们各自的职责领域，促使、指导和支持员工为投资尽责管理的有效性做出贡献；

e）确保投资尽责管理获得所需的资源，包括人力资源、财务支持、能力建设、意识普及、利益相关方参与沟通以及必要的制度和过程；

f）确保相关部门实施投资尽责管理，组织内部审核和管理评审，确保尽责管理获得其预期的结果，并促进相关体系的持续改进。

2.2　尽责政策

企业应根据投资项目的特点，基于对利益相关方和可持续发展实际和可能造成的影响，建立、实施和保持相应的尽责管理政策，承诺在投资活动中识别、预防和减轻相关负面影响。

由于风险可能会因投资活动和经营的变化而变化，尽责政策应明确尽责管理须在投资全过程持续、动态地进行，以实现持续改进和提高社会责任绩效。该尽责政策应向项目运营者、所在社区和政府以及项目员工等重要相关方清晰传达，并可被其他利益相关方和公众获取。

2.3　内外部尽责机制

企业须建立适当的内部管理架构，确保投资项目的尽责管理政策和相关要求落实到投资决策和管理过程之中。尽责管理机制应能确保尽责管理纳入与跨部门业务管理相关的过程，并应努力在业务部门之间建立职能协调，尤其应关注部门业务目标与负责任投资目标和尽责管理政策可能发生矛盾的情况。

同时，企业可在业务层面建立关注和处理有关投资项目各类社会和环境影响的申诉机制，并参与当地社区建立的或类似的行业性外部申诉机制，以支持和完善投资风险预警。

2.4 利益相关方合作

企业应建立或参与投资尽责管理所需的信息管理系统和内外部沟通机制，推进与利益相关方在防范和减轻不利影响方面的协作，包括建立必要的利益协调机制。此外，企业宜在投资活动的业务关系和利益相关方关系中建立风险预防措施，包括将对供应商和合作方在投资尽责管理方面的要求和预期纳入商业合同和/或书面协议。

3 投资尽责管理的实施

3.1 风险识别

企业应识别投资项目中所使用的产品、服务和所发生的业务关系中存在的任何实际或潜在的负面影响及其警示信号，评估其可能性和严重程度。必要时，可通过现场风险评估、单独或合作的方式收集信息，以及借助内部和/或独立的外部专家或机构，开展风险识别。

为了有效地识别风险，企业可以根据投资项目的性质和背景，酌情与可能受影响的群体和其他利益相关方开展磋商，全面了解与风险相关的信息，并促进形成共识。

风险识别与影响评估应定期进行，更应在展开新的活动或关系之前、在重大经营决定或经营变化之前（如进入新市场、获取新的投资用地、开发新的产品或业务，以及政策变化等），或者在应对或预测经营环境的变化时（如不断加剧的社会紧张局势）开展风险识别和影响评估。

3.2 风险防范与应对

有效的风险防范与应对首先要求做到管理融合，也即联系企业和投资项目的相关职能和过程，将风险评估结果横向纳入整个企业和投资管理机构，设计并实施风险管理计划，以防止和缓解负面影响。管理融合成功的关键是，各部门的高级管理者须负责消除此类影响，且以适当的内部决策、预算拨款和监督程序确保融合的有效性。

在将影响评估结果融入管理的基础上，采取适当的行动应对风险。采取的具体行动取决于是否企业自身造成或加剧了风险，是否与其产品、服务和业务关系直接关联，同时也取决于企业在消除风险方面对利益相关方的影响力。

如果企业对防止或缓解风险具有影响力，就应利用此影响力应对风险并采取措施加强影响力，在缺乏且不能增强影响力的情况下，可以考虑终止存在风险的关系，包括终止投资项目，但须同时评估这样做的潜在负面影响并采取措施加以应对。

3.3 效果跟踪与沟通

企业应跟踪其防范和应对风险的行动和对策的有效性，以核实是否缓解或消除了相关风险。这种效果跟踪应基于适当的定量和定性指标，并借助内部和外部反馈，包括受影响的利益相关方的反馈。当现实情况发生变化后，可在必要时对需要降低的风险进行补充评估。

企业还应向利益相关方通报尽责管理的政策与实践，包括已识别的风险和针对降低风险已采取的措施，尤其是当受到影响的利益相关方提出要求或关切时，应正式报告其如何应对相关风险。此类通报应主动提供充分信息，采取与相关风险相当的、可供目标受众获取的形式和频度，并应确保相关信息通报不会给受到影响的利益相关方产生进一步的负面影响。通报可采取各种形式，包括个人会晤、在线对话、与受影响利益相关方的磋商以及公开发表的正式报告（包括传统的年度报告和企业责任/可持续发展报告，以及在线信息和综合性财务和非财务报告等）。

（四）《中央企业合规管理办法》[①]（国务院国有资产监督管理委员会，2022年10月1日）

第三条 本办法所称合规，是指企业经营管理行为和员工履职行为符合国家法律法规、监管规定、行业准则和国际条约、规则，以及公司章程、相关规章制度等要求。

本办法所称合规风险，是指企业及其员工在经营管理过程中因违规行为引发法律责任、造成经济或者声誉损失以及其他负面影响的可能性。

本办法所称合规管理，是指企业以有效防控合规风险为目的，以提升依法合规经营管理水平为导向，以企业经营管理行为和员工履职行为为对象，开展的包括建立合规制度、完善运行机制、培育合规文化、强化监督问责等有组织、有计划的管理活动。

第三章 制度建设

第十六条 中央企业应当建立健全合规管理制度，根据适用范围、效力层级等，构建分级分类的合规管理制度体系。

第十七条 中央企业应当制定合规管理基本制度，明确总体目标、机构职责、运行机制、考核评价、监督问责等内容。

第十八条 中央企业应当针对反垄断、反商业贿赂、生态环保、安全生产、劳动用工、税务管理、数据保护等重点领域，以及合规风险较高的业务，制定合规管理具体制度或者专项指南。

中央企业应当针对涉外业务重要领域，根据所在国家（地区）法律法规等，结合实际制定专项合规管理制度。

第十九条 中央企业应当根据法律法规、监管政策等变化情况，及时对规章制度进行修订完善，对执行落实情况进行检查。

第四章 运行机制

第二十条 中央企业应当建立合规风险识别评估预警机制，全面梳理经营管理活动中的合规风险，建立并定期更新合规风险数据库，对风险发生的可能性、影响程度、潜在后果等进行分析，对典型性、普遍性或者可能产生严重后果的风险及时预警。

第二十一条 中央企业应当将合规审查作为必经程序嵌入经营管理流程，重大决策事项的合规审查意见应当由首席合规官签字，对决策事项的合规性提出明确意见。业务及职能部门、合规管理部门依据职责权限完善审查标准、流程、重点等，定期对审查情况开展后评估。

---

① 国务院国有资产监督管理委员会，《中央企业合规管理办法》，http://www.sasac.gov.cn/n2588035/n22302962/n22302967/c26018430/content.html。

第二十二条 中央企业发生合规风险，相关业务及职能部门应当及时采取应对措施，并按照规定向合规管理部门报告。

中央企业因违规行为引发重大法律纠纷案件、重大行政处罚、刑事案件，或者被国际组织制裁等重大合规风险事件，造成或者可能造成企业重大资产损失或者严重不良影响的，应当由首席合规官牵头，合规管理部门统筹协调，相关部门协同配合，及时采取措施妥善应对。

中央企业发生重大合规风险事件，应当按照相关规定及时向国资委报告。

第二十三条 中央企业应当建立违规问题整改机制，通过健全规章制度、优化业务流程等，堵塞管理漏洞，提升依法合规经营管理水平。

第二十四条 中央企业应当设立违规举报平台，公布举报电话、邮箱或者信箱，相关部门按照职责权限受理违规举报，并就举报问题进行调查和处理，对造成资产损失或者严重不良后果的，移交责任追究部门；对涉嫌违纪违法的，按照规定移交纪检监察等相关部门或者机构。

中央企业应当对举报人的身份和举报事项严格保密，对举报属实的举报人可以给予适当奖励。任何单位和个人不得以任何形式对举报人进行打击报复。

第二十五条 中央企业应当完善违规行为追责问责机制，明确责任范围，细化问责标准，针对问题和线索及时开展调查，按照有关规定严肃追究违规人员责任。

中央企业应当建立所属单位经营管理和员工履职违规行为记录制度，将违规行为性质、发生次数、危害程度等作为考核评价、职级评定等工作的重要依据。

第二十六条 中央企业应当结合实际建立健全合规管理与法务管理、内部控制、风险管理等协同运作机制，加强统筹协调，避免交叉重复，提高管理效能。

第二十七条 中央企业应当定期开展合规管理体系有效性评价，针对重点业务合规管理情况适时开展专项评价，强化评价结果运用。

第二十八条 中央企业应当将合规管理作为法治建设重要内容，纳入对所属单位的考核评价。

五　延伸阅读

- Business for Social Responsibility, *Legitimate and Meaningful-Stakeholder Engagement in Human Rights Due Diligence: Challenges and Solutions for ICT Companies* (2014), www. bsr. org/reports/BSR_ Rights_ Holder_ Engagement. pdf.
- Electronics Watch, *Public Procurement and Human Rights Due Diligence to Achieve Respect for Labour Rights Standards in Electronics Factories: A Case Study of the Swedish County Councils and the Dell Computer Corporation* (2016), http://electronicswatch. org/en/public-procurement-human-rights-due-diligence-a-case-study-of-the-swedish-county-councils-and-the-dell-computer-corporation-february-2016_

2456642. pdf.

- Global Compact Network Germany, *Stakeholder Engagement in Human Rights due Diligence-A Business Guide* (2014), www. globalcompact. de/wAssets/docs/Menschenrechte/Publikationen/stakeholder_ engagement_ in_ humanrights_ due_ diligence. pdf.

- Global Compact, *Integrating Concern for Human Rights into the Mergers & Acquisitions Due Diligence Process* (2013), www. unglobalcompact. org/docs/issues_ doc/human_ rights/Human_ Rights_ Working_ Group/MandA_ GPN. pdf.

- Global Perspectives Project, *Doing Business With Respect for Human Rights-A Guide* (2016), www. businessrespecthumanrights. org/en/page/383/about.

- International Alert, *Human Rights due Diligence in Conflict-affected Settings-Guidance for Extractives Industries* (2018), www. alnap. org/system/files/content/resource/files/main/Economy _ HumanRightsDueDiligenceGuidance _ EN _ 2018. pdf.

- International Council on Mining and Metals, Human Rights in the Mining and Metals Industry-Integrating Human Rights due Diligence into Corporate Risk Management Processes (2012), www. icmm. com/website/publications/pdfs/social-and-economic-development/3308. pdf.

- John Ruggie, John Sherman, "The Concept of 'Due Diligence' in the UN Guiding Principles on Business and Human Rights: A Reply to Jonathan Bonnitcha and Robert McCorquodale", *European Journal of International Law* (2017), https://www. researchgate. net/publication/321667840 _ The _ Concept _ of _% 27Due_ Diligence%27_ in_ the_ UN_ Guiding_ Principles_ on_ Business_ and_ Human_ Rights_ A_ Reply_ to_ Jonathan_ Bonnitcha_ and_ Robert_ McCorquodale.

- K. Buhmann, *Teaching Resources: Human Rights Due Diligence*, Teaching Business and Human Rights Handbook (2018), http://tbhrforum. org/teaching-notes/human-rights-due-diligence.

- OECD, *Due Diligence Guidance for Responsible Supply Chains of Minerals from Conflict-Affected and High-Risk Areas* (2016 3rd edition), http://www. oecd. org/daf/inv/mne/OECD-Due-Diligence-Guidance-Minerals-Edition3. pdf, 中文版见 http://www. oecd. org/corporate/mne/mining. htm。

- R. Mares, "Human Rights due Diligence and the Root Causes of Harm in Business Operations-A Textual and Contextual Analysis of the Guiding Principles on Business and Human Rights", *Northeastern University Law Review* (2018), https://

papers. ssrn. com/sol3/papers. cfm? abstract_ id = 3213169.

• 李飞：《依比例原则使商业决策尊重人权》，《暨南学报》（哲学社会科学版）2019 年第 4 期。

• 李卓伦：《企业人权尽责实施的模式、取向及启示》，《社会科学论坛》2022 年第 3 期。

• 孙立军：《中国海外投资企业的人权义务与反对人权意识形态化》，《法学论坛》2015 年第 6 期。

• 杨力：《企业社会责任的制度化》，《法学研究》2014 年第 5 期。

六 案例

（一）巴斯夫人权尽责措施

扬子石化 - 巴斯夫有限责任公司（BASF - YFC）是巴斯夫和中国石油化工股份有限公司（中国石化）共同出资建设的一体化石化生产基地，双方各持该合资企业的一半股份。2005 年，巴斯夫委托德国技术合作公司进行独立调查，提供有关该生产基地对南京市及周边地区环境、社会和经济影响的评估。南京市的政府成员、当地社区和巴斯夫员工接受了访问。评估发现其积极影响包括为当地创造就业岗位以及在当地业务合作伙伴中采用一流的安全标准。评估也发现了负面影响，包括施工和运输期间的粉尘和噪声，当地社区对应急响应的担忧以及生产排放对健康和农业的影响。

为了应对生产基地附近社区提出的挑战，巴斯夫运用了特定工具：社区咨询委员会（CAP）。CAP 应建立开放、坦诚的对话机制，为巴斯夫生产基地周围的社区提供直接参与的机会，同时让巴斯夫得以更好地回应社区的期望。CAP 一般包括 10—30 名成员，代表了社区中不同方面的人士。这为生产基地的管理层了解社区的观点提供了机会。截至 2012 年，巴斯夫已在全球设立了 78 个 CAP，大多数都设在规模较大的生产基地。

在南京，在生产基地施工初期，合资公司就定期召开 CAP 会议。2009 年，16 名 CAP 成员和公司管理层开始讨论计划中的大检修和扩建项目的细节。讨论旨在提供项目工期、时间期限以及环保和安全方面的预备措施等信息，重点是排放计划和改进方案。CAP 成员还对公司的责任关怀举措以及加强应急合作提供了一系列建议。

（二）中国远洋运输总公司人权尽责实践

2001 年，中国远洋运输总公司（以下简称“中远集团”）就建立了包括国际环境管理体系、职业安全卫生管理体系在内的综合管理体系，成为中国国内首家获得三大管理体系认证的企业。人权风险评估是为了确认、理解和管理企业活动对人权的影响。中远集团按照 ISO26000 及国际人权公约的要求，采用全面风险管理方法。

中远集团在流程管理层面从影响程度、发生概率和应对难度三个维度，对人权的风险事件进行系统打分评价，对风险量值进行排序，确定最大的风险，建立风险矩阵并采取应对措施进行管理。进而从项目层面进行人权风险评估，在确认、防止和管理（潜在的）负面人权影响的同时，预见并发现（潜在的）积极的人权影响和机遇。

中远集团建立人权绩效指标体系，作为其可持续发展指标体系的一部分，每年按照 GRI（全球报告倡议）的要求进行人权指标披露。指标每年经过评审不断完善，比较全面地反映了各相关方所关注的人权风险。

在投资和采购中实行人权尽责调查，避免同谋，并采取措施处理人权申诉，开展供应商人权培训和教育，避免供应链上的人权问题损害自己的声誉，并促进供应链社会责任实现。

制定反歧视政策、制度及消除就业和职业歧视等政策，并建立有效的监察机制确保非歧视原则在所有经营活动中的贯彻落实。当发生歧视时，能够提供申诉渠道。

七　思考题

1. 什么是人权尽责，其与商事尽责调查有哪些异同？

2. 《联合国工商企业与人权指导原则》认为工商企业在何种情形下应当进行人权尽责，其应达到何种效果？

3. 工商企业应当如何进行人权尽责，有哪些方法可供它们使用？

4. 工商企业的人权尽责程序应当如何处理相互冲突的人权要求？

5. 国家可以在工商企业的人权尽责中发挥什么作用？

第十一章　纠正行动

引　言

一旦公司通过适用行为准则（第 8 章）承诺尊重人权并进行影响评估，了解其可能产生的危害（第 9 章），公司应采取纠正行动，最大限度地减少危害。《联合国工商企业与人权指导原则》最重要的贡献之一是阐明了——虽然是在一般层面上——企业的预期行为取决于它如何卷入伤害：由它造成、加剧或者通过其供应或分销网络与伤害关联。这清楚地表明，公司应对其全球价值链中发生的所有事情负责。它还阐明了预期的行动：作为最后手段，公司应将侵权供应商从其供应链中移除，但不应指望其修复仅仅与之相关（而非其造成或加剧）的伤害。在此之后，《联合国工商企业与人权指导原则》引入了供应链管理方面的重大变化，在此之前，公司应该只在有影响的方面采取行动，通常是直接承包商，而不会超出（这个范围）。虽然这很重要，但《联合国工商企业与人权指导原则》在这方面的贡献相当普遍。为了确定适合特定人权和工业环境的具体纠正行动，关于这些纠正行动的指导和良好做法越来越多。现在，公司通常会与供应商就“纠正行动计划”的特定措施和时间表达成一致。这引入了联合国教科文组织永远无法实现的精确性和特殊性所需的要素。此外，人们越来越关注人权侵犯的根本原因，针对这些原因需要与其他利益攸关方合作进行更系统的分析和干预（第 5 章和第 14 章）。

一　要点

- 参与侵犯行为（因果关系与影响的联系）
- 影响力（不同形式）
- 终止关系（收回投资，切断与供应商的联系）
- 负责任的退出
- 供应链重组
- 控制节点（供应链中的“阻塞点”）
- 采购实践（致使负面影响）

- 纠正行为计划
- 供应链中的责任链（“级联策略”）
- 象征性反馈和装饰门面（脱钩）
- 行业合作（和多利益攸关方的合作伙伴关系）
- 游说和公共政策倡导（以及对政府的支持）
- 根源（和复杂原因）
- 社会审计（不足和针对供应商超越审计的方法）

二 背景

（一）联合国人权事务高级专员办事处《尊重人权的公司责任解释性指南》[①]

应提出的问题：

- 存在哪些责任线和问责线，可用以处理关于潜在人权影响的调查结果？

- 哪些系统的做法可有助于吸纳跨相关业务部门或职能的评价结果，因而能够采取切实有效的行动？

- 在作出某些决定或采取某些行动前，是否应成立一个或多个跨职能小组，就持续的人权挑战或跨职能交流要求进行联络？

- 能否为全公司的行动制订假设树或决策树，以准备好应对最有可能或最严重的潜在影响？工作人员是否需要在这些问题上得到培训和指导？

- 如何在新项目、伙伴关系或行动的合同阶段最好地吸纳应对潜在影响的措施？

- 如发现人权影响与企业的业务、产品或服务相联系，是否有适当和迅速应对这一影响持续或再度发生风险的能力？将如何作出决策？有何可靠的来源可以获得咨询意见？

- 如何评估我们在业务关系中的影响力，特别是在高人权风险的领域？如何从关系开始阶段就最大限度地利用这一影响力？能否看到我们施加或增加影响力的机会？

① UN Office of the High Commissioner of Human rights, *The Corporate Responsibility To Respect Human Rights-An Interpretive Guide* (2011), http://www.ohchr.org/Documents/Issues/Business/RtRInterpretativeGuide.pdf，中文版见 http://www.ohchr.org/Documents/Publications/HR_PUB_12_02_ch.pdf。

- 我们是否有“至关重要”的关系？如果此类关系导致与我们的业务、产品或服务相关联的负面人权影响，应如何应对？在为这种情况获得内部和外部咨询方面，我们有无准备？

（二）Shift《油气行业执行联合国工商企业与人权指导原则指南》[①]

用来监控和审核供应商的系统在许多行业中很常见。它们可以提供有关供应商业绩的有用和必要的“快照”数据。但是可以看到一些局限性：

- 由于它们简要的本质，常常会错过问题；
- 它们可能无法掌握重复人权影响的长远局面或根本原因；
- 期以操纵记录的供应商通常会成功；
- 由于恐吓或恐惧，工人可能在审计面谈中进行自我审查；
- 随着时间的推移，这些进程在促进各种人权可持续改善方面的记录很差。

因此，消费品行业已更多朝着采取“以伙伴关系为基础”的方式，与其供应商开展协作。这些补充在某些情况下甚至可能取代审计。它们通常包括：

- 支持或分析重大影响的根本原因，这可以检验从审计中得出的结论并找出任何潜在的问题；
- 不仅要评估供应商在所取得的“成果”方面对国际公认人权的遵守情况，还要评估其超前管理系统的质量，确定和解决其自身的人权风险；
- 分享采购公司在管理人权风险方面的经验，包括有效指标和跟踪系统的经验教训；
- 共享数据，帮助供应商查看业务案例，解决他们自身运营中的人权风险。

三　国际文件与域外材料

（一）《联合国工商企业与人权指导原则》[②]

19. 为防止和缓解负面人权影响，工商企业应联系各项相关内部职能和

---

① Shift and the Institute for Human Rights and Business, *Oil and Gas Sector Guide on Implementing the UN Guiding Principles on Business and Human Rights* (2012), www. ihrb. org/pdf/eu-sector-guidance/EC-Guides/O&G/EC-Guide_ O&G. pdf.

② UN Guiding Principles on Business and Human Rights-Human Rights Council. Seventeenth Session, 2011, http://www. ohchr. org/Documents/Publications/GuidingPrinciplesBusinessHR_ EN. pdf，中文版见，http://www. ohchr. org/Documents/Publications/GuidingPrinciplesBusinessHR_ CH. pdf。

程序，吸纳影响评估的结果，并采取适当行动。(……)

(b) 有关行动将因下列因素而有所不同：

(1) 工商企业究竟是造成还是加剧了负面影响，或其卷入是否仅仅因为此类影响是由于商业关系而与其业务、产品或服务直接关联；

(2) 消除负面影响的程度。

评论

工商企业如果造成或可能造成负面人权影响，则应采取必要步骤，消除或防止此类影响。

工商企业如果加剧或可能加剧负面人权影响，则应采取必要步骤，消除或防止其在这方面的作用，并利用其影响力，在可能的最大程度上缓解任何存留影响。如果企业有能力促成造成伤害的实体改变其错误做法，据认为即存在上述影响力。

工商企业如果不曾加剧负面人权影响，但此类影响因企业与其他实体的商业关系而与其业务、产品或服务直接关联，情况就较为复杂。在决定此类情况下的适当行动时，所考虑的因素包括企业对有关实体的影响力，商业关系对企业的重要程度，侵权行为的严重性，与有关实体终止关系是否带来不利的人权后果。

工商企业如果对防止或缓解不利影响具有影响力，就应行使这一影响力。如果缺乏影响力，则企业可能有办法来加强这一影响力。例如，可通过协助有关实体进行能力建设或其他激励措施，或与其他行为者合作来加强影响力。

有时，企业缺乏防止或缓解不利影响的影响力，又不能加强这一影响力。在此情况下，企业应考虑终止关系，同时注意对这样做的潜在负面人权影响的可靠评估。

如果这一关系对企业“至关重要”，终止关系将引起新的挑战。一种关系，如果提供了对企业业务不可或缺的产品或服务，又不存在合理的替代来源，即可视为至关重要。在此情况下，负面人权影响的严重程度也必须予以考虑：侵权行为越严重，企业越需要迅速促进变化，然后决定是否应当终止关系。无论如何，只要侵权行为继续，企业仍然保持关系，企业就应当显示其正在进行努力，以缓解影响，并准备接受保持关系的任何后果，包括名誉、财务或法律后果。

（二）联合国人权事务高级专员办事处《尊重人权的公司责任解释性指南》[①]

指导原则 19 的评论列出了为适当应对这一情况而需要考虑的问题。在以下决定模型中，可大体显示这些问题：

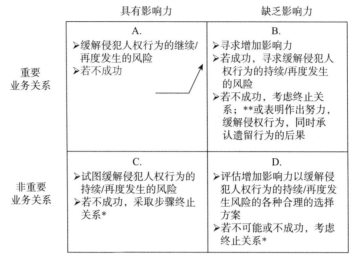

	具有影响力	缺乏影响力
重要业务关系	A. ➢缓解侵犯人权行为的继续/再度发生的风险 ➢若不成功	B. ➢寻求增加影响力 ➢若成功，寻求缓解侵犯人权行为的持续/再度发生的风险 ➢若不成功，考虑终止关系；**或表明作出努力，缓解侵权行为，同时承认遗留行为的后果
非重要业务关系	C. ➢试图缓解侵犯人权行为的持续/再度发生的风险 ➢若不成功，采取步骤终止关系*	D. ➢评估增加影响力以缓解侵犯人权行为的持续/再度发生风险的各种合理的选择方案 ➢若不可能或不成功，考虑终止关系*

* 终止关系的决定，应考虑到对这样做的潜在负面人权影响进行的可信评估。

** 如果认为这一关系至关重要，在评估适当的行动方针时，还应考虑影响的严重性。

在这方面，对一个实体（工商企业、政府或非政府）的“影响力”可能反映一个或多个要素，例如：

（a）企业对该实体是否有一定程度的直接控制；

（b）企业与该实体之间的合同条款；

（c）企业在该实体业务中所占比例；

（d）企业在未来业务、提高声誉、协助能力建设等方面，鼓励该实体改善人权表现的能力；

（e）与企业合作对提高该实体声誉的好处，以及终止关系对其声誉的损害；

（f）企业通过商会和多方利益攸关者倡议等途径，鼓励其他企业或组织改善人权表现的能力；

---

① UN Office of the High Commissioner of Human Rights, *The Corporate Responsibility To Respect Human Rights-An Interpretive Guide*（2011）, http://www.ohchr.org/Documents/Issues/Business/RtRInterpretativeGuide.pdf，中文版见 http://www.ohchr.org/Documents/Publications/HR_PUB_12_02_ch.pdf。

(g) 企业推动地方和中央政府参与，通过实施监管、监测、制裁等措施，要求该实体改善人权表现的能力。

(三) 经济合作与发展组织《负责任商业行为尽责管理指南》[①]

1. 将负责任的商业行为融入政策和管理体系

(……)

1.3　将负责任商业行为的期望和政策融入与供应商和其他业务关系的合作中 (……)。

实际行动

a. 将负责任商业行为政策的主要方面与供应商和其他相关业务关系进行沟通。

b. 将关于负责任商业行为议题的条件与期望纳入供应商或业务关系合同或其他形式的书面协议。

c. 在可行的情况下，针对供应商和其他业务关系的尽责调查，制定并实施资格预审流程，使这些流程适应特定的风险和背景，以便关注到已被确定为与业务关系及其活动、实施领域相关的负责任问题。

d. 为供应商和其他业务关系提供充足的资源和培训，以便他们了解和应用相关的负责任商业行为政策并实施尽责调查。

e. 寻求理解和解决企业经营方式所产生的障碍，这些障碍可能会妨碍供应商和其他业务关系实施负责任商业行为政策的能力，例如企业的采购行为和商业激励措施。

3. 停止、预防和减轻不利影响

3.1　根据企业对其参与不利影响的评估，停止导致或对负责任商业行为问题产生不利影响的活动。(……) 制定和实施量身定做的计划，预防和减轻潜在（未来）的不利影响 (……)。

实践

b. 在由于运营、合同或法律问题而发生可能难以制止的复杂行动时，请制定路线图，说明如何制止导致或有助于不利影响的活动，这涉及内部法律顾问以及受影响或可能受影响的利益相关者和权利持有者。

① OECD, *Due Diligence Guidance for Responsible Business Conduct* (2018), http://mneguidelines.oecd.org/OECD-Due-Diligence-Guidance-for-Responsible-Business-Conduct.pdf.

3.2 根据企业的优先顺序（……），制定并实施计划，以寻求预防或减轻对负责任商业行为问题的实际或潜在不利影响，这些影响与业务关系中的企业运营、产品或服务直接相关。对业务关系相关风险的适当回应有时可能包括：在整个风险缓解工作过程中继续保持关系；在持续缓解风险的同时暂时中止关系；或者在尝试缓解失败之后，或者企业认为缓解不可行，或者由于不利影响的严重性，解除业务关系。决定解除应考虑到潜在的社会和经济不利影响。这些计划应详细说明企业将采取的行动，以及对供应商、买家和其他业务关系的期望。(……)

实际行动

a. 分配制定、实施和监督这些计划的责任。

b. 支持或与相关业务关系合作，量身定做计划，防止或减轻在合理且明确定义的时间表内确定的不利影响，使用定性和定量指标来定义和衡量改善之处（有时称为“补救行动计划”）。(……)

h. 在尝试防止或减轻严重影响的努力失败后，作为最后手段，考虑解除供应商或其他业务关系：当不利影响无法弥补时；没有合理变化的可能性；或者当发现严重的不利影响或风险时，造成影响的实体不会立即采取行动来预防或减轻这些影响。任何解除方案还应考虑供应商或业务关系对企业的重要性，维持或结束商业关系的法律影响，解除（关系）会如何改变实际影响，以及在决定解除关系时所涉潜在社会影响和经济负面影响的可靠信息。

企业可以通过考虑以下因素来识别控制点（有时称为“阻塞点”）：

- 供应链中的可转换关键点，其中可追溯性或监管链的信息可能被汇总或丢失；
- 参与者的数量；
- 企业在供应链末端的最大影响力作用；
- 已经存在计划和审计程序以利用这些系统并避免重复的点。

与控制消费者或最终用户的企业相比，“控制点企业”可能会在供应链上的供应商和业务关系中具有更大的可见性和/或利用率。对控制点企业进行尽责调查，以确定他们是否依据本指南进行尽责调查，这提供了一些安慰，即确定、预防和减轻了与供应商直接相关的不利影响风险。识别和与控制点的接触可以通过以下方式进行：明确与供应商签订的合同中的要求以及确定控制点的业务关系（在保密的基础上）；要求供应商/业务关系方从符合本指南预期的控制点企业采购，通过对供应商使用机密信息共享系统和/或通过行业计划披露供应链中的进一步行动者。

（四）经济合作与发展组织《出口信贷一般规定》[①]

环境和社会影响评估（ESIA）报告通常包括以下项目：

（……）7. 管理计划：包括在项目实施期间采取的一系列缓解和管理措施，按优先顺序及其时间表避免、减少、减轻或补救负面社会和环境影响。可能包括多个策略、过程、实践以及管理计划和操作。将可能发生、可预测的结果描述为可衡量的事件，例如可以在规定的时间段内跟踪的绩效指标、目标或验收标准，并指出实施所需的资源，包括预算和责任。如果买方/项目发起人确定了项目遵守适用法律法规所需的措施和行动，并且符合适用于项目的国际标准，管理计划将包括行动计划，该计划需要向受影响社区披露以及持续地报告和更新。

（五）国际金融公司《绩效标准2——劳工和工作条件》[②]

供应链

27. 如果主要供应链中存在很高的雇用童工或强迫劳动的风险，客户应根据上述第21条和第22条来识别这些风险。如果雇用童工和强迫劳动问题得到识别，客户应采取适当措施纠正这些问题。客户应持续监控其主要供应链以发现供应链中的任何重大变化，如果发现新的雇用童工和/或强迫劳动风险或问题，客户应采取适当措施予以纠正。

28. 此外，如果供应商雇用的员工存在重大安全问题，客户应采取程序和缓解措施，确保供应链中的主要供应商采取措施来预防或纠正威胁员工生命的情形。

29. 客户能否完全应对这些风险的能力将取决于客户对其主要供应商的管理控制或影响程度。如果这些风险无法纠正，客户应在一定时间内将项目的主要供应链转向那些可以证明他们符合本绩效标准的供应商。

---

① OECD, *Recommendation of the Council on Common Approaches for Officially Supported Export Credits and Environmental and Social Due Diligence* (*the "Common Approaches"*) (2016), http://www.oecd.org/officialdocuments/publicdisplaydocumentpdf/? cote = TAD/ECG%282016%293&doclanguage = en.

② International Finance Corporation, *Performance Standard 2 – Labor and Working Conditions* (2012), https://www.ifc.org/wps/wcm/connect/115482804a0255db96fbffd1a5d13d27/PS_English_2012_Full-Document.pdf? MOD = AJPERES，中文版见 https://www.ifc.org/wps/wcm/connect/5fd142004a585f48ba3ebf8969adcc27/PS_Chinese_2012_Full-Document.pdf? MOD = AJPERES。

（六）经济合作与发展组织《鞋服行业负责任供应链尽责管理指南》[①]

针对企业自身运营的纠正行动计划（CAP）的组成部分

纠正行动计划应为实施与后续跟进制定明确的时间表。纠正行动计划一般包括政策、培训、设施升级与强化管理体系。

- 政策：政策确定企业支持国际标准的承诺，是采取培训、设施升级等进一步行动的基础。
- 培训：尽管培训的目标、受众与内容应量身定制，但培训依然是大部分纠正行动计划的关键组成部分。大多数情况下，培训应涵盖有关风险、工人权利和接受培训的人员在防范或减轻损害中的作用的信息。
- 设施升级：有些损害只能通过投资改善设施和设备进行防范。这些投资可包括：照明、通风、消防通道、新机器等。
- 管理体系：可强化管理体系，以便（1）在损害发生之前更好地追踪信息和标记危险，或（2）首先制定系统措施，以降低损害风险。例如，纺纱厂可以为防范强迫劳动和童工，加强对私营招工单位的资格预审。例如，工厂可采用自动支付，以防范工资中出现不公平扣除项。
- 工人权利：至于劳工权利，企业应将有关工人组建和加入工会、集体谈判权利的尽责调查融入纠正行动计划。工人自己选择的工会和代表性组织通过集体谈判协议、持续监测和帮助工人使用申诉机制或自己提供某种形式的申诉机制，在防范现场有害影响中起重要作用。为此，这些权利被视为有利权利。

通过负责任的采购实践防范助长损害：给零售商、品牌及其采购中间商的建议

已经证明零售商、品牌及其采购中间商的采购实践在有些情况下助长有害影响，如过多加班、强迫加班和低工资。订单发生变更、取消、下达时间晚、需要紧急赶制（尤其是高峰期或假期）时，或者交货时间设置过短、不可行时，情况尤为如此。逾期或延误支付产品款项也可能导致供应商不能及时支付工人工资。企业的价格谈判可有助于降低成本，从而产生劳工、人权或环境影响。企业应强化管理体系，以防范通过自身采购实践助长损害。具体而言，鼓励企业评估自身采购实践是否正在助长损害，实施控制措施，并跟踪损害风险的示警信号。

---

① OECD, *Due Diligence Guidance for Responsible Supply Chains in the Garment and Footwear Sector* (2017), https://www.oecd-ilibrary.org/docserver/9789264290587-en.pdf?expires=1532695820&id=id&accname=ocid177253&checksum=818B31E05AC72D66A0A7A131BE6CDE73.

评估采购实践是否正在助长损害：

- 鼓励企业与供应商合作，以了解其采购实践是否以及如何助长损害。意识到供应商可能不愿意毫无隐瞒地提供此类反馈，企业可匿名收集供应商信息（如年度调查），或者与第三方合作收集数据并报告结果。

- 企业应跟踪造成损害的相关行动指标。具体例子包括：下达时间晚的订单百分比、下达后发生变更的订单百分比、最后一次订单变更与出货之间间隔的天数。应该制定制度，以持续跟踪此类信息。

- 企业如果通过追踪发现上述做法（如订单变更）是常见的，应设法确定原因。应让负责下订单的团队成员参与分析。（……）

防范助长损害的控制措施

- 不管是否已经识别企业助长损害，都鼓励企业实施控制措施，以防范自身采购实践助长损害。

- 企业应该制定反映体面劳动的工资、福利和投资成本的定价模式。上述考虑因素应与采购数量、材料成本、技能要求等传统定价因素一起反映在离岸价格中。

- 其他控制措施可包括：

• 与供应商确定最后下达订单的日期；

• 将最后期限沟通给采购团队中的所有人；

• 及时与供应商分享采购计划并沟通更新信息；

• 改善预测协调，这涉及不同地点、类别和产品设计之间的协调，从而在正确的时间获取正确信息，作出正确决策；

• 优化采购群，以处理产能波动，并采用和实施应对新兴风格和产品需求所需的技术。

（七）阿迪达斯《工作场所标准》[①]

（……）我们期望我们的承包商、分包商、供应商和其他合作伙伴在其业务的所有方面以最大的公平、诚实和负责任的态度持续经营。

我们以阿迪达斯集团《工作场所标准》作为工具来协助我们选择那些遵守我们的方针及价值的业务伙伴，并与他们维持业务关系。《工作场所标准》作为一套指导原则，也帮助我们发现潜在的问题，并有利于我们与业务伙伴

① Adidas, *Workplace Standards* (2016), https://www.adidas-group.com/media/filer_public/23/b4/23b41dce-85ba-45a7-b399-28f5835d326f/adidas_workplace_standards_2017_en.pdf.

一起解决由此所产生的问题。业务伙伴将制定及执行行动计划以持续改善工厂的工作环境。这些行动计划的进展将由业务伙伴自身、我们的内部审核小组以及外部的独立审核员进行监督。(……)

阿迪达斯致力于尊重人权，不会与支持、招揽或鼓励他人滥用人权的任何实体开展任何活动或建立关系。我们希望我们的业务合作伙伴也这样做，并且如果存在任何被认为侵犯人权的风险，请及时通知我们以及采取避免或减轻此类违规行为的措施，如果无法做到这一点，我们会为业务合作伙伴提供对其造成或促成的不利人权影响的补救措施。(……)

（八）阿迪达斯《工厂终止标准操作程序》[①]

在社会和环境事务部建议他们应该终止采购业务关系之前，供应商有很多机会来纠正合规问题。因此，仅因不良合规而终止供应商关系的情况并不常见，那通常是长期不履行或违反特定“零容忍”问题的结果。(……)

无论供应商关系终止的原因是什么，或者是否有说法（即缩小供应链、逐步淘汰或合并），社会和环境事务部应始终提前通知，因为它可能导致大量裁员或关闭工厂。管理不善的关闭可能会引发工人抗议或工会行动。

处理不当或缩小规模可能导致向政府机构、国际劳工组织或经合组织等国际机构提出投诉，或引发非政府组织行动或激进运动，所有这些都将导致负面宣传并影响阿迪达斯集团及其品牌家族的声誉。社会和环境事务部参与的负责任计划将最大限度地降低风险。

本标准操作程序的目的是描述终止业务关系时要遵循的关键点，并确保以透明和合乎道德的方式采取行动。(……)

3. 程序

3.1　尽早通知社会和环境事务部（……）

3.2　期望信

如果预计终止或缩减可能导致裁员或工厂关闭，社会和环境事务部通常会向供应商发出一封信，要求他们调查裁员或关闭工厂的所有可能性替代方案，并详细说明我们的期望和对工人道德待遇的合法要求。我们的期望包括：

（1）确保客观地选择下岗工人。选择被解雇员工的标准不得侵犯公认的

---

① Adidas, *Factory Termination Standard Operating Procedure* (2007), www.adidas-group.com/media/filer_public/2013/07/31/termination_sop_en.pdf.

国际或国家劳工标准。会引起不公平的标准包括工会会员或参与工会活动以及怀孕、种族、性别、年龄或宗教。一般认为公平的标准包括服务年限、技能和资格。

（2）根据合同条款和当地法律，确保工人在终止之日前及时收到全额欠他们的所有款项（工资、未使用的假期补贴、社会保障、遣散费、退休金等）。

（3）在工厂关闭之前通过口头和书面形式通知工人。沟通必须包括预期的关闭日期以及关闭的相关工厂政策和程序，以及该流程下的工人权利和责任。

（4）供应商应确保工厂保留必要的所有相关文件，以证明并验证工人工资、工人福利和终止实践对合同条款和当地法律的遵守情况。

（5）如果相关，应就工厂关闭的所有方面询问工人代表的意见。

（6）工厂继续运营时，供应商必须符合阿迪达斯集团《工作场所标准》中规定的合规要求。

（九）英美资源集团《供应商负责任采购标准》①

执行与预期

在选择供应商时，我们将结合平行评估标准，优先选择那些对负责任供应作出承诺的供应商。

供应商必须确保在其组织内全面实施这些标准，并逐步延伸至其供应链，包括代理商、承包商和供应商。

供应商必须保持有效的管理体系，这些体系基于健全的业务和科学原则，包括建立适当的目标和指标、定期评估绩效以及持续改进。

自我评估：供应商必须根据本标准完成自我评估问卷，其目的是帮助查明管理过程和管理控制。

独立的第三方验证审核：在抽样的基础上，供应商将被要求在运营设施进行独立、负责任的采购审核。可能会要求进行后续审核，确保所被建议的补救措施降低了风险。

补救：如果对本标准的审查、自我评估问卷或验证审核表明存在不合规情况，我们希望供应商制定一个具有务实时限的补救计划来解决问题，并将

① AngloAmerican, *Responsible Sourcing-Standard for Suppliers* (2016), www. angloamerican. com/～/media/Files/A/Anglo-American-PLC－V2/documents/responsible-sourcing-standard-for-suppliers-november－2016. pdf.

该计划传达给英美资源集团。

英美资源集团致力于支持供应商加强对本标准的理解和实施。我们保留从故意拒绝遵守法律要求、本标准，或者无法提供适当的证据证明为纠正任何不合规问题而采取措施的供应商之处脱离的权利。

（十）公平劳工协会《工作场所监测报告》[①]

这是由公平劳工协会评估员根据公平劳工协会的可持续合规方法（SCI）进行的工作场所评估报告，该方法评估了设施在整个就业生命周期中通过有效管理实践维护公平劳工标准的表现。

本报告在评估就业职能时确定违反公平劳动协会《工作场所行为准则》的行为和风险，并包括对违规行为的根本原因的描述、可持续和即时改进的建议以及公司提交的每个风险或违规行为的纠正行动计划。(……)

[定义] 根本原因：就业功能中的系统性失败，导致“结果”。结果是潜在问题或“根本原因”的症状。例如，考虑工人在噪声区没有佩戴高保护设备的情况。最方便的结论可能是工人没有使用听力保护设备，因为管理层没有提供这种设备。但是，在对现有信息进行更全面的评估后，评估员可能会发现确实向工人提供了听力保护设备，并且提供了有关佩戴听力保护装置重要性的书面信息，但他们没有接受过如何使用设备的培训，管理层也没有以一致的方式强制使用设备。

[定义] 纠正行动计划：采购公司和/或直接雇主为解决公平劳工协会调查结果的一系列具体活动。

工作时间

根本原因

1. 工厂管理层正在实施一项为期四年（2016—2019 年）的工时减少计划，将每周工作时间从 58 小时减少到 49 小时。在评估时，它基于 2016 年计划的每周 55.5 小时。因此，这仍然意味着每月平均加班 62 小时。

2. 大多数工人接受加班，因其是增加收入的一种方式。

3. 中央政府公布假期安排，通常将一些假期与延长假期的工作日结合起来，使用随后的周六和周日来弥补失去的工作日。考虑到 50.5% 的工人不是

---

① Fair Labor Association, *Workplace Monitoring Reports-Chenfeng Group* (2016), http://portal.fairlabor.org/fla/go.asp? u =/pub/zTr5&tm = 5&Rid = 1813&Fdn = 13&Fna = AA0000002007%5F2016%2Epdf.

当地工人，工厂管理层更愿意为工人提供长假，特别是在农历新年期间。

4. 工厂管理层没有很好地掌握有关怀孕工人的当地法律。此外，他们对1小时休息要求的理解只是午餐时间（1小时）。

纠正行动计划

1. 公司正在与工厂共同努力，在三年内逐步减少工作时间，以满足当地法律和公平劳工协会的要求。

2. 工厂与企业社会责任部、人力资源部合作，制定可行的生产计划，并确保定期加班工时不包括在生产计划中。工厂严格按照公平劳工协会的公平劳动和负责任生产实践行为规范执行生产计划。

3. 该公司制定了追踪怀孕工人状况并付诸实施的政策。工厂在定向培训期间告知工人：当工人在检查后确认怀孕时，应将怀孕检测报告提交工厂人力资源部备案；人力资源工作人员每月定期跟踪报告。如果怀孕期为28周，人力资源工作人员应向主管和工厂经理报告，监督工人不要加班，每天工作期间应休息1小时。

4. 公司进行年度内部审计以跟踪补救进度。

（十一）维泰《公平雇用工具包》[①]

1. 纠正措施和系统改进计划指南

强迫劳动和人口贩运是违反国际人权法规定和发生在世界上大多数国家的犯罪。在供应链中发现这种滥用案例——在劳动世界中形式最恶劣的剥削——将要求品牌公司、供应商和招聘人员立即采取纠正措施。此类滥用将始终被视为严重违反准则合规性。

纠正措施应全面性和系统化，涉及短期和长期战略。它应首先关注贩运受害者的需求和福祉，并在必要时让受害者服务提供者、医疗保健专业人员和其他公共或民间社会组织等主要利益攸关方参与其中。这是一个明显的事实，即品牌及其供应商应该强烈考虑联合多利益攸关方参与，以符合有关工人的最佳利益。

立即行动

如果在供应链中发现强迫劳动或人口贩运的情况（例如通过社会审计或其他评估手段），品牌公司必须立即和明确地作出反应。这应包括品牌代表的即时调查和实地考察，明确识别受影响的工人以及充分了解滥用的性质。

① Verite, *Fair Hiring Toolkit*, 2018 (2011), http://helpwanted.verite.org/helpwanted/toolkit.

品牌公司需要先确定问题的严重程度和形式，才能制定出必要的全面保护措施。

品牌公司必须迅速采取行动，以纠正已发生的问题并扭转滥用的循环。工人可能需要被足额支付工资；过度的招聘费可能需要报销；护照可能需要被退回。无论滥用的性质如何，品牌公司都需要密切监控此过程，以确保采取全面的纠正措施。为了帮助完成这一过程（并确保全面及时的响应），可能有必要制定行动计划——纠正行动/绩效改进计划——确定每个参与者的优先事项、责任和时间表：品牌公司、供应商和招聘人员。

解决根本原因：从纠正问题到预防问题

为了完全解决像强迫劳动这样的问题，仅仅采取此类重要的即时、短期措施是不够的。还必须考虑应采取的长期行动，以确保问题不再发生。

该品牌公司需要考虑一些事情。首先，在工作设施中如何首先出现强迫劳动和人口贩运，它们是否存在于品牌供应链的其他地方？其次，需要做些什么来确保这些问题得到解决，使得品牌不再处于危险之中？

要回答这些问题，有必要超越供应商和滥用的具体情况。品牌公司需要彻底了解自己的系统和协议、政策和评估程序，以及其社会责任计划的其他方面，以确定出错的根本原因和地点。作为其中的一部分，建议在整个供应基地进行全面审查和风险评估。

无论滥用的性质如何，这种审查将导致更强有力的政策和程序，并使品牌公司从零散的、被动的参与转向主动、预防性的参与。以这种方式回应并为移民工人开发新的保护措施以促进公平雇佣和招聘，将促进持续改进的循环，这将使品牌公司及其供应商受益。（……）

长期参与：解决复杂的原因

为解决强迫劳动或人口贩运这一具体事件而采取的纠正措施可能是立即的、有时限的。该品牌公司将试图识别问题及其根本原因，并与其供应商和相关招聘人员一起快速解决。

对于强迫劳动的一些“危险信号”，这是一个合适的策略。公司可以直接解决关键问题，制定新的政策和程序，禁止不良做法，从而确保对移民工人的更大保护。然而，在其他情况下，问题对于“快速修复”方法而言过于复杂，需要更细致和长期的策略。在这些情况下，品牌公司可能需要超越自己的运营及其供应商的运营，以解决更广泛的、行业范围的甚至是全国性的问题。这将涉及寻找基于工作场所或招聘问题的根本原因，并需要多利益攸关方或伙伴关系方面的方法。

2. 制定纠正措施和系统改进计划的战略

该工具规定了品牌公司及其供应商可以采取的步骤，可以制定和实施的计划，以解决供应链中已发现的强迫劳动和人口贩运问题。（……）此处的材料来自维泰针对社会责任问题解决和决策的深入培训（……）。

第二步：分析问题

公司应分析已确定的问题和可能存在根源的差距。供应链中的许多不合规问题是较大问题的表现或症状。在解决违规行为问题时，不仅要解决症状，还要解决根本原因。没有解决根本原因的方法可能被证明是不充分的，使得潜在的问题得不到解决，并导致旧问题的再次发生和新问题的产生。

有许多工具可以帮助您进行系统分析，包括：

- 鱼骨图（或因果分析）；
- 力场分析法；
- KATTAR 根本原因分析；
- 5W、2H（谁、什么、何地、何时、为什么；多少、多久）；
- 故障树分析。

ABC 公司确定了护照保留问题的几个原因。它还发现其中一个原因——担心工人"逃离"机构——是由于在移民工人签证超期的情况下政府对机构（该机构是移民工人的签证赞助商）的处罚。这种担忧也被认为是强制储蓄的根本原因。

第三步：为解决问题，集思广益，尽可能变更和改进

一旦明确问题的来源，品牌公司就应该从最直接的原因着手，与供应商合作。许多问题都不止一个根本原因，在大多数情况下，公司可能需要解决一个以上的问题，才能激发真正的变革。在就这些改进集思广益时，请确保公司不同部门和供应链层面所涉广泛的、具有不同观点和专业知识的人群参与其中。（……）

第五步：制定实施决策的计划

确定了有效的变更和改进事项后，您应该与供应商合作：

1. 确定是否需要制定或修订政策和程序以支持变更；
2. 在政策、程序和任务层面确认"变更主体"；
3. 讨论实施变更的时间表；
4. 确定绩效指标以衡量变更的有效性；
5. 修改或设计补充性监督机制。

3. 公共政策倡导指南

参与反对强迫劳动、人口贩运以及与国际劳务移民相关的最恶劣形式剥削的公共政策正在成为企业社会责任（CSR）的一种主要形式。

世界许多地方的招聘行业不受监管的性质以及东道国移民工人缺乏法律和监管保护是品牌公司在与公共政策参与者对话时经常遇到的关键问题。政策对话的其他关键问题包括：

• 有时规定居住许可和工作签证的限制性政策，有效地将移民工人与单一雇主联系起来；

• 在一些国家，限制移民工人加入或组建工会；

• 法律管辖区要求雇主扣留移民工人的旅行证件或护照；

• 法律规定向工人收取招聘费用。

公共政策参与可以采取不同的形式：宣传、提高认识甚至公私合作。无论是在本国还是在东道国，或在国际层面，品牌公司有多种选择可以积极影响他们经营的社会政策环境。

• 品牌公司可以在国家层面倡导批准尚未得到其运营所在国批准的相关联合国和国际劳工组织公约。

• 品牌公司可以通过以下方式游说派遣国和接收国采取更好的法律和加强对移民工人的保护：

- 支持派遣国政府改善管理劳务招聘人员和劳动力流动的法律和监管环境，并确保移民在离境前得到充分保护；

- 与接收国政府合作，改善法律，加强执法，确保移民工人在其工作和所居住的社区得到保护。

• 品牌公司可以鼓励政府之间采用和执行双边劳工协议，将劳动和社会保护扩展到移民工人。这些协议通过确保按照商定的原则和程序进行，更好地促进了移徙管理。

• 最后，品牌公司还可以考虑直接参与国际和区域政策对话的网络和论坛，例如全球移民与发展论坛。

（十二）Shift《从审计到创新：在全球供应链中推进人权》[①]

传统审计范式在社会绩效的关键领域中努力实现可持续改进的原因有很多，以下每一个都扮演着各自的角色：

---

① Shift, *From Audit to Innovation*: *Advancing Human Rights in Global Supply Chains* (2013), www.shiftproject.org/media/resources/docs/Shift_audittoinnovationsupplychains_2013.pdf.

• 供应商在某些审计过程中没有披露关于其业绩的准确信息，对所收集信息的价值和有效性提出质疑；

• 供应商缺乏能力解决已经确定且需以可持续方式进行补救的问题；

• 解决社会绩效问题的供应商（包括外部和内部）缺乏感知激励，相应缺乏对可持续改进投资的承诺；

• 超出个别供应商控制的系统性挑战，包括社会背景、监管环境和行业范围的问题；

• 全球品牌和零售商的采购实践，以及需要认识和改进他们自己在影响员工方面可能发挥的作用。

报告的第一部分首先确定了构成供应链新一代社会责任计划的 10 个主要趋势和要素：

（1）从合格或不合格转向全面的持续改进计划；

（2）以协作评估和根本原因分析取代审计；

（3）申诉机制在改善社会绩效方面的作用；

（4）整合供应商能力建设的方法；

（5）全球品牌公司与民间社会组织之间不同形式的伙伴关系；

（6）向供应商提供商业激励措施，以改善社会绩效，例如价格、数量、持续时间和供应商偏好；

（7）制定指标，帮助供应商确定业务案例，以获得更好的社会绩效；

（8）品牌公司努力利用其影响力解决系统性问题；

（9）全行业合作解决系统性问题；

（10）使内部采购行为与全球品牌、零售商的社会承诺保持一致。

（十三）肖特等《超越对私人政治的象征性回应：全球供应链工作条件的行为准则和改善》[①]

寻求改善全球供应链工作条件的工人权利倡导者参与私人政治，导致跨国公司（TNCs）采用行为准则并监督其供应商的合规情况，但目前尚不清楚这些组织结构是否或何时能够实际提高劳工标准。我们［条件］下的准则和监控更有可能超越象征意义，并与供应链工作条件的改善相关联。在机构层面，我们发现当供应商面临来自国内民间社会的更大风险时，以及当他们

① J. Short et al., *Beyond Symbolic Responses to Private Politics: Codes of Conduct and Improvement in Global Supply Chain Working Conditions*, Harvard Business School Working Paper (2018), https://papers.ssrn.com/sol3/papers.cfm? abstract_id = 2806966#.

的购买者对此类风险更敏感时，他们会更多地改善工作条件。在项目设计层面，我们发现当监测机制显示合作信号并且其中的审计师训练有素时，供应商会相应进一步改善情况。

私人政治战略试图通过直接针对这些行为者来改变私营市场参与者（如公司）的行为。广泛的私人政治文献关注的是活动家的目标策略，公司顺从活动家要求的动机，以及回应私人政治活动所采用的公司组织结构。例如，研究表明，私人政治活动促使企业采取“印象管理策略”，公开“让步”以符合活动家的要求，以及（建立）企业社会责任（CSR）官员职位或董事会委员会。然而，私人政治研究并没有试图确定这些组织结构是否与组织行为的积极变化相关，使其与活动家的规范目标更紧密地联系在一起。

我们怀疑这一焦点至少部分是脱离文献的一个人为因素，这有力地表明，针对企业目标采用的组织结构很可能是象征性的，或者与组织活动脱钩。首先，文献中有一个强烈的共识，即若采用的结构是为了获得外部利益攸关者的认可，而不是为了满足与任务相关的生产效率要求，则往往会被象征性地实施，并与实践脱钩。其次，象征性结构更有可能在效率需求强劲而制度压力缓和的情况下脱钩。最后，资源限制阻碍了正式组织结构的实质性实施。全球价值链的供应商受制于以下三个因素：它们面临以低成本生产大量产品的高效率要求，而且行为准则有可能提高劳动力成本，这是竞争优势的关键来源；许多国家的监管机构薄弱，劳工标准执行不严；许多人缺乏有效实施准则、监督等正式结构的资源。因此，从脱钩论中出现的理论来看，像准则和监督这样的组织结构很可能是“实施、评估和监督的仪式门面，以至于对于工人来说，它们对改变日常工作惯例的作用很小”。

虽然这一领域的研究主要是理论化和脱钩记录，但越来越多的研究集中在象征性组织结构实际实施或与组织实践相结合。与脱钩相关文献一致，大多数确实发现耦合的研究将其归因于强制性制度压力，尤其是国家权力，如监管检查和执法。其他研究表明，象征性结构的成功结合是在更广泛的、法律支持的国家监管制度（如美国反歧视法或环境法）背景下实施的自愿计划。同样，专门调查供应商遵守劳动行为准则的研究发现，与政府监管工作相结合，规范和监测往往与更好的工作条件相关。除了国家的强制力外，研究还发现，工会、媒体、非政府组织和品牌公司等民间社会行为体的制度压力可以促使供应商将其象征性承诺与准则及其劳工实践相结合。

最近的研究扩大了脱钩相关文献对强制性制度的传统关注，以研究个体组织行为者的活动如何促生耦合的偶然事件。（……）在对印尼服装和鞋类工厂的研究中，巴特利和埃格埃尔·赞登发现，劳动行为准则和供应商劳工实践的结合取决于当地工会成员利用与品牌公司、国际非政府组织和全球联系的能力。工会要求供应商履行其对行为准则的承诺。

总的来说，关于耦合和解耦的文献包含了对组织结构和实践耦合的挑战和偶然性的重要见解，但它也包含了阻碍与私人政治文献对话的空白。首先，脱钩相关文献传统上关注的是基于国家和其他强制性制度压力的耦合能力，这忽视了在强制性制度薄弱或缺乏的环境中，企业采用组织结构的私人政治活动中涉及的实质性成果变化。但这些正是私人政治运动所处环境的类型。因此，如果要应对最有可能部署私人政治战略的背景，耦合研究必须解决传统渠道之外的耦合突发事件。(……)

（十四）英国国际和比较法研究所《有效供应链管理的构成要素》[①]

行为准则和合同条款

许多受访者提到，在合同中使用人权条款或附带的行为准则对于传达所要求的人权标准或“开始谈论人权”是有用的。此类合同期望通常与惩罚条款、终止权利和调查权利相结合。受访者表示，在合同中包含此类控制机制非常重要，确保公司人权尽责标准明显地成为供应商持续性绩效要求的一部分。(……)

我们的访谈展示了一些关于合同人权条款得到执行的例子，例如通过终止合同或要求实施行动计划。在一些情况下，受访者表示存在执行选择，尽管他们尚未执行此类选择。在另一些情况下，合同确实规定了基于人权侵犯的终止条款。在这些情况下，公司通常会在合同期间行使影响力，拒绝续订合同或继续下订单。

总的来说，我们的证据还表明，当独立使用合同条款时，它对供应商的影响要小于其作为整个人权尽责组成部分的补充，包括持续监督行为准则遵守情况、人权政策和行动计划的执行情况、嵌入供应商运营的行动计划、人权培训，以及与供应商就改善条件的实际情况进行积极和公开的磋商。

为了有效，行为准则还需要通过诸如价格和交货时间等采购实践来补充完善。最近的一项研究发现，“许多公司要求供应商遵守其行为准则（……）并监督供应商的劳工权利保障情况，他们的购买行为往往与这些举措不一致”。行为准则给供应商带来了负担，但是并不总是伴随着资源分配、财

① British Institute of International and Comparative Law（BIICL）, *The Components of Effective Supply Chain Management*（2018）, http://human-rights-due-diligence.nortonrosefulbright.online.

务支持和购买实践来实现合规性。该报告强调，48%的供应商在实施买方行为准则时反馈“完全没有帮助”，对行为准则方面的改进几乎没有任何回报。

补救和终止

因此，《联合国工商企业与人权指导原则》规定的方法是首先行使和增加现有影响力，并且只有在未考虑终止商业关系的情况下，考虑人权影响的终止。参与本研究的公司证实这种方法得到了广泛的遵循。

在决定终止关系之前，公司通常会选择与供应商合作制定行动计划，以纠正问题并改进政策和条件。一家使用这种方法的公司表示，它会进行复查，以监督供应商是否遵守行动计划，并将其纳入后续审核。每个行动计划必须在一定时间内完成，通常在六个月内完成。

受访者表示，是否终止与供应商的关系的决定取决于各种因素，例如违规的性质和改善供应商条件的可能性。一些公司对终止决定采取风险规避、严格的内部立场，而其他公司采用更加动态的临时方法。

例如，一些公司列出了非常严重的人权影响的清单，他们不会容忍这些影响，因为他们不可能通过影响力来改善条件。一位受访者表示，童工列在“我们绝对不接受的事情”清单上。如果他们发现童工，他们会立即停止与供应商合作，不再下订单。即使供应商说明了补救和改进做法，他们也很可能不再与该供应商合作。应该指出的是，这是一家拥有全面初步筛选程序的公司，（他们）将人权条款纳入合同要求和定期人权审计。他们表示，公司严格遵守其人权标准，旨在向供应商表明要严肃对待这些要求，而不仅仅是合同形式中的“指导方针”。（……）

其他受访者对终止决定采取直接对比的方法。他们表示，他们的公司选择在每个案例中就如何解决人权影响作出临时决定。另一位受访者表示他们“试图参与而不是离开供应商”，这表明“如果他们认为我们会一起解决问题，那就会鼓励提高透明度”。但是，如果他们在与供应商合作改变政策和改善条件后发现“类似的问题持续存在”，他们将终止合同。（……）

影响终止决定的其他因素包括行业、正在开展的活动性质以及相关供应商的重要性。例如，一位受访者表示，一旦长期的大型建设项目开始实施，与进入该关系之前相比，简单地终止关系是不太可行的。有一次，他们被告知建筑供应商的计划未能尊重受影响的土著社区文化遗产，该公司对此非常认真。他们指示供应商不要在特定的地方进行建造，并与供应商合作，在未来建立补救和预防类似问题的机制。

另一方面，如果供应商提供订购时间很短的非必需产品（例如固定物或砖块等商品），公司经常决定不再下订单，改用拥有更好人权记录的供应商。与补救相反，公司是否终止合同通常取决于产品是否“难以从其他地方采购”。

受访者提到仅仅是关于终止合作的威胁也可能提高影响力。在一个例子中，一个“非常重要”的大型供应商，正在生产一家公司的私人品牌产品，每六个月进行一次“没有任何进展”的审计。该公司的采购副总裁访问了该供应商并表示，除非这些人权问题得到“修复”，否则该公司将取消其订单。此后，问题在“几个月内”就得到纠正。

（十五）国际劳工组织《全球供应链中的体面劳动》①

32. 全球供应链有一个共同特点，那就是龙头企业可以协调并控制不同层次生产商的生产标准。这些标准可以涵盖作为供应条件的一系列技术、质

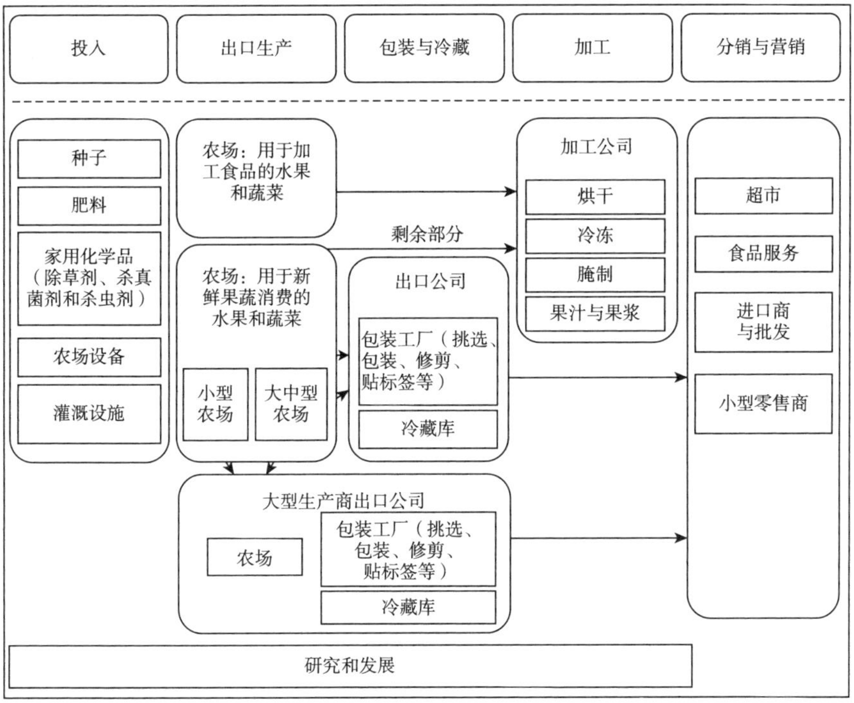

农产品及食品产业价值链简化图

① International Labor Organization (ILO), *Decent Work in Global Supply Chains* (2016), www.ilo.org/public/libdoc//ilo/2016/116B09_43_engl.pdf.

量、产品安全、交付、社会和环境方面的要求。这些标准的使用在食品行业尤为普遍，消费者对食品安全和来源的关注导致了可追踪性要求，有时从田地到餐桌都可追踪其来路。例如在上图中，所有供应商必须达到自己领域相关的标准，这些标准由最终零售商（通常是大型超市）设定。而且，这些标准往往比国家间进行的国际贸易标准更为严格。

四　中国相关文件与材料

（一）《关于印发〈尘肺病防治攻坚行动方案〉的通知》[①]（国家卫生健康委员会、国家发展和改革委员会、民政部、财政部、人力资源和社会保障部、生态环境部、应急管理部、国务院扶贫开发领导小组、国家医疗保障局、中华全国总工会，2019 年 7 月 11 日）

为贯彻落实党中央、国务院领导同志重要批示精神和《国家职业病防治规划（2016－2020 年）》有关要求，解决当前尘肺病防治工作中存在的重点和难点问题，坚决遏制尘肺病高发势头，保障劳动者职业健康权益，特制定本行动方案。

一、总体要求

（一）指导思想。（……）坚持以人民健康为中心，贯彻预防为主、防治结合的方针，按照“摸清底数，加强预防，控制增量，保障存量”的思路，动员各方力量，实施分类管理、分级负责、综合治理，有效加强尘肺病预防控制，大力开展尘肺病患者救治救助工作，切实保障劳动者职业健康权益。

（二）基本原则。

——政府领导，部门协作。地方各级人民政府要将尘肺病等职业病防治工作纳入本地区国民经济和社会发展规划，加强领导，保障投入。各有关部门要加强协调，密切合作，立足本部门职责，积极落实防治措施。

——预防为主，防治结合。用人单位要依法落实尘肺病防治主体责任，采取有效措施改善作业环境，预防和控制粉尘危害。地方人民政府要加强对尘肺病诊断和治疗工作的管理，采取多种措施救助尘肺病患者，防止“因病致贫、因病返贫”。

——分类指导，落实责任。根据不同行业的粉尘危害特点，采取科学、有效的综合防治措施。落实地方政府领导责任，细化防治任务，并具体落实到县级人民政府及相关部门。

——综合施策，强化考核。将尘肺病防治与健康扶贫工作紧密结合，中央、地方和

① 国家卫生健康委员会等：《关于印发〈尘肺病防治攻坚行动方案〉的通知》，见中国政府网，http://www.gov.cn/xinwen/2019－07/19/content_5411744.htm。

用人单位共同投入防治资金，坚持标本兼治，完善尘肺病防治体系，将尘肺病防治工作纳入政府目标考核内容。

（三）行动目标。到2020年底，摸清用人单位粉尘危害基本情况和报告职业性尘肺病患者健康状况。煤矿、非煤矿山、冶金、建材等尘肺病易发高发行业的粉尘危害专项治理工作取得明显成效，纳入治理范围的用人单位粉尘危害申报率达到95%以上，粉尘浓度定期检测率达到95%以上，接尘劳动者在岗期间职业健康检查率达到95%以上，主要负责人、职业健康管理人员和劳动者培训率达到95%以上。尘肺病患者救治救助水平明显提高；稳步提高被归因诊断为职业性尘肺病患者的保障水平。煤矿、非煤矿山、冶金、建材等重点行业用人单位劳动者工伤保险覆盖率达到80%以上。职业健康监督执法能力有较大提高，基本建成职业健康监督执法网络，地市、县有职业健康监督执法力量，乡镇和街道有专兼职执法人员或协管员。煤矿、非煤矿山、冶金、建材等重点行业新增建设项目职业病防护设施“三同时”实施率达到95%以上，用人单位监督检查覆盖率达到95%以上，职业健康违法违规行为明显减少。职业病防治技术支撑能力有较大提升，初步建成国家、省、地市、县四级职业病防治技术支撑网络。尘肺病防治目标与脱贫攻坚任务同步完成。

二、重点任务

（一）粉尘危害专项治理行动。按照“摸清底数、突出重点、淘汰落后、综合治理”的路径，深入开展尘肺病易发高发行业领域的专项治理工作，督促用人单位落实粉尘防控主体责任，确保实现治理目标。

1. 开展粉尘危害专项调查。按照属地管理原则，组织开展专项调查，全面掌握用人单位粉尘危害基本信息及其地区、行业、岗位、人群分布情况，建立粉尘危害基础数据库，2020年底前完成调查工作。（国家卫生健康委负责，地方人民政府落实）

2. 集中开展煤矿、非煤矿山、冶金等重点行业粉尘危害专项治理工作。组织印发治理工作指南和技术指南，明确治理目标、任务、步骤和要求，以及不同行业领域重点环节、重点岗位的防尘工程措施、检查要点，加强对治理工作的具体指导，推动用人单位从生产工艺、防护设施和个体防护等方面入手进行整治，控制和消除粉尘危害。（国家卫生健康委负责，地方人民政府落实）

3. 对2017年部署开展的水泥行业安全生产和职业健康执法专项行动，继续按照要求推进实施，突出对包装和装车环节的治理改造，确保所有水泥生产企业在2019年底前实现既定治理目标。（国家卫生健康委、应急部按职责分工负责，地方人民政府落实）

4. 对已经开展过粉尘危害专项治理的陶瓷生产、耐火材料制造、石棉开采、石材加工、石英砂加工、玉石加工、宝石加工等行业领域，通过组织“回头看”，巩固提高治理成效。（国家卫生健康委负责，地方人民政府落实）

5. 对不具备安全生产条件或不满足环保要求的矿山、水泥、冶金、陶瓷、石材加工等用人单位，坚决依法责令停产整顿，对整治无望的提请地方政府依法予以关闭。（应急部、国家煤矿安监局、生态环境部按职责分工负责，地方人民政府落实）

（二）尘肺病患者救治救助行动。

1. 加强尘肺病监测、筛查和随访。在现有重点职业病监测方案基础上，增加目标疾病病种，将《职业病分类和目录》中的13种尘肺病全部纳入重点职业病监测内容；加强尘肺病主动监测，开展呼吸类疾病就诊患者尘肺病筛查试点；对所有诊断为尘肺病的患者建立档案，实现一人一档。对已报告尘肺病患者进行随访和回顾性调查，掌握其健康状况。通过职业病信息管理系统逐级上报相关信息，汇总至中国疾病预防控制中心，同时各级卫生健康行政部门统计汇总后报送本级人民政府。（国家卫生健康委负责，财政部配合，地方人民政府落实）

2. 对诊断为尘肺病的患者实施分类救治救助。

——对于已经诊断为职业性尘肺病且已参加工伤保险的患者，严格按照现有政策规定落实各项保障措施；对于已经诊断为职业性尘肺病、未参加工伤保险，但相关用人单位仍存在的患者，由用人单位按照国家有关规定承担其医疗和生活保障费用。依法开展法律援助，为诊断为职业性尘肺病的患者提供优质便捷的法律服务。（人力资源社会保障部、国家卫生健康委、司法部、国资委按职责分工负责，地方人民政府落实）

——对于已经诊断为职业性尘肺病，但没有参加工伤保险且相关用人单位已不存在等特殊情况，以及因缺少职业病诊断所需资料、仅诊断为尘肺病的患者，将符合条件的纳入救助范围，统筹基本医保、大病保险、医疗救助三项制度，做好资助参保工作，实施综合医疗保障，梯次减轻患者负担；对基本生活有困难的，全面落实生活帮扶措施。医疗保障部门、人力资源社会保障部门要按照程序将符合条件的尘肺病治疗药品和治疗技术纳入基本医疗保险和工伤保险的支付范围。（国家卫生健康委、人力资源社会保障部、民政部、国家医保局按职责分工负责，地方人民政府落实）

3. 实施尘肺病重点行业工伤保险扩面专项行动。定期了解粉尘危害基础数据库信息更新情况，及时将相关用人单位劳动者纳入工伤保险统筹范围。（人力资源社会保障部负责，国家卫生健康委配合，地方人民政府落实）

（三）职业健康监管执法行动。

1. 按照监管任务与监管力量相匹配的原则，加强职业健康监管队伍建设，重点充实地市、县两级职业健康监管执法人员。2019年完善职业健康监管执法装备配备标准，重点加强地市、县两级执法装备投入，保障监管执法需要。强化对职业健康监管执法人员法律法规、行政执法、专业知识等方面的培训，到2019年底前，职业健康监管执法人员培训率达到100%。（国家卫生健康委负责，国家发展改革委配合，地方人民政府落实）

2. 加强对煤矿、非煤矿山、冶金、建材等重点行业领域新建、改建、扩建项目职业病防护设施“三同时”的监督检查，对违反规定拒不整改的，严厉处罚、公开曝光，并依法将其纳入“黑名单”管理，强化震慑作用，确保这些重点行业领域新增建设项目“三同时”实施率达到95%以上。（国家卫生健康委负责，地方人民政府落实）

3. 按照分类分级监管原则，强化对粉尘危害风险高的用人单位的监督检查。对作业场所粉尘浓度严重超标但未采取有效工程或个体防护措施的，要进行重点监督，加大执法频次，依法从严处罚。对于粉尘浓度严重超标且整改无望的企业，要依法予以关闭。

到 2020 年底前，煤矿、非煤矿山、冶金、建材等重点行业监督检查覆盖率达到 95% 以上，职业健康违法违规行为明显减少。（国家卫生健康委负责，地方人民政府落实）

（四）用人单位主体责任落实行动。

1. 用人单位要设置或者指定职业健康管理机构（或组织）。煤矿、非煤矿山、冶金、建材等粉尘危害严重的用人单位，必须配备专职管理人员，负责粉尘防治日常管理工作。

2. 用人单位必须依法及时、如实申报粉尘危害项目，按照要求开展粉尘日常监测和定期检测工作，加强防尘设施设备的维护管理，为劳动者配发合格有效的防尘口罩或防护面具。

3. 用人单位必须依法与劳动者签订劳动合同，告知劳动者粉尘危害及防护知识，为劳动者缴纳工伤保险；依法组织劳动者进行上岗前、在岗期间和离岗时的职业健康检查，为劳动者建立个人职业健康监护档案，对在岗期间职业健康检查发现有职业健康禁忌的，及时调离相关工作岗位。

4. 以健康企业建设为载体，推动企业提升粉尘危害防治水平。在重点行业推行平等协商和签订劳动安全卫生专项集体合同制度，督促用人单位认真履行职业病防治责任和义务。到 2020 年底前，重点行业用人单位劳动者工伤保险覆盖率达到 80% 以上，重点行业企业普遍依法与劳动者签订劳动合同。（以上由国家卫生健康委、人力资源社会保障部、税务总局、全国总工会按职责分工负责，地方人民政府落实）

（五）防治技术能力提升行动。

1. 建立完善国家、省、地市、县四级支撑网络（……）。

2. 按照“地市能诊断，县区能体检，镇街有康复站，村居有康复点”的目标，加强基层尘肺病诊治康复能力建设（……）。

三、保障措施

（一）加强组织领导。国务院防治重大疾病工作部际联席会议相关成员单位要按照职责分工，主动研究尘肺病防治工作中的重大问题，认真组织落实本方案确定的任务措施，建立工作台账，互通信息，密切配合，切实抓好落实。国务院委托国家卫生健康委与各省级人民政府签订目标责任书，开展专项督导检查，保障如期完成攻坚行动目标。

落实地方政府责任，将尘肺病防治纳入政府议事日程，成立主要领导负责的防治工作领导小组，将尘肺病防治作为脱贫攻坚的重要内容，明确目标与责任，建立工作台账，研究落实各项防治措施，及时协调解决防治工作中的重大问题。省级、地市级、县级人民政府逐级签订目标责任书，层层压实责任，督促落实各项防治工作。地方各级人民政府、各有关部门要根据本方案的要求，结合实际制订本地区、本部门的实施计划和方案。（以上由国务院防治重大疾病工作部际联席会议相关成员单位、各省级人民政府落实）

（二）完善法规标准。研究完善《职业病防治法》《尘肺病防治条例》等相关法律法规，健全高危粉尘等特殊作业管理以及职业健康检查、职业病诊断与鉴定、职业卫生技术服务等制度。完善职业病报告、职业健康管理、尘肺病等重点职业病监测和职业健康风险评估等技术规范。修改完善粉尘危害工程控制、个体防护、健康监护以及

职业病诊断等国家职业卫生标准。（国家卫生健康委、人力资源社会保障部、司法部按职责分工负责）

（三）强化人才保障（……）

（四）营造良好氛围（……）

各级卫生健康行政部门会同有关部门制订监督检查方案，开展定期和不定期监督检查，对工作内容和实施效果进行综合评估，并予以通报。国家卫生健康委将会同有关部门制订考核评估办法，分别于2019年和2020年适时组织评估，抽查各地各行业落实情况和实施效果，评估结果向国务院报告。

（二）《中国信息通信行业企业社会责任管理体系（2016年版）》① （中国通信企业协会，2016年11月）

（……）

8　运行

8.1　运行策划和控制

为持续满足社会责任管理体系要求，并实施6.1及6.2中所确定的措施，企业应通过以下措施对所需的过程进行策划、实施和控制：

a）制定价值链各阶段产品和服务的社会责任准则，这些准则包括但不限于合规性义务，包括禁止性、限制性和鼓励性的准则；

b）制定价值链各阶段活动的社会责任准则，这些准则包括但不限于合规性义务，包括禁止性、限制性和鼓励性的准则；

c）确定实施上述准则的过程及所需的资源；

d）实施过程控制。

8.2　设计开发

设计开发阶段作为价值链的第一个阶段，是指企业运用科学技术知识或创意想法，或实质性改进技术、产品和服务而持续进行的具有明确目标的系统活动。产品和服务设计开发的方法可以为发明、组合、减除、技术革新、商业模式创新或改革等方法。

8.2.1　确定设计开发阶段的社会责任准则

企业应根据8.1确定设计开发阶段的产品、服务及设计开发活动的社会责任准则，可重点考虑信息通信行业社会责任重点议题（附录B）中的如下议题（……）

8.2.2　实施设计开发阶段的社会责任控制

企业宜制定必要的过程将8.2.1确定的产品、服务及设计开发活动的社会责任接收准则，与其他要求一起同步融入开发输入、开发控制、开发输出和开发评审等过程，并

---

① 中国通信企业协会：《中国信息通信行业企业社会责任管理体系（2016年版）》，见中国通信企业协会社会责任工作委员会网站，http://www.csr-cace.org.cn/Public/ueditor/php/upload/20181113/15420933772702.pdf。

监控所设定的社会责任准则是否持续受控，必要时采取纠正和预防措施。

企业宜在设计开发阶段开展生命周期分析，考虑生命周期各个阶段的社会责任影响及相互联系，评估产品和服务在生命周期各个阶段的合规性义务，如产品的可制造性、可使用性、使用安全及防止滥用等，采用创新设计，制定采购、生产和服务提供、销售及售后服务等阶段的控制要求。

8.3　采购

采购阶段是贯穿价值链的重要阶段之一，本标准中包括供应链、物流、配送等过程。

8.3.1　确定采购阶段的社会责任准则

企业应根据 8.1 确定采购阶段产品、服务及采购活动的社会责任准则，可重点考虑信息通信行业社会责任重点议题（附录 B）中的如下议题（……）

8.3.2　实施采购阶段的社会责任控制

企业宜制定必要的过程将 8.3.1 确定的产品、服务及采购活动的社会责任接收准则，与其他要求一起同步融入采购过程，并监控所设定的社会责任准则是否持续受控，必要时采取纠正和预防措施。

企业宜制定必要的过程，确保在采购或引进新产品（包括部件和物料）或服务时评估其是否符合 8.3.1 设定的社会责任接收准则，对于未达到接收准则的产品或服务应拒收，并要求供应商限期整改后重新评估；企业宜制定必要的过程，定期监控采购的产品、服务及其生产过程，确保持续符合设定的接收准则。

企业宜制定必要的过程，对供应商进行评审，确保在引进新供应商时宜评估其运作是否符合 8.3.1 设定的社会责任接收准则。企业宜制定必要的过程和供应商社会责任评估方案，明确评估目的、评估指标、评估方法、评级方法和评估周期，定期监控供应商的社会责任表现，确保持续符合设定的接收准则。

企业宜制定必要的过程，对供应商绩效进行有效管理，宜定期评估供应商提供的产品、服务及其价值链运作的社会责任绩效，将供应商社会责任绩效用于供应商选择和采购业务管理。对绩效好的供应商给予必要的认可和奖励，在同等条件下优先采购或增加订单；对绩效差的供应商采取警示、限制招标、限制或减少订单，直至取消供应商资格。

8.4　生产

生产阶段是指企业从资源（例如：原材料、人力等）的投入开始，到产品和服务（有形或无形）产出为止的全过程。

8.4.1　确定生产阶段的社会责任准则

企业应根据 8.1 确定生产阶段产品、服务及生产活动的社会责任准则，可重点考虑信息通信行业社会责任重点议题（附录 B）中的如下议题（……）

8.4.2　实施生产阶段的社会责任控制

企业宜制定必要的过程将 8.4.1 确定的产品、服务及生产活动的社会责任接收准则，与其他要求一起同步融入生产阶段的活动策划、实施活动、控制要求及检测要求等过程，并监控所设定的社会责任准则是否持续受控，必要时采取纠正和预防措施。

企业宜实施必要的过程控制，确保产品和服务持续符合设定的社会责任准则。

企业宜制定必要的过程，确保在员工招聘、调配、培训、劳动组织、工作和休息时间安排等人力资源管理活动中，原辅料供应、生产和服务进度、出货计划、机器维修、废弃物处理等生产管理活动中，以及工作场所和工作条件管理活动中的社会责任准则的实施和控制。

8.5 提供

提供阶段是指产品和服务从生产完成到交付完成之间的营销、销售、提供等一系列活动。

8.5.1 确定提供阶段的社会责任准则

企业应根据 8.1 确定提供（销售）阶段产品、服务及提供活动的社会责任准则，可重点考虑信息通信行业社会责任重点议题（附录 B）中的如下议题（……）

8.5.2 实施提供阶段的社会责任控制

企业宜制定必要的过程将 8.5.1 确定的产品、服务及提供活动的社会责任接收准则，与其他要求一起同步融入提供（销售）阶段的策划和实施过程，并监控所设定的社会责任准则是否持续受控，必要时采取纠正和预防措施。

企业宜制定必要的过程，确保在策划和实施销售方案时，应考虑突显产品和服务的社会责任属性及其对客户和消费者的价值，也可考虑采用责任营销或绿色营销方式，避免销售环节出现的贿赂或虚假广告问题。

8.6 售后

售后阶段是指从生产企业、经销商把产品和服务交付给客户/消费者之后，为客户/消费者提供的一系列后续活动（包括安装、调试、维修、技术培训、上门服务等），直至产品报废处理完成或服务依照履约终止。

8.6.1 确定售后阶段的社会责任准则

企业应根据 8.1 确定售后阶段产品、服务及售后服务活动的社会责任准则，可重点考虑信息通信行业社会责任重点议题（附录 B）中的如下议题（……）

8.6.2 实施售后阶段的社会责任控制

企业宜制定必要的过程将 8.6.1 确定的产品、服务及售后服务活动的社会责任接收准则，与其他要求一起同步融入售后服务的策划和实施过程，并监控所设定的社会责任准则是否持续受控，必要时采取纠正和预防措施，例如：企业宜制定必要的过程，充分考虑售后服务阶段客户和消费者对运输、安装、使用、维修、报废和回收等需求，为客户和消费者提供必要的指导和支持；企业宜考虑为客户和消费者提供或增加适当的反馈和申诉渠道，并建立与之相适应的内部管理和改进流程。

8.7 应急准备和响应

企业应建立、实施和保持用以准备和响应潜在的紧急情况的程序，应确保：

a）通过策划预防或减少紧急情况下不利的社会责任影响的措施做出响应准备；

b）对实际的紧急情况做出响应；

c）采取措施预防或减少紧急情况的后果，且这些措施与紧急情况及其潜在社会责任影响相适宜；

d）如可行，定期测试策划的响应措施；

e）定期评估和修正更新过程和策划的响应措施，特别是在紧急情况发生及测试后；

f）必要时，向相关方或在其控制下工作的人员提供有关应急准备和响应的充分信息和培训。

（……）

10　改进

10.1　总体要求

企业应识别并确定改进机会，采取必要措施，以取得社会责任管理体系的预期结果。

10.2　不符合与纠正措施

当不符合发生时，企业应：

a）响应不符合，并在适宜时采取控制及纠正措施，处理后果，包括减少不利的社会责任影响；

b）通过评审不符合，确定不符合的原因，以及确定类似的不符合是否存在或可能发生，以评估消除不符合原因的需求，防止不再发生或不在其他地方发生；

c）实施任何需要的措施，包括为受到不利影响的相关方提供补救；

d）评估所采取的任何纠正措施的有效性；

e）必要时，对社会责任管理体系做出变更。

纠正措施应与所发生的不符合的效果的重要程度相适宜，包括社会责任影响。

10.3　持续改进

企业应持续改进社会责任管理体系的适宜性、充分性和有效性，以持续提升社会责任绩效。

（三）《李宁有限公司供应商企业社会责任管理手册（2019 年第一版）》①

（……）

三、供应商定期评估与审核

针对已经开展合作关系的供应商，李宁公司将会按照季度与年度的频率对其社会责任表现与风险进行综合评估，以确保日常管理合规和持续改善。

1. QBR 评估

QBR（Quarterly Business Review，季度评估）是李宁公司常规性对供应商社会责任履行情况进行核查的方式之一，要求供应商通过提供相关文件，并积极开展自查，发现工作中存在的风险，并采取有效举措应对。

---

① 《李宁有限公司供应商企业社会责任管理手册（2019 年第一版）》，李宁有限公司网站，http://ir.lining.com/sc/csr/csr.php。

1.1　QBR 程序与时间要求

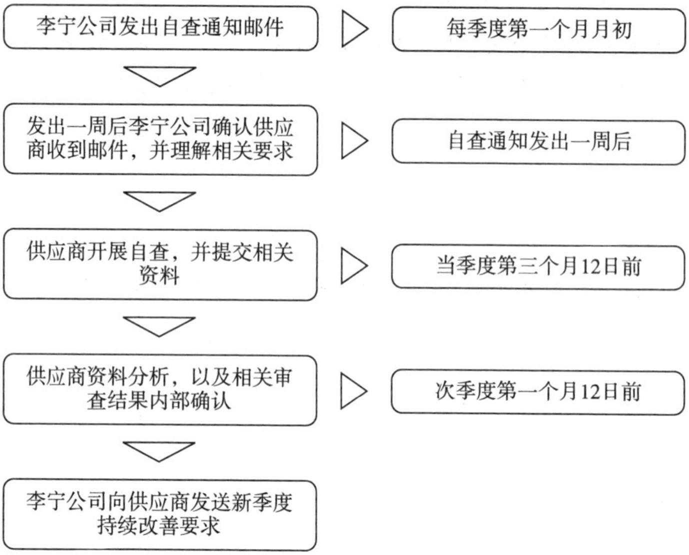

1.2　供应商资料需求清单

表 4　QBR 供应商资料需求清单

序号	所需文件及数据	具体要求
1	最近一次更新的全体员工花名册	excel 电子版，包含所有员工及管理层
2	最近一次更新的未成年工人花名册	excel 电子版
3	截至本季度第二个月末，工厂总人数（　），生产线员工人数（　），男（　），女（　），未成年工（　）	
4	截至本季度第二个月末，本季度前两个月新入职总人次（　），离职总人次（　），新签合同总人次（　），续签合同总人次（　）	人次统计为本季度前两个月的累加
5	本季度前两个月发生的同一个生产员工的到期合同以及续签合同的照片	照片需包含合同所有内容并显示签订日期
6	抽样本季度第一个月和第二个月 5%（最少不低于 20 人）生产型员工以及全体未成年工的考勤记录	原始考勤记录电子版
	……	

1.3　对于供应商提供书面证据资料的原则性要求

透明度。工厂必须确保所有提供的文件资料真实，与原始信息一致。针对此部分现场审核时将会核对，如果遇到明显造假或者不一致的欺骗行为，一旦沟通后确认，第一次提出严重警告并通报；第二次社会责任、环境及可持续发展部门会建议该供应商退出供应链系统。

清晰性。工厂必须确保所有提供的文件及照片，内容清晰，可读。（建议工厂在发送前自行浏览确保所有文件清晰可见）。

相关性。工厂必须由专门负责社会责任的人员来准备相关文件资料，在准备前期充分了解必要文件，确保所有提供的文件与问题点相关联，且清晰完整。如文件不准确或不完整，不完整文件信息将影响工厂最终分数。

时效性。工厂必须按照作业指导规定期限提供覆盖规定时段内的文件资料和信息。任何超过要求期限提交的资料将不作为本季度评分依据。此外，无论是何原因，请工厂在自己提交资料之后再次跟审核员确认自己的资料是否被收到，以免因为网络或者收发等其他不相关原因影响工厂评估结果。

可追溯性。确保所有提供的文件均有记录可循，所有的更改及增减均记录在案。

2. 现场评估

每一个自然年度，李宁公司会根据合作力度和上一年度工厂的相关评估结果选择一定数量的工厂实施新一年度的现场评审，评审内容包括商业伦理与道德、劳动用工、健康安全、环境保护四大块。不论是李宁公司组织的第二方审核，或者是第三方审核，都将依照表 5 内容进行现场评估。

表 5　供应商社会责任现场评估指标清单

模块	内容	指标
商业伦理与道德	商业贿赂	工厂是否有试图现场贿赂审核人员的行为
	透明度	工厂是否人为刻意不准确记录和公开信息，伪造记录或虚假陈述
	检举者保护	工厂是否有保密机制，确保工人和员工举报可疑的道德不端行为得到保护
		工厂是否有相应举措确保检举者免遭报复
劳动用工	童工	工厂是否存在童工
		工厂是否会保留员工身份证复印件，记录员工身份证号码
		工厂是否有童工拯救计划
	未成年工	工厂是否允许未成年工从事危险岗位操作，包含接触化学品等
		工厂是否允许未成年工上夜班（依省份）
		工厂是否允许未成年工加班（依省份）
		工厂是否有未成年工信息登记
		工厂是否定期组织未成年工体检
		工厂是否会为未成年工体检缴费
		工厂是否会组织未成年工职业健康安全教育与培训

续表

模块	内容	指标
劳动用工	强迫劳动	工厂是否会使用监狱工，强迫劳工等
		工厂是否会扣押身份证等员工个人证件
		工厂员工下班时是否能够自由离厂
		工厂员工是否可以自由使用洗手间、喝水等
		工厂员工是否享有离职自由
	歧视	工厂有没有指定无歧视制度政策（招聘、培训、晋升、加薪、离职等）
		工厂是否在员工入职之时组织孕检
……		

3. 审核类型

目前，在供应链社会责任审核领域主要有三种审核类型，即第一方审核、第二方审核与第三方审核。具体含义和区别见下表：

表6　不同审核类型比较

项目	第一方审核	第二方审核	第三方审核
含义	由供应商自己进行相关审核	采购方对供应商进行的审核	独立外部第三方对供应商进行的审核
目的	审核结果通常会作为供应商内部改善的机会，并且侧重于测试相关程序的有效性	审核结果成为采购方购买行为的决策依据，侧重于供应商对采购方相关要求的满足性	通常是进行认证和深入核查的手段，侧重于供应商相关实践和其承诺之间的符合性

3.1　第一方审核

第一方审核有时也称为内部审核，由供应商自己或以供应商的名义进行，审核的对象是供应商自己的管理体系，验证管理体系是否可以持续满足规定要求并且正在运行。它为有效的管理评审和纠正、预防措施提供信息，其目的是证实组织的管理体系运行有效，可作为组织自我合格声明的基础。在许多情况下，尤其在小型公司内，可以由与受审核活动无责任关系的人员进行，以证实独立性。

供应商开展内审的原因包括：

质量、环境及职业健康安全国际化管理体系标准的要求；

组织管理者的一种管理手段；

组织履行国家相关法规和其他要求的一种方式；

组织对一体化管理体系不断改进的一种途径；

组织进行内部审核的另一方面原因是在外部审核之前发现问题并予以纠正。

内审的实施重点是验证活动和有关结果的符合性，确定质量管理体系的有效性、过程的可靠性、产品的适用性，评价达到预期目的的程度，确认改进（包括纠正和预防）

机会和措施。

同时，审核人员应能保持相对独立性、公正性，并经组织管理者专门授权，具备足够资格。审核人员的数量、素质应能满足内审需要。

3.2　第二方审核

第二方审核是由采购方对供应商进行的审核。审核结果通常作为顾客购买的决策依据。第二方审核时应考虑采购产品对最终产品质量或使用的影响程度后确定审核方式、范围，还应考虑技术与生产能力、价格、交货及时性、服务等因素。

第二方审核的范围由审核方决定，可以包括与采购产品有关的过程、场所、部门。同时，第二方应将体系审核的标准及要求通知供应商，并留足够的时间让其准备。供应商表示接受后，第二方成立审核组，编制审核计划，准备表格、记录等工作文件。必要时派人帮助供应商建立体系。

对合格的供应商，第二方应确定控制类型，并实施跟踪审核或派人现场监控。

3.3　第三方审核

由第三方对组织进行的审核，通常也叫外部审核。由具有第三方认证资质的机构对组织进行审核，审核通过即可颁发证书。第三方审核通常是认证的手段。

第三方审核通常由采购方提出审核申请，并对审核范围作最后决定，这一决定应在第三方的协助下作出。第三方在接到申请后，可对受审核方进行初步访问，目的是了解受审核方的规模、特点及管理状况，同时商定所需费用，决定是否接受。在双方达成一致意见后，签订审核（或认证）合同。合同中应包括选定的质量管理体系标准，体系覆盖的产品、过程以及正式审核时间。

受审核方应按第三方要求提供相关文件，作为制订审核计划的依据，文件审查的主要目的是：初步判断受审核方是否满足审核约定的文件要求，确定所申请的审核能否进行；了解受审核方相关管理体系执行情况，以便制订审核计划。

文件审查合格的，可通知受审核方进行下一步审核工作；文件审查不合格的，待受审核方纠正不合格项后，审核员、受审核方均满意时，再继续工作。

审核计划应由委托方确认通知审核员和受审核方。受审核方不同意审核计划中的某项条款时，应当即告知审核组长。这些异议应在审核开始前，由审核组长和受审核方协商解决。

4. 现场审核程序

现场社会责任审核是半公开的方式，供应商将在审核小组到场审核前一周收到通知，审核工作将在各产品生产工厂内进行。

如果审计结果中存在警告或严重问题，审计小组将在 60 至 90 天内开展后续审计，确认是否已消除问题并确保已建立预防问题再次发生的适当程序。后续审计还将验证是否存在任何其他的警告或严重问题。

审计小组通常由两名审计人员组成，二人分别执行独立的审计部分；一人进行文件审查，另一人进行运营审查（环境、健康和安全）。具体程序见下图。

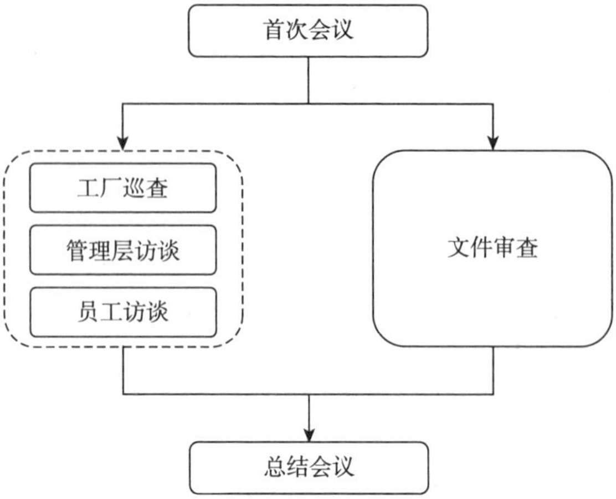

(……)

4.6　总结会议

在总结会议上，审核团队将出具临时审核报告，总结工厂存在的问题点及需要改进的地方，如有必要可能需要跟进审核，具体视问题严重性而定。最终审核报告将在审核完成后一定工作时间内发送至审核邀请方。

五　延伸阅读

- AngloAmerican, *Self-Assessment Questionnaire* (2016), http://www.angloamerican.com/~/media/Files/A/Anglo-American-PLC-V2/documents/self-assessment-questionnaire-november-2016.doc.
- Fair Labor Association, Workplace Monitoring Reports (database), www.fairlabor.org/transparency/workplace-monitoring-reports.
- Global Perspectives Project, *Doing Business With Respect for Human Rights-A Guide* (2016), www.businessrespecthumanrights.org/en/page/383/about.
- IFC, *International Finance Corporation's Guidance Notes: Performance Standards on Environmental and Social Sustainability* (2012), https://www.ifc.org/wps/wcm/connect/efdaaa8043649142947696d3e9bda932/Guidance+Notes+to+Performance+Standards+on+Environmental+and+Social+Sustainability.pdf?MOD=AJPERES.
- The Accord on Fire and Building Safety in Bangladesh, Inspection Reports and Corrective Action Plans (database - 1561 CAPs online by 27.7.2018), http://ac-

cord. fairfactories. org/ffcweb/Web/ManageSuppliers/InspectionReportsEnglish. aspx.

• Wilmar, *Supply Chain Map* (2018), www. wilmar-international. com/sustainability/supply-chain-map.

• 黄伟、陈钊:《外资进入、供应链压力与中国企业社会责任》,《管理世界》2015 年第 2 期。

• 王立峰:《中国海外投资企业人权政策探析》,《人权》2013 年第 3 期。

六 案例

辽宁石化工厂触电事故及整改措施[①]

事故经过

2001 年 5 月 24 日 8 时 40 分,变电所所长刘某安排值班电工宁某、杜某修理直流控制屏指示灯,宁某、杜某在换指示灯灯泡时发现,直流接线端子排熔断器熔断。这时车间主管电气的副主任于某也来到变电所,并和值班电工一起查找熔断器故障原因。当宁某和于某检查到高压配电间后,发现 2 号主受柜直流控制线路部分损坏,造成熔断器熔断,直接影响了直流系统的正常运行。于是宁某和于某就开始检修损坏线路。不一会儿,他们听到有轻微的电焊机似的响声。当宁某站起来抬头看时,在 2 号进线主受柜前站着刘某,背朝外,主受柜门敞开,他判断是刘某触电了。宁某当机立断,一把揪住刘某的工作服后襟,使劲往外一拉,将他拉倒在主受柜前地面的绝缘胶板上,接着用耳朵贴在他胸前,没有听到心脏的跳动声,宁某马上做人工呼吸。这时于某已经出门,去找救护车和卫生所大夫。经过十几分钟的现场抢救。刘某的心脏恢复了跳动,神志很快清醒了。这时,闻讯赶来的职工把刘某抬上了车,送到市区医院救治。

后经了解得知,刘某在宁某和于某检修直流线路时,看到 2 号进线主受柜里有少许灰尘,就到值班室拿来了笤帚(用高粱穗做的),他右手拿着笤帚,刚一打扫,当笤帚接近少油断路器下部时就发生了触电,不由自主地使右肩胛外侧靠在柜子上。

① 《辽宁省某石化厂高压电触电事故》,http://www. safehoo. com/Case/Case/Electric/201109/199753. shtml。

整改措施

1. 全厂开展有关安全法律法规的教育，提高职工学习和执行“操作规程”“安全规程”的自觉性，杜绝违章行为，保证安全生产。

2. 在全厂开展电气安全大检查，特别是在电气管理、电气设施、电气设备等方面，认真查找隐患，并及时整改，杜绝此类触电事故再次发生。

3. 加强职工队伍建设，把懂业务、会管理、素质高的职工提拔到负责岗位上来，带动和影响其他职工，使职工队伍的整体素质不断提高，保证生产安全。

4. 要进一步落实安全生产责任制，做到各级管理人员和职工安全责任明确落实，切实做到从上至下认真管理，从下至上认真负责，人人都有高度的政治责任心和工作事业心，保证安全生产的顺利进行。

七　思考题

1. 企业的纠正行动和司法机制提供的补救各有什么优势？
2. 工商企业应当在何时、采取哪些措施纠正其造成的不利人权影响？
3. 工商企业的纠正行动计划一般应当包含哪些内容？
4. 工商企业应当如何纠正供应链上的人权损害？

第十二章　测量与跟踪绩效

引　言

一旦企业承诺采用一套行为准则以尊重人权（第 8 章），进行影响评估以了解其可能产生的危害（第 9 章），建立管理系统并采取纠正措施以最大限度地减少危害（第 10—11 章），企业需要了解其系统是否按预期工作。换言之，企业解决危害的努力是否有效？找到答案的唯一方法是收集数据并测量绩效。这种绩效跟踪应该是参与式的，即与利益攸关方一起完成（第 14 章）。建立投诉机制（第 7 章）还可以为企业提供有关其努力是否减少不满情绪的信息。此外，还提高了政策和尽职调查工作的透明度（第 13 章），使企业能够收集利益攸关方的反馈意见，并在信任的基础上建立关系。近年来，人权绩效的测量方法快速发展，关键指标处于制定之中。这将有助于对照同行制定基准，并在同一行业的企业之间进行比较。有了这些指标和比较，市场参与者可以更容易地奖励和惩罚企业。不出意料，良善的投资者和其他金融从业者最希望获得这种比较信息，他们支持制定严格的指标。立法者已经在试图通过透明度规范（第 4 章）来挖掘市场的监管潜力，这一探索通常是在负责任的投资基金的鼓励下进行的。监测绩效可以迅速成为一项充满活力的工作，因此，“参与式监测”（除了企业和国家代表之外，还包括当地社区和独立专家）被视为良好的做法，能够建立信任（第 27 章）。这种对参与的强调复制了参与影响评估的新兴实践，即在项目开始之前收集数据（第 9 章）。

一　要点

- 利益攸关方的参与（反馈）
- 投诉机制（业务层面的申诉机制）
- 指标（定性和定量）
- 参与式监测（联合实情调查）
- 弱势群体

- 内部审计（审查）
- 审查多利益攸关方倡议
- 反馈循环（咨询和申诉机制）
- 人权尽职调查（流程和结果）
- 危险信号
- 影响的严重程度和跟踪级别
- 跟踪形式：核查（满足需求）、监测（情况）和验证（行动有效）
- 跟踪涉及的企业职能（企业部门发挥作用）
- 供应链中的“瓶颈”
- 跟踪监管风险
- 工作时间
- 水坝（采掘业）
- 水
- 矿物

二 背景

（一）联合国人权事务高级专员办事处《尊重人权的公司责任解释性指南》[①]

公认“有衡量才有管理”。若要企业人员对其成功尊重人权负责，无论是对内部管理层，还是对外部的利益攸关者及更广大的利益攸关者，都必须跟踪企业如何应对潜在和实际的负面人权影响。(……)

跟踪人权问题和对策还将有助于企业确认趋势和模式。这为高级管理层和其他方面提供了“全面情况”。它凸显一些反复出现的问题，因此可能需要对政策或程序作出更系统的修正，并显示出一些可以在全企业传播的最佳做法，以进一步降低风险，改善业绩。

---

① UN Office of the High Commissioner of Human Rights, *The Corporate Responsibility To Respect Human Rights-An Interpretive Guide* (2011), http://www.ohchr.org/Documents/Issues/Business/RtRInterpretativeGuide.pdf，中文版见 http://www.ohchr.org/Documents/Publications/HR_PUB_12_02_ch.pdf。

（二）全球展望项目《在营商时尊重人权：指南手册》[①]

人权尽职调查的第三步是跟踪企业在预防和减轻负面人权影响方面的业绩，并从中汲取经验教训。跟踪使企业能够知道其人权尽职调查是否“有效”，是任何持续改进和变革过程的核心。对许多企业来说，除了自己的业务外，跟踪业绩可能还包括监测供应商、客户和其他商业伙伴的业绩，因为许多人权风险将通过他们的业务关系产生。

（三）力拓矿业《为什么人权至关重要》[②]

监测和评估人权影响和绩效至关重要，以便：

- 衡量我们在人权承诺上的进展情况，包括对妇女和土著人民权利的承诺；
- 衡量对内部和外部的政策、标准和承诺的遵守情况；
- 评估人权问题和影响是在一次性的还是系统的基础上发生的，包括性别和文化方面的考虑；
- 确定项目管理程序和计划是否正在执行并正在实现其目标；
- 确定影响和风险缓解措施是否有效；
- 确定原因并提供纠正措施的依据，如果我们的程序、计划和活动无效；
- 查明已发生的任何预料之外的人权问题和影响、后果以及采取的对策；
- 确定管理层是否收到有关新的人权挑战的有效“预警”，包括关于如何解决这些挑战的适当建议。

三　国际文件与域外材料

（一）《联合国工商企业与人权指导原则》[③]

20. 为核实是否消除了负面影响，企业应跟踪其对策的有效性。跟踪应：

（a）基于适当的定量和定性指标；

（b）借助内部和外部反馈，包括受影响利益攸关者的反馈。

---

① Global Perspectives Project, *Doing Business With Respect for Human Rights-A Guide* (2016), www. businessrespecthumanrights. org/en/page/383/about.

② Rio Tinto, *Why Human Rights Matter* (2013), www. riotinto. com/documents/ReportsPublications/Rio_ Tinto_ human_ rights_ guide_ - _English_ version. pdf.

③ UN Guiding Principles on Business and Human Rights-Human Rights Council. Seventeenth Session, 2011, http://www. ohchr. org/Documents/Publications/GuidingPrinciplesBusinessHR_ EN. pdf，中文版见 http://www. ohchr. org/Documents/Publications/GuidingPrinciplesBusinessHR_ CH. pdf。

评论

跟踪是必须的，唯有如此，工商企业才能了解其人权政策是否得到妥善执行，其对已确认的人权影响是否作了有效应对，并努力继续改进。

工商企业应作出特别努力，跟踪对属于高危脆弱性或边缘化群体或人口的个人的影响所采取对策的有效性。

跟踪应纳入相关的内部报告程序。工商企业可能采用已在其他问题上采用的工具。这可能包括业绩合同和审查，以及调查和审计，使用按性别分类的相关数据。业务层面的申诉机制也可提供对工商企业人权尽责有效性的重要反馈（见原则 29）。

（……）

业务层面的申诉机制在工商企业尊重人权的责任方面履行两个关键职能。

- 首先，作为企业持续的人权尽责过程的一部分，它们支持确认负面人权影响。它们为此提供了一个渠道，帮助受企业活动直接影响者在据认为受到或将受到负面影响时提出其关注。通过分析申诉的趋势和模式，工商企业可确定系统性问题，并相应调整其做法。
- 其次，这些机制使申诉一旦得到确认，工商企业即可加以解决，并对负面影响及时和直接给予补救，从而防止伤害加剧和怨愤情绪不断加深。

（二）联合国人权事务高级专员办事处《尊重人权的公司责任解释性指南》[①]

问题 49. 如何跟踪对策的有效性？

如存在环境影响造成的人权问题，如与水和健康有关的人权问题，可能存在既定的和非常精确的国际和国内标准，提供现成的模型。这不一定意味那些认为自己正在受到伤害的人相信这些标准，或相信该企业（或该企业付费的第三方）提供的衡量是切实的。在此种情况中，企业应考虑是否有机会与受影响的利益攸关者达成共识，以找到所有相关者相信可提供精确评估的个人或组织。或者还可能由公司和社区代表联手进行真相调查。这往往要求受影响的利益攸关者能够自由地找到在那一程序中代表他们的专家，或者其中一个或多个受影响的利益攸关者本身受过训练，具备参加联合程序的必要

---

① UN Office of the High Commissioner of Human Rights, *The Corporate Responsibility To Respect Human Rights-An Interpretive Guide*（2011）, http://www.ohchr.org/Documents/Issues/Business/RtRInterpretativeGuide.pdf，中文版见 http://www.ohchr.org/Documents/Publications/HR_PUB_12_02_ch.pdf。

专门知识。(……)

问题51. 企业应使用哪些指标?

确定适当的指标在很大程度上取决于：企业通常须应对的人权问题的组合；对这些问题是否已有既定的指标；企业能够合理获得的数据；从受影响的利益攸关者得到直接反馈的难易程度；等等。例如，在劳工权利方面，存在相对明确的既定审计和指标。在其他领域，如健康、安全和环境影响，也存在技术标准，包括国际一级的技术标准，但对使用哪种标准，可能有不同意见。关于社区协商和社区重新安置，国际组织和其他可信的机构对如何评估业绩，也有愈来愈多的指导。(……)

某些指标是定量指标，另一些则是定性指标。鉴于定量指标提供的精确度，以及将其纳入其他业务领域使用的指标或使其与那些指标相连的容易程度，定量指标可能具有优势。但由于尊重人权有关人的尊严，尽可能广泛包括受影响利益攸关者群体视角的定性指标永远很重要。在某些情况下，定性指标对精确解释定量指标很重要：例如，有关破坏工人安全的报告减少了，就需要评估这种减少是反映了此类事件的减少，还是反映了对报告制度缺乏信心，或存在阻止报告的恫吓。(……)

问题52. 何为内部和外部反馈的适当作用?

在跟踪过程中，与相关的“内部和外部来源，包括受影响利益攸关者”接触的目的，是尽量准确了解企业应对人权影响的程度。这有助于减少由被衡量者进行衡量时出现偏见的风险。(……)

业务层面的申诉机制也可在这方面发挥重要作用。这种机制可以提供反馈渠道，以了解从受影响利益攸关者的角度来看，人权影响是否得到有效应对。为雇员提供的类似机制同样重要，涉及对其本身的劳动或其他人权的影响，并使其在看到企业未能正确应对企业外个人的人权影响时，能够挺身而出。(……)

(三) 国际金融公司《绩效标准1——环境和社会风险与影响的评估和管理》[①]

环境和社会风险与影响的评估与管理：监督和审查

22. 客户应建立一套程序，以监督和衡量管理方案的有效性以及是否符

---

① International Finance Corporation, *Performance Standard 1 – Assessment and Management of Environmental and Social Risks and Impacts* (2012), https://www.ifc.org/wps/wcm/connect/8804e6fb-bd51-4822-92cf-3dfd8221be28/PS1_English_2012.pdf?MOD=AJPERES&CVID=jiVQIfe, 中文版见 https://www.ifc.org/wps/wcm/connect/6392a480-c82e-4412-8030-3b9b9c2bb278/PS1_Chinese_2012.pdf?MOD=AJPERES&CVID=jnaeWH2。

合相关的法律法规和/或合同义务的要求。如果政府或其他第三方有责任管理具体风险和影响及相关缓解措施，客户应在建立和监督这些缓解措施上予以协作。在适当的情况下，客户应考虑请受影响社区的代表来参与监督活动。

（四）国际金融公司《国际金融公司的指导说明：环境和社会可持续性绩效标准》①

指导86.（……）在某些情况下（如项目具有潜在重大不利风险和影响），融资人进行的尽责调查可能导致对客户端监控进行额外的监测和/或验证（例如，作为与客户商定的行动计划的补充部分），包括任命合格和有经验的外部专家独立核实监测结果。这些外部监测活动的结果应酌情列入纠正或预防行动。在项目具有潜在重大不利风险和影响的情况下，应酌情考虑参与式监测（即受影响社区的参与）。在这种情况下，客户应评估参与监测的人员的能力，并酌情提供定期培训和指导。

（五）全球展望项目《在营商时尊重人权：指南手册》②

企业主要职能部门可能会参与这一过程：

• 企业社会责任/可持续性：可能在审查人权政策的执行方面发挥关键作用；

• 内部审计/保障：监督公司政策的遵守情况，包括人权承诺，并评估内部程序的有效性；

• 采购：各项具体职能可能在跟踪方面发挥作用，而监测供应链在人权方面的业绩对大多数企业都很重要；

• 法律/合规性：企业的法律义务可纳入影响评估过程；

• 人力资源：负责监控涉及企业员工的措施的有效性。

当企业想要开始或完善其人权跟踪工作时，可能有一些使用现有跟踪流程查找信息的简单方法：

• 现有申诉机制提供的信息，如举报热线或投诉箱的报告，或工会代表的反馈，这些都会包含相关信息（例如，关于工人受到骚扰或过度加班指

---

① IFC, *International Finance Corporation's Guidance Notes: Performance Standards on Environmental and Social Sustainability* (2012), https://www.ifc.org/wps/wcm/connect/efdaaa8043649142947696d3e9bda932/Guidance+Notes+to+Performance+Standards+on+Environmental+and+Social+Sustainability.pdf?MOD=AJPERES.

② Global Perspectives Project, *Doing Business With Respect for Human Rights-A Guide* (2016), www.businessrespecthumanrights.org/en/page/383/about.

控的报告）；

• 雇员调查往往包含与人权有关的宝贵信息，如歧视经历、对雇员参与度的感知或管理层的倾听能力；

• 许多公司的内部审计程序已经包含相关指标；

• 国家或区域编写的国别报告可能包含有关国家人权状况及其与企业联系的相关资料。

需要避免的常见陷阱

跟踪可以测量的内容，而不是跟踪重要的内容。

由于对健康和安全以外的人权影响的跟踪仍然相对落后，迄今为止，对企业如何做好这项工作几乎没有什么指导。因此，可能会有一种倾向，即把重点放在可以跟踪的内容上，而不是侧重于跟踪和报告重要的内容。如果没有定量数据，轶事证据和案例研究可能比跟踪与此无关的问题或过程的“硬”数据更重要——这些过程（如进行的审计或培训课程的次数）无法洞察这些方法的有效性。

过度专注审计

研究和轶事证据表明，基于政策的审计模式对持续改善人权的影响有限（见上文的讨论）。审计可以及时提供重要的掠影，但仅凭审计本身不足以解决供应商绩效的改进问题。企业可以从越来越多的参与和能力建设方法的经验中学习，并考虑到鉴于其突出的人权风险，对企业业务最有意义的是什么。

（六）经济合作与发展组织《负责任商业行为尽责管理指南》[①]

跟踪实施情况和结果

4.1　跟踪企业尽责管理活动的实施情况和有效性，即识别、预防、减轻并酌情支持补救包括其业务关系造成的影响的措施。反而言之，利用从跟踪中获得的经验教训，在今后改进这些过程。

实际行动

a. 监测和跟踪企业内部尽责管理的承诺、活动和目标的执行情况和有效性，例如对取得的成果进行定期内部或第三方审查或审计，并在企业内部的相关层面通报成果。

b. 对业务关系进行定期评估，以核实正在采取减轻风险的措施，或验证

---

① OECD, *Due Diligence Guidance for Responsible Business Conduct* (2018), http://mneguidelines.oecd.org/OECD-Due-Diligence-Guidance-for-Responsible-Business-Conduct.pdf.

措施是否在实际上防止或减轻了不利影响。

c. 对于企业可能或已经引起或促成的人权影响，企业要寻求与受影响或可能受影响的权利拥有者，包括工人、工人代表和工会进行协商和接洽。

d. 鼓励定期审查企业加入的利益攸关者和行业倡议，审查包括这些行动是否符合本指南，以及它们在帮助企业识别、预防或减轻与其业务相关的不利影响方面的价值，同时考虑到这些行动的独立性。

e. 明确在过去尽责管理过程中可能忽视的不利影响或风险，并在今后将其包括在内。

f. 将经验教训反馈纳入企业尽责管理，以改进今后的程序和结果。

问题 41. 在尽责管理中跟踪哪些信息?

跟踪首先涉及评估已识别的不利影响是否得到有效回应。除了对已识别的不利影响的应对措施采取后续行动外，企业还可以更广泛地审查其尽责管理程序或相关的多利益攸关者和行业倡议，以确保其有效。这种情况可能定期发生，也可能在跟踪活动显示重大不利影响没有得到有效解决时触发。

建立适当的定性和定量指标有助于跟踪。例如，相关指标可包括：

- 参与调查的受影响的利益攸关方感到不利影响已得到充分处理的百分比；
- 协定的行动要点按照计划时间表执行的百分比/数量；
- 受影响的利益攸关方认为申诉渠道可及、公平和有效的百分比；
- 与确定的不利影响有关的经常性问题的比例。

指标可能视具体情况而定，并根据与企业尽责管理流程相关的目标和行动而有所不同。

问题 43. 谁参与跟踪企业内部尽责管理活动的实施和成果?

跟踪执行情况和成果的责任可酌情分配给企业内各业务单位或办公室的多位员工。例如：

- 企业的采购（sourcing）办公室可主要负责跟踪供应商评估的执行情况和相应的纠正措施；
- 企业采办（buying）部门可主要负责跟踪订单延迟、更改或取消（所有可能对供应商造成劳动风险的做法）的比例；
- 业务层面的工作人员可就影响是否得到解决征求受影响的利益攸关方和权利持有者的反馈（例如，与当地社区协商，收集出席会议及论坛的人的反馈意见，留意补救程序所涉及的问题）。

高级管理人员对企业在实施和成果方面的进展进行监督，可以更全面地了解企业整体的进展情况。

例如，在本地设立系统收集信息（如供应商评估数据），随后在一个集中的部门（如总部或区域办事处）汇总，可能有助于更广泛地明确趋势，并可作为分享整体经验教训的基础。

（七）经济合作与发展组织《鞋服行业负责任供应链尽责管理指南》[①]

《经合组织准则》的期望：跟踪

《经合组织准则》要求企业说明如何消除影响（《经合组织准则》，二A10）。说明影响意味着，既需要确保采取的措施有效，又需要沟通企业采取了哪些步骤及其原因。

重要术语

核实（Verification）——确认已符合要求。“要求”可以是纠正行动计划和/或法规中确定的行动。例如，建筑检查人员可核实消防安全出口符合消防安全规定。

监测——不断跟踪与具体风险有关的实地情况以及衡量和跟踪成功指标。指标可以是直接的，也可以是间接的。监测一般比一次性评估更全面地反映实地情况。例如，工厂可以跟踪高峰时段缝纫和整理部门工人的工作小时数。

证实（Validation）——确定为防范影响而采取的行动是否确实有效。利用核实和监控数据进行证实。例如，企业可能会设法证实目前的员工培训从长远来看可以防止性骚扰。

4.1　核实、监测或证实尽责管理的进展及其在企业自身运营中的有效性

企业应在可能和合理的范围内，证实其已采取或正在采取的行动正在预防和减轻其业务中的损害。

企业应：

• 在内部证实企业在商定的时间内执行了其承诺的行动（例如，纠正行动计划）。

• 监控定性和/或定量指标，以跟踪目标实现的进展情况。

- 指标可以是直接指标（如护照被没收的移徙工人百分比、消耗的水量、工作小时数）或间接指标（如了解自身权利的移徙工人的百分比）。

---

① OECD, *Due Diligence Guidance for Responsible Supply Chains in the Garment and Footwear Sector* (2017), https://www.oecd-ilibrary.org/docserver/9789264290587-en.pdf?expires=1532695820&id=id&accname=ocid177253&checksum=818B31E05AC72D66A0A7A131BE6CDE73.

- 尽管接受培训的人数等方面的指标最容易进行监测，但同样鼓励企业监测：工人的知识水平（如人力资源经理知道如何计算工资），态度（如工人感受到申诉机制是正当的和可及的），工作场所的条件（如饮用水的供应情况）和制度的实施（如政策、供应商资格预审），以便更全面地了解是否正在预防危害。

- 鼓励企业监测可能意味着影响风险较高的危险信号（如旺季的订单变动）。

- 工人应在对照目标监测进展情况方面发挥不可或缺的作用。对于人权和劳工的影响尤其如此，但在许多情况下也与环境影响和诚信风险有关。

• 利用所有已知信息，包括来自持续监测、内部定期评估、通过申诉机制提出的问题等方面的数据，以验证企业采取的步骤是否正在预防和减轻影响。

企业可以在内部进行上述所有工作。但是，鼓励企业在以下情况下寻求外部支持，以证实是否已防范了影响：

• 如果没有合理预防，影响可能会造成严重危害（如危险化学品的处理和处置、消防安全、用电安全、建筑物完整性等）。

• 预防措施需要内部无法提供的技术专长。（……）

4.2　核实、监测或证实尽责管理的进展及其在企业供应链中的有效性

企业不仅应监测和评估自己及其供应商的进展情况，还应评估他们所采取的行动是否有效地预防或减轻危害。

审计疲劳是服装和鞋类行业面临的挑战。但同时，要让企业相信它正在防范其供应链中的危害，某种形式的证实是必须的。因此，企业应设法在评估供应商和支持持续监测之间取得平衡。企业可以坚持的一般原则是，影响越严重，企业就越需要保证其已经防范或正在防范影响。以下包括在不同情况下适用的保证方面的高级指导——核实、监测或证实。

• 核实、监测或证实的时间应与损害的严重程度和性质相符合。企业还应考虑实施纠正行动计划所需的时间。

• 如上所述（5.1），如果存在关于如何预防或减轻危害的国际或国内标准，核实是否遵守了这些标准就足以推定危害也已得到预防。

• 在可能的情况下，企业应在一段时间内监控直接或间接指标，以证实影响是否已经或正在被防范。如果损害风险影响到特定区域内的一个以上部门，则应鼓励企业进行跨部门协作，以协调所跟踪的指标。数据共享将为在该区域开展业务的人提供更全面的信息，从而使企业能够更好地确定其预防措施的目标。

• 工人或其代表应参与持续监测。这与劳工和人权影响尤其相关，但也与环境和诚信风险有关。

• 如果通过监测，企业确定影响没有得到解决，则鼓励企业首先核实是否采取了这些行动。

• 如上所述（5.1），鼓励企业聘请外部专家以核实是否采取了纠正措施，或在以下情况下确认是否已避免危害：

- 如果未能合理预防，其影响可能会造成严重危害（例如危险化学品的处理和处置、消防安全、电气安全、建筑物完整性等）。

- 预防措施需要内部无法提供的技术专长。

• 如果企业依靠在阻塞点上运营的中游供应商对上游严重危害风险进行尽责管理，则鼓励企业根据本指南，对中游供应商的尽责管理做法进行审计。鼓励企业在行业层面就审计控制点进行合作。（……）

（八）《联合国指导原则报告框架及实施指南》①

跟踪维护状况

主要问题：企业如何知道自己为解决各项突出人权问题所作的努力在实践中是否有效？

支持性问题：C5.1 在报告期内，哪些具体示例可以表明各项突出问题得到了有效管理？

目标

解释说明报告企业如何理解，如果与各项突出问题相关的人权风险降低措施有成效，企业就能持续改进履行尊重人权的责任。

支持性指南

企业履行尊重人权的责任需要花费时间和资源，且大多数企业所面临的人权挑战会随着时间而发展，随着企业的业务、经营环境和商业关系的变化而变化。本框架明确表示，履行尊重人权的责任具有持续性，企业可解释说明其随时间取得的进展。

因此，本框架的这一部分着重关注跟踪企业人权状况的流程和指标。其中尤为关注的是跟踪方法，不仅是确定企业是否采取了特定的行动，还包括评估这些行动预防和缓解潜在影响的有效性，或在实际影响发生时能否采取

① UN Guiding Principles Reporting Framework with Implementation Guidance (2015), www.ungpreporting.org/wp-content/uploads/UNGPReportingFramework_withguidance2017.pdf.

补救措施。为了证明企业在坚持寻求和评估人权状况的改善，企业如何跟踪其进展情况相关的信息尤其重要。

相关信息

企业答复的相关信息可包括：

- 企业评估其解决各项突出问题的成效所采用的特定流程（如内部评审程序、内部审计、供应商审计、员工或其他工人调查、外部利益攸关方调查、受影响的利益攸关方提供反馈的其他程序，包括利益攸关方参与过程和申诉机制、产生实际影响或收到投诉时跟踪结果的数据库）；

- 为评估企业解决各项突出问题的成效而制定其他流程的各项计划；

- 特定的定性和/或定量指标，用于评估各项突出问题的管理有效性（如报告企业或相关行业协会、多个利益攸关方计划或更广泛的报告框架提出的指标）；

- 对企业解决某突出人权问题的过程有效性进行评估时遇到的任何挑战（如由于供应链内可见性有限、确定原因和成效有困难；获取定性信息帮助解释定量数据有困难，如投诉率的降低）。

[5.1　在报告期内，哪些具体示例可以表明各项突出问题得到了有效管理?]

支持性指南

（……）而这个问题关注的是企业解决那些影响的努力所取得的成果的示例。换言之，这个问题的答复应提供在报告企业为降低人权影响可能性或严重程度的努力中，经其人权尽责调查验证已取得理想成效的那些方法。

事实上很难证明若没有企业的努力可能已经产生了某项影响。而且，未产生某种影响本身也并不能说明管理得好，这也有可能是因为运气或其他因素。而证明某种影响产生频率或严重程度的降低与企业的活动或商业关系相关，以及证明企业自身的努力与获得这种成果存在相关性则可能要容易得多。

例如，对供应商的审计可能显示使用童工或不享受福利或工会权利的合同工情况已显著降低，有合理依据相信企业的能力建设或其他工作对此事实做出了贡献。统计数据可显示员工工伤情况减少，或者由知名专家或企业与当地社群联合进行的实情调查工作可说明抽水或污染对人类健康和生活的影响降低。同样，很关键的是，这些证据显示它们与企业管理这些风险的努力存在可靠联系。

这个问题并不期望报告企业必须或者能够说明，其管理各项突出问题的努力与某项特定成果之间存在直接的因果关系。在某些情况下，因果关系可能很明显。但在其他情况下，可能永远没有办法证明此类直接关系，而且很多改进在开始时可能并不那么确定。包含此类信息的报告可以表明其中具有一定的相关性，同时在证明企业如何跟踪和深入分析结果时也有其自身的价值。

可能还有一些情况，企业管理某突出问题所依赖的方法在实际中并没有起作用或未曾显示出积极效果。换言之，尽管企业做出了努力，但由于其控制范围以外的发展因素，事情发展呈现负面趋势。例如，当某特定经营环境中民主自由受到限制或暴力冲突增加时，这也可能导致与企业自身运营相关的人权影响增加。(……)

(九) 企业人权基准《针对农业、服装业和采掘业的方法论》[①]

B. 2. 人权尽责

B. 2. 4 跟踪：监测和评估应对人权风险和影响的行动的有效性

企业跟踪和评估为应对其人权风险和影响而采取的行动的有效性，并说明如何利用这些信息持续改进流程和系统。

评分 1 - 企业描述了跟踪为应对所评估的人权风险和影响而采取的行动，以及评估这些行动是否有效或遗漏了关键问题或没有产生预期结果的系统，同时，在尽职调查过程中，跟踪其对至少一项突出人权问题采取行动的有效性。

评分 2 - 公司满足评分 1 下的两项要求。

(十) 企业人权基准《主要调查结果 (2017 年)》[②]

测量主题的结果

追踪（B. 2. 4）：仅可口可乐公司（AG）、蒙德雷兹国际食品公司（AG）、联合利华（AG）、英美资源（EX）、必和必拓（EX）和荷兰皇家壳牌（EX）获得 2 分。每个企业都明确说明了为应对其人权风险而采取的行动，也通过跟踪有效性为尽责调查程序提供了经验教训的实例。(……)

---

① Corporate Human Rights Benchmark, *Methodology*, *For the Agricultural Products*, *Apparel and Extractives Industries* (2018), www. corporatebenchmark. org/sites/default/files/CHRB% 202018% 20Methodology% 20Web% 20Version. pdf.

② Corporate Human Rights Benchmark, Key Findings 2017, www. corporatebenchmark. org/sites/default/files/styles/thumbnail/public/2017 - 03/Key% 20Findings% 20Report/CHRB% 20Key% 20Findings% 20report% 20 - % 20May% 202017. pdf.

企业人权基准于2013年启动，作为一项多利益攸关方倡议，其借鉴了来自8个组织的投资者、商业和人权以及基准方面的专门知识：荷兰汇盈资产管理公司（APG Asset Management）、英杰华投资（Aviva Investors）、企业责任资源中心（Business and Human Rights Resource Centre）、卡尔弗特研究与管理公司（Calvert Research and Management）、艾里斯基金会（The EIRIS Foundation）、人权与商业研究所（Institute for Human Rights and Business）、北欧财富管理（Nordea Wealth Management）和荷兰可持续发展投资者协会（VBDO）。

（十一）联合利华《人权进展报告（2017年）》[①]

跟踪

跟踪和监测问题的能力是衡量补救和处理申诉进展情况的关键部分。在这一领域，我们看到了不同的进展速度——针对每个突出问题进行描述。

在我们自己的业务范围内，我们通过违规记录、申诉报告和与工人代表接洽来跟踪报告的问题，并佐以定期培训和监测。

为了协助跟踪庞大的供应链，我们在2017年创建了一个整合的社会可持续发展显示板，提供了负责任采购政策每项基本原则的不符合项的数量，根据集群、类别和投资组合进行了细分。我们使用此显示板获得突出的热点问题的相关信息，从而使我们能够确定优先事项、制定指南、开展网络研讨会以及支持需求最大的区域和投资组合。显示板结果信息与所有采购部门副总裁、董事和经理共享。

我们的采购职能部门监控合规水平，并在需要干预的地方确定优先事项，与供应商合作，确保进行有效的补救。我们跟踪并核实纠正行动计划是否在约定期限内得到实施：这需要审计员确认该行动已经有效解决了相关的不符合项。对于最严重的关键事件，我们会更积极、更直接地参与，与供应商就纠正措施达成一致并采取后续行动。

（十二）苹果《供应商责任报告（2018年）》[②]

伪造工时

我们根据国际劳工组织和RBA（责任商业联盟）的相关标准制定工时

① Unilever, *Human Rights Progress Report* (2017), www. unilever. com/Images/human-rights-progress-report_ tcm244 – 513973_ en. pdf.

② Apple, *Supplier Responsibility* 2018 *Progress Report* (2018), www. apple. com/supplier-responsibility/pdf/Apple_ SR_2018_ Progress_ Report. pdf.

政策，限定每周的工作时间不得超过60小时。此外，供应商仅限在自愿的基础上安排加班，工厂必须保证员工每工作6天休息1天。

我们于2011年启动了工时计划，以便更好地对庞大的供应链进行工作时间管理。2012年，我们每周针对100多万名供应商员工的工时实施监测。此后，这项计划监测的员工范围逐年扩大，到了2017年，每周工时追踪已覆盖到130万名员工。

若发现伪造员工工时的行为，我们会将违规问题报告给相关供应商的首席执行官，并立即对供应商执行留用察看。然后，对供应商的商业道德政策和管理系统进行全面审查，以查明出现问题的根本原因并进行系统化整改。我们还要求供应商开展定期审核，确保经检查改进的政策得到落实，以防止再次违规。此外，供应商必须对所有记录进行修正，以准确反映员工的实际工作时间。2017年，我们发现了38例伪造工时数据的事件。所有事件的供应商都立即被留用察看。本年度，我们供应商的总工时达到94%的合规率。

（十三）嘉能可《可持续发展报告（2016年）》①

产品管理

我们的目标是提供具有价格竞争力的商品，在应对任何相关的健康、社会和环境风险的同时，满足客户需求并为全球社会做出贡献。

我们与包括民间社会、政府和客户在内的利益攸关方合作，促进负责任的商品采购。（……）我们仍然面临对所售产品在人类健康和环境的潜在影响方面的日趋严格的审查。

我们正在开发一个集团监测系统，以跟踪新出现的规定，并确定这些规定可能对我们不同的产品部门造成的风险或影响程度。这将有助于我们更好地理解和接触我们的利益攸关方日益增加的兴趣。

我们开发了产品管理记分卡，记分卡涵盖任何可能影响我们的业务或市场的新的监管或相关产品的开发。我们根据优先事项和潜在影响，用它来跟踪和排列新的发展，并向高级管理层传达其重要性。我们按商品部门和地区对每个问题进行分类。高度优先的问题导向了后续行动以减轻或减少风险，从而确保我们的业务和可持续发展活动顺利进行。

安全、健康、环境、社区和人权（HSEC）委员会和我们的高级管理团队将监督该系统的结果，以确保将任何新出现的监管风险纳入业务考虑。

---

① Glencore，*Sustainability Report* 2016（2017），www.glencore.com/dam/jcr：61aaaf30-3d39-4c2d-a642-0ed8f908b58b/2016-Glencore-Sustainabilty-Report.pdf.

（十四）必和必拓《可持续发展报告（2017年）》①

我们的可持续发展框架

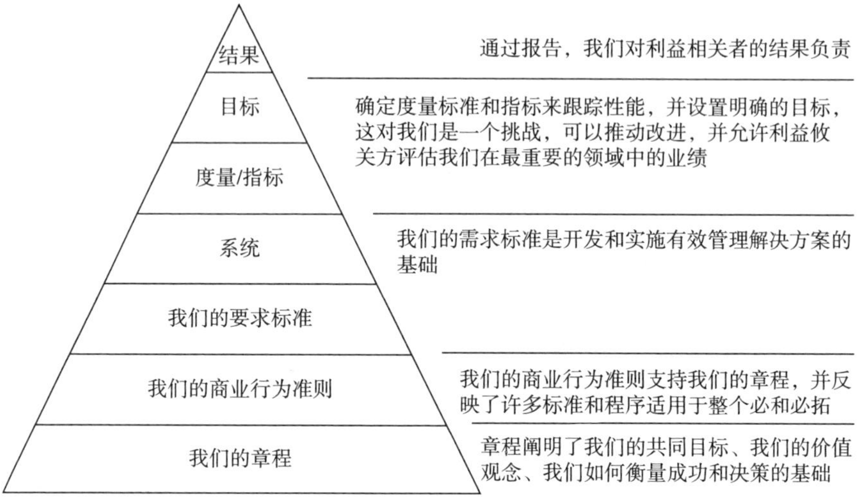
结果
目标
度量/指标
系统
我们的要求标准
我们的商业行为准则
我们的章程
通过报告，我们对利益相关者的结果负责
确定度量标准和指标来跟踪性能，并设置明确的目标，这对我们是一个挑战，可以推动改进，并允许利益攸关方评估我们在最重要的领域中的业绩
我们的需求标准是开发和实施有效管理解决方案的基础
我们的商业行为准则支持我们的章程，并反映了许多标准和程序适用于整个必和必拓
章程阐明了我们的共同目标、我们的价值观念、我们如何衡量成功和决策的基础

大坝和尾矿管理

2016财年，我们对运营的资产和非经营性合资企业（NOJV）资产中的所有重要大坝进行了风险评估，确认了大坝的稳定性。

尾矿坝需要持续的监测和维护，因此我们的重点已转向风险识别、治理和监测项目。我们已经确定了改进我们的运营资产和非经营性合资企业资产中的大坝治理和风险管理的机会。这些内容在我们的2017年度报告中有详细说明，可在bhp. com网站查阅。

必和必拓运用大坝风险评估的经验，为国际采矿和金属协会（ICMM）进行更广泛的尾矿储存评估做出了贡献。该审查的结果是，理事会发布了一份尾矿状况声明，包括我们打算采用的治理框架和基准。

在2018财年，我们的重点将是：

- 实施管理计划；
- 推进监测和早期预警技术应用以及应急准备；
- 进一步发展必和必拓的大坝和尾矿控制和标准。

① BHP, *Sustainability Report* 2017, www. bhp. com/ – /media/documents/investors/annual-reports/2017/bhpsustainabilityreport2017. pdf.

（十五）力拓矿业《为什么人权至关重要》[①]

监测和评价是将人权考虑纳入我们的社区和社会绩效（CSP）工作的必要学习过程。它们使我们能够看到工作的成功和不足，促进调整和改进。

检查清单

［√］贵公司是否有针对已识别的关键人权风险跟踪绩效的指标，包括性别指标？

［√］这些指标是否以可靠的数据为基础，是否定期更新？

［√］这些指标是否与千年发展目标相适应？

［√］您的人权监测工作是否有计划、定期进行？

［√］监测和报告的责任是否得到明确和适当的分配？

［√］贵公司的人权监测和评估进程是否尽可能让社区参与，特别是弱势群体和“高危”群体参与？

［√］贵公司的监测和评估过程是否包括向社区报告调查结果的要求？

［√］管理制度是否包括强调和回应任何新出现的人权问题的程序，包括严重的指控，无论这些指控是否有充分根据？

［√］是否根据监测结果对方案和活动进行了更改和调整？

［√］监测和评估框架是否使用贵公司投诉、争议和申诉过程中的信息？

区分“监测”与“评估”

- 监测是根据确定的指标不断衡量变化（积极或消极）。

- 评估是对管理战略和方案的有效性进行的系统评估。评估既可以侧重于进程（计划执行情况如何?），也可以侧重于结果（是否实现了预期的影响效果?）。

（十六）世界银行《参与式水监测：冲突预防与管理指南》[②]

参与式监测是一个收集和分析数据并传达结果的协作过程，目的是共同识别和解决问题。它包括监测过程所有阶段的各类人员，并纳入了对利益攸关方有意义的方法和指标。传统上，公司和机构发起并承担监测工作。而参

---

① Rio Tinto, *Why Human Rights Matter* (2013), www. riotinto. com/documents/ReportsPublications/Rio_ Tinto_ human_ rights_ guide_ - _ English_ version. pdf.

② Compliance Advisor/Ombudsman (World Bank Group), *Participatory Water Monitoring-A Guide for Preventing and Managing Conflict* (2008), http://www. cao-ombudsman. org/howwework/advisor/documents/watermoneng. pdf.

与式监测要求改变动态，使更广泛的利益攸关方承担起这些任务的责任，并从结果中学习和受益。参与式监测不仅是科学的，而且是社会的、政治的和文化的。它需要开放的环境，愿意听取不同的观点，承认不同参与者的知识和作用，并有能力对应获得鼓励的功绩予以肯定。(……)

参与式水监测采用参与式的方法来监测水。在这一过程中，它不仅产生可信的数据和信息，而且还建立信任，帮助解决或避免与感知或实际影响相关的冲突。(……)

监测可以为人们提供其了解积极和消极影响所需的信息。然而，在执行过程中往往会出现若干挑战。大多数监测工作都是自上而下的，公众接收的信息由项目发起人或公司选择的专家收集、分析和报告，并以他们可能不理解的方式呈现。在某些情况下，这些信息甚至可能无法解决社区的真正问题；相反，它可能完全迎合企业的合规需要。社区有时会在项目周期的后期才意识到对结果的监测，以至于他们可能在收到结果之前就对公司失去了信任。

一般来说，人们希望参与对他们而言至关重要的决策。因此，社会对参与式办法的需求往往很高。在许多情况下，企业花费大量资金用于监测项目，其可能具有高度技术可信度，然而这些项目没有相应的机制来建立公众对结果数据的信任。在这些情况下，监测的主要目的之一就无法达到了。

如果在项目周期的初期实施，参与式监测可以通过让社区成员参与确定问题和制定监测方案来应对这些挑战。此外，参与式监测以及设计和实施进程所需的内在协作可以通过建立关系、信任和理解来增强社会资本（……）。

水监测还需要相当多的技术能力和当地知识。水资源影响评估是一个多学科交叉领域，包括基础科学（化学、物理和生物学）、工程、管理和法律。此外，在全面了解当地水的情况时，对当地使用水资源者的日常观察（包括该地区的水文和用水方式）可能与专家的观察同样重要。评估对水的影响的技术性质为参与式方法带来了挑战和机遇，在某些情况下还对参与式方法造成了限制。

（十七）国际采矿和金属协会《集水区水资源管理实用指南》①

案例研究：加拿大阿萨巴斯卡盆地的参与式水质监测

阿萨巴斯卡工作组（The Athabasca Working Group）是为在加拿大萨斯

① ICMM, *Practical Guide to Catchment-based Water Management* (2015), https://www.icmm.com/website/publications/pdfs/water/practical-guide-catchment-based-water-management_en.

喀彻温省北部开展业务的铀矿开采公司和当地社区执行影响管理协议而组建的合作伙伴。工作组在解决采矿对当地包括水质在内的潜在环境影响方面发挥着关键作用，并确保铀矿业与当地居民保持积极的工作关系。工作组由铀矿厂址半径200公里内的7个社区和两家铀矿公司（即阿海瓦公司和卡梅科公司）的代表组成，由采矿公司提供资金。

工作组制定了一个以社区为基础的环境监测方案，评估对当地居民而言重要的参数，重点关注当地水质，并将其与参考地点和水质指南进行比较。该方案最重要的内容之一是，当地居民每年都要参加样本采集，而且不受政府和行业环境监测的影响。该方案使社区成员能够在他们最关心的地点收集自己的环境样本，鼓励接收数据和促进环境保护，从而确保水质标准得到保持。

工作组社区代表每季度举行一次会议，与这些企业的人员会晤，审查报告，讨论当前社区关切的问题，并向社区通报该地区勘探和采矿活动及项目的最新情况。

（十八）Shift和人权与商业研究所《石油和天然气部门落实联合国指导原则指南》①

建立系统的跟踪方法

平衡定量和定性指标

良好的量化指标有助于简明地反映一家企业在管理人权风险方面的能力。它们可能对石油和天然气企业特别有帮助，因为在这些公司，许多员工具有科学/工程背景，并且可能喜欢数据。正如石油和天然气企业报告涉及现场员工和承包商的安全事件，并跟踪最近一次事件间隔的天数一样，他们也可能对影响当地社区的事件采取同样的措施。然而，在帮助石油和天然气企业解释人权绩效的定量数据方面，定性指标往往是必不可少的。例如，通过公司申诉机制提出的投诉数量相对较少，可能反映出事件有所减少，又或是人们对该机制缺乏信任。来自该机制潜在用户的反馈对于了解哪种解释是正确的至关重要。

平衡以结果为中心和以过程为中心的指标

许多指标着眼于已经发生的事件或影响。这些当然与跟踪业绩有关。然

---

① Shift and the Institute for Human Rights and Business, *Oil and Gas Sector Guide on Implementing the UN Guiding Principles on Business and Human Rights* (2012), www. ihrb. org/pdf/eu-sector-guidance/EC-Guides/O&G/EC-Guide_ O&G. pdf.

而，过程指标在解释数据方面也很重要。例如，在对照利益攸关方协商进程的指标进行审查时，可以更好地理解表明社区对移民安置计划形成一致意见的指标。社区的“协议”将得到不同的理解——一方面，过程允许工作人员与声称为社区说话的领导人签署协议；另一方面，过程要求与社区及其领导人进行公开、知情和包容的讨论。

设计跟踪系统以鼓励全公司参与

跟踪系统可以成为鼓励其他部门积极参与应对影响的工具。例如：

- 跟踪系统可提供数据，显示采购增加的需求和供应商违规的情况之间的因果关系，或施工人员的某些活动与社区投诉之间的因果关系。这些证据有助于让有关部门参与解决问题并避免问题再次发生。

- 跟踪系统可能要求某个部门负责调查影响，为回应或更新创建自动截止期限，并在错过最后期限的情况下将问题提交给高级管理层。这有助于促进有关各方的积极参与。

以这种方式进行系统化跟踪可以强调人权问题对整个公司的重要性。它可以鼓励员工进行预防性思考，而不仅仅是在出现问题时作出反应。

示例：授权社区评估企业绩效

一家采掘企业正在使用“社区记分卡”，这种方式能够实现更有效地倾听并与受影响社区互动。在定期的社区论坛上，该企业提供其活动的最新情况，并与社区进行问答。随后，该企业根据可验证数据，在社区认为应该优先考虑的五个领域提供业绩指标：环境绩效、当地雇佣、安全、透明度和为社区留下有益的遗产。

在会议期间，社区对企业在五个优先领域方面的业绩进行评分：“超出预期”、“达到预期”、“低于预期”或“需要更多信息”。记分卡使用无线远程按钮技术，允许公司实时获取反馈并呈现给与会者。然后，他们讨论看到的反馈，社区就企业如何改进提出想法，汇总结果并公开分享，每六个月在当地报纸上公布一次。

该企业召开足够多的讨论会，以确保样本量能够反映更广泛的社区想法和意见。社区反馈显示，成员们认为投票制度给了他们“话语权”，特别是那些通常在公共场合对公共问题保持沉默的人。该企业认为，这些努力有助于其成为社区所选的项目开发商，并为其发展增加价值。

四　中国相关文件与材料

（一）《中国落实2030年可持续发展议程进展报告（2019）》[①]（中华人民共和国外交部，2019年9月）

概述

（……）

中国高度重视落实2030年可持续发展议程，率先发布落实2030年议程的国别方案及进展报告，将落实工作同《国民经济和社会发展第十三个五年规划》等中长期发展战略有机结合，统筹推进“五位一体”总体布局，秉持创新、协调、绿色、开放、共享发展理念，着力推进高质量发展，加快推进2030年议程国内落实，在多个可持续发展目标上实现“早期收获”。

（……）为及时梳理和评估2030年议程落实工作，并为各国落实提供有益借鉴，在2017年发布第一份《中国落实2030年可持续发展议程进展报告》基础上，特编纂发布《中国落实2030年可持续发展议程进展报告（2019）》，全面回顾2015年9月特别是自第一份报告发布以来，中国全面落实2030年议程取得的进展，对下步工作提出规划和目标，并分享中国落实2030年议程经典案例，希望为加速全球落实进程提供有益借鉴。

（……）目标2　消除饥饿，实现粮食安全改善营养状况和促进可持续农业

（……）发展生态友好型农业，农业绿色发展持续推进。编制《全国农业可持续发展规划（2015—2030年）》，印发《关于创新体制机制推进农业绿色发展的意见》，确定第一批40个国家农业绿色发展先行区；开展“到2020年化肥农药使用量零增长行动”，创建300个化肥减量增效示范区，2017年，全国农用化肥使用量和农药使用量为5859.4万吨和174.1万吨，同比分别减少124.7万吨和1.31万吨。制定完善灾害应急预案，推广防灾减灾避灾技术，加强灾害监测预报预警与风险防范能力，预防减轻灾害对农业生产影响。

（……）目标3　确保健康的生活方式，促进各年龄段人群的福祉

（……）控制健康社会影响因素，建设健康的生产生活环境。健全道路交通安全责任体系，加强大气、土壤污染防治，推进控烟履约。2018年，全年一次死亡10人以上的重特大道路交通事故降至5起，再创历史新低。2018年，全国城乡饮用水水质监测覆盖所有县市区和95%的乡镇，空气污染对人群健康影响监测覆盖所有省份72个城市152个监测点。20余城市制定了地方性无烟环境法规、规章，北京、上海、深圳、西安等已实

---

① 外交部网站之“2030年可持续发展议程”专题，http://infogate.fmprc.gov.cn/web/ziliao_674904/zt_674979/dnzt_674981/qtzt/2030kcxfzyc_686343/。

施室内公共场所全面禁烟。

(……)

目标5　实现性别平等，增强所有妇女和女童的权能

(……)

保障妇女平等经济权力，促进妇女就业创业。2019年《中共中央国务院关于坚持农业农村优先发展做好“三农”工作的若干意见》首次明确在农村产权制度改革中，明确保护外嫁女性的合法权利。2018年新修改的《农村土地承包法》规定农户内家庭成员依法平等享有承包土地各项权益。2019年2月发布《关于进一步规范招聘行为促进妇女就业的通知》，就依法禁止招聘环节中的就业性别歧视、支持妇女就业等作出具体规定。积极开展女性专项就业活动。鼓励企业开展面向女性培训计划，帮助她们提升网店开设、电商运营能力，拓宽就业渠道。截至2018年底，全国累计发放妇女创业担保贷款3838亿元，帮助657万妇女创业，累计培训贫困妇女和妇女骨干830万人次，帮助超过415万贫困妇女增收。

(……)提升政策执行能力，多措并举维护妇儿权益。严格执行《反家庭暴力法》，加强家庭暴力预防和处置工作，细化处置规范和流程，2018年家暴投诉数量同比下降10.8%。提高各级政府反拐责任意识，将预防拐卖宣传教育纳入社会管理综合治理的考核指标，积极开展反拐宣传培训，严厉打击拐卖犯罪，及时解救被拐妇女儿童，加强个案受害人救助安置。提高妇女维权意识和能力，加强妇女儿童法律援助工作，2018年，共为36.1万女性、13.6万余名未成年人提供法律援助。

(……)

目标7　确保人人获得负担得起的、可靠和可持续的现代能源

(……)节约优先发展战略，积极提高能效。积极实施能源消耗总量和强度“双控”行动，将全国能耗总量控制和节能目标分解到各地区、主要行业和重点用能单位，对各级政府和重点用能单位开展能耗“双控”目标责任评价考核。2018年，我国单位GDP能耗比2015年下降11.35%，节约能源约5.4亿吨标准煤，相当于少排放二氧化碳约11.7亿吨。实行工业能效赶超行动、建筑能效提升行动、交通节能推进行动、公共机构节能率先行动等十大节能行动，推动重点用能单位能耗在线监测系统建设。积极推行合同能源管理，发展节能服务产业。加强节能技术研发和推广，发布《国家重点节能低碳技术推广目录》（节能部分），涉及13个行业260项重点节能技术，推进节能技术集成应用。

(……)目标8　促进持久、包容和可持续的经济增长、促进充分的生产性就业和人人获得体面工作

(……)实施就业优先政策，重点群体就业平稳推进。实行“劳动者自主就业、市场调节就业、政府促进就业和鼓励创业”的就业方针，把稳就业放在更加突出位置，2018年全国城镇新增就业人数达到1361万，城镇登记失业率为3.8%，均为历年最低；年末城镇调查失业率为4.9%。全面促进职业学校毕业生就业，2018年，全国中等职业学校毕业生平均就业率达到96.9%，高等职业院校毕业生半年后就业率保持在90%

以上。加强残疾人就业保障、扶持、培训力度，2015年至2018年，城乡残疾人新增就业130万人，城乡残疾人新增培训212万人次。加强农民工继续教育，提升农民工技能和素质，建设职业技能实训基地，提升产业工人职业技能。加强对罪犯劳动职业技能培训和刑满释放后回归社会就业的指导，为未成年罪犯提供习艺性矫正和职业技能培训。2018年全国实现城镇失业人员再就业551万人，就业困难人员就业181万人。

强化政策实施和执法工作，确实保障劳动者合法权益。全面实施劳动合同制度，加强法律政策宣传培训，提高企业管理者和劳动者法律意识。稳妥推进集体合同制度，截至2018年底，全国经人力资源与社会保障部门审查累计有效的集体合同175万份，覆盖1.55亿职工。实行最低工资制度，促进劳动者共享经济发展成果。加强日常巡视检查、专项检查、书面审查和投诉举报受理工作，依法打击侵害劳动者权益违法行为。

（……）目标9　建设具备抵御灾害能力的基础设施，促进具有包容性的可持续工业化，推动创新

（……）加快工业转型升级，包容性与可持续性不断增强。积极促进制造业智能化、高端化、绿色化、服务化改造，严格控制高耗能产业扩张，推动信息技术、高端装备、新能源等低碳产业发展，依法依规淘汰落后产能、化解过剩产能。2018年，高技术制造业和装备制造业增加值占规模以上工业增加值比重分别为13.9%和32.9%。2018年，规模以上工业单位增加值能耗比2015年下降13.18%，实现节能约4亿吨标准煤，减排二氧化碳10亿吨。优化中小企业融资环境，实施中小微企业定向降准政策，推进中小微企业信用体系建设。截至2019年6月末，全国小微企业贷款户数达2，160.86万户，贷款余额35.63万亿元，其中普惠型小微企业贷款余额10.7万亿元。截至2018年底，累计为261万户中小微企业建立信用档案，累计已有54.4万户中小微企业获得银行贷款，贷款余额达到11万亿元。

（……）目标10　减少国家内部和国家之间的不平等

（……）完善制度保障，促进社会公平。加强法治建设，确保机会均等。制定《居住证暂行条例》，修订《中华人民共和国中小企业促进法》，审议通过《中华人民共和国外商投资法》，清理相关政策法规，确保民间资本有效进入金融、能源、铁路、电信等领域，营造稳定、透明、可预期和公平竞争的市场环境。扎实推进新型城镇化，近1400万农业转移人口在城镇落户，有效获得城市公共产品服务。建立企业职工基本养老保险基金中央调剂制度，提高退休人员和城乡居民基本养老金，落实为贫困人口代缴社保费等政策，促进贫困人口参保，聚焦农民工、灵活就业人员、新业态从业人员等重点群体。推进残疾人“两项补贴”惠及所有符合条件人员，促进残疾人平等、充分参与社会生活。

（……）目标12　采用可持续的消费和生产模式

（……）强化政策落实，低碳产业结构逐步形成。实施《“十三五”节能环保产业发展规划》《“十三五”全民节能行动计划》和能源生产和消费革命战略，全面推进节

能减排和提高能效。落实制造强国建设，提升绿色制造标准化，支持一批重点项目，打造绿色工厂和绿色园区，加强先进节能技术装备推广应用。加强科技创新对农业绿色发展的技术支撑，实施化肥和农药减施增效综合技术研发，加快技术示范和成果应用推广，显著降低农业生产中农药化肥投入。严格控制高能耗产业扩张，推动新能源等低碳产业发展，淘汰落后产能。2015 年至 2018 年，规模以上工业企业新能源汽车产量从 32.8 万辆增至 115 万辆，风电装机容量达到 22GW，万元 GDP 二氧化碳排放下降 14.6%。

（……）多措并举，推进资源全面节约和循环利用。印发《循环发展引领行动》，通过强化制度供给、激发循环发展新动能、实施重大专项行动全面推进循环经济发展。印发《关于推进资源循环利用基地建设的指导意见》《工业固体废弃物资源综合利用评价管理暂行办法》，推动尾矿、冶金渣、废钢铁、废有色金属、废旧轮胎、建筑垃圾、餐厨废弃物等工业废弃物和城市废弃物的集中规范化处理和资源化利用。提升固体废物防范处置能力，危险废物持证单位核准利用处置能力达 8，178.1 万吨/年，城市生活垃圾无害化处理能达 76.6 万吨/天。开展森林可持续经营试点，探索建立形式多样的森林经营管理模式，全面提高森林资源质量。实施《国家节水行动方案》，遴选发布一批先进适用工业节水技术工艺装备，加强节水技术改造，推进宣传教育，全面提升水资源利用效率。贯彻落实《海域使用管理法》，在海域使用申请审批过程中，把集约利用海域资源、最大程度减少对海洋生态影响和强化自然岸线保护作为主要考虑事项。2016 年 7 月起，全面推行资源税改革，2018 年 1 月开征环境保护税，绿色税制体系进一步完善。

政府先行，推动形成可持续消费模式。制定《关于促进绿色消费的指导意见》，引导绿色消费。完善绿色采购政策，优化政策执行机制，扩大政府采购节能环保产品范围，要求家具、印刷等货物服务采购使用低挥发性原辅材料。截至 2018 年，节能环保产品政府采购规模占同类产品政府采购规模 90% 以上。实施节能产品认证、能效标识、能效“领跑者”、高效节能家电产品销售统计调查等制度，修订《能源效率标识管理办法》，能效标识覆盖 37 类 160 万余个产品型号，制修订节能标准，开展节能标准示范创建活动。同时，加大对大众的教育宣传，举办六五环境日宣传活动，启动为期三年“美丽中国，我是行动者”主题实践，组织编制《公民生态环境行为规范（试行）》，引导公众自觉参与和践行生态保护，引导公众和社会各界形成绿色消费习惯。

（二）《中国纺织服装企业社会责任报告验证准则（CSR-VRAI）》[①]（中国纺织工业联合会，2009 年）

（……）

Ⅲ　验证原则

（……）

① 中国纺织工业联合会：《中国纺织服装企业社会责任报告验证准则（CSR-VRAI）》，见中瑞企业社会责任合作网，http://images.mofcom.gov.cn/csr/accessory/201008/1281060972563.pdf。

4　响应性原则

4.1　报告应体现报告组织对社会责任问题的实质回应，并应说明各利益相关方的参与方式以及报告组织对各利益相关方利益与期望的反馈。

4.2　响应性的要求

4.2.1　响应性关注报告组织对社会责任绩效的报告方式，即报告应能展示报告组织对社会责任问题做出实质回应的方式及制度措施；

报告应能充分说明报告组织用以响应不同社会责任问题的资源配置、目标设定、实施方案及进程控制方法；

报告还应表明报告组织在组织、管理、资源以及报告制度上对不同社会责任问题的优先性安排。

4.2.2　报告应识别报告组织的主要利益相关方，明确报告组织与利益相关方交流，便利利益相关方参与，获取其利益与期望的渠道与方式，以及具体开展的活动和效果；

报告应说明报告组织均衡不同利益相关方之间的利益与期望的原则与方法，尤其是处理不同利益相关方之间相互冲突的各种利益与期望的原则与管理方法；

报告还应评价各利益相关方的参与和期望对报告组织的战略、管理以及报告内容的影响，并提出对于各利益相关方的建议。

4.2.3　报告应充分说明报告组织在管理体系的组织、运作与评价方面的调整，以反映报告组织主动响应的能力和组织保障。

4.2.4　报告对社会责任问题的实质回应以及对利益相关方利益与期望的反馈应符合时效性要求，以保证报告信息的当期价值。

4.3　响应性可印证和支持全面性、客观性及适宜性原则，同时也应符合客观性原则和适宜性原则的要求，响应性并可指导发展性原则。

4.4　在 CSR-GATEs 体系内，社会责任管理体系（3），尤其是利益相关方参与（3.4）是响应性原则的制度框架和基本指标体系。

4.5　CSR-GATEs 相关要求：

社会责任绩效的持续改进有赖于企业管理制度的健全、完善与提升，因此，本纲要也首先提出了企业在社会责任管理体系方面的一系列报告指标。

报告企业也可以在本纲要的指标之外识别其他重要且自愿公开的指标，以及其他利益相关方要求公开的信息。

5　发展性原则

5.1　报告应体现报告组织在社会责任绩效各方面，尤其是关键绩效的变化，并在报告组织内外部发展环境的变化中评价绩效变化的现期与长期影响。

5.2　发展性的要求

5.2.1　报告应体现确定的主题和指标在确定的期间内的变化，尤其应突出确定的关键绩效的变化；

报告在指标绩效的表述方法上可以体现趋势性，但应基于绩效变化的精确性和可比较性。

5.2.2　报告应说明报告组织内外部环境中对社会责任绩效具有影响的各种变化；

报告应在内外部环境的变化中评价报告组织在社会责任绩效方面的变化，说明社会责任绩效变化在当前和长期的影响；

如果社会责任绩效的变化涉及多种因素互动的过程，发展性原则要求报告充分说明参与过程的所有因素及各个环节的作用。

5.2.3　在存在前期报告的情况下，当期报告应表明相对前期报告在确定的主题和指标方面的发展与变化；

如果报告在确定的主题和指标方面发生显著局限或减少的情况，报告应提供合理、可信的解释。

5.3　发展性原则支持全面性原则，强化客观性原则和适宜性原则，同时，发展性原则应服从响应性原则的要求。

5.4　在 CSR-GATEs 体系内，发展环境与社会责任绩效（5）是发展性原则的基本框架。

5.5　CSR-GATEs 相关要求：

指标依其稳定性分为两类：基准指标（B）和发展指标（D）。基准指标指在一个报告期内一般不会发生重大或关键变化，同时又构成利益相关方衡量发展指标的变化的基础数据或指标。发展指标是因报告期而异的变量指标，它们构成报告的主体内容，表明报告企业在社会责任方面的发展或变化。

无论报告的内容架构及形式编排如何，报告企业的首次报告应当涵盖所有基准指标，后续的定期或不定期报告则可以在保证报告内容和逻辑完整性的前提下忽略部分基准指标，除非这些基准指标在该次报告期间发生了重大或关键变化。报告企业所有的报告，包括首次报告和后续的定期或不定期报告都应当涵盖尽量多的发展指标，并尽量提供所涵盖的发展指标的所有内容和所有变化。

报告企业可以从发展指标中识别出一部分所有报告都将固定涵盖的关键指标，也可以在报告所覆盖的发展指标方面制定规划，逐步扩大报告所涉指标的数量，增强报告的全面性。当然，关键指标的确定及指标增加都必须在相应报告中予以明确，且不应因此忽略任何其他指标。

（三）《电子信息行业社会责任管理体系》① （中国电子工业标准化技术协会，2018 年 9 月 1 日）

（……）

6　策划

6.1　总则

组织应综合考虑内外部发展环境相关因素以及相关方对组织的需求和期望，对照

① 团体标准（T/CESA 16001－2018），中国电子工业标准化技术协会发布。

SJ/T 16000－2016 和 GB/T 36000－2015 标准的相关议题，识别对组织具有实质性的社会责任议题，基于相关风险与机遇分析，设定组织社会责任目标并明确实现目标的措施，以：

a）确保社会责任管理体系能够实现其预期结果；

b）满足合规性要求；

c）增强对组织及利益攸关方的有利影响；

d）避免或减少对组织及利益攸关方的不利影响；

e）实现社会责任管理持续改进。

6.2　实质性议题的策划

6.2.1　社会责任议题筛选

组织应用可持续发展背景、完整性和利益攸关方参与等原则，对照 SJ/T 16000－2016 中十大主题及相关议题，全面分析组织所有活动、产品/服务所产生的经济、环境和社会影响，及上述活动对利益攸关方的评价与决策的影响，以初步筛选出与组织活动相关的全部社会责任议题。

所筛选的社会责任议题应：

a）完整覆盖组织活动、产品/服务所产生的影响；

b）完整回应利益攸关方所提出的需求与期望。

6.2.2　实质性议题排序

组织需对筛选出的社会责任议题进行实质性的判断及排序，对每一项社会责任议题，从以下两个维度进行实质性高低的判断：

a）该议题对组织自身未来发展的影响及重要程度；

b）该议题对利益攸关方的影响及重要程度。

根据全部议题的分析结果，构建议题实质性分析矩阵，综合考虑每个议题在两个维度上的影响及重要程度高低，对全部议题的实质性做出排序，具有高度实质性的议题即为组织的社会责任核心议题，形成组织社会责任核心议题清单。

6.2.3　实质性议题确认

将上述核心议题清单征求关键利益攸关方意见后，经由组织相关高级管理者批准确定为实质性议题清单。

6.2.4　实质性议题评审

实质性议题清单需要定期或在组织活动、产品/服务发生重大变更时进行审议和确认，为下一周期的工作提供输入。

清单的审议和确认应由组织和议题对应的利益攸关方对照 SJ/T 16000－2016 共同进行。

6.3　风险和机遇的识别与应对

对于社会责任实质性议题的管理，组织应基于风险的尽责管理方法，分析确定可能导致其过程与社会责任管理体系预期结果相偏离的各种因素，采取预防控制，最大限度地降低不利影响，并最大限度地利用出现的机遇。

组织应策划应对这些风险和机遇的措施，在社会责任管理过程中整合并实施这些措施，并评价这些措施的有效性。

应对风险和机遇的措施应与其对于产品/服务的潜在影响相适应。

6.4 社会责任目标及措施策划

6.4.1 社会责任目标

组织应在相关职能、层次和社会责任管理体系所需的过程建立社会责任目标。

社会责任目标应与社会责任方针、组织战略以及运营（产品/服务和价值链活动）目标相协调，并与增强利益攸关方的满意度相关。

组织可在战略和运行层面制定社会责任目标，重点考虑在关键利益攸关方需求、风险控制、效率提升和业务创新等方面制定社会责任目标，对照客户要求制定客户满意目标，对照合规义务制定风险控制目标，对标业界优秀实践制定效率提升目标，在成本效益分析的基础上制定业务创新的目标，支持组织战略实施。

社会责任目标还应可测量，并应对其予以监控、沟通和适时更新。

6.4.2 策划实现目标的措施

策划如何实现社会责任目标时，组织应确定做什么、所需资源、由谁负责、何时完成以及如何评价结果。

组织应考虑如何能将实现社会责任目标的措施融入其业务过程。

组织应识别和分析社会责任风险和机遇发生的根本原因，有针对性地制订纠正和预防措施。

组织在策划这些措施时，应综合考虑技术可行性、成本、收益、运行和业务要求，在经济可行、成本效益合理的前提下，采用最佳可行技术和管理方案。

组织应开展对标学习，优先选择行业最佳实践和商业案例。

组织应保持社会责任目标和措施的文件化信息，并在组织内部沟通。

(……)

9 绩效评价

9.1 监测、测量、分析和评价

9.1.1 总则

组织应监测、测量、分析和评价其社会责任绩效。

为此，组织应确定：需要监测和测量的对象；适用时，所需要的监测、测量、分析和评价方法，以确保有效的结果；组织评价其社会责任绩效的准则及适当的指标；实施监测和测量的时间；分析和评价监测和测量结果的时机。

组织应评价其社会责任绩效以及社会责任管理体系的有效性。

按照确定的交流过程和合规性要求，组织应在内外部交流和沟通与社会责任绩效相关的信息。

9.1.2 合规性评价

组织应建立、实施和保持用于评价合规性要求的符合性的过程。

为此，组织应确定合规评价的频率，评估符合性并在必要时采取措施，并保持合规性要求符合状态的信息。

9.2　内部审核

组织应按照策划的时间间隔或者根据体系运行的需要不定期进行内部审核，以提供有关社会责任管理体系是否符合组织对社会责任管理体系的要求和本标准的要求，以及是否得到有效的实施和保持的信息。

组织应建立、实施和保持内部审核方案，包括内部审核的频次、方法、职责、策划的要求和报告。

在建立内部审核方案时，组织应考虑相关过程的社会责任意义、影响组织的变化以及以往审核的结果。

组织应：定义审核准则和每次审核的范围；选择审核组并开展审核，确保审核过程的客观性和公正性；确保审核结果报告给相关管理者。

组织应保留文件化信息以证明审核方案的实施和审核结果。

9.3　管理评审

高层管理者应按照策划的时间间隔或者根据体系运行的需要不定期评估社会责任管理体系，以确保其持续的适宜性、充分性和有效性。

管理评审的输入应考虑：以往管理评审措施的状态；与社会责任管理体系有关的外部和内部事宜（例如：相关方的需求和期望、合规性要求、重要社会责任议题、风险与机遇）的变化；社会责任目标实现的程度；组织社会责任绩效信息及趋势；资源的充分性；相关方沟通和参与的内容；持续改进的机会。

管理评审的输出应包括：社会责任管理体系持续适宜、充分、有效的结论；有关持续改进机会的决定；社会责任管理体系任何变化的需求；当社会责任目标没有达成时所需的行动；必要时，改进社会责任管理体系与其他业务过程整合的机会；任何对组织战略方向的启示。

（四）《中国移动通信集团有限公司2018可持续发展报告》①

中国移动
与 SDGs

我们的可持续发展思路

在5G技术加速推进万物互联时代到来的发展背景下，吸引与保留核心骨干人才、加速员工技能转型对通信企业提升可持续发展能力至关重要。中国移动立足转型发展的关键需求，着力加大创新激励与培训资源投入，推进创新型人才培养，并致力于为员工提供更完善的职业发展通道、更优质的创新创业机会、更完善的福利保障与更安心的工作环境，与员工共享可持续发展价值。

我们做到了（2018）

- 健全激励机制、创新培训方式，加强创新人才培养，年培训人次达182.1万
- 畅通员工申诉机制，加强员工权益保护，公司总部、各省公司及专业公司100%与员工签订平等协商集体合同，公司总部产假后返工女性员工比例达100%
- 开展员工帮助计划（EAP）、“五小”工程、“幸福1+1”等活动，促进员工身心健康发展，覆盖超过32万名员工

我们将努力（2019）

- 推进“新动能能力提升计划”，推动转型期人才的核心能力重塑，逐步实现技术人才能力提升全覆盖
- 进一步创新激励机制，丰富激励手段，分类分层开展员工激励机制建设
- 全面回应员工多元利益诉求，不断提升维权服务质量和水平，努力构建和谐劳动关系

关键绩效

指标名称	2016	2017	2018
员工总数（人）	463712	467532	462046
人力资源构成			
技术人员比例（%）	—	23.34	25.18
市场人员比例（%）	—	56.56	55.17
经理人员比例（%）	—	7.25	7.29
综合人员比例（%）	—	10.09	10.50
其他人员比例（%）	—	2.76	1.86

① 中国移动通信集团有限公司网站，http://www.10086.cn/download/csrreport/cmcc_2018_csr_report_full_cn.pdf。

指标名称	2016	2017	2018
多元化			
30岁以下员工比例（%）	35.15	29.61	24.24
30-50岁员工比例（%）	61.25	65.97	71.03
50岁以上员工比例（%）	3.60	4.42	4.73
全体员工中女性比例（%）	55.54	54.99	54.45
高级管理层中女性比例（%）	18.00	13.18	12.68
少数民族员工比例（%）	7.16	7.08	7.05
香港公司员工本地化比例（%）	91.9	89.4	89.5
香港公司管理人员本地化比例（%）	70.7	75.0	71.2

指标名称	2016	2017	2018
员工流动			
年度新入职员工总数（人）	16842	27224	27743
新入职女性员工总数（人）	9040	14232	14347
新入职男性员工总数（人）	7802	12992	13396
年度主动离职员工数（人）	10404	14982	18363
主动离职女性员工总数（人）	5950	8326	9433
主动离职男性员工总数（人）	35.15	29.61	8930
年度解雇员工数（人）	636	939	1329
解雇的女性员工总数（人）	347	598	896
解雇的男性员工总数（人）	289	341	433
30岁以下员工中离职或解雇员工占比（%）	1.94	2.23	2.08
30-50岁员工中离职或解雇员工占比（%）	0.95	1.59	2.19
50岁以上离职或解雇员工比例（%）	0.02	0.21	0.04
年内女性员工流失比率（%）	—	—	2.04
年内男性员工流失比率（%）	—	—	1.93

指标名称	2016	2017	2018
员工培训			
人均培训费用（元）	1646	1717	1892
培训总人数（万人次）	154.9	183.9	182.1
高层管理人员接受培训的人数（人次）	867	986	1047
中层管理人员接受培训的人数（人次）	15546	28669	18744
普通员工接受培训的人数（万人次）	153.2	181.0	180.1
员工平均培训时间（小时）	64.4	88.5	100.8
高层管理人员平均参加培训时间（小时）	99.8	106.9	106.0
中层管理人员平均参加培训时间（小时）	79.8	88.1	109.5
普通员工平均参加培训时间（小时）	64.2	88.6	100.7
网上大学用户总数（万人）	39.5	40.5	41.6
网上大学用户人均学习时长（小时）	38.2	50.0	53.6
网上大学手机学习人数（万人）	27.8	29.1	34.5

指标名称	2016	2017	2018
尊重与保护人权			
带动就业数量（万人）	268	260	288
合同制员工加入工会比例（%）	100	100	100
劳务派遣人员加入工会比例（%）	98	98	98

指标名称	2016	2017	2018
健康与安全管理			
开展安全应急演练活动数量（次）	1214	1250	1225
安全应急演练活动员工参与率（%）	86	86	86
千人事故死亡率（%）	0.0065	0.004	0.004
因安全生产事故而死亡的人数（人）	—	—	2

五　延伸阅读

● Damiano de Felice, "Business and Human Rights Indicators to Measure the Corporate Responsibility to Respect: Challenges and Opportunities", *Human Rights Quarterly* 37: 2 (2015), https://muse.jhu.edu/article/581683/pdf.

● K. McPhail, J. Ferguson, "The past, the present and the future of accounting for human rights", *Accounting, Auditing & Accountability Journal* 29: 4 (2016), www.emeraldinsight.com/doi/full/10.1108/AAAJ-03-2016-2441.

● Philipp Pattberg, Oscar Widerberg, Transnational multi-stakeholder partnerships for sustainable development: Building blocks for success (August 2014), www. researchgate. net/publication/264833767_ Transnational_ multi-stakeholder_ partnerships_ for_ sustainable_ development_ Building_ blocks_ for_ success.

- Total, *Human Rights Briefing Paper Update* (2018), www. sustainable-performance. total. com/sites/shared/sustainable/files/atoms/files/total _ – _ human_ rights_ briefing_ paper_ update_ april_ 2018. pdf.

- UNGP reporting framework: Assurance of human rights performance and reporting (2016), www. ungpreporting. org/wp – content/uploads/UNGPRF_ AssuranceGuidance. pdf.

- 李茜、熊杰、黄晗:《企业社会责任缺失对财务绩效的影响研究》,《管理学报》2018 年第 2 期。

- 唐颖侠、史虹生:《人权指数研究: 人权量化监督的现状与实践意义》,《人权》2014 年第 6 期。

- 许尧:《全球视野下人权行动计划的评估及其结果利用》,《人权》2019 年第 2 期。

六　案例

（一） 紫金矿业集团股份有限公司关于企业责任的监测与追踪

紫金矿业集团股份有限公司自上市以来，每年发布《社会责任报告》和《年度环境报告》，对公司的基本信息、绿色发展理念、环保措施、可持续发展、能源管理、环境管理和环保守法等信息的监测和评估情况进行披露，并于 2016 年起开始发布《环境、社会及管治报告》，进一步推动了监测指标的广度和深度发展。目前，紫金矿业集团已建立较为完善的社会责任管理体系、供应链管理体系、利益攸关方参与体系、环保与生态管理体系等，对排放物、资源使用、环境及天然资源保护、雇佣与员工发展、健康与安全、供应链管理、产品责任、反贪污和社区投资方面的数据进行持续性的监测和追踪，这在很大程度上保障了该集团国内外业务的顺利开展。

在安全生产方面，紫金矿业集团通过对权属企业现场蹲点、定期或不定期检查、事故统计分析等行动构建风险分级管控与防患排查治理双重预防机制；强调职业健康与安全，要求下属各矿山和冶炼企业对职业病风险高的岗位及作业危害点建立常态化监测机制，明确监测周期，建立监测台账，并定期组织员工进行职业健康体检。2019 年，公司共投入安全项目资金约 6. 75 亿元，公司包含承包商在内的全集团百万工时损失工时率为 251，百万工时损工事故率为0.9，百万工时总可记录伤害事故率为1.4。在环境保护方面，该集团制定环境保护责任、环境生态考核管理、环境生态检查管理、绿化工作导则、环境秩序管理、矿山地质环境保护与土地复垦、突发环境事件应急预案等基本标准和制度。截至2019年年末，已有16家企业通过了ISO14001环境管理体系认证，26家权属企业开展了清洁生产审核工作，拥有中国国家级绿色矿山9座、绿色工厂2家，省级绿色矿山3座、绿色工厂3家。在节能减排方面，该集团强化国内外权属企业在生产运营各环节的转化率和产出率监测，通过实施矿山废弃地植被种植等工作，切实响应中国《国家适应气候变化战略》。在供应链方面，持续监测非洲、澳大利亚、吉尔吉斯斯坦等地供应商与承包商在环境保护、安全生产、社会道德以及商业道德方面的社会责任落实情况，2019年通过定期完善供应商名录和定期开展供应商评定，全年淘汰违规供应商8家；启用紫金金锭二维码以提高产品质量的可追溯性及防伪性能，积极配合客户完成尽责调查，以确保采购的产品来自国际合法地区。

紫金矿业在内部进行上述监测工作的基础上，努力寻求外部利益攸关方的参与和支持，以监测和评估自己及其供应商的进展情况，以及其所采取的行动是否有效地预防或减轻危害。该集团通过专题会议、面谈、咨询、调研、座谈会、电话邮件等方式获取利益攸关方所重视的议题，予以回应与改善以谋求与利益攸关方的共同成长。其中，与员工及其家属的交流强调劳动权益的保障，与股东的交流强调反腐败和人权政策披露议题，与政府及监管机构的交流强调合法合规与安全环保，与社区的交流强调公益与就业保障，与非政府组织的交流强调人权与环保监测，与合作伙伴及承包商的交流强调产品质量和供应链管理。

（二）华友钴业暂停与刚果 Kasulo 和 Kamilombe 两处矿场的手工钴贸易

据《金融时报》2020年8月15日报道，中国最大的钴生产商华友钴业将接受相关非政府组织的监测建议和客户的反馈意见，停止从刚果（金）Kasulo和Kamilombe两处矿场购买钴金属，直到确认其生产过程不包含滥用人权的问题为止。这一决定源自相关非政府组织和客户对刚果（金）非正规采矿业中童工问题的担忧。

刚果（金）地区的钴业开采具有非正规性、手工和小规模性等特点，贫困和童工问题较为严重。在此背景下，华友钴业在刚果（金）的子公司CDM一直致力于推动当地钴手采矿供应链的正规化，针对刚果（金）高劳动密集型民采矿情况，开展实地调研和监测，与相关方合作，逐步建立民采矿采购体系。在社区环境改善上聚焦员工职业发展、童工、农业援助、卫生基建和教育问题，其中，对童工问题的关注与研究在很大程度上影响了其作出与 Kasulo 和 Kamilombe 两处矿场暂停贸易的决定。

华友钴业自 2016 年开始实施钴供应链尽责管理体系，先后与 RCS Global、Liz Muller、DNV GL 等独立第三方审计机构合作，开展供应链尽责管理的审计活动，以此评估尽责管理工作的有效性，找出存在的问题并不断进行完善。该企业在内部开展钴供应链尽责管理的同时，积极与各外部单位、下游企业、行业机构开展尽责管理方面的沟通交流，推动供应链尽责管理的全面开展。其于 2018 年参与 Better Cobalt 负责任手工和小规模采矿（ASM）钴试点项目，监测和证实采矿社区发展状况的背景数据，该试点项目特别关注童工和人权侵犯行为。2019 年，华友钴业先后通过责任钴业倡议（RCI）、责任矿业倡议（RMI）的钴供应链尽责管理的试点审计。与此同时，在过去的两年里，RCS Global 在华友钴业的支持下，对位于刚果（金）的 Kasulo 和 Kamilombe 两处矿场进行了持续性监测，最终于 2020 年披露了这两处矿场对人权的侵害实况，引起了华友钴业的重视，促使其作出暂停贸易的决定。

七　思考题

1. 绩效的测量和跟踪如何影响企业的人权表现？
2. 工商企业拥有哪些测量与跟踪绩效的工具？
3. 在监测或评估中，定性与定量指标各有什么优势？
4. 为确保尊重人权，工商企业的“监测”与“评估”各扮演何种角色？
5. 哪些因素确保了参与式监测的有效性？

第十三章　透明度与公司报告

引　言

发布社会报告是人权尽责程序的最后一步。与几十年前相比，利益相关者现在对私营部门的信任度有所下降，尤其是在大量企业丑闻和侵犯人权行为通过24小时媒体、社交媒体和互联网曝光之后。即使企业真的在努力地管理自己的影响（第7—12章），也没有人相信。坦诚而内容翔实的公开报告以及与受影响利益相关者的其他沟通方式是必不可少的。自20世纪90年代末全球报告倡议作为一个旨在为如何编写适当的企业社会责任报告提供指导和指标的多方利益相关者倡议（第5章）成立以来，社会报告的必要性得到了广泛认可。尽管有这一最早开始的和其他模式的报告，但要取得适当的平衡仍然十分困难，即如何提交一份既包含有意义的业绩信息，又能以可理解的方式沟通，还具有恰到好处的特殊性和全面性的报告。2011年《联合国工商企业与人权指导原则》发布后，专门启动了一个特定的报告框架以促进那些极其简单却有意义的报告。不论是对于与利益相关者建立信任，还是作为一种监管技术（第4章），透明度都具有重要的战略意义。全球供应链很难通过十分严格的规则进行调整（第1章和第6章）；相反，透明度法案不那么具有规定性，允许越来越多的私营和公共行为者通过奖励和制裁对企业施加压力。因此，提高透明度至关重要：它是一个关键的治理工具，有助于揭露权力滥用，使利益相关者能够监督和参与企业，使市场参与者能够发挥其影响力，并为立法机构以新的方式塑造商业行为创造机会（第16、28章）。

一　要点

- 可持续发展报告
- 报告形式
- 报告原则
- 报告（进程和结果）
- 国际报告框架

- 报告的突出议题（严重的人权影响）
- （信息的）实质性
- 表达自由
- 提高透明度以提升问责效果
- 利益相关者参与
- 财务和可持续发展报告
- 可持续发展目标
- “新型治理”和监管

二　背景

Shift《人权报告：公司是否告诉投资者他们需要知道什么》[①]

报告的价值是什么？“可持续发展”或者“社会责任”报告业已成为领先公司的日常实践，人们却担心报告正日益失去其应有的价值。不少公司抱怨消耗在报告上的资源过多却无法帮助公司改善业绩。许多读者，包括投资者和公民社会组织也认识到这些报告鲜少真实反映公司如何管理其对民众的影响。

然而，明智的报告方法可以极大地提高绩效。不论人权报告，或是其他非财务和财务事项皆是如此。这要求报告流程将焦点和资源集中在公司内部需要解决的关键问题上，以便有效地管理风险和绩效。由此，良好的报告流程既能够识别应披露的信息，也能够改善管理系统。(……)

当今时代，公司负责任地开展业务面临诸多严峻挑战。然而，随着人们逐渐意识到企业行为对人和环境的重大影响，包括消极影响和积极影响，人们对公司的期待只会上升。2016 年，国际社会推出可持续发展目标，包括公司在内的所有参与者的目标是在全球范围内，帮助更多人过上更好的生活。负责任地开展业务——在整个公司自身的运营和价值链中尊重人权——代表了公司可以为可持续发展目标的社会维度做出的最大贡献。对于公司来说，从以尊重人权的方式开展业务着手，将带来潜在的变革机遇。

随着人们对工商业对世界的作用高度关注，有效信息、透明度、对话和

---

① Shift, *Human Rights Reporting: Are Companies Telling Investors What They Need to Know?* (2017), https://www.shiftproject.org/media/resources/docs/Shift_MaturityofHumanRightsReporting_May2017.pdf.

问责的价值也相应增加。本报告中的研究和分析清楚地表明，在公司尊重人权方面，良好的报告和良好的表现是一体的。良好的报告流程可以揭示公司需要填补的知识和实践的缺口。良好的报告结果还可以增进与投资者和其他利益相关者的知情讨论，进而帮助确定改进系统和实践的方法。一旦绩效提高，公司得以报告其进展情况，从而能够成为投资、合作伙伴和雇主的可靠选择。

三　国际文件与域外材料

（一）《联合国工商企业与人权指导原则》[①]

21. 工商企业为就其如何消除其人权影响负责，应准备对外公布有关情况，尤其是在受影响利益攸关者或以受影响利益攸关者名义提出其经营或经营背景可能带来严重人权影响的工商企业，应正式报告其如何应对这些影响。在所有情况下，通报应：

（a）采取与企业人权影响相当的形式和频度，并可供其目标受众获取；

（b）提供充分信息，用以评估企业是否就特定人权影响采取了适当对策；

（c）不会给受影响利益攸关者和人员带来进一步风险，或违反合法的商业机密要求。

评论

（……）通报可采取各种形式，包括人际会晤、在线对话、与受影响利益攸关者的磋商以及公开发表的正式报告。正式报告本身包括从传统的年度报告和公司责任/可持续性报告，到在线最新信息和综合性财务和非财务报告。（……）

（二）《联合国指导原则报告框架》[②]

报告框架

A 部分：尊重人权的治理

① UN Guiding Principles on Business and Human Rights-Human Rights Council. Seventeenth Session, 2011, http://www.ohchr.org/Documents/Publications/GuidingPrinciplesBusinessHR_EN.pdf，中文版见 http://www.ohchr.org/Documents/Publications/GuidingPrinciplesBusinessHR_CH.pdf。

② UN Guiding Principles Reporting Framework with Implementation Guidance (2015), https://www.ungpreporting.org/wpcontent/uploads/UNGPReportingFramework_withguidance2017.pdf.

政策承诺

企业如何公开阐述其尊重人权的承诺?

A1.1　公开承诺是如何作出的?

A1.2　公开承诺针对的人权对象是谁?

A1.3　公开承诺是如何传播的?

把尊重人权付诸实践

企业如何证明其对兑现人权承诺的重视?

A2.1　企业内部对人权维护状况的日常职责如何安排?为何如此安排?

A2.2　高级管理层和董事会探讨了哪些类型的人权问题?为什么?

A2.3　员工和合同工通过哪些途径了解高级管理层和董事会有关尊重人权的决策和行动?

A2.4　企业如何在其商业关系中表明对尊重人权的重视?

A2.5　在报告期内,企业在尊重人权方面得到了哪些经验教训?据此做出了哪些改变?

B部分:界定报告的侧重点

B1　陈述突出问题:陈述报告期内与企业活动和商业关系相关的突出人权问题。

B2　确定突出问题:描述突出人权问题的确定方法,包括利益攸关方的意见。

B3　选择焦点地区:如果突出人权问题报告聚焦于特定地区,须说明选择这些特定地区的原因。

B4　其他严重影响:识别曾出现的或在报告期内仍在解决但不属于突出人权问题的严重人权影响,并说明是如何解决此类影响的。

C部分:管理突出人权问题

具体政策

企业是否有阐述其突出人权问题的具体政策?如果有,请描述。

C1.1　企业如何阐明此类政策对需要落实这些政策的人的相关性和重要性?

利益攸关方的参与

企业采用何种方法让各项突出人权问题的利益攸关方参与其中?

C2.1　企业如何识别对于各项突出人权问题,有哪些利益攸关方应参与其中,以及应何时参与、如何参与?

C2.2　在报告期内，企业对于各项突出人权问题让哪些利益攸关方参与其中，原因何在？

C2.3　在报告期内，利益攸关方的观点对企业理解各项突出问题和/或解决突出问题的方法产生了哪些影响？

评估影响

企业如何识别各项突出人权问题的性质随时间发生的变化？

C3.1　在报告期内，突出问题的影响是否出现值得注意的趋势或模式？如果有，请描述。

C3.2　在报告期内，是否出现过与突出的问题相关的严重影响？如果有，请描述。

整合发现，采取措施

企业如何将各项突出人权问题的发现纳入其决策过程和措施？

C4.1　如何让企业中那些其决策和措施能对突出问题管理产生影响的部门，参与到寻求和实施解决方案的工作中？

C4.2　当预防或缓解突出问题相关影响的措施和其他业务目标之间出现矛盾时，如何解决这些矛盾？

C4.3　在报告期内，企业采取了哪些措施来预防或缓解与各项突出问题相关的潜在影响？

跟踪维护状况

企业如何知道自己为解决各项突出人权问题所作的努力在实践中是否有效？

C5.1　在报告期内，哪些具体示例可以表明各项突出问题得到了有效管理？

补救

如果与突出人权问题相关的企业措施或决策对一些人造成了伤害，企业如何才能有效补救？

C6.1　企业可通过哪些方式接收与突出问题相关的投诉或疑虑？

C6.2　企业如何得知人们是否认为自己有能力或权利提出投诉或疑虑？

C6.3　企业如何处理投诉及评估投诉处理结果的有效性？

C6.4　在报告期内，与各项突出问题相关的投诉或疑虑及其结果有什么趋势和共性？企业从中学到了什么经验教训？

C6.5　在报告期内，企业是否针对与突出问题相关的实际影响进行了补救，或使之得到补救？如果是，请举出典型的或值得注意的例子。

实施指南

《联合国指导原则报告框架》的结构

本报告框架分为三部分：

– A 部分有两个主要问题，每个主要问题都附有一个或多个支持性问题，关注企业对人权风险管理的承诺和治理。

– B 部分为报告企业缩小人权问题的范围提供了过滤点，企业将在报告的 C 部分聚焦这些问题。焦点是企业活动和商业关系中突出的人权问题。

– C 部分有六个主要问题，每个主要问题都附有一个或多个支持性问题，关注企业报告的各项突出人权问题的有效管理。

A 部分和 C 部分的主要问题关注企业为履行尊重人权的责任所做努力的一般信息。设计这些问题旨在让任何企业都能作出回应，包括小企业和尚处于人权报告初期的企业。

支持性问题侧重于更为实质性和具体的信息，旨在提高报告企业对主要问题的答复质量。各企业可评估自己可以回答哪些支持性问题以及回答到何种程度。

定义“突出人权问题”

使用《联合国指导原则报告框架》的关键概念是“突出人权问题”，因为报告企业所作报告的关注点正是这些问题。

一个企业的突出人权问题指的是那些因为企业活动或商业关系而面临最严重负面影响风险的人权。

因此，突出人权问题的关注点是对人权最严重的潜在负面影响。最严重：《指导原则》将其定义为在以下方面程度最甚的影响：

a. 规模：对人权影响的严重性；和/或

b. 范围：受影响或可能受影响的人数；和/或

c. 可补救性：使受影响的人恢复到之前享有人权时的状态的难易程度。

报告原则

有许多贯穿各领域的原则对《联合国指导原则报告框架》的使用提供了指导。

A. 把人权报告放在企业背景中；

B. 达到最低信息要求；

C. 证明正在不断改善；

D. 聚焦尊重人权；
E. 解决最严重的人权影响；
F. 从相关地区均衡地选取示例；
G. 解释遗漏重要信息的原因。

（三）全球报告倡议《可持续性报告标准》[1]

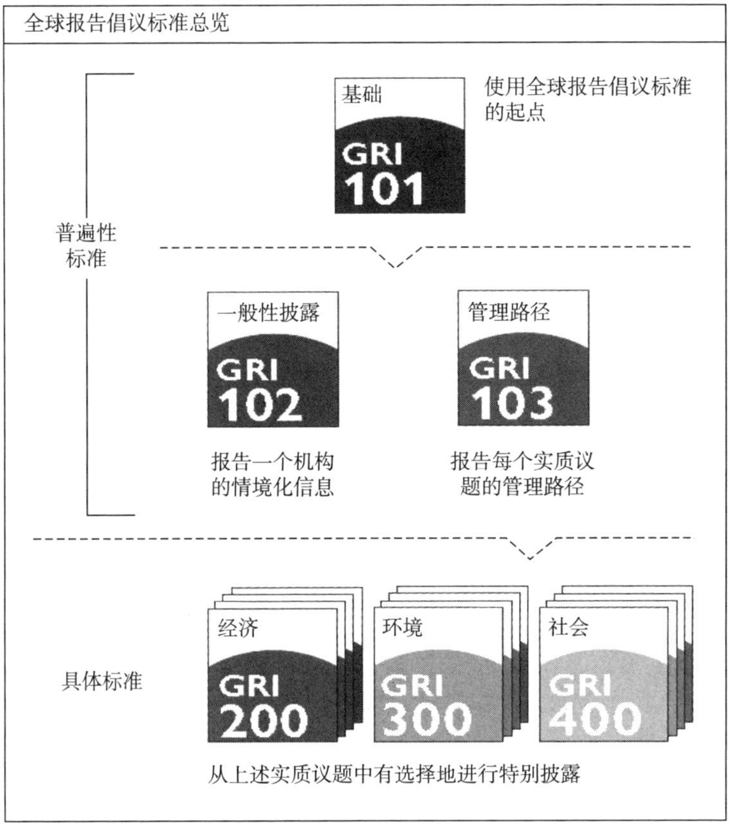

GRI 400：社会准则
401：雇佣
402：劳资关系
403：职业健康与安全

① Global Reporting Initiative, *Consolidated set of GRI Sustainability Reporting Standards* (2016), https://www.globalreporting.org/standards/gri-standards-download-center/consolidated-set-of-gri-standards.

404：培训与教育
405：多元化与平等机会
406：非歧视
407：结社自由与集体谈判
408：童工
409：强迫或强制劳动
410：安保实践
411：土著人民权利
412：人权评估
413：当地社区
414：供应商社会评估
415：公共政策
416：客户健康与安全
417：营销与标识
418：客户隐私
419：社会经济合规

报告原则

报告原则是实现高质量可持续发展报告的基础。所有机构在依据全球报告倡议标准编制可持续发展报告时都应当运用这些原则（……）报告原则分为两类：界定报告内容的原则和界定报告质量的原则。

界定报告内容的原则	界定报告质量的原则
• 利益攸关方的包容性 • 可持续性的背景 • 实质性 • 完整性	• 准确 • 平衡 • 清晰 • 可比性 • 可靠性 • 及时性

实质性

1.3　报告应涵盖以下方面：

1.3.1　反映机构对经济、环境和社会的重要影响；

1.3.2　对利益攸关方的评价和决策有实质影响。

指导

机构可报告的主题十分广泛。在反映机构对经济、环境和社会的影响或对利益攸关方决策的影响方面，经合理判断的重要议题应当纳入报告。在这里，“影响”指机构对经济、环境和/或社会的正面和负面效应。一个议题应基于上述任一维度具有相关性和潜在实质性。

在财务报告中，一般认为实质性信息是影响财务报告使用者尤其是投资者经济决策的最低要求。这一点对可持续发展报告也同样重要，但其涉及两个维度——更广泛的影响和利益攸关方。在可持续发展报告中，实质性是决定相关主题是否足够重要以至于必须对其进行报告的准则。并非所有实质性议题都同等重要，因此报告应当突出重点，反映这些实质性内容的相对优先次序。

在评估议题是否具有实质性时，需要综合考虑内外部因素，包括机构的整体使命和竞争策略，利益攸关方直接表明的关切，广泛的社会期待，机构对上游（如供应链）和下游（如客户）的影响。此外，还应当考虑机构应当遵守的国际标准和协议中的基本要求。(……)

重要的是，机构能够解释其如何确定这些议题的优先次序。(……)

在界定实质性议题时，报告机构可考虑如下因素：

- 经认可的专家或具有业内公认资格的专家团体的详细调查，确认为合理估计的可持续发展的影响、风险或机遇（如全球变暖、艾滋病、贫困等）；
- 特别关注机构的利益攸关方，如雇员和股东的利益和期望；
- 由其他利益攸关方，如非雇员的工人、供应商、当地社区、弱势群体和公民社会提出的广泛的经济、社会和/或环境利益和议题；
- 同行和竞争者披露的该行业的主要议题和未来挑战；
- 法律、规则、国际协议或对组织及其利益攸关方具有战略意义的自愿协议；
- 关键的机构价值、政策、策略、经营管理系统、长期和短期目标；
- 机构的核心竞争力及其促进可持续发展的方式；
- 有关机构的经济、环境和/或社会影响的后果（比如，商业模式和声誉风险）

(……)

省略的原因

3.2 如果在特殊情况下，基于全球报告倡议标准编制的机构可持续发展报告无法就某项要求披露的信息进行报告，机构应当在报告中说明省略的原因：

3.2.1 描述省略的具体信息；

3.2.2 选择一项表 2 所列省略原因并进行详述，包括该原因所需的解释。

（四）国际综合报告理事会《国际综合报告框架》[①]

综合报告

综合报告的主要目标是向投资者解释机构如何持续创造价值。综合报告将使所有关注机构持续价值创造能力的利益相关者受益，这些利益相关者包括：员工、客户、供应商、业务伙伴、当地社区、立法机构、监管机构和政策制定者。

《国际综合报告框架》（以下简称《框架》）采用一种以原则为导向的方法。其目标是在灵活性和规定之间达到适当平衡，认可在各个不同机构的个体情形之间存在很大差异，但同时又使各个机构之间具有充分的可比性，以满足相关的信息需求。《框架》并未规定具体关键绩效指标、计量方法或披露的具体事项，但其包括了少量的要求。要声称一份综合报告是按照《框架》编制的，就要达到这些要求。

基本概念

综合报告旨在让使用者深入了解：被机构使用或影响的资源和关系——在《框架》中统称"资本"。综合报告还试图解释机构如何与外部环境和资本相互作用，在短期、中期和长期创造价值。

资本是指价值存量。此类价值存量会因机构的活动和产出而增加、减少或转化。尽管《框架》将资本划分为以下类别：财务资本、生产资本、智力资本、人力资本、社会与关系资本以及自然资本，但编制综合报告的机构并非一定要采用此种分类方法或按照此资本分类安排综合报告的结构。

机构为自身创造价值的能力使得投资者能够获得经济回报。这与机构通过各种活动、互动和关系为利益相关者和社会创造的价值相互关联。如果这些因素对于机构为自身创造价值的能力至关重要，则应将其纳入综合报告。

综合报告——内容元素

综合报告包含 8 个内容元素，这些内容元素基本相互关联且不相排斥：

- 机构概述和外部环境：机构从事什么业务，机构在什么样的环境下

---

① International Integrated Reporting Council, *International Integrated Reporting Framework* (2013), http://integratedreporting.org/resource/international-ir-framework/.

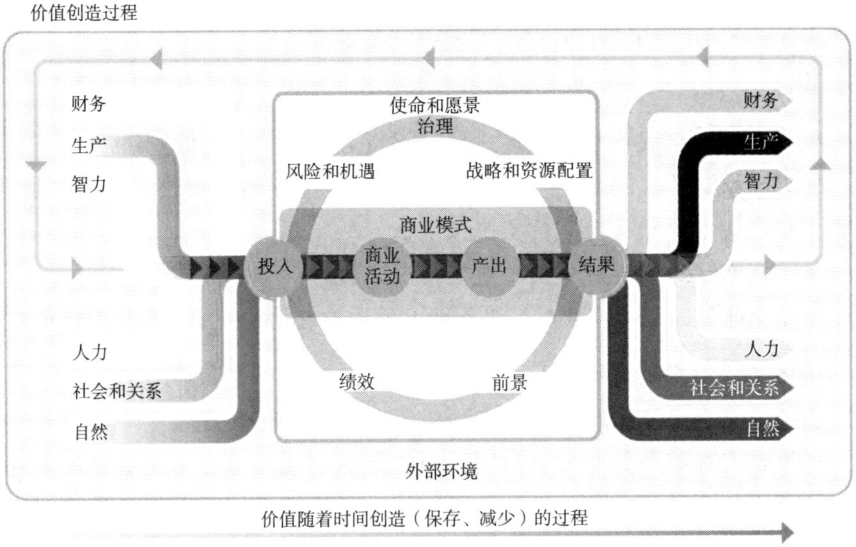

运营？

- 治理：机构的治理结构如何支持机构在短期、中期和长期创造价值？
- 商业模式：机构的商业模式是什么？
- 风险和机遇：影响机构短期、中期和长期创造价值的能力的具体风险和机遇是什么，机构如何应对这些风险和机遇？
- 战略和资源配置：机构的目标是什么，机构如何实现这一目标？
- 绩效：在报告期间，机构战略目标的实现程度如何，机构在对资本的影响方面取得了哪些成果？
- 前景：机构在执行其战略时可能遇到哪些挑战和不确定性，对机构的商业模式和未来绩效有何潜在影响？
- 列报基础：机构如何确定哪些事项应包含在综合报告中，如何量化或评估这些事项？

（五）联合国“全球契约”《进展通报政策》[①]

提交年度进展情况通报（COP）是企业遵守《联合国全球契约》承诺的核心要求，其向利益相关方提供了有用信息。（……）由于参与者处于可持续发展历程的不同阶段，进展情况通报根据披露的深度分为三个不同的级

① Global Compact, *The Communication on Progress (COP) in Brief*, https://www.unglobalcompact.org/participation/report/cop.

别。我们还与其他框架，如全球报告倡议（GRI）合作，确保标准一致，同时，满足一个框架的要求也有助于遵守其他框架。

差别化层级

根据企业的自我评估，年度进展通报可分为以下不同的层级：

- “全球契约”高级成员：进展情况通报达到活跃成员的标准，此外，涵盖了更高标准和最佳实践的实施情况。
- “全球契约”活跃成员：进展情况通报达到了最低要求。
- “全球契约”入门成员：进展情况通报没有达到一项或多项最低要求。

进展情况通报最低要求[①]

企业成员要每年向利益相关者报告一次进展情况。

进展情况通报是企业成员与利益相关者的直接交流，因此成员需要让各方面的组织都能看到它们的进展情况通报。虽然进展情况通报总体格式有一定弹性，但每份通报必需含有下面三个部分。

a. 首席执行官声明。详细说明该企业成员对“全球契约”的继续支持，以及对“全球契约”及其原则的最新承诺。

b. 实际行动说明。说明企业在四个议题领域（人权、劳工、环境、反腐败），执行“全球契约”原则已经采取（或计划采取）的所有实际行动，如所有有关政策、程序、活动的披露。注意：假如企业的报告中没有包括上述一个或多个领域，那么企业必须在进展情况通报中予以解释（“要么报告要么解释”）。

c. 成果衡量（即目标/绩效指标实现的程度，或者其他对结果的定性或定量衡量）。

（六）“全球契约”报告数据库[②]

该数据库目前包括来自11个行业的113家企业的信息。代表行业有：服装和鞋类；银行和金融服务；食品和饮料；信息和通信技术；基础设施、建筑和建筑材料；石油设备和服务；石油、天然气和采掘业；棕榈油；个人护理；烟草；交通运输和运输经营者。数据库审查了每个行业市值最大的公司。

数据库可以按照行业、总部所在地、突出问题、公司和报告框架的问题进行搜索。结果可于网页浏览器中查看，亦可下载为Excel文件。

---

① UN Global Compact Policy on Communicating Progress（2013），https://www.unglobalcompact.org/docs/communication_on_progress/COP_Policy.pdf，中文版见 https://www.unglobalcompact.org/docs/communication_on_progress/translations/COP_Policy_ZH.pdf。

② Database & Analysis of Company Reporting，https://www.ungpreporting.org/database-analysis/.

（七）苹果公司《供应商责任报告（2018年）》①

供应商员工将工人的声音提升到新的高度

2013年，徐月霞（音）加入了华润上华科技有限公司（以下简称“华润上华”）——一家位于中国江苏的苹果公司的总装厂，成为一名操作工人。在上岗的第一天，徐接受了关于本地劳动法和苹果公司供应商行为准则的培训。

几年后，徐从管理培训生升职为多功能员工再到主管。在发展个人职业生涯的同时，徐组织了一支员工团队，致力于向华润上华的40000名雇员倡导工人权利。2015年，徐成为精神支持团队的一员。该团队为员工提供支持网络，使员工能够表达自己的关切，团队将这些关切提交至管理层。精神支持团队还安排社区服务项目和团队建设活动，促进公司文化的提升。

徐致力于服务精神支持团队，极大地提升了团队的影响力。2017年，她组织了50场员工论坛，由此向管理层提交了100多个问题，并促进了工作场所的改善。徐和团队还直接与苹果公司合作，在评估访问和访谈中发现需要诉苦的员工。徐发现她的角色在不断发展，但她喜欢学习新事物带来的挑战。她为精神支持团队的成果和他们改善伙伴员工生活的能力感到自豪。

进一步打击债役工

债役工指的是一个人为偿还借款或其他债务——有时是获得工作时被收取的费用——而被迫工作。2008年，苹果公司将其列为严重违反苹果供应商行为准则的行径，并限定了每月工资可扣除的许可费数额。

2015年，苹果公司更进了一步——领先提出强制要求，免除供应商员工的招聘费，即使费用在供应商运营所在国的法定限额之内。一旦发现债役工，供应商必须全额退还所有受影响雇员的招聘费用。

如果发现债役工人，将立即采取如下行动：

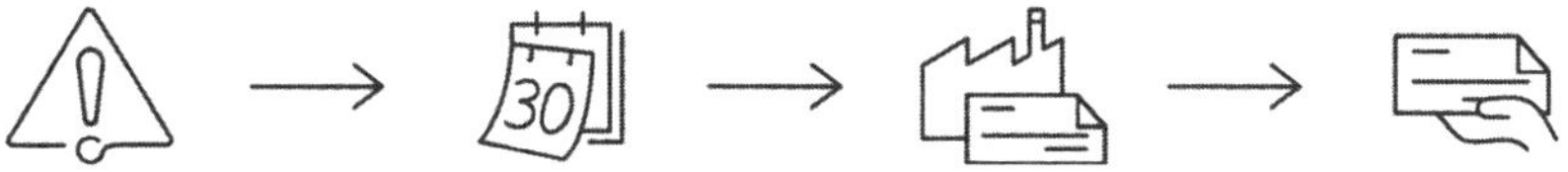

①察看警告
对违规的供应商发出察看警告，并告知退还招聘费用和保护员工免遭报复的条款

②限期退款
察看警告告知供应商应当在30日之内退还员工的费用，否则他们将失去与苹果公司合作的业务

③批准退款
苹果公司将审查和批准给每一位受影响员工的费用赔付

④确认支付
一名独立审计员确认个人已收到退款

① Apple, *Supplier Responsibility*, *Progress Report* (2018), https://www.apple.com/supplier-responsibility/pdf/Apple_SR_2018_Progress_Report.pdf.

对使用未成年劳工“零容忍”

苹果公司在供应商行为准则中严格禁止使用未成年劳工。除了零容忍政策，公司还与供应商合作，不断改进培训、沟通和甄别虚假身份的方法以消除供应链中的未成年劳工聘用现象。

如何识别未成年工人：

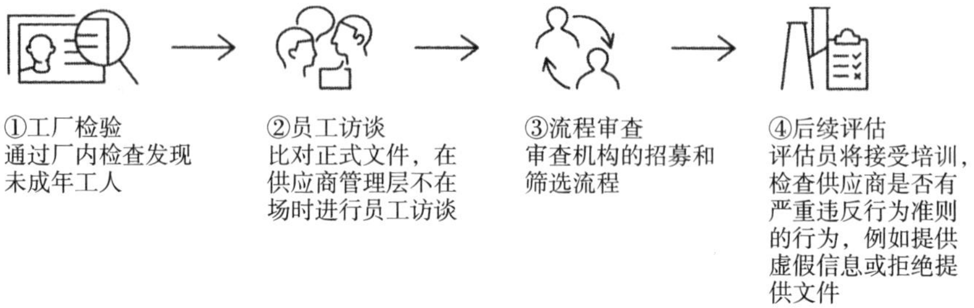

①工厂检验
通过厂内检查发现未成年工人
②员工访谈
比对正式文件，在供应商管理层不在场时进行员工访谈
③流程审查
审查机构的招募和筛选流程
④后续评估
评估员将接受培训，检查供应商是否有严重违反行为准则的行为，例如提供虚假信息或拒绝提供文件

仅识别出未成年劳工还远远不够，供应商应当：

资助员工安全返家
支持员工教育
继续支付员工在工厂应得的全额薪酬
保证其在达到法定工作年龄后返岗的机会

（八）阿迪达斯《2019年年报》[①]

我们供应链的工作条件

工厂评估过程

初步评估（initial assessments，IA）是成为我们供应商的首个评估阶段。2019年，我们对189家工厂进行了初步评估，这与2018年的221家相比减少了14%，因为我们决定主要发展现有工厂，而不是寻找新工厂。其中49家工厂（2018年是55家）要么在初步评估后因为存在“零容忍”问题被直接否决，要么因为存在一个或多个可纠正的问题而被“待定”——这意味着这些工厂暂时被否决，但有机会在特定时间内纠正不合规问题。绝大多数（84%）的初步评估在亚洲进行（2018年为90%），其中中国占38%（2018年为41%）。

总体而言，在2019年底，34%的新工厂的“初步评估否决率”略高于

① Adidas, *Annual Report* (2019), https://report.adidas-group.com/2019/en/servicepages/downloads/files/adidas_annual_report_2019.pdf.

上一年（2018 年为 30%），“最终评估否决率”在 2019 年增至 4%。后者是由于初步评估的严格性。对工厂的严格筛选对工人是有益的，因为它提高了门槛，使工人们实现更高的工资待遇和福利、更短的工作时长和更好的劳动合同法律保护，并使工作场所的基本健康和安全得到显著改善。对于存在可纠正问题的供应商，通常有三个月的时间来补救这些问题，然后再重新审核以进行最终评估。

工厂实践发现的问题

我们对供应商的工厂进行了一些关键的合规性评估。可纠正问题是严重但可补救的不合规情况，存在可纠正问题的工厂可在规定的时间内通过补救措施解决问题。零容忍问题包括强迫劳动、使用童工和危及生命的安全和环境条件，工厂如果存在零容忍问题会被立即给予警告并可能被取消供应商资格。我们报告了 2019 年通过绩效审计、协作审计和自我治理评估发现的这些问题的调查结果。我们会跟进所有不合规情况，并在规定的时间范围内寻求补救措施。如下所示，2019 年确定的问题与 2018 年的基本相同。

执行

警告信是我们执法工作的重要组成部分，当我们发现供应商工厂存在需要解决的严重不合规问题时，就会发出警告信。我们与供应商密切合作，帮助他们提高业绩。然而，当我们面临某工厂严重或反复违规的情况时，我们会终止与该工厂的业务关系。

警告信：2019 年，我们在 14 个国家共发出 41 封有效警告信（2018 年为 39 封）。亚洲发出的警告信数量仍然最多。与上年相比，主动发出的第一次警告信总数略有下降；第二次警告信总数从 2018 年的 1 封增加到 2019 年的 6 封。收到第二封警告信的工厂很有可能会接到终止制造协议的通知，并接受社会和环境事务团队的重点监控。2019 年，向商业伙伴发出的第三封警告信（导致工厂制造协议终止）数量保持稳定（2018 年为 1 封）。很难概括警告信的理由，因为它可能是针对单个未解决的不符合项或多次违反我们的标准而发出的。2019 年因消防安全规范、工资发放、社会和医疗保险、危险化学品管理、加班、罚款、透明度或安全控制等方面的不合规而发出警告信，其问题范围与上一年相同。

终止：2019 年，出于合规原因，我们终止了与 2 家供应商的协议（2018 年为 1 家）。在一个案例中，在解决严重的移民劳工问题方面进展不足，在另一个案例中，供应商拒绝向社会和环境事务团队提供对工厂进行审计的权限。

2019年审计期间发现的劳动领域十大问题

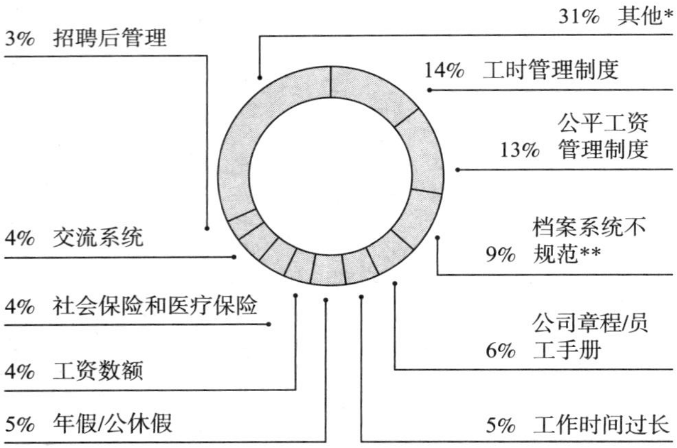

* “其他”包括工会活动自由、纪律处分管理制度等。
** “档案系统不规范”是指工厂没有保存证明其遵守法律法规的相关信息、文件和记录。

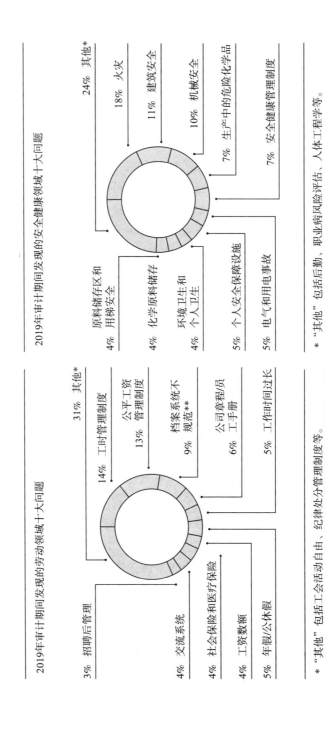

2019年审计期间发现的安全健康领域十大问题

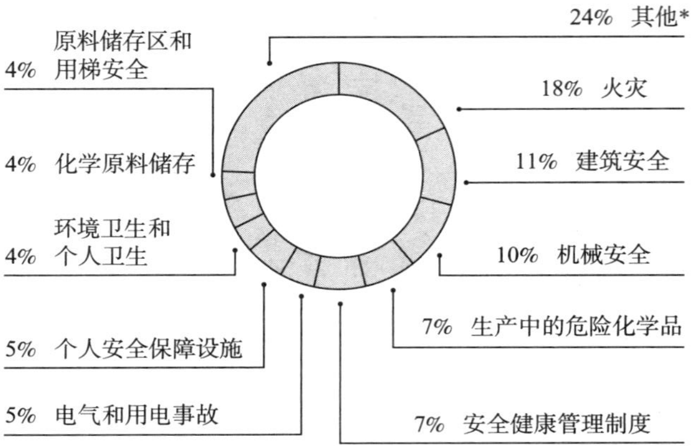

* “其他”包括后勤、职业病风险评估、人体工程学等。

当我们与现有工厂终止协议时，我们预先筛选所有新工厂，如果我们的初步评估发现零容忍或可纠正问题，工厂将被否决。

（九）耐克《2016/2017 财年可持续商业报告》[①]

优先事项

在耐克公司，我们关注整个价值链的可持续性。这一考虑至关重要，因为我们的大部分环境和社会影响以及机遇，都在我们的影响范围内发生，但同时不在我们的直接控制之内。（……）

在 2014/2015 财年，我们进行了深入的定量分析，审查和确定了关键的可持续发展问题的优先次序。首先，我们审查了多个环境、社会和治理（ESG）标准、框架和评级系统。随后，我们添加了顺应目前的大趋势、针对利益攸关方反馈以及关乎我们的主要联盟和合作伙伴的优先事项，以开发一套与耐克的商业模式相符的完整的问题框架。由此，我们罗列了 400 多个潜在议题。然后，我们根据地点、风险和其他措施来进行相关性的筛选，确定了 12 个优先议题，并将其反映在价值链的每个阶段。

这些结果是内部战略对话的关键，也佐证了我们对环境和社会影响的两个主要驱动因素的理解：

1. 我们在产品中使用的材料；
2. 这些产品的外包制造。

在 2017 财年，我们将内部和外部利益相关者的声音纳入了这一分析。我们联系了广泛的利益相关者，包括雇员、非政府组织、学者、投资者、供应商和企业同行。

我们的调查旨在确定价值链每一阶段最重要的问题和与这些问题最直接相关的影响。（……）

2016/2017 财年优先问题

- 活跃的儿童（以前的社区影响）
- 化学
- 童工（以前的劳工合规）
- 就业
- 能源

① Nike, *Sustainable Business Report*, *FY16/17*, https://s1.q4cdn.com/806093406/files/doc_downloads/2018/06/NIKE-FY1617-Sustainable-Business-Report_FINAL.pdf.

- 过度加班
- 结社自由（以前的劳工合规）
- 温室气体排放
- 不可再生资源枯竭
- 材料浪费（新问题）
- 职业健康和安全
- 总薪酬
- 水资源利用
- 劳动力发展

可持续采购

2011 年，我们制定了 2020 年目标，仅从符合我们的可持续发展定义的工厂或者根据我们的可持续生产和采购指数（SMSI）评定为“铜牌”级别以上的供应商处采购。为了评估进展，我们通常会在独立第三方，如“更好的工作”（国际劳工组织和世界银行集团成员国际金融公司的联合项目）和公平劳工协会（FLA）的支持下，定期审计合同工厂遵守我们的行为准则和领导准则标准的情况。第三方机构在其网站上透明地共享审计结果。

可持续生产和采购指数（SMSI）

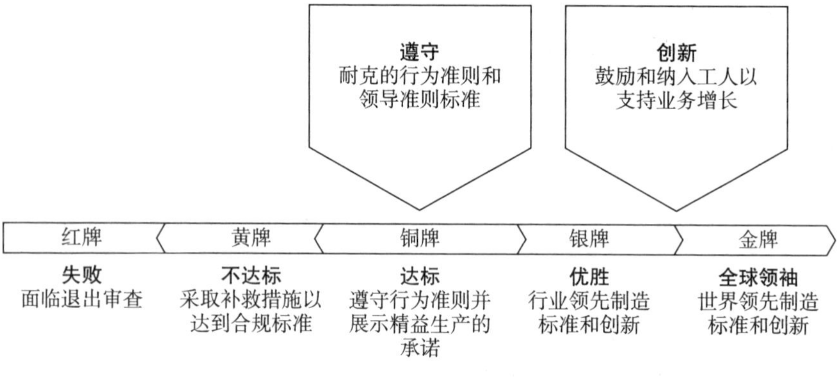

91% 的工厂现在达到铜牌级别或更高级别，这彰显了真正的进步。但仍有 10% 的合同制造商在 2017 财年末没有达到我们要求的合规标准。工厂如未达标，需在一定时间内改进问题。在下一次审计之前未成功实施补救措施的工厂将列入观察名单，并在六个月后重新审计。如果届时未能达到“铜牌”标准，我们将责成其考虑负责任地退出。如果发现关键问题，需要立即进行补救。我们将继续审查最常见的违规领域，例如工时、工资和福利，以确定我们与合同工厂合作加强合规的方法。

（十）必和必拓《可持续发展报告（2017年）》[①]

我们的利益攸关方

作为一家全球公司，我们与一系列利益攸关方进行互动。我们与利益攸关方沟通的方式和频率也是多元的。

在全球层面，我们通过年度大会、公司出版物（包括年度报告、可持续发展报告和其他专题报告）、网站（bhp. com）、市场和媒体新闻稿、分析简报、高级执行官的演讲和访谈等进行沟通。

在区域和地方层面，每项资产都要求规划、执行和记录方面的利益攸关方参与行动。包括新闻通讯和报道、社区认知调查和咨询小组、社区投诉和申诉机制的运行、特定行业协会委员会和倡议的代表。

我们还通过定制的内部渠道与最关键的利益攸关方团体——员工和承包商互动。这些渠道包括我们的内联网；电子邮件和通信；市政厅；通过员工认知调查获得反馈和意见。

我们的主要利益攸关方包括：

- 商业合作伙伴
- 社区组织
- 员工和承包商
- 政府和监管机构
- 行业同行和协会
- 工会
- 当地社区和土著社区
- 媒体
- 非政府组织
- 股东和投资机构
- 社会合作伙伴
- 供应商和客户

报告的边界和范围

必和必拓的可持续发展报告涵盖从2016年7月1日至2017年6月30日，每一项由本公司全资拥有和运营的资产（包括正在勘探的矿产、建设或

① BHP, *Sustainability Report* (2017), https://www. bhp. com/ -/media/documents/investors/annual-reports/2017/bhpsustainabilityreport2017. pdf.

执行阶段的项目、矿场和已关闭的业务）和由本公司经营的联合业务（本报告中称之为“资产”、“经营资产”或“经营活动”）。同时还包括市场和供应业务以及职能行为。

尊重人权

尊重人权对我们的业务至关重要。（……）我们承诺以遵守《世界人权宣言》、《联合国工商企业与人权指导原则》、《安全与人权自愿原则》和《联合国全球契约》十大原则的方式运营。

我们致力于识别和管理所有经营活动中与人权有关的风险。（……）我们在制定收购和撤资、高风险国家和主要资金项目的新业务的决策时，需要采取基于风险的路径，包括考量人权和社区影响等事项。本行业重大的人权问题包括职业健康与安全、劳工条件、安保部队的行动、项目所在地附近社区和土著人民的权利。（……）

我们为所有供应商和相关承包商设立了最低的强制要求，例如对童工和强迫/强制劳工零容忍、结社自由、生活工资、非歧视和多元、工作场所健康和安全、社区互动和雇员待遇。

公司人权基准

2017 财年，必和必拓在投资者和公民社会组织发布的首届“公司人权基准”（Corporate Human Rights Benchmark，CHRB）评分中获得 69 分（满分为 100 分）。“公司人权基准”基于可公开获得的信息进行评比，创设了公司人权政策、实践和绩效的参考标准。

在参与评比的 98 家上市公司中，必和必拓获得最高分，同时位于 41 家采掘业公司之首。我们仔细检视了评估结果，确定了能够进一步提升人权绩效的领域。

（十一）沃达丰《可持续商业报告（2017 年）》①

供应链的完整性和安全性

我们的业务有赖于遍布数十个国家约 17000 家公司的庞大供应链。我们努力确保所有在世界任何地方以任何身份与沃达丰合作的人员的安全、福祉和人道待遇。然而，如此复杂的供应链存在广泛的劳工权利和安全及环境风险，其中许多风险也出现在我们直接控制的业务运营中。

---

① Vodafone, *Sustainable Business Report* (2017), http://www.vodafone.com/content/dam/vodafoneimages/sustainability/downloads/sustainablebusiness2017.pdf.

数字权利和自由

2014 年，我们发布了第一份执法披露透明度报告，详细说明了我们如何回应执法和情报机构访问客户私人数据的合法要求。自初版以来，我们不断更新和扩展报告内容。如今，其作为世界上最全面的有关该议题的报告资料，已获得广泛认可。同年，我们决定放弃一个静态的“时刻”年度透明度报告，转而采用持续披露模式，更好地回应了所讨论的问题往往会迅速出现和转变的事实。我们现在推出了新的在线数字权利和自由报告中心，其中包括针对广泛主题的政策、原则和观点，如执法监督、隐私、数据保护、言论自由、审查和儿童的数字权利。

（十二）联合利华《人权进展报告（2017 年）》[①]

我们的目标是将尊重和促进人权纳入本机构的每项职能、任务和角落。作为实现这一抱负的一部分，我们在 2014 年作出承诺，披露我们在实施《联合国工商企业与人权指导原则》方面的努力和挑战。

本报告遵循我们于 2015 年发布的首份人权报告，这是企业首次全面依照《联合国指导原则报告框架》编制的报告。第一份报告《改善生计，促进人权》包含对我们的战略和采取的基本步骤的深入分析和描述，以及关于八个突出的人权问题的信息。（……）

在我们的业务和价值链中力推对人权的尊重是改变人民生活和增进联合利华公司对联合国可持续发展目标的贡献的重要途径。

五大重点领域

为了将人权纳入工作之中，我们有五个持续关注的重点领域：

突出的人权问题

我们将其定义为：因为公司的活动或业务关系可能导致最严重负面人权影响风险的问题。

① Unilever, *Human Rights Progress Report* (2017), https://www.unilever.com/Images/human-rights-progress-report_tcm244-513973_en.pdf.

我们与众多专家、内部和外部利益攸关方合作，识别我们的活动在何处以及如何导致人权风险，并确定其中最突出的问题：

1. 歧视；
2. 公平的工资；
3. 强迫劳动；
4. 结社自由；
5. 骚扰；
6. 健康与安全；
7. 土地权；
8. 工作时间。

学习的意愿

处理人权挑战往往很复杂，同时需要倾听和学习的意愿。2016 年，乐施会发布了《越南劳工权利：联合利华的进展和系统性挑战》，这是其 2013 年发布的“联合利华供应链中的劳工权利”两年研究项目报告的后续行动，旨在了解我们如何彻底落实《联合国工商企业与人权指导原则》。

乐施会的最新进展报告显示，我们已经根据第一份报告的建议，在支持工人生计，提供人权培训，采取更多途径使工人可以提出其关切，以及与供应商和合作伙伴保持更密切的合作确保其达标等方面进行了大幅度的改进。联合利华自己的工厂在工资和直接就业方面取得了进展。但还有更多的工作要做，例如增加女工的机会，并继续确保我们与供应商的互动能够取得人权方面的进展和产生负责任采购的商业案例。

开放、坦诚的对话和对尤其是本土层面挑战和机遇的理解，是双方学习的关键内容。

（十三）大卫·赫斯《可持续发展报告作为监管机制的未来》①

本文鼓励学者、政策制定者和其他人更充分地考虑可持续发展报告所需要的系统，使其对公司行为产生有意义的积极影响。简言之，作者强调两件事。首先，透明度本身并不是目的。任何旨在提高公司可持续性绩效的透明度政策和举措必须建立在清晰理解所要求的披露将如何改善绩效的基础之上。监管的新型治理路径，披露、对话和发展三大支柱等提供了思考这些问

① David Hess, “The Future of Sustainability Reporting as a Regulatory Mechanism”, Ross School of Business Working Paper (2014), https://papers.ssrn.com/sol3/papers.cfm?abstract_id=2416920.

题的方法。其次，在考虑强制要求披露可持续发展报告时，我们必须思考如何在实践中使用这些报告。同时，需要清楚地了解我们如何期望行动周期发挥作用，探知因不同行动者的动机导致的潜在的故障点，以及如何避免或消除这些障碍。

（十四）诺斯《企业可持续发展实践和监管：现有框架与最佳实践建议》[①]

很多上市公司已经认识到他们在社会中的作用以及与众多利益攸关方沟通和互动的必要性。以管理层讨论和分析、独立的可持续发展报告和综合报告等不同形式进行的可持续性披露证实了这一关注变得日益广泛。

本文回顾了这些发展中的报告框架所使用的软法和硬法规则以及披露交付机制。随后，其检视了可持续性披露的目的和目标受众，强制报告制度的要求和益处，以及监管体系最佳实践的设计。

总而言之，企业可持续发展决策、行为和对报告的最佳实践需要明确的目标和规则以及独立的监督和管理。它强调公众对公司和金融市场的信心和信任的必要性，并且建议公司必须与所有投资者和其他利益相关者建立持续披露、参与和问责的文化，特别是在紧急或危机时期。

四　中国相关文件与材料

（一）《深圳证券交易所上市公司社会责任指引》[②]（深圳证券交易所，2006 年 9 月 25 日）

第一章　总则

（……）

第五条　公司应按照本指引要求，积极履行社会责任，定期评估公司社会责任的履行情况，自愿披露公司社会责任报告。

（……）

第七章　制度建设与信息披露

第三十五条　本所鼓励公司根据本指引的要求建立社会责任制度，定期检查和评价

---

① Gill North, “ ‘Corporate Sustainability Practices and Regulation: The Existing Frameworks & Best Practice Proposals’ in JJ du Plessis and CK Low”, *Corporate Governance Codes for the 21st Century* (Springer, 2017), https://papers.ssrn.com/sol3/papers.cfm?abstract_id=2997782.

② 深圳证券交易所：《深圳证券交易所上市公司社会责任指引》，见深圳证券交易所网站，http://www.szse.cn/disclosure/notice/general/t20060925_499697.html。

公司社会责任制度的执行情况和存在问题，形成社会责任报告。

第三十六条 公司可将社会责任报告与年度报告同时对外披露。社会责任报告的内容至少应包括：

（一）关于职工保护、环境污染、商品质量、社区关系等方面的

社会责任制度的建设和执行情况；

（二）社会责任履行状况是否与本指引存在差距及原因说明；

（三）改进措施和具体时间安排。

（二）《中华人民共和国国家标准：社会责任报告编写指南》（GB/T 36001－2015）（中华人民共和国国家质量监督检验检疫总局、中国国家标准化管理委员会，2015年6月）

引言

（……）

在组织社会责任实践中，定期发布社会责任报告是组织与利益相关方沟通的重要形式之一，它对于发挥社会责任的诸多功能至关重要。在当前社会各界越来越关注组织社会责任、越来越多的组织定期发布其社会责任报告或可持续发展报告的背景下，编制和发布真实反映组织社会责任状况的高质量报告，这对于改进组织社会责任绩效，促进利益相关方对组织社会责任活动的支持和理解，推动我国社会责任事业的健康发展，无疑具有重大的现实意义。

本标准的制定主要是为了满足组织编写和发布社会责任报告的需求，提高组织社会责任报告的编写质量和效率，增进组织对社会责任报告的统一认识和理解。通过给出编写社会责任报告的基本原则、步骤和方法，本标准旨在为组织开展社会责任报告编制工作提供最基本的指导性意见和建议。为此，本标准鼓励每个组织在使用本标准的同时，结合自身特点和实际需要，在本标准的技术基础上不断创新，使其社会责任报告的编写质量水平得到不断改进和提升。

（……）

4　概述

社会责任报告是组织针对自身的社会责任活动与利益相关方进行有效沟通的形式之一。它具有下诸多益处：

——增进组织内部和外部对其社会责任战略、目标、计划和绩效以及所面临挑战的了解；

——表明对社会责任原则的尊重；

——有助于实现利益相关方的参与和促进与利益相关方的对话；

——满足有关社会责任信息披露的法律法规要求和其他要求；

——展现组织当前如何履行社会责任承诺，并对利益相关方的利益和社会的普遍期望所做出的回应；

——提供组织活动、产品和服务的影响的信息，包括这些影响随时间推移而变化的详情；

——有助于促进和激励员工和其他人员支持组织的社会责任活动；

——促进同行之间的比较，从而激励组织改进社会责任绩效；

——提高组织在对社会负责任的行动、透明度、诚信和担责方面的声誉，以增强利益相关方对组织的信任。

（……）

5　基本原则

5.1　概述

除遵循 GB/T 36000－2015 第 5 章所述的社会责任原则外，基于与利益相关方有效沟通的目的，社会责任报告的编写和发布还宜遵循“完整全面、客观准确、明确回应、及时可比、易读易懂、获取方便”的原则。这六项基本原则在 5.2～5.7 中进行了详细阐述。

5.2　完整全面

本原则是指，社会责任报告宜覆盖报告范围内组织的重要相关决策和活动，并全面、系统、完整地披露社会责任目标，将社会责任融入组织的实践及其绩效信息。

“完整全面”一方面意指信息覆盖范围的完整性，另一方面意指信息内容的全面性。完整全面的信息披露是确保社会责任沟通取得成效的基本前提条件。藉此，组织、利益相关方均可更全面地了解报告范围内社会责任活动的整体状况，以便做出相应的总体判断和正确决策。

尽管有时组织对社会和环境的影响很难完整确定，尤其是潜在影响和间接影响更难全面、客观和准确判断，但社会责任报告仍宜尽可能全面反映组织决策和活动给利益相关方带来（或可能带来）的所有积极和消极影响。事实上，通过真诚、有效的社会责任沟通，利益相关方的反馈信息往往更有助于组织全面、客观和准确地判定其决策和活动的影响。

本原则意味着，对于报告范围内的社会责任信息，社会责任报告不宜进行选择性披露，例如：故意隐瞒消极影响等。

本原则还意味着，社会责任报告不仅宜反映重要的社会责任活动过程，而且宜反映社会责任活动的目标及绩效。在确定信息披露的详尽程度时，宜考虑利益相关方的需求，以确保所披露的信息是有用且合适的，并且利益相关方能够据此信息做出判断、决策和行动。

本原则并不要求公开披露专有信息，也不要求披露特许信息，或者违反法律、商业秘密、安全或个人隐私等保护义务的信息。

5.3　客观准确

本原则是指，社会责任报告所披露信息宜客观、真实和准确。

“客观”意指，信息是对实际状况和事实的客观描述，未带任何偏见或主观臆断。“准确”意指，信息与实际状况和事实完全相符，或者是基于实际状况和事实经严密的科学推断而得到的结论。

本原则意味着，社会责任报告的信息来源宜真实、可靠，信息收集和处理方法宜科学、合理，所披露信息宜避免人为加工或臆造，例如：不故意淡化消极影响或夸大积极影响；不捏造数据或事实等。

本原则是确保社会责任报告具有可信性的重要基础。为了切实遵循本原则，组织需具备丰富的社会责任经验和数据。

5.4 明确回应

本原则是指，社会责任报告宜详尽回应本报告期利益相关方的相关关切，并注意披露利益相关方关于上一报告期社会责任报告的反馈意见的处理情况。

为了遵循 GB/T 36000－2015 第 5 章所规定的关于“担责”和“尊重利益相关方的利益”的社会责任基本原则，组织宜承担起回应审查的责任，及时、全面地回应利益相关方及社会的相关关切。组织对利益相关方及社会的回应本身就是社会责任活动的重要组成部分，回应过程及结果的信息也是非常重要的社会责任信息，也是利益相关方较为关注的信息。为此，社会责任报告宜详尽披露在本报告期组织各类回应的情况及其结果。关于回应信息披露的详尽程度，社会责任报告宜以满足利益相关方及社会的知情需求为基础，视具体情况而定。

基于沟通的需要，本报告期的社会责任报告还宜承担起对利益相关方关于上期社会责任报告反馈意见（如果有的话）的回应任务，积极且明确地报告相关处置意见及理由。

5.5 及时可比

本原则是指，社会责任报告宜具有较强的时效性和可比性，不仅及时反映最新时段社会责任活动及其绩效，而且还反映与以往报告时段和本行业或类似组织的绩效比较结果以及发展趋势，以便于利益相关方进行综合比较判断。

本原则意味着，社会责任报告宜披露组织最新时段社会责任信息，例如在本年度之初或上年度末发布组织上一年度的社会责任信息等。

本原则还意味着，为便于利益相关方进行比较，在披露最新时段社会责任绩效信息的同时，社会责任报告还宜对照列出组织以往报告时段的相应绩效信息，以反映社会责任绩效发展变化的趋势。有时，除纵向比较之外，社会责任报告还宜同时列出本行业或类似组织相应的绩效信息，以便进行横向比较。

由于过时的信息可能会产生误导，因此，在披露不同时段绩效信息时，社会责任报告需特别标明相应的时段期限。

5.6 易读易懂

本原则是指，社会责任报告的编写宜考虑利益相关方的文化、社会、教育和经济的不同背景，具有易读性并易于利益相关方理解。

“易读易懂”意指阅读社会责任报告时可理解的程度。这对于确保与利益相关方间的社会责任沟通顺利进行并取得成效至关重要。

本原则意味着，社会责任报告的编写形式宜适合利益相关方的文化、社会、教育和经济的不同背景，例如：选用利益相关方通用的文字语言，有时甚至可能需要针对不同的文化语言群体编写不同语言版本的社会责任报告；选用图表等多种表达形式等。

本原则还意味着，社会责任报告的内容宜通俗易懂、言简意赅，尽可能采用大众化语言进行阐述。当需使用专业术语或缩略语时，可在出现之处加脚注或尾注进行解释说明，或者在尾页集中单设“术语解释或索引”。

本原则并非否定社会责任报告需提供必要的信息量。恰恰相反，本原则认为，根据与利益相关方的沟通需要，社会责任报告宜尽可能有针对性地提供充分且必要的信息，同时宜尽可能减少或消除其他无关的信息，以避免对所提供必要信息的淹没或干扰。

在应用本原则时，组织宜特别关注特定人群（如残疾人、老年人等）的特定能力和需求。

5.7　获取方便

本原则是指，不论以何种形式（如纸质文件、电子文件或基于互联网的交互式网页）发布，社会责任报告的信息宜便于利益相关方获取。

本原则意味着，社会责任报告中宜明确标明可获取的途径和方式，以便于利益相关方在需要时能容易且及时地获取所需的社会责任报告。

本原则还意味着，社会责任报告的发布和提供方式宜考虑利益相关方中各类人群的获取能力及其局限性，例如远途旅行能力，对电子文件或互联网的使用能力及受限条件等。

（……）

6.3.2　社会责任绩效信息

6.3.2.1　概述

社会责任绩效意指组织社会责任目标的实现程度。在社会责任报告中，社会责任绩效信息通常为利益相关方所期望了解的重要信息，也是组织在本报告期所应披露的主要信息。

社会责任绩效信息既包括可测量的结果，也包括难以测量的绩效方面，如：社会责任意识和态度、将社会责任融入组织、对社会责任原则的遵循情况等。社会责任绩效信息既可能是综合绩效信息，也可能是单项绩效信息。有时，为便于比较，社会责任报告还宜包含组织以往报告时段的相应绩效信息，以及本行业或类似组织的相应绩效信息。

组织宜根据 GB/T 36000－2015 中第 5 章所述的社会责任核心主题和议题（见表 1）来确定社会责任绩效信息。

表 1　社会责任核心主题和议题

核心主题	议题
组织治理	决策程序和结构
人权	1. 公民和政治权利 2. 经济、社会和文化权利 3. 工作中的基本原则和权利

续表

核心主题	议题
劳工实践	1. 就业和劳动关系 2. 工作条件和社会保护 3. 民主管理和集体协商 4. 职业健康安全 5. 工作场所中人的发展与培训
环境	1. 污染预防 2. 可持续资源利用 3. 减缓并适应气候变化 4. 环境保护、生物多样性和自然栖息地恢复
公平运行实践	1. 反腐败 2. 公平竞争 3. 在价值链中促进社会责任 4. 尊重产权
消费者问题	1. 公平营销、真实公正的信息和公平的合同实践 2. 保护消费者健康安全 3. 可持续消费 4. 消费者服务、支持和投诉及争议处理 5. 消费者信息保护与隐私 6. 基本服务获取 7. 教育和意识
社区参与和发展	1. 社区参与 2. 教育和文化 3. 就业创造和技能开发 4. 技术开发与获取 5. 财富与收入创造 6. 健康 7. 社会投资

（三）《关于构建绿色金融体系的指导意见》[①]（中国人民银行、财政部、发展改革委、环境保护部、银监会、证监会、保监会，2016年8月31日）

（……）

（七）推动绿色信贷资产证券化。在总结前期绿色信贷资产证券化业务试点经验的基础上，通过进一步扩大参与机构范围，规范绿色信贷基础资产遴选，探索高效、低成

① 中国人民银行等：《关于构建绿色金融体系的指导意见》，见国务院新闻办公室网站，http://www.scio.gov.cn/32344/32345/35889/36819/xgzc36825/Document/1555348/1555348.htm。

本抵质押权变更登记方式，提升绿色信贷资产证券化市场流动性，加强相关信息披露管理等举措，推动绿色信贷资产证券化业务常态化发展。

（……）

（十二）完善绿色债券的相关规章制度，统一绿色债券界定标准。研究完善各类绿色债券发行的相关业务指引、自律性规则，明确发行绿色债券筹集的资金专门（或主要）用于绿色项目。加强部门间协调，建立和完善我国统一的绿色债券界定标准，明确发行绿色债券的信息披露要求和监管安排等。支持符合条件的机构发行绿色债券和相关产品，提高核准（备案）效率。

（……）

（十七）逐步建立和完善上市公司和发债企业强制性环境信息披露制度。对属于环境保护部门公布的重点排污单位的上市公司，研究制定并严格执行对主要污染物达标排放情况、企业环保设施建设和运行情况以及重大环境事件的具体信息披露要求。加大对伪造环境信息的上市公司和发债企业的惩罚力度。培育第三方专业机构为上市公司和发债企业提供环境信息披露服务的能力。鼓励第三方专业机构参与采集、研究和发布企业环境信息与分析报告。

（……）

（三十一）推动提升对外投资绿色水平。鼓励和支持我国金融机构、非金融企业和我国参与的多边开发性机构在“一带一路”和其他对外投资项目中加强环境风险管理，提高环境信息披露水平，使用绿色债券等绿色融资工具筹集资金，开展绿色供应链管理，探索使用环境污染责任保险等工具进行环境风险管理。

（三十二）完善与绿色金融相关监管机制，有效防范金融风险。加强对绿色金融业务和产品的监管协调，综合运用宏观审慎与微观审慎监管工具，统一和完善有关监管规则和标准，强化对信息披露的要求，有效防范绿色信贷和绿色债券的违约风险，充分发挥股权融资作用，防止出现绿色项目杠杆率过高、资本空转和“洗绿”等问题，守住不发生系统性金融风险底线。

（四）《中国纺织服装企业社会责任报告纲要》[①]（中国纺织工业联合会，2008 年）

前言

以公开透明为导向的信息披露是企业社会责任概念的本质内涵和内在要求。利益相关方了解和评价企业的社会责任表现并藉此做出相关的政策或市场决策必然有赖于直接和可靠的信息资源。伴随着员工、公众、投资者、客户以及政府部门对企业管理与经营活动的社会和环境影响的持续关注，以定期或不定期的社会责任报告为主流形式的社会

① 中国纺织工业联合会：《中国纺织服装企业社会责任报告纲要》，见中国纺织工业联合会（2008 年称为“中国纺织工业协会”）网站，http://www.ctei.cn/special/2013nzt/13zrnh/pdf/csr.pdf。

责任信息披露实践已逐渐成为市场文明的一种要求和体现，单纯的经济数据其实也已经无法完全建立市场对经济组织的持续而稳固的信心。

(……)

我们认为，中国现行的关于产品安全与消费者保护、劳动者权益保护、节能减排与环境保护以及公平竞争方面的法律法规、政策指导以及中国签署或批准的各类国际公约已经为中国的企业披露相关信息提供了完整而系统化的规则指引甚至是具体的指标体系，它们应构成中国企业的社会责任报告的原点和基线，所以，本纲要在上述各方面所确定的基本指标的渊源就是中国的法律法规、政策和相关的国际公约。以此为基础，中国企业的社会责任报告也应该发展出超越法律规范和政策要求但又符合行业和国情实际的其他社会责任指标，例如企业在上述各类法律规范方面更高的自律表现、自愿标准及创新活动，以及在社区发展与社会公益方面的表现等。藉此方法，我们期望本纲要所确立的社会责任报告指标体系能使企业的报告基准明确，定义严格且梯度清晰，易于各利益相关方在企业所处的运作环境中客观而准确地理解、评价和预测企业的社会责任绩效。此外，社会责任绩效的持续改进有赖于企业管理制度的健全、完善与提升，因此，本纲要也首先提出了企业在社会责任管理体系方面的一系列报告指标。当然，报告逻辑也要求企业应当在报告中明确企业的基本情况、相关的经济指标以及报告本身的界限和权限指标。

(……)

I　使用说明

1　指标体系

《中国纺织服装企业社会责任报告纲要》的主体是由201个有关报告企业的生产、管理与经营活动，且与利益相关方权益密切相关的指标构成的指标体系。这些指标分布于6个一级指标和18个二级指标中，层级如下：

1. 企业状况与经济指标：说明企业的基本信息和企业的宏观经济表现

   1.1　企业状况

   1.2　经济指标

2. 社会责任战略与方针：说明企业在社会责任方面的基本观念和基本政策

   2.1　社会责任战略

   2.2　社会责任方针

3. 社会责任管理体系：说明企业的社会责任管理规划及运作方式

   3.1　社会责任管理组织

   3.2　社会责任管理运作

   3.3　社会责任管理评价

   3.4　利益相关方参与

4. 社会责任绩效表现：说明企业在社会责任各领域的具体作为及绩效数据

   4.1　产品安全与消费者保护

   4.2　劳动者权益保护

4.3　节能减排与环境保护

4.4　供应链管理与公平竞争

4.5　社区发展及社会公益

5. 发展环境与社会责任绩效：说明与企业社会责任改进相关的内外部环境

5.1　社会责任事件与应对

5.2　内外部环境中的机遇

5.3　内外部环境中的风险

6. 报告界限与权限：说明报告本身的编制信息

6.1　报告界限

6.2　报告权限

(……)

2　指标界定

对序列1（企业状况与经济指标）及序列4（社会责任绩效表现）两个一级指标下各指标的界定和解释应主要依据中国现行的法律法规、政策要求、中国批准或接受的有关国际公约和国际惯例，以及一般的经济学原理或市场规则。

对序列2（社会责任战略与方针）及序列3（社会责任管理体系）两个一级指标下各指标的界定和解释可参考《CSC9000T中国纺织企业社会责任管理体系》及其附属文件（例如《中国纺织企业社会责任管理体系实施指导文件》、《中国纺织服装行业社会责任年报》等）中对相关要素和概念的说明。

对序列5（发展环境与社会责任绩效）及序列6（报告指标）两个一级指标下各指标的界定和解释依循客观事实即可。

如果报告企业对某个或某些指标采用了上述基准以外的特殊的界定规则或解释方法，则应在报告中明确此种规则或方法。

(……)

3　纲要应用

无论报告采用何种名称（社会责任报告、可持续发展报告、社会绩效报告、企业公民报告等），本纲要均提供了一套完整的、本土化的报告指标体系。中国纺织工业协会鼓励所有纺织服装企业利用本纲要编制其社会责任报告。企业可以在报告形式上充分发挥自身的创造力。报告可以定期或不定期独立发表，也可以与企业的年报或财务年报一并发表。

由于社会责任报告的基本作用在于衡量企业在遵守法律的基础上促进企业与利益相关方权益协调发展的量化表现，确定企业自我评价和外部评价的基准，并提供企业在其可持续发展战略上的行为预期，所以我们认为一份可信的报告中的所有数据和事实应源于能够界定指标的有效的法律文件、经过审计的统计报表、有记录证明的客观事实以及综合上述各项的数理计算和直接的逻辑推理。

我们建议企业在报告公开发表之前，对其报告内容进行独立验证，并可在报告终稿上附加验证声明或其主要结论。

（五）《中国企业境外可持续基础设施项目指引》① （中国对外承包工程商会，2017年6月）

（……）

5.3 可持续信息披露

5.3.1 企业须建立和完善面向国内和项目所在地的可持续信息披露机制，全面提升项目透明度，建立与利益相关方的良好关系。

5.3.2 可持续信息披露须遵循如下规范：

（1）企业需指定专人进行信息披露，保证信息披露真实、准确、完整、及时，无虚假记载、误导性陈述和重大遗漏；

（2）企业需在官方网站对可持续治理体系、环境保护部门等信息予以公开披露，并定期披露可持续发展报告；

（3）对可持续治理体系的重大变化、污染事故等信息及时在官方网站或向公开媒体予以披露，并向主管部门进行报备。

5.4 可持续发展报告

企业须建立定期的项目可持续发展报告编制与发布制度，具体包括：

（1）可持续发展报告内容须全面披露企业参与基础设施项目过程中履行可持续发展理念的制度体系、行动、绩效和未来计划；

（2）可持续发展报告可于每年年底前编制，并于下一年四月底前予以发布；

（3）可持续发展报告须由可持续治理委员会负责编制，或在其领导下聘请专业机构协助完成。

（六）《沪深300指数成分股CSR报告实质性分析（2018）》②（商道纵横、《每日经济新闻》，2018年12月）

（……）

发现及建议

根据前文对沪深300指数成分股17年来发布报告情况的统计、对沪深300指数成分股最新CSR报告关键定量指标的披露率分析，以及对金融业上市公司关键定量指标披露情况的分析，我们发现：

1. 沪深300指数成分股报告发布率目前较高，但低于中证100指数成分股。

超过80%的沪深300企业已经发布过至少一份CSR报告，但总体报告的关键定量信息披露率依然有待提高，平均披露率只有34%，半数企业的披露率低于此平均值。此前，

---

① 中国对外承包工程商会：《中国企业境外可持续基础设施项目指引》，见中国对外承包工程商会网站，http://www.chinca.org/hdhm/news_detail_3962.html。

② 商道纵横、《每日经济新闻》：《沪深300指数成分股CSR报告实质性分析（2018）》，见《每日经济新闻》网站，http://www.nbd.com.cn/corp/2018CSRReport/libs/intro1.pdf。

我们曾对中证 100 指数成分股做过单独报告评估，发现中证 100 指数成分股平均披露率达到 48%，且超过半数企业超过平均值。沪深 300 指数成分股包含中证 100 指数成分股，总体平均披露率的差异反映出沪深 300 指数成分股中中证 100 指数成分股与非中证 100 指数成分股之间关键定量信息披露存在较大差异。

2. 沪深 300 企业 CSR 报告关键定量披露水平差距巨大，关键指标披露率在 0 至 95%。

3. 总体来看，经济类指标披露最多，社会类指标披露最少。这与此前中证 100 指数成分股报告评估发现一致。在每一类别指标上，中证 100 指数成分股披露情况优于沪深 300 指数成分股。

4. 以金融业为例，沪深 300 指数企业对带有负面色彩的指标披露情况较差，但证券行业对这类指标的披露情况较银行和保险行业要稍好一些。金融行业，尤其是银行，重视披露其在绿色信贷、普惠金融、中小微企业贷款方面的关键指标。金融企业着重通过披露环境绩效来显示自身在环境保护的努力，而对环保培训以及员工志愿服务相关的指标则披露不足。

5. 沪深 300 与中证 100 金融业企业 CSR 报告披露情况在很多方面相似：银行优于证券和保险，对经济和劳工类指标，以及可体现正面绩效的指标披露情况较好，而对社会类指标和对风险、环境保护、志愿服务以及带负面色彩的指标披露情况较差。但就大多数指标而言，中证 100 金融业企业披露情况优于沪深 300 企业。

根据项目团队在报告评估过程中的发现，提出几点有关企业披露信息的建议，以供参考：

1. 企业应充分认识到实质性信息披露的重要性，加强披露与社会、环境、劳工和产品相关的实质性指标。“无测量，不管理”，披露实质性信息能促进企业建立和完善内部信息搜集系统，改善和提升内部管理。而且从长远趋势看，非财务信息强制性披露已成大势，除了定性地介绍企业在可持续发展领域的实践外，多用定量数据说明前述措施取得的产出和绩效，这样更利增加信息披露的可信度，还可以规避“不披露即解释”的合规风险。

2. 企业应参照权威的企业社会责任报告编写指南/指引来编制报告，不应当回避带有负面色彩的指标，对需披露的指标也应尽量采取“不披露就解释”的主动态度，即若暂时没有搜集相关的信息，或者该指标或议题对企业不适用，或者在报告期内企业未产生相应的负面影响，可直接在报告相应位置申明，以体现企业主动沟通的诚意。

3. 企业在披露关键定量信息时，应披露整个上市公司的综合数据，而不是用某一项目、某一子/分公司的某一数据来举例说明，以利各利益相关方获取的关键定量信息是全面的和平衡的。

4. 遵循或参照 MQI 指引有助提升公司的实质性信息披露水平，应对“不披露即解释”的挑战。A 股部分上市公司自 2018 年 6 月 1 日纳入 MSCI，后续 MSCI 还要对纳入的企业进行 ESG 测评，包括港交所对上市公司 ESG 信息披露的要求，都对相应上市公司 ESG 绩效及披露能力提出了挑战。MQI 指引相比上述测评和披露要求，都强调社会责任信息披露的实质性要求，并通过量化相关指标予以实现；都强调利益相关方参与原则，并是这一过程的结果；都强调所披露信息正负平衡性；同时，MQI 指引更突出行业实质性议题，强调指标量化和行业针对性。所以，参照 MQI 指引，有助企业获得较高的 ESG 信息披露绩效。

（七）《公开发行证券的公司信息披露内容与格式准则第 2 号——年度报告的内容与格式（2021 年修订）》[①]（中国证券监督管理委员会 2021 年 6 月 28 日）

第一章 总则

（……）

第三条 本准则的规定是对公司年度报告信息披露的最低要求；对投资者作出价值判断和投资决策有重大影响的信息，不论本准则是否有明确规定，公司均应当披露。公司可以结合自身特点，以简明清晰、通俗易懂的方式披露对投资者特别是中小投资者决策有用的信息，但披露的信息应当保持持续性，不得选择性披露。

（……）

第二章 年度报告正文

（……）

第五节 环境和社会责任

第四十一条 属于环境保护部门公布的重点排污单位的公司或其主要子公司，应当根据法律、行政法规、部门规章及规范性文件的规定披露以下主要环境信息：

（一）排污信息。包括但不限于主要污染物及特征污染物的名称、排放方式、排放口数量和分布情况、排放浓度和总量、超标排放情况、执行的污染物排放标准、核定的排放总量。

（二）防治污染设施的建设和运行情况。

（三）建设项目环境影响评价及其他环境保护行政许可情况。

（四）突发环境事件应急预案。（五）环境自行监测方案。

（六）报告期内因环境问题受到行政处罚的情况。

（七）其他应当公开的环境信息。重点排污单位之外的公司应当披露报告期内因环境问题受到行政处罚的情况，并可以参照上述要求披露其他环境信息，若不披露其他环境信息，应当充分说明原因。鼓励公司自愿披露有利于保护生态、防治污染、履行环境责任的相关信息。环境信息核查机构、鉴证机构、评价机构、指数公司等第三方机构对公司环境信息存在核查、鉴定、评价的，鼓励公司披露相关信息。

鼓励公司自愿披露在报告期内为减少其碳排放所采取的措施及效果。

第四十二条 鼓励公司结合行业特点，主动披露积极履行社会责任的工作情况，包括但不限于：公司履行社会责任的宗旨和理念，股东和债权人权益保护、职工权益保护、

---

① 中国证券监督管理委员会：《公开发行证券的公司信息披露内容与格式准则第 2 号——年度报告的内容与格式（2021 年修订）》，见中国证监会网站，http://www.csrc.gov.cn/csrc/c101864/c6df1268b5b294448bdec7e010d880a01/content.shtml。

供应商、客户和消费者权益保护、环境保护与可持续发展、公共关系、社会公益事业等方面情况。公司已披露社会责任报告全文的，仅需提供相关的查询索引。

第四十三条　鼓励公司积极披露报告期内巩固拓展脱贫攻坚成果、乡村振兴等工作具体情况。

（……）

（八）《上海证券交易所科创板上市公司自律监管规则适用指引第2号——自愿信息披露》[①]（上海证券交易所，上证发〔2020〕70号，2020年9月25日）

目的

（……）

三是防范自愿信息披露中的不当行为。自愿信息披露主要由科创公司自主决策，但也会影响投资者的投资决策和股票交易秩序，因此同样需要遵守必要的规范。市场实践中，出现了一些利用自愿信息披露，发布“蹭热点”类公告的不当行为，误导了投资者，引起市场关注。需要强调的是，自愿披露不是随意披露和任性披露，科创公司在自主判断和决策的同时，也需要遵循信息披露的基本要求，防范自愿披露中不当行为的发生。本指引结合自愿信息披露的监管实践，通过原则阐述和案例示范，进一步明确了自愿信息披露的一般要求，并指导公司建立有助于遵守上述原则和要求的内部制度，保障自愿信息披露的目标和价值得到准确把握和充分实现。

一、准确把握自愿信息披露的范围

（……）

一般而言，自愿信息披露包含以下常见类型。

（……）

7. 社会责任信息，指公司承担的对消费者、员工、社会环境等方面的责任情况，例如重大突发公共事件中公司发挥的作用。

四、常见自愿信息披露事项及公告要点

（……）

（十四）环境、社会责任和公司治理

科创公司可以在根据法律规则的规定，披露环境保护、社会责任履行情况和公司治理一般信息的基础上，根据所在行业、业务特点、治理结构，进一步披露环境、社会责任和公司治理方面的个性化信息。具体包括：

1. 需遵守的环境保护方面的规定、污染物排放情况、环境保护设施建设及投入、主

---

① 上海证券交易所：《关于发布〈上海证券交易所科创板上市公司自律监管规则适用指引第2号——自愿信息披露〉的通知》，见上海证券交易所网站，http://www.sse.com.cn/lawandrules/sserules/tib/listing/c/5225391.shtml。

要能源消耗结构等。

2. 劳动健康、员工福利、员工晋升及培训、人员流失等员工保护和发展情况。

3. 产品安全、合规经营、公益活动等履行社会责任方面的信息。

4. 公司治理结构、投资者关系及保护、信息披露透明度等公司治理和投资者保护方面的信息。

(……)

(九)《深圳证券交易所上市公司信息披露工作考核办法(2020年修订)》[①](深圳证券交易所,深证上〔2020〕795号,2020年9月4日)

第一章 总则

(……)

第五条 上市公司信息披露工作考核结果主要依据上市公司信息披露质量,同时结合上市公司规范运作水平、对投资者权益保护程度等因素,从高到低划分为A、B、C、D四个等级。

本所将上市公司信息披露工作考核结果在上市公司范围内通报,并向社会公开。(……)

第二章 考核内容和标准

第六条 本所在考核上市公司以下情形的基础上,结合本办法第二十四条、第二十五条和第二十六条的规定,对上市公司信息披露工作进行综合考核:

(一)信息披露的真实性、准确性、完整性、及时性、公平性和合法合规性;

(二)信息披露的有效性;

(三)自愿信息披露规范情况;

(四)投资者关系管理情况;

(五)履行社会责任的披露情况;

(六)信息披露事务管理情况;

(七)被处罚、处分及采取监管措施情况;

(八)上市公司与本所配合情况;

(九)本所认定的其他情况。

(……)

第十六条 本所对上市公司履行社会责任的披露情况进行考核,重点关注以下方面:

(一)是否主动披露社会责任报告,报告内容是否充实、完整;

(二)是否主动披露环境、社会责任和公司治理(ESG)履行情况,报告内容是否充

① 深圳证券交易所:《关于发布〈深圳证券交易所上市公司信息披露工作考核办法(2020年修订)〉的通知》,见深圳证券交易所网站,http://www.szse.cn/disclosure/notice/general/t20200904_581281.html。

实、完整；

（三）是否主动披露公司积极参与符合国家重大战略方针等事项的信息。（……）

五　延伸阅读

• David Hess，“The Transparency Trap：Non-Financial Disclosure and the Responsibility of Business to Respect Human Rights”，*American Business Law Journal*（volume 56，issue 1，Spring 2019），https://papers. ssrn. com/sol3/papers. cfm? abstract_id = 3300303.

• Deborah E. Winkler，*How Do Multinationals Report Their Economic，Social，and Environmental Impacts? Evidence from Global Reporting Initiative Data*，World Bank Policy Research Working Paper （2017），https://papers. ssrn. com/sol3/papers. cfm? abstract_id = 3087667.

• GRI et al.，*Shining A Light On Human Rights-Corporate Human Rights Performance Disclosure In The Mining，Energy And Financial Sectors*（2016），https://www. globalreporting. org/resourcelibrary/Shining% 20a% 20Light% 20on% 20Human% 20Rights% 202016. pdf.

• Harper Ho，Virginia E.，“Comply or Explain and the Future of Nonfinancial Reporting”，21 *Lewis & Clark Law Review* 317 （2017），https://ssrn. com/abstract = 2903006.

• Karin Buhmann，Neglecting the Proactive Aspect of Human Rights due Diligence? A Critical Appraisal of the EU' s Non-Financial Reporting Directive as a Pillar One Avenue for Promoting Pillar Two Action，University of Oslo Faculty of Law Legal Studies Research Paper Series （2017），https://papers. ssrn. com/sol3/papers. cfm? abstract_id = 3058603.

• 车笑竹、苏勇：《企业违规对社会责任报告及其价值效应的影响》，《经济管理》2018 年第 10 期。

• 张继勋、蔡闫东、倪古强：《社会责任披露语调、财务信息诚信与投资者感知——一项实验研究》，《南开管理评论》2019 年第 1 期。

六　案例

墨西哥玛雅铁路项目叫停

2020 年 4 月，在墨西哥总统恩里克·培尼亚·涅托的任期内，联邦政府把玛雅第一铁路第一标段的项目授予了某联营体，项目合同金额为155.38亿比索，约合7.4亿美元，该标段线路全长226公里，从墨西哥恰帕斯州帕伦克市至坎佩切州埃斯卡塞加市，工期28个月，维护期5年。玛雅铁路项目是墨西哥政府近年以来力推的国家战略项目，意义重大。

但是在此项目的推进中，却引发了一系列负面问题与当地居民、社会组织的多次上诉。此项目的争议焦点主要是招标过程中的腐败、对当地环境的影响、项目缺乏透明性与疫情期间的施工。

首先，是招标过程中的腐败与公司的不良行为。葡萄牙莫塔-英吉尔公司是在墨西哥总统恩里克·培尼亚·涅托六年任期内获得公共工程合同最多的公司之一。莫塔-英吉尔公司与一位叫何塞·米格尔·贝霍斯（Jose Miguel Bejos）的商人在墨西哥合作密切，而这位商人与总统的关系非常亲密。并且，中标该项目的两家公司过往均有不良行为。据报道，莫塔-英吉尔公司在韦拉克鲁斯和塔毛利帕斯的两条高速公路的建设于2014年没有按预期完成。

其次，是对当地土著社区以及环境的负面影响。墨西哥可持续林业民间理事会的主任坦言，伴随着尤卡坦半岛巨型项目开发而来的是当地土著社区的土地被强占，而这对当地土著社区的影响是非常巨大的。非政府组织“政策与环境立法”的森林部主管也说：“铁路本身并不是这个项目中最复杂的部分，最复杂的是项目带来的新城镇建设将对一些生物多样性地区产生强大的压力。”可以看出，铁路在修建过程中将不可避免地对沿线的生态环境以及生物的多样性产生一些负面影响。基于此，当地的很多环保人士及组织持抗拒态度。

再次，据律师豪尔赫·费尔南德斯所言，玛雅铁路的影响一直是不透明的，他说：“这个项目一直就不透明，项目规划、环境影响和项目影响等公共信息都没有公开。”而项目实施中很重要的就是项目信息披露和透明化。对相关信息的公布可使当地的居民及社会组织等增进对项目实施及其影响的了解，而如果一个项目一直处在高度不透明之中，那么人们对这个项目会处在一种极其不信任的状态之中。基于此，当地民众及社会组织对其一直怀有疑虑。尤其是其关于土著居民等的信息，一直处在高度不透明的状态下。联合国人权事务高级专员办事处墨西哥代表处表示，2019年就玛雅铁路项目开展的土著磋商程序没有遵守与土著人民权利（包括事先磋商权）相关的任何一条国际标准。他们强调，无论是对该项目的呼吁和相关协商程序，还是政府向社区提供的信息，都没有关于项目对该地区潜在影响的完整信息。

最后一个争议点是其在疫情期间施工。由于当时全球正处于新冠病毒肆虐时期，各国政府都采取了一定措施限制居民出行、聚集和大型工程的施工。而此项目却一直没有停工。当地土著社区、帕伦克、萨尔托-德阿瓜和奥科辛戈的居民联合提起申诉，对允许玛雅铁路项目在疫情期间继续施工的两项协议提出质疑。6 月 22 日，地方法院叫停了铁路项目前七段工程的施工。

七　思考题

1. 透明度与人权具有何种关系？在工商业与人权领域，透明度发挥何种作用？

2. 工商企业可以采取哪些措施提升自己在人权方面的透明度？

3. 一个良好的企业人权报告应当如何制定？遵循什么流程？包含哪些内容？

4.《联合国工商企业与人权指导原则》对工商企业的报告提出了哪些要求？

5. 中国企业的社会责任报告有什么特点，可以如何改进？

第十四章　利益相关者参与

引　言

参与和透明度（第 4 章和第 13 章）是良好治理的标志，也是“基于人权的发展方法”的一部分。《联合国工商企业与人权指导原则》所要求的人权尽责强调利益相关者参与所有步骤，从咨询企业政策和行为准则（第 8 章）开始，到参与影响评估和绩效跟踪（第 9 章和第 12 章），再到通过多利益相关者的努力实施纠正措施（第 11 章），最后到完成社会报告，为利益相关者提供“实质性”信息（第 13 章）。为了实现这种参与，利益相关者的参与是必要的，并且已经成为管理的一个子领域。与利益相关者接触对于维护受大型基础设施项目影响的当地社区的信任至关重要（第 25—26 章）；通过咨询委员会与工会和工人接触对于维持和平的劳资关系至关重要（第 19 章）。在“自由、事先和知情同意”的国际标准已经确立（第 22 章）的情况下，特别需要同土著居民等脆弱群体进行适当的协商。作为一种处理各利益相关者无法独自应对的系统性或棘手问题的治理机制（第 2 章），与利益相关者合作是多利益相关者倡议（第 5 章）的核心。在利益相关者参与方面该做什么和不做什么，有包括来自领先企业的全方位的指导和数十年的经验。

一　要点

- 利益相关者参与/磋商的相关性（影响评估、纠正措施、跟踪绩效、沟通、申诉补救）
- 利益相关者参与的作用（信息、联合行动、信任）
- 参与形式（个人会议、研讨会、公开听证会、咨询委员会等形式）
- 参与范围（确定利益相关者）
- 第三方的角色（例如专家、调解员）
- 包容性参与（弱势群体边缘化）
- 合法代表（是否代表社区领导人）
- 利益相关者参与的要素（利益相关者分析、信息传播、磋商、参与、

申诉机制）

- 利益相关者参与计划/策略
- 商业的性别方面（男性和女性的观点及其偏好）
- 磋商时间
- 可获得性（信息和参与流程）
- 冲突管理
- 磋商（有意义的磋商和操作的标准）
- 利益相关者参与的指标
- 合作关系（协议）
- 公平的工资（最低工资）

二 背景

（一）联合国人权事务高级专员办事处《尊重人权的公司责任解释性指南》[①]

利益攸关者/受影响利益攸关者：利益攸关者是指可能影响一个组织的活动或受该组织活动影响的任何个人。受影响利益攸关者在这里专指人权受企业业务、产品或服务影响的个人。

利益攸关者的参与/磋商：利益攸关者的参与或磋商在这里指的是企业与其潜在受影响利益攸关者之间的互动和对话，这使企业得以听取、理解和回应后者的利益与关切，包括通过协作方针来做到这点。

（二）经济合作与发展组织《有意义的利益相关方参与的尽职调查指导》[②]

利益相关者参与是对负责任的商业行为的期望。它也是一种有效的活动，可查明和避免采掘作业的潜在不利影响，在影响发生时适当减轻和补

① UN Office of the High Commissioner of Human Rights, *The Corporate Responsibility To Respect Human Rights-An Interpretive* Guide (2011), http://www.ohchr.org/Documents/Issues/Business/RtRInterpretativeGuide.pdf，中文版见 http://www.ohchr.org/Documents/Publications/HR_PUB_12_02_ch.pdf。

② OECD, *Due Diligence Guidance for Meaningful Stakeholder Engagement in the Extractive Sector* (2017), www.oecd-ilibrary.org/docserver/9789264252462-en.pdf?expires=1551787131&id=id&accname=ocid177253&checksum=BB16859BBF8819CCB39201C08881169E.

救，并确保为所有利益相关者优化采掘活动的潜在积极影响。从这个意义上讲，利益相关者参与是实施尽职调查的重要手段。利益相关者自己可以提供重要知识，帮助识别对自己或周围环境的潜在或实际影响。在评估影响和确定适当的避免或缓解措施时，受影响的利益相关者的价值和偏好是至关重要的考虑因素。

然而，如果利益相关者参与活动没有得到适当的支持、发展或执行，它们的尽职调查功能可能无法实现，可能也就无法避免或解决负面影响。此外，利益相关者参与度低本身就会产生实际或可感知的负面影响，并危及利益相关者的潜在利益。

利益相关者是指直接或间接受到某个项目或活动影响的个人或团体。从尽职调查的角度来看，应优先考虑那些不利影响风险最大、潜在不利影响严重或可能无法补救的利益相关者。参与的优先顺序包括但不限于：

- 可能受影响的当地社区；
- 土著居民；
- 农民；
- 工人（包括本地工人和移徙工人）；
- 手工采矿者；
- 东道国政府（当地、区域或国家政府）；
- 当地公民社会组织、社区组织和当地人权捍卫者。

此外，可能对有意义的参与很重要的利益相关者还包括：

- 非政府组织；
- 业内同行；
- 投资者/股东；
- 商业伙伴；
- 媒体。

三 国际文件与域外材料

（一）《联合国工商企业与人权指导原则》[①]

3. 国家在履行其尊重义务时，应：

---

① UN Guiding Principles on Business and Human Rights-Human Rights Council. Seventeenth Session, 2011, http://www.ohchr.org/Documents/Publications/GuidingPrinciplesBusiness HR_ EN.pdf，中文版见 http://www.ohchr.org/Documents/Publications/GuidingPrinciplesBusinessHR_ CH.pdf。

(……)

(d) 鼓励并在适当时要求工商企业通报其如何处理人权影响。

评论

工商企业通报部门如何处理其人权影响可包括与受影响利益攸关者的非正式接触到发表公开报告。(……)

关于通报要素的任何规定都应考虑通报对有关个人和设施造成的安全和保安风险（……）。

18. 为衡量人权风险，工商企业应确认和评估通过其自身活动或作为其商业关系的结果可能参与造成的任何实际或潜在的负面的人权影响。此一过程应：

(b) 根据工商企业的规模及其经营的性质和背景，酌情与可能受影响的群体和其他利益相关者进行切实磋商。

评论

工商企业为准确评估其人权影响，应努力了解可能受影响利益攸关者的关注，应与他们直接磋商，并考虑到为进行有效接触面临的语言和其他潜在障碍。在不可能进行此类磋商时，工商企业应考虑合理的替代办法，例如请教可靠的独立专家，包括人权维护者和其他民间社会团体。

20. 为核实是否消除了负面影响，企业应跟踪其对策的有效性。跟踪应：

(b) 借助内部和外部反馈，包括受影响的利益相关者的反馈。

21. 工商企业为就其如何消除其人权影响负责，应准备对外公布有关情况，尤其是在受影响利益攸关者或以受影响利益攸关者名义提出其经营或经营背景可能带来严重人权影响的工商企业，应正式报告其如何应对这些影响。在所有情况下，通报应：

(a) 采取与企业人权影响相当的形式和频度，并可供其目标受众获取；

(c) 不会给受影响利益攸关者和人员带来进一步风险，或违反合法的商业机密要求。

评论

(……) 所谓显示，涉及通报，向可能受影响的个人或群体，并向有关利益相关者，包括投资者提供一定的透明度和问责手段。

通报可采取各种形式，包括人际会晤、在线对话、与受影响利益攸关者的磋商以及公开发表的正式报告。正式报告本身包括从传统的年度报告和公司责任/可持续性报告，到在线最新信息和综合性财务和非财务报告。

23. 在所有情况下，工商企业均应（……）

评论

一些业务环境，例如在受冲突影响地区，可能增加企业卷入其他行为者（例如安全部队）的严重侵犯人权行为的风险。工商企业应将这一风险视为是否守法的问题，这是因为域外民事主张以及将《国际刑事法院罗马规约》的条款纳入规定了公司刑事责任的管辖范围所引发的潜在公司法律责任日益扩大。此外，公司主管、管理人员和雇员也可能对相当于严重侵犯人权的行为负有个人责任。

28. 国家应考虑在处理与企业相关的人权伤害时，如何便利获得有效的非国家申诉机制。

评论

一类非国家申诉机制包括企业自身或与利益攸关者一道实施，或由行业联合会或多利益攸关者集团实施的那些机制。它们是非司法性的，但可能是裁定的、基于对话的或其他文化上适宜和权利上兼容的进程。这些机制可能自有其好处，例如加快获得速度和补救速度，降低费用和/或超越国家范围。

29. 为使申诉得到及时处理和直接补救，工商企业应针对可能受到不利影响的个人或社群建立或参与有效的业务层面申诉机制。

评论

业务层面的申诉机制可成为更广泛的利益攸关者参与和集体讨价还价进程的重要补充，但不可以取代二者。（……）

31. 为确保其有效性，国家或非国家非司法申诉机制应：

（a）合法：以得到其所面对的利益攸关者集团的信任，并对申诉过程的公正性负责；

（b）可获得性：得到其所面对的所有利益攸关者群体的了解，并向在获得时可能面临特殊壁垒者提供适当援助；

（……）

业务层面的机制应：

（h）立足参与和对话：就机制的设计和运作与其所面对的利益攸关者团体磋商，侧重以对话为手段，处理和解决申诉。

评论

（h）就业务层面的申诉机制而言，调动受影响利益攸关群体参与其设计和运作，有助于确保该机制满足这些群体的需要，它们将在实践中加以利用，同时，人们有确保其成功的共同愿望。鉴于工商企业，在法律的意义上，不能既为投诉对象，又可单方决定投诉结果，这些机制应侧重于通过对话达成商定解决办法。如果需要裁定，则裁定应由合法和独立的第三方机制提供。

（二）联合国人权事务高级专员办事处《尊重人权的公司责任解释性指南》[①]

问题 30. 利益攸关者的参与有何作用?

人权尽责以人为本。它表明每个人都有权获得有尊严的待遇。因此，它涉及企业与企业可能影响的那些人之间的关系。

如上所述，人权尽责的关键在于需要理解潜在受影响个人和群体的看法。如有可能并在与企业规模和人权风险相适应的情况下，这应包括与可能受影响者或其合法代表进行直接协商，指导原则 18 深入讨论了这一点。

问题 33. 能否由外部专家来实施人权尽责或其中的一部分?

(……)

企业也不应将与潜在受影响利益攸关者的参与完全委托给外部专家，因为这将损害它切实理解可能受其影响者的看法，并与他们建立信任和建设性关系的能力。不过，调动当地第三方参与企业自身的接触努力或可有助于沟通文化隔膜。尤其是，如果与受影响利益相关者的关系已经有一段不信任的历史，很可能必须确定一个中立的第三方，支持和协助与此类利益攸关者的参与，至少是在初始阶段。

问题 42. 在评估人权影响时与受影响群体和有关利益攸关者直接磋商有什么作用?

(……)

与利益攸关者接触有一系列作用。它使企业能够确认，在哪些因素构成了对其人权的影响和影响究竟有多大的问题上，利益攸关者（与企业和相互之间）的看法是否一致。例如，属于土著社区但不曾耕种或为其他经济目的

---

① UN Office of the High Commissioner of Human rights, *The Corporate Responsibility To Respect Human Rights-An Interpretive Guide* (2011), http://www.ohchr.org/Documents/Issues/Business/RtRInterpretativeGuide.pdf，中文版见 http://www.ohchr.org/Documents/Publications/HR_PUB_12_02_ch.pdf。

利用的土地，如果损毁，对企业来说，对财产权的影响并不大，完全可以通过金钱补偿或置换另一块土地加以解决，而土著社区可能认为，因为土地与其文化、传统和信仰的关系，影响要大得多。工厂轮班时间的变化，在企业管理部门看来是合理的，但对需要照料子女的妇女或新的时间表将会干扰其宗教修行的个人，就可能产生特殊影响。只有通过与可能受影响者对话，才能明确这些问题，求得解决。

(……)

在磋商过程中，一些个人和群体可能被排斥，除非有针对性地努力联络他们。利益攸关群体之间和内部对某些影响的相对重要性可能有不同看法。如果企业与利益攸关者之间本已存在不信任，或许就需要某个中立的、受到信任的个人在接触过程中居间斡旋。

问题 49. 如何跟踪对策的有效性?

如存在环境影响造成的人权问题，如与水和健康有关的人权问题，可能存在既定的和非常精确的国际和国内标准，提供现成的模型。这不一定意味那些认为自己正在受到伤害的人相信这些标准，或相信该企业（或该企业付费的第三方）提供的衡量是切实的。在此种情况中，企业应考虑是否有机会与受影响的利益攸关者达成共识，以找到所有相关者相信可提供精确评估的个人或组织。或者还可能由公司和社区代表联手进行真相调查。这往往要求受影响的利益攸关者能够自由地找到在那一程序中代表他们的专家，或者其中一个或多个受影响的利益攸关者本身受过训练，具备参加联合程序的必要专门知识。

问题 76. 这一机制如何与更广大的利益攸关者参与攸关联?

指导原则和本解释性指南反复强调利益攸关者参与人权尽责对有重大人权风险企业的作用。有效的申诉机制并不能取代利益攸关者的广泛参与。相反，它是一个重要的补充。申诉机制无论多么有效，没有更广大利益攸关者的参与，它也可能向利益攸关者发出以下信号，即只有在他们遇到实际问题时，企业才想听取他们的意见。

然而，指导原则还承认，如果中小企业的人权风险不大，而且出于地理、财政或其他原因，很难直接与受影响利益攸关者接触，则可能不需要这种直接接触。如指导原则 18 所讨论，有关企业将寻找其他途径，来收集关于其潜在人权影响的信息和看法。对这些企业来说，设立简单但有效的申诉机制可能是一个途径，可确保它们仍能确认潜在受影响者直接提出的问题。

（三）ISO 26000《社会责任指南》[①]

5.3.3　利益攸关者参与

利益攸关者参与可以采取多种形式。它可以由一个组织发起，也可以作为一个组织对一个或多个利益攸关者的回应。它可以举行非正式会议或正式会议，并可以按照各种各样的形式加以实现，例如个别会议、协商、研讨会、公开听证会、圆桌讨论、咨询委员会、定期和有组织的信息和协商程序、集体谈判和基于网络的论坛。利益攸关者的参与应该是互动的，旨在为利益攸关者的观点提供被听取的机会。它的本质特征是双向沟通。

（……）

利益攸关者的参与在有以下因素存在时，会更有成效：

- 理解参与的明确目的；
- 确定各方利益攸关者的各自利益；
- 这些利益在组织与利益攸关者之间建立的关系是直接的或重要的；
- 利益攸关者的利益对可持续发展具有重要意义；
- 利益攸关者拥有必要的信息和理解来作出决定。

（四）国际金融公司《绩效标准1——环境和社会风险与影响的评估和管理》[②]

5.（……）ESMS（环境和社会评估与管理系统）应该包含以下要素：（……）（6）利益相关者的参与（……）

利益相关者的参与

25. 利益相关者的参与是建立牢固的、有建设性的、响应积极的关系的基础，而这种关系对成功地管理一个项目的环境和社会影响至关重要。利益相关者的参与是一个长期持续的过程，可能不同程度地涉及下列因

① International Standard ISO 26000-Guidance on Social Responsibility. First Edition, 2010 - 11 - 01. Not Available Online, only on Purchase from ISO, http://www.iso.org/iso/catalogue_detail?csnumber=42546.

② International Finance Corporation, *Performance Standard 1-Assessment and Management of Environmental and Social Risks and Impacts* (2012), https://www.ifc.org/wps/wcm/connect/8804e6fb-bd51-4822-92cf-3dfd8221be28/PS1_English_2012.pdf?MOD=AJPERES&CVID=jiVQIfe，中文版见 https://www.ifc.org/wps/wcm/connect/6392a480-c82e-4412-8030-3b9b9c2bb278/PS1_Chinese_2012.pdf?MOD=AJPERES&CVID=jnaeWH2。

素：利益相关者分析和计划、信息披露和传播、磋商和参与、投诉机制以及对受影响社区的持续汇报。利益相关者参与的性质、频率和力度可以因项目不同而有很大差异，但应与项目的风险和不利影响及项目的发展阶段相适应。

利益相关者分析和参与计划

26. 客户应识别可能对他们的行为感兴趣的利益相关者的范围，并考虑外部沟通会如何促进与所有利益相关者的对话。

27. 客户则应制定并实施一个《利益相关者参与计划》，该计划应根据项目风险和影响及发展阶段，并根据受影响社区的特点和利益定制。在条件适用的情况下，这个计划还应包括区别对待的措施，以保证那些被认为处于不利或弱势地位的利益相关者也能有效地参与。当利益相关者参与过程在很大程度上取决于社区代表时，客户应尽可能验证这些代表确实能代表受影响的社区的意见，并且可以信赖他们向其所代表的团体真实地传达磋商结果。

28. 如果项目的具体地点暂时不详，但根据可靠预测将会对本地社区造成严重影响的项目，客户则应制定一个利益相关者参与框架并纳入管理方案中，列出识别受影响的社区和其他相关的利益相关者的基本准则和战略，并根据本绩效标准计划一个参与程序。一旦获知项目的地点，就可以实施该参与程序。

磋商

30. 如果受影响的社区可能要承受一个项目所造成的并已被识别的风险和不利影响，客户应开展磋商过程，为受影响社区提供机会，让他们表达对项目风险、影响和减缓措施的看法，允许客户加以考虑并提供反馈。磋商过程的参与范围和程度应与项目的风险和不利影响以及受影响社区提出的担忧相称。有效的磋商是一个双向过程，应该：

（1）在环境和社会风险与影响的识别过程早期开始，并在风险和影响出现的同时持续进行；

（2）事先披露和传播相关的、透明的、客观的、有意义的和易于获取的信息，而这些信息应以文化上适当的当地语言和形式提供，并可以被受影响社区所理解；

（3）相对于非直接受影响社区，注重直接受影响社区的包容性的参与磋商；

（4）不受外部操纵、干预、胁迫或恐吓；

（5）在可行的情况下，促成有意义的参与；

（6）进行文档备案，客户应按照受影响的社区使用的语言、他们的决策过程以及处境不利或弱势群体的需求来调整磋商过程；如果客户已经开展了这样的磋商过程，他们应提供充足的书面证明。

知情磋商和参与

31. 对受影响的社区可能造成严重不利影响的项目，客户应开展知情磋商和参与（ICP），该过程建立在上述磋商所列步骤的基础上，让受影响社区在知情的情况下参与磋商。知情磋商和参与包含深入交换意见和信息，有组织的反复磋商，最终使得客户在决策过程中能考虑到受影响社区在对他们产生直接影响的问题上的看法，比如有关提议中的减缓措施、发展效益和机会的共享以及实施当中的问题，等等。磋商过程应：（1）同时获得男性和女性参与者的意见，在必要情况下通过单独的论坛或沟通渠道进行磋商；（2）反映男性和女性参与者对影响、减缓措施和效益方面不同的关注点和优先考虑事项。客户应对磋商过程进行文档备案，特别是要备案那些为避免对受影响社区造成风险与不利影响或使之降到最小而采取的措施，并告知受影响社区他们的担忧是如何被考虑的。

外部沟通

34. 客户应实施并维护一套外部沟通程序，其中包括以下方法：

（1）接收并登记来自公众的外部沟通；

（2）筛选并评估沟通中所提出的问题并决定如何处理；

（3）提供、跟踪并记录答复（如果有）；

（4）在需要的情况调整管理计划。

另外，鼓励客户定期公布他们的环境和社会可持续性报告。

受影响社区的投诉机制

35. 如果存在受到影响的社区，客户应建立投诉机制，用于接收并解决受影响社区对客户环境和社会绩效提出的问题和投诉。投诉机制应根据项目的风险和不利影响来制定，并把受影响社区作为其首要用户。它应采用文化上适当的、方便投诉者的、易于理解的、透明的磋商程序，迅速处理投诉的问题，同时不应对提出问题的投诉方收取任何费用或予以任何惩罚。投诉机制不应阻碍投诉方寻求司法或行政补救措施。客户应在利益相关者的参与过程中告知受影响社区有关这个机制的信息。

（五）经济合作与发展组织《有意义的利益相关者参与的尽职调查指南》①

附件 A：有意义的利益相关方参与的监测和评估框架

表 A.1 为利益相关者参与活动的监测和评价（M&E）提供了一个简单的说明性框架。指标和评估标准旨在为企业提供指导，说明在进行利益相关者参与流程的检测和评估时应考虑的要素，但这些指标和评估标准并不是规定性的。

（……）

为参与制定可行和适当的时间表	－根据情境变化调整时间安排应当十分容易 －就项目计划与利益相关者团体进行初步接触的时间安排 －在考虑会议及其他参与活动的基础上给出通知利益相关者的平均时间	良好：利益相关者自己讨论时间表，并反映现实和情境。时间表中包含一些灵活性。利益相关者尽可能早地参与进来，并得到了充分的会议通知，有足够的时间来考虑和在内部讨论任何建议或决定 一般：时间表反映了现实，但未提前与利益相关方讨论，因此必须重新调整 很差：时间表不切实际且不灵活。在确定时间表时没有咨询利益相关者，因此企业会产生延误。利益相关者没有足够的时间来充分参与

（六）日内瓦安保行业治理中心 & 国际红十字会《处理复杂环境中的安全和人权挑战——工具包》②

与社区合作

虽然有效的利益相关者参与需要投入大量的时间和资源，但与当地社区发展良好的关系对项目的长期可持续性和成功至关重要。（……）与社区有关的安全风险往往是未能得到解决的关切、负面影响或对与安全无关的问题的误解的结果，例如就业、土地、环境、补偿、重新安置和以前公司项目的遗留问题等。当关切或不满得不到解决或减轻时，这些问题可能升级为紧张局面，并可能最终导致暴力。

因此，本章采用预防和冲突管理的方法来处理与公司－社区关系有关的一些最常见的安全和人权挑战。虽然许多良好实践都是在特定的某个具体情

① OECD, *Due Diligence Guidance for Meaningful Stakeholder Engagement in the Extractive Sector* (2017), www.oecd-ilibrary.org/docserver/9789264252462-en.pdf? expires = 1551784695&id = id&accname = ocid177253&checksum = ACB0808212E374EB0A55B2BE9BBF1D6E.

② DCAF & ICRC, *Addressing Security and Human Rights Challenges in Complex Environments* (2016), http://www.securityhumanrightshub.org/sites/default/files/publications/ASHRC_Toolkit_V3.pdf.

境，但是一些关键的建议会反复出现，因为它们对于良好的利益相关者参与非常重要。这些建议包括：

（a）全面了解环境，评估实际和潜在的风险和影响；

（b）从第一个公司代表、承包商或保安人员进入社区的那一刻起，就与社区进行接触；社区应被视为东道主，公司应被视为临时访客；

（c）规划、分析并与所有利益相关者进行沟通，确保纳入弱势群体，并让他们感到舒适地参与其中；

（d）持续透明地共享信息，包括及时回复询问；

（e）尊重当地文化，将社区视为合作伙伴而不是威胁；

（f）认真倾听关注和不满，让社区参与制定解决方案；

（g）投入时间与当地社区建立牢固的关系，并为社区咨询和决策留出充足的时间。（……）

企业与社区的关系不是在真空中发生的。因此，本章讨论必须在复杂业务环境中分析的业务问题。社区对该公司的关注和不满往往是治理薄弱、公共服务薄弱和东道国政府缺乏真正参与的结果。因此，企业必须评估其运营的所有方面（不仅仅是安全措施）如何与现有环境交互。必须进行批判性分析，以了解公司的行为是在加剧不平等、加剧资源竞争、降低社区成员在决策中的发言权，还是相反，公司的行为是在加强良好治理、尊重人权和保障人类安全。在这方面，虽然企业不能也不应该取代政府，但可以努力支持政府发挥更大的作用。此外，在国家治理薄弱的地方，遵守国家法律要求可能不足以履行尊重人权的企业责任。在某些情况下，国内法甚至可能与国际人权法和标准发生冲突。因此，各公司需要加强人权方面的尽职调查，并超越国家法律要求，确保在其业务中尊重人权。

4.1. 利益相关者参与的策略

（……）

B. 社区通常由多个具有不同权力结构、利益、需求和脆弱性的子群体组成。在这些情况下，具有包容性的社区参与可能尤其具有挑战性，企业可能面临偏向或无意中排除某些子群体的风险，从而造成或加剧现有的紧张局势。

良好实践

确保利益相关者参与策略具有包容性

– 优先考虑受影响的利益相关者群体，尤其是弱势群体和有被边缘化风险的个人。利益相关者群体受项目组成部分的实质影响越大，他们被适当地告知并鼓励参与直接影响他们的事务就显得越为重要，包括建议的缓解措施，发展利益和机遇的共享，实现或监测问题。

- 考虑到儿童是最脆弱的人群之一，“通常不太适合为自己的利益辩护”。(……)

- 与那些反对该项目的人接触。他们的反对往往是基于合理的关切，应当予以考虑和回应。

- 在与武装组织接触时要谨慎，因为这“可能会让公司面临贿赂、腐败和非法的指控”。应当考虑到当地社区和武装团体可能通过其本身的掠夺性关系或积极关系而不可分割地联系在一起。(……)

C. 公司有时可能会与利用其职位获取利益的社区成员进行接触，而不考虑社区的利益和需求。

良好实践

确定不同社区子群体的合法代表

- 容许利益相关者选择他们自己的代表，但在代表的选择明显偏向社会某一特定阶层（例如男性、长者、族裔、家庭等）的情况下，应当考虑进行干预。

- 确保代表反映利益相关者群体的多样性（OECD 2015：35），以及可能存在的利益多样性。“重要的是要记住，并非某个特定团体或子团体的所有利益相关者都有相同的关注，或有统一的意见或优先事项。”(IFC：13)

-“请注意，在当地居民和项目之间确定某些人作为‘联络人’的行为本身就赋予他们一定的权力和影响。”(IFC：20)

- 将与代表的接触和与社区成员的直接接触结合起来。

- 遵循当地的决策程序，但同时使社区参与成为所有协议的条件。

-“与正式和非正式领导人接触”，并与男女老少、所有社会经济、种姓、种族和宗教团体接触。

- 考虑与代理人代表合作，即“实际上并不属于利益相关方群体但与群体的需求保持一致的代表，例如民间社会组织或指定的中立代理人(……)只有在有关权利人要求或授权此类陈述的情况下才应如此”。(OECD 2015：36)

(……)

确保政府履行其协商职责

- 留意由政府主导的有关项目事宜的磋商，因为这些磋商可能会影响未来的利益相关者关系。

• 确定在哪些阶段进行了这种接触，作出了哪些承诺和达成了哪些协议，以及哪些尚未解决的问题仍然存在，而这些问题可能影响与当地社区的关系。

• 寻求参与（或至少观察）政府主导的与利益相关者的磋商，注意不要给人留下站在政府一边的印象。

– 致力于让政府成为程序的召集人及保证人，在自由、事先和知情同意原则适用的情况下协助界定磋商的范围。

– 考虑向政府部门提供后勤支助（例如旅费），以确保他们出席并能够主导协商。为降低被认为支持一个不符合社区利益的政府的风险，要透明和清晰地向社区表明，公司正在努力提高政府的能力，以真诚地领导这一进程。

成功的参与是基于一些简单实用的原则，这些原则综合了伦理考虑和常识：

– 尊重：在接触和沟通时要尊重对方；你的穿着、言谈和行为将决定你与社区成员的关系质量；

– 诚实：确保充分、真实和清楚地表明信息和你的目的，以免引起期望；

– 包容：在过程中保持包容，让各方感到有机会分享自己的观点，否则，社区将认为该公司只与那些支持该项目或易于交谈的人交谈；

– 透明：在过程的所有方面建立和保持完全的透明度，使人们相信你正在进行的活动；

– 沟通：真诚而积极地倾听社区成员的意见，而不是试图向他们推销项目的好处。

理想情况下，良好的协商过程应是：

– 针对那些最有可能受到该项目影响的人；

– 尽早确定关键问题的范围，并对与之相关的项目决策产生影响；

– 获得通知是事先发布相关信息的结果；

– 对那些被咨询的人来说是有意义的，因为内容是以一种容易理解的格式呈现的，使用的技术在文化上是合适的；

– 双向机制，这样双方就有机会交换意见和信息，听取意见，解决问题；

– 通过认识到男性和女性往往有不同的观点和需要，实现性别包容；

– 本地化以反映适当的时间框架、情境和本地语言；

– 不受操纵或胁迫；

- 保存文件，以跟进已咨询的人士及提出的主要问题；
- 及时向被咨询者作出汇报，并说明下一步的工作；
- 在项目周期内按要求进行。

（七）联合国《负责任的合同原则》[①]

社区参与

原则 7：从项目的最初阶段开始，项目就应该有一个贯穿始终的有效的社区参与计划。

原则 7 对协商的主要影响：

- 国家和企业投资者都应该把社区参与看作为项目创建共同预期，为自己、为项目以及受项目影响的个人和社区降低风险的基本方面。
- 社区参与计划应包括明确的责任和问责机制。应在切实可行的情况下尽快开始这项工作。
- 在合同最后确定之前，应与受影响的社区和个人进行协商。
- 公开有关项目及其影响的信息是有意义的社区参与的一个组成部分。
- 为了在规划时考虑到这一点，双方都需要了解对方以前就投资项目与当地社区进行的任何接触努力的历史。
- 社区参与计划应至少符合国内和国际标准的要求。例如，可能需要自由、事先和知情同意或咨询那些可能受影响的人。

简要说明：社区参与

47. 从投资项目的最初阶段就开始进行的有效和持续的社区参与，现在被广泛认为是成功项目的最低限度的良好做法。这是查明和了解潜在的人权负面影响以及查明有效的预防和减轻措施的最佳方法。有效的参与有助于管理期望和培养当地社区的信任——这两者在长期投资的背景下都特别重要。

48. 有效的参与是包容的，旨在促进所有有关个人和团体的参与，注意性别差异和那些易受伤害或边缘化的高风险群体。例如，在男性可能代表家

---

① Principles for Responsible Contracts: Integrating the Management of Human Rights Risks into State-investor Contract Negotiations: Guidance for Negotiators, Report of the Special Representative of the Secretary General on the Issue of Human Rights and Transnational Corporations and other Business Enterprises, John Ruggie (2011), http://www2.ohchr.org/training/business/8_Support_%20doc_UNPrinciplesForResponsibleContracts.pdf.

庭或群体发言的地方，了解女性特有的风险可能会更加困难。应该制定专门的方法来了解这些风险，并且应该从项目执行的最初阶段就探索这些风险。例如，在妇女负责为家庭取水的地方，被咨询的男子可能不确定社区的搬迁是否会产生严重的潜在影响，而这可能对妇女继续安全地按需取水至关重要。

49. 可能无法在合同中包括详细的参与计划，因为这些计划将部分与可能不是由谈判方的实体和人员一起制定。例如，那些将受到影响的个人和社区（见原则 2），或者地方或区域当局都将为制定详细的参与计划作出贡献。然而，国家和企业投资者可以在签订合同时确定他们的期望和履行社区参与的责任。例如，双方可以同意：（1）在影响当地个人或社区的项目活动开始之前，以包容的方式制定参与计划；（2）在可能的情况下，与可能受影响的人一起制定具体的预防和缓解措施；（3）有效参与的最低标准。

50. 与可能受到项目影响的个人和社区共享关于预防和减轻潜在负面影响的信息应被视为整个社区参与计划的组成部分，包括关于安全的信息、获得项目申诉机制的信息和合同条款。公布监测报告、关于预防和减轻不利影响的措施的报告以及其他与人权有关的资料，将使人们了解该项目及其如何影响他们的生活。

（八）力拓矿业《为什么协议至关重要》①

协议的参与——一个由三部分组成的过程

协议需要持续关注三个同样重要的问题：流程、关系和内容。谈判和执行协议的进程应确保社区成员能够在适当阶段以有意义的方式参与。尽早开展包容性接触的重点是加强各方之间的关系。包容的参与是良好关系和良好流程的基础，这与内容同样重要。

在协议的早期接触期间应重点关注的事项：

- 根据在项目中或业务领域的直接利益及其法律地位确定协议各方；
- 了解政府在协议进程中的作用以及他们对公司的期望；
- 广泛及积极地与多元化的社区团体合作；
- 确定商定的当事方、当事方代表和观察员；
- 进行内部准备工作，包括风险评估；

① Rio Tinto，*Why Agreements Matter*（2016），www. riotinto. com/documents/Rio _ Tinto _ Why _ Agreements_ Matter. pdf.

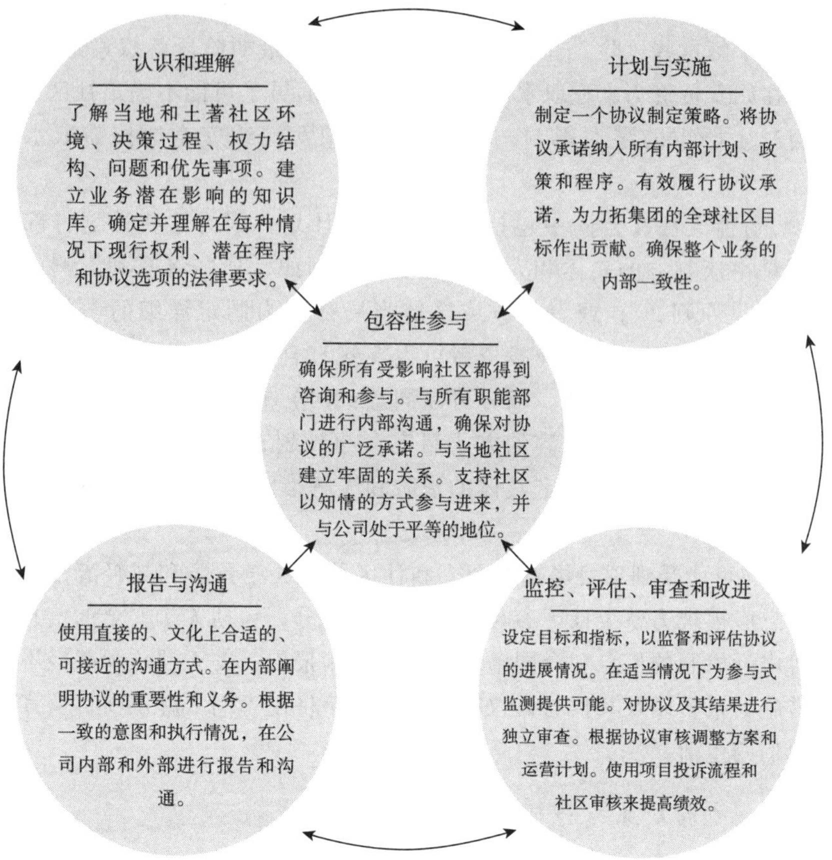

图1　协议流程的五个维度

- 通过沟通公司与社区关系的愿景、优先事项和内部标准，协调内部职能；
- 建立谈判进程（有时在谅解备忘录中提出）和其他关键进程事项；
- 就公司同意提供谈判费用的条件和安排达成协议，特别是对弱势方；
- 概述协议起草过程；
- 阐明沟通程序，使各小组成员充分了解正在谈判的条款，并随时了解最新进展；
- 公开发出达成协议意向的通知，以便在和解前考虑申诉；
- 分享资料，使真正知情的参与成为可能；
- 策划适当的安置仪式。

（九）必和必拓《可持续发展报告（2017 年）》[1]

我们的目标是通过与东道国定期、公开和诚实的对话建立互利的关系。（……）透过社区的参与，我们会采取行动，了解社会及经济环境，认识主要的利益相关者（包括弱势群体），以及预测我们的运作可能带来的社会影响。我们还与其他行业伙伴密切合作以了解我们的集体影响和更有效地合作的最佳方法。

我们的社区合作方法：

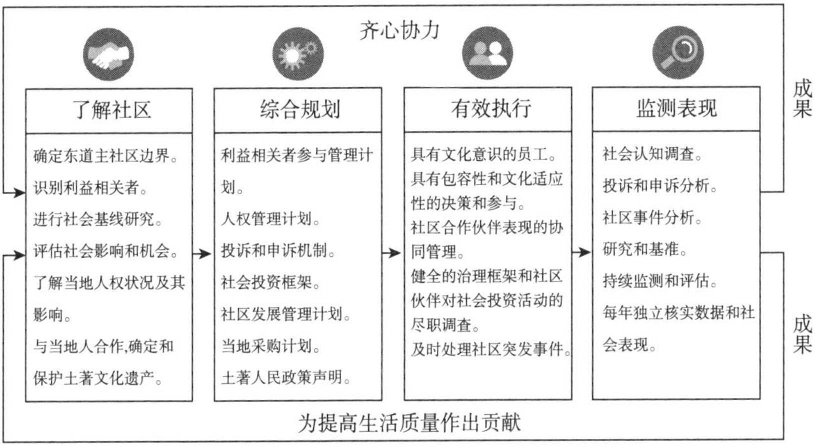

（十）卡明加《公司对人权报告的回应：一个实证分析》[2]

公司如何回应对他们的批评？工业部门之间、公司所在国家之间以及公司本身之间的回应是否存在显著差异？这些回应是否反映了企业有责任尊重人权的信念？参与联合国“全球契约”的公司是否比那些没有参与的公司更负责任？本文试图通过研究企业对商业与人权资源中心企业回应数据库中包含的公民社会报告的回应来回答这些问题。该分析涵盖了资源中心在 2005—2014 年对 1877 项请求的回应。

典型的不回应公司是一家国有企业，在其母国以外从事采掘活动。这样的公司很可能忽视尽职调查的要求。因此，建议立法者、活动家和学者优先

① BHP, *Sustainability Report 2017*, www.bhp.com/-/media/documents/investors/annual-reports/2017/bhpsustainabilityreport2017.pdf.

② Menno T. Kamminga, "Company Responses to Human Rights Reports: An Empirical Analysis", *Business and Human Rights Journal* 1: 1 (2016), https://papers.ssrn.com/sol3/papers.cfm?abstract_id=2559255.

关注这类公司。不愿对人权报告作出回应本身并不能证明一家公司犯下了侵犯人权的罪行。但这确实是一个信号，表明一家公司没有认真履行《联合国工商企业与人权指导原则》所要求的与公民社会接触的尽职调查义务。这家公司屡次未能回应批评其业务基本方面的人权报告，至少让人怀疑，它没有履行其人权尽职调查义务。因此，无回应意味着需要对公司的行为进行更仔细的审查，包括定性分析。

四　中国相关文件与材料

（一）《中国企业境外森林可持续经营利用指南》[①]（国家林业局、商务部，2009 年 9 月 25 日）

1　目的

指导中国企业合理开展境外森林经营、利用和保护，为全球森林资源可持续发展发挥积极作用。进一步规范中国企业在境外从事森林资源经营和木材加工利用行为，提高行业自律。促进全球森林资源的合法、可持续经营利用及相关贸易活动。

2　基本原则和适用范围

2.1　基本原则

(……)

2.1.2　互利合作原则：中国企业在境外进行森林资源经营利用活动时，应积极促进当地经济和社区发展，在互利互惠的基础上开展合作。

2.1.3　生态、经济、社会效益统一原则：中国企业在境外进行森林资源经营利用活动时，应高度重视森林的生态效益，保证生态、经济、社会三大效益的统一。

(……)

2.1.5　森林可持续经营利用原则：中国企业在境外进行森林资源经营利用活动时，应有利于当地的森林可持续发展，维护当地生态和环境安全。

2.1.6　节约资源的原则：中国企业在境外进行森林资源经营利用活动时，应尽量节约使用森林资源、土地资源和能源。

2.2　适用范围

本指南适用于在境外开展森林资源采伐、木材加工利用等有关活动的中国企业。

(……)

4　森林资源经营利用

(……)

---

① 国家林业局、商务部：《中国企业境外森林可持续经营利用指南》，见商务部网站，http://www.mofcom.gov.cn/aarticle/b/g/200904/20090406191363.html。

4.5　建立多利益方的公示和咨询制度

4.5.1　向当地社区或有关方面公告森林经营利用的有效合法文件主要内容。

4.5.2　根据当地政府要求建立森林采伐利用伐前公示咨询制度，明确公示的形式、内容、期限等。大面积采伐应在当地进行公示；采伐森林单位（个人）还应在伐区及其附近的交通要道设立公示牌，公示有关部门批准的合法采伐文件的主要内容以及作业期等。

（……）

6　社区发展

6.1　尊重当地居民的合法权利

6.1.1　森林资源经营利用从长远上要有利于所在地森林的可持续经营，有利于当地经济的健康发展，实现经营企业与当地居民互利共赢。

6.1.2　进行森林经营利用相关活动时，充分考虑当地居民的利益，采取适当措施，避免森林经营利用活动直接或间接地侵犯、威胁和削弱当地居民的法定资源所有权或使用权。

6.2　促进社区发展

6.2.1　积极参与当地公益事业活动，尽可能为林区及周边地区的居民提供就业、培训与其他社会服务的机会。

6.2.2　鼓励、支持社区居民参与森林开发的重大决策。在森林经营的过程中，根据需要向当地居民公布经营利用内容、进展和经营活动情况，宣传企业，树立良好形象，提高信誉。

6.2.3　尊重当地群众的风俗习惯，建立与当地社区的协商机制，与当地居民友好相处。

6.2.4　积极与当地居民协商，划定和保护对当地居民具有特定文化、生态、经济或宗教意义的林地。

（二）《环境影响评价公众参与办法》[①]（生态环境部，2018年7月16日）

第一条　为规范环境影响评价公众参与，保障公众环境保护知情权、参与权、表达权和监督权，依据《中华人民共和国环境保护法》《中华人民共和国环境影响评价法》《规划环境影响评价条例》《建设项目环境保护管理条例》等法律法规，制定本办法。

第二条　本办法适用于可能造成不良环境影响并直接涉及公众环境权益的工业、农业、畜牧业、林业、能源、水利、交通、城市建设、旅游、自然资源开发的有关专项规划的环境影响评价公众参与，和依法应当编制环境影响报告书的建设项目的环境影响评价公众参与。

---

① 生态环境部：《环境影响评价公众参与办法》，见生态环境部网站，https://www.mee.gov.cn/xxgk2018/xxgk/xxgk02/201808/t20180803_629536.html? keywords = 环境影响评价公众参与办法。

国家规定需要保密的情形除外。

第三条 国家鼓励公众参与环境影响评价。

环境影响评价公众参与遵循依法、有序、公开、便利的原则。

第四条 专项规划编制机关应当在规划草案报送审批前，举行论证会、听证会，或者采取其他形式，征求有关单位、专家和公众对环境影响报告书草案的意见。

第五条 建设单位应当依法听取环境影响评价范围内的公民、法人和其他组织的意见，鼓励建设单位听取环境影响评价范围之外的公民、法人和其他组织的意见。

第六条 专项规划编制机关和建设单位负责组织环境影响报告书编制过程的公众参与，对公众参与的真实性和结果负责。

专项规划编制机关和建设单位可以委托环境影响报告书编制单位或者其他单位承担环境影响评价公众参与的具体工作。

第七条 专项规划环境影响评价的公众参与，本办法未作规定的，依照《中华人民共和国环境影响评价法》《规划环境影响评价条例》的相关规定执行。

第八条 建设项目环境影响评价公众参与相关信息应当依法公开，涉及国家秘密、商业秘密、个人隐私的，依法不得公开。法律法规另有规定的，从其规定。

生态环境主管部门公开建设项目环境影响评价公众参与相关信息，不得危及国家安全、公共安全、经济安全和社会稳定。

第九条 建设单位应当在确定环境影响报告书编制单位后7个工作日内，通过其网站、建设项目所在地公共媒体网站或者建设项目所在地相关政府网站（以下统称网络平台），公开下列信息：

（一）建设项目名称、选址选线、建设内容等基本情况，改建、扩建、迁建项目应当说明现有工程及其环境保护情况；

（二）建设单位名称和联系方式；

（三）环境影响报告书编制单位的名称；

（四）公众意见表的网络链接；

（五）提交公众意见表的方式和途径。

在环境影响报告书征求意见稿编制过程中，公众均可向建设单位提出与环境影响评价相关的意见。

公众意见表的内容和格式，由生态环境部制定。

第十条 建设项目环境影响报告书征求意见稿形成后，建设单位应当公开下列信息，征求与该建设项目环境影响有关的意见：

（一）环境影响报告书征求意见稿全文的网络链接及查阅纸质报告书的方式和途径；

（二）征求意见的公众范围；

（三）公众意见表的网络链接；

（四）公众提出意见的方式和途径；

（五）公众提出意见的起止时间。

建设单位征求公众意见的期限不得少于10个工作日。

第十一条　依照本办法第十条规定应当公开的信息，建设单位应当通过下列三种方式同步公开：

（一）通过网络平台公开，且持续公开期限不得少于 10 个工作日；

（二）通过建设项目所在地公众易于接触的报纸公开，且在征求意见的 10 个工作日内公开信息不得少于 2 次；

（三）通过在建设项目所在地公众易于知悉的场所张贴公告的方式公开，且持续公开期限不得少于 10 个工作日。

鼓励建设单位通过广播、电视、微信、微博及其他新媒体等多种形式发布本办法第十条规定的信息。

第十二条　建设单位可以通过发放科普资料、张贴科普海报、举办科普讲座或者通过学校、社区、大众传播媒介等途径，向公众宣传与建设项目环境影响有关的科学知识，加强与公众互动。

第十三条　公众可以通过信函、传真、电子邮件或者建设单位提供的其他方式，在规定时间内将填写的公众意见表等提交建设单位，反映与建设项目环境影响有关的意见和建议。

公众提交意见时，应当提供有效的联系方式。鼓励公众采用实名方式提交意见并提供常住地址。

对公众提交的相关个人信息，建设单位不得用于环境影响评价公众参与之外的用途，未经个人信息相关权利人允许不得公开。法律法规另有规定的除外。

第十四条　对环境影响方面公众质疑性意见多的建设项目，建设单位应当按照下列方式组织开展深度公众参与：

（一）公众质疑性意见主要集中在环境影响预测结论、环境保护措施或者环境风险防范措施等方面的，建设单位应当组织召开公众座谈会或者听证会。座谈会或者听证会应当邀请在环境方面可能受建设项目影响的公众代表参加。

（二）公众质疑性意见主要集中在环境影响评价相关专业技术方法、导则、理论等方面的，建设单位应当组织召开专家论证会。专家论证会应当邀请相关领域专家参加，并邀请在环境方面可能受建设项目影响的公众代表列席。

建设单位可以根据实际需要，向建设项目所在地县级以上地方人民政府报告，并请求县级以上地方人民政府加强对公众参与的协调指导。县级以上生态环境主管部门应当在同级人民政府指导下配合做好相关工作。

第十五条　建设单位决定组织召开公众座谈会、专家论证会的，应当在会议召开的 10 个工作日前，将会议的时间、地点、主题和可以报名的公众范围、报名办法，通过网络平台和在建设项目所在地公众易于知悉的场所张贴公告等方式向社会公告。

建设单位应当综合考虑地域、职业、受教育水平、受建设项目环境影响程度等因素，从报名的公众中选择参加会议或者列席会议的公众代表，并在会议召开的 5 个工作日前通知拟邀请的相关专家，并书面通知被选定的代表。

第十六条　建设单位应当在公众座谈会、专家论证会结束后 5 个工作日内，根据现场记录，整理座谈会纪要或者专家论证结论，并通过网络平台向社会公开座谈会纪要或者专家论证结论。座谈会纪要和专家论证结论应当如实记载各种意见。

第十七条 建设单位组织召开听证会的，可以参考环境保护行政许可听证的有关规定执行。

第十八条 建设单位应当对收到的公众意见进行整理，组织环境影响报告书编制单位或者其他有能力的单位进行专业分析后提出采纳或者不采纳的建议。

建设单位应当综合考虑建设项目情况、环境影响报告书编制单位或者其他有能力的单位的建议、技术经济可行性等因素，采纳与建设项目环境影响有关的合理意见，并组织环境影响报告书编制单位根据采纳的意见修改完善环境影响报告书。

对未采纳的意见，建设单位应当说明理由。未采纳的意见由提供有效联系方式的公众提出的，建设单位应当通过该联系方式，向其说明未采纳的理由。

第十九条 建设单位向生态环境主管部门报批环境影响报告书前，应当组织编写建设项目环境影响评价公众参与说明。公众参与说明应当包括下列主要内容：

（一）公众参与的过程、范围和内容；

（二）公众意见收集整理和归纳分析情况；

（三）公众意见采纳情况，或者未采纳情况、理由及向公众反馈的情况等。

公众参与说明的内容和格式，由生态环境部制定。

第二十条 建设单位向生态环境主管部门报批环境影响报告书前，应当通过网络平台，公开拟报批的环境影响报告书全文和公众参与说明。

第二十一条 建设单位向生态环境主管部门报批环境影响报告书时，应当附具公众参与说明。

第二十二条 生态环境主管部门受理建设项目环境影响报告书后，应当通过其网站或者其他方式向社会公开下列信息：

（一）环境影响报告书全文；

（二）公众参与说明；

（三）公众提出意见的方式和途径。

公开期限不得少于 10 个工作日。

第二十三条 生态环境主管部门对环境影响报告书作出审批决定前，应当通过其网站或者其他方式向社会公开下列信息：

（一）建设项目名称、建设地点；

（二）建设单位名称；

（三）环境影响报告书编制单位名称；

（四）建设项目概况、主要环境影响和环境保护对策与措施；

（五）建设单位开展的公众参与情况；

（六）公众提出意见的方式和途径。

公开期限不得少于 5 个工作日。

生态环境主管部门依照第一款规定公开信息时，应当通过其网站或者其他方式同步告知建设单位和利害关系人享有要求听证的权利。

生态环境主管部门召开听证会的，依照环境保护行政许可听证的有关规定执行。

第二十四条　在生态环境主管部门受理环境影响报告书后和作出审批决定前的信息公开期间，公民、法人和其他组织可以依照规定的方式、途径和期限，提出对建设项目环境影响报告书审批的意见和建议，举报相关违法行为。

生态环境主管部门对收到的举报，应当依照国家有关规定处理。必要时，生态环境主管部门可以通过适当方式向公众反馈意见采纳情况。

第二十五条　生态环境主管部门应当对公众参与说明内容和格式是否符合要求、公众参与程序是否符合本办法的规定进行审查。

经综合考虑收到的公众意见、相关举报及处理情况、公众参与审查结论等，生态环境主管部门发现建设项目未充分征求公众意见的，应当责成建设单位重新征求公众意见，退回环境影响报告书。

第二十六条　生态环境主管部门参考收到的公众意见，依照相关法律法规、标准和技术规范等审批建设项目环境影响报告书。

第二十七条　生态环境主管部门应当自作出建设项目环境影响报告书审批决定之日起 7 个工作日内，通过其网站或者其他方式向社会公告审批决定全文，并依法告知提起行政复议和行政诉讼的权利及期限。

第二十八条　建设单位应当将环境影响报告书编制过程中公众参与的相关原始资料，存档备查。

第二十九条　建设单位违反本办法规定，在组织环境影响报告书编制过程的公众参与时弄虚作假，致使公众参与说明内容严重失实的，由负责审批环境影响报告书的生态环境主管部门将该建设单位及其法定代表人或主要负责人失信信息记入环境信用记录，向社会公开。

第三十条　公众提出的涉及征地拆迁、财产、就业等与建设项目环境影响评价无关的意见或者诉求，不属于建设项目环境影响评价公众参与的内容。公众可以依法另行向其他有关主管部门反映。

第三十一条　对依法批准设立的产业园区内的建设项目，若该产业园区已依法开展了规划环境影响评价公众参与且该建设项目性质、规模等符合经生态环境主管部门组织审查通过的规划环境影响报告书和审查意见，建设单位开展建设项目环境影响评价公众参与时，可以按照以下方式予以简化：

（一）免予开展本办法第九条规定的公开程序，相关应当公开的内容纳入本办法第十条规定的公开内容一并公开；

（二）本办法第十条第二款和第十一条第一款规定的 10 个工作日的期限减为 5 个工作日；

（三）免予采用本办法第十一条第一款第三项规定的张贴公告的方式。

第三十二条　核设施建设项目建造前的环境影响评价公众参与依照本办法有关规定执行。

堆芯热功率300兆瓦以上的反应堆设施和商用乏燃料后处理厂的建设单位应当听取该设施或者后处理厂半径15公里范围内公民、法人和其他组织的意见；其他核设施和铀矿冶设施的建设单位应当根据环境影响评价的具体情况，在一定范围内听取公民、法人和其他组织的意见。

大型核动力厂建设项目的建设单位应当协调相关省级人民政府制定项目建设公众沟通方案，以指导与公众的沟通工作。

第三十三条 土地利用的有关规划和区域、流域、海域的建设、开发利用规划的编制机关，在组织进行规划环境影响评价的过程中，可以参照本办法的有关规定征求公众意见。

第三十四条 本办法自2019年1月1日起施行。《环境影响评价公众参与暂行办法》自本办法施行之日起废止。其他文件中有关环境影响评价公众参与的规定与本办法规定不一致的，适用本办法。

（三）《中国对外承包工程行业社区沟通手册》[①]（中国对外工程承包商会，2018年10月26日）

前言

（……）

中国企业海外投资面临的企业社会责任挑战和风险，最终要落到社区关系管理层面，通过社区沟通和社区融入，对上述挑战和风险进行识别、预防、管理和化解，并将这些非传统风险转化为可持续发展的机遇。

尽管国际上已存在社区沟通的相关工具及跨国公司丰富的社区沟通实践经验，但由于话语体系等原因，中国企业对其理解和实施仍有较大距离。因此，中国企业在海外投资过程中仍需要有一套适合自身话语体系、思维方式、行为模式的社区沟通工具，来具体指导、帮助他们在社区融入中有效识别和界定沟通对象，选取最佳沟通方式，帮助他们与东道国各利益相关方建立长久稳定的共生、共荣关系，以促进企业经营本地化实现可持续全球化，实现企业和社区共同可持续发展。

（……）

第一部分　总则

与多利益相关方加强社区沟通，是中国企业海外投资进程中以民心相通落实和推进政策沟通、设施联通、贸易畅通、资金融通的有效途径，它贯穿于整个投资过程的各个环节，贯穿于项目的全生命周期。

1. 社区沟通理解

与利益相关方的关系恶劣，会给企业带来商业风险和信誉风险。社区沟通是企业与

---

① 中国对外工程承包商会：《中国对外承包工程行业社区沟通手册》，见中国对外工程承包商会网站，http://www.chinca.org/hdhm/news_detail_3336.html。

利益相关方开展联系互动的重要一环。企业应该将社区关系纳入风险管理工作中。而在处理社区关系时，可以通过建立良好的社区联系互动机制，以及适时披露社区所关注的信息，能够及早识别、评估、防范、降低、化解社区与企业产生冲突的风险，可以降低项目因社区矛盾而停工、或受到干扰所产生的资金及人力成本。因此，从风险管理角度来看，从项目初始阶段就投入时间和精力，制定一个完善的社区沟通计划，通过有效的社区沟通实践可以为工程项目带来实际利益。

需要明确的是，社区沟通本身并不是目的，而是企业与社区建立长期的良好关系，获得社会许可，保障项目在社区层面得以顺利开展的有效手段。

社区沟通的作用是增进相互了解，达成共识，并以此化解项目活动与当地社区可能潜在的矛盾，从而与社区共享发展成果。这就要求企业在设计、开展社区沟通活动时需要意识到，社区沟通活动没有绝对的最佳方法，而是需要充分结合项目自身的特点，例如需要考虑到项目的性质、地点、规模、发展阶段，以及当地社区自身的需求和特点。

社区沟通活动可以通过多种多样的形式开展，但同时更应认识到，通过与社区的有效沟通建立与社区的持久性关系，获得长期且广泛的社会许可更重要。否则，如果障目于短期利益（例如谈判时尽量压低补偿标准），有可能会导致企业在该地区的经营难以可持续。

2. 社区沟通原则

平等互利

平等互利是开展社区沟通的基础，企业与社区的一切对话应建立在平等和相互尊重的基础之上，保证公平对待每一个对话群体。企业应与当地社区开展建设性对话。对话目标应是了解社区需求，回应社区关切；对话态度应是积极的、合作的，不宜预设对抗性的立场。对话方式应是诚恳的、坦诚的、亲和的，不宜仅通过冰冷的文字传递。坚持行为准则，杜绝贿赂。

求同存异

君子和而不同。企业与社区之间既有和平共处乃至合作共赢的共同诉求，也有资源分配的利益冲突。企业宜以共同诉求为沟通切入点，在力所能及的范围内，借助自身业务和能力优势，延伸资源共享的范围，积极回应和满足社区的合理诉求与期待。对一时无法达成共识的事项，如不影响大局则可暂且搁置，待条件成熟后再行处理。企业可开展教育、文化、体育、卫生健康等社区交流、服务活动，开启沟通、建立互信。

双向交流

企业应知晓沟通是双向的、互动的，即企业既要清晰、有效地向目标对象进行表达和传递，也要倾听对方的意见、质疑与建议。不说不听、只说不听、只听不说的做法都应摒弃。针对对方提出的意见、质疑与建议，企业应做出及时回应。企业宜采取多种方式、方法充分表达、认真倾听、积极回应。

信息一致

企业在沟通过程中应注意信息的一致性。即在不同时间段、与不同群体进行沟通时，信息的核心内容应保持基本一致，避免因在不同场合中表述信息自相矛盾而严重损害来之不易的信任。企业亦应采取措施确保供应商等当地合作伙伴向社区传递一致信息。

入乡随俗

企业应尊重当地的文化习俗和行为方式，将入乡随俗与国际共识相结合，实现沟通的本地化和柔性化。企业应注重使用本土语言，不能仅有中文或英文，同时注意专业术语的本地表达和通俗解释。在沟通中，善用本地渠道，如借助当地文俗节庆、宗教聚会、族人聚会等机会和方式，避免生硬套用以自我为主的“利益相关方沟通大会”等形式。要尊重本土习俗，注意民族、宗教等忌讳。

坐言起行

企业行为是社区沟通中最终被利益相关方用来评价企业的准绳，也是企业与社区建立信任的基石。企业要谨言慎行，承诺的事情就务必做到，不能做到的事情不宜轻率承诺。针对利益相关方关心的问题，企业不应只有言语，应有具体行动，并在行动中体现出持续改进。企业的行动贵在持之以恒，与社区的沟通也要有足够耐心，要始终表现出坦诚并及时回应。

3. 社区沟通计划十要素

在制定社区沟通计划时，应当结合项目自身特点以及周边社区具体情况。虽然没有放之四海而皆准的“模板”，但合格的沟通计划应该含有以下 10 项基本要素：

（1）沟通目标

（2）目标受众

（3）对外传递的关键信息

（4）沟通策略

（5）预算

（6）实施资源和责任归属

（7）活动时间表

（8）申诉机制

（9）监测和评估计划

（10）结果报告

表 1　社区沟通强度光谱

沟通策略	信息披露	磋商	社区参与	合作	赋权
公众参与目标	向公众提供客观信息，帮助他们理解项目可能产生的影响、机会、选择及解决方式	倾听公众的反馈，并用于分析、选择、决定	在整个项目阶段直接与公众开展合作，确保公众关切的议题自始至终被理解和考虑	项目实施中与公众共同决策，并选择最佳解决方案	让公众成为最终决策者

弱　→　强

联系互动强度

4. 社区沟通工作重点

社区沟通是一个长期且连续的过程，企业与社区之间的双向交流活动应当覆盖工程项目的整个生命周期。重点开展的活动内容应当贴合所处的项目阶段。

需要特别注意的是，建立关系是需要时间的，企业应当尽可能地在项目早期，如在预可行性研究阶段或预探阶段，就开展与社区的联系互动工作，不要等到问题出现时再进行联系互动。

下表中列举了在对外承包工程项目各阶段的社区沟通活动重点，各沟通活动的详细操作步骤将在【第二部分社区沟通步骤】中进行详细阐释。

表 2　对外承包工程项目各阶段社区沟通重点

工程项目阶段	重点工作
项目概念、预可行性研究阶段	〉开展社区背景信息调查； 〉研究项目在政策、法律、监管和贷款人等方面的行政许可条款； 〉识别利益相关方及其实质性诉求，研究项目在文化习俗、宗教信仰、社会规范等领域的社会许可条款，识别相关风险； 〉将环境社会影响评估（ESIA）纳入尽职调查。
项目启动阶段	〉组建社区沟通团队； 〉确立社区沟通战略，确定本阶段沟通重点如项目信息的透明度等； 〉选择适用的社区沟通工具。
项目初始阶段	〉识别社区关键利益相关方； 〉识别社区需求及风险并提出应对方案； 〉制定社区沟通计划； 〉与社区利益相关方建立联系； 〉明确需要向社区披露及磋商的信息（如拆迁、征地、选址、雇佣、环评等）； 〉完善申诉程序。
项目设计、采购及施工阶段	〉持续跟进并适应社区需求变化； 〉及时回应来自社区的反馈信息； 〉管理分包商。
项目试运行、验收及收尾阶段	〉评估社区沟通活动完成情况； 〉总结、报告及建议。
项目运行阶段	〉重新识别本阶段社区关键利益相关方； 〉重新识别本阶段社区需求及风险并提出应对方案； 〉持续跟进并适应社区需求变化； 〉及时回应来自社区的反馈信息。

（四）《中电投云南国际密松水电站计划、移民安置和企业经营的社会许可》

伊江上游水电项目位于伊洛瓦底江上游密支那以上河段，总投资约 300 亿美元，特许经营期 50 年。伊江上游水电项目的移民总人数约 1.8 万人，移民被缅甸政府以非市场交易的方式行使征收权而被迫搬迁。2011 年 9 月 30 日，缅甸民主化后的新一届总统吴登盛单方面宣布在本届政府任内搁置位于伊江上游克钦邦的密松水电站项目。中电投云南国际遭受了巨大损失和负面影响。

搬迁后移民的传统生活方式将被改变。如何解决好移民安置及其生计问题，切实尊重和保障其生存权、发展权、财产权、知情权、参与权、获得救济的权利等，是公司面临的最重要的人权挑战。此外，由于缅甸宗教和文化的多元化和复杂性，以及当地长老和宗教领袖的重要社会影响力，在项目建设规划与移民搬迁过程中，企业还需重视当地风土人情、传统习俗、生活方式。此外，受缅北战事的影响，中电投云南国际在缅投资的人权挑战更加复杂。

企业按照政府政策和标准组织实施项目。中电投云南国际充分借鉴了世界银行、亚洲开发银行和中国水电移民安置的成功经验。

为了解决移民的生计问题，公司直接向移民发放了果园及经济林地补偿约 40 亿缅币，以及生活补助、口粮、21 英寸彩色电视机和相应生活必需品等，同时，公司还为移民新开垦了 440 英亩土地，发放了土地整理费、稻谷种和化肥。公司在密松水电站坝区 5 个村、410 户、2146 人的移民安置工作方面投资超过了 2500 万美元。

公司也从中吸取了经验和教训，包括：（1）利用国际准则：公司借鉴联合国“全球契约”推出的《在受冲突影响与高风险地区负责任商业实践指南》等国际准则，为公司的风险管理提供指导；（2）多方合作：与国际 NGO、商会、民间组织等展开合作与对话；（3）借鉴跨国公司成熟经验：通过学习其他跨国公司的管理制度和经验，推动在中国“走出去”企业中建立“合规”的内控机制；（4）关注社会许可：公众意见体现了不同利益相关方的期待和诉求，在一定程度上是外国企业进入当地发展的“社会许可证”，对投资和运营的长期影响巨大，因而除法律及政治许可外，企业还需重视获取社会许可；（5）人权尽责：在项目前期，除了水利水电工程要求的社会经济和环境调查外，还应对缅甸遵守人权的情况及政治风险进行评估或尽职调查，以建立风险防范及应对机制；（6）权利救济机制：企业将持续建立和完善有效的权利救济机制，因为对各种人权的尊重可以在保障其申诉权的基础上得以实现。

（五）《改革开放 40 周年：转变中的中国企业生态与社会可持续发展》①（联合国开发计划署，2019 年 12 月 20 日）

第五章　中国企业生态与社会可持续发展：关于未来

改革开放 40 年来，中国决策者通过持续的政策生态的变革不断改造中国企业在主体层面的生态，使企业在迸发出巨大潜力的同时也对中国社会的发展产生了深刻而长远的影响，并最终撬动中国社会中企业的各类利益相关方为自身或公众利益反作用于企业的

① 联合国开发计划署：《改革开放 40 周年：转变中的中国企业生态与社会可持续发展》，见联合国开发计划署中文网站，https://www.cn.undp.org/content/china/zh/home/library/human_development/40-years-of-opening-up-and-reform--the-evolution-of-the-business.html。

影响，从而在促进企业更负责任、更可持续发展的同时，逐渐构建起基于社会共同利益和共享价值的企业社会生态。应该说，这不仅符合历史发展的规律和中国自身国情的逻辑，而且在40年间推动了政策（政府）、生产力（企业）和社会（相关方）在互动中的共同成长。因而，可以说是经证明行之有效的经验或模式。

面对未来，中国企业生态的与社会的双重可持续发展不仅对于中国至关重要，而且会随着中国企业和社会各方不断增长的国际影响力而对全球社会发展具有重要意义。因此，良性的中国企业生态与社会发展的延续与推进，仍然需要从以上三个方面着力。

一、开启政策引擎，激发高质量企业生态推动力

首先，中国的决策者仍然需要注重政策在推动中国高质量企业生态发展方面的决定性作用。这首先意味着，中国政府必须为各类企业进一步解放生产力和释放经济潜能提供政策供给。例如，去年以来，中国政府不断强调“毫不动摇鼓励支持引导非公有制经济发展，支持民营企业发展并走向更加广阔的舞台”就是持续支持非公有制经济释放潜力的政策保障。当然，具体政策可以包括减轻企业税费负担、解决民营企业融资难融资贵问题、营造公平竞争环境、完善政策执行方式、构建亲清新型政商关系、保护企业家人身和财产安全等（习近平《在民营企业座谈会上的讲话》）。对于外资企业而言，提高外商投资政策的透明度，保障外商投资企业平等参与市场竞争（国民待遇），实行高水平投资自由化便利化，加强对外商投资企业的产权保护，都对于外资企业扎根中国市场具有决定性影响，而这些也正是正在制定中的《中华人民共和国外商投资法》的主要内容。就国有企业来说，破除体制机制障碍，完善现代企业制度，激发国有企业各类人才积极性和创造性，激发各类要素活力等措施是国有企业焕发新的市场力量的必由之路，同时，通过发展混合所有制经济改革，则能不断增强国有企业的活力、影响力和抗风险能力。上述各类政策的落实，将在中国构建更加开放、自由、包容、公平和有活力的企业生态，也必将为中国经济的进一步腾飞提供动力。

另一方面，中国政府还需要特别注重在负责任企业行为和可持续发展领域的政策推动力。这意味着在进一步激发企业生产力和活力的同时，还应构建与可持续发展相协调的经济增长政策体系，使得各类社会、环境要素都可以内部化为经济体系的成本或收益，进而促使经济与社会、环境协调发展，也即真正落实“绿水青山就是金山银山”的发展理念。具体而言，这就要求政府将企业社会责任和可持续发展要求纳入行业准入、企业信用评定、财政与金融支持、投资促进、监管评价，以及可持续消费和政府采购等政策机制，也即通过升级企业支持、引导和监管政策对企业负责任经营和可持续发展提出明确期望。

最后，中长期来看，中国的企业生态政策还应该注意到“人文发展”或“以人为本”的社会责任议题将凸显为构建中国高质量企业生态和社会可持续性的主要矛盾。近年来，一系列最有影响的企业的社会影响件都表明了这一主要矛盾的泛起。因此，未来中国在处理企业生态和社会发展方面的政策走向应是“绿色发展”与“人本发展”并重，而“人本发展”的落实则必然要求更多关注人的基本权利，以及个人或群体参与社会治理的各种机制的构建。这一趋势以及由此产生的挑战同样存在于中国政府对中资企

业在海外经营的引导和规范政策之中。“一带一路”倡议高度关注环境议题。但实际上，与人和社区关系相关的社会影响是中国海外投资面临的最紧迫、最密集的挑战，而且即使在各种环境事件的表层之下，真正的冲突仍然事关人和社区关系。2018 年 8 月，习近平在推进“一带一路”建设工作 5 周年座谈会上特别指出，“一带一路”倡议的意义在于占据“国际道义制高点”，而“国际道义高点”的占据则取决于中国在“一带一路”倡议实施中更好地管理中国海外投资的劳工、人权、社区和社会影响。中国政府最近呼吁“一带一路”合作的所有市场参与方“履行企业社会责任，遵守联合国全球契约”就是一个正确而重要的政策导向（《第二届“一带一路”国际合作高峰论坛圆桌峰会联合公报》）。

二、强化主体作用，提升企业生态自我完善能力

企业既是企业生态的缔造者和参与者，更应该是其维护者和完善者。40 年来，改革开放向企业提出的最宏大、最长远也是最深刻的挑战就是企业如何在利用发展机遇的同时如何处理自身对经济、社会和环境的影响，也即构建主体层面的企业生态。随着时代的变迁，企业必须意识到，负责任经营和可持续发展已经成为当下和未来企业生态的资源分配系统与竞争和择优系统，企业将对经济、社会和环境负责的理念与自身核心资源、生产经营相结合，将是企业的价值创造和业务持续性的关键保障。

对企业内部而言，负责任地经营可以帮助企业获取和维持高水平的雇员，形成积极、合作的企业文化，促进创新和提高运营效率；对企业外部而言，负责任的处理各方关系可以为企业带来声誉等无形资产，营造良好的外部发展环境。因此，企业履行社会责任的程度直接决定了企业获取内外部资源的能力，这也使得“社会责任”本身已经演化成为一种异质性资源，成为企业竞争力的来源之一。

对于这一资源的利用首先要求企业在战略和文化上将企业发展与社会福祉看作协调同一的主体目标，在商业决策和社会影响方面遵循“共享价值”原则，将自身的资源、专业知识以产品和服务的形式投入到社会需求，在实现企业经济目标的同时赢得可持续竞争优势和推动社会进步；另一方面，企业生产运营产生的产品与服务最终要依赖消费者、客户和利益相关方的认同来实现价值，而消费者、利益相关方对企业战略和文化的认同将对这种价值实现产生溢价。这里需要强调一个对于企业和社会都尤为重要的方面，即企业还须注重利用产品、服务、模式等的创新来促进经济、社会和环境的协调发展。归根结底，企业应该按照兼顾经济目标和社会与环境影的基准方法认识并践行社会责任，将战略和资源集中于“真 CSR”，使之能够同时改善企业的商业生态和社会的价值生态。

其次，在新技术推动下形成且不断深化的全球供应链既是企业生态的载体，也越来越是企业的社会影响风险的集中区域和传递机制。因此，企业在业务和社会影响领域的竞争已经上升并蔓延到供应链层面，这要求全球供应链的每个参与者都以可持续的生态理念处理供应链上的商业和社会关系。一方面，企业要实现全球供应链上资源、生产、服务和消费的有效连接，塑造支持业务发展的供应链；另一方面，在全球供应链之下，企业必须摒弃“零和博弈”思维，妥善处理与供应链商业伙伴之间的合作与价值分配关

系，以及与供应链延伸之所及的各类相关方之间的社会关系，从而构建有新任、有弹性，也有问责的供应链生态系统。

同样，随着中国企业越来越成为全球行为者，企业还必须在海外经营和海外企业生态的构建中关注“人文丝路”的构建，也即密切关注自身对当地劳工、社区和社会的影响，有效利用包括联合国可持续发展目标及人权标准在内的国际标准管理相关风险，有意识地扩大投资项目的民生外延和良性社会影响，使“人本”成为责任重心，也成为构建人类命运共同体过程中最强大的黏合剂。

三、优化社会参与，完善企业生态外部支持系统

改革开放 40 年的经验从正反两个方面证明，社会力量和公众参与能够有效地影响企业的行为方式及其处理社会影响的策略。作为企业利益相关方，社会组织和公众是社会价值和共同目标的坚守者和传播者，因此，它们既可以是企业社会影响的有效监督者，也可以是企业社会议程的有力支持者，还越来越是与企业解决共同的社会挑战的有机合作者。而社会商业文明的进步和公民素质的提升又进而会要求企业以更加负责任的行为进行生产和经营。因此，社会组织有助于持续完善“价值层面的企业生态”，形成促进企业履责的社会生态环境，从宏观上保证企业发展目标与社会总体目标的协调一致。

这首先要求在大力支持包括消费者、环保、劳动者维权等各类社会组织合法成长和发展的基础上，为其赋予参与公共治理的权利，使其能够在与企业的互动关系中充分发挥作用。例如，自“十八大”以来，为了纠正改革开放以来所积累的生态环保赤字，中国在环境治理方面在强化法制之外，大胆地采用了结合了环境目标导向与社会管理方式创新的“社会责任”路径，也即基于企业的环境影响引入利益相关方的意见、监督与合作，这可以说是中国利用利益相关方行动推动企业与社会可持续发展的一个成功范例。具体而言，这些机制包括愈加严格的包括了强制性的公众咨询的环境影响评估制度、企业环境信息面向公众的披露制度、强制性的环境公众参与制度以及环境领域的技术提升和供应链协作等。与传统的仅关注特定领域的“法制环境”的法制路径不同，“社会责任”路径在促进“绿色发展”的同时，本身也锤炼和促进了中国社会的“人文发展”，为自然性的生态环境构建了有活力的社会性生态，因为这一路径下的相关制度为环境保护创造了必要的社会条件，动员了必需的社会力量，建立了必由的社会机制，从而实现了企业、社会和环境方面的多重目标。这一成功经验未来值得向其他与企业的社会影响相关的领域延伸推广。

此外，社会参与企业生态以及企业与利益相关方的对话与合作，也可以有效地配置不同利益相关方的资源，提高整个社会生态的资源利用效率。这也要求各类社会组织提高自身介入企业社会影响和可持续发展事务的能力，并且根据自身的使命和资源在促进企业负责任经营和可持续发展方面采取有针对性的行动。例如，各类社会组织可以从自身关注的角度通过社会监督、对话与合作等方式影响企业的经营决策；媒体在披露企业的消极影响的同时，也可以强化负责任的企业实践的挖掘与传播，还可以通过影响消费者的消费理念塑造市场价值和社会氛围；各类院校可以就企业的社会、环境影响开展研

究，形成解决相关问题的有效知识供给，同时也可开设相关课程或教育项目，培养具有责任意识和可持续发展能力的人才；行业组织可以通过标准建设、企业评价、宣传培训、企业咨询等服务，推进行业社会责任自律，并可以积极与有关国际组织和机构开展交流合作，参与国际社会责任标准指南制定与落实，包括建立“一带一路”上的社会责任与可持续发展合作推进机制。

五 延伸阅读

- Business for Social Responsibility, *Legitimate and Meaningful-Stakeholder Engagement in Human Rights Due Diligence: Challenges and Solutions for ICT Companies* (2014), www. bsr. org/reports/BSR_ Rights_ Holder_ Engagement. pdf.
- Community Development Toolkit (ICMM, 2012), www. commdev. org/wp-content/uploads/2015/06/ICMM-Community-Development-Toolkit. pdf.
- Global Compact Network Germany, *Stakeholder Engagement in Human rights due Diligence-A Business Guide* (2014), www. globalcompact. de/wAssets/docs/Menschenrechte/Publikationen/stakeholder_ engagement_ in_ humanrights_ due_ diligence. pdf.
- OECD, *Due Diligence Guidance for Responsible Business Conduct* (2018), http://mneguidelines. oecd. org/OECD-Due-Diligence-Guidance-for-Responsible-Business-Conduct. pdf.
- Preventing Conflict in Exploration: A Toolkit for Explorers and Developers (PDAC, CDA Collaborative Learning Projects, World Vision Canada, 2012), http://live-cdacollaborative. pantheonsite. io/wp-content/uploads/2016/01/Preventing-Conflict-in-Exploration-A-Toolkit-for-Explorers-and-Developers. pdf.
- Stakeholder Engagement: A Good Practice Handbook for Companies Doing Business in Emerging Markets (IFC, 2007), www. ifc. org/wps/wcm/connect/topics_ ext_ content/ifc_ external_ corporate_ site/sustainability-at-ifc/publications/publications_ handbook_ stakeholderengagement_ _ wci_ _ 1319577185063.
- 庞林立:《“工商业与人权”议题下的跨国公司和非政府组织合作机制》,《人权》2020 年第 1 期。
- 王秀梅:《论我国〈国家工商业与人权行动计划〉的制定：基于企业社会责任的分析》,《人权》2019 年第 2 期。

六　案例

（一）山西阳煤远盛热电厂项目

山西阳煤远盛热电厂“上大压小”新建项目工程建设规模为 2×350MW 超临界间接空冷供热机组，配置 2×1235th 循环流化床锅炉，同步建设脱硫、脱硝装置，考虑脱汞条件。1 号机组计划于 2015 年 7 月 30 日前投产发电，2 号机组计划于 2015 年 9 月 30 日前投产发电。为保证该项目顺利开展，山西省电力公司委托中国能源建设集团山西省电力勘测设计院有限公司实施了该项目的风险评估工作，其中涉及利益相关方的主要有以下内容。

1. 确定项目的社会稳定影响敏感目标。该项目本工程选线时避让了城市规划区、无线电干扰敏感设施，尽量避让了居民集中区、学校、医院等社会稳定影响敏感目标。线路优化后，在阳泉市平定县巨城镇庙岭村需拆迁 1 户民房，在阳泉市荫营镇常家沟需拆迁 2 户民房。

2. 社会稳定性风险调查内容。该项目的社会稳定性风险调查内容包括项目的合法合规性、项目建设和运营塔基占地导致的对受影响群体的补偿标准问题、项目建设和运营中可能产生的自然和社会环境影响、项目建设和运营中可能产生的安全问题、项目建设和运营对周边群众生活的影响、项目建设和运营引起的利益相关者的其他意见和诉求。

3. 利益相关者范围的确定。该项目风险调查的范围是受项目直接影响和间接影响的区域，涵盖了线路两侧一定范围内可能受影响的敏感点和拆迁及塔基占地补偿的利益相关者、线路沿途各级政府以及基层组织。主要为线路 50 米范围内受影响的居民和塔基占地涉及的利益相关者。

4. 利益相关者参与的形式。首先，土地房屋征收按照国家和当地法规规定的程序开展补偿工作，补偿方案充分征求公众意见，合理确定补偿标准。其次，按照国家和当地法规规定的程序开展拆迁工作，拆迁方案充分征求公众意见，并做到文明拆迁。最后，为充分反映公众对项目的意见，使调查结果具有代表性，该项目社会稳定性调查向线路附近个人发放 44 份公众意见征询表，收回 44 份。此外，在该项目实际工作中采用实地踏勘、走访群众、网上调查以及舆论分析等多种方式和方法。

通过以上措施，及时识别了该项目可能存在的损害受影响群体利益的风险，并及时制定了防范和化解措施，对线路沿途的调查显示群众均支持，项目所在地未发生负面事件。

（二）陕西山区道路安全示范项目

陕西省拟建的亚行贷款陕西山区道路安全示范项目的实施区包括陕西省安康市汉滨区和商洛市商南县。项目建设包括三条干线公路，即商（南）－陕鄂界公路、G316 旬（阳）－安（康）公路和 S102 旬（阳）－小（河）公路，8 条乡村道路和道路安全子项目（约 600 千米）。该项目征迁影响涉及 4 个镇、11 个行政村。征地影响人口 658 户 2485 人，拆迁影响 59 户 251 人，同时受征地和拆迁影响的有 38 户 159 人，项目总共影响了 679 户 2577 人。

在编制与实施移民行动计划的过程中，利益相关方参与始终都是被鼓励的。为了保证项目建设和征地顺利进行，项目建立了一个让利益相关方参与的透明而有效的投诉与申诉渠道。受影响人可以针对移民安置的任何方面提出申诉，包括补偿标准等。该渠道在整个项目建设的过程中均有效，且将上述申诉渠道在信息公开会议上告知群众，并发放信息手册。同时，申诉与投诉的程序已通过媒体告知受影响人。申诉途径的基本程序为：受影响人—村委员会—乡或镇政府—县级安置办公室—省级项目办。申诉答复的方式包括：关于个人问题的申诉，答复可直接以书面形式；关于经常处理的申诉，通过召开村民会议或者发布文件的形式通知当地村与区的居民。参与的基本渠道有如下几种。

（1）如果受影响人对移民安置计划感到不满，他们可以向村委会提出口头或书面申诉；如果是口头申诉，则要由村委会作出处理并书面记录。村委会应在两周内解决。

（2）受影响人若对村委会的处理决定仍不满意，可以在收到决定后向所在乡镇政府提出申诉；乡镇政府应在两周内作出处理决定。

（3）若对乡镇政府的处理决定仍不满意，可以在收到决定后向县政府申诉，县政府应该在 30 日内作出处理决定。

（4）受影响人若对县政府的处理决定仍不满意，可以在任何时候向省项目办申诉。

（5）如仍不满意，可以根据民事诉讼法，向市人民法院提起行政诉讼。所有的申诉及解决方案由项目管理办公室保存。

此外，受影响人也可以向亚行项目团队进行申诉，以解决问题。如果以上努力未能取得效果，而且申诉内容涉及违反亚行保障政策，那么受影响人可根据亚行责任机制直接向亚行申诉。

该项目设置了较为详细的申诉流程，切实保障了受影响群体的参与权，在该地区获得大多数群众的支持。

七　思考题

1. 为什么在工商业与人权领域格外强调利益相关者的参与？

2. 工商企业的哪些活动应当纳入利益相关者的参与，其目的是什么？

3. 工商企业可以提供的参与途径有哪些？直接磋商和委托外部专家各有什么利弊？

4. 利益相关者参与有关进程时可能面临哪些壁垒，应当如何消除？

5. 当工商企业着手处理利益相关者表达的忧虑或申诉时，如何跟踪对策的有效性？

第三编

各类具体人权标准

第十五章　童工劳动与儿童权利

引　言

在发达国家中，童工劳动对于消费者而言是最为敏感的问题之一。为耐克生产产品的亚洲供应商工厂雇用童工，是20世纪90年代初的重大丑闻之一。从那以后，雇用童工成为全球供应链中剥削性工作条件的象征。数以亿计的儿童仍然在不同行业工作——从农业到手工采矿，再到时装和手术器械——其中一些正在生产销往发达国家的商品。儿童权利和儿童工作条件受到国际法规制。联合国《儿童权利公约》是有史以来批准国家最多的人权条约。国际劳工组织在考虑该国的发展水平和工作类型后，规定了允许的就业年龄。在打击童工劳动方面，龙头企业有20年的经验，并普遍认为有必要参与到多利益攸关方伙伴关系中，来处理童工劳动的根源问题。对于此类企业而言，童工劳动是一个零容忍问题，它会引发最严重的反应，直到终止与供应商的关系。与此同时，这种快速终止有可能使儿童面临更高的风险，因为他们会在更危险的行业（例如制砖、色情行业）寻找工作。因此，《联合国工商企业与人权指导原则》强调，适当的纠正措施（第11章）是对供应商施加影响，并与利益攸关方合作，为儿童提供教育，为父母提供工作（第17章），和/或让政府和国际组织参与寻找持久的解决方案。进行适当的人权影响评估（第9章）对于找出童工劳动的根本原因（如贫困）和采取适当措施是必不可少的。

一　要点

- 童工劳动的产生原因及影响
- 消除童工劳动的整改措施
- 国际法标准
- 国家义务
- 企业责任
- 报告标准

- 审计标准
- 商业报告
- 公共服务的私有化
- 未成年工

二 背景

（一）国际劳工组织《工会与童工劳动》①

童工劳动是一国依照国际劳工组织第 138 号公约设立的，最低法定工作年龄（一般为 14 岁或 15 岁，12 岁或 13 岁从事轻工作的除外）以下的儿童所从事的职业或工作；或是由低于 18 岁的儿童所从事的构成国际劳工组织第 182 号公约定义的“最恶劣形式的童工劳动”的任何工作。其中包括可能损害儿童健康、安全或道德的工作或经济活动。

童工劳动包括儿童从事不论有偿无偿、正规经济或非正规经济、兼职或全职、临时或定期、合法或非法的经济活动；也包括家庭童工所从事的工作。这要排除不会妨碍儿童教育、安全和发展的，在儿童自己家中承担的零活以及几小时的其他轻活等一般被认为是儿童可以从事的工作。

(……)

童工劳动是对儿童受教育权的否定，也是对社会最弱势和边缘化群体的剥削。其既不是儿童在家里干的轻松活，也不是儿童参与的能让其获得实践技能、明白责任的适合他们发展阶段的工作。童工劳动违反了有关儿童工作的国家和国际标准，扼杀了一个国家的人力资源并逐渐削弱了国家的未来发展。

有效消除童工劳动需要全球作出回应，解决国内和国际的不平等现状；还要求为成年人提供体面的工作，为所有人提供免费、义务、优质的基础教育，以及采取有效的减贫战略为最弱势的家庭提供社会保障。而确保父母和符合法定工作年龄的年轻人有可能获得体面工作的就业政策，是解决贫困和童工问题的关键因素。有体面工作并享有合理工资的成年人不太可能将他们的孩子送去工作。

为什么童工劳动会是一个工会问题？

- 童工劳动违反基本人权；

---

① ILO, *Trade Unions and Child Labour: A Tool for Action*, 2016, http://www.ilo.org/wcmsp5/groups/public/---ed_dialogue/---actrav/documents/publication/wcms_463161.pdf.

- 童工劳动意味着成年人失去工作；
- 儿童提供廉价替代劳动力；
- 童工劳动会削弱工会谈判能力；
- 童工在成年职业生涯中会不健康；
- 童工劳动将增加社会和个人的暴力以及不安全感；
- 有工会存在的情况下，没有童工劳动；
- 童工劳动延续贫穷；
- 儿童的受教育权不可转让。

（二）国际劳工组织《全球童工报告》[①]

是什么驱使儿童去工作？

在没有办法拿到贷款的情况下，贫困家庭不太可能愿意延迟让儿童参加工作并投资在儿童教育上，而更可能不得不通过童工来满足其基本需求和应对不确定因素。遭受打击对家庭的决定也会有类似影响。当家里人认为他们的工资在暂时性减少，家庭往往会采取借钱或消耗储蓄金的方式来应对，但在这些选择都不奏效或在需要范围内不奏效时，父母可能就不得不借助童工。

证据非常清楚地显示，抵制童工的持续性进展要求国家政策来帮助减少家庭受到贫困影响和经济打击所带来的伤害。在此情况下，构建国家社会保障最低标准作为国家社会保障体系的基本元素是极为重要的。一个设计良好的社会保障最低标准能够提供一生的基本收入保障，在家庭遭受打击和收入波动时提供缓冲，并保证其获得必需的健康保障和其他社会服务。而小额信贷和小额保险等社会融资机制互为补充，在保证弱势家庭所需的金融服务和设施对其开放方面发挥重要作用。总体来说，国家社会保障最低标准以及互补的社会融资机制可以降低家庭为追求童工带来的短期利益而实际上牺牲教育带来的长期利益的需求。

（……）可以使用特定的社会保障手段来减轻与童工劳动相关的经济脆弱性。特别要注意理论上认为与童工劳动问题相关的手段——包括现金和实物补助计划、公共就业方案、社会健康保障、残疾人社会保障、老年人收入保障和失业保障。

---

① ILO, *World Report on Child Labour*, *Economic Vulnerability*, *Social Protection and the Fight against Child Labour* (2013), http://www.ilo.org/ipecinfo/product/download.do? type = document&id = 19565.

三　国际文件与域外材料

（一）国际劳工组织《准予就业最低年龄公约》[①]

第二条

3. 根据本条第1款规定的最低年龄应不低于完成义务教育的年龄，并在任何情况下不得低于15岁。

4. 尽管有本条第3款的规定，如会员国的经济和教育设施不够发达，得在与有关的雇主组织和工人组织（如存在此种组织）协商后，初步规定最低年龄为14岁。

第三条

1. 准予从事按其性质或其工作环境很可能有害年轻人健康、安全或道德的任何职业或工作类别，其最低年龄不得小于18岁。

2. 本条第1款适用的职业类别应由国家法律或条例规定，或由主管当局在与有关的雇主组织和工人组织（如存在此种组织）协商后确定。

3. 尽管有本条第1款的规定，国家法律或条例，或主管当局在与有关的雇主组织和工人组织（如存在此种组织）协商后可准予从16岁起就业或工作，条件是必须充分保护有关年轻人的健康、安全和道德，这些年轻人须在有关的活动部门受过适当的专门指导或职业训练。

第六条

本公约不适用于在普通学校、职业或技术学校或其他培训机构中的儿童和年轻人所做的工作，或企业中年龄至少为14岁的人所做的工作，只要该工作符合主管当局在与有关的雇主组织和工人组织（如存在此种组织）协商后规定的条件，并是下列课程或计划不可分割的一部分：

（a）一所学校或一个培训机构主要负责的教育或培训课程；

（b）经主管当局批准，主要或全部在一个企业内实施的培训计划；或

（c）为便于选择一种职业或行业的培训指导或引导计划。

第七条

1. 国家法律或条例得允许年龄为13岁至15岁的人在从事轻工作的情况

---

① ILO，C138-Minimum Age Convention，1973，http://www.ilo.org/dyn/normlex/en/f? p = NORMLEXPUB：12100：0：：NO：：P12100_ILO_CODE：C138.

下就业或工作，这种工作是：

（a）大致不会危害他们的健康或发育；并

（b）不会妨碍他们上学、参加经主管当局批准的职业指导或培训计划或从所受教育中获益的能力。

4. 尽管有本条第 1 款和第 2 款的规定，已援用第 2 条第 4 款的会员国，只要其继续这样做，得以 12 岁和 14 岁取代本条第 1 款的 13 岁和 15 岁，并以 14 岁取代本条第 2 款的 15 岁。

图形摘要[①]

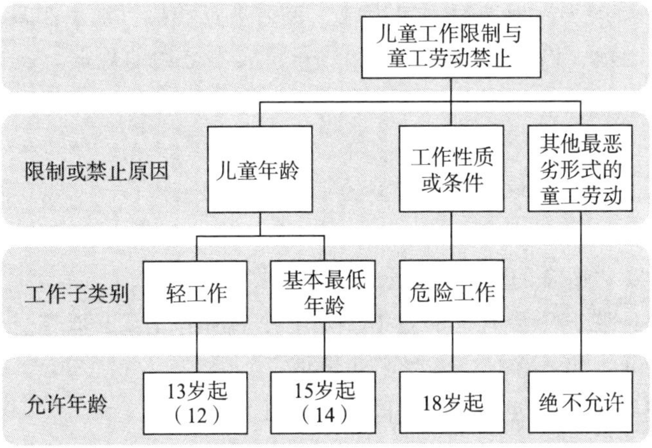

（二）国际劳工组织《禁止和立即行动消除最恶劣形式的童工劳动公约》[②]

第二条

就本公约而言，“儿童”一词适用于 18 岁以下的所有人员。

第三条

就本公约而言，“最有害的童工形式”这一表达方式包括：

（1）所有形式的奴隶制或类似奴隶制的做法，如出售和贩卖儿童、债务

① ILO, *How to do Business with Respect for Children's Right to be Free from Child Labour: ILO-IOE Child Labour Guidance Tool for Business* (2015), http://www.ilo.org/ipec/Informationresources/WCMS_IPEC_PUB_27555/lang--en/index.htm.

② ILO, C182-Worst Forms of Child Labour Convention, 1999, http://www.ilo.org/dyn/normlex/en/f?p=NORMLEXPUB: 12100: 0:: NO: 12100: P12100_ILO_CODE: C182，中文版见 http://www.ilo.org/wcmsp5/groups/public/---ed_norm/---normes/documents/normativeinstrument/wcms_c182_zh.pdf。

劳役和奴役，以及强迫或强制劳动，包括强迫或强制招募儿童，用于武装冲突；

（2）使用、招收或提供儿童卖淫、生产色情制品或进行色情表演；

（3）使用、招收或提供儿童从事非法活动，特别是生产和非法买卖有关国际条约中确定的麻醉品；

（4）其性质或是在其中从事工作的环境很可能损害儿童的健康、安全或道德的工作。

第七条

1. 各成员国须采取所有必要措施，包括规定和执行刑事制裁，或是凡适宜时，其他制裁，以保证有效实施和执行落实本公约的规定。

2. 考虑到教育在消除童工现象中的重要性，各成员国须采取有效的和有时限的措施，以便：

（1）防止雇用儿童从事最有害的童工形式的工作；

（2）为使儿童脱离最有害的童工形式工作，以及为其康复和与社会结合，提供必要和适宜的直接支援；

（3）保证脱离了最有害的童工形式工作的所有儿童，能享受免费基础教育，以及凡可能和适宜时，接受职业培训；

（4）查明和接触处于特殊危险境地的儿童；以及

（5）考虑女孩的特殊情况。

3. 各成员国应指定主管当局，负责实施落实本公约的规定。

（三）联合国《儿童权利公约》①

第二十八条

1. 缔约国确认儿童有受教育的权利，为在机会均等的基础上逐步实现此项权利，缔约国尤应：

（1）实现全面的免费义务小学教育；

（2）鼓励发展不同形式的中学教育，包括普通和职业教育，使所有儿童均能享有和接受这种教育，并采取适当措施，诸如实行免费教育和对有需要的人提供津贴；

（3）根据能力以一切适当方式使所有人均有受高等教育的机会；

---

① Convention on the Rights of the Child-UN，Human Rights，Office of the high Commissioner（1989），http://www. ohchr. org/en/professionalinterest/pages/crc. aspx，中文版见 http://www. ohchr. org/ch/professionalinterest/pages/crc. aspx。

（4）使所有儿童均能得到教育和职业方面的资料和指导；

（5）采取措施鼓励学生按时出勤和降低辍学率。

第三十二条

1. 缔约国确认儿童有权受到保护，以免受经济剥削和从事任何可能妨碍或影响儿童教育或有害儿童健康或身体、心理、精神、道德或社会发展的工作。

2. 缔约国应采取立法、行政、社会和教育措施确保本条得到执行。为此目的，并鉴于其他国际文书的有关规定，缔约国尤应：

（1）规定受雇的最低年龄；

（2）规定有关工作时间和条件的适当规则；

（3）规定适当的惩罚或其他制裁措施以确保本条得到有效执行。

第三十五条

缔约国应采取一切适当的国家、双边和多边措施，以防止为任何目的或以任何形式诱拐、买卖或贩运儿童。

（四）联合国儿童权利委员会《关于商业部门对儿童权利的影响方面国家义务的第16号一般性意见》①

4. 国家需为尊重、保护和落实儿童的权利制定适当的法律和体制框架，并在商业活动和业务侵犯儿童权利时提供救济。在这方面，国家应考虑到：

（1）儿童时期是身体、智力、感情和精神发展的独特时期，对儿童权利的侵犯，如暴力、童工、不安全的产品或环境危害等，可能会造成终生、不可逆转甚至是跨代的后果；

（2）儿童往往没有政治发言权，并缺乏获得相关信息的机会；他们靠治理制度来实现自己的权利，但对这些制度几乎没有丝毫影响力；这使他们很难在影响其权利的法律和政策决定中拥有发言权；在决策过程中，国家可能不会适当考虑商业相关法律和政策对儿童的影响；相反，商业部门往往对决定有很大影响，而不顾及儿童的权利；

（3）儿童在其权利受到侵犯，尤其是受到商业企业侵犯时，通常很难获得救济——无论是通过法院还是其他机制；儿童往往没有法律地位，缺乏对

① General Comment No. 16（2013）on State Obligations Regarding the Impact of the Business Sector on Children's Rights, http://tbinternet.ohchr.org/_layouts/treatybodyexternal/Download.aspx?symbolno=CRC%2fC%2fGC%2f16&Lang=en.

救济机制的了解、资金和适当的法律代理；另外，对于在企业的全球业务背景下受到的侵犯，儿童尤难获得救济。

为儿童享有权利提供服务

33. 商业企业和非营利组织可在提供和管理对儿童享有权利至关重要的服务方面发挥作用，如清洁水、卫生设施、教育、交通、保健、替代照料、能源、安全和拘留设施等。委员会并不规定提供这些服务的形式，但应当强调的是，将影响儿童权利落实情况的服务外包或私有化，并不能解除国家根据《公约》承担的义务。

34. 各国必须采取考虑到私营部门参与提供服务的具体措施，确保《公约》规定的权利不受损害。国家还有义务制定与《公约》相一致的标准，并予以密切监督。对私营机构的监督、监察或监测不力，会导致严重侵犯儿童权利的行为，如暴力、剥削和忽视。国家必须确保服务的提供特别根据免遭歧视原则，不会基于歧视性标准而影响儿童获得服务；并确保在所有服务部门，儿童都能求助于可在侵权情况下为其提供有效补救的独立监测机构和申诉机制，并在相关时诉诸司法。委员会建议，应当建立常设监测机制或程序，以确保所有非国有服务提供者都能制定和实施符合《公约》的政策、方案和程序。

儿童权利和企业的全球业务

41. 国家有义务为在其领土边界外落实儿童权利进行国际合作。《公约》的序言和规定一致提到“国际合作对于改善每一国家特别是发展中国家儿童的生活条件的重要性”。第5号一般性意见强调，“执行《公约》是世界各国的一项合作行动”。因此，充分落实《公约》规定的儿童权利在一定程度上是各国互动的结果。委员会还强调，《公约》几乎已获普遍批准；因此，落实其规定应是商业企业的东道国和母国同样关注的重要问题。

42. 东道国负有尊重、保护和落实其管辖范围内儿童权利的首要责任。它们必须确保所有商业企业，包括在其境内运营的跨国公司，都在一个法律和体制框架内受到适当监管，该框架确保这些企业不给儿童的权利造成不良影响，以及（或者）协助和唆使在外国管辖区内实施侵权行为。

43. 根据《公约》及其任择议定书，母国也有义务在企业的域外活动和业务中尊重、保护和落实儿童的权利，前提是该国与相关行为之间有合理的联系。当商业企业的活动中心、注册地、常驻地、主要营业地或实质性商务活动位于该国时，即存在合理的联系。在采取措施履行这项义务时，国家不得违反《联合国宪章》和一般国际法，也不得减少根据《公约》承担的东道国义务。

（五）国际金融公司《关于环境和社会可持续性的绩效标准》①

童工

21. 客户不得以任何经济上剥削，或可能危及或妨碍儿童教育，或对儿童身体健康、智力、精神、伦理或社会发展有害的方式雇用童工。客户应确定其员工中没有年龄低于 18 岁的人。如果所在国法律对雇用未成年人有规定，客户应遵照适用的法律。不得雇用 18 岁以下的儿童从事危险性工作。所有 18 岁以下雇员从事的工作都需要进行适当的风险评估和常规的健康、工作条件和工作时间监督。

指导说明②

GN96. 关于《绩效标准 2》中定义的童工及强迫劳工，客户需要在其供应链中执行尽职调查以避免此类情况。当此类情况普遍存在或已知存在于供应链的某些阶段、特定行业或地理区域时，客户应做出特别行为并实施额外的尽职调查。当劳动力成本是客户产品和材料竞争力的一个因素时，通过雇用童工获取经济收益是一项特殊风险。客户应在最大程度上利用他们的影响力在其供应链中消除童工和强迫劳工。客户还应采取措施确保防止和消除供应链中危及生命的情况（例如，严重跌落或挤压危险、接触有害物质、触电危险）。

GN97. 如客户在供应链中发现强迫劳工和童工，应就处理这一问题采取的步骤寻求专业建议。就童工来说，立即免除儿童的工作有可能恶化其财务状况。相反，客户应立即把儿童抽离危险、有害或不适宜其年龄的工作任务。应将超过国家规定离校年龄的儿童调动至非危险性工作。国家规定不足离校年龄的儿童必须仅在课余时间从事合法工作。在某些情况下，提供补偿金支付其工资损失是适当的。客户的采购程序等实施过程应确保

---

① IFC，*Performance Standard 2-Labor and Working Conditions*（2012），https://www.ifc.org/wps/wcm/connect/115482804a0255db96fbffd1a5d13d27/PS_English_2012_Full-Document.pdf? MOD = AJPERES，中文版见 https://www.ifc.org/wps/wcm/connect/5fd142004a585f48ba3ebf8969adcc27/PS_Chinese_2012_Full-Document.pdf? MOD = AJPERES。

② International Finance Corporation's Guidance Notes：Performance Standards on Environmental and Social Sustainability（2012），https://www.ifc.org/wps/wcm/connect/e280ef804a0256609709ffd1a5d13d27/GN_English_2012_Full-Document.pdf? MOD = AJPERES，中文版见 https://www.ifc.org/wps/wcm/connect/1e1241004f5ae17a9049de032730e94e/GN_Chinese_2012_Full-Document.pdf? MOD = AJPERES。

订单及与供应商签订的合同中包括针对童工、强迫劳工和工作安全问题的具体要求。

（六）联合国儿童基金会《儿童权利与企业原则》①

联合国儿童基金会（UNICEF）儿童权利与企业议程的目的是结合保障和维护儿童权利的政府责任，促进尊重和支持生产场所、营销场所和社区中儿童权利的企业责任。

尊重：企业有责任做到禁止侵犯他人，包括儿童的人权，并消除企业对人权的任何不利影响。企业的尊重责任适用于企业的自身活动以及与其运营、产品和服务有关的业务关系。

支持：除尊重人权外，企业要为改善包括儿童权利在内的人权采取其他自愿行为，如通过企业核心活动、战略性社会投资和慈善事业、宣传并参与公共政策以及建立合作关系或参与其他集体行动等。

1.履行尊重儿童权利的责任，并承诺支持儿童人权。
2.致力于在所有企业活动和业务关系中消除童工。
3.为年轻工人及其父母和看护人提供体面的工作。
4.在所有企业活动和生产现场中确保儿童的安全。
5.确保所提供产品和服务的安全性，并通过产品和服务实现对儿童权利的支持。
6.使用尊重和支持儿童权利的营销方式和广告。
7.在与环境有关的活动中及土地收购和使用活动中尊重和支持儿童权利。
8.在安全措施中尊重和支持儿童权利。
9.帮助保护受突发情况影响的儿童。
10.加强社区和政府对保护和实现儿童权利的相关工作。

原则 2：致力于在所有企业活动和业务关系中消除童工

企业承担尊重儿童权利的责任包括尊重国际劳工组织《工作中的基本权利和原则三方宣言》中提到的所有权利。所有企业应采取的行动包括：

---

① CSR Corporate Social Responsibility & UNICEF-Children's Rights and Business Principles（2012），http://www.unicef.org/csr/principles.htm.

（1）消除童工

绝不雇用或使用任何类型的童工。建立严密的年龄审核机制，把它作为招聘流程的一部分，并确保在价值链中也运用这些机制。随时留意工作场所出现的所有儿童。将儿童从工作场所中调离，采取措施确保对受影响儿童进行保护，为家庭中的成人提供体面的工作。不对供应商、承包商和分包商施加压力，因为这样可能会导致滥用儿童权利。

（2）预防、识别和减轻对年轻工人的伤害，使他们免于从事18岁以下工人禁止从事的工作，或免于从事超出其生理和心理能力的工作。

防止儿童从事可能伤害他们健康、安全和道德成长的危险性工作。防止和消除工作场所危害，或将儿童从这样的工作场所调离。应将从事危险性工作的儿童立即从危险源调离，而且不应由于该干预而减少他们的收入。要牢记，与成人相比，处于工作年龄的儿童在工作场所面临的风险有所不同，而且女孩所面临的风险也与男孩不同。企业尤其要尊重儿童获得信息的权利、结社自由的权利、集体谈判权利、参与权利、非歧视权、隐私权、在工作场所免于遭受任何形式的暴力的权利，包括身体、精神和其他侮辱性的惩罚、欺凌和性虐待。

企业承诺支持：

（3）与政府、社会伙伴和其他人合作，针对童工的根源问题进行宣传教育，并提出可持续的解决方案。

i. 与企业同行、社区、儿童权利组织、工会和政府合作，针对童工的根源问题推广儿童教育并提出可持续解决方案。

ii. 支持社区、国家和国际社会针对消除童工所开展的更广泛的工作，包括社会动员和提升公众意识，以及与当地社区成员和儿童合作开展消除童工的各种项目。

iii. 与其他公司、行业协会和雇主组织建立合作关系，制定行业内广泛适用的办法来解决童工问题，并与工会、执法机构、劳动监察机构和其他机构建立合作关系。

iv. 在地方、各州或国家级别的代表性的雇主组织中建立有关童工问题的特别工作组或委员会，或参与工作组或委员会的工作。

v. 支持针对童工问题的国家行动计划的制定和实施，将其作为在国家层面解决童工问题的关键政策和机构机制的一部分。

vi. 参与各种活动，促进年轻人就业，为达到最低就业年龄的年轻工人提供技能发展和工作培训的机会。

vii. 寻求在正规经济中进行集中生产，避免可能导致使用童工的非正规工作安排。

（七）全球报告倡议组织《可持续发展报告指南》①

《可持续发展报告指南》（下称“指南”）提供报告原则、标准披露和实施手册，为各种规模、各类行业、各个地点的机构编写可持续报告提供参照。

童工

已发现具有严重使用童工风险的运营点和供应商，以及有助于有效杜绝使用童工情况的措施。

（1）报告具有以下严重风险的运营点和供应商：

- 使用童工
- 使用未成年工从事危险工作

（2）就以下情况，说明具有严重使用童工风险的运营点和供应商：

- 运营点（如，制造业工厂）和供应商类型
- 可能危及上述权利的运营点和供应商所在的国家或地区

（3）报告期间，机构为有效杜绝使用童工情况而采取的措施。

（八）《SA8000 国际标准》②

SA8000 是可供第三方认证审计的自愿性标准，规定组织必须达到要求，包括建立或改善工人的权利、工作环境和有效的管理体系。SA8000 认证只适用于每个特定的工作场所。SA8000 标准的制定是基于联合国人权宣言、国际劳工组织公约、国际人权规范和国家劳动法律的规定。

社会责任要求

1. 童工

准则：

1.1　组织不应雇用或支持使用符合上述定义的童工。

1.2　如果发现有儿童从事符合上述童工定义的工作，组织应建立、记录、保留旨在救济这些儿童的政策和书面程序，并将其向员工及利益相关方有效传达。组织还应给这些儿童提供足够财务及其他支持以使之接受学校教

① Global Reporting Initiative, *G4 Sustainability Reporting Guidelines* (2013), https://www.globalreporting.org/resourcelibrary/GRIG4-Part1-Reporting-Principles-and-Standard-Disclosures.pdf.

② Social Accountability International, SA8000-Social Accountability 8000 International Standard (2014), http://sa-intl.org/_data/n_0001/resources/live/SA8000%20Standard%202014.pdf, 中文版见 http://sa-intl.org/_data/n_0001/resources/live/SA8000%202014_Chinese.pdf。

育直到超过上述定义下儿童年龄为止。

1.3　组织可以聘用未成年工，但如果法规要求未成年工必须接受义务教育，他们应当只可以在上课时间以外的时间工作。在任何情况下未成年工每天的上课、工作和交通的累计时间不能超过10小时，并且每天工作时间不能超过8小时，同时不可以安排未成年工在晚上工作。

1.4　无论工作地点内外，组织均不得将儿童或未成年工置于对其身心健康和发展有危险或不安全的环境中。

（九）英国道德贸易组织《道德商贸倡议基本守则》①

4. 不得使用童工

4.1　不得新聘童工。

4.2　公司必须制定或参与制定政策和计划，为被发现当了童工的儿童提供过渡性安排，让其接受和继续接受良好的教育，直到其长大成人，不再是儿童为止。关于“儿童”和“童工”的定义，请参阅附件。

4.3　不得雇用儿童和十八岁以下的青少年从事夜间工作，或在危险环境下工作。

4.4　上述政策及程序，必须符合国际劳工组织（ILO）标准相关条文的规定。

（十）宜家《预防童工现象与支持年轻工人的宜家之道》②

宜家集团公司（下称“宜家”）承认童工劳动确实存在于许多国家这一事实。但宜家不接受童工，也积极采取行动抵制童工。童工问题的复杂性需要持续的长期努力才能获得广泛而持久的进步以达到我们的目标：确保没有任何宜家产品是由童工制造。

实施

实施所有避免童工的行动都要以保证儿童最大利益为首要考虑。宜家要求所有供应商认可联合国《儿童权利公约》，并且遵从所在国一切相关的国内和国际法律、法规及有关规定。供应商必须采取适当措施确保没有童工出

---

① Ethical Trading Initiative, *The ETI Base Code* (2014) http://s3-eu-west-1.amazonaws.com/www.ethicaltrade.org.files/shared_resources/eti_base_code_english.pdf? ppXz9ivoyynr1uTTo5e.Z5n.ZHaQvQfN，中文版见 http://s3-eu-west-1.amazonaws.com/www.ethicaltrade.org.files/shared_resources/eti_base_code_-_chinese.pdf? tTNDNCDcq6tqoNBadlWfiAw2Lu3WHuuy。

② *IKEA-The IKEA Way on Preventing Child Labour and Supporting Young Workers* (2007), http://www.ikea.com/ms/nl_BE/about_ikea/pdf/IWAY_preventing_child_labour.pdf.

现在自身及分包商的生产地。

一旦在任何生产地发现童工，宜家将要求供应商实施整改行动计划。若供应商不在约定时限内实施整改行动，或者再次发生违规行为，宜家将终止与相关供应商的所有交易。整改行动计划应考虑儿童最大利益，比如家庭、社会状况和教育水平。供应商应为儿童的发展提供更多可行和可持续的选择，而不仅仅是把童工从一个供应商的工作场所移动到另一个供应商。

年轻工人

宜家支持合法雇用年轻工人。

18 岁以下符合法定工作年龄的年轻工人有权利不从事性质或环境可能损害其健康、安全或道德的任何类型的职业或工作。

因此，宜家要求所有供应商确保年轻工人受到依法对待，这包括采取措施避免危险工作、夜班和保证最低工资。考虑到员工年龄较小，应对其工作时间和加班时间作出限制。

监督

所有供应商必须随时告知宜家所有生产地（包括其分包商）。如果发现任何未告知宜家的生产中心，将构成对本行为准则的违反。

依据供应商和宜家之间签订的《一般采购条款》，宜家保留不经通知随时检查向宜家供应产品的所有生产地（包含分包商）的权利。宜家集团进一步保留自行决定委托独立第三方进行检查的权利，以保证与“宜家禁止使用童工准则”相一致。

（十一）美国关于钴矿开采中雇用童工的集体诉讼[①]

1. 被告（苹果、谷歌 Alphabet 公司、戴尔、微软和特斯拉）有意协助、教唆残酷雇用刚果民主共和国［简称“刚果（金）”］幼儿开采钴，并从中获利，钴是被诉公司制造的电子设备中可充电锂离子电池的重要组成部分。被告购买的钴矿由未成年人开采，他们不仅被迫全职从事极其危险的采矿工作，失去受教育的机会和美好未来；更因隧道坍塌以及在刚果（金）常见的钴矿开采危险，不时受伤致残致死。

89.（……）被告苹果、谷歌 Alphabet 公司、戴尔、微软和特斯拉已经

① 《关于钴矿开采中雇佣童工的集体诉讼》，美国哥伦比亚特区地区法院，案例 1：19 - cv - 03737（12/15/2019），http://iradvocates.org/sites/iradvocates.org/files/stamped% 20-Complaint.pdf。

并将继续受益于此处所指控的不法行为，获取不当利益。被告以不公正的价格获取刚果（金）的钴，这表明其钴供应链中有很大一部分是由从事极端危险工作的儿童参与的，孩子们每天领取 2 美元至 3 美元薪水，而在大部分情况下，一天可能赚不到这么多。被告知情并在其钴供应链中非法使用童工，原告和领取着不够维持基本生活的工资（starvation wages）的集体诉讼成员冒着生命危险和健康风险为被告开采钴，被告以牺牲他人的利益为代价从中攫取不正当利益。此外，正如先前所控告的，钴供应链“合资企业”被告参与使用欺骗和虚假陈述手段，掩盖被告虐待原告和集体诉讼成员以继续获得低价钴这一事实。对比双方当事人，被告苹果、谷歌 Alphabet 公司、戴尔、微软和特斯拉已经富可敌国且由极其富有的高管经营，获得暴利并保留他们从虐待原告和集体诉讼成员中得到的好处，将是不公正和不公平的。

90. 因此，原告要求苹果、谷歌 Alphabet 公司、戴尔、微软和特斯拉等公司全额赔偿因此处指控的不法行为而攫取的不当利益和违法所得。

（十二）卡恩等《我感觉自己像个外国买办》①

（这是）一项针对西方主导的企业社会责任（CSR）对巴基斯坦足球产业干预的实地研究，旨在探讨当地非政府组织（NGO）负责实施干预措施的工作人员周围的动态。(……)

这一实地研究表明，当地非政府组织工作人员负责实施衍生自西方的企业社会责任干预，他们通常在一系列复杂的后殖民环境中开展工作，这种环境要求其主体立场具有多重性，有时还会遇到理性冲突。例如，他们为国际非政府组织工作并代表国际非政府组织，要求其对某个企业社会责任问题推展一种特定解决方案——在这个领域即研究如何消除足球业的童工现象。然而，他们也是当地社区的一部分，其意识架构里包括对前面所指出的后殖民时期的状况的认识，他们也许对西方干预和对地方社区内宣扬的现代化模式持怀疑态度。干预措施没有满足当地人民对生活收入和减贫的需求，而可以成为部分解决方案的地方价值观和传统被人们忽视而逐渐消亡。(……)

如前所述，目前关于第三世界国家的企业社会责任方法，特别是行为守则，由西方国家制定，并出口到其他国家。许多企业社会责任天然透露着一

① F. Khan et al. , “I feel Like a Foreign Agent: NGOs and Corporate Social Responsibility Interventions into Third World Child Labor”, *Human Relations* 63 (9) 2010, www. researchgate. net/publication/228365595_'I_feel_like_a_foreign_agent'_NGOS_and_corporate_social_responsibility_interventions_into_Third_World_child_labor.

种民族优越感，同时用普世、仁爱加以装饰，实际上却是不加掩饰的利己主义。企业社会责任意在提供一种普世伦理观，事实却是建立在本土化的西方历史、文化、政治和伦理的特殊性之上。在我们的实地研究中，分析、制定计划和解决方案都是由西方国家主导的，第三世界国家对此的投入仅限于当地企业和其他精英，他们自己也经常参与西方新殖民主义项目，如通过新自由主义发展模式实现现代化。而这其中缺少的是本地人的声音，尤其是那些作为企业社会责任干预目标的基层民众。(……)

本次实地研究揭示了这样一个示例：说明当女性缝纫工明确地提出一套目标和优先事项时，如高工资、稳定的工作和适当的卫生设施，当地企业社会责任议程在知情的情况下可能会是什么样子。当地人所优先考虑的与西方对童工问题的关注不同。事实上，与西方倡导者相比，童工问题对当地妇女及其社区来说不值一提，特别是考虑到这种工作是兼职，在家中进行，且没有中断学校教育时。我们目睹了从上述目标和劳动代表的目标到消除童工这一单一的、可衡量的目标的转变。当地妇女可能不愿看到其子女以这种方式工作，但这不是她们所能预想到的最要紧的目标。她们还可以设想其他合法目标，例如雇主帮助其支付与子女结婚有关的费用。在西方企业社会责任方法背景下，对此类事情负有责任的公司可能显得很奇怪，但在后殖民时期企业社会责任方法中，公司可能是合法的企业社会责任主体和发展目标。(……)

本次实地研究还提供了另一个外部干预带来负面影响的例子。为了安抚西方消费者和倡导者的情绪，而将重点放在消除童工这个改革议程上，导致整个家庭经济遭到破坏，妇女失业，家庭收入进一步跌破贫困线。童工的复杂性在于与当地经济的其他部分（如妇女就业）和文化安排（例如妇女宁愿以家庭为基础，而不是以工厂就业为基础）交织在一起，更不用说当地人在后殖民时期对外部西方干预的敌对态度，这些都败给了那些自封的社会工程师，是他们策划了企业社会责任干预。这是我们的观点。本地人很难理解外来人，不管他们的意图有多好，如何能够涵盖如此复杂的情况，这些情况却是当地内部人士所共有的常识，如果考虑不到这一点，就可能因考虑不周和外来者的干预措施，导致重大变化，给土著社区带来严重的负面后果，有时甚至是灾难性的后果。外部倡导者和外部干预者的作用需要受到限制，至少需要由当地代理人特别是下层阶级进行调解，如果不是由其领导。(……)

研究的另一个贡献是吸纳了当地行动者的声音：非政府组织工作人员、商人和工人。这些行动者，尤其是后者，往往处于从属地位，在地方政治动态和国际研究中仍然没有发言权。正是后殖民时期的创伤沉淀在这些人的意识中，给他们所认知的世界涂上了颜色，并增进其理解力。任何不重视这些经历和认知的分析都是有缺陷的，正如任何不考虑这些经历和认知的做法都有可能与当地真正的关切不一致。今后的研究还需要听取当地的声音并构建意识框架，透过这些框架与西方国家交流，如此企业社会责任干预才能变得有意义并得到回应。(……)

（十三）托马斯《解决农业供应链中的童工问题》[①]

本文简要回顾了过去25年来全球反童工斗争取得的历史性成就。在这么短的时间内取得如此进展应该更加坚定全球推进战斗的决心。然而，现实情况是，要实现消除童工的目标，甚至是最恶劣形式的童工，还有一段漫长而艰难的路要走。农业部门是最真实的例子。(……)

在相对短的时限内取得的进展

消除童工现象需要解决其根源。《海牙路线图》中关于消除童工的全球战略为解决根源和取得可持续进展所需采取的行动提供了极好的指导。这一全球战略适用于农村地区和农业工作场所、种植园和农场。解决农业供应链中的童工问题是这一全球战略的一个重要组成部分。本文重点介绍了在农业供应链中更有效地解决童工问题的几种方法。不求详尽或全面但强调负责任的商业运作和供应链管理，为成年人提供体面工作、支持农村社区发展以及企业为与消除童工而采取的更广泛的公共政策挂钩所作出的努力。(……)

人们认识到，各国和各区域的需求不同，没有一项单一的政策能够消除最恶劣形式的童工劳动。因此，《海牙路线图》中提出的全球战略强调采取一体化战略方针消除童工现象的重要性，并强调在下列四个优先领域同时向前推进的重要性：(1) 确保颁布和执行恰当的法律和法规；(2) 促进成年人和年轻人体面就业，包括保护工作中的基本原则和权利、公平工资以及职业安全和健康；(3) 改善和扩大社会保护，防范经济和社会风险以及收入不足；(4) 为所有儿童提供方便、负担得起的优质教育或技能培训。《巴西利亚宣言》强化了这一综合战略，并强调必须解决童工的根源，并以处于最脆弱和最危险状况的儿童为重点目标。(……)

考虑到深层次原因，童工在农业中的持续存在并不奇怪。贫穷、几乎没有其他谋生选择、教育系统不健全、季节性工作、移徙生活方式、文化习俗、意识不强、工会化程度低、劳动法不完善或未得到执行、成年人缺乏体

---

① Constance Thomas, "Addressing Child Labor in Agriculture Supply Chains within the Global Right against Child Labor", *U. C. Davis Journal of International Law & Policy* 21：1 (2014), https://jilp.law.ucdavis.edu/issues/volume-21-1/Thomas.pdf.

面工作、劳动合同不公平、生产率低和劳动密集型技术，这些都是造成农业行业童工问题的主要原因。(……)

参与农业供应链的主要利益相关方包括：大型且往往是跨国食品或商品供应商、小农户及其外围农户协会、合作社、食品加工公司、零售商、农业生产资料行业（即农药、种子和饲料）、工商业协会、餐馆和餐饮公司、消费者协会和私营社会审计公司。现实情况是，供应链为满足各类农业事业，及为其解决童工问题提供了重要的途径。因此，企业应该利用这一比较优势。(……)

公共和私营行为者之间协调解决童工问题的重要性

(……）人们的注意力往往转向全球农业供应链中的童工现象，因消费者认为这与他们有直接联系。农业中被忽视的分部门，如蔬菜种植、养牛或木材生产，鲜少有人重视其中的童工问题。媒体对咖啡、糖、可可、棉花和服装、“血钻”等采矿业的童工现象感兴趣。这些确实是重要的领域，需要采用更加协调的措施来解决童工问题。从事这些领域的公司面临高风险，并倾向于加入多方利益相关者倡议和其他协会，采取了各种不协调的行动，解决其供应链中的童工问题。而未能关注童工的根本原因和随之而来的发展问题：农村发展不足和贫困，以及缺乏获得土地、服务和权利的途径。企业的好意捐款往往是临时性的，要么与公共服务脱节，要么与之重叠。这就是为什么需要更多的战略性行动与协调策略。

消除农业中的童工问题需要公共和私营行动者与其他利益攸关方之间的政策和行动一致。这意味着各方要认识到，仅在全球供应链中采取行动解决童工问题，即使更为有效，也不足以完全解决这一问题。孩子们从收割农作物到捕鱼再到家务劳动，他们中的许多人不仅在全球供应链中工作，而且为当地和全国市场生产产品。企业驱动的供应链应对措施在更广泛的意义上需与本地及其自有政策相吻合，这些政策涉及童工问题以及对童工问题成因的应对。如果企业仅仅将儿童从童工的一种状况中转移到另一种状况中，就不能视之为遵守其消除童工的义务。

（十四）古普塔等《跨国伦理困境的实证检验》[①]

如今，全球市场为跨国公司带来了各种道德困境。当跨国公司母国的道

① S. Gupta et al.，“An Empirical Examination of a Multinational Ethical Dilemma：The Issue of Child Labor”，*Journal of Global Marketing* 23（4）2010，www.researchgate.net/publication/232837803_An_Empirical_Examination_of_a_Multinational_Ethical_Dilemma_The_Issue_of_Child_Labor.

德标准高于东道国的道德标准时，这种道德决策过程就极富有挑战性。在国际研究中备受关注的一个全球伦理问题是童工问题，特别是最低就业年龄问题。本文使用普遍主义与相对主义伦理框架，考察了新兴市场上关于童工最低就业年龄的企业伦理政策问题。研究结果表明，尽管母国和东道国消费者都普遍倾向于普遍主义方法，只有向两国消费者群体解释东道国的背景时，相对主义的选择才是可以接受的。

研究结果用令人信服的证据向跨国公司证明，改变关于童工最低年龄的普遍道德标准，以适应东道国的规范和做法，应予以抵制。调查结果显示，尽管东道国的道德标准较低，但母国和东道国的消费者都期望跨国公司进入东道国市场时对童工活动拥有较高的道德标准。两国的消费者通过对公司的负面评价和对公司产品购买意愿的下降，表明他们不赞成相对主义的道德策略。

这项研究发现，当跨国公司以较低的道德标准进入东道国市场时，母国和东道国消费者对童工的最低年龄问题都倾向于采用普遍主义的伦理方法。但是，如果跨国公司选择采用相对主义的伦理方法，并适应当地市场，利用东道国的商业或社会环境向消费者解释其适应性，可改善母国和东道国消费者的消费态度，以及母国消费者的购买意向。

四　中国相关文件与材料

（一）国家法律法规

1.《中华人民共和国刑法（2020 修正）》

第二百四十四条之一　违反劳动管理法规，雇用未满十六周岁的未成年人从事超强度体力劳动的，或者从事高空、井下作业的，或者在爆炸性、易燃性、放射性、毒害性等危险环境下从事劳动，情节严重的，对直接责任人员，处三年以下有期徒刑或者拘役，并处罚金；情节特别严重的，处三年以上七年以下有期徒刑，并处罚金。

有前款行为，造成事故，又构成其他犯罪的，依照数罪并罚的规定处罚。

2.《中华人民共和国未成年人保护法（2020 修正）》

第六十一条　任何组织或者个人不得招用未满十六周岁未成年人，国家另有规定的除外。

营业性娱乐场所、酒吧、互联网上网服务营业场所等不适宜未成年人活动的场所不得招用已满十六周岁的未成年人。

招用已满十六周岁未成年人的单位和个人应当执行国家在工种、劳动时间、劳动强度和保护措施等方面的规定，不得安排其从事过重、有毒、有害等危害未成年人身心健康的劳动或者危险作业。

任何组织或者个人不得组织未成年人进行危害其身心健康的表演等活动。经未成年人的父母或者其他监护人同意，未成年人参与演出、节目制作等活动，活动组织方应当根据国家有关规定，保障未成年人合法权益。

3.《禁止使用童工规定（2002)》

第二条 国家机关、社会团体、企业事业单位、民办非企业单位或者个体工商户（以下统称用人单位）均不得招用不满16周岁的未成年人（招用不满16周岁的未成年人，以下统称使用童工）。

禁止任何单位或者个人为不满16周岁的未成年人介绍就业。

禁止不满16周岁的未成年人开业从事个体经营活动。

第三条 不满16周岁的未成年人的父母或者其他监护人应当保护其身心健康，保障其接受义务教育的权利，不得允许其被用人单位非法招用。

不满16周岁的未成年人的父母或者其他监护人允许其被用人单位非法招用的，所在地的乡（镇）人民政府、城市街道办事处以及村民委员会、居民委员会应当给予批评教育。

第四条 用人单位招用人员时，必须核查被招用人员的身份证；对不满16周岁的未成年人，一律不得录用。用人单位录用人员的录用登记、核查材料应当妥善保管。

第六条 用人单位使用童工的，由劳动保障行政部门按照每使用一名童工每月处5000元罚款的标准给予处罚；在使用有毒物品的作业场所使用童工的，按照《使用有毒物品作业场所劳动保护条例》规定的罚款幅度，或者按照每使用一名童工每月处5000元罚款的标准，从重处罚。劳动保障行政部门并应当责令用人单位限期将童工送回原居住地交其父母或者其他监护人，所需交通和食宿费用全部由用人单位承担。

用人单位经劳动保障行政部门依照前款规定责令限期改正，逾期仍不将童工送交其父母或者其他监护人的，从责令限期改正之日起，由劳动保障行政部门按照每使用一名童工每月处1万元罚款的标准处罚，并由工商行政管理部门吊销其营业执照或者由民政部门撤销民办非企业单位登记；用人单位是国家机关、事业单位的，由有关单位依法对直接负责的主管人员和其他直接责任人员给予降级或者撤职的行政处分或者纪律处分。

第七条 单位或者个人为不满16周岁的未成年人介绍就业的，由劳动保障行政部门按照每介绍一人处5000元罚款的标准给予处罚；职业中介机构为不满16周岁的未成年人介绍就业的，并由劳动保障行政部门吊销其职业介绍许可证。

4.《工伤保险条例》(2010修订)

第六十六条：……用人单位不得使用童工，用人单位使用童工造成童工伤残、死亡的，由该单位向童工或者童工的近亲属给予一次性赔偿，赔偿标准不得低于本条例规定的工伤保险待遇。

5.《非法用工单位伤亡人员一次性赔偿办法》(2010修订)

第二条 本办法所称非法用工单位伤亡人员，是指无营业执照或者未经依法登记、备案的单位以及被依法吊销营业执照或者撤销登记、备案的单位受到事故伤害或者患职业病的职工，或者用人单位使用童工造成的伤残、死亡童工。

前款所列单位必须按照本办法的规定向伤残职工或者死亡职工的近亲属、伤残童工或者死亡童工的近亲属给予一次性赔偿。

第三条　一次性赔偿包括受到事故伤害或者患职业病的职工或童工在治疗期间的费用和一次性赔偿金。一次性赔偿金数额应当在受到事故伤害或者患职业病的职工或童工死亡或者经劳动能力鉴定后确定。

劳动能力鉴定按照属地原则由单位所在地设区的市级劳动能力鉴定委员会办理。劳动能力鉴定费用由伤亡职工或童工所在单位支付。

第四条　职工或童工受到事故伤害或者患职业病，在劳动能力鉴定之前进行治疗期间的生活费按照统筹地区上年度职工月平均工资标准确定，医疗费、护理费、住院期间的伙食补助费以及所需的交通费等费用按照《工伤保险条例》规定的标准和范围确定，并全部由伤残职工或童工所在单位支付。

（二）地方与行业标准

1.《浙江省实施〈禁止使用童工规定〉办法》（2008）

第十四条　用人单位和其他组织使用童工的，由劳动保障行政部门按照每使用 1 名童工每月处以 5000 元罚款的标准给予处罚；使用童工不满 15 日的，每使用 1 名童工处以 2500 元的罚款；超过 15 日不满 1 个月的，按 1 个月的罚款标准计罚。

用人单位和其他组织在使用有毒物品的作业场所使用童工的，按照《使用有毒物品作业场所劳动保护条例》规定的罚款幅度，或者按照每使用 1 名童工每月处以 5000 元罚款的标准，从重处罚。

用人单位和其他组织确因当事人提供虚假身份证明或者其他欺骗手段而导致使用童工，违法行为轻微并及时纠正的，劳动保障行政部门可以视其情节依法给予减轻处罚。

第十五条　单位、组织或者个人为不满 16 周岁的未成年人介绍就业的，由劳动保障行政部门按照每介绍 1 人处以 5000 元罚款的标准给予处罚；职业中介机构为不满 16 周岁的未成年人介绍就业的，并由劳动保障行政部门吊销其职业介绍许可证。

第十七条　劳动保障行政部门在查处使用童工违法行为时，应当责令使用童工的用人单位和其他组织限期将童工送回原居住地交其父母或者其他监护人，所需交通和食宿费用全部由该童工的使用者承担。

用人单位和其他组织经劳动保障行政部门依照前款规定责令限期改正，逾期仍不将童工送交其父母或者其他监护人的，从责令限期改正之日起，由劳动保障行政部门按照每使用 1 名童工每月处以 1 万元罚款的标准给予处罚，并由工商行政管理部门吊销其营业执照或者由民政部门撤销其民办非企业单位登记；用人单位是国家机关、事业单位的，由有关单位依法对直接负责的主管人员和其他直接责任人员给予降级或者撤职的行政处分或者纪律处分。

使用童工的用人单位和其他组织在清退童工时，应当按照约定并不低于当地最低工资标准支付童工的劳动报酬。

2.《常州企业社会责任标准（2004）》

4. 具体要求

4.1 童工

4.1.1 企业禁止雇用童工或支持雇用童工的行为。

4.1.2 若发现有童工，企业应该建立、记录、保留旨在拯救童工的政策和措施，有效地把这些政策和措施传递给职工和其他利益团体，并且提供足够的支持来促使童工接受学校教育，直到他们超过儿童年龄为止。

4.1.3 无论工作地点内外，企业不可置儿童或未成年人于危险、不安全或不健康的环境中。

3.《中国对外矿业投资社会责任指引（2017版）》

3.5 劳工问题

3.5.1 不使用童工尤其是最恶劣形式童工、不强迫或强制劳工，保护未成年员工的权利。

不使用童工尤其是最恶劣形式的童工，用工最低年龄参照驻在国的法律规定，或国际劳工组织第138号公约关于最低工作年龄的规定，以两者中高标准为准。如发现使用童工的情况，应采取相关补救措施，尤其应立即采取措施清除国际劳工组织第182号公约中规定的最恶劣形式的童工。

（……）

（三）《建立“童模”保护机制　落实涉众未成年人权益检察监督》[①]（最高人民检察院，2019年5月27日）

2019年5月27日上午，最高人民检察院召开“充分发挥未检职能　推动加强和创新未成年人保护社会治理”新闻发布会，通报近年来检察机关推动加强和创新未成年人保护社会治理体系建设主要情况。会上发布了检察机关推动加强和创新未成年人保护社会治理十大典型案（事）例，其中一例涉及童模和未成年人权益问题。

一、基本情况

2019年4月，“童模妞妞被踹视频”在网上流传，童模群体权益保护问题迅速引发社会关注，童模辍学、超时拍摄、遭受辱骂殴打、违法代言等问题凸显。“妞妞事件”后，浙江省杭州市滨江区检察院在省、市两级院的指导下，积极开展涉众未成年人权益保护法律监督，多次对辖区内“童模妞妞被踹”事发拍摄基地进行走访调查，听取各方意见，与区市场监督管理局、共青团滨江区委会商研判，并于2019年5月会签《关于规范童模活动保护未成年人合法权益的意见》。该《意见》明确童模活动范围，对活动场

① 《高检发布推动加强和创新未成年人保护社会治理十大典型案（事）例》，见最高人民检察院网站，https://www.spp.gov.cn/spp/zxjy/qwfb/201905/t20190527_419901.shtml。

所、内容、强度等作出详细规定，如规定不得让儿童穿戴有违公序良俗的服饰进行拍摄，不得因童模活动使儿童辍学或变相辍学等。同时明确童模行业从业人员及监护人的责任，突出强调不得使用或变相使用童工，不得实施殴打、辱骂等虐待行为等。同时，相关职能部门定期检查，发现问题及时进行干预。必要时，检察机关可通过公益诉讼等形式对童模进行司法保护。

二、典型意义

互联网经济的发展使儿童模特成为新兴产业，同时也暴露出儿童权益保护相关问题。为此，检察机关充分发挥监督职能，主动与行政执法机关和未成年人保护机构密切协作，推动建立检察机关牵头的童模保护机制，共同对童模行业中存在的损害未成年人权益的行为进行监督规范，给童模穿上“法律保护服”，携手为未成年人权益保护提供坚实保障。

（四）《三星电子在中国的禁止童工政策》[①]（三星电子，2014年6月16日）

三星在官网承诺，三星电子及其供应商对雇用童工行为采取零容忍政策，严格遵守国际标准及相关当地法律法规。在生产制造的任一阶段，童工都严格禁止，且应被考量为一种恶劣的刑事行为。三星尊重和支持《联合国儿童权利公约》中所述的儿童权利。三星的禁止使用童工政策基于《联合国儿童权利公约》、《联合国儿童基金会儿童权利和商业原则》和国际劳工组织第138号《准予就业最低年龄公约》和第182号《禁止和立即行动消除最恶劣形式的童工劳动公约》而制定。

“童工”的年龄，低于完成义务教育的年龄或最低就业年龄中的最高者。在中国，“童工”指的是16岁以下的工人，16岁是法定的最低工作年龄。

本禁止童工政策适用于三星在中国的所有业务活动。

预防计划

- 三星应采取有效程序，在雇用前核实所有申请人的年龄。

三星应彻底审查与申请人年龄有关的文件，并且根据中国法律，所有相关文件必须至少满足书面证据的最低要求，例如：

（1）政府签发的带照片的身份证件（最新版本）；

（2）其他政府签发的文件，例如出生证明、驾照、户口本、教育记录或任何其他由政府签发的表明个人出生日期的文件。

身份验证的过程包括：

（1）确保身份证明上的照片与申请人的脸相匹配；

（2）通过使用带有面部识别软件的电子设备或经认可的政府机构使用的能够正确识

---

① 三星公司官网，“Samsung Electronics Child Labor Prohibition Policy in China”，https://images.samsung. com/is/content/samsung/p5/cn/aboutsamsung/2018/responsible-labor-practice/pdf/samsung-child-labor-prohibition-policy-in-china_en. pdf。此中文版由编者翻译自英文版。

别伪造身份证明的检测机器来验证申请人的身份；

(3) 如果怀疑使用了伪造文件或临时身份证，三星将通过当地政府办公室对文件进行验证；

(4) 确保签署验证确认书。

必须对所有申请人进行面试。如果在面试过程中担心申请人的年龄，建议面试官提出以下问题：

(1) 您的生日是几岁？

(2) 您的家乡在哪里？

(3) 您的兄弟和/或姐妹几岁？

(4) 您是哪一年入学的？

(5) 您上过什么学校？

(6) 您的属相？

(7) 此前您在哪里工作？

三星应保留与招聘过程有关的员工记录，例如：

(1) 证明年龄和身份的文件副本；

(2) 使用电子设备记录匹配结果；

(3) 工作记录，包括劳动者的姓名、雇佣日期、离职日期、主要任务、工作计划、经理姓名。

• 三星应为人力资源部门实施有关童工的预防性培训计划，尤其要注意招聘经理。这项培训应增进对禁止童工政策和三星严格雇用程序的理解。

• 三星应将三星的禁止童工政策有效地传达给其员工和其他利益相关方，包括但不限于政府和供应商。三星应将其禁止童工政策分发到所有工作场所，并确保其员工完全理解。禁止童工政策还应通过海报和告示牌在生产场所的公共区域发布；信息包含举报方式，以便利员工举报违反童工政策的行为。

• 如果三星需要借助招聘机构雇用新员工，则三星应要求招聘机构遵守三星的禁止童工政策和招聘流程。

三星将在开展业务之前检查招聘机构的执照，并确认该机构是否有违反童工条例的记录。三星还应要求招聘机构签署承诺书，以遵守三星的禁止童工政策。此外，三星将定期监督合规情况，并努力确保招聘机构遵守三星的禁止童工政策和相关程序。

• 三星应每年评估童工的风险。

• 三星应监控并更新其禁止童工政策，以确保遵守中国的法律法规。三星应根据相关法律法规保留所有与雇佣实践有关的文件。

童工补救计划

如果发现未达到法定最低工作年龄的工人正在三星的工厂工作，则三星应在考虑相关法律要求的同时，充分考虑童工的总体最大利益。三星将采取以下措施：

• 立即使童工离开工厂，以确保其安全。三星应终止与童工的雇佣关系，并考虑到童工的最大利益，使他/她参加童工补救计划。

• 立即通知负责支持童工整治计划的三星联络点。三星将通过检查所有相关文件，确认童工是否未满 16 岁，确认童工的身心健康状况，并进行访谈以充分了解童工周围的情况。考虑到童工的最大利益，三星将与孩子及其家人一起努力，以根据三星的补救计划找到合适的解决方案。

• 当最符合童工利益的计划可以实行，并且当童工及其家人同意让他/她上学时，三星应提供足够的经济支持，以使童工在 16 岁前均能够在学校接受教育。三星应确保童工在上学期间继续接受相当于当地法定最低工资的教育和生活费用。

如果童工自愿选择不参加学校教育，则他/她将丧失获得三星公司持续资助的权利。该决定必须记录在案，并取得一致意见。

如果除了将童工送回家以外，没有其他更好的选择，三星将全额承担将童工送回其家庭或原居住地的交通费用。

当童工达到法定的最低工作年龄时，他/她必须被赋予重新受到三星雇用的机会。已经超过法定工作年龄的此前的童工的工资和其他福利应等于或高于其以前的工资水平。

• 如果在三星工厂发现了童工，三星应找出该工厂雇用程序中的漏洞，并在 90 个工作日内为该工厂实施纠正措施计划。

（五）《把对江苏常熟童工的同情化为帮助》[①]（人民日报，2016 年 11 月 25 日）

对于童工问题必须在更高的视野中，从根源处入手求解

近日，江苏“常熟童工”的视频引发强烈关注。对此，舆论场上出现了两种不同的声音：一种声音认为雇用童工绝对不能被文明社会所容忍，这完全是老板无良与监管缺位的结果，必须把这些孩子解救出来，送回父母身边；另一种声音则认为，不能简单站在道德高地谴责，把他们撵回家生活更苦，“送回去肯定还要出来”“出来打工起码有肉吃”。

前者批评后者是盲目妥协，后者指责前者是情怀泛滥，观点虽然不同，但爱憎都是分明的，出发点都是良善的，归结到一点：到底怎么做，才是对这些可怜孩子的真正救助？停留在道德谴责与法律处罚，自然远远不够。不解决根源问题，摁下葫芦还会起来瓢，童工现象难免会反复出现。那么，我们究竟怎样才能做到既治标又治本呢？

童工现象背后的东西，远比我们看到的要深刻和复杂。近 30 年来，中国出台了很多保护少年儿童权益的法律，“童工非法”已深入人心。但另一方面，“到发达地区去谋一碗饭”，在很多贫寒子弟眼里，就是为了摆脱贫穷的努力，少上点学早打点工，被认为是“懂事”“顾家”的选择。在对廉价童工的地下需求面前，众多留守儿童、失学儿童不自主地成了“供给”。据常熟市官方透露，当地 5 年内因违法使用童工被查处的案件超过 100 起，涉事企业违法使用童工超过 200 人次。这样的现象在珠三角、长三角地区，恐非独有。除了出现一起查处一起外，把孩子送回家后，谁给饭吃、谁给学上，都是需要下

① 《把对江苏常熟童工的同情化为帮助》，见人民网，http://opinion.people.com.cn/n1/2016/1125/c003-28894420.html。

力气解决的问题。

孤立谈论非法童工问题，就如同一棵大树枝叶枯黄，揪着哪根枝叶都难寻病根，必须在更高的视野中，从根源处入手求解。比如当下正在大力推进的精准扶贫，就是一条从根本上解决问题的出路。通过系统性协同，实施基础性救济、制度性保障、结构性安排，才是对这个群体的有力救助。

对于地方政府来讲，消除绝对贫困，步伐需要再快一些；地方财政优先保障教育投入，需要更多的动力与监督，贫困地区甚至不能仅满足于 GDP 4% 的底线目标；九年义务教育，光有学校还不行，提升乡村教育水平，才能释放出更多的希望；职业技术教育不能走过场，需要更普惠化、大众化，水平再高一些，教学再“有用”一些，让家长们感受到上学的“好处”；社会救助系统理应做好兜底性的教育服务，调动更多社会慈善力量参与进来；消除童工界定的模糊地带，对于保姆、家政、学徒、演艺等领域有清楚的界定……这些工作看起来很庞杂，却是中国社会发展绕不过去的命题，也是各级政府应该做好的分内工作。

中国发展到今天，没有什么矛盾是可以轻轻松松就解决的了，只有勇敢地直面像童工这样冲击社会底线的问题，才可能一步一步逼近最佳答案。我们没有理由面对个体童工怜悯泪流，面对一个庞大群体却冷淡了、麻木了。多方努力才能汇聚成合力。现在需要的，就是体制性同情，结构性救助，协同性作战。每个部门都把自己该做的那部分做好，才能将全社会方方面面的关爱汇聚成同心改变命运的力量。

（六）《中国法律指导手册——童工、未成年工和学生工》[1]（瑞联稚博，2012 年）

禁止使用童工管理程序范例

目的：建立并维持公司禁止使用童工的政策和程序，确保公司相关活动符合国家法规及社会责任的要求，特制订本办法。

范围：公司各部门、生产、工作场所。

定义：童工是指从事有经济收入的劳动且年龄低于 16 周岁的人。

权责：人力资源部负责于招聘中识别并采取补救措施。

流程：

1. 人力资源部招聘人员时张贴与说明公司招聘要求，尤其关于最低年龄的要求。

2. 应聘人员一律填写公司制发的《个人资料表》。人事文员需严格检验应聘者的年龄，查看其身份证原件并核对相片；确认无伪时方可录用。（参考以下：如何确认应征者年龄）。

3. 人事文员对照其照片、身份证件和《个人资料表》，确认无误后方可进行余下流程。

---

① 瑞联稚博：《中国法律指导手册——童工、未成年工和学生工》，见瑞联稚博官网，http://www.ccrcsr.com/sites/default/files/Legal%20Guide%20_Final_0.pdf。

4. 新员工分配至部门时，其直接主管应该对照工卡上的照片与其本人，以确认身份，无误方可正式安排其工作和培训，若有不一致，应立即与人力资源部联系。

5. 若根据程序 3 和 4，发现资料有虚假，人力资源部将因其欺骗行为，不录用此人，且不再接受任何工作申请。

6. 在任何情况下发现符合上述定义的童工，且该童工经人力资源部证实未采取任何欺骗行为而误入公司，公司将采取以下适当行动或资助：

6.1　立即停止工作；

6.2　送当地 2 级以上医院进行未成年工专项体检，若发现疾病应及时治疗，治疗期间若有必要，人力资源部应指派或聘请专人护理。认定为工伤的，从其规定；否则体检及其后的治疗、护理费用由公司承担。

6.3　确定童工健康后，应护送其回原居住地或其监护人住处，所需费用全部由公司承担。

6.4　人力资源部门应询问及建议该童工依当地法律继续接受义务教育，若该童工将入学，可视当地法律及其所规定的收费情况资助学费、书本费至其年满 16 周岁。

6.5　公司人力资源部应存档记录童工的发现、事实认定、处理实施与结果，并附童工或其监护人签署的相关证据及资助的凭据。

提示：如何确认应征者年龄

第二代身份证真假鉴别

- 在一般的光线下，平视二代身份证表面时，表面上的物理防伪膜是无色透明的。
- 适当上下倾斜“二代身份证”，便会观察到证件的左上方有一个变色的长城图案，呈橙绿色。
- 用左眼和用右眼分别观察，身份证上的长城图案的颜色将呈不同颜色。
- 将身份证旋转 90 度（垂直方向），观察到的长城图案呈蓝紫色。
- 底文为彩虹印刷的纽文。
- 正面背面均有“JMSFZ”微缩文字（呈环形）。
- “日”字下面的“花”图案中间有“JMSFZ”微缩文字（身份证最中间位置）。
- 照片的脸部无网文，背景衣领均有网文覆盖。
- 直视下看不到光变色“长城”“中国 CHINA”图案。
- 正面下半部有大幅荧光长城图案（紫光灯下）。

招聘时身份证辨别程序

人事文员在招聘时要特别留意对方身份证：

①首先辨别身份证上的年龄是否与其本人相符合；

②证件相片是否与其本人相同；

- 当证件模糊不清或一时辨认不清时，则应：

①询问应聘者的家庭地址与出生月日，有时特意报错内容，要应聘者予以纠正；

②寻找身份证或特征部分位置作比较，或找定脸部某一特征比较；

③在身份证或应聘者器官位置作比较，如耳朵的高度与口、鼻子比较，下颌的宽

度、口、鼻的距离，眉毛的长度与生长的倾斜度，眼的形状、额头的宽度等都可以作比较；

④检查应聘者其他证书，如毕业证、计生证等。

- 入厂后，根据应聘者所提供的人事资料、身份证复印件、相片，人事部主管及经理分级作二级、三级检查，如有疑问重新返回下一级作重新鉴定，确认后并在人事表格中签名做实。

现在可以透过各个窗口机构或直接连接全国公民身份证号码查询服务中心核实二代身份证信息。详情请到 http://www.nciic.com.cn 查询。

身份证有效性和真实性跟踪管理

- 员工在职期间，人事部应不定期地测试员工身份证的有效性和真实性。例如：

①发放工资时，需要员工出示其本人有效身份证；

②办理社保暂住证或居住证时，需提供身份证复印件；

- 如对测试到有遗失、假证、过期或身份证寄回家的员工，人事部会出具《催办身份证通知书》。

- 一般通知期为 6 个月，6 个月后仍未能办理到本厂身份证件者，作无证人员处理。

五　延伸阅读

- *Human Rights and Business Dilemmas Forum*, Child Labour, https://hrbdf.org/dilemmas/child-labour/#.WtRnqS5ubDA.
- ILO, *Global Estimates of Child Labour-Results And Trends*, 2012 - 2016, 2017, http://www.ilo.org/wcmsp5/groups/public/---dgreports/---dcomm/documents/publication/wcms_575499.pdf.
- ILO, *How to do Business with Respect for Children's Right to be Free from Child Labour*: *ILO-IOE Child Labour Guidance Tool for Business* (2015) http://www.ilo.org/ipec/Informationresources/WCMS_IPEC_PUB_27555/lang--en/index.htm.
- 鲁运庚、张美：《百年来国内关于解决童工劳动问题研究的学术史论》，《中州学刊》2018 年第 5 期。
- 宋玥：《我国禁止童工的立法及其完善——从国际劳工标准的角度》，《中国青年政治学院学报》2013 年第 1 期。
- 王贵勤：《童工群体权益的物质保障和法治保障——以精准扶贫与法治科学化为视角》，《中国人力资源开发》2017 年第 2 期。

六　案例

（一）可立克与德林克非法雇用童工[①]

2013年12月底，位于深圳市宝安区福永街道的深圳可立克科技股份有限公司（以下简称“可立克公司”）和位于福永和平高新科技园的德林克电子（深圳）有限公司（以下简称“德林克公司”）被曝涉嫌非法使用童工。其中可立克公司是一家专业生产各种电子变压器、开关电源等产品的科技企业，也是台港澳境内合资企业，其深圳总部高峰期员工达到3000多人，属于劳动密集型企业。德林克公司则是德林克（香港）电子公司在深圳的全资子公司，是一家专业生产电子线束、工业线缆、设备线缆的港资高新技术企业，亦属于劳动密集型企业。在该事件中，可立克公司先被曝光涉嫌使用数十名童工，其中多数是来自四川凉山彝族的十几岁女生，亦有部分是男生。这些童工每天工作12个小时，每月固定工资仅为2000元。后在有关部门对可立克公司调查时，德林克公司亦被发现涉嫌非法使用童工。

对这两家公司的调查，系由福永街道办与市、区人力资源部门所组成的联合调查组进行。调查中，因涉事员工无法提供有效身份证件，调查组于2013年12月31日将两家公司的73名彝族员工送回原籍进行进一步调查。2014年1月20日，调查组公布了此事的调查进展：截至1月9日，经与四川凉山有关部门核查，两家公司的73名彝族员工中，未满16周岁的童工有9人，其中可立克公司2名、德林克公司7名；已满16周岁的有44人；其余20名员工因真实姓名、身份证号码待核实，由凉山州有关部门继续核查。其间，宝安区人力资源局于3日对两家公司非法使用童工等违法行为发出劳动监察限期整改指令书，并于1月10日和14日，根据已认定的事实，依照《禁止使用童工规定》对可立克公司、德林克公司非法使用童工行为先后作出了行政处罚事先告知、行政处罚决定，并分别给予可立克公司1万元和德林克公司3.5万元行政处罚。

（二）至雅公司非法雇用童工[②]

佛山南海是广东制造业重镇，有大量的企业和工厂，当中不少属制

---

① 参见吕绍刚等《民生调查：深圳“童工”困局待解》，载《人民日报》2014年1月7日，第8版。

② 参见《追问佛山“童工”之死》，载新华网，http://www.xinhuanet.com//politics/2016-04/25/c_128930250.htm。

衣、加工制造、酒店、餐饮等劳动密集型行业。这些行业非法使用童工的现象较为普遍。14 岁的童工王某于 2016 年 3 月 5 日从湖南来到了佛山南海，跟随其母亲至广东佛山至雅内衣公司工作。入职时，该童工填写了入职申请表，并与该公司签订了劳动合同，工作岗位为车位工。其工作内容主要是内衣加工，每日工作时长为 11—12 小时。该童工工作约两个月后，于 4 月 11 日上午 6 时左右被发现在出租屋内昏迷不醒，经报 120 急救医生到场抢救无效后死亡。据调查，该童工出生日期为 2001 年 6 月，即不满 16 周岁。

事发后，南海区人社局大沥分局针对群众反映的佛山至雅内衣公司非法使用童工的情况进行调查。佛山至雅内衣公司员工表示，每天基本工作 10 个小时以上。且表示，佛山至雅内衣公司的工厂确有非法使用大量童工的事实，但在王某猝死后，该童工所在厂便把童工全部遣散了。而关于加班的情况，南海人社局的调查情况与员工说法不一致。南海人社局根据获取的考勤表、劳资双方笔录等资料，对佛山至雅内衣公司的工作时间情况进行了调查，但没有证据显示该公司存在超时加班问题。且对此，佛山至雅内衣公司法定负责人只承认雇用了童工王某的违法事实，并愿意依法接受相关行政处罚。

根据《禁止使用童工规定》第六条：用人单位使用童工的，由劳动保障行政部门责令改正并按照每使用一名童工每月处 5000 元罚款的标准给予处罚。南海区人社局于 4 月 22 日依法作出《行政处罚决定书》，对佛山至雅内衣公司于 2016 年 3 月 5 日至 4 月 10 日使用 1 名童工的违法行为进行处罚，罚款 1 万元。而关于王某死亡的赔偿问题，佛山至雅内衣公司后与该童工家属协商达成一致意见，签署了赔偿协议，由单位向家属赔偿 15 万元。

在该事件之后，南海区人社局为杜绝此类事件，从 4 月 25 日起在全区开展了非法使用童工大排查行动，将制衣、酒店、餐饮等劳动密集型行业作为检查重点，督促用人单位严格遵守《禁止使用童工规定》等劳动法律法规。同时，南海区人社局以基层社会治理网格化为契机，将非法使用童工排查作为重点入格事项，以强化监管。

七　思考题

1. 哪些因素导致了童工劳动的出现？
2. 童工劳动导致了哪些人权风险？

3. 工商企业应当如何避免自己卷入童工劳动之中，能够为减少童工劳动做出什么贡献？

4. 国家应当如何避免工商企业使用童工？

5. 对于因贫穷而从事童工劳动的儿童，如何避免或减少失去工作导致的其他人权损害？

第十六章　强迫劳动和人口贩卖

引　言

强迫劳动和人口贩卖通常被纳入“现代奴隶制”的一般范畴，以示对人们受到的各种剥削和威胁方式的承认。现代奴隶制发生在所有的国家，不论其是发达国家还是发展中国家。对企业而言，这是一个与童工问题同等重要的零容忍问题，并会触发最严重的回应，直至终止与供应商的关系。现代奴隶制可能深藏于全球供应链（如农业、建筑业、采矿业）（第28章）之中，因此，发现这类侵权行为需要领先企业和民间社会团体的共同努力（第5章）。强迫劳动是过去十年通过的具有域外效力的国内法（第4章）所规范的领域之一，其始于美国和英国。国际劳工组织的《废除强迫劳动公约》已有近一个世纪；最近它还有一个直接呼吁私人和公共行为者进行“尽职调查”的文件，这是符合《联合国工商企业与人权指导原则》的（第7—14章）。尽管国际贸易法早已禁止强迫劳动，但不一定是因为它不人道，而是因为强迫劳动是扭曲国际竞争的免费劳动。领先企业提倡“雇主支付原则”，因其认识到其招聘做法会如何助长强迫劳动，尤其是在涉及移徙工人的情况下（第21章）。

一　要点

- 强迫劳动（现代奴隶制）的类型
- 供应链中的强迫劳动
- 监狱劳工
- 招聘机构
- 企业报告
- 良好的商业实践
- 供应链的纠正措施
- 贸易法关于强迫劳动的措施
- 招聘费用（“雇主支付”原则）

- 移徙工人
- 农业和体育赛事中的风险

二 背景

国际劳工组织《现代奴隶制的全球估算：强迫劳动和强迫婚姻》[①]

（……）现代奴隶制包括一系列具体的法律概念，包括强迫劳动、债务奴隶、强迫婚姻、其他奴隶和类似奴隶的行为以及人口贩卖。虽然现代奴隶制在法律上没有明确的定义，但它作为一个总括的术语，将注意力集中在这些法律概念之间的共性上。本质上，它指的是由于威胁、暴力、胁迫、欺骗和/或滥用权力而无法拒绝或离开的剥削情况。

强迫劳动

成年人强迫劳动的定义是，为了权衡的目的，一个人并非自愿从事他/她自己的工作（“非自愿”标准），而是在雇主或第三方施加的胁迫（“惩罚威胁”标准）下进行工作。胁迫可能发生在在工人的招聘过程中强迫他/她接受这份工作时，或者一旦进入工作状态后，强迫他/她做不属于招聘时所达成协议的任务，或阻止他/她离开这份工作。

这项研究调查了不同形式的强迫劳动，对私人（如私营企业的雇主）强迫劳动和国家强迫劳动进行区分。在 2490 万强迫劳动受害者中，有 1600 万人是在私营经济中，另外有 480 万人是被迫遭受性剥削，还有 410 万人是国家强迫劳动。

2016 年，估计有 1600 万人在私营经济中被强迫劳动。受私人强迫劳动影响的女性比男性多，分别有 920 万（57.5%）女性和 680 万（42.5%）男性。这些男女中有一半（51%）被债务缠身，强迫劳动被用来抵消个人债务。对于被迫从事农业、家政或制造业的成年人来说，这一比例超过 70%。

在已知工作类型的案例中，被迫从事劳动的成年人中家庭佣工的比例最大（24%），其次是建筑业（18%）、制造业（15%）、农业和渔业（11%）。

---

① ILO, *Global Estimates of Modern Slavery: Forced Labour and Forced Marriage* (2017), http://www.ilo.org/wcmsp5/groups/public/---dgreports/---dcomm/documents/publication/wcms_575479.pdf.

大多数强迫劳动的受害者受到雇主或招聘人员的多种形式的胁迫以阻止他们离开。将近1/4的受害者（24%）被扣发工资或因威胁不支付应得的工资而被阻止离开。其次是暴力威胁（17%）、身体暴力行为（16%）和对家庭的威胁（12%）。在妇女中，7%的受害者报告了性暴力行为。

据估计，2016年平均有410万人遭受国家强制劳动。他们包括为了经济发展被当局招募参与农业或建筑工作的公民，被迫从事非军事性工作的年轻义务兵，那些不是在社区一级作出决定并且对他们自身没有好处而被迫提供社区服务的人，或在国际劳工组织监督机构规定的例外情况之外，被迫违背自己意愿工作的囚犯。

结论和前路

结束现代奴隶制需要多方反应，以消除经济、社会、文化和法律等各种导致脆弱并使虐待成为可能的力量。(……)

有必要加强社会保障体系以消除将人们推向现代奴隶制的隐患。为保护工人免遭剥削，需要在现代奴隶制最可能发生的非正规经济中扩大劳工权利。鉴于现代奴隶制的很大一部分可以追溯到移民，改善移民管理对于防止强迫劳动和保护受害者至关重要。

此外，现代奴隶制的风险和类型受到性别的严重影响，在制定应对政策时也必须考虑到这一点。解决债务奴役这一普遍强制手段的根源是预防强迫劳动的另一个必要方面，同时，加强受害者的甄别对于保护目前身份未被甄别或未被注意到的大多数现代奴隶制受害者而言至关重要。最后，我们知道，当今大多数现代奴役都是在国家脆弱、冲突和危机的背景下发生的，这表明有必要将现代奴役的风险作为这些情况下人道主义行动的一部分加以解决。(……)

鉴于其全球性和跨国性，国际合作对于解决现代奴隶制至关重要。致力于实现可持续发展目标8.7的多方利益相关者伙伴关系“8.7联盟”在这方面发挥了重要作用。《现代奴隶制的全球估算》表明，目前大多数强迫劳动存在于私营经济中。这凸显了与工商业——以及雇主组织、工人组织和民间社会组织——合作的重要性，以更广泛地根除供应链和私营经济中的强迫劳动。应加强各国政府之间以及各国政府与有关国际和区域组织之间在劳工执法、刑事执法和移民管理等领域的合作，以防止贩运和解决跨国界强迫劳动问题。

三　国际文件与域外材料

（一）国际劳工组织《强迫或强制劳动公约》[①]

第二条

1. 就本公约而言，“强迫或强制劳动”一词系指以任何惩罚相威胁，强迫任何人从事的非本人自愿的一切劳动或服务。

2. 但是，就本公约而言，“强迫或强制劳动”一词不应包括：

（a）根据义务兵役制的法令，为纯军事性质的工作而要求从事的任何劳动或服务；

（b）作为完全自治国家公民的正常公民义务一部分的任何劳动或服务；

（c）根据法院判决强制任何人从事的任何劳动或服务，但是这种劳动或服务系置于公共当局的监督和控制之下，而且该人不得由私人、公司或社团雇用或安置；

（d）在紧急情况下，即发生战争、灾害或灾害威胁，如火灾、水灾、饥荒、地震、恶性流行病或动物流行病，动物、昆虫或有害植物寄生虫的侵害等，总之，在一切可能危及全体或部分居民的生存或安宁的情况下强制付出的劳动或服务；

（e）村镇的小型公用事业，即由该村镇的成员为该村镇直接利益从事的事业，由此可视为该村镇成员应尽的正常公民义务，但是村镇成员或其直接代表应有权要求就此类公用事业有无需要的问题和他们进行协商。

第四条

1. 主管当局不得为了私人、公司或社团的利益而征用或准许征用强迫或强制劳动。（……）

第十三条

1. 被征从事强迫或强制劳动的任何个人的正常劳动时间，应当与自愿劳动的现行劳动时间相同，超过正常时间以外的劳动时间应按自愿劳动者加班劳动时间的报酬标准付酬。（……）

---

① ILO, Forced Labour Convention, 1930 (No. 29), http://www.ilo.org/dyn/normlex/en/f? p = NORMLEXPUB: 12100: 0:: NO:: P12100_ ILO_ CODE: C029, 中文版见 http://www.ilo.org/wcmsp5/groups/public/ --- ed_ norm/ --- normes/documents/normativeinstrument/wcms_ c029_ zh. pdf。

第十四条

1. 无论哪种强迫或强制劳动，除本公约第 10 条规定者外，都应当付给现金报酬，报酬标准不低于工人工作地区或工人招募地区的现行类似工种的报酬标准，以较高者为准。(……)

(二) 国际劳工组织《废除强迫劳动公约》①

第一条

凡批准本公约的国际劳工组织会员国，承诺禁止强迫或强制劳动，并不以下列任何形式使用强迫或强制劳动：

(a) 作为一种政治强制或政治教育的手段，或者作为对持有或发表某些政治观点或表现出同既定的政治、社会或经济制度相对立的思想意识的人的一种惩罚；

(b) 作为动员和利用劳动力以发展经济的一种方法；

(c) 作为一种劳动纪律的措施；

(d) 作为对参加罢工的一种惩罚；

(e) 作为实行种族、社会、民族或宗教歧视的一种手段。

(三) 国际劳工组织《1930 年强迫劳动公约的议定书》②

第二条

要采取的预防强迫或强制劳动的措施包括：

(a) 对人民，尤其是那些被认为特别弱势的群体进行教育和情况通报，防止他们成为强迫或强制劳动的受害者；

(b) 对雇主进行教育和情况通报，防止他们卷入强迫或强制劳动做法；

(……)

(d) 在招聘和安置的过程中保护人员，特别是移民工人，使其免受可能的虐待和欺诈；

---

① ILO, Abolition of Forced Labour Convention, 1957 (No. 105), http://www.ilo.org/dyn/normlex/en/f?p=1000:12100:0::NO::P12100_ILO_CODE:C105，中文版见 http://www.ilo.org/wcmsp5/groups/public/---ed_norm/---normes/documents/normativeinstrument/wcms_c105_zh.pdf。

② Protocol to the Forced Labour Convention, 1930 (2014), http://www.ilo.org/dyn/normlex/en/f?p=NORMLEXPUB:12100:0::NO::P12100_ILO_CODE:P029，中文版见 http://www.ilo.org/wcmsp5/groups/public/---ed_norm/---relconf/documents/meetingdocument/wcms_302449.pdf。

(e) 支持公共和私营部门开展尽职调查，防止并应对强迫或强制劳动风险；

(f) 解决那些增加强迫或强制劳动风险的根源和因素。

第三条

各成员国须采取有效措施，开展对所有强迫或强制劳动受害者的甄别、解救、保护、恢复和康复工作，并提供其他形式的协助与支持。

(四) 国际劳工组织《关于有效禁止强迫劳动的补充措施建议书》[①]

8. 成员国应采取措施，消除劳务招聘和安置机构的虐待和欺诈行为，例如：

(a) 取消向工人收取招聘费用；

(b) 要求雇佣合同透明，明确解释雇佣条款和工作条件；

(c) 建立健全且易于利用的投诉机制；

(d) 处以适度的惩罚；并

(e) 对这些服务机构进行监管或颁发许可证。

(五) 国际劳工组织《私营职业介绍所公约》[②]

第七条

1. 私营职业介绍所不得直接或间接地、全部或部分地向工人收取任何酬金或是让其承担费用。

2. 为了有关工人的利益，经与最有代表性的雇主组织与工人组织磋商之后，主管当局可以批准将某些类别的工人以及私营职业介绍所提供的指定类别的服务，作为以上第 1 款规定的例外情况。

3. 援引以上第 2 款而批准了例外情况的成员国，在其根据《国际劳工组织章程》第二十二条提交的报告中，须就此种例外情况提供资料，并说明其原因。

---

① ILO, Forced Labour (Supplementary Measures) Recommendation, 2014 (No. 203), http://www.ilo.org/dyn/normlex/en/f? p = NORMLEXPUB: 12100: 0:: NO:: P12100_INSTRUMENT_ID: 3174688, 中文版见 http://www.ilo.org/wcmsp5/groups/public/---ed_norm/---normes/documents/normativeinstrument/wcms_301806.pdf。

② ILO, Private Employment Employment Agencies Convention, 1997 (No. 181), http://www.ilo.org/dyn/normlex/en/f? p = 1000: 12100: 0:: NO:: P12100_INSTRUMENT_ID: 312326, 中文版见 http://www.ilo.org/wcmsp5/groups/public/---ed_norm/---normes/documents/normativeinstrument/wcms_c181_zh.pdf。

（六）《公民权利和政治权利国际公约》[1]

第八条

1. 任何人不得使为奴隶；一切形式的奴隶制度和奴隶买卖均应予以禁止。

2. 任何人不应被强迫役使。

3. （甲）任何人不应被要求从事强迫或强制劳动；

（乙）在把苦役监禁作为一种对犯罪的惩罚的国家中，第3条（甲）项的规定不应认为排除按照由合格的法庭关于此项刑罚的判决而执行的苦役；

（丙）为了本款之用，“强迫或强制劳动”一辞不应包括：

（1）通常对一个依照法庭的合法命令而被拘禁的人或在此种拘禁假释期间的人所要求的任何工作或服务，非属（乙）项所述者；

（2）任何军事性质的服务，以及在承认良心拒绝兵役的国家中，良心拒绝兵役者依法被要求的任何国家服务；

（3）在威胁社会生命或幸福的紧急状态或灾难的情况下受强制的任何服务；

（4）属于正常的公民义务的一部分的任何工作或服务。

（七）联合国《打击跨国有组织犯罪公约关于预防、禁止和惩治贩运人口特别是妇女和儿童行为的补充议定书》[2]

第3条：术语的使用

（a）“人口贩运”系指为剥削目的而通过暴力威胁或使用暴力手段，或通过其他形式的胁迫，通过诱拐、欺诈、欺骗、滥用权力或滥用脆弱境况，或通过授受酬金或利益取得对另一人有控制权的某人的同意等手段招募、运送、转移、窝藏或接收人员。剥削应至少包括利用他人卖淫进行剥削或其他形式的性剥削、强迫劳动或服务、奴役或类似奴役的做法、劳役或切除器官；

（b）如果已使用本条（a）项所述任何手段，则人口贩运活动被害人对（a）项所述的预谋进行的剥削所表示的同意并不相干。

---

① International Covenant on Civil and Political Rights（1966），http://www.ohchr.org/en/professionalinterest/pages/ccpr.aspx.

② Protocol to Prevent, Suppress and Punish Trafficking in Persons Especially Women and Children, supplementing the United Nations Convention against Transnational Organized Crime（2000），www.ohchr.org/en/professionalinterest/pages/protocoltraffickinginpersons.aspx.

（八）联合国毒品和犯罪问题办公室《人口贩运的要素》[①]

行为		手段		目的	
招募		暴力威胁或使用暴力		剥削，包括：	
运送		胁迫		利用他人卖淫	
转移	+	诱拐	+	性剥削	= 贩运
窝藏		欺诈		强迫劳动	
接收人员		欺骗		奴役或类似奴役的做法	
		滥用权力或滥用脆弱情况		切除器官	
		授受酬金或利益		其他类型的剥削	

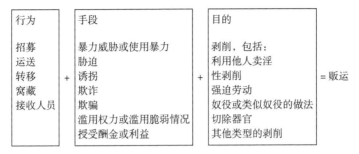

除了将贩运定为刑事犯罪之外，《贩运人口议定书》还要求将以下行为定为刑事犯罪：

- 企图实施贩运罪行；
- 作为共犯参加此种罪行；
- 组织或指导他人进行贩运。

（九）联合国《2030 年可持续发展议程》[②]

目标 8. 促进持久、包容和可持续经济增长，促进充分的生产性就业和人人获得体面工作。

8.7 立即采取有效措施，根除强制劳动、现代奴隶制和贩卖人口，禁止和消除最恶劣形式的童工，包括招募和利用童兵，到 2025 年终止一切形式的童工。

（十）国际金融公司《绩效标准 2——劳工和工作条件》[③]

强迫劳工

22. 客户不得使用强迫劳工，包括任何个人在武力或惩罚的威胁下非自

---

① UN Office on Drugs and Crime, https://www.unodc.org/unodc/en/human-trafficking/what-is-human-trafficking.html.

② UN, *Transforming Our World: The 2030 Agenda For Sustainable Development* (2015), https://sustainabledevelopment.un.org/post2015/transformingourworld, 中文版见 https://sustainabledevelopment.un.org/content/documents/94632030%20Agenda_Revised%20Chinese%20translation.pdf。

③ IFC, Performance Standard 2-Labor and Working Conditions (2012), https://www.ifc.org/wps/wcm/connect/88f1f09e-5fe4-4fad-9286-33ecb221ab23/PS2_English_2012.pdf? MOD = AJPERES&CVID = jiVQIns, 中文版见 https://www.ifc.org/wps/wcm/connect/d7b966f2-bc01-49dc-b70f-ce960bdc4b90/PS2_Chinese_2012.pdf? MOD = AJPERES&CVID = jnafySj。

愿提供的任何工作或服务。这包括任何类型的非自愿或强迫劳动，例如契约劳工、包身工或类似的劳动合约性质的劳动安排。客户不得雇用遭贩卖的人口。

供应链

27. 如果主要供应链中存在很高的雇用童工或强迫劳动的风险，客户应根据上述第 21、22 条来识别这些风险。如果雇用童工和强制劳工问题得到识别，客户应采取适当措施纠正这些问题。客户应持续监控其主要供应链以发现供应链中的任何重大变化，如果发现新的雇用童工和/或强迫劳动风险或问题，客户应采取适当措施予以纠正。

国际金融公司指导说明①

GN71. 客户必须避免对员工进行任何类型的身体和心理强迫（如不必要的行动限制或体罚），使员工感觉在非自愿的情况下被迫工作。这些做法的实例包括将员工锁在工作场所或职工住宅中。客户不得保留员工的身份文件，如护照或个人物品；类似的行为实际上相当于强迫劳动行为。员工随时有权使用他们的个人证件，包括政府签发的证件，如护照。客户雇用的保安人员不得强迫或榨取员工工作。

GN72. 客户应避免让工人产生无法偿还债务的责任，比如，对雇佣关系中包含的旅游、住房和餐饮过度收费。客户还应对主要承包商和分包商进行尽职调查，以避免其蓄意使员工处于债役和契约约束地位。

GN73. 客户应在雇用合同中明确并传达员工的行动自由，包括随时有权使用个人证件的自由。合同文本应使用员工的母语，保证员工理解合同内容。

GN74. 被贩卖人口和外来务工人员，由于缺乏法律地位，尤其易受到强迫劳动的伤害，例如需要向“招聘中介和经纪人”支付过高安置费用，形成债役。客户应审查并与提供劳工的第三方一同解决这些问题，防止第三方从这些强迫行为中牟利。如项目位于出口加工区（EPZ），客户更应进行尽职调查，因为出口加工区通常不受国家劳工法律约束或执法力度较弱。外来务

① International Finance Corporation's Guidance Notes: Performance Standards on Environmental and Social Sustainability (2012), https://www.ifc.org/wps/wcm/connect/9fc3aaef-14c3-4489-acf1-a1c43d7f86ec/GN_English_2012_Full-Document_updated_June-14-2021.pdf?MOD=AJPERES&CVID=nXqnsJp，中文版见 https://www.ifc.org/wps/wcm/connect/47a59dbb-fa69-4789-be44-74fd30fbbb20/GN_Chinese_2012_Full-Document.pdf?MOD=AJPERES&CVID=nXqns9H。

工人员，尤其是女童和青年妇女被确认为更易受到人口贩卖和强迫劳工伤害的群体之一。一些机构正在处理外来务工人员的弱势地位问题，这些机构包括国际劳工组织（ILO）和国际移民组织（IOM）。

GN75. 在某些情况下，监狱劳工和劳教场所的劳动会被看作是强迫劳动。如果因囚犯工作导致私营公司获利，那么仅在可证明囚犯自愿工作且其报酬等同于这份工作的市场价格的情况下，这项工作才是可接受的。如果监狱劳工包含客户供应链中不可替代的部分，客户应提供监狱劳工满足上述要求的审查报告的详细证明。

（十一）英国《反现代奴隶制法案2015》[①]

第54条：供应链透明度

（1）第（2）款内的商业机构必须为其每个财年拟备一份反奴隶制和人口贩卖声明。（……）

（4）各财年反奴隶制和人口贩卖声明是指：

（a）本机构在本财年为确保（i）在其供应链和（ii）其自有业务的任何部分不会发生奴役和人口贩卖而采取的措施声明；或

（b）本机构没有采取这类措施的声明。

（5）机构的反奴隶制和人口贩卖声明可能包括以下信息：

（a）机构的架构、业务及供应链；

（b）关于反奴隶制和人口贩卖的政策；

（c）其商业和供应链中有关反奴隶制和人口贩卖的尽职调查过程；

（d）其业务和供应链中存在奴役和人口贩卖风险的部分，以及为评估和管理这种风险而采取的措施；

（e）确保在其业务或供应链中不发生奴役和人口贩卖的有效性，并根据其认为适当的绩效指标衡量；

（f）为其工作人员提供关于反奴隶制和人口贩卖的培训。

（十二）美国《加利福尼亚州供应链透明度法案》[②]

第（a）款所述的披露，至少应披露零售商或制造商在何种程度上（如

---

① *UK Modern Slavery Act*（2015），http://www.legislation.gov.uk/ukpga/2015/30/section/54/enacted.

② *California Transparency in Supply Chains Act*（2010），https://oag.ca.gov/sites/all/files/agweb/pdfs/cybersafety/sb_657_bill_ch556.pdf.

有）做到以下各点：

1. 参与产品供应链审核，以评估和管理人口贩卖和奴役的风险。披露应说明审核是否由第三方进行；

2. 对供应商进行审核，评估其是否符合公司有关反人口贩卖和奴役的标准，并明确说明审核是否由独立的第三方审核机构在事先不知供应商的情况下进行；

3. 要求直接供应商证明成品所含原材料均符合原产国或交易国有关反奴役和人口贩卖的法律规定；

4. 建立和维持内部责任制的标准及程序，对违反公司有关反奴役和人口贩卖标准的员工或承包商进行问责；

5. 为直接负责公司供应链管理的员工和管理层提供反人口贩卖和奴役的培训，尤其是如何减少供应链中出现人口贩卖和奴役现象的风险。

（十三）《关税及贸易总协定》

关贸总协定 XX：一般例外

如果下列措施的实施在条件相同的各国间不会构成武断的或不合理的歧视，或者不会形成对国际贸易的变相限制，不得将本协定解释为妨碍任何缔约方采取或实行下列措施：

（……）

（e）有关监狱劳动产品的措施；

（十四）美国《关税法》[①]

他国全部或部分由罪犯劳工或/和强迫劳工或/和受刑事制裁的契约劳工开采、生产或制造的所有商品和货物，不得进入美国的任何港口，并禁止进口，授权并指定财政部部长制定执行本条文所需的规定。

“强迫劳动”，如本法所述，系指任何人在其因不履行工作而可能受到任何惩罚的威胁下从事该工作或服务，而此人并非自愿从事该工作或服务。

***

2016 年 2 月 24 日，总统签署了《2015 年贸易便利化和贸易执行法案》，废除了美国法典第 19 编第 1307 条款“消费需求”。该条款允许进口某些强迫劳动生产的货物，如果这些货物并非“以满足美国的消费需求的数量而被

---

① *Section 307 of the Tariff Act of 1930*（19 U. S. C. § 1307），https://www.govinfo.gov/content/pkg/USCODE-2011-title19/html/USCODE-2011-title19-chap4-subtitleII-partI-sec1307.htm.

生产”的话。“废除消费需求例外应该会增强美国海关与边境保护局的能力，防止用强迫劳动生产的产品被进口到美国。”

（十五）Know the Chain《强迫劳动行动比较：来自三类行业的调查结果》①

2016 年，Know the Chain 对来自三个高风险行业（信息与通信技术、食品与饮料、服装与鞋类）的全球 60 家大型企业进行了基准测试，以了解它们努力在全球供应链中消除强迫劳动的透明度。在对公司公开披露的以下主题进行评估后，每家公司都获得了满分 100 分：承诺和治理；可跟踪性和风险评估；采购实践；招聘；工人的声音；监控和补救措施。

良好的实践例子

寻求当地非政府组织的支持来教育工人

Primark 以 39 种语言出版其行为准则，涵盖其生产场所使用的所有语言。Primark 要求其供应商在工作场所以所有相关的工作语言展示准则，并将其传达给工人。在主要采购国，Primark 与协助和支持工厂工人团体的当地非政府组织合作制作了一系列海报“……让工人拥有准则”，支持互相学习和参与式方法，以及与准则相关的表演和角色扮演项目。

利用技术吸引和授权供应链工人

作为新创投试点项目的一部分，耐克开发了一些应用程序，以支持工厂内外的员工，例如管理沟通、薪酬和休假管理、申诉系统和参与计划。该试点项目覆盖三个国家 10 家鞋类和服装合同工厂的 3 万多名工人。例如，在中国，耐克在三家工厂试运行了一项智能手机服务，为合同工和管理人员提供了直接沟通渠道，并为工人提供了直接获取其个人人力资源信息的途径，包括工资、出勤率和年假。一家工厂的工人报告说，在 9 个月的试用期中，工人管理关系的质量提高了 25%。

报销招聘费用

苹果的供应商行为准则要求，“工人不得被要求支付雇主或其代理人的招聘费用或其他类似费用，以获得雇佣。若发现有工人已经支付此类费用的，应当将此类费用退还给工人。供应商应确保其使用的第三方招聘机构符合本准则和法律的规定”。苹果披露，自 2008 年以来，“由于我们的努力，

---

① Know the Chain, *Forced Labor Action Compared: Findings From Three Sectors* (2017), https://knowthechain.org/wp-content/uploads/KTC_CrossSectoralFindings_Final.pdf.

供应商向外国合同工支付了超过2560万美元的超额招聘费用”。

思科已采用了电子行业行为准则，即“工人不得被要求给雇主‘或代理人’支付招聘费用或其他与招聘相关的费用，如果发现任何此类费用已经由工人支付，工人应当获得偿还”。2014年，思科发现其一家供应商工厂的工人支付了过高的招聘费用，并确保向受影响的移徙工人返还25.1万美元。

（十六）可口可乐《2017年现代奴隶制声明》[①]

农业风险

农业是强制劳动和人口贩卖的一个潜在风险领域。本公司和当地子公司通常不直接从农场购买农业原料，也不拥有农场或种植园。但作为糖等农业原料的主要买家，本公司努力确保这些原料供应链尊重人权。2013年，本公司承诺到2020年实现农业原料100%优先的可持续采购，包括甘蔗、茶叶和柑橘类水果。为此，2013年出版了《可持续农业指导原则》（SAGP）。基于本公司供应商指导原则的《可持续农业指导原则》禁止强迫劳动和人口贩卖。

此外，本公司决定将对强迫劳动、童工劳动和土地权利进行国家层面的研究（或“国别研究”）作为一个目标，研究糖这一优先作物在其主要来源市场的情况。这些研究——研究而非审计——使我们能够更好地了解糖的采购供应链，并使我们能够看到供应商和装瓶合作伙伴是如何应对这三种风险的，而这三种风险被认为是农业供应链中较高的社会风险因素。（……）

这些国别研究本身并不是目标。预计，这将是一段需要与供应商、装瓶商和关键利益攸关方进行重大合作的旅程，以仔细审查人权风险，并加强努力防止在业务和供应链中出现强迫劳动和人口贩运。这些研究是促进在供应链中更深入地进行关于人权影响（包括强迫劳动和人口贩卖风险）的内部和外部对话的重要工具。

大型体育赛事

在价值链中识别强迫劳动相关风险的另一个领域是大型体育赛事的赞助。像奥运会或世界杯这样的大型体育赛事，能够激励运动员和球迷，但在某些情况下也与人权挑战有关。作为此类赛事的赞助商，本公司倡导透明和负责任的管理，尊重所有相关人员的人权——从建造赛事场馆者到运动员本

① Coca-Cola，*Modern Slavery Statement*（2017），https://www.cocacolaep.com/assets/Governance_docs/Governance-Documents/2017-modern-slavery-statement.pdf.

身。(……) 卡塔尔，即将在2022年举行世界杯的举办地，一直面临人权问题，尤其是有关移徙工人。可口可乐公司在卡塔尔有业务，包括一家装瓶厂，本公司希望该工厂能成为该地区负责任的商业行为的一个积极榜样。员工持有护照和身份证是公司的政策，并设有个人储物柜，以确保安全。工资直接支付到工人的银行账户，这减少了第三方扣除工人工资的机会。为确保遵守当地法规，每季度由管理部门对非正式员工的工资单进行审查。负责任的招聘以及员工福利项目如夏季水化实践、急救和安全培训以及为女职工办签证的积极尝试使可口可乐装瓶公司在2016年11月海湾合作委员会(GCC) 最佳招聘实践和员工敬业度的评选中被评为最佳雇主之一。

(十七) 全球报告倡议组织《可持续发展报告指南》①

全球报告倡议组织 (GRI)《可持续发展报告指南》提供报告原则、标准披露及实施手册，为各种规模、各类行业、各个地点的机构编制可持续发展报告提供参照。

强迫或强制劳动

已发现具有严重强迫或强制劳动风险的运营点和供应商，以及有助于消除一切形式的强迫或强制劳动的措施。

a. 就以下情况，说明具有严重强迫或强制劳动风险的运营点和供应商：

- 运营点 (如制造业工厂) 和供应商类型；
- 可能危及上述权利的运营点和供应商所在国家或地区。

b. 报告期内，机构为消除一切形式的强迫或强制劳动而采取的措施。

(十八) 人权和商业研究所《负责任招聘领导小组》②

负责任招聘领导小组是领先企业和专家组织之间的合作，目的是推动招聘移徙工人的方式发生积极变化。总之，我们的目标是大胆的——彻底消除向工人收取的就业费用。

目标

负责任招聘领导小组旨在推动招聘行业的积极变革，目标有三个：

---

① Global Reporting Initiative, *G4 Sustainability Reporting Guidelines* (2013), https://respect.international/wp-content/uploads/2017/10/G4-Sustainability-Reporting-Guidelines-Implementation-Manual-GRI-2013.pdf.

② Leadership Group for Responsible Recruitment (2016), https://www.ihrb.org/employerpays/leadership-group-for-responsible-recruitment.

• 通过提高对道德行为的积极效益的认识和开发帮助公司实现雇主支付原则的工具，创造对负责任招聘的需求；

• 通过创造有利的环境和支持识别和使用道德招聘机构的系统的开发与执行，增加符合道德的劳动力供应；

• 通过对话促进招聘行业的有效监管和执行，倡导加强对移徙工人的保护。

雇主支付原则

雇主支付原则体现了《关于尊严移民的达卡原则》，它是一种承诺，确保不让工人为工作支付费用，而且越来越多的企业在多个行业和地区采用这种原则。

雇主支付原则于 2016 年 5 月推出，该原则规定：任何员工都不应该为一份工作付费——招聘成本不应由员工承担，而应由雇主承担。

在所有行业采用雇主支付原则，对于打击全球供应链中的剥削、强迫劳动和移徙工人的贩运至关重要，这是实现联合国可持续发展目标——人人享有体面工作——的重要一步。

负责任招聘的 6 步：实施雇主支付原则[①]

第三步：整合风险评估并采取行动

系统性的

• 让那些工作对其产生潜在影响的员工参与进来，设法解决这些问题。

• 确定在不同的运营站点/职能部门/部门之间共享关于有效预防和缓解措施的学习方法。

优先考虑你的反应

• 基于对员工影响最严重的那些评估结果进行优先考虑。

• 根据规模（影响有多严重）、范围（影响了多少工人）和是否可以有效补救来确定严重程度。

理解你的责任

• 公司采取行动的责任取决于其是否涉及某一项人权风险或影响，而不是其影响某一情况的能力。

---

① *Six Steps to Responsible Recruitment*：*Implementing the Employer Pays Principle*，https://www.ihrb.org/uploads/member-uploads/Six_Steps_to_Responsible_Recruitment_-_Leadership_Group_for_Responsible_Recruitment.pdf.

• 如果存在直接造成影响的风险，采取必要的步骤来预防。例如，要求招聘代理逐项列出他们在招聘过程中产生的所有费用，包括收据，并向员工提供他们在招聘过程中产生的任何费用的收据。

• 在可能造成影响的地方，采取必要的步骤避免这种影响。利用你对造成影响的一方的影响力来减轻其他一切风险。例如，在一个国家没有道德招聘机构的情况下，应尽可能采取直接招聘的方式招聘移徙工人。

• 如果有可能对通过业务关系与你公司的运营、产品或服务直接相关的移徙工人产生影响，请利用你对该方的影响力来降低风险。

在业务关系中创造和使用影响力

• 在每种情况下，考虑影响力的多种形式，而不论是通过传统的商业影响，通过与商业伙伴和同行的集体行动的影响，还是通过与政府、公民社会和其他利益相关者的双边或多方参与和合作的影响。

• 确定和建立影响力的初始步骤可能包括：

- 订立新的供应商协议，期望他们能预防、减轻和补救与招聘有关的对移徙工人的影响；

- 与供应商和/或招聘和雇佣代理建立清晰的劳动力成本结构；

- 确定负责招聘决策的供应商的关键人员，评估他们是否愿意和有能力配合雇主支付原则；

- 在可能的情况下，减少与你的供应商合作的招聘机构的数量，以便更有效地监控和锁定培训资源；

- 慎重考虑是否终止与第三者的关系，当其对移徙工人造成费用方面及其他影响，继续保持此业务关系，进而补救影响，并建立他们在实践中满足雇主支付原则的能力，可能是有益的。

（十九）国际劳工组织《公平招聘倡议》[①]

合作伙伴

这个多方利益相关者倡议是与各国政府、具有代表性的雇主和工人组织、私营部门和其他主要伙伴密切合作实施的。（……）国际劳工组织的社会合作伙伴和他们的分支机构在这个倡议的设计和实现过程中发挥了核心作用，包括国际工会联盟及其分支机构、国际雇主组织及其分支机构，特别是

---

① ILO, *Fair Recruitment Initiative* (2015), http://www.ilo.org/global/topics/fair-recruitment/lang--en/index.htm.

世界就业联盟。

背景

在今天的全球化经济中，工人们越来越多地在本国以外寻找工作机会，以寻求体面的工作条件。此外，数以百万计的工人在国内迁移。公共和私营就业机构在得到适当管制的情况下，在有效和公平地运作劳动力市场方面发挥重要作用。

然而，人们对不择手段的就业机构、非正式劳工中介机构和其他经营者在法律和监管框架之外发挥的作用越来越大表示关注，特别是专门针对低技能工人的掠夺。被报道的虐待包括以下一项或多项：隐瞒工作性质和环境；没收护照；收取押金和非法扣减工资；由招聘费用引起的债役；对想要离职的工人的威胁加上他们对被驱逐出境的恐惧。这些虐待行为加在一起可能会导致人口贩卖和强迫劳动。尽管有关于招聘的国际劳工标准，但国家法律及其执行往往未能保护工人，特别是移徙工人的权利。

响应

为了应对这些挑战，国际劳工组织（ILO）于 2014 年发起了一项全球公平招聘倡议，旨在：

- 帮助防止人口贩卖和强迫劳动；
- 在招聘和安置过程中，保护包括移徙工人在内的劳动者的权利，使其免受虐待和欺诈行为（包括预选择、选择、运输、安置和安全返回）；
- 降低劳动力迁移成本，增加移徙工人及其家庭在原籍国和目的地国的发展成果。

（二十）国际劳工组织《政策和技术如何影响捕鱼业的工作》[①]

背景

2014 年，国际媒体详细报道了泰国渔业中广泛存在的劳工虐待现象。同年，美国国务院在其《人口贩运报告》中将泰国的评级下调至最低等级——第 3 级。2015 年，欧盟委员会（EC）因为非法、未报告且不受规范的（illegal，unregistered，and unregulated，IUU）渔业行为向泰国发出了“黄牌”警告。

① ILO，*Less is More-How Policy and Technology can Impact the Thai Labour Market for Work in Fishing*（2019），https://shiptoshorerights. org/wp-content/uploads/Less-is-More_ EN. pdf.

鉴于可能对其渔业实施制裁，泰国着手执行旨在减少和消除渔业和海产部门虐待行为的措施，并遵守国际劳工组织（ILO）的《捕鱼业工作公约》（2007 年第 188 号）。2019 年 1 月，泰国批准了《捕鱼业工作公约》（2007 年第 188 号），成为亚洲第一个批准该公约的国家，提高了海上渔船渔民的最低劳工标准。

这些措施取得了一些成功。2018 年 6 月，美国国务院在其人口贩运报告中将泰国从“观察名单”升级为第 2 级。2019 年，欧盟委员会在判断泰国已经成功解决了其渔业法律框架及其监测和监督系统中的漏洞后取消了黄牌。(……)

泰国政府在 2019 年 11 月生效的《渔业劳工保护法》中对这些标准和更多的内容进行了规定。一些措施已经成为泰国劳动法的一部分，如最低工作年龄、医疗保险、最长工作时间和休息时间、书面工作协议、定期工资（通过银行账户转账给渔民）、工作安全设备以及与工作有关的死亡或伤害赔偿。该法案中的新措施包括年度健康检查、遣返泰国的相关工作以及社会保障类福利。

了解雇主对劳动力的需求

对于接受本报告采访的雇主而言，据说有五个关键因素会影响他们对移徙劳工的需求：

1. 渔业部门的劳动力明显短缺；
2. 工资成本；
3. 预付职工工资的必要性；
4. 与合规有关的费用；
5. 资本投资成本。

结论与建议

1. 泰国渔业船队总体上未能在节省劳动力的技术上进行投资，这给已经失灵的劳动力市场带来了更大的压力。

泰国的商业渔船早就应该进行现代化改造，以提高劳动力、能源和成本等各方面效能。对动力运输设备的适度投资减少了捕捞人员的规模，从而有助于使劳动力市场达到平衡。在其他方面，减少劳动力可能造成工人和雇主及其代表组织之间的冲突，而工作条件差、工资低的捕鱼业将会继续面临长期的劳动力短缺。因此，减少对新工人的需求，改善工作条件和工资的长期解决方案可以满足工人和船主的总体需求。

2. 渔业缺乏金融信贷，而贷款人希望担保能够重新进入具有高风险的行业。

由于泰国劳工虐待现象在全球范围的暴露，以及随之而来的行业不确定性，泰国商业银行向船主提供的贷款已接近于零。重新配置方案将促使船主提出先决性问题：“谁会借钱给我？”和“如果我无法偿还该怎么办？”商业贷款人会问：“哪些机构将为合格借款人提供贷款担保？”以及“拟议的贷款计划是否足以使银行认为船舶贷款新产品的开发与营销是值得的？”

3. 高质量信息的缺乏是广泛存在的。

针对本报告进行的访谈都指出，政府（泰国和外国）、船主、招聘机构和移徙工人之间需要进行更有效、定期和公开的沟通。

（二十一）拉杰－赖歇特《社会审计师在全球生产网络中的权力》[①]

本文介绍了一个名为 Verité 的社会审计组织在 2014 年发布的一份报告。该报告得出结论，在马来西亚，1/4 以上的电子工人（大多数为外国工人）处于强迫劳动状态。调查包括对马来西亚 100 多家工厂的 501 名工人（87%为外籍工人）进行的秘密约谈，发现 28% 的工人（32% 为外籍工人）从事强迫劳动。采用国际劳工组织（ILO）制定的准则，该报告侧重于强迫劳动的六个方面：（1）超时工作、克扣工资以及导致债务缠身的高额招聘费；（2）扣留外籍劳工护照的劳工代理；（3）雇主限制劳工行动，使其产生恐惧和不安全感；（4）禁止外籍工人在合同到期前违反合同、改变雇主或者回国；（5）在工资或工作类型方面进行欺骗的招聘；（6）外国工人在住房、医疗、食品、交通、法律地位、就业状况和其他福利问题上过分依赖劳工代理。尽管没有透露公司名称、其工厂所在地或供应商的外包公司名称，但因为强迫劳动被发现是“广泛存在的”，并且分布在不同的地点、工厂以及商品和零部件的生产线，所以该研究成果涉及了许多类型的公司，从品牌公司到在马来西亚运营或外包的一级和较低级供应商。“令我们最震惊的是，这发生在现代化的工厂中，其中一些由主要的国际品牌拥有和运营。这项工作使我们得出的结论是，该行业的强迫劳动是系统性的，在马来西亚每家从事此行业的公司在其经营中都面临强迫劳动的高风险。”

---

① Gale Raj-Reichert, “The Powers of a Social Auditor in a Global Production Network: the Case of Verité and the Exposure of Forced Labour in the Electronics Industry”, *Journal of Economic Geography* 20 (2020), www.econstor.eu/bitstream/10419/206686/1/Full-text-article-Raj-Reichert-The-powers-of.pdf.

在有关电子行业中强迫劳动的细节披露方面，Verité 报告非常全面。在报告发布之前，强迫劳动很少与电子行业公开联系起来。在农业、渔业、家务劳动、采矿和服装等附加值较低或成本较低的行业中，这种情况更为常见。但是，Verité 报告显示强迫劳动也发生在高附加值和技术先进的行业中。它没有隐藏起来，而是发生在一个中等收入国家的庞大的现代出口加工区，那里的高科技工厂被电子门、带刺铁丝网、金属探测器和保安所包围，每年都要被社会审计师和政府机构多次监测和审计。

Verité 对马来西亚电子行业中强迫劳动的揭露，随后改变了电子行业中的劳工治理做法。其调动了可靠信息的权力资源，以行使权威专家的权力，并在全球生产网络（global production networks，GPN）中的各种网络关系中进行掩饰。本文提出了一个多权力的分析框架，以了解 GPN 的微观政治。

Verité 兼具了社会审计组织（social auditing organisations，SAO）和超公司的两种特性，这有助于其在 GPN 中保持不同类型的关系，利用不同的权力资源，并利用不同的关系权力模式。要强调的是，全球生产网络中的参与者之间存在多重关系，因此需要通过冲突、紧张和合作来了解它们的相互作用和结果，以揭示全球生产网络的微观政治。因此，第二个贡献是多权力分析，它审查了 Verité 的不同网络关系（即专家权限和掩饰能力）中的公开和秘密的权力模式，从而改变行业参与者的劳动治理实践。Verité 通过与当地审计师的分包关系，来调动工厂有关强迫劳动可靠信息的权力资源，并做到了这一点。它利用与美国联邦政府的各种分包关系，来调查马来西亚电子行业的工作条件，并为即将出台的旨在禁止联邦供应链中的强迫劳动的法规修正案提供建议，这些为 Verité 的权力资源赋予了合法性。这两种权力资源对于行使权威专家对电子行业的自治行为的权力都是必不可少的。更为隐蔽的是，Verité 同时利用审计师关系来进行掩饰，以便接触工厂工人，从而通过调查获取有关工作条件的可靠信息。

因此，它的混合特征帮助 Verité 获得了作为非政府组织和准国家行为者（超公司主体特征）的合法性和可信度，而其作为审计师的业务客户关系（公司主体特征）则与相对于全球领先公司的权力行使有关。该案例研究说明了改变 GPN 实践的权力可能是一个如何复杂的系统，这涉及了不同的权力资源以及在不同关系中同时发生的不同关系权力模式。

（二十二）戴维森《新的奴隶制，旧的二元论：人口贩运和自由的边界》①

近十年来，政治家、记者、非政府组织工作人员，甚至一些学者，一直在告诉我们，人口贩运是一项利润丰厚的全球性犯罪活动，在任何时候都会带来数百万受害者，这是当代世界最严重的人权问题之一。“人口贩运”通常被描述为现代奴役贸易，反贩运活动家呼吁我们重申对奴隶制的反对，并重申我们对捍卫人权和自由的承诺。这些呼吁振奋人心，显然具有政治上的进步意义。然而，正如许多批评学者和活动家所指出的那样，“贩运受害者”这一形象，特别是“被贩运的性奴隶”，实际上在服务于有关卖淫、性别和性行为的极为保守的道德议程中发挥了最大作用，同时尽最大努力支持着更为严格的移民政策和更为严格的边境管制。

本文指出，“人口贩运”是一个涵盖性术语，指的是可能导致各种结果的过程。从理论上讲，它与一系列其他市场、机构和实践（劳动力市场、卖淫、婚姻、福利欺诈、器官交易、儿童收养、独立的儿童移徙等）相互交叉，其中一些可能被社会容忍，被法律监管，另一些则可能是非法的、污名化的和/或具有社会争议性的。因此，要消除“贩运”，我们就必须在大量截然不同的情况下，判断什么是适当和不适当的剥削，以及什么算作武力。然而事实上，与这些市场、机构和实践有关的社会规范因国家而异，因此这项任务看起来就更加无望了。

反奴隶制活动家在传播“作为现代奴隶制的贩运”言论中发挥了重要作用，他们认为新的奴隶制可以与普遍存在于当代世界的其他形式的压迫和劳动剥削区分开来，因为新奴隶制涉及三个基本要素。首先，它是非自愿的，从某种意义上说，奴隶不能“摆脱他们所处的境地，因为某人正在控制自己的自由意志”。其次，是“严重的经济剥削”，贝尔斯将其描述为没有工资，或以仅涵盖日常生活中最基本的必需品或可由雇主收回的形式支付工资。最后，已存在暴力行为或有暴力行为出现的前兆。

① Julia O'Connell Davidson, “New slavery, old binaries: Human trafficking and the borders of freedom”, *Global Networks* 10: 2 (2010), https://modernslavery.yale.edu/sites/default/files/pdfs/new_slavery_old_binaries_0.pdf.

四　中国相关文件与材料

（一）国家法律法规

1.《中华人民共和国刑法（2020 修正）》

第二百四十四条　【强迫劳动罪】以暴力、威胁或者限制人身自由的方法强迫他人劳动的，处三年以下有期徒刑或者拘役，并处罚金；情节严重的，处三年以上十年以下有期徒刑，并处罚金。

明知他人实施前款行为，为其招募、运送人员或者有其他协助强迫他人劳动行为的，依照前款的规定处罚。

单位犯前两款罪的，对单位判处罚金，并对其直接负责的主管人员和其他直接责任人员，依照第一款的规定处罚。

2.《中华人民共和国劳动法（2018 修正）》

第三十二条　有下列情形之一的，劳动者可以随时通知用人单位解除劳动合同：

（一）在试用期内的；

（二）用人单位以暴力、威胁或者非法限制人身自由的手段强迫劳动的；

（三）用人单位未按照劳动合同约定支付劳动报酬或者提供劳动条件的。

第九十六条　用人单位有下列行为之一，由公安机关对责任人员处以十五日以下拘留、罚款或者警告；构成犯罪的，对责任人员依法追究刑事责任：

（一）以暴力、威胁或者非法限制人身自由的手段强迫劳动的；

（二）侮辱、体罚、殴打、非法搜查和拘禁劳动者的。

3.《中华人民共和国劳动合同法（2012 修正）》

第三十一条　用人单位应当严格执行劳动定额标准，不得强迫或者变相强迫劳动者加班。用人单位安排加班的，应当按照国家有关规定向劳动者支付加班费。

第三十八条　用人单位有下列情形之一的，劳动者可以解除劳动合同：

（……）

用人单位以暴力、威胁或者非法限制人身自由的手段强迫劳动者劳动的，或者用人单位违章指挥、强令冒险作业危及劳动者人身安全的，劳动者可以立即解除劳动合同，不需事先告知用人单位。

第八十八条　用人单位有下列情形之一的，依法给予行政处罚；构成犯罪的，依法追究刑事责任；给劳动者造成损害的，应当承担赔偿责任：

（一）以暴力、威胁或者非法限制人身自由的手段强迫劳动的；

（二）违章指挥或者强令冒险作业危及劳动者人身安全的；

（三）侮辱、体罚、殴打、非法搜查或者拘禁劳动者的；

（四）劳动条件恶劣、环境污染严重，给劳动者身心健康造成严重损害的。

4.《关于重申禁止劳改产品出口的规定（1991）》

一、劳改产品系中国司法部门所属监狱组织犯人劳动生产的产品。

二、中国司法部门根据中国刑法有关规定，对有劳动能力的犯人实行劳动改造。目的是教育和改造他们，使其成为自食其力的劳动者。同时，结合劳动改造，对犯人进行职业培训，为他们刑满后的社会就业创造一定的条件。这与一九五五年第一届联合国预防犯罪和罪犯待遇大会通过的《囚犯待遇最低限度标准规则》是一致的。

三、参加劳动的犯人在劳动保护、医疗卫生等方面，与国营企业工人一样，享受相同的劳保福利待遇。

四、重申禁止劳改产品出口。外贸公司不得收购劳改产品，也不得让其他贸易公司代为收购用于出口，监狱不得向外贸公司提供出口货源。

五、监狱不得与外商建立合资或合作企业。

六、如发现任何部门或企业出口劳改产品，海关有权扣留，没收其所得，并视情节轻重，给予有关责任者相应的处罚。

（二）地方与行业标准

《中国对外矿业投资社会责任指引（2017版）》

3.5 劳工问题

3.5.1

（……）

避免任何形式的强制劳动，如在雇用时收取押金、扣留人员身份证件等。不得出于强迫继续为公司工作的目的扣留任何人的工资、福利、财物、证件等。在安全情况允许的前提下，员工完成标准工作日工作后，有权离开工作场所。

在事先给予合理通知后，企业要保护员工终止劳动合同的权利。

（……）

（三）《探访北京市第一看守所：不强迫劳动可收看电视剧》[①]（中国新闻网，2014年7月24日）

“原以为看守所不是人待的地方，来到这里才发现这里干净、规范、秩序良好，管教民警用亲情和人性化管理，让我顺利度过了诉讼期。”6月份被判死缓、即将到监狱服刑的犯罪嫌疑人李某如此告诉来北京市第一看守所参观采访的记者。

北京市第一看守所关押的全是刑事犯罪嫌疑人。像李某这样的嫌疑人进入看守所，经过健康体检被收押后，就开始了监管内的生活。每天六点半起床，中午有两个小时午休，晚上十点入睡，每天睡眠不少于8小时。此外，还有丰富的学习和教育内容，一定的自由活动时间，晚上还可收看新闻和电视剧。

---

① 《探访北京市第一看守所：不强迫劳动可收看电视剧》，中国新闻网，http://www.chinanews.com/fz/2014/07-24/6421617.shtml。

“在这里，劳动不是强迫，而是一种权利。”看守所工作人员介绍。按照相关规定，看守所保障在押人员在自愿基础上劳动的权利，不损害其身心健康，不影响刑事诉讼活动，不得强迫在押人员劳动，未成年和过渡管理期间的在押人员不得劳动，患病、年老体弱、身体残疾的在押人员不宜劳动。

“在看守所每天早上都能吃上一个鸡蛋，主食方面有饺子、米饭、面条，看守所变着花样给大家吃好吃饱。”李某说。事实上，保证在押人员吃足定量、吃熟吃热、吃得卫生只是基本要求。在这里，外国犯罪嫌疑人还能吃上汉堡、面包等西餐。在押人员医疗费、衣被费、公杂费以及看守所公用经费都列入同级政府财政预算，也保证了在押人员的医疗卫生权利和生活健康权利。

公安部监所管理局局长赵春光介绍，2009 年 4 月以来，中国看守所积极顺应民众对公平正义的新期待，实现了五个变化：执法理念由以往服务刑事办案转变为服务刑事诉讼；工作模式由以往“一看二守三送走”，转变为依法保障刑事诉讼活动顺利进行，实行人性化管理；管理体制由以往公安机关单一管理转变为国家 12 个成员单位综合治理；管理方式由以往封闭式走向警务公开透明；工作要求由以往单纯确保安全转变为安全文明并重，彰显了中国法治文明和人权保障在看守所管理领域的进步。

按照规定，在押人员向看守所提交书面上诉材料，看守所应当立即接收，并在 24 小时内转第一审人民法院。辩护律师要求会见在押人员的，除涉及危害国家安全、恐怖活动犯罪、特别重大贿赂犯罪外，看守所应当及时安排，至迟不超过 48 小时。在押人员要求约见检察官，看守所不得打听谈话内容。

对于广受关注的刑讯逼供问题，赵春光说，看守所不是侦查机关，不查办案件，因此不存在看守所人员刑讯逼供问题，而且看守所对防止在押人员在羁押期间受到刑讯逼供采取严格措施。

记者在北京市第一看守所看到，办案机关讯问在押人员有专门的看守所讯问室。讯问室用金属防护网分隔，使讯问人员与在押人员分置两侧，并加装录音录像设备进行监督，既防止刑讯逼供，又防止人员受到侵害。

改革开放 30 多年来，中国刑事诉讼法从 1979 年首次制定，历经 1996 年、2012 年两次修订，随着“尊重和保障人权”成为总则内容，既为公民充分享有人权提供了坚实的法律依据，也对看守所执法管理提出新的要求。

南开大学法学院副教授唐颖侠表示，亲身参观看守所，看到在押人员的人身权、财产权、健康权、被救助权利得到了很好保障。沙盘心理辅导、法律援助中心、视频会见、对社会开放接受监督等措施，让人看到了看守所作为独立的刑事羁押执行机关的进步。

（四）《农民工被强迫劳动：我们不能袖手旁观》[①]（工人日报，2012 年 2 月）

据 2 月 25 日新华社报道，近日，黑龙江哈尔滨警方打掉两个侵害农民工、无家可归

---

① 《农民工被强迫劳动：我们不能袖手旁观》，中国经济网，http://views.ce.cn/view/ent/201202/28/t20120228_23110207.shtml。

人员的恶势力团伙，解救出18名受害人，8名犯罪嫌疑人被刑事拘留。警方调查认为，这两起涉嫌非法拘禁、强迫无家可归人员和农民工劳动并对其故意伤害的案件，是一种新型犯罪模式。犯罪嫌疑人以骗取、强迫乃至威逼、殴打等非法手段，将无家可归人员和农民工关在不同地点，承诺每人每天给100元左右的工资，但实际上只要求干活，从来不给报酬。

一些人之所以盯上了农民工，无非是因为他们初来乍到，对城里的事情和劳动力市场的情况不了解，在城里又大都无亲无友，也不怎么懂法，防范意识和能力不强，这些问题是否能够解决？

比如，在为农民工提供更准确可靠的就业信息方面，相关方面的工作就取得了很好的效果。时下，不少城市的人力资源部门、工会组织都会联合起来举办针对农民工的专场招聘会，也会为农民工提供一些专业技术培训和就业服务咨询。如果这样的就业帮助能够更常态、更持久、更便于农民工知晓，那么因为信息不对称而造成的上当受骗就会少一些。

比如，谁应该发现违法用工、强迫劳动的行为？违法用工、强迫劳动可能发生在一些手续齐全的“血汗工厂”里，也可能发生在纯粹的“黑企业”里，对此，劳动行政部门应该进行定期、不定期地检查和监管，及时发现企业用工中的违法违规行为，保护劳动者的合法权益。尽管个别企业“强迫劳动”的情况比较隐蔽，但不可能不露出蛛丝马迹。对劳动行政部门和警方来说，用工检查、治安巡逻更需要的是腿勤。

再如，如何才能震慑此类行为？《刑法修正案（八）》将《刑法》第二百四十四条修改为：“以暴力、威胁或者限制人身自由的方法强迫他人劳动的，处三年以下有期徒刑或者拘役，并处罚金；情节严重的，处三年以上十年以下有期徒刑，并处罚金。明知他人实施前款行为，为其招募、运送人员或者有其他协助强迫他人劳动行为的，依照前款的规定处罚……”过去这个罪名叫“强迫职工劳动罪”，现在叫“强迫劳动罪”，罪名的改变意味着适用主体范围的扩大，过去仅限于用人单位的职工，现在则包括对非法招来的工人的强迫劳动。相信有关部门能够依法做出裁断，震慑那些蠢蠢欲动者以及尚未被发现的违法者。

近年来，随着各方努力，农民工的法律意识、维权意识不断提高，但在城市里，他们依然是容易受伤的群体，依然需要各种劳动保障制度和相关部门的保护，只有各种制度健全了、各种维权途径畅通了、各个部门真正负起责任了，农民工在城里的日子才会更安全、更顺利一些。

五　延伸阅读

- Business & Human Rights Resource Centre, *Modern Slavery Registry*, http://www.modernslaveryregistry.org/.
- Fair Labor Association, *Addressing Risks Of Forced Labor In Supply Chains*

(2017), http://www.fairlabor.org/sites/default/files/documents/reports/addressing_forced_labor_in_supply_chains_august_2017.pdf.

- Human Rights and Business Dilemmas Forum, *Forced Labour*, https://hrbdf.org/dilemmas/forced-labour/#.Wtc5qC5ubDA.
- ILO, *General Principles & Operational Guidelines for Fair Recruitment* (2016) http://www.ilo.org/wcmsp5/groups/public/---ed_norm/---declaration/documents/publication/wcms_536755.pdf，中文版见 http://www.ilo.org/beijing/what-we-do/publications/WCMS_614097/lang--zh/index.htm。
- International Finance Corporation, Guidance Notes: Performance Standards on Environmental and Social Sustainability (2012), https://www.ifc.org/wps/wcm/connect/e280ef804a0256609709ffd1a5d13d27/GN_English_2012_Full-Document.pdf?MOD=AJPERES，中文版见 https://www.ifc.org/wps/wcm/connect/1e1241004f5ae17a9049de032730e94e/GN_Chinese_2012_Full-Document.pdf?MOD=AJPERES。
- Kamala D. Harris, The California Transparency in Supply Chains Act-A Resource Guide (Attorney General California Department of Justice, 2015), https://oag.ca.gov/sites/all/files/agweb/pdfs/sb657/resource-guide.pdf.
- Mars, *Thai Fish Supply Chain Human Rights Action Plan* (2016), https://css.undercurrentnews.com/wp-content/uploads/2016/09/thaifishery1.pdf.
- *Transparency in Supply Chains-A practical guide* (UK Home Office, 2015) www.gov.uk/government/uploads/system/uploads/attachment_data/file/471996/Transparency_in_Supply_Chains_etc__A_practical_guide__final_.pdf.
- 陈晨、刘砺兵：《打击跨国人口贩卖犯罪的现状、误区及对策——以经济全球化为视角》，《行政与法》2013 年第 1 期。
- 黄振威：《“一带一路”倡议对加强沿线反人口贩运合作的影响》，《人权》2018 年第 1 期。
- 薛长礼：《“强迫劳动案”的法治拷问》，《民主与法制时报》2019 年 2 月 14 日 006 版。

六 案例

哈尔滨“4·24 强迫劳动案”

52 名男子分别被四个犯罪团伙控制，先后被带至黑龙江和内蒙古的建筑工地、林场、工厂从事体力劳动，直到2018年4月底被警方解救。该系列奴工案于2018年3月底因其中一名受害者的出逃而被揭开。

受害者之一江苏人沈某被安排在哈尔滨中哈高科农业科技开发有限公司（以下简称“中哈高科”）劳动，于2018年3月27日从化肥厂工地逃出来，沿着铁路线逃跑，直至被哈尔滨铁路公安局双城堡派出所的民警发现。4月24日，经黑龙江省公安厅指定，哈尔滨铁路公安局侦办这一系列强迫劳动案，称为“4·24强迫劳动案”。随后，系列强迫劳动案四个团伙的13名成员归案，他们分别来自黑龙江和吉林。同年12月上旬，四起强迫劳动案先后在哈尔滨铁路运输法院开庭审理，当月底，法院陆续作出一审判决。2019年1月4日，中国裁判文书网公布的系列刑事判决书显示，该四个团伙的13名犯罪分子被一审法院判处有期徒刑1年至6年不等，并处罚金。

在这四起强迫劳动案中，52名被害人有不少是智障、聋哑、文盲、流浪人员，他们在遭遇诱骗、拘禁、殴打之后被犯罪分子控制，无自由无尊严地长年累月进行重体力劳动，其中有的被害人从2013年便开始被强迫劳动。该52名被害人被警方解救后，其中一些智障者和聋哑人说不清姓名和住址，警方通过提取指纹、对比DNA等技术手段，确定其身份。此后，有的被害人被家人接回家，有的也通过救助站送回原籍地。

值得一提的是，在上述四个团伙中，有三个团伙曾安排劳工到哈尔滨市双城区的化肥厂——中哈高科。该公司成立于2014年，是一家集化肥研发、生产、销售于一体的现代化专业肥料企业。中哈高科负责人表示化肥厂的劳务由邢某承包，而事实上邢某会将劳务分包给刘某和马某，两人均是上述团伙的成员。但邢某表示其案发后才知道，刘某和马某非法控制工人且不支付工资。中哈高科在事发后曾停产接受调查，后恢复生产。其公司投资人表示吸取教训，现用的都是正规劳务公司的工人。

七　思考题

1. 什么是现代奴隶制？其有哪些类型、什么特征？
2. 国际贸易法禁止强迫劳动和人权法禁止强迫劳动的原因有何不同？
3. 监狱劳工是强迫劳动吗？
4. 移徙工人可能面临哪些人权侵害？
5. 工商企业如何为结束现代奴隶制做出贡献？

第十七章　基本生活工资

引　言

在许多国家，不论是发展中国家还是发达国家，低工资都是一个问题，它们有时甚至无法负担有尊严生活的基本必需品。目前，国际标准承认的是“基本生活工资”，因为最低法定工资常被人为压低且与实际生活成本脱节。这是国际劳工组织和联合国《2030年可持续发展议程》推动的《体面劳动议程》的一部分。单个企业难以解决增加薪资的问题，因为薪资水平受到劳动力市场供求关系的极大影响，涉及宏观经济层面、供应链竞争压力，而且可能违反简单的监管方案。工资极低会引发其他劳动违法问题，比如过度加班（第18章），因为工人们感到不得不加班以维持生计；而工作时间过长会导致疲劳从而引发事故（第20章）。多年来，领先企业一直在尝试更简单的解决方案，如今它们已建立了新的多方利益相关者伙伴关系，并表明工资等系统性问题只能通过公共和私营部门合作提高整个行业的薪酬水平来解决。在发达国家，工会和管理层协商确定适当的工资水平；在此过程中，结社自由、集体谈判和罢工权至关重要（第19章）。当国家压制工会时，可能是基于这样做会为贸易和投资创造一个有利环境的信念（第3章），但工人被剥夺了获得最低工资的关键工具。目前在计算基本生活工资的方法上也取得了进展。总的来说，最低工资和结社自由是实现基本生活工资的关键手段。

一　要点

- 工资、最低工资、基本生活工资、低工资（中等工资的三分之一）
- 最低工资范围：国家、行业、职业
- 计算方法：确定最低工资或基本生活工资的因素
- 工资形式：计件工资、实物工资
- 排除在外的或弱势的工人（家庭工人、流动工人、青年工人）
- 社会保障（最低工资和收入转移）

- 集体谈判
- 加班
- 与法律制度的关系（劳动监察、调解或仲裁）
- 最低工资委员会
- 与市场效率、生产力、就业、通货膨胀、劳动灵活性、国际贸易中各国比较优势的关系
- 最低工资：工人的需求与经济因素
- 多方参与的协作与全行业行动（对系统性问题的反应）
- 买方公司的采购惯例

二　背景

（一）国际劳工组织《最低工资政策指南》①

工资是指“不论名称或计算方式如何，由一位雇主对一位受雇者，为其已完成和将要完成的工作或已提供或将要提供的服务，可以货币结算并由共同协议或国家法律或条例予以确定而凭书面或口头雇用合同支付的报酬或收入”。（国际劳工组织《保护工资公约》，1949 年第 95 号，第 1 条）

在很多情况下，工资或收入总额包括不同的组成部分，比如：

- 基本工资；
- 年终奖金；
- 小费；
- 实物福利；
- 生产力和绩效工资；
- 非标准工作时间或危险工作的津贴和保险费。

工资或收入总额由不同部分组成这一事实引出了一个问题，即哪些组成部分应计入最低工资的合规性。最低工资是应该适用于工人的收入总额，还是只适用于其中的某些部分？《确定最低工资并特别考虑发展中国家公约（第 131 号）》并未明确指出最低工资中应包括的要素。但要使一项最低工资政策能够使用，需要明确这一点。

---

① ILO, *Minimum Wage Policy Guide*, 2016, https://www.ilo.org/wcmsp5/groups/public/---dgreports/---dcomm/---publ/documents/publication/wcms_570376.pdf.

在一些国家，最低工资的目标中只考虑基本工资。在其他国家，大多数其他工资组成部分也包含在内。由于两个选择都可能，当基本工资只构成工资总额的一个非常小的部分（在这种情况下，只适用于基本工资的最低工资不是很有意义），或最低工资的组成部分未被定义时，问题便出现了。在一些国家，最低工资应当包括什么并没有明确的法律定义，这一问题往往会在法庭终结。

最低工资被定义为“雇主为某一特定时期内完成的工作向劳动者支付的、不能通过集体协议或个人合同减少的最低数量的薪酬”。这一定义谈到的是最低工资的约束性，不考虑确定最低工资的方法。最低工资可以通过成文法、主管当局的决定、工资委员会、工资理事会，或者通过行业或劳动法庭或审委会来设定，也可以通过赋予集体协议法律效力来设定。

最低工资制度不应被孤立看待或使用，而应以作为补充和加强其他社会和就业政策的方式来设计。可以采取几种类型的措施来解决收入和劳动力市场不平等的问题，包括促进就业政策、社会转移，以及为可持续企业创造一个有利环境。最低工资的目的在于设定一个底价，这也应该区别于被用来设定高于现有底价的工资的集体谈判。

（二）全球生活工资联盟《基本生活工资》

基本生活工资是指“工人在某一特定地点每周标准工作所获得的足以为其及其家属提供体面生活水平的报酬。体面生活水平的要素包含食物、水、住房、教育、医疗保健、交通、衣服和包括为意外事件准备在内的其他基本需求”①。

“基本生活工资”和“基本生活收入”的概念都是关于家庭体面生活水平的实现。然而，基本生活工资这一概念适用于雇佣工人的情况（在工厂、农场等），而基本生活收入讨论的是任何劳动者的情况，比如自雇农民。②

ACT（行动，协作，转变）：ACT 如何定义基本生活工资？③

基本生活工资是工人满足其及其家属基本需求所必要的最低收入，包括一些可支配收入。这些应当在法定工作时间限制内获得（比如不加班）。

---

① The Global Living Wage Coalition，www. globallivingwage. org/about/what-is-a-living-wage.

② The Global Living Wage Coalition，www. globallivingwage. org/about/living-income.

③ ACT（Action，Collaboration，Transformation）（2018），https://actonlivingwages. com/who-we-are/#what-is-a-living-wage.

（三）马里纳基斯《国际劳工组织在制定最低工资中的作用》①

最低工资的历史开始于国际劳工组织成立的前几年。在20世纪初，很少有国家尝试这种新工具，保护低收入行业或活动的工人的范围有限。(……) 一些持怀疑态度的人认为没有必要引进最低工资，因为随着工业化扩大，集体谈判将得到发展，为确定工资提供一种双边工具。事实上，这一趋势并没有发生，而最低工资被证明是一种指导工资确定和保护技能较低的工人的非常有用的工具。

多年来，最低工资的概念不断变化，特别是在20世纪60年代，其被设想为经济发展的工具。(……) 在20世纪80年代和90年代，对灵活性的要求被纳入稳定和调整方案中。最低工资被看作妨碍劳动力市场效率的僵化根源，而不是一种作为保证体面生活水平的最低工资标准的有用工具。(……) 虽然在组织成立时，工资是核心价值观念的一部分，但国际劳工组织在20世纪90年代重申其使命时没有涉及工资问题，比如1998年《工作中的基本原则和权利宣言》中就没有提及这一问题。

然而，就在最近，可能是鉴于自世纪之交以来一些国家对“基本生活工资”的关注有所复苏的迹象，2008年国际劳工组织《关于实现社会公正以推动公平的全球化的宣言》提到了最低基本生活工资。(……) 在21世纪初，超过90%的国家实行最低工资，这是应用最广泛的劳工政策之一。最低工资作为基本政策工具的一部分已不再受到质疑，但仍然存在的挑战是如何在其正确实施上达成广泛共识。

三 国际文件与域外材料

（一）《世界人权宣言》②

第二十三条

(……)

(3) 每一个工作的人，有权享受公正和合适的报酬，保证使他本人和家

---

① Andrés Marinakis, *The Role of ILO in the Development of Minimum Wages*, International Institute for Labor Studies, 2009, https://www.ilo.org/wcmsp5/groups/public/---dgreports/---dcomm/documents/publication/wcms_180793.pdf.

② *The Universal Declaration of Human Rights* (1948), https://www.ohchr.org/en/human-rights/universal-declaration/translations/english.

属有一个符合人的尊严的生活条件，必要时并辅以其他方式的社会保障。

（二）《经济、社会和文化权利国际公约》[①]

第七条

本盟约缔约国确认人人有权享受公平与良好之工作条件，尤须确保：

（a）所有工作者之报酬使其最低限度均能：

（ⅰ）获得公允之工资，工作价值相等者享受同等报酬，不得有任何区别，尤须保证妇女之工作条件不得次于男子，且应同工同酬；

（ⅱ）维持本人及家属符合本盟约规定之合理生活水平；

（三）国际劳工组织《确定最低工资并特别考虑发展中国家公约（第131号）》[②]

第三条

在可能和适当照顾本国实践和条件的情况下，确定最低工资水平时应考虑的因素包括：

（a）工人及其家庭的需要，同时考虑本国工资的一般水平、生活费用、社会保障津贴以及其他社会群体相应的生活标准；

（b）经济方面的因素，包括经济发展的需要，生产率水平，实现并保持高水平就业的愿望。

第四条

1. 凡批准本公约的成员国，应创造和（或）保持适合本国条件和要求的办法，以便确定根据第1条应予包括的各类工资劳动者群体的最低工资，并随时进行调整。

2. 关于制定、实施和修改上述办法，应作出规定和有关的雇主组织和工人组织充分协商，如不存在这类组织，则和有关的雇主代表和工人代表协商。

3. 根据现行确定最低工资办法的性质，只要情况适合，应作出规定使下述人员能直接参与该办法的实施：

---

① International Covenant on Economic, Social and Cultural Rights (1966), www. ohchr. org/en/professionalinterest/pages/cescr. aspx.

② ILO, Convention concerning Minimum Wage Fixing, with Special Reference to Developing Countries (C131) 1970, www. ilo. org/dyn/normlex/en/f? p = NORMLEXPUB: 12100: 0:: NO:: P12100_ INSTRUMENT_ ID: 312276，中文版见 www. ilo. org/wcmsp5/groups/public/ – – – ed_ norm/ – – – normes/documents/normativeinstrument/wcms_ c131_ zh. pdf。

（a）有关的雇主组织和工人组织的代表（……）基于平等的基础；

（b）公认有资格代表国家整体利益的人士，其任命需经与有关的、有代表性的雇主组织和工人组织充分协商（……）。

（四）国际劳工组织《确定最低工资建议书（第135号）》[①]

6. 该公约第4条规定的确定最低工资的办法可以有多种，可由下列方式确定最低工资：

（a）法规；

（b）主管当局的决定，不管有无关于要考虑其他机构建议的正式规定；

（c）工资委员会或工资理事会的决定；

（d）通过劳资调解法院或劳动法庭；或

（e）使集体协议的规定产生法律效力。

7. 该公约第4条第2款规定的协商，应特别指下列问题：

（a）选择和应用确定最低工资水平的准则；

（b）待确定的最低工资标准；

（c）随时调整最低工资标准；

（d）在实施最低工资立法时遇到的问题；

（e）收集资料、进行研究，为确定最低工资的主管当局提供信息。

（五）国际劳工组织《关于争取公平全球化的社会正义宣言》[②]

（……）国际劳工组织负有在世界各国促进将会实现充分就业和提高生活标准、最低生存工资以及为提供一种基本收入而将社会保障措施扩展到所有需要此种保护的人的目标计划的庄严义务（……）

I.（……）国际劳工组织的具有同等重要性的四项战略目标，体面劳动议程正是通过这些目标体现的（……）：

（ii）发展并加强可持续和适合国情的社会保护措施（社会保障和劳动保护），包括：

（……）

—旨在确保所有人公正地分享进步成果以及所有在业人员和需要此类保

① R135-Minimum Wage Fixing Recommendation, 1970 (No. 135) Recommendation Concerning Minimum Wage Fixing, with Special Reference to Developing Countries, www. ilo. org/dyn/normlex/en/f? p = NORMLEXPUB: 12100::: NO: 12100: P12100_ILO_CODE: R135: NO.

② ILO, *Declaration on Social Justice for a Fair Globalization* (2008), www. ilo. org/wcmsp5/groups/public/ --- dgreports/ --- cabinet/documents/genericdocument/wcms_371208. pdf.

护的人员享有一种最低生存工资的有关工资和收入、工时和其他工作条件的政策。

（六）国际劳工组织《最低工资政策指南》[①]

设定和调整最低工资水平

设定和调整水平可能是确定最低工资中最具挑战性的部分。如果设定过低，最低工资在保护工人及其家属免受过低工资或贫困方面的影响微乎其微。如果设定过高，最低工资将得不到很好的遵守，并（或）对就业产生不利影响。

为了有意义，必须在考虑经济因素的同时，将最低工资设定在能够满足工人及其家属需求的水平。评估现有工资水平是否足以满足工人及其家属的需求，可能是一项挑战。首先，不能孤立地考虑工人及其家属的需求；必须根据一个国家的经济和社会发展水平来理解这些问题，同时考虑社会伙伴的意见。其次，最低工资是否足以满足家庭需求取决于家庭的规模，不同的工人情况不同。它还取决于有多少家庭成员获得最低工资以及当地生活成本。出于所有的这些原因，应当结合最低工资和社会保障措施来确保合理的最低生活标准。然而，一些有用的基准可以被用来确定最低工资。

对工人及其家属的需求的绝对评估可以这样构成：通过对食物、住房和其他必要费用（如健康、儿童教育和参与社区社会生活）进行累加的方式，估算工人及其家属基本但体面的生活方式的平均成本。这是估算国家贫困线或“基本生活工资”门槛时通常采用的方法。

衡量工人及其家属的需求

为设定最低工资而评估工人及其家属的需求可能是复杂的，有以下三个主要原因：最低收入水平的测量、家庭规模和家庭成员的工作人数。

（……）

a. 收入基准：个人的需求是什么？

需求的定义是一个相对概念。可以有基本需求、更高需求等。这些不同类型的需求的定义可能也因国家而异。例如，娱乐津贴应该作为基本需求的一部分，还是更高的需求？确定什么构成什么类的需求很困难，这就解释了为什么没有一个被广泛接受的普遍定义。（……）

b. 家庭规模：有多少人的需求可以或应当被满足？

---

① ILO, *Minimum Wage Policy Guide*, 2016, www.ilo.org/wcmsp5/groups/public/---ed_protect/---protrav/---travail/documents/genericdocument/wcms_508566.pdf.

家庭规模因工人和其寿命的不同而不同。在个人的工作阶段，一个工资劳动者的家庭通常包括成年人和受抚养人。但是有多少受抚养人？多少人的需求应该被满足？考虑到潜在的多重情况，估算一个家庭规模的最好方法是什么？以下提出三种可能的选择：

- 考虑全国平均水平；
- 考虑两个成年人和两个未成年人为一个结构，以确保人口迭代；
- 考虑低收入家庭的平均家庭规模，原因在于最低工资一般旨在保护这些群体，而贫困家庭往往规模更大。

c. 劳动力参与率：一个家庭有多少人工作？

一个家庭有多少人工作？这一问题对于确定通过一个最低工资应当满足多少人的需求很重要。如果两个成年成员获得最低工资和只有一个成年人相比，答案当然是不同的。

(……)

考虑到所有这些不同情形以及方法论层面，在确定最低工资的过程中，估算每个家庭工资劳动者人数最合适的方法是什么？这里给出了四种可能的模型场景：

- 只有一名全职工人，以确保一个家庭用一份最低工资来满足其基本需求；
- 一个家庭所有工作年龄的成年人都全职工作，比如，在两个成年人和两个儿童的家庭，这两个成年人全职工作；
- 全国平均水平，考虑到许多家庭都有超过一个工资劳动者，且并非所有工人都全职工作；
- 低收入家庭平均水平，以防工人数量与普通家庭不同。

我们的讨论表明，确定最低工资是否满足工人及其家属的需求没有一个明确的方法。答案总是取决于确定某一国家工人及其家庭需求的标准、工人的家庭规模和每个家庭的工人数量。然而对于政策制定者来说，重要的是必须清楚地了解最低工资劳动者可以负担得起的生活水平，并设法在最低工资基准上达成一致，这一基准应当借助最低工资和其他政策（比如收入转移）达成。

监测最低工资的影响

监测最低工资的影响是循证系统的一个关键因素。从严格的影响评估研究中得出的结论应当可以反馈到政府和社会伙伴，并为该系统调整或改变的后续阶段提供信息。

政府和社会伙伴应当可以利用有关最低工资影响变量的研究，比如工资、就业、非正规、工时、性别工资差距、收入不公或贫困。研究也应当监测对价格和总体需求的不同因素的影响，包括家庭消费、投资或出口竞争力。

(……)

更有争议的是关于就业影响的争论，根据不同的国家和研究而有所不同。世界银行（World Bank）最近的一份综述总结称，“尽管不同文献提出的估算范围有很大差异，各方研究都在一点上达成共识，那就是最低工资对就业的影响通常很小，甚至微不足道（在一些情况下甚至有积极影响）”。但不同国家和研究得出的结论差异表明，国家特定计划在监测最低工资对就业影响方面十分重要，特别是对弱势工人和企业。

如何执行最低工资?

居高的不合规率不仅对权利受到侵犯的工人及其家属，也对遵守的雇主有消极影响，因为这使得不合规的企业获得了非法的成本优势。通过一些措施可以提高合规性，包括：

- 提高知识和意识活动；
- 雇主和工人代表的能力建设活动；
- 通过个人投诉和集体行动使工人能够伸张权利；
- 非正规经济正规化的措施；
- 有针对性的劳动检查；
- 对违规者发挥威慑作用的制裁；
- 监测和负责全球供应链内的采购惯例；
- 支付最低工资的公共就业计划。

从最初确定正确的水平和比率结构，到与雇主、工人组织充分协商，不合规的范围也可能会不同，这取决于最低工资政策和比率数量的设计，也取决于设计和实施最低工资政策整个过程中的效率。这就是有必要采取综合性方法的原因所在。

实物工资

实物工资是指雇员因完成工作而获得的非现金报酬。这可能包括：食物、饮料、燃料、衣服、鞋类、免费或有补贴的住房或交通、电力、停车场、幼儿园或托儿所、低利息或零利息的贷款或有补贴的抵押贷款。

国际劳工组织 1949 年第 95 号《保护工资公约》允许“在产业或职业部门，如由于该产业或职业的性质以实物津贴的方式支付部分工资已有惯例或合乎需要，部分工资以这种津贴的方式支付”（第 4 条第 1 款）。然而，在这种情况下，它要求采取措施以保证：(a)“实物津贴适合于工人及其家属个人使用，并符合他们的利益”；(b)“归属于实物津贴的价值是公平、合理的”。

必须牢记的是，实物工资往往会限制工人的经济收入。(……) 也会有滥用的风险。因此，即使在那些长期确立这种支付方式并为有关工人所接受的行业或职业，也需要保障和立法保护。这可以通过不同的方式实现：

• 禁止实物工资作为最低工资的一部分。在西班牙，立法允许在工资中包含最多30%的实物工资，但禁止其作为最低工资的一部分。在柬埔寨，实物工资不能被视为最低工资的一部分。

• 允许工资的最大比例。虽然没有公约或建议书为实物工资确定一个具体的门槛，但国际劳工组织（ILO）专家委员会对超过工资50%的实物工资表示质疑。大多数国家设立了更低的门槛，许多国家不允许实物工资超过工资的30%。(……)

• 按成本或低于雇主成本来估算实物工资。为了防止雇主从提供实物工资中牟利，一些国家明确表示，雇主收取的费用不得超过所提供货物的实际成本。其他国家则使用工人购买产品、服务或住房会支付的价格。(……)

计件工资

计件工资是指按照生产单位支付工人工资（如生产T恤或砖块的数量）而不是按照工作时间支付。(……)

在发展中国家，依靠计件工资的工人往往构成工人中的一个弱势部分，其中许多人都在非正规经济中工作，很多是女性。计件工资在纺织、服装、鞋类和皮革行业以及全球供应链中也很常见。(……)

在一些国家，计件工人必须获得“公平工资”。在英国，计件只在雇主不知道工人工作了多少小时的限制情形下使用（比如一些家庭工人）。

英国计件工人的公平工资

雇主有义务实施以下方法：

• 找出平均每小时完成的任务或件数。例如，工人平均每小时可能生产12件衬衫。

• 将这一数字除以1.2，这样新工人就不会处于不利地位，如果他们没有其他工人快的话。在我们的例子中，我们将12件衬衫除以1.2，与生产10件衬衫是等量的。

• 将小时最低工资率除以该数字，得出每项已完成工作的公平工资率。如果最低工资率是6.70英镑，工人每生产一件衬衫必须至少获得67便士（6.70英镑除以10）。

（七）国际劳工组织《变化中劳动世界的劳工保护》[1]

2.1. 工资政策

25. 在20世纪80年代和90年代，对最低工资政策的支持减弱了。在发展中国家的许多地区，高通胀和从进口替代工业化到出口导向型增长政策的转变，使得许多国家不再继续调整最低工资，导致其实际价值降低。关于劳动灵活性，最低工资与其他劳动保护政策在失业和非正规经济方面作用的争论，导致最低工资作为一种劳动保护机制的地位下降。工会化和集体谈判的覆盖面降低，全球化和金融市场造成的压力以及新技术的可用性削弱了工人争取更高工资的谈判能力。

26. ［在16个高收入国家］国内生产总值（GDP）中工人补偿金份额（所谓的劳动份额）从20世纪70年代中期约75%的峰值下降到全球经济和金融危机爆发前的不到65%。即使没有全球趋势，研究和报告也记录了劳动份额在各大新兴经济和世界大部分地区的下降。劳动份额这一下降趋势反映出世界大部分地区工资增长与生产力增长的脱钩。（……）这些趋势的主要原因因国家而异，但都归因于以下方面：减少劳动力的技术变革，全球贸易的加强，股东价值最大化的压力，劳动力市场结构的削弱以及工人谈判能力的降低。

27. 近年来，工资增长与生产力增长的脱钩伴随着工资不平等的加剧，工资分配最底层的工人们的工资水平更加停滞不前，这些工人主要是技术水平低，在加薪谈判方面处于弱势地位，因此更需要制度支持机制，比如集体谈判和最低工资。（……）

28. 为了消除低薪工作和日益增长的贫困，以及作为提高工人购买力的一种手段，过去十年里越来越多的国家将最低工资作为一种政策工具。这一对最低工资的重新关注部分是因为出现的实验数据表明，得到精心设计和实施的最低工资有助于保护工人，而对就业或通货膨胀的影响有限。（……）

3.1.1. 最低工资

46. （……）例如，覆盖范围受到一个国家现行最低工资制度类型的影响。有些国家存在适用于全国（有一些例外）所有雇佣工人的最低工资，而其他国家存在只适用于特定行业或职业的最低工资制度。国际劳工组织最近

---

① ILO, *Labour Protection in a Transforming World of Work* (2015), https://www.ilo.org/wcmsp5/groups/public/---ed_norm/---relconf/documents/meetingdocument/wcms_358295.pdf.

的一项研究审查的151个国家和地区中，约有一半存在适用于国家或地区的覆盖范围统一的最低工资制度；剩下的国家实施因行业或职业而不同的多重比率的制度。(……)

47. 即使是在提供国家或地区统一比率的国家，有时也有工人群体被排除在外，比如家庭工人、年轻人、学徒、残疾工人、自由贸易区工人、农业工人和小微企业工人。(……)

48. 在保护水平方面，挑战在于以一种平衡的方式设定最低工资，能够考虑很多因素，包括：工人及其家属的需求；国家总体工资水平；生活成本；社会保障福利；不同社会群体的相对生活标准；以及各种经济因素，比如生产力水平和如果最低工资设定过高对就业可能产生的不良影响。(……)

49. 合规问题应得到比过去更多的关注。最近的一篇［文章］发现，在被研究的11个国家中，3.26亿雇佣工人中有1/3的工资低于法定最低工资，这表明有很大比例的不合规情况。另外，该作者发现，在其中的9个国家，收入低于最低工资的女性工人平均工资要低于男性工人，违反的程度在女性工人中更为明显。少数民族和非正规工作者也是如此。(……)

52. 当涉及加班时，工资多少的问题就更为复杂了。加班是既有工资又有工时的问题。因为加班费可能需要比正常工作时间更高的支付比率，雇主和工人之间的分歧往往会导致有关工资的正式法律投诉。(……)

53. 当有社会行动者和法律制度支持工人时，工资保护会有所进步。工会在保证工人按时足额获得工资方面发挥着至关重要的作用。(……) 当违反工资保护规定的情况发生时，劳动监察机构和劳动仲裁机构或法院也是至关重要的。(……)

4.1.2. 劳有所得：扩大最低工资保护

115. 1970年第131号《确定最低工资并特别考虑发展中国家公约》并没有规定最低工资制度的特定模式或应当确定的最低工资水平；反之，它为成员国在实施其原则方面提供了一些灵活性，并在与社会伙伴协商后，将决策权留给国家当局。设计适当的最低工资政策涉及很多政策挑战。2014年关于最低工资制度的总体调查强调了一些可能带来困难的政策问题，包括：

（ⅰ）工资概念的定义和最低工资中应包括的报酬要素的确定，特别是与实物福利（如住房和食物）有关的，例如对于家庭工人；

（ⅱ）将特定类别的工人排除在《公约》适用范围之外，尤其是经常适用于家庭工人、农业工人、青年工人或其他可能需要保护免受过低工资影响的群体；

（iii）同工同酬原则对同等价值工作的适用，特别是最低工资因领域或职业而不同时，或者在有关工人的年龄基础、残疾或移民身份方面有所不同；

（iv）在制度制定和实施的各个阶段都应遵守充分咨询雇主和工人组织的要求；

（v）共同考虑工人及其家庭的需求和经济因素；以及

（vi）建立劝阻性制裁，为劳动检查服务分配充足资源。

（八）国际劳工组织《2016/2017 年全球工资报告》[①]

最低工资

近年来，不少国家出台或提高了最低工资标准，以应对工资不平等和工作贫困带来的挑战。工资水平及分配取决于诸多因素。教育政策、育儿政策和移民政策会影响劳动力市场中不同技能水平的男女劳动力的供给，而贸易政策变化和技术创新则可能改变市场对不同水平劳动者的相对需求。

劳动力市场制度同样对工资以及工资不平等问题有重要影响。集体谈判赋予了劳动者向雇主争取更高工资的渠道，这对处于分配后半段且个体议价能力较弱的劳动者来说意义重大。然而，在许多国家，集体谈判的覆盖程度仍然较低，有的甚至出现倒退。这使一些国家转而建立或完善最低工资确定机制。正如经合组织所指出的："近来的危机以及持续加剧的工资不平等给最低工资谈判增添了新的动力。"

最低工资标准的设立是一种平衡行为。它应以统计证据为基础，充分咨询社会伙伴，并酌情允许各方平等地直接参与其中。最近的数据显示，合理的最低工资标准（即充分考虑劳动者及其家庭的实际需求和现实经济因素）有助于提高以女性为主要构成的低薪劳动者的工资水平，且不会给就业带来显著负面影响。英国低收入委员会（2014）的研究，以及德国对国家最低工资标准的最新初次评估都证实了这一点。

在翻阅大量文献资料后，世界银行（World Bank）的一项研究指出，"尽管不同文献提出的估算范围有很大差异，各方研究都在一点上达成共识，那就是最低工资对就业的影响通常很小，甚至微不足道（在一些情况下甚至有积极影响）"。在对约 70 项研究进行梳理后可以发现，尽管结论各异，大多数研究都认为在高收入国家，实施最低工资标准对就业的影响几乎为零，

① ILO, *Global Wage Report* 2016/2017-*Wage Inequality in the Workplace* (2017), www. ilo. org/global/research/global-reports/global-wage-report/lang -- en/index. htm.

以至于难以在总的就业或失业统计中有所反映。对美国、英国和一些发达经济体进行的“荟萃分析”（meta-study，对研究结果进行定量分析）也得出了类似结论。

但是，学术界对这些结论仍存在争议。一些研究指出，最低工资会对就业产生负面影响，有可能减少低技能劳动力的就业机会。在发展中国家，调查结果似乎更加复杂，并更具国家特色，表明以国家为单位监测最低工资影响的重要性。对于发展中国家而言，实施过高的最低工资标准，除了可能导致就业机会减少，还可能导致正规经济中的雇佣劳动力被迫流向非正规经济。

（九）全球生活工资联盟《基本生活工资估算办法》[①]

这一办法已被用于估算一家跨国公司在 9 个国家的基本生活工资，目前已有超过 30 个地方使用全球生活工资联盟（GLWC）估算基本生活工资的办法，当地和国际利益相关者都对这一方法有很强的了解和兴趣（……）。

基本生活工资估算办法有两个主要组成部分。第一部分估算一个工人及其家属在一个特定地点基本但体面的生活方式的成本。第二部分决定是否向工人支付估算的基本生活工资。

（……）

Ⅰ. 估算工人及其家属基本但体面的生活方式的成本

第一步，生活成本被分为三类：食物、住房和其他基本需求。

估算食物成本基于：（ⅰ）符合世界卫生组织（WHO）在卡路里、大量元素和微量元素方面的建议，并符合当地食物偏好和国家发展水平的低成本营养饮食；（ⅱ）工人通常购买的食物类型、质量和数量及当地食物价格。（……）

估算住房成本采用的是国际（联合国人居署）和国家标准的得体标准（例如，位于贫民窟和不安全区域以外的具有永久性墙壁、不漏水的屋顶和充分通风的住宅；电力、水和卫生厕所设施等便利设施；充足的生活空间，以便父母能够与儿童分开睡觉）（……）

最后，由于实际原因，其他基本需求成本采用了一个基于中等家庭支出数据的推断方法。然后进行“事后检查”，以确保为医疗、教育和交通提供

---

① Global Living Wage Coalition, *The Anker Methodology for Estimating a Living Wage* (2018), www. globallivingwage. org/about/anker-methodology.

足够的资金。(……)

然后将基本但体面的生活水平的人均总成本按比例放大，得出该地区典型家庭规模的成本。再增加一小部分盈余，以应对意外事件和紧急情况，如疾病和事故，来帮助确保可持续性并避免永久性贫困陷阱。为了得出基本生活工资估算值，一个典型家庭体面生活标准的估算总成本将在该地区每个家庭的全职等量工人的典型数量上支付。(……)

这种方法是在分别估算家庭各项支出的成本和目前估算发展中国家的生活工资最常用的方法间的现实妥协，后者仅使用两个费用组（基于模型饮食的食物成本和基于次级数据的非食物成本）。使用体面住房的规范标准和分开估算住房成本（不作为非食物成本的一部分，如典型方法）来确保基本生活工资的估算能够使工人负担得起体面住房。相反，典型方法依赖于可用的支出数据来估计住房成本，从而复制当前（通常不合格）的住房条件。我们的方法还更好地考虑了农村和城市地区不同的基本生活工资估算，因为住房成本通常是生活成本差异的最重要原因。

Ⅱ. 确定是否支付估算的基本生活工资

为了确定一个工人是否获得基本生活工资，该方法考虑如何向工人支付工资。例如：（ⅰ）排除加班费，因为基本生活工资需要在标准工作时间内获得；（ⅱ）排除生产力奖金和津贴，除非它们有所保证；（ⅲ）考虑强制性税收，因为要求有足够的可支配收入以便工人能够负担得起体面生活水平；（ⅳ）考虑所提供的实物福利的公平合理价值，因为实物福利减少了工人体面生活水平所需的现金数量。然而，由于过分依赖非货币福利会阻碍授权和自由选择，该方法包括如何对实物福利进行估价以确保其价值是公平合理的。

该方法还包括指导如何检查不同劳动情况下的工资水平（比如，标准就业、临时性或季节性劳动、计件）。

当地利益相关者的参与

估算一特定地点的基本生活工资的过程涉及与当地利益相关者（包括现存的工会和雇主组织）协商以及他们的参与。估算的目标是获得可靠的基本生活工资估算值，即利益相关者极可能认为这是合法和合理的，无论当地雇主是否认为他们可以支付这一基本生活工资。当地利益相关者密切参与当地食物和住房成本的收集，这是基于对工人住房和工人购买食物的地方的访问；工人提供有关当地偏好和生活条件的信息；雇主和工人提供有关实物福利、奖金和工资扣减的信息；在得出最终结论之前，要求利益相关者就初步基本生活工资估算提供反馈和建议。

（十）ACT（行动，协作，转变）[①]

背景

ACT（行动，协作，转变）是全球品牌、零售商和工会之间的一项开创性协议，旨在通过与采购实践相联系的行业层面的集体谈判，转变服装和纺织行业，并实现工人的基本生活工资。

行业层面的集体谈判意味着，一个国家内服装和纺织行业的工人能够在同等条件下就他们的工资进行协商，无论他们在哪个工厂工作，他们为哪一个零售商和品牌生产。与采购实践相联系意味着，通过与全球品牌和零售商签订的合同条款来支持和促进协商工资的支付。

ACT 是全球首个关于该领域基本生活工资的承诺，它提供了一个框架，包括品牌和零售商、工会、制造商和政府在内的所有相关行动者都可以通过这个框架行使他们在实现基本生活工资方面的职责和作用。

ACT 成员同意以下原则：

• 当全球供应链的所有参与者在实现结社自由、集体谈判和基本生活工资方面承担各自的责任时，需要一种联合方法；

• 通过雇主和工人及其代表在行业层面的集体谈判，达成有关基本生活工资的协议；

• 工人必须自由，并能够根据国际劳工组织（ILO）公约行使集体组织和谈判的权利。

ACT 公司签署方与全球贸易劳工联盟（IndustriALL Global Union）关于在全球供应链内建立结社自由、集体谈判和基本生活工资的谅解备忘录

目标和目的：

谅解备忘录旨在在全球贸易劳工联盟与 ACT 公司签署方（“我们”）之间建立合作关系，以便通过成熟的产业关系、结社自由和集体谈判实现全球纺织和服装行业供应链工人的基本生活工资。

（……）

我们认为有两种可持续的机制能够实现结社自由、集体谈判和任何规模的基本生活工资，同时建立一个公平的竞争环境：

---

① ACT (Action, Collaboration, Transformation), *What is ACT?* (2018), https://actonlivingwages.com/who-we-are/.

- 全行业集体协议；
- 国家最低工资确定实施机制。

行动框架：

我们认识到，商业安全和对生产国与供应商的承诺是支付基本生活工资的关键推动者，同时也是我们联合方法的所有其他支柱。

(……)

(4) 公司签署方将努力确保其各自的采购实践支持与制造商的长期合作关系，以支持道德贸易。我们，作为 ACT 公司签署方和全球贸易劳工联盟，将共同设计一个考虑到行业性质的战略。

(5) 公司签署方将确保其采购实践有助于支付该文件规定的基本生活工资。

(7) 公司签署方将与全球贸易劳工联盟交换关于其战略供应商工厂的必要信息，以便在目标国家有效实施。

(8) 公司签署方将与供应商工厂合作，全球贸易劳工联盟将与目标国家的附属工会合作，将他们聚集在一起，针对基本生活工资进行协商。

(9) 我们将为两个群体提供能力建设以支持这一进程，包括对管理者和工人进行结社自由和集体谈判的培训。

(14) 全球贸易劳工联盟和 ACT 签约方将联合政府采取措施支持更高的最低工资成果，包括品牌承诺持续采购，并考虑最低工资与基本生活工资之间的差距、生活成本的增加、生产力和效率的提高以及在工作场所与工会合作开展工人技能的培养。

协商方案：

（十一）英国道德贸易组织《工人的基本生活工资》[①]

为什么基本生活工资在全球议程中上升?

• 自 2008 年经济衰退以来，“贫困工人”日益增多，即由于工资太低而无法维持生计的工人。

• 国家最低工资与生活成本之间的差距日益增大。

• 消费者对工作条件的认识和关注日益增强（拉纳广场倒塌等事件使之进一步加剧）。

• 国际商业和道德标准的继续制定。

实现基本生活工资的挑战是什么?

• 通过劳动力供求的复杂经济过程、谈判、既定政策规范、工人与雇主之间的权力关系等确定工资水平。人为设定工资可能不切实际或可能导致意想不到的后果。

• 如果不增加总预算，增加一些工人的工资可能导致其他工人下岗或不被招聘，即增加失业率。

• 低技能工人可能会被排除在就业市场之外，因为他们所增加的价值并不被视为与新的更高的工资水平相当。

• 公司可能不愿意或不能单独提高他们为产品向供应商支付的价格。

• 在自上而下的方法中，如果支付更高的价格，供应商可能不会将价格上涨转嫁给工人，特别是如果工人没有谈判能力。

品牌和零售商能够做什么?

对于公司来说，重要的是必须超越定义和计算方法，并考虑包容性机制以确保基本生活工资是一个谈判过程的产物并能够随着时间的推移对外部性作出反应，以及如何将其融入价值链。作为这一过程的一部分，必须考虑特定地点和行业的特定工资率。公司应:

• 与供应商建立长期、互相信任的关系，共同了解现行工资水平的驱动因素以及它们是如何被影响的;

• 与工人或管理者协商，计算该地区或行业的基本生活工资水平;

• 提倡建立相当于基本生活工资的国家最低工资机制;

• 确保基本生活工资成本与整个价值链和生产价格（如果有必要）适应;

---

① Ethical Trading Initiative, *A Living Wage for Workers* (2018), https://www.ethicaltrade.org/issues/living-wage-workers.

- 提高工人的集体谈判能力并确保他们结社自由的权利得到尊重；
- 激励雇主支付基本生活工资——例如增加那些供应商的订单；
- 提高生产力和效率促进价值链适应工资增长；
- 减轻工资增长对失业或供应链中其他意外后果的影响；
- 与其他 ETI 成员、公司、非政府组织和工会联合起来，分享有关努力获得基本生活工资的经验教训。

（十二）耐克《2016/2017 财年可持续商业报告》[①]

公平补偿，有意义的利益

我们供应链中每一个合同工厂的工人都有权获得足以支持他们和他们家属的生活水平的工资。与许多其他品牌一样，我们承诺与供应商合作，逐步满足员工的基本需求，包括一些可自由支配的收入。我们相信，工资会随着工厂整体运营效率的提高而增加。

一个经营得更好的工厂应当更有效益而后能够支付更高的工资，以换取诸如更低的人事变更率、更高的生产力以及更优质的产品等好处。工人是实现高质量和高生产力的关键，因此需要获得相应的补偿。

自 2015 年以来，我们与一流学术机构、工厂管理人员、工人以及第三方专家合作，以确定我们是否能够增加工厂创造的价值，并将其分享给管理层和工人。

我们的试验测试了三种不同的方法，每种方法各侧重于生产力提高、共享价值创造和员工参与度。

在收集基础数据后，我们花费了整整一年时间建立了一个更好运行工厂的基础，其中包括精益 2.0 方法中的所有关键领域。这些包括流水线作业、监督技能、领导标准工作、救援小组、参与和沟通过程、社会对话、压力恢复活动以及管理技能。在第二年，我们测试了不同的方法以使补偿与精益原则保持一致，让工资对员工更加透明，并使员工能够参与决策和解决问题。

结果表明，工人机构——他们表达观点和意见的能力——对良好的经营业绩至关重要。员工和主管之间的协作解决问题能力增强，而自我报告的压力水平下降。关键的业务指标，如营业额、生产力和盈利能力，都得到了改善。而且重要的是，带回家的工资上涨了。

---

① Nike, *FY* 2016/2017 *Sustainable Business Report*, https://purpose-cms-production01. s3. amazonaws. com/wp-content/uploads/2018/05/18175102/NIKE-FY1617-Sustainable-Business-Report_FINAL. pdf.

（十三）劳顿与彭尼库克《超越底线：基本生活工资的挑战与机遇》①

关键发现

十多年来，基本生活工资一直被视为高于国家最低的体面工资的一个口号。它利用社会规范的力量，提高了工作贫困的形象，扩大了关于低工资的讨论。这个想法的主要力量在于它的简单性：认为劳动人民应该得到足够的报酬，以负担最低可接受的生活水平。而且它的活力很大程度上在于一种自下而上的社区组织方法，这种方法在一个工人授权经常被认为是连续下降的世界里引起了人们的想象。

问题是：公共政策如何在不损害这些巨大优势的情况下支持公民社会运动？答案不会是白厅［英国政府］的命令，也不可能是单一的、简单的政策计谋。政府将需要找到与企业、工人和民间社会合作的方式，并采取多种方法，以身作则，将数据放开到活动人士手中，提高社会规范的热度，并找到奖励地方创新的新方法。

（十四）雷诺《国际劳工组织与基本生活工资——一个历史的视角》②

文章表明，国际劳工组织致力于向所有工人提供或确保《凡尔赛条约》（1919 年）第十三部分的“足够的生活工资”，或《费城宣言》（1944 年），和《2008 年宣言》（刚刚引用了前一份宣言）中的“最低生活工资”。但除这些庄严的声明外，国际劳工组织的文书中并未出现与最低工资问题密切相关的基本生活工资概念，这一问题与“确定最低工资”机制有关。

最近，人们对基本生活工资重新产生了兴趣，尤其是跨国企业和非政府组织（……）从一开始，基本生活工资的概念就与最低工资的概念联系在一起，而且我们将看到，这一原则如何从一个目标成为各种最低工资确定标准中的一个标准，并最终被纳入“工人及其家属的需要”这一标准中。

《凡尔赛条约》［在 1919 年建立国际劳工组织］序言：“……鉴于存在的劳动条件涉及大量人民的不公正、艰难和贫困，从而造成如此大的动乱，以至于危及世界的和平与和谐；改善这些条件是迫切需要：例如……，提供

① K. Lawton and M. Pennycook, *Beyond the Bottom Line-the Challenges and Opportunities of a Living Wage* (2013), www. resolutionfoundation. org/app/uploads/2014/08/Beyond_the_ Bottom_ Line_ – _FINAL. pdf.

② Emmanuel Reynaud, *The International Labour Organizationand the Living Wage-A Historical Perspective* (2017), https://www. ilo. org/wcmsp5/groups/public/ – – – ed_ protect/ – – – protrav/ – – – travail/documents/publication/wcms_557250. pdf.

充足的生活工资……”

《费城宣言》于 1944 年 5 月 10 日在费城举行的第 26 届国际劳工大会通过……：“（d）关于工资、收入、工时和其他工作条件的政策，其拟订应能保证将进步的成果公平地分配给一切人，将维持最低生活的工资给予一切就业的并需要此种保护的人。”

工资对国际劳工组织来说是一个特别重要的问题。它们是工人生活的重要来源，与此同时，低工资在一些国家被用作国际贸易的比较优势。这两方面之间的矛盾与 1919 年成立该组织的原因密切相关：在国际经济竞争和自由贸易的背景下，为了改善劳动条件，避免可能危及“世界和平与和谐”的社会动荡。有了第一次世界大战前经济全球化，即“第一次全球化”的经验，巴黎会议的谈判代表们清楚地认识到，要改善全世界的劳动条件，就必须建立一个国际劳工组织，因为“任何国家未能采用人道的劳动条件，都是妨碍其他希望改善本国条件的国家发展的障碍”（《凡尔赛条约》第十三部分，序言，第 3 段）。在迫切需要改进的优先事项中，他们确定了工资，并为它们设定了一个雄心勃勃的目标：提供足够的生活工资，这被理解为最低工资。

［国际劳工组织常设秘书处国际劳工局的］明确目标是衡量社会倾销的程度，即通过工资限制降低生产成本的比较优势。……［在 1927 年国际劳工组织会议上］，英国作为一个拥有最低工资立法的主要工业化国家，显然热衷于让其他国家通过这类立法，并确保在国际贸易中有一个公平的竞争环境。其他代表对最初提议的反应十分谨慎，尽管它只是一个关于处理最低工资确定机制的“适度的提议”。经过讨论、修订和说明，在认识清楚后最终通过了该提案，其范围非常有限：其目的不是通过公约确定工资或国际最低工资，而是为各国政府建立最低工资确定机制设定一般原则。

（……）

20 世纪 60 年代，最低工资问题回到了国际劳工组织的议程上。这一背景与 20 世纪 20 年代大不相同，尤其是随着国际劳工组织成员的大幅增加以及之前殖民地大量新国家所代表的相应的更广大的利益。（……）这使得该会议于 1970 年 6 月通过了第 131 号公约和第 135 号《确定最低工资建议书》。这些文件以“工人及其家属的需求”这一理念作为标准来确定最低工资水平，考虑到国家的总体工资水平、生活成本、社会保障福利以及其他社会群体的相对生活水平，重新引入了“基本生活工资”的目标。但在确定最低工资水平时，也应该考虑经济因素，包括经济发展的要求、生产力水平以及获得和维持高水平就业的必要性。

四　中国相关文件与材料

（一）国家法律法规

1.《中华人民共和国劳动法（2018修正）》

第四十四条　有下列情形之一的，用人单位应当按照下列标准支付高于劳动者正常工作时间工资的工资报酬：

（一）安排劳动者延长工作时间的，支付不低于工资的百分之一百五十的工资报酬；

（二）休息日安排劳动者工作又不能安排补休的，支付不低于工资的百分之二百的工资报酬；

（三）法定休假日安排劳动者工作的，支付不低于工资的百分之三百的工资报酬。

第四十六条　工资分配应当遵循按劳分配原则，实行同工同酬。

工资水平在经济发展的基础上逐步提高。国家对工资总量实行宏观调控。

第四十八条　国家实行最低工资保障制度。最低工资的具体标准由省、自治区、直辖市人民政府规定，报国务院备案。

用人单位支付劳动者的工资不得低于当地最低工资标准。

第五十条　工资应当以货币形式按月支付给劳动者本人。不得克扣或者无故拖欠劳动者的工资。

第五十一条　劳动者在法定休假日和婚丧假期间以及依法参加社会活动期间，用人单位应当依法支付工资。

2.《中华人民共和国劳动合同法（2012修正）》

第二十条　劳动者在试用期的工资不得低于本单位相同岗位最低档工资或者劳动合同约定工资的百分之八十，并不得低于用人单位所在地的最低工资标准。

第五十五条　集体合同中劳动报酬和劳动条件等标准不得低于当地人民政府规定的最低标准；用人单位与劳动者订立的劳动合同中劳动报酬和劳动条件等标准不得低于集体合同规定的标准。

第五十八条　（……）

劳务派遣单位应当与被派遣劳动者订立两年以上的固定期限劳动合同，按月支付劳动报酬；被派遣劳动者在无工作期间，劳务派遣单位应当按照所在地人民政府规定的最低工资标准，向其按月支付报酬。

第七十二条　非全日制用工小时计酬标准不得低于用人单位所在地人民政府规定的最低小时工资标准。

非全日制用工劳动报酬结算支付周期最长不得超过十五日。

第八十五条　用人单位有下列情形之一的，由劳动行政部门责令限期支付劳动报酬、加班费或者经济补偿；劳动报酬低于当地最低工资标准的，应当支付其差额部分；逾期不支付的，责令用人单位按应付金额百分之五十以上百分之一百以下的标准向劳动者加付赔偿金：

（一）未按照劳动合同的约定或者国家规定及时足额支付劳动者劳动报酬的；

（二）低于当地最低工资标准支付劳动者工资的；

（三）安排加班不支付加班费的；

（四）解除或者终止劳动合同，未依照本法规定向劳动者支付经济补偿的。

3.《保障农民工工资支付条例（2019）》

第三条　农民工有按时足额获得工资的权力。任何单位和个人不得拖欠农民工工资。

（……）

第四条　县级以上地方人民政府对本行政区域内保障农民工工资支付工作负责，建立保障农民工工资支付工作协调机制，加强监管能力建设，健全保障农民工工资支付工作目标责任制，并纳入对本级人民政府有关部门和下级人民政府进行考核和监督的内容。

乡镇人民政府、街道办事处应当加强对拖欠农民工工资矛盾的排查和调处工作，防范和化解矛盾，及时调解纠纷。

第五条　保障农民工工资支付，应当坚持市场主体负责、政府依法监管、社会协同监督，按照源头治理、预防为主、防治结合、标本兼治的要求，依法根治拖欠农民工工资问题。

第六条　用人单位实行农民工劳动用工实名制管理，与招用的农民工书面约定或者通过依法制定的规章制度规定工资支付标准、支付时间、支付方式等内容。

第十一条　农民工工资应当以货币形式，通过银行转账或者现金支付给农民工本人，不得以实物或者有价证券等其他形式替代。

第十二条　用人单位应当按照与农民工书面约定或者依法制定的规章制度规定的工资支付周期和具体支付日期足额支付工资。

第十三条　实行月、周、日、小时工资制的，按照月、周、日、小时为周期支付工资；实行计件工资制的，工资支付周期由双方依法约定。

第十四条　用人单位与农民工书面约定或者依法制定的规章制度规定的具体支付日期，可以在农民工提供劳动的当期或者次期。具体支付日期遇法定节假日或者休息日的，应当在法定节假日或者休息日前支付。

用人单位因不可抗力未能在支付日期支付工资的，应当在不可抗力消除后及时支付。

第十五条　用人单位应当按照工资支付周期编制书面工资支付台账，并至少保存3年。

书面工资支付台账应当包括用人单位名称，支付周期，支付日期，支付对象姓名、身份证号码、联系方式，工作时间，应发工资项目及数额，代扣、代缴、扣除项目和数额，实发工资数额，银行代发工资凭证或者农民工签字等内容。

用人单位向农民工支付工资时，应当提供农民工本人的工资清单。

第十六条　用人单位拖欠农民工工资的，应当依法予以清偿。

第十七条　不具备合法经营资格的单位招用农民工，农民工已经付出劳动而未获得工资的，依照有关法律规定执行。

第十八条 用工单位使用个人、不具备合法经营资格的单位或者未依法取得劳务派遣许可证的单位派遣的农民工，拖欠农民工工资的，由用工单位清偿，并可以依法进行追偿。

第十九条 用人单位将工作任务发包给个人或者不具备合法经营资格的单位，导致拖欠所招用农民工工资的，依照有关法律规定执行。

用人单位允许个人、不具备合法经营资格或者未取得相应资质的单位以用人单位的名义对外经营，导致拖欠所招用农民工工资的，由用人单位清偿，并可以依法进行追偿。

第二十条 合伙企业、个人独资企业、个体经济组织等用人单位拖欠农民工工资的，应当依法予以清偿；不清偿的，由出资人依法清偿。

第二十一条 用人单位合并或者分立时，应当在实施合并或者分立前依法清偿拖欠的农民工工资；经与农民工书面协商一致的，可以由合并或者分立后承继其权利和义务的用人单位清偿。

第二十二条 用人单位被依法吊销营业执照或者登记证书、被责令关闭、被撤销或者依法解散的，应当在申请注销登记前依法清偿拖欠的农民工工资。

未依据前款规定清偿农民工工资的用人单位主要出资人，应当在注册新用人单位前清偿拖欠的农民工工资。

4.《国务院办公厅关于促进家政服务业提质扩容的意见（2019)》

二、适应转型升级要求，着力发展员工制家政企业

（六）员工制家政企业员工根据用工方式参加相应社会保险。大力发展员工制家政企业，员工制家政企业是指直接与消费者（客户）签订服务合同，与家政服务人员依法签订劳动合同或服务协议并缴纳社会保险费（已参加城镇职工社会保险或城乡居民社会保险均认可为缴纳社会保险费），统一安排服务人员为消费者（客户）提供服务，直接支付或代发服务人员不低于当地最低工资标准的劳动报酬，并对服务人员进行持续培训管理的企业。员工制家政企业应依法与招用的家政服务人员签订劳动合同，按月足额缴纳城镇职工社会保险费；家政服务人员不符合签订劳动合同情形的，员工制家政企业应与其签订服务协议，家政服务人员可作为灵活就业人员按规定自愿参加城镇职工社会保险或城乡居民社会保险。

5.《国务院办公厅关于进一步加强煤矿安全生产工作的意见（2013)》

（十五）保护煤矿工人权益。开展行业性工资集体协商，研究确定煤矿工人小时最低工资标准，提高下井补贴标准，提高煤矿工人收入。严格执行国家法定工时制度。停产整顿煤矿必须按期发放工人工资。煤矿必须依法配备劳动保护用品，定期组织职业健康检查，加强尘肺病防治工作，建设标准化的食堂、澡堂和宿舍。

6.《中华人民共和国船员条例（2020修订)》

第二十五条 船员用人单位应当根据船员职业的风险性、艰苦性、流动性等因素，向船员支付合理的工资，并按时足额发放给船员。任何单位和个人不得克扣船员的工资。

船员用人单位应当向在劳动合同有效期内的待派船员，支付不低于船员用人单位所

在地人民政府公布的最低工资。

第二十六条　船员在船工作时间应当符合国务院交通主管部门规定的标准，不得疲劳值班。

船员除享有国家法定节假日的假期外，还享有在船舶上每工作2个月不少于5日的年休假。

船员用人单位应当在船员年休假期间，向其支付不低于该船员在船工作期间平均工资的报酬。

7.《旅行社条例（2020修订）》

第三十二条　旅行社聘用导游人员、领队人员应当依法签订劳动合同，并向其支付不低于当地最低工资标准的报酬。

第五十八条　违反本条例的规定，旅行社不向其聘用的导游人员、领队人员支付报酬，或者所支付的报酬低于当地最低工资标准的，按照《中华人民共和国劳动合同法》的有关规定处理。

8.《国务院办公厅关于应对新冠肺炎疫情影响强化稳就业举措的实施意见（2020）》

四、加强困难人员兜底保障

（十四）保障失业人员基本生活。畅通失业保险金申领渠道，放宽失业保险申领期限，2020年4月底前实现线上申领失业保险金。对领取失业保险金期满仍未就业的失业人员、不符合领取失业保险金条件的参保失业人员，发放6个月的失业补助金，标准不高于当地失业保险金的80%。对生活困难的失业人员及家庭，按规定及时纳入最低生活保障、临时救助等社会救助范围。

（十五）强化困难人员就业援助。动态调整就业困难人员认定标准，及时将受疫情影响人员纳入就业援助范围，确保零就业家庭动态清零。对通过市场渠道确实难以就业的，利用公益性岗位托底安置。开发一批消杀防疫、保洁环卫等临时性公益岗位，根据工作任务和工作时间，给予一定的岗位补贴和社会保险补贴，补贴期限最长不超过6个月，所需资金可从就业补助资金中列支。

9.《住房和城乡建设部办公厅关于加强新冠肺炎疫情防控有序推动企业开复工工作的通知（2020）》

（六）加大用工用料保障力度。（……）开展建筑工地用工需求摸查，及时发布用工需求信息，鼓励企业优先招用本地农民工，引导企业采取短期有偿借工等方式，相互调剂用工余缺。支持企业开展农民工在岗培训，鼓励有条件的地区设立复工补助资金，对农民工包车、生活、培训等提供补贴，解决农民工返岗的后顾之忧。

（七）（……）优化农民工工资保证金管理，疫情防控期间新开工的工程项目，可暂不收取农民工工资保证金。

10.《最低工资规定（2004）》

第五条　最低工资标准一般采取月最低工资标准和小时最低工资标准的形式。月最低工资标准适用于全日制就业劳动者，小时最低工资标准适用于非全日制就业劳动者。

第六条 确定和调整月最低工资标准，应参考当地就业者及其赡养人口的最低生活费用、城镇居民消费价格指数、职工个人缴纳的社会保险费和住房公积金、职工平均工资、经济发展水平、就业状况等因素。

确定和调整小时最低工资标准，应在颁布的月最低工资标准的基础上，考虑单位应缴纳的基本养老保险费和基本医疗保险费因素，同时还应适当考虑非全日制劳动者在工作稳定性、劳动条件和劳动强度、福利等方面与全日制就业人员之间的差异。

第十二条 在劳动者提供正常劳动的情况下，用人单位应支付给劳动者的工资在剔除下列各项以后，不得低于当地最低工资标准：

（一）延长工作时间工资；

（二）中班、夜班、高温、低温、井下、有毒有害等特殊工作环境、条件下的津贴；

（三）法律、法规和国家规定的劳动者福利待遇等。

实行计件工资或提成工资等工资形式的用人单位，在科学合理的劳动定额基础上，其支付劳动者的工资不得低于相应的最低工资标准。

劳动者由于本人原因造成在法定工作时间内或依法签订的劳动合同约定的工作时间内未提供正常劳动的，不适用于本条规定。

第十三条 用人单位违反本规定第十一条规定的，由劳动保障行政部门责令其限期改正；违反本规定第十二条规定的，由劳动保障行政部门责令其限期补发所欠劳动者工资，并可责令其按所欠工资的1至5倍支付劳动者赔偿金。

（二）政策性文件

1.《国家人权行动计划（2016－2020年）》①（国务院新闻办公室，2016年9月29日）

进一步完善工资福利制度。健全工资水平决定机制、正常增长机制和支付保障机制，健全最低工资标准调整机制。继续推行企业工资集体协商制度。健全高技能人才薪酬体系，提高技术工人待遇，落实带薪年休假制度。

完善劳动保障监察执法体制和劳动人事争议处理机制。严禁各种形式的就业歧视，全面治理拖欠农民工工资问题，规范企业裁员行为，保障非正规就业劳动者权益，严格规范企业实行特殊工时制度的适用管理，依法加强对劳务派遣的监管。

2.《国家人权行动计划（2021－2025年）》（国务院新闻办公室，2021年9月9日）

（二）工作权利

（……）

——保障劳动者获得合理报酬。健全工资决定、合理增长和支付保障机制，完善最低工资标准和工资指导线形成机制，积极推行工资集体协商制度。规范劳务派遣用工行为，保障劳动者同工同酬。制定互联网平台就业劳动保障政策。完善欠薪治理长效机制，

① 国务院新闻办公室：《国家人权行动计划（2016－2020年）》，http://www.gov.cn/xinwen/2016－09/29/content_5113376.htm。

依法纠正拖欠劳动报酬等违法违规行为。

(……)

(三) 地方与行业标准

1.《深圳市员工工资支付条例 (2019 修正)》

第三章　加班工资支付标准

第十八条　用人单位有下列情形之一的，应当按照下列标准支付员工加班工资：

(一) 安排员工在正常工作时间以外工作的，按照不低于员工本人正常工作时间工资的百分之一百五十支付；

(二) 安排员工在休息日工作，又不能安排补休的，按照不低于员工本人正常工作时间工资的百分之二百支付；

(三) 安排员工在法定休假节日工作的，按照不低于员工本人正常工作时间工资的百分之三百支付。

第十九条　实行综合计算工时工作制的员工，在综合计算工时周期内，员工实际工作时间达到正常工作时间后，用人单位安排员工工作的，视为延长工作时间，按照不低于员工本人正常工作时间工资的百分之一百五十支付员工加班工资。

用人单位安排实行综合计算工时工作制的员工在法定休假节日工作的，按照不低于员工本人正常工作时间工资的百分之三百支付员工加班工资。

第二十条　用人单位安排实行不定时工作制的员工在法定休假节日工作的，按照不低于员工本人正常工作时间工资的百分之三百支付员工加班工资。

2.《浙江省企业工资支付管理办法 (2017)》

第六条　企业支付劳动者工资，应当遵守国家、省有关最低工资的规定。

第七条　企业应当依法建立健全集体协商集体合同制度，明确本企业的工资分配办法并向劳动者公示。

第八条　企业与劳动者签订劳动合同，应当明确工资支付的内容，包括工资支付标准、项目、形式、时间以及约定的其他事项。

第九条　工资应当以货币形式支付，不得以实物或者有价证券支付。

第十四条　工资应当至少每月支付一次，但非全日制用工工资支付周期最长不得超过15日。

工资发放日如遇节假日或者休息日的，应当提前支付。

第十五条　劳动者因依法参加社会活动占用工作时间的，企业应当视同劳动者提供正常劳动并支付其工资。

第十六条　劳动者享受法定假的，企业应当按照劳动合同的约定和国家、省相关规定支付法定假期间的工资。劳动者请事假或者无正当理由未提供劳动的，用人单位可以不予支付相关期间的工资。

第十七条　劳动者因患病或者非因工负伤，未付出劳动的，企业应当支付国家规定的医疗期内的病伤假工资。病伤假工资不得低于当地人民政府确定的最低工资标准的80%。

第二十一条 因自然灾害等不可抗力导致企业无法按时足额支付劳动者工资的，在不可抗力原因消除后应当立即支付。企业确因生产经营困难，经依法集体协商或者经劳动者本人同意，可以延期支付全部或者部分工资，但最长不得超过30日。

第二十二条 企业停工、停产、歇业，时间在1个工资支付周期内的，应当按照劳动合同的约定和国家、省相关规定支付工资。企业停工、停产、歇业时间超过1个工资支付周期，劳动者付出了正常劳动的，企业应当按照不低于当地人民政府确定的最低工资标准支付工资；劳动者未付出正常劳动的，企业应当按照不低于当地人民政府确定的最低工资标准的80%支付工资。

第二十四条 建设单位或者施工总承包企业未按照合同约定及时划拨工程款，致使施工总承包企业或者分包企业拖欠工资的，由建设单位或者施工总承包企业先行垫付工资，垫付额以未支付的工程款为限。

建设单位将工程违法发包，致使拖欠工资的，由建设单位依法承担清偿责任；施工总承包企业将工程转包、违法分包，致使拖欠工资的，由施工总承包企业依法承担清偿责任。建设单位或者施工总承包企业清偿后，有权向相关组织、单位或者个人追偿。

3.《中国工业企业及工业协会社会责任指南第二版（2013）》

5 工业企业社会责任指南

5.3.7.2 劳动合同与薪酬

（1）遵守国家劳动法律法规，依法与员工签订劳动合同；

（2）按时足额发放薪酬；

（3）建立员工薪酬增长制度；

（4）引导员工合理规划薪酬。

4.《中国企业境外可持续基础设施项目指引（2017）》

3.1.2 在项目设计阶段，企业须结合行业特点建立相应的保障制度，保护员工权益。具体包括但不限于：

（6）提供合理的薪资和福利；

3.1.3 在项目建设与运营阶段，企业须采取如下员工权益保护措施：

（5）按时发放员工薪资和福利；

3.1.5 核心评估指标

（1）社保覆盖比例；（2）薪酬福利保障；

（……）

（四）《努力发挥集体协商协调劳动关系作用 维护职工队伍稳定 助力企业复工复产》[①]（全国总工会，2020年3月19日）

疫情突发以来，各地工会指导企业通过开展集体协商方式，兼顾劳资双方合法权

---

① 全国总工会：《努力发挥集体协商协调劳动关系作用 维护职工队伍稳定 助力企业复工复产》，https://mp.weixin.qq.com/s/wE9eFZ7mtv0wi1lybcqCPw。

益，培育了一批优秀协商典型案例。上海指导上好佳食品工业有限公司、思询信息科技有限公司等开展集体协商，并就员工薪酬待遇、未返岗职工使用年休假等议题达成共识，企业承诺疫情防控期间不裁员、少裁员。西安指导陕西秦晋栎邑网络科技有限公司（饿了么阎良站）以网络视频会议形式成功开展集体协商，经协商疫情期间骑手每单报酬提升 11.12%—43.75%，增加每天 200 元的保底工资，并为骑手提供口罩、酒精、手套等防护用品及免费简餐。云南省普洱市沃尔咖啡公司行政方主动向工会提出要约，就因疫情影响未返岗期间的工资待遇及职工带薪年休假、体检、误餐补助、职工福利等问题进行协商并达成共识。浙江省建德市总培育了同创资产管理有限公司等 16 家开展线上协商的样板企业。福建省泉州市总指导汉威机械制造有限公司通过微信开展"云协商"。内蒙古赤峰市总以"上参下"的形式指导玉龙国宾有限公司瑞享酒店 2020 年集体协商会议。

（五）《依法治欠，为农民工"护薪"》[①]（人民日报，2020 年 1 月 21 日）

临近春节，为了让广大农民工顺利拿到工资、高高兴兴回家过年，各地各部门深入开展根治欠薪冬季攻坚行动，不断增强治理欠薪的力度。前不久，《保障农民工工资支付条例》正式公布，并将于今年 5 月 1 日起正式施行。《条例》的制定，必将有利于进一步规范农民工工资支付行为，更好保障农民工按时足额拿到工资。

改革开放 40 多年来，广大农民工活跃在经济建设的各个领域，已经成为我国产业工人的主体，是国家现代化建设的重要力量。农民工也是家庭的"顶梁柱"，用自己的双手撑起一个家。解决拖欠农民工工资问题，体现着社会治理水平，更关乎万千家庭冷暖。近年来，从督促企业与农民工依法签订劳动合同，到加强农民工工资支付情况的日常监督，从建立和实施拖欠农民工工资"黑名单"制度，到畅通农民工维权法律途径，在多方努力下，治理欠薪工作取得了显著成效。数据显示，2019 年，各地查处的欠薪违法案件数、涉及劳动者人数和金额，分别比 2018 年下降了 33.1%、50.8% 和 50.4%，拖欠农民工工资多发高发的态势得到了明显遏制。

也应看到，由于一些行业生产组织方式不规范等原因，拖欠农民工工资问题尚未得到根本解决。如何避免"年年欠薪，年年清欠，年年讨薪"，建立清欠与根治拖欠农民工工资的协调联动机制？在强化长效机制的运用上"下力气"，从法律和制度上"找药方"，显得尤为重要。此次《条例》的出台之所以备受瞩目，就是因为它是近年来治理欠薪工作成功经验的制度化提升，是依法治欠的重要体现和制度保证。比如，针对农民工欠薪问题频发的工程建设领域，《条例》作出特别规定。从提出专用账户制度、破解"没钱发"难题，到实行总包代发模式谨防工资被截留、明确"怎么发"的方式，再到推动农民工实名制、解决"发给谁"的问题……制度的完善，有助于规范程序、填补漏

① 《依法治欠，为农民工"护薪"》，人民网，http://opinion.people.com.cn/n1/2020/0121/c1003-31557593.html。

洞，切实保护农民工的合法权益，为确保农民工按时拿到“辛苦钱”建立起长效机制。

制度的生命力在于执行。现实中，还须警惕“上有政策，下有对策”等现象。据报道，在国家明确要求设立农民工工资专户、专款专用后，个别承包商竟然想出“统一设置密码，统一上交管理”的办法，导致100多名农民工工资被冒领、挪用。这说明，治理欠薪问题是一项系统工程，容不得任何一个环节出现疏漏。强化责任、细化落实，让制度的篱笆越扎越密、越扎越紧，才能在实践中压缩恶意欠薪的空间，让“护薪”行动更有力、更有效。

如今，我国有2.88亿农民工，他们在农村与城市、沿海与内陆之间迁徙流动，构成了一幅壮阔的时代图景，成为社会活力的重要来源。长期以来，广大农民工以自己辛勤的劳动、坚韧的付出，为国家的城镇化、现代化事业贡献着青春与汗水。面向未来，我们要切实保障他们的劳动报酬权益，更要为他们搭建广阔的发展舞台。多措并举，加强职业技能培训、提升农民工就业能力，逐步提高社保、医疗等保障水平，解决随迁子女教育问题，才能让农民工既不苦于工资拖欠，也不忧虑个人发展，从而踏实打拼、安心奋斗。

“我和工友们都太高兴了，终于可以和家里人有个交代、过个好年了！”一位拿到被拖欠工资的农民工难掩喜悦。读懂这份激动背后的艰难，让社会治理更有温度，我们就能开创依法治欠新局面，为更多奔跑者、追梦人撑腰鼓劲。

（六）《2019年职场欠薪报告》① （中南财经政法大学数字经济研究院 & 芝麻信用，2019年12月30日）

职场欠薪的现实背景。职场欠薪问题由来已久，但近年趋势向好。被欠薪人数、欠薪金额及欠薪案件都呈快速下降趋势，目前已成历史最低点；但总体欠薪的地区分布不均衡，经济发达地区更为严重。在被欠薪的人员构成上，目前仍以农民工为主，但农民工被欠薪现象已得到明显遏制，被欠薪人数和金额正在逐年下降，正朝人社部2020年有望实现基本无拖欠的目标迈进。与此同时，近年来出现了一些新问题和新趋势：新业态领域、程序员、博士等高学历劳动者开始被欠薪。

职场欠薪的问卷调查。调查结果显示，在职场欠薪现状方面：超过70%的人面临欠薪问题；欠薪金额在5000－50000元的占比超过50%；年龄越小越容易被欠薪；一、二线城市欠薪占比接近60%。在欠薪新趋势方面：新业态产业成为欠薪新领域；程序员和博士等高薪人群成为被欠薪新对象。在程序员被欠薪方面：约72%的程序员存在被欠薪情况；被欠薪3个月以下者占比66%。在欠薪方式上：以工资为主，但也出现了拖欠股权、年终奖等新方式。在欠薪原因方面：超过90%的人认为是老板拖着不发或企业经营困难。在面对欠薪的态度方面：超过60%的人不知如何维权；近70%的人认为应将欠薪企业纳入征信进行惩戒。

---

① 《2019年职场欠薪报告：近年来总体呈下降趋势》，新浪网，http://finance.sina.com.cn/zl/china/2019－12－31/zl-iihnzhfz9417963.shtml。

职场欠薪的解决。需要从制度、法律、社会、技术和市场等方面着手，多管齐下，构建合力攻坚新格局。在制度建设方面：加强企业信用制度建设，进行制度改革创新。在法律保障方面：规范劳动关系认定，加大惩处力度，简化诉讼程序。在社会媒体方面：多关爱被欠薪群体，加大对欠薪企业的曝光力度。在技术创新方面：加快建立快速有效、透明的工资发放机制，进行基于区块链等数字技术建立并应用“欠薪一体化预警系统”的试点。在市场规范方面：建立和发展农民工劳务基地及工程建设用工市场，通过市场机制将支付和管理行为混乱的企业淘汰掉，逐步净化市场环境。

五　延伸阅读

- ACT（Action，Collaboration，Transformation），*Collective Bargaining at Industry Level*（2018），https://actonlivingwages.com/wp-content/uploads/2018/09/ACT_COMMS_Brief_Industry_Bargaining_Web.pdf.
- Asia Floor Wage Alliance，*A Short History at the Brink of Transition*（2017），https://asia.floorwage.org/resources/essays-and-reports/afwa-a-short-history-on-the-brink-of-transition/at_download/file.
- *Ethical Trading Initiative*，*Base Code Guidance*：*Living Wages*（2016），www.ethicaltrade.org/sites/default/files/shared_resources/eti_living_wage_guidance_2.pdf.
- *Ethical Trading Initiative*，*Wages and Purchasing Theories*（2014），www.ethicaltrade.org/issues/living-wage-workers/wages-and-purchasing-theories.
- Fair Wage Network，Fair Wage Method，www.fair-wage.com/en/fair-wage-approach-menu/definition-of-fair-wages.html.
- ILO，*Global Dialogue Forum on Wages and Working Hours in the Textiles*，*Clothing*，*Leather and Footwear Industries*（2014），www.ilo.org/sector/activities/sectoral-meetings/WCMS_241471/lang--en/index.htm.
- ILO，*Minimum wage systems*，*General Survey of the reports on the Minimum Wage Fixing Convention*，1970（No.131），and the Minimum Wage Fixing Recommendation，1970（No.135），（2014），www.ilo.org/wcmsp5/groups/public/---ed_norm/---relconf/documents/meetingdocument/wcms_235287.pdf.
- *Joint Ethical Trading Initiatives*，*Living Wages In Global Supply Chains-A new Agenda for Business*（2015），www.ethicaltrade.org/sites/default/files/shared_resources/living-wages-in-global-supply-chains.pdf.
- *Living Wage Foundation*，*Become A Living Wage Employer*（2018），

www. livingwage. org. uk/faqs#t136n3356.

• *Shift*, *The Human Rights Opportunity*, 15 *Real-life Cases of how Business is Contributing to the Sustainable Development Goals by Putting People First* (2018), www. shiftproject. org/media/resources/docs/TheHumanRightsOpportunity_ Shift - 07 - 17 - 2918. pdf? utm_ source = website&utm_ medium = button-SDGs&utm_ campaign = SDGs_ Download-PDF.

• The Fair Labor Association (FLA), *The FLA's Fair Compensation Strategy* (2018), http://www. fairlabor. org/global-issues/fair-compensation.

• The Global Living Wage Coalition, *Real World Strategies for Living Wage Implementation-Case Studies* (2018), www. globallivingwage. org/implementation.

• 钱凯:《农民工工资法律保障机制反思与重构》,《中国劳动关系学院学报》2014 年第 6 期。

• 谭中和:《中国工资收入分配改革与发展(1978~2018)》,社会科学文献出版社,2019。

• 于东阳:《改革开放以来我国工资制度研究述评》,《中国劳动》2014 年第 12 期。

六 案例

陈鑫定诉六安天力物业案

2008 年 11 月,陈鑫定正式应聘到六安天力物业服务有限公司的盈星城小区从事安管员。在 2011 年 10 月之前,六安天力物业服务有限公司一直未与陈鑫定签订正式劳动合同。在此期间陈鑫定完全按照该物业公司规定,执行一天 24 小时两班倒制度,白班员工于当日 6:30 上班直至晚班员工 18:30 上班,陈鑫定实际每日上班为 12 小时,每个月休息日和法定节假日也正常上班,连续工作四年未休过年假。以上都根据《员工签到表》和《区域巡逻记录》考证。2012 年 9 月 1 日,双方签订劳动合同,约定劳动期限至 2013 年 8 月 31 日止,陈鑫定在天盈星城项目物业服务。陈鑫定于 2012 年 12 月 31 日离开该物业公司。该物业公司在陈鑫定工作期间没有为其缴纳社会保险费。经查,2012 年安徽省最低工资标准为 1010 元/月。六安天力物业服务有限公司提供的工资表和陈鑫定提供的银行流水显示陈鑫定每月平均工资达到 1550 元,双方签订的劳动合同显示,双方约定的基本工资为 750 元(之前为 500 元),工资表上反映所领取的工资是由基本工资和加班工资组成。此后，陈鑫定起诉至法院，诉称：1. 要求六安天力物业服务有限公司支付低于最低工资标准的差额工资 11592 元；2. 支付未休假带薪年休假工资 5344 元；3. 补交社会保险（时间从 2008 年 11 月起算）或折成现金支付；4. 支付加班费 105381.22 元；5. 支付经济补偿金 7750 元（……）。

最终法院支持了陈鑫定的大部分诉求，陈鑫定每月工资 1550 元不低于本地最低工资标准，原告要求被告支付最低工资标准差额工资，无事实依据，法院不予支持，且所领取的工资是由基本工资和加班工资组成，且原告所持有的工资卡上的实发工资与被告工资表上的工资数字一致，故法院认为被告已支付了原告的加班工资，原告要求被告支付加班工资的诉求法院不予支持。

七　思考题

1. 什么是基本生活工资？为什么基本生活工资关乎人权？

2. 如何计算基本生活工资的数额，其有哪些影响因素？

3. 基本生活工资是如何发展成为保护工人的工具的？国际劳工组织在其中发挥了什么作用？

4. 不执行基本生活工资制度对哪些主体产生哪些消极影响？只对未获得基本生活工资的工人不利吗？

5. 零工经济中，如何保障工人获得基本生活工资？

第十八章　工作时间

引　言

工作时间过长是剥削性工作条件的标志。在那些将生产外包给低工资国家的行业（比如纺织、鞋类、电子产品）以及要回应快速变化的消费者偏好的行业（比如快时尚行业）中，供应商工厂员工的工作时间过长，特别是在高峰时期。规定每周工作 40—48 小时并允许适度加班的国家法律和国际标准经常被忽视。过度加班会使工人疲劳，进而引发事故（第 20 章）。领先企业认识到，仅靠加强对供应商的审计不太可能成功，因此要支持供应商提高生产力。移徙工人（第 21 章）特别容易超时工作，因为他们可能倾向于在工厂里长时间工作好几年，以便在回家之前最大限度地增加收入。如果一开始他们的报酬就极低（第 17 章），那么这种加班的自愿性仍然值得怀疑。领先企业已经制定了指标以确保加班的确是自愿的。他们还认识到，他们自己的采购行为——他们向供应商签下订单的方式——可能会造成不必要的高峰期，工人们必须加班才能赶上最后期限；作为尽职调查的一部分（第 8—14 章），将预测和规划做得更好的品牌可以减少供应商工厂的这种高峰期。

一　要点

- 工作时间（每天和每周）
- 加班：自愿或被迫
- 加班补偿
- 非全日制工作
- “零小时”合同（随叫随到的工作，没有工作保障的工人）
- 周休原则
- 平等对待原则（非全日制工人与全日制工人）
- 工作和生活的平衡与工人健康
- 特殊情况（证明加班是正当的）
- 记录保存（伪造工作时间）

- 采购惯例（买方公司）
- 带薪年假

二　背景

国际劳工组织《变化中劳动世界的劳工保护》[①]

29.（……）工作时间限制是工作场所安全的重要组成部分，因为工作时间过长会增加工作中的事故风险。有关健康的文献资料早就认识到，一周持续工作超过 48 或 50 小时可能会不利于个人健康。允许工人平衡工作和个人责任也需要限制工作时间。(……)

55. 长时间工作不仅在对自己工作或工作环境影响不大的工人中（如家庭工人）产生了严重影响，而且还影响到具有更多自由决定权并获得更高报酬的工人（如银行家和律师）。对其他人来说，问题往往不是他们有太多的时间，而是他们时间太少，影响到他们的收入保障，或者时间多变，以至于他们很难安排自己的个人和家庭责任。

56. 长时间工作促使了第一个有关工作时间的规定；今天，大多数国家对工作时间、加班、加班费以及年假都有规定。然而，许多工人并没有从这些保障中受益，要么因为他们是自雇者从而被排除在劳动法范围之外，要么因为他们属于有时被法律豁免的职业类别，要么因为他们在未遵守法律的非正式或正式就业安排中工作。

(……)

68. 工作时间中的另外两个重要挑战是可变性和不可预测的时间，尤其是随叫随到的工作，以及信息技术造成的工作对个人时间的日益侵犯。随叫随到工作的特点是临时通知，工作时间波动大，工人对工作时间的安排很难或几乎无法发表意见。在零售业，不可预测的时间表的增长在一定程度上是由于开发了用于跟踪客户流的复杂软件，允许经理分配足够的员工来处理预期的需求。

(……)

72. 新的信息和通信技术越来越允许员工在任何时间和地点工作。然而，正常工作时间外有关工作的电话和邮件联系可能会对工人的心理健康和工作－

---

① ILO, *Labour Protection in a Transforming World of Work* (2015), https://www.ilo.org/wcmsp5/groups/public/---ed_norm/---relconf/documents/meetingdocument/wcms_358295.pdf.

生活平衡产生负面影响。

三 国际文件与域外材料

（一）《世界人权宣言》①

第二十四条

人人有享有休息和闲暇的权利，包括工作时间有合理限制和定期给薪休假的权利。

（二）国际劳工组织《第1号工作时间公约》②

第二条

在任何公共或私营工业企业或其任何分支受雇的人员的工作时间，除了同一家庭成员所在的企业外，其工作时间不得超过一天八小时，一周四十八小时，以下提供的例外情况（……）。

（三）国际劳工组织《第175号非全日制工作公约》③

第四条

应采取措施保证非全日制工人在下列方面得到给予全日制工人的同样保护：

（a）结社权、集体谈判权和担任工人代表的权利；

（b）职业安全和卫生；

（c）就业和职业歧视。

第五条

应采取符合国家法律和惯例的措施，保证非全日制工人根据工时、绩效或计件按比例计算的基本工资，不会仅因其从事非全日制工作而低于按同样方式计算的可比全日制工人的基本工资。

---

① The Universal Declaration of Human Rights (1948), https://www.ohchr.org/en/human-rights/universal-declaration/translations/english.

② ILO, *Hours of Work (Industry) Convention*, 1919 (No. 1) – Convention Limiting the Hours of Work in Industrial Undertakings to Eight in the Day and Forty-eight in the Week, www.ilo.org/dyn/normlex/en/f? p = NORMLEXPUB: 12100: 0:: NO:: P12100_ILO_CODE: C001.

③ ILO, *Part-Time Work Convention*, 1994 (No. 175), www.ilo.org/dyn/normlex/en/f? p = NORMLEXPUB: 12100: 0:: NO:: P12100_ILO_CODE: C175.

第六条

应对以职业活动为基础的法定社会保障体制进行修改，以使非全日制工人享受与全日制工人的同等条件；这些条件得按工时、缴费或收入比例，或通过与国家法律和实践一致的其他方法确定。

（四）国际劳工组织《关于实现社会公正以推动公平的全球化的宣言》[①]

1. 国际劳工组织的具有同等重要性的四项战略目标，体面劳动议程正是通过这些目标体现的（……）：

（2）发展并加强可持续和适合国情的社会保护措施（社会保障和劳动保护），包括：

（……）

——旨在确保所有人公正地分享进步成果以及所有在业人员和需要此类保护的人员享有一种符合最低生存工资标准的有关工资和收入、工时和其他工作条件的政策。

（五）国际劳工组织《关于工作时间文件的调查》[②]

3. 工作时数、休息时间的长度和数量以及它们在一天、一周、一个月或一年中如何安排，对工人都有重要影响。工作时间和休息时间的规定也在坚持1919年《凡尔赛条约》和1944年《费城宣言》中规定的原则方面发挥了重要作用，即劳动不是商品，不应仅仅被视为商品。（……）国际劳工组织制定了一系列文件涵盖工作时间的具体方面，特别是工作时间、周休、带薪年假、夜间工作和兼职工作。此外，国际劳工组织的一些部门文件还规定了工作时间。

7. 考虑到目前工作世界正在发生的转变，工作时间的规定变得更加重要。技术和通信的发展完善促进了其中一些变化，它们正在打乱甚至有助于消除工作中许多传统时间和空间的维度。如今的工作越来越多地能够随时随地进行，这对安排工作生产造成了影响，尤其是对于“24/7”社会的发展。虽然在当今的工作世界中，农业和制造业仍然非常重要，但到2013年，全世界近一半的就业机会处在新兴的服务业。与其他行业不同，服务业的性质

---

① ILO Declaration on Social Justice for a Fair Globalization（2022），https://www.ilo.org/wcmsp5/groups/public/---dgreports/---cabinet/documents/genericdocument/wcms_099766.pdf.

② ILO, *General Survey Concerning Working-time Instruments-Ensuring Decent Working Time for the Future*（2018），www.ilo.org/ilc/ILCSessions/107/reports/reports-to-the-conference/WCMS_618485/lang--en/index.htm.

通常意味着它必须对波动的需求和时间段做出反应，而这些时间段较短，往往又难以预测。然而，在一个即时通信和精密技术的世界里，即使是制造业也不能免受通过“及时”生产“按需”来应对不断变化的消费者趋势（例如，在时尚界，也在许多其他行业中）的压力。反过来，这又要求安排的灵活性，这可能要求工人以非传统方式（或非标准就业）工作，而非传统方式的特点是时间的可变性（一天、一周和/或更长时间）。这些都是全球化带来的压力的一部分。毫无疑问，市场竞争的加剧给企业带来了提高效率和降低成本的压力，而技术使全球服务的跨国供应量大幅增加。虽然这对劳动力市场参与度和生产率的提高有积极影响，但也可能对工人的健康和福祉产生负面影响，因为工作和私人生活之间的界限往往变得模糊。这一直是女性工作的一个特点，她们传统上在家里承担很多无报酬的工作（比如洗衣服和照顾孩子）；随着新技术的发展，“家庭工作”的现象呈指数级增长。

178. 首先，委员会注意到，关于正常工作时间的可变分配，很多国家并没有实现《第1号公约》和《第30号公约》分别允许的每天9小时和10小时的限额。此外，委员会注意到，在很多国家，超过一周这一时间段内的平均工作时间已经是一种常见做法，用来计算工作时间的基准期可能达到一年。在这方面，委员会认识到，灵活的现代工作时间安排，例如平均工作时间，可能会使人怀疑公约对每日和每周工作时间最长期限所施加的某些限制的相关性。然而，委员会希望强调合理限制和保护性保障在设计此类灵活安排时的重要性，以确保现代工作时间安排不会损害工人的健康或必要的工作-生活平衡。(……)

179. 其次，委员会注意到，诉诸正常法定工作时间例外情况的正当理由并不总是明确界定的，或是超出了公约所承认的范围。在这方面，委员会希望强调在清楚和明确的情况下对诉诸加班进行限制的根本重要性。

[每周休息时间]

202.《第14号公约》第2条第2款和《第106号公约》第6条第2款所述的统一原则是指每周休息的共同特征，以确保在可能的情况下，所有工人在传统或习俗确定的日期同时休息。这一原则的社会目的在于使工人能够参加社会生活，并在特定的日子里参与特殊形式的娱乐活动。

[加班]

266. (……) 国际劳工公约的某些条款偶尔寻求保护工人免受最初看来是他们自己的“偏好”的影响，例如，如果他们（为了获得额外的经济利益）想要放弃基本保护权利，特别是在工作时间、每周休息和年假方面。因此，委员会一贯要求被剥夺每周休息的工人在任何情况下都应给予补偿性休息，而不考虑任何金钱补偿（周休原则）。

［年假］

《第132号公约》第12条规定："任何关于放弃公约第3条第3款规定的最低期限的带酬年休假权或者关于用津贴或用其他任何方式补偿而放弃这种休假权的协议，根据各国的情况应是完全无效的或禁止的。"

374. 委员会强调，工人必须切实受益于每年享有一段放松和闲暇时间的权利，鼓励各国政府采取必要措施，确保其有效享有带薪年假权利，并仅在雇佣终止后有未使用休假的情况下提供金钱补偿以代替年假。

［非全日制工作］

550. （……）多年来，有许多因素促进了非全日制工作的发展。它允许雇主在计划工作方面有更大的灵活性，使日程安排与需求高峰保持一致，并保留不能承诺全职工作的工人。对于工人来说，非全日制工作有助于协调家庭、教育或其他义务，同时提供收入，并可能在某个时候转成全职就业。政府还制定了鼓励非全日制工作的政策，特别是对劳动力市场中的某些群体，如妇女、年轻人、长期失业者，同时也鼓励老年工人继续就业。促进非全日制工作的政策也被用来帮助承担家庭责任的工人。

551. 研究表明，雇主采用非全日制工作有三个不同的原因：基于工人的偏好，将其作为一种招聘和留用策略；提供最优人员配置和操作灵活性，以适应每天、每周或季节的劳动力需求；通过产生低工资、低技能的工作，有时通过规避保护全日制工人工资和其他工作条件的法规或集体协议，创造一个次级、报酬较低和更不稳定的员工池。立法者也可以将非全日制工作作为就业政策的一种手段来抵制失业。

（六）英国道德贸易组织《基本准则》①

6. 工作时间不得过长

6.1. 工作时间必须符合国家法律、集体协议以及下文中6.2—6.6条款中的规定，以对工人提供较强保护者为准。6.2至6.6条款以国际劳工标准为基础。

---

① Ethical Trading Initiative, *The ETI Base Code*（2014）, www.ethicaltrade.org/sites/default/files/shared_resources/eti_base_code_english.pdf，中文版见 https://www.ethicaltrade.org/sites/default/files/shared_resources/eti_base_code_-_chinese.pdf。

6.2. 工作时间（加班除外）由合同确定，每周不得超过48小时。*

6.3. 所有加班必须是自愿的。加班必须负责任地使用，考虑到所有如下方面：程度、频率以及工人个体和工人整体工作的时间。不得以加班代替正规就业。加班必须总是加价补偿，建议标准是不少于正常工资的125%。

6.4. 任何7天内的全部工作时间不得超过60小时，第6.5款规定的情况除外。

6.5. 只有在满足如下所有条件的例外情况下，任何7天内的工作时间可以超过60小时：

- 国内法律允许这样做；
- 与代表相当比例工人的工人组织自由达成的集体协议允许这样做；
- 采取了适当的措施保护工人的健康与安全；并且
- 雇主能够证明加班确属于例外情况，例如出乎预料的生产高峰、事故或紧急情况。

6.6. 必须保证工人每7天至少休息一天，或者在国内法律允许的情况下，每14天休息2天。

* 国际标准建议，在适当的条件下，并且不减少工人的工资的情况下，渐进降低正常的工作时间至每周40小时。

（七）英国道德贸易组织《工时条款修订－解释》[①]

导言

- 基本守则第6条的主要目的是保证工人工时不会过量；工人每周至少休息一天；任何加班都属自愿并且得到合理补偿。
- 这部分基本守则的根本原则是保证工人的健康和工作场所的安全。(……)
- ETI基本守则有关工时的条款应与基本守则中的其他规定一并考虑，包括涉及工资和结社自由的条款。
- ETI基本守则适用所有类别的工人，包括国家劳动法不适用的人群(如农业工人)。

例外情况

最后，雇主还应证明存在例外情况。例外情况指预料之外的事件，包括

① Ethical Trading Initiative, *Working Hours Clause-Interpretation* (2014), www.ethicaltrade.org/sites/default/files/shared_resources/eti_base_code_clause_6_interpretation_english_0.pdf，中文版见https://www.ethicaltrade.org/sites/default/files/shared_resources/cn_eti_base_code_clause_6_interpretation.pdf。

但并不限于：

（……）

预料之外的生产高峰：最常见的情况是最后一刻更改订单，或者增加量超过供应商可控范围，但不包括可预见的季节性生产高峰。

公司如何保证加班自愿？

雇主要求工人加班时，应向工人明确说明他们可以拒绝，如果拒绝的话不会有负面后果。为避免强迫，雇主应保证：

- 如果提供交通，在正常下班时间应有班车让那些选择不加班的工人离厂回家；
- 车间大门打开，允许工人在下班后自由离开；
- 如果每天采用生产定额，应在标准工时内可以完成，工人不应需要加班才能完成；
- 并不总是要那些固定的工人加班；
- 公司内部政策明确声明工人可自由拒绝加班；
- 事先有足够的时间通知工人加班，这样，在工人不能加班时可采用替代性安排；
- 对工人接受加班的同意书归档。

每天工时是否有限制？

ETI 基本守则并没有每天可以工作的工时的具体规定。不过，雇主应避免一天工时过长，因为这样可能危及工人的健康。基本守则和国家立法规定有义务保证安全的工作制度，这就必须避免班组工时过长或过度连续工作。这是因为工时过度会导致健康和安全风险。许多国家的国家立法要么有每天最长工时，要么有每天最低休息时间和休息日的规定。应记住，国际劳工组织 1919 年第 1 号公约呼吁通过每天最多 8 小时的工作日。

（八）耐克《可持续报告（2012 年）》①

过度加班

我们继续评估为什么过度加班是合同工厂的一个持续性问题。在 2011 年度，在对 128 家工厂的审计进行确认和分析的过度加班事件中，超过三分

① Nike, Inc., *FY10/11 Sustainable Business Performance Summary* (2012), https://purpose-cms-production01.s3.amazonaws.com/wp-content/uploads/2018/05/14214952/Nike_FY10-11_CR_report.pdf.

之二（68%）是由耐克控制的因素造成的，主要是预测或产能规划问题、缩短生产时间和季节性高峰。然而，由于一些工厂也为很多其他品牌生产产品，这些因素与我们的品牌直接相关的频率尚不清楚。在多个品牌下订单的工厂中，很难找出生产能力规划瓶颈的根本原因。因此，我们将开始探索建立内部系统的方法，让我们能够找出耐克造成的产能高峰和失衡，其可能导致工厂无法有效管理生产计划。此外，我们将开始为服装工厂创建新工具和报告机制这一进程，以便在其生产团队接近加班限制（这将违反我们的标准）时，主动与耐克进行沟通。我们已经在耐克品牌的鞋厂设置了这些报告要求，并因此显著改善了过度加班的管理。

我们认识到，过度加班是一个严重问题，无论是工作时间还是工作日都没有休息。我们通过对根本原因的持续分析来关注这些领域，这使得我们能够识别和解决工厂上游的关键业务流程。可变性是这些根本原因之一。我们评估的一些关键变量包括：风格的季节性，消费者或产品需求可预测性的缺乏，以及全球经济挑战的影响。在不对工厂或工人产生负面影响的情况下，我们正在努力培养成功应对这些实际变量的能力。

在整个产品制造过程中，我们都在解决这些问题，包括改进预测的一致性，这涉及跨地域、类别和产品引擎的协调，以便在正确的时间获得正确的信息和决策。我们还优化鞋类和服装的采购基地来应对产能波动，采用和实施应对新兴款式和产品的需求所需的技术。

除耐克影响的项目外，在某些地方，工人和工厂预计都会加班，这与有问题的补偿模式有关，在这种模式下，工人唯一能赚更多钱的方法就是加班。我们认识到，从工人或企业的角度来看，过度加班是不可持续的，因为两者的成本都很高。我们正与工厂合作，从工人的健康和安全、生产力和生活质量方面了解这些成本，并将其作为劳动力流动的一个因素。我们将继续跟踪我们对工厂过度加班的影响，并相信把过度加班纳入我们的采购和制造可持续性指标中将改善这一问题，帮助我们认识到这些问题的发生地点和时间，并将工厂绩效这一方面纳入我们的采购决策中。

（九）耐克《可持续报告（2018年）》①

可持续采购

过度加班是一个跨部门的问题，可能会对工人的健康和生活质量产生影

① Nike, Inc., *FY1617 Sustainable Business Report* (2018), https://purpose-cms-production01.s3.amazonaws.com/wp-content/uploads/2018/05/18175102/NIKE-FY1617-Sustainable-Business-Report_FINAL.pdf.

响。它还可能导致错误和返工，通常会使额外的时间白费。《耐克领导准则标准》的一项要求是消除工作时间过长的现象，确保我们供应商工厂的工人每周工作时间不超过60小时，并且每7天至少休息1天。

当我们朝着100%的铜牌级别工厂的目标努力时，不断增加的监测显示，最有可能发生过度加班的工厂往往是多品牌的工厂，耐克占其总产量的一小部分。

在我们供应商所在的许多国家，过度加班是一个跨行业的持续挑战。最大的问题是管理制度落后，以及有关工作时间的当地法律的不执行。

虽然发生过度加班事件的工厂数量保持稳定，但这并不意味着相同的工厂总是要负责。事实上，低重复率的发现使得预料和预测过度加班将发生在何处变得如此具有挑战性。例如，在2017年末发现有过度加班的所有工厂中，只有3家是再犯者。事实上，在2017年发现的23家工厂中，有11家解决了这些问题，并在年底前恢复了铜牌级别。(……)

(十) 苹果《2018年供应商责任报告》[①]

伪造工时

我们根据国际劳工组织和责任商业联盟的相关标准制定工时政策，限定每周的工作时间不得超过60小时。此外，供应商仅限在自愿的基础上安排加班，工厂必须保证员工每工作6天休息1天。

我们于2011年启动了工时计划，以便更好地对庞大的供应链进行工作时间管理。2012年，我们每周针对100多万名供应商员工的工时实施监测。此后，这项计划监测的员工范围逐渐扩大，到了2017年，每周工时追踪已覆盖到130万名员工。

若发现伪造员工工时的行为，我们会将该违规问题报告给相关供应商的首席执行官，并立即对供应商执行留用察看。然后，对供应商的商业道德政策和管理系统进行全面审查，以查明出现问题的根本原因并进行系统化整改。我们还要求供应商开展定期审核，确保经检查改进的政策得到落实，以防再次违规。此外，供应商必须对所有记录进行修正，以准确反映员工的实际工作时间。2017年，我们发现了38例伪造工时数据的事件。所有事件的供应商都立即被留用察看。本年度，我们供应商的总工时达到94%的合规率。

---

① Apple, *Supplier Responsibility*, *Progress Report* (2018), www.apple.com/supplier-responsibility/pdf/Apple_SR_2018_Progress_Report.pdf.

（十一）公平劳工协会《2017年年度报告》[①]

工作时间

（……）2016年，FLA评估人员发现，在所有工厂中，有超过四分之三的工厂需要改善工作时间过长的问题。为了完全遵守《FLA工作场所行为准则》，工厂必须以不超过48小时的正常工作为基础制定生产计划，每个员工的总工作时间不得超过每周60小时或法律限制（以较低者为准），并根据法律要求为年轻、老年或怀孕的工人考虑特殊工作时间。此外，这一FLA准则要求所有加班工作都是自愿的，尽管在2016年访问的所有工厂中，评估人员发现有一半的加班工作是强制性的。超过三分之一的工厂未能按照当地法律规定，每7天向工人提供一次休息日，或提供年假。

越南：18份评估，42139名工人

在公平劳工协会（FLA）在越南访问的18家工厂中，评估人员记录到，有13家工厂没有做到每7天为工人提供1天的休息时间，而且一半的工厂要求工人加班。（……）

印度尼西亚：8份评估，22245名工人

在印度尼西亚更为普遍的调查结果中，FLA的评估人员发现，8家工厂中有7家未能正确补偿工人的加班费。在某些情况下，工厂使用过时的最低工资作为基本工资来计算加班费；在其他情况下，工厂没有为在计划休息日进行的加班提供法定要求的200%的额外工资。此外，评估人员在两个有加班费问题的工厂里发现，没有在任何7天期限内补偿休假的情况下在休息日工作，违反了FLA工作时间标准。（……）

（十二）巴里恩托斯等《全球生产网络中的经济和社会升级》[②]

社会升级是改善工人作为社会行动者的权利和应享待遇的过程，这将提高他们的就业质量。社会升级可细分为两个组成部分：可衡量的标准和赋权。可衡量的标准是指那些更容易观察和量化的工人福利方面，包括雇佣的类型（正式或者非正式）、工资水平、社会保障和工作时间。其还可以包括

---

① Fair Labor Association, *Annual Report* (2017), https://www.fairlabor.org/reports/2017-annual-public-report/.

② S. Barrientos et al., "Economic and social upgrading in global production networks", *International Labour Review* (2011), www.researchgate.net/publication/228278108_Economic_and_Social_Upgrading_in_Global_Production_Networks_A_New_Paradigm_for_a_Changing_World.

关于性别和工会的数据，例如女性主管的百分比或工会成员在劳动力中的百分比。

然而，可衡量的标准往往是复杂谈判过程的结果，由对工人的赋权构成。这些不太容易量化，例如结社自由、集体谈判权、无差别待遇、发言权和赋能授权。缺乏赋权会削弱工人——或特定工人群体，如妇女或移民——改善其工作条件以提高其福利的谈判能力。

四　中国相关文件与材料

（一）国家法律法规

1.《中华人民共和国劳动法（2018 修正）》

第三十六条　国家实行劳动者每日工作时间不超过八小时、平均每周工作时间不超过四十四小时的工时制度。

第三十七条　对实行计件工作的劳动者，用人单位应当根据本法第三十六条规定的工时制度合理确定其劳动定额和计件报酬标准。

第三十八条　用人单位应当保证劳动者每周至少休息一日。

第三十九条　企业因生产特点不能实行本法第三十六条、第三十八条规定的，经劳动行政部门批准，可以实行其他工作和休息办法。

第四十条　用人单位在下列节日期间应当依法安排劳动者休假：

（一）元旦；

（二）春节；

（三）国际劳动节；

（四）国庆节；

（五）法律、法规规定的其他休假节日。

第四十一条　用人单位由于生产经营需要，经与工会和劳动者协商后可以延长工作时间，一般每日不得超过一小时；因特殊原因需要延长工作时间的，在保障劳动者身体健康的条件下延长工作时间每日不得超过三小时，但是每月不得超过三十六小时。

第四十二条　有下列情形之一的，延长工作时间不受本法第四十一条规定的限制：

（一）发生自然灾害、事故或者因其他原因，威胁劳动者生命健康和财产安全，需要紧急处理的；

（二）生产设备、交通运输线路、公共设施发生故障，影响生产和公众利益，必须及时抢修的；

（三）法律、行政法规规定的其他情形。

第四十三条　用人单位不得违反本法规定延长劳动者的工作时间。

第四十四条　有下列情形之一的，用人单位应当按照下列标准支付高于劳动者正常工作时间工资的工资报酬：

（一）安排劳动者延长工作时间的，支付不低于工资的百分之一百五十的工资报酬；

（二）休息日安排劳动者工作又不能安排补休的，支付不低于工资的百分之二百的工资报酬；

（三）法定休假日安排劳动者工作的，支付不低于工资的百分之三百的工资报酬。

第九十条 用人单位违反本法规定，延长劳动者工作时间的，由劳动行政部门给予警告，责令改正，并可以处以罚款。

2.《国务院关于职工工作时间的规定（1995 修订）》

第二条 本规定适用于在中华人民共和国境内的国家机关、社会团体、企业事业单位以及其他组织的职工。

第三条 职工每日工作 8 小时、每周工作 40 小时。

第四条 在特殊条件下从事劳动和有特殊情况，需要适当缩短工作时间的，按照国家有关规定执行。

第五条 因工作性质或者生产特点的限制，不能实行每日工作 8 小时、每周工作 40 小时标准工时制度的，按照国家有关规定，可以实行其他工作和休息办法。

第六条 任何单位和个人不得擅自延长职工工作时间。因特殊情况和紧急任务确需延长工作时间的，按照国家有关规定执行。

第七条 国家机关、事业单位实行统一的工作时间，星期六和星期日为周休息日。

企业和不能实行前款规定的统一工作时间的事业单位，可以根据实际情况灵活安排周休息日。

（二）地方与行业标准

1.《辽宁省职工劳动权益保障条例（2019 修正）》

第十五条 用人单位应当保证职工享有国家规定的节假日和周休息日，年休假、探亲假、婚丧假、计划生育假等带薪假期，以及劳动合同、集体合同约定的其他假期。

违反国家规定强迫职工加班，职工可以拒绝，用人单位不得因此扣发职工工资和解除与职工的劳动关系。

用人单位安排职工在法定休假日工作或者延长工作时间，应当依法发放加班工资；安排职工在周休息日工作的，应当依法安排相应的补休，确实不能安排补休的，应当依法发放加班工资。

2.《中国对外矿业投资社会责任指引（2017 版）》

3.5.5 遵守工时标准，避免过度加班，保障休息休假。

遵守适用的法律、法规及行业标准中关于工时和休息、休假的要求。一周内至少休息一天，或在连续工作六天后至少连续休息 24 小时。

（三）溢达（越南）：在国内外引领行业“零加班”[①]（中国纺织工业联合会社会责任办公室，2018年5月）

溢达集团（越南）有限公司（以下简称“溢达”）成立于2000年，在越南平阳省注册，在越南新加坡工业园投资，现有5400余名员工（中国籍管理者不足三人）。自2008年开始使用精益生产模式，添置业界最先进的设备，不断提高自动化监控水平。其主要合作伙伴包括Hugo Boss、Lacoste、拉夫劳伦（Ralph Lauren）、耐克（Nike），及Tommy Hilfiger等，每日为这些世界知名的牌子生产约5万件衣服。溢达不仅重视环保，而且关心员工，多年以来都在这些领域创立行业的新高度，引领行业的新实践。

溢达认为，不应迫于外界环境的变化而作出反应，而应致力于预测和引领行业及市场中的变化与转型。在越南，溢达挑战制衣业即“血汗工厂”的思维定式，致力于以新科技发展，如机械人科技、纳米技术、云计算，甚至人工智能等高效率优势替代加班，成为越南首家制定“零加班政策”的制衣厂。目前，溢达工厂员工每月加班少于16小时，员工主动加班需要申请主管批准。自2010年以来，溢达确保员工在星期日及公众假期均能休假，预计至2020年实现全部零加班目标。他们在劳工标准方面成为行业中的领头羊，被誉为“业内的黄埔军校”，得到当地政府的支持。

同时，溢达深信私营部门是社会就业、财富创造和创新的主要来源，而深植于制衣行业，企业事关金字塔底部万千民众的生计。这就是溢达企业“做出改变”的信念源泉。溢达管理者不认同竞争力依赖于低廉的生产成本及劳工，相信那些具有较高生产力、稳定而快乐的员工才能令溢达在劳动力竞赛中胜出，因为快乐的员工会更加努力工作。溢达坚信每一位员工都具备推动事物发生积极改变的潜力，坚信公司最大的财富是全体员工的智慧和力量。因此，溢达的最高管理者长期以来就承诺“超越合规”，不能停留于满足业界规范，而应该在劳工实践方面引领整个行业。人力资源管理的首要职责就是确保所有员工在任何时候都受到尊重，公司每一位员工都有机会表现自己的优秀才能，并最大限度发挥自己的潜力从而带来人生的改变。在这个过程中，员工的生产效率必然大幅提升并成就溢达企业整体的高效生产力，这使其能够与低成本制造商进行竞争并反过来公平地回报它的员工。

这同样需要企业的制度保障。2010年，溢达根据《联合国工商企业与人权指导原则》修订了内部申诉机制；也从2010年开始组织员工、工会和工厂管理层之间的公开谈话会，这一实践在2013年纳入了越南新的劳工法。

这些做法不仅建立了员工对企业的信心和信任，更是赢得了员工的认同感和归属感。在2014年5月13日发生的排华暴乱中，曾有5000多人冲进工厂，抢名牌衣服、砸电脑，甚至想烧布。在此危机中，IT维修经理把两个“心脏”（服务器）提前搬回了家中，保存了企业全部的生产经营数据。次日，溢达工厂1000多名员工在工厂外组成人链阻止暴

---

① 中国纺织工业联合会社会责任办公室：《中国纺织服装行业的海外投资与企业社会责任国别调研报告（越南卷）》，第38—39页。

动者进入工厂。5月17日，越南国家主席访问溢达工厂了解情况，慰问员工和管理者，并希望工厂尽快复工。

这场暴乱平息后，许多员工主动协助工厂恢复运营。在因暴乱而停工的日子，所有员工仍获得了正常薪酬。慷慨的薪酬只是奖励员工的措施之一，溢达不仅全面实施强制性社会保险，还为全体员工购买了意外伤害保险作为福利。正是因为溢达以快乐的员工、满意的客户为目标，员工的忠诚度与效率才有所提升。员工的流失率在2013年为4.45%，在2017年降到2.29%，而邻近工厂的离职率约为7%—8%。与此同时，企业门口每天都有40到50人排队求职。

（四）科技公司加班情况[①]（高德地图，2017年1月10日）

高德地图在其《2016年度中国主要城市交通分析报告》中指出，“科技公司加班狠，华为下班最晚”。根据该报告，年度加班人多且时间长公司前十位按时间长短排序为华为、腾讯、阿里巴巴、网易、京东、58赶集、乐视、百度、新浪、奇虎360，平均加班时长从3.96小时到3.68小时。此外，该报告还指出，全国加班城市中北京市加班的人最多，占TOP10城市中的22.3%，成为年度最辛劳的城市。排名第二的深圳在TOP10城市中占21.3%。前三名北京、深圳、上海成为第一阶梯，占TOP10城市中的62%以上。

（五）富士康[②]（公平劳动协会，2012年3月）

2012年，公平劳动协会（FLA，Fair Labor Association）的调查结果显示，三家富士康工厂（富士康成都工厂、观澜、龙华）在生产高峰期间的平均周工作时间都超过了FLA的守则要求，以及中国法律的相关限制；除此之外，一些员工还被发现曾经连续工作七天却并未获得规定的至少24小时的休息时间。造成这种现象的根源包括由较高的劳动力流失率带来的生产效率低下以及生产计划与实际产能不符，等等。

工时合规主要包括两个方面——FLA守则中规定的每周最多工作60小时（包括正常工作和加班时间）和中国法律规定的每周工作40小时和每月加班不超过36小时（即每周加班不超过9小时）。评估结果显示，三家工厂在过去的12个月内均不同程度地违反了FLA守则标准和中国劳动法的相关要求。

首先，工厂在生产高峰期的工作时间超过了FLA守则规定的60小时，并且存在工人在七天的工作中无法得到一天休息的现象。这个结论在工人调研中得到证实：受访工人表示，他们每周的平均工作时间为56小时，平均最多达到61小时，偶尔会长时间连续

① 高德地图：《2016年度中国主要城市交通分析报告》，http://cn-hangzhou.oss-pub.aliyun-inc.com/Xdownload-report/download/2016%E5%B9%B4%E5%BA%A6%E4%B8%AD%E5%9B%BD%E4%B8%BB%E8%A6%81%E5%9F%8E%E5%B8%82%E4%BA%A4%E9%80%9A%E5%88%86%E6%9E%90%E6%8A%A5%E5%91%8A-final%E7%89%88.pdf。

② 公平劳动协会：《苹果供应商——富士康独立调查报告》，https://www.fairlabor.org/sites/default/files/documents/reports/foxconn_investigation_report_cn.pdf。

工作而得不到一天的休息；有接近一半的雇员表示他们曾经连续工作 11 天及以上。

在富士康成都工厂，有大约一半的工人在 2011 年 7 月和 2012 年 1 月的加班时间超过了法律规定的 36 小时；在观澜，接近 80% 的工人在 2011 年 9 月和 2012 年 1 月的加班时间超过了法律标准；在龙华，大多数工人（77.1%）在 2011 年 3 月和 2012 年 2 月的加班时间也超过了此标准。

大多数工人在 2011 年初还保持着周工作时间少于 60 小时（包括正常工作和加班时间）的水平，但到了 2011 年的 11 月和 12 月，分别有 34% 和 46% 的工人的周工作时间最多达到 70 小时；还有 37% 的工人在生产高峰时连续工作七天而没有获得规定的一天休息。

整改措施：富士康同意在不影响工人收入的前提下，于 2013 年 7 月 1 日之前完全达到中国法律中工时的相关要求。在减少工时和稳定薪酬的同时，富士康也将需要扩大雇佣规模以保持当下水平的产出、效率和质量。在未来的几年中，富士康需要额外招聘上万名员工，在安顿和培训他们的同时，逐渐减少每位工人的工作时间。

（六）《莫让“996 工作制”成了职场明规则（2019）》[①]（光明网，2019 年 4 月 6 日）

最近，国内程序员界发生了一件大事，有人在知名代码托管平台上发起了一个名为“996. ICU”的项目，以此抵制互联网公司超时工作。此举得到大批程序员响应。所谓“996”，是指每天上午 9 点工作到晚上 9 点，每周工作 6 天；而“996. ICU”，意为“工作 996、生病 ICU”。目前有 40 多家互联网公司被指实行“996 工作制”，其中包括多家知名互联网公司。

“被猝死”的程序员，“累成狗”的年轻人……这两年，民间的抱怨与传闻，终于成为显性的控诉与新闻。“不是在上班，就是在上班的路上。”有的公司虽不明说，但要求员工每月加班时长要够 100 小时，加不够就扣钱；有的公司加班成“疯”，却谎称是“年轻人太拼”。没错，它们都没有“加班文化”，只是有着扎实的“加班考核”或者 KPI 倒逼机制而已。去年底，一份名叫“熬夜险”的保险产品开始在微信朋友圈受到关注。加班熬夜、连续过劳，似乎已经成为一种值得警惕的工作态势，甚至披着道德与情怀的外衣，在诸多企事业单位之间招摇。

这当然不是杞人之忧。2018 年的全国两会上，政协工会界委员就曾呼吁，要遏制过度加班现象，在企业层面建立健全工时协商机制等。及至眼下山呼海啸的“996. ICU”项目，足以说明过劳加班似已成为某种职场明规则。更值得注意的是，诸多涉事互联网企业负责人在面对员工爆料和申诉时，采取了以下三种可疑的策略：一是矢口否认，二是认为这是家务事、员工属于“嚼舌头”，三是干脆不以为耻、反以为荣。

当然，如果从因果逻辑上看，有了以上姿态，也就不难理解以下数字了：比如全国

---

① 《莫让“996 工作制”成了职场明规则》，光明网，http://guancha. gmw. cn/2019 - 04/06/content_32719988. htm。

总工会开展的第八次全国职工队伍状况调查显示，每周工作时间在48小时以上的职工占比21.6%，而加班加点足额拿到加班费或倒休的职工仅占44%。没有享受带薪年假、没有补偿的占35.1%。又比如早在2010年，《中国城市白领健康白皮书》就给出了这样的数据：76%的白领处于亚健康状态。在30岁至50岁英年早逝的人群中，95.7%死于因过度疲劳引起的致命疾病。

若干年前，劳动者权益保护大抵是为民工兄弟讨薪；若干年后，劳工权益保护的最大议题恐怕已然延伸拓展至“高大上”的互联网从业领域。中国社科院的一项调查显示，2017年中国人每天平均休闲时间仅为2.27小时，美国、德国等国家国民每天平均休闲时间是中国人的两倍以上。无论是从劳动力红利终结的现实阶段来看，抑或是从健康中国战略的性价比来说，哪怕是关照“2018年全国结婚率仅有7.2‰，为2013年以来最低值”的柴米油盐小日子，关注过劳加班的年轻人，毫不夸张地说，就是关切国计民生，就是关切社会的未来。

不过，“996工作制”之所以转相染易，说到底，无非是两个症结：一是法律责任的缺位。举证难、认定难、违法成本低，这是过劳加班难以禁绝的根源。比如《工伤保险条例》规定的7种工伤不包含“过劳死”，只规定“在工作时间和工作岗位，突发疾病死亡或者在48小时内经抢救无效死亡的”，视同工伤。现实呢，这与“过劳死”之种种难以吻合。事实上的“过劳无责”令过劳加班肆无忌惮。二是文化价值的错位。拼搏与奋斗固然是时代热词，但是，人终究不是劳作的机器（何况机器还有维保需求），从人的可持续发展来看，“悠着点儿”“慢生活”亦是张弛有度的题中之意。更重要的是，自觉拼搏与压榨加班是两码事——前者指向个体自由选择，后者指向群体强制遵从。即便是一个初创公司，“苦情发展”并非是社会文明的取向。

眼下而言，不让“996工作制”成为职场明规则，除了工时协商机制等高阶要求之外，最迫切的，恐怕还是企业层面的劳动定额和法律层面的过劳立法。总之，人不是定好闹钟的机器，享受生活与享受工作，是须有体制机制保障的美好生活刚需。

（七）《智联招聘发布996工作制调查报告》[①]（《河北工人报》，2019年5月25日）

日前，智联招聘针对近日刷屏的“996.ICU”（工作996、生病ICU）征集了11024名职场人的调研内容。结果显示，八成白领加班是常态；从来不加班的白领仅占18.05%；超七成白领无偿加班。汽车制造业加班最严重，房地产/建筑业无偿加班最为凶猛。反映加班没补贴的白领，占比达86.31%。

分企业类型看，国有企业中，每周加班10小时以上的白领比例最高，达27.02%。机关事业单位比例最低，为16.35%。值得注意的是，外商/港澳台独资企业虽然明确实行996/995工作制的现象并不突出，但其加班强度并不低。26.68%的外商/港澳台独资

① 《智联招聘发布996工作制调查报告》，中工网，http://www.hbgrb.net/epaper/html/2019-05/25/content_202966.htm?div=-1。

企业白领，每周加班 10 小时以上，比例紧追第一。同时，外商/港澳台独资企业也是提供加班补贴比例最高的企业类型，反映加班没补贴的白领比例不足五成，在所有企业类型中最低。而私营/民营企业的“无偿加班”现象最严重，80.90% 的白领表示公司加班没补贴。

分企业规模看，企业规模越大，加班强度越大。万人以上大企业中近四成白领每周加班 10 小时以上，比例在所有企业规模中最高。同时，万人以上大企业提供加班补贴的比例也最高。其中，70.87% 的白领反映公司加班没补贴，比例在所有企业规模中最低。百人以下小企业中仅 15.80% 的白领每周加班 10 小时以上，比例最低。同时，其提供加班补贴的比例也最低。其中，81.74% 的白领反映，公司加班没补贴。比例在所有企业规模中最高。

据调研，996/995 工作制度正在呈蔓延之势。有 17.18% 的白领表示，公司实行了 996/995 制度。还有 22.48% 的白领反映所在企业有这个意向。分行业看，20.73% 的房地产/建筑业白领反映，公司实行 996/995 工作制，比例在所有行业中排名第一；位居第二的是汽车/生产/加工/制造行业，比例为 19.85%；IT/通信/电子/互联网行业排名第三，比例为 18.52%。可见除了近期网络热议的互联网行业外，传统领域的房地产和制造行业 996/995 现象也相当严重，甚至超越互联网行业。

数据显示，超七成白领不支持强制加班。其中，44.56% 的白领认为，加班制度会让工作和生活严重失衡。还有 13.47% 的白领认为，这种做法违反了劳动法。

智联招聘人力资源专家表示，不管是长时间加班，还是企业主动要求实行 996/995 工作制度，都是为了在残酷的商业竞争中取得更多胜算。但随着时代的发展，求职者的心态、雇佣关系甚至劳动模式都在发生变化。从调研结果来看，简单粗暴地从工作时间上要求员工，会因为失去员工的工作热情而降低效能甚至忠诚度，只看眼下而影响长期的劳动力再生产反而得不偿失。野蛮生长时代正在结束，企业也应具有长期主义的眼光，谨慎追逐眼前的短期利益，避免因此丧失长期的发展前景。在新的挑战下只有率先保障员工的利益，才能凭借人才优势去适应新雇佣时代的江湖规则。

五　延伸阅读

- *Eurofound and the International Labour Office*, *Working Anytime, Anywhere: The Effects on the World of Work* (2017), www.ilo.org/wcmsp5/groups/public/---dgreports/---dcomm/---publ/documents/publication/wcms_544138.pdf.
- ILO, *The Effects of Working Time on Productivity and Firm Performance: A research Synthesis Paper* (2011), www.ilo.org/wcmsp5/groups/public/---ed_protect/---protrav/---travail/documents/publication/wcms_187307.pdf.
- *The Joint Ethical Trading Initiatives*, *Guide to Buying Responsibly* (2017),

www. ethicaltrade. org/sites/default/files/shared_ resources/guide_ to_ buying_ responsibly. pdf.

- 孟续铎、王欣:《企业员工超时工作成因与劳动时间特征》,《经济与管理研究》2015 年第 12 期。
- 王天玉:《工作时间基准的体系构造及立法完善》,《法律科学(西北政法大学学报)》2016 年第 1 期。
- 庄家炽:《从被管理的手到被管理的心——劳动过程视野下的加班研究》,《社会学研究》2018 年第 3 期。

六 案例

(一) 刘某与某时装公司劳动纠纷案

江苏省高级人民法院公布 2013 年劳动争议十大典型案例之一:刘某与某时装公司劳动纠纷案——劳动者岗位的工时工作制度应根据实际工作情况予以确定。

刘某自 2006 年 2 月起至某时装公司从事裁剪工作。2008 年 4 月 20 日,该公司行政方与工会签订集体合同书,规定公司执行平均每周工作时间不超过 40 小时的工时制度,并保证职工每周至少休息 1 日,无论实行何种工作制,其平均日工作时间和平均周工作时间应与法定标准工作时间相同。2009 年 4 月 23 日至 2013 年 4 月 23 日,市人社部门应某时装公司申请许可其实行特殊工时工作制,其中综合计算工时制计算周期均为年,岗位包括编织、缝合、包装等。刘某从事的裁剪岗位属于手缝部门。2010 年度特殊工时花名册载有"刘某、手工岗位、综合工作制",2011 年度和 2012 年度实行综合计算工时工作制和不定时工作制职工名册中均载有"刘某、手缝岗位、特殊工时",职工签名处有刘某的签字。2010 年度刘某加班累计时长 1167.5 小时;2011 年度刘某加班累计时长 1106.5 小时;2012 年 1 月至 6 月加班累计 459.5 小时。2011 年 6 月至 2012 年 5 月,刘某上班天数共计 306 天,平均每周工作近 6 天。2012 年 9 月 3 日,刘某以公司超时加班、未足额支付加班工资为由向公司提出解除劳动合同,并于 2012 年 9 月 10 日解除劳动关系。刘某诉至法院,请求判令某时装公司支付加班工资。

根据《国务院〈关于职工工作时间的规定〉的问题解答》(劳部发〔1995〕187 号,1995 年 4 月 22 日发布)第 6 条:综合计算工时制是针对工作时间特殊,需要连续作业或受季节及自然条件限制的企业的部分职工,采取的以周、月、季和年等为周期综合计算工作时间的一种工时制度，但其年平均日工作时间和平均周工作时间应与法定标准工作时间相同。法院意见认为，从刘某实际的工作情况来看，其在法定标准工作时间内均在上班，岗位的淡旺季之分仅体现在平时和周末加班时数的长短，某时装公司在生产淡季中未安排刘某轮休、调休，刘某的岗位作息制度已与标准工时制无异，故判令某时装公司按标准工时制向刘某支付加班工资。

（二）孔某与某互联网公司劳动争议案

北京市人力资源和社会保障局发布2018年本市劳动人事争议仲裁十大典型案例之二：孔某与某互联网公司劳动争议案——劳动者未申请休年休假，不等同于放弃年休假补偿。

孔某于2012年3月1日入职某互联网公司，双方订立了为期5年的劳动合同。2017年2月28日，劳动合同到期，互联网公司通知不与孔某续订劳动合同。在办理离职手续并领取终止劳动合同经济补偿时，孔某提出，2015年至2017年，因工作繁忙，其未能休带薪年休假，故要求互联网公司支付相应的补偿。互联网公司认为，孔某因自身原因未提出休年休假，按照公司员工手册的规定，每年12月31日之前未提出休年休假的，属于自动放弃当年年休假，故公司无须支付补偿。因双方发生争议，孔某向仲裁委提出仲裁申请，要求互联网公司支付未休年休假的工资报酬。

仲裁委审理后认为，非经劳动者书面且系因个人原因提出不休年休假，不等同于其放弃年休假补偿。用人单位根据生产、工作的具体情况，并考虑职工本人意愿，统筹安排年休假。《企业职工带薪年休假实施办法》第九条规定，用人单位确因工作需要不能安排职工年休假或者跨1个年度安排年休假的，应征得职工本人同意。第十条第二款规定：用人单位安排职工休年休假，但是职工因本人原因且书面提出不休年休假的，用人单位可以只支付其正常工作期间的工资收入。从上述规定可以看出，年休假应由用人单位统筹安排，且在劳动者本人同意的情况下可跨1个年度安排。本案中，孔某虽未提出休带薪年休假，但并未书面提出因个人原因不休带薪年休假，互联网公司的员工手册中虽规定每年12月31日之前未提出休年休假的，属于自动放弃当年年休假，但并无证据表明孔某曾书面提出因个人原因不休年休假，且上述员工手册中的规定也违反了《职工带薪年休假条例》的相关规定，故不具有相应的效力，互联网公司仍应支付相应的补偿。故裁决支持了孔某的仲裁请求。

七　思考题

1. 工作时间过长可能侵害工人的哪些人权?

2. 国际劳工组织的文件中，有哪些关于保障工人合理工作时间的规定?

3. 工商企业应当如何避免自己的行为导致供应链上的工人工作时间过长?

4. 在“零小时”合同中，如何界定工作时间过长，如何保证工人的合理工作时间和确保获得加班报酬?

5. 中国法律对工作时间是如何规定的? 其执行情况如何? 工人可能获得哪些补救?

第十九章　结社自由和集体谈判

引　言

工人的结社自由是指组织或加入工会的权利，它还包括集体谈判决定工作条件的权利和为最有效促进工人利益而罢工的权利。国际劳工组织认为结社自由是一项基本权利，并且其独特的三方结构——工人、雇主和国家——以独立工会为前提。因此，国际劳工组织希望成员国即使没有批准有关公约，也能仅因其是本组织成员而尊重结社自由。这项权利被视为一项赋权权利，因为所有其他工作权利（第15—23章）都能通过有组织的工会加以促进，反之，如果工人的集体声音被压制，这些权利就会受到限制。在极端情况下，工会可以建立能够导致停工的高度敌对关系，而在另一端工会是成熟劳资关系体系中的一个稳定因素。寻求供应商工厂工作条件持续改善的领头企业日益认识到，工人代表和工会是不可或缺的：他们是最后的监督者，因为他们长期在工厂，比任何外部审计人员都要了解实际情况。因此，领先企业会将尊重工会活动视为一揽子解决措施的一部分，其还包括劳工审计、生产力管理支持和负责任采购（第11章）。这些负责任的企业会避免恐吓和任何反工会的活动，同时会谨慎行事，不干涉或积极支持工会以免伤及其自主权。在工会受到法律限制的国家，企业已经提出了确保工人代表性的替代方法，如工人代表或工人管理协商委员会。大多数关注工人问题的可信的多方利益相关者伙伴关系不会排除工会（第5章）。促进工人条件改善的非政府组织与声称是劳工利益唯一合法代表的工会之间存在紧张关系，但这是一个轻微、易解决的冲突。工人工会化在全球范围内呈下降趋势，即使在以前工会化程度较高的发达国家也是如此。更复杂的因素是将生产外包给低工资国家，这使得供应商工厂的工人无法与作出关键决策的公司代表（即工业化国家的品牌方）进行谈判。换言之，全球化导致的经营活动的跨国化（第3章）未能与劳资关系的国际化相匹配。为了遏制这一趋势，世界劳工联合会已与跨国公司接洽以达成新的协议，即所谓的全球框架协议。这是为了通过供应链保障结社自由，并促使跨国公司说服供应商与当地工会真诚合作。

一　要点

- 结社自由
- 集体谈判
- 罢工权
- 对罢工权的限制
- 必要服务罢工
- 劳动力市场
- 工人覆盖率
- 工会和公民自由
- 政治罢工
- 同情罢工和生产国际化
- （与工会权利冲突的）企业权利
- 出口加工区
- （针对罢工工人）使用武力
- 反工会歧视
- （与非工会工人签订）集体协议
- （关于结社自由的）工人代表
- （在法律禁止结社自由的地方）工人代表的替代途径
- （作为集体谈判基础的）雇佣关系

二　背景

国际工会联盟等《〈联合国工商企业与人权指导原则〉和组织或加入工会的权利》①

雇主的主动侵权

- 对支持工会的工人进行审讯或监视；
- 对工会活动的监视；

---

① ITUC et al., *The UN Guiding Principles on Business and Human Rights and the Human Rights of Workers to form or Join Trade Unions and to Bargain Collectively* (2012), https://www.ituc-csi.org/IMG/pdf/12-11-22_ituc-industriall-ccc-uni_paper_on_due_diligence_and_foa.pdf.

- 通过威胁失去生活保障恐吓工人；
- 威胁脆弱的工人，如移徙工人；
- 对工会支持者的人身恐吓；
- 在招聘时对工会支持者进行筛选；
- 创建、传播或使用工会支持者“黑名单”；
- 解雇工会支持者；
- 通过降级，安排不利工作任务、不利工作条件，减少工资、福利、培训机会，调动或重新安置歧视工会支持者；
- 不延长工会支持者的固定期限合同和临时劳动合同；
- 干涉工人选择由工会代表自己或选择不同工会组织的决策过程；
- 开展反工会运动和“工会回避”活动，包括聘请专业顾问；
- 在工会获得承认的程序中积极争取法律和行政的延迟；
- 将工人与工会组织者/代表隔离起来，包括工人居住于公司所有的场所或工作于限制进入的场所，如私营商业综合体或出口加工区（EPZs）；

（……）

除上述清单外，还有雇主建立或促进工会的替代品的一系列活动。

有时雇主会成立联合劳工管理委员会、雇员委员会或其他需要工人代表的机构。其危险在于，这些组织及其“工人代表”替代了独立和有代表性的工会组织。它们还可能成为希望组建或加入他们自己组织的工人的障碍。

有时，这些做法并不是为了阻止工人组建或加入工会。在政府不保护结社自由的国家，它们也可以成为表明尊重这一权利的努力的一部分。（……）

如果有理由相信企业滥用工人代表组织来规避或阻碍工会，企业应以书面和口头形式向劳动者明确说明他们有权加入工会，且其无法被争议中的工人代表组织替代。

逃避雇主的法律义务

尽管有一系列不同的法律制度，雇佣关系是一个承认工人对他们为之工作的个人和企业而言处于从属和附庸地位，工人置身于内在不平等的权利关系之中的普遍概念。因此，基于对雇佣关系的承认，一种独特的法律形式（雇佣法或劳动法）试图通过创设一系列旨在保护工人的权利和义务以及承认雇主和雇员的相互义务来平衡这种不平等的权利关系。雇佣关系仍是社会保护其在公平、经济关系稳定和在工作中尊重人权方面利益的最重要手段之一。（……）

现在，越来越多的工作是在保护这些权利的直接、持续的雇佣关系之外进行的。这项工作是在三角关系中进行的，在此关系中，中介（如代理机构或劳工经纪人）向用户企业提供被视作自己雇员的工人，这些工人与用户企业的雇员一同工作。在这种情况下，在同一工作场所引入多个雇主可以有效地否认真正的集体谈判。企业也可以利用其经营活动的变化来结束集体谈判的结构和关系。分包安排被用于增加工人和控制其工资和工作条件的法人实体之间的距离，从而使有意义的集体谈判不可能进行。

有时，雇主试图通过掩盖雇佣关系的存在，如将工人视为个体经营者，来逃避法律赋予雇主的义务。临时工作，包括散工、季节工和在固定期限或短期合同下进行的工作，往往基于使有关工人实际上不可能行使其加入或组建工会和集体谈判的权利的关系。

谈判的义务

仅仅是不妨害，企业还不足以做到尊重集体谈判的权利。尊重工人集体谈判的权利意味着履行在工人想行使此项权利之时进行谈判的义务。尽管集体谈判必须出于自愿以使其是真实的，但这并不意味着企业可以拒绝集体谈判，因为他们“自愿”选择不这样做。只有当事方自愿同意结果才是必要的。独立第三方进行的法定谈判并不侵犯人权。

集体谈判权适用于工人而非企业。如果企业尊重工人集体谈判的权利，就必须承认其有谈判义务。这就是真诚谈判的本质。接受谈判义务意味着企业必须接受合理的谈判时间和地点、参加会议、认真考虑和答复提案并说明理由。此外，企业应尽一切合理努力达成协议。

三　国际文件与域外材料

（一）《世界人权宣言》[①]

第二十条

（一）人人有权享有和平集会和结社的自由。

（二）任何人不得迫使隶属于某一团体。

第二十三条

（四）人人有为维护其利益而组织和参加工会的权利。

① The Universal Declaration of Human Rights (1948), https://www.ohchr.org/en/human-rights/universal-declaration/translations/english.

（二）《经济、社会和文化权利国际公约》[①]

第八条（不受限制地组织和参加工会的权利）

一、本公约缔约各国承担保证：

（甲）人人有权组织工会和参加他所选择的工会，以促进和保护他的经济和社会利益；这个权利只受有关工会的规章的限制。对这一权利的行使，不得加以除法律所规定及在民主社会中为了国家安全或公共秩序的利益或为保护他人的权利和自由所需要的限制以外的任何限制；

（乙）工会有权建立全国性的协会或联合会，有权组织或参加国际工会组织；

（丙）工会有权自由地进行工作，不受除法律所规定及在民主社会中为了国家安全或公共秩序的利益或为保护他人的权利和自由所需要的限制以外的任何限制；

（丁）有权罢工，但应按照各个国家的法律行使此项权利。

二、本条不应禁止对军队或警察或国家行政机关成员的行使这些权利，加以合法的限制。

（三）《公民权利和政治权利国际公约》[②]

第二十二条

一、人人有权享受与他人结社的自由，包括组织和参加工会以保护他的利益的权利。

二、对此项权利的行使不得加以限制。除去法律所规定的限制以及在民主社会中为维护国家安全或公共安全、公共秩序，保护公共卫生或道德，或他人的权利和自由所必需的限制。本条不应禁止对军队或警察成员的行使此项权利加以合法的限制。

（四）国际劳工组织《结社自由和保护组织权利公约（第87号公约）》[③]

序言

考虑到国际劳工组织章程序言中声明“承认结社自由的原则”是改善劳

---

① International Covenant on Economic, Social and Cultural Rights (1966), www.ohchr.org/en/professionalinterest/pages/cescr.aspx.

② International Covenant on Civil and Political Rights (1966), www.ohchr.org/en/professionalinterest/pages/ccpr.aspx.

③ Freedom of Association and Protection of the Right to Organise Convention, 1948 (No. 87), www.ilo.org/dyn/normlex/en/f? p = NORMLEXPUB: 12100: 0:: NO:: P12100_ILO_CODE: C087.

工条件和建立和平的一种手段；

考虑到《费城宣言》重申言论自由和结社自由是不断进步的必要条件；

第二条

工人和雇主没有任何区别，应有权建立和仅根据有关组织的规则加入各自选择的组织，且不须事先批准。

第三条

1. 工人组织和雇主组织应有权制定各自的章程和规则，充分自由地选举其代表，组织其行政管理和活动，制订其计划。

2. 政府当局不得从事限制这种权利和阻碍合法行使这种权利的任何干预行为。

第十条

在本公约里，"组织"一词是指促进和保护工人或雇主利益的任何工人组织或雇主组织。

（五）国际劳工组织《组织权利和集体谈判权利原则的实施公约（第98号公约）》[①]

第一条

1. 工人应享有充分的保护，以防止其在就业方面遭受任何排斥工会的歧视行为。

2. 这种保护应特别应用于针对含有以下目的的行为：

（a）将不得加入工会或必须放弃工会会籍作为雇用工人的条件；

（b）由于工人加入了工会或者在业余时间或经雇主许可在工作时间参加了工会活动而将其解雇，或以其他手段予以打击。

第四条

必要时应采取适合国家条件的措施，鼓励和促进充分开发和利用供雇主或雇主组织和工人组织之间自愿谈判的机制，以便通过集体协议调整雇用条件。

（六）国际劳工组织《工作中的基本原则和权利宣言》[②]

国际劳工大会（……）

---

① Right to Organise and Collective Bargaining Convention, 1949 (No. 98), www. ilo. org/dyn/normlex/en/f? p = NORMLEXPUB: 12100: 0:: NO:: P12100_ILO_CODE: C098.

② ILO Declaration on Fundamental Principles and Rights at Work and its Follow up (1998), http://www. ilo. org/declaration/thedeclaration/textdeclaration/lang - - en/index. htm.

2. 声明，即使尚未批准有关公约，仅从作为国际劳工组织成员国这一事实出发，所有成员国都有义务真诚地并根据《章程》要求，尊重、促进和实现关于作为这些公约之主题的基本权利的各项原则，它们是：

（a）结社自由和有效承认集体谈判权利。

（……）

（七）国际劳工组织《关于争取公平全球化的社会正义宣言》①

I. （……）国际劳工组织的具有同等重要性的四项战略目标，体面劳动议程正是通过这些目标体现的（……）：

（iv）尊重、促进并实现工作中的基本原则和权利，无论是作为根本的权利还是作为充分实现所有战略目标所需的必要条件，它们都是特别重要的，注意到：

－结社自由和有效地承认集体谈判权利对能够使四项战略目标得以实现尤为重要；

－工作中的基本原则和权利的违反不得被援引或甚至被用以作为一种合法的比较优势，而且劳工标准不应被用以作为保护主义的贸易目的。

（八）《联合国全球契约》②

原则 3：企业应支持结社自由和有效承认集体谈判权利。

（九）国际劳工组织《根据国际劳工组织〈关于争取公平全球化的社会正义宣言〉对有关工作权利的基本公约的一般性调查》③

51. 现在在大多数成员国宪法中规定的结社自由和集体谈判对社会伙伴而言至关重要，因为它们使他们能够在包括工资在内的工作条件方面制定规则，寻求更广泛的主张并调和各自的利益，以确保持续的经济和社会发展。委员会认为，强大而独立的工人组织对于弥补工人的法律和经济劣势必不可少。此外，雇主组织对于保护小企业的利益而言特别重要。工人组织和雇主

---

① ILO Declaration on Social Justice for a Fair Globalization (2022), https://www.ilo.org/wcmsp5/groups/public/---dgreports/---cabinet/documents/genericdocument/wcms_099766.pdf.

② United Nations Global Compact, Ten Principles (2004), https://www.unglobalcompact.org/what-is-gc/mission/principles.

③ ILO, *General Survey on the Fundamental Conventions Concerning Rights at Work in Light of the ILO Declaration on Social Justice for a Fair Globalization* (2012), www.ilo.org/wcmsp5/groups/public/---ed_norm/---relconf/documents/meetingdocument/wcms_174846.pdf.

组织是劳动力市场治理和劳资关系系统发展的主要工具，这些系统是稳定、进步和经济及社会繁荣的载体。它们还可以通过在必要时谴责违法行为来确保劳工立法的有效实施。此外，这些组织还参与了制定经济和社会政策及拟定劳工立法草案的磋商机制。因此，正如1952年大会通过的关于工会运动独立性的决议所回顾的那样，必须确保其在与公共当局和政党关系上的独立性。

专家委员会和结社自由委员会

52. 第87号公约和第98号公约是获得批准最多的两种公约。作为其重要性的进一步证明，所有成员国，即使它们尚未批准有关公约，一方面有因作为国际劳工组织成员国而产生的尊重、促进和实现这些原则的义务，这些原则是关于作为这些公约主题的基本权利的；另一方面，可以要求结社自由委员会作出解释，该委员会是一个作为管理机构的第三方机构，它自1951年以来一直负责审查由工人或雇主组织针对成员国提出的违反结社自由原则的投诉。专家委员会特别重视结社自由委员会的决定。作为一个第三方机构，结社自由委员会的建议和原则的合法性因其工作中普遍存在的共识，以及政府、雇主和以个人身份参加委员会的工人成员提供的劳资关系专业知识而得到增强。(……)

关于适用范围的主要困难

58. 与第87号公约适用范围有关的主要困难涉及某些国家的立法对公约第9条第1款授权的例外情况，即公约对武装部队和警察，以及，更一般地说，公务员和某些其他类别的工人的适用问题。公约对消防人员、监狱工作人员、治安法官和教师的适用问题也是委员会特别关注的主题。公约对非正规经济中的工人、移徙工人、家政工人、出口加工区工人和隐蔽劳动关系(如以服务合同的形式)中的工人的适用问题也是一样的。委员会还注意到，被排除在结社权和相关权利之外的一些部门和群体的工人往往主要是女性。因此，委员会认为，必须审查公约适用的性别影响，以确保不存在对妇女的直接或间接歧视。委员会认为，所有这些类别的工人都应受益于公约规定的权利和保障。

工会权利和公民自由

59. (……)行使结社自由所必需的基本权利，特别是：(ⅰ)人身自由和安全权以及不受任意逮捕和拘留的权利；(ⅱ)见解和言论自由，特别是不受干涉地持有意见的自由，以及通过媒体和不受地域限制地寻求、接收和传播信息和思想的自由；(ⅲ)集会自由；(ⅳ)由独立公正的法庭进行公平审判的权利；（ⅴ）保护工会组织财产的权利。此后，国际劳工组织监督机构不断强调公民自由和工会权利之间的相互依赖性，强调真正自由和独立的工会运动只能在这些组织的领导人和成员不受暴力、压力和任何形式的威胁的氛围中发展。

承认最具代表性的工会

96. 为了在与公约不相容的强制工会统一和工会过度增多之间建立适当的平衡，一些国家的立法确立了“最具代表性的工会”的概念，赋予其各种权利和优势。有不同的方法可以确定最具代表性的工会以及他们共同或单独参与集体谈判的方式。委员会认为，这一概念本身并不违反结社自由原则，但必须附带某些条件，即：（ⅰ）最具代表性的组织的确定必须以客观、预先确定且精确的标准为基础，以避免任何偏见或滥用的可能性；（ⅱ）其差别应限于对某些优先权利的承认（如，基于集体谈判、与当局磋商或向国际组织委派代表等目的）。

罢工权

117. 罢工是工人及其组织保护自身利益的重要手段，但关于罢工权人们意见不一。虽然罢工的确是一项基本权利，但它本身并不是目的，而是工人组织的最后手段，因为其后果严重，不仅对雇主，而且对工人、工人的家庭和组织以及某些情况下的第三方都是如此。在第 87 号公约没有明文规定的情况下，主要根据公约第 3 条（其规定了工人组织组织其活动和制定其方案的权利）和第 10 条（在其规定下这些组织的目标是进一步捍卫工人的利益）逐步发展有关罢工权的若干原则。（……）然而，监督机构支持承认和保护罢工权这一立场受到了国际劳工大会标准实施委员会雇主组织的一些批评。

雇主组织

大会委员会的雇主组织认为，无论是第 87 号公约的筹备工作还是根据《维也纳条约法公约》所作的解释，都不能为公约制定详细规定罢工权的原则提供依据。

根据雇主组织的说法，罢工权在《结社自由公约》中没有法律依据。他们认为，第 87 号公约最多包含罢工的一般权利，但公约不能对其进行详细规定。他们认为，当专家委员会详细阐述其对罢工政策，特别是基本服务的看法时，他们采用的是“一刀切”的做法，而没有认识到经济或产业发展和当前经济状况的差异。他们补充说，专家委员会的做法破坏了三方性，并要求他们重新考虑对此问题的解释。2011 年，雇主组织重申了他们的立场，认为专家委员会关于罢工权和基本服务的意见与第 87 号公约的案文、筹备工作和谈判历史不符。(……)

工人组织

大会委员会的工人成员（……）指出，罢工权是受第 87 号公约和国际劳工组织章程所阐明的原则保护的结社权不可或缺的必然结果。他们认为，如果没有罢工权，结社自由就会被剥夺其实质内容。他们补充说，罢工目标不能仅限于与工作场所或企业相关的冲突，特别是考虑到企业分散和国际化的现象。这是工会活动不应局限于严格的职业问题的合乎逻辑的结果。这就是为什么进行同情罢工以及部门一级、国家一级和国际一级的罢工应当成为可能。最后，他们认为，通过法律或行政限制大幅限定工会的行动范围，政府和雇主可能会发现自己越来越多地面临自发行动。(……)

最后，他们表示专家委员会以非常谨慎、渐进和平衡的方式就这一问题发表了意见，并且最好不要动摇在这方面达成的普遍共识。

119—112.（……）专家委员会从未将罢工权视为一项绝对和无限制的权利，并试图对罢工权设定限制，以便能够确定滥用情形及可能实施的制裁。……关于和平行使罢工权、罢工权的目标和合法行使罢工权的条件的要件，可概括如下：（i）罢工权是劳动者组织（工会、联合会和联盟）必须享有的权利；（ii）作为工会组织维护工人利益的基本手段，只有有限类别的工人才能被剥夺这项权利，并且法律对其行使只能施加有限的限制；（iii）罢工的目标必须是进一步维护工人的经济和社会利益；（iv）合法行使罢工权不得导致任何形式的制裁，因为这等于是反工会歧视行为。因此，尽管监督机构接受禁止“野猫罢工”的规定，根据所核可的限制，一般性禁止罢工是不符合公约的。此外，罢工常由联合会和联盟召集，而委员会认为它们应被承认有罢工的权利。因此，否认这一权利的立法与公约不符。

“政治罢工”

124. 在若干国家的立法中，“政治罢工”被明确或默认为非法。委员会认为，与政府的经济和社会政策有关的罢工包括一般罢工是合法的，因此不应被视为公约原则所未涵盖的纯粹的政治罢工。它认为，负责维护社会经济利益和职业利益的工会和雇主组织应该能够分别利用罢工行动或抗议行动，来支持它们在寻求解决对其成员有直接影响的主要社会和经济政策趋势所造成的问题方面的立场。此外，既然民主制度是自由行使工会权利的基础，委员会认为，在他们认为不享有履行使命所必需的基本自由的情况下，工会和雇主组织应被认为有理由要求承认和行使这些自由，并且这种和平要求应被视为属于合法工会活动的范围，包括在这些组织诉诸罢工的情况下。

“同情罢工”

125. 关于所谓的“同情罢工”，委员会认为，一般性禁止这种形式的罢工行动可能导致滥用，特别是在相互依赖和生产国际化日益增强的全球化背景下，而且如果他们支持的最初罢工本身是合法的，工人应当能够采取此类行动。(……)

128. 在这方面，委员会关切地注意到最近欧洲联盟法院（CJEC）关于行使罢工权的判例法的潜在影响，特别是在最近的裁决中，法院已经发现罢工权可能会受到限制，因为其影响可能会不成比例地妨碍雇主的设立自由或提供服务的自由。……欧洲工会联合会（ETUC）提请委员会注意其对欧洲联盟法院最近的判决（维京、拉瓦尔、鲁费特和卢森堡案）对结社自由权和有效承认集体谈判的影响的特别关切。(……)

143. 出口加工区（EPZs）。一些国家在出口加工区建立了特别的劳资关系制度，专门或间接地禁止在这些区域进行罢工。委员会认为，这种禁止不符合执行公约时所必须普遍遵守的不歧视原则。(……)

167. (……) 集体谈判是 19 世纪末以来发展起来的最主要和最有用的制度之一。作为工人和雇主组织之间对话的有力工具，集体谈判有助于确立公正和公平的工作条件和其他福利，从而促进社会公平。它还为预防劳动争议和确定某些具体问题的解决程序提供了基础，特别是在经济危机或不可抗力事件的调整过程及工人流动计划的背景下。因此，集体谈判是促进适应经济、社会、政治和技术变革的有效手段。目前大多数国内法和惯例都与之一致的第 98 号公约的主要内容如下：(i) 当事人独立自主和自由自愿谈判的原则；(ii) 在各种谈判制度背景下，尽可能减少公共当局对双方谈判的任何可能干扰；(iii) 赋予雇主及其组织和工会作为谈判主体的优先地位。

举证责任与反工会歧视

192. 与一般歧视指控，特别是反工会歧视指控有关的主要困难之一是举证责任。在实践中，让工人承担有关行为是因反工会歧视而发生的举证责任，可能构成确定责任和确保适当补救的不可逾越的障碍。作为回应，一些国家决定加强对工人的保护，要求雇主在某些条件下证明被指控的反工会歧视行为是由工会活动或成员身份以外的其他因素造成的。(……)

199. (……) 委员会提请注意的两个（限制性）趋势。第一个是一些国家的立法机构倾向于在就业问题上把个人权利优先于集体权利。这种趋势违背了国际劳工组织的原则，特别是 1951 年集体协议建议书（第 91 号），其回顾了集体协议的约束效力原则及其相对于个人劳动合同的优先地位（但后者对工人更有利的条款除外）。第二个是在某些国家，雇主与非工会工人群体之间的直接协议远远多于与工人代表组织签订的集体协议。这表明，第4条所指的促进集体谈判的义务尚未得到充分履行。

善意谈判

208. 源于公约第4条的善意谈判原则在实践中采取了对有关各方承担各种义务的形式：（i）承认代表组织；（ii）努力达成协议；（iii）进行真实和建设性的谈判；（iv）避免不合理的谈判拖延；（v）相互尊重通过谈判作出的承诺和取得的成果。(……)

集体谈判的内容

215. 第98、151和154号公约以及第91号建议书将集体谈判的内容集中于工作和就业方面的条款和条件，以及雇主与工人及其各自组织之间关系的规定。“工作条件”的概念不仅包括传统的工作条件（工作日、额外工作时间、休息时间、工资等），还包括当事方决定自由处理的对象，包括通常包含于严格意义上的就业条款和条件（晋升、调动、立即开除等）。实际上，虽然工作条件仍然是大多数集体协议所处理的基本问题，但所涉及的主题范围已逐步扩大，以反映劳资关系的演变。协议越来越频繁地涉及与招聘水平、安全和健康、重组过程、培训、歧视和补充社保金相关的问题。协议有时也被用来使争端解决机制的程序制度化，并防止罢工。最后，它们也可以在适当的情况下用于为工人的利益作出安排，特别是在他们的福利方面（企业医生、工厂商店、贷款协议、住房补贴等）。无论内容如何，委员会认为，当局单方面采取的限制可谈判问题范围的措施一般不符合公约；在自愿的基础上就制定集体谈判准则进行三方讨论是解决这些困难的特别适当的方法。

与非工会工人的集体协议

240. 实际上，委员会曾多次回顾，如果存在一个有代表性的工会且其在有关活动的企业或部门内很活跃，那么授权其他工人代表进行集体谈判不仅削弱了工会的地位，而且破坏了国际劳工组织关于集体谈判的权利和原则。尽管有这一原则，一些国家仍在继续促进或允许非工会工人代表缔结集体协议，即使在有关部门或企业中存在更能保证其与雇主地位独立的工会。委员会回顾了必须鼓励使用自愿谈判机制的原则，认为如果在与工会进行集体谈判的过程中，企业为非工会工人提供了更好的工作条件，那将会有破坏工会的谈判能力并导致有利于非工会工作人员的歧视性情况的严重风险；此外，它可能会鼓励工会工人退出工会。委员会强调，集体谈判是许多国家宪法承认的一项基本权利，因此具有较高的法律地位，呼吁各国政府采取措施以防止与非工会工人的直接协议被用于反工会。

推动和促进集体谈判的机制和程序

241. 1981年集体谈判建议书（第163号）根据第98号公约第4条提出了一系列推动和促进集体谈判的方法。这些措施包括：(i) 促进在自愿基础上建立和发展自由、独立和具有代表性的雇主和工人组织；(ii) 建立最具代表性的组织的认定程序；(iii) 确保在任何级别都可以进行集体谈判；(iv) 使谈判人员能够获得适当的培训，并使各方能够获得有意义的谈判所需的信息（如关于企业经济状况的信息，但条件是此类财务数据的客观性和保密性有合理保证）；(v) 采取符合国情的措施，使解决劳动争议的程序有助于各方自行解决争议。此外，1951年自愿调解和仲裁建议书（第92号）鼓励发展自愿调解和仲裁机制，其主要特征之一应该是机制的联合性，鼓励自愿诉诸程序且这些程序应快捷、免费；并吁请当事各方在自愿调解和仲裁程序进行期间，避免罢工和停工。

集体协议的扩大适用

245. 1951年集体协议建议书（第91号）表明，在适当的情况下，考虑到既定的集体谈判惯例，“应采取由国家法律或法规规定并适合于各国国情的措施，将集体协议的所有或某些规定的适用范围扩大到包括在协议的产业和地域范围内的所有雇主和工人”。除其他条件外，国家法律或法规扩大集体协议的适用须符合下列条件：(i) 集体协议已经涵盖了一些主管当局认为具有足够代表性的雇主和工人；(ii) 一般而言，扩大协议适用的请求应由作为协议当事方的一个或多个工人或雇主组织提出；(iii) 应当使适用该协议的雇主和工人有机会提交其意见。委员会认为，扩大集体协议的适用不违背自愿集体谈判的原则，也不违反第98号公约。

强制仲裁

247. 在当事各方没有达成协议的情况下，强制仲裁通常是违反集体谈判原则的。委员会认为，强制仲裁只有在某些特定情况下才可接受，即：(i) 在严格意义上的基本服务中，即其中断将危及全部或部分人口的生命、人身安全或健康的服务；(ii) 在涉及从事国家行政工作的公务员的公务纠纷中；(iii) 在漫长而无果的谈判后，如果没有当局的主动行动则僵局显然无法打破的时候；(iv) 在发生严重危机时。但是，当事各方（自愿）接受的仲裁始终是合法的。在所有情况下，委员会认为，在强制仲裁前，最好在充足时间内、在独立中间人的帮助下，使当事各方尽可能进行集体谈判。

（十）INDITEX－全球贸易劳工联盟《全球框架协议》[①]

本协议的主要目的仍然是通过在 INDITEX 的供应链中促进体面劳动，确保在劳动和社会环境中尊重人权。（……）

本协议的条款和条件应适用于整个 INDITEX 供应链，包括未由全球贸易劳工联盟下属工会代表的工作场所。全球贸易劳工联盟和 INDITEX 承诺将本协议的条款和条件告知上述地区的其他工会。

全球贸易劳工联盟将与 INDITEX 合作，帮助确保完全符合以下标准（……）：

禁止强迫劳动；

禁止雇用童工；

禁止歧视；

尊重结社自由和集体谈判；

禁止粗暴或非人道待遇；

安全卫生的工作条件；

工资支付；

工时不过长；

正规雇佣；

可追溯生产；

产品健康安全；

环境意识；

信息保密；

执行准则；

透明度；

参考国家立法和集体协议；

监督和遵守；

道德委员会和投诉渠道。

INDITEX 和全球贸易劳工联盟同意对本协议的适用情况进行年度审查，因此将成立一个由三名 INDITEX 代表和三名全球贸易劳工联盟代表组成的委员会，负责该年度审查。

---

① Inditex-IndustriAll, *Global Framework Agreement*（2014）, https://www.industriall-union.org/sites/default/files/uploads/documents/GFAs/signed_gfa_inditex_-_english.pdf.

为便利对结社自由和集体谈判权的持续审查以及对协议的年度审查，INDITEX 承诺向全球贸易劳工联盟提供关于其供应链的合理信息。

INDITEX 和全球贸易劳工联盟承诺，一旦发现任何违反协议的行为，将立即通知对方，以便尽早实施补救行动计划。

附件 1　INDITEX 集团生产商和供应商行为准则

4. 尊重自由结社和集体谈判

生产商和供应商应一视同仁地确保它们的员工享有自由结社、成为工会成员和集体谈判的权利。不得对行使这种权利实施报复行为，也不得以提供员工任何报酬来阻碍行使这种权利。同样地，生产商和供应商应该采取公开协作的态度对待工会的活动。

工人代表应该受到保护，不被歧视，并能在工作场所自由行使代表权利。

在自由结社和集体谈判被法律约束的条件下，必须保证有合适的渠道去合理和独立地行使这种权利。

10. 可追溯生产

生产商和供应商未经 INDITEX 预先书面授权不得分派任何订单给第三方加工。分包方应负责确保此准则被第三方以及他们的员工所执行。

同样的，生产商和供应商应该将此准则适用于供应链中涉及的家庭工，并且提供上述家庭工真实的工作地点和工作条件等信息。

14. 执行准则

14.3　监督和遵守

生产商和供应商应认可 INDITEX 和/或 INDITEX 指定的任何第三方对准则执行的检查和审核。为此，他们应该提供检查所需的相应手段和访问权，确保适当的设施和需要的文件以满足检查的需要。

14.4　道德和申诉委员会和投诉渠道

本准则与《INDITEX 集团行为准则和责任规范》的原则和价值观是一致的。此规范要求道德和申诉委员会来确保本准则的执行。

从这个意义上说，为了确保生产商和供应商执行本准则，道德和申诉委员会可以主动地应对，或者跟踪调查那些来自生产商、供应商、其他与 INDITEX 存在直接联系或商业关系以及对 INDITEX 有职业兴趣的第三方的正式的投诉。

（十一）印度尼西亚《结社自由议定书》[1]

第一条

a. 签署本议定书者为缔约方。其由工会、品牌商和供应商组成。

b. 工人是从事有报酬工作的人。

c. 供应商是为品牌商提供商品或服务的企业。

d. 品牌商是指注册为拥有商标权的法人或实体。

e. 工会是因工人、由工人、为工人而成立的组织，而不论其来自企业内部还是外部，目的在于促进、捍卫和保护工人的权利和利益，以及增加工人及其家庭的福利。

第四条

供应商（……）有义务落实结社自由，除其他外，包括：

1. 给予工人在企业内组建工会的自由；

2. 不加歧视地承认企业内存在的各种工会；

3. 不得以任何方式干涉工会开展组织活动，除非其违反议定书、集体谈判协议或其他适用的法律法规；

4. 免除工会代表或成员的工作职责，以便进行工会组织的活动，并继续提供特定工人通常享有的所有权利。

10. 对于领导组织工会活动的工会成员或代表，不得进行任何形式的恐吓，包括降级、调职、降薪、刑事控告、规定超出能力范围的工作量、暂辞或解雇工会成员和/或组织者。

第五条

（1）供应商应通过以下方式促进企业内部工会活动的开展：

a. 在提前至少 3 天提出要求的情况下，工会可使用企业的空闲会议场地。对于紧急需要，只要有未使用的空闲会议室，企业有义务提供。

b. 工会可在企业内使用电话、传真和互联网等通信设备，只要这些设备可用并且符合适用于企业内其他用户的规定和程序。

c. 在提前 3 天提出要求的情况下，工会可使用企业的空闲车辆。对于紧急需要，只要当天有未使用的可用车辆，企业应予出借。

g. 企业必须协助每月从工会成员的工资中扣除工会费用，并在共同商定的期限或最迟 10 个工作日内，根据企业内部管理流程，将款项交付相关的

---

① Indonesia, *Freedom of Association Protocol* (2011), https://cleanclothes.org/file-repository/resources-recommended-reading-freedom-of-association-protocol-indonesia/view.

工会领导人。

（2）

a. 供应商有义务在企业场所内提供适当、卫生和战略性的空间或房间作为工会秘书处，并配备家具以支持工会的活动，包括两套桌椅、档案柜或橱柜以及供客人使用的桌椅。

b. 如果企业提供上述设施和配件的能力有限，则企业有义务在6个月内经工会同意作出翻新计划。

（3）供应商有义务支持和促进工作时间内的工会活动，包括：

a. 定期会议，如工会代表之间以及工会代表和成员之间的会议；

b. 提前3天通知企业、视需要召开的工会代表之间以及工会代表和成员之间的临时会议；

c. 提前2天通知企业、计划内或计划外的工会教育活动。

第六条

（1）缔约方有义务在组建工会后不超过6个月的期限内根据适用的法律要求达成集体谈判协议。

（2）工会和企业在谈判集体谈判协议时，应当遵守下列规定：

a. 企业不得拒绝工会就达成或续签协议进行谈判的邀请；

b. 企业不得对集体谈判协议谈判团队中的工会代表进行任何形式的恐吓；

c. 在集体谈判协议谈判期间，谈判团队中的工会代表应根据共同商定的时间表被免除每日工作量；

d. 在集体谈判协议谈判期间，谈判团队中的工会代表将被赋予进行调查的自由，以便收集数据支持谈判；

e. 在不违反法律或与第三方签订的合同规定的保密条款的情况下，谈判团队必须有权获得有关公司情况的资料，以便取得支持性数据。

第八条

（1）为监督本结社自由议定书的实施，缔约方有义务在本议定书签署后90个工作日内成立结社自由议定书监督和争端解决委员会。

（2）结社自由议定书监督和争端解决委员会将在企业和国家两个层面设立。

（十二）《孟加拉协议》：向RMG可持续发展理事会过渡[①]

《孟加拉国消防和建筑安全协议》（简称《孟加拉协议》）是品牌商与工

① Bangladesh Accord, *Transition to The RMG Sustainability Council* (*RSC*) (1 June 2020), https://bangladeshaccord.org/updates/2020/06/01/transition-to-the-rmg-sustainability-council-rsc.

会之间的一项独立的、具有法律约束力的协议，致力于在孟加拉国建立安全健康的服装和纺织业。该协议涵盖了成衣（Ready-Made Garments，RMG）制造工厂，以及根据签署公司的选择来涵盖的生产家用纺织品以及织物针织配件的工厂。

拉那广场（Rana Plaza）工厂大楼于 2013 年 4 月 24 日倒塌，造成 1133 人死亡，数千人重伤；在拉那广场建筑倒塌之前的几年中，孟加拉国发生了很多致命的工厂大火。该协议的制定是为了创造一个工作环境，在这种环境中，工人无须担心火灾、建筑物倒塌或其他可以通过合理的安全措施来预防的事故①。《孟加拉协议》的地方办事处的职能已移交给成衣业可持续发展理事会（RMG Sustainability Council，RSC）。RSC 是孟加拉国新成立的一家非营利性公司，由跨国服装公司、工会和制造商创建和管理。RSC 于 2020 年 5 月 20 日在孟加拉国正式注册成立，成为孟加拉国成衣行业的永久性安全监督与合规机构。

签署协议的公司和工会以及孟加拉国服装制造商和出口商协会（Bangladesh Garment Manufacturers and Exporters Association，BGMEA）同意通过 2019 年 5 月 8 日签署的谅解备忘录建立 RSC。为确保自 2013 年以来《孟加拉协议》取得的安全进展得以持续并有扩大的可能性，该谅解备忘录规定 RSC 将继承《孟加拉协议》地方办事处的所有业务、员工和基础设施。

RSC 将继续其在向协议签署公司供货的成衣工厂实施的工厂检查、补救监测、安全培训以及安全与健康投诉机制。这些相应的计划将根据依《孟加拉协议》制定的协议和程序实施，RSC 也继承了这些协议和程序。（……）

向协议签署公司供货的工厂的工人现有的安全与健康投诉机制之独立性也应根据 RSC 予以保障。（……）

协议签署公司和工会相信，RSC 的跨国公司、工会和制造商的管理模式将被证明是有效的，以确保它们共同承担孟加拉国成衣出口工厂的工作场所安全责任。协议签署方还认识到，要实现和维护工作场所的安全，需要全体劳动者的充分参与、可持续的采购方式和强有力的问责手段。因此，RSC 董事会中的协议签署公司和工会致力于维护《孟加拉协议》的关键特征，包括：工人在促进工作场所安全中发挥积极作用，其结社自由权得到保护；品牌商和零售商对商业条款进行协商，以使补救在财务上可行；所有检查结果和补救措施均公开披露；有效执行升级协议，以确保供应商遵守安全要求。

---

① The Accord on Fire and Building Safety in Bangladesh，https://bangladeshaccord.org/.

（十三）《孟加拉协议》：可持续发展理事会的启动[①]

如今，《孟加拉国消防和建筑安全协议》在孟加拉国办事处的职能已移交给成衣业可持续发展理事会（RSC），这是一个永久性的全国性组织，成衣制造商、跨国服装公司与代表服装工人的工会享有平等的代表性。

RSC 最初在该协议涵盖的 1600 多个成衣工厂中实施其工作场所安全计划，但预计最终将覆盖所有成衣出口工厂。RSC 还希望包括劳资关系、技能发展和环境标准。

自 2013 年年中以来，孟加拉国成衣工厂在工作场所安全方面取得了显著改善。1200 多家协议所涵盖的工厂已经完成了其纠正措施计划中 90% 以上的补救措施。通过 RSC 的工作，被涵盖的工厂将能够完成其纠正措施计划，并确保正确地纠正所有未解决的安全问题；且工厂的劳动安全管理委员会有能力并有权每天监督和处理工作场所的安全问题。

孟加拉国服装制造商和出口商协会主席兼 RSC 董事会行业代表 Rubana Huq 表示："RSC 是一项前所未有的全国性倡议，通过我们与品牌商和工会的共同努力，我们将确保孟加拉国仍然是最安全的成衣产品来源国之一。"

孟加拉国工业理事会秘书长兼 RSC 董事会工会代表 China Rahman 表示："我们将与孟加拉国工会分支机构一道，确保成衣工厂的工人拥有安全的工作场所并有权获得补救措施以解决安全问题，并行使获得安全工作场所的权利。我们将努力确保工人们对新成立的 RSC 充满信心。"

（十四）约翰斯顿、兰德－卡兹劳斯卡斯《按需组织：零工经济中的代表、发言权和集体谈判》[②]

"零工"（Gig）或平台工作代表了最新的、高度公开化的劳动力市场趋势之一。由于雇主对灵活性的需求增加、劳动力市场效率提高以及在某些情况下工人对更大灵活性的渴望，零工和平台工作是一种通过技术和数字市场

---

① Bangladesh Accord, *RMG Industry Brands, Manufacturers, and Unions Launch Joint RMG Sustainability Council (RSC) in Bangladesh to Sustain Workplace Safety*, 1st June 2020, www. business-human-rights. org/sites/default/files/documents/RSC% 20press% 20release% 20FINAL% 20% 281% 20June% 202020% 29. pdf-converted. pdf.

② Hannah Johnston and Chris Land-Kazlauskas, *Organizing on-demand: Representation, Voice, and Collective Bargaining in the Gig Economy*, ILO Conditions of Work and Employment Series No. 94 (2019), www. ilo. org/wcmsp5/groups/public/ --- ed_ protect/ --- protrav/ --- travail/documents/publication/wcms_624286. pdf.

按需求促进的非标准工作。尽管零工经济规模相对较小，但它有潜力迅速改变工作的组织和执行方式、改变工作的内容和质量以及重塑行业。本文考察了零工经济中结社自由的挑战和对工人集体谈判权的有效承认，并探讨了零工经济工人用来建立集体代理和促进对零工经济的有效规制的各种策略。

对于雇主、工人和社会而言，零工和平台工作的收益和成本仍然存在很大争议。拥护者认为，数字劳动平台可以在经济上惠及社会边缘群体，包括失业者、地理上孤立的人和难民。对于企业而言，零工将技术创新与各种合同关系结合在一起，可以减少交易和劳动力成本，在变化的需求中提供“数字弹性”并提高竞争力。但是，与广义上的非标准雇佣一样，零工经济中的工作内容和工作安排也多种多样。尽管有可能带来好处，但零工经济中的工作结构也可能对工人（无法预测的时间安排、不稳定的收入、不可靠的长期就业前景）和企业（竞争不公平、低生产率和旷工）产生负面影响。

本文首先概述了零工和平台工作以及零工和平台工作人员在建立集体、团体代理方面的结构和制度挑战。文章涉及的四个组织结构（工会更新战略和新的组织倡议、工人论坛、工人中心和合作社）代表了积极组织和支持零工经济工人的组织的全面清单。鉴于需求导向的劳动力的迅速更替，我们认为工人组织的顽强性和适应性战略对于发展可持续和有活力的劳工运动至关重要。

作者认为技术创新（包括通过第四次工业革命）和集体谈判并不相互排斥。

四 中国相关文件与材料

（一）法律法规

1.《中华人民共和国工会法（2021 修正）》

第二条 工会是中国共产党领导的职工自愿结合的工人阶级群众组织，是中国共产党联系职工群众的桥梁和纽带。

中华全国总工会及其各工会组织代表职工的利益，依法维护职工的合法权益。

第六条 维护职工合法权益、竭诚服务职工群众是工会的基本职责。工会在维护全国人民总体利益的同时，代表和维护职工的合法权益。

工会通过平等协商和集体合同制度等，推动健全劳动关系协调机制，维护职工劳动权益，构建和谐劳动关系。

工会依照法律规定通过职工代表大会或者其他形式，组织职工参与本单位的民主选举、民主协商、民主决策、民主管理和民主监督。

工会建立联系广泛、服务职工的工会工作体系，密切联系职工，听取和反映职工的意见和要求，关心职工的生活，帮助职工解决困难，全心全意为职工服务。

第二十条　企业、事业单位、社会组织违反职工代表大会制度和其他民主管理制度，工会有权要求纠正，保障职工依法行使民主管理的权利。

法律、法规规定应当提交职工大会或者职工代表大会审议、通过、决定的事项，企业、事业单位、社会组织应当依法办理。

第二十一条　工会帮助、指导职工与企业、实行企业化管理的事业单位、社会组织签订劳动合同。

工会代表职工与企业、实行企业化管理的事业单位、社会组织进行平等协商，依法签订集体合同。集体合同草案应当提交职工代表大会或者全体职工讨论通过。

工会签订集体合同，上级工会应当给予支持和帮助。

企业、事业单位、社会组织违反集体合同，侵犯职工劳动权益的，工会可以依法要求企业、事业单位、社会组织予以改正并承担责任；因履行集体合同发生争议，经协商解决不成的，工会可以向劳动争议仲裁机构提请仲裁，仲裁机构不予受理或者对仲裁裁决不服的，可以向人民法院提起诉讼。

第二十二条　企业、事业单位、社会组织处分职工，工会认为不适当的，有权提出意见。

用人单位单方面解除职工劳动合同时，应当事先将理由通知工会，工会认为用人单位违反法律、法规和有关合同，要求重新研究处理时，用人单位应当研究工会的意见，并将处理结果书面通知工会。

职工认为用人单位侵犯其劳动权益而申请劳动争议仲裁或者向人民法院提起诉讼的，工会应当给予支持和帮助。

第二十三条　企业、事业单位、社会组织违反劳动法律法规规定，有下列侵犯职工劳动权益情形，工会应当代表职工与企业、事业单位、社会组织交涉，要求企业、事业单位、社会组织采取措施予以改正；企业、事业单位、社会组织应当予以研究处理，并向工会作出答复；企业、事业单位、社会组织拒不改正的，工会可以提请当地人民政府依法作出处理：

（一）克扣、拖欠职工工资的；

（二）不提供劳动安全卫生条件的；

（三）随意延长劳动时间的；

（四）侵犯女职工和未成年工特殊权益的；

（五）其他严重侵犯职工劳动权益的。

第二十四条　工会依照国家规定对新建、扩建企业和技术改造工程中的劳动条件和安全卫生设施与主体工程同时设计、同时施工、同时投产使用进行监督。对工会提出的意见，企业或者主管部门应当认真处理，并将处理结果书面通知工会。

第二十五条　工会发现企业违章指挥、强令工人冒险作业，或者生产过程中发现明显重大事故隐患和职业危害，有权提出解决的建议，企业应当及时研究答复；发现危及职工生命安全的情况时，工会有权向企业建议组织职工撤离危险现场，企业必须及时作出处理决定。

第二十六条 工会有权对企业、事业单位、社会组织侵犯职工合法权益的问题进行调查，有关单位应当予以协助。

第二十七条 职工因工伤亡事故和其他严重危害职工健康问题的调查处理，必须有工会参加。工会应当向有关部门提出处理意见，并有权要求追究直接负责的主管人员和有关责任人员的责任。对工会提出的意见，应当及时研究，给予答复。

第二十八条 企业、事业单位、社会组织发生停工、怠工事件，工会应当代表职工同企业、事业单位、社会组织或者有关方面协商，反映职工的意见和要求并提出解决意见。对于职工的合理要求，企业、事业单位、社会组织应当予以解决。工会协助企业、事业单位、社会组织做好工作，尽快恢复生产、工作秩序。

第二十九条 工会参加企业的劳动争议调解工作。

地方劳动争议仲裁组织应当有同级工会代表参加。

第三十条 县级以上各级总工会依法为所属工会和职工提供法律援助等法律服务。

第三十一条 工会协助用人单位办好职工集体福利事业，做好工资、劳动安全卫生和社会保险工作。

第三十二条 工会会同用人单位加强对职工的思想政治引领，教育职工以国家主人翁态度对待劳动，爱护国家和单位的财产；组织职工开展群众性的合理化建议、技术革新、劳动和技能竞赛活动，进行业余文化技术学习和职工培训，参加职业教育和文化体育活动，推进职业安全健康教育和劳动保护工作。

第三十三条 根据政府委托，工会与有关部门共同做好劳动模范和先进生产（工作）者的评选、表彰、培养和管理工作。

第三十四条 国家机关在组织起草或者修改直接涉及职工切身利益的法律、法规、规章时，应当听取工会意见。

县级以上各级人民政府制定国民经济和社会发展计划，对涉及职工利益的重大问题，应当听取同级工会的意见。

县级以上各级人民政府及其有关部门研究制定劳动就业、工资、劳动安全卫生、社会保险等涉及职工切身利益的政策、措施时，应当吸收同级工会参加研究，听取工会意见。

第三十五条 县级以上地方各级人民政府可以召开会议或者采取适当方式，向同级工会通报政府的重要的工作部署和与工会工作有关的行政措施，研究解决工会反映的职工群众的意见和要求。

各级人民政府劳动行政部门应当会同同级工会和企业方面代表，建立劳动关系三方协商机制，共同研究解决劳动关系方面的重大问题。

第三十六条 国有企业职工代表大会是企业实行民主管理的基本形式，是职工行使民主管理权力的机构，依照法律规定行使职权。

国有企业的工会委员会是职工代表大会的工作机构，负责职工代表大会的日常工作，检查、督促职工代表大会决议的执行。

2.《中华人民共和国公司法（2018 修正）》

第十八条 公司职工依照《中华人民共和国工会法》组织工会，开展工会活动，维护职工合法权益。公司应当为本公司工会提供必要的活动条件。公司工会代表职工就职工的劳动报酬、工作时间、福利、保险和劳动安全卫生等事项依法与公司签订集体合同。

公司依照宪法和有关法律的规定，通过职工代表大会或者其他形式，实行民主管理。

公司研究决定改制以及经营方面的重大问题、制定重要的规章制度时，应当听取公司工会的意见，并通过职工代表大会或者其他形式听取职工的意见和建议。

3.《中华人民共和国劳动法（2018 修正）》

第七条 劳动者有权依法参加和组织工会。

工会代表和维护劳动者的合法权益，依法独立自主地开展活动。

第三十条 用人单位解除劳动合同，工会认为不适当的，有权提出意见。如果用人单位违反法律、法规或者劳动合同，工会有权要求重新处理；劳动者申请仲裁或者提起诉讼的，工会应当依法给予支持和帮助。

第四十一条 用人单位由于生产经营需要，经与工会和劳动者协商后可以延长工作时间，一般每日不得超过一小时；因特殊原因需要延长工作时间的，在保障劳动者身体健康的条件下延长工作时间每日不得超过三小时，但是每月不得超过三十六小时。

4.《中华人民共和国劳动合同法（2012 修正）》

第五条 县级以上人民政府劳动行政部门会同工会和企业方面代表，建立健全协调劳动关系三方机制，共同研究解决有关劳动关系的重大问题。

第六条 工会应当帮助、指导劳动者与用人单位依法订立和履行劳动合同，并与用人单位建立集体协商机制，维护劳动者的合法权益。

第四十三条 用人单位单方解除劳动合同，应当事先将理由通知工会。用人单位违反法律、行政法规规定或者劳动合同约定的，工会有权要求用人单位纠正。用人单位应当研究工会的意见，并将处理结果书面通知工会。

第五十一条 企业职工一方与用人单位通过平等协商，可以就劳动报酬、工作时间、休息休假、劳动安全卫生、保险福利等事项订立集体合同。集体合同草案应当提交职工代表大会或者全体职工讨论通过。

集体合同由工会代表企业职工一方与用人单位订立；尚未建立工会的用人单位，由上级工会指导劳动者推举的代表与用人单位订立。

第五十二条 企业职工一方与用人单位可以订立劳动安全卫生、女职工权益保护、工资调整机制等专项集体合同。

第七十八条 工会依法维护劳动者的合法权益，对用人单位履行劳动合同、集体合同的情况进行监督。用人单位违反劳动法律、法规和劳动合同、集体合同的，工会有权提出意见或者要求纠正；劳动者申请仲裁、提起诉讼的，工会依法给予支持和帮助。

5.《工资集体协商试行办法》(2000)

第一章 总则

第一条 为规范工资集体协商和签订工资集体协议(以下简称工资协议)的行为,保障劳动关系双方的合法权益,促进劳动关系的和谐稳定,依据《中华人民共和国劳动法》和国家有关规定,制定本办法。

第二条 中华人民共和国境内的企业依法开展工资集体协商,签订工资协议,适用本办法。

第三条 本办法所称工资集体协商,是指职工代表与企业代表依法就企业内部工资分配制度、工资分配形式、工资收入水平等事项进行平等协商,在协商一致的基础上签订工资协议的行为。

本办法所称工资协议,是指专门就工资事项签订的专项集体合同。已订立集体合同的,工资协议作为集体合同的附件,并与集体合同具有同等效力。

第三章 工资集体协商代表

第九条 工资集体协商代表应依照法定程序产生。职工一方由工会代表。未建工会的企业由职工民主推举代表,并得到半数以上职工的同意。企业代表由法定代表人和法定代表人指定的其他人员担任。

第十条 协商双方各确定一名首席代表。职工首席代表应当由工会主席担任,工会主席可以书面委托其他人员作为自己的代理人;未成立工会的,由职工集体协商代表推举。企业首席代表应当由法定代表人担任,法定代表人可以书面委托其他管理人员作为自己的代理人。

第十一条 协商双方的首席代表在工资集体协商期间轮流担任协商会议执行主席。协商会议执行主席的主要职责是负责工资集体协商有关组织协调工作,并对协商过程中发生的问题提出处理建议。

第十二条 协商双方可书面委托本企业以外的专业人士作为本方协商代表。委托人数不得超过本方代表的1/3。

第十三条 协商双方享有平等的建议权、否决权和陈述权。

第十四条 由企业内部产生的协商代表参加工资集体协商的活动应视为提供正常劳动,享受的工资、奖金、津贴、补贴、保险福利待遇不变。其中,职工协商代表的合法权益受法律保护。企业不得对职工协商代表采取歧视性行为,不得违法解除或变更其劳动合同。

第十五条 协商代表应遵守双方确定的协商规则,履行代表职责,并负有保守企业商业秘密的责任。协商代表任何一方不得采取过激、威胁、收买、欺骗等行为。

第十六条 协商代表应了解和掌握工资分配的有关情况,广泛征求各方面的意见,接受本方人员对工资集体协商有关问题的质询。

第四章 工资集体协商程序

第十七条 职工和企业任何一方均可提出进行工资集体协商的要求。工资集体协商的提出方应向另一方提出书面的协商意向书，明确协商的时间、地点、内容等。另一方接到协商意向书后，应于20日内予以书面答复，并与提出方共同进行工资集体协商。

第十八条　在不违反有关法律、法规的前提下，协商双方有义务按照对方要求，在协商开始前5日内，提供与工资集体协商有关的真实情况和资料。

第十九条　工资协议草案应提交职工代表大会或职工大会讨论审议。

第二十条　工资集体协商双方达成一致意见后，由企业行政方制作工资协议文本。工资协议经双方首席代表签字盖章后成立。

6.《关于推进实施集体合同制度攻坚计划的通知》（2014）

二、完善工作措施

（一）加强集体协商工作分类指导。继续以非公有制企业为重点对象，积极推进工资集体协商；同时，引导女职工较多和职业危害较大的企业开展专项协商，签订女职工特殊保护或劳动安全卫生保护专项集体合同。实施分类指导，做到因企制宜、分企施策，努力增强集体协商针对性和实效性。对生产经营正常的企业，推动其与职工重点就工资增长幅度、津贴补贴、奖金分配办法、福利和劳动条件等进行协商，推动建立健全企业工资决定和正常增长机制，努力实现劳动报酬增长与劳动生产率提高同步；对生产经营困难的企业，推动其与职工重点围绕工资按时支付以及稳岗增效措施等内容进行协商，促进双方共克时艰、共谋发展；对实行工资总额管理的国有企业，重点就企业内部分配制度、分配形式和分配差距进行协商，发挥好职工的民主参与作用。

（二）加大行业集体协商推进力度。在积极推进企业集体协商的基础上，把行业集体协商作为深入推进集体合同制度建设的重点形式和主攻方向。在县级以下区域内大力推进建筑业、采矿业、餐饮服务业、服装制造业等劳动密集型行业开展集体协商，重点就行业最低工资标准、主要工种计件单价、劳动定额及工资调整幅度等职工普遍关心的事项签订行业集体合同。从推动本地经济社会发展出发，将行业集体协商逐步向知识密集型产业、新兴产业拓展。具备条件的地区，可以继续稳妥探索在县级以上区域内开展行业集体协商工作。

（三）积极开展集体协商要约行动。每年适时集中部署开展协商要约行动，大力支持工会提出要约，引导企业或企业代表组织主动提出要约。基层工会要主动提出要约，对提出要约尚有困难的，上级工会要给予帮助和指导，必要时可依法代替基层工会行使要约权。在尚未建立工会的企业，上级工会要指导职工依法推举协商代表，并向企业提出协商要约。开展行业集体协商的，由行业工会组织向相应的行业性企业组织或直接向行业所属企业提出协商要约。可针对重点行业以及国有企业、世界500强在华企业中未建制企业开展专项要约。一方提出集体协商要约的，另一方应当在法律规定时间内及时给予回应。一方不按时回应的，另一方可以提请当地人力资源社会保障部门责令其限期改正。

（四）严格规范集体协商程序。将依法规范协商程序作为增强集体协商和集体合同实效的有力举措抓细抓实。规范协商代表产生程序，企业集体协商要重点规范职工代表产生程序，行业集体协商要重点规范企业方代表产生程序，民主推选要公开透明，授权委托要依法合规。规范集体协商程序，指导协商双方代表认真做好协商前收集资料、征求意见、拟定议题等准备工作，并召开集体协商会议进行充分讨论。准备过程中要广泛征求协商双方，尤其是职工方的意愿和诉求，将双方最关心的突出问题纳入协商议题；要督促企业经营者向职工方及时提供企业劳动生产率、经济效益、财务状况等与协商有关的真实资料和信息，确保协商有效开展。规范审议备案公布程序，集体合同草案应依法提交职代会或者全体职工大会审议通过，企业或企业组织应将签订的集体合同在规定时间内报送人力资源社会保障部门审查备案，生效的集体合同应及时向全体职工公布。

7. 《集体合同规定》（2004）

第二章　集体协商内容

第八条　集体协商双方可以就下列多项或某项内容进行集体协商，签订集体合同或专项集体合同：

（一）劳动报酬；

（二）工作时间；

（三）休息休假；

（四）劳动安全与卫生；

（五）补充保险和福利；

（六）女职工和未成年工特殊保护；

（七）职业技能培训；

（八）劳动合同管理；

（九）奖惩；

（十）裁员；

（十一）集体合同期限；

（十二）变更、解除集体合同的程序；

（十三）履行集体合同发生争议时的协商处理办法；

（十四）违反集体合同的责任；

（十五）双方认为应当协商的其他内容。

第九条　劳动报酬主要包括：

（一）用人单位工资水平、工资分配制度、工资标准和工资分配形式；

（二）工资支付办法；

（三）加班、加点工资及津贴、补贴标准和奖金分配办法；

（四）工资调整办法；

（五）试用期及病、事假等期间的工资待遇；

（六）特殊情况下职工工资（生活费）支付办法；

（七）其他劳动报酬分配办法。

第十条　工作时间主要包括：

（一）工时制度；

（二）加班加点办法；
（三）特殊工种的工作时间；
（四）劳动定额标准。
第十一条　休息休假主要包括：
（一）日休息时间、周休息日安排、年休假办法；
（二）不能实行标准工时职工的休息休假；
（三）其他假期。
第十二条　劳动安全卫生主要包括：
（一）劳动安全卫生责任制；
（二）劳动条件和安全技术措施；
（三）安全操作规程；
（四）劳保用品发放标准；
（五）定期健康检查和职业健康体检。
第十三条　补充保险和福利主要包括：
（一）补充保险的种类、范围；
（二）基本福利制度和福利设施；
（三）医疗期延长及其待遇；
（四）职工亲属福利制度。
第十四条　女职工和未成年工的特殊保护主要包括：
（一）女职工和未成年工禁忌从事的劳动；
（二）女职工的经期、孕期、产期和哺乳期的劳动保护；
（三）女职工、未成年工定期健康检查；
（四）未成年工的使用和登记制度。
第十五条　职业技能培训主要包括：
（一）职业技能培训项目规划及年度计划；
（二）职业技能培训费用的提取和使用；
（三）保障和改善职业技能培训的措施。
第十六条　劳动合同管理主要包括：
（一）劳动合同签订时间；
（二）确定劳动合同期限的条件；
（三）劳动合同变更、解除、续订的一般原则及无固定期限劳动合同的终止条件；
（四）试用期的条件和期限。
第十七条　奖惩主要包括：
（一）劳动纪律；
（二）考核奖惩制度；
（三）奖惩程序。
第十八条　裁员主要包括：

（一）裁员的方案；

（二）裁员的程序；

（三）裁员的实施办法和补偿标准。

8. 中华全国总工会《关于推动世界500强在华企业建立工资集体协商制度的意见（2011）》

二、明确目标任务

针对世界500强在华企业普遍实行“总部经济”管理模式，其组织形式和法人治理结构多样化，具有跨地区、跨行业设立和经营等特点，推动世界500强在华企业建立工资集体协商制度，必须从实际出发，遵循其特点规律，在深入探索实践中，依计划、分阶段、有步骤加以推进。

推动世界500强在华企业建立工资集体协商制度目标任务是：凡是在我国境内投资的世界500强企业，都要依照我国有关法律法规建立工资集体协商制度。2011年世界500强在华企业建制率达到80%以上，2012年世界500强在华企业建制率达到90%以上。到2013年底实现世界500强在华企业全部建立工资集体协商制度的目标。

一是协商形式和类别因企而异。要建立总部工资集体协商制度，签订覆盖全部在华企业的总部工资集体合同。其下属各子公司结合实际，在总部工资集体合同基础上进行二次工资集体协商，签订本企业工资集体合同，标准不得低于总部工资集体合同确定的标准。工资集体合同文本报送当地劳动行政部门审查，并报企业所在地总工会备案。

二是明确协商主体和代表地位职责。要严格按照《劳动合同法》、《集体合同规定》所确定的程序产生协商代表。将企业工会和企业方代表作为法定的协商主体。如企业工会确有困难，可以委托企业所在区域的工会组织代理企业工会与企业方代表进行工资集体协商。

三是科学合理确定协商内容和方法。坚持公平与效率相统一、促进企业健康发展与保障职工合法权益相统一、企业自主分配与劳动关系双方集体协商共决相统一，科学确定工资水平，做到依法协商、平等协商，实现劳资两利。

四是有效处理协商和合同履行中产生的争议。要按照《劳动法》、《劳动合同法》、《工会法》和《集体合同规定》的相关规定妥善解决争议。协商过程中要考虑不同国家之间的文化差异，力求在根本利益一致的基础上做到求同存异、化解矛盾，避免发生过激行为。

（二）地方与行业标准

1.《广东省企业集体合同条例（2014修订）》

第二章　集体协商

第一节　集体协商内容

第八条　职工方与企业可以就下列内容进行集体协商：

（一）劳动报酬的确定、增减；

（二）工作时间，主要包括工时制度、延长工作时间办法、特殊工种的工作时间、劳动定额标准；

（三）休息休假，主要包括日休息时间、周休息日安排、年休假办法、不能实行标准工时职工的休息休假和其他假期；

（四）劳动安全与卫生；

（五）保险和福利；

（六）女职工、年满十六周岁不满十八周岁的未成年工的特殊保护措施；

（七）集体合同的违约责任；

（八）双方认为应当协商的其他内容。

第九条　工资集体协商应当遵循工资分配按劳分配原则，实行同工同酬。职工方与企业可以就下列内容进行协商：

（一）工资标准、工资分配形式和其他工资分配事项及工资支付办法；

（二）职工年度平均工资水平及其调整幅度和调整办法；

（三）试用期、病事假期间的工资待遇；

（四）双方认为应当协商的其他有关工资事项。

第十条　工资集体协商应当综合参考下列因素：

（一）本企业劳动生产率和经济效益；

（二）本企业上年度职工工资总额和职工平均工资水平；

（三）当地人力资源社会保障行政部门发布的企业工资指导线、劳动力市场工资指导价位；

（四）当地人民政府统计机构发布的本地区城镇居民消费价格指数；

（五）当地最低工资标准和当地人民政府有关部门发布的地区、行业的职工工资平均增长率；

（六）其他与工资集体协商有关的情况。

第十一条　职工方与企业开展工资集体协商，可以提出工资增长、不增长或者负增长的协商要求。

职工方可以根据企业年度利润增长情况、当地人民政府发布的工资指导线、本地区职工工资增长率、本企业在同地区同行业工资水平等因素，提出增长工资的协商要求。

企业可以根据年度严重亏损的实际情况并综合考虑物价、政府工资指导线等因素，提出工资不增长或者负增长的协商要求。

2.《中共深圳市委、深圳市人民政府关于进一步推进企业履行社会责任的意见》（2007）

四、充分发挥企业的主体作用和社会各方面的促进作用

（十三）充分发挥工会的作用。加强工会基层组织建设，引导、推动非公有制企业工会的组建工作，提高工会组织的覆盖面；支持工会依法通过平等协商和集体合同制度，协调劳动关系，维护员工劳动权益；支持工会依法代表和组织员工参与本单位的民主决

策、民主管理和民主监督。

3. 江苏省《集体协商工作质效评价规范（2017)》

3.1 集体协商过程

3.1.1 集体协商主体

3.1.1.1 集体协商是职工方与企业方就签订集体合同（含专项集体合同）以及协调处理其他劳动关系事项进行平等商谈的行为。

3.1.1.2 职工方和企业方协商代表产生程序合法，结构合理，有代表性。

3.1.1.3 协商代表具备基本素质能力，履职尽责，接受被代表方监督和评价。

3.1.2 集体协商程序

3.1.2.1 企业制定、修改或决定涉及职工切身利益的重大决策、重要事项和规章制度，以及协调处理劳动关系问题，应当履行集体协商程序。

3.1.2.2 签订集体合同（含专项集体合同）的集体协商，严格履行要约应约、会议协商、职工代表大会（职工大会）讨论通过、首席代表签字、报送县级以上劳动行政部门审查、向全体职工公布等法定程序。

3.1.2.3 制定、完善劳动规章制度的集体协商，严格履行会议协商、职工代表大会（职工大会）讨论、向全体职工公示或者告知等主要程序。

3.1.2.4 协调处理劳动关系问题的集体协商，可通过会议协商，或者采取其他协商方式。

3.1.2.5 集体协商应当有书面记载，职工方和企业方首席代表签字确认。

3.1.2.6 集体协商形成一致的事项，一方要求签订集体合同（含专项集体合同)，另一方不得拒绝或者拖延。双方均未要求签订集体合同（含专项集体合同）的事项，可依据双方达成的一致意见制作文件或者会议纪要。

3.1.3 集体协商内容

3.1.3.1 协商内容由双方协商确定。企业确定劳动报酬、劳动合同管理、奖惩与裁员事项，应当事先与职工方进行集体协商。

3.1.3.2 协商议题应符合企业实际，体现多数职工意愿、反映职工合理诉求，有利于企业健康发展，和谐劳动关系。

3.1.3.3 每次协商应突出一、两个涉及劳动关系的重要事项或具体问题。

3.2 集体协商结果

3.2.1 保障和改善职工权益

3.2.1.1 职工依法参与集体协商，行使知情权、参与权、表达权和监督权，民主权利得到落实。

3.2.1.2 经过集体协商，职工劳动报酬、工作时间、休息休假、劳动安全卫生保护、社会保险和接受职业技能培训等基本权益得到保障。保障和改善水平应与企业发展水平，产业、地区经济社会发展状况相适应。

3.2.2 促进企业健康发展

3.2.2.1　调整和规范劳动关系，化解劳动关系矛盾，营造良好发展环境。

3.2.2.2　签订集体合同（含专项集体合同），健全劳动规章制度，加强和改善企业经营管理，规范企业劳动用工行为。

3.2.2.3　职工履行劳动义务，提高企业劳动生产率和经济效益，增强企业凝聚力和竞争力。

3.2.3　和谐劳动关系

3.2.3.1　企业以人为本，加强人文关怀，承担造福职工社会责任。

3.2.3.2　职工爱岗敬业，合理表达诉求，维护企业良好社会形象。

3.2.3.3　职工方和企业方互信合作，共谋发展，共享成果，共创和谐。

4.《中国对外矿业投资社会责任指引（2017 版）》

3.5.8　依据当地法律和惯例，建立劳资双方协商机制。如条件许可，支持员工参与企业管理。

尊重员工的结社自由权利，不应禁止或阻碍员工选举员工代表、成立或加入工会，以及进行劳资双方协商。

如存在劳资双方协议，应遵守该协议的规定。

3.5.9　建立企业与员工的双向沟通渠道和机制，促进员工与管理层对话，了解并回应员工的需求与期望。

应当保证员工可自由申诉，不会受到任何惩罚或报复，且申诉应得到及时、公正的回应和处理。

5.《中国工业企业及工业协会社会责任指南第二版（2013）》

5 工业企业社会责任指南

5.3.7.5　民主管理

依法成立工会，支持工会独立开展工作；

鼓励和支持员工通过职工代表大会、工会等途径参与民主管理；

建立集体协商制度，与员工就其切身利益相关的重大事项开展平等协商。

（三）国家电网《社会责任报告 2019》①

强化民主管理

持续规范职代会建设。组织召开公司三届四次职代会，加强四级职代会体系上下联动，维护职工的知情权、参与权、表达权和监督权。完成 279 件提案分类答复处理工作，办理回复率 100%。加强职代会闭环管理，组织开展职代会质量评估，重点检查各层级职代会职权落实、规范运作、决议执行、代表管理、闭会期间工作，促进职代会质量提升。

---

① 国家电网：《国家电网社会责任报告 2019》，第 51 页，http://www.sgcc.com.cn/html/files/2020-03/25/20200325093819327776581.pdf。

创新开展合理化建议。开展合理化建议和“一句话建言献策”活动。共有50万余名职工提出合理化建议13万余条。搭建优秀合理化建议展示和分享平台，分享建议450条，5万余名职工参与互动。构建职工参与企业管理的良性机制。

开展职工诉求服务。制定《职工诉求管理办法》，落实《关于加强职工诉求管理的指导意见》，指导基层单位开展职工诉求服务。搭建职工诉求管理线上平台，拓宽员工诉求渠道。在地市公司层面建成职工诉求服务中心380余个，在车间班组层面建成职工诉求服务分中心1200余个，职工权益得到切实维护，职工实际问题得到了有效解决。

开展基层调研活动。组织职工代表和董事长联络员对国网山西电力等10家单位开展“直奔主题、直奔基层、交心职工”调研活动，深入条件艰苦、问题和矛盾相对集中的一线班组、营业站所、生产现场，切实了解基层实际情况和广大职工的诉求及意见建议。

（四）可口可乐公司案例摘要①

2010年5月，中国政府表明，希望2011年底以集体协商谈判确定薪酬待遇的企业占到企业总数的60%，2013年占到80%。政府特别指出，到2013年，所有在中国经营的世界500强企业都应建立集体谈判制度……在省市工会的推动下，公司工会对集体谈判的兴趣高涨。

为促进集体谈判的能力建设，围绕尊重人权和工作场所权利协调公司制度，公司采取了以下措施。

（1）确保当地公司领导层作出承诺，按照可口可乐公司的人权政策及地方法律处理集体协商谈判事宜。

（2）召开了为期3天的集体谈判能力建设会议：公司与地方商业合作伙伴策划并于2011年5月在上海召开了为期3天的集体谈判能力建设会议。来自包括人力资源、公共事务、法律和运营等多个企业职能部门的75名专业人员参加了此次会议。会议重点包括：当地的劳动法学者对当前中国集体协商的发展趋势和法律框架进行概述；介绍可口可乐公司人权政策及公司尊重人权的坚定承诺；公司内部的劳资关系专家概述了集体协商的实用方法及全球相关经验；有关集体协商准备阶段的实用工具的介绍；以及长达8小时的模拟集体谈判。

与当地装瓶合作伙伴建立了常规协调机制，以分享最佳做法、评估结果、识别问题，必要时调整前进方向。

2011年10月，召开第二次集体协商协调会议，目的包括：回顾集体协商的经验教训；重申主要劳工利益相关方定期参与的重要性；以及围绕本地区共同的劳资关系战略

---

① 北京大学国际法研究所、全球企业人权倡议（GBI）等：《中国及全球范围内企业尊重人权的责任：中国国有企业及各国跨国企业领袖案例学习项目报告》，第47页，https://gbi-hr.org/images/general/ZH_China-Learning-Project-Report.pdf。

和愿景，进一步推动协调工作。

通过为期一年的当地能力建设，可口可乐中国系统已经成功完成了32份集体合同的集体谈判工作，涵盖36000名员工。虽然已经取得了丰硕成果，但可口可乐公司认为必须与当地商业合作伙伴开展常规性协调活动，以巩固成果。根据公司《工作场所权利政策》和《供应商指导原则》，公司独资单位和独立装瓶合作伙伴将接受跟进评估。

（五）《人民日报观察者说：积极推进工资集体协商》[①]（人民日报，2013年6月30日）

推进工资集体协商是化解劳资冲突、构建和谐劳动关系的有效途径，也是深化收入分配体制改革的重要内容。在我国经济社会快速发展的背景下，实施工资集体协商有利于实现企业发展与职工权益维护的统一，解决劳动者最关心的利益问题，形成科学合理的收入增长方式，促进社会和谐。

工资集体协商的进展和存在的问题

工资集体协商是指职工代表与企业代表就企业内部的工资分配制度、分配形式和工资水平等进行平等协商，并在协商一致的基础上签订工资协议的行为，是建立正常工资增长机制和给付机制的重要保障。

2000年11月，当时的劳动和社会保障部发布《工资集体协商试行办法》，加大了推动工资集体协商的力度。2011年初，全国总工会出台《2011—2013年深入推进工资集体协商工作规划》，计划到2013年底，已建工会组织的企业80%以上建立工资集体协商制度，基本实现已建工会企业普遍开展工资集体协商，实现世界500强在华企业全部建立工资集体协商制度。近年来，我国一些地方相继制定了工资集体协商制度，有的地方还出台地方性法规对这项工作进行规范。

经过10多年的努力，我国工资集体协商取得了积极成效。但这一制度总体上尚未达到预期效果，仍有很大改善空间。多方调查显示，目前我国的工资集体协商仍然存在以下突出问题：一是不愿谈、不敢谈。主要表现为相关立法滞后、配套制度不完善、政策引导不够，一些企业由于片面理解而不愿进行集体协商，一些劳动者由于害怕失去工作而不敢与企业或雇主协商，导致工资集体协商的内在动力不足。二是不会谈、谈不好。目前，无论企业方还是工会等劳动者的代表方，在组织构建、协商资料的调研和准备、协商技巧、分歧处理等方面都处于初级阶段，工资集体协商规范程度低，重形式轻效果、重数量轻质量，协商成效不明显。

推进工资集体协商的着力点

加强政策引导。在我国社会转型过程中，各级政府积极顺应社会变革要求，逐步建立健全劳动力市场制度，陆续出台一系列法律法规，对我国工资集体协商制度的建立和发展起到了有力推动作用。今后，各级政府应继续整合多方力量，不断完善政策制度和

---

① 《人民日报观察者说：积极推进工资集体协商》，人民网，http://opinion.people.com.cn/n/2013/0630/c1003-22021792.html。

相关规则，及时提供工资指导线、劳动定额标准等信息指导服务，加强督促检查，推动工资集体协商长效机制建设。

加大宣传力度。工资集体协商是对工资的增减进行协商，并不是只增不减，它是通过协商建立工资增减和支付的保障机制，是企业和职工共享福利、共担风险的一种制度安排。推行工资集体协商制度是实现“市场机制调节、企业自主分配、职工民主参与、国家监督指导”的企业工资制度市场化改革目标的重要措施。目前，社会各界对工资集体协商还有不同程度的误解：有的企业经营者认为工资集体协商就是企业拿钱涨工资，势必会影响企业发展；有的职工认为劳资双方力量不平衡，开展工资集体协商意义不大；有的地方政府担心开展工资集体协商会改变当地投资环境，影响经济发展速度；等等。因此，应加大宣传和引导力度，促进劳动关系双方和社会各界正确认识工资集体协商的意义和作用，增强对工资集体协商的认同，通过协商消除分歧、化解矛盾、实现双赢。

提高协商能力。工资集体协商实际上是劳动关系双方在薪酬问题上寻找并建立利益均衡点，化解分歧、求同存异、逐步达成共识的过程。协商主体的协商能力，直接影响协商的效果。在一些工资集体协商开展较好的国家中，工会派出的协商代表往往是具有较强业务素质和协商能力的专业人士，包括工会组织的主要负责人和负责劳工事务的人员，其中不乏律师、经济学家、统计学家和财务人员等。他们不仅懂法懂行、熟悉企业生产经营管理和员工生活状况，而且精明能干、能言善辩，为提升工资集体协商质量奠定了良好基础。我们可以学习和借鉴其经验与做法，通过各种途径和方式，加强各协商主体的专业能力培养；在建立系统完善的法规制度基础上，使包括企业、职工、工会以及政府在内的协商各方能够充分发挥专业特长，做到依法依规、专业高效，有效解决“不知道怎样协商”和“协商效果不佳”的问题。

坚持因地制宜。工资集体协商涉及企业、职工、政府等多个主体及其相关组织，是各种社会力量相互博弈的过程。因此，推进工资集体协商应遵循客观规律，坚持求同存异、因地制宜的原则，提高协商规则的适用性和有效性；坚持质量与数量并重，避免重覆盖面而轻协商质量所带来的不利影响；充分考虑和尊重不同地区、不同行业、不同企业、不同利益群体的差异，做到公正公平、因地制宜、适用有效。

（六）《中国纺织服装行业的海外投资与企业社会责任国别调研报告（孟加拉卷）》[①]（中国纺织工业联合会社会责任办公室，2018年5月）

健全劳资关系协调机制

目前，中资企业的管理者已经意识到劳资双方的沟通非常重要。如何寻求当地员工与中国管理者之间的平衡、理解、文化的融合是下一步面临的挑战。调研发现，当地员工曾误解中资企业只在乎赚多少钱，不会在乎她们的感受。现在，这种观念已有所改变，意识到企业与员工一起追求更安全、更有保障的、健康的环境，让国家变得更好。

---

① 中国纺织工业联合会社会责任办公室：《中国纺织服装行业的海外投资与企业社会责任国别调研报告（孟加拉卷）》，第46页。

调研发现，工会组织在中资企业未普遍建立，多数企业劳资对话渠道不畅通，员工存在不满情绪，积怨日深后就会采取罢工手段抗争。本次调研发现31%的员工要求成立女员工协会。未来，为了真正建立企业与员工的命运共同体，企业必须更加注重健全内部的劳资关系协调机制，促进对话和员工参与管理，在有组织保障的基础上，将投诉程序和参与制度透明化、规范化，这对于稳定劳动关系，增强企业的凝聚力进而提高生产力以至于在孟加拉可持续地健康发展具有根本性的重要意义。

五　延伸阅读

- Felix Hadwiger, *Global Framework Agreements-Achieving Decent Work in Global Supply Chains*, ILO Background Paper (2015), www. ilo. org/wcmsp5/groups/public/ ---ed_dialogue/ ---actrav/documents/meetingdocument/wcms_434248. pdf.
- ILO, *Collective Bargaining in the Public Service*, *General Survey Concerning Labour Relations and Collective Bargaining in the Public Service* (2013), www. ilo. org/wcmsp5/groups/public/ --- ed_ norm/ --- relconf/documents/meetingdocument/wcms_205518. pdf.
- ILO, *Freedom of Association-Compilation of Decisions of the Committee on Freedom of Association* (2018), www. ilo. org/global/standards/subjects-covered-by-international-labour-standards/freedom-of-association/WCMS_632659/lang --en/index. htm, on-line version at https://www. ilo. org/dyn/normlex/en/f? p = NORMLEXPUB: 70001: 0:: NO::: .
- ILO, *Giving a Voice to Rural Workers*, *General Survey Concerning the Right of Association and Rural Workers' Organizations Instruments* (2016), www. ilo. org/wcmsp5/groups/public/ --- ed _ norm/ --- relconf/documents/meetingdocument/wcms_343023. pdf.
- IndustriAll, *Global Framework Agreements* (database), www. industriall-union. org/issues/pages/global-framework-agreements-gfa.
- International Journal of Labour Research, *Decent Work in Global Supply Chains* (Issue 1 - 2, 2015), www. ilo. org/actrav/info/international-journal-labour-research/WCMS_433853/lang --en/index. htm.
- Susan Hayter, *Industrial Relations in Emerging Economies* (2015) (references omitted), www. ilo. org/wcmsp5/groups/public/ --- dgreports/ --- dcomm/documents/publication/wcms_624902. pdf.
- *What is a Global Framework Agreement?* (2018) [video 5. 45 min], www.

youtube. com/watch? v = UkKYp4Q6tTM.

- 王黎黎：《集体劳动关系法律实证研究——以集体协商为例》，法律出版社，2018。
- 闻效仪：《转型期中国集体协商的类型化与制度构建》，社会科学文献出版社，2016。
- 张建国、徐微：《中国工会推动工资集体协商的实践探索》，中国工人出版社，2014。

六 案例

（一）深圳冠星厂劳资双方集体协商事件[①]

经过近半个月的劳资纠纷谈判，11 月 30 日，日本西铁城控股（Citizen Holdings）公司的代工厂冠星精密表链厂（下称“冠星厂”）的上千名员工如期拿到了资方承诺发放给他们的过去 5 年每天 40 分钟加班补偿款的第一期。

该厂化学部一名员工告诉记者，公司准备将打磨部的薪酬方式从计件制改为计时制，月薪预计由 2300—2800 元降至不会超过 2000 元。业内人士认为，冠星表链厂此次是出于节约成本的考虑。若实施计时制，工厂可随时控制同样时间段的产品数量，但不用再支付过高的费用。

“这次会议只是事件的导火索，计件制改计时制只涉及几十个人，但后来几乎全厂的人都参与了集体行动。”实心表带车间工人唐瑞凤说。

多名工人认为，多年来工厂没有足额缴纳工人住房公积金和养老保险。最让工人不满的是，从 2005 年开始，厂方以“上厕所、喝水”等为由，每日克扣员工工时 40 分钟，既不算工资也不给加班费。他们多次向管理方提出改善要求，并呈上书面意见，但工厂一直未予回应。

“这是无奈的选择。”10 月 17 日，表带（打磨）部员工开始采取集体行动，而后全厂工人声援。

11 月 6 日，10 名参与冠星厂劳资纠纷事件的工人代表通过一些法律义工找到广东劳维律师事务所（下称“劳维所”），拿出了征集到的 584 名该厂员工的授权签名，希望劳维所介入此事提供法律支持。

---

① 第一财经：《集体谈判样本：西铁城代工厂劳资博弈 15 天》，载搜狐财经网，http://business. sohu. com/20111206/n327990505. shtml。

事实上，冠星厂停工事件已经让西铁城公司高层相当焦虑。11 月 9 日，广东劳维律师事务所以主任段毅律师为首的律师团队给冠星厂快递发出律师函，建议厂方与员工代表开展集体协商。律师函发出的第二天，劳维所就接到了冠星厂相关领导打来的电话，称厂方很高兴有律师介入，希望能和员工代表谈判，尽快解决问题。

此后，员工代表和资方代表进行了三次谈判，包括一次预备会议、两次正式谈判。预备会议对正式谈判双方谈判代表人数及构成、旁听人员资格、中止机制、第三方参与、谈判会场纪律等方面都做了约定。劳维所律师在谈判程序上给予指导，主要的工人权益交涉由员工代表和厂方代表进行。

11 月 13 日和 16 日进行了两轮谈判，谈判过程并不顺利，厂方认为 40 分钟算作加班无法律依据，但从合理性角度接受以加班费的标准计算补偿。厂方最初拿出的方案与员工的预期相距甚远。最终，厂方经过全盘考虑，权衡利弊，给出了最终解决方案：和解金以员工目前基本工资为基数，对 2005 年 10 月 1 日至 2010 年 10 月 31 日期间每天 40 分钟的工作时间（具体时间以员工当时考勤记录为准），按加班费计算，最后计算数额以 70% 折算给付。该和解金从 2011 年 11 月起，逐月分 5 次发放。同时，该方案覆盖包括签名授权的 584 名员工在内的全厂千余名工人。对将来离职的员工，厂方承诺不会影响其和解金的分期发放。劳方对此方案表示接受，随后签署了备忘录。

一位员工在接受记者采访时说，这份和解方案已经几乎获得全厂员工认可，他们目前已恢复满负荷工作状态。

（二）深圳一家日资企业千人罢工[①]

2011 年 12 月 4 日，深圳一家日资企业近千名工人从晚上 11 点开始罢工聚集，其中数百名员工从 5 日早晨起围堵在厂办公楼门前和楼梯间，并派出代表与厂方谈判。厂方表示，已在政府部门与上级工会的协调下与员工代表协商，并已就此事向总部汇报相关情况，以期尽快对员工诉求作出回应。

这家企业为深圳海量存储设备公司（下称“海量公司”），为日立环球存储科技公司（下称“日立环球”）（日企）的全资子公司。罢工起因是日立环球将公司卖给另一家美资企业西部数据。海量公司相关负责人王飒介绍，西部数据于今年 3 月 7 日签署收购日立环球存储科技公司，若审批获得通过，预计在 2012 年 3 月完成收购。

---

① 王传真、武彩霞、乌梦达：《深圳一家日资企业千人罢工》，新华网深圳，2011 年 12 月 7 日。

记者在采访中了解到，针对此项收购，有员工担心重组完成以后，企业原有职工利益得不到保障，特别是工龄超过10年的员工要重新签劳务合同，工龄全部归零。员工们要求公司及时公布交易进展以及给出合理的赔偿方案。此外还有员工听到传闻，有一笔补偿金发到了工厂，却没有发到工人手中，因此引发群体罢工。

记者在现场看到工厂墙壁上贴着“强迫年假及厂休，无耻！”“要改嫁先赔偿”等条幅。罢工现场还有工人表示，工厂和工人的积怨由来已久，工资低廉、克扣工资，企业工人基本工资只有1000多元，企业加班工资按底薪计算，还限制加班时间等方法导致工人不满。还有一名张姓的江西籍工人表示，上网查询社保才发现实际数字与公司所发工资条有出入。

海量公司在给记者的书面回复中表示，公司管理层已在第一时间到达现场了解员工诉求，公司承诺将全力维护员工合法权益，严格按照劳动法律法规政策执行，并承诺公平、公开和透明地与员工沟通收购的进展。

深圳市南山区委宣传部相关负责人表示，事件发生以后，深圳市总工会、深圳市南山区政府、海量公司员工代表、海量公司工会、西部数据公司代表在一起协商处理方案，解决员工提出的诉求。目前参加罢工的员工都比较理智，没有过激行为，场面初步得到控制。但是员工复职还需要企业给出明确的解决方案。

截至记者发稿，海量公司厂区已经基本平静，聚集在厂门口的工人都已散去，厂区没有生产迹象。

七　思考题

1. 结社自由和集体谈判是什么性质的人权？工商业能够对什么范围的人权造成影响？

2. 工会在历史上是如何出现的，它为促进劳工权利作出了哪些贡献，它为什么有能力促进劳工权利？

3. 以改善工人条件为目的的NGO和声称是劳工利益唯一合法代表的工会之间是什么关系，它们未来的发展趋势是什么？

4. 《经济、社会和文化权利国际公约》第8条规定缔约国负有保护哪些权利的义务？

5. 结社自由和集体谈判如何促进体面劳动？从事临时工作的工人的有关人权如何获得保障？

第二十章　健康与安全

引　言

工作场所和受危险行业影响的当地社区的健康与安全是一个非常特殊的领域。在企业社会责任方面，与最低工资（第 17 章）、过度加班（第 18 章）和结社自由（第 19 章）等其他领域相比，企业发现在健康与安全方面取得进展相对容易。2013 年，孟加拉国发生了纺织业最大的灾难，带来了最先进的多利益相关方倡议（第 5 章）之一，其设立了旨在解决针对参与企业的投诉（第 7 章）的拘束性仲裁制度。拒绝危险工作而不担心失业的权利现在被更好地接受了。专注于健康与安全的工人管理委员会可能是改善工作场所对话的最容易实现的形式，也可能是建立更成熟的劳资关系的第一步，尤其是在工会在法律或实践上受到压制的国家。影响当地社区的工业灾害需要强调备灾和预警系统，将其作为人权尽责的一部分（第 10 章），而社区往往需要在国外法院寻求正义以获得补救（第 6 章和第 29 章）。

一　要点

- 商业风险
- 国际法律标准
- 记录与通报责任
- 设计师与制造商的责任
- 拒绝不安全工作的权利
- 安全与健康文化
- 矫正措施
- 管理层与工人间的合作
- 健康安全委员会和结社自由
- 拘束性仲裁
- 商务报告
- 职业健康和安全管理标准

二　背景

（一）国际劳工组织《工作中的安全和健康》[①]

每天都有人死于职业事故或与工作有关的疾病，每年有超过 278 万人死亡。此外，每年还有约 3.74 亿人遭受非致命的工伤和疾病，其中许多工伤和疾病导致长期缺勤。这种日常不幸的人力成本是巨大的，据估计，恶劣的职业安全和卫生做法造成的经济负担占全球年均国内生产总值的 3.94%。

（二）霍夫曼等《职业安全研究的百年》[②]

过去 100 年来，对职业安全的关注为拯救成千上万人的生命做出了重大贡献。在 20 世纪初，工作场所的伤亡非常普遍。（……）很明显，工作场所变得更安全了。技术进步、工作设计变更、个人防护装备的使用以及更广泛的组织安全文化的提升都带来了显著的进步。然而，尽管如此，工作场所仍然有太多的事故发生。（……）首先，我们必须承认职业安全与健康领域非常广泛，涉及多个学科和研究领域，包括但不限于法律、工程、医学、公共卫生、商业和心理学。

英国关于工人健康和安全的立法源于对工业革命和与之相关的恶劣的工厂工作条件导致的社会问题的政治回应。1833 年和 1844 年的《工厂法》分别规定了儿童和妇女的具体工作条件。这些法案建立了一些基本保护措施，如工作时数的限制、某类机械的安全和基本记录的保存和检查。1867 年、1891 年和 1895 年的《工厂法》中还列入了其他改进措施，同时在检查工作场所、事故报告要求和火灾逃生规定方面取得了进展。

我们对应用心理学从 19 世纪中期开始在职业安全领域的应用的主要趋势和发展进行了回顾。早期工作主要包括工厂法、基本工人赔偿和事故倾向研究。因此，早期的研究和实践非常关注个体工人、他们的工作设计和基本保护。随着时间的推移，工作重点逐渐深入组织环境中。早期为超越个体工人而

① ILO, *Safety and Health at Work* (2019), www. ilo. org/global/topics/safety-and-health-at-work/lang--en/index. htm.

② D. Hofmann et al., "100 Years of Occupational Safety Research: From Basic Protections and Work Analysis to a Multilevel View of Workplace Safety and Risk", *Journal of Applied Psychology* (2017), https://goal-lab. psych. umn. edu/orgpsych/readings/16. %20Occupational%20Health%20and%20Safety/Hofmann,%20Burke,%20&%20Zohar%20 (2017). pdf.

做的努力之一，是在20世纪中期对与安全有关的培训的重点关注。在20世纪后期，随着从个体工人向更广泛的组织环境的转移，领导力和组织氛围（安全氛围）研究显著增加。最终，这带来了安全文化/氛围的多层次模型的发展。

三　国际文件与域外材料

（一）国际劳工组织《职业安全和卫生公约》①

（……）与工作有关的“健康”一词不仅表示没有疾病或身体虚弱，它还包括与工作中的安全和卫生直接相关的会影响健康的身体和心理因素。

第三部分　国家一级的行动

第十二条

应当按照国家法律和惯例采取措施，以确保设计、制造、引进、提供或转让供业务使用的机器、设备或物质的人员：

1. 在合理可行的范围内，查明机器、设备或物质不会对正确使用它们的人的安全和健康带来危险；

2. 提供有关正确安装与使用机器和设备以及正确使用各类物质的信息，有关机器和设备的危害以及化学物质和物理物质、生物制剂或产品的危险性能的信息，并提供避免已知危害的指导；

3. 开展调研，或跟进了解为实施本条第1、2项所必需的科技知识。

第十三条

工人有合理理由认为工作情况对其生命或健康有紧迫、严重危险而离岗的，应当根据本国国情和惯例保护其免受不当后果。

第四部分　企业一级的行动

第十六条

1. 应要求雇主在合理可行的范围内保证其所控制的工作场所、机器、设备和工作程序安全且不会危害健康。

2. 应要求雇主在合理可行的范围内保证其所控制的化学、物理和生物物质与制剂在采取适当保护措施后对健康无害。

3. 应要求雇主在必要时提供适当的防护服装和保护设备，以便在合理可

① C155 - Occupational Safety and Health Convention, 1981 (NO. 155), http://www.ilo.org/dyn/normlex/en/f? p=NORMLEXPUB: 12100: 0:: NO:: P12100_ILO_CODE: C155.

行的范围内预防发生意外或对健康的不利影响。

第十八条

应要求雇主在必要时提供应对紧急情况和事故的措施，包括适当的急救安排。

第十九条

应在企业一级作出安排，在此安排下：

1. 工人在工作过程中协助雇主完成其承担的职责；

2. 企业中的工人代表在职业安全和卫生方面与雇主合作；

3. 企业中的工人代表应获得有关雇主为保证职业安全和卫生所采取措施的足够信息，并可在不泄露商业机密的情况下就这类信息与其代表性组织进行磋商；

4. 工人及其企业中的代表应受到职业安全和卫生方面的适当培训；

5. 应使企业中的工人或其代表或必要时其代表性组织，按照国家法律和惯例，能够查询与其工作有关的职业安全和卫生的各个方面的情况，并就此接受雇主的咨询；为此目的，经双方同意，可从企业外部聘请技术顾问；

6. 工人应立即向其直接上级报告其有充分理由认为会出现对其生命或健康有紧迫、严重危险的任何情况；在雇主采取必要的补救措施之前，雇主不得要求工人回到对生命和健康仍存在紧迫、严重危险的工作环境中去。

第二十条

管理层与工人和（或）其在企业内的代表之间的合作，应是根据本公约第十六条至第十九条所采取的组织措施或其他措施的基本要素。

第二十一条

职业安全和卫生措施不得包含要求工人支付任何费用的规定。

（二）国际劳工组织《2002年职业安全和卫生公约议定书》[①]

记录和通报系统

第二条

主管当局应按照法律、法规或其他任何符合本国国情和惯例的方法，与最具代表性的雇主组织与工人组织协商，制定并定期审查下列方面的要求和程序：

1. 工伤事故、职业病以及相应的危险事件、通勤事故和疑似职业病情况

① ILO, *Protocol of 2002 to the Occupational Safety and Health Convention*, 1981 (2002), http://www.ilo.org/dyn/normlex/en/f? p = NORMLEXPUB: 55: 0::: 55: P55_TYPE, P55_LANG, P55_DOCUMENT, P55_NODE: SUP, en, P155, /Document.

的记录；

2. 工伤事故、职业病以及相应的危险事件、通勤事故和疑似职业病情况的通报。

第三条

关于记录的要求和程序应确定：

1. 雇主责任

（1）记录工伤事故、职业病以及相应的危险事件、通勤事故和疑似职业病情况；

（2）向工人及其代表提供有关记录制度的适当信息；

（3）确保妥善保存此类记录并将其用于制定预防措施；

（4）不得对通报工伤事故、职业病、危险事件、通勤事故或疑似职业病情况的工人实施报复或纪律处分。

2. 应记录的信息；

3. 此类记录的保存期限；

4. 按照本国法律、法规、国情和惯例所采取的保证雇主持有的个人和医疗数据保密性的措施。

第四条

关于通报的要求和程序应确定：

1. 雇主责任

（1）向主管当局或其他指定机构通报工伤事故、职业病以及相应的危险事件、通勤事故和疑似职业病情况；

（2）向工人及其代表提供有关通报案件的适当信息；

2. 在适当时由保险机构、职业卫生服务机构、执业医师和其他直接有关机构通报工伤事故和职业病的安排；

3. 应予通报的工伤事故、职业病以及相应的危险事件、通勤事故和疑似职业病情况的标准；

4. 通报的期限。

（三）国际劳工组织《促进职业安全和卫生框架公约》（2006年）①

第二条

1. 批准本公约的各成员国应在与最具代表性的雇主组织和工人组织协商

---

① ILO international Labour Organisation-Convention C－187 \ 2006 ，http://www. ilo. org/dyn/normlex/en/f? p＝NORMLEXPUB：12100：0：：NO：：P12100_ILO_CODE：C187.

的情况下，通过制定国家政策、国家体系和国家计划的方式，促进职业安全和卫生的持续改善，以预防职业伤害、疾病和死亡。

2. 各成员国应采取积极步骤，在充分顾及国际劳工组织有关职业安全和卫生促进框架的文件所确立的原则的情况下，通过国家职业安全和卫生制度和国家计划逐步实现安全和卫生的工作环境。

第五条

1. 各成员国应在与最具代表性的雇主组织和工人组织协商的情况下，制定、实施、监测、评估并定期审查国家职业安全和卫生计划。

2. 该国家计划应该：

（1）促进全国性安全和卫生预防文化的发展；

（2）有助于按照国家法律和惯例在合理可行的范围内消除或减少与工作有关的危害与风险来预防职业伤害、疾病和死亡并促进工作场所的安全和卫生，以此保护工人；

（3）在分析国家职业安全和卫生状况的基础上进行制定与审查，其中应包括对国家职业安全和卫生制度的分析；

（4）包括目的、目标和进展指标；

（5）在可能的情况下辅以其他有助于逐步实现安全和卫生的工作环境的配套国家方案与计划。

3. 该国家计划应广为宣传，并尽可能由国家最高权力机关批准和实施。

（……）所谓“全国性安全和卫生预防文化”是指，在这种文化中拥有安全和卫生的工作环境的权利在各个层次上被尊重，政府、雇主和工人通过明确的权利、责任和义务体系积极参与保障安全和卫生的工作环境，并且预防原则被赋予最高优先级。

（四）《孟加拉国消防和建筑安全协议》之背景[①]

关于该协议

《孟加拉国消防和建筑安全协议》签署于 2013 年 5 月 15 日。这是一个为期五年（延长至 2021 年 5 月）的独立、有法律约束力的协议，它由全球品牌商、零售商和工会共同达成，旨在建设安全而卫生的孟加拉成衣行业。该协议签署于拉那广场大楼倒塌事故发生后不久，这场事故导致 1100 多人

① Accord on Fire and Building Safety in Bangladesh（version 2017），http://bangladeshaccord.org/wp-content/uploads/2018－Accord-full-text.pdf；ACCORD（version 2013），http://bangladeshaccord.org/wp-content/uploads/2013/10/the_accord.pdf.

死亡和2000多人受伤。2013年6月，一项实施计划达成，该计划促成了2013年10月孟加拉协议基金会在荷兰的成立。

该协议包含六个重要部分：

1. 一个品牌商与工会达成的旨在保障孟加拉成衣行业安全和卫生工作环境的五年期、具有法律约束力的协议；

2. 一项由品牌商支持、工人与工会参与的独立检验计划；

3. 所有工厂、检验报告和纠正措施计划的公开披露；

4. 签署的品牌商保证有足够资金用以补救和维持采购关系；

5. 所有工厂中都有的、用以识别并应对卫生和安全风险的民主选举产生的卫生和安全委员会；

6. 通过广泛的培训计划、投诉机制和拒绝不安全工作的权利为工人赋权。

（五）《孟加拉国消防和建筑安全协议》之管理机制[①]

管理

1. （……）该协议应由指导委员会（Steering Committee，SC）管理，该委员会由缔约工会、公司选出的平等代表（每方最多3个席位）和国际劳工组织选出的作为中立主席和独立顾问的一位代表组成（……）

2. 该计划的行政和管理将以根据前述协议建立的现有结构、政策和计划为基础，且以不抵触孟加拉本国法的方式实施，并以在本协议结束时能有可靠的国家监管机构接手本工作为目标。

争端解决

3. 关于本协议条款或因之而产生的任何争议应向指导委员会提交并由其决定。争议提交至指导委员会后，指导委员会应采用修订后的争端解决程序（DRP）指明相关时限和程序，以便确立一个公平高效的程序。指导委员会的决策过程应获得协议秘书处的一位成员的支持，他会对各方进行初步调查并陈述事实与他们的建议。

当指导委员会不能解决争议时，争端解决程序还将为各方提供进入调解程序的机会以避免强制仲裁。任何一方可将指导委员会的决议上诉至终局性的具有约束力的仲裁程序。（……）

---

① Accord on Fire and Building Safety in Bangladesh (version 2017), http://bangladeshaccord.org/wp-content/uploads/2018 – Accord-full-text.pdf.

补救

7. 当国际工会联合会认为采取纠正措施对于使工厂符合建筑、消防及电气安全标准为必要时，指定该工厂为其供货商的缔约公司应当要求该工厂根据明确的时间表实施纠正措施，该时间表具有强制性、时限性并且为所有重大修缮分配了足够的时间。

9. 缔约公司应做出合理努力，确保因工厂解聘或协议活动引发的搬迁而失业的任何工人都能得到安全供应商提供的就业机会。

10. 缔约公司应要求其供货工厂尊重工人在有合理理由认为其工作不安全时拒绝工作的权利，包括拒绝进入或留在他/她有合理理由认为对该职业而言是不安全的建筑物内，且该工人不得因此遭受歧视或损失。

透明度和报告

14. 指导委员会应公开并定期更新和计划的重要方面有关的信息，包括：

（1）缔约公司在孟加拉国的所有供货商（含分包商）的单一汇总清单，该清单的形成基于应提供给指导委员会及各缔约公司的定期更新的数据；将特定公司与特定工厂联系起来的信息将被保密；

（2）由国际工会联合会制作的根据本计划被检查的所有工厂的书面检验报告，应根据本协议第 6 段的规定向利益相关者和公众披露；

（3）国际工会联合会关于任何工厂未迅速执行补救建议的公开声明，应当按指导委员会确定的上报程序发布；

（4）季度汇总报告，该报告既包括汇总的行业合规数据，也包括对迄今为止已完成检查与培训的所有工厂的调查结果、补救建议和对补救与培训进展情况的详细审查。

供应商激励

16. 各缔约公司应当要求其孟加拉供货商充分参与协议规定的检查、补救以及卫生与安全培训活动。如果供货商未能做到，缔约公司应当根据指导委员会制订的升级协议立即执行一个可能导致业务关系终止的通知和警告程序。

17. 为鼓励工厂遵守该计划的升级和补救要求，参与计划的品牌商和零售商将与其供货商就商业条款进行协商，确保维护安全的工作场所和遵守国际工会联合会制定的升级和补救要求对工厂而言在经济上可行。各缔约公司可以选择采用替代方式保证工厂具有遵守补救要求的经济能力，包括但不限于联合投资、提供贷款、取得捐赠或政府支持、提供商业鼓励或直接支付翻新费用。

18. 本协议的缔约公司承诺与孟加拉国保持长期的采购关系。

（六）《孟加拉协议》之《季度汇总报告》[①]

关键里程碑

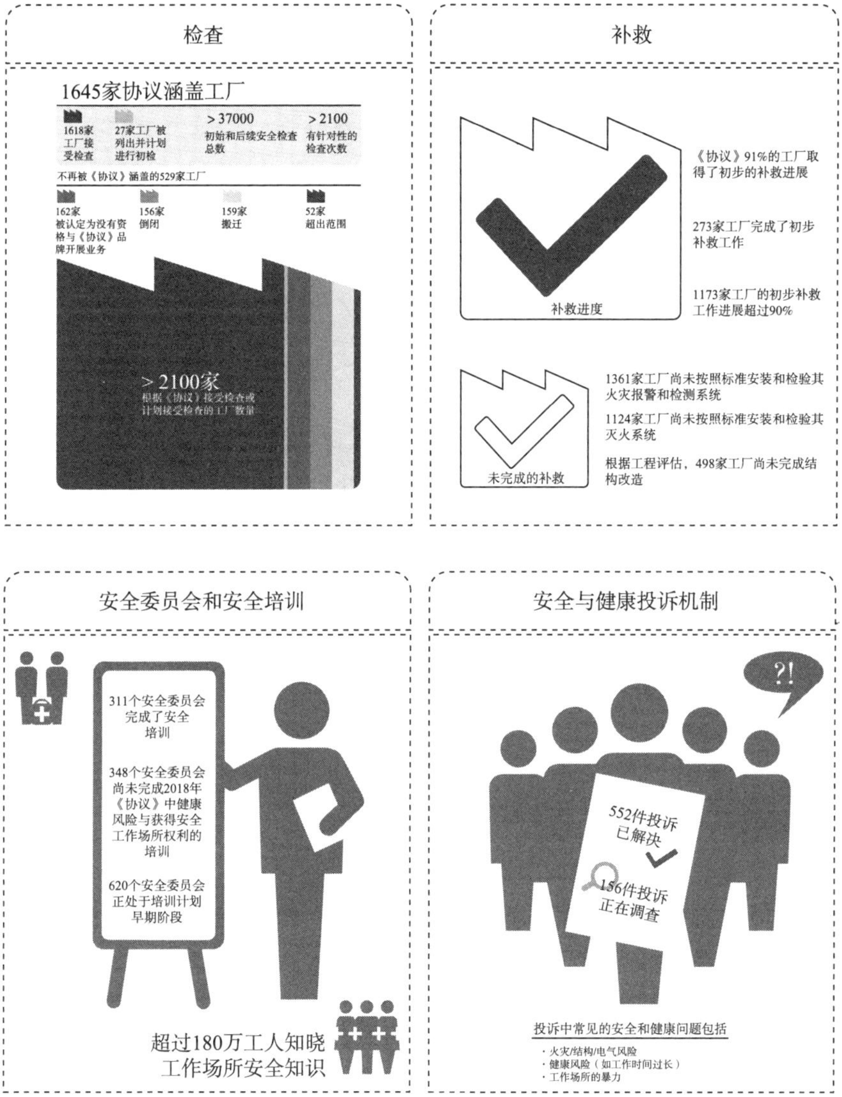

① Bangladesh Accord, *Quarterly Aggregate Report on Remediation Progress and Status of Workplace Programs at RMG Factories Covered by the Accord* (January 2020), https://bangladesh.wpengine.com/wp-content/uploads/2020/02/Accord_Quarterly_Aggregate_Report_January2020.pdf.

（七）《孟加拉协议》之《协议安全委员会手册》[①]

该手册旨在支持工人－管理层联合安全委员会为孟加拉国服装厂的工作场所安全作出有效贡献。该手册被分发给得到《孟加拉国消防和建筑安全协议》的（简称《协议》）支持和培训的安全委员会，但可用于孟加拉国成衣及相关行业中的任何工厂安全委员会。该手册基于《协议》向安全委员会提供培训课程。

工厂的安全委员会是任何工厂健康和安全计划的重要组成部分。为了使安全委员会有效运行，安全委员会中的工人和管理层代表都必须意识到自己的角色和责任，以不断识别、预防和解决工厂的安全问题。（……）

该协议所保护的工人权利有：

• 拒绝他们认为不安全的工作；

• 参与工厂安全委员会的工作；

• 当他们发现工厂存在安全问题时向《协议》机构提出投诉；

• 防止因报告安全相关事项而遭到报复；

• 在保护自身安全方面，不得因结社自由而遭到报复，这意味着工人有权单独地或通过工会集体地参与到使工作场所安全健康的工作中来，且能不受报复或歧视的影响。

（……）

检查和补救计划侧重于工厂的火灾、电气和结构的检查，并与工厂和品牌商合作，以消除已识别出的安全隐患。

《协议》工作场所计划的重点是使工人意识到安全隐患及其应对方法以及他们享有拥有安全工作场所的权利，并使工人参与确保工厂安全的工作。工作场所计划的关键要素包括：

ⅰ）在所有《协议》涵盖的工厂中培训安全委员会；

ⅱ）为工厂的所有工人举行有关健康和安全权利的信息发布会；

ⅲ）为工人提供独立的投诉机制，以使工人在不必担心遭到报复的情况下揭露健康和安全问题。

---

① Bangladesh Accord, *The Accord Handbook for Safety Committees* (2020), https://rsc-bd.org/storage/app/media/rsc-handbook-for-safety-committees-en.pdf.

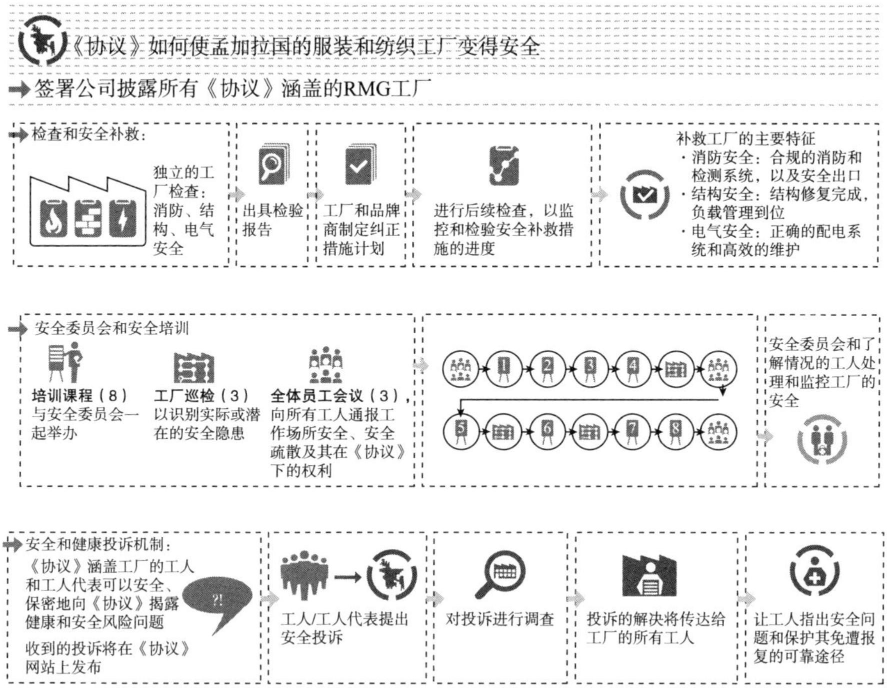

风险的控制

了解工厂中存在的风险只是减少工作中风险的第一步。某些风险可以完全消除，这显然是应对风险的最佳方法。但是许多风险无法完全消除，因此我们需要减少或控制这些风险。如下图所示，风险控制分为四个级别，称为风险控制金字塔：

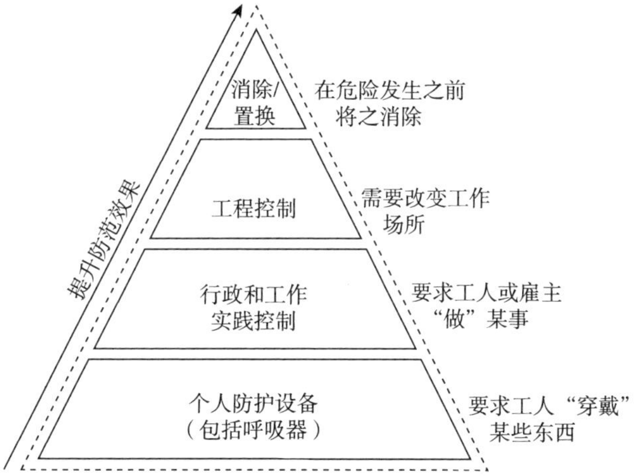

（八）《孟加拉国工人安全联盟成员协议》[①]

成员承诺：

- 支持孟加拉国成衣行业关于消防安全的国家三方行动计划（National Tripartite Plan of Action，NAP）；
- 保障工人能够在自身安全方面发挥积极作用，能够在无任何报复风险的情况下揭露不安全的工作条件；
- 与能够确保安全工作环境的工厂合作，且各成员承诺不从任何其认为不安全的工厂采购；
- 注重效果而非官僚主义的快速执行；
- 为各成员各自供应链上的全部工厂提供安全检查以及安全和赋权培训；
- 安全检查、安全和赋权培训的统一标准；
- 用透明度为所有利益相关者建立问责制；
- 分享有关培训、当前与未来消防和建筑安全检查和补救行动的信息；
- 尽力终止其供应链中的未授权分包，审查内部政策确保其为处理未授权分包问题的最佳做法；
- 对其工作进行独立监督和核查；
- 将不同利益相关者纳入执行决策与合作；
- 以孟加拉国为重心的保证并提升主要利益相关者能力（包括孟加拉国政府和孟加拉国工业）的框架制度；
- 承诺提供充足的资金资源以完成这些任务，并鼓励和协助建立可持续机制以实现这些目标。

为实现这些目标，联盟认识到同孟加拉政府、孟加拉国服装制造商和出口商协会（BGMEA）、孟加拉国针织品制造商和出口商协会（BKMEA）、工人权利组织、其他成衣购买群体和其他支持孟加拉成衣工厂安全工作条件的人建立合作关系的重要性。

为此，各成员同意下述财务承诺和有关工人安全计划的内容。联盟成员充分致力于为孟加拉国成衣行业的工人创造安全、可持续的条件，并由孟加拉国政府进行适当而审慎的监督和管理。联盟成员认识到他们的任务是为达到这些目标提供有意义的物质帮助并协助建立一个能够自力更生的孟加拉成衣行业，同时认识到该行业及其工人安全的最终负责和控制者为孟加拉国的

---

① 《孟加拉国工人安全联盟成员协议》，http://www.bangladeshworkersafety.org/files/Alliance-Member-Agreement-FINAL.pdf。

国家、政府和人民。

（九）国际金融公司《绩效标准4——社区健康、安全和安保》[①]

1.《绩效标准4》认识到，项目活动、设备和基础设施建设可能增加对社区的风险和影响。此外，已经受到气候变化影响的社区可能还会因项目活动出现影响加速和/或激化的情况。在认识到政府部门在促进公众健康与安全方面的作用的同时，本绩效标准界定了客户在避免或尽量降低因项目活动对社区健康、安全和治安方面产生的风险和影响的责任，特别需要关注弱势群体。(……)

社区健康和安全

5. 客户应对在项目周期内对社区的健康与安全所造成的风险和影响进行评估，并按照国际行业惯例规范，如世界银行集团《环境、健康与安全指南》（EHS 指南）或其他国际认可原则，来制定预防和控制措施。客户应识别风险和影响，并提出与风险和影响的性质和程度相称的缓解措施。这些措施将优先避免风险和影响，其后才是在最大程度上降低风险和影响。

社区疾病感染的风险

9. 客户应避免或在最大程度上降低因项目活动而使社区面临感染各种传染病的风险，包括通过水传播的、以水为基础的、与水相关的疾病，带菌者传播的疾病，同时应考虑弱势群体对此类疾病不同的感染风险以及更高的敏感性。(……)

10. 客户应避免或在最大程度上减少因临时性或永久性项目劳工的流入而造成传染病的传播。

应急准备和应对

11.（……）客户还应与受影响的社区、当地政府机构和其他相关方协作，帮助他们做好应急准备，特别是当他们为应对这种紧急状况有必要参与和协作的情况下。如果当地政府机构没有能力或没有足够的能力作出有效的应对，则客户应在准备应对与项目相关的紧急状况方面发挥积极作用。客户应将其应急准备和应对活动、资源以及所负责任记录备案，并向受影响的社区、相关政府机构和其他相关方披露适当的信息。

---

① Performance Standard 4, Community Health, Safety and Security (2012) (available also in Chinese), https://www.ifc.org/wps/wcm/connect/Topics_Ext_Content/IFC_External_Corporate_Site/Sustainability-At-IFC/Policies-Standards/Performance-Standards/.

安保人员

12. 如果客户直接聘用员工或合同工来为其人员和财产提供安保，则客户应评估其安保安排对项目场地内外人员所带来的风险。

（十）国际标准化组织《ISO 45001》[1]

本标准规定了对职业健康安全管理体系的要求，并提供了使用指南，以保证组织能够通过预防与工作有关的人身伤害与健康损害，以及主动提升其职业健康安全绩效来提供安全、健康的工作场所。

本文件适用于任何希望建立、实施和维持职业健康安全管理体系，以提高职业健康安全，消除危险并最大限度降低职业健康安全风险（包括系统缺陷），利用职业健康安全机会并解决其活动与职业健康安全管理体系间的不一致的组织。

本文件帮助组织实现其职业健康安全管理体系的预期成果。根据国际标准化组织的职业健康安全政策，职业健康安全管理体系的预期成果包括：

（1）职业健康安全绩效的持续改善；

（2）满足法律要求和其他要求；

（3）实现职业健康安全目标。

成功要素

职业健康安全管理体系的实施是组织的战略和运营决策。职业健康安全管理体系的成功取决于该组织所有层次与部门的领导能力、承诺和参与。

职业健康安全管理体系的实施和维持，其有效性和实现预期成果的能力取决于若干关键因素，其中包括：

（1）高层管理人员的领导能力、承诺、责任与问责；

（2）高层管理人员在组织中发展、领导和促成能支持实现职业健康安全管理体系预期成果的文化；

（3）沟通；

（4）工人以及工人代表（如有）的协商和参与；

（5）分配维持该体系的必要资源；

（6）符合组织总体战略目标和方向的职业健康安全政策；

（7）有效识别危险、控制职业健康安全风险和利用职业健康安全机会的程序；

---

① ISO 45001：2018，https://www.iso.org/obp/ui/#iso：std：iso：45001：ed-1：v1：en.

（8）对职业健康安全管理体系进行持续的绩效评估和监控，以提高职业健康安全绩效；

（9）职业健康安全管理体系与组织业务流程的整合；

（10）职业健康安全目标与职业健康安全政策相一致，并考虑组织的危险、职业健康安全风险和职业健康安全机会；

（11）符合其法律要求和其他要求。

（十一）英美资源集团《行为准则：践行我们的价值》①

我们相信，安全、健康和环境管理的健全程序是良好管理实践的基本要素，并且对于创造安全、高效的工作场所和维护营业执照至关重要。

安全

我们相信，所有的伤害都是可以预防的——我们的目标是在我们的经营活动中及周边工作的人员“零伤害”。我们承担维护安全、有保障的工作场所的个体责任——我们的经营活动应有基本安全、设计良好、维护良好的工厂、设备和基础设施，并具有有效的安全管理系统。

除了内部的政策和要求，我们还遵守所有适用的安全法律。我们确保所有的员工都经适当培训以保障自身安全，并且在经营活动中一贯适用安全标准。我们严格地从事故中吸取教训并防止再次发生。我们希望顾问、代理商、承包商和供货商遵守我们的安全政策和要求。

始终：

——了解适用于你的工作的安全要求和紧急程序，包括你必须穿戴的个人防护装备（PPE）。

——识别、评估和管理重大风险。

——留意你的同事，并向你的业务经理提出任何潜在的安全问题。

——诚实、公开地处理安全问题。

——报告任何事故、伤害或疾病。

——从安全事故中吸取教训并采取行动。

——在认为不安全时停止工作。

决不：

——开始你没有资质执行的工作。

① Anglo American, *Our Code of Conduct-Our Values in Action* (2016), http://www.angloamerican.com/~/media/Files/A/Anglo-American-PLC-V2/documents/approach-and-policies/sustainability/our-code-of-conduct-english.pdf.

——忽视安全问题，不管它看起来有多小。

——对安全控制未就位、未被遵守或未起效等问题视而不见。

——假设其他人会报告风险或担忧；安全是每个人的责任。

健康

提供健康的工作环境是我们在法律和道德上的义务，也是对企业生产力的投资。

所有的员工都应能够在每次轮班结束后健康回家，并在其工作生涯中持续如此。我们最重要的焦点是从源头上消除健康危害。我们相信，投资支持健康生活方式和情绪恢复能力的康乐项目能够提高员工敬业度和生产力。我们还努力支持那些需应付长期身体或心理问题的员工。

我们认为长期承包商应从与员工相同的健康标准中受益。除了我们自己的政策和要求，我们还遵守所有适用的卫生法律。

始终：

——穿戴必要的个人防护装备并遵守规定的工作流程，对自己的健康负责。

——对工作地区普遍存在的传染病采取适当的预防措施。

——主动识别健康风险并向经理汇报。

——确保在进行日常工作时正确的控制措施到位。

决不：

——未遵守强制性个人防护装备要求。

——忽视控制措施上的错误——承担报告并预防伤害的责任。

（十二）全球报告倡议组织《可持续发展报告指南》[①]

职业健康与安全

G4－LA5 在由劳资双方组建的职工健康与安全委员会中，能帮助员工监督和评价健康与安全相关项目的员工代表所占的百分比

1. 说明每个正式职工健康与安全委员会在机构内通常运作的层级。

2. 说明在正式职工健康与安全委员会中劳方代表的比重。

G4－LA6 按地区和性别划分的工伤类别、工伤率、职业病发生率、误工率及缺勤率，以及因公死亡事故数

---

① Global Reporting Initiative, *G4 Sustainability Reporting Guidelines* (2013), https://respect.international/wp-content/uploads/2017/10/G4-Sustainability-Reporting-Guidelines-Implementation-Manual-GRI-2013.pdf.

1. 按以下类别，说明劳动力总数（即正式员工加上非正式员工）中，工伤的类别、工伤率（IR）、职业病发生率（ODR）、误工率（LDR）、缺勤率（AR）和因公死亡事故数。

- 地区；
- 性别。

2. 按以下类别，说明对工作环境总体安全负有责任的独立承包商中，工伤率（IR）、职业病发生率（ODR）、误工率（LDR）、缺勤率（AR）和因公死亡事故数。

- 地区；
- 性别。

3. 说明有关事故统计记录和报告的制度体系。

G4－LA7 从事高职业病风险职业的工人

1. 说明是否有工人从事某些高职业病风险的职业活动。

G4－LA8 与工会达成的正式协议中的健康与安全议题

1. 说明与工会达成的正式协议（当地或全球性的）是否包含健康与安全条款。

2. 如果包含，说明这些协议中包含哪些健康与安全议题，及议题所占的比例。

（十三）人权与商业困境论坛①

企业面临的风险

法律风险

大多数国家都有关于职业健康安全保护的立法。如果某公司违反了有关健康和安全限制的任何立法，那么它可能面临处罚。处罚可能包括罚款、补救、对员工的损害赔偿或补偿。

经营风险和业务连续性风险

不良的健康和安全措施以及不安全的工作场所增加了发生事故的风险，从而导致工作中断、停工或员工短缺。公司存在直接和间接风险。

直接风险包括：

- 必要员工的流失；

---

① Human Rights and Business Dilemmas Forum, https://bhr-navigator.unglobalcompact.org/issues/occupational-safety-and-health/.

- 事故导致的业务中断；
- 产品或机器设备损坏；
- 保险费增加；
- 改善工作场所系统的成本。

间接风险包括：

- 工作满意度和士气的降低；
- 缺勤增加；
- 有时需要在工人生病或受伤时培训替代员工；
- 供应链中的名誉损失。

对责任企业的建议

采取具有前瞻性的人权合规政策和与之匹配的程序

政策

- 遵守有关健康和安全的国家法律，如提供防护衣物和设备、确保机器处于良好的工作状态并调节温度和通风。如果当地法律与公司政策不同，则应采用更高的标准。公司的健康和安全政策应遵循国际劳工组织《职业安全和卫生公约》。
- 如果没有关于职业健康安全的国家法律或者法律薄弱或执行不力，公司政策应致力于符合国际标准，符合国际劳工组织第155号《职业安全和卫生公约》、第164号《职业安全和卫生建议书》和第174号《预防重大工业事故公约》。
- 致力于符合国际卫生和安全自愿准则（包括OHSAS 18001）和补充标准（包括ISO 14000和ISO 14001）。职业健康安全评估系列帮助组织处理其经营活动中的健康和安全风险。采用OHSAS标准的公司有可口可乐、利盟和IBM。
- 确保公司的健康和安全政策适应行业或部门的特殊风险。
- 允许员工提出关于健康和安全问题的符合鲁格框架的申诉机制。
- 与跨国公司签订的供应商合同必须符合跨国公司的社会政策，并维持用以处理有关健康和安全的索赔的申诉程序。例如，力拓集团的健康、安全、环境和质量（HSEQ）管理体系标准要求“主要承包商、供应商和与其有实质性关系的其他人”必须遵守该标准。

程序

- 通过适当地建立综合管理体系来实施健康和安全计划，以确保政策的实现。例如，通用电气（GE）有一个以四个关键部分为重心的环境、健康和安全（EHS）综合管理体系。其关键部分包括：(1) 与环境、健康和安全绩效相关的运营责任和问责制；(2) 适用于公司全球业务的计划；(3) 有效的培训和工具；(4) 指标（……）

- 监测行业内事故和不良行为的发生率以及社会和经济背景，以便衡量工作场所的潜在风险以及健康和安全问题是如何影响特定行业和工作场所的。
- 将所有健康和安全政策、相关指南和程序有效地传达给全体员工，并在相关时传达给供货商、分包商和商业伙伴。
- 为员工提供定期培训和意识建设，使他们意识到发生事故的风险以及长时间不间断工作的相关危险。其还应促进有关健康和安全实践的意识、共同责任和问责制的培育。
- 持续审查和改进健康和安全政策及程序，以确保其符合最佳实践并相应地培训管理人员。美国陶氏通过其环境、健康和安全委员会监督健康和安全政策。该委员会的职能包括审查健康和安全政策以及管理健康和安全实践。委员会向公司董事会报告工作从而履行其在环境健康和安全政策方面的职责。
- 为员工和供货商提供申诉程序。其可以是内部的，也可以是行业层面的（如监察员）。

（十四）国际劳工组织《工作场所事故与职业病调查指南》[①]

事故调查清单

1. 接到事故通知后应采取的行动

(……)

2. 搜集信息

(1) 抵达现场后，确定雇主和工人代表并说明来访目的。

(2) 对于每个受伤工人，请收集以下信息（此清单并非详尽无遗）：

- 工伤具体细节、严重程度与发生过程，受伤人员职务、在岗工作史、出生日期和联系方式；
- 事故发生的地点和时间；
- 事故发生时，操作员的实际工作细节及所执行的作业制度；

① ILO, *Investigation of Occupational Accidents and Diseases-A Practical Guide for Labour Inspectors* (2015), http://www.ilo.org/labadmin/info/pubs/WCMS_346714/lang--en/index.htm.

- 事故发生时在用设备的详细情况（包括生产商、型号和序列号）以及其他设备的状况（梯子、脚手架、电线和个人安全防护用品）；
- 事故发生前后在用设备的确切状况（位置、防护装置和控制开关位置）；
- 事故现场其他人员的信息（姓名、联系方式和职务）及其在事故发生时正在进行的作业和所执行的作业制度；
- 伤员工作岗位所执行的的作业制度，事故发生时是否存在违章作业；
- 事故发生时的现场环境（如白天还是黑夜、天气情况）；
- 工作场所一般性状况，包括现场整洁情况、照明、噪声水平、车辆移动情况、通风设备和福利设施。

（3）取得下列书面证据（此清单并非详尽无遗）：

（……）

（4）询问证人：

- 确定所有证人，并在规划完成后开始询问；
- 使用 PEACE 模式（规划 Plan、接触 Engage、记录/质疑 Account/Challenge、结束 Closure、评估 Evaluate）；
- 使用“TED”（开放式）问题来获取信息；
- 使用封闭式问题来澄清事实或获取具体信息。

3. 分析所得信息

完成时间表的安排以确定事故发生的顺序，并用事故树分析法查找事故发生的原因。继续追问直至无法获得有意义的信息。

4. 提出风险控制措施

找出所有可能的预防性控制措施并确定将来应执行哪些措施，如有可能，遵循以下控制措施的优先次序：消除、替代、工程控制、管理措施、个人安全防护用品。

5. 监测行动计划的执行情况

确保旨在改善工作条件的要求已经完成，其中包括进行跟踪回访。

6. 完成调查报告/记录信息

四　中国相关文件与材料

（一）国家法律法规

1.《中华人民共和国职业病防治法（2018 修正）》

第十五条　产生职业病危害的用人单位的设立除应当符合法律、行政法规规定的设立条件外，其工作场所还应当符合下列职业卫生要求：

（一）职业病危害因素的强度或者浓度符合国家职业卫生标准；

（二）有与职业病危害防护相适应的设施；

（三）生产布局合理，符合有害与无害作业分开的原则；

（四）有配套的更衣间、洗浴间、孕妇休息间等卫生设施；

（五）设备、工具、用具等设施符合保护劳动者生理、心理健康的要求；

（六）法律、行政法规和国务院卫生行政部门关于保护劳动者健康的其他要求。

第十六条　国家建立职业病危害项目申报制度。

用人单位工作场所存在职业病目录所列职业病的危害因素的，应当及时、如实向所在地卫生行政部门申报危害项目，接受监督。

第二十条　用人单位应当采取下列职业病防治管理措施：

（一）设置或者指定职业卫生管理机构或者组织，配备专职或者兼职的职业卫生管理人员，负责本单位的职业病防治工作；

（二）制定职业病防治计划和实施方案；

（三）建立、健全职业卫生管理制度和操作规程；

（四）建立、健全职业卫生档案和劳动者健康监护档案；

（五）建立、健全工作场所职业病危害因素监测及评价制度；

（六）建立、健全职业病危害事故应急救援预案。

第二十一条　用人单位应当保障职业病防治所需的资金投入，不得挤占、挪用，并对因资金投入不足导致的后果承担责任。

第二十二条　用人单位必须采用有效的职业病防护设施，并为劳动者提供个人使用的职业病防护用品。

用人单位为劳动者个人提供的职业病防护用品必须符合防治职业病的要求；不符合要求的，不得使用。

第二十三条　用人单位应当优先采用有利于防治职业病和保护劳动者健康的新技术、新工艺、新设备、新材料，逐步替代职业病危害严重的技术、工艺、设备、材料。

第二十四条　产生职业病危害的用人单位，应当在醒目位置设置公告栏，公布有关职业病防治的规章制度、操作规程、职业病危害事故应急救援措施和工作场所职业病危害因素检测结果。

对产生严重职业病危害的作业岗位，应当在其醒目位置，设置警示标识和中文警示说明。警示说明应当载明产生职业病危害的种类、后果、预防以及应急救治措施等内容。

第二十五条　对可能发生急性职业损伤的有毒、有害工作场所，用人单位应当设置报警装置，配置现场急救用品、冲洗设备、应急撤离通道和必要的泄险区。

对放射工作场所和放射性同位素的运输、贮存，用人单位必须配置防护设备和报警装置，保证接触放射线的工作人员佩戴个人剂量计。

对职业病防护设备、应急救援设施和个人使用的职业病防护用品，用人单位应当进行经常性的维护、检修，定期检测其性能和效果，确保其处于正常状态，不得擅自拆除或者停止使用。

第二十六条 用人单位应当实施由专人负责的职业病危害因素日常监测，并确保监测系统处于正常运行状态。

用人单位应当按照国务院卫生行政部门的规定，定期对工作场所进行职业病危害因素检测、评价。检测、评价结果存入用人单位职业卫生档案，定期向所在地卫生行政部门报告并向劳动者公布。

第三十四条 用人单位的主要负责人和职业卫生管理人员应当接受职业卫生培训，遵守职业病防治法律、法规，依法组织本单位的职业病防治工作。

用人单位应当对劳动者进行上岗前的职业卫生培训和在岗期间的定期职业卫生培训，普及职业卫生知识，督促劳动者遵守职业病防治法律、法规、规章和操作规程，指导劳动者正确使用职业病防护设备和个人使用的职业病防护用品。

劳动者应当学习和掌握相关的职业卫生知识，增强职业病防范意识，遵守职业病防治法律、法规、规章和操作规程，正确使用、维护职业病防护设备和个人使用的职业病防护用品，发现职业病危害事故隐患应当及时报告。

劳动者不履行前款规定义务的，用人单位应当对其进行教育。

第三十八条 用人单位不得安排未成年工从事接触职业病危害的作业；不得安排孕期、哺乳期的女职工从事对本人和胎儿、婴儿有危害的作业。

第三十九条 劳动者享有下列职业卫生保护权利：

（一）获得职业卫生教育、培训；

（二）获得职业健康检查、职业病诊疗、康复等职业病防治服务；

（三）了解工作场所产生或者可能产生的职业病危害因素、危害后果和应当采取的职业病防护措施；

（四）要求用人单位提供符合防治职业病要求的职业病防护设施和个人使用的职业病防护用品，改善工作条件；

（五）对违反职业病防治法律、法规以及危及生命健康的行为提出批评、检举和控告；

（六）拒绝违章指挥和强令进行没有职业病防护措施的作业；

（七）参与用人单位职业卫生工作的民主管理，对职业病防治工作提出意见和建议。

用人单位应当保障劳动者行使前款所列权利。因劳动者依法行使正当权利而降低其工资、福利等待遇或者解除、终止与其订立的劳动合同的，其行为无效。

2.《中华人民共和国劳动法（2018 修正）》

第五十二条 用人单位必须建立、健全劳动安全卫生制度，严格执行国家劳动安全卫生规程和标准，对劳动者进行劳动安全卫生教育，防止劳动过程中的事故，减少职业危害。

第五十三条 劳动安全卫生设施必须符合国家规定的标准。

新建、改建、扩建工程的劳动安全卫生设施必须与主体工程同时设计、同时施工、同时投入生产和使用。

第五十四条　用人单位必须为劳动者提供符合国家规定的劳动安全卫生条件和必要的劳动防护用品，对从事有职业危害作业的劳动者应当定期进行健康检查。

3.《中华人民共和国安全生产法（2014修订）》

第二条　在中华人民共和国领域内从事生产经营活动的单位（以下统称生产经营单位）的安全生产，适用本法；有关法律、行政法规对消防安全和道路交通安全、铁路交通安全、水上交通安全、民用航空安全以及核与辐射安全、特种设备安全另有规定的，适用其规定。

第三条　安全生产工作应当以人为本，坚持安全发展，坚持安全第一、预防为主、综合治理的方针，强化和落实生产经营单位的主体责任，建立生产经营单位负责、职工参与、政府监管、行业自律和社会监督的机制。

第四条　生产经营单位必须遵守本法和其他有关安全生产的法律、法规，加强安全生产管理，建立、健全安全生产责任制和安全生产规章制度，改善安全生产条件，推进安全生产标准化建设，提高安全生产水平，确保安全生产。

第五条　生产经营单位的主要负责人对本单位的安全生产工作全面负责。

第六条　生产经营单位的从业人员有依法获得安全生产保障的权利，并应当依法履行安全生产方面的义务。

第七条　工会依法对安全生产工作进行监督。

生产经营单位的工会依法组织职工参加本单位安全生产工作的民主管理和民主监督，维护职工在安全生产方面的合法权益。生产经营单位制定或者修改有关安全生产的规章制度，应当听取工会的意见。

第十九条　生产经营单位的安全生产责任制应当明确各岗位的责任人员、责任范围和考核标准等内容。

生产经营单位应当建立相应的机制，加强对安全生产责任制落实情况的监督考核，保证安全生产责任制的落实。

第二十条　生产经营单位应当具备的安全生产条件所必需的资金投入，由生产经营单位的决策机构、主要负责人或者个人经营的投资人予以保证，并对由于安全生产所必需的资金投入不足导致的后果承担责任。

有关生产经营单位应当按照规定提取和使用安全生产费用，专门用于改善安全生产条件。安全生产费用在成本中据实列支。安全生产费用提取、使用和监督管理的具体办法由国务院财政部门会同国务院安全生产监督管理部门征求国务院有关部门意见后制定。

第二十一条　矿山、金属冶炼、建筑施工、道路运输单位和危险物品的生产、经营、储存单位，应当设置安全生产管理机构或者配备专职安全生产管理人员。

前款规定以外的其他生产经营单位，从业人员超过一百人的，应当设置安全生产管理机构或者配备专职安全生产管理人员；从业人员在一百人以下的，应当配备专职或者兼职的安全生产管理人员。

第二十二条 生产经营单位的安全生产管理机构以及安全生产管理人员履行下列职责：

（一）组织或者参与拟订本单位安全生产规章制度、操作规程和生产安全事故应急救援预案；

（二）组织或者参与本单位安全生产教育和培训，如实记录安全生产教育和培训情况；

（三）督促落实本单位重大危险源的安全管理措施；

（四）组织或者参与本单位应急救援演练；

（五）检查本单位的安全生产状况，及时排查生产安全事故隐患，提出改进安全生产管理的建议；

（六）制止和纠正违章指挥、强令冒险作业、违反操作规程的行为；

（七）督促落实本单位安全生产整改措施。

第二十三条 生产经营单位的安全生产管理机构以及安全生产管理人员应当恪尽职守，依法履行职责。

生产经营单位作出涉及安全生产的经营决策，应当听取安全生产管理机构以及安全生产管理人员的意见。

生产经营单位不得因安全生产管理人员依法履行职责而降低其工资、福利等待遇或者解除与其订立的劳动合同。

危险物品的生产、储存单位以及矿山、金属冶炼单位的安全生产管理人员的任免，应当告知主管的负有安全生产监督管理职责的部门。

第二十四条 生产经营单位的主要负责人和安全生产管理人员必须具备与本单位所从事的生产经营活动相应的安全生产知识和管理能力。

危险物品的生产、经营、储存单位以及矿山、金属冶炼、建筑施工、道路运输单位的主要负责人和安全生产管理人员，应当由主管的负有安全生产监督管理职责的部门对其安全生产知识和管理能力考核合格。考核不得收费。

危险物品的生产、储存单位以及矿山、金属冶炼单位应当有注册安全工程师从事安全生产管理工作。鼓励其他生产经营单位聘用注册安全工程师从事安全生产管理工作。注册安全工程师按专业分类管理，具体办法由国务院人力资源和社会保障部门、国务院安全生产监督管理部门会同国务院有关部门制定。

第二十五条 生产经营单位应当对从业人员进行安全生产教育和培训，保证从业人员具备必要的安全生产知识，熟悉有关的安全生产规章制度和安全操作规程，掌握本岗位的安全操作技能，了解事故应急处理措施，知悉自身在安全生产方面的权利和义务。未经安全生产教育和培训合格的从业人员，不得上岗作业。

生产经营单位使用被派遣劳动者的，应当将被派遣劳动者纳入本单位从业人员统一管理，对被派遣劳动者进行岗位安全操作规程和安全操作技能的教育和培训。劳务派遣单位应当对被派遣劳动者进行必要的安全生产教育和培训。

生产经营单位接收中等职业学校、高等学校学生实习的，应当对实习学生进行相应的安全生产教育和培训，提供必要的劳动防护用品。学校应当协助生产经营单位对实习学生进行安全生产教育和培训。

生产经营单位应当建立安全生产教育和培训档案，如实记录安全生产教育和培训的时间、内容、参加人员以及考核结果等情况。

第二十六条　生产经营单位采用新工艺、新技术、新材料或者使用新设备，必须了解、掌握其安全技术特性，采取有效的安全防护措施，并对从业人员进行专门的安全生产教育和培训。

第二十七条　生产经营单位的特种作业人员必须按照国家有关规定经专门的安全作业培训，取得相应资格，方可上岗作业。

特种作业人员的范围由国务院安全生产监督管理部门会同国务院有关部门确定。

第二十八条　生产经营单位新建、改建、扩建工程项目（以下统称建设项目）的安全设施，必须与主体工程同时设计、同时施工、同时投入生产和使用。安全设施投资应当纳入建设项目概算。

第二十九条　矿山、金属冶炼建设项目和用于生产、储存、装卸危险物品的建设项目，应当按照国家有关规定进行安全评价。

第三十条　建设项目安全设施的设计人、设计单位应当对安全设施设计负责。

矿山、金属冶炼建设项目和用于生产、储存、装卸危险物品的建设项目的安全设施设计应当按照国家有关规定报经有关部门审查，审查部门及其负责审查的人员对审查结果负责。

第三十一条　矿山、金属冶炼建设项目和用于生产、储存、装卸危险物品的建设项目的施工单位必须按照批准的安全设施设计施工，并对安全设施的工程质量负责。

矿山、金属冶炼建设项目和用于生产、储存危险物品的建设项目竣工投入生产或者使用前，应当由建设单位负责组织对安全设施进行验收；验收合格后，方可投入生产和使用。安全生产监督管理部门应当加强对建设单位验收活动和验收结果的监督核查。

第三十二条　生产经营单位应当在有较大危险因素的生产经营场所和有关设施、设备上，设置明显的安全警示标志。

第三十三条　安全设备的设计、制造、安装、使用、检测、维修、改造和报废，应当符合国家标准或者行业标准。

生产经营单位必须对安全设备进行经常性维护、保养，并定期检测，保证正常运转。维护、保养、检测应当作好记录，并由有关人员签字。

第三十四条　生产经营单位使用的危险物品的容器、运输工具，以及涉及人身安全、危险性较大的海洋石油开采特种设备和矿山井下特种设备，必须按照国家有关规定，由专业生产单位生产，并经具有专业资质的检测、检验机构检测、检验合格，取得安全使用证或者安全标志，方可投入使用。检测、检验机构对检测、检验结果负责。

第三十五条　国家对严重危及生产安全的工艺、设备实行淘汰制度，具体目录由国务院安全生产监督管理部门会同国务院有关部门制定并公布。法律、行政法规对目录的制定另有规定的，适用其规定。

省、自治区、直辖市人民政府可以根据本地区实际情况制定并公布具体目录，对前款规定以外的危及生产安全的工艺、设备予以淘汰。

生产经营单位不得使用应当淘汰的危及生产安全的工艺、设备。

第三十六条 生产、经营、运输、储存、使用危险物品或者处置废弃危险物品的，由有关主管部门依照有关法律、法规的规定和国家标准或者行业标准审批并实施监督管理。

生产经营单位生产、经营、运输、储存、使用危险物品或者处置废弃危险物品，必须执行有关法律、法规和国家标准或者行业标准，建立专门的安全管理制度，采取可靠的安全措施，接受有关主管部门依法实施的监督管理。

第三十七条 生产经营单位对重大危险源应当登记建档，进行定期检测、评估、监控，并制定应急预案，告知从业人员和相关人员在紧急情况下应当采取的应急措施。

生产经营单位应当按照国家有关规定将本单位重大危险源及有关安全措施、应急措施报有关地方人民政府安全生产监督管理部门和有关部门备案。

第三十八条 生产经营单位应当建立健全生产安全事故隐患排查治理制度，采取技术、管理措施，及时发现并消除事故隐患。事故隐患排查治理情况应当如实记录，并向从业人员通报。

县级以上地方各级人民政府负有安全生产监督管理职责的部门应当建立健全重大事故隐患治理督办制度，督促生产经营单位消除重大事故隐患。

第三十九条 生产、经营、储存、使用危险物品的车间、商店、仓库不得与员工宿舍在同一座建筑物内，并应当与员工宿舍保持安全距离。

生产经营场所和员工宿舍应当设有符合紧急疏散要求、标志明显、保持畅通的出口。禁止锁闭、封堵生产经营场所或者员工宿舍的出口。

第四十条 生产经营单位进行爆破、吊装以及国务院安全生产监督管理部门会同国务院有关部门规定的其他危险作业，应当安排专门人员进行现场安全管理，确保操作规程的遵守和安全措施的落实。

第四十一条 生产经营单位应当教育和督促从业人员严格执行本单位的安全生产规章制度和安全操作规程；并向从业人员如实告知作业场所和工作岗位存在的危险因素、防范措施以及事故应急措施。

第四十二条 生产经营单位必须为从业人员提供符合国家标准或者行业标准的劳动防护用品，并监督、教育从业人员按照使用规则佩戴、使用。

第四十三条 生产经营单位的安全生产管理人员应当根据本单位的生产经营特点，对安全生产状况进行经常性检查；对检查中发现的安全问题，应当立即处理；不能处理的，应当及时报告本单位有关负责人，有关负责人应当及时处理。检查及处理情况应当如实记录在案。

生产经营单位的安全生产管理人员在检查中发现重大事故隐患，依照前款规定向本单位有关负责人报告，有关负责人不及时处理的，安全生产管理人员可以向主管的负有安全生产监督管理职责的部门报告，接到报告的部门应当依法及时处理。

第四十四条　生产经营单位应当安排用于配备劳动防护用品、进行安全生产培训的经费。

第四十五条　两个以上生产经营单位在同一作业区域内进行生产经营活动，可能危及对方生产安全的，应当签订安全生产管理协议，明确各自的安全生产管理职责和应当采取的安全措施，并指定专职安全生产管理人员进行安全检查与协调。

第四十六条　生产经营单位不得将生产经营项目、场所、设备发包或者出租给不具备安全生产条件或者相应资质的单位或者个人。

生产经营项目、场所发包或者出租给其他单位的，生产经营单位应当与承包单位、承租单位签订专门的安全生产管理协议，或者在承包合同、租赁合同中约定各自的安全生产管理职责；生产经营单位对承包单位、承租单位的安全生产工作统一协调、管理，定期进行安全检查，发现安全问题的，应当及时督促整改。

第四十七条　生产经营单位发生生产安全事故时，单位的主要负责人应当立即组织抢救，并不得在事故调查处理期间擅离职守。

第四十八条　生产经营单位必须依法参加工伤保险，为从业人员缴纳保险费。

国家鼓励生产经营单位投保安全生产责任保险。

第四十九条　生产经营单位与从业人员订立的劳动合同，应当载明有关保障从业人员劳动安全、防止职业危害的事项，以及依法为从业人员办理工伤保险的事项。

生产经营单位不得以任何形式与从业人员订立协议，免除或者减轻其对从业人员因生产安全事故伤亡依法应承担的责任。

第五十条　生产经营单位的从业人员有权了解其作业场所和工作岗位存在的危险因素、防范措施及事故应急措施，有权对本单位的安全生产工作提出建议。

第五十一条　从业人员有权对本单位安全生产工作中存在的问题提出批评、检举、控告；有权拒绝违章指挥和强令冒险作业。

生产经营单位不得因从业人员对本单位安全生产工作提出批评、检举、控告或者拒绝违章指挥、强令冒险作业而降低其工资、福利等待遇或者解除与其订立的劳动合同。

第五十二条　从业人员发现直接危及人身安全的紧急情况时，有权停止作业或者在采取可能的应急措施后撤离作业场所。

生产经营单位不得因从业人员在前款紧急情况下停止作业或者采取紧急撤离措施而降低其工资、福利等待遇或者解除与其订立的劳动合同。

第五十三条　因生产安全事故受到损害的从业人员，除依法享有工伤保险外，依照有关民事法律尚有获得赔偿的权利的，有权向本单位提出赔偿要求。

第五十四条　从业人员在作业过程中，应当严格遵守本单位的安全生产规章制度和操作规程，服从管理，正确佩戴和使用劳动防护用品。

第五十五条　从业人员应当接受安全生产教育和培训，掌握本职工作所需的安全生产知识，提高安全生产技能，增强事故预防和应急处理能力。

第五十六条　从业人员发现事故隐患或者其他不安全因素，应当立即向现场安全生产管理人员或者本单位负责人报告；接到报告的人员应当及时予以处理。

第五十七条 工会有权对建设项目的安全设施与主体工程同时设计、同时施工、同时投入生产和使用进行监督，提出意见。

工会对生产经营单位违反安全生产法律、法规，侵犯从业人员合法权益的行为，有权要求纠正；发现生产经营单位违章指挥、强令冒险作业或者发现事故隐患时，有权提出解决的建议，生产经营单位应当及时研究答复；发现危及从业人员生命安全的情况时，有权向生产经营单位建议组织从业人员撤离危险场所，生产经营单位必须立即作出处理。

工会有权依法参加事故调查，向有关部门提出处理意见，并要求追究有关人员的责任。

第五十八条 生产经营单位使用被派遣劳动者的，被派遣劳动者享有本法规定的从业人员的权利，并应当履行本法规定的从业人员的义务。

4.《中华人民共和国煤炭法（2016 修正）》

第七条 煤矿企业必须坚持安全第一、预防为主的安全生产方针，建立健全安全生产的责任制度和群防群治制度。

第八条 各级人民政府及其有关部门和煤矿企业必须采取措施加强劳动保护，保障煤矿职工的安全和健康。

国家对煤矿井下作业的职工采取特殊保护措施。

第二十条 煤矿投入生产前，煤矿企业应当依照有关安全生产的法律、行政法规的规定取得安全生产许可证。未取得安全生产许可证的，不得从事煤炭生产。

第三十一条 煤矿企业的安全生产管理，实行矿务局长、矿长负责制。

第三十二条 矿务局长、矿长及煤矿企业的其他主要负责人必须遵守有关矿山安全的法律、法规和煤炭行业安全规章、规程，加强对煤矿安全生产工作的管理，执行安全生产责任制度，采取有效措施，防止伤亡和其他安全生产事故的发生。

第三十三条 煤矿企业应当对职工进行安全生产教育、培训；未经安全生产教育、培训的，不得上岗作业。

煤矿企业职工必须遵守有关安全生产的法律、法规、煤炭行业规章、规程和企业规章制度。

第三十四条 在煤矿井下作业中，出现危及职工生命安全并无法排除的紧急情况时，作业现场负责人或者安全管理人员应当立即组织职工撤离危险现场，并及时报告有关方面负责人。

第三十五条 煤矿企业工会发现企业行政方面违章指挥、强令职工冒险作业或者生产过程中发现明显重大事故隐患，可能危及职工生命安全的情况，有权提出解决问题的建议，煤矿企业行政方面必须及时作出处理决定。企业行政方面拒不处理的，工会有权提出批评、检举和控告。

第三十六条 煤矿企业必须为职工提供保障安全生产所需的劳动保护用品。

第三十七条 煤矿企业应当依法为职工参加工伤保险缴纳工伤保险费。鼓励企业为井下作业职工办理意外伤害保险，支付保险费。

第三十八条　煤矿企业使用的设备、器材、火工产品和安全仪器，必须符合国家标准或者行业标准。

5.《工伤保险条例（2010 修订)》

第二条　中华人民共和国境内的企业、事业单位、社会团体、民办非企业单位、基金会、律师事务所、会计师事务所等组织和有雇工的个体工商户（以下称用人单位）应当依照本条例规定参加工伤保险，为本单位全部职工或者雇工（以下称职工）缴纳工伤保险费。

中华人民共和国境内的企业、事业单位、社会团体、民办非企业单位、基金会、律师事务所、会计师事务所等组织的职工和个体工商户的雇工，均有依照本条例的规定享受工伤保险待遇的权利。

第四条　用人单位应当将参加工伤保险的有关情况在本单位内公示。

用人单位和职工应当遵守有关安全生产和职业病防治的法律法规，执行安全卫生规程和标准，预防工伤事故发生，避免和减少职业病危害。

职工发生工伤时，用人单位应当采取措施使工伤职工得到及时救治。

第十条　用人单位应当按时缴纳工伤保险费。职工个人不缴纳工伤保险费。

用人单位缴纳工伤保险费的数额为本单位职工工资总额乘以单位缴费费率之积。

对难以按照工资总额缴纳工伤保险费的行业，其缴纳工伤保险费的具体方式，由国务院社会保险行政部门规定。

第十四条　职工有下列情形之一的，应当认定为工伤：

（一）在工作时间和工作场所内，因工作原因受到事故伤害的；

（二）工作时间前后在工作场所内，从事与工作有关的预备性或者收尾性工作受到事故伤害的；

（三）在工作时间和工作场所内，因履行工作职责受到暴力等意外伤害的；

（四）患职业病的；

（五）因工外出期间，由于工作原因受到伤害或者发生事故下落不明的；

（六）在上下班途中，受到非本人主要责任的交通事故或者城市轨道交通、客运轮渡、火车事故伤害的；

（七）法律、行政法规规定应当认定为工伤的其他情形。

第十五条　职工有下列情形之一的，视同工伤：

（一）在工作时间和工作岗位，突发疾病死亡或者在 48 小时之内经抢救无效死亡的；

（二）在抢险救灾等维护国家利益、公共利益活动中受到伤害的；

（三）职工原在军队服役，因战、因公负伤致残，已取得革命伤残军人证，到用人单位后旧伤复发的。

职工有前款第（一）项、第（二）项情形的，按照本条例的有关规定享受工伤保险待遇；职工有前款第（三）项情形的，按照本条例的有关规定享受除一次性伤残补助金以外的工伤保险待遇。

第三十三条 职工因工作遭受事故伤害或者患职业病需要暂停工作接受工伤医疗的，在停工留薪期内，原工资福利待遇不变，由所在单位按月支付。

停工留薪期一般不超过12个月。伤情严重或者情况特殊，经设区的市级劳动能力鉴定委员会确认，可以适当延长，但延长不得超过12个月。工伤职工评定伤残等级后，停发原待遇，按照本章的有关规定享受伤残待遇。工伤职工在停工留薪期满后仍需治疗的，继续享受工伤医疗待遇。

生活不能自理的工伤职工在停工留薪期需要护理的，由所在单位负责。

6.《健康中国行动（2019—2030年）》[①]（健康中国行动推进委员会，2019年7月9日）

（九）职业健康保护行动

我国是世界上劳动人口最多的国家，2017年我国就业人口7.76亿人，占总人口的55.8%，多数劳动者职业生涯超过其生命周期的二分之一。工作场所接触各类危害因素引发的职业健康问题依然严重，职业病防治形势严峻、复杂，新的职业健康危害因素不断出现，疾病和工作压力导致的生理、心理等问题已成为亟待应对的职业健康新挑战。实施职业健康保护行动，强化政府监管职责，督促用人单位落实主体责任，提升职业健康工作水平，有效预防和控制职业病危害，切实保障劳动者职业健康权益，对维护全体劳动者身体健康、促进经济社会持续健康发展至关重要。

行动目标：

到2022年和2030年，劳动工时制度得到全面落实；工伤保险参保人数稳步提升，并于2030年实现工伤保险法定人群参保全覆盖；接尘工龄不足5年的劳动者新发尘肺病报告例数占年度报告总例数的比例实现明显下降并持续下降；辖区职业健康检查和职业病诊断服务覆盖率分别达到80%及以上和90%及以上；重点行业的用人单位职业病危害项目申报率达到90%及以上；工作场所职业病危害因素检测率达到85%及以上，接触职业病危害的劳动者在岗期间职业健康检查率达到90%及以上；职业病诊断机构报告率达到95%及以上。

提倡重点行业劳动者对本岗位主要危害及防护知识知晓率达到90%及以上并持续保持；鼓励各用人单位做好员工健康管理、评选“健康达人”，其中国家机关、学校、医疗卫生机构、国有企业等用人单位应支持员工率先树立健康形象，并给予奖励；对从事长时间、高强度重复用力、快速移动等作业方式以及视屏作业的人员，采取推广先进工艺技术、调整作息时间等措施，预防和控制过度疲劳和工作相关肌肉骨骼系统疾病的发生；采取综合措施降低或消除工作压力。

——劳动者个人：

1. 倡导健康工作方式。积极传播职业健康先进理念和文化。国家机关、学校、医疗

---

① 健康中国行动推进委员会：《健康中国行动（2019—2030年）》，http://www.gov.cn/xinwen/2019-07/15/content_5409694.htm。

卫生机构、国有企业等单位的员工率先树立健康形象，争做“健康达人”。

2. 树立健康意识。积极参加职业健康培训，学习和掌握与职业健康相关的各项制度、标准，了解工作场所存在的危害因素，掌握职业病危害防护知识、岗位操作规程、个人防护用品的正确佩戴和使用方法。

3. 强化法律意识，知法、懂法。遵守职业病防治法律、法规、规章。接触职业病危害的劳动者，定期参加职业健康检查；罹患职业病的劳动者，建议及时诊断、治疗，保护自己的合法权益。

4. 加强劳动过程防护。劳动者在生产环境中长期接触粉尘、化学危害因素、放射性危害因素、物理危害因素、生物危害因素等可能引起相关职业病。建议接触职业病危害因素的劳动者注意各类危害的防护，严格按照操作规程进行作业，并自觉、正确地佩戴个人职业病防护用品。

5. 提升应急处置能力。学习掌握现场急救知识和急性危害的应急处置方法，能够做到正确的自救、互救。

6. 加强防暑降温措施。建议高温作业、高温天气作业等劳动者注意预防中暑。可佩戴隔热面罩和穿着隔热、通风性能良好的防热服，注意使用空调等防暑降温设施进行降温。建议适量补充水、含食盐和水溶性维生素等防暑降温饮料。

7. 长时间伏案低头工作或长期前倾坐姿职业人群的健康保护。应注意通过伸展活动等方式缓解肌肉紧张，避免颈椎病、肩周炎和腰背痛的发生。在伏案工作时，需注意保持正确坐姿，上身挺直；调整椅子的高低，使双脚刚好合适地平踩在地面上。长时间使用电脑的，工作时电脑的仰角应与使用者的视线相对，不宜过分低头或抬头，建议每隔1～2小时休息一段时间，向远处眺望，活动腰部和颈部，做眼保健操和工间操。

8. 教师、交通警察、医生、护士等以站姿作业为主的职业人群的健康保护。站立时，建议两腿重心交替使用，防止静脉曲张，建议通过适当走动等方式保持腰部、膝盖放松，促进血液循环；长时间用嗓的，注意补充水分，常备润喉片，预防咽喉炎。

9. 驾驶员等长时间固定体位作业职业人群的健康保护。建议合理安排作业时间，做到规律饮食，定时定量；保持正确的作业姿势，将座位调整至适当的位置，确保腰椎受力适度，并注意减少震动，避免颈椎病、肩周炎、骨质增生、坐骨神经痛等疾病的发生；作业期间注意间歇性休息，减少憋尿，严禁疲劳作业。

——用人单位：

1. 鼓励用人单位为劳动者提供整洁卫生、绿色环保、舒适优美和人性化的工作环境，采取综合预防措施，尽可能减少各类危害因素对劳动者健康的影响，切实保护劳动者的健康权益。倡导用人单位评选“健康达人”，并给予奖励。

2. 鼓励用人单位在适宜场所设置健康小贴士，为单位职工提供免费测量血压、体重、腰围等健康指标的场所和设施，一般情况下，开会时间超过2小时安排休息10～15分钟。鼓励建立保护劳动者健康的相关制度，如：工间操制度、健身制度、无烟单位制度等。根据用人单位的职工人数和职业健康风险程度，依据有关标准设置医务室、紧急救援站、有毒气体防护站，配备急救箱等装备。

3. 新建、扩建、改建建设项目和技术改造、技术引进项目可能产生职业病危害的，建设单位应当依法依规履行建设项目职业病防护措施“三同时”（即建设项目的职业病防护设施与主体工程同时设计、同时施工、同时投入生产和使用）制度。鼓励用人单位优先采用有利于防治职业病和保护员工健康的新技术、新工艺、新设备、新材料，不得生产、经营、进口和使用国家明令禁止使用的可能产生职业病危害的设备或材料。对长时间、高强度、重复用力、快速移动等作业方式，采取先进工艺技术、调整作息时间等措施，预防和控制过度疲劳和相关疾病发生。采取综合措施降低或消除工作压力，预防和控制其可能产生的不良健康影响。

4. 产生职业病危害的用人单位应加强职业病危害项目申报、日常监测、定期检测与评价，在醒目位置设置公告栏，公布工作场所职业病危害因素检测结果和职业病危害事故应急救援措施等内容，对产生严重职业病危害的作业岗位，应当在其醒目位置，设置警示标识和中文警示说明。

5. 产生职业病危害的用人单位应建立职业病防治管理责任制，健全岗位责任体系，做到责任到位、投入到位、监管到位、防护到位、应急救援到位。用人单位应当根据存在的危害因素，设置或者指定职业卫生管理机构，配备专兼职的职业卫生管理人员，开展职业病防治、职业健康指导和管理工作。

6. 用人单位应建立完善的职业健康监护制度，依法组织劳动者进行职业健康检查，配合开展职业病诊断与鉴定等工作。对女职工定期进行妇科疾病及乳腺疾病的查治。

7. 用人单位应规范劳动用工管理，依法与劳动者签订劳动合同，合同中应明确劳动保护、劳动条件和职业病危害防护、女职工劳动保护及女职工禁忌劳动岗位等内容。用人单位应当保证劳动者休息时间，依法安排劳动者休假，落实女职工产假、产前检查及哺乳时间，杜绝违法加班；要依法按时足额缴纳工伤保险费。鼓励用人单位组建健康指导人员队伍，开展职工健康指导和管理工作。

——政府：

1. 研究修订《中华人民共和国职业病防治法》等法律法规，制修订职业病防治部门规章。梳理、分析、评估现有职业健康标准，以防尘、防毒、防噪声、防辐射为重点，以强制性标准为核心，研究制定、修订出台更严格、有效的国家职业健康标准和措施，完善职业病防治法规标准体系。加强对新型职业危害的研究识别、评价与控制，组织开展相关调查，研究制定规范标准，提出防范措施，适时纳入法定管理，以应对产业转型、技术进步可能产生的职业健康新问题。（卫生健康委牵头，科技部、司法部、市场监管总局按职责分工负责）

2. 研发、推广有利于保护劳动者健康的新技术、新工艺、新设备和新材料。以职业性尘肺病、噪声聋、化学中毒为重点，在矿山、建材、金属冶炼、化工等行业领域开展专项治理。严格源头控制，引导职业病危害严重的用人单位进行技术改造和转型升级。推动各行业协会制订并实施职业健康守则。（卫生健康委牵头，发展改革委、科技部、工业和信息化部、国务院国资委按职责分工负责）

3. 完善职业病防治技术支撑体系，按照区域覆盖、合理配置的原则，加强职业病防治机构建设，做到布局合理、功能健全。设区的市至少有1家医疗卫生机构承担本辖区内职业病诊断工作，县级行政区域原则上至少有1家医疗卫生机构承担本辖区职业健康检查工作。充分发挥各类职业病防治机构在职业健康检查、职业病诊断和治疗康复、职业病危害监测评价、职业健康风险评估等方面的作用，健全分工协作、上下联动的工作机制。加强专业人才队伍建设，鼓励高等院校扩大职业卫生及相关专业招生规模。推动企业职业健康管理队伍建设，提升企业职业健康管理能力。（卫生健康委牵头，发展改革委、教育部、财政部、人力资源社会保障部按职责分工负责）

4. 加强职业健康监管体系建设，健全职业健康监管执法队伍，重点加强县（区）、乡镇（街道）等基层执法力量，加强执法装备建设。加大用人单位监管力度，督促用人单位切实落实职业病防治主体责任。（卫生健康委牵头，发展改革委、财政部按职责分工负责）

5. 以农民工尘肺病为切入点，进一步加强对劳务派遣用工单位职业病防治工作的监督检查，优化职业病诊断程序和服务流程，提高服务质量。对加入工伤保险的尘肺病患者，加大保障力度；对未参加工伤保险的，按规定通过医疗保险、医疗救助等保障其医疗保障合法权益。加强部门间信息共享利用，及时交流用人单位职业病危害、劳动者职业健康和工伤保险等信息数据。（卫生健康委牵头，发展改革委、民政部、人力资源社会保障部、医保局按职责分工负责）

6. 改进职业病危害项目申报工作，建立统一、高效的监督执法信息管理机制。建立完善工作场所职业病危害因素检测、监测和职业病报告网络。适时开展工作场所职业病危害因素监测和职业病专项调查，系统收集相关信息。开展“互联网+职业健康”信息化建设，建立职业卫生和放射卫生大数据平台，利用信息化提高监管效率。（卫生健康委牵头，发展改革委、财政部按职责分工负责）

7. 将“健康企业”建设作为健康城市建设的重要内容，逐步拓宽丰富职业健康范围，积极研究将工作压力、肌肉骨骼疾病等新职业病危害纳入保护范围。推进企业依法履行职业病防治等相关法定责任和义务，营造企业健康文化，履行企业社会责任，有效保障劳动者的健康和福祉。（卫生健康委牵头，人力资源社会保障部、国务院国资委、全国总工会、全国妇联按职责分工负责）

7.《国务院关于进一步做好为农民工服务工作的意见》[①]（国务院，2014年9月）

加强农民工安全生产和职业健康保护。强化高危行业和中小企业一线操作农民工安全生产和职业健康教育培训，将安全生产和职业健康相关知识纳入职业技能教育培训内容。严格执行特殊工种持证上岗制度、安全生产培训与企业安全生产许可证审核相结合制度。督促企业对接触职业病危害的农民工开展职业健康检查、建立监护档案。建立重

---

① 《国务院关于进一步做好为农民工服务工作的意见》，http://www.gov.cn/zhengce/content/2014-09/30/content_9105.htm。

点职业病监测哨点，完善职业病诊断、鉴定、治疗的法规、标准和机构。重点整治矿山、工程建设等领域农民工工伤多发问题。实施农民工职业病防治和帮扶行动，深入开展粉尘与高毒物品危害治理，保障符合条件的无法追溯用人单位及用人单位无法承担相应责任的农民工职业病患者享受相应的生活和医疗待遇。

（二）地方与行业标准

1.《长沙市人民政府办公厅关于加强企业社会责任建设的意见》(2012)

四、加强企业社会责任建设的主要内容

（八）注重安全生产、加强劳动保护。企业要健全完善以安全生产责任制为核心的安全生产规章制度和安全操作规程；切实保证安全生产的有效投入，不断改善安全生产条件，加强女职工和未成年人特殊保护，为职工提供符合国家标准或行业标准的劳动保护用品；定期开展职工安全生产知识和技能的培训，特种作业人员须持证上岗；认真开展安全检查，及时消除事故隐患，落实各项保障措施；安全生产事故要及时报告、妥善处理。

（九）注重职业病防治、改善劳动条件。企业应及时如实地申报职业病危害项目，主动接受监督；建设可能产生职业病危害的项目，应依法进行职业病危害预评价和控制效果评价，并报安监部门审查；对接触职业病危害因素的职工要每年组织职业病健康检查，建立健全档案，对职业病病人、职业禁忌人员及疑似职业病病人，应按规定进行处置。

2.《中国工业企业社会责任指南实施手册(2013)》

4.4　安全生产

安全生产，是指在社会生产活动中，通过人、机、物料和环境的协调运作，使生产过程中潜在的各种事故风险和伤害因素始终处于有效控制状态，切实保护劳动者的生命安全和身体健康。其目的是保护工业企业员工在生产中的安全与健康和利益相关方不受损害，保障企业正常的生产运营，促进工业平稳、健康发展。

工业企业应树立安全发展的理念，加强企业安全生产管理，加大安全生产投入，切实改善企业安全生产环境，定期组织安全生产检查，妥善处理安全生产事故，系统开展全员安全生产教育和培训，构建本质安全型企业。

安全生产管理

牢固树立安全发展理念。工业企业应坚持“安全第一、预防为主、综合治理”的安全生产方针，明确企业内各层级、各岗位的安全生产责任，制定安全生产责任绩效指标，实施安全生产责任业绩考核。

建立和完善安全生产管理制度，构建安全生产管理体系。工业企业应根据国家安全生产有关的法律法规和行业标准，结合企业特点，主动识别企业的主要危险源，制定安全生产规章制度、操作规程和安全生产应急预案，建立健全安全生产风险管理体系，严格执行安全生产管理制度，形成安全生产长效机制以及安全标准化管理流程。学习和借鉴国内外安全生产管理先进理念、方法和经验，结合企业生产和业务特点，构建符合企业发展需要的现代化安全生产管理体系。

安全生产投入

应加大安全生产投入，严格执行投入预算，确保取得预期成效。工业企业应设置专门账户，实行专款专用；定期公布安全投入资金的使用情况，接受相关部门的检查与监督。

提高企业安全技术装备水平。工业企业应根据相关法律法规要求，增加必要投入，提高企业安全技术装备研究、开发、维护和管理水平，为员工提供适宜、安全、健康的工作条件。

安全生产教育和培训

制定安全生产培训制度与计划，督促全体员工参与。工业企业应组织全体员工参加职业健康安全生产培训，培训内容应包括安全生产法律法规、本单位安全生产规章制度和安全操作规程、劳保用品功能及使用方法、通用安全技术知识、事故预防和应急处理知识等。

提高员工安全素质，提高员工应对突发事件的能力。通过开展安全技能培训、应急演练、经验交流等方式，增强员工的安全防范意识和应急事故处理能力。

安全生产检查

定期开展安全生产检查，及时消除安全隐患，降低生产过程中的安全风险。建立完善的危险源，尤其是重大危险源安全档案，明确危险源的监控、运行程序、责任主体和应急方法；通过加强岗位的日常监督和对危险源的安全排查，实时监控危险源的存在条件、触发因素，确保安全生产。

加强危险源对社区及社会可能带来的安全影响的分析和监控，消除或降低企业对社区及社会可能带来的安全影响与隐患。

安全生产事故处理

根据安全应急预案，实施应急救援，妥善处理安全生产事故。工业企业应组织开展应急专项检查，审核应急预案编制、救援队伍建立、应急物资储备、人员培训、预案演练等情况，发现问题及时改进；建立健全应急管理指挥机构，构建统一指挥、反应灵敏、协调有序、运转高效的应急管理体系。

按规定及时、如实向上级主管部门报告安全生产事故。工业企业应如实报告、统计、调查和处理安全事故。企业负责人接到重伤、死亡、重大死亡事故报告后，应立即赶赴事故现场，第一时间报告上级主管部门。发生死亡、重大死亡事故的企业应当保护事故现场，并迅速采取必要措施抢救人员和财产。

附件1：工业企业社会责任报告参考指标解读

(……)

39. 安全生产应急预案的数量：安全生产应急预案是指企业为应对安全生产事故制定的关于应急程序及救援工作的安排。本指标描述企业制定的安全生产应急预案的个数。

40. 安全生产资金投入：本指标描述企业在安全生产方面所投入的资金数量。

41. 安全生产培训人次和覆盖率：本指标描述企业中参加安全生产培训的员工人数以及接受培训员工占员工总人数的比例。

42. 安全生产培训次数：本指标描述企业开展安全生产培训活动的次数。

43. 安全生产大检查次数和安全隐患数量：本指标描述企业进行安全生产大检查的次数及发现存在的安全隐患的数量。

44. 重大人身伤亡事故次数与死亡人数：本指标描述企业发生的造成重大人身伤亡事故的数量以及事故中死亡的人数。

45. 重大设备事故次数：本指标是指企业设备因非正常损坏造成停产或效能降低，直接经济损失超过规定限额的行为或事件发生的数量。

46. 违反安全生产法规受到的重大罚款及处罚次数：本指标描述企业违反国家安全生产相关法律、法规所受到的重大处罚的数目及次数。

47. 提供必要安全设备：本指标描述企业在生产过程中提供安全生产设备的情况。

48. 记录和调查所有职业健康安全事件：本指标描述企业调查、记录所有职业健康安全事件的情况，包括设立健康安全事件档案等。

49. 为兼职或临时工及在工作场所工作的分包工人提供平等的健康安全保护：本指标描述企业为兼职、临时工及在工作场所工作的分包工人提供健康安全保护的情况。

（……）

73. 工伤率、职业病率，以及因工伤、职业病死亡人数：工伤率即发生工伤事故的人数除以作业工人总人数；职业病率是指每千名作业工人，患有某种职业病的总病例数。本指标描述企业工伤、职业病所占的比例以及因工伤、职业病死亡的员工人数，是企业员工职业安全健康发展的体现。

（三）《江苏响水天嘉宜化工有限公司“3·21”特别重大爆炸事故调查报告》[①]（国务院事故调查组，2019年11月）

经国务院调查组认定，江苏响水天嘉宜化工有限公司“3·21”特别重大爆炸事故是一起长期违法贮存危险废物导致自燃进而引发爆炸的特别重大生产安全责任事故。

2019年3月21日14时48分许，位于江苏省盐城市响水县生态化工园区的天嘉宜化工有限公司发生特别重大爆炸事故，造成78人死亡、76人重伤，640人住院治疗，直接经济损失19.86亿元。

天嘉宜公司无视国家环境保护和安全生产法律法规，长期违法违规贮存、处置硝化废料，企业管理混乱，是事故发生的主要原因。

1. 刻意瞒报硝化废料。违反《环境保护法》第四十二条第一款、《环境影响评价法》第二十四条，擅自改变硝化车间废水处置工艺，通过加装冷却釜冷凝析出废水中的硝化

① 国务院事故调查组：《江苏响水天嘉宜化工有限公司“3·21”特别重大爆炸事故调查报告》，中华人民共和国应急管理部网站，https://www.mem.gov.cn/gk/sgcc/tbzdsgdcbg/2019tbzdsgcc/201911/P020191115565111829069.pdf。

废料，未按规定重新报批环境影响评价文件，也未在项目验收时据实提供情况；违反《固体废物污染环境防治法》第三十二条，在明知硝化废料具有燃烧、爆炸、毒性等危险特性情况下，始终未向环保（生态环境）部门申报登记，甚至通过在旧固废库内硝化废料堆垛前摆放“硝化半成品”牌子、在硝化废料吨袋上贴“硝化粗品”标签的方式刻意隐瞒欺骗。据天嘉宜公司法定代表人陶在明、总经理张勤岳（企业实际控制人）、负责环保的副总经理杨钢等供述，硝化废料在2018年10月复产之前不贴“硝化粗品”标签，复产后为应付环保检查，张勤岳和杨钢要求贴上“硝化粗品”标签，在旧固废库硝化废料堆垛前摆放“硝化半成品”牌子，“其实还是公司产生的危险废物”。

2. 长期违法贮存硝化废料。天嘉宜公司苯二胺项目硝化工段投产以来，没有按照《国家危险废物名录》《危险废物鉴别标准》（GB5085.1－GB5085.6）对硝化废料进行鉴别、认定，没有按危险废物要求进行管理，而是将大量的硝化废料长期存放于不具备贮存条件的煤棚、固废仓库等场所，超时贮存问题严重，最长贮存时间甚至超过7年，严重违反《安全生产法》第三十六条、《固体废物污染环境防治法》第五十八条、原环保部和原卫生部联合下发的《关于进一步加强危险废物和医疗废物监管工作的意见》关于贮存危险废物不得超过一年的有关规定。

3. 违法处置固体废物。违反《环境保护法》第四十二条第四款、《固体废物污染环境防治法》第五十八条和《环境影响评价法》第二十七条，多次违法掩埋、转移固体废物，偷排含硝化废料的废水。2014年以来，8次因违法处置固体废物被响水县环保局累计罚款95万元，其中：2014年10月因违法将固体废物埋入厂区内5处地点，受到行政处罚；2016年7月因将危险废物贮存在其他公司仓库造成环境污染，再次受到行政处罚。曾因非法偷运、偷埋危险废物124.18吨，被追究刑事责任。

4. 固废和废液焚烧项目长期违法运行。违反《环境保护法》第四十一条有关“三同时”的规定、《建设项目竣工环境保护验收管理办法》第十条，2016年8月，固废和废液焚烧项目建成投入使用，未按响水县环保局对该项目环评批复核定的范围，以调试、试生产名义长期违法焚烧硝化废料，每个月焚烧25天以上。至事故发生时固废和废液焚烧项目仍未通过响水县环保局验收。

5. 安全生产严重违法违规。在实际控制人犯罪判刑不具备担任主要负责人法定资质的情况下，让硝化车间主任挂名法定代表人，严重不诚信。违反《安全生产法》第二十四条、第二十五条，实际负责人未经考核合格，技术团队仅了解硝化废料着火、爆炸的危险特性，对大量硝化废料长期贮存引发爆炸的严重后果认知不够，不具备相应管理能力。安全生产管理混乱，在2017年因安全生产违法违规，3次受到响水县原安监局行政处罚。违反《安全生产法》第四十三条，公司内部安全检查弄虚作假，未实际检查就提前填写检查结果，3月21日下午爆炸事故已经发生，但重大危险源日常检查表中显示当晚7时30分检查结果为正常。

6. 违法未批先建问题突出。违反《城乡规划法》第四十条、《建筑法》第七条，2010年至2017年，在未取得规划许可、施工许可的情况下，擅自在厂区内开工建设包括固废仓库在内的6批工程。

（四）《华润（集团）有限公司社会责任报告2018》[①]

推动实施安全生产要素化管理

集团发布了EHS管理通用要素，覆盖生态环境保护、全面健康管理、安全生产管理、质量和食品药品安全管理四个方面，作为集团各级单位EHS管理的基本单元、要点和关键环节。每个要素都有相关的要素说明，明确工作开展所要达到的目标，以及实现目标所需开展工作的基本步骤、方法和要求，保障要素的执行落地，提升集团EHS管理的规范化、科学化和系统化。

以责任体系为支撑压实安全责任

集团以“责任制度、责任承诺、双向激励”为支撑，多措并举、不断强化安全生产责任落实。组织开展安全生产责任专项审计和岗位责任清单落实执行情况检查，推动各级企业将责任落实到岗位、落实到人头；实施责任承诺机制，将上下级签署安全生产责任书推动转化为下级向上级做出安全生产责任承诺，落实双向激励，评选卓越EHS奖项；建立约谈机制，对事故后果严重或影响较大的企业EHS第一责任人进行约谈，推动安全责任落实。

完善安全应急管理机制

集团坚持“预防为主、防救结合”原则，在做好常态风险管控的同时，针对性开展应急演练，检验和提升应急处置能力。2018年集团各级单位累计开展应急演练逾3万次，超过146万人次参演。

开展多种形式安全教育与培训

集团安全生产教育培训以基层为重点、以问题为导向，因人施训，通过案例教学提升教育培训效果，促进员工安全生产意识提升。

（五）《外卖员“用交通违规换时间”　请不要再用生命送餐》[②]（人民日报，2018年9月5日）

互联网时代的到来，催生了许多新的商业模式。一日三餐通过网上下单送货上门服务，消费者足不出户就可享受到美食，极大方便了人们的生活。然而，为了抢时间，不少外卖送餐员简直是在“用生命送餐”，无视交通规则，抢行逆行等违规现象频发，相关交通事故屡见不鲜。对此，专家建议平台应改善配送运营评价机制，加强监管，承担社会责任；并呼吁消费者多给予送餐员一份理解。

外卖行业交通违规多

近年来，网上外卖订餐平台发展如火如荼，方便快捷的服务深受广大民众欢迎。艾

---

① 《华润（集团）有限公司社会责任报告2018》，第94—96页，http://www.crc.com.hk/responsibility/report/groupreport/201906/P020190630696196409032.pdf。

② 《外卖员“用交通违规换时间”　请不要再用生命送餐》，人民网，http://finance.people.com.cn/n1/2018/0905/c1004-30272580.html。

媒咨询8月份发布的《2018上半年中国在线外卖市场监测报告》数据显示，2017年中国在线餐饮外卖用户规模达到3.05亿人，预计2018年将达到3.55亿人，外卖用户数量庞大。

随着外卖服务的深入人心，外卖送餐员也人数大增。但与此同时，部分外卖员无视交通法规而导致的交通事故也与日俱增。闯红灯、逆行、骑车时使用手机……外卖小哥在驾驶过程中出现的违法违规行为，已经成为令各地头疼的难题，引起社会广泛关注，市民直呼“不安全”的同时也表示很无奈。

“外卖小哥真是让人既爱又恨：他们为我这种‘懒人’提供了便利，我每天吃饭基本都靠外卖，省时省力；但有时候外出看他们疯狂赛车也很担心安全问题。”在北京国贸工作的小赵说。

笔者观察发现，每到中午和晚上用餐高峰时段，餐饮店家、大街小巷、写字楼等商圈随处可见外卖员着急送餐的身影，他们以摩托车或电动车为主要交通工具，因为要“与时间赛跑”争取准时或尽快送达，很多外卖员无视交通规则，争分夺秒，见“缝”就插。逆行、闯红灯、超速行驶等交通乱象给不少市民出行带来不便，由此带来的事故也频频发生。

不久前，南京交管局发布的2018年上半年非机动车违法大数据显示，近20万名骑车人因交通违法被查。其中，快递外卖行业违法行为发生率最高，是普通骑车人的5倍。无独有偶，上海市公安局交通警察总队统计数据也显示，2017年上海全市共发生涉及快递、外卖行业各类道路交通事故117起，造成9人死亡，134人受伤，令人触目惊心。

中国人民大学法学院副研究员熊丙万认为，“相关交通事故频发不仅让外卖骑手容易受到伤害，也让普通行人和路上机动车驾驶人有不安全感，对大众心理负担和实际交通损害都是较大的问题”。

不合理模式催着外卖员狂奔

国务院互联网金融专项整治办公室专家杨东认为，多接单、抢单、担心迟到被投诉是外卖员慢不下来的三大原因。平台运营与奖惩机制的不合理、外卖员自身安全意识淡薄、非机动车不尽完善的管理模式等都使得外卖员送餐中“争分夺秒”。

“我每天送的外卖数量在50单左右，要是跑得快单量也能多一些。”美团外卖骑手王浩说。据介绍，目前外卖平台采取的激励机制主要是按单计酬，准时送到才可拿到配送费，多送多得。为了能在更短时间内完成更多单子，获得更多收入，很多外卖小哥都会选择“用违法违规换时间”。

平台设立的“超时罚款”“差评罚款”等规则，也进一步加剧了外卖小哥的交通违法行为。在王浩看来，很多时候外卖员闯红灯、逆行其实也是迫不得已，“一旦没有按时送到就要罚钱，有时候超时久了配送费一分都拿不到。我们也不想拿自己的安全换钱，实在是没办法啊!”

目前，外卖配送平台的数量及薪酬计算方式五花八门，十分复杂。美团外卖、饿了么和百度外卖都有自己的专送渠道，也有美团众包、蜂鸟众包等平台，还会通过达达配送、点我达等第三方众包平台来送外卖。也就是说，外卖配送既有专送的“正规军”，又有来自合作公司的“雇佣军”。各个配送平台骑手还有全职兼职之分。饿了么骑手小刘介绍说，团队配送按区域划片、系统派单，众包骑手根据位置派单与个人抢单结合，按单量计算工资，对时效性要求很高。送达时间是否在规定时间内、顾客评价等都会影响外卖员的收入。

杨东表示，很多平台管理相对粗放，常以简单粗暴的超时或差评罚款来倒逼送餐员的工作效率，这催生了送餐高峰期骑手们在街头不顾交通安全隐患与时间赛跑的场景。

“公司法与民法总则都明确规定企业要承担社会责任，如果平台有大量骑手发生交通事故，平台没有采取相应的措施，这反映了平台自我监管方面做得不够好。此外，政府特别是交管部门对于这种骑手违反交通规则的行为有没有积极查处并对平台企业提出相应的要求也值得去反思。”熊丙万说。

通力合作让外卖员“减速”

时不时上演“速度与激情”的外卖小哥，如何才能“慢下来”？专家认为，多方主体需协力合作，让外卖员“减速”。

由中国贸促会商业行业分会发布的我国首部外卖服务规范《外卖配送服务规范》已实施一年。2018 年，国家市场监管总局发布新修订的《餐饮服务食品安全操作规范》也涉及餐饮服务场所、外卖配送等各环节的标准和基本规范。

杨东认为，从法律上看，目前来说我国关于外卖配送的法律法规仍较少，《外卖配送服务规范》系团体标准，不具有强制性，主要依靠外卖配送机构主动遵守。整个外卖行业法律法规还存在空白，因此需要国家主导制定相关的法律法规形成标准，使得有法可依。

与此同时，改变外卖小哥的工作待遇和计酬方式，将他们纳入社会保障体系，给他们更多基本保障，也有助于让外卖小哥的车子慢下来。

“外卖平台也需要强化对送餐人员的法律法规培训，提高送餐人员的法律意识，并且加强对送餐人员的考核。平台应该完善配送时间计算体系以及外卖配送人员的薪酬管理机制。”杨东说，交管部门也应当做好监管教育，与外卖平台等协作对骑手们进行交通法规的培训，减少此类交通事故的发生。

近年来，不少地方交管机构根据当地情况已经采取了一些措施。2017 年，深圳交管部门每周选定 2 天开展外卖配送车辆各类交通违法行为整治行动，还分批给外卖小哥开展交通安全知识培训，注册星级用户后通过网上考试。上海交管部门则约谈了 8 家送餐外卖企业，对企业在安全培训、车辆规范、“骑手”身份识别系统等方面作出规范要求。今年 8 月，南通市执行《南通外卖企业内部交通安全管理十二项制度》，要求外卖企业对从业人员及车辆实施备案管理，建立统一编码管理制度。

对于消费者，杨东也呼吁多体谅送餐人员，不赶时间时尽量不要催单，让骑手们“慢”下来。

（六）《中国尘肺病农民工调查报告（2019）》[①]（中华社会救助基金会大爱清尘基金，2020 年 2 月 22 日）

6.1 尘肺病预防共识：三级预防与八字方针

早在上世纪，有关职业病、尘肺病的预防理论便已有明确模型。这些模型虽自提出后随时代有更新，但是整体逻辑未发生过很大变化。

6.1.1 国际职业病预防层级理论：三级预防

上世纪末，国际劳工组织与世界卫生组织联合提出了“全球消除矽肺的国际规划”，目标在 2010 年实现矽肺发病率显著降低，2030 年消除矽肺病这个职业卫生问题。可见，尘肺病问题在国际上其他国家也是一项备受关注的公共卫生议题。

在本节中，我们引用了乔玛·伦特纳（Jorma Harri Rantanen）的职业卫生预防层级理论来说明职业卫生预防力度与对健康的负担及控制成本之间的关系。

乔玛将预防层级分为了原始预防、一级预防、二级预防以及三级预防，他认为随着预防力度的不断降低，职业危害对劳动者的健康负担以及社会为此付出的控制成本（赔偿、补助、医药费等）会不断升高：

（1）原始预防（结构性预防）：利用立法手段、法规政策、行业督促，改变社会认知、涉尘企业现状、劳动者的习惯和观念；企业建立合理的职业卫生管理方式——合理组织、安排劳动过程，建立、健全职业卫生管理制度，贯彻执行国家制定的卫生法规。

（2）一级预防（技术性预防）：通过改进技术生产工艺和生产设备，以无毒物质代替有毒物质；使用远距离操作或自动化、半自动化操作，防止有害物质跑、冒、滴、漏；加强通风、除尘、排毒措施，从根本上消除和控制职业病危害因素，防止职业病的发生；做好就业前体格检查，发现易感者和就业禁忌症。

（3）二级预防（健康和安全的工作习惯，个人防护）：企业做好卫生宣传、健康教育，营造良好的工作环境；劳动者合理利用防护设施及个人防护用品，树立健康和安全的工作习惯，时刻怀揣自我保护的意识。

（4）三级预防（健康监护和早期诊断）：为劳动者建立职业健康监护档案，并按照规定的期限妥善保存；通过早期发现、早期诊断、早期治疗防止病损的发展——1. 对职业接触人群，开展普查、筛检、定期健康检查；2. 确诊的患者，能够得到及时、合理的处理，不论是医疗方面的建议还是工作上的转岗等，防止疾病恶化。

不同于我国常说的三级预防理论，乔玛的预防层级理论加入了原始预防（结构性预防）的概念，将预防力度整体提前了一个脚步。职业卫生的预防关注的是减少以及杜绝劳动过程中职业性有害因素的接触，因而职业病预防与其他疾病的预防不同，若要产生预防效益，更要从法律制度、社会效益等根本问题上加强管理和约束。另外，乔玛将个人防护归类于二级预防，而将我国二级预防中的“三早预防”归属到三级预防中，而且

---

① 《中国尘肺病农民工调查报告（2019）》，大爱清尘网，https://www.daqc.org.cn/public/uploads/files/20200412/42_20200412155446c546e.pdf。

没有将“康复治疗”纳入预防层级中。由此可见，职业病防治工作中“预防”的重要性，且职业卫生预防是一项由政府、企业、劳动者和全社会共同作用的、系统的、长期的工程。

6.1.2 我国尘肺病预防：防尘八字方针

早在五十年代，我国的冶金工业中已经总结出了防尘综合措施八字方针经验：“宣、革、湿、密、风、护、管、查”：

（1）宣：做好宣传教育，使防尘工作成为职工的自觉行动。

（2）革：革新包括作业方式和原料在内的生产工艺技术是消除尘肺的根本措施。

（3）湿：湿式作业。

（4）密：通过生产过程机械化、密闭化、自动化，将粉尘发生源密闭起来

（5）风：通风除尘。

（6）护：加强个人呼吸防护措施。佩戴符合国家标准的防尘口罩、防尘安全帽、送风头盔、送风口罩等呼吸防护用具。

（7）管：建立并严格执行防尘工作管理制度。

（8）查：依法对工作场所的粉尘浓度定期进行检测，对接尘职工进行定期职业健康检查。

可以看出，无论是国际上对职业病预防的认知还是我国的防尘方针，都从管理体制、技术、个人防护、体检诊断几个方面做出了要求。

五 延伸阅读

- ILO, *Codes of Practice* (2019), www. ilo. org/safework/info/standards-and-instruments/codes/lang - - en/index. htm.
- ILO, *International Labour Law and Domestic Law: A Training Manual for Judges, Lawyers and Legal Educators: Occupational Safety and Health* (2018), www. ilo. org/safework/info/instr/WCMS_618606/lang - - en/index. htm.
- ILO, *Occupational Safety and Health within Sustainable Sourcing Policies of Multinational Enterprises-Summary of Research Findings Focusing on Agriculture and Textile* (2018), www. ilo. org/safework/projects/WCMS_635148/lang - - en/index. htm.
- 李永鑫、李艺敏：《职业健康心理学：一个新兴的应用心理学领域》，《四川师范大学学报》（社会科学版）2015 年第 5 期。
- 苗金明：《职业健康安全管理体系与安全生产标准化》，清华大学出版社，2013。
- 王彦斌、张瑞宏、赵晓荣：《农民工职业健康服务管理：一个组织社

会责任的视角》，社会科学文献出版社，2018。

六　案例

2009 年河南新密市工人张海超“开胸验肺”事件

张海超是河南省新密市刘寨镇老寨村村民。2004 年 6 月，他到新密市曲梁乡郑州振东耐磨材料有限公司（下称“振东公司”）上班，该厂以生产硅砖、耐火材料为主。2007 年 8 月，张海超的身体开始出现胸闷、咳嗽、多痰等不适症状。2007 年 10 月，张海超到医院检查，郑州大学第一附属医院医生怀疑是职业病——尘肺病，并询问张海超，是否从事过和粉尘相关的工作，张海超这才意识到在振东公司工作时，车间里的粉尘很大，防护措施仅仅是戴一个口罩。2007 年，振东公司为 600 多名职工做过体检，拍过胸片。张海超到新密市防疫站查询时，得知防疫站发现他的肺有问题，并通知单位让他去复查，但单位并没有通知他。张海超到振东公司询问时，才知道单位私自扣下了复查通知。郑州大学第一附属医院的医生看了张海超从防疫站借出的胸片后，建议赶快去北京确诊。张海超拿着片子先后到北京协和医院、中国煤炭总医院、首都医科大学朝阳医院、北京大学第三附属医院等 6 家医院确诊，专家们认定他患的是职业病——尘肺病。

按照 2001 年《中华人民共和国职业病防治法》第 45 条的规定，职业病必须由用人单位所在地、本人户籍所在地或者经常居住地依法承担职业病诊断的医疗卫生机构进行诊断。由于振东公司不配合开证明，张海超于 2009 年 2 月 7 日到新密市政府有关部门求助。5 月，新密市信访局表态由郑州市职业病防治所为其鉴定。2009 年 5 月 25 日，郑州市职业病防治所出具了诊断证明，鉴定结果是“无尘肺 0 期（医学观察）合并肺结核”。张海超提出复议申请，工作人员提醒张海超说，重新鉴定可以，但郑州市职业病鉴定委员会不可能否定和更改自己先前的结论。

为弄清自己的病情，张海超决定“开胸验肺”。6 月 1 日，张海超来到郑州大学第一附属医院门诊；6 月 22 日，张海超走进了手术室。胸部一打开，医生就发现了他肺上的大量粉尘，肉眼可见。张海超患的就是尘肺病。

“开胸验肺”事件引起了媒体的高度关注，产生了重大的社会影响。张海超接受采访时说，可以继续让权威部门来鉴定病情，如果有需要，他甚至愿意第二次开胸。媒体和社会舆论的持续讨论，促使政府部门对此事纷纷表态。2009 年 7 月 15 日，全国总工会派来工作人员对此事进行了调查。河南省委、省政府主要领导均作出重要批示，要求组织联合调查组认真调查、严肃处理。7 月 15 日当天，张海超得到可以复诊而且复诊时不需企业提供证明的通知。7 月 24 日，卫生部派出督导组赶赴河南，督导该事件尽快解决。郑州市成立了以常务副市长为组长，由安监、卫生等部门组成的张海超事件处理小组。7 月 26 日，在卫生部专家的督导之下，郑州市职业病防治所再次组织省、市专家对张海超职业病问题进行了会诊，明确诊断为“尘肺病Ⅲ期”。

2009 年 7 月 28 日，中共郑州市委作出决定，对郑州市职业病防治所给予通报批评，停止郑州市职业病防治所所长李磊工作，接受调查；郑州市卫生局党委作出决定，免去李国玉郑州市职业病防治所副所长职务。报请省卫生厅撤销郑州市职业病防治所樊梅芳、王晓光、牛心华 3 人的尘肺病诊断资格，并根据张海超事件处理小组调查结果，分别给予党纪政纪处分。

2009 年 9 月 16 日，张海超向新华社记者证实其已获得郑州振东耐磨材料有限公司各种赔偿共计 615000 元，并与郑州振东耐磨材料有限公司终止了劳动关系。

七　思考题

1. 出口加工企业为什么被要求进行“社会责任验厂”？“社会责任验厂”客观上起到了哪些作用？

2. 国际劳工组织《职业安全和卫生公约》如何定义与工作有关的健康？

3. 国家和企业应当采取哪些措施确保工人的安全与健康？

4. 有哪些常见的职业病？中国有职业病预防法律体系吗，它们的执行机制是什么，实施效果如何？

5. 历史上有哪些严重的职业安全事故，它们是如何出现的，是否产生了类似《孟加拉国消防和建筑安全协议》的影响，以及此类影响是否在后世发挥实际作用？

第二十一章　移徙工人

引　言

在各个行业中（例如建筑工人、家庭佣工），对移徙工人的剥削已发展到严重虐待、贩卖人口和现代奴隶制（第16章）的地步。联合国《保护所有移徙工人及其家庭成员权利国际公约》仍然是联合国所有核心人权条约中获批最少的。在法律和实践中，移徙工人往往得不到充分的保护，并被视作面临高剥削风险的弱势群体。因此，领先企业最近参与了一些大型的利益相关者倡议（第5章），制定了一整套措施和具体原则，如"雇主付费原则"。打击贩卖人口和强迫劳动（第4章）的法律，进一步支持了整个供应链为改善对移徙工人的保护所做的努力。工会（第19章）在处理这类工人的权利方面不见得总是会取得成功，家庭佣工，主要是妇女（第23章），很难加入工会，因为她们的工作场所不是工厂。与土著居民（第22章）、残障人士（第24章）和儿童（第15章）等其他极有可能遭受虐待和/或需要特别保护措施的群体一样，公司应当根据《联合国工商企业与人权指导原则》和其他软法文件（第2章），以一种参与式的方式开展人权尽责调查（第14章），并特别关注弱势群体（第8—13章）。始发国、过境国和接受国等国家间的合作对于创造一个有利环境（第1章和第2章），以便在整个全球供应链中开展更负责任的商业活动是不可或缺的。几十年来，《国际劳工组织公约》所涵盖的招聘机构面临特殊的挑战，需要依赖其服务的公司给予特别关注。了解从贫穷到气候变化（第29章）等移徙的根本原因和采用新技术，对于找到保护移徙工人的创新方法至关重要。

一　要点

- 移民（有证明文件的移民或非正常移民）
- 移民的原因
- 移民和难民（单独的法律框架）
- 贩卖人口和劳动剥削

- 不公平竞争
- 原籍国和就业国所获得的好处
- 待遇平等原则（薪酬、工作条件、待遇、医疗护理、儿童教育）
- 财产权
- （适用条件的）知情权
- 雇主支付原则（对工人不收取招聘费）
- 各国就移徙问题进行协商与合作（并确保良好、公平、人道和合法的移徙条件）
- 招聘机构（临时工作机构）
- 补救机制
- 报告法（企业透明度）
- 供应链中的数字化工具（以工人赋能的形式）
- 可持续发展与移民
- 气候变化与移民

二　背景

（一）国际劳工组织《国际移民工人全球估计报告》[①]

2017 年国际移民和移民工人存量全球估计数

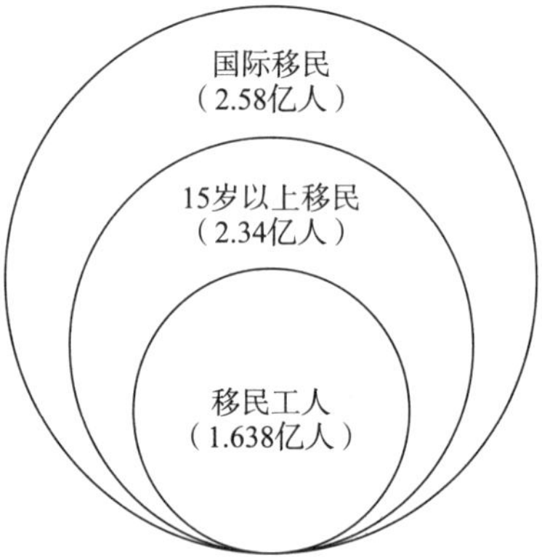

① International Labour Organization, *Global Estimates on International Migrant Workers-Results and Methodology* (2018), https://www.ilo.org/wcmsp5/groups/public/---dgreports/---dcomm/---publ/documents/publication/wcms_652001.pdf.

男性在移民工人中所占比例较大。2017 年，男性移民工人的存量估计为 9570 万人，与之对应，移民女工的估计数为 6810 万人，分别占所有移民工人总量的 58.4% 和 41.6%。（……）移民工人中男性所占比例较高有可能是由其他因素导致的，其中包括女性因就业以外的原因（例如家庭团聚）而移民的可能性较高，对女性的歧视也会减少她们在目的地国的就业机会。社会污名化、政策和立法的歧视性影响以及暴力和骚扰不仅减少女性获得体面工作的机会，而且有可能导致低工资、同工不同酬以及低估女性占主导地位的行业。（……）

将移民工人按年龄分类时就会发现，青年工人（15—24 岁）和老年工人（65 岁以上）分别占移民工人总数的 8.3% 和 5.2%，而壮年工人则占 86.5%。这一年龄构成对男女移民工人同样适用。绝大多数移民工人都是壮年人，这一事实表明，一些来源国正在丧失其最具生产力的劳动力，这可能会对它们的经济增长产生负面影响。从另一个角度来说，目的地国在从接收适龄劳动力中获利的同时，要面临日益增长的人口压力。然而，必须指出的是，壮年人移居外国有可能为来源国提供汇款来源（……）。

在全世界 1.64 亿移民工人中，有 1.112 亿人（67.9%）在高收入国家就业，3050 万人（18.6%）受雇于中上收入国家，选择在中低收入国家就业的迁徙工人有 1660 万人（10.1%），选择低收入国家的为 560 万人（3.4%）。

（二）联合国《安全、有序和正常移民全球契约》[①]

4. 难民和移民有权享有同样的人权和基本自由，这些权利和自由必须始终得到尊重、保护和实现。但是，移民和难民是由单独的法律框架管理的不同群体。只有难民有权获得国际难民法规定的专门国际保护。本全球契约以移民为对象，提出了一个处理各方面移民问题的合作框架。

7. 本全球契约提出了一个以会员国在《关于难民和移民的纽约宣言》中商定的承诺为基础的不具法律约束力的合作框架。本全球契约促进所有移民问题相关行为体之间的国际合作，同时承认没有哪一个国家能够单独解决移民问题，本全球契约维护国家主权，并遵守国际法为各国规定的义务。

8. 本全球契约表达了我们对改善国际移民合作的集体承诺。从古至今，

① UN, *Global Compact for Safe, Orderly and Regular Migration*, A/CONF. 231/3 (2018), https://undocs.org/en/A/CONF. 231/3.

移民一直是人类经历的一部分，我们确认移民是世界繁荣、创新和可持续发展的一个源泉，并确认可以通过改善移民治理充分发挥这些积极影响。当今世界上大多数移民都以安全、有序和正常方式旅行、生活和工作。尽管如此，不可否认移民问题以极为不同、有时无法预测的方式对各国、各社区、移民及其家庭造成影响。

15. 我们商定，本全球契约以一套贯穿各领域并相互依存的指导原则为基础。

（a）以人为本。本全球契约注重移民经历所固有的人性层面。本契约促进移民以及来源国、过境国和目的地国社区成员的福祉。因此，本全球契约将个人置于核心地位。

（b）国际合作（……）。

（c）国家主权。本全球契约重申各国享有根据国际法决定本国移民政策的主权权利以及在本国管辖范围内管理移民的特权。各国可在其主权管辖范围内对正常和非正常移民身份作出区分，包括在根据国际法确定本国执行本全球契约的立法和政策措施时作出这种区分，同时兼顾国情、政策、优先事项以及入境、居住和工作要求。

（d）法治和正当程序。（……）

（e）可持续发展。本全球契约植根于《2030 年可持续发展议程》，并基于其中的以下认识，即移民实际上涉及多种因素，对于来源国、过境国和目的地国的可持续发展具有重大影响，需要有统一和全面的对策。移民为积极的发展成果做出贡献，有助于实现《2030 年可持续发展议程》的各项目标，在移民得到适当管理时尤为如此。本全球契约旨在利用移民活动在推动实现所有可持续发展目标方面所具有的潜力及其对今后移民活动的影响力。

（f）人权。本全球契约以国际人权法为基础，坚持不倒退和不歧视原则。通过执行本全球契约，我们确保在移民进程的所有阶段切实尊重、保护和落实所有移民的人权，不论其移民身份为何。我们还再次承诺消除对移民及其家庭一切形式的歧视，包括种族主义、仇外行为和不容忍。

（g）促进性别平等。本全球契约确保妇女、男子、女童和男童的人权在各个移民阶段都得到尊重，其具体需求得到适当了解和满足，并确保增强他们的权能，使其成为变革推动者。本全球契约将性别平等视角纳入主流，促进性别平等和增强所有妇女和女童的权能，同时肯定她们的独立性、能动作用和领导能力，而不再总是从受害者视角看待移民妇女。

（h）对儿童问题敏感。本全球契约促进履行与儿童权利有关的现有国际法律义务，始终坚持儿童最佳利益原则，并将此作为国际移民儿童包括孤身和失散儿童所有处境的首要考虑因素。

（i）整体政府办法。本全球契约认为，移民实际上涉及多种因素，单靠一个政府政策部门无法解决。为了制定和实施有效的移民政策和做法，需要采取整体政府办法，确保政府各部门各级政策横向和纵向协调一致。

安全、有序和正常移民的目标

1. 收集和利用准确分类数据作为循证政策的依据
2. 尽量减少迫使人们离开原籍国的不利肇因和结构性因素
3. 及时提供移民各个阶段的准确信息
4. 确保所有移民都有合法身份证明和适当证件
5. 加强正常移民途径的可用性和灵活性
6. 促进公平且符合道德的招聘，保障确保体面工作的条件
7. 应对和降低移民活动的脆弱性
8. 在失踪移民问题上拯救生命和开展协调一致的国际努力
9. 加强跨国对策，打击偷运移民
10. 预防、打击和消除国际移民背景下的人口贩运
11. 以综合、安全和协调方式管理边境
12. 提高移民适当甄别、评估和转介程序的确定性和可预测性
13. 仅作为最后手段采取移民拘留措施并努力寻找替代办法
14. 在整个移民流程中加强领事保护、援助与合作
15. 为移民提供获得基本服务的机会
16. 增强移民和社会的权能，以实现充分包容和社会融合
17. 消除一切形式的歧视，倡导有据可依的公共言论，以形成对移民问题的正确认识
18. 着力于技能发展，促进技能、资格和能力的相互承认
19. 为移民和侨民充分促进所有国家的可持续发展创造条件
20. 促使汇款更加快捷、安全和便宜，促进对移民的金融普惠
21. 合作促进安全和有尊严的返回、重新接纳和可持续重新融入
22. 建立社会保障权益和既得福利的可携性机制
23. 加强国际合作和全球伙伴关系，促进安全、有序和正常移民

（三）哈斯多夫等《以国际劳工组织的方式适应气候变化》[①]

气候变化已然发生，并且对企业、工人、经济和社会发展产生越来越大的影响。长期而言，平均气温的升高、降雨模式的改变以及海平面的上升将是最显著的影响。在短期至中期内，影响主要是由变化无常的天气和诸如风暴、洪水和干旱等极端情况造成的。在大多数地区，这会对工作领域产生负面影响，破坏生意，摧毁工作场所，严重损害就业机会。在贫穷国家和社区，创收、就业和社会保障所受到的影响尤其严重。那些在造成问题方面付出行动最少的人将遭受最大的损失。

为了应对无法控制和可能无法控制的气候变化，我们需要找出造成这种变化的缘由，并迫切需要采取措施进一步减少温室气体排放。与此同时，国家、社区和企业必须适应自工业革命以来由排放引起的气候变化，设法防止损失、规避风险。

《联合国气候变化框架公约》（UNFCCC）和联合国政府间气候变化专门委员会（IPCC）确定了“适应”的权威定义。联合国政府间气候变化专门委员会在其第四次评估报告中得出结论，适应与可持续发展有错综复杂的联系。根据这些定义及其与可持续发展的联系，国际劳工组织将其在适应气候变化方面的作用表述为：“降低工人、企业和政府应对气候变化影响的脆弱性，以促进发展和推动社会包容的方式，提高个人和社会应对和适应气候变化的能力。”这强调了降低脆弱性必须在适应气候变化的努力中发挥核心作用，而且适应气候变化所需的大量投资应当作为建设一个更可持续社会的机会，而不是作为旨在减少损失的防御性支出。

国际劳工组织的相关方案和办法包括（……）流离失所和移民：越来越多的证据表明，气候变化成为国内和跨国移民另一个推动因素；后者很可能作为一种适应选择而变得更加突出，而国际劳工公约为移徙进程提供了指导方针。

虽然移民可以表现出严重的脆弱性，但它也可以成为一种适应对策，因为它可以：降低生命、生计和生态系统面临的风险；促进收入多样化；提高家庭和社区应对环境和气候变化负面影响的综合能力。几千年来，移民都被用作一种适应对策，并且可能会在未来变得越来越重要。

---

① M. Harsdorff et al., *Towards an ILO Approach to Climate Change Adaptation*, ILO (2010), www.ilo.org/wcmsp5/groups/public/---ed_emp/---emp_ent/documents/publication/wcms_169569.pdf.

在国际移民方面，国际劳工组织具有特定的授权，并正在推动基于权利的办法。为了应对与气候有关的移民和强制迁移可能带来的一些挑战，难民署需要与其他机构和组织密切合作，但它必须确保各项标准处于争论和行动的核心。事实上，第97号公约和第143号公约除了载明保护移徙工人的权利之外，还规定了健全的和可持续的移民政策，并且移民政策需以各国（原籍国和目的地国）之间的合作、制定和执行移民政策方面的社会对话以及对融合政策的推进为基础。

三　国际文件与域外材料

（一）联合国《保护所有移徙工人及其家庭成员权利国际公约》[1]

序言

考虑到移徙往往对移徙工人的家庭成员及其本人造成严重问题，特别是由于家庭分散的原因，

铭记移徙过程中所涉及的人的问题在不正常的移徙中更为严重，因此深信应鼓励采取适当行动以期防止和消灭对移徙工人的秘密移动和运输，同时保证他们的基本人权得到保护，

考虑到没有证件或身份不正常的工人受雇的工作条件往往比其他工人不利，并且考虑到一些雇主认为这正是雇用这种劳力的一个诱因，以便坐享不公平竞争之利，

（……）

第二十五条

1. 移徙工人在工作报酬和以下其他方面，应享有不低于适用于就业国国民的待遇：

(a) 其他工作条件，即加班、工时、每周休假、有薪假日、安全、卫生、雇佣关系的结束，以及依照国家法律和惯例，本词所涵盖的任何其他工作条件；

(b) 其他雇佣条件，即最低就业年龄、在家工作的限制，以及依照国家法律和惯例经认为是雇佣条件的任何其他事项。

2. 在私人雇佣合约中，克减本条第1款所述的平等待遇原则，应属

① UN, *International Convention on the Protection of the Rights of All Migrant Workers and Members of Their Families* (1990), www. ohchr. org/en/professionalinterest/pages/cmw. aspx.

非法。

3. 缔约国应采取一切适当措施，确保移徙工人不因其逗留或就业有任何不正常情况而被剥夺因本原则而获得的任何权利。特别是雇主不得由于任何这种不正常情况而得免除任何法律的或合同的义务，或对其义务有任何方式的限制。

第二十八条

移徙工人及家庭成员应有权按与有关国家国民同等的待遇接受维持其生命或避免对其健康的不可弥补的损害而迫切需要的任何医疗。不得以他们在逗留或就业方面有任何不正常情况为由，而拒绝给予此种紧急医疗。

第三十条

移徙工人的每一名子女应照与有关国家国民同等的待遇享有接受教育的基本权利。不得以其父亲或母亲在就业国的逗留或就业方面有任何不正常情况为由或因为其本人的逗留属不正常的情况，而拒绝或限制其进入公立幼儿园或学校。

第三十三条

1. 移徙工人及其家庭成员应有权获得视情形而定原籍国、就业国或过境国告知以下方面的资料：

(a) 本公约所赋予他们的权利；

(b) 有关国家的法律和惯例规定的接纳他们入境的条件、他们的权利和义务以及使他们遵守该国行政的或其他的正规手续的这类其他事项。(……)

第三十五条

本公约本部分的任何规定不得解释为意含没有证件或身份不正常的移徙工人或其家庭成员情况的正常化，或其情况得致这种正常化的任何权利，(……)

第四部分：有证件或身份正常的移徙工人及其家庭成员的其他权利

第三十七条

移徙工人及其家庭成员有权在离国以前或至迟在就业国接受其入境之时，获原籍国或就业国酌情充分告知适用于其入境的一切条件，特别是有关下述事项的条件：他们的逗留，他们可从事的有报酬活动，他们在就业国必须符合的规定，以及这些条件有任何变动时他们必须联系的机关。

第六部分：增进工人及其家庭成员国际移徙的合理、公平、人道和合法条件

第六十四条

1.（……）有关缔约国应酌情进行协商与合作，以期增进工人及其家庭成员国际移徙的合理、公平和人道条件。

2. 在这方面，不仅应适当顾及劳力需求和资源，还应顾到所涉移徙工人及其家庭成员的社会、经济、文化及其他需要以及这种移徙对有关社会造成的后果。

第六十八条

1. 缔约国、包括过境国在内，应进行协作，以期防止和杜绝身份不正常的移徙工人非法或秘密移动和就业。有关各国管辖范围内为此目的采取的措施应包括：

（a）制止散播有关移民出境和入境的错误资料的适当措施；

（b）侦查和杜绝移徙工人及其家庭成员的非法或秘密移动，并对组织、办理或协助组织或办理这种移动的个人、团体或实体加以有效制裁的措施；

（c）对于对身份不正常的移徙工人或其家庭成员使用暴力、威胁或恫吓的个人、团体或实体加以有效制裁的措施。

2. 就业国应采取杜绝其境内身份不正常的移徙工人的就业的一切适当和有效措施，包括适当时对雇用此类工人的雇主加以制裁。这些措施不得损害移徙工人由于受雇对其雇主而言的权利。

（二）国际劳工组织《移民就业公约》（第97号）[①]

第三条

1. 凡本公约业已生效的会员国，承诺在本国法律允许的范围内，采取一切恰当措施以制止有关居民移出和移入的欺骗性宣传。

第六条

1. 凡本公约业已生效的会员国，承诺对本国领土境内的合法移民，不分民族、种族、宗教和性别，在下列各方面实行不比本国公民更不利的待遇。

（a）这些方面的问题应由法律作出规定，或取决于行政当局的政令，

---

① International Labour Organization, *Migration for Employment Convention*, 1949（No. 97）, www. ilo. org/dyn/normlex/en/f? p = NORMLEXPUB：12100：0：：NO：：P12100_ INSTRUMENT_ ID：312242.

包括：

（ⅰ）报酬，包括家庭补助在内（在家庭补助属于报酬一部分的情况下）、工作时间、加班工时、带酬假期、关于家中工作的限制、准予就业年龄、学徒和职业培训、妇女及未成年人参加工作；

（ⅱ）参加工会组织并享受集体协议的成果；

（ⅲ）住房。

（b）社会保障（即有关工伤、职业病、生育、疾病、养老及死亡、失业和家庭负担以及其他风险的法律规定，这些内容按照本国立法均属于社会保障系统），但下列情况除外：

（ⅰ）为保持既得权利和正在获得的权利而作出的恰当安排；

（ⅱ）移民移入国作出的特殊立法规定，涉及内容是完全由国家基金支付的补贴或其一部分，以及向为获得正常养老金而不具备交纳保险费条件的人员发放的津贴。

（c）向劳动者个人征收的有关工作的赋、税和捐款。

（d）在本公约所列问题上采取的司法方面的行动。

（三）国际移民组织《移徙和2030年议程：实践者指南》①

目标10：减少国家内部和国家间的不平等

具体目标10.7：促进有序、安全、正常和负责任的移徙和人口流动，包括实施有计划的和管理良好的移徙政策。

目标10.7的含义是什么?

有序移徙：在2030年议程中没有有关这一术语的定义。本文件将采用国际移民组织关于有序移徙的定义："根据有关原籍国出境和旅行、过境和进入东道国的法律和条例，从他或她的经常居住地转移到一个新的居住地。"强调国家入境管理的权力，并以此作为确保移徙者得到适当待遇、权利、执法和与东道国社区保持良好关系的基础。

安全移徙：安全移徙的概念没有统一的定义。移民在通过常规渠道移徙期间或之后可能处于不安全状况；反之，移民可能处于既安全又不正常的境地。在移徙的各个阶段，移徙者的状况可能从安全转变为不安全，因此，定义应涵盖这一进程的所有阶段，包括处于原籍国、过境国、第一庇护国和目

① International Organization of Migration, *Migration and the* 2030 *Agenda*: *A Guide for Practitioners* (2018), https://migration4development.org/en/resources/migration-and-2030-agenda-guide-practitioners.

的地国阶段。此外，安全移徙应考虑国内移徙，也应考虑那些没有完成预定旅程的留守者。安全移徙不是一个一成不变的概念，它主要关系到移民的福祉，对移民危险的降低。还应考虑不同类别移民的需要以及可能使移民受到伤害的因素。

正常移徙：国际移民组织将正常移徙定义为“通过公认的、经授权的渠道进行的移徙”。移徙的正常性不仅仅是指跨越一国边界的方法，因为移徙者可以通过正规渠道进入一个国家，但在一段时间后发现自己处于非正常状态。

（四）国际劳工组织《关于公平招聘的一般性原则与实施指南》[①]

范围

这些原则和指南旨在涵盖对所有劳动者的招聘，包括移民工人，无论是由雇主直接雇用或是通过中介机构雇用。原则和指南适用于一国境内和跨境的招聘行为，以及通过临时职业介绍机构的招聘，并且囊括了所有经济部门。在国家层面，这些原则和指南应在社会伙伴和政府协商后，方能实施。

企业和公共就业服务机构的职责

15. 企业和公共就业服务机构在招聘劳动者时应当尊重人权，包括通过对招聘流程的人权尽职调查评估，并应解决其涉及的负面人权影响。

15.1　所有企业和公共就业服务机构，无论在何地运行，均应当在其招聘流程中尊重人权，无论国家在实现其人权承诺方面的能力和/或意愿如何。

15.2　企业和公共就业服务机构应当开展关于招聘行为的尽职调查。

15.3　在不直接开展招聘时，企业应当仅通过合规的招聘机构接触劳动者，包括公共就业服务机构和私营职业介绍机构。当无法直接验证参与招聘各方的行为时，应至少设定一项合同义务，要求招聘机构与依据法律要求及这些原则和指南运行的第三方合作。企业应当建立一项程序，评估参与招聘流程的其他各方。

15.4　企业和公共就业服务机构应当尊重国际公认的人权，包括国际劳工标准中的权利，特别是结社自由和集体谈判的权利，及在招聘过程中预防并消除强迫劳动、童工劳动和就业职业歧视。

---

① ILO, *General Principles & Operational Guidelines for Fair Recruitment* (2016), http://www.ilo.org/wcmsp5/groups/public/---ed_norm/---declaration/documents/publication/wcms_536755.pdf, 中文版见 http://www.ilo.org/beijing/what-we-do/publications/WCMS_614097/lang--zh/index.htm。

15.5 企业和公共就业服务机构不应报复劳动者或将其拉入黑名单，特别是那些报告供应链上任何一处出现招聘侵权或欺诈行为的劳动者，并应向尚在调查或解决的投诉或争议的告发者提供特殊保护。

16. 企业和公共就业服务机构应当开展招聘以满足已有的劳动力市场需求，且不得以此作为手段取代或削减现有劳动力、降低工资或工作条件，或损害体面劳动。

17. 不得由劳动者和求职者交纳或承担招聘费或相关费用。

17.1 不应向劳动者和求职者收取费用或企业、其商业伙伴或公共就业服务机构为招聘或安置所做的相关支出。劳动者也不应支付与招聘相关的额外费用。

17.2 企业和公共就业服务机构应当通过指南或其他方式，对外介绍这一政策，包括与所有潜在和现有商业伙伴及利益相关方订立合同。企业应当确定私营职业介绍机构和其他招聘机构是否向劳动者收取招聘费或其他费用，且不应通过已确定向劳动者收取招聘费或相关费用的中介机构和其他招聘机构接触劳动者。

18. 企业和公共就业服务机构不应扣留劳动者的护照、合同或其他身份文件。

18.1 企业和公共就业服务机构不应干涉劳动者自由、完全地掌握自己的护照、身份文件和居留文件，包括他们的雇用合同，特别应注意移民工人的情况。

（五）人权与商业研究所《关于移民尊严的达卡原则》①

达卡原则为人们提供路标，从招聘到雇用再到合同结束，始终追踪记录工人的方方面面。达卡原则规定了关键原则，员工和流动工人招聘人员在整个过程的每个阶段，均应重视这些关键原则，从而确保流动工人的尊严。

核心原则 A：平等和无歧视对待全体工人

对待流动工人，应当不逊于对待履行相同或类似工作的其他工人。此外，应当保护流动工人，以免他们受到构成违反人权的任何歧视。

核心原则 B：所有工人均受劳动法保护

流动工人应当与工作所在国身份可鉴定的合法雇主，有法律上受认可的

① Institute for Human Rights and Business, *Dhaka Principles for Migration with Dignity* (2012), www.ihrb.org/dhaka-principles/downloads-translations.

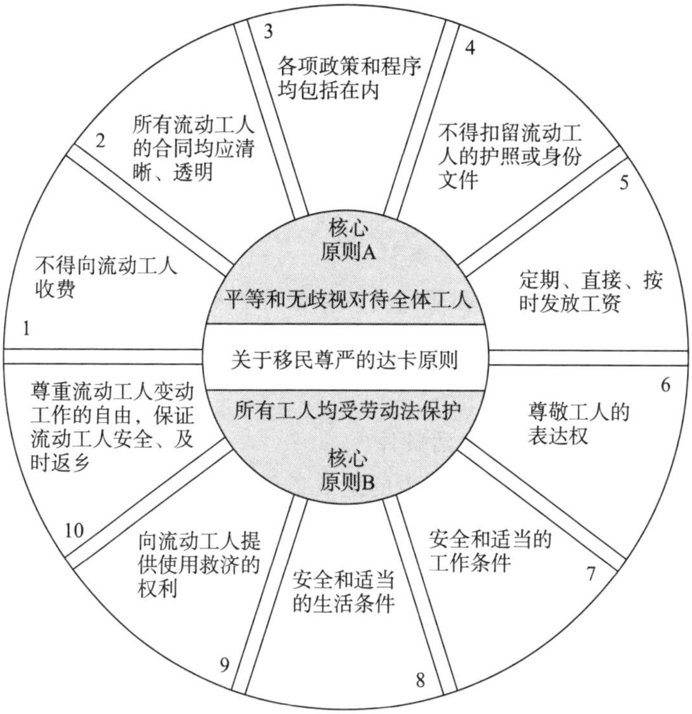

雇佣关系。

原则1：不得向流动工人收费

雇主应当承担全部招聘和安置费。不得向流动工人收取招聘或安置相关的任何费用。

原则2：所有流动工人的合同均应清晰、透明

应当向流动工人提供他们理解的语言书写的书面合同，解释清楚全部条款和条件，并且在非强制的情况下获得工人的同意。

原则3：各项政策和程序均包括在内

应当在员工和流动招聘人员公共人权政策的声明、相关运营政策和程序中，明确提及流动工人的权利。此等声明、政策和程序用以解决人权责任问题。

原则4：不得扣留流动工人的护照或身份文件

流动工人应当全权使用个人护照、身份文件和居住证件，并享有行动自由。

原则 5：定期、直接、按时发放工资

应当定期、直接、按时向流动工人发放应付款项。

原则 6：尊敬工人的表达权

流动工人应当拥有与其他工人相同的参加和组织工会及共同交易的权利。

原则 7：安全和适当的工作条件

流动工人应当享受安全和适当的工作条件、不受骚扰、不受任何形式的恐吓或非人道待遇。他们应当获得充分的健康和安全供给、得到相关语言的培训。

原则 8：安全和适当的生活条件

流动工人应当享受安全和卫生的生活条件，享用工作场所和员工宿舍之间的安全交通工具。不得限制流动工人的行动自由，也不得将他们限制在住宿范围之内。

原则 9：向流动工人提供使用救济的权利

流动工人应当有权使用司法救济和可靠的申诉机制，而不用担心被反控或被解雇。

原则 10：尊重流动工人变动工作的自由，保证流动工人安全、及时返乡

应当保证在合同履行完毕时让流动工人返乡。但是，履行完毕第一份合同或两年之后（以较短者为准），不得阻止他们在东道国寻找或更换工作。

（六）人权与商业研究所《负责任招聘的六个步骤——实施雇主支付原则》①

雇主支付原则：任何工人都不应该为工作付费——招聘费用不应由工人承担，而应由雇主承担。

第二步　评估向工人收取与招聘相关费用的风险

（……）

利用专长：

- 评估相关数据——可能有与招聘过程和工人支付费用风险有关的工

---

① Leadership Group for Responsible Recruitment and IHRB, *Six Steps to Responsible Recruitment-Implementing the Employer Pays Principle* (2018), www. ihrb. org/uploads/member-uploads/Six_ Steps_ to_ Responsible_ Recruitment_ - _ Leadership_ Group_ for_ Responsible_ Recruitment. pdf.

人留用、工作适宜性和业绩的信息。

• 确定供应商/商业关系中有哪些信息（例如，现有审计是否涵盖招聘过程）

• 通过与供应商、工人、劳工经纪人、工会和非政府组织的讨论，评估工人目前为获得工作而支付的费用的平均水平和类型，并确定这些费用是何以及时和向谁支付的。

与移徙工人及其合法代表协商：

• 了解移徙工人对招聘过程产生的费用和其他影响的看法。

• 表明你对移徙工人的关切。这有助于增进了解，并创造机会，共同确定潜在影响和应对这些影响的适当方法。

了解运营环境：

• 确定运营国家/地点的移徙工人招聘费用的法律/条例是否健全、薄弱或执行或与雇主支付原则有强烈冲突。

• 逐国清点招聘过程和法律规定的费用。

• 制定一个指示性的招聘定价标准，说明你认为的每个营业地点的真实招聘成本。

查看业务关系：

• 评估贵公司的做法导致业务关系收取招聘费用的风险。

• 评估与有关公司运营、产品或服务的移徙工人招聘费用直接相关的风险——包括通过公司一层或多层关系，例如供应链内部。

• 为供应商、派遣国和接收国的招聘和就业代理人等主要业务关系建立强有力的筛选程序，包括评估其遵守政策的能力，以及是否需要额外监督。

第三步　整合风险评估并采取相应的措施

（……）

在业务关系中创建和使用影响力：

• 在每种情况下，考虑影响力可以发挥作用的多种形式，无论是通过传统的商业影响，与业务合作伙伴和同行进行集体行动，还是通过与双边或多方利益相关方交流，以及与政府、民间社会和其他利益相关方协作产生的影响。

• 确定和建立影响力的初步步骤包括：

- 建立新的供应商协议，期望他们预防、减轻和补救与移徙工人招聘有关的影响。

– 与供应商和/或招聘和就业代理人建立明确的劳动力成本结构。

– 确定供应商中负责招聘决策的关键人员，并评估他们与雇主支付政策保持一致的意愿和能力。

– 尽可能减少有供应商参与的招聘机构的数量，以便更有效地监测和锁定培训资源。

– 慎重考量是否终止与第三方的关系，在其导致移徙工人的费用或其他影响的情况下。继续在业务关系内努力补救影响，并在实践中培养他们满足雇主支付原则的能力，也许是有益的。

第六步　尽早和直接补救与招聘相关的影响

建立或参与补救流程：

• 制定和采用适当和透明的程序，接收、升级和解决工人的申诉，包括确保移徙工人能够通过保密的沟通渠道，就招聘过程提出申诉。

• 补救措施是指将在招聘周期中受到不利影响的移徙工人恢复到没有发生此类影响的状态。如果不可能，也可以使用补偿或其他形式的补救措施来进行弥补。这类措施异于纠正措施和其他专注于预防复发的程序，但同样重要。

• 要确保制定或参与的任何申诉机制符合《联合国工商企业与人权指导原则》的有效性标准，即合法、无障碍、可预测、公平、透明、权利兼容、有持续学习的资源，并且以参与和对话为基础。

• 与工人及其合法代表以及员工、部门和其他内部利益相关者协商，制定或审查任何一种机制，了解每一种文化差异，并获得他们的支持和认同。

（七）Know the Chain《强迫劳动行为对比：来自三个部门的调查结果》①

良好实践范例：对移徙工人的补救

阿迪达斯披露了其收到的人权投诉综述，并详细介绍了补救程序的结果，其中包括几起针对移徙工人的补救案例。例如，在 2013 年和 2014 年，阿迪达斯与其台湾供应商合作，通过禁止职业介绍所扣减工资、返还护照和

① Know the Chain, *Forced Labor Action Compared: Findings From Three Sectors* (2017), https://knowthechain.org/wp-content/uploads/KTC_CrossSectoralFindings_Final.pdf.

存折以及将移徙工人安置到更安全、质量更高的宿舍，来改善他们的恶劣工作条件。

（八）可口可乐《反现代奴隶制声明（2017年）》[1]

改进政策，加强尽职调查

公司认识到移徙工人特别容易受到剥削和被贩卖，因此在2014年审查了政策和开展尽职调查活动，目的是在整个供应链中更好地保护此类工人。公司公开承诺与移徙工人招聘和雇佣有关的三项原则：

（1）就业条款以真实、明确的方式表达，并且是工人在就业前就可以理解的语言；

（2）工人不支付招聘费、安置费或交通费用；

（3）工人可以查阅个人身份证明文件。

这些原则，连同全面禁止强迫劳动，为负责任的和透明的招聘和雇佣实践创建了一个框架。这些实践已于2015年年初纳入公司的审计协议，并在全球范围内开展审计员培训，以使第三方审计师熟悉新的期望。公司将根据需要继续更新对审核员的培训，包括2016年在非洲、中国香港和拉丁美洲的培训。

（九）体育与人权中心《大型体育赛事生命周期——将人权嵌入愿景到遗产全过程（2018年）》[2]

大型体育赛事（Mega-sporting events，MSE）是全球体育运动的巅峰；相应的，其对社会产生重大影响——包括正面和负面影响。体育赛事可以增进自由，是对人类尊严的赞颂，但也会加剧歧视现象，扩大侵权范围。因此，确保体育界完全遵守《联合国工商企业与人权指导原则》和其他国际人权相关文书、原则和标准至关重要。

所有组织，包括体育界的组织，都有责任尊重人权。通过预防与重大赛事相关的潜在负面人权影响，并为确实发生的侵权行为提供充分的补救措施，所有参与举办大型体育赛事的组织都可以更好地发挥体育运动的潜力，一劳而永逸。

---

① Coca-Cola, *Modern Slavery Statement* (2017), https://www.cocacolaep.com/assets/Governance_docs/Governance-Documents/2017-modern-slavery-statement.pdf.

② 体育和人权中心：《大型体育赛事生命周期——将人权嵌入愿景到遗产全过程（2018年）》，https://www.sporthumanrights.org/library/the-mega-sporting-event-lifecycle-embedding-human-rights-from-vision-to-legacy/。

大型体育赛事的生命周期也是整个商业与人权问题的一个缩影。考虑到这些赛事涉及大量公共投资及对当地社区的影响，大型体育赛事应在所有方面——特别是在人权方面，达到示范性标准。

体育运动天然与体育价值观和公平竞争相联系，且体育运动历来为逐步介入诸如社区关系、歧视、两性平等以及个人和社会发展等问题提供平台，从而使大型体育赛事在促进人权方面的能力得到提升。

本指南介绍了大型体育赛事的生命周期，并在每个阶段指出良好做法的特定要素，主办方应将这些元素整合到其规划、操作和赛事遗产中，确保赛事活动符合权利要求。

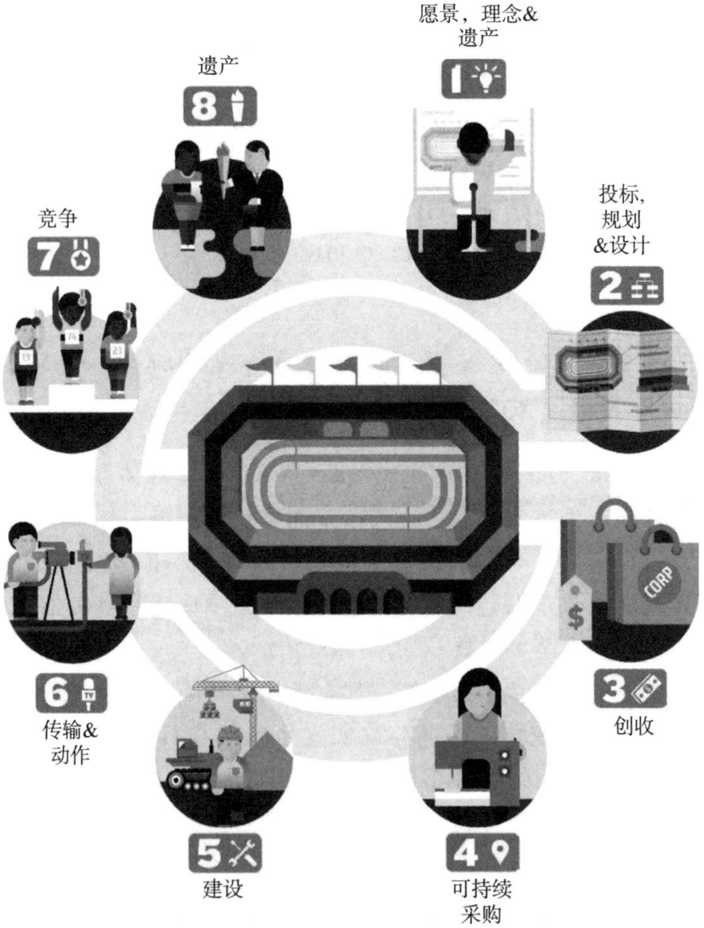

（十）法本布鲁姆等《面向移徙工人的变革性技术——机遇、挑战和风险》[1]

本报告指出，数字化工人参与平台正在改善信息不对称现象，赋予移徙工人权利，并至少以五种新方式推动系统性改革。

第一，这些数字平台使移徙工人、服务供应商和企业继续开展之前的活动，但会更快、更便宜、更有效，甚至更安全。例如，澳大利亚公平工作调查专员的“记录我的时间”（Record My Hours）应用程序能提供自动地理围墙功能，使员工能够安全自动地记录他们在特定工作场所的工作时间。

第二，数字平台能够使组织以前所未有的规模与工人进行互动。例如，在供应链环境下，工人报告工具能够使供应商和买方与整个劳动人口的数万名工人进行交流。

第三，技术使人们做到以前不可能做得到的事情。例如，移民中心的“Contratados”平台可以让来自不同地方、在全美不同地点工作、以往从没有联系的工人分享知识和经验。技术本身的重大进步也使新的活动成为可能，并为低收入移徙工人带来更多契机。例如，智能手机普及率普遍提高，功能得到改善，价格也越来越便宜。本报告未涉及的其他相关进展包括：在移民合同核查、支付系统和供应链跟踪中使用区块链，利用生物识别技术登记工作场所的移徙工人，以及与数字身份证有关的发展进程。

第四，通过拓宽移徙工人可能采取行动的领域，技术可引起更广泛的结构和政策变革。例如，赋予移徙工人知情权，使他们能够通过“Contratados”做出为谁工作的明智选择，移民中心正在考虑倡导签证可携带性的后果，这将使移徙工人能够在保留同一签证的同时在就业国更换雇主。

第五，技术使各组织能够以完全不同的方式开展核心活动。例如，尊严团结组织（Organization United for Respect，OUR）的 Work It 应用程序为主要采取线上模式的工人组织提供了一种新的方法，可能会将传统工人组织的离线工作转变为对在线平台的支持和对在线组织者的培训。立法者和行业团体意识到，工人参与平台有巨大潜力，但也存在一些严重限制，给工人带来了新的风险。本报告探讨了与移徙工人数字工具相关的一系列现实的、道德上的和法律方面的挑战，值得深入思考。

---

① B. Farbenblum et al., *Transformative Technology for Migrant Workers-Opportunities, Challenges, and Risks* (2018), https://www.researchgate.net/publication/329378726_Transformative_Technology_for_Migrant_Workers_Opportunities_Challenges_and_Risks.

本报告提出的举措表明，数字技术为实现移徙工人的参与、赋权和公正提供了前所未有、更大的机会。然而，技术无法解决结构性不平等、体制能力缺失或人情味贫乏等问题。事实上，员工参与平台很少能迅速或独立地解决问题。技术的变革性潜力最终将通过负责任的，经过深思熟虑的对平台的资助、开发和运营的方式来实现，利用平台来应对移徙工人的脆弱性和剥削的结构性驱动因素。与一些强有力的线下项目合作才是有效的措施，这些项目采用构思良好的变革理论，可以向移徙工人交一份有意义的答卷。

（十一）尤雷迪尼《移徙劳工招聘中的跨国腐败文化》[①]

本文回答了一个问题，即为什么潜在的低技能、低收入的移徙工人，特别是来自亚洲和非洲国家的移徙工人，需要向劳动力原籍国的私营招聘机构（PRA）支付招聘费，而大多数高技能工人和专业人士则不用支付？一些劳工经济学家的一般假设是，这是剥削性的，但由于低技能劳动力的供给远远超过需求，劳动力市场致力于降低原籍国的失业率并利用劳务目的地国的就业机会。

文章澄清了一个误区，即，招聘过程中的剥削和腐败发生在原籍国，并由私营招聘机构实施。事实上，招聘剥削始于目的地国家，在这些国家，招标公司决计不支付招聘费用，以便使其招标更具价格竞争力。因此，目的国和来源国之间的剥削和腐败牵一发而动全身，所有利益相关者都直接或间接地、有意或无意地参与其中。

文章揭露了目的地雇主公司的代表收取回扣/贿赂及开支的情况和水平。众所周知，在招聘行业中，招聘机构通过向雇主代表行贿来获取劳动力供应合同，从而互相竞争。这些回扣的金额从每名工人 400 美元到 1500 美元不等。除了回扣外，招聘机构还常常需要资助雇主代表到原籍国的旅费，包括航班升级费，甚至机票费、五星级酒店住宿费、餐饮费，有时还要支付“娱乐”费用。而这些旅行表面上是为了技能测试和选拔新人。雇主公司工作人员经常向代理商要住宿和餐饮发票，这样就可以到公司报销，即便他们没有支付此笔费用。作为“招聘成本”的一部分，中介机构将回扣和雇主代表差旅费强加到低技能移徙工人身上。给雇主公司工作人员的回扣和其他费用也是移徙工人支付费用差异的影响因素。

---

① R. Jureidini, *Transnational Culture of Corruption in Migrant Labour Recruitment*, *International Organization for Migration* (2017), https://publications.iom.int/system/files/pdf/transnational_culture.pdf.

工人支付的费用被用来贿赂原籍国和目的地国的各级地方官员，这样一来，他们在处理文书时就会更快，也不会故意拖延。无论是原籍国还是目的地国，一圈儿的政府官员都会拿到回扣，之后公司就能取得大量的申请获批，或促成酌情决策，包括但不限于外国工人配额、需求证明、签证、医疗证书和工作许可证。原籍国或目的地国政府很少或根本不对此类舞弊行为进行监督。

文章建议

- 废除原籍国允许招聘机构向移徙工人收费的法律和条例，并将这种收费行为定为刑事犯罪。
- 为了表明根除腐败的决心，原籍国和目的地国应批准相关的国际公约，并适用针对招聘行业的现行刑法。
- 建立不向工人收费的经过认证和检验的道德招聘机构，将其作为目的地国的独家移民劳工供应商。
- 建立严肃、有约束力的双边和多边协议，特别要禁止雇员支付模式，引入雇主单方支付模式。
- 强制雇主向工人退还费用，雇主可再向相关招聘机构索赔。
- 增加政府间电子/互联网招聘。
- 项目招标时，应在投标方案中单独列入一份详细和透明的“劳动力招聘成本分析”，详细说明招聘的可变成本和固定成本，包括分包商的劳动力成本。审慎审查最低报价的投标，弄清降低成本是否以牺牲被招聘的移徙工人为代价。
- 为参与招聘低技能移徙劳动力的机构计算合理佣金并建立国际标准。
- 立法改革是不够的。企业必须成为遵守道德—法律标准的核心，并因腐败行为而受到起诉。例如，雇佣公司需要对人力资源、采购和设施管理部门的人员进行监督，查明欺诈性交易。

（十二）奥卢恩等《瑞典境内移徙工人遭受的剥削》[①]

文章指出，贩卖劳动力，或以强迫劳动为目的的人口贩运，似乎在全球范围内呈加剧趋势。与日俱增的流动劳动力、欧洲联盟内部迁徙自由和全球

---

① N. Ollus et al. (eds.), *Exploitation of Migrant Workers in Finland, Sweden, Estonia and Lithuania: Uncovering the Links between Recruitment, Irregular Employment Practices and Labour Trafficking*, *European Institute for Crime Prevention and Control* (2013), http://lft.ee/admin/upload/files/HEUNI%20report%2075%2015102013.pdf. 本段内容亦可用于了解本书第 17 章的主题。

经济差距驱使人口大量迁移，这些移民如果得不到适当保护，无法免受非法招聘和无良雇主的虐待，就有可能成为人口贩运的受害者。在许多劳动力密集型部门，移徙劳工被当作国内劳动力的廉价替代品。雇主可以重新安排分工来节约成本，例如增加临时及兼职合约的使用，以及提高工人工作灵活性。当这创造了一个不平等的劳动力市场，最脆弱的人必须接受任何条件的工作时，问题就出现了。最坏的情况是，移徙工人可能成为为强迫劳动而进行的人口贩运的受害者。

为强迫劳动而进行的人口贩运可谓最严重的剥削形式，而较轻微的胁迫方式呈现的是一种不太严重的剥削形式。这些不太严重的剥削形式却有可能导致更恶劣的行为，并为以强迫劳动为目的的人口贩运创造条件。我们认为，以强迫劳动为目的的贩运人口恰恰是在普遍剥削移徙劳工的背景下进行的。因此，为了揭露和了解贩卖劳工，我们必须仔细审视对移徙工人剥削的更广泛的背景。强迫劳动不一定意味着人口贩运。强迫劳动可能不存在贩运，但许多司法管辖区规定，要实现贩卖劳工罪，就必须存在相当于强迫劳动的剥削(或同等程度的剥削)。因此，以强迫劳动为目的贩卖人口是贩卖人口和强迫劳动的交集。总的来说，这两种犯罪都是在剥削劳动力（主要是移民)。

强迫劳动的形式包括身体暴力或性暴力或此类暴力威胁、限制工人的行动、债役或质役、克扣工资或根本不给工人工资、扣留护照和身份证件以及威胁向当局举报。此外，分析贩运人口问题，还可以依据招聘或交通运输过程中是否使用欺骗或胁迫的形式、是否通过滥用他人的脆弱性展开招聘工作、工作中是否普遍存在剥削性条件以及在目的地是否胁迫移徙工人或滥用移徙工人的脆弱性。

在新政策框架内，所有进入瑞典的工人，特别是亚洲和东欧国家季节性浆果采摘者，因其所面临的剥削条件而受到了重视。虐待的形式包括不支付工资或支付非常低的工资、工作时间过长以及身体强制或威胁等。餐饮业雇用了大量的低技能移徙工人，其工作条件的特点也是工资低、工作时间长等。

本报告强调了一些预防和打击剥削移徙工人行为的挑战。

第一个挑战来自瑞典的劳工移民政策，根据这项政策，非欧盟公民的工作许可与雇主挂钩。也就是说，劳工移民必须在头两年留在同一雇主身边，或在三个月内找到新雇主，在头四年从事同一职业，否则他们会被驱逐出瑞典。可以说，这一要求将雇员置于依赖雇主的境地。那些被无良雇主肆意剥削的工人可能不愿意控诉雇主，因为害怕失去工作，从而失去在瑞典的居住权。

第二个挑战来自这样一个事实，即许多遭受剥削的移民不一定认为自己是受害者。在瑞典工作，往往是摆脱贫困的经济状况、改善自己及家庭生活水平的一个机会。因此，许多劳工移民愿意接受比当地居民更差的工作条件。

第三个挑战同瑞典在处理以强迫劳动为目的的人口贩运方面缺乏经验有关。瑞典的警察、检察官和法官可能由于对此种犯罪缺乏了解而无法侦破强迫劳动案件。此外，强迫劳动的概念相当复杂——难以界定自愿和强迫就业之间的区别——立法缺乏明确的定义。瑞典因以强迫劳动为目的的人口贩运而被定罪的人数较少，这也可能是因为法院倾向于将受害者的工作条件与其母国的一般条件进行比较，认为他们在瑞典的情况并不比其在母国的条件差。

第四个挑战涉及浆果业，突出表明了对所涉各经济行为者缺乏问责制。不受监管的欧洲工人被视为个体户和“自由流动者”，受监管的亚洲工人正式受雇于亚洲招聘机构，就会导致这样一种情况，即瑞典的行为者——浆果买家和商人——不需要对采摘者的劳动条件承担全部责任。

四　中国相关文件与材料

（一）国家法律法规

1.《对外承包工程管理条例（2017修订）》

第十二条　对外承包工程的单位应当依法与其招用的外派人员订立劳动合同，按照合同约定向外派人员提供工作条件和支付报酬，履行用人单位义务。

第十三条　对外承包工程的单位应当有专门的安全管理机构和人员，负责保护外派人员的人身和财产安全，并根据所承包工程项目的具体情况，制定保护外派人员人身和财产安全的方案，落实所需经费。

对外承包工程的单位应当根据工程项目所在国家或者地区的安全状况，有针对性地对外派人员进行安全防范教育和应急知识培训，增强外派人员的安全防范意识和自我保护能力。

第十四条　对外承包工程的单位应当为外派人员购买境外人身意外伤害保险。

第十五条　对外承包工程的单位应当按照国务院商务主管部门和国务院财政部门的规定，及时存缴备用金。

前款规定的备用金，用于支付对外承包工程的单位拒绝承担或者无力承担的下列费用：

（一）外派人员的报酬；

（二）因发生突发事件，外派人员回国或者接受其他紧急救助所需费用；

（三）依法应当对外派人员的损失进行赔偿所需费用。

2.《对外劳务合作管理条例》（2012）

第八条 对外劳务合作企业不得允许其他单位或者个人以本企业的名义组织劳务人员赴国外工作。

任何单位和个人不得以商务、旅游、留学等名义组织劳务人员赴国外工作。

第九条 对外劳务合作企业应当自工商行政管理部门登记之日起 5 个工作日内，在负责审批的商务主管部门指定的银行开设专门账户，缴存不低于 300 万元人民币的对外劳务合作风险处置备用金（以下简称备用金）。（……）

第十条 备用金用于支付对外劳务合作企业拒绝承担或者无力承担的下列费用：

（一）对外劳务合作企业违反国家规定收取，应当退还给劳务人员的服务费；

（二）依法或者按照约定应当由对外劳务合作企业向劳务人员支付的劳动报酬；

（三）依法赔偿劳务人员的损失所需费用；

（四）因发生突发事件，劳务人员回国或者接受紧急救助所需费用。

第十一条 对外劳务合作企业不得组织劳务人员赴国外从事与赌博、色情活动相关的工作。

第十二条 对外劳务合作企业应当安排劳务人员接受赴国外工作所需的职业技能、安全防范知识、外语以及用工项目所在国家或者地区相关法律、宗教信仰、风俗习惯等知识的培训；未安排劳务人员接受培训的，不得组织劳务人员赴国外工作。

劳务人员应当接受培训，掌握赴国外工作所需的相关技能和知识，提高适应国外工作岗位要求以及安全防范的能力。

第十三条 对外劳务合作企业应当为劳务人员购买在国外工作期间的人身意外伤害保险。但是，对外劳务合作企业与国外雇主约定由国外雇主为劳务人员购买的除外。

第十四条 对外劳务合作企业应当为劳务人员办理出境手续，并协助办理劳务人员在国外的居留、工作许可等手续。

对外劳务合作企业组织劳务人员出境后，应当及时将有关情况向中国驻用工项目所在国使馆、领馆报告。

第十五条 对外劳务合作企业、劳务人员应当遵守用工项目所在国家或者地区的法律，尊重当地的宗教信仰、风俗习惯和文化传统。

对外劳务合作企业、劳务人员不得从事损害国家安全和国家利益的活动。

第十六条 对外劳务合作企业应当跟踪了解劳务人员在国外的工作、生活情况，协助解决劳务人员工作、生活中的困难和问题，及时向国外雇主反映劳务人员的合理要求。

对外劳务合作企业向同一国家或者地区派出的劳务人员数量超过 100 人的，应当安排随行管理人员，并将随行管理人员名单报中国驻用工项目所在国使馆、领馆备案。

第二十条 劳务人员有权向商务主管部门和其他有关部门投诉对外劳务合作企业违反合同约定或者其他侵害劳务人员合法权益的行为。接受投诉的部门应当按照职责依法及时处理，并将处理情况向投诉人反馈。

第二十一条　对外劳务合作企业应当与国外雇主订立书面劳务合作合同；未与国外雇主订立书面劳务合作合同的，不得组织劳务人员赴国外工作。

劳务合作合同应当载明与劳务人员权益保障相关的下列事项：

（一）劳务人员的工作内容、工作地点、工作时间和休息休假；

（二）合同期限；

（三）劳务人员的劳动报酬及其支付方式；

（四）劳务人员社会保险费的缴纳；

（五）劳务人员的劳动条件、劳动保护、职业培训和职业危害防护；

（六）劳务人员的福利待遇和生活条件；

（七）劳务人员在国外居留、工作许可等手续的办理；

（八）劳务人员人身意外伤害保险的购买；

（九）因国外雇主原因解除与劳务人员的合同对劳务人员的经济补偿；

（十）发生突发事件对劳务人员的协助、救助；

（十一）违约责任。

第二十二条　对外劳务合作企业与国外雇主订立劳务合作合同，应当事先了解国外雇主和用工项目的情况以及用工项目所在国家或者地区的相关法律。

用工项目所在国家或者地区法律规定企业或者机构使用外籍劳务人员需经批准的，对外劳务合作企业只能与经批准的企业或者机构订立劳务合作合同。

对外劳务合作企业不得与国外的个人订立劳务合作合同。

第二十三条　除本条第二款规定的情形外，对外劳务合作企业应当与劳务人员订立书面服务合同；未与劳务人员订立书面服务合同的，不得组织劳务人员赴国外工作。服务合同应当载明劳务合作合同中与劳务人员权益保障相关的事项，以及服务项目、服务费及其收取方式、违约责任。

对外劳务合作企业组织与其建立劳动关系的劳务人员赴国外工作的，与劳务人员订立的劳动合同应当载明劳务合作合同中与劳务人员权益保障相关的事项；未与劳务人员订立劳动合同的，不得组织劳务人员赴国外工作。

第二十四条　对外劳务合作企业与劳务人员订立服务合同或者劳动合同时，应当将劳务合作合同中与劳务人员权益保障相关的事项以及劳务人员要求了解的其他情况如实告知劳务人员，并向劳务人员明确提示包括人身安全风险在内的赴国外工作的风险，不得向劳务人员隐瞒有关信息或者提供虚假信息。

对外劳务合作企业有权了解劳务人员与订立服务合同、劳动合同直接相关的个人基本情况，劳务人员应当如实说明。

3.《中华人民共和国海员外派管理规定（2019 修订）》

第二十一条　海员外派机构应当遵守国家船员管理、船员服务管理、船员证件管理、劳动和社会保障及对外劳务合作等有关规定，遵守中华人民共和国缔结或加入的国际公约，履行诚实守信义务。

（……）

第二十三条 海员外派机构为海员提供海员外派服务，应当保证外派海员与下列单位之一签订有劳动合同：

（一）本机构；

（二）境外船东；

（三）我国的航运公司或者其他相关行业单位。

外派海员与我国的航运公司或者其他相关行业单位签订劳动合同的，海员外派机构在外派该海员时，应当事先经过外派海员用人单位同意。

外派海员与境外船东签订劳动合同的，海员外派机构应当负责审查劳动合同的内容，发现劳动合同内容不符合法律法规、相关国际公约规定或者存在侵害外派海员利益条款的，应当要求境外船东及时予以纠正。

第二十四条 海员外派机构应当为外派海员购买境外人身意外伤害保险。

第二十五条 海员外派机构应当在充分了解并确保境外船东资信和运营情况良好的前提下，方可与境外船东签订船舶配员服务协议。

第二十六条 海员外派机构与境外船东签订的船舶配员服务协议，应当符合国内法律、法规和相关国际公约要求，并至少包括以下内容：

（一）海员外派机构及境外船东的责任、权利和义务。包括外派船员的数量、素质要求，派出频率，培训责任，外派机构对船员违规行为的责任分担等；

（二）外派海员的工作、生活条件；

（三）协议期限和外派海员上下船安排；

（四）工资福利待遇及其支付方式；

（五）正常工作时间、加班、额外劳动和休息休假；

（六）船舶适航状况及船舶航行区域；

（七）境外船东为外派海员购买的人身意外、疾病保险和处理标准；

（八）社会保险的缴纳；

（九）外派海员跟踪管理；

（十）突发事件处理；

（十一）外派海员遣返；

（十二）外派海员伤病亡处理；

（十三）外派海员免责条款；

（十四）特殊情况及争议的处理；

（十五）违约责任。

海员外派机构应当将船舶配员服务协议中与外派海员利益有关的内容如实告知外派海员。

第二十七条 海员外派机构应当根据派往船舶的船旗国和公司情况对外派海员进行相关法律法规、管理制度、风俗习惯和注意事项等任职前培训，并根据海员外派实际需要对外派海员进行必要的岗位技能训练。

第二十八条　海员外派机构应当在外派海员上船工作前，与其签订上船协议，协议内容应当至少包括下列内容：

（一）船舶配员服务协议中涉及外派海员利益的所有条款；

（二）海员外派机构对外派海员工作期间的管理和服务责任；

（三）外派海员在境外发生紧急情况时海员外派机构对其的安置责任；

（四）违约责任。

第二十九条　海员外派机构应当建立与境外船东、外派海员的沟通机制，及时核查并妥善处理各种投诉。

海员外派机构应当对外派海员工作期间有关人身安全、身体健康、工作技能及职业发展等方面进行跟踪管理，为外派海员履行船舶配员服务合同提供必要支持。

第三十条　海员外派机构不得因提供就业机会而向外派海员收取费用。

海员外派机构不得克扣外派海员的劳动报酬。

海员外派机构不得要求外派海员提供抵押金或担保金等。

第三十一条　海员外派机构应当为所服务的每名外派海员建立信息档案，主要包括：

（一）外派海员船上任职资历（包括所服务的船公司和船舶的名称、船籍港、所属国家、上船工作起始时间等情况）；

（二）外派海员基本安全培训、适任培训和特殊培训情况；

（三）外派海员适任状况、安全记录和健康情况；

（四）外派海员劳动合同、船舶配员服务协议、上船协议等。

海员外派机构应当按有关规定报送统计数据，并将自有外派海员名册、非自有外派海员名册及上述档案信息按要求定期报海事管理机构备案。

第三十二条　海员外派机构不得把海员外派到下列公司或者船舶：

（一）被港口国监督检查中列入黑名单的船舶；

（二）非经中国境内保险机构或者国际保赔协会成员保险的船舶；

（三）未建立安全营运和防治船舶污染管理体系的公司或者船舶。

（二）地方与行业标准

1.《泉州市保障外来务工人员合法权益规定》（2018）

四、用人单位不得向外来务工人员收取货币、实物等作为入厂抵押。对违反的，人社部门应依法严肃查处。

五、用人单位必须依法与外来务工人员签订劳动合同。劳动合同中应明确规定劳动合同期限、工作内容、工作地点、工作时间和休息休假、劳动报酬、社会保险、劳动保护、劳动条件、职业危害防护等必备条款。

用人单位不得聘用尚未与原单位解除劳动关系的人员。

人社部门应当加强外来务工人员签订劳动合同的监督检查。对不与外来务工人员签订劳动合同、采取欺诈和威胁等手段签订合同，以及不履行合同的用人单位，应责令其纠正；对造成外来务工人员经济损失的，应责令其进行赔偿；造成严重后果的，应依法严肃处理。

六、用人单位应当明确规定每月发放工资的日期，并以货币形式足额发放工资。逾期或者未足额发放工资的，由人社部门责令其补发。对随意拖欠和克扣工资的用人单位，由有关机关依法严肃处理。

用人单位支付给外来务工人员的工资不得低于用人单位所在县（市、区）最低工资标准。

七、用人单位不得限制外来务工人员的人身自由，不得扣押外来务工人员的身份证、居住证、毕业证等证件，不得对外来务工人员搜身，严禁殴打、侮辱、虐待、体罚或变相体罚外来务工人员。

公安等部门应依法查处用人单位扣押外来务工人员身份证等证件和侵犯人身自由的行为，依法惩处各种侮辱外来务工人员人格、侵害外来务工人员人身权利和民主权益的违法行为。各村（居）联防队应文明执勤，切实尊重外来务工人员的合法权益。

八、外来务工人员有依法参加和组织工会的权利，用人单位应当支持，不得阻挠和限制。企业工会应建立女职工组织，依法维护女职工特殊权益。

九、企业工会有权代表职工与企业就劳动报酬、工作时间、休息休假、劳动安全卫生、保险福利和职工参与管理等问题进行平等协商，订立集体合同。双方达不成协议的，应当提请政府有关部门和上级工会协调解决。

十、用人单位制定的规章制度，不得与法律、法规相抵触。用人单位在制定、修改或者决定直接涉及劳动者切身利益的规章制度或者重大事项时，应当经职工代表大会或者全体职工讨论，提出方案和意见，与工会或者职工代表平等协商确定。在规章制度和重大事项决定实施过程中，工会或者职工认为不适当的，有权向用人单位提出，通过协商予以修改完善。用人单位应当将直接涉及劳动者切身利益的规章制度和重大事项决定公示，或者告知劳动者。

十一、用人单位必须严格执行国家的社会保险政策、法规，为外来务工人员缴纳养老、失业、医疗、工伤、生育等社会保险费。

用人单位无故不为外来务工人员缴纳社会保险费的，由人社和税务部门责令其限期缴纳；逾期不缴的，依法加收滞纳金。

十二、用人单位必须严格执行有关劳动保护、劳动安全卫生、女职工和未成年工特殊保护、消防安全等法律、法规和规章，依法保障外来务工人员的生命安全和身体健康。

用人单位提供的职工宿舍、饭堂和工场必须符合安全、卫生条件，具备防火、通风、采光和水电设施；职工宿舍不得与工场、仓库混合；宿舍、工场、仓库应当备有紧急出口，保证通道畅通。

人社、卫健、应急管理等部门应当加强监督检查；工会应加强监督。对违反规定的，责令限期改正。拒不改正的，由政府职能部门依法给予处罚；造成外来务工人员损失的，应当赔偿；造成重大伤亡事故的，除赔偿外，应依法追究责任人员的法律责任。

2.《中国对外承包工程行业社会责任指引（2012）》

4.2.1　平等和规范雇佣

HR3 不以盈利为目的向外派员工收取工作服务费、管理费等，不向外派员工收取履约保证金或要求提供中国法律法规禁止的担保。

（三）《2018年农民工监测调查报告》[①]（国家统计局，2019年4月29日）

三、农民工就业状况

（一）在第三产业就业的农民工比重过半

从事第三产业的农民工比重为50.5%，比上年提高2.5个百分点。一是从事传统服务业的农民工继续增加。从事住宿和餐饮业的农民工比重为6.7%，比上年提高0.5个百分点；从事居民服务、修理和其他服务业的农民工比重为12.2%，比上年提高0.9个百分点。二是脱贫攻坚开发了大量公益岗位，在公共管理、社会保障和社会组织行业中就业的农民工比重为3.5%，比上年提高0.8个百分点。从事第二产业的农民工比重为49.1%，比上年下降2.4个百分点。其中，从事制造业的农民工比重为27.9%，比上年下降2.0个百分点；从事建筑业的农民工比重为18.6%，比上年下降0.3个百分点。

（二）农民工月均收入稳定增长

农民工月均收入3721元，比上年增加236元，增长6.8%，增速比上年提高0.4个百分点。分行业看，制造业、建筑业、交通运输仓储和邮政业收入增速分别比上年提高1.9、1.1和0.1个百分点；居民服务、修理和其他服务业收入增速与上年持平；批发和零售业、住宿和餐饮业收入增速分别比上年回落0.4和0.8个百分点。

（三）外出务工农民工月均收入增速快于本地农民工

外出务工农民工月均收入4107元，比上年增加302元，增长7.9%；本地务工农民工月均收入3340元，比上年增加167元，增长5.3%。外出务工农民工月均收入比本地务工农民工多767元，增速比本地务工农民工高2.6个百分点。

（四）在东部和中部地区就业的农民工月均收入增速加快

分区域看，在东部地区就业的农民工月均收入3955元，比上年增加278元，增长7.6%，增速比上年提高1.2个百分点；在中部地区就业的农民工月均收入3568元，比上年增加237元，增长7.1%，增速比上年提高0.7个百分点；在西部地区就业的农民工月均收入3522元，比上年增加172元，增长5.1%，增速比上年回落2.4个百分点；在东北地区就业的农民工月均收入3298元，比上年增加44元，增长1.4%，增速比上年回落4.8个百分点。

（四）伟创力国际公司案例摘要[②]

伟创力在中国有10万余员工，其中90%是外来务工人员。公司为员工提供了在安

---

① 国家统计局：《2018年农民工监测调查报告》，http://www.stats.gov.cn/tjsj/zxfb/201904/t20190429_1662268.html。

② 北京大学国际法研究所、全球企业人权倡议（GBI）等：《中国及全球范围内企业尊重人权的责任：中国国有企业及各国跨国企业领袖案例学习项目报告》，第37页，https://gbi-hr.org/images/general/ZH_China-Learning-Project-Report.pdf。

全、有尊严、有回报的环境中工作的机会。然而，外来务工人员是一个人权极易遭到践踏的群体，经济方面也常常处于窘境。纵观整个行业，尽管工作环境可能导致精神问题和发展瓶颈，但能够充分获得健康和教育服务的外来务工人员少之又少。

近几年，非政府组织和新闻报道都呼吁社会关注全球电子行业中外来务工人员的状况问题。从巴西到中国的公司，企业员工因工作环境恶劣、自杀、集体协商途径不足、实际工资和最低生活所需工资差距不断加大而备受关注。

发现和管理问题并非一朝一夕便能完成，改善需要过程。在了解上述劳动问题的情况下，公司将企业社会与环境责任（CSER）计划纳入了企业制度框架，以确保包括外来务工人员在内的所有员工的人权都受保护和尊重。此前数年，公司发现并改善了多个方面存在的问题，改进包括更新设施——例如宿舍和生活便利设施；还包括文化建设——改善主管和轮班工人之间的关系。

员工的精神健康一直是伟创力面临的一个重要人权挑战。为评估情况，伟创力对员工、非政府组织和一些外来务工人员问题方面的专家/作者进行了调查，调查发现，当今外来务工人员的期望呈多样化趋势，程度远远超过以前。他们不再只满足于每个月收入多少，其他方面也有期望，例如职业、精神和社会生活。这就更说明了要重视工人的所有权利和生活的方方面面。

为进一步处理向员工提供充分的精神健康服务的问题，伟创力还与致力于外来务工人员问题的北京市非政府组织协作者社会工作发展中心（CCCF）开展合作。从2009年开始，伟创力就提供种子基金，帮助CCCF在华南经济枢纽——广东省的珠海新青工业园建立珠海协作者社会工作教育推广中心（SWEDCF）。该中心是首家在中国大陆正式注册、由私有企业资助、受中国政府支持的非政府组织，提供社会福利问题的咨询服务、法律援助和外来务工人员培训服务，并为外来务工人员的子女免费提供教育和娱乐计划。

这类活动非常有价值，它使企业有机会在当今挑战的背景下，交流如何改善既有的内部制度和程序。中国工业如要继续前进，关键是确保有正确的领导、正确的远见和长期承诺，清楚掌握整个社会的趋势。

将来，伟创力将与利益相关方、政府、社区合作伙伴和私有企业合作，努力将这一模式复制到中国其他地区。

五 延伸阅读

- ILOCommittee of Experts on the Application of Conventions and Recommendations, *Promoting Fair Migration: General Survey Concerning the Migrant Workers Instruments*, onference paper (2016), www. ilo. org/ilc/ILCSessions/105/reports/reports-to-the-conference/WCMS_453898/lang -- en/index. htm.
- ILO, *Guide on Developing an International Labour Migration Statistics Da-*

tabase in ASEAN (2015), www. ilo. org/wcmsp5/groups/public/ --- asia/ --- ro-bangkok/ --- sro-bangkok/documents/publication/wcms_374212. pdf.

- Institute for Human Rights and Business, *Migration with Dignity: Implementing the Dhaka Principles* (2017) Available at: www. ihrb. org/dhakaprinciples/implementation-guidance.
- Institute for Human Rights and Business, *Responsible Recruitment Resource Bank*, www. ihrb. org/employerpays/employer-pays-resource-bank.
- International Labour Organization, Climate change and labour: The need for a "just transition", *International Journal of Labour Research* Vol. 2 Issue 2 (2010), www. ilo. org/wcmsp5/groups/public/ --- ed_dialogue/ --- actrav/documents/publication/wcms_153352. pdf.
- International Labour Organization, *Migrant Workers Convention*, No. 143 (1975), www. ilo. org/dyn/normlex/en/f? p = NORMLEXPUB: 12100: 0:: NO:: P12100_ILO_CODE: C143.
- International Labour Organization, *Technical Note: Labour Mobility and Regional Climate Adaptation* (2016), www. ilo. org/wcmsp5/groups/public/ --- ed_protect/ --- protrav/ --- migrant/documents/publication/wcms_534341. pdf.
- International Organization of Migration, *World Migration Report* (2018), http://publications. iom. int/system/files/pdf/wmr_2018_en. pdf.
- Leadership Group for Responsible Recruitment, *Catalysing Business Leadership-Theory of Change* (2018), www. ihrb. org/uploads/member-uploads/LGRR_Theory_of_Change. pdf.
- University of New South Wales, Human Rights Clinic, *International Obligations Regarding Migrant Workers-A Guide for Countries of Origin* (2016), www. law. unsw. edu. au/sites/law. unsw. edu. au/files/Guide_to_International_Obligations_Regarding_Migrant_Workers_-_UNSW_Human_Rights_Clinic. pdf.
- 陈宏亮、卞玲：《外来务工流动妇女群体生存现状及其治理——以苏南地区为例》，《市场周刊（理论研究）》2016 年第 12 期。
- 黄维海、刘梦露：《城市外来务工人口人力资本提升路径分析——以家政服务从业人员为例》，《中国人口·资源与环境》2016 年 S2 期。

六 案例

澳大利亚服装产业移民工人遭受剥削

2015 年 3 月 25 日，澳大利亚公平工作委员会调查官宣布将会开始为期两年的调查，此调查主要关于服装产业移民工人被剥削的广泛现象。

据澳大利亚广播公司报道，工作环境监察人表示，他们很关心现在很多工人无法得到应有的工资，并且在他们的工作环境中没有任何保护措施。调查官首席执行官琳达·麦克阿莱·史密斯表示，从越南和中国来的女性被雇用为家庭护理工或者服装公司的外包工。麦克阿莱·史密斯称，这些女性在家里缝制和制作服装。英语往往不是他们的第一语言。她说：“这些在家工作的人可能在一个车库或者卧室中工作，她们可能享受不到应有的权利。”

工作环境管理者将与移民资源中心展开合作，来鼓励这些在家工作的移民为自己应得的工资呼吁。澳大利亚纺织服装与鞋类工会称，他们已经得知很多在家工作的人没有病假工资，没有养老保险，并且连续一整天工作却只能得到每小时 3 澳元的工资。工会秘书长迈克尔·欧奈尔表示他们对调查官将对这一剥削情况进行调查的行动感到欣慰。

七 思考题

1. 什么是移徙工人？移徙工人通常涉及哪些人权问题？

2. 哪些原因导致了移徙工人的大量增加？

3. 根据《保护所有移徙工人及其家庭成员权利国际公约》，移徙工人享有哪些基本权利？

4. 在移徙工人人权保障方面，国家、企业、工人分别面临哪些障碍？

5. 负责任招聘应当如何进行？为什么雇主支付原则尤为重要？

第二十二章　土著居民

引　言

根据人权法，土著居民被视为需要特殊保护的弱势群体。特别是他们的文化和身份与他们几个世纪以来使用的土地和自然资源有内在的联系。土著居民直接受到旨在融入现代主流社会或工业活动的发展项目的影响［采掘业，如矿业、石油和天然气（第 28 章）；林业或其他大型基础设施项目，如水坝］。这对土著居民的生活方式及其群体和个体的生存构成严重的威胁。该领域的主要国际标准是自由、事先和知情的同意（FPIC），要求土著居民积极参与影响其生活的经济决策；根据法律，FPIC 不是否决权，也不仅仅是提供信息和简短咨询。而是一个严格的协商过程，需要极大的努力以达成协议。国际劳工组织和联合国通过了关于土著居民的国际文件，区域间（美洲和欧洲）也有重要法律依据（第 6 章）。它们通过土地权（第 25 章）、经济活动的利益分享权（第 5 章）和文化权利保护重要利益。龙头企业逐渐认识到这一群体的高度脆弱性，并相应加深了尽职调查程度（第 7—14 章）。对土著居民领袖和人权捍卫者的暴力行为是一种普遍现象，人们也越来越希望公司可以保护上述捍卫者。

一　要点

- 土著居民的标准（自我认同、血统、不同的情况）
- 个人和集体权利
- 国家主权和土著居民的自决权
- 发展权（包括制定优先事项和发展战略）
- 知识产权
- 环境保护
- 自由、事先、知情的同意（FPIC）
- 磋商过程
- 土地权利和土地占有制度

- 资源所有权（地下资源和其他）
- 资源补救及补偿
- 回到原来土地的权利（移居的原因消除后还会移居）
- 尊重土著居民的法律、习俗和机构（其与国际人权相容）
- 性别平等
- 人类的文化多样性和共同遗产
- 影响评估（社会、精神、文化和环境影响）
- 利益分享（利用自然资源）
- 参与式监督（遵守协议）
- 土著社区（分支、差异、代表性）

二　背景

国际金融公司《指导说明7——土著居民》[①]

GN2. 许多土著居民的文化和特性都与其所居住的土地及他们所依赖的自然资源有密不可分的联系。在许多情况下，他们的文化、标识、传统知识和口述历史与他们对这些土地和自然资源的使用方式及他们与土地和自然资源的关系等紧密相关。这些土地和资源可能具有神圣的或精神层面的重要意义。使用神圣场所及具有文化内涵的其他场地，可能对土著居民生计或福祉所依赖的自然资源的保护和可持续利用具有重要作用。因此，项目对土地、森林、水、野生动植物及其他自然资源的影响可能波及他们的习惯、生计、经济发展及其维持和发展自身特征和文化的能力。(……)

GN7. 该《绩效标准》适用于对独特栖息地或世代居住的土地及其自然资源具有集体依附特征的土著居民群落或社区。这可包括：

- 其居住地受项目影响的土著居民社区，及游牧民族或在相对短距离内进行季节性迁移且其对世代居住土地的依附具有自然周期性或季节性特征；

- 并不居住在受项目影响的土地上，然而通过传统的所有权和/或约定俗成的使用等方式而与此类土地存在关系（含季节性或周期性使用）的土著

---

① IFC, *Guidance Note 7 -Indigenous People* (2012), https://www.ifc.org/wps/wcm/connect/9baef8f6-9bd9-4d95-a595-7373059081d4/GN7_English_2012.pdf?MOD=AJPERES&CVID=mRQk089.

居民社区。这可包括居住在城市环境中，却与受项目影响土地保留有关系的土著居民；

- 在相关群落成员的有生之年，因被迫隔绝、冲突、政府实施的非自愿重新安置计划、土地所有权的剥夺、自然灾害或融入城市区域等，已经失去对项目影响区域内土地和地区的依附，但与受项目影响的土地保留有关系的土著居民社区；

- 在混合居住区内居住的土著居民群落，此受影响土著居民仅构成定义更为广泛的社区的一部分；

- 对位于城市区域的世代居住的土地具有集体依附特征的土著居民社区。

GN17. 客户所采用的知情、磋商和参与方法（ICP）应当基于受影响的土著居民社区现行使用的约定俗成的惯例和决策机制。然而，客户应当评估现行惯例和决策机制在处理因项目引发的各种各样新问题方面的能力。许多情况下，在项目所引发的问题面前，现行的惯例和决策机制显得无能为力。能力和经验不足可能导致对受影响社区和项目及双方关系不利的决定和结果。具体而言，欠妥当的机制、决定和结果可对现有的惯例、决策机制及公认的领导地位构成挑战，并因此而引发受影响的土著居民社区与项目之间所签订协议的争端。增强解决在合理预期内出现问题的意识和能力，可巩固受影响社区和项目之间达成的协议。可通过许多方式实施此类能力建设，包括但不限于让具有资格的当地组织参与其中，如民间社会组织（CSO）或政府推广机构；与学术或研究组织签订合约，开展与社区有关的应用或措施研究；与当前由政府或其他机构运营的针对当地社区的援助计划建立联系；以及为当地市政主管部门提供资源和技术支持，促进社区沟通和能力提升。

GN18. 客户应当牢记，土著居民社区不可一概而论，其内部可能存在各种不同的观点和意见。经验表明：传统的长者或领导者的观点可能不同于接受过正式教育的人的观点；长者的观点可能不同于年轻人的观点；男性的观点可能不同于女性的观点。然而，在许多情况下，尽管社区长者或领导者并非一定是这些社区所选的官员，但他们往往发挥着重要作用。此外，与其他人相比，社区的某些群体，如女性、年轻人及老人可能在项目影响面前显得更加脆弱。而传统文化的决策过程往往会将这些群体排除在外，所以磋商中应当考虑社区中这些群体的利益。

GN19. 与受影响的土著居民社区开展的并在其内部运行的 ICP 进程通常将持续较长的一段时间。若要向土著社区成员提供项目潜在不利影响和拟议的减少及补偿措施的充足信息，可能会经历一个涉及社区不同群体的重复过程。因此，（1）磋商应当尽可能在风险和影响评估过程的早期阶段开始；（2）客户沟通进程应当旨在确保受影响土著居民社区的所有人群均意识到并了解项目开发所带来的风险和影响；（3）应当利用土著语言这一形式，让项目信息易于理解；（4）应当给社区留有充足时间，以便建立共识并针对影响其生活和生计的项目问题逐渐形成反馈意见；（5）客户应当分配充足的时间，以充分考虑和解决土著居民所关心的问题和在项目设计和实施过程中提出的建议。

三　国际文件与域外材料

（一）《联合国土著人民权利宣言》[①]

申明土著人民与所有其他民族平等，同时承认所有民族均有权有别于他人，有权自认有别于他人，并有权因有别于他人而受到尊重；

又申明所有民族都对构成全人类共同遗产的各种文明和文化的多样性和丰富多彩做出贡献；

还申明凡是基于或源于民族出身或种族、宗教、族裔或文化差异，鼓吹民族或个人优越的学说、政策和做法，都是种族主义的，科学上是谬误的，法律上是无效的，道德上应受到谴责，且从社会角度来说是不公正的；

认识到并重申土著人有权不受歧视地享有国际法所确认的所有人权，土著人民拥有对本民族的生存、福祉和整体发展不可或缺的集体权利。

第五条

土著人民有权维护和加强其特有的政治、法律、经济、社会和文化机构，同时保有根据自己意愿充分参与国家政治、经济、社会和文化生活的权利。

第七条

（……）土著人民享有作为独特民族，自由、和平、安全地生活的集体权利，不应遭受种族灭绝或任何其他暴力行为的侵害，包括强行将一个族群的儿童迁移到另一个族群。

---

① United Nations Declaration on the Rights of Indigenous Peoples（2007），www. un. org/development/desa/indigenouspeoples/wp-content/uploads/sites/19/2018/11/UNDRIP_ E _ web. pdf，中文版见 www. un. org/esa/socdev/unpfii/documents/DRIPS_ zh. pdf。

第十条

不得强迫土著人民迁离其土地或领土。如果未事先获得有关土著人民的自由知情同意和商定公正和公平的赔偿，并在可能时提供返回的选择，则不得进行迁离。

第二十三条

土著人民有权确定和制定行使其发展权的优先重点和战略。特别是，土著人民有权积极参与制定和确定影响到他们的保健、住房方案及其他经济和社会方案，并尽可能通过自己的机构管理这些方案。

第二十六条

1. 土著人民对他们传统上拥有、占有或以其他方式使用或获得的土地、领土和资源拥有权利。

2. 土著人民有权拥有、使用、开发和控制因他们传统上拥有或其他传统上的占有或使用而持有的，以及他们以其他方式获得的土地、领土和资源。

3. 各国应在法律上承认和保护这些土地、领土和资源。这种承认应适当尊重有关土著人民的习俗、传统和土地所有权制度。

第二十九条

土著人民有权养护和保护其土地或领土和资源的环境和生产能力。各国应不加歧视地制定和执行援助土著人民进行这种养护和保护的方案。(……)

第三十一条

土著人民有权保持、掌管、保护和发展其文化遗产（……）他们还有权保持、掌管、保护和发展自己对这些文化遗产、传统知识和传统文化体现方式的知识产权。

第三十二条

1. 土著人民有权确定和制定开发或利用其土地或领土和其他资源的优先重点和战略。

2. 各国在批准任何影响到土著人民土地或领土和其他资源的项目，特别是开发、利用或开采矿物、水或其他资源的项目前，应本着诚意，通过有关的土著人民自己的代表机构，与土著人民协商和合作，征得他们的自由知情同意。(……)

第四十四条

土著人不分男女，都平等享有享受本《宣言》所确认的所有权利和自由的保障。

第四十六条

本《宣言》的任何内容都不得解释为（……）认可或鼓励任何全部或局部分割或损害主权和独立国家的领土完整或政治统一的行动。

（二）国际劳工组织《1989年土著和部落人民公约（第169号）》[①]

认识到这些民族希望在其所居住国家的结构之内，自主管理本民族各类机构、生活方式和经济发展，以及保持并发扬本民族的特点、语言和宗教的愿望；

注意到在世界许多地方，这些民族不能与其所居住国家内的其他人口享有同等的基本人权；并注意到他们的法律、价值观念、习俗和看法常常受到侵蚀；

提请注意土著和部落民族对人类文化的多样化，对人类社会的和谐与生态平衡，以及对国际合作和相互理解所做出的明显贡献。

第一条

1. 本公约适用于：

（1）独立国家的部落民族，其社会、文化和经济状况使他们有别于其国家社会的其他群体，他们的地位系全部或部分地由他们本身的习俗或传统或以专门的法律或规章加以确定；

（2）独立国家的民族，他们因作为在其所属国家或该国所属某一地区被征服或被殖民化时，或在其目前的国界被确定时，即已居住在那里的人口之后裔而被视为土著，并且无论其法律地位如何，他们仍部分或全部地保留了本民族的社会、经济、文化和政治制度。

2. 自我确定为土著或部落民族应被视为决定本公约条款适用的群体的一个根本标准。

第六条

2. 在实施公约的过程中，应以真诚的态度并采取对情况适合的方式开展磋商，以就拟议采取的措施达成协议或取得一致意见。

---

① ILO, *Convention Concerning Indigenous and Tribal Peoples in Independent Countries* (1989), www.ilo.org/dyn/normlex/en/f? p = NORMLEXPUB: 12100: 0:: NO:: P12100_ILO_CODE: C169.

第七条

3. 各政府应保证，凡适宜时，与有关民族合作，开展调查研究，以估计按计划进行的发展活动对这些民族所产生的社会、精神、文化和环境影响。这些调查研究的结果应被视为实施这些活动的基本标准。(……)

第八条

1. 在对有关民族实施国家的立法和规章时，应适当考虑他们的习惯和习惯法。

2. 当与国家立法所规定的基本权利或国际公认的人权不相矛盾时，这些民族应有权保留本民族的习惯和各类制度。必要时，应确立各种程序，以解决实施这一原则过程中可能出现的冲突。

第十四条

1. 对有关民族传统占有的土地的所有权和拥有权应予以承认。另外，在适当时候，应采取措施保护有关民族对非为其独立但又系他们传统地赖以生存和进行传统活动的土地的使用权。在这一方面，对游牧民族和无定居地的耕种者应予以特殊注意。(……)

第十五条

2. 在国家保留矿藏资源或地下资源或附属于土地的其他资源时，政府应建立或保持程序，政府应经由这些程序在执行或允许执行任何勘探或开采此种附属于他们的土地的资源的计划之前，同这些民族进行磋商，以确定他们的利益是否和在多大程度上受到了损害。凡可能时，有关民族应参与分享此类活动的收益，他们因此类活动而遭受的损失应获得公平的补偿。

第十六条

1. 除非符合本条下列各款规定，有关民族不得被从其所居住的土地上迁走。

2. 当这些民族的迁离作为一项非常措施被认为是必要的情况下，只有在他们自主并明确地表示同意之后，才能要求他们迁离；如果得不到有关民族的同意，则只有在履行了国家立法和规章所规定的程序之后，才能提出这一要求。在适当的时候，上述程序中可以包括公众调查，以便为有关民族能充分地陈述其意见提供机会。

3. 如果可能的话，一旦迁离的原因不复存在，这些民族应有权返回他们传统的土地。

4. 根据协议的规定，或在没有此类协议的情况下，凡此种返回不可能时，应尽一切可能向这些民族提供质量上和法律地位上起码相同于他们原先占有的土地，适合他们目前的需求和未来的发展。凡有关民族表示倾向于现金或实物补偿时，他们应有适当的保证方式获得此类补偿。

5. 个人因迁离所受到的任何损失和伤害，均应获得充分补偿。

（三）国际金融公司《绩效标准7——土著居民》①

1.《绩效标准7》认识到，土著居民作为国家社会中区分于主导群体的社会群体，通常是人口中最边缘化、最脆弱的群体。在很多情况下，土著居民的经济、社会和法律地位限制了他们捍卫自己在土地、自然资源和文化资源中的权益，并可能限制了他们参与发展并从中受益的能力。如果他们的土地和资源被转变、侵占或严重退化，他们就更容易受到影响。他们的语言、文化、宗教、精神信仰和风俗习惯可能也会受到威胁。因此，与非土著社区相比，土著居民更容易受到与项目开发有关的不利影响。这种脆弱性可能包括丧失他们的独特性、文化和基于自然资源的生活方式，以及遭受贫困和疾病。

4 - 5. “土著居民”没有普遍接受的定义（……）本绩效标准中，“土著居民”通指拥有不同程度以下特质的独特社会和文化群体：

- 自认为是一个独特土著文化群体的成员，并受到其他人承认；
- 集体依附于项目区域内的地理性独特定居地或传统领地，并依附于这些定居地和领地上的自然资源；
- 文化、经济、社会或政治习俗区别于主导社会或文化；
- 拥有独特语言或方言，通常与官方语言或他们居住的国家或地区的语言不同。

避免不利影响

9. 应尽可能避免对受影响的土著居民社区的不利影响。当尝试了替代方案而不利影响仍无法避免时，客户应将影响降至最低，并/或以文化上适当的方式对这些影响进行补偿，补偿还需与影响的性质和规模以及受影响的土著居民社区的脆弱程度相称。客户拟议采取的行动应通过与受影响的土著居

---

① International Finance Corporation（World Bank Group），*Performance Standard 7：Indigenous Peoples*（2012），https://www.ifc.org/wps/wcm/connect/3274df05 - 7597 - 4cd3 - 83d9 - 2aca293e69ab/PS7_English_2012.pdf? MOD = AJPERES&CVID = jiVQI.D，中文版见 https://www.ifc.org/wps/wcm/connect/6486bcf4 - 7b0a-4f57 - bc34 - 8c1667ce72a2/PS7_Chinese_2012.pdf? MOD = AJPERES&CVID = jqeBmB3。

民社区的知情磋商和参与共同确定，并包含在一个有时间期限的计划中，例如，《土著居民发展计划》，或在一个更广泛的社区发展计划中为土著居民单独列出计划。

参与和同意

10. 客户应根据《绩效标准 1》的要求，采取与受影响的土著居民社区沟通的程序。沟通程序包括以文化上适当的方式进行利益相关者分析和沟通计划、信息披露、磋商和参与。另外，此程序还应：

- 包括土著居民的代表团体和组织（如长老会或村委会），以及受影响的土著居民社区成员；
- 提供充足的时间给土著居民作出决策。

12. 自由、事先和知情的同意（FPIC）没有普遍接受的定义（……）自由、事先和知情的同意（FPIC）建立在《绩效标准 1》中所述的知情磋商和参与程序上，并在其基础上加以扩展，应通过客户与受影响的土著居民社区之间的善意磋商建立。客户应对以下记录备案：

（1）客户与受影响的土著居民社区都接受的程序；

（2）作为磋商结果各方达成协议的证据；自由、事先和知情的同意（FPIC）不一定要求一致同意，即使社区内有个人或群体明确表示不同意，也可能达成自由、事先和知情的同意（FPIC）。

要求获得自由、事先和知情的同意（FPIC）的情况。

对传统所有或习惯用途土地和自然资源的影响

14. 如果客户拟议在土著居民传统所有或用于习惯用途的土地上开发项目或将土地上的自然资源进行商业开发，并且预期会造成不利影响，客户应采取以下措施：

- 努力避免使用该土地开发项目，如不可避免，将使用地面积减到最小，并将这些努力记录备案；
- 努力避免对土著居民的自然资源和重要自然区域造成影响，如果不可避免，使影响降至最低，并将这些努力记录备案；
- 在购买或租赁土地前，确定和审核所有财产权益和传统资源的用途；
- 评估和记录受影响的土著居民社区的资源用途，不应对土著居民提出的任何土地要求持有偏见；土地和自然资源用途的评估应包括所有性别，并要特别考虑女性在管理和使用这些资源中的作用；
- 确保受影响的土著居民社区应被告知根据国家法律他们对这些土地拥有的所有权，包括国家法律中规定的土地习惯用途权；

● 如果对其土地及自然资源进行商业开发，应向受影响的土著居民社区提供补偿和正当程序，以及文化上适当的可持续发展机会，包括：

- 在可行的情况下，提供基于土地的补偿或同质补偿来代替现金补偿；
- 确保土著居民可以继续获取自然资源，确认相当的替代资源，或者说是，如果项目开发造成土著居民不能获取或丧失了自然资源，作为最后选择，无论项目是否购买了该土地，都应向他们提供补偿或为他们找到替代生计；
- 如果客户计划利用自然资源来开发项目，而这些自然资源对受影响的土著居民社区的独特性和生计至关重要，这些自然资源的使用加剧了他们生计的风险，则客户应确保公平和平等地分享与项目使用自然资源相关的收益；
- 在考虑到不影响健康、安全和治安的前提条件下，允许受影响的土著居民社区在项目开发的土地上出入、使用和通行。

土著居民从传统所有或习惯用途的土地和自然资源迁移

15. 为避免使土著居民从他们集体传统所有或用作习惯用途的土地和自然资源上迁移，客户应考虑可行的替代项目设计。如果迁移不可避免，除非如上所述获得受影响的土著居民社区的自由、事先和知情的同意，否则客户不得继续开展项目。土著居民的任何迁移都必须符合《绩效标准 5》的要求。如果导致他们迁移的原因不再存在，在可行的情况下，迁移的土著居民应可以返回他们传统所有或有习惯用途的土地。(……)

政府土著居民管理系统下的私营部门责任

21. 在政府有明确的责任管理项目有关的土著居民问题的情况下，客户应与相关政府部门合作，在可行的情况下，并在政府部门允许的程度上，达到符合本绩效标准要求的结果。另外，如果政府的能力有限，客户应在政府部门允许的程度上在项目活动计划、实施和监督中发挥积极作用。

22. 客户应制定一项计划，连同政府相关部门准备的文件，阐述如何满足本绩效标准的相关要求。客户可能需要在该计划中包括：

（1）在知情磋商和参与、沟通过程中，对 FPIC 程序的计划、实施和记录备案；

（2）对政府向受影响的土著居民提供的权利的描述；

（3）如果这些权利和本绩效标准的要求存在差异，应提出消除差异的措施；

（4）政府部门和/或客户的财务和实施责任。

（四）联合国特别报告员《采掘业和土著人民》[①]

2. 尽管有这种负面经验，展望未来，我们不能预设采掘工业和土著人民的利益完全或总是相互矛盾。在对全球状况进行考察的过程中，特别报告员发现，在许多情况下，土著人民愿意讨论从其领土上以有利于他们和尊重其权利的方式开采自然资源的问题。人们提请特别报告员注意，在许多情况下，土著人民同意在其领土内进行工业规模的资源开采，他们甚至自己采取了采矿或开发石油或天然气的主动行动。

3. 另一方面，一定会有这样的情况：资源开采根本不符合土著人民的自身愿望和发展优先事项，或妨碍他们使用对其身体安康和文化与生活完整性至关重要的土地和自然资源。(……)

4. (……) 资源开采的主要模式是，一家外部公司，在国家的支持下，控制采掘活动并从中渔利，而受影响的土著人民最多只得到工作或社区发展项目等利益，通常，这些利益与公司所得利润相比在经济价值方面相形见绌。

优选模式：通过土著人民的自主行动和企业开采资源与发展

8. 与流行模式（在这种模式下，土著领土内自然资源开采处于他人控制之下并主要服务于他人利益）形成对照的是，在一些情况下，土著人民建立并经营自己的企业，开采和开发自然资源。土著居民控制资源开采这种备选办法，由于其本身性质，更有利于行使土著人民的自决权、土地和资源权、文化适宜发展权和相关权利（……）

对公司域外活动的规制

47. 特别报告员指出，在采掘公司被视为对侵犯土著人民权利负有责任或有关联的许多案件中，侵权事件都发生在规管制度薄弱的国家，责任公司都位于其他国家，通常是更发达的国家。即使根据国际法国家没有义务监管设在其领土内的公司的域外活动，以迫使或推动公司遵守人权标准，但正如《联合国工商业与人权指导原则》所确认的，存在强有力的政策原因，要求国家进行这种监管。除维护国家自身声誉外，这些原因还包括：国家负有朴素的道德责任，行使国家监管权以促进人权并尽可能减少人类动乱。

---

① UN Special Rapporteur on the Rights of Indigenous Peoples, *Extractive Industries and Indigenous Peoples*, Report of the Special Rapporteur on the Rights of Indigenous Peoples, James Anaya (2013), www.ohchr.org/EN/HRBodies/HRC/RegularSessions/Session24/Documents/A-HRC-24-41_en.pdf.

采掘公司恪尽职责，尊重土著人民的权利

53. 由于在尊重人权方面的独立责任，工商企业，包括采掘公司，不应假定，遵守国家法律等同于遵守土著权利方面的国际标准。与这种假定正相反的是，公司应恪尽职责，确保其行动不会侵犯土著人民权利或卷入侵权行为，并确定和评估资源开采项目的任何实际或潜在的人权不利影响。

54. 恪尽职责意味着，在规划采掘项目的最初阶段，细致地查明，可能会受到项目影响的特定土著群体、这些群体在项目区域和附近的权利以及对这些权利的潜在影响。这种恪尽职责在确定项目可行性的最初阶段就应履行，即在项目后期规划或决策阶段进行的更完整的项目影响评估之前。此外，采掘公司应恪尽职责，避免获取污点资产，例如其他工商企业以前通过侵犯土著人民的权利获得的勘探或采掘资源许可证。

65. 现在的普遍理解是，环境和人权影响评估是开展采掘活动的重要前提条件。土著人民应有充分的权限，查阅国家机构或采掘公司在影响评估期间收集的信息，他们应有机会在磋商过程中或以其他方式参与影响评估。国家应通过以下任何一种途径，确保影响评估的客观性：使影响评估接受独立审查；要求评估工作不受采掘项目推动者的控制。

土著人民通过代表机构的参与

70. 土著人民的一个典型特点是，他们有自己的代表机构和决策机构。必须理解的是，由于这一特点，与土著人民的磋商不同于与普通公众的磋商和国家或公司的普通社区参与进程。特别报告员注意到，在许多情况下，由于被误导，公司和国家试图确保广泛的社区支持，绕过了土著人民自己的领导和决策机构。然而，在涉及土著人民的情况下，国际标准要求，通过土著人民确立的代表与他们接触，并充分尊重他们自己的决策程序。这样做是确保获得广泛社区支持的最佳方式。应鼓励土著人民，在其代表和决策机构中纳入适当的性别平衡。但是，国家或公司不应指令或强加给土著人民这种性别平衡，正如土著人民不应将性别平衡强加给国家或公司一样。

71. 由于某个采掘项目可能影响到土著社区和组织的多个领域，而且，在某些情况中土著代表机构可能由于历史因素而被削弱，因而，在某些情形下，可能不清楚应与哪些土著代表联络。在这种情况下，应使土著人民有机会和时间，进行自我组织，并确定他们就采掘项目进行磋商的代表机构，国家应提供适当支持，如果他们希望得到这种支持。

（五）《关于土著人民与自由、事先和知情同意的联合国专家机制》[①]

原理

11.《宣言》规定的自由、事先和知情同意有三个主要理由。第一，它试图恢复土著人民对其土地和资源的控制（……）。第二，《宣言》第11条显示自由、事先和知情同意有潜力恢复土著人民的文化完整性、自豪感和自尊。（……）第三，自由、事先和知情同意有可能纠正土著人民与国家之间的权力不平衡，以便在各方之间建立基于权利和相互尊重的新伙伴关系。（……）

作为人权规范的自由、事先和知情同意的性质

12.《宣言》承认集体权利并保护集体身份、资产和制度，特别是文化、内部决策以及土地和自然资源的控制和使用。土著权利的集体性质是土著文化所固有的，并且是抵御强迫同化直至其消失的堡垒。

13. 自由、事先和知情同意从根本上起到保障土著人民集体权利的作用。因此，土著社区的成员个人不能持有或行使这种权利。（……）

14. 自由、事先和知情同意是土著人民自行决定其政治、社会、经济和文化优先事项的权利的体现。它构成土著人民的三个相互关联和叠加的权利：被征求意见的权利、参与权以及他们对于土地、领土和资源的权利。根据《宣言》，如果缺少其中任何一个组成部分，则无法实现自由、事先和知情同意。

15. 各国与土著人民协商的义务应包括对话和谈判的定性过程，并以获得同意为目标。（……）《宣言》设想的不是某个单一的时刻或行动，而是项目过程中的对话和谈判进程，从规划到实施和后续行动。（……）

18. 人权事务委员会还详细阐述了土著人民以超越协商的方式参与的权利，并指出参与决策过程必须“有效”。国际劳工组织的监督机构强调了协商与参与之间的相互联系。参与不仅仅意味着协商，还应包括发展土著人民提出的倡议。“从这个意义上说，协商和参与两个概念相互交织，是确保土著人民能够决定自己的发展进程优先事项和控制自身经济、社会和文化发展的机制”。

---

① UN Expert Mechanism on the Rights of Indigenous Peoples, *Free, Prior and Informed Consent: a Human Rights-based Approach* (2018), https://documents-dds-ny.un.org/doc/UNDOC/GEN/G18/245/94/PDF/G1824594.pdf?OpenElement，中文版见 https://documents-dds-ny.un.org/doc/UNDOC/GEN/G18/245/93/PDF/G1824593.pdf?OpenElement。

自由、事先和知情同意的组成要素

20. 如《宣言》所确认，给予或拒绝同意的决定必须是自由的。“自由”一词的理解涉及可能妨碍土著人民自由意志的直接和间接因素。为此目的，为了使协商过程成为以对话和谈判的形式争取得到同意的真正协商，应当具备以下条件，否则，协商过程的合法性就会受到质疑：

（1）该进程的背景或气氛应无恐吓、胁迫、操纵（见 A/HRC/18/42，附件，第 25 段）和骚扰，确保协商进程不限制或不制约土著人民获得现有政策、服务和权利。

（2）当事方之间关系的特点应包括信任和诚意，而不是怀疑、指控、威胁、定罪（见 A/HRC/39/17）、对土著人民的暴力或对他们的偏见。

（3）土著人民应有按传统要求，根据自己的法律、习俗和程序被代表的自由，并注意土著社区内性别和其他部门的代表性。应由土著人民决定由哪些他们自己的机构和领导人作为其代表，以及如何代表。因此，他们应享有不受干涉地解决国际代表权问题的自由。

（4）土著人民应有引领和指导协商进程的自由，他们应该有权决定如何协商和协商的过程。这包括在设计协商程序时征求他们的意见，并有机会分享和使用或制定他们自己的程序。他们应该对这个过程施加足够的控制，不应该感觉是被迫参与或继续进行。

（5）土著人民应有设定期望，并参与确定方法、时间表、地点和评估的自由。

21. 自由、事先和知情同意的进程也必须先于允许实施某项提案的任何其他决定，并应在提案的制定过程中尽早开始。（……）自由、事先和知情同意的“事先”部分应包括：

（1）尽早让土著人民参与。协商和参与应在构想和设计阶段进行，而不是在项目开发的后期阶段才启动，因为此时关键细节已经确定。

（2）为土著人民接收、理解和分析信息并进行自己的决策进程提供所需的时间。

22. 自由、事先和知情同意情况下的协商应基于“了解信息”，这意味着：

（1）所提供的信息在数量和质量上应该是充分的，并且客观、准确和明确。

（2）应以土著人民可以理解的方式和形式提供信息，包括翻译成他们理解的语言。应使用文化上适当的程序进行协商，这些程序尊重有关土著人民的传统和组织形式。（……）信息的实质内容应包括任何拟议项目或活动的性质、规模、进度、可逆性和范围；项目的理由；受影响的地区；社会、环境和文化影响评估；所涉及的补偿或收益分享方案；以及拟议活动可能产生的所有潜在危害和影响。

（3）应为土著人民的代表机构或决策机制提供充足的资源和增强其能力，同时不损害其独立性。必须使这些代表机构或决策机制能够应对技术挑战，包括必要时通过能力建设举措在协商进程之前或期间向土著人民通报其总体上的权利。（……）

同意

26.（……）土著人民可在若干情况下出于各种目的或原因拒绝同意：

（1）在评估得出结论认为该提案不符合其最大利益后，他们可以拒绝同意。拒绝同意的目的是说服另一方不要冒险继续推行该提案。（……）

（2）由于程序的缺陷，土著人民可暂时拒绝同意。此类缺陷通常包括不遵守所要求的自由、事先和知情同意标准。土著人民可以寻求对提案进行调整或修改，包括提出替代提案。

（3）拒绝同意还可以对协商过程或国家倡议表达正当的不信任。这种情况通常存在于那些对土著人民没有给予充分的承认或对他们的土地、资源和领土的权利没有给予充分保护的国家。土著人民因抵制“陷阱式”的协商邀请而受到骚扰、逮捕甚至杀害的案件数不胜数。

44. 关于同意的协定应包括项目的详细说明、其持续时间和对土著人民的潜在影响，包括对其土地、生计、资源、文化和环境方面的影响；对这些资源的任何损害进行缓解、评估和经济补偿的规定；关于在土著人民土地上对他人造成伤害时土著人民免责的声明；争议解决的方法和场所；详细的收益分享安排（包括投资、收入分享、就业和基础设施）；以及可交付成果的时间表，包括就延续的条款和许可进行谈判的机会。作为最佳实践，任何形式的同意应包括对在同意之前的通知、协商和参与过程的详细描述。

45. 作为一个动态过程，还应定期监测和评估自由、事先和知情同意的实施情况。此类协议应“包括参与式监测机制”（……）自由、事先和知情同意的实施还应包括在土著人民的有效参与下制定的争端和申诉的无障碍追索机制，包括司法审查。

55. 有人对许多关于自由、事先和知情同意的准则提出了一些关切，包括所使用的语言往往不够精确，有时会引起含糊，例如何时需要进行影响评估或何时应开始协商的问题。这些指南有些时候并未提及土著人民希望自行确定同意程序和控制影响评估的情形。此外，对取得不了同意该如何处理含糊不清。

57. 土著人民也正在制定自己的自由、事先和知情同意的程序，特别是在北美和拉丁美洲。（……）这些程序是使土著人民、国家和其他各方参与协商或自由、事先和知情同意程序的重要工具，确定如何、何时、为何以及由谁进行协商。建立这些程序是赋予土著人民权利的工具。（……）

61. 土著人民也关注“协商疲劳”，“制造”同意，对协商进行限制，对与自由、事先和知情同意有关的国际标准缺乏共同理解、采掘业不断增加的侵占以及缺乏结构变革以确保制度层面的自由、事先和知情同意。（……）

62. 国家人权机构在促进实现自由、事先和知情同意方面发挥着重要作用。作为独立于政府行事的机构，有些机构具有土著人民领域的专门知识，它们能够并确实在同意背景下履行许多职责。例如，在阿根廷，国家人权机构介入了 ArSat Co. Telecommunications 的一个项目，在其中有数种不同的作用，包括作为整个过程的总协调员、协调人和担保人控制法律框架的遵守情况。它的参与包括一个公开的咨询过程，克服了三年的障碍。（……）

专家机制关于土著人民以及自由、事先和知情同意的第 11 号建议

9. 国家应确保通过支持土著机构的发展，确保土著人民拥有资源和能力有效参与协商进程，同时不损害这些机构的独立性。国家和私营部门应促进和尊重土著人民自己的规程——作为使国家、第三方和土著人民做好进行协商和开展合作的准备以及顺利进行协商的重要手段。

10. 国家应确保整个进程的平等，并解决和缓解国家与土著人民之间权力不平衡的问题，例如聘请独立协调人进行协商，建立资助机制，使土著人民能够获得独立的技术援助和建议。

11. 国家应与所有可能受影响的土著人民广泛接触，通过他们自己的代表性决策机构与他们协商，鼓励他们将妇女、儿童、青年和残障人纳入其中，同时意识到一些土著社区的治理结构可能是男性主导的。在每次协商期间，应努力了解对土著妇女、儿童、青年和残障人的具体影响。

12. 国家应确保自由、事先和知情同意程序，支持在土著人民社区内建立共识，并应避免可能导致分裂的做法，包括当土著人民处于经济胁迫等脆弱状况时。在这方面，应特别注意代表社区不同部门的土著人民，包括分散的社区和不再拥有土地或迁移到城市地区的土著人民。

（六）美洲人权法院“萨拉玛卡人民诉苏里南案”[①]

3. 委员会要求法院确认国家违反第 21 条（财产权）和第 25 条（司法保护权）的国际责任（……）

12. 代表们额外提交了一份长达三页半的非常详细的解释，以说明申请中未包含的某些事实，主要是与建造 Afobaka 大坝有关的所谓“现在和持续的影响”。相应地，在载有诉状、动议和证据的诉讼摘要的“事实”项下，代表们描述了以下据称事实：修建大坝没有得到萨拉玛卡人民的同意；参与大坝建设的公司名称；关于该地区淹水面积和流离失所的萨拉玛卡人民人数的各种数据；给予这些流离失所者的赔偿；移民村缺乏电力供应；施工对社区造成的恶劣影响；减少萨拉玛卡人民的生存资源；毁坏萨拉玛卡圣地；对已故萨拉玛卡人民的遗体缺乏尊重；获得采矿特许权的外国公司在该地区造成的环境恶化，以及国家计划提高大坝的水位以增加电力供应，这可能会导致更多的萨拉玛卡人民流离失所，这也是 2003 年萨拉玛卡人民向国内当局提起申诉的原因。

（……）121. 依照该法院 Yakye Axa 和 Sawhoyamaxa 案中所陈述的法理，部落和土著成员有权拥有在领土内传统使用的自然资源，因为他们有权拥有传统使用和占有了几个世纪的土地。没有这些土地和资源，这些民族的物质和文化生存就岌岌可危。因此，必须保护他们传统上使用的土地和资源，以防止他们作为一个民族而消失。即土著和部落成员所需要的特别措施的目的和宗旨，是保证他们可以继续以传统的方式生活和以他们不同的文化身份、社会结构、经济制度、风俗、信仰和传统受到国家的尊重、保障和保护。

127. 然而，根据《公约》第 21 条保护财产权并非绝对，因此不允许这种严格的解释。虽然法院承认土著和部落成员使用土地的权利和获得生存所必需的资源的权利（财产权、公约承认的许多其他权利）的相互联系，但都有某些限制。从这个意义上说，《公约》第 21 条规定“法律可以使财产的使用服从于社会利益”。因此，法院曾认为，根据《公约》第 21 条，国家可以限制财产权的使用和享有，如果存在以下限制：（1）法律规定；（2）必要；（3）成比例；（4）旨在实现民主社会的合法目标。根据该条和法院的判例，在某些情况下，国家将能够限制萨拉玛卡人民的财产权，包括其在该领土内和境内发现的自然资源的权利。

---

① Inter-American Court of Human Rights, *Saramaka People v. Suriname* (2007), www. corteidh. or. cr/docs/casos/articulos/seriec_172_ing. pdf.

129. 在这一特殊情况下，所涉限制包括为勘探和开采萨拉玛卡境内的某些自然资源而授予的伐木和采矿特许权。因此，根据《公约》第1条第1款，通过在其领土内授予特许权来限制萨拉玛卡人民的财产权，并不等于否认他们作为部落人员的生存，为此，国家必须遵守以下三项保障措施：第一，国家必须确保萨拉玛卡人民按照其习俗和传统有效参与萨拉玛卡境内任何发展、投资、勘探或开采计划（下称“发展和投资计划”）；第二，国家必须保证萨拉玛卡人民将从其领土内的任何此类计划中获得合理的利益；第三，国家必须保证在萨拉玛卡领土内不会授予任何特许权，除非直到独立并且有能力的实体在国家的监督下，进行事先的环境和社会影响评估。这些保障措施旨在保护和保障萨拉玛卡社区成员与其领土之间的特殊关系，从而确保他们作为部落人民的生存。

148. 国家进一步辩称，“向第三方提供的特许不影响萨拉玛卡的传统利益”。庭审中的证据表明，不仅国家主张的协商水平不足以保证萨拉玛卡人民有效参与决策进程，而且在颁发上述许可之前没有完成环境和社会影响评估。并且至少部分特许权确实影响了萨拉玛卡人民的经济和文化生存所必需的自然资源。(……)

151. 专家证人 Robert Goodland 博士和 Peter Poole 博士的研究证实了萨拉玛卡人民的观察结果，他们在 2002 年至 2007 年访问了特许地区及周边地区。总的来说，Goodland 博士认为“伐木特许地区的社会、环境和其他影响是严重的和创伤性的”，并且“伐木是在低于最低可接受的伐木作业标准的情况下进行的”。Goodland 博士称其为“在最糟糕的计划中，最具破坏性和浪费的伐木”。Poole 博士补充道，“对他来说，很明显，这些特许范围内的伐木作业没有满足任何可接受的甚至是最低限度的规范，可持续管理也不是决策考虑的因素”。

152. Goodland 博士和 Poole 博士证实，伐木公司在他们的特许范围内建造了不合标准的桥梁，并且这些桥梁不必要地堵塞了许多小溪。由于这些小溪是萨拉玛卡人民饮用水的主要来源，因此没有“饮用、烹饪、洗涤、灌溉、打理花园和捕鱼所需的水。此外，自给农场的生产力降低或没有生产性，所以必须放弃农场”。根据 Goodland 博士的说法，这些大面积的积水使森林无法生产传统的萨拉玛卡农作物。Poole 博士也得出了同样的结论。

154. 最后，法院认为，国家在苏里南河上游地区授予的伐木特许权已经破坏了环境，这一破坏对萨拉玛卡人民在他们拥有公共财产权的领土范围上传统使用的全部或部分土地和自然资源产生了负面影响。国家未能执行或监督环境和社会影响评估，未能建立为确保这些伐木特许不会对萨拉玛卡领土和社区造成重大损害适当的保障机制。此外，国家不允许萨拉玛卡人民按照其传统和习俗有效参与有关这些伐木特许权的决策过程，萨拉玛卡人民也没有从在其领土上的伐木中获益。以上所有行为均违反《公约》第 21 条承认的萨拉玛卡人民的财产权。

155. 法院还必须分析传统萨拉玛卡领域内的采金特许权是否影响了萨拉玛卡人民一直使用的以及生存所必需的自然资源。根据提交给法庭的证据，萨拉玛卡人民传统上并未将黄金作为其文化特征或经济制度的一部分。尽管可能存在个别例外，但萨拉玛卡的成员并不认同自己的黄金，也没有表现出与这种自然资源的特殊关系。（……）尽管如此，因为萨拉玛卡地区内的任何金矿开采活动必然会影响萨拉玛卡生存所需的其他自然资源，例如水道，国家有责任与其根据传统和习俗，就以下事项进行磋商：关于在萨拉玛卡境内申请采矿特许权，并允许社区成员合理地分享任何此类可能的特许权所产生的利益，并在项目开始之前进行或监督对环境和社会影响的评估。

156. 法院承认，迄今为止，在传统的萨拉玛卡领土内没有发生大规模采矿活动。然而，国家在传统的萨拉玛卡领土内发放小规模的采金特许权时未能遵守三项保障措施。也就是说，这些特许是在没有进行事先的环境和社会影响评估的情况下发放的，也没有根据传统与萨拉玛卡人民协商，或保证他们的成员合理分享项目的利益。因此，国家侵犯了萨拉玛卡人民的财产权。（……）

（七）联合国“全球契约”《商业参考指南》[1]

企业制定土著人民的权利政策有下列好处：

• 公开确认履行尊重土著人民权利的责任的企业承诺，并展示良好的商业做法；

• 不管个别国家的经理是否经常变动，为所有公司经理和员工提供一致且具体的全球政策；

• 协助企业确定政策差距和风险领域；

• 可以为企业提升差异化，从而带来竞争优势；

• 与外部利益相关者建立信任，可以帮助企业了解和满足利益相关者的期望，从而支持社会许可，并有助于防止潜在的项目延迟、停工或取消；

---

① UN Global Compact, *The Business Reference Guide to the UN Declaration on the Rights of Indigenous Peoples* (2013), www.unglobalcompact.org/docs/issues_doc/human_rights/IndigenousPeoples/BusinessGuide.pdf.

• 可以带来声誉效益，特别是在投资者间，因利益相关者越来越关注社区同意和土著人民的权利；

• 为管理者和工人提供可能影响土著人民权利事项的指导；

• 在可能无法充分了解土著人民权利的环境中提供业务指导和风险管理；

• 有助于可持续发展；

• 提供良好的意愿和长期的经济利益，特别是对于寻求开发土地和资源的企业；

• 帮助公司履行其在《联合国全球契约》下的承诺（针对参与企业）。

（八）安那亚和普伊格《减弱国家主权：与土著民族磋商的义务》[1]

一些评论员和活动家认为磋商义务包括同意或拒绝的绝对权利，这种权利凌驾于国家主权之上。而与此相反，其他人则认为磋商只需要就影响土著人民的重要决定进行讨论，最终的国家决策权力保持不变。借鉴 Macklem 教授的理论，强调了人权法在国内提供防御工具，展示了磋商义务如何减弱了国家主权，我们也解释了国际法所规定的磋商义务（与通常和磋商义务相联系的政治或理论义务不同），磋商义务由其内容和目的决定，作为对企业力量的制衡。这一制衡可以防止可能与土著人民利益或福祉相悖的国家决定，但它不能完全超越国家主权，在国际法体系下也不可。因此，磋商义务所要求的不仅是了解情况和听取意见的权利，也不仅是否决权。

尽管都认同磋商的重要性及其基本原理，但仍然缺乏适当的磋商程序，政府往往将其类比为公民投票或通知和评论程序。一些企业也因其结果不可预测、成本增加和时间延迟，或者不知情或缺少远见而拒绝磋商。反过来，诸如“合法支持的期望”之类的业务预测和概念通常被用来限制协商的范围，并将由此产生的选择框定为违反国际保护财产或合同“权利”的行为。这些观点的核心是投资法，可能为外国投资者提供广泛的保护，而没有足够的政策和监管空间来保护人权。

在这一复杂背景下，应怎样理解磋商责任的本质、范围以及限制呢？接下来，作者通过两个在拉美的磋商案例（墨西哥和哥斯达黎加）来审视这一问题。

---

① S. James Anaya and S. Puig, “Mitigating State Sovereignty: The Duty to Consult with Indigenous Peoples”, 67 *University of Toronto Law Journal* 435 (2017), https://papers.ssrn.com/sol3/papers.cfm?abstract_id=2876760.

政府和工商企业开始认识到，磋商不是选择性的，而是要求各国以符合其人权义务的方式进行磋商。尽管取得了这些进展，但磋商义务的不同方面仍然存在误解、争论或混淆。一般来说，问题可归咎于许多国家机构能力有限和这一重要议题的新颖性，当然还有不同法律解释或规范理解所产生的政策影响和其他相关结果。文章介绍了三个主要的衍生解释和论点：工具主义者、同意－否决权和最小限度方法的协商。

1. 工具主义者

国家当局经常将磋商过程定性为另一种参与机制，限制了实现其防止侵犯人权的保障职能方面的能力。因此，该过程类似于国内法已经熟悉的通知－评论和公民投票程序，而没有密切关注满足特定的国际标准。

一个问题——也许并非排除在这种背景下——是“中央”当局通常受到共同社会目标的驱动，例如建立关键基础设施，扩大经济利益，或仅仅是吸引私人投资到边缘化社区。这些动机很容易转化为一般指标或标志，即外国直接投资流入量、GDP增长率或基尼系数。由于这种治理逻辑的激励，各国可能会忽视磋商所需要的共识建设，而是利用这一过程使具体项目合法化。此外，随着对政府的要求越来越高，从人权保护到贸易谈判，由此产生的压力往往导致参与过于简单化，相应地倾向于程序形式主义而非实质内容。因此，我们将这第一个位置称为工具性方法。

2. 同意－否决权

作为主要受益者，土著人民大力推动对磋商的关注不应令人感到意外。(……)

在这种极端主义的解释中，磋商过程和实现“自由、事先和知情同意”的相关目标在“土著主权”的背景下被理解。土著人民提倡者主张作为磋商的一部分的独立的“同意权”。因此，保护同意或拒绝同意的选择权——不仅是在保护人权——是这种方法下该过程的关键目标。这种方法类似于通过主张土著人民行使充分主权的权利来激励早期的土著权利运动。尽管在许多方面都是可辩护的，但这种做法与国际法如何承认国家的主权以及违反现有的国内宪法安排密切相关。(……)

尽管对土著人民权利的发展深表关切，但同意否决办法往往会减少获得或拒绝同意的过程的关键结果，而不是保护人权。具有讽刺意味的是，它表明磋商有更为有限的保护作用，因为它假定一旦获得同意，国家监督就会失效。更重要的是，它减少了政府在没有土著人民同意的情况下作出重要决定的政策空间，这一点很难与国家主权决策的基本理念和对多元民主的普遍理解相协调。

3. 最小限度方法

许多商业企业倾向于狭义的磋商义务。在某些情况下，国家和企业的偏好与我们所称的“检查框”或最小限度方法一致。

这一方法认为磋商过程是阻碍生产活动的一个相当大的官僚障碍。因此，要减少磋商以获得利益，以使国家的最终决策权基本上保持不变，从而使措施生效。对于一些无情的企业而言，磋商的作用有限，而且是现代监管国家扩张的一种表现。从这个角度来看，磋商是推迟项目的成本最低的过程。在最坏的情况下，磋商沦为某些群体获取利益的寻租机制。

然而，由于在许多地方磋商是一个新的理念，执行磋商的具体权力和机制往往是模糊和不确定的，因此可以认为磋商过程是任意的。（……）此外，关于磋商过程和具体要求的适用性（或不适用性）的分歧被视为可能侵犯“投资者的权利”——特别是“公平和公平待遇”标准——的问题。

这种做法受到倾向于放松管制和强化经济自由主义观点的推动。降低风险、自由市场和经济效率的理念表明，关于土著人民，除非出现市场失灵，政府应采取克制措施。如果土著社区内的私人能够并愿意自由进入交易（即便被边缘化和易受伤害），他们将从交易和经济溢出中受益。根据这种方法，国家应该降低风险和减少繁文缛节以鼓励土著社区长期提供财政资源，而不是增加磋商等烦琐的程序。

在话语传统方面，这一磋商理念可以用所谓的“新自由主义”方法来处理国际关系和国内政策。与此同时，这一立场往往根植于国际法和国际关系中法律现实主义的经典版本。首先，这种做法对国际人权法的作用以及要求进行协商的当局的目标极为怀疑。这种方法的重点是经济和政治力量（包括政府和非政府行动者的力量），通过强调行动者为商业机会和外国投资而竞争的世界的复杂性，来反击基于权利的话语。而且，不管是对是错，公司认为土著居民在项目决定上过于简单，认为国家自利或腐败——部分原因是经济自由主义。

减弱主权：在人权框架内进行磋商

用 Macklem 教授的话说：“国际法历史上从一开始就排除了土著人民的主权权力分配，并将其纳入在其自古以来居住的领土上建立的国家的主权权力之内。这种排斥和包容的过程是一个持续的过程。国际法通过拒绝承认他们拥有能使他们成立主权国家的自决权，在其主权权力的分配中继续排除或包含土著人民（……）但是，国际法中的土著权利说明了国际法将土著人民排除在其主权权力分配之外的一些不利后果。”

最终，在主权独立国家之间分配权力的国际法律体系中，磋商起着保护土著人民的作用。磋商有助于减小土著人民与国家之间的权力差异，国家利益往往与公司或类似的经济行为者一致。因此，磋商试图通过在国际法本身支持的以国家为中心的世界中保护土著人民的人权来达到平衡。(……)

与 Macklem 教授一样，作者认为国际法有能力克服其国家起源并成为现代司法工具。作者的解释方法以当代法律现实主义为基础，并以全球多元化的方式为基础——它颂扬人权法赋予不同行为者的解放力量及其提供的防范国家的工具。(……)

最后，为了履行其保护功能，磋商义务需要将受拟议项目影响的潜在利益相关方和参与者聚集在一起。因此，为了妥善履行义务，土著人民是磋商的关键。然而磋商过程也应该包括国家发展过程中项目背后的企业。商业企业的参与旨在实现磋商的主要目的——以公平的条件获得协议以保障人权。(……)

土著人民、国家和工商企业之间在执行各自关切的具体发展项目方面存在明显的紧张关系。这一紧张关系的中心是与土著人民磋商的责任也正因全球化而加重。

(九) 肯普和欧文《在全球采矿业中实施 FPIC 的企业意愿与人权风险》①

如果国内法和 FPIC 之间存在强烈的不相容，那么公司主张一次性的土著人民同意过程可被认定无效，或被视为对国家主权的威胁。

在许多情况下，土著或部落民族不能公开谈论人权，或主张 FPIC 的权利。一些司法管辖区以国家不承认土著人民为由拒绝了 FPIC 所拥有的否决权。例如，巴布亚新几内亚的宪法承认土地所有者的习惯权利，但根据我们的经验，国家和开发商都拒绝适用土地所有者为土著人民的国际标准。此外，在压迫性政治成为既定事实的情况下，将 FPIC 用于单一采矿项目会使土著或部落民族面临被国家骚扰或迫害的风险。最近在东南亚的案例研究表明，一些国家不愿意或没能力处理对资源开发项目的异议。虽然许多国家批准了核心人权条约，但它们在资源开发方面维护基本人权的能力仍然是一个问题。

---

① D. Kemp and J. R. Owen, Corporate Readiness and the Human Rights Risks of Applying FPIC in the Global Mining Industry, *Business and Human Rights Journal*, 2 (2017).

如果东道国与FPIC的原则和功能要求不太一致，那么解决固有权力不平衡所需的人力和财力资源要多得多。但在怎样适当解决这些不平衡的分配以及哪一方最适合提供这些资源方面出现了问题。例如，在能力低的司法管辖区，矿业公司可能愿意分配资源来支持FPIC流程。然而，公司资助的FPIC流程很可能会引起对权利和补救措施私有化的批评。当支持和履行与人权有关的责任被视为私有化时，就会出现关于“同意”的性质以及我们能在多大程度上保证“自由地”给予同意的问题。

根据作者的经验，支持土著人民进行复杂的参与和磋商进程所需的人力和财政资源范围各不相同。例如，这种投资通常需要为异议团体提供支持，包括获得技术知识和专家的途径；改进国家或公司的参与程序；任命独立调解人以解决当事方和外部监督员之间的冲突；记录FPIC流程的意图和影响，包括意外后果。

四　中国相关文件与材料

（一）《中国对外矿业投资社会责任指引（2017版）》

3.4.4　尊重和保护当地社区（包括原住民在内）的文化和遗产，采矿和生产活动不得损害当地居民的传统文化。

进行环境和社会影响评估，充分了解经营活动可能对当地社区（包括原住民）带来的负面影响。

直接与可能受到影响的社区进行磋商，确保采矿和生产经营活动尊重其权利、文化和以自然资源为基础的社区生计。如果不能直接进行磋商，企业应该考虑合理的替选方案，通过可信赖的独立专家、公民社会等同受影响的社区进行磋商。

项目设计应尽量避免负面影响，对于不可避免的，须进行必要的管理和补偿，以最小化影响；确保原住民可通过开采项目获得可持续的利益和机遇。

如果采矿活动影响原住民权益，公布其尊重原住民的政策，明确阐释原住民计划或战略。

（二）《可持续天然橡胶指南（2017）》

5.1.1　**社区和原住民权利**

5.1.1.1　应尊重当地居民和原住民耕种、通行和使用土地的权利，确保不侵犯当地居民和原住民赖以生存的土地、领土、水体及森林的合法和习惯权属；应采取措施预防或减少经营活动对当地社区的消极影响，并提升积极影响。

5.1.1.2　尽可能让当地居民作为商务合作伙伴参与项目，比如通过提供种植方案、提供种植园各种服务和加工厂的就业机会等方式。

5.1.1.3　应充分考虑经营对当地社区群体造成的环境、健康、安全方面的影响，并采取适当措施预防或减少负面影响。

5.1.1.4　认识到“社区”并不是单一化的团体，而是一个带有不同观点的、充满活力与变化的群体，对涉及当地社区权益的事项，应给社区预留时间和资源充分讨论，评估项目对它们的影响，并经常与当地社区进行磋商，建立与当地社区交流、申诉和冲突管理的机制。

5.1.1.5　充分评估项目建设和运营对原住民的影响，尊重原住民的特殊地位，应开展特定的影响评估，避免带来不利影响。在采纳和实施任何可能影响原住民的措施之前，获得他们的自由、事先和知情同意。

（三）《中国农业海外可持续投资指引（2018）》

2. 注重与当地社区沟通交流

（1）获得社区的认可有助于项目的顺利实施。要使当地社区民众充分了解项目实施的效果、对其生活的影响和对当地生态的改变，并获得他们的认可，以避免项目实施后双方产生误解和纠纷。

（2）与社区充分沟通交流是国际上项目投资的惯用做法。中方企业要充分借鉴国外已有成熟的与社区交流沟通的方法、技术。

（3）国际上公认的与社区交流的原则是 FPIC 原则，即自由、事先、知情的认可权，该权利目前已经成为一种国际准则，它起源于原住民的自主决定权，对自己土地、领土以及其他资产享有的综合权利，但目前已不局限于原住民。国内企业可根据实际情况在 FPIC 原则下灵活开展沟通交流工作。最为关键的是不能将企业的理念强加给社区民众，并要由当地民众或社区自行作出决定。

（4）与社区沟通交流的重点有：

确定资源权属。通过与社区不同群体的交流，确定项目区域中现有的权利所有者和资源使用者。

明确各种资源的法律地位。在社区调研的基础上，需要进一步在国家法律和习惯法层面对目标项目土地和资源的权利拥有者进行再确定。

与社区或社群内不同群体（不同性别、年龄、族群、层级等人士）展开沟通及协商。

了解社区的组织结构，寻找到社区或社群的领导者或关键人物。

FPIC 中的自由指的是没有强迫、恐吓及人为操纵。事先指的是在进行任何授权及活动之前征得必要的同意，并给予原住民足够的时间来进行磋商并达成共识。知情指的是应以原住民可以理解的方式向他们提供活动所有相关信息，并确保信息客观、准确。相关信息包括以下内容：

1. 所有项目的性质、规模、持续时间、可逆性以及涉及范围；
2. 提出该项目的理由；
3. 将受到影响的区域；

4. 对可能造成的经济、社会、文化及环境影响作出初步评估，包括潜在风险及能带来的好处；

5. 拟参与和将参与该项目实施的人员；

6. 项目可能涉及的措施：认可指的是原住民已经同意开始实施该次协商提出的实施方案。而原住民也有权利撤回许可，或附加其他条件。磋商及参与是寻求认同过程中的两大因素。必须本着诚信的原则与原住民进行协商，进而征得他们同意。若不能达成一致，须向其作出客观、公正的解释说明。各方须在彼此平等、相互尊重的基础上进行对话沟通，以提出切实有效且被认可的解决方案，并有充足的时间作出决定。原住民及当地社区有权自主选择代表或组织按当地习惯参与到协商过程中，还应当适时听取妇女儿童群体的意见。(……)

(四)《中国负责任矿产供应链尽责管理指南(2015)》

5　尽责管理的分类与识别

5.2.1　助长、采购或接触任何严重过失者的风险

5.2.1.4　在未获得当地人和土著人自由、事先和知情同意的土地上开采资源，包括未获得土地持有法定所有权、租赁权、特许权或许可证的开采商的同意；

5.2.1.5　从不尊重、不保护当地人和土著人的文化和遗产，或损害当地人传统文化的采矿作业中开采或采购资源；

5.2.1.6　开采者对于其开采资源的土地并不具有合法所有权、租赁权、特许权或许可证；或该土地属于非法获得或违反国内法律；或当地人对于土地拥有先已存在的合法权利，包括那些在习惯、传统或集体土地所有权下的权利；或开采区的居民非自愿移民。

(五)北京大学国际法研究所等《中国五矿公司案例摘要(原住民社区协议与监督机制)》①

中国五矿在澳大利亚的世纪(Century)矿区坐落于原住民社区附近，如何尽可能减少资源开发对当地社区和环境的负面影响，使原住民从公司运营中获益，并增强其内生能力，促进可持续发展，从而使公司和当地社区长期和谐共生，是中国五矿面临的重要人权挑战。此外，企业在原住民的土地上运营，需要与原住民正式签署土地使用和利益分配的协议。

《海湾社区协议》是1998年由世纪矿区、昆士兰州政府以及当地4个原住民社区共同签订的三方协议，旨在为当地提供教育、培训和就业机会，并对当地的原住民文化和环境进行保护。该协议内容包括：保证原住民尽可能参与到矿区运营工作当中；不侵犯原住民住地；全力保护自然环境和自然资源；明确并保护原住民文化区域；保证原住民

---

① 北京大学国际法研究所、全球企业人权倡议(GBI)等：《中国及全球范围内企业尊重人权的责任：中国国有企业及各国跨国企业领袖案例学习项目报告》，https://gbihr.org/images/general/ZH_China-Learning-Project-Report.pdf。

所享有的健康标准、受雇用比例、受教育机会等达到澳大利亚平均水平。

为监督《海湾社区协议》的执行情况，由来自四个原住民所有权团体、世纪矿区及昆士兰政府各自的代表组成了世纪联络咨询委员会（CLAC），按季度召开会议。2012年，CLAC委聘昆士兰大学的矿业社会责任中心（CSRM）协助开展了《海湾社区协议》15年回顾。CLAC完成回顾后为三个订约方分别制定计划，以协力达成协议所订明的承诺，并为实现协议的理想目标做出贡献。

MMG（金属矿业集团，是中国五矿全资控股的五矿资源有限公司）认为，尊重人权的管理对其运营非常重要，因而开发了公司范围内关于社会和人权问题的管理系统——“社区关系管理系统”，该系统是公司“安全、健康、环境和社区管理系统”的一部分，并融入了MMG的整个管理系统。社区关系管理系统中正式设立了申诉机制，在企业内部通过层级运行。申诉机制包含社区代表和社区问题管理委员会，可实现个人直接参与，提供了登门拜访、热线电话、邮件、信件等各种投诉渠道，由系统软件对收到的正式和非正式投诉进行记录、分类、优先排序、管理、追踪。由此，当出现违反《海湾社区协议》的情况，或原住民权利受到损害时，均可通过该申诉机制实现补救。监督机制与申诉机制共同保证了《海湾社区协议》的落实及原住民权益的维护。

为提升矿山可持续发展能力，2012年，Century矿山重新设计了其培训和就业计划，针对关注范围、原住民培训和就业的责任、培训范围等方面进行了调整。MMG通过开展包括算术和读写能力支持、社区参与、培训与发展援助和有针对性的就业机会等的计划来扩大Century矿山的原住民参与度。MMG投资于社区居民的技能提升，在公司经营矿山毗邻的社区和高等院校对当地民众和毕业生进行培训，同时，Century矿山运营部门提供的监理培训为潜在和在职的监理人员（包括原住民员工）提供了获得正式资格证书的机会。

（六）《中国企业海外投资社区沟通指南》[①]（商道纵横、清华大学经管学院，2017年3月）

1. 原则

1.1. 平等互利

平等互利是开展社区沟通的基础，企业与社区的一切对话应建立在平等和相互尊重的基础之上。企业应与当地社区开展建设性对话。对话目标应是了解社区需求，回应社区关切；对话态度应是积极的、合作的，不宜预设对抗性的立场。对话方式应是诚恳的、坦诚的、亲和的，不宜仅通过冰冷的文字传递。坚持行为准则，杜绝贿赂。

1.2　求同存异

君子和而不同。企业与社区之间既有和平共处乃至合作共赢的共同诉求，也有资源分配的利益冲突。企业宜以共同诉求为沟通切入点，在力所能及的范围内，借助自身业

---

① 商道纵横、清华大学经管学院：《中国企业海外投资社区沟通指南》，http://www.syntao.com/filedownload/180272。

务和能力优势，延伸资源共享的范围，积极回应和满足社区的合理诉求与期待。对一时无法达成共识的事项，如不影响大局则可暂且搁置，待条件成熟后再行处理。企业可开展教育、文化、体育等社区交流、服务活动，开启沟通、建立互信。

1.3 双向交流

企业应知晓沟通是双向的、互动的，即企业既要清晰、有效地向目标对象进行表达和传递，也要倾听对方的意见、质疑与建议。不说不听、只说不听、只听不说的做法都应摒弃。针对对方提出的意见、质疑与建议，企业应做出及时回应。企业宜采取多种方式、方法充分表达、认真倾听、积极回应。

1.4 信息一致

企业在沟通过程中应注意信息的一致性。即在不同时间段、与不同群体进行沟通时，信息的核心内容应保持基本一致，避免因在不同场合中表述信息自相矛盾而严重损害来之不易的信任。企业亦应采取措施确保供应商等当地合作伙伴向社区传递一致信息。

1.5 入乡随俗

企业应尊重当地的文化习俗和行为方式，充分实现入乡随俗，实现沟通的本地化和柔性化。企业应注重使用本土语言，不能仅有中文或英文，同时注意专业术语的本地表达和通俗解释。在沟通中，善用本地渠道，如借助当地文俗节庆、宗教聚会、族人聚会等机会和方式，避免生硬套用以自我为主的“利益相关方沟通大会”等形式。要尊重本土习俗，注意民族、宗教等忌讳。

1.6 坐言起行

企业行为是社区沟通中最终被利益相关方用来评价企业的准绳，也是企业与社区建立信任的基石。企业要谨言慎行，承诺的事情就务必做到，不能做到的事情不宜轻率承诺。针对利益相关方关心的问题，企业不应只有言语，应有具体行动，并在行动中体现出持续改进。企业的行动贵在持之以恒，与社区的沟通也要有足够耐心，要始终表现出坦诚并及时回应。

2. 步骤

2.1 专人专岗

2.1.1 制定沟通战略

企业高层应将社区沟通纳入至公司决策体系中，将社区沟通战略作为海外投资整体战略的组成部分，同时构建相应的社区沟通体系和机制，包括自下而上的申诉机制和自上而下的决策与反馈、支持机制。申诉机制和反馈机制需要通过便捷的渠道向公众公开，以使公众可以及时了解并使用。

2.1.2 设立专职人员

有条件的企业应设立专职负责社区沟通的部门和岗位，一般可称之为社区沟通经理。企业应明确社区沟通经理的权责和岗位考核目标。暂时难以设立社区沟通专职部门的企业，宜指定相关人员兼职负责社区沟通，并对其设立岗位考核目标。赋予社区沟通经理一定范围内的授权。

2.1.3　设立部门对接人

企业宜在设计、采购、生产、销售、市场、财务、人力资源、公关等部门指定专人对接社区沟通经理，为顺畅的社区沟通提供技术、人力、财务和重要外部信息等有效支持。

2.1.4　内部定期沟通

企业内部各部门专、兼职负责社区沟通的工作人员要定期进行会晤和沟通，检视已有的社区沟通实践，及时分享可能引发的社区风险因素，及时总结经验和教训，预估新的社区沟通挑战，并制定相应的应对预案。

2.2. 纵观全局

2.2.1　调研社区概况

企业宜开展社区风险综合调研，明晰项目所在社区的自然资源、土地权属与所有制、人口、教育、宗教、种族、部落、风俗文化、政治治理与社会治理、NGO、媒体环境、经济运行、环境承载能力等基本概况，熟悉项目所在社区可持续发展面临的主要挑战和机遇，了解所在社区的主要利益诉求和关切。

2.2.2　识别利益相关方

企业可运用利益相关方矩阵等工具，根据利益相关度、影响力等识别出社区沟通中关键的利益相关方，并按重要性对其排序。

2.2.3　识别核心议题

企业应通过利益相关方座谈、社区调研、同业对标等方式搜集和梳理利益相关方诉求，运用议题识别工具表等工具评估、识别出核心议题，并按轻重缓急进行排序。

2.2.4　对标同业实践

企业应掌握在同一地区的企业在社区沟通方面的实践情况，若条件许可宜进行对标分析。企业宜深入研究全球同行业企业在同类社区面临的社区沟通主要挑战及解决方案，熟悉全球同类议题的最佳实践，并通过对标为企业的社区沟通寻求经验支持。

2.3　明确信息

2.3.1　明确公司立场

公司应明确公司对当地社区发展的总体原则和立场，也应明确公司对重大议题、关键利益相关方的具体态度与观点。

2.3.2　制定沟通目标

企业应根据沟通需要设置近期目标和远期目标，目标要具体和可测量。企业应明确为达成沟通意愿所需要的方法路径、资源支持和完成时间，并设置考核指标。

2.3.3　传达沟通内容

企业应以清晰、易懂的语言记录并精准传达社区沟通的核心信息，包括但不限于关键利益相关方、核心议题、公司立场、沟通目标等，以避免沟通双方（或多方）出现误解及任务执行出现偏差。

2.3.4　培训沟通人员

企业应就上述信息对内部员工尤其是专兼职负责社区沟通的工作人员进行专项培训，

确保上下内外信息传递的一致性。企业应通过培训提高专、兼职社区沟通工作人员的专业沟通能力。

2.4 建立渠道

2.4.1 沟通渠道多样化

企业宜根据对社区、利益相关方和核心议题等的了解，识别并建立多种沟通渠道，与政府、NGO、国际机构、媒体、高校、行业组织等的沟通可官方渠道和非官方渠道并重。同时，社区沟通部门应多与业务和管理部门协调，多利用这些部门已有的沟通渠道。注重利用互联网、社交网络等新兴沟通渠道。

2.4.2 细分群体精准沟通

企业应根据议题分类及各利益相关方的关注程度，按其相关度、影响力细分并排序应沟通群体，制定相对应的沟通策略，精准沟通。

2.4.3 熟人传递信任

企业宜寻找双方共同认识和/或信赖的机构和人员进行沟通，为信息传递建立信任感，为谈判设置缓冲空间。

2.4.4 通俗易懂“接地气”

企业应选择和使用社区熟悉、易于接受的沟通渠道、方式和语言，以提升沟通的效率与效果。

2.5. 有效执行

2.5.1 持之以恒

社区沟通不应急于求成。无法与目标对象在第一次沟通中达成一致时，可将沟通所需达成的目标拆分成多个小目标，在与目标对象的反复多次沟通中逐步推进，保持耐心，持之以恒。

2.5.2 有序推进

与目标对象之间建立信任是实现有效沟通的前提。建立信任和相互认同需要循序渐进，先认识，后了解和熟悉，再信任，最后实现有效沟通。具体推进应因地制宜采取当地人熟悉和习惯的沟通渠道和方式进行。

2.5.3 面谈为先

当面交流是最佳的沟通方式，便于信息全面呈现，同时也能得到目标对象对信息的及时反馈。信息的准确性可能在多次传递的过程中大打折扣，因此获取信息时，应当尽量在第一时间直接与当事人进行交流，获取第一手信息，留下第一次清晰的印象。若无法当面进行交流，则应首先考虑通过电话沟通，最后考虑通过信函进行沟通。

2.5.4 闭门会议

为使参与者更加放松，表达真实想法，企业可采取闭门会议等沟通形式。企业在会前应向与会者表明会议的私密性，以减少与会者顾虑。

2.5.5 注意倾听

企业在与社区沟通的过程中应时刻注意沟通是双向的。因此，企业应随时关注社区的声音，保持认真倾听的姿态，针对对方提出的意见、质疑与建议，做出及时回应，不宜只说不听、闭目塞听；亦不宜急于反驳，影响对方清晰表达。

2.5.6　沟通记录

在获取了目标对象同意后，沟通过程中应进行书面或音视频记录，可在未来产生争议时作为证据。并可以将适当的信息对外公布，使外界了解企业在与社区沟通过程中开展的工作和取得的成果。但是，若事先说明为闭门会议的沟通，则不应进行音视频记录，文字及图片记录也应慎重进行。

2.6　监测反馈

2.6.1　积极回应

沟通过程中即使遇到争议或无法达成一致，企业也应进行积极回应，并对反馈时间做出规划，以免产生误解。争议的解决过程中可能需要一方或双方进行一定程度的让步，不宜因无法一时解决全部争议而急于全盘否定，使得后续工作难以开展。

2.6.2　未雨绸缪

企业应时刻关注社区舆情动态，以便随时了解社区情况，提前识别潜在问题和风险，提早反应，将解决问题的成本降至最低。要避免因为对潜在问题的关注程度不够高导致矛盾逐步升级。

2.6.3　持续改进

企业应将与社区的沟通工作视为长期工作，而非只是针对个别事件开展的临时性工作。要对每次沟通的效果进行监测和评估，总结经验教训，以在长期的沟通过程中持续改进工作方式。

2.6.4　管理提升

企业应将社区沟通中所获取的信息、积累的经验，及时归纳、总结和提炼，以修正、健全、创新企业管理，实现管理提升。

2.7　应急预案

2.7.1　预案制定

企业应根据可能产生的危机制定应急预案。并在预案中明确各级别的应急预案启动实施的决策者。

2.7.2　信息发布

预估危机发生前和危机发生时，企业要快速反应，并根据预案分阶段发布信息，保证利益相关方对危机知情。避免因为未能及时发布正确信息而使谣言横飞。

2.7.3　安保措施

对于在沟通过程中可能产生人员冲突的情况，需要特别注意采取安保措施。一方面保护企业工作人员，另一方面也保护当地社区居民的安全，慎防发生人身伤害事件。

五　延伸阅读

- Alejandro Fuentes, *Exploitation of Natural Resources and Protection of In-*

digenous Peoples' Communal Property over Traditional Lands and Territories: *A summary of the Inter-American Court of Human Rights' safeguards*, RWI Research Brief (2016), https://rwi.lu.se/app/uploads/2017/04/ExploitationNaturalResources_2016.pdf.

• Cultural Survival, *Quarterly Magazine*, https://www.culturalsurvival.org/publications/cultural-survival-quarterly/back-issues.

• ICMM, *The Indigenous Peoples and Mining Good Practice Guide* (2015), www.icmm.com/website/publications/pdfs/social-and-economic-development/9520.pdf.

• OECD, Due Diligence Guidance for Meaningful Stakeholder Engagement in the Extractive Sector, ANNEX B: *Engaging with Indigenous Peoples* (2017), www.oecd-ilibrary.org/governance/oecd-due-diligence-guidance-for-meaningful-stakeholder-engagement-in-the-extractive-sector_9789264252462 – en.

• Rio Tinto, *Why Cultural Heritage Matters* (2011), www.riotinto.com/documents/ReportsPublications/Rio_Tinto_Cultural_Heritage_Guide.pdf.

• Survival, www.survivalinternational.org/tribes.

• UN Expert Mechanism on the Rights of Indigenous Peoples, *Good Practices and Challenges, Including Discrimination, in Business and in Access to Financial Services by Indigenous Peoples, in Particular Indigenous Women and Indigenous Persons with Disabilities* (2017), www.undocs.org/en/a/hrc/36/53, 中文版见 www.undocs.org/zh/a/hrc/36/53。

• UN Permanent Forum on Indigenous Issues, www.un.org/development/desa/indigenouspeoples/.

• UN Special Rapporteur on the Rights of Indigenous Peoples, *Report on Attacks and Criminalisation of Indigenous Human Rights Defenders* (A/HRC/39/17) (2018), http://ap.ohchr.org/documents/dpage_e.aspx?si=A/HRC/39/17, 中文版见 https://documents-dds-ny.un.org/doc/UNDOC/GEN/G18/246/33/PDF/G1824633.pdf?OpenElement。

• UN, *World Conference on Indigenous Peoples* (2014), www.un.org/development/desa/indigenouspeoples/about-us/world-conference.html.

• 黄玉萍：《少数民族企业社会责任践行中的民族维度——基于利益相关者视角》，《贵州民族研究》2015 年第 4 期。

• 李文：《土著居民与油气行业的责任》，《WTO 经济导刊》2012 年第 7 期。

• 赛娜：《少数民族地区矿产资源型企业社会责任培育机制研究》，东北财经大学出版社，2015。

六　案例

不容忽视的“社会经营许可”

2007 年，中铝收购了特罗莫克铜矿。收购时中铝承诺在矿场项目开工前将现有 Morococha 城中 5000 名居民搬迁到他处。Morococha 城原先是一个矿工聚居区，由于附近地区几十年来的开矿，这里的水和土壤受到了严重的污染。在中铝收购此项目前，人们本指望秘鲁政府为这里的居民另建一座新城，但中铝主动承担了这一责任，将其作为投资项目的一部分。在 Morococha 旧城，公共厕所条件差，供水也短缺，而 Morococha 新城将修建现代化的供水管网和卫生设施。最重要的是，这项搬迁主要出于自愿，且是社区成员、其民选领导、中央政府、投资者之间共同协商、谈判的结果。这也被认作秘鲁当代史上首个基于自愿和社区参与的搬迁案例。尽管搬迁工作还存在一些问题（譬如但凡搬迁到新城的每一户，中铝都把新房的所有权送给他们，但当地政府在发放产权证书时则存在延误的问题），并且还有一些居民迟迟不搬，但就处理秘鲁矿区社区关系而言，这个项目迈出了积极的一步。

在秘鲁积极处理好与当地居民关系的不只中铝。赴秘鲁投资的中资企业紫金矿业、五矿和江西铜业都采取了与当地居民拉近关系的措施，紫金矿业“改善与秘鲁当地社区、民众的关系，以提高他们对项目的接受程度”，而五矿和江西铜业“与当地土著居民建立起了一定的联系，特别是较好地树立了公司具备强烈社会责任感的形象”。五矿和江西铜业的工作甚至细致到了注意到当地有很多单亲妈妈，于是公司为社区工人提供午餐的食堂全部聘请单亲妈妈，专门为单亲妈妈们解决了就业问题。

七　思考题

1. 什么是土著居民？土著居民权利主要有哪些，具有什么特征？
2. 哪些行业是侵害土著居民权利的高风险行业，它们应当如何避免不利人权影响？
3. 什么是“自由、事先和知情同意”原则？
4. 工商企业如何与土著居民进行有效的磋商？有哪些注意要点？
5. 国家应当如何管理本国企业在域外对当地土著居民的人权影响？

第二十三章　性别

引　言

在发达国家和发展中国家，妇女在工作场所仍然被不平等地对待，统计数据显示，男女的工资差距持续存在。在工作场所之外，女孩和妇女也受到各种形式的歧视。当有多种歧视理由，如肤色、人种、种族、性取向、残疾（第 24 章）同时存在时，这种不平等待遇会进一步加剧——当多种歧视形式交叉并产生复合负面影响时，就会出现“交叉性”问题。社会性别歧视与生理性别歧视的不同使人们注意到不平等对待是社会建构的结果，而不仅仅是因为生物学特征。平权行动——或对一个群体更有利的待遇——可以写入法律和公司政策，作为扭转系统性不平等和歧视模式的一种方法，这种不平等和歧视模式实际上剥夺了一个群体的机会平等。女性的经济赋权——特别是在受大型工农业项目影响的当地社区——长期以来一直是企业社会责任中一个相当没有争议的方面，因为企业将其视为对社会的积极贡献（第 5 章）。女性的工作场所的赋权，包括与男性平等的职业晋升机会，也是领先企业采取特殊措施的领域。在工资水平较低的国家进行外包生产的跨国企业可能与性别歧视有关，因为在某些行业，供应商的劳动力可能以女性为主（如纺织业）。人们认识到，虽然这些工作为妇女创造了经济独立，但众所周知的是歧视性待遇既严重又难以证明［类似于侵犯结社自由（第 19 章）］。作为消除剥削性工作条件责任的一部分（第 15—21 章），公司应进行影响评估（第 9 章）并采取补救措施（第 11 章），确定女工所面临的风险的具体因素，包括夜间交通、托儿设施、医疗评估等。本章解释了不同形式的歧视以及在工作场所内外持续存在不平等对待的各个领域。

一　要点

- 妇女歧视，性别平等，妇女权利和性别主流化
- 直接歧视和间接歧视
- 差别待遇（平权行动）

- 公共和私人行为者的歧视
- “交叉性”（交叉形式的歧视及其复合的负面影响）
- “工作的内在要求”
- 性别不平等的原因
- “生理性别”和“社会性别”
- 妇女权利和文化多样性
- 经济赋权，就业保障，工作权，薪酬差距（工资差距）
- “同工同酬”原则
- 农村妇女
- 夜间工作
- 重新安置（置换土地）
- 国家的义务（尊重、保护和实现妇女的权利）

二　背景

（一）联合国《北京宣言和行动纲要》[①]

《北京宣言和行动纲要》是一项赋予妇女权力的纲领。其目的在于通过充分而平等地参加经济、社会、文化和政治决策，（……）移除妇女积极参与公共和私人生活所有领域的障碍。这意味着建立男女在家庭、工作场所和在更广泛的国家及国际社会中共同享有权力和分担责任的原则。男女平等是人权问题和社会正义的条件，也是平等、发展与和平的必要基本先决条件。

重大的关切领域：

1. 妇女持续和日益沉重的贫困负担。
2. 教育和培训不平等和不足，而且不能平等接受教育和培训。
3. 保健和有关服务的不平等和不足，而且不能平等获得这些服务。
4. 对妇女的暴力。
5. 武装或其他种类冲突对妇女，包括对生活在外国占领区中的妇女的影响。
6. 经济结构和政策、一切形式的生产活动和取得资源的机会不平等。
7. 男女在所有各级分享权力和决策方面不平等。

① UN, *The Beijing Declaration and Platform for Action*, The Fourth World Conference on Women (1995), www. un. org/womenwatch/daw/beijing/platform.

8. 在所有各级缺乏足够的机制促进妇女地位的提高。

9. 既不尊重也不充分促进和保护妇女的人权。

10. 对妇女采取陈规定型的看法，妇女不能平等利用和参与一切通信系统，尤其是传播媒体。

11. 在管理自然资源和保护环境方面两性不平等。

12. 持续歧视女童并侵犯女童的权利。

（二）联合国《法律和实践中的歧视妇女问题工作组报告》①

经济和社会参与

38. 工作组在其报告中表明，妇女在其一生中仍然面临着经济和社会领域的结构性不利条件和歧视。社会和文化障碍仍使许多女童无法完成学业，法律歧视以及工资、劳动力参与和照顾责任方面根深蒂固的不平等，使妇女无法平等参与经济和社会生活。妇女比男子多做 2.6 倍以上的无酬照料和家务工作。老年妇女遭受性别养老金差距，使她们特别容易陷入贫困，除了在家庭之外，在学校、工作场所和其他公共场所，所有妇女都面临持续存在的性骚扰以及其他形式的基于性别的暴力风险（见 A/HRC/26/39）。

39. 实际上，妇女同等工作所获薪酬仍然低于男子，在商业、金融和贸易行业包括国际货币基金组织和世界贸易组织等国际机构以及合作社和工会的决策机构的高级领导层中，妇女代表严重不足。此外，妇女在制定宏观经济政策方面的代表人数同样过少，这些政策加剧了不平等、紧缩措施和对妇女依赖度高于男性的保健服务的破坏。如今，入学女童比以往任何时候都多，但 1/5 的女童仍然失学。此外，世界各地的妇女在高等教育方面的成就并未总是转化为相应的领导职位或经济领域中的平等。尽管有更多的妇女进入劳动力市场，但她们仍然仅占工作年龄妇女的 49%，而劳动力市场中的男子占工作年龄男子的 75%。在全球范围内，男女工资差距仍然为 23%。妇女往往只能获得不稳定形式的就业；发展中国家的大多数妇女在非正规部门或家庭企业中就业，而且，不是总能直接收到工资。在妇女的收入主要来自农业活动的国家，她们通常很少拥有土地。

40. 虽然妇女的经济赋权已被证明是与性别平等有关的争议最少的问题之一，但经济不平等的根本文化、社会和政治原因尚未得到成功和根本解决。

① UN, Report of the Working Group on the Issue of Discrimination Against Women in Law and in Practice A/HRC/38/46 (2018), https://documents-dds-ny.un.org/doc/UNDOC/GEN/G18/132/85/PDF/G1813285.pdf?OpenElement.

如果不建立必要的保健服务基础设施，实行同工同酬，监管非正规部门的妇女劳动权利（在全球范围内，许多妇女受雇于非正规部门），妇女的经济和社会权利将永远得不到实现。

（三）联合国《消除对妇女歧视公约第28号建议书》[①]

5. 虽然《公约》（《联合国消除对妇女歧视公约》）仅仅提到性歧视，但结合对第一条和第二条（f）项和第五条（a）款的解释表明，《公约》也涵盖了对妇女的性别歧视。这里的“性”一词指的是男子与妇女的生理差异。而“性别”一词指的是社会意义上的身份、归属和妇女与男子的作用，以及社会对这类生理差异赋予的社会和文化含义，正是这类生理差异导致男子与妇女之间的等级关系，还导致男子在权力分配和行使权利方面处于有利地位，妇女处于不利地位。妇女和男子的这种社会定位受到政治、经济、文化、社会、宗教、意识形态和环境因素的影响，也可通过文化、社会和社区的力量加以改变。第一条所载关于歧视的定义明确表明，《公约》适用于基于性别的歧视。该定义指出，任何区别、排斥或限制行为，如果其影响或目的足以妨碍或否认妇女认识、享有或行使其人权和基本自由，这类行为都是歧视，即使这类歧视并非有意。这可能意味着，即使对妇女和男子给予相同或中性的待遇，如果不承认妇女在性别方面本来已处于弱势地位且面临不平等，上述待遇的后果或影响导致妇女被拒绝行使其权利，则仍可能构成对妇女的歧视。（……）

9. 第二条规定，缔约国必须履行其在《公约》之下法律义务的所有方面，尊重、保护和实现妇女不受歧视和享有平等的权利。尊重的义务要求缔约国避免通过制定法律、政策、规章、方案、行政程序和体制结构等方式，直接或间接剥夺妇女享有在公民、政治、经济、社会和文化方面的平等权利。保护的义务要求缔约国保护妇女免受私人行为者的歧视，并采取步骤，其直接目标就是要消除主张某一性别低于或高于另一性别的偏见、习俗和所有其他惯例，以及对男子和妇女社会功能的陈旧的刻板观念。实现的义务要求缔约国采取各种步骤，保证男女在法律上和在实际中享有平等权利，包括根据《公约》第四条第1款和关于《消除对妇女一切形式歧视公约》第四条第1款（暂行特别措施）的第25号一般性建议，酌情采取暂行特别措施。（……）

---

① UN, *Convention on the Elimination of All Forms of Discrimination Against Women* (2010), https://tbinternet.ohchr.org/_layouts/treatybodyexternal/Download.aspx?symbolno=CEDAW/C/GC/28&Lang=en.

13. 第二条并不限于制止缔约国直接或间接引起对妇女的歧视。该条还要求缔约国履行恪尽职守的义务，防止私人行为对妇女的歧视。（……）缔约国有义务采取适当措施，对私人行为者的行动进行监管，包括教育、就业、医疗政策和做法、工作条件和工作标准等领域，以及银行和住房等由私人行为者提供服务或设施的其他领域。

16. （……）缔约国应确保不对妇女实施直接或间接歧视。对妇女的直接歧视包括明显以性或性别差异为由实施区别待遇。对妇女的间接歧视指的是，一项法律、政策、方案或做法看似对男性和女性无任何倾向，但在实际中有歧视妇女的效果。因为明显中性的措施没有考虑原本存在的不平等状况。此外，因为不承认歧视的结构和历史模式以及男女之间不平等的权力关系，可能使现有的不平等状况因间接歧视更为恶化。

18. 交叉性是理解第二条所载缔约国一般义务范围的根本概念。以性和性别为由对妇女的歧视与影响妇女的一些其他因素息息相关，如种族、族裔、宗教或信仰、健康状况、年龄、阶级、种姓、性取向和性别认同等。以性或性别为由的歧视对这类妇女的影响程度或方式不同于对男子的影响。缔约国必须从法律上承认这些交叉形式的歧视以及对相关妇女的综合负面影响，并禁止这类歧视。（……）

三　国际文件与域外材料

（一）联合国《世界人权宣言》①

第二条

人人有资格享受本宣言所载的一切权利与自由，不分种族、肤色、性别、语言、宗教、政治或其他见解、国籍或社会出身、财产、出生或其他身份等任何区别。（……）

（二）联合国《消除对妇女一切形式歧视公约》②

第一条

为本公约的目的，“对妇女的歧视”一词是指基于性别而作的任何区别、

① The Universal Declaration of Human Rights（1948）, https://www.un.org/sites/un2.un.org/files/2021/03/udhr.pdf.

② UN, *Convention on the Elimination of All Forms of Discrimination Against Women*（1979）, www.ohchr.org/EN/ProfessionalInterest/Pages/CEDAW.aspx.

排除和限制，其影响或目的均足以妨碍或否认对妇女不论已婚未婚在男女平等的基础上认识、享有或行使在政治、经济、社会、文化、公民或任何其他方面的人权和基本自由。

第二条

缔约各国谴责对妇女一切形式的歧视，协议立即用一切适当办法，推行政策，消除对妇女的歧视。为此目的，承担：

（……）（e）应采取一切适当措施，消除任何个人、组织或企业对妇女的歧视；

第十一条

1. 缔约各国应采取一切适当措施，消除在就业方面对妇女的歧视，以保证她们在男女平等的基础上享有相同权利，特别是：

（a）人人有不可剥夺的工作权利；

（b）享有相同就业机会的权利，包括在就业方面相同的甄选标准；

（c）享有自由选择专业和职业，提升和工作保障，一切服务的福利和条件，接受职业培训和进修，包括实习培训、高等职业培训和经常性培训的权利；

（d）同等价值的工作享有同等报酬包括福利和享有平等待遇的权利，在评定工作的表现方面，也享有平等待遇的权利；

（e）享有社会保障的权利，特别是在退休、失业、疾病、残废和老年或在其他丧失工作能力的情况下，以及享有带薪度假的权利；

（f）在工作条件方面享有健康和安全保障，包括保障生育机能的权利。

2. 缔约各国为使妇女不致因结婚或生育而受歧视，又为保障其有效的工作权利起见，应采取适当措施：

（a）禁止以怀孕或产假为理由予以解雇，以及以婚姻状况为理由予以解雇的歧视，违反规定者予以制裁；

（b）实施带薪产假或具有同等社会福利的产假，而不丧失原有工作、年资或社会津贴；

（c）鼓励提供必要的辅助性社会服务，特别是通过促进建立和发展托儿设施系统，使父母得以兼顾家庭义务和工作责任并参与公共事务；

（d）对于怀孕期间从事确实有害于健康的工种的妇女，给予特别保护。

3. 应根据科技知识，定期审查与本条所包含的内容有关的保护性法律，必要时应加以修订、废止或推广。

第十四条

1. 缔约各国应考虑到农村妇女面临的特殊问题和她们对家庭生计包括她

们在经济体系中非商品化部门的工作方面所发挥的重要作用；并应采取一切适当措施，保证对农村妇女适用本公约的各项规定。

2. 缔约各国应采取一切适当措施以消除对农村地区妇女的歧视，保证她们在男女平等的基础上参与农村发展并受其益惠，尤其是保证她们有权：

（a）参与各级发展规划的拟订和执行工作；

（b）利用充分的保健设施，包括计划生育方面的知识、辅导和服务；

（c）从社会保障方案直接受益；

（d）接受各种正式和非正式的培训和教育，包括有关实用读写能力的培训和教育在内，以及除了别的以外，享受一切社区服务和推广服务的益惠，以提高她们的技术熟练程度；

（e）组织自助团体和合作社，以通过受雇和自营职业的途径取得平等的经济机会；

（f）参加一切社区活动；

（g）有机会取得农业信贷，利用销售设施，获得适当技术，并在土地改革和土地垦殖计划方面享有平等待遇；

（……）

（三）国际劳工组织《消除就业和职业歧视公约》①

第一条

1. 就本公约而言，“歧视”一词包括：

（a）基于种族、肤色、性别、宗教、政治见解、民族血统或社会出身等原因，具有取消或损害就业或职业机会均等或待遇平等作用的任何区别、排斥或优惠；

（……）

（四）国际劳工组织《对男女工人同等价值的工作付予同等报酬公约》②

第二条

1. 各会员国应（……）确保对所有劳动者实行男女劳动者同工同酬的

① ILO, *Discrimination (Employment and Occupation) Convention*, 1958 (No. 111), www. ilo. org/dyn/normlex/en/f? p = NORMLEXPUB: 12100: 0:: NO:: P12100_ILO_CODE: C111.

② ILO, *Equal Remuneration Convention*, 1951 (No. 100), www. ilo. org/dyn/normlex/en/f? p = NORMLEXPUB: 12100: 0:: NO:: P12100_ILO_CODE: C100.

原则。(……)

(五)联合国《变革我们的世界：2030年可持续发展议程》[①]

20. 实现性别平等和增强妇女和女童权能将大大促进我们实现所有目标和具体目标。如果人类中有一半人仍然不能充分享有人权和机会，就无法充分发挥人的潜能和实现可持续发展。妇女和女童必须能平等地接受优质教育，获得经济资源和参政机会，并能在就业、担任各级领导和参与决策方面，享有与男子和男童相同的机会。我们将努力争取为缩小两性差距大幅增加投入，在性别平等和增强妇女权能方面，在全球、区域和国家各级进一步为各机构提供支持。将消除对妇女和女童的一切形式歧视和暴力，包括通过让男子和男童参与。在执行本议程过程中，必须有系统地顾及性别平等因素。

目标5. 实现性别平等，增强所有妇女和女童的权能

5.1　在全球消除对妇女和女童一切形式的歧视

5.2　消除公共和私营部门针对妇女和女童一切形式的暴力行为，包括贩卖、性剥削及其他形式的剥削

5.3　消除童婚、早婚、逼婚及割礼等一切伤害行为

5.4　认可和尊重无偿护理和家务，各国可视本国情况提供公共服务、基础设施和社会保护政策，在家庭内部提倡责任共担

5.5　确保妇女全面有效参与各级政治、经济和公共生活的决策，并享有进入以上各级决策领导层的平等机会

5.6　根据《国际人口与发展会议行动纲领》、《北京行动纲领》及其历次审查会议的成果文件，确保普遍享有性和生殖健康以及生殖权利

5.a 根据各国法律进行改革，给予妇女平等获取经济资源的权利，以及享有对土地和其他形式财产的所有权和控制权，获取金融服务、遗产和自然资源

5.b 加强技术特别是信息和通信技术的应用，以增强妇女权能

5.c 采用和加强合理的政策和有执行力的立法，促进性别平等，在各级增强妇女和女童权能

---

① Transforming Our World: the 2030 Agenda for Sustainable Development, https://sdgs.un.org/2030agenda，中文版见 https://sustainabledevelopment.un.org/content/documents/94632030%20Agenda_Revised%20Chinese%20translation.pdf。

（六）国际劳工组织《根据国际劳工组织〈关于争取公平全球化的社会正义宣言〉对有关工作权利的基本公约的一般性调查》[①]

直接歧视和间接歧视

744. 直接歧视发生在基于一项或多项禁止理由而明确或含蓄地给予不利待遇的情况下。它包括性骚扰和其他形式的骚扰。(……)

745. 间接歧视是指表面上中立的情况、规定或做法，实际上导致对具有某些特征的人的不平等待遇。当相同的条件、待遇或标准适用于每个人，但由于种族、肤色、性别或宗教等特征对某些人造成不成比例的严重影响，并且与工作的内在要求没有密切关系时，就会发生这种情况。在提到区别、排斥或偏好的“效果”时，显然歧视意图不是《公约》定义的一个组成部分，该定义包括所有歧视而不论歧视者的意图。《公约》还包括在没有明确歧视者的情况下所观察到的不平等情况，例如在某些情况下基于性别的间接歧视或职业隔离。因此，需要根据《公约》处理与结构性歧视有关的挑战。

基于内在需求的区别、排斥或偏好

828. （……）在任何情况下，涉及一项或多项歧视理由的相同要求都不应适用于整个活动或职业部门，特别是公共服务部门。需要仔细检查每一个个案。一般地将某些工作或职业，包括出口加工区或公共部门的工作或职业，排除在旨在促进机会平等和待遇平等的措施范围之外是违反《公约》的。

829. 委员会处理的关于适用国际劳工组织第111号《歧视公约》第1条第2款的大多数案件都与性别、宗教、政治意见或限制就业和职业机会的民族出身有关。一些例子的复杂性表明，必须提供关于这一规定实际适用情况的全部细节，以便能够充分评估哪些案件可被视为《公约》意义上的非歧视性案件，并且委员会定期要求提供这类信息。

830—831.《公约》所列理由在实际上构成工作的内在要求的情况很少。例如，某些工作可能需要根据性别加以区分，如在表演艺术领域……对与特定宗教或政治机构、非营利性组织以及专门促进某一族群福祉的组织有关的少数工作作出限制，可能是可以接受的。可以将政治意见、民族出身和宗教等标准作为涉及特别责任的某些职位的内在要求加以考虑。(……)

---

① ILO, General Survey on the Fundamental Conventions Concerning Rights at Work in Light of the ILO Declaration on Social Justice for a Fair Globalization (2012), www. ilo. org/wcmsp5/groups/public/ ---ed_ norm/ --- relconf/documents/meetingdocument/wcms_ 174846. pdf.

（七）联合国工作组《经济和社会生活中对妇女的歧视》[①]

歧视性的法律在多个国家仍阻碍着妇女享受同等权利及获得经济机会与资源。基于成见赋予妇女和男性的角色和责任将妇女置于从属地位并限制了她们的经济机会。很多国家已采取消除歧视的措施，但这些措施并未在经济和社会生活中给妇女带来同等机会。

大量妇女集中在非正式和不稳定的就业领域；她们受到多种形式的歧视；工资差距持续存在；产假保护未得到充分有效的执行；很多国家的妇女不能同等地享有权利并获得资源。商业部门对妇女享有人权的消极影响很少受到关注。妇女承担了过重的照料责任，这是妇女充分参与经济市场活动的一大障碍。暴力侵害妇女是妇女享有同等机会的另一障碍。一些国家为应对经济危机采取的紧缩措施给妇女造成了特殊影响，使其就业更加不稳定，并加重了无薪照料工作的负担。

8. 本报告重点探讨经济和社会权利的性别因素。这些权利对妇女特别重要，她们受经济和社会边缘化和贫困的影响尤甚。妇女同等地享有经济和社会权利是实质性、立即实现并且可执行的。与之相关的是如何分配现有资源而非开发资源，因此逐步实现的原则不适用。（……）

30. 一些国家成功运用了紧缩措施之外的其他方法。反周期方式总体上有助于减少影响的深度和延续时间并促进更快的恢复。瑞典的恢复方案重在避免劳动力市场排斥，特别是排斥妇女的做法，并保留了带薪育儿假和日托补贴，这两点对女员工尤其有利。冰岛是在最近这次经济危机中采取保护妇女政策的先行者，该国在恢复措施中将性别纳入主流，还任命了工作组，负责从性别角度评估经济危机的影响并确保国家发起的恢复经济举措体现男女平等原则。

46. 男女工资差距持续存在：多数国家妇女的工资是男性的70%—90%。研究表明，妇女的工作时间少于男性并不能解释工资差距，工资差距也不能完全归咎于“母亲罚款”（motherhood penalty）。此外，尽管妇女教育程度有所提高，工资差距仍较大。实际上，受过高等教育的男性和妇女之间工资差距往往更大。

---

① UN, Working Group on Discrimination Against Women in Law and in Practice, *Eliminating Discrimination Against Women in Economic and Social Life with a Focus on Economic Crisis*（A/HRC/26/39） 2014, https://documents-dds-ny. un. org/doc/UNDOC/GEN/G14/128/34/pdf/G1412834. pdf? Open Element，中文版见 https://documents-dds-ny. un. org/doc/UNDOC/GEN/G14/128/33/pdf/G1412833. pdf? OpenElement。

70. 出口加工区是为吸引外国商业和贸易而专门划定的工业区。它们是女性化的工作飞地，那里多数的，有时甚至全部的工人都是妇女。女工面临格外恶劣的就业条件。常规劳动法律通常得不到适用。不论在法律上或实际上都缺少工会组织，妇女的工资通常比男性低20%—50%。此外，在这些区域，超时工作、孕产期保护、产假或儿童照料方面的权利侵犯以及性骚扰的问题危害着妇女的健康。

72. 采掘业、越来越多的生物燃料、农业商业和房地产项目是土地集中型项目，剥夺土地的做法导致大量妇女迁出。占全球小农户人口70%—80%的妇女失去了生活来源，常得不到支付给男性土地所有者的补偿，从在这些行业获得正规就业的机会来看也排在最后。她们作为主要照料者，被剥夺了居所和养育家庭的能力。主要为男性的流动劳动力的到来还加剧了卖淫、性暴力和性传播疾病的问题。采掘项目管理不善也可能导致严重的人权侵犯，在妇女身上的独特表现包括前来维持秩序的安全人员的谋杀、酷刑、强奸和性暴力行为。

（八）经济合作与发展组织《跨国企业准则》①

就业和劳资关系评注

54. 第1（e）段指出，就业和职业不歧视原则适用于雇用、工作分配、免职、工资和福利、晋升、调任或搬迁、解雇、培训和退休等条件。（……）

（九）联合国《赋权予妇女原则》②

1. 企业领导者促进性别平等

a. 确立企业高层对性别平等和人权的支持及政策指导。

b. 确定整个企业的性别平等目标和指标，将相关工作进展作为一个考察因素纳入管理者业绩评价体系。

c. 使企业内外利益相关者通过制定企业政策、企业计划和实施方案参与到推动性别平等工作中。

d. 确保各项相关政策做到注重性别差异，尤其注意一些会对女性和男性造成不同影响的因素，建设有助于增进性别平等和包容性的企业文化。

---

① OECD, Guidelines for Multinational Enterprises-2011 edition, http://www.oecd.org/daf/inv/mne/48004323.pdf，中文版见 http://mneguidelines.oecd.org/text/。

② UN Global Compact and UNWomen, *Women Empowerment Principles* (2011), www.unglobalcompact.org/library/65.

2. 机会平等，包容和非歧视

a. 男女同工同酬，包括福利，力争向所有员工支付能维持其基本生活的工资。

a. 确保工作场所的政策和规范不存在性别歧视。

c. 人才招聘和保留等行为要注重性别差异，主动招聘和任命女性担任管理和行政职务或进入企业董事会工作。

d. 保证妇女充分参与企业各个层面和各个领域的管理与决策，女性人数应占到30%或更多。

e. 对于同等报酬和级别的职位，提供灵活的工作选择和离职及再雇用的机会。

f. 支持妇女生育、抚养孩子的权利，为所有女性和男性员工提供相关服务、资源和信息。

3. 健康、安全和不受暴力侵害

a. 顾及某些工作对女性和男性造成的不同影响，为员工提供安全的工作环境，避免员工暴露于危险物质之下，向员工公开可能的健康隐患，包括对生殖健康的潜在威胁。

b. 对于在工作中出现的所有形式的暴力，包括语言和身体侮辱，实行零容忍政策，并防止性骚扰的发生。

c. 努力为员工提供健康保险或其他需要的服务，如为家庭暴力的受害者提供帮助，保证所有员工机会均等。

d. 尊重员工请假为自己和家属进行医疗保健和咨询的权利。

e. 与员工进行沟通协商，发现并解决员工的安全问题，确保女性员工在上下班途中以及从事与企业有关的业务时的安全。

f. 对安保人员和管理人员进行培训，使其能够及时发现针对妇女的暴力行为的迹象，并了解有关贩卖人口、劳动剥削和性剥削的法律规定和企业政策。

4. 教育和培训

a. 确保工作场所实行的政策和计划能够为妇女提供在企业各个层面和各个领域晋升发展的机会，并鼓励妇女进入非传统领域工作。

b. 确保妇女获得平等机会参加公司举办的教育和培训计划，包括扫盲班、职业培训和信息技术培训。

c. 为员工提供平等机会参与正式和非正式的交流及接受正式和非正式的指导。

d. 展现企业促进赋权予妇女的商业案例，以及企业包容性对女性和男性员工的积极影响。

5. 企业发展，供应链和营销方式

a. 拓展同女性企业家及其企业的业务关系，无论规模大小。

b. 鼓励注重性别差异的信贷障碍解决方案。

c. 要求业务伙伴和同行尊重企业推动性别平等和包容性的努力。

d. 维护女性在所有营销及其他业务场合的尊严。

e. 保证企业产品、服务和设施不用于人口贩卖、劳动剥削和性剥削。

6. 企业的社区领导力和社区参与

a. 以身作则——向公众展示企业为推动性别平等和赋予妇女权利所做出的努力。

b. 利用自身影响或与其他企业一道倡导性别平等，与商业伙伴、供货商及社区领导进行合作，扩大包容性。

c. 与社区利益相关者、有关官员和其他人一道为消除歧视和剥削做出努力，为妇女和女孩提供机会。

d. 鼓励并认可妇女对社区的领导和贡献，确保妇女在社区协商机制中有充分的代表权。

e. 开展慈善和补助项目，以支持企业在增强包容性、推动性别平等和人权等方面所做的努力。

7. 透明度、评估和报告

a. 向公众公开企业促进性别平等的政策和实施计划。

b. 建立妇女在企业各个层面参与程度的量化标准。

c. 评估和通报相关工作在企业内外的进展情况，使用按性别分类的数据。

d. 将性别标签纳入现行的报告程序当中。

性别平等：性别平等概念指的是所有人类，不论男女，都自由发展个人能力的权利，以及不受陈规旧俗、死板的性别角色观念和社会偏见限制的自由选择的权利。性别平等意味着女性与男性的不同行为、愿望和需求得到平等的关注、重视和支持。它并不意味着女性与男性要完全相同，而是一个人的应享有的权利、责任和机会绝不由这个人是男还是女来决定。

性别问题主流化：性别问题主流化指的是评估任何领域和所有级别的任何拟计划采取的行动（包括立法、政策或规划）对女性和男性影响的过程。这是一种战略，目的是使妇女和男子关注的问题和经验成为制定、实施、监测和评价一切政治、经济和社会领域内政策和规划时的一个组成部分，以便使男女之间的不平等现象不能永久地存在下去。

赋权：赋权指的是每个人，不论男女，都有掌控自己生活的权利，包括安排自己的日程、获得技能（或使自己的技能和知识得到认可）、增强自信、解决问题以及增强独立自主能力。它既是一种过程又是一种结果。

（十）联合国《赋权予妇女原则：性别差异分析工具（WEPs Tool）》[①]

性别差异分析工具是一个业务驱动的工具，旨在帮助世界各地的公司评估工作场所、市场和社区的性别平等表现。

（十一）经济合作与发展组织《负责任商业行为尽职调查指南》[②]

问题二：企业如何将性别问题纳入其尽职调查中?

将性别观点应用于尽职调查意味着要考虑真实或潜在的可能因女性而异或可能与女性有关的不利影响。例如，在妇女可能受到不成比例影响的情况下，认识到性别问题和妇女人权是重要的：

- 在妇女面临严重歧视的情况下。
- 企业活动对当地经济、环境、土地使用权和生计产生重大影响的情况下。
- 在冲突地区和冲突后地区。
- 在服装、电子、旅游、医疗和社会护理、家政、农业和鲜花等女性就业人数众多的行业和全球供应链中。

此外，它还涉及酌情调整企业为识别、预防、减轻和解决这些影响而采取的行动，以确保这些措施的有效性和适当性。例如：

- 收集和评估按性别分类的数据，并了解企业活动对男性和女性的影响是否不同。
- 通过制定、设计和评估对性别敏感以及反映性别敏感的政策和计划，以减轻和解决确定的、实际的和潜在不利的影响。
- 确定反复、累积的脆弱性（例如土著居民、文盲、女工）。
- 发展性别敏感警报系统并保护举报人。
- 支持妇女平等有意义地参与磋商和谈判。
- 评估妇女是否公平地获得赔偿金或其他形式的赔偿金。
- 在男性在场的情况下向女性提供咨询，并为女性提供单独的空间，让她们表达自己的观点，并就商业决策提供意见。
- 在尽职调查过程中确定被忽视的那些实际或潜在不利影响中的具体

---

① Women's Empowerment Principles Gender Gap Analysis Tool（2018）, https://weps-gapanalysis.org.

② OECD, *Due Diligence Guidance for Responsible Business Conduct*（2018）, http://mneguidelines.oecd.org/OECD-Due-Diligence-Guidance-for-Responsible-Business-Conduct.pdf.

性别的趋势和模式。

• 评估申诉机制是否具有性别敏感性，并考虑可能妨碍妇女利用申诉机制的障碍。

（十二）国际劳工组织《促进公平：通过性别中立的工作评估实现平等报酬》[①]

工作歧视的原因

关于男女收入差距产生原因的大量研究发现了两组因素。第一组因素与个人特点和工作单位的特点有关，其中最主要的因素有：

- 受教育程度和所学专业；
- 工作经验、在工作单位资历的高低；
- 工作小时数；
- 工作单位的规模及所处行业。

部分收入差距可以通过直接针对这些因素的措施得以消除，比如允许灵活的工作时间以保持工作和家庭责任之间的平衡，让作为母亲的职工能够继续留在工作岗位上，使其事业不被中断，并积累更多的工作经验和资历。

然而，在考虑了第一组因素的情况下，不断有研究发现男女平均工资差距中仍有难以解释的部分。（……）也就是说，第 100 号公约所针对的工资歧视并没有反映出我们观察到的所有工资差距情况，而只是反映了一部分。

这部分难以解释的男女工资差距所反映的性别歧视产生于第二组因素（……）：

- 对女性从事的工作的性别定型观念和偏见；
- 以男性主导的工作为基础设计的传统的工作评定方法；
- 由于很少参加工会和大多数从事不稳定的工作，妇女的谈判力量较弱。

（十三）力拓矿业《为何性别至关重要》[②]

力拓社区政策和标准的一个关键目标是“与邻居建立持久的关系，其特

---

① ILO, *Promoting Equity: Gender-neutral Job Evaluation for Equal Pay: a Step-by-Step Guide* (2008), www. ilo. org/wcmsp5/groups/public/ --- ed _ norm/ --- declaration/documents/publication/wcms _ 122372. pdf，中文版见 www. ilo. org/wcmsp5/groups/public/ --- ed_ norm/ --- declaration/documents/publication/wcms_ 172259. pdf。

② Rio Tinto, *Why Gender Matters* (2009), https://www. riotinto. com/ - /media/Content/Documents/Sustainability/Corporate-policies/RT-Why-gender-matters. pdf? rev = adcf6c69dbc74534a611275013a2d30a.

点是相互尊重、积极的伙伴关系和长期承诺”。为了有效地实现这一点，必须将性别、多样性和人权方面的考虑纳入社区工作的管理和规划之中，并将其纳入企业的所有部门考量。

性别是指女性和男性的不同角色、权利、责任和资源以及它们之间的关系。性别问题突出了几乎存在于每种文化和众多工作场所的男女之间复杂且往往不平等的权力关系。虽然需要全面关注性别平等，但由于采矿业的特点——其男性化倾向和对妇女的特殊影响——女性需要特别关注。(……)

越来越多的证据表明，妇女和女孩经常遭受歧视。女性不仅因采矿而遭受不成比例的负面后果，而且女性从采矿中获得的经济利益和就业机会不如男性多。(……)

虽然力拓公司不能单独改变根深蒂固的性别不平等，但我们有责任确保我们的行动不会加剧或扭曲现有的不平等，或在我们经营的社区中制造新问题。我们对多样性和人权的共同承诺要求我们超越减轻影响，我们要积极努力改善我们的业务和项目所在地的受影响人民的状况，包括妇女和男子、女童和男童。

力拓的方法可以分为四个相互关联的阶段，作为一个与所有其他阶段相关的交叉主题，包容性参与是其核心。

包容性参与

确保来自不同社会群体的男女都被咨询，并以有意义的方式进行参与和发展。

1. 知道并理解

- 通过对女性和男性团体的具体咨询，发展对性别的认识，并与社区成员讨论研究结果。

- 将性别问题纳入所有基线评估：基线社区评估（BCAs）、社会影响评估（SIAs）和社会风险评估（SRAs）。

- 考虑矿山发展不同阶段（包括关闭）对性别的影响。

- 确定性别方面参与的障碍和限制因素。

2. 计划和实施

- 考虑并将性别问题纳入社区战略和多年期发展规划。

- 将社区多年期发展规划的性别考虑与业务部门内的其他运营计划保持一致。

- 使用性别敏感的方法来规划和实施社区参与和项目计划。

- 制定其他业务计划和标准操作程序时考虑到潜在的性别影响。

3. 监控、评估和改进

- 使用包含性别敏感指标的、以可靠数据为基础且定期更新的监测框架。

- 规划促进性别平等的计划和项目，并衡量针对性别敏感指标的进展情况。

- 尽可能制定包括男女两性参与的监测和评估程序。

4. 报告和沟通

- 公开报告各地为解决性别问题采取的行动以及行动结果。
- 在现场报告中提供按性别分列的主要执行情况的数据。
- 将此信息传达给社区。

（十四）沃达丰公司《2017 年可持续业务报告》①

可持续经营战略

三个全球性转型目标：

- 妇女赋权；
- 能源革新；
- 青年技能和工作。

妇女赋权

我们坚定地致力于多元化和包容性。这一承诺包括到 2025 年成为世界上最佳的女性雇主。我们还认识到移动技术对新兴市场的低收入女性有变革性影响。首次使用手机可以增强女性的身体和经济安全、教育、技能、就业机会以及她（和她孩子）的健康和福祉。我们的目标是将移动设备的好处带给生活在新兴市场的 5000 万名女性，这里包括世界上一些最贫困社区的女性。（……）

男女机会平等是社会长期稳定和经济发展的关键指标。通过赋予妇女权力和促进性别平等，我们可以使社区、经济和企业——包括我们自己——繁荣发展。

具有同等技能和数量大致相同的年轻女性和男性进入职场；然而，随着他们的职业发展，更多的男性比女性晋升到中高级职位。很大一部分女性要么完全离开正式工作岗位，要么留在其中，但是比男性同事职位更低。这种

---

① Vodafone, *Sustainable Business Report* (2017), http://www.vodafone.com/content/dam/vodafone-images/sustainability/downloads/sustainablebusiness2017.pdf.

女性人才的“泄漏管道”现象在全球都很明显；在190多个国家中，只有4个国家的男女议员、高级官员和经理人数相同。

怀孕是许多女性的重要转折点。由于缺乏怀孕和分娩方面的支持以及难以平衡儿童抚育与工作，大量妇女离开工作场所。妇女在休完产假或供养家庭后，往往难以重返职场。一些女性可能会恢复工作，但晋升和进步的机会少于男性。这个机会失去了。毕马威华振会计师事务所（KPMG）的一项新研究表明，在全球范围内，如果鼓励更多有技能的女性在休假结束后重新工作（假设她们这样做不会取代其他人），那么全球经济活动的最大潜在增长将在1030亿欧元左右，该地区家庭总收入可能增加2900亿欧元。(……)

我们公司拥有超过108000名员工，在我们经营的许多国家，我们都是最大的外国投资者之一。我们还为全球超过17000家公司的供应商基地的数十万人提供就业机会。(……)

我们开创性的全球生育政策和我们的“重新连接计划”（在职业生涯中断后将妇女带回到劳动力市场）等项目旨在应对“泄漏管道”的挑战，并最大限度地提高我们招募、留住和发展各级妇女职工的能力。(……)

在全世界范围内，估计有5500万中等及以上管理级别的职场女性，在事业中断（通常是生孩子）之后没有继续工作。这不仅仅是女性及其家庭失去的机会，这也意味着像沃达丰这样的企业失去了大量的潜在人才、洞察力和经验。然而，重返工作岗位是困难的；在最近的一项研究中，80%的休假女性表示，需要更多的支持来帮助她们成功重返职场。

2017年，沃达丰推出了“重新连接计划”（Reconnect）（……）该计划包括旨在更新和提高专业技能的培训、辅导和入职培训，帮助复职女性为重返工作岗位和发展职业生涯做好准备。我们的目标是在技术、商业、人力资源、财务、法律、外部事务、客户运营和商业智能与分析等领域雇用1000名“重新连接”女性。这将增加女性担任管理职务的人数；全球约10%的外部管理人员将通过“重新连接计划”招聘。

“重新连接计划”的加入者将能够利用灵活的工作选择和分阶段的复工，例如前6个月每周工作4天。(……)“我觉得我的职业生涯中断抹去了我以前所有的职业成就，就好像我从未工作过一样。做一个有工作的妈妈是很难的，但有了正确的支持，这就变成是可能。‘重新连接计划’给了我这个机会。”(……)

毕马威华振会计师事务所（KPMG）的研究表明，招聘和培训新员工来取代那些在生完孩子后离开工作岗位的女性，每年可能会使全球企业损失高达470亿美元。我们致力于确保工作中的父母在孩子出生后返回工作岗位时得到鼓励和支持，并确信他们有潜力在养家糊口的同时发展自己的事业。

2016 年，我们成为世界上最早推出全球最低生育政策的组织之一。这适用于我们所在的每个国家的各级员工，包括法定产假很少或没有带薪产假的国家。过去两年里，我们有 4000 多名女员工休过产假；所有人都有资格享受该政策，该政策提供至少 16 周的全薪产假，外加前 6 个月每月 30 小时的全薪假期。

我们利用沃达丰的远程工作技术，在许多本土市场提供灵活的工作、兼职和家庭工作政策，使女性和男性更容易平衡家庭和工作。个别本地市场弹性工作制的例子包括：

- 鼓励沃达丰意大利员工每周在家工作一天；
- 沃达丰土耳其员工从弹性工作时间中获益，可以选择早一点或晚一点上班或下班，帮助他们平衡工作和个人生活；
- 沃达丰印度公司的全职员工可以无薪休假（从 90 天到一年以上），照顾孩子或家庭成员，或培养技能和兴趣。

（十五）国际金融公司《移民安置行动计划手册》[①]

妇女和弱势群体特别援助

在大多数国家，妇女占贫困人口的比例过高。性别歧视限制了妇女获得提高自身及其家庭生活水平所需的资源、机会和公共服务。因此，当移民计划执行不当时，妇女往往是第一个遭受痛苦的人。女性往往比男性更依赖非正式的支持网络，如依靠朋友、邻居或亲戚的帮助来照顾孩子。有孩子的妇女也有较低的物理流动性来寻找谋生的方法。

因此，无论是通过新场地的物理设计、防止社区解体的措施，还是在这些场地提供专门的社会服务，发起人努力保持受项目影响的社区的社会连续性是很重要的。为改善妇女对安置点的适应能力，可以考虑采取的一些直接和实际的举措包括：

- 确保以配偶双方的名义给予土地所有权和补偿权利；
- 通过提供竖管、手摇泵、磨坊、林地、节油炉具、牛车和犁等减少妇女的工作量；

---

① International Finance Corporation (World Bank Group), *Handbook for Preparing a Resettlement Action Plan* (2002), www. ifc. org/wps/wcm/connect/22ad720048855b25880cda6a6515bb18/ResettlementHandbook. PDF? MOD = AJPERES.

－ 通过为乡村助产士、初级卫生保健中心、儿童间隔/计划生育咨询、清洁供水等方面提供培训，改善卫生服务；

－ 通过提供免疫接种，为有工资收入的妇女提供儿童保育、小学教育、粮食作物生产投入和住房来改善家庭服务；

－ 通过建立信贷小组、技能培训和市场准入来增加收入。

然而，妇女的社会或法律地位可能仍然受到限制，因此，如果不作出改变性别歧视的长期“战略”努力，她们改善自己和家庭生计的能力将受到损害。一些可以改善妇女在新环境中的生计的战略举措包括：

－ 改善教育机会（提供识字和算术培训，促进女童教育）；

－ 改善获得生产性资产的机会（信贷、法律改革）；

－ 提高参与决策的能力（支持维护妇女利益的团体）；

－ 促进妇女就业机会均等。

（十六）商务社会责任国际协会《社会审计指南中的性别平等》①

本指南为社会审计人员在社会审计期间如何识别性别敏感问题提供了实用的指导和提示。（……）《指南》分四节：（I）审计评估中加入性别敏感核查措施；（II）关注工人面谈：更具性别敏感性的技巧；（III）报告性别敏感问题的提示；（IV）针对不同类别的行为准则的验证措施。

查明和评估对性别问题敏感的进程：

1. 准备和计划：在使用性别镜头进行社会审计时需保持警惕

选择一个性别多样化的审计团队；

对设施进行初步研究，以发现潜在的性别问题。例如，运用业务框架、权力关系、文化水平、社会经济地位等。

2. 启动和验证：在规划审计时考虑的性别敏感问题

歧视；

工资和福利；

强迫劳动；

工作时数；

骚扰与虐待；

结社自由和集体谈判；

---

① Business for Social Responsibility（BSR）, *Gender Equality in Social Auditing Guidance-Summary*（2018）, www. bsr. org/en/our-insights/report-view/gender-equality-in-social-auditing-guidance.

雇佣关系；

管理系统；

健康和安全。

3. 数据搜集

定量数据（例如在领导岗位的男女百分比的统计数据）。

定性数据（例如关于女性和男性员工的经历、观点、态度、情感的描述性信息）。

从多个来源收集数据：

工人访谈；

管理者访谈；

工会代表访谈；

文档评审；

设备的观察。

4. 数据分析

数据验证：检查数据的完整性（完整性、准确性、适用性）。

数据编码：使用按性别分列的数据或汇总数据，求出平均值、最大值或计数，从而确定可供分析的有意义的类别。

模式识别：进行描述性分析，如计算中位数、百分比。

频率、范围和推断分析：如识别相关性、联系、组间差异和预测趋势。

5. 三角测量

通过交叉引用两个或多个来源的数据，三角化每个发现。

考虑缺少某些政策或文档作为数据点。

当三角化计算数据时，将策略与实际实践作为比较，例如来自同一团体的多名工人报告的事件可能只被视作一个来源。

工人在性别敏感问题调查中证词的重要性，根据需要可扩大访谈样本。

6. 结论

在调查结果得到确认后，应当在审计未预先确定评级时，进行风险评估。风险级别可以通过考虑“严重程度（可能性）”来确定，严重程度是风险可能造成的损失或伤害的程度。可能性水平是指一个人利用威胁的容易程度的频率值。

一旦得出结论，在披露问题时要确保员工的信息保密、隐私和安全。

（十七）行动援助《弥补差距！女性工作中不平等的代价》[①]

原因

妇女的经济不平等不是自然的或不可避免的。贫困妇女的工作所代表的对全球经济的长期补贴是一个人为的结构性问题：政策、法律、制度和权力结构的直接后果是阻碍妇女发挥其真正的潜力，使妇女不能过上体面的、有回报和有尊严的生活。导致这种不公平的主要结构性原因至少有四个。

1. 不惜一切代价增长：经济政策助长了工作中的不平等

自由贸易和市场的迅速全球化，加上发展中国家许多公司供应链的扩大，无疑为妇女创造了前所未有的获得有偿工作的机会。然而，这仍然常常是在不平等和高度剥削的条件下进行的。

例如，发展中国家的妇女经常在吸引外国直接投资的出口加工区（EPZs）工作，并创造对廉价劳动力的需求，从而制造进入跨国公司价值链的投入品。（……）

2. 照顾我们的人民：不计算，不奖励

在不同的国家，无论收入如何，妇女都对无偿的照顾工作负有过度的责任，而男性主要从事以市场为基础的活动。

照顾工作包括做饭、打扫卫生、收集柴火、照顾儿童/病人和老人。这对社会的正常运作、福利以及劳动力的再生产至关重要。然而，它在国民经济核算和统计中是完全看不见的。它被认为是“妇女工作”提供的补贴，但实际上并不被视为“工作”，因此很少得到认可或奖励。（……）

3. 性别平等融资：不达标

近年来，各国家、捐助者和企业都在讨论加大对妇女和女孩的投资。虽然更多的资金支持妇女和女孩当然是一件好事，但这些投资往往没有实现或影响非常有限。（……）

4. 女性的声音：沉默和忽视

妇女工作正在大规模补贴世界经济，这一事实也反映出各级决策中的性别歧视以及人权捍卫者的声音无论男女都被压制和忽视的事实。

在世界各地，妇女和工人权利方面的进步主要是由女权主义组织和工会的工作取得的。然而，政府和企业继续破坏结社权和工会代表权，而工会领

---

① ActionAid, “Close the Gap! The Cost of Inequality in Women’s Work”, 2015, www. actionaid. org. uk/sites/default/files/publications/womens_ rights_ on-line_ version_ 2. 1. pdf.

导人和妇女人权维护者因其工作遭受暴力和骚扰。(……)

妇女有限的代表性、有限的发言权和有限的领导能力是性别不平等的原因和后果。虽然男性是变革的重要倡导者，但女性权力地位的缺失意味着她们无法在政治上前进，无法在政治进程中表达自己的要求，也无法直接影响法律或资源分配。(……)

(十八) 国际劳工组织《工作时间调查文件》①

国际夜间工作规则：一个不断演变的理论基础

400. 当工业化的第一阶段明显地大量吸收妇女和儿童工人轮班时，他们往往是在艰苦的工作条件下工作，一些国家开始尝试管制夜间工作。例如，早在19世纪中叶，英国就禁止妇女夜间工作。然而，直到20世纪初，这个问题在国际社会共同努力下才开始产生成果。

401. 国际劳工组织一经成立，就立即采用了夜间工作的国际标准，旨在保护脆弱的工人类别，如工业中的青年和妇女。《夜间工作（妇女）公约(1999)》(……) 这些文书背后的原理是那些被认为身体较弱的、更容易受到夜班工作危害、更容易受到剥削的人需要得到保护。更具体地说，当时的医学研究认为，妇女的工业工作对她们的健康是有害的，并且与各种病症有关，例如因长期不在阳光下导致的慢性贫血和结核病。还有人认为，妇女的夜班工作是不道德的，破坏了家庭价值观。

402. 因此，第4号公约禁止任何公共或私营工业企业雇用妇女（不分年龄）在夜间工作。(……)

404. 修订第89号公约的问题产生于20世纪70年代，当时有人对根据男女平等待遇和不歧视就业原则为妇女提供特殊保护措施的适当性提出质疑。争论围绕两个主要立场展开。一方面，那些主张维持限制的人认为，妇女仍然需要因各种原因得到保护，或者这些限制应扩大到男性，而不是废除。在他们看来，夜班工作是不正常的，对所有工人的健康和福利都有内在的损害，对妇女进行特殊的夜班保护仍然是合理的，因为妇女仍然承担着家庭工作的主要责任。相反，那些主张取消夜间工作限制的人认为，禁令违反了平等原则，因为在这方面对男女的不同待遇没有客观依据。有人认为，禁止夜间工作妨碍了妇女获得某些工作，并经常阻碍她们获得更高的工资和保险费。此外，禁止妇女

---

① ILO, *General Survey Concerning Working-time Instruments-Ensuring Decent Working Time for the Future* (2018), www. ilo. org/ilc/ILCSessions/107/reports/reports-to-the-conference/WCMS _ 618485/lang --en/index. htm.

夜间工作不符合当代条件，阻碍了工业化进程。因此，取消对夜间工作的限制将对创造就业、生产、经济增长和生活水平产生积极影响。

406. 委员会在其2001年的总体调查中得出结论，针对性别的夜间工业工作禁令应逐步废止，并应由为所有工人提供充分保护的法律和做法取代。但是，由于认识到各国、区域和部门的条件以及在消除歧视方面取得的进展各不相同，一些女工在追求平等和不歧视的真正条件的同时，仍然需要保护。

407. 委员会注意到，自那时以来，许多国家已采取行动，根据不歧视和平等待遇的原则，取消禁止妇女在工业中从事夜间工作的规定。(……)

409. (……) 委员会回顾，与旨在保护产妇的特别措施相比，针对女工的一般保护措施，如全面禁止，越来越多地被视为对男女机会平等和待遇平等这一基本原则的过时和不必要的违反。

415. (……) 对妇女的保护措施应严格限于保护产妇，以及关于保护在危险或困难条件下工作的人员（包括夜间工作）的规定，应旨在保护工作中男女的健康和安全，同时考虑到性别差异对其健康造成的特定风险。为了废除适用于妇女就业的歧视性保护措施，委员会认识到，为确保妇女能与男性平等工作，可能有必要审查那些如改善男女健康保护、适当的交通和安全以及社会服务的措施。

[1990年通过了第89号公约和第171号公约的议定书]

417. 第89号公约议定书通过引入禁止夜班工作的例外情况以及雇主组织代表和有关工人之间商定的夜间工作时间的变化，为公约提供了更大的灵活性。因此，在重点保护妇女不受艰苦工作条件之害的同时，也为妇女在某些特定条件下进行夜间工作开辟了可能。

418. 另一方面，第171号公约并不是专门针对性别的文书，而是侧重于保护所有夜间工人，从而将重点从特定类别的工人和经济活动部门转移到在几乎所有的分支机构和职业中保护夜班工人，而不论其性别。随着时间的推移，已经发生了重大的转变，从纯粹保护妇女就业的办法转变为以促进男女真正平等和消除歧视性法律和做法为基础的办法。

（十九）世界银行《妇女、商业和法律（2020）》[①]

《妇女、商业和法律（2020）》是一系列研究中的第六项，该研究分析

---

① World Bank, *Women, Business and the Law* (2020), https://openknowledge.worldbank.org/bitstream/handle/10986/32639/9781464815324.pdf.

了190个经济体中影响妇女经济机会的法律法规。八项指标是围绕女性在职业生涯开始、发展和结束时与法律的互动构建的，与女性在人生不同阶段所做的经济决策相一致。这些指标包括流动性、工作场所、薪酬、婚姻、育儿、创业、资产和养老金。

八项指标衡量了男性和女性在过渡到不同工作生活阶段时的法律差异：

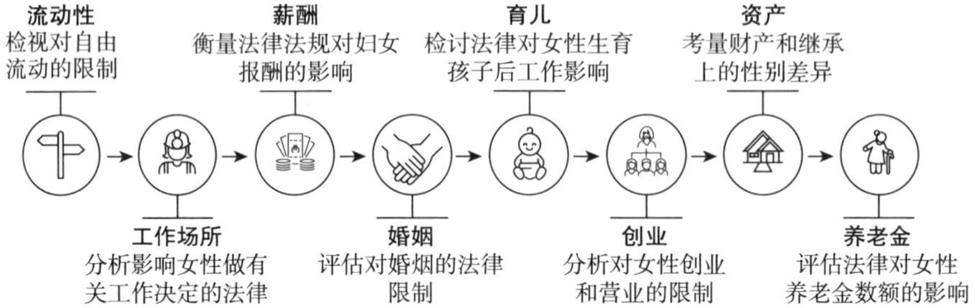
流动性
检视对自由流动的限制
薪酬
衡量法律法规对妇女报酬的影响
育儿
检讨法律对女性生育孩子后工作影响
资产
考量财产和继承上的性别差异
工作场所
分析影响女性做有关工作决定的法律
婚姻
评估对婚姻的法律限制
创业
分析对女性创业和营业的限制
养老金
评估法律对女性养老金数额的影响

妇女、商业和法律指数衡量的是什么?

流动性

1. 女人能像男人一样选择住在哪里吗?
2. 女人能像男人一样走出家门吗?
3. 女人申请护照的方式可以和男人一样吗?
4. 女人出国旅行是否可以和男人一样?

工作场所

1. 女人能像男人一样找到工作吗?
2. 法律禁止就业中的性别歧视吗?
3. 有无法律规制就业中的性骚扰?
4. 对工作中的性骚扰是否有刑事处罚或民事补救措施?

薪酬

1. 法律规定了同工同酬吗?
2. 女人能和男人在同一个晚上工作吗?
3. 女人能像男人一样从事危险的工作吗?
4. 女人能和男人在同一行业工作吗?

婚姻

1. 有没有法律要求已婚妇女服从丈夫?
2. 女人能像男人一样作一家的主吗?
3. 是否有专门针对家庭暴力的立法?

4. 女人能像男人一样获得离婚判决吗？
5. 女人是否有与男人同样的再婚权利？

育儿

1. 母亲是否有至少 14 周的带薪假期？
2. 政府是否管理 100% 的产假福利？
3. 父亲们有带薪假期吗？
4. 有带薪育儿假吗？
5. 禁止解雇怀孕工人吗？

创业

1. 法律是否禁止在获得信贷方面基于性别的歧视？
2. 女人能像男人一样签合同吗？
3. 女人是否可以像男人一样注册企业？
4. 女人能像男人一样开银行账户吗？

资产

1. 男人和女人对不动产有平等的所有权吗？
2. 儿子和女儿有平等的权利继承父母的财产吗？
3. 女人和男人在世配偶是否有平等的继承权？
4. 法律是否给予配偶在婚姻期间平等的财产管理权？
5. 法律对非货币捐款的估价有规定吗？

养老金

1. 男人和女人退休并享受全额养老金的年龄是否相同？
2. 男人和女人可以享受部分养老金的退休年龄是否相同？
3. 男女的法定退休年龄是否平等？
4. 因照顾儿童而缺勤的期间是否计入养老金福利？

发现

- 在妇女、商业和法律指数衡量表现越好的领域中，女性劳动力越多，收入越高，发展成果越好。
- 2017 年以来，40 个经济体实施了 62 项促进性别平等的改革。(……)
- 平均而言，女性只有男性的四分之三合法权利。
- 随着最近对育儿假的改革，加拿大加入了其他七个在女性、商业和法律指数上获得 100 分的经济体的行列：比利时、丹麦、法国、冰岛、拉脱维亚、卢森堡和瑞典。

（二十）世界经济论坛《全球性别差距报告（2020）》[①]

自2006年以来，全球性别差距指数一直在衡量四个关键指数（经济参与和机会、教育成就、健康和生存以及政治赋权）之间基于性别的差距程度，并随着时间的推移跟踪缩小这些差距的进展情况。(……)

2. 平均而言，在四个分类指数中，最大的性别差距又一次是政治赋权差距。尽管这是今年改善最多的方面（推动了总体的积极表现），但到2020年，全球政治赋权差距只缩小了24.7%。第二大差距是在经济参与和机会方面；到目前为止，57.8%的差距已经缩小，比去年稍有回落。在缩小教育成就、健康和生存差距方面取得了更大的进展：迄今为止，这些方面的差距分别缩小了96.1%和95.7%，自去年以来均略有改善。

4. 在提高妇女在政治领导人中的代表性的同时，在经济参与和机会方面担任高级职务的妇女的人数也有所增加。从全球来看，36%的私营部门高级管理人员和公共部门高级官员是女性（比去年报告的数字高出约2个百分点)。尽管取得了这些进展，但这方面的差距仍然很大，因为只有少数国家接近平等。

5. 与领导职位方面缓慢但积极的进展形成对比的是，妇女在劳动力市场的参与正在停滞，财政差距（平均而言）略大，这解释了今年经济参与和机会指数出现的倒退。平均只有55%的成年女性在劳动力市场，比较而言，男性的比例为78%，而超过40%的工资差距（类似上，女性与男性工资的比率)、超过50%的收入差距（女性与男性总的工资和非工资收入的比率）仍需要弥补。此外，在许多国家，妇女在获得信贷、土地或金融产品方面处于严重不利地位，她们无法开办公司或通过管理资产谋生。

7. 从目前的趋势预测未来，自该报告第一版以来，在107个国家中，全球总体性别差距平均在99.5年内缩小。因在缩小经济参与和机会差距方面缺乏进展，缩小这一差距所需的时间将延长。以2006—2020年的缓慢速度来看，需要257年才能缩小这一差距。(……)

（二十一）联合国《妇女权利就是人权》[②]

妇女权利与文化多样性

人权的普遍性及其在特定地方背景下的有效性经常受到相对主义话语的

---

① World Economic Forum, *Global Gender Gap Report* (2020), http://www3.weforum.org/docs/WEF_GGGR_2020.pdf.

② UN OHCHR, *Women's Rights are Human Rights* (2014), www.ohchr.org/Documents/Events/WHRD/WomenRightsAreHR.pdf.

质疑，这些话语将人权标榜为与当地文化格格不入的外来思想。然而，文化权利领域特别报告员提醒，不要无视文化并非一成不变和随时间而变化的事实。她还指出，妇女在界定任何特定社区文化的决策过程中缺乏影响力。

（……）当各国试图以文化的名义为侵犯妇女权利辩护时，经常提出普遍性这一问题。暴力侵害妇女问题特别报告员在其关于家庭中暴力侵害妇女的文化习俗的报告中强调，女性割礼、所谓的荣誉谋杀、对儿子的偏爱和猎杀女巫等习俗都是以成为特定文化的一部分为借口加以辩护的例子。刻板印象和文化规范对妇女在社会中的规定性作用也对妇女享有人权产生了负面影响。例如，女孩缺乏接受教育的机会有时是有理由的，因为她们假定，作为母亲和妻子，她们不会进入劳动力市场，因此不需要接受教育。

性别公平和性别平等

“性别公平”一词的使用方式有时会延续对妇女在社会中的作用的刻板印象，这表明妇女应该按照她们所扮演的角色被“公平地”对待。这种理解可能会使不平等的性别关系长期存在，并加剧对妇女有害的性别刻板印象。消除对妇女歧视委员会强调（……）“要求缔约国专门使用男女平等或两性平等的概念，而不是在履行公约规定的义务时使用性别平等概念”。作为公约中使用的法律术语，性别平等不能被公平取代，公平是一种以主观标准为条件的概念。

一些利益攸关方也倾向于性别公平的表述，认为性别平等意味着对男女的待遇相同，而不是考虑到男女的实际情况。如上所述，实质性平等是人权法规定的标准，需要采取措施实现结果平等。这可能意味着不总是以完全相同的方式对待女性和男性，以纠正历史歧视和/或考虑到女性的生理差异。

公平是在公平正义原则基础上消除不公正差异的道德要求。它需要关注最弱势群体和最贫困群体。许多发展组织已将公平作为其议程的核心部分。然而，从人权角度来看，依赖公平具有一定的风险，因为其定义是一个具有可塑性的概念，不具有法律约束力。虽然公平可能表示正义，但如果与平等和非歧视分开考虑，并且根据政治和意识形态的权宜之计武断地定义风险，公平可能会稀释权利要求。

社会性别

社会性别是指女性和男性的社会建构身份、属性和角色。（……）社会性别结构是动态和流动的；它们随时间而变化，在不同的文化中可能会有所不同。作为社会习得差异的一个例子，妇女在大多数社会中的作用传统上是照顾家庭和儿童，而男子的作用则是在外工作养家糊口。在大多数社会中，这些关于男女角色的传统观念已经改变，并在不断演变。

从性别角度分析国际法和国际人权法是重要的，因为性别分析有助于我们了解妇女和男子如何以不同的方式经历侵犯人权的行为，以及年龄、阶级、宗教、文化和地点等不同因素的影响。它强调并探讨了男女之间的等级关系和不平等的关系和角色，赋予妇女工作的不平等价值，以及妇女获得权力和决策机会以及财产和资源的不平等。将性别观点纳入主流有助于评估不同法律、政策和方案对男女群体的影响。

（二十二）马蒂尼奥尼和乌姆拉斯《重视性别回应的人权》[①]

本文认为，性别是一种分析范畴，可以用来呈现可见的权力和支配关系。“性别”这个术语用来描述人与人之间社会构建的差异：贯穿于整个生命周期；据了解，不是天生的；随着时间的推移，在任何特定社会中都是变化的，并表现为文化内部和文化之间的广泛差异。性别影响着所有社会中人们所能获得的机会和资源，并在历史上导致了权力和权利的等级分配，这种分配有利于男性，不利于女性和具有非二元性别身份的人，如变性人和双性人。

经常使用的“性别透镜”（gender lens）的比喻并没有什么帮助，因为它意味着在“常规人权尽职调查”（regular HRDD）上加了一个滤镜（filter）——也就是说，仅是简单地在人权尽调过程中戴上了“性别眼镜”（gender glasses）。“性别敏感的人权尽职调查”的概念更好地抓住了公司与其运营环境之间的予取关系，也更好地抓住了一个需求，即对性别的认识和应对需要嵌入整个人权尽职调查过程的语境之中，该语境可能大到整个市场，或具体至特定的单个工厂、农场。

促进性别平等的人权发展方案要求公司对其作业环境采取全面的办法，查明、预防、减轻和说明其行动或疏忽对男性、女性和非常规性别者的不同影响。这意味着企业必须超越尊重人权的最低标准，并考虑如何在具体情况下利用其影响力，通过查明、对抗和帮助来消除结构性的不平等，促进人权保障。

在一份关于企业人权尽职调查的报告中，联合国工商业和人权工作组指出，“一些商业平台表明，解决根源问题是商业的下一个前沿”。同一份报告

---

① Joanna Bourke Martignoni and Elizabeth Umlas, *Gender-responsive Human Rights due Diligence*, Geneva Academy of International Humanitarian Law and Human Rights (2018), www.geneva-academy.ch/joomlatools-files/docman-files/Academy%20Briefing%2012-interactif-V3.pdf.

还列举了一些例子，说明企业正与其他利益相关者合作，以“解决供应链中的具体而复杂的问题”和其他“系统性问题”。这预示着开展真正关心性别问题的尽职调查所需要的工作，这种工作可以延伸到政策倡导层面的公司参与，例如支持修改歧视性法律。

全球贸易自由化带来的许多就业机会都是高度性别分立的。一般来说，妇女和女童更可能集中从事报酬不平等、工作条件恶劣的不稳定工作，这些工作往往缺乏社会保障，且工会化程度低。由于这一原因和许多其他原因，企业采用促进两性平等的人力资源开发和发展进程，有可能在从地方到国家和跨国的许多层面上，使人们在预见、预防、监测和纠正性别不平等方面发挥关键作用。(……)

本文审查的方案和倡议可被视为有助于在许多方面重新考虑供应链中的性别问题。作者认为，虽然没有简单的答案来回答全球供应链中性别敏感的人权尽职调查是什么样子的，但公司可能需要考虑从这些方面开始着手：

- 认识到构成许多行业供应链采购背景的根深蒂固的性别规范和结构性暴力；
- 关注工作场所之外发生了什么；
- 不仅仅是在社会审计中“增加工人的声音”，而是将供应链劳动权利项目的中心放在工人自己参与维护这些权利上；
- 确保对与性别有关的侵犯权利行为进行独立和响应性别问题的调查；
- 倡导东道国或产品来源国法律中的性别平等；
- 纵观全局——关注跨领域的侵犯人权行为，以及这些行为如何相互影响；
- 了解公司自身在这一背景下的位置及其对现有规范的影响。

（二十三）联合国人权理事会《〈工商企业与人权指导原则〉之性别层面——人权与跨国公司和其他工商企业问题工作组的报告》[1]

(……)

五、结论和建议

结论

43. 尽管多年来在实现实质性性别平等方面取得了很大进展，但仍然存

① 联合国人权理事会：《〈工商企业与人权指导原则〉之性别层面——人权与跨国公司和其他工商企业问题工作组的报告》(2019)，https://documents-dds-ny.un.org/doc/UNDOC/GEN/G19/146/07/PDF/G1914607.pdf? OpenElement。

在许多挑战。妇女在所有领域继续面临多种形式的歧视、劣势、排斥和暴力。她们在决策职位上的人数不足，经常不同程度、不成比例地受到商业活动影响，在寻求有效补救方面还面临更多障碍。新技术也可能对妇女产生更不利的影响。

44. 有一些证据表明，工商企业与人权标准近年来越来越多地采用了性别观点。但是，大多数国家和工商企业在履行《指导原则》规定的职责和责任时仍然很少关注妇女的多样化经历或关注不够。“性别象征主义”的这一惯例必须改变。为了消除对妇女一切形式的歧视，并实现实质性性别平等，各个国家和工商企业应共同努力，与妇女组织和所有其他相关行为体合作，确保系统改变歧视性的权力结构、社会规范和有敌意的环境，这些都是妇女在所有领域平等享有人权的障碍。拟议的“性别平等框架和性别问题指导”为如何做到这一点提供了具体步骤。

45. 工作组建议：

(a) 国家在制定或修订旨在执行《指导原则》的所有倡议和措施，包括《工商企业与人权国家行动计划》时，应适用“性别平等框架和性别问题指导”；

(b) 国家应通过一系列有效的激励和抑制措施，鼓励工商企业将“性别平等框架和性别问题指导”纳入其根据《指导原则》履行人权责任的工作；

(c) 工商企业应将“性别平等框架和性别问题指导”适用于其尊重人权责任的所有方面，即做出坚定政策承诺，切实开展人权尽职调查，提供有效补救或在这方面展开合作，以及促进实现实质性性别平等；

(d) 工商企业应确保可能受影响的妇女、妇女组织、妇女人权维护者和性别问题专家切实参与人权尽职调查的所有阶段；

(e) 工商企业应提供支持并利用其影响力，确保其所有商业伙伴在经营中适用“性别平等框架和性别问题指导”，尊重妇女人权；

(f) 为工商企业执行《指导原则》提供咨询意见的专家和顾问应采取促进性别平等的方法，并提出转变性别观念的措施和补救建议；

(g) 证券交易所、行业协会和投资者应采取有效措施，鼓励工商企业根据拟议的“性别平等框架和性别问题指导”以及其他相关标准，促进实现实质性性别平等；

(h) 国际金融机构应将“性别平等框架和性别问题指导”纳入各项工作，包括开展人权尽职调查、批准对项目的任何财政支助、监测此类项目和处理有关所支助项目的投诉；

(i) 国家人权机构、民间社会组织、工会、妇女组织、人权维护者、律师、律师事务所、法官、记者和学者在促进实质性性别平等和落实《指导原则》方面发挥各自作用时，应充分利用“性别平等框架和性别问题指导”；

(j) 为支持各个国家和（或）工商企业传播和落实《指导原则》的项目提供资金的机构、组织和基金会应根据拟议的“性别平等框架和性别问题指导”，将性别观点明确纳入这类项目。

四　中国相关文件与材料

（一）国家法律法规

1.《中华人民共和国劳动法（2018 修正）》

第十三条　妇女享有与男子平等的就业权利。在录用职工时，除国家规定的不适合妇女的工种或者岗位外，不得以性别为由拒绝录用妇女或者提高对妇女的录用标准。

第五十八条　国家对女职工和未成年工实行特殊劳动保护。

(……)

第五十九条　禁止安排女职工从事矿山井下、国家规定的第四级体力劳动强度的劳动和其他禁忌从事的劳动。

第六十条　不得安排女职工在经期从事高处、低温、冷水作业和国家规定的第三级体力劳动强度的劳动。

第六十一条　不得安排女职工在怀孕期间从事国家规定的第三级体力劳动强度的劳动和孕期禁忌从事的劳动。对怀孕七个月以上的女职工，不得安排其延长工作时间和夜班劳动。

第六十二条　女职工生育享受不少于九十天的产假。

第六十三条　不得安排女职工在哺乳未满一周岁的婴儿期间从事国家规定的第三级体力劳动强度的劳动和哺乳期禁忌从事的其他劳动，不得安排其延长工作时间和夜班劳动。

第九十五条　用人单位违反本法对女职工和未成年工的保护规定，侵害其合法权益的，由劳动行政部门责令改正，处以罚款；对女职工或者未成年工造成损害的，应当承担赔偿责任。

2.《中华人民共和国妇女权益保障法（2018 修正）》

第二十二条　国家保障妇女享有与男子平等的劳动权利和社会保障权利。

第二十三条　各单位在录用职工时，除不适合妇女的工种或者岗位外，不得以性别为由拒绝录用妇女或者提高对妇女的录用标准。

各单位在录用女职工时，应当依法与其签订劳动（聘用）合同或者服务协议，劳动（聘用）合同或者服务协议中不得规定限制女职工结婚、生育的内容。

禁止录用未满十六周岁的女性未成年人，国家另有规定的除外。

第二十四条　实行男女同工同酬。妇女在享受福利待遇方面享有与男子平等的权利。

第二十五条 在晋职、晋级、评定专业技术职务等方面，应当坚持男女平等的原则，不得歧视妇女。

第二十六条 任何单位均应根据妇女的特点，依法保护妇女在工作和劳动时的安全和健康，不得安排不适合妇女从事的工作和劳动。

妇女在经期、孕期、产期、哺乳期受特殊保护。

第二十七条 任何单位不得因结婚、怀孕、产假、哺乳等情形，降低女职工的工资，辞退女职工，单方解除劳动（聘用）合同或者服务协议。但是，女职工要求终止劳动（聘用）合同或者服务协议的除外。

各单位在执行国家退休制度时，不得以性别为由歧视妇女。

3.《中华人民共和国就业促进法（2015 修正）》

第二十七条 国家保障妇女享有与男子平等的劳动权利。

用人单位招用人员，除国家规定的不适合妇女的工种或者岗位外，不得以性别为由拒绝录用妇女或者提高对妇女的录用标准。

用人单位录用女职工，不得在劳动合同中规定限制女职工结婚、生育的内容。

4.《中华人民共和国人口与计划生育法（2021 修正）》

第二十六条 妇女怀孕、生育和哺乳期间，按照国家有关规定享受特殊劳动保护并可以获得帮助和补偿。国家保护妇女就业合法权益，为因生育影响就业的妇女提供就业服务。

公民实行计划生育手术，享受国家规定的休假。

5.《女职工劳动保护特别规定（2012）》

第三条 用人单位应当加强女职工劳动保护，采取措施改善女职工劳动安全卫生条件，对女职工进行劳动安全卫生知识培训。

第四条 用人单位应当遵守女职工禁忌从事的劳动范围的规定。用人单位应当将本单位属于女职工禁忌从事的劳动范围的岗位书面告知女职工。

女职工禁忌从事的劳动范围由本规定附录列示。国务院安全生产监督管理部门会同国务院人力资源社会保障行政部门、国务院卫生行政部门根据经济社会发展情况，对女职工禁忌从事的劳动范围进行调整。

第五条 用人单位不得因女职工怀孕、生育、哺乳降低其工资、予以辞退、与其解除劳动或者聘用合同。

第六条 女职工在孕期不能适应原劳动的，用人单位应当根据医疗机构的证明，予以减轻劳动量或者安排其他能够适应的劳动。

对怀孕 7 个月以上的女职工，用人单位不得延长劳动时间或者安排夜班劳动，并应当在劳动时间内安排一定的休息时间。

怀孕女职工在劳动时间内进行产前检查，所需时间计入劳动时间。

第七条 女职工生育享受 98 天产假，其中产前可以休假 15 天；难产的，增加产假 15 天；生育多胞胎的，每多生育 1 个婴儿，增加产假 15 天。

女职工怀孕未满 4 个月流产的，享受 15 天产假；怀孕满 4 个月流产的，享受 42 天产假。

第八条　女职工产假期间的生育津贴，对已经参加生育保险的，按照用人单位上年度职工月平均工资的标准由生育保险基金支付；对未参加生育保险的，按照女职工产假前工资的标准由用人单位支付。

女职工生育或者流产的医疗费用，按照生育保险规定的项目和标准，对已经参加生育保险的，由生育保险基金支付；对未参加生育保险的，由用人单位支付。

第九条　对哺乳未满1周岁婴儿的女职工，用人单位不得延长劳动时间或者安排夜班劳动。

用人单位应当在每天的劳动时间内为哺乳期女职工安排1小时哺乳时间；女职工生育多胞胎的，每多哺乳1个婴儿每天增加1小时哺乳时间。

第十条　女职工比较多的用人单位应当根据女职工的需要，建立女职工卫生室、孕妇休息室、哺乳室等设施，妥善解决女职工在生理卫生、哺乳方面的困难。

第十一条　在劳动场所，用人单位应当预防和制止对女职工的性骚扰。

附录：女职工禁忌从事的劳动范围

一、女职工禁忌从事的劳动范围：

（一）矿山井下作业；

（二）体力劳动强度分级标准中规定的第四级体力劳动强度的作业；

（三）每小时负重6次以上、每次负重超过20公斤的作业，或者间断负重、每次负重超过25公斤的作业。

二、女职工在经期禁忌从事的劳动范围：

（一）冷水作业分级标准中规定的第二级、第三级、第四级冷水作业；

（二）低温作业分级标准中规定的第二级、第三级、第四级低温作业；

（三）体力劳动强度分级标准中规定的第三级、第四级体力劳动强度的作业；

（四）高处作业分级标准中规定的第三级、第四级高处作业。

三、女职工在孕期禁忌从事的劳动范围：

（一）作业场所空气中铅及其化合物、汞及其化合物、苯、镉、铍、砷、氰化物、氮氧化物、一氧化碳、二硫化碳、氯、己内酰胺、氯丁二烯、氯乙烯、环氧乙烷、苯胺、甲醛等有毒物质浓度超过国家职业卫生标准的作业；

（二）从事抗癌药物、己烯雌酚生产，接触麻醉剂气体等的作业；

（三）非密封源放射性物质的操作，核事故与放射事故的应急处置；

（四）高处作业分级标准中规定的高处作业；

（五）冷水作业分级标准中规定的冷水作业；

（六）低温作业分级标准中规定的低温作业；

（七）高温作业分级标准中规定的第三级、第四级的作业；

（八）噪声作业分级标准中规定的第三级、第四级的作业；

（九）体力劳动强度分级标准中规定的第三级、第四级体力劳动强度的作业；

（十）在密闭空间、高压室作业或者潜水作业，伴有强烈振动的作业，或者需要频繁弯腰、攀高、下蹲的作业。

四、女职工在哺乳期禁忌从事的劳动范围：

（一）孕期禁忌从事的劳动范围的第一项、第三项、第九项；

（二）作业场所空气中锰、氟、溴、甲醇、有机磷化合物、有机氯化合物等有毒物质浓度超过国家职业卫生标准的作业。

6.《人力资源社会保障部、教育部等九部门关于进一步规范招聘行为促进妇女就业的通知（2019）》

二、依法禁止招聘环节中的就业性别歧视。各类用人单位、人力资源服务机构在拟定招聘计划、发布招聘信息、招用人员过程中，不得限定性别（国家规定的女职工禁忌劳动范围等情况除外）或性别优先，不得以性别为由限制妇女求职就业、拒绝录用妇女，不得询问妇女婚育情况，不得将妊娠测试作为入职体检项目，不得将限制生育作为录用条件，不得差别化地提高对妇女的录用标准。国有企事业单位、公共就业人才服务机构及各部门所属人力资源服务机构要带头遵法守法，坚决禁止就业性别歧视行为。

三、强化人力资源市场监管。监督人力资源服务机构建立健全信息发布审查和投诉处理机制，切实履行招聘信息发布审核义务，及时纠正发布含有性别歧视内容招聘信息的行为，确保发布的信息真实、合法、有效。对用人单位、人力资源服务机构发布含有性别歧视内容招聘信息的，依法责令改正；拒不改正的，处1万元以上5万元以下的罚款；情节严重的人力资源服务机构，吊销人力资源服务许可证。将用人单位、人力资源服务机构因发布含有性别歧视内容的招聘信息接受行政处罚等情况纳入人力资源市场诚信记录，依法实施失信惩戒。

四、建立联合约谈机制。畅通窗口来访接待、12333、12338、12351热线等渠道，及时受理就业性别歧视相关举报投诉。根据举报投诉，对涉嫌就业性别歧视的用人单位开展联合约谈，采取谈话、对话、函询等方式，开展调查和调解，督促限期纠正就业性别歧视行为，及时化解劳动者和用人单位间矛盾纠纷。被约谈单位拒不接受约谈或约谈后拒不改正的，依法进行查处，并通过媒体向社会曝光。

五、健全司法救济机制。依法受理妇女就业性别歧视相关起诉，设置平等就业权纠纷案由。积极为遭受就业性别歧视的妇女提供法律咨询等法律帮助，为符合条件的妇女提供法律援助。积极为符合条件的遭受就业性别歧视的妇女提供司法救助。

六、支持妇女就业。加强就业服务，以女大学生为重点，为妇女提供个性化职业指导和有针对性的职业介绍，树立正确就业观和择业观。组织妇女参加适合的培训项目，鼓励用人单位针对产后返岗女职工开展岗位技能提升培训，尽快适应岗位需求。促进3岁以下婴幼儿照护服务发展，加强中小学课后服务，缓解家庭育儿负担，帮助妇女平衡工作与家庭。完善落实生育保险制度，切实发挥生育保险保障功能。加强监察执法，依法惩处侵害女职工孕期、产期、哺乳期特殊劳动保护权益行为。对妇女与用人单位间发生劳动人事争议申请仲裁的，要依法及时快速处理。

七、开展宣传引导。坚决贯彻男女平等基本国策，强化男女平等意识，逐步消除性别偏见。加大反就业性别歧视、保障妇女平等就业权利法律、法规、政策宣传，引导全社会尊重爱护妇女，引导用人单位知法守法依法招用妇女从事各类工作，引导妇女合法理性保障自身权益。树立一批保障妇女平等就业权利用人单位典型，对表现突出的推荐参加全国维护妇女儿童权益先进集体、全国城乡妇女岗位建功先进集体等创评活动。营造有利于妇女就业的社会环境，帮助妇女自立自强，充分发挥自身优势特长，在各行各业展示聪明才智，体现自身价值。

八、加强组织领导。各地区、各有关部门要高度重视促进妇女平等就业，履职尽责、协同配合，齐抓共管、综合施策。人力资源社会保障部门要会同有关部门加强对招用工行为的监察执法，引导合法合理招聘，加强面向妇女的就业服务和职业技能培训。教育部门要推进中小学课后服务。司法部门要提供司法救济和法律援助。卫生健康部门要促进婴幼儿照护服务发展。国有资产监督管理部门要加强对各级各类国有企业招聘行为的指导与监督。医疗保障部门要完善落实生育保险制度。工会组织要积极推动企业依法合规用工。妇联组织要会同有关方面组织开展相关评选表彰，加强宣传引导，加大对妇女的关心关爱。人民法院要积极发布典型案例、指导性案例，充分发挥裁判的规范、引导作用。人力资源社会保障部门、工会组织、妇联组织等部门对涉嫌就业性别歧视的用人单位开展联合约谈。

7.《就业服务与就业管理规定（2018 修订）》

第十六条　用人单位在招用人员时，除国家规定的不适合妇女从事的工种或者岗位外，不得以性别为由拒绝录用妇女或者提高对妇女的录用标准。

用人单位录用女职工，不得在劳动合同中规定限制女职工结婚、生育的内容。

（二）《中国性别平等与妇女发展》白皮书[①]（国务院新闻办公室，2015 年 9 月 22 日）

保障妇女的平等就业权利。就业是民生之本。国家制定和完善法律法规，促进公平就业，消除就业性别歧视。《中华人民共和国就业促进法》专设“公平就业”一章，强调男女平等就业权利。《中华人民共和国劳动合同法》对企业订立女职工权益保护专项集体合同作出明确规定，为保障女职工合法权益提供了法律依据。制定、修订和实施《女职工劳动保护特别规定》、机关事业单位处级干部和高级职称专业技术人员男女同龄退休、支持女性科技人才成长及促进女大学生平等就业等一系列法规、政策及措施，为妇女就业和职业发展创造有利条件。

促进妇女就业创业。国家针对不同妇女群体就业创业中面临的困难，出台支持性政策措施。实施鼓励妇女就业创业的小额担保贷款财政贴息政策，2009 年以来向妇女发放小额贴息贷款 2220.6 亿元人民币，扶植和带动千万妇女创业就业。大力发展家政服务和手工编织等行业，为城乡妇女就地就近和转移就业提供服务。开展女大学生就业创业扶

---

① 国务院新闻办公室：《中国性别平等与妇女发展》，http://www.scio.gov.cn/zfbps/ndhf/2015/Document/1449896/1449896.htm。

持行动，为女大学生提供就业培训、创业指导、见习岗位。实施“阳光工程”，提高农村女性劳动力素质和就业技能，为促进农村女性劳动力向非农产业和城镇转移创造条件。全国共建立20多万所“妇女学校”，近2亿人次妇女参加农业新技术、新品种培训，150万名妇女获得农业技术员职称和绿色证书，创办5.3万个妇女专业合作组织。自2011年启动“城镇百万残疾人就业工程”以来，每年新增残疾妇女就业约10万人。

妇女就业结构不断改善。2013年，全国女性就业人数为34640万，占就业总数的45%。最新一期中国妇女社会地位调查显示，妇女从事第二、第三产业的比例比10年前提高了25个百分点，各类负责人、专业技术人员、办事人员及有关人员所占比例较10年前提高了13个百分点。2013年女性中高级专业技术人员达到661万人，占中高级专业技术人员的44.1%，比2000年提高了9个百分点。中国女企业家群体不断壮大，女企业家约占企业家总数的四分之一。实施“创业创新巾帼行动”，促进女性在新兴产业就业，互联网领域创业者中女性占55%。

（三）《中国妇女发展纲要（2021—2030年）》[①]（中国妇女网，2021年9月27日）

一、指导思想、基本原则和总体目标

（……）

（二）基本原则。

（……）

2. 坚持妇女事业与经济社会同步协调发展。将促进妇女全面发展目标任务纳入国家和地方经济社会发展总体规划，纳入专项规划，纳入民生实事项目，同部署、同落实，让经济社会发展成果更多更公平惠及广大妇女。

3. 坚持男女两性平等发展。贯彻落实男女平等基本国策，在出台法律、制定政策、编制规划、部署工作时充分考虑两性的现实差异和妇女的特殊利益，营造更加平等、包容、可持续的发展环境，缩小男女两性发展差距。

4. 坚持促进妇女全面发展。统筹兼顾妇女在政治、经济、文化、社会和家庭各方面的发展利益，有效解决制约妇女发展的重点难点问题，统筹推进城乡、区域、群体之间妇女的均衡发展，协调推进妇女在各领域的全面发展。

5. 坚持共建共治共享。在统筹推进“五位一体”总体布局、协调推进“四个全面”战略布局中充分发挥妇女的重要作用，促进妇女积极投身高质量发展，踊跃参与国家治理体系和治理能力现代化进程，共享经济社会发展成果。

二、发展领域、主要目标和策略措施

（……）

---

① 《中国妇女发展纲要（2021—2030年）》，http://www.cnwomen.com.cn/2021/09/27/99232622.html。

（三）妇女与经济。

主要目标：

1. 鼓励支持妇女为推动经济高质量发展贡献力量，妇女平等参与经济发展的权利和机会得到保障。

2. 促进平等就业，消除就业性别歧视。就业人员中的女性比例保持在45%左右。促进女大学生充分就业。

3. 优化妇女就业结构。城镇单位就业人员中的女性比例达到40%左右。

4. 促进女性人才发展。高级专业技术人员中的女性比例达到40%，促进女性劳动者提升职业技能水平。

5. 保障妇女获得公平的劳动报酬，男女收入差距明显缩小。

6. 保障女性劳动者劳动安全和健康。女职工职业病发病率明显降低。

7. 保障农村妇女平等享有土地承包经营权、宅基地使用权等权益，平等享有农村集体经济组织收益分配、土地征收或征用安置补偿权益。

8. 巩固拓展脱贫攻坚成果，增强农村低收入妇女群体的可持续发展能力。

9. 妇女在实施乡村振兴战略中的作用充分发挥。

（四）地方与行业标准

1. 湖南省《女职工劳动保护特别规定（2020）》

第三条　用人单位应当采取下列措施，加强对女职工的劳动保护：

（一）建立健全女职工劳动保护制度，明确相应机构及人员负责女职工劳动保护工作；

（二）为女职工提供符合国家规定的工作环境、劳动条件和劳动保护用品；

（三）对女职工进行劳动安全、职业卫生和心理健康知识培训；

（四）遵守女职工禁忌从事的劳动范围的规定，在建立劳动关系时书面告知本单位属于女职工禁忌从事的劳动范围的岗位；

（五）采取相应措施保护夜班劳动的女职工在劳动场所中的安全；

（六）法律法规规章规定的其他措施。

第四条　用人单位不得在劳动合同、聘用合同或其他合同中与女职工约定限制或者变相限制其结婚、生育等合法权益的内容。

用人单位不得因女职工结婚、怀孕、休产假、哺乳等情形降低其工资、福利待遇，限制其晋级、晋职、评定专业职务，解除劳动合同或者聘用合同。

劳务派遣单位与用工单位订立的劳务派遣合同中，应当明确女职工劳动保护的内容。用工单位不得因被派遣劳动者怀孕、休产假、哺乳等情形将其退回劳务派遣单位。派遣期限届满的，应当延续至怀孕、休产假、哺乳等情形消失时方可退回。

第五条　用人单位与职工方订立的集体合同、女职工权益保护专项集体合同，应当明确女职工劳动保护内容。

开展集体合同和女职工权益保护专项集体合同协商时，职工方代表中应当有女职工代表。

第六条 用人单位给予经期女职工下列保护：

（一）不得安排其从事国家规定的经期禁忌从事的劳动；

（二）所从事劳动需2个小时以上连续站立的，用人单位应当为其安排适当的工间休息时间。

用人单位为在职女职工按照每人每月不低于30元的标准发放卫生费。所需费用，企业可以从职工福利费中列支，机关事业单位按现行财政负担政策列入预算。卫生费的标准由省人力资源社会保障部门会同财政部门根据本省经济发展状况和居民生活水平适时提出调整方案，报省人民政府批准后执行。

第七条 用人单位给予孕期女职工下列劳动保护：

（一）不得安排其从事国家规定的孕期禁忌从事的劳动；

（二）对不能适应现岗位的，根据二级以上医疗机构的证明予以减轻劳动量；

（三）对怀孕不满3个月且妊娠反应严重的，可以根据其工作性质和劳动强度在劳动时间内安排适当的休息时间；

（四）对怀孕7个月以上的，不得延长其劳动时间或者安排夜班劳动，并根据其工作性质和劳动强度在劳动时间内安排适当的休息时间；有劳动定额的，适当减轻劳动定额；

（五）对经二级以上医疗机构诊断确需保胎休息的，保胎休息时间按照病假处理；

（六）对在劳动时间内进行产前检查的，所需时间计入劳动时间。

第八条 女职工生育享受98天产假，其中产前可以休假15天；难产的，增加产假15天；生育多胞胎的，每多生育一个婴儿，增加产假15天。符合法定生育条件的，依法享受奖励产假60天。

女职工怀孕未满2个月终止妊娠的，享受15天产假；怀孕满2个月未满4个月终止妊娠的，享受30天产假；怀孕满4个月未满7个月终止妊娠的，享受42天产假；怀孕满7个月终止妊娠的，享受75天产假。

第九条 用人单位应当给予实施计划生育手术的女职工下列劳动保护：

（一）放置宫内节育器的，休假2天，术后一周内不安排从事重体力劳动；取出宫内节育器的，休假1天；

（二）放置皮下埋植剂的，休假2天；取出皮下埋植剂的，休假1天；

（三）施行输卵管结扎术或者复通术的，休假21天。

第十条 女职工符合规定生育、终止妊娠或者实施计划生育手术的，享受国家和省规定的生育保险待遇。已依法参加生育保险的，由生育保险基金按规定支付；未依法参加生育保险的，生育保险待遇由用人单位支付。

第十一条 用人单位给予哺乳未满1周岁婴儿的女职工下列劳动保护：

（一）不得安排其从事国家规定的哺乳期禁忌从事的劳动；

（二）不得延长劳动时间或者安排夜班劳动；

（三）有劳动定额的，相应减少其劳动定额；

（四）在每天的劳动时间内安排1小时哺乳时间；生育多胞胎的，每多哺乳1个婴儿每天增加1小时哺乳时间。

前款第（四）项规定的哺乳时间可一次使用，也可分开使用。对距离用人单位较远无法回家哺乳的，经本人申请，产假后的哺乳时间可以折算成一定天数，与产假合并使用或者单独使用。

产假期满，经本人申请，用人单位批准，可以请假至婴儿1周岁，请假期间的待遇由双方协商确定。

第十二条　女职工比较多的用人单位应当根据女职工的实际需要，建立女职工卫生室、孕妇休息室、哺乳室等设施。

用人单位应当采取措施妥善解决从事流动性或者分散性工作的女职工在生理卫生、哺乳方面的困难。

鼓励、引导相邻用人单位联合为怀孕、哺乳女职工提供休息、哺乳用房等设施。

第十三条　鼓励用人单位采取灵活安排工作时间等措施，为女职工婴幼儿照护创造便利条件。

鼓励用人单位以单独或者联合相关单位共同举办的方式，在工作场所为女职工提供福利性1至3岁婴幼儿照护服务。

第十四条　县级以上人民政府可以通过采取提供场地、减免租金、政府补贴等政策措施，支持社会力量开展婴幼儿照护服务。

第十五条　用人单位应当每年为女职工安排1次妇科常见病筛查，检查时间计入劳动时间，检查费用由用人单位承担。鼓励用人单位定期组织女职工进行乳腺癌、宫颈癌筛查。

第十六条　在劳动场所，用人单位应当预防和制止对女职工的性骚扰。

女职工在劳动场所受到性骚扰，向用人单位反映或者投诉的，用人单位应当及时妥善处理或者移送有关机关处理；向公安机关报案或者向人民法院提起民事诉讼的，用人单位应当给予支持。

有关单位在处理对女职工的性骚扰事件时，应当依法保护女职工的个人隐私。

第十七条　县级以上人民政府应当加强对女职工劳动保护工作的领导，采取措施保护女职工的合法权益。

县级以上人民政府人力资源社会保障、应急管理、卫生健康、医疗保障等有关行政部门，应当按照各自职责对用人单位遵守本规定的情况进行监督检查。

第十八条　工会、妇女组织依法维护女职工的合法权益。

各级工会组织依法对用人单位遵守女职工劳动保护法律、法规和规章的情况进行监督。

2.《中国农业海外可持续投资指引（2018）》

2. 关注民族、种族和性别平等

（1）消除就业歧视。（……）

（2）在涉及聘用、报酬、培训机会、升迁、解职或退休等事项上，企业不得从事或支持基于种族、社会等级、国籍、宗教、身体残疾、性别、性取向、工会会员、政治归属或年龄之上的歧视。

(3) 企业不能干涉员工行使遵奉信仰和风俗的权利，应满足涉及种族、社会阶层、国籍、宗教、残疾、性别、性取向、工会会员和政治从属需要的权利。

(4) 要尊重女性权益。除一些特殊工作岗位需要对性别加以限制外，应优先聘用女性。

(5) 企业要禁止强迫性、虐待性或剥削性的性侵扰行为，包括姿势、语言和身体的接触。

(6) 企业要关爱女性员工的健康与生活。给予女性员工同样的劳动报酬、管理岗位、专业培训和职业发展机会。为女性员工缴纳生育保险，提供孕妇产前检查、产假、哺乳假，享受生育津贴等。

(五)《"就业性别歧视首案"3万元和解》[①](新京报，2013年12月19日)

2013年，应届女毕业生曹菊（化名）在向巨人环球教育科技有限公司（以下简称"巨人教育"）求职行政助岗理时，不服对方只招男生，于是以遭遇性别歧视为由将对方诉至法院，要求对方赔礼道歉并赔偿精神损害抚慰金50000元。最终双方在海淀区人民法院当庭达成和解，"巨人教育"承诺支付曹菊3万元作为关爱女性平等就业专项资金。

该案是在《就业促进法》实施近6年来，首例以"维护女性合法权益"为由提起的诉讼，就业歧视法律学者、中国政法大学宪政研究所负责人刘小楠将该案称之为"中国就业性别歧视第一案"。

曹菊介绍，她在招聘网站看到"巨人教育"发布的行政助理职位招聘启事后，在2012年6月12日向对方投递了简历，但"简历投了好几天还没有任何音讯"。2012年6月25日，她再一次登录网站查看投递简历的消息时发现，"巨人教育"行政助理招聘启事中有一条"仅限男性"的要求。对方工作人员在电话中，再次明确告知该职位只招男性。

曹菊认为，"巨人教育"只招男性的做法属于就业性别歧视，将"巨人教育"诉至海淀区人民法院，要求对方赔礼道歉、赔偿精神损害抚慰金50000元。

曹菊一方表示，国家保障妇女享有与男子平等的就业权利。用工企业在录用职工时，除国家规定的不适合妇女的工种或者岗位外，不得以性别为由拒绝录用妇女或提高对妇女的录用标准。

庭审时，被告"巨人教育"董事长、总裁尹雄表示，出于对女性平等权益的维护与尊重、对依法反对就业性别歧视的行为表示赞赏与支持，放弃辩护权。被告律师表示，该案开庭前，已向原告发出了"致歉信"。

---

① 《"就业性别歧视首案"3万元和解》，新京报电子报网，http://epaper.bjnews.com.cn/html/2013－12/19/content_485195.htm? div＝－1。

在法庭的调解下，“巨人教育”向曹菊提供3万元，作为关爱女性平等就业专项资金。

（六）百事公司大中华区改善职场性别不平等①

2007年，卢英德女士出任百事公司董事长兼首席执行官，在百事内部积极推行百事公司承诺，将人才可持续发展作为重要的可持续发展战略。百事相信，基于公司内部的多元化视角，更多地吸纳女性意见，考虑到女性的需求，可以更进一步加深对消费者的不同需求的理解，因此能提供、创新更适合消费者的产品。

注重人才培养中的性别平等

在新员工入职培训的时候，百事公司也会对每一位新员工强调：百事公司的价值观之一，是以多元化和包容性的态度取胜，彼此尊重、共同成功。百事公司将反性别歧视政策融入招聘、培训、晋升等人才培养环节中，百事公司大中华区所属的百事亚洲中东北非区域总部每年都会制定区域范围内女性高管（总监及以上）比例的指标，以指导促进女性雇员的职业发展。为营造理想的工作环境，百事公司大中华区建立了性别平衡的文化氛围，并且在工作环境中杜绝任何形式的骚扰或令他人反感或失礼的行为。百事公司大中华区也认识到，对男性与女性社会功能的传统认知，决定了女性会在平衡职场发展与家庭生活中面临更大的挑战。

弹性工作制

为便于员工更好地平衡生活，特别是方便女性员工需要更多时间照料家庭，在确保正常工作小时数不受影响的前提下，百事公司提供了灵活工作时间的选择。除了严格遵照执行国家法定的假期安排外，所有员工每年还可以在妇女节、青年节、儿童节或圣诞节之中选择一个节日额外休息半天。

提倡健康生活方式

百事公司大中华区还为有特殊需求的女性员工提供便利，比如特别设置了哺乳室。每年3月都是百事大中华区女士健康月，3月8日被特别设立为百事女士节，每年都会在当天举行丰富多彩的关怀女性员工身心健康的活动。人力资源部还会常规性地开展宣传女性疾病保健，如关于乳腺健康、宫颈养护等专题的活动，通过讲座以及邮件的形式将乳腺、宫颈疾病防治的知识告知员工，提醒女性关注身心健康。

女性高管论坛

女性高管在工作上承担着更大的压力与挑战，大中华区主席林碧宝、大中华区总裁兼首席执行官施博诺及其他公司高层还时常召开女性高管的圆桌会议，以分享他们的工作心得和成功经验，并倾听女性高管们面临的挑战和问题，从而为她们的发展提供帮助和支持。百事公司大中华区通过采访、论坛等一系列活动，推出了一本女性领导者分享生活和职场经验的书，书中汇集了百事31位女性高管的故事，其中11位来自大中华区。为进一步将故事背后的人生体验和职场经验分享给更多员工，百事公司大中华区开展了

---

① 《百事公司：改善职场性别不平等 多元化视角服务中国消费品市场》，全球经济治理和企业发展数据平台，http://www.adata.org.cn/solutions/domestic/20180112/242705.shtml。

针对女性员工的签书会，让她们更进一步了解了女性高管在文字背后的故事，从而给她们的职业生涯和生活更多的启发。

通过这些举措，百事公司大中华区构建了性别平衡的文化与机制，为越来越多的女性求职者提供了职业发展舞台。公司的普通员工中女性比例高达53%，她们分布在百事的工厂、农场、市场部、人事部等各个部门。女性领导（总监及以上）的比例也由2014年的53%增长到了2015年的58%，远超中国女性高管25%的平均比例。百事公司大中华区主席林碧宝女士也被《财富》（中文版）评为2013年中国最具影响力的商界女性。

（七）《法官提醒：处置职场性骚扰关键是有据可查》[①]（法制日报，2019年3月21日）

职场性骚扰，一直是一个敏感且社会高度关注的话题。

近年来，关于职场性骚扰的报道不时见诸报端，由于涉及个人隐私、名誉尊严，还关系到职业发展、前途命运，加之举证难、风险大、顾虑多等因素，很多女性受害人选择隐忍、沉默和离职，很少选择用法律武器维护自身权益。

北京市西城区人民法院通过梳理相关案件发现，用人单位在勇于处置职场性骚扰事件的同时，却不善于建章预防、锁定证据，在案件审理阶段，很多单位均无法拿出足够的证据证明被开除员工确存性骚扰行为。办案法官呼吁，全社会特别是用人单位应先行制定相关制度，依法预防、制止和处理职场性骚扰，落实对女性的保护和尊重，营造平等安全的职场环境。

性骚扰普遍举证困难　证据链完整方可采信

于某是一家网络公司的财务主管，女下属孙某自称此前在汇报工作时，被于某非礼。孙某向公司反映后，公司对于某展开调查，但于某矢口否认有不当行为。事后，公司以于某存在对下属女职工多次言语、行为骚扰为由通知于某解除劳动合同。于某不服，将公司诉至法院。

法院审理后认为，公司仅提供了孙某的陈述，在于某否认又没有其他证据相互佐证的情况下，解除合同的依据不足，解除行为不当。

“类似这样的案件很多，在用人单位行使解除权被认定违法解除的案件中，因没有足够证据的占75%。”北京市西城区人民法院民七庭法官李曦认为，之所以有这么高的比例，源于骚扰行为往往在私密环境中突然发生，较少留下人证、物证、书证，给举证造成困难。很多被侵害的女职工担心成为流言蜚语的议论对象，选择沉默或离职，既没有当场拒绝，事后也没有及时举报，无疑给用人单位后续的处理增加了难度。实践中，用人单位提交的证据多为受害人证言，在没有其他证据佐证的情况下，用人单位如果径行对涉嫌骚扰者作出解除劳动合同的决定，则存在较大的败诉风险。

---

① 《法官提醒：处置职场性骚扰关键是有据可查》，人民网，http://legal.people.com.cn/n1/2019/0321/c42510-30987989.html。

据李曦介绍，除证据不足外，“受害人”若存在态度不明的情况，法院也难以认定相关纠纷中存在职场性骚扰行为。例如，在某案审理过程中，用人单位提交了一份录音证据，但整个录音中男女双方都在轻松的语境中进行，女职工并无反感、羞涩、愤怒的反应，“在这样的情况下，法院难以认定女职工存在排斥态度”。

在维权过程中，受害人、涉事公司往往还会提交相关的证人证言，这部分证据效力如何？北京市西城区人民法院民七庭法官潘杰解释称，这类案件发生较为突然和私密，有在场证人的情况不多，在有证人的案件中，证人身份基本为在职员工，基于此，法院可能以证人与实施者、受害人有利害关系为由，不予采信；但如果证人能出庭作证，又能与其他证据相互印证，证人证言具有较高的可信度，法院也会采信，“特别是在个别案件中，证人本身既是亲历者又是受害者，加之持有的微信内容等，能形成完整的证据链，则具有较高的证明力”。

重视证据收集固定　完善机制有据可查

“如果有事发时或后期调查时的录音录像、报警记录等，证明力度会大大提升。”李曦向记者介绍了一起用人单位对性骚扰员工予以辞退的胜诉案件。

2014 年 10 月，某物业公司收到女职工张某反映，称其在上夜班时遭到公司保安范某的骚扰。公司经调查核实，发现范某还存在多次类似情况。随后，公司以范某多次对公司女同事实施骚扰行为，严重违反用人单位规章制度为由通知其解除劳动合同，并经工会同意。范某不服，诉至法院。

法院审理后认为，公司提交了事后与范某的谈话录音，录音中范某认可对张某存在搂抱行为。报警笔录中，范某认可因为开玩笑还曾对其他 4 位女同事有抱、摸、拍的行为。公司在员工手册中明确规定了此行为情节严重可以开除。据此，法院审理后认定公司解除与范某劳动合同的做法符合法律规定。

西城法院提醒，用人单位一旦收到涉及性骚扰的举报，要及时围绕事件进行细致的走访调查，重视相关证据的收集和固定工作，包括直接证据如受害人陈述、微信聊天记录、电子邮件、监控录像、报警记录等；也包括间接证据如了解旁观者的证言、其他见证人的情况说明等。

在证据固定的情况下，“有据可查”也是行使处罚权重要的一环。“首先应建立完善的防治职场性骚扰工作机制，在规章制度中明确性骚扰属于严重违纪，并细化性骚扰的行为方式和具体表现，将严重的性骚扰行为作为解除劳动合同的情形之一。”潘杰说，相关规章制度可以在用人单位网站上公布，发挥对职工的教育和指引作用，还可以在劳动合同中体现用人单位对性骚扰的态度，告知劳动者不得实施性骚扰行为，否则将受到单位严惩。

此外，应建立用人单位内部性骚扰纠纷解决机制，设置专门机构处理性骚扰纠纷，赋予纠纷解决工作人员在用人单位内部调查、取证的权利。专职人员在调查、取证的过程中，应注意保护被害人的隐私，保障被调查人提供证据不受到打击报复。

单位合理实施惩戒　职工积极举证维权

除了制度保障，用人单位还应如何做，才能尽量避免发生职场性骚扰事件？

潘杰建议，用人单位应尽量创造公开办公的条件，应限定上下级（尤其是异性）谈话的场地、时间、随同人员，并赋予雇员一定的拒绝权。还应提供安全的劳动场所和设施，防止更衣室被偷窥、偷拍等，并确保女职工夜间工作时的安全。用人单位应开展防范性骚扰入职培训或定期培训，尤其是告知女职工在受到性骚扰时应如何运用内部解决制度维护自己的合法权益。

发现性骚扰行为后，用人单位应在不违反劳动合同法强制性规范的基础上，对性骚扰者实施一定限度内的惩戒。对于初犯或情节轻微的，可以处以口头或书面警告；多次实施性骚扰行为或情节严重的，可以处以停薪、停职、降职的处分；对于利益交换型性骚扰或情节恶劣的性骚扰，可以开除或免职。

办案法官提醒，用人单位辞退涉职场性骚扰员工，应当将解除劳动合同通知书送达其本人，通知中注意措辞，做到客观陈述、言辞不偏激；如果用人单位有工会，解除劳动合同需经工会同意。同时，提醒用人单位注意送达的方式和范围，不宜采取通报、张贴等方式进行扩散和传播，以免陷入名誉权纠纷。

面对职场性骚扰事件，除了通过举报将骚扰者从公司除名，有的女职工还会选择以此为由辞职，能否要求用人单位支付相关经济补偿金？潘杰称，虽然法律规定用人单位有义务预防和制止对女职工的性骚扰，但并非在工作场所内发生的一切违法事项，均可归咎于用人单位未提供劳动保护、劳动条件。女职工遭遇职场性骚扰，主要是骚扰者的个人违法行为，由于行为的隐蔽性，用人单位很难预料和控制行为发生，如用人单位在发现性骚扰行为或接到举报后，积极进行调查和处理，如调取监控、走访、报警等，且对行为人进行了相应处理，则可以认定用人单位的处理并无不当，此种情况下，女职工可以追究行为人的责任，但不得向用人单位主张经济补偿金，“如果用人单位收到举报后消极对待，甚至纵容骚扰行为发生，则需要担责”。

办案法官同时建议，女职工不要一味选择沉默、隐忍或离职，要敢于说不，及时举报，寻求帮助；要有保存证据的意识，积极举证，将相关的短信、邮件、录音等保存，坚决维权。男职工也可为身边遭遇职场性骚扰的女同事发声，支持保护她们，创造更好的职场环境。

（八）《延长生育假须防范女性就业歧视》[①]（新华每日电讯，2015年12月22日）

人口与计划生育法修正案草案21日提请十二届全国人大常委会第十八次会议审议。修正案草案规定，符合政策生育的夫妻可以获得延长生育假的奖励或者其他福利待遇。该草案提出，本修正案自2016年1月1日起施行。

如果该草案获得正式通过，再过10天左右就可实施，这显然是急切盼望生二孩的夫妻的福音。值得高兴的是，生育假也将随之延长——这是中央明确全面二孩政策以来，

---

① 《延长生育假须防范女性就业歧视》，人民网，http://politics.people.com.cn/n1/2015/1222/c70731-27959196.html。

舆论热议最多的问题之一。一旦生二孩可以延长产假，必然有助于提升生育意愿。

根据现行《女职工劳动保护特别规定》，女职工生育享受98天产假。据说有的地方对晚婚晚育者还有15—30天的奖励。但全面两孩后，生育两个孩子分别安排多长产假有待观察。假如生第一个孩子产假仍是98天，笔者认为生第二个孩子产假应更长。一者，两个孩子需要照顾；二者，产妇身体需要更长时间恢复。

也就是说，一旦“延长生育假”的法律草案获得通过，应该立即完善《女职工劳动保护特别规定》。至于如何延长产假（包括男性陪产假），一方面要充分考虑女性的意见，另一方面也要兼顾用人单位的看法，因为女性产假时间长短直接关系到企业利益。如果不考虑企业利益，女性就业就会面临更多歧视。

女性就业歧视现象早就存在。比如2013年全国妇联妇女发展部与有关调研机构对女大学生就业创业状况开展的联合调查显示，九成以上的女大学生表示在求职过程中曾遇到过不同程度的性别歧视。女性被歧视的原因之一就是结婚生子。

女性就业歧视存在三种情况。一是女性收入少于男性。亚洲开发银行一份报告称，中国女性的平均薪水仅为男性的63%。二是女性在单位深造的机会少，比如接受教育和培训要少于男性。三是，女性求职难度远远高于男性。所以，若全面二孩延长生育假，尤其需要防范女性就业不公。

对于用人单位，尤其是企业来说，理由很现实，必须考虑用人成本。而全面放开二孩、延长生育假，无疑增加了企业用人成本。那么，高度重视成本、追求利润最大化的企业，就会更加减少聘用女性。为了应对这一问题，据说不少高校的女性研究生、本科生在校期间就结婚生子了，为的是增加就业竞争力。

显然，女性个体应对就业歧视的能力很有限。这需要政府有关方面进行全方位设计和安排。其中，制度安排是基础。有人曾建议制定“反就业歧视法”，这值得考虑，因为有利于提升女性权益保障方面法律的统一性、系统性、权威性。如果能够在法律中明确每个用人单位中女性的比例，效果会更好。

当然，也要充分考虑企业的难处，在经济增速放缓、部分企业经营困难的情况下，如果强逼企业招聘女性，恐怕更令企业反感或造成企业压力过大。因此，保障女性就业权益必须与企业减负相挂钩，比如一个单位的产妇人数、产假天数应该与税收优惠挂钩，以此鼓励企业招聘女性，在工作中平等对待女性。

总之，上述法律草案中延长生育假，大概只是原则性规定，必须通过相关制度的详细表述让这一规定落到实处，而且还要重视解决这一规定带来的负面影响（即影响女性就业），而消除这种负面影响必须制定具体的改革细则。

（九）《中国农业海外投资性别影响调查报告》① （商道纵横，2018年2月2日）

农业企业及其工作场所、产品市场和所在社区都与妇女利益密切相关，为女性提供

---

① 商道纵横：《中国农业海外投资性别影响调查报告》，第52～55页，http://www.syntao.com/filedownload/180315。

更多工作机会与发展空间，赋能女性，对企业和当地经济发展都具有重要意义。基于对中国农业企业在老挝和柬埔寨的投资实践分析，我们认为未来中国农业海外投资应当切实重视女性议题对公司实现可持续发展、积极识别与应对女性议题带来的潜在风险与挑战。根据实地调研发现，我们提出以下发展建议，希望有助于中资农业企业提升性别平等议题管理能力，化挑战为机遇。

项目评估融入性别视角，与利益相关方深入沟通与合作

女性是中国企业海外投资运营的重要参与者或是重要的间接受影响者，企业在整个投资过程中都应该考虑性别视角，加强利益相关方沟通，积极营造有利的投资运营环境。近年来，中国企业在海外投资项目因非政府组织（NGO）与当地社区民众抗议的事件屡有发生，严重影响项目效益。为了实现海外运营可持续发展，建议企业在投资前期，加强与项目所在地的 NGO 和社区民众的沟通，了解当地经济、环境与社会层面的发展情况，识别当地女性发展诉求、NGO 所关注的性别议题，以及在性别视角下企业投资项目在环境、社会影响以及安置问题上潜在的发展风险（如：投资项目是否切断女性取水和采集薪柴的路径等），进而优化或调整投资项目方案设计。在投资项目开展过程中，建议企业加强项目影响监控，建立面向女性农户、社区居民以及 NGO 等相关方的意见征询制度，促进公众参与，并将其纳入投资项目的实施环节中。此外，企业还可通过与关注性别平等相关议题的国际 NGO 与本土 NGO 开展深入交流与合作，就农业、健康、教育等双方共同关注领域进行深入研讨，提升企业在当地开展相关服务的针对性、有效性以及影响力，维护良好的社区关系，确保投资项目顺利实施。

提供合理薪酬，注重发展社区经济，促进女性收入提高和经济直接受益

企业有责任在各个岗位上都确保两性同工同酬，使男女员工的劳动得到平等的价值评定，消除工资歧视。无论是对于正式雇用的员工还是签署承包合同的农户，企业应提供公平的薪酬和收购价格，尽量与其签订长期合同，保障他们稳定的收入来源。

企业应注重带动社区经济发展，鼓励农户种植粮食或经济作物、饲养家禽家畜，增加额外收入。建议企业努力为此提供便利和帮助，如购买优良种子的渠道、大型农具的廉价租赁和免费技术指导等。

正规化合同签订流程，保证女性合法权益

建议企业尽量以书面形式签订雇佣合同，在合同中明确雇佣双方的权利和义务。由于女性农户的教育水平较低，对书面化文字的理解有更大的障碍，企业应尽量找村寨中有威信的或是毫无利害关系的第三人，帮助女性农户更全面地理解合同。如不能签订书面合同，则应在三方都在场的情况下进行口头协商，如有可能应录音、录像或留存其他证据。如与家庭签订雇佣合同，则应保证参加劳动的夫妻双方均对合约没有异议，并应共同签字。

尊重与维护女性劳作的自主选择权

遵守投资驻在国法律法规以及国际公约的要求，是中国企业在海外实现可持续发展的重要基础。由于橡胶收割工作的特殊性，夜间劳作能够保证胶汁的收集效率与质量，影响着广大胶农的经济收益水平。企业应在保障女性拥有与男性平等的权益与就业机会的基础上，保护女性因生理和社会特征而享有与男性差异化的合法权益。对于需要夜间劳作的农业生产经营活动而言，需要兼顾到对女性劳动者的权益保护。考虑到中国橡胶企业与当地农户采用承包合作的经营方式，而非雇佣制管理模式，农户对农事活动自行安排的自由度与灵活度较高，建议企业向所有合作农户阐述清楚夜间劳作可能带来的健康、安全等风险，要确保具有割胶技术优势的女性在充分知情的条件下自主选择是否参与劳作。目前，当地尚未对农业经营活动夜间劳作时间提出制度性要求，建议企业关注并参照当地相关法律与国际公约的要求，将避免女性参与夜间连续 7 小时劳作的规定纳入公司规章管理制度，使广大农户知情同意，并指导其合理安排劳作时间，以规避不必要的误解。

提供基础医疗支持及财务便利，方便女性获取医疗服务

建议企业为员工，无论是中国籍员工或外籍员工提供社会保险或医疗保险，即便是在所在国没有强制性要求的情况下。同时，在条件允许的情况下，也应为非正式雇用的农户获取基础的社保或医保提供必要的支持。

在种植园聚集地提供基础急救药品，修建由项目地及周边村落通往正规医院的道路，为孕产妇及重病的农户提供前往医院的接送车辆。并提供必要的就医经济帮扶，如预支工资，以尽可能地减少在家生产的农户比例。对自愿坚持在家生产的孕产妇，协助联络有资质的助产医务人员，应避免产妇在没有任何正规医疗服务的情况下生产。

改善卫生状况，保障女性生活生产健康安全

建议企业帮助农户和周边社区修建可以提供清洁饮用水的取水设施，如水井或桶装水。使妇女无须为取水而长途跋涉。修建厕所和垃圾池，避免露天排便和露天堆放垃圾。帮助农户及社区进行垃圾处理，并尽可能通过其他处理方式取代露天焚烧。对可重复使用的垃圾进行回收，如香蕉生长中使用的用于防治病虫害的塑料袋。

严格按照所在国法律选择符合要求的农药、化肥产品。若所在国没有严格法律要求，则应按照中国标准或更高的国际标准执行。同时，建设污染物处理设施，并定期对周边的空气、土壤和水进行监测，重点考察水位下降及农药残留情况。建议企业同样针对不直接使用农药、化肥的女性开展针对农药化肥的健康安全培训，提供适用于女性生理特征的防护用品；向周边社区介绍所使用的农药化肥的可能负面影响及防范措施，鼓励女性参与环保活动；同时应通过信息公开，避免居民因缺乏相关的污染、健康安全信息而产生恐慌。

对于包括夜间劳作在内的无法避免对员工健康产生潜在负面影响的工作，建议企业向员工开展充分的健康安全培训，讲解可能产生的健康风险，特别是基于性别因素所可能产生的风险，以及降低该项工作对健康影响的保健措施。此外，针对夜间劳作的特殊性，还应加强安全保护措施，为农户提供足够且易于使用的照明工具和安全设施。

为改善当地农户的个人卫生条件，建议企业按员工、合作农户男女比例，建立数量合理、男女区分的清洁厕所，并兼顾厕所的隐秘性问题。同时，建立数量合理的沐浴间，并为当地女性员工、农妇提供更衣室等独立空间，注重保护女性隐私。

以职业技能培训为重点，未来注重培养女性领导力

中资企业可为农户提供扫盲教育和法律法规常识培训，鼓励受教育程度较低的女性农户参与。同时，针对基地女性农户提供财务管理、健康管理、社会沟通等领域的差异化培训，提升其经济、健康管理能力与社会参与能力。

企业还可鼓励有意愿、有能力的女性尝试使用农业机械化工具，掌握工具操作方法，经过能力考查合格后，由其自愿决定是否继续从事相关机械化操作工作。为了促进信息共享、交流与相互支持，企业可支持女性农户建立互助交流组，由具有较好凝聚力与影响力的女性组织互助交流活动，共同分享农业技术、信息技术使用心得等，提升女性在村寨的社会关系网络与社区参与能力。

对农业技术掌握良好的女性农户代表，鼓励她们向基地或附近村寨农户分享种植技术，增强其影响力与自信心，逐步培养她们的领导力。同时，企业关注对当地女性管理层候选人的选拔与考核，为更多女性农户提供管理能力培训，比如目标计划管理、质量监督管理、沟通技巧等，充分利用女性在沟通协调方面的优势，为女性农户提供更多的发展机会。

对政府相关部门、行业协会和投融资机构的建议

关注并推动女性发展是中国以及国际社会广泛关注的领域，中国企业在海外投资过程中推动驻在国当地女性发展经济、能力提升对于提升中国企业海外形象，增强中国在落实“一带一路”倡议，提高中国在全球化、南南合作中的重要作用具有重要战略意义。建议政府相关部门与行业协会结合东南亚国家针对女性的相关制度安排以及对外资企业责任与义务的要求，在投资指南类、行业发展建议等文件，以及行业发展论坛等活动中融入性别视角，鼓励企业关注并吸纳当地女性参与就业，提高当地女性劳动技能，加强投资项目影响评估并注重征询当地女性以及社区居民、NGO 等相关方的意见。此外，建议相关部门支持中国关注性别议题的 NGO 提升发展能力，推动中国本土 NGO“走出去”，以便在投资驻在国更好地传达中国对外投资与援助的目的，协助中国企业完善性别平等等可持续发展议题的管理能力，提升中国企业的责任形象。

另外，随着社会责任的履行状况已成为投资者评估企业盈利能力的重要参考依据，通过社会责任的履行状况来评判企业的发展质量也将会逐渐成为社会的共识。性别平等作为企业社会责任的重要内容，应该获得投资方更多的重视。建议证监会等金融监管机构加强上市公司信息披露中对性别议题的信息披露要求。建议中国的投融资机构增加性别议题风险识别与评估的内容，及其在投融资项目中的影响和绩效考核。

（十）《2019 德勤中国上市公司女性董事调研报告》[①]（德勤中国公司治理中心，2019 年）

女性董事整体比例偏低

根据德勤全球公司治理中心 2017 年调查报告，即使在强调男女平等的欧美发达国

① 德勤中国公司治理中心：《2019 德勤中国上市公司女性董事调研报告》，http://www.d-long.com/eWebEditor/uploadfile/20190612202241509731 96.pdf。

家，女性董事占比整体水平偏低。

全球来看，董事会中女性比例欧洲最高，平均为22.60%，美国为14.20%，远不及欧洲均值，而亚洲整体偏低。

在亚洲，因传统社会观念，在日本、韩国以及一些发展中国家，职业女性比例较低，相应地，女董事比例远低于欧美也就不难理解。

在本次调研的220家中港两地上市公司样本中，董事会席位共2247席，其中女董事245席，占比10.90%，不及2017年欧洲女董事比例的一半。

香港女性董事比例略高于内地

香港和内地女董事占比分别为13.32%以及9.63%，香港市场的女董事比例显著较高，主要得益于两方面因素。

一方面，香港联交所对上市公司董事会多元化持明确的鼓励态度。以监管规则引导加强上市公司董事会多元化建设，其中包括性别多元化，这在一定程度上消除了女性进入董事会的重重壁垒，拓宽了女性由公司高管、专业人士、社会工作者、学者等角色转变为董事的职业发展通道，有利于提升女性董事比例；这对于完善公司治理、提升公司抗风险能力和保护中小投资者权益都有积极作用。目前，内地尚无相关的明确政策，董事会多元化建设主要依靠公司管理者对多元化的理解和认识，或是来自公司内部需求，缺乏外部措施引导公司加强多元化建设。

另一方面，香港职业女性比例较高，相应的女性董事比例也较高。我们本次采访的两位女性董事都在香港展开职业生涯，是成功的香港职业女性的代表。通过访谈，我们总结香港职业女性有几个特点：1）香港女性受教育程度高，职业女性的比例在整个东南亚地区都属于比较高的水平，而且在政府工作的女性也比较多；2）她们很自信而且独立，不轻易接受社会对女性的传统定位，而是积极追求个人发展，实现人生价值；3）有不少的香港家族企业由女性继承，她们也构成了公司管理及决策中的女性成分。

TMT①、金融和消费行业的女性董事比例较高

相比于工业、建造类行业，服务类行业的产业链更靠近消费者，女性化的工作模式也更常见。本次调查发现，女性董事在TMT、金融以及消费行业占比较高，分别为12.50%、12.48%以及9.12%。在新兴TMT行业，女性董事占比最高，年轻化的企业团队对多元化更加包容，思想也较传统行业更为超前，更能接受近年来兴起的性别平等的声音；在相对传统的能源、资源及工业行业，以及政府及公共服务行业，女性董事占比较低，与TMT行业形成鲜明对比；生命科学与医疗行业则需要具有特殊专业技能的人才，受中国传统社会观念的影响，攻读相关专业的女性高等人才较少，进而导致从事相关行业的女性后备资源不足，女董事比例较低。

在访谈中，三位受访的女性董事都提到女性的自我定位和职业追求。本次调研发现，能源、资源及工业领域的女董事比例为8.63%，仅次于消费行业。过去很少有女性从事工程界的工作，但随着社会的发展，受教育的女性比例逐渐提高，攻读工科等学科的女

① 科技、媒体和电信（Technology，Media，and Telecom）行业。——编者注

性逐渐增多，她们毕业后加入大型企业工作，职业通道明确，能力展示平台更广泛，更有机会做到高层领导，所以未来我们预期会有更多女高管、女专家以及女董事成长起来，促进这一行业女性领导力发展。

女性担任主席的专业委员会中，相应女董事比例也较高

根据中国证监会《上市公司治理准则》，上市公司董事会应设立审计委员会，并根据需要设立战略、提名、薪酬与考核等相关专门委员会。董事会专门委员会的设置和有效运作，是做实董事会职责、提升董事会运作效率和质量的有效治理方式。

女性董事在董事会专门委员会中的占比可以体现董事会性别多元化的程度，本次调研发现，当委员会主席为女性时，通常女董事席位显著提高。

在 220 家上市公司中，我们共统计到 540 个董事会专门委员会（包括提名、风险、薪酬、审计、战略五大主要委员会，以及投资、关联交易、工程检查等其他委员会），其中 58 个委员会的主席为女性，女主席比例为 10.74%，在 58 个女性担任主席的委员会中，共有 247 席董事，其中女董事 82 席，占比高达 33.20%，约为女董事整体比例的 3 倍。

女性在风险、提名、薪酬和审计委员会中比例较高

调查发现，女性委员会主席或女性董事较集中于风险、提名、薪酬和审计委员会，而在战略委员会中女性占比则最低。这主要是因为：

一方面，风险、审计委员会对董事的专业资质要求较高，女性通常更容易因专业资质和丰富经验获得职业成功，从而更容易担任董事。如审计委员会的董事通常包括财务总监、大学会计系教授以及会计师事务所审计专家等；风险委员会董事往往是风险管理领域的经验人士，如企业风险官、风险领域咨询师等。

另一方面，为了保持透明度和独立性，大部分公司要求薪酬委员会和审计委员会的主席必须由独立董事担任（如国外对上市公司有明确规定，香港联交所在 2019 年 1 月 1 日实施的新政策中也明确了该项规定），而且像薪酬、提名委员会对专业资质没有特别要求，女性可能较容易担任董事或主席。

调查发现女性在战略委员会中占比最低。在董事会中，战略委员会的主要职责是对公司长期发展战略和重大投资决策进行研究并提出建议，一般由董事会核心成员组成。在调查的 220 家公司中，共有 48 家设立了战略委员会，女性主席仅有 2 名，占比 4.17%，女董事席位占比 8.10%，为各委员会中最低，由此与其他专门委员会相比，女董事在企业战略决策层的影响力不高。

五　延伸阅读

• ActionAid, *Stitching a better Future-Is Vietnam's Boom in Garment Manufacturing Good for Women?* (2018), www.actionaid.org.uk/publications/stitching-a-better-future.

- Coca Cola, *Women Economic Empowerment*, www. coca-colacompany. com/5by20.
- Committee on Economic, Social and Cultural Rights, General Comment No. 24 on State obligations under the International Covenant on Economic, Social and Cultural Rights in the context of business activities (2017), http://tbinternet. ohchr. org/_layouts/treatybodyexternal/Download. aspx? symbolno = E%2fC. 12%2fGC%2f24&Lang = en.
- Committee on the Elimination of Discrimination against Women, *General Recommendation No. 25 on Temporary Special Measures* (2004), www. un. org/womenwatch/daw/cedaw/recommendations/General%20recommendation%2025%20 (English). pdf, 中文版见 www. un. org/womenwatch/daw/cedaw/recommendations/General%20recommendation%2025%20 (Chinese). pdf。
- ILO, *Global Wage Report: Analysing the Gender Pay Gap* (2019), www. ilo. org/global/publications/books/forthcoming-publications/WCMS_645341/lang -- en/index. htm.
- ILO, *Women at Work: Trends* 2016 (2016), www. ilo. org/wcmsp5/groups/public/ --- dgreports/ --- dcomm/ --- publ/documents/publication/wcms_457317. pdf.
- Megan Bastick, Tobie Whitman, *A Women's Guide to Security Sector Reform*, Inclusive Security and DCAF (2013), www. inclusivesecurity. org/wp-content/uploads/2015/09/WGTSSR-Web. pdf.
- OECD, *Due Diligence Guidance for Meaningful Stakeholder Engagement in the Extractive Sector*, ANNEX C-Engaging with women (2017), www. oecd-ilibrary. org/governance/oecd-due-diligence-guidance-for-meaningful-stakeholder-engagement-in-the-extractive-sector_9789264252462-en.
- Shift et al., The Human Rights Opportunity, 15 Real-life Cases of How Business is Contributing to the Sustainable Development Goals by Putting People First (2018), www. shiftproject. org/media/resources/docs/TheHumanRightsOpportunity_Shift - 07 - 17 - 2918. pdf? utm_source = website&utm_medium = button-SDGs&utm_campaign = SDGs_Download-PDF.
- UK, *Gender Pay Gap Service* (database), https://gender-pay-gap. service. gov. uk/.
- UNSecurity Council, *Resolution* 1325 (2000) [on Women, Peace and Security], http://daccess-ods. un. org/access. nsf/Get? Open&DS = S/RES/1325

(2000) &Lang = C).

- 兰庆庆、李志、陈侨予：《"全面二孩"政策下女性平等就业的现状分析、影响因素与提升策略——基于重庆市的实证调查》，《兰州学刊》2019年第2期。
- 罗曙辉：《让"她"绽放——基于CSR报告的中国企业性别平等实践调研》，《WTO经济导刊》2015年第4期。
- 韦晓晴：《性别均衡对企业绩效的影响研究——"男女搭配，干活不累"的检验与解释》，《技术经济与管理研究》2019年第7期。

六　案例

（一）郭晶诉东方学校就业歧视案

郭晶在58同城网和赶集网上看到杭州东方烹饪职业技能培训学校（以下简称"培训学校"）要招2名文案的招聘信息后，认为自己的各项条件均符合其岗位要求，于是在网上投递了简历，确认培训学校收到简历后，郭晶一直没有等来培训学校的回复，于是打电话询问应聘情况，培训学校的工作人员答复说，他们的文案职位仅招男性，因为工作需要经常出差，郭晶告知自己完全可以胜任出差，又到培训学校招聘现场去应聘，依然被以同样的理由拒绝。郭晶认为，文案职位并非只有男性才可胜任，培训学校仅因自己是女性就拒绝聘用，给其身心带来极大伤害，因此在2014年8月份，郭晶以平等就业权被侵害为由起诉了培训学校，请求判决被告书面赔礼道歉，并赔偿原告精神损害抚慰金5万元。

杭州市西湖区人民法院受理案件之后，经过开庭审理，认为根据我国相关法律规定，劳动者享有平等就业的权利，劳动者就业不因性别等情况不同而受歧视，国家保障妇女享有与男子平等的劳动权利，用人单位招用人员，除国家规定的不适合妇女的工种或者岗位外，不得以性别为由拒绝录用妇女或者提高对妇女的录用条件。本案中被告需招聘的岗位为文案策划，被告并未举证证明该岗位属于法律、法规所规定的女职工禁忌从事的工作，根据其发布的招聘要求，女性完全可以胜任该岗位工作，其所辩称的需招录男性的理由与法律不符。在此情况下，被告不对原告是否符合其招聘条件进行审查，而直接以原告为女性、其需招录男性为由拒绝原告应聘，其行为侵犯了原告平等就业的权利，对原告实施了就业歧视，给原告造成了一定的精神损害，故原告要求被告赔偿精神损害抚慰金的理由充分，至于具体金额法院根据被告在此过程中的过错程度及给原告造成的损害后果酌情确定为2000元。西湖区人民法院最终判决被告赔偿郭晶精神损害抚慰金2000元，没有支持郭晶要求被告书面赔礼道歉的诉讼请求。郭晶就要求被告书面赔礼道歉提出上诉，但二审法院仍然未支持该诉讼请求。

（二）高晓诉惠食佳就业歧视案

2015年6月，高晓在网上看到广东惠食佳发布的“厨房学徒”广告，认为自己完全符合招聘中的要求，于是她去应聘，在填写了求职申请表之后被对方告知回家等消息，随后却没有了消息。高晓几次打电话询问，对方先是说招满了，又说不招女性，后来干脆将网上招聘广告改成“只招男性”。针对这种公然违法的性别歧视招聘广告，2015年8月，高晓向法院提起诉讼，要求惠食佳公司赔偿精神损害，同时赔礼道歉。法院判定惠食佳实施了就业性别歧视的行为，却只判决对方支付2000元赔偿金，并未支持高晓要求对方赔礼道歉的诉求。高晓对此并不满意，她说，“企业的违法成本太低了，我失去了在餐饮行业发展的机会，他们却只赔了2000块，企业根本不会意识到它有错。开庭我去了两次，每次庭审完我心情都特别差，他们否认性别歧视，还对我有人身攻击和言语侮辱”。2016年4月，高晓再次提出上诉，要求违法企业惠食佳赔礼道歉。

2016年9月，高晓收到二审判决书，判决书中明确要求用人单位向高晓书面道歉，若该单位未在判决书生效之日起10日内向高晓书面道歉，法院将在广州地区公开发行的报纸上刊登判决书主要内容，并且，由此产生的费用由企业惠食佳承担。

因该单位迟迟拒绝道歉，高晓向法院申请了强制执行。2017年3月31日《南方都市报》上刊登了判决书的主要内容，作为用人单位歧视女性的书面道歉。这是中国的就业性别歧视案例中，用人单位首次被判决书面赔礼道歉。

七　思考题

1. 近代以来，职业方面的男女平等取得了哪些进步？

2. 在工作场合，女性面临的性别歧视有哪些？“玻璃天花板”是怎么产生的？

3. 社会性别歧视和生理性别歧视如何导致或加剧了同工不同酬现象？

4. 差别待遇符合性别平等的要求吗？

5. 工商企业可以采取哪些措施为女性赋权？

第二十四章　残障者

引　言

由于残障者在工作场所内外遭受的歧视，残障者属于弱势群体中的一种，另外还有妇女和女孩（第23章）、移徙工人（第21章）、土著居民（第22章）等弱势群体。人权为设计和实施实现残障者平等的措施做出了重要贡献。事实上，残障模式已经从医疗模式转向社会模式和人权模式，并且联合国在该领域的主要公约是基于人权模式。该公约是广泛批准的联合国人权条约之一。一流的公司已经尝试了更具包容性的工作场所，部分是为了遵守新的法律，但也是为了雇用残障员工的商业利益。关于这些员工做出的宝贵贡献的经验证据对于消除偏见至关重要；认为残障工人给雇主带来难以应付的负担，这种过分简单的概念已经被“合理便利”的原则所反驳。为了在需要时采取商业激励措施以及使残障者进入劳动力市场更加可行，与公共当局和民间社会团体（第5章）的合作仍然非常重要。

本章解释了不同形式的歧视以及工作场所内外不平等待遇持续存在的各个领域。与其他受歧视群体一样，重要的是要认识到，当有多种歧视理由，例如肤色、民族（第22章）、种族、性取向、性别（第23章）同时存在时，不平等的对待会进一步加剧——这就是“交叉性”的问题，几种形式的歧视相互交叉并加剧了负面影响。

一　要点

- 合理便利的原则（个别合理调整）
- 不成比例的负担
- 工作的基本功能
- 机密性原则
- 通用设计（商品、服务、设备和设施）

- 工作的权利（以及工作条件）
- 非歧视和机会均等
- 歧视（直接歧视和间接歧视）
- 平等原则（形式平等、实质平等、包容性平等、机会平等和结果平等）
- 工作环境（开放、包容、对残障者无障碍）
- 个人自治
- 全面有效的社会参与和融入
- 残障模式（慈善模式、医疗模式、权利模式）
- 就业配额（和配额法）
- 福利前康复原则
- 工会和残障者（工会的角色，与残障运动的关系）
- 保护残障者权利的立法（宪法、民法、劳动法、刑法）

二　背景

（一）世界卫生组织和世界银行《世界残疾报告（2011）》[①]

估计全球超过10亿人或15%的世界人口（2010年全球人口估计）带有某种形式的残疾而生存。这一数字高于世界卫生组织以前的估计值，20世纪70年代以来估计值约为世界人口的10%。

残疾人的数量在持续增长。这是由于人口老龄化——老年人有较高的残疾风险以及全球与残疾有关的慢性病增加，如糖尿病、心血管疾病和精神疾病。

本报告采用《国际功能、残疾和健康分类》（ICF）作为理论架构，该分类定义“残疾”（disability）为一种涵盖损伤、活动受限和参与局限在内的概括性术语。残疾指的是有某些健康状况（如脑瘫、唐氏综合征、抑郁症）的个体与个人因素和环境因素（如消极态度、使用公共交通设施和进入公共建筑障碍以及有限的社会支持）之间相互作用的消极方面。

① WHO and World Bank, *World Report on Disability* (2011), https://extranet. who. int/agefriendly-world/wp-content/uploads/2014/06/WHO-World-Report-on-Disability-Chinese. pdf.

（二）国际劳工组织《通过立法实现残疾人就业机会均等：指南》[①]

残疾是一个人权问题

长期以来，残疾主要被作为一个社会福利问题对待。这反映了人们普遍坚持的一种观念，即残疾人需要照顾和帮助，不能而且无法自己生活。因此，残疾人被看作社会福利的对象，而不是其自有权利的主体，更不用说充分享有工作权了。由于处于社会边缘，不被重视及存在诸多偏见，残疾人无法充分享有人权，包括体面工作的权利。

20 世纪 40 年代中期至 60 年代晚期通过的人权宪章和公约（……）都没有明确提到残疾人问题。只是从 20 世纪 70 年代起，人们才开始察觉到残疾人所面临的不利条件、他们遇到的社会排斥和对他们的歧视已经成为一个人权问题。20 世纪 80 年代以来所通过的一些人权宪章、公约和倡议中明确提及残疾人问题从社会福利做法向以人权为基础的做法转变。

“残疾”的核心概念尚未确定，但《残疾人权利公约》序言通过认识到“残疾是伤残者和阻碍他们在与其他人平等的基础上充分和切实地参与社会的各种态度和环境障碍相互作用所产生的结果”而肯定了“残疾”的社会建构。这代表了对传统方法认知的重大转变，在传统方法中，残疾被视为与个人的损伤有关。

在区域和国家一级也发生了从社会福利向人权法律做法的类似转变。

残疾的概念

在本文的讨论中，可以分为两种对立观点。一方面，有些人只把残疾问题看作残疾人自己的问题，而很少注意或根本没有注意到其所在的自然环境或社会环境。这种观点被称为残疾的个人模式或医疗模式。

另一方面，有些人将残疾人视为社会构造的一部分：由于自然环境和社会环境没有考虑到某些个人和团体的需要而造成的残疾问题。根据这种残疾人社会模式，是社会造成了残疾问题，因为社会接受一种关于身体和精神健全人的理想化标准，并根据这种标准组织社会。

最近出现了第三种残疾模式：人权模式是《残疾人权利公约》的核心。超越残疾人社会模式，人权模式包含残疾政策的价值观，承认残疾人的人格尊严，并提供公民和政治权利以及经济、社会和文化权利。它承认一些交叉

---

① ILO, *Achieving Equal Employment Opportunities for People with Disabilities through Legislation: Guidelines* (2014), www. ilo. org/wcmsp5/groups/public/ – – – ed _ emp/ – – – ifp _ skills/documents/publication/wcms_ 322685. pdf.

的歧视理由，例如残疾与性别之间的联系，或残疾与土著或种族身份之间的联系，并提供了变革的路线图。

例子：

根据残疾个人模式，活动机能受损的个人因为个人的某种缺陷而被视为残疾。残疾人可以通过接受医疗或医务辅助治疗，利用轮椅或拐杖等医疗或医务辅助设备，尽量克服由此带来的机能性限制。

根据残疾社会模式，应该将活动机能受损问题，放在周围社会和环境中对待，减少或克服活动机能受损而受到的限制和参与限制，意味着要消除社会障碍，确保建成的环境为无障碍环境。

根据残疾人权模式，损伤是人类多样性的一部分，一个人的人格尊严是核心，个人应该参与影响自己的所有决策，主要的“问题”在于社会之内、个人之外。

事实证明，根据立法宗旨的不同，无论是残疾社会模式还是个人模式，概念都各有利弊。个人模式或医疗模式可能在康复医学和社会保障法律等领域特别有用，而社会模式则可以作为手段解决排斥、不利条件和歧视这类根源问题。社会模式认识到，一个人是否能够被视为残疾人，答案与文化、时间和环境等因素存在必然联系。

在《残疾人权利公约》中写入的新兴人权模式，提供了一个框架，用于检查导致残疾的损伤与社会之间的相互作用，并发展出一个变革的路线图。

立法对残疾的定义

残疾的定义决定什么样的人可以被视为残疾人并因此受到有关立法的保护，但随着具体法律或政策所追求的目标的不同，残疾的定义也各不相同。因此，没有单一的残疾定义适用于所有劳动和社会立法。在许多情况下，非歧视立法不包含定义，而是采用社会保障法中的定义。以下是对残疾的两种不同定义方法。

(1) 以狭义、可识别的受益人群体为目标的定义。这种方法通常涉及一系列条件或类型的损伤。这些损伤通常具有持久性或永久性，并损害个人的日常生活或参与就业的能力。如果制定法律的目的是为残疾人或残疾人的雇主提供财政或物质支助，那么就应该使用这种定义。因此，有限的、与机能缺陷有关的残疾定义（个人模式）能够确保那些最需要支助的人成为支助对象。

(2) 以禁止以残疾为理由进行歧视为目标的广义定义。这种对被保护群体的广义定义（社会模式）应该用于禁止歧视法律，因为有许多人，包括轻度残疾人、与残疾人有关的人和被错误认为有残疾的人，都可能受到残疾所带来歧视的影响。

不同形式的歧视

雇员具有某种残疾但对其所要从事的工作没有影响或几乎没有什么影响，应该视为无关紧要，如果雇主因此给予其不利待遇，则属于歧视行为。对各种形式的歧视可以加以区分，包括：

直接歧视，在其所处环境与他人大致相同的情况下，仅因某人具有受非歧视法所保护的特征（如种族、性别）而给予该人不公待遇，如无正当理由，则属于直接歧视。例如，雇主刊登招聘广告并在广告中声明“不招盲人”。

间接歧视，使用某种表面上中立的区分标准致使受禁止歧视法律保护的群体处于比其他群体不利的地位，如没有客观理由能够证明这种标准存在的合理性，属于间接歧视。对于判断为已经发生的间接歧视，不需要有意歧视的意图。示例：雇主刊登招聘广告并在广告中声明只有拥有驾照的人才能申请。这一要求并未明确排除残疾人。但是，有某些类型的残疾人无法获得驾照，因此不能申请这一工作。如果拥有驾照不是该项工作的必须要求，因为这项工作很少要求工人开车，且在少数需要驾车旅行时可以雇用出租车或使用公共交通，则这项要求就属于间接歧视。

骚扰，当涉及被保护范围的有害行为，无论是故意还是在结果上侵犯了某人的尊严，营造了某种胁迫、敌意、侮辱人格、羞辱或无礼的环境，则属于骚扰。一个例子是同事针对一个人受保护的特征，如性别、残疾或民族的口头虐待行为。

连带歧视，某个人本身受到不公待遇，不是因为其本身具有受保护的或特定的特征，而是由于其与具有这种特征的人的联系或关系。特别是那些对残疾人负有照顾责任的人，可能会受到这种形式的歧视。

三　国际文件与域外材料

（一）《残疾人权利公约》[①]

第二条　定义

“基于残疾的歧视”是指基于残疾而作出的任何区别、排斥或限制，其目的或效果是在政治、经济、社会、文化、公民或任何其他领域，损害或取

① UN, *Convention on the Rights of Persons with Disabilities* (2006), www.ohchr.org/EN/HRBodies/CRPD/Pages/ConventionRightsPersonsWithDisabilities.aspx#27，中文版见 www.un.org/disabilities/documents/convention/convoptprot-c.pdf。

消在与其他人平等的基础上，对一切人权和基本自由的认可、享有或行使。基于残疾的歧视包括一切形式的歧视，包括拒绝提供合理便利。

“合理便利”是指根据具体需要，在不造成过度或不当负担的情况下，进行必要和适当的修改和调整，以确保残疾人在与其他人平等的基础上享有或行使一切人权和基本自由。

“通用设计”是指尽最大可能让所有人可以使用，无须作出调整或特别设计的产品、环境、方案和服务。“通用设计”不排除在必要时为某些残疾人群体提供辅助用具。

第四条　一般义务

一、缔约国承诺

（五）采取一切适当措施，消除任何个人、组织或私营企业基于残疾的歧视；

（六）从事或促进研究和开发本公约第二条所界定的通用设计的货物、服务、设备和设施，以便仅需尽可能小的调整和最低的费用即可满足残疾人的具体需要，促进这些货物、服务、设备和设施的提供和使用，并在拟订标准和导则方面提倡通用设计；

（七）从事或促进研究和开发适合残疾人的新技术，并促进提供和使用这些新技术，包括信息和通信技术、助行器具、用品、辅助技术，优先考虑价格低廉的技术；

第九条　无障碍

二、缔约国还应当采取适当措施，以便：

（二）确保向公众开放或为公众提供设施和服务的私营实体在各个方面考虑为残疾人创造无障碍环境；

第二十一条　表达意见的自由和获得信息的机会

缔约国应当采取一切适当措施，包括下列措施，确保残疾人能够行使自由表达意见的权利（……）：

（三）敦促向公众提供服务，包括通过因特网提供服务的私营实体，以无障碍和残疾人可以使用的模式提供信息和服务；

第二十五条　健康

缔约国确认，残疾人有权享有可达到的最高健康标准，不受基于残疾的歧视。

（四）要求医护人员，包括在征得残疾人自由表示的知情同意基础上，向残疾人提供在质量上与其他人所得相同的护理，特别是通过提供培训和颁布公共和私营医疗保健服务职业道德标准，提高对残疾人人权、尊严、自主和需要的认识；

第二十七条　工作和就业

一、缔约国确认残疾人在与其他人平等的基础上享有工作权，包括有机会在开放、具有包容性和对残疾人不构成障碍的劳动力市场和工作环境中，为谋生自由选择或接受工作的权利。为保障和促进工作权的实现，包括在就业期间致残者的工作权的实现，缔约国应当采取适当步骤，包括通过立法，除其他外：

（一）在一切形式就业的一切事项上，包括在征聘、雇用和就业条件、继续就业、职业提升以及安全和健康的工作条件方面，禁止基于残疾的歧视；

（二）保护残疾人在与其他人平等的基础上享有公平和良好的工作条件，包括机会均等和同值工作同等报酬的权利，享有安全和健康的工作环境，包括不受骚扰的权利，并享有申诉的权利；

（三）确保残疾人能够在与其他人平等的基础上行使工会权；

（四）使残疾人能够切实参加一般技术和职业指导方案，获得职业介绍服务、职业培训和进修培训；

（五）在劳动力市场上促进残疾人的就业机会和职业提升机会，协助残疾人寻找、获得、保持和恢复工作；

（六）促进自营就业、创业经营、创建合作社和个体开业的机会；

（七）在公共部门雇用残疾人；

（八）以适当的政策和措施，其中可以包括平权行动方案、奖励和其他措施，促进私营部门雇用残疾人；

（九）确保在工作场所为残疾人提供合理便利；

（十）促进残疾人在开放劳动力市场上获得工作经验；

（十一）促进残疾人的职业和专业康复服务、保留工作和恢复工作方案。

（二）残疾人权利委员会《关于平等和不歧视的第6号一般性意见》[①]

2. 委员会感到关切的是，缔约国的法律和政策仍然通过慈善模式和（或）医疗模式处理残疾问题，尽管这些模式与《公约》不相容。持续使用这类范式未能将残疾人当作权利的完整主体和权利持有者。

---

① CRPD Committee, *General Comment No 6, Article 5: Equality and non-discrimination* (2018), https://tbinternet.ohchr.org/_layouts/treatybodyexternal/Download.aspx?symbolno=CRPD/C/GC/6&Lang=en.

7.（……）歧视过去已经发生，现在继续发生，其中包括以下残酷的形式，如非自愿和（或）强制系统性绝育和医疗干预或荷尔蒙干预（例如脑叶切除手术或阿什莉疗法）、强制喂药和强制电击、关禁闭、称为“安乐死”的蓄意谋杀、强迫和胁迫堕胎、拒绝医疗保健以及残割和贩运身体部位，特别是白化病患者的身体部位。

三、残疾的人权模式与包容性平等

8. 残疾的个人模式或医学模式阻止了平等原则对残疾人的应用。（……）虽然这些早期的软性法律人权文书为对待残疾的平等方法铺平了道路，但它们仍是以残疾的医学模式为基础的，因为残障被视为限制或剥夺权利的合法理由。这些文书还载有现在认为不合适或过时的语言。1993 年采取了进一步措施，通过了《残疾人机会均等标准规则》，其中宣布“机会平等”是残疾政策和法律的一个基本概念。

10. 作为《公约》第三条规定的一般原则，机会均等标志着从正式的平等模式到实质的平等模式的重大发展。正式的平等寻求通过类似情况类似对待来防止直接歧视。它可能有助于打击消极的刻板印象和偏见，但它不能为“差异困境”提供解决方案，因为它没有考虑和接受人与人之间的差异。相反，实质的平等还力图解决结构性歧视和间接歧视的问题，并考虑到权力关系。它承认，为了实现平等，应对“差异困境”，既要忽略人与人之间的差异，又要承认这种差异。

11. 包容性平等是整个《公约》制定的新的平等模式。它接受实质的平等模式，并在以下方面对平等的内容进行了扩展和阐述：(a) 公平的再分配维度，以解决社会经济不利条件；(b) 认识维度，以打击成见、刻板印象、偏见和暴力，承认人的尊严及人的相互交织；(c) 参与维度，以重申作为社会群体成员的人的社会性，并通过融入社会充分承认人性；(d) 调节维度，作为人的尊严的问题，为差异留出空间。《公约》的基础是包容性平等。

（……）

36. 残疾妇女和女童属于最经常遭受多重歧视和交叉歧视的残疾人群体。（……）虽然只有第六条提到“多重歧视”，但多重和交叉歧视可能以两种或两种以上歧视理由的任何组合出现。第六条是一项有约束力的平等和不歧视条款，禁止歧视残疾妇女和女童，并责成缔约国促进机会平等和结果平等。此外，第六条与第七条一样，必须被视为规定了关于多重和交叉歧视的两个突出例子的义务，但这只是这种歧视的例证，而不是全部。

（三）残疾人权利委员会《第2号一般性意见（第九条：无障碍）》[①]

13. 对无障碍的复杂性必须予以全方位地处理，包括物质环境、交通、信息和通信以及服务。重点已经不再是拥有建筑物、交通基础设施、车辆、信息和通信以及服务的人的法人地位以及公共和私人性质。只要货物、产品和服务对公众开放或者向公众提供，它们必须能够为所有人利用，不管它们是由公共当局还是由私人企业用残疾人应该有平等的机会向公众开放或提供的所有货物、产品和服务，以确保他们能够有效平等地处理的根源是禁止歧视、剥夺无障碍利用的机会，应该被认为是一种歧视性行为，不管这种行为者是否是公共实体还是私人实体。

（四）国际劳工组织《通过调整工作场所促进多样性和融合：实践指南》[②]

合理便利通常被视为根据员工的具体要求对工作环境进行的个性化调整。无障碍环境需要采取一般措施，以满足一系列劳动者的需要，包括今后期望为公司工作的人员的需要，而合理便利通常是对个人需要的回应。

合理便利的示范政策

我们，作为（某某公司）的领导，承诺：

➢ 确保在工作场所人人平等；

➢ 尊重所有员工的多样性；

➢ 培养以包容性和尊重基本权利和尊严为特征的企业文化；

➢ 对歧视采取零容忍政策；

➢ 创造和维护一个没有歧视的工作环境，即歧视是非法的或被公司政策禁止的。

公司应向需要调整工作场所的员工提供合理便利，以便其能够在与其他员工相同的基础上开展工作。公司承认，作为一般原则，拒绝提供合理便利是一种歧视。

因此，公司承诺在合理和必要的情况下向个体劳动者提供合理便利，并

---

① CRPD Committee, *General Comment No 2, Article 9: Accessibility* (2014), https://digitallibrary.un.org/record/812025#record-files-collapse-header.

② ILO, *Promoting Diversity and Inclusion through Workplace Adjustments-A Practical Guide* (2017), www.ilo.org/wcmsp5/groups/public/---ed_norm/---declaration/documents/publication/wcms_536630.pdf.

承认在所要求的便利不造成过度负担的情况下，应提供合理的便利。在这种情况下，应考虑员工和公司的需要。

定义

“合理便利”：根据具体需要，在不造成过度负担的情况下，进行必要和适当的修改和调整，以确保所有人都能在就业或某一特定职业中获得参与或晋升。

“过度的负担”：在决定所要求的便利是否会造成过度的负担时，公司应考虑下列因素：

- 财务和其他费用；
- 公司的资源；
- 公司的组织或功能；
- 从第三方获得提供合理便利所需资金的可能性；
- 除了提出合理便利要求的人，提供合理便利对其他人的潜在福利；
- 公司有义务保护提出合理便利请求的个人和其他可能受到影响的人的安全和健康；
- 其他人的权利和自由。

“能够履行工作的主要职责”：个人应能够履行工作的主要职责。这意味着员工应：

- 满足基本的工作要求，无论是教育背景、工作经验、技能、执照，还是任何其他与工作有关的资格标准；
- 能够完成主要的工作任务，但是可能需要向员工提供合理便利以确保某些任务的完成。

“工作的主要职责”：主要（或“核心”）职责是特定工作的基本职责或要求。如果不改变工作的性质，工作的主要职责就不会被消除或大幅度修改。主要职责不包括工作的次要任务。在决定一项职责是否是主要职责时需要考虑的因素包括：

- 是否一个职位存在的主要原因就是为了履行这项职责；
- 履行这项职责的其他员工的数量或者被分配履行特定职责的员工人数；
- 履行这项职责所需的专业知识或技能的程度；
- 公司对主要职责的判断，以及在广告中或面试工作之前准备的书面职务说明；
- 现任员工或前任员工在工作中的实际工作经验；

- 员工履行相关工作职责所需时间的比例；
- 不要求员工履行特定工作职责的后果。

原则上，公司承诺提供合理便利：

- 当一个员工需要合理便利以完成他或她的工作。
- 当一个员工需要合理便利以平等获得就业的任何福利，使用公司设备或设施，或参与公司文化的各个方面或活动（例如，能够参与公司年度素质拓展活动、参加培训课程或参加会议以进行通知及/或与公司员工协商）。

（五）国际劳工组织《通过立法实现就业机会均等：指南》①

要点总结

指南讲述了目前执行的促进残疾人就业机会的民法、劳动法以及相关政策的主要类型，特别讲述了非歧视法和按比例就业法，并为如何最大限度发挥这些立法的影响介绍了相关措施。

非歧视法

在劳动力市场上禁止以残疾为由歧视的法律应该：

- 明确指出残疾是受到保护的领域；
- 在界定残疾概念时采取谨慎的态度；
- 概括所有形式的歧视：
  - 直接歧视
  - 间接歧视
  - 骚扰
  - 连带歧视
  - 教唆歧视
  - 受害
- 制定关于合理便利（或称合理变通、合理调整）的规定，表明拒绝提供合理便利构成歧视，明确在承认“过度的负担”的正当性的时候合理便利的内容；
- 允许实事求是的职位要求和工作的内在要求，但适用范围要小；
- 一旦投诉方提供事实证据，说明存在歧视现象，就规定将举证责任转移给被指控歧视的一方；

---

① ILO, *Achieving Equal Employment Opportunities for People with Disabilities through Legislation: Guidelines* (2014), www. ilo. org/wcmsp5/groups/public/ – – – ed _ emp/ – – – ifp _ skills/documents/publication/wcms_ 322685. pdf.

- 提供配套的社会政策措施；
- 允许采取积极行动措施。

按比例就业法

按比例就业法应：

- 被界定为与非歧视有关的积极行动措施；
- 以帮助找工作的残疾人找到工作为目的；
- 以制裁措施为支持，如交补偿税以及有效的执行机制，以鼓励雇主遵守法律；
- 除雇用残疾人和/或交税之外，为雇主提供其他选择方案，以满足按比例就业制的要求；
- 根据明确的政策导向，以特定的残疾人群为目标；
- 以登记/身份为根据，保证真正的残疾人得到切实利益；
- 适应国家经济形势和就业模式的要求。

有关机会均等的法规和政策措施的正确实施常常要依靠：

- 信息宣传，包括一般性的和技术性的信息和建议；
- 就业支持措施。

这些法规和政策的有效性同时要依赖于它们在多大程度上反映了社会上受到影响的不同群体的利益和需要。为保证不同群体的利益和需求得到充分的考虑，应向主要利益攸关方进行广泛和系统的咨询，如残疾人组织、雇主和工人组织、服务提供机构以及有关政府部门。理想上，咨询活动应该通过现有机构或专门为此目的组建的工作组开展。

平等原则

可以在法律中以多种方式来定义平等原则及其必然结果，即禁止歧视。

形式平等：在形式平等做法中，处境相同的人应该获得同等待遇。这种做法经常忽略个人和有关联的各种差别和不利条件，就好像它们互不相关一样。一视同仁，但对做出变通和调整没有提出要求。因此，这种做法无法满足某些残疾人的支助需要。

机会平等：另一种可以使平等概念化的方式是机会平等。这种概念提供平等机会，但不必是平等结果。用这种方式来看待平等，个人和群体差别的重要性会得到公认，而且会考虑到残疾人可能遇到的、制约其参与社会的外部障碍。墨守成规的观念和结构性障碍都被视作充分参与的障碍。按照这种做法，如果墨守成规的观念成为行动依据，则会忽略残疾问题。考虑到社会或现有环境是否有必要改变来促进参与和包容，并且需要资源以确保残疾人能够利用提供的机会，例如合理便利。

结果平等：结果平等关系到确保所有人获得同样的结果。如果用这样的方式看待平等，个人和群体差别就会得到承认。例如，每当研究残疾职工是否获得同等报酬时，就会考虑他们是否增加了成本。这种平等概念存在几个缺点。它没有明确提出满足残疾人需要，保证真正的结果平等是谁的责任——国家、私营部门，还是个人。另外，这种做法没有明确指出个人价值是否被理解为导致不平等结果的正当理由。如果希望的结果是最大限度地增加残疾员工的数量，这种方法可以用来证明残疾人在就业方面的不平等报酬是合理的，例如通过免除最低工资要求。但是，可以使用结果的平等作为实现机会均等所采取措施的有效性的指标。

机会平等目前最常用于国内立法，对于残疾人尤为重要。

应该区分社会政策措施和积极行动措施的差别，前者在任何情况下都是允许的，而后者则偏离平等待遇原则，并因此需要正当理由。

社会政策措施

尊重人类尊严需要制定解决文盲、失业、未充分就业和无家可归或妇女参加创收活动等问题的社会政策。这些政策与促进机会平等或结果平等密切相关。这些政策的受益人主要是那些经济地位低下的阶层。

例子：

向遭受严重工伤事故的工人提供职业康复方案成为一项社会政策措施。该方案力求确保该工人仍然成为劳动力中的一个积极成员，并且不会面临失业问题。

向雇主提供来自公共机构的资金，使其能够调整其工作场所，以允许残疾人进入。

积极行动措施

积极行动措施（有时叫“积极行动”）力求促进机会平等，考虑相关人群的多元性。积极行动措施通常针对的是历史上的弱势群体，这些群体长期受到根深蒂固的歧视，目的是制止歧视，纠正过去歧视的影响并恢复平衡。国家可要求雇主采取此类措施。传统上，积极行动被视为对社会性、结构性和制度性歧视的一种反应，并且被视为平等待遇原则的一种合理的例外。换句话说，积极行动不是歧视，积极行动措施力求促进机会平等，并以克服各种群体所遭遇的结构性不利为目标，这种措施不是为了满足个别人的需要，因此不同于合理便利。积极行动措施应定期接受审查，以确保其仍然被需要并保持有效，其目标是一直持续到得到补偿或摆脱结构性不利地位为止。

例子：

规定雇主有义务雇用一定数量或者比例的残疾工人，或要求雇主设定特定目标，就属于一种积极行动措施，这种积极行动措施限制雇主根据对雇员的个体评价雇用（和解聘）雇员的机会，并要求雇主区别对待残疾职工。

可修订健康和安全立法，以积极支持残疾人重新融入劳动力市场。它还可以防止以保护主义的形式适用健康和安全立法，这可能导致拒绝残疾人获得平等就业待遇。

无歧视立法（残疾人法律）

无歧视条款应该适用于任何规模的企业，无歧视基本权利的唯一例外应该与工作的内在要求相联系。

禁止歧视并没有把对工人和求职者的所有形式的区别对待都定为非法。雇主可以根据有关工作的性质或所从事工作的环境，合法要求雇员和求职者拥有某种技能或能力。这种真正的职业要求可能会导致某种工作会排斥具有某种残疾的残疾人，但这并不构成歧视。例如：

- 出租车公司要求求职者必须有驾照，将盲人及由于身体条件无法继续持有驾照的人排除在外。出租车公司方面对驾照的要求是合理合法的，因此，属于正常的职业要求。
- 一个要求求职者具有高水平数学计算能力的会计实务岗位招聘广告，可能将有诵读困难的求职者排除在外。但是，由于这是职位的要求，该要求是合理合法的，所以构成真正的或者合理的职业要求。

合理便利

残疾有时可能会影响人们以正常或习惯的方式从事某项工作的能力。现代禁止歧视残疾人的法律通常都会对提供合理或有效便利的义务或对合理便利的权利作出规定，虽然其起源于关于宗教的无歧视立法背景。例如，1964年的《美国民权法》（第7条）要求雇主合理地接纳雇员真诚的宗教信仰，除非这会给雇主带来不必要的困难。在工作场所为残疾人提供合理便利的渊源就是这一条款。禁止歧视残疾人立法越来越多地要求雇主和其他人将个人残疾问题纳入考虑，努力满足残疾职工或求职者的需要，克服由于身体和社会环境造成的障碍。这种义务就是要求提供合理便利。未能向在劳动力市场遇到障碍的工人和求职者提供合理便利，不仅是一种不好的雇佣实践，而且越来越被认为是一种不可接受的雇佣歧视形式，因此，也为《残疾人权利公约》所禁止。

法律应该对合理便利作出准确的定义，从而避免误解，使雇主能够明确他们所承担的义务。

要求合理便利的残疾职工或求职者应该证明：

- 其符合该项工作的任职要求（或其他方面）；
- 雇主（或第三方）了解其需要；
- 经过便利，其能够（安全地）履行该项工作的基本职能。

只有雇主能够证明其具有以下情形，方可免除这一义务：

- 雇主不知道（雇员）残疾的存在；
- 或者，其不知道个体对于合理便利的需求；
- 无法提供有效的便利，使残疾职工/求职者履行工作的基本职能；
- 或者，雇员要求的便利给雇主造成了“过度的负担”。

过度的负担

必须对不为残疾人提供便利的“辩护”或“理由”作出细致的规定。否则，不道德的雇主就会利用这一点来规避义务，从而引发大量的诉讼，导致许多残疾人失去合理便利的宝贵支持。工作场所或工作时间不便安排是事实，但显然不是“过度的负担”的理由。

实践中，关于怎样才能构成过度负担的问题在很大程度上取决于有关案件的具体情况，而不仅仅取决于某种便利或财政补偿方案的财务成本。它取决于实际的可能结果、对整体工作过程的影响、已雇用残疾工人的数量和预计劳动合同的时间长短。

举证责任

- 禁止歧视法律应该规定，只要认为自己受到不公正待遇的人指出了可以假定其已经受到歧视的事实，则举证责任应该转移到被认为采取了歧视行为的人。
- 一旦举证责任转移到被指控歧视申诉者身上，其必须提供其有效的、基于非歧视性理由的对待的证据。

按比例就业

根据按比例就业计划，雇用最低规定数量职工的雇主有义务保证一定比例的劳动力由残疾人组成。这种方案在第一次世界大战后首次出现在欧洲，最初的受益人只限于那些在军事行动中受伤致残的退伍老兵，这些方案一般都不包括小雇主。第二次世界大战后期，按比例就业计划得到扩大，从而将伤残平民也包括进去，并且在全世界许多国家得到采用。但不包括小雇主的做法未得到改变。

很多评论者认为，按比例就业计划不适合许多国家的就业权利办法，这些国家在劳动力市场中为残疾人引入了复杂的非歧视立法规定，包括合理便利。然而，尽管采取了就业权利办法，许多国家仍然提供了就业比例配额，因为人们认为需要这套体系来消除残疾人的低就业率。

（六）国际劳工组织《残疾人的劳动力市场融合》[①]

关于社会发展和人权的国际框架致力于将残疾人纳入其中。这对于确保《2030年可持续发展议程》中“不让任何一个人掉队”的原则至关重要，并对经济发展做出重要贡献。正如国际劳工组织的估计所显示的那样，如果将残疾人作为一个群体的就业率提高到非残疾人的水平，那么经济可以从国内生产总值增加3%至7%中受益。

直到20世纪末，许多经合组织国家的政策，包括20国集团成员国，都倾向于相对慷慨和容易获得的残疾福利，很少或根本没有强调这些不平衡背后的驱动因素，这在今天的许多情况下仍是如此。目前，这些国家的政策目标正在转向寻求两个同步的目标之间的新平衡：（1）为无法工作的人及其家庭提供充足和可靠的收入；（2）为有能力工作的人提供良好的激励和支持。就在政策开始实施时，出现了新的挑战。由于精神健康问题（通常是在相对小的年龄），G20发达国家的残疾福利申请数量快速增加，使得残疾政策成为决策者的额外挑战。这些多重挑战的结合使得当今的工龄残疾政策成为决策者面临的最大和最复杂的社会和劳动力市场挑战之一。

许多政策措施都适用于所有残疾人，无论他们是否寻求进入、停留或重新进入劳动力市场。这些措施包括非歧视立法、就业或培训中的强制性配额、工作场所的调整、包容性公共就业服务以及培养承认残疾人才能和技能的雇主。

A. 需求方：促进私营和公共部门的残疾人融入

A.1 私营部门就业

私营部门是促进残疾人就业的关键。除了一个强有力的法律框架（这将在后面的部分讨论），经验表明吸引私营部门和建立公司雇用和留住残疾工人的信心的重要性。残疾人越来越多地被认为是更广泛的劳动力多样性的一部分，雇用残疾人为私营公司产生具体的经济利益，包括更有效地解决问题、增加创新和员工的奉献精神，以及在客户、商业伙伴和社会中具有更正面的声誉。（……）建议争取工作场所的适当调整和相应的财政支持，这样

---

① ILO, *Labour Market Inclusion of People with Disabilities* (2018), www.ilo.org/wcmsp5/groups/public/---dgreports/---inst/documents/publication/wcms_646041.pdf.

雇主可以避开烦琐的行政程序。

B. **供应方：确保残疾人具备劳动力市场所需的技能**

B.2　为残疾人士提供职业康复服务

证据表明，缺勤的时间越长，将该人带回劳动力市场就越具挑战性。因此，近年来，一些 G20 国家的重点是在早期阶段增加康复方案，并加强康复要求。例如，在奥地利，职业康复在 1996 年成为一项义务，每个残疾福利申请都被自动视为康复申请。当目前的工作无法恢复时，早期干预就会开始。自 2008 年以来，匈牙利采取类似的福利前康复原则，并采用全面的康复程序。

C. **使环境更赋能**

残疾歧视立法的一个关键要素是提供合理便利（个人合理调整）的义务，这一问题与劳工融合特别相关。来自美国的工作场所联盟是一个很好的例子，该项目有助于有效履行在工作场所提供合理便利的义务。

另一项法律措施是就业配额制，对雇主（通常是私人和公共）留用或雇用残疾人的数额予以要求。就业配额制在全球 50 多个国家实行，但未被普遍接受。附件 1 反映了 G20 国家配额的使用情况。一些国家使用配额征税制度，要求公司在不符合既定配额的情况下缴纳税款，在一些国家，也可以通过从庇护工场或其他有很大比例残疾员工的公司购买商品和服务来满足配额。

传统上，残疾福利制度建立在为不能工作的人提供福利的原则之上。因此，该福利与残疾的存在和无法工作的证据有关。大多数残疾人如果得到足够的支持，就会有充分的工作能力，而有些残疾人则是永久或暂时部分地减弱了工作能力。为了充分利用人们的工作能力，残疾系统应首先评估申请福利的人的就业可能性，并提供足够的就业支持，以建立或维持申请人与劳动力市场的联系。应迅速进行评估和相应的支持，以避免申请人长时间不行动并与劳动力市场失去联系。早期干预对于残疾人尤其是精神残疾者来说至关重要。

（七）国际劳工组织《工会关于残疾人体面劳动的行动》[①]

残疾通常被理解为“无法工作”，这个想法值得质疑。

---

① ILO, *Trade Union Action on Decent Work for Persons with Disabilities-A Global Overview* (2017), www. ilo. org/wcmsp5/groups/public/ --- ed_ dialogue/ --- actrav/documents/publication/wcms_ 608665. pdf.

残疾人已经表明他们可以在所有部门和环境中富有成效地工作。即使在困难的情况下，他们面临歧视和社会排斥，也没有服务的支持，但仍有许多残疾人的工作富有成效。

此外，确定所有人工作权利的世界人权框架以及联合国《残疾人权利公约》确定了残疾人不受歧视地从事体面劳动的权利。《残疾人权利公约》专门针对与残疾有关的歧视。

[对于工会]，致力于残疾问题是通过参与当代社会问题，扩大成员和更广泛的伙伴关系来实现工会现代化的途径。

工会在处理残疾相关问题的工作上经常脱节（……）由于劳工运动与残疾之间更加严重的脱节，这在国际层面上更为严重。

致力于残疾问题将工会从基于阶级的问题转移到基于身份的问题。对英国工会的讨论认为，工会很难提出基于性别、残疾或民族等身份的挑战，因为工会已经习惯了基于阶级的问题或者基于职业的身份问题。这种潜在风险的一个例子是集体谈判协议，它规定工作职责的方式使个人调整变得困难。这可能会使围绕残疾或其他身份群体出现的看似“个人”的问题变得具有挑战性。

- 解决残疾问题使工会有机会摆脱非残疾人全职工作的传统工会主题。
- 采用交叉视角理解并解决相互作用和相互复合的多种歧视。

因为残疾部分是由社会障碍和就业障碍造成的，所以要消除这些障碍。这为残疾人群体提供支持，并通过在就业、工作场所和工会中确保言论自由、无障碍和包容来为其他员工提供支持。

（八）国际劳工组织全球商业与残障网络《自我评估工具模型》①

该自我评估工具模型符合国际劳工组织全球商业与残障网络（GBDN）宪章的10项原则，可帮助公司确定需要改进的领域，以使其更加融合残障人。

虽然可以按原样使用该工具，但跨国公司或国家的商业与残障网络可能希望对其进行自定义，以使该工具适应公司和国家的特定情况，例如，在存在配额法的情况下加强对配额法的遵守。

您如果决定在线使用该工具，那么在回答所有问题后，您将获得一个自动生成的文件，其中包含您的答案，并指出您公司残障融合政策和实践可以

---

① Global Business and Disability Network, *Model Self Assessment Tool* (2018), www.businessanddisability.org/wp-content/uploads/2018/11/GBDNSelfAssesmentTool.pdf.

改善的领域。跨国公司可以从其子公司收集答案，并进行内部基准测试。同样，国家的商业与残障网络可以使用该工具来促进成员之间的点对点学习。

（九）国际劳工组织《走向残疾人包容：改变的故事》[①]

基于人权的方法

在过去几十年中，人们对残疾人的看法发生了巨大变化。残疾人曾经被视为被动的接受者，通常面向与损伤有关的健康需求，今天残疾人被视为与非残疾人享有同等权利的人。这种基于人权的方法承认残疾是人类的一个重要方面，并确认所有人都拥有一些不可剥夺的公民、政治、经济、社会和文化权利，包括劳工权利。

促进包容性工作场所

国际劳工组织帮助企业和雇主学习如何超越道德和人权的案例，通过其全球商业和残障网络，向雇用残疾人的商业案例发展。

许多企业面临的一个挑战是不知道在哪里可以找到具有特定领域所需技能的残疾人。其他企业则回避雇用残疾人，部分原因是不确定残疾人需要什么“便利”才能完成这项工作。雇主可能认为企业必须购买昂贵的设备或改变办公空间，但现实截然不同。大多数残疾工人不需要特殊的便利，而且即使需要便利，这些便利的费用也很少或比许多雇主认为的要低得多。

通过分享雇用和留住残疾员工的经验和良好做法，企业往往可以从相互支持中获益。在此过程中，企业发现残疾人有可能为多元化和高效的劳动力做出重大贡献。

出现的问题包括：雇主对雇用残疾人的税收激励认识不足；有障碍的工作场所；对残疾人的消极态度和看法；残疾人缺乏雇主所需的技能和资格；缺乏关于残疾求职者的数据库。

圆桌会议的重要成果之一是确认建立赞比亚雇主和主要利益攸关方网络的必要性，以帮助促进残疾妇女和男子的就业。

虽然重点将放在改善劳动力市场的需求方面，但还将通过一个职业介绍所来提升残疾人的技能和信心，以及管理残疾人数据库来作为残疾人与潜在雇主的联系，以促进供应方面的工作。

---

① ILO, *Moving Towards Disability Inclusion: Stories of Change* (2015), www.ilo.org/wcmsp5/groups/public/---ed_emp/---ifp_skills/documents/publication/wcms_423412.pdf.

（十）国际劳工组织《包容残疾青年：商业案例》[①]

新加坡尤里卡呼叫中心系统

非残疾员工的表现实际上是视障人士能够达到的50%—70%。尤里卡代表回忆说，一个接一个，所有非残疾人都退出了。尤里卡还发现，他们的残疾员工是准时的，很少缺席，并对自己的工作充满热情。在启动该倡议的一年内，尤里卡呼叫中心几乎完全由视障人士经营，员工流动率从40%左右下降至2%。

通过重塑他们的公司，尤里卡发现了各种可以带来积极成果的策略。他们发现传统的留用激励措施，如金钱奖励、表彰和职业发展，对其残疾员工几乎没有影响。相反，工作场所的归属感、安全感和有趣的社交环境是招聘和留用员工的更重要的因素。尤里卡的管理人员也很快了解到，员工的社交生活基本上与他们的工作生活息息相关。因此，管理人员调整了工作环境，包括下班后的休闲活动，如卡拉OK、按摩机、野餐甚至出国旅行。

对于有兴趣复制或调整此计划的企业，尤里卡建议考虑以下六点。

• 平等地位。不应该为残疾人降低关键绩效指标（KPI）的培训期望和标准。培训和选拔必须侧重于确保提高生产力和满足关键绩效指标。尤里卡的经验表明，残疾人最终学会以和非残疾人相同甚至比非残疾人更高的生产力水平工作。

• 鼓励。许多残疾人没有工作经验，因此他们有时会表现出没信心、自卑和受益于鼓励。所有管理人员都应了解残疾人的需求和限制以及鼓励员工的重要性。

• 创新和适应。残疾人各不相同。在视障人士中，有人可能完全失明，有人可能有管状视野，而另一些人只能看到用黑色对比的黄色的大字。在肢体残疾者中，有轮椅使用者和其他只有单指的人。就残疾人的生产力而言，企业应该准备投资对“公平竞争”至关重要的技术。

• 包容性设计。在为残疾人构建应用程序时，最好从一开始就让他们参与所有项目。残疾人会提供比其他人更好的建议，其他人只能想象自己的处境。

• 让非残疾员工做好准备。让非残疾员工参与包容并欢迎新的残疾员

① ILO, *Inclusion of Youth with Disabilities: The Business Case* (2014), www.ilo.org/skills/pubs/WCMS_316817/lang--en/index.htm.

工。将包容性传达给企业的所有员工。一些残疾员工可能有更长的学习曲线，管理层必须准备在培训期间给予更多的时间和耐心。让与残疾人密切合作的非残疾员工参加有关如何与特定残疾人士一起工作的培训。

- 招聘。寻找各种渠道，包括志愿福利组织、医院和学校等。

雇用残疾青年的有用见解

许多雇主认为，一项支持残疾青年就业的计划可能令人望而生畏。但是，在特色案例中，行业领导者提供的众多见解中，最重要的是认识到这样的计划并不像看起来那样具有挑战性。在为残疾青年制定就业计划时，需注意以下几点。

- 关注残疾青年可以做什么，而不是他们不能做什么。雇主和雇员都可以通过利用人们的技能和才能从他们的关系中获得最大收益。关注年轻残疾候选人或员工的能力，而不是他们的残疾。
- 概述特定的计划目标并指定时间表。从小开始；从试验阶段开始，并考虑长期政策，而不仅仅是招聘阶段。考虑正在执行的政策、绩效管理系统、工资审查、纪律制度和分离实践。质疑你对工作的每一个假设，它们是怎样构成的，以及什么是必须完成的。
- 考虑创建专家小组。根据该计划的复杂性和宏伟目标，公司可能需要考虑建立一个由高管、专家、学者、研究人员和从业人员组成的专家小组，他们可以为制订计划和目标提供重要指导。
- 从一开始就参与残疾青年的支持网络。在初次面试中纳入智障青年的家庭成员可以提高参与者的成功率。这也是解决后勤问题的好时机，例如参与者如何上下班。
- 提供灵活且包容的培训选项。
- 确保充分监督并营造有吸引力的工作环境。
- 确保高管的支持并消除对残疾人的偏见。确保企业高管支持该计划并组织技能培训研讨会，以使非残疾员工了解与残疾人一起工作的情况。这些努力将有助于该计划取得长期成功。
- 不要夸大项目可以提供的内容。制定高标准，让参与者和培训人员负起责任，但要注意不要低于预期，否则会影响可信度。
- 招聘、晋升和留用的实践。

（十一）国际劳工组织《与众不同的商业：构建包容残障的工作场所》[①]

雅高集团——领先的酒店运营商

本集团基于四大支柱鼓励多元化的内部行动：来源的多样性；性别平等；纳入残疾人；年龄的多样性。这些支柱于2011年通过以15种语言发布的国际多样性宪章在集团内正式化。

其他重要的经验教训包括对所有工作人员（不仅是残疾人）处理工作场所中残疾问题的态度保持敏感的良好做法。工作人员往往在工作场所以外有接触残疾人的经验，其中一些可能是负面的。因此，管理层和残疾包容团队必须认识到残疾可能成为许多人的敏感话题。

IBM——国际商业机器公司

IBM制定了一项战略，涉及对残疾人的商业做法的不同方面。有三个核心方面：态度（Attitude）、无障碍（Accessibility）和便利（Accommodation），或称3A。

IBM最近的战略重点是第一个“A”：态度。现在公司制定了政策和方法，重点是通过消除员工和管理人员对残疾人的偏见，改善对残疾员工招聘和留用人员的态度来最大限度地提高效率。在IBM经常听到的信息是残疾人是“未开发的人才库”，包容残疾人只会增加收益。但是，关于招募残疾人的报告没有反映这一信息。对于IBM来说，政策与实践之间不匹配的原因在于无意识的偏见以及对残疾人的态度惯性。

欧莱雅集团

残疾倡议竞赛：每两年举办一次，内部竞赛始于当地的活动，并迅速演变为全球倡议。该活动将来自60多个国家的集团子公司汇聚一堂，共享有关当地残疾人包容性项目的成功案例。通过这种方式，许多子公司的努力得到认可，同时能够分享最佳实践和相互学习借鉴。

SOFOFA（智利工业联合会）

2012年，SOFOFA制定了“残疾人劳动力融合的商业战略”。该战略的预期成果是让SOFOFA为其残疾员工提供新的和改进的服务。为了启动这一

---

① ILO，*Business as Unusual*：*Making Workplaces Inclusive of People with Disabilities*（2014），www.ilo.org/wcmsp5/groups/public/---ed_emp/---ifp_skills/documents/publication/wcms_316815.pdf.

战略，SOFOFA 进行了一项调查，识别企业在雇用残疾人时面临的主要障碍，并确定促进残疾人劳动力融合的政策的具体要素。调查结果构成一项基线分析，可以衡量未来的进展情况。以出版物的形式开发了以下五种旨在支持雇主的工具，被识别的主要障碍也被考虑在内。

（1）提供雇用残疾人的商业案例。调查结果为雇用残疾人提供了引人注目的商业案例，并指出了采取多元化政策的公司会获得的利益。

（2）为希望吸纳残疾人劳动力的企业制定的分步骤方案。该方案提供了一个关于激励雇主招聘和留用残疾员工并促进其个人成长的路线图。该方案包含雇主雇用残疾人的实例和成功案例。

（3）采用包容性方法预防职业风险的雇主指南。该指南旨在促进企业内部采用健康和安全的政策，同时考虑到多元化劳动力，特别强调纳入残疾人。

（4）关于促进残疾人融合的法律激励措施和政府项目的雇主指南。中小型企业往往不了解政府向愿意雇用残疾人的企业提供的政策优惠、补助和福利。简单来说，该指南将向读者介绍智利政府提供的主要激励措施，并逐步解释如何获得这些福利。

（5）为找工作的残疾人提供的指南。该指南的灵感来自国际劳工组织在亚洲区域办事处制作的指南，并针对智利的情况作出改编。该指南旨在鼓励残疾人寻求有成效和有报酬的工作。

残疾人就业的主要驱动力

- 企业社会责任。公司年度企业社会责任报告中越来越多地提到残疾人包容性倡议以及与残疾人相关的项目，尽管仍有很多空白之处。
- 公司创始人或首席执行官的个人承诺。这种情况经常发生，并促成了整个公司长期致力于其中。
- 财务激励。对于中小型企业来说，这通常是一个有趣的动机。补偿与合理便利相关的开支，确保这些开支不会成为残疾人不被雇用的理由。
- 来自社会的压力。随着越来越多的公司（以及一般意义上的机构）变得更加残疾融合，其他公司的社会压力也在增加。残疾人组织以及为残疾人倡导权益的非政府组织的工作可以增加这种压力。
- 立法。这通常是最相关的初始驱动因素。

就业配额立法

对于大多数公司而言，雇用更多残疾人的最初驱动因素是国家立法，通常是所谓的配额立法，要求拥有超过一定数量员工的公司雇用一定比例的残疾员工。

一般来说，公司不支持配额立法。然而，许多公司代表也承认，如果没有这样的制度，大多数公司基本不会考虑雇用残疾人。

这不是配额立法的唯一悖论。即使在那些配额立法行之有效的国家，配额立法也可能削弱了一种观点，即认为残疾人被雇用的原因与非残疾员工一样，都在于他们的技能和才能。

配额立法的另一个缺点是，残疾员工有义务明示自己的残疾，因为雇主需要向相关公共当局证明雇用了多少残疾人来满足配额要求。这明显导致了与隐私相关的问题，因为残疾人通常不想明示自己的残疾。对于那些隐形的残疾尤其如此，例如心理因素上的残疾。

反歧视立法

反残疾歧视立法对残疾人的就业具有更为间接的影响，特别是与配额立法相比，它具有潜在的非常相关的系统性影响。对于企业而言，为遵守国家的反残疾歧视立法，往往需要改变企业的内部做法，以确保这些做法不会直接或间接地歧视残疾人。反残疾歧视立法虽然不会自动导致残疾人的就业，但经验表明它可以做出重要贡献。

此外，反残疾歧视立法使公司确保其现有的残疾员工和后期成为残疾人的员工获得与其他员工相同的机会，并在必要时获得合理便利。反残疾歧视立法也对环境障碍产生积极影响，其中包括阻碍残疾人接受教育和培训的态度方面和物理方面的障碍。

公共采购立法

促进残疾人就业的其他立法措施包括公共采购程序，如果这些私营公司对残疾人是包容的，那么这些私营公司有更多的机会向公共部门出售其产品或服务。

残疾融合的商业环境

为了使工作场所的残疾融合能够获得成功，公司必须在有利的和赋能的政策环境中运作。公司提出的一个常见问题是，他们找不到具备公司所要求的技能的残疾人。为了解决这个问题，政府需要制定有关融合残疾人的职业教育和培训的政策。此外，为了确保空缺的职位与残疾求职者的技能和期望充分匹配，需要有效的就业和安置机构以及向残疾人提供服务的非政府组织。

（十二）国际劳工组织《残障报道媒体指南》①

关于促进对残疾人的积极报道的提示

记者和通讯专业人员将残疾与人的尊严和权利联系起来非常重要。以下是促进残疾人积极报道的一些提示：

- 支持基于人权的方法。
- 专注于人，而不是损伤。在描述残疾人时，要关注个人而不是他们特定的功能或身体限制。
- 强调能力，而不是残疾（除非它对故事至关重要）。例如，琼斯先生使用轮椅、拐杖出行，而不是琼斯先生离不开轮椅。避免使用诸如“不幸”“可怜”等主观词语。报道残疾时，避免悲伤的音乐或戏剧性的介绍。永远不要将残疾人称为不行的人。
- 表明残疾人积极参与社会活动。将残疾人描述成社会的积极成员而不是被动的人和依赖者，这有助于打破障碍并开放机会。
- 允许残疾人为自己发声。
- 不要过分渲染残疾的“英雄”。虽然公众可能会崇拜“超级英雄”，但是把残疾人塑造成为英雄会让公众产生“所有残疾人都应该是这样”的不切实际的期望。

迷思：残疾是一个健康问题

真相：无论残疾与否，健康对于某一个人来说都至关重要。但健康并不是唯一的或最重要的问题。对于残疾人来说，参与工作、教育、政治以及其他生活的方方面面都同等重要。只关注残疾人的缺陷，或者将残疾人当作需要被“治愈”的人来对待的模式被称为“医疗模式”，这种方式往往忽略了残疾人所具有的能力。相比之下，“社会模式”则认为，社会的建构模式和组织方式、对残疾人的态度和错误假设以及个人的缺陷共同构成残疾人社会参与的阻碍。过去几十年里，人们对残疾人的看法发生了显著的变化，残疾人也开始被视为权利的主体。

迷思：残疾人的表现无法达到职业要求的标准，因此雇用他们是有风险的

真相：残疾工人的雇主的报告显示，作为一个群体，残疾人在生产率、安全、出勤率等方面的表现与他们的非残疾同事相当，或者更好。此外，残

---

① ILO，*Reporting on Disability：Guidelines for the Media*（2015），www.ilo.org/wcmsp5/groups/public/---ed_emp/---ifp_skills/documents/publication/wcms_127002.pdf.

疾人更有可能长期留在工作岗位上。大多数雇主都知道工作变动所导致的生产率下降以及招聘和培训的成本。

迷思：为残疾雇员进行工作场所调整需要相当大的花费

真相：对工作场所进行适当的调整是指雇主为了帮助残疾雇员能够和非残疾雇员在同一基础上工作或接受培训所采取的措施。大多数残疾雇员不需要特别的调整，即使一些残疾雇员需要工作场所的调整，他们所需要的费用也远远低于雇主的预期。美国工作场所联盟所做的研究显示，15%的工作场所调整不要任何花费，51%的调整花费在1美元—500美元，12%的调整花费在501美元—1000美元，22%的调整超过1000美元。

四 中国相关文件与材料

（一）国家法律法规

1.《中华人民共和国残疾人保障法（2018修订）》

第二十七条 政府有关部门、残疾人所在单位和有关社会组织应当对残疾人开展扫除文盲、职业培训、创业培训和其他成人教育，鼓励残疾人自学成才。

第三十三条 国家实行按比例安排残疾人就业制度。

国家机关、社会团体、企业事业单位、民办非企业单位应当按照规定的比例安排残疾人就业，并为其选择适当的工种和岗位。达不到规定比例的，按照国家有关规定履行保障残疾人就业义务。国家鼓励用人单位超过规定比例安排残疾人就业。

残疾人就业的具体办法由国务院规定。

第三十四条 国家鼓励和扶持残疾人自主择业、自主创业。

第三十八条 国家保护残疾人福利性单位的财产所有权和经营自主权，其合法权益不受侵犯。

在职工的招用、转正、晋级、职称评定、劳动报酬、生活福利、休息休假、社会保险等方面，不得歧视残疾人。

残疾职工所在单位应当根据残疾职工的特点，提供适当的劳动条件和劳动保护，并根据实际需要对劳动场所、劳动设备和生活设施进行改造。

国家采取措施，保障盲人保健和医疗按摩人员从业的合法权益。

第三十九条 残疾职工所在单位应当对残疾职工进行岗位技术培训，提高其劳动技能和技术水平。

第四十条 任何单位和个人不得以暴力、威胁或者非法限制人身自由的手段强迫残疾人劳动。

2.《中华人民共和国中小企业促进法（2017修订）》

第二十五条 高等学校毕业生，退役军人和失业人员、残疾人员等创办小型微型企业，按照国家规定享受税收优惠和收费减免。

3.《残疾人就业条例》（2007）

第三条 机关、团体、企业、事业单位和民办非企业单位（以下统称用人单位）应当依照有关法律、本条例和其他有关行政法规的规定，履行扶持残疾人就业的责任和义务。

第四条 国家鼓励社会组织和个人通过多种渠道、多种形式，帮助、支持残疾人就业，鼓励残疾人通过应聘等多种形式就业。禁止在就业中歧视残疾人。

第八条 用人单位应当按照一定比例安排残疾人就业，并为其提供适当的工种、岗位。

用人单位安排残疾人就业的比例不得低于本单位在职职工总数的1.5%。具体比例由省、自治区、直辖市人民政府根据本地区的实际情况规定。

第十三条 用人单位应当为残疾人职工提供适合其身体状况的劳动条件和劳动保护，不得在晋职、晋级、评定职称、报酬、社会保险、生活福利等方面歧视残疾人职工。

第十五条 县级以上人民政府应当采取措施，拓宽残疾人就业渠道，开发适合残疾人就业的公益性岗位，保障残疾人就业。

县级以上地方人民政府发展社区服务事业，应当优先考虑残疾人就业。

第十七条 国家对集中使用残疾人的用人单位依法给予税收优惠，并在生产、经营、技术、资金、物资、场地使用等方面给予扶持。

第十八条 县级以上地方人民政府及其有关部门应当确定适合残疾人生产、经营的产品、项目，优先安排集中使用残疾人的用人单位生产或者经营，并根据集中使用残疾人的用人单位的生产特点确定某些产品由其专产。

政府采购，在同等条件下，应当优先购买集中使用残疾人的用人单位的产品或者服务。

（二）白皮书《平等、参与、共享：新中国残疾人权益保障70年》[①]（国务院新闻办公室，2019年7月）

五、就业与创业

中国以建立劳动福利型残疾人事业为目标，通过完善法律法规、拓展就业渠道、完善服务体系，促进残疾人就业权利的实现。

残疾人就业权利受到法律保护。《中华人民共和国残疾人保障法》对残疾人就业作了明确规定，要求各级人民政府采取优惠政策和扶持保护措施，实现残疾人多渠道、多层次、多种形式就业。《中华人民共和国就业促进法》对保障残疾人的劳动权利作了规定。《残疾人就业条例》对残疾人就业方针、政府职责、用人单位责任、保障措施、就业

① 国务院新闻办公室：《平等、参与、共享：新中国残疾人权益保障70年》，http://www.gov.cn/zhengce/2019-07/25/content_5414945.htm。

服务及法律责任等作了详细规定。最高人民法院发布典型案例，依法切实保障残疾人劳动的权利，切实维护残疾人合法权益。地方人大和政府也发布了促进残疾人就业、鼓励残疾人创业的规范性文件，保障残疾人平等就业。

残疾人就业创业得到政策支持。政府有关部门相继发布《关于促进残疾人按比例就业的意见》《残疾人就业保障金征收使用管理办法》《关于发展残疾人辅助性就业的意见》《关于促进残疾人就业增值税优惠政策的通知》《关于促进残疾人就业政府采购政策的通知》《关于扶持残疾人自主就业创业的意见》《残疾人职业技能提升计划（2016－2020年)》等一系列扶持和保护残疾人就业的政策。将残疾人纳入积极的就业政策体系覆盖范围，在坚持以市场为导向的就业机制基础上，对残疾人就业创业采取优惠政策和扶持保护措施，包括税费减免、设施设备扶持、政府优先采购、信贷优惠以及资金支持、岗位补贴和社会保险补贴等。《中华人民共和国中医药法》规定，盲人按照国家有关规定取得盲人医疗按摩人员资格的，可以以个人开业的方式或者在医疗机构内提供医疗按摩服务。国家对盲人按摩的培训和就业、创业予以支持，累计培养盲人保健按摩人员超过11万人、盲人医疗按摩人员约1万人。

残疾人就业创业服务和培训广泛开展。各地将残疾人就业纳入公共服务范围，为有劳动能力和就业意愿的城乡残疾人免费提供就业创业服务，为残疾人就业和用人单位招用残疾人提供帮助。省、市、县三级政府建立了专门的残疾人就业服务机构，为残疾人提供政策咨询、求职登记、职业指导、职业介绍、职业培训等就业服务，并于元旦、春节期间举办就业援助月专项活动，集中为残疾人就业提供帮扶。截至2018年，全国共有残疾人就业服务机构2811家，工作人员3.4万人。实施残疾人职业技能提升计划，开展适合残疾人特点的职业培训和创业培训，组织各类残疾人职业技能竞赛，提升残疾人就业创业能力。2018年，城乡新增残疾人实名制培训49.4万人。建立了500家国家级残疾人职业培训基地，350家省级残疾人职业培训基地。

残疾人就业方式丰富多样。残疾人按比例就业、集中就业、自主就业创业稳定发展。近年来，政府优化公益性就业岗位开发管理，鼓励“互联网+”就业。制定《关于发展残疾人辅助性就业的意见》，针对就业年龄段内有就业意愿但难以进入竞争性劳动力市场的智力、精神和重度肢体残疾人，安排辅助性就业，集中组织生产劳动，在劳动时间、劳动强度、劳动报酬和劳动协议签订等方面采取灵活方式。截至2017年，全国所有市辖区至少建立了一所残疾人辅助性就业机构。通过优惠措施帮助农村残疾人从事种植业、养殖业、手工业等生产劳动，实现就业创业。近十年来，中国残疾人就业总体规模与结构趋于稳定，新增残疾人就业人数每年保持在30万人以上。2018年，城乡持证残疾人新增就业36.7万人，其中，城镇新增就业11.8万人，农村新增就业24.9万人。截至2018年，城乡持证残疾人就业人数达到948.4万人。

产业扶贫助推贫困残疾人就业增收。制定《农村残疾人扶贫开发计划（2001－2010年)》《农村残疾人扶贫开发纲要（2011－2020年)》。2011年以来，中国扶持近1300万残疾人发展生产，其中676万贫困残疾人摆脱贫困。各地建立残疾人扶贫基地5490个，安置88.1万残疾人就业，扶持带动176.9万户残疾人家庭增加收入。支持残疾人贫困户因地制宜发展种养业和手工业。深入实施“雨露计划”，优先培训贫困残疾人，将适合从事农业生产的贫困残疾人纳入农民教育培训相关工程，鼓励他们在农业领域创业。实施职业技能提升计划和贫困户教育培训工程，残疾人贫困户优先接受培训，确保贫困残疾人家庭劳动力至少掌握一门致富技能。落实残疾人贫困户培训后资金、场地、设备、市场信息、经营管理等方面的就业创业服务与扶持政策措施。将优秀脱贫致富残疾人纳入贫困村创业致富带头人培训工程。制定《发展手工制作促进贫困残疾妇女就业脱贫行动实施方案》，加强对残疾妇女的实用技术和就业技能培训，发展手工制作，促进贫困残疾妇女就业脱贫。鼓励“全国巾帼脱贫基地”负责人、农村致富女带头人等与残疾妇女结对帮扶。在城镇举办劳动技能培训，加强就业指导和服务，积极扶持残疾妇女自主择业创业。

（三）《国家人权行动计划（2021－2025年）》① （国务院新闻办公室，2021年9月9日）

（……）

四、特定群体权益保障

完善对少数民族、妇女、儿童、老年人、残疾人等各类特定群体权益的平等保障和特殊保护，建立常态和非常态相结合的特定群体权益保障机制，促进所有人的全面发展。

（……）

（五）残疾人权益

促进残疾人的平等参与和社会融入，加强对困难和重度残疾人帮扶力度，保障残疾人共享社会发展成果。

——保障残疾人参与权。涉及残疾人权益的重要立法充分听取残疾人、残疾人组织的意见。不断拓展残疾人和残疾人组织民主参与、民主协商渠道，有效保障残疾人的知情权、参与权、表达权和监督权。

——完善残疾人福利保障。落实困难残疾人生活补贴和重度残疾人护理补贴制度，鼓励有条件的地区扩大补贴范围，普遍建立补贴标准动态调整机制。落实为重度残疾人缴纳城乡居民基本养老保险个人缴费等政策。支持符合条件的农村低收入残疾人家庭实施危房改造。对符合条件的城镇残疾人家庭优先配租公租房。

——提升残疾人康复服务质量。推动残疾预防和康复服务一体化发展。加强残疾人康复医疗，落实残疾儿童康复救助制度，实施残疾人精准康复行动，为残疾人提供基本康复服务。健全残疾人康复服务设施，加强残疾人社区康复，建成康复大学。开展全国残疾人康复专业技术人员规范化培训。在精神卫生服务能力不足的地区建设100个精神卫生福利设施，为困难精神障碍患者提供集中养护、康复服务。

——完善特殊教育保障机制。巩固适龄残疾儿童少年义务教育普及水平，积极发展

① 国务院新闻办公室：《国家人权行动计划（2021—2025年）》，http://www.gov.cn/xinwen/2021－09/09/content_5636384.htm。

学前特殊教育，着力发展以职业教育为主的高中阶段特殊教育，稳步发展高等特殊教育，推动融合教育发展。有效推进孤独症儿童教育。推广国家通用手语和国家通用盲文。禁止任何基于残疾的教育歧视。

——促进残疾人就业。落实残疾人就业支持政策，多渠道、多形式促进残疾人就业创业。落实税费减免政策，为残疾人自主创业和企业吸纳残疾人就业提供更多的补贴支持。推动残疾人就业辅导员制度建设，开发更多残疾人就业岗位。为城乡200万残疾人提供职业技能培训，实现城镇新增就业残疾人数达到50万人。

——全面推进无障碍环境建设。编制《无障碍通用规范》。推动城市道路、公共交通、居住社区、公共服务设施和残疾人服务设施、残疾人集中就业单位等加快无障碍环境建设和改造。补贴110万户困难重度残疾人家庭无障碍设施改造，提升社区无障碍建设水平。加快推进信息无障碍建设，支持研发生产信息无障碍终端产品，探索传统无障碍设施设备数字化和智能化升级。加强手语、盲文学科建设和人才培养。确保提供合理便利，促进残疾人的深度融入和平等参与。

——支持残疾人智能辅助器具的研发和生产。利用先进智能技术，在建筑、设施、交通工具、生活用品、环境、方案和服务等的设计中，改良传统残疾人辅助器具，研发新型残疾人辅助器具。

（四）《“十四五”残疾人保障和发展规划》①（国务院，2021年7月8日）

三、重点任务

（二）帮扶城乡残疾人就业创业，帮助残疾人通过生产劳动过上更好更有尊严的生活。

1. 完善残疾人就业法规政策。修订实施《残疾人就业条例》。落实残疾人就业支持政策，保障残疾人就业培训、就业服务、补贴奖励等相关资金投入。完善残疾人按比例就业制度，制定党政机关、事业单位、国有企业带头安置残疾人就业办法，合理认定按比例安排残疾人就业形式。加强残疾人就业促进政策与社会保障政策的衔接，纳入低保范围的已就业残疾人可按规定在核算其家庭收入时扣减必要的就业成本，并在其家庭成员人均收入超过当地低保标准后给予一定时间的渐退期。按照国家有关规定，对残疾人就业先进个人和用人单位予以表彰。

2. 多渠道、多形式促进残疾人就业创业。开展残疾人就业促进专项行动。对正式招录（聘）残疾人的用人单位按规定给予岗位补贴、社会保险补贴、职业培训补贴、设施设备购置改造补贴、职业技能鉴定补贴等扶持，对超比例安排残疾人就业的用人单位给予奖励。规范残疾人按比例就业年审并实现全国联网认证。落实残疾人集中就业单位税费优惠、政府优先采购等扶持政策，稳定残疾人集中就业。支持非营利性残疾人集中就

---

① 《国务院关于印发“十四五”残疾人保障和发展规划的通知》，http://www.gov.cn/zhengce/content/2021-07/21/content_5626391.htm。

业机构持续发展。在经营场地、设施设备、社会保险补贴、金融信贷等方面扶持残疾人自主创业、灵活就业，鼓励残疾人通过新就业形态实现就业。加大对“阳光家园”、“残疾人之家”等辅助性就业机构的支持保障力度，组织智力、精神和重度肢体残疾人等就业更为困难的残疾人就近就便参加生产劳动、进行职业康复、实现社会融合。统筹现有公益性岗位，安排符合条件的残疾人就业。修订《盲人医疗按摩管理办法》，推动省级盲人按摩医院建设，制定盲人保健按摩有关标准，扶持和规范盲人按摩行业发展。拓宽残疾人特别是盲人在文化艺术、心理卫生和互联网服务等领域就业渠道。为残疾人特别是聋人参加职业技能培训、就业创业提供无障碍支持服务。支持手工制作等残疾妇女就业创业项目，鼓励残疾人参与文化产业。扶持残疾人亲属就业创业，实现零就业残疾人家庭至少有一人就业。

3. 提升残疾人职业素质和就业创业能力。制定实施《残疾人职业技能提升计划（2021—2025年）》，帮助有就业愿望和培训需求的残疾人普遍得到相应的职业素质培训、就业技能培训、岗位技能培训和创业培训。继续开展农村残疾人实用技术培训。支持符合条件的残疾人技能大师建立工作室。开发线上线下相结合的残疾人职业技能培训优质课程资源。完善残疾人职业技能培训保障和管理制度。研究制定残疾人职业技能培训补贴标准。开发适合残疾人就业或为残疾人服务的新职业。举办第七届全国残疾人职业技能竞赛暨第四届全国残疾人展能节、全国残疾人岗位精英职业技能竞赛等残疾人职业技能竞赛，组团参加国际残疾人职业技能竞赛。

4. 改进残疾人就业服务。健全残疾人就业服务体系，充分发挥残疾人就业服务机构和各类公共就业服务平台、人力资源服务机构、社会组织作用，为残疾人和用人单位提供全链条、专业化、精准化服务。建立残疾人就业辅导员制度，扩大就业辅导员队伍。为高校残疾人毕业生建立就业帮扶工作台账，按照“一人一档”、“一人一策”要求重点帮扶。将符合条件的就业困难残疾人纳入就业援助范围，持续开展“就业援助月”等专项就业服务活动。加强各级残疾人就业服务机构规范化建设，明确保障条件、专业人员配备等要求。通过政府购买服务等方式开展残疾人就业服务，拓宽服务渠道，提高服务质量。举办残疾人职业人才交流、残疾人就业产品市场营销、残疾人就业创业成果展示等活动。

5. 维护残疾人就业权益。合理确定残疾人取得职业资格和公务员、事业单位人员等入职的体检条件，对于具有正常履行职责的身体条件和心理素质的残疾人，应依法保障其平等就业权益。用人单位应当为残疾职工提供适合其身心特点的劳动条件、劳动保护、无障碍环境及合理便利，在晋职、晋级、职称评定、社会保险、生活福利等方面给予其平等待遇。加强残疾人就业劳动监察，坚决防范和打击侵害残疾人就业权益的行为。

（五）地方与行业标准

1. 陕西省《按比例安排残疾人就业办法（2018）》

第一条 为了保障残疾人的劳动权利，根据《中华人民共和国残疾人保障法》《残疾人就业条例》等法律法规，结合本省实际，制定本办法。

第二条　依照本办法安排就业的残疾人，包括视力残疾、听力残疾、言语残疾、肢体残疾、智力残疾、精神残疾和多重残疾的持有《中华人民共和国残疾人证》的人员，或者持有《中华人民共和国残疾军人证》（1至8级）的人员。

第三条　县级以上人民政府应当加强对按比例安排残疾人就业工作的领导。

县级以上人民政府负责残疾人工作的机构应当做好按比例安排残疾人就业工作的统筹规划，综合协调。

县级以上残疾人联合会负责按比例安排残疾人就业工作的组织实施与监督。

财政、人力资源和社会保障、审计、税务、工商、统计等部门应当按照职责做好按比例安排残疾人就业工作。

第四条　本省行政区域内的机关、团体、企业事业单位和民办非企业单位（以下简称用人单位），应当按照本单位在职职工人数不低于1.5%的比例安排残疾人就业。

集中安排残疾人就业的福利性企业事业单位除外。

第五条　用人单位每安排1名持有《中华人民共和国残疾人证》（1至2级）或者《中华人民共和国残疾军人证》（1至3级）的人员就业的，按照安排2名残疾人就业计算。

第六条　用人单位安排残疾人就业，应当依法签订劳动合同，缴纳社会保险。禁止在就业中歧视残疾人。

第七条　用人单位未按照本办法第四条规定安排残疾人就业的，应当缴纳残疾人就业保障金。

残疾人就业保障金按上年用人单位安排残疾人就业未达到规定比例的差额人数和本单位在职职工上年平均工资之积计算缴纳。

用人单位在职职工年平均工资未超过当地社会平均工资（用人单位所在地统计部门公布的上年度城镇单位就业人员平均工资）3倍（含）的，按用人单位在职职工年平均工资计征残疾人就业保障金；超过当地社会平均工资3倍以上的，按当地社会平均工资3倍计征残疾人就业保障金。

第八条　残疾人就业保障金一般按月缴纳，由税务机关负责征收。

税务机关征收残疾人就业保障金时，应当向用人单位开具税收票证。

第九条　残疾人联合会应当配合税务机关做好残疾人就业保障金征收工作。

用人单位应当按照规定时限向残疾人联合会申报上一年本单位安排就业的残疾人数。未按照规定申报的，视为未安排残疾人就业。

残疾人联合会应当对用人单位实际安排的残疾人就业人数进行审核确定，并提供给税务机关。

第十条　残疾人就业保障金全额缴入地方国库，具体办法由省财政部门商省残疾人联合会确定。

第十一条　符合国家规定免征残疾人就业保障金的用人单位，应当向税务机关提供工商登记、企业职工数等情况。

第十二条 用人单位因自然灾害，或者其他突发事件造成重大直接经济损失，可以申请减免或者缓缴残疾人就业保障金。具体减免缓缴办法由省财政部门规定。

第十三条 残疾人就业保障金纳入本级人民政府财政预算。

残疾人就业保障金的使用按照国家规定执行，任何组织或者个人不得占用、挪用。

第十四条 县级以上人民政府财政、审计等部门应当加强对残疾人就业保障金收支、使用情况的监督。

第十五条 县级以上人民政府人力资源和社会保障部门应当加强对按比例安排残疾人就业工作的劳动监察，依法保障残疾人劳动就业的合法权益。

第十六条 鼓励社会组织和个人通过多种渠道和形式，帮助、支持残疾人就业，鼓励残疾人通过应聘等多种形式就业。

对按比例安置残疾人就业作出显著成绩的单位或者个人，县级以上人民政府可以给予奖励。

2. 浦东新区《企业社会责任导则（2007）》

4. 和谐责任

4.2.4 弱势群体关怀

积极吸纳残障等特殊人群，妥善为其安排适当的工作岗位。加强残障职工的教育培养和技能培训。按时缴交残疾人就业金，为残障职工提供人性化的劳动条件和劳动保护。

积极关心和帮助其他社会弱势群体的生存和发展。

3.《中国对外承包工程行业社会责任指引（2012）》

4.2.1 平等和规范雇佣

HR1 建立平等雇佣制度，公平对待不同民族、性别、种族、国籍、年龄、宗教信仰、残疾、婚姻状况、性取向等的应聘者，保护应聘者个人信息和隐私。

（六）中国残联《2019 年残疾人事业发展统计公报》[①]（中国残疾人联合会，2020 年 4 月 2 日）

三、就业

2019 年城乡持证残疾人新增就业 39.1 万人，其中，城镇新增就业 12.2 万人，农村新增就业 26.9 万人；城乡新增残疾人实名培训 40.7 万人。

全国城乡持证残疾人就业人数为 855.2 万人（核减已注销和超年龄段残疾人），其中按比例就业 74.9 万人，集中就业 29.1 万人，个体就业 64.2 万人，公益性岗位就业 14.4 万人，辅助性就业 14.3 万人，灵活就业（含社区、居家就业）228.2 万人，从事农业种养加 430.1 万人。

全国共培训盲人保健按摩人员 14678 名、盲人医疗按摩人员 7318 名。保健按摩机构

① 《2019 年残疾人事业发展统计公报》，中国残疾人联合会网，https://www.cdpf.org.cn//zwgk/zccx/tjgb/0aeb930262974effaddfc41a45ceef58.htm。

13181 个，医疗按摩机构 894 个。623 人获得盲人医疗按摩人员初级职务任职资格，66 人获得中级职务任职资格。

（七）腾讯“信息无障碍”行动[①]（信息无障碍研究会，2018 年 12 月 4 日）

在 2015 年，信息无障碍研究会与腾讯合作，协助全国人大代表、腾讯董事会主席兼首席执行官马化腾在全国两会上发表关于“信息无障碍”相关提案，呼吁加快移动互联网信息无障碍标准建设，帮助残障人士享受技术进步带来的红利。

从 2013 年开始，信息无障碍研究会与腾讯开始紧密合作，目前，包括旗下微信、QQ、QQ 空间、腾讯网、腾讯新闻、应用宝、腾讯电脑管家、全民 K 歌、QQ 浏览器、QQ 邮箱、微信读书、腾讯地图、腾讯云、企鹅 FM 等产品均已针对残障用户进行优化。

无障碍社交平台

目前 QQ 和 QQ 空间已经成为国内视障群体最主要的网络社交平台，为视障人群搭建与外界沟通的桥梁。微信的主要功能均已支持读屏使用，同时持续优化完善文字输入、语音转文字、朋友圈等操作，帮助残障人士顺利获取信息，与他人进行无障碍社交。

其他无障碍产品

打造无障碍产品，为残障人士带来全新生活及文化体验。信息无障碍研究会与腾讯携手，在公共服务、出行和游戏等领域上尝试无障碍功能优化，成为产品和服务的新特色、新亮点，给予残障群体全新的生活和特色体验。譬如，腾讯地图携手故宫，开发了“玩转故宫”导览小程序，在信息无障碍研究会的协助下，增加无障碍化功能，视障人群可通过声音读取地点、道路、推荐路线、景点讲解等内容，获得更好的故宫游览体验。

成立联盟

2013 年，信息无障碍研究会联合腾讯、阿里巴巴、百度、微软（中国）共同发起成立了中国信息无障碍产品联盟，组建了国内首支信息无障碍专家团队，参与国内多项标准规范的制定，共同推动中国信息无障碍发展进程。截止到 2018 年 12 月，已有 46 家企业/机构加入联盟。

开放技术

腾讯开放技术，助力信息无障碍发展。2018 年 3 月，腾讯在科技无障碍发展大会宣布对外开放无障碍 AI 相关技术。QQ 空间启动“无障碍 AI 技术”对外开放项目，首批包括 OCR 文字识别、语音合成、图片转语音三大无障碍 AI 技术，将通过“多媒体 AI 平台”小程序上的“无障碍 AI”入口，为企业、开发者提供接入服务。为残障人士建设更

---

① 信息无障碍研究会：《腾讯获颁联合国大奖！信息无障碍有重要贡献！》，https://m.sohu.com/a/279732785_100298960/。

加友好的信息社会。

（八）国际劳工组织全球商业与残障网络中国分支（GBDN-China）[①]

GBDN－China于2018年7月启动，是联合国保护残障者权利联合项目在中国的组成部分。企业将共同努力，分享经验和知识，为残障人士融入中国商业社会减少障碍、提高效率。该网络的创始成员包括五家中国雇主和九家跨国公司——中国网、重庆远大印务、湖南安邦制药、山东科大中天、优客工场、雅高酒店、家乐福、伟创力、IBM、摩根大通、欧莱雅、索迪斯、渣打环球商业服务有限公司和太仓中德善美实业。GBDN-China自成立以来，会员单位利用该平台交流经验，相互学习。2018年12月3日，菁客平台（Ajingga. com）启动了该平台第一项公众计划，通过搭建一个综合招聘平台来打破身有残障的求职者、其家人和老师以及用人单位之间的信息障碍。在2019年，GBND-China会员单位在残障融合就业方面的努力进一步升级。

各会员单位在"可持续招聘"和"成功留任"两个相同主题下分别采取了不同的落地方式。雅高酒店集团举办了手语培训项目，同时公司还进一步加强实施包容和多元企业文化项目，以加强残障员工通往管理职位的职业晋升通道。湖南安邦制药出版了《超经济分析：融合就业与安邦制药模式》一书，书中记录了不同的残障者融合就业模式。渣打环球商业服务有限公司启动了新的职业培训项目，名为"成功之路：搭建残障者融入职场的支持体系"，项目的目标是提高学生的合作意识和领导能力。

通过向太仓中德善美实业学习，伟创力珠海公司在其企业内成立了融合工场，专门接纳智力残障员工。这一实践表明，智力残障人士也可以成为组织中的一员，并进行稳定的高质量工作。伟创力珠海公司企业社会责任总监及GBDN-China副主席Sarah Albert女士指出："最重要的是要接受失败，从试验和失误中学习经验。我们应当超越旧有方式，这些方式限制了残障者从事某些工作，甚至更糟糕的是，让残障者根本没有工作可做。"

融易咨询在2019年定期组织会员单位的联合活动，以及寻求外部顾问评估和提出改进意见，借此帮助各会员单位交流经验。融易咨询还促成了GBDN-China和各所从事残障者就业研究的中国高校之间的合作。

（九）中德融创工场赋能障碍员工[②]（中德融创工场，2020年3月）

中德融创工场的目标是赋能残障员工，使他们的职业技能和社交能力都有所提高。

---

① 《ILO全球商业与残障网络中国分支（GBDN-China）2019年工作成果回顾》，国际劳工组织网，https://www. ilo. org/beijing/information-resources/public-information/press-releases/WCMS_734023/lang－－zh/index. htm；《国际劳工组织全球商业与残障网络－中国分支正式成立》，国际劳工组织网，https://www. ilo. org/beijing/information-resources/public-information/press-releases/WCMS_635950/lang－－zh/index. htm。

② 中德融创工场&融合咨询&职业培训师学院：《中德融创工场年报2019》，第2—3页，http:// www. inclusion-factory. com/wp-content/uploads/2020/03/% E4% B8% AD% E5% BE% B7% E8% 9E% 8D% E5% 88% 9B% E5% B7% A5% E5% 9C% BA% E5% B9% B4% E6% 8A% A5－2019－Inclusion-Factory-Annual-Report－2019. pdf。

中德融创工场为智障员工推出个人发展计划，使用积累的量化数据，持续跟进和评估每位员工的进步。在充分尊重员工选择的前提下，为每一位员工都设定了长期发展目标。这些长期目标被细分成不同的短期目标，中德融创工场运用多元的培训方法一步步去实现。

在融合咨询服务的支持下，26 位残障员工在主流职场中实现就业。

中德融创工场与伟创力珠海公司合作，把融合模式拓展到伟创力融合工场，雇用了 16 名智力障碍员工。

（十）《关注残疾人就业：找工作，也能走“无障碍通道”》[①]（人民日报，2018 年 8 月 2 日）

当前，不少地方都在想方设法为残疾人找工作铺就“无障碍通道”。有的通过福利企业集中安置残疾人；有的通过提供场地和培训，扶持残疾人自主就业创业；有的鼓励用人单位安排残疾人按比例就业。不少残疾人可以拿到高于同行业、同岗位的工资，并跻身新型行业、核心岗位。

近年来，残疾人就业渠道进一步拓宽，越来越多的残疾人能够在工作中实现自我价值。

在我国，集中就业、自主就业创业、按比例就业等残疾人就业形态，发挥着重要作用。福利企业如何集中安置残疾人就业？残疾人自主就业创业，政府该如何帮扶？按比例安排残疾人就业制度，发展情况如何？记者在多地进行了采访。

集中就业　工资额外发　社保有补助

“软化板及铅笔制造企业 1 家、竹木加工企业 4 家……”说起县里参与集中安置残疾人的福利企业，浙江省丽水市庆元县人社局乡镇社会保障员吴菁华如数家珍。这些企业职工总数 213 人，其中残疾人 101 人。

在浙江贝斯特软化板有限公司，制笔车间里有不少坐着轮椅来上班的残疾职工。“这些工作不需要来回跑动，腿脚有残疾的人适合在这里工作。”公司负责人吴明玉介绍说，“目前，我们已经一次性安置了 48 名残疾员工。福利企业给残疾人的工资，一般是同行业、同岗位的 120%，最高的能达到 7000 多元。还有社会保险费方面，残疾人个人需要缴纳的部分，我们会适当给予补助。”

面向集中安置残疾人的福利企业，庆元县也出台了支持政策。对于企业实际缴纳的社会保险费，给予 50% 的补助。对于超比例安置残疾人的福利企业，其安置残疾职工比例超出 25% 的部分，每人每年按当地最低工资标准给予 1 个月的奖励。

除了福利企业集中安置外，庆元县还设有公益性岗位。庆元县松源街道的沈建成，之前在一家建筑公司打工，不幸从高处跌落，造成三级肢体残疾。沈建成再去找工作时，

---

① 《各地想方设法为残疾人拓宽就业渠道，找工作也能走“无障碍通道”（关注残疾人就业②）》，广西新闻网，http://news.gxnews.com.cn/staticpages/20180802/newgx5b6272dc-17531620.shtml。

总不如意，收入时断时续，生活陷入困境。前不久，在全县残疾人就业创业情况摸底调查中，吴菁华了解到沈建成的困难，协助他报考了定向招考残疾人的公益性岗位。

“残疾人虽然身体有缺陷，但求职意愿强、工作责任心强，是不可多得的好职工。”庆元县人力社保局局长胡小灵说，目前全县共有102个面向残疾人的公益性岗位。其中，乡镇街道的残疾人专职委员11个，村庄、社区的残疾人专职协理员60个、残疾人环卫工31人。庆元县自开展“一对一精准助残”专项行动以来，已有1472名残疾人实现再就业。

自主就业创业　建爱心摊位　改培训模式

“自从有了残疾人创业爱心小屋，终于不用再像以前那样，风里来雨里去地遭罪了。”内蒙古通辽市科尔沁区的王世贤说。

过去20多年，身患残疾的王世贤一直和妻子流动卖水果。由于没有固定的经营场所，收入很难保障。好在，今年助残日这一天，他的困境得到了解决。通辽市科尔沁区的80家残疾人创业“爱心小屋”集体开业，他通过抽签得以免费入驻，拥有了自己的店面。

“今年我们向政府申请了50万元资金，联合市场管理公司、城管等部门打造了‘残疾人就业一条街’，在交通便利、人流量大、创业条件比较成熟的地段设立了80个‘爱心小屋’，免费提供给残疾人商户使用两年。”通辽市科尔沁区残联教就部主任曹春妍介绍说。除了2000元押金外，入驻的残疾人商户不需交纳任何其他费用。当地通过抽签形式，确定“爱心小屋”的编号和位置，统一地点、统一标识、统一管理，扶持残疾人创业。

像王世贤一样的残疾人，在科尔沁区还有很多。由于缺乏一技之长，他们的就业创业难度较大。而以往的培训，有些采取填鸭式的培训模式，人员多、时间短，残疾人对培训的内容不能充分理解，培训效果不明显。

“近年来，我们对培训工作进行了改革，变大班制为小班制，变短班制为长班制，学员什么时候完全学会，什么时候结业。”曹春妍说，“在培训内容上，我们选择适应市场、利于创业就业、门槛低、小而精、接地气的项目，聘请各行业的行家里手作为讲师，让残疾人学员在掌握技能的同时，还能深刻了解行业的动态，激发他们的创业就业意愿。”为此，科尔沁区残联相继开办了残疾人磨工、电子商务、收银员（会计）、手工编织、葫芦雕刻等职业技能培训班，取得了较好的效果。

今年46岁的“袖珍人”李莹，通过参加培训，掌握了手工编织和葫芦雕刻两项技能。经过不懈钻研，她还学会了在鸡蛋上雕刻的技艺。如今，她通过“爱心小屋”开办了一家手工作坊，出售她制作的手工艺品。“现在我也能靠自己的双手，来编织美好的生活了。等将来生意好了，我希望有能力回报社会，造福其他的残疾同胞。”李莹表示。

按比例就业　岗位在升级　企业也受益

在渣打环球商业服务有限公司的办公大楼内，小张正忙碌着。1年前，他从天津理工大学聋人工学院毕业后，通过市残联组织的专场招聘会，成为公司行政部门的文员。

在天津市推动残疾人按比例就业中，渣打环球商业服务有限公司表现较为突出。

“2017 年，我们新增录用残疾人 13 名，整体残疾人用工人数比 2016 年增加 3 倍多。”该公司人力资源总监张融说，“近年来，越来越多的岗位向残疾人就业者开放，包括一些核心岗位”。

张融算了笔账：每招收 1 个残疾人，就会为企业节省 5 万元至 6 万元的残疾人保障金。通过安排残疾人就业，公司可获得残疾人保障金减征，及残疾员工个人所得税方面的优惠政策。

目前，天津市有残疾人 79 万，其中持证残疾人 32 万。《天津市残疾人就业保障金管理办法》规定，用人单位安排残疾人就业的比例低于本单位在职职工总数 1.5% 的，要缴纳保障金。征收的残疾人就业保障金，纳入地方一般公共预算统筹安排，主要用于支持残疾人就业和保障残疾人生活。

2014 年，天津市委组织部等 7 个部门联合出台《关于促进残疾人按比例就业的实施意见》，明确提出：党政机关、事业单位及国有企业应当为全社会作出表率，率先招录和安置残疾人，应当按规定预留一定数量的岗位用于按比例安排残疾人。到 2020 年，所有市级党政机关、区县人民政府残疾人工作委员会每个成员单位至少安排 1 名残疾人。

今年全国助残日，天津市将助残日升级为助残月，市残联联合市人力社保局、市国资委等部门举办天津市残疾人专场招聘活动，组织 217 家用人单位提供 1200 余个就业岗位。

天津市残疾人劳动服务中心职介服务科科长周萱介绍，为推动残疾人按比例就业工作，天津市定期举办残疾人雇主培训会，用实际案例介绍残疾人就业保障金政策及促进残疾人就业的各项补贴制度，提高用人单位安置残疾人就业的意识，指导用人单位开发适合的残疾人岗位。越来越多的企业开始接纳残疾人就业，提供的职位也从体力劳动拓展到动画设计、软件开发等新型行业。

（十一）《中国智力障碍人士融入社会指南：职场融合之路》[①]（中德融创工场，2019 年 10 月）

残障招聘的八大误区

误区 1：“残障人只是社会的少数”

事实上，中国有 8500 万残障人，这意味着每 15 个人之中就有一位是残障人，全国近 20% 的家庭受残障影响。世界卫生组织统计，在世界总人口中，大约 15% 的人有某种形式的残障。随着年龄的增长，每个人都会或多或少遇到身体、精神等方面的损伤，这些损伤与外部的环境、信息、态度等障碍形成互动，便会导致“残障”。

误区 2：“残障员工效率比较低”

与其他任何员工一样，一个员工如果没有获得合适的工作条件，就会出现效率问题。通过适当的培训及合理的便利措施，残障员工可以更高效地完成工作，并具有更强的工

---

① 《中国智力障碍人士融入社会指南：职场融合之路》，中德融创工场网，http://www.inclusion-factory.com/wp-content/uploads/2019/10/IF-Inclusion-Report.pdf。

作黏性和忠诚度。自20世纪40年代以来，全球各个国家的企业便开始对残障者的工作能力进行研究，结果持续地证明残障员工的绩效等同于甚至高于其他员工，且有着更高的留用率、更低的缺勤率。

误区3："雇用残障员工风险大"

安全第一对于任何企业和员工来说都是首要原则。调查显示，残障员工在"安全"方面的绩效表现远远优于其他员工，这是因为残障员工对于工作场所的安全问题有更高的意识。残障者通常对自己的强项和弱项都很了解，对潜在的危险或意外会谨慎地防范。企业可以咨询残障员工和专业人士，提前排查可能的风险。这样的调整并不只是为了满足残障员工的特殊需求，实践证明，一个对残障者安全的工作环境，对所有员工都更为安全。

误区4："残障员工很难解雇"

中国法律并没有不可辞退残障人的规定。根据《劳动法》规定，如果该员工的残障并非工伤导致，依法解除劳动合同的条件与其他员工相同。

误区5："残障员工需要的设施或便利措施成本很高"

大部分便利措施几乎不需要什么成本，比如灵活的工作时间、工作内容的调节、工位的调整等。据统计，仅有不到25%的残障者需要合理便利，而其中46%的合理便利是免费的，另有45%是一次性开支，通常不超过3000元人民币。

误区6："我们公司没有适合残障者的岗位"

残障并非一个同质化的概念，每一个残障者都有能力、经验、兴趣等的差异。不适合某一位残障者的工作，可能与另一位残障者非常匹配。而大部分岗位在经过合理的调整以后，都能够符合尽可能多的残障员工和非残障员工工作所需的条件。如果一开始不知道从何入手，企业可以咨询残障相关机构，对现有的岗位进行分析，识别和开发出最容易成功的第一批岗位，并进行合理调整。

误区7："我们找不到合适的残障人才"

目前残障人才的渠道相对分散，相对于通过渠道来"推"职位，企业主动"拉"人可能是更高效的做法。企业可以创造适宜的条件，表达包容的意愿，打造残障友好的雇主品牌，主动吸引残障人才。许多企业通过提供试岗、见习、实习、培训生等机会，培养了许多长期的未来人才，也对这些人才更为了解，能够更好地与岗位形成匹配。

误区8："残障人很敏感，和他们沟通必须小心翼翼"

在与任何人的沟通中，我们的很多顾虑并不是因为对方敏感，而是源于我们对对方缺乏了解。与残障人沟通，最大的原则是把关注点放在这个"人"和"能力"上，而不是他/她的"残障"和"不足"上，就像对待其他员工一样。如果不确定怎么做，可以礼貌地直接询问对方。大部分残障者也很清楚非残障者对自己不了解，鼓励他们指出沟通中的问题，营造一个包容开放的团队合作氛围才是最重要的。

实现共融的三种模式

一、把部分工作外包给庇护工场

庇护工场是一个受控的工作环境，配有必要的硬件设施、情感支持和训练有素的职业培训师，让残障人士实现就业成为可能。工作任务通常围绕简单的机械组装工作展开，通常使用气动或电动的生产工具。员工将在工作中不断受到监督和支持，在不会影响产品质量或交付时间的同时，尽可能地确保生产安全。这种庇护工场在海外非常普遍。

二、在你的单位雇用残障人士

除了外包给庇护工场之外，更进一步的做法是按照您的蓝领或行政运营计划聘用残障人士。此步骤通常会进行一些调整，例如，通过培训和研讨会使现有员工提前做好准备，对基础设施进行一些改进，如使轮椅可在办公场所中不受限制地行动，重新设计工作装置等。

三、建立自己的庇护车间

这意味着您的单位在现有的运营框架内建立一个新的庇护车间。这种内部庇护环境通常在剩余的生产周期内提供装配服务，这也是企业承担社会责任的一种象征。

五　延伸阅读

- CRPD Committee，*General Comment No 3*，*Article 6*：*Women and Girls with Disabilities*（2016），https://tbinternet.ohchr.org/_layouts/treatybodyexternal/Download.aspx?symbolno=CRPD/C/GC/3&Lang=en.
- ILO，*Code of Practice on Managing Disability in the Workplace*（2001），www.ilo.org/public/english/standards/relm/gb/docs/gb282/pdf/tmemdw-2.pdf.
- ILO，*Decent Work for Persons with Disabilities*：*Promoting Rights in the Global Development Agenda*（2015），www.ilo.org/wcmsp5/groups/public/---ed_emp/---ifp_skills/documents/publication/wcms_430935.pdf.
- ILO，*Disability-A Human Rights Issue*（2014），www.ilo.org/wcmsp5/groups/public/---ed_emp/---ifp_skills/documents/publication/wcms_229918.pdf.
- ILO，*Global Business and Disability Network*（videos），www.businessanddisability.org/index.php/en/resources/videos.
- ILO，*Making Apprenticeships and Workplace Learning Inclusive of Persons with Disabilities*，Policy Brief（2018），www.ilo.org/wcmsp5/groups/public/---ed_emp/---ifp_skills/documents/publication/wcms_633257.pdf.
- ILO，*Vocational Rehabilitation and Employment*（Disabled Persons）Convention，No. 159（1983），www.ilo.org/dyn/normlex/en/f?p=NORMLEXPUB：12100：0：：NO：：P12100_INSTRUMENT_ID：312304.
- ILO，*Vocational Rehabilitation and Employment*（Disabled Persons）Rec-

ommendation, No. 168 (1983), www. ilo. org/dyn/normlex/en/f? p = NORMLEXPUB: 12100: 0:: NO:: P12100_ILO_CODE: R168.

• Shari Trewin et al., *Considerations for AI Fairness for People with Disabilities* (2019), http://sigai. acm. org/static/aimatters/5-3/AIMatters-5-3-09-Trewin-accesible. pdf.

• 程骞:《残障者平等就业权的国际标准和国内规范——基于联合国工商业与人权框架的考察》,《残障权利研究》(第2卷第1期),社会科学文献出版社,2015。

• 程骞:《消除残障就业歧视的官方举措:香港的实践及〈工商业与人权指导原则〉的启示》,《残障权利研究》(第2卷第2期),社会科学文献出版社,2016。

• 廖慧卿:《交换、福利抑或挤占——残障人士的保护性就业》,《社会学研究》2014年第1期。

• 朱健刚、严国威:《从庇护性就业到支持性就业——对广东省残疾人工作整合型社会企业的多个案研究》,《残疾人研究》2019年第1期。

• 邹波、杨立雄:《福利企业的发展与残疾人就业政策改革》,人民出版社,2018。

六 案例

阿里巴巴视障云客服[①]

阿里巴巴云客服业务负责人日前透露,自2019年下半年起,首批视障云客服已经正式加入阿里巴巴云客服队伍,并将首次服务天猫双11。在这些视障云客服中,有的人曾经做过按摩推拿,有的人从未参加过工作。靠读屏软件辅助和勤奋学习,这些人成了阿里巴巴在线客服中的一员。

由于先天性白内障,"90后"冯家亮很小的时候就被告知自己终有一天会失明,身边人跟他说的最多的就是"读书有什么用,反正以后都要做按摩"。如今,冯家亮成为全国首位视障云客服,才两个月时间,冯家亮已能够同时在线服务四名客户。

据了解,在我国视障群体中,按摩推拿一直是盲人就业的"第一职业",

---

① 《盲人就业不再局限于推拿按摩全国首批视障云客服在阿里巴巴上岗》,见于公益时报网,http://www. gongyishibao. com/html/gongyizixun/17420. html。

甚至是“唯一职业”。在一些城市，从事推拿按摩的视障者人数甚至占到该群体总数的96%。视障群体的就业途径十分狭窄，而就业需求极大。截至目前，阿里巴巴围绕视障云客服的招募已经开展过6期，累计收到报名简历数百份。

成为云客服以来，即便眼睛完全看不见，冯家亮的业绩却不输其他任何人。在他看来，除了工作上别人用眼睛他用耳朵，自己跟明眼人并没有什么不同。

据阿里巴巴云客服业务负责人杨丹介绍，除视障云客服之外，在岗云客服队伍中残障云客服总占比已经超过两成，不少表现优秀的残障云客服已“月入过万”。随着互联网行业和技术的发展，视障群体的就业途径正在扩宽。云客服之外，在阿里巴巴生态中，视障工程师、视障淘宝卖家等新职业越来越多，视障者就业有了更多新机会。在即将到来的天猫双11，视障云客服还将首次加入双11的服务阵营。

七　思考题

1. 主要的残障模式有哪些？联合国《残疾人权利公约》采纳了何种残障模式？

2. 不同形式的歧视有哪些？残障者遭受就业歧视的例子有哪些？

3. 什么是“合理便利”？公司为员工提供合理便利的例子有哪些？

4. 按比例就业制度（就业配额制）有何利弊？按比例就业制度在实践中可能会面临哪些挑战？

5. 如何认识“交叉性”问题？残障女性在就业中可能面临哪些挑战？

第二十五章　土地问题和移民

引　言

土地权和土地使用权是财产权的一个方面，对于确保农村人群的生计至关重要。当涉及土著人民时，土地权利尤其受到强有力的保护（第 22 章）。即使农村社区不是土著人群，当经济发展需要他们赖以生存的农田时，他们受到伤害的风险更高。强迫迁移、补偿不足、警察暴行（第 26 章）、恐吓和威胁引起了严重的人权问题，并且是一种相当普遍的现象。

事实上，大型农业项目，采掘业（采矿业、石油和天然气）和林业部门的工业活动以及其他大型基础设施项目（如水坝）因农村社区大规模流离失所而臭名昭著。为这些项目提供支持的金融机构（如发展银行、商业银行、投资基金）应承担很重的责任。由于持续的批评，世界银行制定了一项关于如何重新安置社区、尊重其权利并维持或改善其生计的特殊政策。该政策现在是一项权威的软法律文书（第 2 章），由赤道原则等多利益相关方和为发展中国家的高风险项目提供资金的商业银行使用。关注对妇女的影响（第 23 章）对于避免严重虐待和最大限度地成功重建新地方生计尤为重要。大规模的搬迁有时被称为“土地掠夺”，国家和企业进行串通，通常通过腐败行为，忽视当地人群的合法利益和权利。了解土地的政治经济以及正式和习惯土地法的共存至关重要，这可以通过社会和人权影响评估来实现（第 9 章）。开发银行通常要求进行此类评估，作为融资的条件。然后，公司和投资者可以进行人权尽职调查（第 6—14 章），解决潜在滥用的根本原因，并提出可能涉及多个利益相关者的可持续解决方案（第 5 章）。环境退化（第 29 章）和设计不良的大型农业和工业项目一起出现，在法律框架（第 1 章）和司法机构效率较低的国家（第 6 章）存在差距。

一　要点

- 流离失所（物理或经济）
- 重新安置（自愿或非自愿）
- 补偿方案（土地、现金或实物）

- 土地权和使用权（法律或传统）
- 征用（政府和法律程序的作用）
- 改善或至少恢复流离失所者生活水平的原则
- 民生
- 利益分享
- 计划（移民安置行动计划和生计恢复计划）
- 性别平等
- 农业投资（大小规模）
- “抢地”
- “资源诅咒”
- 外国投资者和母国的责任
- （本国的）域外人权义务

二　背景

（一）国际金融公司《移民安置行动计划编制手册》①

国际金融公司将继续遵守一系列基本原则，以解决与其投资项目相关的非自愿移民的不利影响。这些原则是：

- 应该避免非自愿移民；
- 如果非自愿移民无法避免，受此影响的所有人都应得到全额和公平的资产损失补偿；
- 应将非自愿移民视为改善受影响人群生计的机会，并采取相应措施；
- 应咨询受非自愿移民影响的所有人，并为确保减轻不利影响以及移民安置的利益是适当和可持续的，使他们参与移民安置规划。

常见的移民安置类型及与之相关的问题包括：

农村移民：农村地区人口的流离失所通常是由于项目对农田、草场、牧场的征用或阻碍对受影响人群赖以生存自然资源的使用（如林产品、野生动植物和渔业）。与农村移民相关的主要挑战包括：根据土地或资源恢复收入的要求；需要避免损害受影响社区的社会和文化连续性，包括可能重新安置

① International Finance Corporation (World Bank Group), *Handbook for Preparing a Resettlement Action Plan* (2002), https://www.ifc.org/wps/wcm/connect/ee19f150-f505-41db-891f-6ef5557195b6/ResettlementHandbook.PDF?MOD=AJPERES&CACHEID=ROOTWORKSPACE-ee19f150-f505-41db-891f-6ef5557195b6-jkD0CRL.

流离失所的东道社区。

城市移民：在城市或城市周边地区移民通常会导致物质和经济上的流离失所，影响住房、就业和企业。与城市移民相关的一个主要挑战是恢复基于工资或以企业为基础的生计，而这些生计往往与地理位置相关（例如靠近工作、客户和市场）。应选择安置点，以保持受影响人口与既定就业和收入来源的接近程度，并维持邻里网络。在某些情况下，城市人群的流动性以及随之而来的农村社区特征的社会安全网的削弱要求移民计划者特别关注弱势群体的需求。

线性移民：线性移民指项目具有线性征地模式（高速公路、铁路、运河和输电线路）。在人口稀少的农村地区，诸如输电线路之类的线性项目可能对任何单一的土地所有者产生的影响最小。补偿的特点是针对临时损失资产（如农作物）的大量小额付款。如果设计合理，线性项目可以轻松避免或最大限度地减少永久性结构的拆除。相反，在人口密集的城市地区，诸如道路改造之类的线性项目可能需要沿着项目拆除建筑物，从而显著影响大量人群。线性移民与特定地点移民的安置不同，当移民涉及多个行政管辖权和/或不同的文化和语言区的协调时会产生大量问题。

特定地点的安置：特定地点的移民安置与离散的非线性项目相关，如工厂、港口、公路交会处、酒店、商业种植园等，这些土地征用涉及固定区域。然而，与采矿和其他采掘业（如石油和天然气）相关的现场特定安置可能需要长期持续征地。因此，社区的流离失所可能会发生在数年甚至数十年内。除非移民是绝对必要的，可能会流离失所的社区未来更倾向于留在原地。这种渐增式移民的主要挑战是在项目的整个生命周期内保持一致的补偿和收入恢复方法。同样，水电和灌溉项目的建立可能导致农村社区的重大经济和物质改变。在投资有潜在巨大影响和有争议的项目时，国际金融公司要求项目支持发展计划，以便使受影响的人们在明显改善的社会和经济条件下重建家园。

（二）Shift《人权机会》[①]

与土地有关的权利及其与可持续发展目标的联系。

---

① Shift et al.，The Human Rights Opportunity，15 Real-life cases of how Business is Contributing to the Sustainable Development Goals by putting People First（2018），https://shiftproject.org/wp-content/uploads/2018/08/TheHumanRightsOpportunity_Shift.pdf.

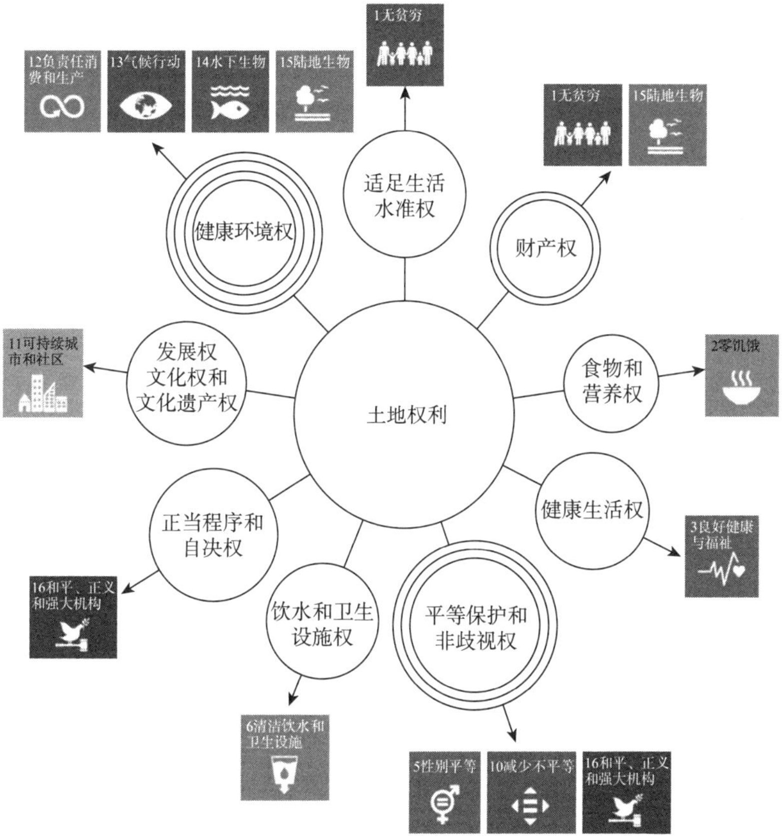

三　国际文件与域外材料

（一）《世界人权宣言》①

第十七条

1. 人人得有单独的财产所有权以及同他人合有的所有权。

2. 任何人的财产不得任意剥夺。

① The Universal Declaration of Human Rights (1948), https://www.ohchr.org/zh/human-rights/universal-declaration/translations/chinese.

（二）联合国农民和农村地区其他劳动者权利宣言[①]

第一条

1. 为本宣言之目的，农民是指任何单独或与他人一起或作为一个群体从事或试图从事小规模农业生产以维持生计和（或）进行交易、较大程度上但未必完全依靠家庭或家庭劳动及其他无金钱交易的劳动组织方式并对土地有特殊依赖和依附关系的人。

（……）

3. 本宣言也适用于在土地上劳作的土著人民和当地社群，移牧、游牧和半游牧社群以及从事上述活动的无地人员。

4. 本宣言还适用于种植园、农场、林场、水产养殖场和农工企业雇用的工人，包括所有移民工（不论移民身份）和季节工。

第二条

3. （……）国家在通过和执行法律、政策和国际协定以及其他可能影响农民和农村地区其他劳动者权利的决策之前，应通过农民和农村地区其他劳动者自己的代表机构同他们进行诚意协商与合作，在作出决定之前与可能受影响的农民和农村地区其他劳动者交流并取得他们的支持，并对他们的意见作出回应，同时考虑到各方力量不平衡的现状，确保个人和团体积极、自由、切实、有意义地且知情地参与相关决策进程。

4. 国家应以符合适用于农民和农村地区其他劳动者的人权义务的方式，拟订、解释和适用已加入的相关国际协定和标准。

5. 国家应采取一切必要措施，确保私人和私营组织以及跨国公司和其他工商企业等受国家监管的非国家行为体尊重和加强农民和农村地区其他劳动者的权利。

（……）

第三条

2. 农民和农村地区其他劳动者有权决定和制定优先次序和战略，以行使其发展权。

3. 国家应采取适当措施，消除导致歧视农民和农村地区其他劳动者或助长这种歧视（包括多重和交叉形式的歧视）持续存在的条件。

（……）

---

① UN, *Declaration on the Rights of Peasants and Other People Working in Rural Areas* (2018), https://digitallibrary.un.org/record/1650694?ln=en.

第五条

1. 根据本宣言第二十八条，农民和农村地区其他劳动者有权获得并以可持续的方式使用享有适当生活条件所需的社区内的自然资源。他们还有权参与这些资源的管理。

2. 国家应采取措施，确保对农民和农村地区其他劳动者一贯持有或使用的自然资源有影响的任何开发活动须符合（但不限于）下列条件：

（a）对社会和环境影响作出适当评估；

（b）已根据本宣言第二条第3款进行了诚意协商；

（c）已根据双方同意的条件，确定了自然资源开发方与农民和农村地区其他劳动者之间公平和公正地共享资源开发利益的模式。

第十五条

1. 农民和农村地区其他劳动者享有充足食物权和免受饥饿的基本权利。这包括生产食物的权利和获得充足营养的权利，以保障他们有可能享有最高的身体、情感和智力发育水平。

2. 国家应确保农民和农村地区其他劳动者始终能通过物质和经济手段获取充足、适当的食物，这些食物应以可持续且公平的方式生产和消费，尊重他们的文化，同时为子孙后代保全获取食物的条件，且能确保农民和农村地区其他劳动者能够单独和（或）集体享有符合其需要的、物质上和精神上充实且有尊严的生活。

（……）

4. 农民和农村地区其他劳动者有权决定自己的粮食和农业系统，许多国家和地区承认这是粮食主权。这包括有权参与关于粮食和农业政策的决策进程，并有权享有以尊重他们文化、无害生态且可持续的方式生产的健康和充足的食物。

（……）

第十六条

1. 农民和农村地区其他劳动者有权让自己和家人享有适当生活水准，有权得到帮助获得实现这一点所需的生产资料，包括生产工具、技术援助、信贷、保险和其他金融服务。他们还有权单独和（或）集体、与他人一起或作为一个群体自由使用传统的耕作、捕鱼、牲畜饲养和植林方法，并有权发展社区商业化体系。

2. 国家应采取适当措施，支持农民和农村地区其他劳动者使用必需的运输工具以及加工、干燥和储存设施，以便在地方、国家和区域市场中以能够保障他们体面收入和生计的价格出售自己的产品。

3. 国家应采取适当措施，壮大和支持地方、国家和区域市场，以便为农民和农村地区其他劳动者提供便利，确保他们能充分且公平地进入这些市场并参与其中，以能使自己和家人达到适当生活水准的价格出售自己的产品。

4. 国家应采取一切适当措施，确保其农村发展、农业、环境、贸易和投资政策及方案切实有助于保护和加强地方上的各种谋生手段，同时有助于向可持续的农业生产模式转型。国家应尽可能刺激可持续生产，包括农业生态生产和有机生产，并为农民与消费者的直接交易提供便利。

（……）

第十七条

1. （……）农民和其他在农村地区生活的人单独和（或）集体享有土地权，（……）。

（……）

4. 农民和农村地区其他劳动者有权受到保护，免于被任意非法赶出自己的土地或惯常居住地，（……）。

（……）

6. 在适当情况下，国家应采取适当措施开展土地改革，以促进农民和农村地区其他劳动者广泛和公平地获得享受适当生活所需的土地和其他自然资源，并应考虑到土地的社会职能，限制土地的过度集中和对土地的过度控制（……）。

（……）

第十八条

1. 农民和农村地区其他劳动者有权养护和保护环境及自己土地的生产能力，有权养护和保护自己使用和管理的资源。

2. 国家应采取适当措施，确保农民和农村地区其他劳动者可以不受歧视地享有安全、清洁和健康的环境。

（……）

（三）国际金融公司《绩效标准5——土地征用和非自愿迁移》①

1.《绩效标准5》认识到，与项目有关的土地征用和对土地使用的限

① International Finance Corporation (World Bank Group), *Performance Standard 5 – Land Acquisition and Involuntary Resettlement* (2012), https://www.ifc.org/wps/wcm/connect/75de96d4-ed36-4bdb-8050-400be02bf2d9/PS5_English_2012.pdf?MOD=AJPERES&CVID=jqex59b，中文版见 https://www.ifc.org/wps/wcm/connect/5da71772-f470-488f-bdd5-85d3ae0c3eec/PS5_Chinese_2012.pdf?MOD=AJPERES&CVID=jnaibT4。

制，可能会对使用该土地的社区和个人造成不利影响。非自愿迁移是指由于与项目有关的土地征用和/或土地使用限制而导致的实体迁移（搬迁或丧失居所）和经济迁移（丧失资产或失去使用资产的渠道，导致丧失收入来源或其他生计）。当受影响的个人或社区无权拒绝土地征用或土地使用限制，从而导致实体或经济迁移时，则被视为非自愿迁移。(……)

3. 为帮助避免强行征用，并消除利用政府职权来强行搬迁的需要，客户应使用磋商解决的办法，来达到本绩效标准的要求，即使他们拥有无须卖方同意也可取得土地的合法手段。

5. 本绩效标准适用于（……）某些项目情形需要驱逐一些土地占用者，而这些人士对该土地的使用权是非正式的、传统的或受到认可的；（……）虽然这些人士对所占用的土地没有正式权属，但本绩效标准要求：保留、替代或补偿他们的非土地资产；迁移过程应做到保障其使用权；并恢复他们丧失的生计。

项目设计

8. 客户应考虑可行的替代项目设计方案来避免或尽可能减少实体迁移和/或经济迁移，同时使环境、社会和经济成本与收益达到平衡，尤其应关注对贫困和弱势群体的影响。

移民补偿和权益

9. 如迁移不可避免，客户应根据本绩效标准中的规定，按全部重置成本补偿迁移社区和个人的资产损失，并提供援助来帮助他们改善生活水平或恢复生计。补偿标准应当透明，并且受迁移影响的全部社区和移民均适用统一标准。如迁移者的生计基于土地，或者土地由集体所有，客户应在可行的情况下，提供基于土地的补偿。只有在补偿已经安排得当，并已向移民提供安置地点和迁移补助后（如适用），客户才能占用所征用的土地及相关资产。客户还应向迁移社区和个人提供机会来适当地分享由项目带来的发展收益。

在下列条件下，对于资产损失适于提供现金补偿：

（1）生计不依靠土地；

（2）生计依靠土地，但被项目占用的土地仅占受影响资产的一小部分，剩余的土地仍足以维持生计；或者

（3）存在活跃的土地、房地产和劳动力市场，迁移者能够利用这些市场，并且有充足的土地和房屋供应。

（……）如果环境不允许客户按上述要求提供土地或类似资源，应提供

获取收入的替代机会。例如信贷安排、培训、现金或就业机会。仅凭现金补偿往往不足以恢复生计。

签发所有权或居住权证明以及补偿安排文件时，应注明配偶双方或户主的姓名，应确保女性能够公平地享受其他安置援助服务，例如技能培训、获得贷款和就业机会，并根据她们的需要进行调整。如果国家的法律和房产制度不承认女性拥有财产或签订财产合约的权利，应考虑采取措施，尽可能地为女性提供保护，以实现男女平等的目标。

12. 如果非自愿迁移不可避免，或者是作为经磋商的解决方案或者是征用的结果，客户应通过人口普查来采集适当的社会经济学基础数据，来确定哪些人将受项目影响而迁移，以及哪些人有资格获得补偿和援助，并防止无资格的人获取这些福利，如投机定居者。(……)

政府管理安置工作中的私营部门责任

30. 在政府负责土地征用和移民安置的情况下，客户应在政府主管机构允许的范围内与其开展合作，以实现符合本绩效标准的结果。此外，当政府能力有限时，客户应在移民安置工作的计划、实施和监控过程中发挥积极作用，如下文所述。

31. 对于通过强制手段或涉及实体迁移的磋商解决方式取得的土地权或土地使用权，客户应确认并列明政府的移民安置措施。如这些措施不符合本绩效标准中的相关要求，客户应制定辅助安置计划，与政府主管机构编制的文件共同阐明本绩效标准中的相关要求（一般性要求以及前述的实体和经济迁移要求）。客户需要在其辅助安置计划中至少纳入下列因素：

（1）识别受影响的人和影响；

（2）规范行为的描述，包括相关国家法律法规中关于移民权利的规定；

（3）采取辅助性措施以满足本绩效标准第 19 条至第 29 条的要求，且该辅助设施要得到主管机构批准并符合实施时间计划安排；

（4）客户在执行辅助安置计划的过程中应承担的财务和实施责任。

（四）联合国粮食及农业组织《负责任土地权利管理的自愿准则》①

4. 涉及权属的权利和责任

4.1 各国应努力确保对权属进行负责任治理，因为土地、渔业及森林

① Food and Agriculture Organization (FAO), Voluntary Guidelines on the Responsible Governance of Tenure of Land, Fisheries and Forests in the Context of National Food Security, https://www.ifc.org/wps/wcm/connect/75de96d4 - ed36 - 4bdb - 8050 - 400be02bf2d9/PS5_English_2012.pdf?MOD = AJPERES&CVID = jqex59b.

资源是实现人权、粮食安全、扶贫、可持续生计、社会稳定、住房保障、农村发展，以及社会和经济增长等目标的关键因素。

4.3　各方应承认没有任何一项权属权利包括私人所有权是绝对的。所有权属权利都受制于他人权利及国家出于公共目的所采取的必要措施。这些措施应依据法律来确定，目的仅在于要促进包括环境保护在内的公共福利，并应符合各国的人权义务规定。权属权利也对应着义务的平衡。各方均应尊重对土地、渔业和森林资源的长期保护和可持续利用。

4.4　在根据本国法律对权属权利进行审查的基础上，各国应在法律上认可那些虽合法，但目前尚未受到法律保护的权属权利。保障权属权利的政策和法律不应带有歧视性，并应考虑到性别问题。

(……)

4.6　各国应消除和禁止涉及权属权利任何形式的歧视，包括因婚姻状况变更、缺乏合法身份和经济资源获取途径等所导致的歧视。各国尤其应确保女性和男性获得平等的权属权利，包括继承权和遗赠权。这些国家行为应遵循国家法律和立法以及国际法规定的现有义务，并适当顾及在相应区域及国际文书下作出的自愿承诺。

(……)

4.8　鉴于一切人权均为普遍、不可分割、相互依存且相互联系，土地、渔业和森林权属的治理不仅应考虑与土地、渔业和森林资源的获取和使用直接相关的权利，也应考虑所有的公民权利、政治权利及经济、社会和文化权利。在此过程中，各国应尊重和保护人权维护者的公民权利和政治权利，包括农民、土著居民、渔民、牧民和农村工人的人权，并在与保护土地、渔业和森林资源的个人与组织打交道时遵守其人权义务。

4.9　各国应通过公正且具备能力的司法和行政管理机构，为公民提供及时、负担得起和有效的权属权利纠纷解决手段，包括解决纠纷的其他替代性手段，并应提供有效补救，必要时可能包括申诉权。(……)

4.10　依据国家和非国家行为体所发挥的作用，并遵照国家立法和法律，各国应欢迎并协助土地、渔业和森林资源使用者全面参与权属治理的过程，尤其是涉及领土开发的政策、法律和决策的形成及执行过程。

3. 负责任权属治理的指导原则

3.2　包括工商企业在内的非国家行为主体有责任尊重人权以及合法权属权利。工商企业应尽力避免侵害他人人权及合法权属权利。企业应采纳合适的风险管理体系，防止并消除对人权及合法权属权利的不良影响。工商企业若导致对人权及合法权属权利的不良影响，则应拟定非司法机制，并在机制下通过合作提供补救，包括在业务层面酌情采用有效的申诉机制。应确认并评估可能涉及的任何对人权及权属权利的实际或潜在影响。各国依据其国际义务，应就工商企业对人权及合法权属权利造成的负面影响提供有效司法补救的途径。如果涉及跨国企业，则企业母国需协助相关公司及其所在国，确保公司不侵犯人权及合法权属权利。各国应采取进一步措施保护人权及合法权属权利不受侵害，防止国有或受国家控制的工商企业，或是得到国家机构大量支持及服务的企业侵犯相关权利。

12. 投资

12.6 （……）各国应考虑鼓励采用一系列无需将土地大规模转让给投资者的生产及投资模式，并应鼓励与当地权属权利人建立伙伴关系。

（五）经合组织－联合国粮农组织《负责任农业供应链指南》[①]

负责任农业供应链企业政策示例

6. 自然资源的权属权利和获取

我们将尊重合法的权属权利人及其对自然资源的权利，包括潜在受我们活动影响的公共、私人、公有、集体、土著和习惯权利。自然资源包括土地、渔业、森林和水。

我们将承诺尽可能实现土地投资的透明和信息公开，包括租赁/特许权合同条款的透明，并适当考虑隐私限制。

我们将优先考虑可行的替代项目设计，以避免，或者不可能避免时最大限度地减少合法权属权利人的实体和/或经济迁移，同时平衡环境、社会和财务成本与收益，尤其关注对贫困和弱势群体的不利影响。

我们知道，各国应该根据国家法律和国情，只在公共目的需要时才征用，并应确保及时、足额和有效赔偿。

合法权属权利人受到负面影响时，我们将寻求确保权利人获得对受我们运营负面影响的权属权利的及时、足额和有效赔偿。

附件 A. 农业供应链中风险减轻与预防措施

降低风险的措施

- 识别权利人，不仅包括正式认可的权属权利人，而且还包括可能尚

① OECD-FAO，*Guidance for Responsible Agricultural Supply Chains*（2016），https://mneguidelines.oecd.org/oecd-fao-guidance.pdf.

未正式登记并确权的公共、私人、公有、集体、土著和习惯权利，包括妇女权属权利，以及其他利益攸关方，包括通过本地开放的磋商。

• 建立委员会，代表相关利益攸关方，对影响评估提出建议，尤其对初始阶段（筛选和确定范围）以及管理、监测和应急计划提出建议。应特别考虑确保土著人民、地方社区和边缘化群体充分的代表性。

• 如果建议的投资导致地方社区的实体和/或经济迁移，考虑可行的替代投资，意识到国家只有在公共目的需要土地、渔业或森林的情况下才能征用，国家应该在法律中明确界定公共目的概念。

• 权属权利人受运营负面影响时，与政府合作，以确保权属权利人通过以下方式获得公平、及时和适当的赔偿。

对于提供的赔偿，开展真诚、有效和有意义的磋商，并确保一致、透明地执行赔偿标准；

优先考虑根据土地质量、面积和价值提供赔偿，否则为损失的资产按重置成本全额提供赔偿，包括土地以外的资产（农作物、水资源、灌溉基础设施和土地改良），以及其他援助，帮助权属权利人改善或恢复生活标准或生计；

监测赔偿安排的实施情况。

• 当政府能力有限时，积极参与安置规划、实施和监测。

（六）非洲联盟《非洲大规模土地投资指导原则》①

原则 1：大规模土地投资（Large scale land based investments，LSLBI）尊重当地人民和社区对土地和土地相关资源的现有的、通常定义的权利

这意味着承认这些权利的合法性，无论这些权利是否已经正式注册。投资者政府也有责任支持符合东道国愿望并尊重人权和其他权利的投资做法。投资者有义务遵守当地、国家和国际法律和准则，以确保与其企业相关的活动不会以任何方式对社区造成伤害。当地社区也必须积极获取信息并参与谈判和决策。

原则 3：成员国建立并维持立法环境和体制安排，以管理 LSLBI 并保护利益攸关方的权利

受 LSLBI 影响的所有利益相关者，特别是受影响社区，都有权获得土地

① African Union, *Guiding Principles on Large Scale Land Based Investments in Africa* (2014), https://archive.uneca.org/sites/default/files/uploaded-documents/LPI/guiding_principles_eng_rev_era_size.pdf.

管理系统的服务。因此，成员国应确保与土地和 LSLBI 相关的法律、司法和体制安排在 LSLBI 被考虑的任何地方都可以在地方层面运作。所有这些都要求政府和地方当局在进入合同谈判之前考虑加强自身法律、技术和谈判能力的方案。这包括土地以外的立法和机构，例如与外国投资、金融和税收激励、环境问题和劳动法等有关的立法和机构。(……)

原则 4：成员国有责任在整个投资过程中提高各方的透明度

各国应要求投资者以易于获取的形式向受 LSLBI 影响的各方披露全面的项目信息，应包括有关各方身份的信息，包括投资者及其所有者、金融中介和支持者；关于特许权区域和权利的性质；关于投资计划、预期风险和机会、成本和收益；关于评估和减轻潜在的负面影响。各方都应假定会公布影响评估研究和投资合同的结果。各国在建立有效机构以处理此类公开披露以及促进多方利益相关者参与这些机构的进程方面发挥关键作用。

还应要求国家机构和投资者就对社区产生影响的所有决策寻求受影响社区的事先知情参与。

在 LSLBI 项目中的腐败行为对观察 LSLBI 的影响有重要作用，包括为了 LSLBI 的利益而未经授权将习惯土地转变为商业用地。应采取措施，使 LSLBI 中的腐败行为成为受惩罚的罪行。通过确保 LSLBI 的决策遵循规定的流程，可以进一步避免腐败。

政府和社区与投资者签订的合同应明确确定各方的权利和义务。这些权利应以具体的和可执行的条款制定，并应提供有效的安排，以监测遵守情况和制裁不遵守情况，包括在发生重大不遵守情况时终止合同。

原则 11：在国家法律中促进土地治理中的性别平等是确保 LSLBI 促进可持续发展的先决条件

促进性别平等是实现可持续发展的基础。各国政府需要认识到对资源的控制和妇女获得机会的倾斜性，并确保男女享有所有人权的平等权利，同时承认男女之间的差异，并在必要时采取旨在促进事实上平等的具体措施。

因此，会员国应确保妇女和女孩的获得土地、渔业和森林的权利及其使用权受到国内法律保护，不受个人民事及婚姻状况的影响。如果没有 LSLBI 这样的规定，妇女和女孩会进一步被边缘化。这种边缘化将对会员国可持续发展方面的愿望产生负面影响。

原则 14：LSLBI 是商业上可行且可获利益的业务，其结构旨在为国民经济提供最大利益并改善当地社区的生计

首先，各国需要确保 LSLBI 在财务和经济上可行，然后同时通过技术改进、市场、基础设施和创造体面工作（尤其是青年人）的形式，讨论并利用

LSLBI 对整个经济的更大价值。

对盈利能力的深入分析必须包括处于非洲发展核心的小农生产者的机会，特别是小农和/或小规模企业是 LSLBI 商业模式的一部分。LSLBI 既不应扭曲、垄断本地市场，也不应挤压本地小型企业。（……）

原则 16：分配给 LSLBI 项目的土地数量逐渐增加，这是因为投资者可以有效利用更多土地

迄今为止的证据表明，大多数投资者没有技术、财务和其他能力来开发分配给他们的大部分土地。LSLBI 的规模应基于对特定投资的最佳土地规模的分析，同时参考投资者的能力。对各州来说，将过多的土地突然交到投资者手中几乎没有任何价值，因为这助长了对土地的投机和社区的无端迁移。

（七）世界银行《移民安置情况简报》[1]

世界银行非自愿移民政策

非自愿移民是指两个截然不同又相互关联的过程。流离失所是指发展项目导致人们失去土地或其他资产或资源的过程。这可能导致住宅错位、收入损失或其他不利影响。安置（Resettlement）通常是指帮助受到不利影响的人改善或至少恢复他们的收入和生活水平的过程。

由世界银行支持的项目直接造成的所有失去资产或资源的人被称为有权获得补偿和/或其他形式援助的“流离失所者”。

世界银行的政策在两个关键方面超越了大多数国家（包括工业化民主国家）的相应法律：（a）要求向受影响的人提供改善（或至少恢复）收入或生计的机会，这反映出人们认识到仅仅补偿资产可能无法提供足够的机会来恢复生计；以及（b）因为世行政策的最终目的是保护生计和生活水准，世界银行政策涉及可能丧失占用土地或自然资源的法律权利的受影响人群，它还包括租户、工匠和工薪阶层，他们的生计或生活水准会因项目而受到不利影响。

对于涉及土地征收的所有项目，世界银行要求制定明确的计划来指导征地和移民安置过程。这些计划包括监测这些活动的安排，以及回应受影响人员投诉的程序。

该政策不包括在宣布有效截止日期后，为获得援助，机会性地涌入拟议项目现场的人员。

---

[1] The World Bank Group, *Resettlement Fact Sheet* (undated, accessed October 2018), http://pubdocs.worldbank.org/en/628991425483120559/resettlement-fact-sheet.pdf.

(……) 世界银行的政策还承认涉及土地征收的项目也可以提供显著改善生计和生活水平的机会。可以改善不良的住房条件。可以提供商业或就业技能。在某些情况下，可以设计惠益分享计划。经过精心的项目设计，土地征用甚至非自愿移民可以成为一个发展机遇。

(八) 世界银行《移民项目缺点》①

根据世界银行内部报告确定其实施移民安置政策存在严重缺陷，世界银行今天（2015）发布了一项计划，该计划将改善对移民安置措施的监督和管理，以更好地保护受银行资助项目影响的人员和企业。

审查了二十多年来涉及可能的移民安置的世界银行项目的三份报告，发现对这些项目的监督往往很少或没有文件记录，保护措施未得到贯彻执行，有些项目也没有充分被认定为高危项目。

“我们认真审视了自己的移民行为，我们的发现引起了我们的深切关注”世界银行集团总裁 Jim Yong Kim 表示，“我们发现了几个主要问题。一是我们在监督涉及移民安置的项目方面做得不够好；二是我们还没有很好地实施这些计划；三是我们没有建立强大的跟踪系统，以确保我们的政策得到遵守。我们必须而且会做得更好”。

(九) 国际金融公司《移民安置行动计划编制手册》②

移民行动计划构成

国际金融公司需要导致人员实际或经济转移的项目的移民安置行动计划（RAP）。移民安置规划的范围和详细程度将根据具体情况而有所不同，具体取决于项目的复杂程度及其影响程度。作为最低要求，移民安置计划必须确保受项目影响的人们的生计恢复到项目开始之前的水平。

然而，简单的生计恢复可能不足以保护受影响人口免受不利的项目影响，尤其是诸如资源和就业竞争、通货膨胀以及社会支持网络崩溃等诱发影响。因此，国际金融公司力求促进改善受项目影响的人们的生活水平。因

---

① World Bank Acknowledges Shortcomings in Resettlement Projects, Announces Action Plan to Fix Problems, Press release (2015), www. worldbank. org/en/news/press-release/2015/03/04/world-bank-shortcomings-resettlement-projects-plan-fix-problems.

② International Finance Corporation (World Bank Group), *Handbook for Preparing a Resettlement Action Plan* (2002), https://www. ifc. org/wps/wcm/connect/ee19f150 - f505 - 41db - 891f - 6ef5557195b6/ResettlementHandbook. PDF? MOD = AJPERES&CACHEID = ROOTWORKSPACE - ee19f150 - f505 - 41db - 891f - 6ef5557195b6 - jkD0CRL.

此，移民安置活动应使受影响人口和社区的经济状况和社会福祉得到显著改善。

本节介绍了有效的 RAP 编制的方法。RAP 的基本构成如下：

1. 确定项目影响人口；
2. 土地征收和补偿法律框架；
3. 补偿计划；
4. 对移民安置援助和恢复生计活动的描述；
5. 详细的预算；
6. 实施时间表；
7. 组织责任的描述；
8. 公众咨询、参与和发展规划的框架；
9. 对补救申诉的规定的说明；
10. 监测、评估和报告框架。

1. 确定项目影响人口

应通过一系列步骤确定受影响的人群和影响：

(1) 确定诸如人口住区、基础设施、土壤组成、自然植被区、水资源和土地利用模式等特征的专题地图；

(2) 进行人口普查，列举受影响人群并根据地点进行登记；

(3) 家庭、企业和社区一级的损失和受影响资产清单；

(4) 必要时对所有受影响人群（包括季节性人口、移民人口和寄宿人口）进行社会经济调查和研究；

(5) 分析调查和研究，以确定薪酬参数，设计适当的收入恢复和可持续发展措施，并确定基线监测指标；

(6) 与受影响人群就缓解影响和发展机会进行磋商。

(……)

2. 土地征收和补偿法律框架

移民安置计划的法律框架描述了与项目相关的移民安置活动有关的法律、法令、政策和法规。许多国家都有关于土地征收和受影响资产补偿的立法和政策。但是，有关重新安置的政策如果不是完全缺乏的话，通常定义不明确。国际金融公司要求项目发起人识别、审查并遵守适用于土地征用和非自愿移民的所有东道国法律，包括：

- 征用权的范围及其相关补偿的性质，包括评估补偿价值的程序和补偿支付时间表；

• 适用的法律和行政程序以及此类程序的期间；

• 土地所有权和登记程序；

• 负责实施移民安置的机构以及与土地补偿、合并、土地使用、环境、用水和社会福利有关的法律法规。

(……)

发起人必须确保所有受影响的家庭和企业对其新场地享有明确的所有权，不收取登记费、许可费或惯常的支付费用。在当地法律或习惯未充分承认其拥有或登记的土地、资产或企业的权利的情况下，可能必须对以妇女和儿童为代表的家庭以及其他弱势群体作出特殊规定。如果东道国政府不承认土地的私人所有权，这些规定可能难以实施。尽管如此，发起人应尽可能与东道国政府达成协议，以确保受影响人口的土地和资产所有权的安全。

4. 生计恢复

如果重新安置影响流离失所家庭的收入能力，仅靠补偿并不能保证恢复或改善其生活水平。如引言中所述，国际金融公司鼓励项目发起人将重新安置作为可持续发展倡议，即一项旨在提高受项目影响人群生活水平的举措。(……)

以土地为基础的生计。安置地点可能需要可靠的牧场、森林和水资源，农田物理准备（清理、平整、创建通道和土壤固化），牧场或农田围栏，农业投入（种子、幼苗、肥料、灌溉），兽医护理，包括大米银行、牲畜银行和现金贷款在内的小额信贷，进入市场。

基于工资的生计。社区中的工资收入者可能会受益于技能培训和就业安置，与项目分包商签订的当地工人就业合同、失业保险以及为初创企业融资的小规模信贷。发起人应为受影响人员提供足够的培训，使他们能够竞争与项目有关的工作。

基于企业的生计。成熟和新生的企业家和技工可以从信贷或培训（商业计划、营销、库存和质量控制）中获益，以扩大其业务并增加当地就业。发起人可以通过从当地供应商处采购项目货物和服务来促进当地企业的发展。

（十）国际采矿和金属协会《征地和移民安置：经验教训》①

负责任地开展移民安置活动是企业积极为发展做出贡献的一种手段。

① International Council of Mining and Metals（ICMM）, *Land Acquisition and Resettlement: Lessons Learned*（2015）, https://www.icmm.com/website/publications/pdfs/social-performance/2015/guidance_land-acquisition-and-resettlement.pdf.

在一些国家，关于土地使用和移民安置的法律已有所增加，但大多数国家只是有限地适用法律处理一些相关问题，如赔偿金、征用和建筑标准，在社区参与、生计、监测和评估以及报告等领域通常处理不善。因此，仅符合国家要求在现实中并不总能使公司解决关键的社会风险和挑战。

恢复可持续的生计

最佳实践要求公司改善或至少恢复流离失所者的生计和生活水平。生计被定义为确保生活必需品的手段。过去的很多项目，在受影响家庭获得房屋或收到现金补偿时视为完成移民安置。然而，在大多数提供现金补偿的案例中，移民家庭难以达到以前的生活水平。

目前，越来越多的人认识到，生计恢复的重点不仅是经济收入，而且应包括有助于维持生活水平的教育、健康和社会凝聚力等其他社会因素。尽管有这种认识也已发展出社会绩效标准，但生计恢复依旧没有得到妥善规划，也无法以可持续的方式恢复或改善生计。

如果发生这种情况，可能会导致严重的社区不满，并威胁到项目的社会许可。妇女在促进家庭生计方面的作用也未得到充分考虑，这可能导致妇女失去获得土地和共同财产的机会，降低收入和地位。

挑战

• 项目通常会改变一个地区的整体经济状况，导致经济移民涌入和价格上涨。因此，即使有相同的资源，家庭的生活水平仍然会显著下降。

• 项目通常由建筑专业的工程师负责，他们对当地生计复杂性的理解很有限。他们倾向于关注短期解决方案，包括现金补偿，以及缺乏对生计恢复和替代生计的实施是一个长期过程的认识。这通常意味着，生计恢复被视为项目无法负担的奢侈品。(……)

• 未能将移民的生活妥善地融入东道社区可能导致嫉妒、孤立和对公司的持续依赖。

• 在谈判没有达成协议的情况下，预设对森林和水资源等自然资源的共享使用之后会就资源的重新安置产生冲突。(……)

• 许多公司没有意识到在移民安置地不能使用牧场、森林和水体等公共财产会对包括土著人民在内的较贫穷和边缘化群体的生计造成不相称的影响。

• 在许多国家获得替代土地可能非常昂贵，因为土地压力增加，价格上涨。

利益分享和社区发展

除了解决移民安置活动造成的负面影响外，企业还应支持受影响社区从采矿项目中获益。虽然赔偿金和利益分享的概念在实践中经常重叠，但它们在概念上是不同的。

赔偿金主要侧重于赔偿因项目影响导致的损失或损害（例如，土地或资产使用权的丧失）。

而利益分享旨在促进更广泛的经济参与项目，例如，通过与生产、提供就业、商业机会和社区发展项目相关的特许权使用，加强社区凝聚力并提供可持续的社区主导服务。

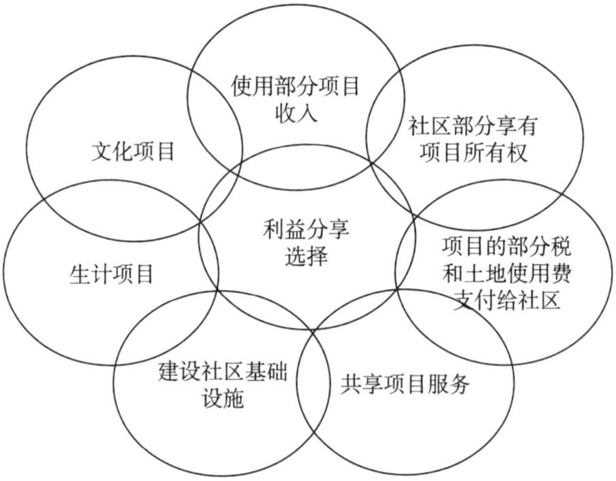

挑战

关于社会问题的复杂性以及妥善解决这些问题所需的努力、时间和资源，往往缺乏现实性。花钱很容易，但不容易做出真正的、可持续的改变。

一些公司仍然认为，仅仅通过临时捐赠和实施不匹配的短期举措就可以很好地推动社区发展。（……）

（十一）博拉斯等《土地掠夺和人权：欧洲主体的参与》[①]

主要信息

（i）总部位于欧盟的公司和金融机构是欧盟以外的国家土地交易的重要

① S. Borras et al., *Land Grabbing and Human Rights: The Involvement of European Corporate and Financial Entities in Land Grabbing Outside the European Union*, European Parliament's Subcommittee on Human Rights（2016）, www.europarl.europa.eu/RegData/etudes/STUD/2016/578007/EXPO_STU（2016）578007_EN.pdf.

参与者，会导致侵犯人权和/或应对侵犯人权行为负责：

（……）（b）土地掠夺是多层次和复杂的过程，其中土地交易中许多行为者通过投资网络牵涉不同类型的公共和私人行为者（不能明确分开），土地交易的“国籍”从来不是一个简单的问题；

（c）欧盟参与者在投资网络的不同节点参与土地争夺和相关的侵犯人权行为。（……）

（ii）机构平台有五个关键机制，通过这些机制，土地掠夺会侵犯人权或发生侵权危险，即：

（a）欧盟的私营公司通过各种形式的土地交易参与土地掠夺；

（b）来自欧盟的金融机构，包括公共和私人养老基金，参与土地掠夺；

（c）通过 PPPs 方式实施的土地掠夺；

（d）欧盟发展融资涉及土地掠夺；

（e）参与土地掠夺的欧盟公司正在利用欧盟政策并通过供应链控制资源。

（……）

（iii）与欧盟主体相关的侵犯人权、与土地掠夺相关的侵权和影响直接指向欧盟及欧盟成员国的域外人权义务。对于每种不同的机制，他们必须确保遵守其人权义务：

（a）尊重人权，不受直接或间接干扰；

（b）保护人权，特别是通过关于公司和金融行为者的问责制和监管机制；

（c）通过创造实现人权的有利环境来实现人权。

欧盟和欧盟成员国也必须确保问责制和补救机制，作为其保护和履行义务的一部分。

（十二）布尔、尼斯特兰德和培德森《非洲土地和自然资源投资的政治经济学》[①]

本文认为，为了更好地理解土地权与自然资源投资之间的关系，我们需要将投资理解为投资者、当地人群和统治精英之间的三方关系。现有文献主

① L. Buur，M. J. Nystrand & R. H. Pedersen，The Political Economy of Land and Natural Resource Investments in Africa：an Analytical Framework，DIIS Working Paper（2017），https://ethz.ch/content/dam/ethz/special-interest/gess/cis/center-for-securities-studies/resources/docs/DIIS_WP_2017_2.pdf.

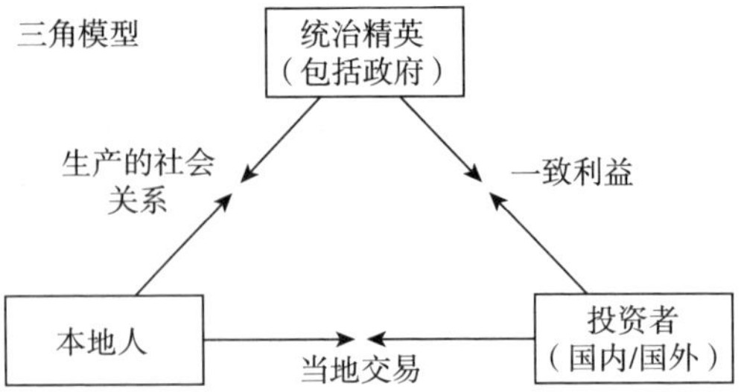

要集中于非洲土地和自然资源的占用或占领。最初，它集中在外国投资者和流离失所的小农户身上，但最近的研究已经扩大了范围，包括更多元化的参与者，如国内投资者和国家行为者。

与此相关的是，源于采掘业投资研究的资源诅咒的文献非常强调政府与国际公司在谈判合同时的不平等权利关系。一般来说，文献中对外国主体的关注，包括土地掠夺和资源诅咒，往往掩盖了主体之间差异的细微差别，国内主体的重要性已在逐渐淡化。国内主体的不同利益——涉及国家、政治和经济精英以及当地居民——正在被揭露。

本文重点关注当地人群、投资者和统治精英之间的关系，这三个主要群体参与了大规模自然资源投资的实施。本文（i）概述了每个参与者的不同利益；（ii）分析了它们之间潜在的物质和非物质利益交换；（iii）讨论了参与者立场融合的可能性，我们认为这是实施投资项目所必需的。

在关于掠夺土地和企业社会责任的文献中，重点关注的是外国投资者与当地人口之间的关系。另外，在大多数关于采掘的文献中，统治精英 - 投资者关系通常被认为是最重要的，因为对土地和自然资源的大规模投资通常涉及统治精英批准。在许多情况下，统治精英 - 当地人口关系已经在雷达之下传递，尽管在深层结构层面上它可能是最重要的，因为它为投资者 - 当地人口关系如何展开奠定了基调。借鉴这些文献中的每一个，该模型建议通过分析利益、资源和权利的具体交换来分析投资项目。这些交流很复杂，因为它们是项目特定的，并且嵌入在三组参与者之间的长期关系中。

（十三）利哈维《全球化和土地掠夺时代的土地法》[①]

文章主要讨论以下问题：土地正在变成一种全球商品吗？谁在塑造这样一个跨境房地产市场，又有谁被排除在外？关于区分财产权利和其他法律权

① Amnon Lehavi, *Land Law in the Age of Globalization and Land Grabbing* (2017), https://papers.ssrn.com/sol3/papers.cfm?abstract_id=2545844.

益的典型的不动产关系的地方和超国家法律体系有哪种类型的关系？在土地日益全球化的时代背景下，法律、经济、政治和文化又是如何相互作用的？

四　中国相关文件与材料

（一）国家法律法规

1.《中华人民共和国土地管理法（2019 修正）》

第四十四条　建设占用土地，涉及农用地转为建设用地的，应当办理农用地转用审批手续。

永久基本农田转为建设用地的，由国务院批准。

在土地利用总体规划确定的城市和村庄、集镇建设用地规模范围内，为实施该规划而将永久基本农田以外的农用地转为建设用地的，按土地利用年度计划分批次按照国务院规定由原批准土地利用总体规划的机关或者其授权的机关批准。在已批准的农用地转用范围内，具体建设项目用地可以由市、县人民政府批准。

在土地利用总体规划确定的城市和村庄、集镇建设用地规模范围外，将永久基本农田以外的农用地转为建设用地的，由国务院或者国务院授权的省、自治区、直辖市人民政府批准。

第四十八条　征收土地应当给予公平、合理的补偿，保障被征地农民原有生活水平不降低、长远生计有保障。

征收土地应当依法及时足额支付土地补偿费、安置补助费以及农村村民住宅、其他地上附着物和青苗等的补偿费用，并安排被征地农民的社会保障费用。

征收农用地的土地补偿费、安置补助费标准由省、自治区、直辖市通过制定公布区片综合地价确定。制定区片综合地价应当综合考虑土地原用途、土地资源条件、土地产值、土地区位、土地供求关系、人口以及经济社会发展水平等因素，并至少每三年调整或者重新公布一次。

征收农用地以外的其他土地、地上附着物和青苗等的补偿标准，由省、自治区、直辖市制定。对其中的农村村民住宅，应当按照先补偿后搬迁、居住条件有改善的原则，尊重农村村民意愿，采取重新安排宅基地建房、提供安置房或者货币补偿等方式给予公平、合理的补偿，并对因征收造成的搬迁、临时安置等费用予以补偿，保障农村村民居住的权利和合法的住房财产权益。

县级以上地方人民政府应当将被征地农民纳入相应的养老等社会保障体系。被征地农民的社会保障费用主要用于符合条件的被征地农民的养老保险等社会保险缴费补贴。被征地农民社会保障费用的筹集、管理和使用办法，由省、自治区、直辖市制定。

第四十九条　被征地的农村集体经济组织应当将征收土地的补偿费用的收支状况向本集体经济组织的成员公布，接受监督。

禁止侵占、挪用被征收土地单位的征地补偿费用和其他有关费用。

第五十条 地方各级人民政府应当支持被征地的农村集体经济组织和农民从事开发经营，兴办企业。

第五十一条 大中型水利、水电工程建设征收土地的补偿费标准和移民安置办法，由国务院另行规定。

第五十五条 以出让等有偿使用方式取得国有土地使用权的建设单位，按照国务院规定的标准和办法，缴纳土地使用权出让金等土地有偿使用费和其他费用后，方可使用土地。

自本法施行之日起，新增建设用地的土地有偿使用费，百分之三十上缴中央财政，百分之七十留给有关地方人民政府。具体使用管理办法由国务院财政部门会同有关部门制定，并报国务院批准。

第五十六条 建设单位使用国有土地的，应当按照土地使用权出让等有偿使用合同的约定或者土地使用权划拨批准文件的规定使用土地；确需改变该幅土地建设用途的，应当经有关人民政府自然资源主管部门同意，报原批准用地的人民政府批准。其中，在城市规划区内改变土地用途的，在报批前，应当先经有关城市规划行政主管部门同意。

第五十七条 建设项目施工和地质勘查需要临时使用国有土地或者农民集体所有的土地的，由县级以上人民政府自然资源主管部门批准。其中，在城市规划区内的临时用地，在报批前，应当先经有关城市规划行政主管部门同意。土地使用者应当根据土地权属，与有关自然资源主管部门或者农村集体经济组织、村民委员会签订临时使用土地合同，并按照合同的约定支付临时使用土地补偿费。

临时使用土地的使用者应当按照临时使用土地合同约定的用途使用土地，并不得修建永久性建筑物。

临时使用土地期限一般不超过二年。

2.《大中型水利水电工程建设征地补偿和移民安置条例（2017 修订）》

第三条 国家实行开发性移民方针，采取前期补偿、补助与后期扶持相结合的办法，使移民生活达到或者超过原有水平。

第四条 大中型水利水电工程建设征地补偿和移民安置应当遵循下列原则：

（一）以人为本，保障移民的合法权益，满足移民生存与发展的需求；

（二）顾全大局，服从国家整体安排，兼顾国家、集体、个人利益；

（三）节约利用土地，合理规划工程占地，控制移民规模；

（四）可持续发展，与资源综合开发利用、生态环境保护相协调；

（五）因地制宜，统筹规划。

第二十二条 大中型水利水电工程建设征收土地的土地补偿费和安置补助费，实行与铁路等基础设施项目用地同等补偿标准，按照被征收土地所在省、自治区、直辖市规定的标准执行。

被征收土地上的零星树木、青苗等补偿标准，按照被征收土地所在省、自治区、直辖市规定的标准执行。

被征收土地上的附着建筑物按照其原规模、原标准或者恢复原功能的原则补偿；对补偿费用不足以修建基本用房的贫困移民，应当给予适当补助。

使用其他单位或者个人依法使用的国有耕地，参照征收耕地的补偿标准给予补偿；使用未确定给单位或者个人使用的国有未利用地，不予补偿。

移民远迁后，在水库周边淹没线以上属于移民个人所有的零星树木、房屋等应当分别依照本条第二款、第三款规定的标准给予补偿。

第二十三条　大中型水利水电工程建设临时用地，由县级以上人民政府土地主管部门批准。

第二十四条　工矿企业和交通、电力、电信、广播电视等专项设施以及中小学的迁建或者复建，应当按照其原规模、原标准或者恢复原功能的原则补偿。

第二十五条　大中型水利水电工程建设占用耕地的，应当执行占补平衡的规定。为安置移民开垦的耕地、因大中型水利水电工程建设而进行土地整理新增的耕地、工程施工新造的耕地可以抵扣或者折抵建设占用耕地的数量。

大中型水利水电工程建设占用25度以上坡耕地的，不计入需要补充耕地的范围。

(……)

第五十五条　国家切实维护移民的合法权益。

在征地补偿和移民安置过程中，移民认为其合法权益受到侵害的，可以依法向县级以上人民政府或者其移民管理机构反映，县级以上人民政府或者其移民管理机构应当对移民反映的问题进行核实并妥善解决。移民也可以依法向人民法院提起诉讼。

移民安置后，移民与移民安置区当地居民享有同等的权利，承担同等的义务。

3.《长江三峡工程建设移民条例（2011修订）》

第三条　三峡工程建设，实行开发性移民方针，统筹使用移民资金，合理开发资源，保护生态环境，妥善安置移民，使移民的生产、生活达到或者超过原有水平，为三峡库区经济和社会发展创造条件。

第四条　三峡工程建设移民工作应当与三峡库区建设、沿江地区对外开放、水土保持和环境保护相结合。

第十八条　农村居民点迁建应当按照移民安置规划，依法编制新居民点建设规划。编制新居民点建设规划，应当因地制宜，有利生产，方便生活。

新建居民点的道路、供水、供电等基础设施，由乡（镇）、村统一组织施工。

房屋拆迁补偿资金按照农村房屋补偿标准包干到户，由移民用于住房建设。

移民建造住房，可以分户建造，也可以按照自愿原则统一建造。有关地方人民政府以及村民委员会不得强行规定建房标准。

第十九条　城镇迁建，应当按照移民安置规划，依法编制迁建区详细规划，并确定需要迁建的公共建筑和各项基础设施的具体位置。

城镇公共建筑和各项基础设施迁建补偿资金实行包干管理，其数额按照实际淹没损失和适当发展的原则核定。

城镇迁建中单位和居民搬迁的补偿资金实行包干管理，其数额按照实际淹没损失核定。

第二十条 需要迁建的城镇应当提前建设基础设施。

对自筹资金或者使用非移民资金提前搬迁的单位和居民，有关地方人民政府不得减少其应得的移民资金数额。

第二十一条 有关地方人民政府应当根据国家产业政策，结合技术改造，对需要搬迁的工矿企业进行统筹规划和结构调整。产品质量好、有市场的企业，可以通过对口支援，与名优企业合作、合资，把企业的搬迁与企业的重组结合起来；技术落后、浪费资源、产品质量低劣、污染严重的企业，应当依法实行兼并、破产或者关闭。

有关地方人民政府应当妥善安排破产、关闭企业职工和离退休人员的基本生活，做好再就业和社会养老保险工作。

工矿企业搬迁补偿资金实行包干管理，其数额按照实际淹没损失的重置价格核定。

第二十二条 因三峡工程蓄水被淹没的公路、桥梁、港口、码头、水利工程、电力设施、电信线路、广播电视等基础设施和文物古迹需要复建的，应当根据复建规划，按照经济合理的原则，预先在淹没线以上复建。复建补偿资金实行包干管理，其数额按照原规模、原标准或者为恢复原功能所需投资核定。

第二十三条 城镇迁建单位、工矿企业和居民的搬迁以及基础设施的复建，因扩大规模和提高标准超过包干资金的部分，分别由有关地方人民政府、有关单位、居民自行解决。

4.《全国对口支援三峡库区合作规划 2014－2020 年（2014）》

四、推进移民小区帮扶和农村扶贫开发

（一）实施移民小区帮扶工程。(……)

（二）重点支持农村小型基础设施建设。(……)

（三）扶持致富带头人创业。(……)

（四）广泛动员和鼓励社会力量参与库区农村扶贫开发。(……)

五、提高基本公共服务能力

（一）继续支持库区基础教育。(……)

（二）支持库区提升职业教育水平。(……)

（三）加大对库区医疗卫生支持力度。(……)

（四）支持库区科技、文化、体育等领域发展。(……)

（五）支持库区加快完善社会保障体系。(……)

六、强化就业培训服务

（一）支持库区强化就业培训。(……)

（二）支持库区提高就业服务能力。(……)

（三）积极开展劳务输出合作。（……）

（二）地方与行业标准

1.《河南省〈大中型水利水电工程建设征地补偿和移民安置条例〉实施办法（2019）》

第十条　移民安置规划大纲应当主要包括：工程建设征地范围，实物调查结果，文物调查结果，移民安置的任务、去向、标准和农村移民生产安置方式，移民生活水平评价和搬迁后生活水平预测，水库移民后期扶持政策，淹没线以上受影响范围的划定原则，移民安置规划编制原则和先移民后建设安排等内容。

第十一条　编制移民安置规划大纲应当采取座谈会、问卷调查等方式征求移民和移民安置区居民、企事业单位、专业项目设施权属单位的意见；对移民安置方式和去向、补偿标准和资金兑付方式，以及移民安置区的生产生活条件等问题存在严重分歧的，应当采取听证的方式充分听取意见。

第十二条　移民安置规划大纲按照审批权限报省人民政府或者国家有关单位审批。报送移民安置规划大纲时，应当提交移民安置规划大纲报告、实物调查报告、征求移民和移民安置区居民意见的材料、县级以上人民政府对实物调查成果的意见等有关材料。

省人民政府审批项目法人编制的移民安置规划大纲时，应当征求移民区和移民安置区县级以上人民政府的意见。

经批准的移民安置规划大纲是编制移民安置规划的基本依据，应当严格执行，不得随意调整或者修改；确需调整或者修改的，应当报原批准机关批准。

第十三条　项目法人或者项目主管部门应当会同移民区和移民安置区县（市、区）人民政府，依据经批准的移民安置规划大纲编制移民安置规划。

第十四条　编制移民安置规划应当以资源环境承载能力为基础，遵循本地安置与异地安置、集中安置与分散安置、政府安置与移民自主安置相结合的原则。

编制移民安置规划应当尊重少数民族的生产、生活方式和风俗习惯，执行民族宗教政策法规。

移民安置规划应当与国民经济和社会发展规划以及土地利用总体规划、城乡规划、乡村振兴战略规划相衔接。

第十五条　移民安置规划应当对农村移民安置、城（集）镇迁建、企事业单位迁建、通信电力等专业项目设施迁建或者复建、地下文物发掘保护、防护工程建设、水库水域开发利用、水库移民后期扶持措施、征地补偿和移民安置资金概（估）算、教育医疗保障、社会稳定风险分析、淹没线以上受影响的居民生产和生活困难问题以及农牧业生产设施迁建等作出安排。

第十六条　编制移民安置规划应当广泛听取移民和移民安置区居民、专业项目设施权属单位或者主管部门的意见；必要时，应当采取听证的方式。

第二十二条 签订移民安置协议的省、省辖市、县（市、区）人民政府移民安置工作机构应当依据移民安置规划编制移民安置实施方案。

移民安置实施方案应当主要包括移民安置目标、安置原则、安置方式、移民人口界定、教育医疗设施、安置实施进度、安置补偿标准、工程建设占地征收范围、库底清理、实物复核、移民资金管理使用、各级移民安置工作机构具体工作职责等内容。

第二十三条 移民资金包括征地补偿和移民安置资金、水库移民后期扶持资金及其存储期间的孳息。

征地补偿和移民安置资金主要包括土地补偿费、安置补助费，农村居民点迁建、城（集）镇迁建、工矿企业迁建以及专业项目设施迁建或者复建补偿费（含有关地上附着物补偿费），移民个人财产补偿费（含地上附着物和青苗补偿费）和搬迁费，库底清理费，淹没区文物保护费，以及移民实施管理费等国家规定的其他费用。

征地补偿和移民安置资金的会计核算由县级以上人民政府移民安置工作机构负责，乡镇、村实行报账制，存储期间的孳息应当继续用于移民工作和遗留问题处理。

第二十四条 项目法人应当根据工程建设进度要求、移民安置规划和移民安置实施方案，在每年汛期结束后60日内，向与其签订移民安置协议的县级以上人民政府提出下年度移民安置任务和资金计划建议；签订移民安置协议的县级以上人民政府应当在与项目法人充分协商的基础上，于当年年底前编制完成下年度移民安置年度计划。

项目法人应当根据移民安置年度计划，按照移民安置实施进度将征地补偿和移民安置资金支付给与其签订移民安置协议的县级以上人民政府。

第二十五条 大中型水利水电工程建设征收耕地、园地、林地、草地等土地的土地补偿费和安置补助费，实行与铁路等基础设施项目用地同等补偿标准，按照国家和省规定的标准执行。根据上述标准，尚不能使移民保持原有生活水平的，经省人民政府批准，可以依法增加安置补助费。

被征收土地上的零星树木、青苗等补偿标准，按照国家和省规定的标准执行。

被征收土地上的附着建筑物按照其原规模、原标准或者恢复原功能的原则补偿；对补偿费用不足以修建基本用房的贫困移民，应当按照保障基本住房的原则给予补助。

使用其他单位或者个人依法使用的国有耕地，参照征收耕地的补偿标准给予补偿；使用未确定给单位或者个人使用的国有未利用地，不予补偿。

移民远迁后，在水库周边淹没线以上属于移民个人所有的零星树木、房屋等应当分别依照本条第二款、第三款的规定给予补偿。

第二十六条 农村移民在本县（市、区）通过新开发土地或者调剂土地集中安置的，县级人民政府应当将土地补偿费、安置补助费和集体财产补偿费直接全额兑付给移民村集体经济组织或者村民委员会；在本县（市、区）分散安置的，应当由移民安置村集体经济组织或者村民委员会与县级人民政府签订协议，县级人民政府按照协议将土地补偿费和安置补助费兑付给移民安置村集体经济组织或者村民委员会。

农村移民出县（市、区）集中安置的，移民安置区县级人民政府应当将土地补偿费、安置补助费和集体财产补偿费直接全额兑付给移民村集体经济组织或者村民委员会；

出县（市、区）分散安置的，应当由移民安置村集体经济组织或者村民委员会与移民安置区县级人民政府签订协议，移民安置区县（市、区）人民政府按照协议将土地补偿费、安置补助费兑付给移民安置村集体经济组织或者村民委员会。

农村移民自主安置，不需要生产用地的，应当由本人向移民区县（市、区）人民政府提出申请，经批准并签订协议，移民区县（市、区）人民政府按照协议将土地补偿费、安置补助费直接兑付给移民个人。

搬迁费，移民个人房屋和附属建筑物以及个人所有的零星树木、青苗、农副业设施等个人财产补偿费，由有关县（市、区）人民政府直接全额兑付给移民个人。

第二十七条　农村移民住房应当由移民自主建造。移民集中安置的，应当统一规划宅基地、自主建造住房，但不得强行规定建房标准。也可以尊重移民意愿按照移民委托代建的方式进行建设。

2.《中国对外矿业投资社会责任指引（2017版）》

3.4.5　在采矿作业前，获得当地受影响社区（包括原住民在内）的自由、事先和知情同意。

对于在原住民拥有、使用的土地上新规划（或涉及现有项目变更）的项目，如果可能会对原住民产生重大负面影响（包括原住民的重新安置和对重要文化遗产的损害），应征得本地社区同意。

即使得到了政府承认，当开采作业对原住民的祖先领土产生重大影响，造成原住社区非自愿重新安置，和/或破坏本土文化和精神印记时，仍需首先获得自由、事先和知情同意。

3.《中国企业境外可持续基础设施项目指引（2017）》

3.5.3　在项目建设与运营阶段，企业须采取如下措施促进项目与所在社区居民的和谐共处：

（5）如项目用地涉及居民搬迁的，应加强与当地政府合作，保证合理合法的土地获取方式，采取有效措施对受影响居民进行妥善安置，尽量使搬迁后的居民生活维持在原有水平；

（6）不损坏地上地下文化遗产或自然景观，或采取措施对造成的损害进行有效补救；

（……）

（三）《三峡集团可持续发展政策》[①]

中国长江三峡集团公司（下称“三峡集团”）致力于将其基本企业价值观与社会的道德准则相结合，致力于经济、社会、环境等领域的全方位可持续发展。履行社会责任，树立道德模范，保护生态环境，关爱员工健康和安全等重要议题都是三峡集团在工作中的不懈追求，体现在可持续发展政策的方方面面。

---

①　三峡集团：《可持续发展政策》，https://www.ctg.com.cn/sxjt/gywm1/zccn59/index.html。

三峡集团可持续发展目标：

（1）识别和评估三峡集团项目的社会及环境影响

（2）保护环境和生物多样性

（3）促进项目所在地的社会及经济发展

（4）确保员工的职业健康与安全

（5）促进多元化融合，加强职业教育与培训

（6）遵守项目所在地法律法规以及中国政府和国际组织颁布的指导方针

（7）积极与业务所在区域的非政府组织和民众开展沟通

（8）尊重原住民的传统习俗

（四）《山东济南棚改旧改中信访大幅减少——阳光拆迁，与民不争利》[①]（人民日报，2017年1月11日）

当山东济南中央商务区的旧城改造拆到刘大爷家时，刘大爷一时犯了难。刘大爷一家在当地生活了四五辈人，家里的老房子早就局促不堪。可一边想趁着旧城改造改善居住条件，另一边家中还有卧床的老母亲，很难租到合适的房子周转，所以他一直迟迟没签下协议。为此，当地干部多次上门做工作，并为他家协调了一套85平方米的安置房，解决了他的后顾之忧，刘大爷告诉记者："赶上机遇一步到位了，再想有这样的改善机会是不可能了。"

"征收拆迁历来是信访多发地带，很容易诱发越级访和重复访。"济南市信访局局长李光忠说。然而记者在济南发现，近年济南全市涉及城建领域的信访问题大幅减少，棚改旧改项目形势平稳，保持着重大集体访"零记录"。

"不与民争利，阳光征收，用群众工作方法。"济南市委书记王文涛总结说，一切从维护好群众的根本利益出发，坚持算大账、算发展账、算民生账，最大限度地让利于民，实现群众利益的最大化，才能减少征地拆迁中的矛盾。

据介绍，济南正通过制定惠民政策，力图从源头上减少信访问题的发生。一方面，对国有土地上的房屋和集体土地上的房屋分别实行优惠的补偿政策，并及时根据物价与市场变化，动态调整临时安置费、搬迁补助费、停产停业损失补偿费等；另一方面又实行鼓励货币化安置的政策，适当提高货币补偿奖励标准，让群众自愿选择货币安置，既减轻安置压力、疏解中心城区人口，同时又降低楼市库存压力。

而对于一些棚改项目微利、薄利，甚至亏损的实际情况，济南则实行政府兜底政策，避免搁置项目、影响大局；对于弱势群体实行特殊扶助政策，将安置补偿、居住周转、就业、入学、低保、慈善救助等等纳入政策"工具包"，因户因人精准施策，解决拆迁安置中的棘手难题。"征收拆迁能否顺利实施，说到底是个政策问题，政策不优惠，说破天

---

① 《山东济南棚改旧改中信访大幅减少——阳光拆迁，与民不争利》，https://www.gjxfj.gov.cn/gjxfj/news/gzdt/dfdt/webinfo/2017/03/1490102474159213.htm。（该网站为国家信访局，人民网原文需要登录"人民日报图文数据库"，普通用户无法访问）

老百姓也不干。”济南市委副书记雷杰表示。

有了好的政策，如何执行落地就成了关键。“一个政策讲到底，一把尺子量到底，一个算盘打到底。”在拆迁现场与当地干部的交流中，这句话是被反复提到最多的。当地干部认为，征收拆迁中的一举一动都有无数双老百姓的眼睛盯着，因此“公平”是征收拆迁工作的灵魂。在征迁各个环节，信息公开必须阳光透明，做到“不藏着、不揣着”，政府才有公信力，群众心中才能无疙瘩、无疑惑、无怨气。但与此同时，对于漫天要价、提无理要求的，在讲足政策后，仍坚持不改的“滞留户”，也绝不能破例打破多数人的公平。他们提出“不让老实人吃亏，更不能让想占便宜的人沾光”，类似的问题要通过司法程序予以解决。

采访中，记者还遇到曾因拆迁问题经常上访的房先生，如今他则常常帮助遇到征地拆迁问题的群众了解、运用相关政策。据当地干部说，现在的征地拆迁更要依靠群众，放手发动群众，让群众的事群众办。在操作过程中，群众代表参与调查摸底，群众代表选评估公司，群众代表参与制定拆迁安置、货币化补偿方案。与此同时，群众与群众之间还可以相互交流拆迁安置政策，邻里相互之间做思想工作。

2016 年前三季度，济南市 5 个省级棚改项目全部开工，实际开工套数 49448 套，在全省率先完成 4.5 万套省棚改任务。完成征收拆迁 638 万平方米，货币化安置率达 51.35%。

（五）《中国企业海外投资的社会责任与 NGO 参与：以缅甸莱比塘铜矿项目为例》[①]（社会资源研究所、广西生物多样性研究和保护协会、亚洲基金会，2017 年 5 月）

第 4 章　结论及建议

自“走出去”战略实施以来，中国对外直接投资一直保持着增长的态势。2015 年，中国对外直接投资经过连续 13 年的快速增长，流量首次位列世界第二。在“一带一路”倡议的推进下，中国企业海外投资规模将进一步扩大。然而，在投资规模扩大的同时，企业如何提升社会和环境责任标准、提高利益相关者的管理能力，是影响投资项目实现可持续发展的重要内容。

中国 NGO 作为第三部门，参与推动中国海外投资的可持续发展是其职责所在，也是重要机遇。NGO 的参与将有助于中国对外投资的社会和环境政策在企业层面的实施；也可以发挥其监督、倡导与合作等作用，促进中国企业与东道国利益相关者的协商、沟通与合作，有助于企业识别和应对投资中的社会和环境风险及问题，实现双赢的局面。

然而，目前致力于推动中国企业进行负责任投资的中国 NGO 不论在数量还是能力上都十分有限。中国 NGO 正处于“走出去”的初级阶段，要鼓励其参与到中国企业海外投

① 社会资源研究所：《中国企业海外投资的社会责任与 NGO 参与：以缅甸莱比塘铜矿项目为例》，http://182.92.148.219/r/59365502ec2bae1005249755。

资可持续发展的推动中，首先需要增加NGO从业者们对这个领域的了解和认识。但目前鲜有研究从宏观上对具体国家的制度框架进行分析的同时，从微观层面详细剖析企业投资面临的利益相关者及其诉求。

基于此，本研究以缅甸为目标国、莱比塘铜矿为案例，从宏观上对当地投资项目所处的制度环境进行梳理，分析中国对缅投资的特点和影响；也从微观上，详细阐述莱比塘铜矿项目复杂的历史背景和利益相关者关系，并总结企业面临的挑战、教训和实践经验，以探索中国NGO的工作空间，也为中国的企业、政府、学者等主体推动海外投资相关工作提供参考。

4.1 研究发现

在政治动荡和西方经济制裁的影响下，缅甸外商投资规模在经历近20年的起步阶段后，于2010年开始进入快速发展阶段。在缅甸外商投资发展的过程中，中国成为缅甸最重要的投资国之一，存量居缅甸外商投资的首位。从历史来看，中国对缅甸投资流量存在较大波动，其主要原因在于投资以大规模资源密集型项目为主。

中国对缅甸投资项目的社会和环境影响与其他国家的投资并无明显差异，但由于中国投资领域高度集中于水电、油气和矿产业，其在社区、环境和劳工权益方面的争议尤为突出。同时，中国企业多处于“走出去”的初级阶段，预防社会和环境问题方面的意识和能力较弱，缺乏应对机制和经验。尤其在高风险地区，这些不足会导致矛盾的激发和恶化。

以莱比塘铜矿项目为例，该项目在投资时正值缅甸政治变革，导致企业面临的环境发生重大变化，又因项目本身复杂的历史背景和社会环境影响，引起了广泛利益相关者的关注和参与。东道国政府在矛盾激化的过程中既是监管者也是投资合作方，其尚未完善的治理框架和能力加剧了冲突的严重性。同时，公民社会（NGO和CBO）在社会管制放松的情况下，得到表达和参与的机会，扩大各界对项目的关注和监督。而村民作为受直接影响的主体，各自怀有不同的利益诉求，这些诉求呈现动态性、不稳定甚至彼此冲突的特点，增加了企业应对的难度。

如何应对外部政治环境的变化，平衡利益相关者的诉求，对于中国企业而言是项重大挑战。遵守东道国的法律法规这条准则已经难以应对复杂的外部环境和利益相关者网络。尤其像缅甸这样的发展中国家，在经历了殖民、内战、民主化转型过渡期后，形成了错综复杂的法律体系和框架。而中国关于海外投资的政策注重事前审批，缺乏对投资过程的有效监管，难以对企业进行支持。

从莱比塘铜矿项目的教训和经验来看，中国企业在缺乏社会和环境问题的自我预防应对机制时，如果能够在投资前期纳入第三方主体（如NGO、咨询公司），开展社会和环境影响评估，遵循自主、事先和知情同意的原则进行社区谘商，动态地评估和监测利益相关者的诉求和态度，建立有效的申诉机制，将有助于企业降低社会和环境风险，树立良好的商业信誉和国际形象。

4.2 研究结论

中国企业在发展中国家的投资，往往伴随着复杂的政治环境和社会背景，尤其在高风险地区，东道国政府的治理能力和公民社会的发展程度是影响投资成败的关键因素。但如果在投资前期，能够充分评估潜在的社会和环境风险，制定预防和应对机制，将有助于降低冲突发生的可能性。然而，中国企业能够在投资前充分考虑社会和环境风险的意识还较弱，在应对措施和机制上的经验、能力仍有待提高。

在这个过程中，中国 NGO 有许多潜在的工作空间，能够以不同于政府和企业的第三方视角，通过采用自下而上的方式识别社区、东道国 NGO 等利益相关者的诉求，并采取中国企业和政府能够接受的方式组织对话和沟通，推动潜在风险的预防和应对；也能够贡献于东道国法律、政策体系的完善，以推动当地政府治理能力的提高，为企业提供更为稳定的投资环境的同时，对企业的社会和环境影响进行监督。

毫无疑问，中国 NGO“走出去”意义重大，却也对其能力提出了更多要求。不仅需要更全面、深入地了解投资产生的社会和环境影响，也需要理解中国企业在决策过程中面临的约束和挑战，从而寻找合适的定位和策略。此外，也要求中国 NGO 对东道国的政治、法律政策、文化习俗等有理解，尤其是针对社区和 NGO 的诉求、特点以及彼此间权力关系，才能在复杂环境中发挥应有的作用。中国 NGO 目前具备这些能力的组织还较少，需要有更丰富的知识和经验储备。

4.3　建议

实现海外投资的可持续发展是个系统的推进过程，不仅需要中国企业改变原有的思维、决策模式和行为习惯，也要求中国政府、NGO 等主体各尽其能。但目前，这些主体也处于“走出去”的初级阶段，政府尚未能够对企业提供足够的支持，并进行强有力的监管；中国 NGO 在推动企业负责任投资方面的能力也有待提高。基于此，本文对中国 NGO、企业和政府提出建议。

4.3.1　对中国 NGO 的建议

中国 NGO 比东道国公民社会更加了解中国的政治体制、政策趋势、企业文化和行为模式，相对而言更容易与中国企业和政府进行沟通和对话；另外，相比于中国政府和企业，中国 NGO 更容易且擅长与东道国的 NGO 和社区进行沟通与合作，在中国企业与当地利益相关者之间发挥“润滑剂”的作用。鉴于中国 NGO 目前的发展阶段和能力现状，提出以下建议：

第一，更加深入地与中国企业沟通，了解其面临的挑战、能力约束，明确自身的专业特长与现实需求的匹配度，并在制定工作策略和计划之前，研究东道国的政治、法律制度、社会文化、公民社会空间等宏观环境，分析利益相关者之间的权力关系，判断策略和计划的可行性及其风险；

第二，在策略上，发挥灵活性等特点对中国企业海外投资行为进行监督，并向中国企业普及国际标准和最佳实践，分享社区发展的经验和方法，以提高企业应对社会和环境风险和问题的能力；

第三，可以结合自身的定位、优势和能力，向东道国 NGO 分享中国的政策和决策机制，为他们对接中国政府和企业提供支持；也可以作为桥梁，促进中国政府、企业与东道国利益相关者的对话；

第四，在致力于解决本土问题的同时，能够更多关注到海外投资等国际议题与组织使命和战略的相关性，尝试探索国际化的可能性和路径；更积极地推动中国政府制定有利于中国 NGO 实现国际化的政策，以提高 NGO 在海外实施项目和资源配置的有效性，并吸引和储备国际化人才。

4.3.2 对中国企业的建议

中国企业正处于“走出去”的初级阶段，社会责任意识和能力的提高需要更长时间的沉淀和累积。尤其在如何将社会和环境责任纳入企业具体的运营行为、如何管理利益相关者以获得社会许可等方面还需要更多探索和实践。因此，从可操作性的角度，本文建议中国企业：

第一，在法制尚未完善的发展中国家投资时，更多地采用社会责任的国际标准和原则，预防因东道国政治动荡和法律改革而产生的社会和环境风险；

第二，在项目开展前期更加积极、主动地了解受项目影响的主体尤其是社区和 NGO 的利益诉求，平衡东道国政府与其他利益相关者之间的关系并建立常规的沟通和申诉机制，以回应动态的需求；

第三，更积极地从 NGO 等第三方获得支持，动态地评估和监测社会和环境风险，分析利益相关者之间的权力关系和重要程度；及时披露社会和环境风险应对措施的制定过程和计划，并获得利益相关者的反馈、诉求，并根据反馈对企业内部的社会和环境政策进行调整；

第四，更加积极地学习应对社会和环境问题、开展社区发展工作的经验，学习对象不仅可以是有经验的中国企业，也可以更多地学习发达国家的企业在特定背景下执行的社会、环境政策及实践经验，建立中国企业之间、与发展中国家和发达国家企业之间的学习机制和网络。

4.3.3 对中国政府的建议

中国企业对外投资涉及的国家/地区十分广泛，投资行业也各具特性，给中国政府对投资行为的支持和监管带来较大的挑战。中国政府已经意识到 NGO 的作用，但更多关注其在援助、扶贫和民心沟通领域的工作，忽视 NGO 在实现海外投资的可持续发展方面的价值。另外，在政府发布的 30 多项海外投资政策中，与社会和环境相关的政策以指南或指引方式出现，缺乏约束力。因此，本文建议：

第一，国务院、发改委和商务部在对国内企业境外投资项目进行核准和备案的过程中，要求企业递交社会和环境影响评估报告及应对措施，并建立有效的监督和惩罚机制对企业的行为进行监管；

第二，在《环境影响评价法》中增加对境外投资项目的管理办法和要求，并增加社会影响评价的相关内容；

第三，建议商务部为中国企业提供更多专业支持，以现有国别指南为基础，提供更多具体的、有操作性的规范和手册，以提高中国企业应对社会和环境风险的意识和能力；

第四，国务院及其下属的商务部等有关部门，更多关注到中国 NGO 在推动企业海外投资可持续发展方面的作用和价值，并为其提供资金、政策方面的支持。

五　延伸阅读

- Asian Development Bank—Safeguard Policy Statement (Safeguard Requirements 2: Involuntary Resettlement) (2009), www. adb. org/sites/default/files/institutional-document/32056/safeguard-policy-statement-june2009. pdf.
- Asongu and Nguena, *Foreign Land Acquisitions: Lessons, Policies and Implications* (2014), https://papers. ssrn. com/sol3/papers. cfm? abstract_id = 2586628.
- C. Häberli, *Foreign Direct Investment in Agriculture: Land Grab or Food Security Improvement?* (2015), https://papers. ssrn. com/sol3/papers. cfm? abstract_id = 2556244.
- Coca-Cola, *The Coca-Cola Company Commitment-Land Rights and Sugar* (2013), www. coca-colacompany. com/content/dam/journey/us/en/private/fileassets/pdf/2013/11/proposal-to-oxfam-on-land-tenure-and-sugar. pdf.
- IFC, *Guidance Note 5 - Land Acquisition and Involuntary Resettlement* (2012), www. ifc. org/wps/wcm/connect/4b976700498008d3a417f6336b93d75f/Updated_GN5 - 2012. pdf? MOD = AJPERES.
- New Alliance for Food Security and Nutrition, *Analytical Framework for Land-Based Investments in African Agriculture* (2015), www. growafrica. com/sites/default/files/Analytical-framework-for-land-based-investments-in-African-agriculture_0. pdf.
- Oxfam, *Land Grabbing, An Animated Guide* (video 2: 22 min), www. oxfamamerica. org/take-action/campaign/food-farming-and-hunger/land-grabs/.
- R. Mares, *From Charity to Institutional Development: Reflections on Newmont's CSR Strategies and Conflict-avoidance in Ghana* (2012), www. researchgate. net/publication/288824639_From_charity_to_institutional_development_Reflections_on_Newmont's_CSR_strategies_and_conflict-avoidance_in_Ghana.
- 宋海朋、赵旭：《水库移民与建设征地农民补偿安置政策比较研究》，《人民长江》2018 年第 8 期。
- 殷海善、白中科：《大型煤炭企业征地安置研究——以平朔矿区 2008 年征地搬迁为例》，《资源与产业》2015 年第 6 期。
- 喻少如、刘文凯：《“参与协商型”集体土地征收补偿模式的理论建构》，《西南政法大学学报》2019 年第 5 期。

六 案例

（一）密松水电站项目

密松水电站是缅甸伊洛瓦底江干流上游的水电站，是世界上第十五大水电站，于2009年12月正式开工建设。由缅甸电力部、中国电力投资集团、缅甸亚洲世界公司组成的合资公司投资建设。总装机容量600万千瓦，平均每年可为缅甸提供308亿度电。2011年9月30日，缅甸总统吴登盛突然单方面宣布在他的任期内搁置密松水电站项目。此处主要探讨该项目的移民安置问题。

移民安置规划项目开始时，项目承建方卓有成效地领导和组织开展了移民工作的规划、设计和实施，针对房屋类型、搬迁补助等反复征求移民意见。该移民安置规划主要包括三个方面的内容。首先，密松水电站水库淹没影响区和坝区占地总面积463km^2，其中农田28km^2，果园27km^2，经济林11km^2，房屋面积26.6km^2，涉及人口1万余人。密松水电站建设征地实物指标调查完成之后，规划建设了2个集中居民点，安置坝区6个村庄，需要搬迁安置的居民2000多人。对于库区移民安置，按照相对集中的原则，初步选择了32个移民安置点以安置56个村庄的移民。其次，为改善移民的居住条件，考虑到当地的气候特点，规划中对居民原有竹木结构的房屋进行改善，将竹席墙体、茅草屋顶改善为木框架、竹板墙体、木质楼板、铁皮瓦屋顶结构，按改善后的结构计算价格。为移民安置点规划了道路建设、居民用电、给排水等基础设施工程，并根据需要为每个安置点配置教堂、学校、诊所、图书室、管理房及市场等公共设施。最后，生计恢复方案为实施移民安置的关键，当地移民主要以广种薄收的方式在山地种植农作物维持生活，因此生计恢复的重点是落实土地资源和土地开发措施。由缅甸政府划定安置区，并提供可供开发的土地资源，进行土地开垦、土壤改良等，安置移民的农田数量与质量都不低于淹没前的水平。为提高移民的收入水平，政府给每户居民划拨了可开发林地，供移民种植高效经济作物，对于因征地受损的果树、经济树给予一次性现金补偿，在搬迁过程中和安置的过渡期内对移民进行帮助，主要措施包括向移民发放生活补助费、口粮等，提供优质粮种补贴、技能培训等相关帮扶措施。

密松水电站的移民安置规划设计工作主要是在参考世界银行、亚洲基础设施投资银行非自愿移民政策以及中国相关技术标准的基础上开展的，而缅甸方面没有专门的移民实施管理组织机构就中方的移民安置规划方案征求移民的意愿，因此在计划实施过程中未能充分征求移民的意见。

（二）陕西山区道路安全示范项目

陕西山区道路安全示范项目移民总进度计划是根据汉滨区道路工程建设征地实施进度来确定的。其移民安置规划主要包括以下几个方面。首先，土地补偿标准是根据不同的土地类型，给予一次性安置补偿费，此外还有统一按占用年度案算的临时用地补偿标准，青苗安置方面按照实施县的统一年产值计算。其次，在恢复被影响居民的生计生活方面，主要包括如下措施。（1）工作安排。在项目实施期间，优先为受影响人群提供项目产生的工作机会，估计有150个非技能岗位和30—50个项目经营期间的岗位，包括养护和绿化、清洁工作。（2）培训计划。对于选择农业恢复措施的家庭户，将提供农业技能培训，对于非农就业，技能培训包括园林美化、房屋装修、手工艺品制作、汽车修理和其他技能。对5个严重受影响户的特殊培训将按照其最终选择和非农事业进行。（3）养老保险。根据安康市人民政府办公室文件，该项目受征地影响人群还可以享受安康市社保局提供的社会养老补助金。（4）住宅拆迁安置计划。对于宅基地及其他建筑均给予现金补偿，或者选择新农村发展计划中的集中安置，政府分配房屋地点的个体重建等。最后，为顺利开展移民安置工作，交通部门、国土部门、财政部门等单位将参与并协助移民安置的实施。项目影响的各乡（镇）、村配备有1—2名主要领导负责协助移民安置工作。

为了有效解决问题，保证项目建设和征地的成功实施，项目建立了一个透明而有效的投诉与申诉渠道。此外，据《亚行安全保障政策条款（2009）》关于非自愿移民的规定，该项目的移民工作还执行了外部监测与评估。

七　思考题

1. 土地问题涉及哪些基本人权？

2. 什么是“资源诅咒”？如何破解“资源诅咒”？

3. 在大规模搬迁中，有哪些脆弱的权利主体？哪些易受侵害的权利类型？

4. 农村移民、城市移民和线性移民的安置分别具有什么特点？工商企业如何避免非自愿移民以及解决非自愿移民造成的不利影响？

5. 国家在涉及土地的人权问题中负有哪些义务？

第二十六章　安保规定

引　言

企业需要像私营安保公司、警察甚至军队这样的安全部队的支持，以便安全地开展业务。事实上，公司在不稳定的环境有时甚至是动荡的环境和战区中经营时，确保雇员安全是公司人权责任的一部分（第 20 章）。与此同时，公司必须负责任地雇用安保部队，避免无辜公民受到安全部队的残酷对待。有时，公民只是行使结社自由、言论自由和集会自由的人权（第 19 章）以及对环境恶化（第 29 章）、土地征用（第 25 章）或工作条件（第 17—21 章）有正当的不满。过去 20 年中出现了一些多利益相关方倡议（第 5 章），指导如何在不侵犯人权的情况下提供安全保障，已为公共或私营安保部队制定了在和平或武装冲突期间不同参与阶段的具体规则，其内容涉及交战规则的甄选和培训、报告侵犯行为和与司法机制合作（第 6 章）。大多数侵犯行为发生在采掘业（采矿、石油和天然气开发）和农业（包括林业），因为这些行业不能轻易搬迁。在这种高风险环境中应当加强人权尽责（第 7—14 章），《联合国工商企业与人权指导原则》（第 2 章）也明确承认了母国对在冲突地区经营的工商企业的建议和监管责任（第 4 章）。在母国法院（第 6 章）的一些案件中跨国公司必须回应安全部队的侵犯行为，包括酷刑、杀戮、强奸和其他违反国际习惯法的侵犯行为、触犯战争罪和反人类罪的行为（第 1 章）。鉴于此类侵犯行为的严重性，即使是领先公司也对其在安全领域的表现相当保密，可能是因为完全透明容易引发法律责任（第 6 章）。但是，这些公司已认识到冲突分析和人权尽责的重要性，认为其是查明冲突根源并与利益攸关方合作采取积极措施的一种方法（第 5 章）。

一　要点

- 公共和私人安全
- 私营军事和安保公司（PMSC）
- 私营安保公司（PSC）

- 国家义务
- 公司责任
- 武器和装备的使用与控制
- 人员筛选
- 培训
- 风险评估
- 投诉机制
- 认证标准
- 业务报告

二　背景

商业、暴力和冲突[①]

企业对受冲突影响或高风险区域的社区有着积极和消极的双重影响。它们可能会助长暴力，同时也可能成为暴力的受害方，甚至可以帮助缓解和预防进一步的暴力。本期审查了公司与冲突之间的关系，规范企业在冲突背景下的行为准则，努力突出企业、国家及民间社会在这一领域的权利和责任，并且向人道主义机构开放了选择与公司进行对话的通道。

私营军事和安保公司是一种特殊类型的企业，根据定义，它更容易受到武装冲突和其他暴力局势的影响。最近，雇佣兵们在非洲冲突中受雇，巴尔干、伊拉克和阿富汗的战争已经出现了提供军事和安全类服务的新机构：私营军事和安保公司。面对日益增长的需求，私营军事和安保公司的数量有所增加，这些公司的服务范围已扩大到包括安全、后勤、维护和操作军事装备、情报、训练警察和武装部队以及与拘留有关的服务等。事实上，我们可以说，一个名副其实的私营军事和安保行业正在提供更广泛的服务，如今越来越多地在海事安全领域应对海盗行为（交付赎金、谈判、海上巡逻等）。私营军事和安保公司提供的服务具有多面性和快速发展性，这对制定统一管理其活动的法律框架提出了重大挑战。

---

① Special Issue：Humanitarian Debate：Law，Policy，Action-Business，Violence and Conflict，*International Review of the Red Cross* 887 （Autumn 2012），https://international-review. icrc. org/sites/default/files/reviews-pdf/2022 – 06/Selected-Articles-International-Review-of-the-Red-Cross-No-919. pdf.

三　国际文件与域外材料

（一）安全与人权自愿原则[1]

（……）制定自愿原则，指导企业在确保尊重人权与基本自由的经营框架内，维护他们的经营安全。

风险评估

（……）准确有效的风险评估应考虑以下因素：

• 识别安全风险。造成安全风险的因素可能是政治因素、经济因素、政府因素或社会因素。甚至，某一个人和某一财产会更具危险。安全风险的识别可以使公司采取措施降低风险，还可以评估公司的措施是否会加大风险。

• 潜在的暴力。依据环境的不同，暴力可能会广泛分布或仅局限于特定区域。它可能会不知不觉地发展。民间社团、本国政府和东道国政府的代表以及其他各方应该通过协商，找出由潜在暴力所带来的风险。出于教育目的、预测目的和防御目的，风险评估应该在企业经营区域内检查暴力的模式。

• 人权记录。风险评估应考虑到社会治安、准军事部队、地方和国家执法部门以及个人安全信誉的现有人权记录。对于过去的滥用与控诉的认识，有助于公司避免重蹈覆辙，还能促进问责制。上述团体如果能够以合法方式（即符合适用的国际标准）应对不同的暴力情况，可使公司在经营环境中制定适当措施。

• 法治。风险评估应当考虑当地检察机关与司法部门能够以尊重被告权利的方式，处理侵犯人权和违反国际人道法的行为。

• 冲突分析。识别和理解地方冲突的根本原因和性质，了解人权和国际人道主义法律标准的遵守程度，对于制定战略政策具有指导意义，这些战略政策可用于管理企业、地方组织、企业雇员和工会、东道国政府之间的关系。

• 设备转让。在为社会治安和私人保安提供设备（包括致命和非致命的设备）的地方，企业应当考虑此类运输的风险、相关的出口许可要求，和

[1] Voluntary Principles on Security and Human Rights，https://www.voluntaryprinciples.org/the-principles/.

减少可预见的能造成负面影响的措施的可行性，包括预防可导致不当使用或转移人权虐待设备的行为。进行风险评估时，企业应该借鉴以前的涉及设备运输的相关事件。

企业与社会治安之间的相互作用

• 企业应该与社会治安部门一起利用他们的影响力促进下列原则。(a) 不雇用牵涉人权虐待的个体为企业提供安全保障服务。(b) 仅在必要的时候，以适当的程度向造成威胁的人使用武力。(c) 在个体行使结社自由与和平集会的权利、行使集体谈判的权利、行使《世界人权宣言》和国际劳工组织《工作中的基本原则和权利宣言》中认同的企业职员的相关权利时，个体的权利不受侵犯。

• 如果社会治安人员使用武力，应该向有关的主管部门和企业报告。在使用武力的地方应该救护受伤人员，包括违法人员。(……)

• 企业应该定期与社会治安部门举行结构化会议，讨论有关安全保障、人权和相关工作场所安全的问题。企业应该定期与其他企业、东道国政府、本国政府和民间社团协商，讨论安全与人权问题。在同一地区运营的企业有共同的问题时，他们应该集体向东道国政府和本国政府提出这些问题。(……)

• 对经营区域内的社会治安部门造成的人权虐待的指控，企业应该做记录并向东道国政府的有关主管部门报告。在适当时候，企业应该催促调查，采取措施，避免再次发生。

• 企业应积极监督调查情况，并要求给予适当解决办法。

企业与私人安保之间的相互作用

当东道国政府不能或不愿意提供足够的安全力量保护企业的人员和财产时，有必要雇用私人安保作为对社会治安的补充。在这种情况下，私人安保必须协同携带武器的国家部队（尤其是执法部门），并考虑使用防御性武力。(……)

• 关于道德行为和人权，私人安保应该遵守签约公司的政策，遵守他们所在国家的法律和专业标准，遵守企业、民间社团和政府已有的最佳做法，并促进遵守国际人道主义法律。(……)

• 为保证私人安保以与上述原则相一致的方式履行义务，提供安全保障，公司应该咨询和监督私人保安。在适当的情况下，公司应设法雇用代表当地人口的私营安保公司。

（二）安全与人权自愿原则倡议：治理规则①

参与标准

所有参与者都应符合以下标准：

1. 公开宣传自愿原则；

2. 积极实施或协助实施自愿原则；

3. 参加年度全体会议，并根据资源限制情况酌情参加其他经批准的特别会议和国内会议；

4. 至少每年公开宣传执行或协助执行“自愿原则”的努力；

5. 根据参与者确定的标准，在年度全体会议前一个月准备并向指导委员会提交关于努力实施或协助实施自愿原则的年度报告；

6. 参与与其他自愿原则参与者的对话；

7. 在法律、保密、安全和运营方面，及时响应其他参与者的合理信息请求，以促进全面了解与实施或协助实施自愿原则有关的问题。

公司支柱报告指南

公司支柱报告指南分为四个部分：

（A）对自愿原则的承诺；

（B）政策、程序和相关活动；

（C）国家实施；

（D）经验教训和问题。

A—C 部分规定了预期的报告承诺，D 部分是可选的。

非政府组织支柱报告指南

非政府组织支柱报告指南分为五个部分：

（A）对自愿原则的承诺；

（B）程序；

（C）促进自愿原则；

（D）国家实施；

（E）经验教训和问题。

A—E 部分规定了预期的报告承诺，E 部分是可选的。

---

① VPI-Governance Rules（2018），https://www.voluntaryprinciples.org/wp-content/uploads/2020/02/Governance-Rules-November-2019.pdf.

政府支柱报告指南

政府支柱报告指南分为四个部分：

（A）对自愿原则的承诺；

（B）政策、程序和相关活动；

（C）实施；

（D）经验教训和问题。

A—C 部分规定了预期的报告承诺，D 部分是可选的。

（三）安全与人权自愿原则倡议：公司支柱核查框架[①]

关键绩效指标

（……）任何参与组织的问责框架的一个重要组成部分是选择一套适合组织的绩效指标。鼓励参与者选择能够指导合理准确的实施的指标。为了指导这项工作，应考虑以下类别：

1. 参与者承诺；
2. 风险评估；
3. 公安；
4. 私人安保；
5. 管理指控的程序；
6. 与利益相关者的接触。

参与者有责任制定一套有效的选择标准，以确保任何评估都是具有代表性的合理样本。它还涉及评估统计相关的代表性样本量。

（四）安全与人权自愿原则倡议：《政府安全部队与公司之间协议的示范条款》[②]

D. 关于安全和人权的筛选

政府安全部队同意确保那些被指控犯有暴力罪或参与侵犯人权行为的人员不会在项目区内和周围负责相关工作。在项目区内和周围活动的任何政府安全部队人员，如果后来被发现确实涉及侵犯人权，将从该地区撤离，并将

---

① VPI-Corporate Pillar Verification Framework（2015），https://www.voluntaryprinciples.org/wp-content/uploads/2019/12/VerificationFramework – Companies.pdf.

② VPI-Model Clauses for Agreements Between Government Security Forces and Companies with Respect to Security and Human Rights（2016），https://www.voluntaryprinciples.org/wp-content/uploads/2019/12/ModelClausesforAgreementsbetweenGovernmentSecurityForcesandCompanies.pdf.

根据适用的国家法和国际法被处理。

F. 武器和装备的使用和控制

公司不得被要求，并且政府安全部队也不得要求公司提供致命武器，包括硬弹药，或为获得此类武器弹药而支付任何费用。政府安全部队同意，公司提供的任何支持，包括任何付款，均不得用于购买致命武器或其他致命设备。政府安全部队同意公司提供的任何设备不会用于本协议所设想的任何其他目的，并且仅在人员值班或本协议另有规定时使用。

G. 安全事故调查

政府安全部队同意及时告知公司任何涉及使用武器或使用武力的安全事件，以及政府安全部队人员在履行与公司财产、设施有关的职责时涉嫌侵犯或滥用的任何行为或人员。政府安全部队将根据适用的国家法和国际法迅速调查、报告和解决所有此类事件、潜在的违规行为或滥用行为。政府安全部队将定期通知公司关于调查或诉讼程序的进展情况。在调查或诉讼程序进行过程中，政府安全部队同意暂停被调查或被检控的人员在项目区内及周围执行职务。(……)

如果政府安全部队或适当的官方调查发现政府安全部队人员使用不成比例的武力，违反安全和人权标准、人权法和/或国际人道主义法或使用武器或其他设备的协议，受到政府安全部队的适当纪律处分和/或被向有关当局报告，政府安全部队应采取适当行动防止再次发生。

H. 透明度

双方同意在安全和保障问题上，使其安全安排透明，并为公众所用。

(五) 安全与人权自愿原则倡议：实施指导工具①

什么是风险评估?

风险只是“不确定性对目标的影响”。风险评估是关于识别、分析和评估这些不确定性。VPs（自愿原则倡议）的目标是确保以尊重人权和人道法的方式管理安全。因此，VPs 风险评估是评估可能影响该目标的不确定性，并确定如何解决这些问题。

风险评估是在一系列活动中进行的，现在这些方法已经相当标准化（例如，ISO 31000 国际风险管理标准是一套易于理解的规则）。VPs 风险评估遵

① VPI-Implementation Guidance Tools (2011), https://www.voluntaryprinciples.org/wp-content/uploads/2021/11/Implementation-Guidance-Tools_English.pdf.

循这些标准；唯一的区别是它是特定于 VPs 的。因此，本模块中描述的工具可以轻松纳入现有的风险管理工具和方法中。类似地，可以调整现有工具和方法以更好地反映 VPs。

VPs 风险评估着眼于公司面临的安全风险以及公司运营所在社区的人权风险。(……)

案例研究：管理设备转移

一家在西非经营的公司经常被军方要求提供燃料、使用公司车辆和其他设备。军队资源不足，没有这些额外资源，就无法充分保护当地公民或公司。因此，公司必须不时转移设备以管理安全风险。该公司发现，这会带来许多其他风险，特别是转让的设备可能被用于侵犯人权的风险。该公司还发现，过去向军方提供的燃料可能会被封存（即非法出售以获取利润），汽车零部件（从发动机到轮胎）也会被剥去，并以同样的方式出售。

为了管理这些风险，该公司实施了一系列保障措施。它已经向军方明确表示，它对军事行动的期望是只转移非致命设备。它在所有车辆上放置了跟踪设备，以便随时了解其车辆的下落。它还在车辆转移时向军方提供其自己的司机，以确保有关车辆使用的协议得到保障，并确保车辆不被不当使用。最后，该公司与同行公司合作，跟踪转移的燃料数量，以便控制燃料被封存的风险。迄今为止，这些保障措施已证明在管理人权风险方面非常有效。

（六）日内瓦安保部门治理中心、国际红十字会《解决复杂环境中的安全和人权挑战：工具包》①

(……)

II. 与公共安全部队合作

(……)

D. 安全行动者对人权的态度可能与 VPs 公司母国的情况截然不同。

良好的实践

沟通公司对 VPs 的遵守情况，并将此承诺包含在与东道国政府达成的协议中，以促进国家安全行为者的接受

- 准备明确的政策声明，规定企业对其合作伙伴或与其运营直接相关的各方的人权期望。声明也应公开，以增加其分量。（GPs：16）它“提供

① DCAF & ICRC, *Addressing Security and Human Rights Challenges in Complex Environments* (2016), https://www.securityhumanrightshub.org/sites/default/files/2019-10/ASHRC_Toolkit_V3.pdf.

了一个起点，企业可以从中更好地利用对人权的尊重”。（UNIG：27）

• 向公安部队传达有关道德行为和人权的公司政策。（VPs：3）

• 了解国家法律，确定加强 VPs 标准的现有规范，并在与东道国参与者签订的任何合同或协议中参考这些规范。

• 在与东道国政府的合同/协议/备忘录中加入 VPs。“合同或其他正式协定的存在可以在要求或鼓励其他各方尊重人权方面发挥重要作用。”有效的“与拟定合同的公司员工、参与合同执行的部门以及监督人权问题的部门之间的沟通”至关重要。（UNIG：47—48）

定期与公安部队管理层会面

•“与公共安全提供者建立定期正式会议的模式，以便交换安全信息并解决有关人权和（国际）人道法的问题。”（IGTs：40）

专注于共同的价值观

• 将对话集中在诸如“卓越运营”、“最佳实践”、“尊重人类生命和尊严”或其他共同价值观等概念上。此外，“在公共服务的共享或类似经验的基础上，在公共安全提供者和公司安全管理者之间建立伙伴关系可能非常有效”，从而使 VPs 的相关性和重要性成为可能。（IGT：41—47）

• 与当地公安部队指挥官合作，共同制定符合人权法和国际人道法使用武力的交战规则。“这些规则应成为公安部队在部署到公司设施之前进行的任何培训的一部分。”（MIGA：III－8）

案例研究：喀麦隆的人权培训

与许多国家一样，在喀麦隆石油和天然气业务被视为国家资产，公安部队负责采掘业务的安全保障。（……）制定了五个关键要素的培训计划。

第一，培训重点关注 BIR（Battalion d'Intervention Rapide，快速响应部队，是喀麦隆军队中专门负责采掘业运营安全的特殊单位——编者注）士兵过去常遇到的实际情况。该计划基于日常情况，如当地抗议和路障，而不是一般人权原则。

第二，联合进程确定了家庭、荣誉、尊重和确保人类安全等共同价值观，这些价值观用于培训，将人权标准的目标“转化”为地方话语。

第三，培训材料符合当地情况。例如，该计划从家庭的角度处理了诸如“人类安全”等概念，因为最初的范围界定研究确定了家庭对喀麦隆人的重要性。

第四，联合进程为 BIR 参与者提供了一个展示和讨论自己运作经验的平台。BIR 士兵和指挥官可以了解同行面临的挑战并分享个人的良好做法。

第五，联合进程找到了一种合适的媒介，通过该媒介可以更好地传达给所有受影响的参与者，旨在支持实际的培训课程并增强其效果，并为参与者提供外带资源。最好的方法是一系列漫画书，这些书很容易被传播。题为“喀麦隆船长”的系列漫画反映了当地具有挑战性的情况，突出了不恰当和适当的安全反应，侧重于先前确定的共同价值观：家庭、荣誉、尊重和确保人类安全。

（七）国际安保行为守则协会①

国际安保行为守则协会（ICoCA）是一个多利益攸关方倡议（……）所有成员——国家、私营安保公司和民间社会组织（三个“支柱”）——构成大会的一部分。同样，董事会由十二名当选成员组成，这些成员为每个支柱提供平等代表权。(……)

ICoCA 遵循行为守则的原则。其中包括致力于善政、尊重人权和国际人道法，以及高标准的职业行为。其业务在全球范围内开展，具有诚信、公正和保密的特点。ICoCA 努力确保保护并为私人安保滥用的受害者提供补救。ICoCA 努力防止过度使用武力；防止酷刑和其他有辱人格的待遇或处罚；防止性剥削和性虐待以及基于性别的暴力；防止人口贩运、奴役和强迫劳动；保护儿童的权利；防止歧视。

（八）国际安保行为守则协会《私营安保服务提供商国际行为守则》②

序言

1. 私人安保公司和其他安保服务提供商（统称“私营安保公司”）通过承担救护、修复和重建任务或者开展商业、外交和军事活动，在保护国家和非国家客户方面发挥重要作用。但在提供这些服务时，私营安保公司的活动可能会给客户、活动区当地居民、总体安全局势、人权和法治带来积极或消极的影响。

(……)

6. 正如本守则所规定，各会员及其附属公司承诺：

（a）依照本守则开展活动；

（b）在活动中遵守可适用的立法和规章，以及该行业的现行商业管理

---

① The International Code of Conduct Association, https://icoca.ch/en/icoc-association.

② International Code of Conduct for Private Security Service Providers (2010), https://icoca.ch/en/the_icoc#a-preamble.

规范;

(c) 在开展活动时遵守法治原则、尊重人权和客户利益;

(d) 采取措施建立和推行有效的内部治理框架, 以防范、监测、举报和有效纠正对人权的侵害;

(e) 设法处理有关违反国家或国际法律或者本守则的活动的指控;

(f) 在特别是涉及违反国家和国际刑法、违反国际人道主义法或者侵犯人权事件的国家和国际调查过程中, 诚心诚意地与行使正当管辖权的国家和国际当局合作。

(……)

人员的选择和调整

(……)

48. 各会员及其附属公司将制定和推行一套内部政策和程序, 以确定求职者或员工是否适合在履行职能时携带武器, 并将至少核实这些人:

(a) 没有因为犯有表明其不具备可依照本守则提供安保服务的精神品质或能力的罪行被判刑;

(b) 没有因为品行不良被开除;

(c) 没有因为确证违反本守则所载一项或多项原则而被解除的其他固定或临时雇用合同;

(d) 过去没有导致其持械能力依照客观合理性被怀疑的行为。

(……)

事件和事故报告

63. 各会员及其附属公司将撰写涉及其员工使用任何武器的事件或事故报告, 包括在任何情形下开枪 (经批准的射击训练除外)、暴力升级、物资损失、伤害、袭击、犯罪行为、交通事故和有其他安全部队参与的事件, 以及客户要求的任何其他报告; 各会员及其附属公司将就此作内部调查, 以确定:

(a) 事件或事故的时间和地点;

(b) 所有受影响人员的身份和国籍、地址及其他联系资料;

(c) 造成的伤害和损失;

(d) 事件或事故之前的形势;

(e) 会员及其附属公司采取的所有应对措施。

调查结束后, 会员及其附属公司将撰写载有上述信息的书面报告, 抄送给客户, 并在现行法律有此要求时抄送给主管当局。

(……)

控诉程序

66. 各会员及其附属公司将制定程序，处理其内部员工或第三方所提出的关于公司可能违反本守则所载原则的控诉。

67. 各会员及其附属公司将：

(a) 制定其员工和第三方向指定人员提交关于不当和（或）非法行为指控的程序，其中包括针对违反本守则所载原则的行动或不作为提出的指控，并在必要时向主管当局进行报告；这些程序必须公平、易操作和提供有效纠正措施，包括防止今后再度发生的建议；

(b) 在公开的网站上登载其控诉受理和调查机制的详情；

(c) 快速和公正地对指控进行调查，同时充分遵守保密性；

(d) 对指控记录、程序结果和纪律惩戒措施进行存档，并应要求向主管当局通报，但现行法律载有特别禁止或保护条款的除外；

(e) 与官方调查合作；各会员及其附属公司不得阻挠调查或容忍其员工对证人、举证或调查制造障碍；

(f) 采取包括辞退在内的适当纪律惩戒措施，如果证明员工有非法行为或违反本守则；

(g) 确保正当地举报失职行为的员工和第三方获得必要的保护，以免其因为举证而遭报复，例如防止他们遭受不公正或不应有的纪律惩戒措施，并确保没有不当拖延地对所举报案件进行审查和采取相关措施。

（九）国际安保行为守则协会：投诉[①]

国际安保行为守则协会（ICoCA）接收并处理其会员公司涉嫌违反《私营安保服务提供商国际行为守则》（准则）的投诉。(……)

可向协会报告两类投诉：

1. 个人或其代表提出的投诉，指控 ICoCA 会员公司的行为造成的损害；
2. 个人或团体的投诉，其中包含 ICoCA 会员公司违反规范的可信证据。

在任何一种情况下，协会都会启动一个回应投诉的流程：

1. 如个人或其代表声称因 ICoCA 会员公司涉嫌违反守则而受到伤害，该协会将与投诉人及 ICoCA 会员公司合作，启动申诉程序，以提供有效的补救措施。这可能包括 ICoCA 会员公司的申诉、协会的斡旋、调解服务或其他

① The International Code of Conduct Association, https://icoca.ch/registering-a-complaint/.

纠纷解决替代机制。在任何时候，投诉人的利益和优先事项都将指导决议的选择。该过程以第 13 条“接收和处理投诉程序”为指导。

2. 如果个人、团体或其代表有可靠的证据证明 ICoCA 会员公司有违反规范的行为，协会将向会员公司提出投诉。此类投诉可由任何团体或个人提出，无论其是否受到伤害，并且可能包括即将发生的涉嫌违规行为。这可能包括匿名投诉、举报人投诉或任何其他个人或团体的投诉，其中包含可信的违反规范的证据。该过程以 ICoCA 的第 12 条“报告、监控和评估绩效与合规程序”为指导。

（十）国际安保行为守则协会：认证[①]

要申请 ICoCA 认证，会员公司需要获得有资质的认证机构作出的以下 ICoCA 认可标准之一的认证：

- PSC. 1（美国安保公司行为标准——编者注）
- ISO 28007
- ISO 18788

PSC. 1 –2012 建立了一种机制，使私营安保服务提供商及其客户能够就《私营安保服务提供商国际行为守则》和“蒙特勒文件”中概述的原则作明确的承诺、达成一致和承担责任。

ISO 18788：2015 提供了用于建立、实施、操作、监控、审查、维护和改进安全操作管理的框架。它提供了安全运营管理系统的原则和要求；并为执行或承包安全运营及相关活动的组织提供业务和风险管理框架。

（十一）《关于私营军事和安保服务公司的蒙特勒文件》[②]

前言

私营军事和安保服务公司（PMSC）在武装冲突中的存在传统上很少受到关注。在某些方面，这是令人惊讶的；在战争期间依赖私营企业家并不是什么新鲜事。从古代到今天的冲突，这些企业家在其中都发挥了作用。但历史学家显然认为它们不过是军事事务的辅助方面，它们的地位和意义不需要特别审查。

现在已经改变了。今天，私营军保公司在某些方面被视为军事事业不可

① The International Code of Conduct Association，https://icoca. ch/what-we-do/certification/.

② 红十字国际委员会：《关于私营军事和安保服务公司的蒙特勒文件》，https://www. icrc. org/zh/doc/assets/files/other/montreux_ document_ (c). pdf。

或缺的组成部分。自“冷战”结束以来，对私营军事和安保服务的需求已经增加到如此程度，以至于现在有一个活跃的 PMSC 行业提供更广泛的服务，一些公司雇用的员工超过 10000 人。就所涉服务的规模和范围而言，今天的私营军保公司是一个全新的现象。

(……)

“PMSC”是提供军事和/或安全服务的私营企业实体，无论他们如何描述自己。军事和安保服务尤其包括武装保护人员和物体，如车队、建筑物和其他地方；维护和操作武器系统；囚犯拘留；对当地部队和安保人员的指导或培训。

缔约国

1. 缔约国即使聘用私营军事和安保服务公司从事某些活动，依然承担其根据国际法所承担的义务。缔约国若为占领国，则有义务采取其权限范围内的一切措施，恢复并尽可能确保公共秩序和安全，即保持警惕，防止发生违反国际人道主义法和人权法的行为。

(……)

7. 订约关系的确立本身并不涉及缔约国的责任，但是根据习惯国际法，如私营军事和安保服务公司或其人员违反国际人道主义法、人权法或其他国际法规则的行为可归咎于缔约国，那么缔约国对这些违法行为承担责任，尤其是如果私营军事和安保服务公司或其人员：

(a) 被国家根据国内立法并入其正规武装部队；

(b) 是对国家负责的指挥机构管辖下的有组织武装部队、团体或单位的成员；

(c) 在以政府主管部门的身份行事时，有权行使其职权（即根据法律或法规获得正式授权，履行通常由国家机关行使的职能）；

(d) 事实上奉国家指示行事（即国家对私营行为体的行为作出明确指示），或接受国家的领导或控制（即国家实际上有效控制私营行为体的行为）。

8. 根据有关国家责任的习惯国际法，如果私营军事和安保服务公司人员的不法行为可以归咎于缔约国，缔约国有义务对此类行为所造成的违反国际人道主义法和人权法的情事作出赔偿。

(……)

本国

14. 本国有义务在权限范围内，确保拥有其国籍的私营军事和安保服务公司遵守国际人道主义法，尤其是：

(a) 在私营军事和安保服务公司及其员工中尽可能地广泛散发《日内瓦四公约》及其他有关国际人道主义法准则的文本；

(b) 不鼓励或不协助而且采取适当措施防止私营军事和安保服务公司人员的任何违反国际人道主义法的行为；

(c) 视情况通过军事条例、行政命令、其他规范性措施以及行政、纪律或司法处罚等适当手段，制止私营军事和安保服务公司人员违反国际人道主义法的行为。

(十二)《蒙特勒文件：问题和答案》[①]

是否有任何国际条约直接提到私营军事和安保服务公司 (PMSC) 的权利和义务?

没有国际人道法或人权条约具体提到私营军保公司。蒙特勒文件汇编了与 PMSC 运作最相关的国际法规则，以便于参考。

私营军事和安保服务公司是否在法律真空中运行?

不，(……) 在武装冲突局势中，某些既定的规则和原则确实明确适用，即根据国际人道法，该法规定了私营军事和安保服务公司工作人员的活动和雇用他们的国家的责任。此外，人权法规定各国有义务保护个人免于私营军保公司的不当行为。蒙特勒文件解释了这些规则和原则。

什么规则适用于私营军事和安保服务公司及其员工?

在与武装冲突有关的任何活动中，所有人都必须遵守国际人道法。私营军事和安保服务公司员工也不例外。如果他们严重违反人道主义法，例如袭击平民或虐待被拘留者，这些都是战争罪，必须由国家起诉。虽然公司本身没有国际法规定的义务，但他们的员工必须这样做。

另外，国际人道法和人权法也保护这些公司的员工。他们有权获得的保护将根据他们参与的活动类型而有所不同。

世卫组织是否有权审理可疑的战争犯罪?

部署承包商的国家通常具有权力（管辖权），因为该罪行是在其领土上实施的。但是，私营军事和安保服务公司员工可以根据双边协议获得豁免权，例如部队地位协议；此类协议通常涵盖一个国家的武装部队，这些武装

---

① The Montreux Document-On Pertinent International Legal Obligations and Good Practices for States Related to Operations of Private Military and Security Companies during Armed Conflict, https://www.icrc.org/en/doc/assets/files/other/montreux-document-eng.pdf.

部队存在于另一个国家，但有时延伸到武装部队和私营军保公司的随行平民。此外，如果司法系统被削弱，经历武装冲突的国家并不总是具有起诉罪犯的实际能力。

如果其中一名国民在国外犯罪，其他国家也可以行使管辖权。但是，对于此类案件，各国并不总是根据国内法确立管辖权。而且，即使他们确立了管辖权，在武装冲突的情况下犯罪是在国外犯下这一事实，也可能对刑事调查造成严重的实际障碍，例如在收集证据方面。

（十三）《联合国工商企业与人权指导原则》

支持企业尊重受冲突影响地区的人权

7. 由于受冲突影响地区严重侵犯人权的风险不断加剧，国家应帮助确保在此类背景下经营的工商企业不会卷入侵犯人权行为，包括：

（a）在尽可能早的最初阶段与工商业接触，帮助它们确认、防止和缓解其活动和商业关系的人权相关风险；

（b）向工商企业提供适当的援助，以评估和解决不断加剧的侵权风险，特别应注意基于性别的暴力和性暴力；

（c）对严重侵犯人权，又拒绝在解决问题时予以配合的工商企业，提供公共支持和指导；

（d）确保其目前的政策、立法、条例和执法措施可有效应对工商企业参与严重侵犯人权行为的风险。

（十四）自由港麦克莫兰铜金公司《2015年安全与人权自愿原则报告》①

公司进行安全和人权风险评估的程序

例如，在2015年，TFM HRIA制订的行动计划被整合到网站的风险登记过程中。其中与以下方面有关：

- 负责任地防止非法现场采矿并减轻其影响；
- 公共安全提供者对特许权的行为；
- TFM员工和承包商员工的安全。

网站级风险登记册由跨部门小组在业务层面维护。企业可持续发展团队

① Freeport-McMoRan, *Voluntary Principles on Security and Human Rights*, 2015 *Annual Report to the Plenary* (2016), https://www.fcx.com/sites/fcx/files/documents/sustainability/vol_principle_2015.pdf.

和高级跨职能企业人员监控和审查站点级别的注册，并维护企业级风险登记。

（十五）英美资源集团《2015年安全与人权自愿原则报告》[①]

尊重人权是英美资源集团价值观的核心

政策、程序和相关活动

（……）有效的申诉机制是我们人权方针的核心要素，我们所有业务都必须有投诉和申诉程序，其中包括与安全安排有关的投诉。有各种机制可以报告与安全有关的人权事件：从直接向安全部门报告的电子事件管理系统记录的事件到通过我们的“说出来”举报机制进行的匿名披露报告。

（十六）红十字国际委员会《商业与国际人道法》[②]

国际人道法如何保护工商企业的活动?

工商企业的工作人员——无论是本地员工、外籍员工或承包商——只要其从事正常的商业活动，一般被视为平民，因此可以免受蓄意和不分青红皂白的攻击。但是，国际人道法规定，直接参与敌对行动的平民在进行这些活动时失去免受攻击的保护。(……)

工商企业的财产，如工厂、办公室、车辆、土地和资源，被视为民用物品，因此应享有免受蓄意和不分青红皂白攻击的保护。但是，如果将商业财产用于军事目的，它将成为军事目标，并有可能被冲突各方合法地攻击。

（十七）ENODO Rights[③]《对波尔格拉补救框架的评估》[④]

这份报告涉及一项旨在纠正严重侵犯人权行为的雄心勃勃的公司计划。巴里克黄金公司（Barrick Gold）构想了 Olgeta - Meri 补救框架，以应对私人保安人员在巴布亚新几内亚波尔格拉（Porgera）金矿实施的毁灭性的性暴力

---

① Anglo-American, *Voluntary Principles on Security and Human Rights - 2015 Annual Report*, https://www.angloamerican.com/~/media/Files/A/Anglo-American-Group/PLC/sustainability/approach-and-policies/social/security-human-rights-voluntary-principles-2015.pdf.

② ICRC, *Business & International Humanitarian Law*, 2006, https://shop.icrc.org/les-entreprises-et-le-droit-international-humanitaire-introduction-aux-droits-et-obligations-des-entreprises-au-regard-du-droit-international-humanitaire-520.html? ___store=default.

③ ENODO Rights 是一个利用专业法律知识，从人权视角分析企业对社会的影响，并为企业提供应对人权风险的战略的机构。——编者注

④ ENODO Rights, *An Independent Assessment of the Porgera Remedy Framework* (2016), https://www.enodorights.com/assets/pdf/pillar-III-on-the-ground.pdf.

行为。《工商业和人权指导原则》是该框架的试金石。巴里克黄金公司利用他们设计了一个复杂的运营层面申诉机制（Operational Grievance Mechanism, OGM），来裁决性暴力索赔和决定个人救济。2012 年至 2014 年，该框架由两个独立于巴里克黄金公司的组织实施：由巴布亚新几内亚著名的妇女权利倡导者领导的波尔格拉救济框架协会（PRFA）；卡德诺（Cardno）新兴市场，一个环境、社会和基础设施咨询公司。最终，119 名妇女因 1990 年至 2010 年的性暴力行为获得了赔偿，包括现金赔偿、医疗救助、咨询服务、学费赞助和商业培训等。

框架的设计因其非凡的雄心和对指导原则的承诺而受到称赞。然而，与此同时，该框架也引发了本地人和国际利益攸关方间的争议。利益攸关方曾在不同时期对框架与指导原则的一致性提出关切：尊重国际人权；与当地习俗相结合；对索赔人的愿望和当地人权倡导者的意见的敏感度；关注性暴力。最近，巴里克黄金公司被指控不公平，因为一群妇女拒绝接受框架补救措施，并威胁要在美国起诉巴里克黄金公司，巴里克黄金公司同意给予比该框架要求更高的赔偿。(……)

我们这次评估的目的是根据权威标准客观地评估该框架。这不是一份关于我们对私人行为者所承担的国际公法责任的印象报告。相反，我们寻求确切地确定框架与指导原则是如何以及为什么一致的。在这种情况下，数字上的确定性是不可能的。为了将反复无常的风险降到最低，我们将分析结构和方法的透明度放在首位。我们首先确定了相关的指导原则——指导原则 22、29 和 31。然后，我们运用国际法的解释准则来阐释上述三条原则的实践意义。这个过程产生了 26 个指标。通过描绘可接受的决策和结果的边界，将这些作为评估的模板。我们根据两个维度的具体指标来评估框架，即设计和实现。(……)

该框架是在对指导原则真诚和深思熟虑的承诺下构想出来的。巴里克黄金公司的设计应该因其罕见的雄心壮志和对原告权利的细致关注而受到称赞。但是履行上的错误损害了框架的实际性能。因此，索赔人所面临的程序既不能充分保护他们，也不能被他们理解。最后，胜诉的索赔人虽得到了国际法规定的公平甚至慷慨的补救，但许多人仍然感到不满、耻辱和被虐待。对这些结果负责的不仅仅是框架，也应包括国际利益攸关方，因为他们判断错误和不愿真诚地参与，使索赔人付出了巨大代价。(……)

联合对框架施加压力，并要求给予现金赔偿，这实际上对索赔人的安全更加有害。首先施加压力的是索赔人自己。国际利益攸关方放大了这一点。在此过程中，一些国际利益攸关方与两个当地的由男性经营的并自诩为人权组织的机构结盟，这两个组织对妇女的兴趣，更不用说对性暴力幸存者的兴趣，似乎起到了作用，虽然是最近才显现的。这个联盟以金钱为导向的立场违背了巴里克黄金公司在设计框架时咨询的每一位巴布亚新几内亚性暴力专家的意见，包括联合国妇女代表、政府官员、人权捍卫者和波尔格拉妇女组织领导人。这些专家都警告说，波尔格拉的女性是传统父权制下商品化的对象。他们认为，在这种压迫性的社会背景下，现金赔偿主要有利于索赔人的男性亲属，而损害了索赔人自己的利益。(……)

来自国际利益攸关方和索赔者的压力导致波尔格拉救济框架将现金作为所有补救方案的优先措施。每个胜诉的索赔人最终都得到了 5 万基纳，相当于全国人均收入的 8 倍。这项决定尽管很受欢迎，却削弱了该框架赋予波尔格拉弱势妇女权力的能力。第一，现金使每一份补救都可以互换。索赔人成为贪婪亲属的目标，现金很容易被他们的家人剥夺。第二，现金使每一份补救都很容易被比较。在不损害操作层申诉机制合法性的情况下，该框架再也不能为个人索赔人量身定做补救措施。第三，现金很容易被消散。对于保留资金的索赔人来说，波尔格拉救济框架再也不能耐心地培养他们开办和经营企业的能力。所有这些预测都实现了。索赔人立即，往往是被强行剥夺了她们的救济；每份补救几乎都一样；而且，留在索赔人手中的现金很快就被花光了，没有持久的收益。(……)

四　中国相关文件与材料

（一）国家法律法规

1.《保安服务管理条例（2009）》

第四条　保安服务公司和自行招用保安员的单位（以下统称保安从业单位）应当建立健全保安服务管理制度、岗位责任制度和保安员管理制度，加强对保安员的管理、教育和培训，提高保安员的职业道德水平、业务素质和责任意识。

第六条　保安服务活动应当文明、合法，不得损害社会公共利益或者侵犯他人合法权益。

保安员依法从事保安服务活动，受法律保护。

第七条　对在保护公共财产和人民群众生命财产安全、预防和制止违法犯罪活动中有突出贡献的保安从业单位和保安员，公安机关和其他有关部门应当给予表彰、奖励。

第八条　保安服务公司应当具备下列条件：

（一）有不低于人民币 100 万元的注册资本；

（二）拟任的保安服务公司法定代表人和主要管理人员应当具备任职所需的专业知

识和有关业务工作经验，无被刑事处罚、劳动教养、收容教育、强制隔离戒毒或者被开除公职、开除军籍等不良记录；

（三）有与所提供的保安服务相适应的专业技术人员，其中法律、行政法规有资格要求的专业技术人员，应当取得相应的资格；

（四）有住所和提供保安服务所需的设施、装备；

（五）有健全的组织机构和保安服务管理制度、岗位责任制度、保安员管理制度。

第九条　申请设立保安服务公司，应当向所在地设区的市级人民政府公安机关提交申请书以及能够证明其符合本条例第八条规定条件的材料。

受理的公安机关应当自收到申请材料之日起15日内进行审核，并将审核意见报所在地的省、自治区、直辖市人民政府公安机关。省、自治区、直辖市人民政府公安机关应当自收到审核意见之日起15日内作出决定，对符合条件的，核发保安服务许可证；对不符合条件的，书面通知申请人并说明理由。

第十条　从事武装守护押运服务的保安服务公司，应当符合国务院公安部门对武装守护押运服务的规划、布局要求，具备本条例第八条规定的条件，并符合下列条件：

（一）有不低于人民币1，000万元的注册资本；

（二）国有独资或者国有资本占注册资本总额的51%以上；

（三）有符合《专职守护押运人员枪支使用管理条例》规定条件的守护押运人员；

（四）有符合国家标准或者行业标准的专用运输车辆以及通信、报警设备。

第十一条　申请设立从事武装守护押运服务的保安服务公司，应当向所在地设区的市级人民政府公安机关提交申请书以及能够证明其符合本条例第八条、第十条规定条件的材料。保安服务公司申请增设武装守护押运业务的，无须再次提交证明其符合本条例第八条规定条件的材料。

受理的公安机关应当自收到申请材料之日起15日内进行审核，并将审核意见报所在地的省、自治区、直辖市人民政府公安机关。省、自治区、直辖市人民政府公安机关应当自收到审核意见之日起15日内作出决定，对符合条件的，核发从事武装守护押运业务的保安服务许可证或者在已有的保安服务许可证上增注武装守护押运服务；对不符合条件的，书面通知申请人并说明理由。

第十六条　年满18周岁，身体健康，品行良好，具有初中以上学历的中国公民可以申领保安员证，从事保安服务工作。申请人经设区的市级人民政府公安机关考试、审查合格并留存指纹等人体生物信息的，发给保安员证。

提取、留存保安员指纹等人体生物信息的具体办法，由国务院公安部门规定。

第十七条　有下列情形之一的，不得担任保安员：

（一）曾被收容教育、强制隔离戒毒、劳动教养或者3次以上行政拘留的；

（二）曾因故意犯罪被刑事处罚的；

（三）被吊销保安员证未满3年的；

（四）曾两次被吊销保安员证的。

第十九条　保安从业单位应当定期对保安员进行考核，发现保安员不合格或者严重违反管理制度，需要解除劳动合同的，应当依法办理。

第二十五条 保安服务中使用的技术防范产品，应当符合有关的产品质量要求。保安服务中安装监控设备应当遵守国家有关技术规范，使用监控设备不得侵犯他人合法权益或者个人隐私。

保安服务中形成的监控影像资料、报警记录，应当至少留存30日备查，保安从业单位和客户单位不得删改或者扩散。

第二十六条 保安从业单位对保安服务中获知的国家秘密、商业秘密以及客户单位明确要求保密的信息，应当予以保密。

保安从业单位不得指使、纵容保安员阻碍依法执行公务、参与追索债务、采用暴力或者以暴力相威胁的手段处置纠纷。

第三十条 保安员不得有下列行为：

（一）限制他人人身自由、搜查他人身体或者侮辱、殴打他人；

（二）扣押、没收他人证件、财物；

（三）阻碍依法执行公务；

（四）参与追索债务、采用暴力或者以暴力相威胁的手段处置纠纷；

（五）删改或者扩散保安服务中形成的监控影像资料、报警记录；

（六）侵犯个人隐私或者泄露在保安服务中获知的国家秘密、商业秘密以及客户单位明确要求保密的信息；

（七）违反法律、行政法规的其他行为。

第三十一条 保安员有权拒绝执行保安从业单位或者客户单位的违法指令。保安从业单位不得因保安员不执行违法指令而解除与保安员的劳动合同，降低其劳动报酬和其他待遇，或者停缴、少缴依法应当为其缴纳的社会保险费。

第三十四条 从事武装守护押运服务的保安员的枪支使用培训，应当由人民警察院校、人民警察培训机构负责。承担培训工作的人民警察院校、人民警察培训机构应当向所在地的省、自治区、直辖市人民政府公安机关备案。

第三十五条 保安培训单位应当按照保安员培训教学大纲制订教学计划，对接受培训的人员进行法律、保安专业知识和技能培训以及职业道德教育。

保安员培训教学大纲由国务院公安部门审定。

第四十三条 保安从业单位有下列情形之一的，责令限期改正，处2万元以上10万元以下的罚款；违反治安管理的，依法给予治安管理处罚；构成犯罪的，依法追究直接负责的主管人员和其他直接责任人员的刑事责任：

（一）泄露在保安服务中获知的国家秘密、商业秘密以及客户单位明确要求保密的信息的；

（二）使用监控设备侵犯他人合法权益或者个人隐私的；

（三）删改或者扩散保安服务中形成的监控影像资料、报警记录的；

（四）指使、纵容保安员阻碍依法执行公务、参与追索债务、采用暴力或者以暴力相威胁的手段处置纠纷的；

（五）对保安员疏于管理、教育和培训，发生保安员违法犯罪案件，造成严重后果的。

客户单位删改或者扩散保安服务中形成的监控影像资料、报警记录的，依照前款规定处罚。

第四十五条　保安员有下列行为之一的，由公安机关予以训诫；情节严重的，吊销其保安员证；违反治安管理的，依法给予治安管理处罚；构成犯罪的，依法追究刑事责任：

（一）限制他人人身自由、搜查他人身体或者侮辱、殴打他人的；

（二）扣押、没收他人证件、财物的；

（三）阻碍依法执行公务的；

（四）参与追索债务、采用暴力或者以暴力相威胁的手段处置纠纷的；

（五）删改或者扩散保安服务中形成的监控影像资料、报警记录的；

（六）侵犯个人隐私或者泄露在保安服务中获知的国家秘密、商业秘密以及客户单位明确要求保密的信息的；

（七）有违反法律、行政法规的其他行为的。

从事武装守护押运的保安员违反规定使用枪支的，依照《专职守护押运人员枪支使用管理条例》的规定处罚。

第四十六条　保安员在保安服务中造成他人人身伤亡、财产损失的，由保安从业单位赔付；保安员有故意或者重大过失的，保安从业单位可以依法向保安员追偿。

2.《专职守护押运人员枪支使用管理条例（2002）》

第六条　专职守护、押运人员执行守护、押运任务时，遇有下列紧急情形之一，不使用枪支不足以制止暴力犯罪行为的，可以使用枪支：

（一）守护目标、押运物品受到暴力袭击或者有受到暴力袭击的紧迫危险的；

（二）专职守护、押运人员受到暴力袭击危及生命安全或者所携带的枪支弹药受到抢夺、抢劫的。

第七条　专职守护、押运人员在存放大量易燃、易爆、剧毒、放射性等危险物品的场所，不得使用枪支；但是，不使用枪支制止犯罪行为将会直接导致严重危害后果发生的除外。

第八条　专职守护、押运人员遇有下列情形之一的，应当立即停止使用枪支：

（一）有关行为人停止实施暴力犯罪行为的；

（二）有关行为人失去继续实施暴力犯罪行为能力的。

第十六条　专职守护、押运人员依照本条例的规定使用枪支，造成无辜人员伤亡或者财产损失的，由其所在单位依法补偿受害人的损失。

专职守护、押运人员违反本条例的规定使用枪支，造成人员伤亡或者财产损失的，除依法受到刑事处罚或者行政处罚外，还应当依法承担赔偿责任。

3.《公安机关实施保安服务管理条例办法（2016修正）》

第十二条　省级公安机关应当按照严格控制、防止垄断、适度竞争、确保安全的原则，提出武装守护押运服务公司的规划、布局方案，报公安部批准。

第十三条 设区市的公安机关应当自收到设立保安服务公司申请材料之日起15个工作日内，对申请人提交的材料的真实性进行审核，确认是否属实，并将审核意见报所在地省级公安机关。对设立提供武装守护押运和安全技术防范报警监控运营服务的申请，应当对经营场所、设施建设等情况进行现场考察。

省级公安机关收到设立保安服务公司的申请材料和设区市的公安机关的审核意见后，应当在15个工作日内作出决定：

（一）符合《条例》第八条、第十条和本办法第十二条规定的，决定核发保安服务许可证，或者在已有的保安服务许可证上增注武装守护押运服务；

（二）不符合《条例》第八条、第十条和本办法第十二条规定的，应当作出不予许可的决定，书面通知申请人并说明理由。

第十七条 省级公安机关许可设立提供武装守护押运服务的保安服务公司以及中外合资、中外合作或者外商独资经营的保安服务公司的，应当报公安部备案。

第十八条 自行招用保安员从事本单位安全防范工作的机关、团体、企业、事业单位以及在物业管理区域内开展秩序维护等服务的物业服务企业，应当自开始保安服务之日起30个工作日内向所在地设区市的公安机关备案。备案应当提交下列材料：

（一）单位法人资格证明；

（二）法定代表人（主要负责人）、保安服务分管负责人和保安员的基本情况；

（三）保安服务区域的基本情况；

（四）建立保安服务管理制度、岗位责任制度、保安员管理制度的情况；

（五）保安员在岗培训法律、保安专业知识和技能的情况。

第十九条 申领保安员证应当符合下列条件：

（一）年满18周岁的中国公民；

（二）身体健康，品行良好；

（三）初中以上学历；

（四）参加保安员考试，成绩合格；

（五）没有《条例》第十七条规定的情形。

第二十条 参加保安员考试，由本人或者保安从业单位、保安培训单位组织到现住地县级公安机关报名，填报报名表（可以到当地公安机关政府网站上下载），并按照国家有关规定交纳考试费。报名应当提交下列材料：

（一）有效身份证件；

（二）县级以上医院出具的体检证明；

（三）初中以上学历证明。

县级公安机关应当在接受报名时留取考试申请人的指纹，采集数码照片，并现场告知领取准考证时间。

第二十五条 保安服务公司签订保安服务合同前，应当按照《条例》第二十一条的规定，对下列事项进行核查：

（一）客户单位是否依法设立；

（二）被保护财物是否合法；

（三）被保护人员的活动是否合法；

（四）要求提供保安服务的活动依法需经批准的，是否已经批准；

（五）维护秩序的区域是否经业主或者所属单位明确授权；

（六）其他应当核查的事项。

第二十八条　保安服务中使用的技术防范产品，应当符合国家或者行业质量标准。

保安服务中安装报警监控设备应当遵守国家有关安全技术规范。

第二十九条　保安员上岗服务应当穿着全国性保安服务行业协会推荐式样的保安员服装，佩带全国统一的保安服务标志。

提供随身护卫、安全技术防范和安全风险评估服务的保安员上岗服务可以穿着便服，但应当佩带全国统一的保安服务标志。

第三十条　保安从业单位应当根据保安服务和保安员安全需要，为保安员配备保安服务岗位所需的防护、救生等器材和交通、通讯等装备。

保安服务岗位装备配备标准由公安部另行制定。

第三十三条　人民警察院校、人民警察培训机构对从事武装守护押运服务保安员进行枪支使用培训的，应当在开展培训工作前30个工作日内，向所在地省级公安机关备案。备案应当提交下列材料：

（一）法人资格证明或者批准成立文件；

（二）法定代表人、分管负责人的基本情况；

（三）与培训规模相适应的师资和教学设施情况；

（四）枪支安全管理制度和保管设施建设情况。

第三十四条　保安培训单位应当按照公安部审定的保安员培训教学大纲进行培训。

保安培训单位不得对外提供或者变相提供保安服务。

第三十五条　公安机关应当加强对保安从业单位、保安培训单位的日常监督检查，督促落实各项管理制度。

第三十六条　公安机关应当根据《条例》规定，建立保安服务监督管理信息系统和保安员指纹等人体生物信息管理制度。

保安服务监督管理信息系统建设标准由公安部另行制定。

第三十七条　公安机关对保安服务公司应当检查下列内容：

（一）保安服务公司基本情况；

（二）设立分公司和跨省、自治区、直辖市开展保安服务经营活动情况；

（三）保安服务合同和监控影像资料、报警记录留存制度落实情况；

（四）保安服务中涉及的安全技术防范产品、设备安装、变更、使用情况；

（五）保安服务管理制度、岗位责任制度、保安员管理制度和紧急情况应急预案建立落实情况；

（六）从事武装守护押运服务的保安服务公司公务用枪安全管理制度和保管设施建

设情况；

（七）保安员及其服装、保安服务标志与装备管理情况；

（八）保安员在岗培训和权益保障工作落实情况；

（九）被投诉举报事项纠正情况；

（十）其他需要检查的事项。

第三十八条 公安机关对自行招用保安员单位应当检查下列内容：

（一）备案情况；

（二）监控影像资料、报警记录留存制度落实情况；

（三）保安服务中涉及的安全技术防范产品、设备安装、变更、使用情况；

（四）保安服务管理制度、岗位责任制度、保安员管理制度和紧急情况应急预案建立落实情况；

（五）依法配备的公务用枪安全管理制度和保管设施建设情况；

（六）自行招用的保安员及其服装、保安服务标志与装备管理情况；

（七）保安员在岗培训和权益保障工作落实情况；

（八）被投诉举报事项纠正情况；

（九）其他需要检查的事项。

第三十九条 公安机关对保安培训单位应当检查下列内容：

（一）保安培训单位基本情况；

（二）保安培训教学情况；

（三）枪支使用培训单位备案情况和枪支安全管理制度与保管设施建设管理情况；

（四）其他需要检查的事项。

第四十二条 公安机关应当在办公场所和政府网站上公布下列信息：

（一）保安服务监督管理有关法律、行政法规、部门规章和地方性法规、政府规章等规范性文件；

（二）保安服务许可证、保安培训许可证、保安员证的申领条件和程序；

（三）保安服务公司设立分公司与跨省、自治区、直辖市经营服务、自行招用保安员单位、从事武装守护押运服务保安员枪支使用培训单位的备案材料和程序；

（四）保安服务监督检查工作要求和程序；

（五）举报投诉方式；

（六）其他应当公开的信息。

第四十五条 保安服务公司有下列情形之一，造成严重后果的，除依照《条例》第四十三条规定处罚外，发证公安机关可以依据《中华人民共和国治安管理处罚法》第五十四条第三款的规定，吊销保安服务许可证：

（一）泄露在保安服务中获知的国家秘密；

（二）指使、纵容保安员阻碍依法执行公务、参与追索债务、采用暴力或者以暴力相威胁的手段处置纠纷；

（三）其他严重违法犯罪行为。

保安培训单位以培训为名进行诈骗等违法犯罪活动，情节严重的，公安机关可以依前款规定，吊销保安培训许可证。

（二）地方与行业标准

1.《云南省保安服务管理条例（2014修订）》

第一条　为了加强对保安服务组织和保安人员的管理，提高保安服务质量，促进保安服务业发展，维护社会治安秩序，制定本条例。

第四条　从事保安服务，必须遵守法律、法规，维护国家利益、社会公共利益和公民的合法权益。

第九条　保安人员必须具备下列条件：

（一）品行良好，自愿从事保安工作；

（二）被招用时，年龄为十八至四十五周岁；

（三）身体健康，能胜任保安工作；

（四）具有初中以上文化程度；

（五）具有必要的法律知识、保安业务知识和技能。

受过治安拘留、劳动教养或者刑事处罚的，不得担任保安人员。

第十条　招收保安人员应当公开进行，同等条件下，优先招用军队、武警部队的复员、退伍人员。

被招用的保安人员，必须经其户口所在地或者暂住地公安派出所审核同意。

第十一条　被招用的保安人员，应当参加岗前培训，并经县级以上公安机关考核合格。

在岗的保安人员必须参加规定的保安业务培训。

对保安人员的岗前培训和在岗培训，由所在地县级以上公安机关组织实施，也可以委托公安院校或者有条件的社会保安服务组织及其他单位进行。

保安人员培训的时间、内容、方式等由省公安厅另行规定。

第十三条　保安服务组织的职责：

（一）依法开展保安服务活动，维护客户或者本单位的治安秩序，预防和制止违法犯罪活动；

（二）管理保安人员，维护保安人员合法权益；

（三）法律、法规规定的其他职责。

第十四条　保安人员的职责：

（一）依法执行守护、押运等治安防范任务；

（二）保护发生在执勤区域内的刑事、治安案件现场，协助公安机关维护发案现场秩序；

（三）依照有关规定，查验出入执勤区域人员的证件和车辆、物品的出入手续；

（四）做好执勤区域内的防火、防盗、防爆炸、防治安事故的工作；

（五）法律、法规规定的其他职责。

保安人员在履行职责时，发现犯罪分子，应当及时扭送公安机关或者保卫组织处理；发现安全隐患应当及时消除，不能消除的，及时报告。

第十五条 保安人员在制止犯罪活动过程中，遇有暴力抗拒，可以使用保安器械。

第十六条 保安服务组织、客户单位、设立内部保安服务组织的单位，不得指使保安人员从事非法活动。

第十七条 保安人员不得有下列行为：

（一）剥夺、限制公民人身自由；

（二）辱骂、殴打他人或者唆使他人打人；

（三）敲诈勒索财物；

（四）阻碍国家机关工作人员依法执行公务；

（五）罚款或者没收财物；

（六）扣押他人合法证件和来源合法的财物；

（七）私自为他人提供保安服务；

（八）为客户或者本单位提供催款逼债等非法服务。

第二十三条 保安人员执勤，应当身着统一的服装，佩戴标志和保安人员工作证。违者不得上岗。

第二十四条 保安人员执勤，可以配备统一规定的保安器械和通讯、报警等设备，不得配备枪支、警械。因执行押运钞票、贵重物品或者守护重点金融目标等勤务，需要临时配备枪支、警械的，经县级公安机关批准可以借用，执勤完毕必须及时归还。

法律、行政法规另有规定的，从其规定。

第二十五条 保安人员应当遵守执勤纪律，文明执勤；上岗前或者执勤中，严禁酗酒；非执勤时间，不得携带保安器械外出。

2.《中国对外矿业投资社会责任指引（2017版）》

3.4.2 避免与侵犯人权者“同谋”，避免从第三方侵犯人权的行为中获利尤其应确保负责保护开采和生产作业的公共或私人安保人员不侵犯人权。

3.《中国负责任矿产供应链尽责管理指南（2015）》

第五章 尽责管理风险的分类和识别

5.1.2 来自向非政府武装组织提供直接或间接支持或进行采购的风险，或来自与任何向非政府武装组织提供直接或间接支持或进行采购方接触的风险。

5.1.2.1 通过矿产资源的开采、运输、贸易、加工或出口的方式为非政府武装团体、公共或私人安全武装提供“直接或间接支持”，包括向以下行为的关联方购买矿产资源、支付费用，或以其他方式为其提供后勤援助或设备：

1. 非法控制矿区，或以其他方式对运输路线、矿产资源交易地以及供应链上游行为主体进行控制；

2. 在矿区入口、通往矿区的沿线或矿产资源交易地非法征税、勒索钱财或自然资源；

3. 对中间商、出口企业或国际贸易者非法征税或勒索钱财。

5.1.3　与公共或私人安全武装有关的风险

5.1.3.1　来自向存在下列行为的公共或私人安全武装提供直接或间接支持或进行采购的风险，或来自与任何向存在下列行为的公共或私人安全武装提供直接或间接支持或进行采购方接触的风险：

1. 非法控制矿区、运输路线和/或供应链上游行为主体；

2. 在矿区入口、通往矿区的沿线或矿产资源交易地非法征税、勒索钱财或自然资源；

3. 非法勒索中间商、出口公司或者不尊重法治和人权的国际贸易商，或者因忽视矿工利益，设备设施、矿址或运输路线安全导致合法的开采和贸易遭受干扰；

5.1.3.2　未能确保安全武装团体的活动遵循国际认可的标准

私人武装团体则应遵循指导文件①，尤其是未采纳筛选策略，未能确保曾严重侵犯过人权的个人或安全武装团体不被雇用。

（三）姚亚平《华信中安：探路中国武装保安护航》②（《中国远洋航务》2015 年第 7 期）

自公司成立起，华信中安就以合规经营为准绳。为高标准开展海上武装护航业务，公司积极加入国际组织，主动接受契约规范、承担责任与义务。截至 2015 年，华信中安不但成为联合国“全球契约”组织成员中唯一一家中国安保企业，还是国际海运业保安协会（SAMI 组织）唯一的中国会员、瑞士政府和国际红十字会发起的《私人安保服务供应商国际行为守则》（ICOC）在中国大陆地区唯一签约的安保企业。

集训、培训是华信中安每个新进员工必经的“功课”。对于海上护航队员来说，除了作战技术，这些队员还要通过政治、军事、保守国家机密、国际法规等 15 项严格考核，熟悉船舶航海知识、常用英语、战术英语、相关国家国情及礼仪禁忌、国际海事组织最佳管理措施（BMP4）、中国国家海事局《船舶防海盗实用手册》和《华信中安海事安全管理手册》等相关内容，才能结业。否则就会被淘汰。

（四）《中国安保走出去该总结教训》③（环球时报，2018 年 10 月 12 日）

不久前，肯尼亚警方和移民局以“严重威胁肯尼亚国家安全”为由逮捕了中国某安

---

① 已有一些国际认可的标准和指导文件被用于处理私营安保公司问题，例如《安全与人权自愿原则》、《关于私营军事和安保服务公司的蒙特勒文件》、《私营安保服务供应商国际行为守则》（ICOC）、《ANSI/ASIS PSC.1 私营安保公司运营管理体系国际行为守则（PSC.1）》以及《ISO18788：私营安保运营管理制度》。

② 姚亚平：《华信中安：探路中国武装保安护航》，《中国远洋航务》2015 年第 7 期，第 24—28 页。

③ 郑伟：《中国安保走出去该总结教训》，环球网，https://opinion.huanqiu.com/article/9CaKrnKdxuB。

保公司5名工作人员，引起了国内外的关注。由于肯尼亚方面没有从现场搜出枪支弹药等任何致命武器，所以从性质上说，所谓“威胁国家安全”显然言过其实。

但是，这一案例为过去几年来热度不断提升的“中国安保公司走出去”浪潮带来了一次认真思考和反省的契机。从行业发展来看，笔者认为，此事也为积极拓展国际业务、谋求自身长远发展的国内安保企业敲响了警钟。

境外的国情、社情、民情也很复杂，且我们了解程度有限。因此，走出一条“因地制宜、步步为营、统筹兼顾、利益分享”的发展之路，需要国内安保公司付出更多努力，也需要更多耐心。

一是加强交流。安保企业在“走出去”前必须充分酝酿，实地考察。与驻在国警务、商务、防务等部门建立畅通的交流渠道是必不可少的，还要就创建安保公司及未来业务开展进行充分协商，努力争取驻在国的认可与支持。同时，也需要与驻外使领馆、中资机构、有关企业等密切接触，详细了解有关情况。

二是遵守法律。安保行业在世界任何国家都会受到严格管制。除遵守驻在国相关法律法规，还要遵守“特别的”监管规定。据了解，在非洲某些国家，防弹衣、监控摄像头等非杀伤性物资已经被列入管制范围。所以，安保企业“走出去”前必须把这些限制了解清楚，才能保证今后的平稳运行。

三是行业互动。在国外陌生环境中开展安保服务容易受到对手的打压，这就需要与当地安保公司建立良好的互动合作关系。根据有关国家和地区不同的国情、地情，可以考虑成立全资子公司，或合资控股公司，或驻外办事处。有实力的公司甚至可以考虑并购重组当地安保公司。开展项目业务时，可以找当地可靠的安保公司作为合作伙伴，可以采取一方出安保方案、一方出人员的合作模式。

四是依法用工。就非洲来说，虽然很多国家经济发展相对落后，但劳动法律还是比较健全和详细的。比如，规定最低工资和雇员的居住条件，规定不得对雇员罚款和其他经济处罚等。用工前，必须签订劳动合同，依法为员工交纳各种保险费和工资所得税。因此，熟悉并遵守当地劳动法律，依法用工十分重要。最好雇用当地人力资源专业人员负责劳资管理，避免因不熟悉当地劳工法律所带来的诉讼损失。

五是社会公益。在任何一个国家，做好公益事业都会为企业在社会和民众中塑造负责、亲民的健康形象和良好信誉。刚走出国门的安保企业在当地民众基础比较薄弱，开展业务困难较多。参与社会公益活动，可以拉近与民众的距离，更好融入当地社会，方便业务的开展，从而减少不必要的麻烦。

就现实而言，中国安保公司在海外合作产生的成功案例目前还很少，如今仍处于前期摸索阶段。这些保安公司走出去大多在国外有相应的合作伙伴，有的是成立合资公司，有的是服务外包，都处于磨合阶段。我们还需要更多的耐心。以目前发展的势头，可能还需要两三年时间才能形成比较成熟的发展模式。

五　延伸阅读

- Anna Petrig, “Looking at the Montreux Document from a Maritime Perspective", *Maritime Safety and Security Law Journal* (2016), www. researchgate. net/profile/Anna_Petrig/publication/305442243_Looking_at_the_Montreux_Document_from_a_Maritime_Perspective/links/578f28ef08ae35e97c4012f5/Looking-at-the-Montreux-Document-from-a-Maritime-Perspective. pdf.

• Helena Torroja (ed.), *Public International Law and Human Rights Violations by Private Military and Security Companies* (2017), https://link. springer. com/book/10. 1007/978 - 3 - 319 - 66098 - 1.

• Human Rights and Business Dilemmas Forum, *Security Forces and Human Rights*, https://hrbdf. org/dilemmas/security-forces-and-human-rights/#. WtckNi5ubDA.

• The Voluntary Principles on Security and Human Rights, Fact Sheet (2019), https://docs. wixstatic. com/ugd/f623ce_32362edd5ae345fb9956dd01f16bce75. pdf.

• 林方:《我国发展私营安保业的现实意义及规制措施》,《北京警察学院学报》2017 年第 6 期。

• 肖河:《国际私营安保治理与中国海外利益保护》,《世界经济与政治》2018 年第 1 期。

• 辛田:《中国海外利益保护私营化初探》,《国际展望》2016 年第 4 期。

六 案例

2017 年,国家发改委发布《中国对外投资报告》,该报告指出截至 2016 年年末,中国对外直接投资分布在全球 190 个国家(地区),境内投资者设立对外投资企业 3. 72 万家,覆盖全球超过 80% 的国家(地区),境外企业资产总额达 5 万亿美元。在"一带一路"和"走出去"等政策的鼓励下,中国企业海外投资的步伐正越走越大。与此同时,中国企业所面临的海外安全挑战与日俱增。2007 年 4 月 24 日,中原油田勘探局位于埃塞俄比亚东南部索马里州的工地遭到了 200 多名当地武装分子的突袭,埃塞俄比亚军队也没能挽救 9 名中国工人以及 65 名当地工人的生命。2013 年 12 月 15 日,刚独立两年的南苏丹爆发内战。战争突如其来,几乎没人来得及准备,数百名中石油的工作人员被困交战区。"每到夜幕降临准时开战,第二天早上,中国工人所在营地到处都能看到枪眼。2014 年 6 月,伊拉克的一家中国企业在伊拉克内部战争中突然处于战斗中心地带,道路封锁,固定资产等财产受损,员工安全面临严重挑战。该公司员工面对巨大生命安全威胁和财产损失,最后只能求助于外交部等部门，在安全撤离后，据统计财产损失至少10亿元。这是中国企业在海外投资和经营面临安全挑战的冰山一角。

中国企业在海外投资过程中，除了面临战争、恐怖主义等危险，还面临劳资纠纷、工人罢工、中国工人和当地工人之间矛盾冲突等问题产生的安全威胁。

德威集团是于2011年成立的一家以国际高端安保服务为主业的公司，在复杂多变的国际形势下，其在海外开拓了安全保护、资产保护和个人人身安全保护等业务，被称为“海外中国的隐秘侍卫”。华信中安保安服务有限公司则聚焦于海上护航，协助中国企业应对来自诸如海盗等的安全威胁。克危克险公司则主要将业务范围聚焦于中国企业海外投资安全风险高发的巴基斯坦、斯里兰卡等南亚国家。截至目前，中国专营海外企业安保的公司已经达到几十家，形成了一定的产业规模。

目前中国公司海外安全保障已经形成了一个完备的体系，通常是由安保公司提供的整体安防咨询和体系建设、安保培训、现场安全管理和安全技术应用四大板块组成。

七　思考题

1. 在受冲突影响或高风险区域经营的工商企业应当如何避免卷入冲突或助长暴力？

2. 私营军事和安保公司的活动可能带来什么人权影响，哪些是积极的？哪些是消极的？

3. 私营军事和安保公司及其供应链负有什么人权责任？

4. 接受私营军事和安保公司提供的服务的工商企业应当如何最大限度降低不利人权影响？

5. 受私营军事和安保公司业务活动影响的利益相关者有哪些获得补救的途径？

第二十七章　水

引　言

人权条约没有明确提及使用水的人权，但在过去十年中联合国承认了这一权利，因为它对人类健康和生计至关重要。如同结社自由是保障其他劳工权利的必要条件（第 19 章）一样，水权也可以被视为实现许多其他人权的必要条件。水权强调水作为一种公共物品的价值，因此，它也是对发达国家和发展中国家几十年来公共供水服务私营化的一种回应。国际金融公司和母国制定国际投资制度（第 3 章）的责任一直得到强调。与关于安全的规定（第 26 章）一样，水资源管理得益于全面评估调查滥用水资源的深层原因（第 9 章）和促进私营和公共部门之间伙伴关系的全面解决办法（第 5 章）。领先企业日益认识到水和水安全对所有利益攸关方的价值。联合国人权系统阐明了水权究竟意味着什么（第 1 章）；《2030 年可持续发展议程》进一步强调对水资源的可持续管理。许多国家的水污染问题日益严峻，使得越来越多的人认识到人权保护与环境保护之间的依存关系（第 29 章）。参与、透明度和申诉机制（第 6—7 章）对于水资源的可持续利用至关重要。

一　要点

- 水的价值
- 国家义务
- 公司尽职调查
- 供水服务的人权分析
- 有关水和环境卫生的挑战
- 供水服务私有化
- 为穷人提供用水
- 影响评估
- 水资源管理
- 公司报告

- 采矿业和水资源
- 投资仲裁
- 伙伴关系
- 小规模供应商和非正规经济

二　背景[1]

水是经济和社会发展的核心：水对于保持健康、种植粮食、生产能源、管理环境和创造就业机会至关重要。水的供应量和管理会影响贫困女孩能否接受教育，城市能否成为健康的居住地，以及发展中的工业或贫困乡村能否承受洪水或干旱的影响。

然而，有45亿人缺少安全管理的卫生设施，21亿人无法获得安全管理的饮用水。10次自然灾害中的9次与水有关，包括洪水、暴风雨和干旱。除了给供水带来更大的压力之外，预计气候变化还会增加这种风险。(……)

在无法获得安全用水的21亿人中，有8.44亿人甚至没有基本的饮用水服务。在缺乏安全管理的卫生设施的45亿人中，仍有23亿人没有基本的卫生设施服务。因此，每年有361000名5岁以下儿童死于卫生条件差和水体污染引起的腹泻，其也和霍乱、痢疾、甲型肝炎和伤寒等疾病的传播有关。(……)

就发展影响而言，水安全是全球最大的风险之一。它也是实现可持续发展目标（Sustainable Development Goals）不可或缺的一部分。如果不改善水资源管理并确保获得可靠的水和环境卫生服务，世界将无法应对21世纪的可持续发展的挑战——人类发展、城市宜居、气候变化、粮食安全和能源安全。(……)

人口增长、收入增加和城市扩张的综合影响将使水需求急剧上升，而供水将变得更加不稳定和不确定。

三　国际文件与域外材料

（一）联合国《2030年可持续发展议程》[2]

目标6　为所有人提供水和环境卫生并对其进行可持续管理

---

① The World Bank-Water Overview（18 April 2018），http://www. worldbank. org/en/topic/water/overview#1.

② UN，*Transforming Our World：The 2030 Agenda For Sustainable Development*（2015），https://sustainabledevelopment. un. org/post2015/transformingourworld，中文版见 https://sustainabledevelopment. un. org/content/documents/94632030%20Agenda_Revised%20Chinese%20translation. pdf。

6.1 到2030年，人人普遍和公平获得安全和负担得起的饮用水；

6.2 到2030年，人人享有适当和公平的环境卫生和个人卫生，杜绝露天排便，特别注意满足妇女、女童和弱势群体在此方面的需求；

6.3 到2030年，通过以下方式改善水质：减少污染，消除倾倒废物现象，把危险化学品和材料的排放减少到最低限度，将未经处理废水比例减半，大幅增加全球废物回收和安全再利用；

6.4 到2030年，所有行业大幅提高用水效率，确保可持续取用和供应淡水，以解决缺水问题，大幅减少缺水人数；

6.5 到2030年，在各级进行水资源综合管理，包括酌情开展跨境合作；

6.6 到2020年，保护和恢复与水有关的生态系统，包括山地、森林、湿地、河流、地下含水层和湖泊；

6.a 到2030年，扩大向发展中国家提供的国际合作和能力建设支持，帮助它们开展与水和卫生有关的活动和方案，包括雨水采集、海水淡化、提高用水效率、废水处理、水回收和再利用技术；

6.b 支持和加强地方社区参与改进水和环境卫生管理。

（二）联合国大会《享有饮水和卫生设施的人权》①

1. 安全的清洁饮用水和卫生设施是一项人权，只有实现此项人权，才能充分享受生命权和其他人权。

2. 呼吁各国和国际组织通过国际援助与合作，特别是向发展中国家提供资金支持、能力建设和技术转让，以努力为所有人提供安全、清洁、方便和负担得起的饮用水和卫生设施（……）

（三）联合国大会《享受安全饮用水和卫生设施的人权》②

2. 确认享受安全饮用水的人权意味着每个人都有权不受歧视地获得供个人和家庭使用的充足、安全、可接受、便于汲取和负担得起的用水，享受卫生设施的人权意味着每个人都有权不受歧视地在所有生活领域实际享受负担得起且安全、卫生、有保障、无论从社会角度还是文化角度均可接受、维护

① UN General Assembly Resolution 64/292 "The human right to water and sanitation" (2010), https://digitallibrary.un.org/record/687002.

② UN General Assembly, *The Human Rights to Safe Drinking Water and Sanitation*, Resolution A/RES/70/169 (2015), https://undocs.org/A/RES/70/169.

隐私和确保尊严的卫生设施，同时重申这两项权利都是享受适当生活水平权利的组成部分；

（……）

5. 促请各国：

（……）

（d）查明未尊重、保护或落实人人不受歧视地享受安全饮用水和卫生设施的人权的现象，并在更广泛的框架内，于制定政策和编制预算过程中消除其结构性原因，同时进行以实现可持续普及服务为目标的整体规划，包括对私营部门、捐助方和非政府组织参与提供服务的各种情况进行整体规划；

（e）增进妇女在水和卫生设施管理决策中的领导作用和充分、有效及平等参与，在水和卫生设施方案中确保采用顾及性别平等的办法，包括采取措施减少妇女和女童收集家庭用水所需的时间，以消除由于水和卫生服务不充足而给女童受教育机会带来的不利影响，保护妇女和女童在收集家庭用水、到住家以外地点使用卫生设施或在露天如厕时，免遭性暴力等人身威胁或侵犯；

（……）

（g）从大局着眼处理卫生设施问题，同时考虑到采用综合办法的必要性；

（h）与当地社区以及包括民间社会和私营部门在内的其他利益攸关方协商和协调，制定有效解决办法以确保可持续享受安全饮用水和卫生设施；

（i）针对所有水和卫生设施服务提供者建立有效的问责机制，确保他们尊重人权，不引致侵犯或践踏人权的行为；

6. 吁请非国家行为体，包括工商企业（跨国企业和其他企业），履行它们在尊重人权，包括尊重享受安全饮用水和卫生设施的人权方面所担负的责任，包括为此与国家合作，调查关于侵犯享受安全饮用水和卫生设施的人权行为的指控，并逐步与各国一道，查明并纠正侵害享受安全饮用水和卫生设施的人权的行为；

（……）

（四）联合国经济、社会和文化权利委员会《关于水权的一般性意见》[①]

1. 水是一种有限的自然资源，是一种维持生命和健康的公共消费品。水

① UN Committee on Economic，Social and Cultural Rights，General Comment No. 15：The Right to Water（2003），http://www.refworld.org/pdfid/4538838d11.pdf.

权是一项不可或缺的人权，是人有尊严地生活的必要条件。水权也是实现其他人权的一个前提条件。

水权的规范性内容

（a）可提供性。对每个人的供水必须足够和连续，满足个人和家庭使用。这些用途通常包括饮用、个人卫生设施、洗衣、烹调食物、个人和家庭卫生。

（b）质量。个人和家庭用水必须安全，没有微生物、化学物质和威胁个人健康的放射性危险。（……）

（c）可获取性。水、供水设施和供水设备必须不加歧视地对缔约国管辖范围内的所有人开放。可获取性具有以下四个相互重叠的层面：

（ⅰ）物质条件上的可获取性。水、适当的供水设施和供水设备必须在所有阶层人口可及的安全距离之内。（……）

（ⅱ）经济上的可获取性。水、供水设施和供水设备在费用方面必须为所有人所承受得起。（……）

（ⅲ）不歧视。水、供水设施和供水设备必须在法律和实际上能够为所有人包括人口中的最弱势或最边缘化群体所利用，不因任何违禁理由而有所歧视。

（ⅳ）信息的可获取性。可获取性包括寻求、接受和发送关于水的信息的权利。

具体的法律义务

20. 水权与其他人权一样，要求缔约国承担三项义务：尊重的义务、保护的义务和履行的义务。（……）

23. 保护的义务要求缔约国防止第三方以任何方式干预水权的享有。第三方可以是个人、群体、公司和其他实体以及在其授权下行事者。义务主要包括：采取必要、有效的立法和其他措施，防止第三方剥夺平等用水机会；污染和不公平地抽取水资源，包括自然水源、井水和其他水分配系统水源。

24. 如果供水设备（如供水管网、储水罐、河和井的取水口）由第三方经营或控制，缔约国必须防止它们损害以平等、经济、便利的方式获取足够、安全和可接受的水的权利。为防止此种滥用行为，必须按照《公约》和本一般性意见建立有效管理机制，包括独立监督、真正的公众参与和对违约的处罚等。

（……）

33. 缔约国应采取措施，禁止本国公民和公司侵犯其他国家个人和群体的水权。

(……)

44.（b）缔约国没有采取一切必要措施，保护其管辖内的个人免受第三方侵犯水权行为的影响，可构成违背保护的义务。这类违约主要包括：(i) 没有颁布或实施有关法律，防止对水的污染和不公平抽取；(ii) 未有效管理和控制供水设施；(iii) 未保护供水系统（如供水管道和水井）不被干预、损害和破坏；

(……)

49. 国家水战略和水行动计划还应该基于司法机构问责、透明和独立的原则，因为良好的治理是有效执行所有人权包括水权的必要条件。为了创造有利于实现水权的环境，缔约国应采取适当措施，确保私营部门和民间团体了解和认识水权对其活动的重要性。

(……)

53. 为便于监督，国家水战略和水行动计划应该提出水权指标。水权指标可用于国家和国际一级监督缔约国履行第十一条第一款和第十二条的义务的情况。水权指标应该包含享有水权的不同内容（如足够、安全、可接受性、水价可承受程度和取水距离等），并按违禁歧视理由分列各个项目和覆盖缔约国管辖范围内或其控制下的所有个人。

（五）联合国《与享有安全饮用水和卫生设施有关的人权义务问题独立专家的报告》①

4. 有三种可以辨别的不同服务形式

（a）直接管理。国家能够自己提供服务，往往由市政当局出面。在这种情形下，没有涉及国家以外的任何行为者，由国家直接负责，为服务的提供承担责任。

（b）委托提供服务。国家自己不提供服务，而采取正式委托非国家行为者提供服务的做法。人们虽然比较注意由大型跨国公司参与提供服务的做法，却可能委托较小型的公司、非政府组织或社区组织提供服务。一些服务也往往由国有公司经营，这些国有公司完全或大部分由国家拥有，但是是在

① Report of the independent expert on water and sanitation regarding non-State service providers (2010), https://documents-dds-ny.un.org/doc/UNDOC/GEN/G10/148/31/PDF/G1014831.pdf? OpenElement，中文版见 https://documents-dds-ny.un.org/doc/UNDOC/GEN/G10/148/30/PDF/G1014830.pdf? OpenElement。

法律上区别于国家本身的实体。从人权的角度看来，关键的一点是，国家已授权第三行为者提供水和卫生设施。

（c）非正式提供。最后，在许多情形下，国家既不自己提供服务，也不正式授权提供服务，往往采取非正式提供的做法，涉及各种行为者和组织，在不由正式部门提供的方面应针对某种需要而予以改变，从小型企业到非政府组织和社区组织。在这种情形下，国家并没有作出刻意由第三行为者参与的决定。相反，由非正式部门提供服务的做法实际上是由非国家行为者参与提供服务。

（……）

委托提供服务

7. 私营部门参与的一些引人注目的实例引发了激烈的辩论、批评和对正式私营部门的严格检查，对于供水的注重程度超过了卫生设施。一方面，有人认为，水是一种公益和维持生命和健康所必不可少的独特的资源，因此应该留在公共领域。批评者经常指向私营部门的参与被认为已经失败的实例，认为其绩效一直欠佳、尚未达到商定的目标、服务质量有所下降、价格大幅上升、程序也一直不透明。相反，另一些人认为，私营部门能够推动该部门的必要的投资，从而把覆盖范围扩大到目前没有服务或服务不足的地区，并且提高服务质量和效率、促进技术和技能提升、以较低的价格提供服务。

8. 倡导者和批评者之间辩论的力度，有时候是基于意识形态和感情用事，可能有一部分掩盖了私营部门参与的实际程度。虽然这种参与在一些国家是很常见的，但是，在全球范围内，另一些提供服务的形式占有主导地位。据估计，截至2003年，只有5%的世界人口是由正式的私营部门提供服务。此外，有时候，辩论的过程给人的印象是私营部门主要是由跨国公司主导。这并不能反映目前的现实。一些跨国公司已经开始从发展中国家撤出，他们越来越多地发展了当地的伙伴关系。而且，在一些国家，当地私营部门也非常活跃。此外，授权运营的服务并非仅限于网络的运营；服务的提供也可以委托给非网络服务提供商，包括配水塔经营者、售水亭和共享卫生设施的经营者。

（……）

使用水和卫生设施的人权

14. 关于提供服务的最佳模式的政治争论，往往有人在反对私营部门参与经营的时候援引人权的论点。用水权（较少提到使用卫生设施的权利）和反对私营部门参与经营的论点往往相互关联。由于国家一级作出的决定，在承认用水权的同时排除了私营部门对供水服务的参与，也就形成了这种观点。

15. 然而，这两个问题是分开的。通常，从一般的经济模式来说，人权是持中立态度的，更加具体地从提供服务的模式来说，更是这样。高级专员的报告指出，“联合国条约机构和特别程序的方法一直强调，人权框架没有规定提供服务的具体形式，它把这个问题交给各国，由它确定履行其人权义务的最佳途径”。

16. 但是，这当然并不意味着与人权无关。授权提供水和卫生设施服务并不免除各国的人权义务。(……)

18. 国家不能以由非国家行为者提供服务的方式来免除其自身的人权义务。无论后者的责任为何，国家仍然是实现人权责任的主要旗手。

29. 从人权角度看，当务之急是要确定，服务的提供究竟是增进还是有损于人权的实现。因此，必须参照人权标准评估提供卫生设施和供水服务问题。虽然这些权利的所有方面，即可获得、安全、可接受、可利用、负担得起、参与、不歧视和问责等问题，都必须得到解决，在下述讨论中，某些问题会比另一些更有针对性。

30. (……) 参照针对水和卫生设施的人权标准，可辨明若干这方面的挑战，包括：

- 保证透明和民主的决策；
- 解决投标和谈判过程中的权力失衡问题；
- 帮助最贫困和最受排斥的群体；
- 确保负担得起的服务；
- 避免无法付费时出现供应中断情况；
- 确保服务质量；
- 确保监管能力和执行程度；
- 确保监督和后续实施能力；
- 建立有效的申诉机制；
- 解决腐败问题。

37. 合同谈判是极为复杂的工作，必须明确界定责任、划定风险、确立实施和保险指标，并且确定对不履约的惩罚。因此，谈判技能至关重要。地方政府在合同谈判和处理利益攸关方问题方面的经验通常比不上跨国公司。任何不平衡都会增加确保在合同中列入必要人权保障义务的难度。因此，政府必须加强（地方）谈判能力而且必须减少权力失衡现象。

(……)

向原先没有服务和服务不足的区域提供服务

40. 因此，政府不但有权力也有义务抵制只向一些干预成本低且不太复杂的住宅区投资和将之列为优先投资点的诱惑。国家负有使所有的人包括社会上最穷困的人享有卫生设施和水权的终极义务。国家非但不得歧视生活在某些区域的人民，反而必须特别关注最受排斥的人们。(……)

41. 在非正规住宅区和其他地方缺乏使用权，是这方面的一个关键性的基本问题。基础设施网络通常不延伸到非正规住宅区，而目前有10多亿人生活在未经批准的城市地区和近郊区。服务提供商由于缺乏获得法律保障的使用权，通常不向这些地区提供服务。同时，当人们持续面临被迫迁离的威胁时，他们自己并没有为了确保其住所获得水和卫生设施而进行投资的强烈动机。为了方便提供这些设施而由国家采取的适当措施将取决于当地情况，可能包括采取使住宅区的法律地位正式化的步骤，以保证人们不会被强行驱逐，提供财务保障，并在某些情况下，根据人权标准，重新安置到其他地区。在使用权问题尚未解决的情形下，各国应至少采取下文中进一步介绍的措施，以确保往往在这些地区普遍存在的由非正规部门提供的服务符合起码的人权标准，如同下文进一步所介绍的，或者使提供正式服务的创新性解决方案得到落实。

(……)

遵循人权标准的服务经营

49. 缔约国制定了必要的监管条例，提供商也有服务经营方面的责任。如上所述，提供商必须履行应尽之职责，认清、防范和解决对人权的不良影响。为履行这项责任，服务提供商应采取某些措施，诸如确保其供水的水质安全、确保正常供水、无歧视的经营、采取公平的程序处理不付费时的断水情况，以及当人们因无法付费而得不到最起码的基本用水时，不要掐断供水。

50. 然而，制约上述问题的总体政策框架属于国家的管辖范围。通常，这些决定的适用范围大于所涉供应商的运营范畴。而最重要的是，服务供应商缺乏作出这类决定的合法地位。然而，服务供应商应考虑到各种不同决策对人权的影响，尤其应清楚他们的活动会产生的不良影响。这些供应商可望与国家当局携手确保他们不会间接地导致侵犯人权的行为。例如，非国家服务供应商虽不可单方面决定费率结构，但他们可参与并提出建议，说明如何确保最贫困者负担得起服务。此外，他们能够也应当主动提出诸如分阶段支付连接费、分期付款和宽限期等顺应贫困者需求的灵活付费办法。

(……)

非正式小型供应商的具体挑战

53. 与监管公用事业相比，人们不太注意对非正式小型供应商的监管。非正式小型供应商的经营由于不受管制，提供的服务往往质量差，收费极高。然而，若没有这些非正式小型供应商的服务，许多人的境况会更糟糕。若试图对此类供应商活动实行监管，首先必须对这个部门进行全面的审查，并具备承认这些小型供应商活动的政治意愿。人权法并未规定针对这些小型供应商要采取什么样的政策和方针，这是由政府予以处置的问题。政府可决定予以监管，或者采取鼓励措施，使其按可负担的价格提供优质服务，或让小型供应商经较长的一段时期逐步退出，再以正规供应商取而代之。最好的政策选择取决于具体情况，不可抽象地加以确定。(……)

人权影响评估

63. (……) 各国应在整个过程之前和整个过程之中进行人权影响评估，将人权影响评估列入确定服务提供手段的决策过程，以及监督提供情况以确定对实现人权的实际和潜在影响，包括对用水和卫生设施人权的影响。应鼓励各国通过立法，规定服务供应商也应进行人权影响评估。服务供应商应将人权影响评估作为其履行应尽之职责的一部分工作，以认清服务供应商对实现用水和卫生设施人权的实际和潜在影响。

(六) 法鲁贾《享有水的人权：对违反投资条约行为的抗辩》[1]

争议的起因是 SAUR International（SAURI）在一家省级自来水公司 Obras Sanitarias de Mendoza（OSM）的投资。OSM 持有阿根廷门多萨省提供饮用水、卫生设施和污水处理服务的行政特许。SAURI 通过持有安然公司牵头的美法阿合资财团的少数股权，以及 100% 持股当地运营公司 Aguas de Mendoza，对 OSM 进行了投资。由于这些股权投资，OSM 于 1998 年 6 月与门多萨省签订了一份为期 95 年的合同，获得了管理水和卫生设施的特许权。在接下来的几年中，由于 2002 年金融危机的影响，政府发布了一项全国紧急法令，固定向消费者收取的所有水价。SAURI 认为根据合约 OSM 有权提高水价，理由是比索持续贬值使收入不足以支付不断膨胀的成本——换言之，

---

① Bree Farrugia, "The human right to water: defences to investment treaty violations", *Arbitration International*, (2015), Vol 31, pp. 261 - 282, https://academic.oup.com/arbitration/article/31/2/261/190022.

需要增加收费以维持行业的“经济均衡”。

此外，可能是因为 OSM 无法提供行政特许所需的服务，该项目还遇到了运营问题。对 OSM 供水服务的审计发现，该公司的饮用水质量、污水处理服务的供应（质量和数量方面）以及基本消费服务水平（包括连接、水压和通道）均不符合约定。（……）

仲裁庭在评估这些问题时，同意阿根廷的主张，首先，人权法通常可以成为仲裁的法律渊源（通过第 2 节所述的机制）；其次，在适用于仲裁程序的人权法中，水权是人权的一部分。

在讨论适用法律时，仲裁庭指出，从国家的角度来看，提供和获取安全饮用水是一项基本服务，从公民的角度来看，是一项基本权利。因此，仲裁庭倾向于主张法律可以（并且应该）允许政府行使其与投资活动有关的合法职能，包括规划、监督、实施处罚，并在适当情况下终止。

然而，这一权利附加了一种认可，即这种政府“权力”将国家和外国投资者置于不对称的权力关系中：投资者可能经常发现自己依赖国家才能履行自己的责任。因此，仲裁庭认为，国家权力不是“绝对的”，必须根据双边投资条约给予外国投资者权利和保障来维持平衡。（……）关于赔偿责任，仲裁庭最终裁决，毫无疑问，为了公共利益和其认为有益于公众的行为，一个主权国家可以随时决定将公共服务国有化，比如饮用水和卫生设施的供应。但是，一旦投资（享受双边投资条约保护的投资）被征用，国家就不能忽视其提供全额补偿的国际义务。总的来说，仲裁庭认为阿根廷政府采取的一系列征收和国有化措施（量级将在稍后阶段确定）违反了双边投资协定。

（……）在 SAURI 和环太平洋地区的最新案例中，仲裁庭似乎更愿意采纳并且更加重视更广泛的人权维度——特别是水权——政府可用水权来为其直接违约辩护。然而，对这一趋势的重要警示是，尚未有任何仲裁庭就人权与双边投资条约义务之间的直接冲突作出裁决：到目前为止，仲裁庭已经满足于主张人权法和投资义务并存，而没有对其层级冲突进行任何认真的讨论。

（七）国际采矿与金属协会《集水区水资源管理实用指南》[①]

了解水的真正价值

水是人类和矿业及金属业的基本资源。水对于生命、人类尊严和功能生

① ICMM, *Practical Guide to Catchment-based Water Management* (2015), https://www.icmm.com/website/publications/pdfs/water/practical-guide-catchment-based-water-management_en.

态系统都是至关重要的。水也是许多行业的生命线，从农业到制造业、能源生产和采矿业。然而，这种重要的共享资源正面临越来越大的压力，商业领袖强调这是21世纪可持续发展的巨大挑战之一。应对这一挑战的务实方案要求深刻理解各种利益相关者对水资源的评价方式，关键是要认识到管理水资源与管理碳资源或其他自然资源有着根本不同，前者更为复杂。

水的独特性

• 流域是脆弱的生态系统，人类定居地历来依靠流域获得饮用水、食物以及社会、文化、经济和精神福利。然而，这些社会、文化和生态等维度与水在各种生产过程中的经济利用价值相并列。如果不从不同的利益相关者的角度理解水的价值，矿业公司可能会采取破坏信任和关系的行动，同时也会增加经营成本。

• 水的可提供性在时间和空间上是变化的，在短期和长期的未来的可利用性是不确定的。某条河流的流域可能遭受长期干旱，而邻近的流域可能正在遭受毁灭性的洪水。同样，同一流域可能会连续遭遇干旱和洪水。因此，需要认识到水的运营和战略风险与其他自然资源不同。

• 水是一种有限但可再生的资源，其可提供性不仅受到基础设施的物理限制，并且受到历史水权制度的法律约束。尽管可以使水得到更有效的利用，但在大多数家庭和生产活动中水是不可替代的，因此即使最有效的操作也会产生影响。因此，在流域范围内，与稀缺性有关的风险是实际存在的。简而言之，在能源生产中可能有碳的替代品，但只有水可用于饮用或灌溉。

• 水在本质上是一种区域性产品。以通常生产所需的体量运输水不方便且成本高，这限制了水在流域之间可以转移的距离。基于这一点，再加上主干流域是从上游用户到下游用户，所以必须在流域范围内来处理风险和采取措施。

水的价值

对水的社会管理不善（如缺乏包容性的社区参与、参与性监测项目等）可能会破坏利益相关者之间的关系，并最终导致公司社会经营许可证的丧失。由于社区主导的抗议活动，一些矿业公司已经关闭或暂停营业，其中许多抗议活动的核心是水资源问题。这可能导致代价高昂的拖延、监管压力、无法获得许可证以及对未来矿山扩建的挑战。

采用“基于流域”的方法进行水资源管理有助于概念化和处理复杂的水资源挑战

基于流域的水资源管理方法着眼于整个流域的活动和问题，而不是单独考虑不同的方面。它需要考虑各种各样的过程，包括水文和土地利用，以及影响水资源可提供性和质量的更广泛的政治、经济、社会和生态动力学。基于流域的方法鼓励组织从整体上考虑来自各个利益相关者（家庭用水者、行业从业者、监管者、政治家）对水资源的竞争性需求，如果不能适当管理水资源，就会产生压力并导致冲突。它还要求来自不同行业的人员聚集在一起，确定问题并商定行动的优先顺序，并最终建立地方伙伴关系以落实这些行动。

伙伴关系的机会、利益和风险

成功的合作伙伴关系为矿业和金属公司创造了一个与其他公司、当地社区、非政府组织和监管机构建立高效关系的机会。这些机会可以帮助分担风险、识别机遇、增加利益相关者信任、提升员工满意度/保留率和品牌价值。在与水相关的风险无法单独管理，而建设性伙伴关系的替代方案增加了运营挑战和成本的情况下，这些机会显得尤为重要。显而易见，成功的伙伴关系有益于运营和控制风险。

但是，建立伙伴关系存在风险和挑战。在某些情况下，私营部门的参与可能被解释为企图不当地影响或“捕获”特定议程，并且被视为纯粹的私益行为。与合作伙伴互动需要成本，需要员工额外花费时间来保持频繁和充分的沟通。伙伴关系产生的期望也需要密切和谨慎的管理。如果公司的利益、目标、角色和退出策略不明确，来自合作伙伴的错误预期可能会对与重要利益相关者建立和维持信任产生负面影响。

机构安排

矿业公司敏锐地意识到了其运营的合规要求。但是，我们必须紧密关注以便理解可能导致未来规则改变的制度动态和因素。这适用于那些必须运作矿业的国家、州/省和地区不同的机构去制定和调整规则。(……)

除了制度安排和监管时间表外，还应评估地方机构提供服务和应对流域挑战的实力和能力。地方政府机构的有限资源可能会影响到社区对采矿作业和流域其他工业用水户的期望，久之甚至会影响供水可靠性。(……）例如，在国家或者区域、地方法规弱于跨国公司协议的情况下，公司可能有机会与有良好做法的监管机构接触和/或担任领导角色。

（八）国际金融公司《绩效标准 3——资源效率与污染预防》[①]

1. 《绩效标准 3》认识到，随着经济发展和城市化步伐的加快，空气污染、水污染和土壤污染日益严重，对有限资源的消耗方式可能会给当地、区域和全球人类健康和环境造成危害。

目标

- 通过避免或在最大程度上减少项目活动所产生的污染来避免或在最大程度上减少对人类健康和环境造成的不利影响。
- 促进资源（包括能源和水资源）的可持续利用。

（……）

水的消耗

9. 如果项目可能消耗大量水资源，则除了需要满足本绩效标准有关资源效率的要求之外，客户还应采取措施来避免或减少耗水量，使项目不至于对他人造成重大不利影响。此类措施包括，但不限于：在客户的项目运营过程中使用技术上可行的节水措施、使用替代水源、用水补偿方案来把水使用量降低至不超过可供应量，以及评估其他项目选址。

（九）人人享有卫生设施和安全饮用水伙伴关系[②]

人人享有卫生设施和安全饮用水——2015—2020 战略[③]

人人享有卫生设施和安全饮用水（Sanitation and Water for All，SWA）是卫生设施、水和环境卫生领域的全球多利益相关方伙伴关系，由政府、民间社会组织和发展伙伴组成，共同促进政治领导和行动、改善问责制并更有效地利用稀缺资源。

作用和宗旨

SWA 为众多利益相关者提供了多利益相关方政府间对话和参与的平台，

---

① IFC，*Performance Standard 3 - Resource Efficiency and Pollution Prevention*（2012），https://www.ifc.org/wps/wcm/connect/1f9c590b - a09f - 42e9 - 968c - c050d0f00fc9/PS3 _ English _ 2012.pdf? MOD = AJPERES&CVID = jiVQIwF，https://www.ifc.org/wps/wcm/connect/43443e1c - c815 - 429a - 8d9a - 4fd029f09188/PS3 _ Chinese _ 2012.pdf? MOD = AJPERES&CVID = jnafSF.

② Sanitation and Water for All（SWA）partnership，http://sanitationandwaterforall.org/.

③ Sanitation and Water for All - 2015 - 2020 Strategy，https://www.sanitationandwaterforall.org/sites/default/files/2020 - 02/Strategy%202015 - 2020%20SWA%20 - %20EN.pdf.

使伙伴关系能够达成个别合作伙伴无法单独实现的成果。

SWA 伙伴关系的作用和宗旨是领导、激励和促进国际努力，配合和促进旨在确保人人享有卫生设施、水和环境卫生的可获得性和可持续管理的国家和区域进程。这些努力将符合可持续发展目标（Sustainable Development Goals）和其他相关发展政策和法律。

该伙伴关系将成为政治对话、协同行动、宣传以及对可持续发展目标中与卫生设施、水和环境卫生相关的目标取得进展的跟进和审查的平台。该伙伴关系不提供资金支持、执行机构或技术监督机构。

该合作伙伴关系向所有共享 SWA 愿景并力求实现其目标的国家和组织开放。

目标

SWA 战略的基础是“以国家为中心”，推进国家进程，依靠证据以及利用宣传来增强政治意愿。SWA 战略的关键是协调发展伙伴的努力和投入。SWA 的目标是：

1. 提高卫生设施、环境卫生和水的政治优先次序；
2. 推进政府主导的国家进程；
3. 寻找和使用强有力的证据来实现明智的决策；
4. 提升区域、国家、地方人力和机构能力；
5. 跟进和审查实现可持续发展目标中卫生设施、水和环境卫生目标取得的进展。

在实现上述目标时，SWA 将通过关注最边缘化和最难实现的挑战，为逐步消除不平等做出贡献。

为什么我们需要 SWA?

从历史上看，水、卫生设施和环境卫生（WASH）部门面临根本问题，这些问题是取得进步的主要障碍。

1. WASH 在政治议程上地位较低，该部门的资金不足。
2. 国家 WASH 计划往往需要改进，缺乏协调一致的支持。
3. WASH 部门的融资难以预测，无法到达最需要资金的国家。
4. 在国家层面，WASH 部门缺乏证据、数据和分析来为决策提供信息。
5. WASH 部门缺乏监督机制和相互问责制。

合作伙伴

SWA 通过其合作伙伴开展工作，包括政府、外部支持机构、民间社会组织、私营部门和社区组织。来自五个选区的合作伙伴承担了大部分工作。

（十）联合利华《水资源利用》①

我们的承诺

到 2020 年，消费者使用我们产品的用水量减半。

我们的业绩

在 2016 年，我们的消费者人均用水量比 2010 年减少 7%。

我们的愿景

我们已经在减少生产用水上取得显著成效。但是，最大的影响来自消费者淋浴、洗澡和清洗我们的产品时消耗的水。在 2016 年，消费者使用我们的产品时消耗的水较 2010 年减少 7%。

我们在设计和生产消耗更少的水的产品上不断取得进步。（……）

在 2016 年，我们在印度设立了苏维达卫生中心。中心位于孟买最大的贫民窟之一，为超过 1500 人提供水、卫生设施和个人卫生支付服务，包括洗衣设施和安全的饮用水。

中心采用循环经济原则以减少水的使用。淡水首先用于洗浴、洗手和洗涤衣物。这些活动产生的水随后用于冲洗厕所。

这种商业模式为开拓新市场、投资和创新提供了机会，同时满足了消费者的需求，并为实现全球目标，特别是为提供清洁水和卫生设施方面的目标 6 做出了贡献。

我们还将继续扩大在尼日利亚的阳光水中心，到 2016 年底已开设 10 个中心。

2016 年，我们在美国的 Dove 品牌和 Delta Faucet 公司致力于帮助改变消费者在淋浴期间的行为，推广更节水的 Delta Hydrafall 淋浴喷头。

在过去六年中，我们已经了解了人们在缺水情况下的需求——因此我们正在加强内部战略以满足需求。我们将加快开发满足消费者需求的水智能产品，例如在水量和水质量有问题的情况下，人们仍可以洗涤和洗衣的产品。

（十一）国际可持续水管理联盟《概览》

什么是国际可持续水管理联盟?②

国际可持续水管理联盟（AWS）是一个由企业、非政府组织和公共部门

---

① Unilever, Water Use, https://www.unilever.com/sustainable-living/reducing-environmental-impact/water-use/.

② AWS: An Introduction (2019), https://a4ws.org/download/aws-an-introduction/.

组成的全球会员协作组织。我们的成员通过采纳和推广可持续用水的通用框架——国际水管理标准（AWS 标准）——来促进、认可和奖励良好的水管理绩效，为当地水资源的可持续性做出贡献。

什么是水资源管理?

管理是指照顾我们不拥有的东西。管理方法侧重于管理森林、渔业或淡水等共同资源。水资源管理基于以下原则：（人类）共同地需要可持续的水资源，需要有效应对与水有关的共同挑战。

《国际可持续水管理联盟标准——2.0 版本》①

AWS《国际可持续水管理联盟标准》（AWS 标准）是一个全球适用的框架，旨在帮助主要用水户了解他们的用水情况和影响，并在集水区范围内透明地进行协作以实现可持续水管理。该标准旨在在集水区的规模上推动社会、环境和经济利益。

AWS 标准通过让用水地区了解和解决共享的集水挑战以及用水地区的风险和机遇来实现这一目标。该标准要求用水地区将以下五个方面逐步转化为最佳实践以应对这些挑战：

良好的水治理　可持续的水平衡　水质状况良好　重要的与水相关的领域　人人享有安全饮水、环境卫生和个人卫生

为了追求这些成果，标准的实施鼓励企业和工业、政府和社区以及民间社会组织采取合作。

（十二）世界可持续发展工商理事会《首席执行官关于水的指南——建设具有韧性的业务》②

商业依赖于水。你的公司与人、城市、其他企业和自然共享水资源。

对水的需求的竞争将变得更激烈。根据世界银行的数据，在未来的三十年里，全球粮食系统需要的水将增加 40%—50%；城市和工业用水需求将增

---

① Alliance For Water Stewership, https://a4ws.org/the-aws-standard-2-0/.

② World Business Council for Sustainable Development (WBCSD), *CEO Guide to Water-Building resilient business* (2018), www.wbcsd.org/Programs/Food-and-Nature/Water/Resources/CEO-Guide-to-Water-building-resilient-business.

加 50%—70%，能源用水需求将增加 85%。

水风险的重要性是明确而紧迫的。许多地方对水的需求已经超过了供给。如果不采取行动，将无法满足未来的社会和环境需要。

水对于实现低碳世界、稳定、繁荣与和平至关重要。碳的获取和封存是高度耗水的，而生物燃料作物对水的供应提出了巨大的需求。在水电占能源结构很大一部分的国家中，水资源短缺可能会引发安全风险。

气候变化的影响主要是通过水循环的变化来传递，在全球造成不均衡的后果。干旱等重大自然灾害正在增加，这会影响到移民、粮食价格，并可能导致社会动荡。

企业也在为此付出代价。当没有足够的水用于运营时，企业必须在某些地方大量投资或放弃。

水风险直接影响底线。为了更好地应对未来的冲击并变得具有韧性，公司的水资源评估的方法需要进行根本性的转变。

在世界上每家公司的董事会中，水应该是优先事项。更好地管理水资源是企业创造和发展竞争优势的一个关键机会，同时获得经营许可证，减少财务损失，并完全确保运营的连续性。

作为一个决策者，你需要：

- 了解贵公司在直接运营和整个供应链中承受和分担水风险的能力；
- 将水纳入决策、披露和制定明智的投资决策；
- 与其他用水户和利益相关方合作，应对共同风险并抓住机遇。

（……）

按照最适合你的业务的顺序，考虑以下七个步骤来设计和实施你的水资源管理之旅：

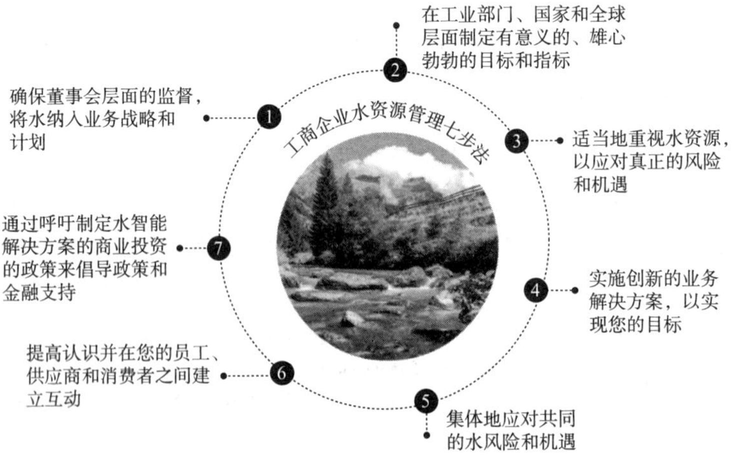

（十三）格雷克《盘点获得水的人权》[1]

2015年12月，联合国大会通过了一项新决议，承认卫生设施的人权是一项有别于水权的人权。总体而言，这些发展反映了不同行动者的共识，即人人有权获得足够的、安全的、可接受的和负担得起的个人和家庭用水。然而，这种融合发生在一个越来越多层级、分散和竞争的治理环境中。水资源治理的主体范围从纯粹的公共部门、公私混合部门到完全的私营部门。

鉴于享有水和卫生设施人权（HRtWS）的广泛共识，以及全球水治理中越来越多的碎片化和争议，本文提出了以下问题：全球水治理中的不同行动者如何构建HRtWS并提出相关行动以实现正确的目标？围绕HRtWS的叙述如何随着时间而改变？

作者发现，尽管参与全球水治理的许多行动者最初对人权框架存在抵触，对HRtWS的存在却有共识。然而，行动者之间的争论越来越集中于权利在实践中意味着什么，以及如何对水服务采取基于权利的做法。这一争论尤其体现了HRtWS对融资、供应商和监督等问题在法律上的意义。作者认为，HRtWS通过唤起对歧视、权力差异、正义、公平和公民参与水管理的民主原则等问题的关注，为相对由技术驱动的话语带来了一个政治维度。

四　中国相关文件与材料

（一）国家法律法规

1.《中华人民共和国水法（2016修订）》

第六条　国家鼓励单位和个人依法开发、利用水资源，并保护其合法权益。开发、利用水资源的单位和个人有依法保护水资源的义务。

（……）

第三十一条　从事水资源开发、利用、节约、保护和防治水害等水事活动，应当遵守经批准的规划；因违反规划造成江河和湖泊水域使用功能降低、地下水超采、地面沉降、水体污染的，应当承担治理责任。

开采矿藏或者建设地下工程，因疏干排水导致地下水水位下降、水源枯竭或者地面

[1] Andrea K. Gerlak et al.,"Taking Stock of the Human Right to Water", *International Journal of Water Governance* 6：4（2018），www.ijwg.eu/pub/86/115728－16－127－RR.pdf.

塌陷，采矿单位或者建设单位应当采取补救措施；对他人生活和生产造成损失的，依法给予补偿。

(……)

第三十五条 从事工程建设，占用农业灌溉水源、灌排工程设施，或者对原有灌溉用水、供水水源有不利影响的，建设单位应当采取相应的补救措施；造成损失的，依法给予补偿。

(……)

第五十三条 新建、扩建、改建建设项目，应当制订节水措施方案，配套建设节水设施。节水设施应当与主体工程同时设计、同时施工、同时投产。

供水企业和自建供水设施的单位应当加强供水设施的维护管理，减少水的漏失。

(……)

2.《中华人民共和国水污染防治法（2017 修正）》

第三十二条 国务院环境保护主管部门应当会同国务院卫生主管部门，根据对公众健康和生态环境的危害和影响程度，公布有毒有害水污染物名录，实行风险管理。

排放前款规定名录中所列有毒有害水污染物的企业事业单位和其他生产经营者，应当对排污口和周边环境进行监测，评估环境风险，排查环境安全隐患，并公开有毒有害水污染物信息，采取有效措施防范环境风险。

(……)

第四十条 化学品生产企业以及工业集聚区、矿山开采区、尾矿库、危险废物处置场、垃圾填埋场等的运营、管理单位，应当采取防渗漏等措施，并建设地下水水质监测井进行监测，防止地下水污染。

加油站等的地下油罐应当使用双层罐或者采取建造防渗池等其他有效措施，并进行防渗漏监测，防止地下水污染。

禁止利用无防渗漏措施的沟渠、坑塘等输送或者存贮含有毒污染物的废水、含病原体的污水和其他废弃物。

(……)

第四十五条 排放工业废水的企业应当采取有效措施，收集和处理产生的全部废水，防止污染环境。含有毒有害水污染物的工业废水应当分类收集和处理，不得稀释排放。

(……)

第四十八条 企业应当采用原材料利用效率高、污染物排放量少的清洁工艺，并加强管理，减少水污染物的产生。

(……)

（二）《关于建立跨省流域上下游突发水污染事件联防联控机制的指导意见》[①]（生态环境部、水利部，2020年1月19日）

各省、自治区、直辖市人民政府：

建立上下游联防联控机制，是预防和应对跨省流域突发水污染事件，防范重大生态环境风险的有效保障，党中央、国务院对此高度重视。近年来，相关跨省流域上下游通过开展突发水污染事件应对协作，在探索建立联防联控机制方面取得一定成效，但总体上还普遍存在协作制度不完善、上下游责任不明确、技术基础保障不到位等问题。为全面贯彻落实习近平新时代中国特色社会主义思想特别是习近平生态文明思想和全国生态环境保护大会精神，推动建立跨省流域上下游突发水污染事件联防联控机制，经国务院同意，现提出以下意见。

一、建立协作制度。跨省流域上下游省级政府应按照自主协商、责任明晰的原则，充分发挥河长制、湖长制作用，建立具有约束力的协作制度，增强上下游突发水污染事件联防联控合力。上游省级政府要主动与下游沟通协商，可通过签订协议等方式，明确责任落实单位和工作联络员，以及双方在风险研判、事件应对、纠纷处理等方面的主要工作任务。

二、加强研判预警。针对汛期、枯水期等水污染事件易发期，各流域生态环境监督管理机构要提前组织相关地方政府或有关部门开展联合会商，分析研判流域生态环境风险，及时发布预警信息。遇台风、强降雨等极端天气以及地震等自然灾害，或流域跨省断面水质一定时期内多次出现异常情况的，根据需要开展专项会商。相关地区应按照会商结果，提前做好生态环境风险隐患排查治理、应急物资储备等工作。

三、科学拦污控污。流域管理机构、上游水行政主管部门应在保证防洪安全前提下，统筹水资源调配与保护工作，按照调度方案安排闸坝下泄水量和泄流时段。跨省河流应急水量调度或临时泄洪排涝，按照闸坝调度权限，上游有调度权的水行政主管部门应提前向下游同级水行政主管部门通报，同时报告流域管理机构。跨省流域突发水污染事件发生后，确有需要且具备实际条件的，上下游可按程序科学调度，协同做好拦污控污工作。

四、强化信息通报。上下游应建立跨省流域水污染信息通报制度。上游发生水污染事件或流域水质出现异常，可能造成跨省流域污染的，事发地地市级生态环境主管部门主要负责人应第一时间向下游相邻地市级生态环境主管部门主要负责人通报情况，向本级政府提出向下游同级政府通报的建议，并同时报告省级生态环境主管部门主要负责人。下游流域水质出现异常，可能存在跨省流域污染因素时，下游地市级生态环境主管部门主要负责人应及时向上游相邻地市级生态环境主管部门主要负责人通报情况，并同时报

---

① 生态环境部、水利部：《生态环境部水利部关于建立跨省流域上下游突发水污染事件联防联控机制的指导意见》，http://www.mee.gov.cn/xxgk2018/xxgk/xxgk03/202001/t20200121_760665.html。

告省级生态环境主管部门主要负责人。上下游省级生态环境主管部门获悉相关信息后，主要负责人应及时互相通报。通报内容应包括事件原因、污染态势和处置应对情况等。

五、实施联合监测。接到跨省流域水污染信息通报后，上下游生态环境主管部门应及时组织开展本行政区域水环境监测，跟踪核实相关情况。造成跨省流域污染的，上下游应制定联合应急监测方案并组织实施，明确采样断面、时间与频次，统一监测指标与分析方法，及时共享数据信息。

六、协同污染处置。发生跨省流域突发水污染事件，上下游有关地方政府应按照属地管理原则，对各自行政区域内污染处置负责，并强化应急物资信息共享、资源调配和应急救援等方面协作。上游应及时切断污染源，同时采取有效措施，尽量将污染控制或消除在本行政区域内，为下游处置争取时间、提供便利。下游应密切关注事态发展，提前做好应急准备工作，及时启动应急响应，最大程度减轻污染损害。上下游有关地方政府要加强沟通，及时准确发布事态发展和应急处置信息，其中事发地地市级政府应在事件发生后 5 小时内发布权威信息，24 小时内举行新闻发布会。生态环境部牵头指导协调跨省流域突发水污染事件的应急处置工作。

七、做好纠纷调处。跨省流域突发水污染事件造成损害的，污染责任人应当依法承担侵权责任和生态环境损害赔偿责任。引发跨省级行政区域水污染纠纷的，由相关省级政府按照法律法规和生态环境损害赔偿制度等有关规定，组织采取资金补偿为主的方式协商解决。上游省级政府应拟定补偿方案并主动与下游协商。协商一致的，应签订补偿协议。协商无法达成一致的，报生态环境部协调解决。

八、落实基础保障。生态环境部建立生态环境应急专家组。各省级生态环境部门建立省级生态环境应急专家组，并针对跨省流域生态环境风险特点吸纳相关领域专家。各地区要掌握本行政区域内环境应急物资储备信息，侧重在跨省流域相关区域布设应急物资储备库。鼓励跨省流域上下游协商制定突发水污染事件应急预案，联合开展突发环境事件应急演练，加强环境应急监测和处置能力建设，提高突发水污染事件联防联控实战能力。

跨省级行政区域河流为界河、相邻地区不存在流域上下游关系的，突发水污染事件联防联控机制的建立和实施参照本指导意见执行。

（三）《广西壮族自治区水污染防治条例（2020）》

第四章　水污染防治措施

第一节　一般规定

第二十六条　企业应当优先实施清洁生产，采用资源利用率高、污染物排放量少的工艺、设备以及废弃物综合利用技术和污染物无害化处理技术，按照有关规定限期淘汰落后的生产技术、工艺、设备和产品，减少水污染物的产生。

第二十七条　禁止利用渗井、渗坑、裂隙、溶洞，私设暗管，篡改、伪造监测数据，或者不正常运行水污染防治设施等逃避监管的方式排放水污染物。

前款所称的不正常运行水污染防治设施是指下列行为：

（一）将污水不经过水污染防治设施处理，直接排放；

（二）非紧急情况下开启水污染防治设施的应急排放阀门，将污水直接排放；

（三）将未经处理的污水从水污染防治设施的中间工序引出直接排放；

（四）在生产经营或者作业过程中，停止运行水污染防治设施；

（五）违反操作规程使用水污染防治设施，致使水污染防治设施不能正常发挥处理作用；

（六）水污染防治设施发生故障后，不及时或者不按照规程进行检查和维修，致使水污染防治设施不能正常发挥处理作用；

（七）其他不正常运行水污染防治设施的行为。

第二十八条　按照环境影响评价文件和审批意见的要求需要进行初期雨水收集的化工、电镀等企业事业单位和其他生产经营者，所收集的初期雨水经处理符合国家和自治区水污染物排放标准后，方可排放。

第二十九条　企业、学校、科研院所、医疗机构、检验检疫机构等单位的实验室、检验室、化验室等产生的油类、酸液、碱液以及其他有毒有害废液，应当按照有关规定单独收集和安全处置，不得直接向外排放或者排入城镇污水收集管网。

第三十条　餐饮经营者应当设置隔油设施或者其他油污废水处理设施。

城镇餐饮经营者应当按照有关规定收集、处理餐厨废弃物。

第三十一条　各级人民政府应当对河道、水库实施生态化治理，培育水生动植物，恢复江河、湖泊、水库的自我净化、自我修复功能。

河道管理部门开展河床、护坡整治作业时，应当采用技术措施，促进水生态修复。

第三十二条　设区的市、县级人民政府根据水环境保护的实际需要，在因畜禽、水产养殖造成或者可能造成严重污染的地区，可以在江河、湖泊、水库等水体划定一定区域禁止网箱养殖，或者在其两侧、周边划定一定区域禁止畜禽养殖。

第三十三条　设区的市、县级人民政府根据水环境保护的实际需要，可以确定在本行政区域污染严重的江河、湖泊、水库流域实行限制含磷洗涤用品生产、销售、使用的措施。

在设区的市、县级人民政府确定的流域内禁止生产、销售含磷洗涤用品，禁止工业企业在生产中使用含磷洗涤用品，禁止服务业经营者使用含磷洗涤用品开展经营性服务。

前两款所称含磷洗涤用品，是指总磷酸盐含量（以五氧化二磷计）超过国家标准的洗涤用品。

第三十四条　高速公路服务区、机场等相对封闭区域未接入城镇污水管网的，应当建设相应的污水处理设施，并保证污水处理设施正常运行，确保污水达标排放。

第二节　工业水污染防治

第三十五条　自治区和设区的市人民政府应当根据流域水质目标和国土空间规划要求，明确区域环境准入条件，细化功能分区，实施差别化环境准入政策，严格控制高污染物排放、产生有毒有害水污染物的建设项目。

第三十六条 禁止新建不符合国家产业政策的生产项目以及其他严重污染水环境的生产项目。

已建成的不符合国家产业政策以及其他严重污染水环境的生产项目，由设区的市、县级人民政府按照国家有关规定责令整改、搬迁或者关闭。

第三十七条 县级以上人民政府应当优化工业布局，推动产业集约、集聚发展，科学规划建设工业集聚区，强化企业入驻管理，实现水资源分类循环利用和水污染集中治理。

新建排放重点水污染物的工业项目应当进入工业集聚区。对符合国家产业政策但不符合本地优化工业布局要求的企业，所在地人民政府应当支持其迁入相应的工业集聚区发展。

第三十八条 工业集聚区应当配套建设相应的污水集中处理设施，安装自动监测设备，与生态环境主管部门的监控平台联网，并保证监测设备正常运行。污水集中处理设施应当具备相应的处理能力并正常运行，保证工业集聚区的废水处理后稳定达标。

工业集聚区未建设污水集中处理设施、安装自动监测设备，或者污水集中处理设施排放不达标的，有审批权的生态环境主管部门可以暂停审批其新增重点水污染物排放总量建设项目的环境影响评价文件。

第三十九条 排放工业废水的企业应当采取有效措施，收集和处理产生的全部废水，防止污染环境。含有毒有害水污染物的工业废水应当分类收集和处理，不得采取稀释等方式违法排放。

向污水集中处理设施排放工业废水的，应当按照国家有关规定进行预处理，达到集中处理设施处理工艺要求后方可排放。

第四十条 向污水集中处理设施排放工业废水的企业事业单位和其他生产经营者，应当在排污口建设取样井，并为生态环境、水利部门和受纳废水的污水集中处理设施运营单位提供取样、监测流量的便利条件。

污水集中处理设施的运营单位有权对汇水范围内排污单位的排水进行取样检测，发现排水水质超过排放标准的，应当及时告知排污单位，并报告生态环境、水利部门。

（四）《广东丹姿集团有限公司：为干旱大地补水，让孩子们喝上净水》①（中瑞企业社会责任合作网，2018 年 12 月 10 日）

广东丹姿集团有限公司（简称“丹姿”）成立于 1998 年，是一家集科研、生产、销售和服务为一体的化妆品企业，集团成立以来一直注重高新科技、配方天然、生态化原料的自主研发，尤为注重科研投入，先后创立了水密码、他能量、卡迪那、丹姿悦植粹等国内补水护肤及洗护领域的知名系列产品，力求打造一个属于中华民族自己的一流品牌。丹姿注重产品质量和品牌形象，在自身经营发展的同时，秉承“让人类多一分美

① 《广东丹姿集团有限公司：为干旱大地补水，让孩子们喝上净水》，中瑞企业社会责任合作网，http://csr.mofcom.gov.cn/article/bp/si/201810/20181002796789.shtml。

丽”的企业使命，成立了“广东省丹姿慈善基金会”，开展多项公益慈善活动，以实际行动担当责任，造福社会。

为了将企业发展与当前时代背景紧密结合，丹姿审视企业能力以及发展战略，将饮水安全这一严峻的社会问题上升到企业战略责任高度，推出为祖国干旱的大地“补水”，为严重干旱缺水地区的群众和持续饮用不安全水的广大农村师生送上一片“丹姿甘霖”的责任项目。通过饮水工程建设、安全用水设备设施改造、饮水安全培训三大方面，着手改善山区缺水和饮水不安全状况。

科学建项目，解决山区干旱问题

丹姿与在饮水工程项目上有多年经验的专业机构合作，由丹姿基金会提供资金保障，确保项目设计最大限度地满足当地居民饮水、灌溉需要。项目组通过实地走访，充分考量当地地势状况、水源条件、农田布局、居民生活空间，合理设计人畜饮水管网工程，并将旱区集雨水窖安排在易获取而不易受污染的地区，既满足了山区村民人畜饮水和灌溉需要，又保障了水源安全。

优先选学校，保障师生饮水安全

面临饮水安全问题的山区学校不在少数，丹姿按照重要－紧急四象限管理法则，优先选择水质污染严重、改水难度大的山区农村中小学校作为甘霖计划的帮扶点。安置净水设备充分考虑师生人数，以及净水设备的耐用性和操作便捷性，同时在学校修建新型水池，从硬件上解决师生用水困难问题。

开设小课堂，养成良好卫生习惯

“安全饮水”对不少偏远乡村里的人来说，很陌生也很遥远。即便设备安装妥善，村民和孩子们有时候图省事，或出于旧习惯，依旧喝生水。这就需要企业持续不断地宣传教育。丹姿与 NGO 合作，开办了农村学习安全及卫生知识小课堂，通过净水器使用演示、场景模拟以及疾病卫生案例分析，向村民和孩子们普及安全饮水知识，提升大家在日常生活中安全饮水的自觉性。对于甘霖计划所在地净水设备的使用率，丹姿不断跟踪，并与专业机构建立长期饮水教育合作项目，协助孩子们养成主动喝净水的意识和习惯。

项目自 2012 年实施以来，至今覆盖全国 7 个省 79 个乡镇，修建饮水管网 107.82km，水窖水池 993 个，捐赠净水设施 393 台，惠及村民 37900 人，师生 48400 人，对解决受助地区缺水问题、饮水安全问题起到重要作用。企业与 NGO 携手的教育投入，使村民和孩子们的卫生观念和习惯得到较大改观。

（五）黄永芳《寻乌东江源水生态保护项目启动达能探索社会责任项目新模式》①

2015 年 1 月 22 日，中国达能饮料（DANONE）在广州召开中国达能饮料水生态保护战略发布会暨东江源寻乌项目启动会，重申达能“好水好未来”水生态保护战略，并宣

① 黄永芳：《寻乌东江源水生态保护项目启动达能探索社会责任项目新模式》，《WTO 经济导刊》2015 年第 3 期，第 63 页。

布寻乌东江源水生态保护项目正式启动。这也是继生态龙门项目后，中国达能饮料携手非政府组织在东江流域展开的又一实地项目。未来几年，达能将联合世界自然保护联盟、香港地球之友、政府、科研单位等，共同推动寻乌东江源生态系统保护和恢复，促进江西省寻乌县东江源农村社区可持续发展，加强利益攸关方协调沟通机制和能力建设，开创“美丽东江源”新局面。

结合发展战略，深入探索实践。作为饮料企业，水成为中国达能饮料最大宗的原材料。因此，中国达能饮料将水源保护视为公司可持续发展战略的核心，确定了长期水源保护的愿景，即“与你携手，帮助恢复水生态系统，为你享有更洁净的水、更优质的生活作出贡献”。此次启动的寻乌东江源水生态保护项目是中国达能饮料聚焦水生态保护的又一个责任行动。中国达能饮料将自身社会责任实践与企业发展战略、业务领域以及运营所在地的需求等相结合，探索和设计有针对性的社会责任项目，创造更多直接或间接、显性或潜在的价值。

尊重自然规律，创造综合价值。“保护生命赖以生存的水源，是我们应尽的责任”，这是中国达能饮料的宣言。在寻乌东江源水生态保护项目中，中国达能饮料将公司履行的环境责任聚焦到环境源头保护方面，充分尊重自然规律，提出本土化的水生态保护战略，在保护水生态的同时促进当地社区的发展，发挥企业的社会价值，真正解决可持续发展问题，实现综合价值最大化。寻乌县政协副主席彭玲莉在会上称：“这个项目不仅直接惠及寻乌县32万居民的生活，更关系东江流域5000万人口的饮水健康。”

联合多方力量，协同高效推进。寻乌东江源水生态保护项目是中国达能饮料联合世界自然保护联盟和香港地球之友共同发起的可持续公益项目，借助政府、专业机构及专家学者多方的力量，号召更多人关注水生态，并参与到水生态保护及恢复的工作中来。寻乌东江源水生态保护项目开启了企业出资、政府提供支持、NGO参与规划实施的公益合作模式，整合各方的优势和资源，使该项目更具可持续性和操作性，保证项目能够高效运转。

（六）重庆市绿色志愿者联合会诉湖北恩施自治州建始磺厂坪矿业有限责任公司水库污染民事公益诉讼案①（新华网，2017年3月7日）

基本案情

千丈岩水库位于重庆市巫山县、奉节县和湖北省建始县交界地带，距离长江25公里，被重庆市人民政府确认为集中式饮用水源保护区，供应周边5万居民的生活饮用和生产用水。该地区属喀斯特地貌。磺厂坪矿业公司距离千丈岩水库约2.6公里，2011年5月取得湖北省恩施土家族苗族自治州环境保护局环境影响评价批复，但该项目建设可行性报告明确指出尾矿库库区为自然成库的岩溶洼地，库区岩溶表现为岩溶裂隙和溶洞；尾矿库工程安全预评价报告建议对尾矿库运行后可能存在的排洪排水问题进行补充评价。

① 《最高人民法院发布环境公益诉讼典型案例》，新华网，http://www.xinhuanet.com/legal/2017-03/07/c_129503217.htm。

磺厂坪矿业公司未按照报告要求修改可行性研究报告并申请补充环评。项目于 2014 年 6 月建成，8 月 10 日开始违法生产，产生的废水、尾矿未经处理就排入临近有溶洞漏斗发育的自然洼地。2014 年 8 月 12 日，巫山县红椿乡村民反映千丈岩水库饮用水源取水口水质出现异常，巫山县启动了重大突发环境事件应急预案。重庆绿色志愿者联合会提起诉讼，请求判令磺厂坪矿业公司停止侵害，不再生产或者避免再次造成污染，对今后可能出现的污染地下溶洞水体和污染水库的风险重新作出环境影响评价，并由法院根据环境影响评价结果，作出是否要求磺厂坪矿业公司搬迁的裁判；磺厂坪矿业公司进行生态环境修复，并承担相应费用 991000 元等。

裁判结果

重庆市万州区人民法院一审认为，磺厂坪矿业公司的违法生产行为已导致千丈岩水库污染，破坏了千丈岩地区水体、地下水溶洞以及排放废水洼地等的生态，造成周边居民的生活饮用水困难，损害了社会公共利益。同时，磺厂坪矿业公司的选址存在污染地下水风险，且至今未建设水污染防治设施，潜在的污染风险和现实的环境损害同时存在。据此，一审法院判决磺厂坪矿业公司立即停止侵害，履行重新申请环境影响评价的义务，未经环境保护行政主管部门批复、环境保护设施未经验收的，不得生产；在判决生效后 180 日内，制定磺厂坪矿业公司洼地土壤修复方案并进行修复，逾期不履行修复义务或者修复未达到保护生态环境社会公共利益标准的，承担修复费用 991000 元；在国家级媒体上赔礼道歉等。重庆市第二中级人民法院二审维持了一审判决。

典型意义

本案涉及三峡库区饮用水资源的保护。磺厂坪矿业公司位于喀斯特地貌山区，地下裂缝纵横，暗河较多，选址建厂应当充分考虑特殊地质条件和生产对周边生态环境的影响。磺厂坪矿业公司与千丈岩水库分处两个不同的省级行政区域，导致原环境影响评价并未全面考虑生产对相邻千丈岩水库的影响。磺厂坪矿业公司在水污染防治设施尚未建成的情况下，擅自投入生产，违法倾倒生产废水和尾矿，引发千丈岩水库重大突发环境事件。本案结合污染预防和治理的需要，创新民事责任承担方式，将停止侵害的具体履行方式进一步明确为重新申请环境影响评价，未经环境保护行政主管部门批复和环境保护设施未经验收的不得生产，较好地将行政权和司法权相衔接，使判决更具可执行性，有利于及时制止违法生产行为，全面保护社会公共利益。

（七）《彻底切断污染源，饮用水安全才有保障》[①]（东方网，2020 年 2 月 8 日）

据生态环境部执法局透露，根据“水十条”要求，生态环境部首次完成了饮用水源地违法项目清理，截至 2019 年底，生态环境部累计完成 2804 个水源地 10363 个问题的整改，一批久拖未决的“老大难”问题得到纠正，近 8 亿人饮用水安全得到保障；首次彻

① 《彻底切断污染源，饮用水安全才有保障》，https://www.163.com/dy/article/F4RPFAVS053469KO.html。

底摸清了渤海、长江入海入河排污口底数；截至去年年底，重点城市（直辖市、省会城市、计划单列市）黑臭水体消除比例达到96.2%。（2020年2月7日《法制日报》）

据介绍，今年既是水污染防治攻坚战的收官之年，也是“十四五”规划的谋划之年。目前，生态环境部启动了《重点流域水生态环境保护“十四五”规划》编制工作，这是生态环境部成立以来编制的第一个流域规划。其实，早在2014年环保部发布了首个全国性的大规模研究结果。结果显示，我国有2.5亿居民的住宅区靠近重点排污企业和交通干道，2.8亿居民使用不安全饮用水。

水是生命之源。饮用水安全问题直接关系到广大人民群众的健康，关系到社会秩序的和谐稳定，是社会文明进步的重要标志。世界卫生组织调查显示，全世界80%的疾病与饮水有关。目前，城市水源地水质状况不容乐观，供水水质不达标问题突出，饮水安全正成为我国公共健康面临的主要威胁之一；特别是近年来饮水安全事件频发，加深了公众的忧虑，一度引发信任风波。

多年来，我国水资源质量不断下降，水环境持续恶化，污染导致的缺水和事故不断发生，严重地威胁了社会的可持续发展，威胁了人类的生存。由于规划和产业布局原因，我国依然还有1.1亿居民住宅周边1公里范围内有石化、炼焦、火力发电等重点关注的排污企业，1.4亿居民住宅周边50米范围内有交通干道。此外，我国还有5.9亿居民在室内直接使用固体燃料做饭，4.7亿居民在室内直接使用固体燃料取暖。在环保部看来，应尽快建立环境健康风险监测哨点，开展风险评估和预警工作。

尤其是随着经济的发展，有些地方政府只注重经济利益而忽视对环境的治理，工业废水、城乡生活污水的排放量不断增加，许多饮用水水源受到污染，水中污染物含量严重超标饮水安全问题又严峻地摆在人们面前。

饮水安全与人们的健康休戚相关，水源是关键，污染治理是源头。笔者认为，应加强监督管理，控制工业企业水污染。应力争先期实现水污染的“零增长”，进而实现水污染的“负增长”。必须加大工业污染防治力度，对排放水污染物超标的企业要坚决实行停产整治；对虽能达标排放，但污染物排放总量仍然较高的企业，实行技术改造，推行清洁生产，削减污染物排放量。

各级政府要明确职责，进一步强化城市饮用水安全保障工作责任制，根据规划的目标和任务，拟定本辖区饮用水水源环境保护规划及年度实施计划，建立评估考核和责任追究制度，认真落实规划项目和建设资金，确保规划目标的实现。加强监督管理，建立并完善排污自动监控检测系统，健全现场监督检查制度。提高环境监管能力，加大执法力度，依法严肃处理环境违法行为，建立环保事故处置预案及处置结果通报机制，健全重大环境事件和污染事故责任追究制度。让亿万人民喝上安全放心饮用水的同时，进一步完善污水处理基础设施。加快城镇污水处理厂建设，未经处理的废水一律不能排放到主河道。要坚决实行排污总量控制和许可证制度，依据水环境容量和水资源保证能力，对排水量进行指标核定和动态管理，严格控制排污量。严格污水处理厂监管，加强处理系统的运行管理和维护，所有污水处理厂必须安装在线监测装置，确保达标排放。

诚然，保障饮用水安全是一项系统工程，需要各个部门多方协作、密切配合，以保证饮用水安全为重点，综合运用法律、经济、行政等手段，加大力度治理污染，严格实行污染物排放总量控制，严厉打击违法排污行为，切实解决“违法成本低，守法成本高”的问题。我们相信，在党中央、国务院的高度重视下，有各级政府的不懈努力，各行各业齐抓共管，亿万人民的饮用水安全一定能够早日实现。

（八）《上市公司水风险评价工具及涉煤上市公司水风险评价报告》① （公众环境研究中心，2017 年 4 月 28 日）

四、对涉煤上市公司的水风险管理建议

4.1　加强对用水总量的控制，提高用水效率

煤炭能源耗水量巨大，蓝圈组织和威尔逊中心开展的瓶颈研究表明，2010 年，中国煤炭行业用水量达到 1200 亿立方米，约占全国总用水量 5990 亿立方米的 20%。预计到 2020 年，煤炭生命周期所消耗的水资源将占到全国总用水量 6700 亿立方米的 28%。此外，煤炭开采活动也可能破坏水资源系统，尤其对地下水系统造成影响。

2011 年中央一号文件提出实施“最严格水资源管理制度”，对用水总量提出了明确的要求。中国煤控项目在发布的最新研究报告《煤化工产业煤炭消费量控制及其政策研究执行报告》中指出，在晋陕蒙宁甘等地区的水资源供需矛盾十分突出，其原煤产量是全国总产量的 60% 以上，而水资源占有量仅占全国总量的 4.8%，宁东基地现在的煤炭消费用水总量已经超过了 2015 年的红线指标。

随着水资源论证与取水许可制度的推广与落实，煤炭行业作为工业用水大户将在很大程度上面临更严格的用水管控，而工业水价的不断上涨以及水权交易、非居民用水超定额超计划累进加价制度等价格政策也将提高企业超额用水的成本。《关于规范煤制油、煤制天然气产业科学有序发展的通知》（国能科技［2014］339 号）中明确指出，严禁挤占生活用水、农业用水和生态用水，以及利用地下水发展煤制油（气），而《煤炭清洁高效利用行动计划（2015 – 2020 年）》也提出要严格控制缺水地区项目建设。环保部于 2016 年 6 月下旬发布了《关于不予批准引绰济辽工程环境影响报告书的通知》，在批复意见中明确指出“必须坚持以水定产的原则，优先挖潜受水区节水潜力”，旨在“为蒙东地区实施‘水煤组合’战略提供水资源保障”的引水工程也不得不暂时被搁置。在这样的政策环境下，煤炭企业应按用水指标严格控制用水总量，并加强矿井水等非常规水源的利用，发展循环经济，实现可持续发展。

4.2　全面控制水污染物排放，持续改善环境表现

煤炭行业是典型的高污染行业，煤炭工业水体污染物的主要污染成分为酸性物质、石油类和部分金属、非金属元素，这些废水排放到环境，对农业、土地、森林等资源造成不同程度的破坏。其中，煤化工产业的水污染问题尤为突出，我国现代煤化工由于废水不达标排放，或者排放标准过低，曾出现过一些“三废”排放污染环境、污染水源和

① 《上市公司水风险评价工具及涉煤上市公司水风险评价报告》，公众环境研究中心网，https://wwwoa.ipe.org.cn//Upload/201705031116597419.pdf。

沙漠的事件，而目前高浓盐水和有机废水的处理回收技术还没有得到很好的解决。

“最严格水资源管理制度”提出了水功能区限制纳污红线，意在警示全社会我国江河湖泊污染在许多地方已十分严重，必须加强水功能区限制纳污红线管理，要求地方政府切实加大监管力度，落实减排责任，逐步削减污染物入河湖量，提高水功能区水质达标率。为实现这一目标，《国务院关于实行最严格水资源管理制度的意见》提出，到2015年全国重要江河湖泊水功能区水质达标率应提高到60%以上，到2020年全国重要江河湖泊水功能区水质达标率应提高到80%以上。

煤炭采选、煤化工及煤电产业都有相应的水污染物排放标准：煤炭采选业遵循《煤炭工业污染物排放标准》（GB 20426—2006），传统煤化工的合成氨与焦化工业分别遵循《合成氨工业水污染物排放标准》（GB 13458—2013）、《炼焦化学工业污染物排放标准》（GB 16171—2012），火力发电厂排水可能对环境造成的热污染则主要通过《火电厂建设项目环境影响报告书编制规范》（HJ/T 13—1996）进行约束。除此之外，《现代煤化工建设项目环境准入条件》也对现代煤化工的水污染排放提出了相应的要求，“在具备纳污水体的区域建设现代煤化工项目，废水（包括含盐废水）排放应满足相关污染物排放标准要求，并确保地表水体满足下游用水功能要求；在缺乏纳污水体的区域建设现代煤化工项目，应对高含盐废水采取有效处置措施，不得污染地下水、大气、土壤等”。涉煤企业应严格执行相应的污染物排放标准，降低其对环境造成的破坏，实现污染物减排目标。

4.3　重视废水排放等环境违法风险，树立良好形象

本次评价范围内的多19家涉煤上市公司在蔚蓝地图绿色证券数据库中被查出，其下属企业近几三年存在多近100条由环保部门官方发布的环境违规记录，罚款金额累计超过400万元，例如开滦股份下属企业在2014年收到50万元环保处罚，2015年多次出现废水污染物实时监测数据超标情况，而其年报中均未披露对这些违规和处罚记录的应对信息。2015年1月1日起新《环境保护法》及其配套办法实施以来，对环境违法企业依法分别采取按日计罚等新的处罚措施，大大提升了企业水污染等环境违法行为的成本。企业应竭力做到环境合规，一旦出现超标违规，应积极整改。

然而，监督性监测不能够全面地反映企业的环境表现，企业是否持续合规更能体现企业的水风险管理成效。在线监测数据具有实时发布、持续跟踪的特点，能够成为监督性监测的有力补充。2015年新出台的“水十条”等政策释放了国家将提升水环境问题治理水平和废水污染源管控水平的信号。2016年6月12日，环保部公布了《水污染防治法（修订草案）（征求意见稿）》（以下简称征求意见稿），2008年6月1日起实施的《水污染防治法》正式进入修订程序。与2015年新修订的《大气污染防治法》中对废气排放企业的在线数据公开要求相类似，该草案第三十九条也对废水排放企业做出了如下规定，“重点排污单位应当安装水污染物排放自动监测设备，与环境保护主管部门的监控设备联网，并保证监测设备正常运行、数据完整有效。按照监测规范要求获取的自动监测数据有效日均值可作为达标判定的依据”，第一百一十六条对不依法监测的行为也做出了明确的处罚规定，“未按照规定安装、使用水污染物排放自动监测设备或者未按照规定与环境

保护主管部门的监控设备联网，并保证监测设备正常运行的，由县级以上地方人民政府环境保护主管部门责令改正，处二万元以上二十万元以下的罚款；拒不改正的，责令停产整治”。

环境保护部《关于公开2016年第一季度主要污染物排放严重超标的国家重点监控企业名单的公告》中明确指出，“今后我部将每季度公布主要污染物排放严重超标的国家重点监控企业名单，并同时公布上季度严重超标的企业处理处置及整改进展情况，对连续两季度严重超标排放的企业，我部将予以挂牌督办。”可以预见，未来在线监测数据将成为更加重要的公众监督手段和环境执法依据。废水排放企业需进一步拓展信息公开水平，实现达标排放，规避超排风险。

ST煤气于2016年7月6日发布公司公告《太原煤气化股份有限公司重大资产置换并发行股份及支付现金购买资产并募集配套资金暨关联交易报告书（草案）（修订稿）》，表示计划置出原有估值8亿的亏损资产，置入估值33亿的晋煤煤层气资产。而据牛牛金融网统计，近三年来，蓝焰煤层气及其子公司因非法占用土地、环境污染、侵权钻井、未经批准环境影响评价作业等各类原因受到国土局、环保局、林业局、质量技术监督局、道路运输管理所、煤炭煤层气工业局等机关部门的处罚合计51次。有分析指出，在并购重组监管逐步严格的形势下，难以确保监管层不将存环保问题不得IPO的规定扩大到重大资产重组中。据中国环境报报道，不久前，诺普信、江山股份两家上市公司涉入常州外国语学校污染事件，中国证监会对此高度重视，要求公司迅速自查并及时履行信息披露义务。诺普信和江山股份根据监管要求，分别多次发布公告对相关信息予以披露。截至目前，诺普信、江山股份均已公告终止与常隆化工相关的重组交易。由此可见，企业将为失守合规底线付出越来越沉重的代价。

4.4　建立完善的水风险管理体系，加强信息披露

有研究表明，改善环境风险管理水平有助于降低企业的资本成本。根据国家统计局数据，2015年全国原煤产量、煤炭消费量同比均下滑超3%，煤炭价格也大幅下跌。2015年，中国煤炭开采和洗选业主营业务收入同比下降14.80%，利润总额同比大幅下降65.00%，行业亏损面积不断扩大，作为此次评价对象的30家涉煤上市公司也大多呈现负增长态势（永泰能源营业收入明显增长则是由于受到电力业务收购等行为的影响）。在煤炭行业去产能的大背景下，环境因素在很大程度上影响着产业优胜劣汰的规则，于亏损企业而言治污难题则更为棘手。企业应提高相应的意识，建立完整的水风险管理体系，以全面应对企业自身所面临的水风险及其所可能带来的财务风险。

可持续水管理联盟（AWS）制定的国际可持续水管理标准（AWS标准）是国际上形成的第一个适用于用水者（工商业机构、农场和社区）的水风险管理体系，也是经过多年实践检验、可靠且具有较强可操作性的水风险管理体系。AWS标准的目的是推动负责任且更可持续的水资源利用，即用水者通过利益相关方参与的过程，在场址和流域层面采取行动，实现以社会公平、环境可持续和经济上有利的方式使用水资源。

由于相应信息的缺失，我们无法将企业的水风险管理情况遵照“AWS标准”这一体系完整地展现在我们的评价之中，仅在“业务相关”项下的用水风险、排水风险中对关

键的水风险管理步骤有所体现。

同时，披露相关信息也有助于降低企业风险。上市公司的环境信息披露已经日益发展为监管要求、社会期待和企业履行社会责任的重要一环。全球报告倡议（Global Reporting Initiative，GRI）在最新的可持续发展报告指南 G4 中，提出了与水资源相关的五项披露内容：

- l EN8 按源头说明的总耗水量
- l EN9 因取水而受重大影响的水源
- l EN10 循环及再利用水的百分比及总量
- l EN22 按水质及排放地区分类计算的污水排放量
- l EN26 受机构污水及其他（地表）径流排放严重影响的水体及相关栖息地的位置、面积、保护状态及生物多样性价值

本次评价涉及的 30 家涉煤上市公司水风险管理信息披露水平参差不齐，甚至有半数企业未发布 2015 年度社会责任报告（其中 6 家企业在 2015 年度上市公司年报中提及水风险管理相关信息），即便是披露较充分的企业也并未严格遵循 G4 的披露要求。“水十条”鼓励各省发展绿色信贷，“积极发挥政策性银行等金融机构在水环境保护中的作用，重点支持循环经济、污水处理、水资源节约、水生态环境保护、清洁及可再生能源利用等领域”。在责任投资、绿色投资等趋势日益明朗的大环境下，充分披露相关信息可以更全面地反映企业的环境管理水平。上市公司应当更充分地披露相应的运营信息，从而向市场传递更为准确的风险信号，尽可能避免出现因信息不对称导致自身风险被高估的情况。

五　延伸阅读

- Human Rights and Business Dilemmas Forum, *Access to Water*, https://hrbdf.org/dilemmas/access-to-water/#.Wtck9C5ubDA.
- Tamar Meshel, “Human Rights in Investor-State Arbitration: The Human Right to Water and Beyond”, *Journal of International Dispute Settlement*, 2015, 6, pp. 277 - 307, https://papers.ssrn.com/sol3/papers.cfm?abstract_id=2554086.
- UN Water, *A Compilation of Aspects on the Means of Implementation: Water and Sanitation* (2015), https://sustainabledevelopment.un.org/content/documents/1746UN-Water%20draft%20MOI%20compilation_4%2024%202015.pdf.
- 顾明、徐丰果：《突发性环境污染事件中的企业环境信息公开问题研究——以紫金矿业水污染事件为例》，《长沙铁道学院学报》（社会科学版）2011 年第 1 期。
- 涂红星、肖序：《环境管制会影响公司绩效吗？——以中国 6 大水污

染密集型行业为例》，《财经论丛》2013 年第 5 期。

- 王树义、赵小姣：《长江流域生态环境协商共治模式初探》，《中国人口·资源与环境》2019 年第 8 期。

六　案例

“母亲水窖”工程

在中国缺水的地区，人民的雨水集蓄权利是我国水人权的具体表现形式之一。古代一些干旱地区的人民会在雨水丰沛的季节收集雨水以备不时之需，这是人们生存的基本保障。在中国的西北部，很多缺水地区的雨水集蓄历史悠久，长达千百年。一些地区的特色建筑，如老水窖，运用传统的工艺和世代累积出来的经验，成为人民维持生存的特殊方式。

从 20 世纪 80 年代末开始，西北、华北和西南的省区开始了大规模的雨水集蓄。到 2000 年，我国开展雨水集蓄利用的 14 个省区中，依靠集蓄雨水解决饮用水需求的人口已达 1500 万人，发展雨水集蓄补充灌溉面积达 1800 多万亩，建成各类水窖、水池和微型蓄水工程 560 万个。

中国作为水资源分布和经济发展水平分布极度不均衡的发展中国家，南方地区水资源相对充沛，北京等城市的人均水资源占有量却仅有全球平均水平的十分之一。数十年的经济发展所导致的污染和地下水枯竭使问题更加严峻，而为了保障公民用水，要想照顾方方面面的权利是非常困难的，但在党的领导下，我国中央政府和各地方政府对人权保障并未有丝毫的松懈。虽然水人权的概念并未普及，但我国的实践水平已走在了认识前面，起到了领军作用。

2001 年，中国妇女发展基金会发起了“母亲水窖”公益项目，该公益项目惠及我国西部严重缺水地区，那里自然条件恶劣，许多人喝不上水，缺乏基本的服务设施。截止到 2009 年底，“母亲水窖”工程已向以西部为主的 23 个省（区、市）投入建设资金近 4 亿元人民币，修建集雨水窖近 12 万口，小型集中供水工程 1300 多处，受益人口达 160 万人。

“母亲水窖”已经推行十年了，取得了巨大成就：受益地区经济迅速发展，人民生活水平明显提高；水质得到保障，集中供水工程安全运行。“母亲水窖”工程集中体现了国际水人权精神，我国应继续开展更多项目，为水人权发展做出更多贡献。

七 思考题

1. 水权是人权吗？在人权意义上，水具有什么价值？

2. 供水服务私营化为水权带来了什么风险？

3. 国家应当采取哪些措施以保证人人普遍和公平获得安全和负担得起的饮用水？这些措施在供水服务私营化后有哪些变化，如何确保措施的有效性？

4. 供水企业的经营应当遵循哪些人权标准？

5. 中国的水权保障面临哪些困难？这些困难是如何产生的，有哪些潜在解决办法？

第二十八章　冲突地区的矿产贸易

引　言

冲突矿产是指从武装冲突地区出口到国际市场的矿物。由此产生的收入使作战各方——对抗政府的叛军和腐败的政府官员——能够继续从事军事活动。在这些冲突中，平民（主要是在非洲）遭受了严重的虐待，包括强奸、酷刑、谋杀、奴役和大规模迁移。从在电池和其他部件中使用矿物的电子和汽车行业，到使用黄金和钻石的珠宝公司，许多行业都依赖这些矿产。其中一些行业特别容易受到发达国家消费者的诟病，因为他们不愿意让自己购买的商品中含有严重侵犯人权的材料。在过去的10年里，西方国家（如美国和欧盟国家）的立法者通过了一些条例（第4章），要求在其产品中使用此类矿物的公司进行尽职调查。经合组织率先制定了软法（第2章），以权威的尽职调查指南的形式，解释了矿产供应链不同层次企业的具体作用和责任。多方利益相关者倡议（第5章）提供了进一步的指导，甚至对负责任的行为进行认证。虽然大家都同意，国际上对矿物的需求是内战爆发的导火索，但和与国际矿物贸易无关的其他冲突起因相比，这一因素的相对重要性存在一些争议。为履行自己的责任，公司需要进行影响评估，了解供应链（第9章），并找出冲突和不安全的更深层次的根源（第26章）。只有这样，公司才能采取适当的纠正措施（第11章），以免在无意中作出损害出口国贫困社区的商业决定。母国和东道国保护人权的责任（第1章）不能含糊。针对冲突矿产问题的国际政策要与公共部门和私营部门的硬法和政策相结合，从而实现《联合国工商企业与人权指导原则》（第2章）所设想的多层次治理体系，自如应对其他的工商业和人权挑战（第21章）。

一　要点

- 从受冲突影响和高风险地区采掘矿产
- 冲突原因
- 矿产的可追溯性

- 法律上的报告要求
- 矿产供应链尽职调查
- 示警信号和早期警告机制
- 出口商和精炼厂证明
- 供应链结构和瓶颈（精炼厂和冶炼厂）
- 遵守法律和走私矿产
- 冲突管理和整体方法
- 消费者行为和“点名批评”策略
- 申诉机制和举报

二　背景

（一）欧盟《冲突矿产条例》

在政治不稳定地区，矿产贸易可为武装组织提供资金、助长强迫劳动及其他侵犯人权的行为、助长腐败和洗钱活动。这些所谓的“冲突矿产”，如锡、钨、钽和黄金，也被称为3TG，可以用于日常产品，如手机、汽车和珠宝。

（二）《经济合作与发展组织关于来自受冲突影响和高风险区域的矿石的负责任供应链尽职调查指南》[①]

受冲突影响和高风险区域的特点是存在武装冲突、大范围暴力活动或其他有害于民众的风险。武装冲突的形式多种多样，如国际冲突或非国际冲突，有可能涉及两个或两个以上的国家，也有可能是解放战争、叛乱、内战等。高风险地区是指有可能存在政局不稳或政治压迫、制度缺陷、不安全因素、民用基础设施崩溃以及广泛暴力活动的地区。通常这类地区的特点是存在广泛侵犯人权和违反国际国内法律的现象。

---

① OECD Due Diligence Guidance for Responsible Supply Chains of Minerals from Conflict-Affected and High-Risk Areas（2016 3rd edition），http://www.oecd.org/daf/inv/mne/OECD-Due-Diligence-Guidance-Minerals-Edition3.pdf，中文版见 http://www.oecd.org/corporate/mne/mining.htm。

三　国际文件与域外材料

（一）《经济合作与发展组织关于来自受冲突影响和高风险区域的矿石的负责任供应链尽职调查指南》

矿产供应链尽职调查及其必要性

尽职调查是一个持续的主动预见、及时应对的程序。通过这一程序，能够确保企业尊重人权，不助长冲突。

（……）

实践中，企业开展尽职调查所应采取的步骤有：

- 分析与产自受冲突影响和高风险区域的矿石产品相关的活动的实际情况，这些活动包括开采、运输、处理、贸易、加工、冶炼、精炼及合金化处理、生产或销售；
- 通过参照企业供应链政策中的各项标准，对实际情况进行分析来识别和评估任何实际或潜在的风险；
- 通过采用和实施风险管理计划防范或降低已识别的风险。这些措施有可能促使企业作出如下决策：在整个降险的过程中继续开展贸易；在持续降险的同时暂时中止贸易；因为降险措施未能发挥作用、认为降险措施不可行或无法接受风险等终止与供货商的关系。

矿产供应链：原材料进入消费市场的过程涉及多个行为主体，通常包括开采、运输、处理、贸易、加工、冶炼、精炼及合金化处理、最终产品的生产和销售等。供应链一词是指在矿产从开采到最终成为终端消费者所需产品的过程中，所涉及的全部活动、组织、行为主体、技术、信息、资源、服务等所构成的体系。

基于风险的矿石供应链尽职调查五步框架

1. 建立强大的企业管理体系。企业应当：

（A）采取针对受冲突影响和高风险区域矿石供应链的政策并明确地向供应商和公众进行传达。

（B）搭建内部管理架构，为供应链尽职调查提供支持。

（C）建立针对矿产供应链的管控和透明体系。包括产销监管链、追溯制度或供应链上游行为主体的识别等。企业可以通过参与行业计划开展这项工作。

（D）加强企业与供应商的合作。企业应将供应链政策纳入与供应商签订的合同和/或协议之中，并在可能的情况下帮助供应商进行能力建设，从而提高其尽职调查能力。

（E）在公司层面或行业范围内建立申诉机制，作为风险预警体系。

2. 识别和评估供应链风险。企业应当：

（A）按照增补文件中的建议，识别企业供应链中的风险。

（B）对负面影响风险进行评估（……）。

3. 针对已识别的风险设计并实施应对策略。企业应当：

（A）就供应链风险评估结果向指定的企业高层管理人员进行汇报。

（B）制定和实施风险管理计划。根据以下情况制定相应的风险管理策略：ⅰ.在降低可衡量风险的整个过程中继续开展贸易；ⅱ.在不断降低可衡量风险的同时暂时中止贸易；ⅲ.企业因降险措施未能发挥作用、认为降险措施不可行或无法接受风险等终止与供货商的关系。（……）如果企业在继续贸易或暂时中止贸易的同时开展降险工作，则应与供应商和受到影响的利益相关方进行协商，包括地方和中央政府部门、国际组织或民间社会组织以及受影响的第三方等，并在适当情况下，就风险管理计划中降低可衡量风险的策略达成一致意见（……）。

（3）实施风险管理计划，对风险降低工作的成效进行监测和跟踪，并向指定的高层管理人员进行反馈（……）。

（4）对于需要降低的风险，或在环境发生变化后，开展额外的事实和风险评估。

4. 开展供应链定点尽职调查独立第三方审计。供应链确定点上的企业（如增补文件所示）应由独立第三方对其尽职调查实践进行审计。可以通过独立的制度化机制对这类审计进行复核。

5. 报告供应链尽职调查的情况。企业应公开报告其供应链尽职调查政策和实践，可单独报告，也可在其可持续发展报告、企业社会责任报告或年度报告中纳入有关矿产供应链尽职调查的信息。

（二）美国《多德－弗兰克法案》[①]

第1502节　冲突矿产

国会认为，开采和交易源自刚果民主共和国的冲突矿产资助了刚果民主共和国东部以极端暴力为特征的冲突，尤其是性暴力和性别暴力，并导致了

---

① US, *Dodd-Frank Wall Street Reform and Consumer Protection Act* (2010), http://www.gpo.gov/fdsys/pkg/PLAW-111publ203/pdf/PLAW-111publ203.pdf.

那里紧急的人道主义危机（……）。

披露源自刚果民主共和国的冲突矿产

（……）每年披露（……）无论冲突矿产（……）是否源自刚果民主共和国或毗邻国家，在冲突矿产确实源自这些国家的情况下，需向委员会提交一份报告，其中包括（……）：

（1）说明对这种矿产的来源和监管链进行适当尽职调查而采取的措施，其中应包括对此类报告进行独立的私营部门审计。

（2）说明与刚果民主共和国有关的冲突产品和拟生产的冲突产品（……）用于处理冲突矿产的设施、冲突矿产的原产国并尽力以具体的方式确定矿山或产地。

（三）欧盟《冲突矿产条例》[①]

1. 虽然自然矿物资源开发潜力巨大，但在受冲突影响或高风险地区，自然矿物资源可能成为引发争端的原因，因为它们的收益助长了暴力冲突的爆发或持续，破坏了为发展、善政和法治而做出的努力。在这些地区，打破冲突与非法开采矿物之间的联系是保障和平、发展与稳定的一个关键因素。

3. 侵犯人权的行为在资源丰富、受冲突影响和高风险地区很普遍，可能包括雇用童工、性暴力、人员失踪、强迫移民和破坏宗教或文化意义重大的场所。

第四条 管理系统的义务

欧盟矿物或金属进口商应该：

（1）针对可能来自受冲突影响区和高风险区的矿物和金属实施供应链政策，并明确地向供应商和公众传达其供应链政策的最新信息；

（4）根据经合组织尽职调查指南附件2，通过将其供应链政策纳入与供应商的合同和协议来加强与供应商的接触；

（5）建立作为风险预警体系的申诉机制，或通过与其他经济经营者或组织的合作协议，或通过求助于巡视员等外部专家或机构，提供此种机制；

（6）关于矿产，运行产销监管链或供应链追溯系统，在该系统支持下提供以下信息：

---

① European Union, Regulation (EU) 2017/821 of the European Parliament and of the Council laying down supply chain due diligence obligations for Union importers of tin, tantalum and tungsten, their ores, and gold originating from conflict-affected and high-risk areas (2017), https://eur-lex.europa.eu/legal-content/EN/TXT/PDF/? uri = CELEX: 32017R0821&from = ES.

（……）③矿产原产国；

（……）⑤如果矿产源自受冲突影响和高风险地区，或者存在欧盟进口商根据经合组织尽职调查指南确定的其他供应链风险，则根据经合组织尽职调查指南针对上游经营者所载的具体建议，提供补充信息，如矿产产地，矿物合并、交易和加工的地点，以及缴税、交费和特许使用费等情况。

（7）关于金属，运行产销监管链或供应链追溯系统，在该系统支持下提供以下信息：

③欧盟进口商供应链中冶炼厂和精炼厂的名称和地址；

④如有，冶炼厂和精炼厂的第三方审计报告的记录；

⑤如果没有第④条记录：

——冶炼厂和精炼厂供应链中的矿物来源国；

——如果矿物金属源自受冲突影响和高风险地区，或者存在欧盟进口商根据经合组织尽职调查指南确定的其他供应链风险，则根据该指南中为下游运营商提出的具体建议进一步提供补充信息。

第五条　风险管理义务

1. 欧盟矿产进口商应该：

（1）识别和评估其矿产供应链中的不利影响风险；

（2）采取措施应对所识别的风险，以防止或减轻不利影响。（……）

第六条　第三方审计义务

1. 欧盟矿物或金属进口商应该由独立第三方审计。

第七条　披露义务

1. 欧盟矿物或金属进口商应向成员国主管当局提供第三方审计报告。

2. 欧盟矿物或金属进口商应向直接下游采购商提供根据其供应链尽职调查所获得和留存的所有信息，同时适当考虑商业机密和其他竞争问题。

3. 欧盟矿物或金属进口商每年应尽可能广泛地公开报告（包括在互联网上）其供应链尽职调查政策和负责任采购的做法。

（四）大湖区问题国际会议《矿产认证体系》[①]

ICGLR 证书

注释：ICGLR 指定矿物证书的作用将与金伯利钻石出口证书大致相同。

① The Mineral Certification Scheme of the International Conference on the Great Lakes Region（ICGLR）-Certification Manual（2011），http://www.icglr.org/images/ICGLR%20Certification%20Manual%20Final%20Nov%202011En.pdf.

只有能够证明原产地、运输和加工“无冲突”的货运矿物才能获得 ICGLR 证书。(……) 在 2012 年 12 月 15 日之后，所有指定矿物的出口都必须强制认证。

矿场检查和证明

注释：ICGLR 矿场检查和认证标准旨在确保指定矿物只来自无冲突并符合最低社会标准（如没有童工）的矿场。评价矿场的标准（在附录 3 中进一步详细说明）和为促进改善或脱离不可接受的矿场而采取的步骤符合经合组织尽职调查指南中规定的程序和标准。

在 ICGLR 体系中，矿场每年由政府矿产检查员进行检查。政府检查会与 ICGLR 认可的审计师每年进行的独立第三方审计交叉进行。ICGLR 矿产链审计员办公室还提供矿山现场的持续风险评估。

矿山分为三类：

1. 已认证（绿色标志）——矿山符合所有标准（即没有冲突、没有童工）；矿山可以生产经认证出口的矿物；

2. 黄色标志——违反一项或多项重要标准；矿山经营者有 6 个月的时间来处理这种情况；矿山可以生产经认证出口的矿物；

3. 未经认证（红色标志）——严重违反一个或多个关键标准；矿山至少在 6 个月内禁止生产矿物；在进一步检查显示违规情况得到改正之前，矿山保持红色标志状态。

成员国产销监管链追踪

注释：ICGLR 产销监管链追踪标准的设计旨在确保指定的矿物从矿区到出口地点都是完全可追踪和无冲突的。成员国政府负责在本国境内实施和监管产销监管链系统。成员国产销监管链的完整性每年通过 ICGLR 第三方审计确认。通过 ICGLR 区域数据库跟踪和分析矿物流动，利用每个成员国的产销监管链系统收集并传送给 ICGLR 单个货运数据。

成员国必须有一套产销监管链系统。(……) 成员国可以选择将他们的产销监管链系统的设计或操作委托给非国家参与者。作为补充措施，ICGLR 矿产链审计员（或其指定的人员）必须在其第一年的运作中确认成员国的产销监管链系统符合 ICGLR 标准。

出口和证明程序

注释：ICGLR 证书是对买方的保证，即货运矿物是无冲突的，并符合所有其他 ICGLR 标准，成员国政府在颁发证明之前必须检查每一次指定矿物的出口，包括与产销监管链认证以及矿产原产地相关的所有支持性文件。

通过 ICGLR 数据库进行区域矿产跟踪

注释：通过 ICGLR 的公共数据库追踪区域矿物流动是 ICGLR 认证体系的主要支柱之一。追踪并协调成员国内部和成员国之间的矿物流动将向所有利益相关方（成员国政府、地方和国际非政府组织、私营部门终端用户等）保证来自该地区的矿物流动的完整性。（……）各成员国、矿山、贸易商、加工商、出口商和矿产链中的其他行为者必须根据要求向 ICGLR 秘书处提供关于其生产、购买、销售和出口的所有数据（除了处于保密状态的价格信息）。ICGLR 数据库可公开访问，作为建立和维持 ICGLR 矿物追踪和认证体系的可信度的一种方式。

第三方审计

注释：独立第三方审计确保独立核实从矿场到出口商的整个矿物链始终符合 ICGLR 区域标准。

ICGLR 审计重点是矿产出口商，审计范围从出口商延伸至矿物链中的矿场。任何上游贸易商或供应商（可追溯至但不一定包括审查所覆盖的矿场）不合规，会自动导致对出口商进行相应的不合规评估（……）。

ICGLR 第三方审计系统由第三方审计委员会管理，该审计委员会由政府代表、地方和国际产业代表以及当地和国际公民社会代表组成。地方产业和公民社会在审计委员会中的代表由每个有资格的成员国的利益相关方民主选出。审计委员会委托审计师，并为第三方审计制定标准和确定职权范围。

ICGLR 第三方审计要求审计员在整个矿物链（可追溯至矿场）进行现场检查。审计人员检查每个参与者是否符合 ICGLR 标准。审计员还执行风险评估任务，调查、评估和报告“冲突环境”——与出口商、贸易商、手工业和工业采矿者相关的冲突和冲突融资的风险和实际情况（……）。

（五）国际锡业协会《锡供应链倡议》[①]

国际锡业协会（ITRI）《锡供应链倡议》（ITSCI）是由政府部门、公司和公民社会组织共同发起的。其目标是协助采矿领域的所有利益相关方收集和披露更多相关业务信息（尽职调查），确保矿产的可追溯性，防止侵犯人权、违反安全规范、腐败和欺诈。

① ITSCI，http://www.itsci.org/.

为尽职调查提供支持，以促进负责任的贸易

2. 使公司信息透明化

致力于开展尽职调查并希望被认可为负责任供应商的公司可申请成为ITSCI的成员，以向其商业伙伴和公众展示这一承诺（……）。

4. 实现矿产资源的可追溯性

一旦确定并批准了一个矿山，相关的政府机构就会实施对矿山的追溯。ITSCI向这些政府机构发放标签，供其在批准的矿场上使用。政府机构使用标签来记录每袋矿石的相关数据。类似的数据记录发生在加工厂和出口商的环节。所有数据都通过互联网或电话网络传输到ITSCI数据中心，在那里验证并检查错误及异常。ITSCI现场团队通过培训政府机构、跟踪任何潜在的欺诈问题或应对其他挑战来支持政府（……）。

5. 提供举报机制

我们希望确保每个人都有机会提供有关违反ITSCI程序或附件二风险的信息，我们还提供检举系统，尽量增加风险报告。在刚果民主共和国，我们还支持添加一个以社区为基础的监控网络，为我们提供超出日常现场活动范围的信息（……）。

7. 提供治理的相关报告

虽然我们有许多成员位于高风险地区，但大部分是矿物买家和冶炼厂，他们要么分布在世界各地，要么由于成本和复杂性原因可能并不经常或根本不会到访矿区。为帮助这些跨国公司了解行业治理的挑战和进展，我们的独立评估人员还偶尔进行治理评估，以解释当地情况和风险成因（……）。

9. 当地社区的参与

就像我们让社区举报者参与风险报告一样，我们还让当地社区参与风险解决。ITSCI促成在矿区周边以及在乡村一级或省一级的利益相关者之间的会议。这些会议的目的是讨论出现的问题、建议和参与解决风险。这些利益相关方会议通常涉及矿业当局、警察、军队和其他机构、公民社会和公司（……）。

10. 上游公司审计

ITSCI定期对会员公司进行独立审计。我们的审计人员前往高风险地区，访问国际矿产买家，以便根据明确的清单评估他们在尽职调查中的进展（……）。

11. 提高年度报告的透明度

我们提醒所有会员公司每年发表一份有关其尽职调查实践的报告，以强调已取得的进展，以及所面临的挑战。ITSCI 不对这些报告进行验证，报告内容由公司负责（……）。

ITSCI 可追溯性①

ITSCI 跟踪国际市场上从贸易商到冶炼厂的矿物运输过程。ITSCI 数据中心收集相关信息，并开放给下游用户。

政府机构为所有 ITSCI 注册矿山安装了现场标记系统，标签信息被转发到 ITSCI 数据中心。标记的矿物交运到冶炼厂，矿物的数据报告给 ITSCI，以核查矿物来源和有关的矿山信息。下游用户可访问这些可追溯性数据，并用于他们的尽职调查程序。ITSCI 的操作员会培训政府机构使用区域内标签和记录收集系统，以确保监控的运输路线从矿区到加工厂和出口商的可追溯性。政府生成的数据在 ITSCI 数据中心进行整合和验证，任何可能表明风险的异常都被识别为事件，由 ITSCI 的操作员在现场进行跟踪。

ITSCI 为供应链信息交换提供了一种保护商业机密和安全敏感数据的机制，同时提供风险透明度和其他公司需要监控的信息，以提高对全球供应链的信心。

注意：请参阅 www. itsci. org/traceability/的 ITSCI 追溯系统图表。

（六）责任商业联盟、全球电子可持续发展计划《负责任矿产倡议》②

《负责任矿产倡议》（RMI）由责任商业联盟（RBA）及全球电子可持续发展计划（GeSI）成员于 2008 年成立，现已成为各行各业在供应链中应对责任 3TG 挑战时最有用、最受尊重的资源之一。

我们的旗舰产品是负责任矿物保障程序（RMAP），为公司及其供应商提供独立的、第三方的 SOR 管理系统和采购实践的审计服务，验证其是否遵守无冲突冶炼厂计划（CFSP）协议并符合当前全球标准。我们还提供冲突矿产报告模板（CMRT），帮助企业披露其供应链中的冶炼厂的

① ITSCI, Traceability, https://www. itsci. org/traceability/.

② Responsible Business Alliance, *Responsible Mineral Initiative*, http://www. responsiblemineralsinitiative. org/.

信息并与之沟通，我们定期发布负责任的3TG采购报告和制作白皮书及指导文件。

如今，来自10多个行业的350多家公司和协会加入负责任矿产倡议。我们定期与这一领域的其他互补性项目和倡议合作。

负责任矿物审验流程①

负责任矿物审验流程，即原无冲突冶炼厂计划（Conflict-Free Smelter Program，CFSP），致力于在矿产行业建立透明的矿物供应链和促进可持续的企业参与，进而防止矿物的开采和贸易造成重大负面影响或与重大负面影响有所关联，这包括严重的人权践踏、洗钱和冲突。

评估示警信号：受审计方应评估任何出现的示警信号。受审计方应考虑经合组织指南《关于黄金的指导补充》中定义的示警信号。

示警的黄金原产地和中转地

• 黄金源自或运输路线经过受冲突影响或高风险地区。

• 黄金据称源自一个已知储量或储量有限的国家、预估黄金资源或黄金产量有限的国家/地区（即宣称的来自该国家/地区的黄金总量与其已知储量或预估产量不符）。

• 黄金据称源自已知或合理怀疑转运自受冲突影响和高风险地区的国家/地区。

• 黄金据称源自回收料/废料或混合来源，并已在一个已知或合理怀疑转运自受冲突影响和高风险地区的国家/地区进行了精炼。

合约对方示警信号

• 合约对方或其他已知上游公司在上述示警的任一黄金原产地和中转地经营业务，或是来自上述示警的任一黄金原产地和中转地供应商的股东，或与之存在其他利益关系。

• 合约对方或其他已知上游公司据悉在过去12个月内，曾经从示警黄金原产地和中转地采购过黄金。

---

① Responsible Minerals Assurance Process-Gold Refiner Standard（2017），http://www.responsiblemineralsinitiative.org/media/docs/standards/RMI_Gold%20Refiner%20Standard_FINAL.pdf，中文版见 http://www.responsiblemineralsinitiative.org/media/docs/standards/RMI_Gold%20Refiner%20Standard_FINAL_zh-CN.pdf。

（七）负责任珠宝业委员会《监管链（CoC）标准和指南》[1]

认证途径

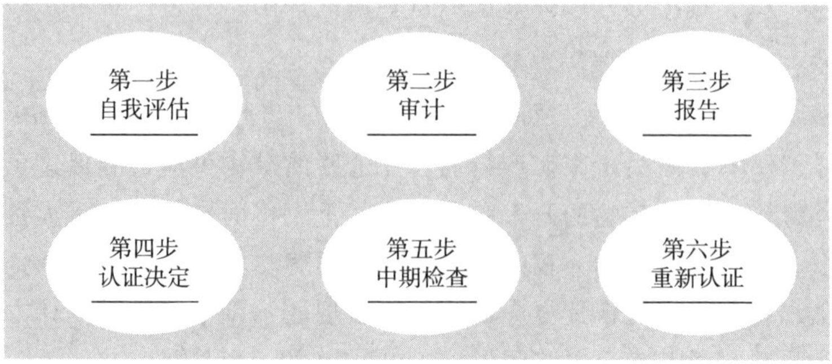

负责任珠宝业委员会（Responsible Jewellry Council，RJC）《监管链（CoC）标准和指南》[2] 规定了公司以可追踪和可靠来源的方式处理和交易黄金、白银和铂族金属的方法。CoC 认证是自愿的，是对《负责任珠宝业委员会实践准则》（Responsible Jewellry Council：Code of Practice，COP）的补充认证，COP 标准对所有 RJC 成员都具有强制性。

监管链证书：

允许沿着供应链分离的可追溯材料；

从符合资格标准的可靠来源开始；

在供应链的每个阶段都需要第三方审计；

认证是自愿的，并且适用于黄金、白银和铂族金属（PGM）——铂、钯、铑；

旨在促进手工和小规模采矿（ASM）的负责任采购。

尽职调查是一个积极的过程，结果是负责任的采购计划，即：

持续性，无缝融入公司的管理系统和日常流程中；

前瞻性，设计和实施尽职调查以识别和减轻风险，来防止负面后果；

反应性，可以迅速应对风险（实际的和潜在的）；

基于风险，与公司供应链中的潜在风险相匹配的详细程度和努力程度；

允许持续改进，企业可能一开始对供应链中的风险知之甚少，但随着时间的推移，它们会努力改进其系统并提高理解。

---

① Responsible Jewellery Council，www. responsiblejewellery. com.

② RJC，*Chain-of-Custody*（*CoC*）*Standard-Guidance*（version 2，updated November 2019），www. responsiblejewellery. com/wp-content/uploads/RJC-CoC-2017-V2-Standard-Guidance-3. pdf.

OECD 指南通过五步框架提出了具体建议，该框架在全球范围内适用于所有矿物类型。

（八）负责任矿产贸易公私合营联盟（PPA）[①]

概述[②]

世界各国领导人呼吁采取行动，解决冲突矿产问题，同时提供有利于刚果民主共和国（DRC）和中非大湖地区（GLR）负责任矿产贸易的解决方案。负责任矿产贸易公私合营联盟由美国国务院、美国国际开发署、非政府组织、公司和行业组织共同发起以应对挑战。

为什么结盟?

负责任矿产贸易公私合营联盟使政府、公司和公民社会出于共同的目的协调技术和财政资源。参与者投入资金、技术能力和实物，以支持共同的目标。

负责任矿产贸易公私合营联盟能做什么?

- 支持无冲突的采购。联盟将证明从刚果民主共和国和 GLR 获得合法、无冲突的矿产是有可能的。联盟支持试点项目——以生产可拓展、可自我维持的系统为目标——以一种政府、公司和公民社会都可信的方式，展示经过充分验证的供应链。
- 可靠的信息资源。联盟网站是寻求相关信息的一个资源。会员专用网站允许参与者分享信息，并从联盟网站寻求关于负责任的采购实践的见解。
- 协调和参与。联盟提供了一个协调的平台，在非监管环境下，由政府、公司和公民社会之间进行协调、开展富有成效的对话。

联盟的联合会议[③]

联盟的目标要求区域内的利益相关方参与和进行协调，找出差距和解决办法，以推进中非大湖地区发展和改善无冲突矿产供应链的联盟目标。联盟参与者在促进系统协调性以支持大湖区的无冲突矿产供应链方面有共同利益，因此，联盟每两年召开一次“联合会议”，鼓励实施系统的信息共享、

---

① RESOLVE，https://www.resolve.ngo/site-ppa/default.htm.

② RESOLVE Overview，https://www.resolve.ngo/docs/ppa-overview-2017-11-21.pdf.

③ RESOLVE，Alignment Meetings，https://www.resolve.ngo/site-ppa/our-work_alignment-meetings.htm.

对话和协调行动。

（九）惠普《2017年冲突矿产信息披露》[1]

尽职调查措施的描述

我们对必要的冲突矿产的来源和监管链开展了尽职调查（根据我们的合理原产国调查即RCOI，排除了那些我们有理由相信其完全通过回收或报废的资源或通过非协议覆盖国采购冲突矿产的3TG工厂），并与我们的高级供应链管理人员、首席供应链官一起审查结果。

作为我们尽职调查措施的一部分：

- 我们将相关的3TG工厂与CFSI列出的符合或正在参与无冲突冶炼厂计划的工厂进行比较，评估工厂的系统和流程以实现矿石可追溯性和证明无冲突采购；
- 当货源不明时，我们利用工厂（直接或通过第三方）提供冲突矿产教育，收集原产国等必要的冲突矿产信息，或鼓励参与无冲突冶炼厂计划；
- 如果3TG直接供应商报告给我们的工厂信息触发了潜在风险指标，我们会要求供应商调查该工厂是否向惠普的产品提供了3TG，如果供应商报告其提供了3TG，我们要求供应商从我们的供应链中移除该工厂；
- 我们通过成为会员和参与无冲突冶炼厂计划，支持无冲突冶炼厂计划（成员ID：HPQQ）；
- 我们要求3TG直接供应商鼓励其供应链中的工厂加入无冲突冶炼厂计划。

相关3TG工厂的尽职调查结果

我们从供应商报告的311个3TG工厂开始调查。在对这些3TG工厂进行合理原产国的询问之后，我们合理地相信这些3TG工厂中有49个完全通过回收或报废的资源提供冲突矿物，179个工厂的矿物采购源自覆盖范围之外的国家。

对其余的83个3TG工厂还在开展针对冲突矿物的来源和监管链的进一步尽职调查（……）。

基于对83个3TG工厂的进一步尽职调查（……）：

- CFSI列出的52个工厂已经或将要符合无冲突冶炼厂计划；

[1] HP Conflict Minerals Disclosure (2017), https://www.hp.com/content/dam/sites/worldwide/corporate/hp-information/sustainable-impact/document-reports/conflictminerals.pdf.

• 其余31个工厂没有参与，我们对它们的采购和运营情况了解有限。此外，我们还无法确定这些工厂是否加工我们产品中所含的必要冲突矿物。约有10%（31个工厂）的采购来源不明，也没有参与独立的评估项目。

2017年进一步降低风险和改善尽职调查的步骤

我们计划继续采取以下步骤，进一步降低产品中必要的冲突矿产为武装集团提供资金或利益的任何风险：

• 与3TG直接供应商联系，更新提供给我们的信息；

• 重复我们的要求，即3TG直接供应商应鼓励其供应链中已确定的工厂加入无冲突冶炼厂计划；

• 支持CFSI无冲突冶炼厂计划的发展，包括鼓励参与该计划的拓展工作。

（十）负责任采矿保证倡议《关于IRMA的事实》[①]

（……）

3. 我们通过四项原则衡量采矿业的负责任实践：社会责任、环境责任、商业诚信和积极遗产规划。[②]

4. 我们使用独立的第三方审计师对业绩进行可信验证，并规范“最佳实践”以及展现矿山改进情况的方法，无论他们从何处开始。

我们的信誉得到了领先公司和民间社会非营利组织的认可。超过60家民间社会组织和社区认可IRMA，并引用我们的标准，作为他们希望看到的公司采用的标准。

6. 我们的决策程序是独特的并基于共识的，需要得到所有部门的支持。没有任何一个组织、公司或利益相关部门有权作出对其他利益相关者群体不利的决策。

7. IRMA领导层由环境和社会正义非政府组织（NGOs）、工会组织、受采矿影响的社区、采矿公司以及购买开采材料制成其他产品的公司（如珠宝公司）组成。

① Initiative for Responsible Mining Assurance, 10 FACTS ABOUT IRMA (2020), https://responsibleming. net/about/facts/.

② IRMA Standard for Responsible Mining (June 2018), https://responsiblemining. net/wp-content/uploads/2018/07/IRMA_STANDARD_ v. 1. 0_ FINAL_2018 - 1. pdf.

（十一）联合国《刚果民主共和国问题专家组的最后报告》①

锡、钽和钨

74. 由于安全理事会第 2293（2016）号决议第 24 段提及的矿物可追踪性和尽职调查措施，从刚果民主共和国境内不受武装团伙干扰的地区合法开采的矿物能够进入国际市场。专家组对此表示赞赏。

75. 尽管出现上述积极趋势，但专家组发现，刚果民主共和国使用的“锡矿供应链倡议”追踪制度在实施中存在若干不足之处，可能导致监管链外的矿物偷偷流入合法交易渠道。首先，负责标记的工作人员的出错或蓄意行为（例如给来自非验证矿场的矿产品贴标签）可能破坏整个链条的健全。

黄金

黄金走私模式

106. 如以往报告所述（见 S/2014/42，第 171 段），专家组确认，刚果民主共和国几乎所有手工开采的黄金都是非法出口的，其价值和数量均被低估（例如，见 S/2016/466，第 123 段）。根据统计，2016 年刚果民主共和国正式出口的黄金为 244.42 公斤。专家组认为，实际出口的数量超过统计数字（……）。

商业航空公司

110. 在将未经加工的黄金从刚果民主共和国运往迪拜的过程中，航空公司发挥着重要作用。例如，4 名从事黄金产业的人告诉专家组，走私者常额外购买空座位，目的是走私尽可能多的黄金（……）。

外国的作用

118. 除了在刚果民主共和国调查之外，该组织还指出，在刚果黄金的转运国家和目的地国家发生的事件对非法开采和贸易活动也至关重要。

阿拉伯联合酋长国

127. 迪拜是刚果民主共和国手工开采的未加工黄金的主要接收地。专家组确认，刚果黄金主要通过出口欺诈进入迪拜。

---

① UN, *Final Report of the Group of Experts on the Democratic Republic of the Congo* (16 August 2017), https://documents-dds-ny.un.org/doc/UNDOC/GEN/N17/200/17/PDF/N1720017.pdf?OpenElement.

（十二）施瓦茨《冲突矿产实验（2016）》[①]

通过对1300多份冲突矿产备案文件进行定量审查，并对标准普尔500指数（S&P 500 Index）中一家公司提交的每一份备案文件进行定性审查，本文得出了合规范围和合规性质的数据。

总体情况并不乐观。本文认为，这些备案文件没有包含足够的有关冲突矿物供应链的信息，立法无法发挥预期作用，这是由原有法律、美国证券交易委员会规则以及公司合规中的缺陷导致的。尽管这些证据在很大程度上支持了批评者的观点，但本文认为，这些文件也包含了一丝希望，并提出了一套可以在不增加成本的情况下提高透明度的改革方案。

这些数据表明，那些质疑其优点的人夸大了该规则的成本和收益。成本可能远低于预期，因为实际提交报告的公司远远少于预期，而且许多提交报告的公司很大程度上只做表面功夫，表明他们的努力微乎其微。

好处似乎也不明显。冲突矿物法规借鉴了人权领域的“点名羞辱”的监管策略，就像《证券法》的比喻一样，“阳光是最好的消毒剂”，即把应受谴责的行为曝光就会消灭它。既然如此，制定这些规则的目的就是鼓励股东和消费者抵制那些从军事化矿山采购的公司；而那些经历这种报复的人将会改变他们的做法。这种逻辑虽然表面上很有说服力，但它取决于相关个体能否辨别哪些公司是“无冲突”的，哪些公司通过其活动间接支持了侵犯人权的行为。这不能通过审查第一年的申请文件来实现。绝大多数公司都得出了同样的结论（他们无法确定矿物的来源），并以几乎相同的方式开展调查（几乎所有努力的核心只是一个简单的供应商调查）。

报告的主要问题在于，阅读这些报告并不能洞察哪些公司应该受到赞扬，哪些公司应该受到谴责。一种可能的解释是，对冲突矿产的用户进行“点名羞辱”本来就很困难。当有明确的违法者时，这种形式的监管最为有效；而不是像当前这种情况，确定违法者十分棘手且需要包括监管对象在内的多方合作。而后者正是不透明的。

最后，被迫遵守规则的公司对规则的目标并不认同。他们通常选择按照字面意思狭义地解读规则，抓住机会——就像刚才提到的处理设施——尽可能少地提供信息，而不是以一种响应规则意图为冲突矿物带来供应链透明度的方式进行回应。更糟糕的是，许多报告提交者完全无视明确的要求。这些

① Jeff Schwartz, The Conflict Minerals Experiment (2016) 6 *Harvard Business Law Review* 129, https://papers.ssrn.com/sol3/papers.cfm?abstract_id=2548267.

报告最终揭示了遵守一个建立在更适合于简单环境的管理范式之上的不完善规则是肤浅的、近乎嘲讽的。

与其放弃在刚果打击侵犯人权这一有价值的目标，不如对规则进行改革，要求公司报告体现第一年报告中未能实现的透明度。要做到这一点，核心要求应该是企业披露处理其冲突矿物的工厂的特征和冲突状态。这些信息在很大程度上是可以获得的，而且可以阐明企业供应链的上千个细节。虽然供应链不会在一夜之间变得没有冲突，但这种披露将为有关股东和消费者提供必要信息，以施加能够导致变革的压力。

（十三）《一封公开信》[①]

虽然对整顿刚果东部矿产资源的必要性已达成广泛的共识，但是国际社会目前对实现这一目标的模式存在很大分歧。因此，仍应继续努力提升刚果东部矿产供应链的透明度。然而考虑到刚果民主共和国东部采矿部门的现实和冲突的复杂性，需要采取更加微妙和全面的方法。为此，我们提出以下五点建议。

- 改善与政府和社区的磋商。刚果政府和民间社会在《多德－弗兰克法案》第1502条通过之前没有进行很好的磋商，因此许多人不知道其影响。少数参与磋商的人一致支持《多德－弗兰克法案》，这在支持者和反对者相互抗衡的地方层面上制造了更多的冲突。必须聆听更多刚果人的声音，也应该考虑当地的环境和权力结构。这将确保更好地了解当地情况，更好地与既有的国家和区域倡议相协调。
- 努力进行有意义的改革。审计程序应改进政策和实践而不是仅做表面文章。鉴于刚果民主共和国东部大部分地区的动荡局势，认为通过静态监督和验证过程就可以确保“无冲突”矿产贸易的主流观点是错误的（……）。
- 激励更好的实践。法律框架必须得到能够达到其要求的实际项目的支撑（……）。
- 促进公平竞争。监管必须建立在竞争的基础上，这种竞争不仅允许国际企业而且允许刚果生产商影响（如增加）当地价格计划。这反过来又会鼓励最低工资的制度，矿业合作社可以根据其对价格波动的杠杆作用的增加，向其成员保证最低工资。
- 拓宽视野。寻求减少冲突暴力的倡导者必须在军事化经济的背景下，

① An Open Letter（09.09.2014），https://ethuin.files.wordpress.com/2014/09/09092014－open-letter-final-and-list.pdf.

考虑诸如土地、身份和政治竞争等冲突的根源，而不是仅仅关注矿产。此外，消除冲突矿产的努力不应忽视这样一个事实，即手工采矿是刚果民主共和国东部的关键生计，它在帮助引导该区域摆脱冲突方面具有同样大的潜力。需要采取更多支持性措施，如2009年早期美国冲突矿产法草案中的一些措施，来帮助挖掘手工采矿的经济潜力。最后，跨国公司如果寻求改善商业惯例和增加其供应链的透明度，就不应忽视其他关键挑战，如获得信贷、技术知识、危险的工作条件和环境退化。

迄今为止，在为消费者生产更符合道德标准的产品方面取得了一些进展，但利益相关方尚未着手改善刚果人民的生活，也未解决当前“无冲突”倡议产生的负面影响。如果要让冲突矿产倡议在当地产生积极的影响，各国政府通过的立法以及苹果、英特尔等公司所采取的措施就需要以更能适应当地情况的更全面的方法为基础。如果做不到这点，冲突矿产倡议改善刚果东部及其邻国日常生活的能力将继续受到严重限制。更糟糕的是，这些举措将有可能加剧而不是缓解他们所要解决的冲突。

（十四）帕茨奇和弗拉斯坎普《冲突矿物的强制性尽职调查》①

欧盟、美国和其他一些国家已出台政策，要求企业就自然资源进口进行供应链尽职调查。这一新的全球外国责任准则将采掘业和社会关切联系起来，引发了困扰本文的疑惑：这一新准则是怎么出现的？以及我们怎么解释目前的扩散？我们关注“冲突矿产”和非法伐木两个领域，以及“规范企业家”（Norm Entrepreneurs）的作用，即推动规范和政策变化的个人或集体代理人。

基于经典的规范生命周期，本文的论点有三。第一，这些强制性尽职调查政策是有关自然资源开采条件的新的外国问责准则的结果。第二，这一政策的出现是战略架构的结果，特别是道德企业家。国际非政府组织已成功倡导外国问责规范，方法是将其置于现有的自由市场规范中，而不是与其公开对抗。第三，除了经典的规范生命周期，本文还指出，在规范普及的当前阶段，机构也发挥了关键作用。“公平商业”（Fair Business）企业家受益于“无冲突”手机（“Conflict Free”Phones）等认证产品的新营销策略，而他们的营销也促进了规范的普及。

---

① Lena Partzsch and Martijn C. Vlaskamp, “Mandatory due diligence for ‘conflict minerals’ and illegally logged timber: Emergence and cascade of a new norm on foreign accountability”, *The Extractive Industries and Society* (2016), https://www.researchgate.net/publication/305664306.

四　中国相关文件与材料

（一）国家法律法规

《中华人民共和国实施金伯利进程国际证书制度管理规定（2018 年 11 月修订）》

第一章　总则

第一条　为履行国际义务，维护非洲地区的和平与稳定，制止冲突钻石非法交易，根据我国有关法律法规规定和联合国大会第 55/56 号决议以及金伯利进程国际证书制度的要求，制定本规定。

第二条　本规定所称的毛坯钻石是指未经加工或者经简单切割或者部分抛光，归入《商品名称及编码协调制度》7102.10、7102.21 和 7102.31 的钻石。

第三条　海关总署是我国实施金伯利进程国际证书制度的管理部门。海关总署指定的主管海关负责对进出口毛坯钻石的原产国（地）或者来源国（地）进行核查，并对毛坯钻石进行验证、检验、签证。

第四条　金伯利进程国际证书是具有法律约束力的官方证明文件。

第五条　本规定适用于金伯利进程国际证书制度成员国（以下简称成员国）之间的毛坯钻石进出口贸易。海关只受理成员国之间的毛坯钻石进出口的申报。

第六条　进出口毛坯钻石的受理申报、核查检验，由主管海关办理。

第二章　进口核查检验

第七条　毛坯钻石入境前，毛坯钻石的进出口企业或者其代理人以及承运人（以下简称申报人）应当向海关提交《中华人民共和国进口毛坯钻石申报单》、毛坯钻石出口国政府主管机构签发的金伯利进程国际证书正本等有关资料，办理入境申报手续。未提供上述单证的，不予受理申报。

第八条　海关受理申报后，应当严格审查所提交的金伯利进程国际证书，必要时可以进行成员国间核对，并按照金伯利进程国际证书制度的要求，审核申报内容是否与出口国政府主管机构签发的金伯利进程国际证书相符。

第九条　海关应当在指定地点及申报人在场的情况下，核查货物原产地标记、封识及内外包装；检查原产国（地）/来源国（地）、收货人、证书编号等是否与随附的金伯利进程国际证书所列内容一致；对申报金额进行核定；对毛坯钻石的克拉重量（数量）等按照金伯利进程国际证书制度的要求实施检验。

第十条　核查、检验结束后，海关应当签发进口毛坯钻石确认书，发送至货物原产国（地）/来源国（地）政府主管机构，同时以电子邮件方式确认该批钻石已到达目的地。

第十一条　海关应当将《中华人民共和国进口毛坯钻石申报单》、毛坯钻石出口国政府主管机构签发的金伯利进程国际证书正本和进口毛坯钻石确认书副本等有关资料一并归档。档案保存期为 3 年。

第三章　出口核查检验

第十二条　毛坯钻石出境前，申报人应当向海关提交《中华人民共和国出口毛坯钻石申报单》，声明所申报的出口毛坯钻石为非冲突钻石、目的国为成员国，并保证出口毛坯钻石储存在防损容器中运输，同时提供合同、发票以及其他证明毛坯钻石合法性的有关资料。

第十三条　海关受理申报后，应当在指定地点及申报人在场的情况下，对毛坯钻石原产地的真实性等进行核实，对毛坯钻石的克拉重量（数量）进行检验，并对申报金额进行核定。在确认申报人所申报的内容正确无误后，对符合金伯利进程国际证书制度要求的毛坯钻石及其包装容器进行封识，加施原产地注册标记，并签发《金伯利进程国际证书》。

海关签发《金伯利进程国际证书》后，应当以电子邮件方式将相关信息发送至进口国。

第十四条　海关在收到进口国政府主管机构发出的进口毛坯钻石确认书后，应当将确认书、《中华人民共和国出口毛坯钻石申报单》《金伯利进程国际证书》副本以及合同、发票等有关资料一并归档。档案保存期为 3 年。

第四章　统计管理

第十五条　海关应当按照金伯利进程国际证书制度要求，对毛坯钻石进出口贸易相关数据进行统计管理，建立统计数据库。统计数据包括：HS 编码、原产国（地）和来源国（地）、贸易国别、进出口企业、克拉重量（数量）、金额、签证份数、证书编号、确认证书份数等。统计信息保存期为 3 年。

第十六条　海关总署按照金伯利进程国际证书制度的要求及时交换数据，统一对外发布有关信息。

第十七条　申报人要保存完整的贸易证单，同时对有关贸易数据进行统计，统计内容主要包括：客户名称、进出口毛坯钻石的克拉重量（数量）和金额等。贸易证单和统计数据保存期为 3 年。

第五章　附则

第十八条　对过境毛坯钻石，海关在申报人确保毛坯钻石密封包装容器未开封和未受损情况下，可以不予核查金伯利进程国际证书。

第十九条　为方便贸易，便于监管，有关钻石交易机构应当配合海关工作，并提供必要的条件。

第二十条　对未如实申报毛坯钻石的原产国（地）和来源国（地）的，伪造、涂改金伯利进程国际证书等有关证单的，违反金伯利进程国际证书制度有关规定、从事冲突钻石进出口的，按照有关法律法规规定予以处罚。

第二十一条　本办法所规定的文书由海关总署另行制定并且发布。

第二十二条 本规定由海关总署负责解释。

第二十三条 本规定自2003年1月1日起施行。

（二）行业标准

1.《中国负责任矿产供应链尽责管理指南（2015）》

第六章 风险来源与预警

（……）

关于受冲突影响或高风险区域如何确定，国际上并没有一致的详尽定义。但受冲突影响或高风险区域通常具有以下部分或全部特征：

1. 存在武装冲突（武装冲突的形式多种多样，例如，冲突可能具有国际特征或非国际特征，有可能涉及两个或两个以上的国家，也有可能是解放战争、叛乱或内战等）；
2. 存在大范围暴力活动，包括由犯罪网络制造的暴力活动；
3. 脆弱的冲突后区域；
4. 政府管理与社会治安薄弱或缺失的区域；
5. 大范围、惯常地违反国际法，包括侵犯人权的区域；
6. 惯常地歧视部分人口的区域；
7. 腐败成风的区域；
8. 存在性暴力的区域。

《指南》中受冲突影响和高风险区域应理解为已被识别为出现武装冲突、广泛暴力的任何地区。其中，暴力包括犯罪组织暴力行动或其他对人民造成严重和大规模伤害的行径。这些区域的特点通常是政局不稳定或存在政治压迫、制度缺陷、不安全因素、民用基础设施崩溃、广泛暴力活动、违反国际或国内法律、腐败成风、严重影响环境、侵犯土地权利等情况。

为确定应何时根据“五步骤尽责管理框架”中的步骤2和步骤3开展尽责管理，所有正在进行矿产开采、交易、管理、运输或其他任何使用矿产及相关产品的活动以及参与矿产资源供应链的企业均应尽最大努力，识别供应链上是否存在任何下述“风险警示信号”：

原料来源地和运输路线警示信号	1. 原料来源于或其运输路线经过受冲突影响或高风险区域。 2. 原料原产国为已知储存、预估储量或预期生产水平有限的国家。 3. 原料原产国是受冲突影响或高风险区域的中转国。 4. 原料来自多个回收渠道，且在受冲突影响和高风险区域进行加工。 5. 原料来自受冲突影响或高风险地区，其特征包括已经遭受大规模环境恶化、毗邻世界文化遗址、土地长期受破坏、普遍滥用童工，等等。
供应商警示信号	1. 供应商或其他上游企业在出现上述警示信号的地区开展经营活动，或是上述地区供应商的股东，或与之存在利益关系。 2. 获知供应商或其他上游企业曾经从上述地区采购过原料。

续表

特定情况下的警示信号	收集信息识别反常情况，判断与原料有关的活动是否有可能助长冲突或者侵权行为。

矿产资源采购或开采自受冲突影响或高风险区域这一信息本身并不意味着必须暂停从受冲突影响或高风险区域采购或开采矿产资源。提供矿产资源的来源信息，目的是帮助企业识别并管理其供应链中的风险。应该鼓励企业在受冲突影响或高风险地区继续开展经营活动，并鼓励其供应商参与到风险的管理中来。

如果企业获得可靠信息，表明矿产资源来自受冲突影响或高风险区域，即意味着“风险警示信号”的出现。在识别到风险后，可用以下方式降低供应商的风险：

1. 在降低风险的过程中继续交易；

2. 在降低风险的过程中暂时中止交易；

3. 如果降低风险的努力失败，或企业有理由认为无法降低风险或风险无法接受，则终止和供应商的关系。

2. 《中国对外矿业投资社会责任指引（2017 版）》

3.4.6　根据《中国负责任矿产供应链尽责管理指南》，开展基于风险的供应链尽责管理，避免矿业活动直接或间接导致冲突、人权侵犯及其他恶性影响。

开展供应链尽责管理，识别所采购的矿产或矿产交易路线是否位于受冲突影响地区和/或高风险地区①。

调整现行尽责管理措施，使其充分考虑受冲突影响地区和高风险地区的特定需要②。

如果企业处于《中国负责任矿产供应链尽责管理指南》所确定的矿产供应链中的关键点上，宜据需要寻求第三方对其尽责管理政策和措施进行审核。

在受冲突影响地区和/或高风险地区作业时，采取措施对业务关系、交易、资金流、资源进行监测，对可能已经助长冲突或人权侵犯的矿产资源的采购或交易风险进行管理。

---

① “受冲突影响和高风险区域”根据以下情况识别：存在武装冲突，对民众的暴力和恣意妄为等各种风险。有可能助长冲突或人权践踏的自然资源可能存在于世界上任何高风险的地区。武装冲突可能出现各种形式。高风险地区包括政治动荡或强行镇压，体制脆弱，无安全保障，公民设施崩溃，社会充斥暴力，各种人权践踏形式，和国内国际法的违背。

② 有关进一步在冲突影响和高风险区开展尽职调查的良好实践可通过《经合组织有关冲突及高风险地区的可信赖矿产供应链尽职调查指导方针》和《中国负责任矿产供应链尽责管理指南》中获取。该指导方针已成为国际公认的供应链尽职调查标准，并由来自经合组织和非洲国家（非洲大湖地区国际会议组织成员国和南非）、行业协会、民间社会组织以及联合国的多方利益攸关方，通过深入参与和谈论制定。五矿商会的《指南》是在和包括经合组织等各国际国内合作伙伴共同起草的，经历了公开咨询和为期一年的起草流程。经合组织和五矿商会建议的尽责管理体系分五步，指导企业在冲突影响区域和/或高风险区域运营，其中包括：1. 建立强有力的企业风险管理体系。2. 明确和评估供应链风险。3. 设计并实施风险应对战略。4. 开展或支持独立第三方尽心尽职调查审核，包括审核供应链上关键节点的具体措施。5. 发表年度供应链尽职调查报告。

（三）宁德时代《负责任矿产资源供应链的尽责管理政策》①

充分认识到在受冲突影响和高风险区域从事矿产开采、交易、处理、出口存在可能形成重大负面影响的风险，并认识到企业有尊重人权、不对社会产生负面影响的义务，宁德时代（CATL）承诺采纳中国五矿化工进出口商会（CCCMC）发布的《中国负责任矿产供应链尽责管理指南》（以下简称《中国指南》）、经济合作与发展组织（OECD）发布的《经济合作与发展组织关于来自受冲突影响和高风险区域的矿石的负责任供应链尽责管理指南》（第三版）（以下简称《OECD 指南》），以及《多德 - 弗兰克华尔街改革和消费者保护法》（以下简称《多德 - 弗兰克法案》）关于钨、锡、钽、金（以下简称 3TG）矿产在冲突地区的管理条例，并将其纳入与矿产资源供应商签订的合同或协议之中。CATL 将广泛传播此政策，并且将此政策按照《中国指南》和《OECD 指南》在矿产资源供应链中推行。

与矿产开采、运输、或交易有关的严重侵权行为

在高风险区域开展采购或经营活动时，CATL 既不会容忍也不会以任何方式获利于、帮助、协助或便利任何一方实施：

1. 最恶劣形式的童工；（在世界劳工组织 1999 年最恶劣形式的童工公约（第 182 号）的第三节中定义了最恶劣形式的童工，其中（d）条款中规定了其中一种形式，即“其性质或是在其中从事工作的环境，很可能损害儿童的健康、安全或道德的工作”）；

2. 任何形式的酷刑、残暴、不人道和有辱人格的待遇；

3. 任何形式的强迫或强制劳动，即以惩罚作为威胁榨取的任何个人的，非自愿提供的劳动或者服务；

4. 其他严重侵犯和践踏人权的行为，如普遍的性暴力行为；

5. 战争罪或其他严重违反国际人道主义法的行为，反人类罪或种族灭绝罪。

对严重侵权行为的风险管理

如果 CATL 有合理理由认为该风险存在，即上游供应商正从实施上条所规定的严重侵权行为的任何一方进行采购或与该方有关联，CATL 将立即中止或中断与该上游供应商的合作。

关于直接或间接支持非国家武装团体

CATL 不会容忍任何通过矿产开采、运输、交易、处理或出口为非国家武装团体提供直接或间接的支持。通过矿产开采、运输、交易、处理或出口为非国家武装团体提供“直接或间接的支持”包括且不限于从非国家武装团体或其关联方购买矿产，向其进行付款，或以其他方式为其提供后勤支援或设备等。这些武装团体或关联方：

1. 非法控制矿区，或以其他方式对运输路线、矿产资源交易地、以及供应链的上游行为主体进行控制；并/或

---

① 宁德时代：《负责任矿产资源供应链的尽责管理政策》，https://www.catl.com/news/4036.html。

2. 在矿区入口、通往矿区沿线或矿产资源交易地非法征税或者勒索钱财或自然资源；并/或

3. 对中间商、出口企业或国际贸易商非法征税或勒索。

对向非国家武装团体提供直接或间接支持的风险管理

如果 CATL 有理由认为，上游供应商从向非国家武装团体提供直接或间接支持的任何一方进行采购或与之存在关系，CATL 将立即中止或中断与该供应商的合作。

关于行贿受贿及矿产原产地的欺诈性失实陈述

CATL 不会直接或间接地提出、承诺、进行或索要任何贿赂，并且抵制索贿，不会为了掩盖或伪造矿产资源原产地，虚报矿产资源开采、贸易、处理、运输、出口等活动应向政府缴纳的税收、费用和特许开采费而行贿。

关于洗钱

如果 CATL 有理由认为，存在因开采、交易、处理、运输或出口在矿区入口、运输路线沿线、或上游供应商矿产资源交易地进行非法征税或勒索而得的矿产资源所引起或与之相关的洗钱风险，CATL 将支持或采取措施，为有效消除洗钱行为做出贡献。

关于向政府支付的税收、费用及特许费

CATL 将确保向政府支付所有高风险区域矿石开采、交易、出口相关的合法税收、费用和特许费，并且承诺根据企业在供应链上所处位置依照《采掘行业透明度行动计划》（EITI）中各项原则对此类支付进行披露。

（四）东佳电子《加入无冲突金属采购计划》①

东佳公司的无冲突金属政策 - 遵循 EICC（Electronic Industry Code of Conduct）和 GeSI（Global e-Sustainability Initiative）对无冲突金属的要求以及善尽企业社会责任：

1. 避免使用刚果及周边国家之冲突金属。
2. 不采购不使用冲突金属。
3. 供应商如有使用来自冲突区域的冲突金属，需主动告知东佳，并提出改善方案。
4. 如供应商违法使用冲突金属，则删除其资格，并负责东佳所有损失。

（五）《金伯利进程 2017 年全会在澳大利亚布里斯班开幕（2017）》②（人民网，2017 年 12 月 10 日）

2017 年 12 月 10 日，金伯利进程 2017 年全体会议在澳大利亚布里斯班开幕。金伯利进程目前有 54 个成员，代表 81 个国家，覆盖了全球 99.8% 以上的钻石资源。中国派出由外交部、国家质检总局、商务部、国土资源部和香港特别行政区政府工业贸易署及国

---

① 《加入无冲突金属采购计划》，东佳电子官网，http://www.koshin.com.hk/continue/show.php? id = 225&lang = cn。

② 《金伯利进程 2017 年全会在澳大利亚布里斯班开幕》，人民网，http://world.people.com.cn/n1/2017/1210/c1002 - 29696757.html。

内钻石行业代表组成的代表团出席。

澳贸易、旅游和投资助理部长皮特代表澳政府致开幕辞，中国等成员及世界钻石理事会等观察员应主席邀请进行开幕式发言。安哥拉、委内瑞拉等多国代表在发言中称赞了中国对金伯利进程的积极参与和贡献，感谢中国为促进国际钻石产业健康发展、维护进程团结及保持进程发展方向所作出的努力。

金伯利进程是由南非、纳米比亚等非洲产钻国于2000年5月发起的毛坯钻石证书制度，经联合国大会通过后于2003年1月1日起正式实施。通过监控毛坯钻石产业链、供应链、杜绝“冲突钻石”，减少全球尤其是非洲地区非法钻石开采和贸易引发的流血冲突，遏制为地区非法暴力行为提供资助的钻石贸易。

据中国代表团介绍，中国是金伯利进程创始成员国，一贯认真执行证书制度，代表金伯利进程先后牵头和参加了十余次国际核查，作为金伯利进程法律委员会副主席积极开展工作，并在2014年作为主席在广州主办金伯利进程全体会议。

中国目前是全球第二大钻石消费市场和重要的切磨加工中心，同时也是重要的毛坯钻石贸易中心。据统计，2016年中国毛坯钻石进出口额达到34亿美元。

（六）《陕西检验检疫机构开出全国首张金伯利进程业务罚单（2017）》[①]（央广网，2017年2月21日）

记者今天从陕西出入境检验检疫局获悉，全国首张金伯利进程业务罚单近日从该局开出，共处罚金18万余元。检验检疫机构对毛坯钻石全面实施检验监管，遏制了冲突钻石进入我国钻石贸易市场。

近日，陕西检验检疫局接到泰国官方金伯利机构对一批自泰国出口至中国的毛坯钻石长期未申报反馈的来函调查询问。接到调查询问后，该局成立调查小组立案调查。经调查，西安某公司前期从泰国进口一批货值55.7万美元的毛坯钻石入境时未按照规定向检验检疫机构申报，且未经检验擅自加工使用，逃避检验检疫监管。该行为违反了《中华人民共和国实施金伯利进程国际证书制度管理规定》（质检总局2002年第42号令）和《中华人民共和国进出口商品检验法实施条例》等法律法规的规定。该局依法开出全国金伯利进程业务首张罚单。目前，此案已办理完结。

据悉，“金伯利进程国际证书制度”是2003年1月1日启动实施的联合国框架下处理“冲突钻石”（专指被反叛武装用来购买武器推翻合法政府的毛坯钻石）问题的符合国际商定的最低标准的毛坯钻石国际证书制度。我国是该“进程”81个成员国的创始国之一。

五　延伸阅读

- Andreas GRAF, Andrea IFF, “Respecting Human Rights in Conflict Re-

① 《陕西检验检疫机构开出全国首张金伯利进程业务罚单》，央广网，http://news.cnr.cn/native/city/20170221/t20170221_523613455.shtml。

gions: How to Avoid the 'Conflict Spiral'", *Business and Human Rights Journal*, Volume 2, Issue 1, January 2017, pp. 109 - 133, DOI: https://doi.org/10.1017/bhj.2016.9.

- Enough Project, https://enoughproject.org/.
- Extractive Industries and Conflict, Toolkit and Guidance for Preventing and Managing Land and Natural Resources Conflict, EU-UN Partnership, 2012, http://www.un.org/en/events/environmentconflictday/pdf/GN_Extractive_Consultation.pdf.
- Responsible Sourcing Network, Mining the Disclosures (annual report since 2016), https://www.sourcingnetwork.org/minerals/.
- 韩依辰、苏红伟、钱峰:《冲突矿物管控要求介绍》,《信息技术与标准化》2013 年第 6 期。
- 梁晓晖:《再谈国外"冲突矿物"立法和我国政企应对策略》,《WTO 经济导刊》2016 年第 10 期。

六　案例

(一) IBM 采购(中国)公司冲突矿产供应链管理实践

IBM 公司,即国际商业机器公司,1911 年创立于美国,是全球最大的信息技术和业务解决方案公司,业务遍及 170 多个国家和地区。IBM 采购(中国)公司成立于 2004 年,总部位于深圳市南山区科技园。业务范围涵盖生产采购、一般采购、物流采购、市场信息分析、全球采购业务咨询服务等。公司秉承 IBM 全球采购的使命,致力于通过优化资源与系统,建立世界一流的随需应变型供应链系统。

2010 年冲突矿物概念第一次被《多德 - 弗兰克法案》正式定义,IBM 作为初创成员开始参与和推动冲突矿物供应链的管理,同时致力于冲突矿物供应链社会责任的发展和标准制定。IBM 采购(中国)公司冲突矿物供应链社会责任项目属于 IBM 公司全球采购框架,由多位经验丰富的专家组成团队,团队直接向 IBM 采购(中国)公司的副总裁和负责公司外部采购的首席采购官汇报。冲突矿物供应链社会责任项目组主要通过 IBM 公司的直接供应商来获得与冲突矿物供应链来源相关的信息。

IBM 处于冲突矿物供应链下游,本身不是冲突矿物原料的直接购买者,并且与冶炼厂或精炼厂相隔多层环节。因此,IBM 采购(中国)公司依赖于负责任商业联盟（RBA）和全球电子可持续发展协会（GeSI）共同制定的冲突矿产报告模板（CMRT）从供应商处搜集3TG冶炼厂相关信息，以及通过RMI开发的责任矿产保证流程（RMAP）来验证冶炼厂的合规性，从而对冲突矿物供应链进行有效管理。在冲突矿物供应链的社会责任领域，IBM公司作为终端产品生产者，需要承担来自终端客户、政府及社会组织在冲突矿物供应链采购和使用上的压力。因此IBM采购（中国）公司需要推动对冲突矿物供应链原料的追溯，从而确保没有任何产品中的3TG原料来自冲突区域。

冲突矿物供应链社会责任项目主要对矿物原料进行追溯，从而评估供应链中的人权风险。矿物原料一旦进入冶炼厂被冶炼成相应的高纯度产品，就很难再进行原产地的追溯。因此，在冲突矿物供应链社会责任项目里面，冶炼厂是关键点。冶炼厂是对矿物原料原产地进行追溯的最后一环，也是最重要的一环。品牌公司会将压力通过供应链传达到冶炼厂，迫使冶炼厂对他们的矿物原料来源进行监管和追踪，因此冶炼厂就必须承担相应的社会责任来调查其矿物的来源。

因此，IBM采购（中国）公司在冲突矿物供应链中主要承担以下环节的工作：

1. 根据SEC（美国证券委员会）的要求每年公开披露3TG的来源；
2. 要求IBM所有提供含3TG产品的一级供应商提供CMRT。

IBM采购（中国）公司作为负责任的跨国企业，会更加深入地参与除以上两个环节外的其他环节。其中包括：

1. 和冶炼厂沟通，说服其参加RMAP合规审核；
2. 以观察员身份参与冶炼厂的审核；
3. 给冶炼厂和精炼厂的审核提供技术支持。

（二）华为的“冲突矿石”管理策略

作为联合国“全球契约”和全球电子可持续发展协会（GeSI）组织的成员，华为一直坚持把全球社会责任作为公司的目标，实施道德采购，促进产业链可持续发展。

“冲突矿物”是指锡、钽、钨、金等原产于刚果民主共和国及其周边国家的矿物，这些矿物的销售可能为这些国家持续的武装冲突提供了财力支持。华为公司高度重视冲突矿物问题，并采取行动处理这一问题。

冲突矿物问题在电子和其他产业受到广泛关注，这一问题极其复杂，需要企业、政府和非政府组织的承诺和合作才能解决。华为公司不采购也不支持使用冲突矿物。华为公司要求所有供应商不得采购冲突矿物，华为公司还要求供应商将这一要求延伸到下级供应商。华为还通过全球无冲突采购倡议（CFSI）与全球企业共同处理冲突矿物问题，采用 CFSI 冲突矿物问卷和 OECD 冲突矿物尽职调查指南开展供应链调查，与客户共享供应链调查结果。2017 年，华为与 15 家客户分享冲突矿物调查结果，参与了多个行业组织的活动，探索解决冲突矿物问题的对策。

随着近年来锂离子电池中钴用量的不断提升，钴供应链的尽责管理越来越受关注。华为一直很关注钴供应链的道德采购，并于 2016 年 5 月成为国际负责任钴行业组织 RCI（Responsible Cobalt Initiative）的首批核心成员，希望通过钴供应链上下游之间的合作，与政府、非政府组织和企业之间的合作，推进钴供应链社会责任问题逐步解决。华为在积极参与 RCI 活动的同时，也积极履行自身的尽责管理责任。

华为公司支持通过行业合作来处理供应链社会责任问题，公司将持续参与 GeSI 组织的活动，与客户和供应商一起寻求可持续的解决方案来处理冲突矿物问题。

七　思考题

1. 什么是冲突矿产？当今世界主要的冲突矿产类型有哪些？

2. 冲突矿产贸易导致了哪些人权风险？

3. 根据经合组织《受冲突影响和高风险区域矿石负责任供应链尽职调查指南》，工商企业应如何在其供应链上履行人权尽责程序？

4. 在规制合法采购冲突地区矿产方面，有哪些国际规范和国家法律？它们的实际效果如何？

5. 人权领域的“点名羞辱”的监管策略是什么，它们在规范冲突矿产贸易中的使用情况如何？

第二十九章　环境保护与人权

引　言

虽然大多数人权条约没有明确提及清洁和健康环境权，但是，这项权利在100多个国家的宪法中都有体现。30年来，联合国一直在讨论人权与环境之间的相互依存关系。直到最近十年，联合国才真正厘清保障人权与环境保护之间的协同效应和相互依存性。显然，在恶化的环境和气候变化的灾难性威胁下无人权可享，这种气候变化可能导致大量人口流离失所（第21章）、粮食歉收和食物链断裂。反过来，人权系统提供的规范和体系，能够巩固环境决策并采取适当的减缓和适应措施应对气候变暖。无论寻求何种类型的保护，环境维护者和人权维护者都会遭受威胁和迫害。即使在他们批评企业对社会和环境造成负面影响时，还是有越来越多的声音要求这些企业能保护这些捍卫者。对企业来说，20世纪90年代人权出现之前，环境责任就已经提上了企业社会责任的议程（第8章）。如今《联合国工商企业与人权指导原则》推广的人权尽责方法在处理各种消极影响方面，无论是社会影响还是环境影响，越来越具有关联性和权威性。受国际法保护的一些弱势群体［例如土著居民（第22章）］和依赖土地生活的农村社区（第25章）由于环境恶化尤其处于危险之中，在许多发展中国家（第1章），他们几乎无法获得法律保障和寻求司法正义（第6—7章）。发达国家的法律在国外环境影响方面的透明度与日俱增（第4章），国际贸易和投资协定也越来越多地包含社会和环境章节（第3章）。

一　要点

- 享有健康环境的人权
- 环境退化的类型（污染、生物多样性丧失、气候变化）
- 人权和环境保护的相互依存性
- 人权和环境之间的关系（人权支持环境保护，反之亦然）
- 生存权

- 尊重私人与家庭生活的权利
- 弱势群体（处于危险的境地）
- 基于人权的方法“HRBA”（发展、保护环境）
- 环境原则（预防原则、污染者付费原则、代际公平原则、共同但有区别责任原则）
- 跨界污染和域外义务
- 环境影响评估
- 知情权
- 公众参与
- 诉诸司法和申诉机制
- 环境正义和公平（代际）
- 国家主权（设定环境保护水平；平衡环境、发展和社会考量）
- 全球粮食系统和农业部门

二　背景

（一）联合国与享有安全、洁净、健康和可持续环境相关的人权义务问题独立专家约翰·H. 诺克斯的报告《初次报告》①

34.（……）首先，许多世界、区域和国家级人权机构都承认，环境退化可能而且确实对享有包括生命权、食物权和水权在内的许多人权有不利影响。其次，某些权利的行使可能而且确实有助于环境政策的制定，会有利于更好地保护环境，因而有助于更好地保护可能受到环境退化威胁的人权。这些保护性权利包括言论和结社自由权利、知情和参与权利以及获得补救的权利。包括环境以及人权协定在内的许多国际法律文书都确认了这些权利。

44. 如理事会在其第 16/11 号决议中所确认，“业已处于脆弱情况下的人口受环境损害影响尤甚”。第 19/10 号决议要求独立专家“采取性别公平观，尤其是顾及妇女和女孩的特殊处境，并查明性别歧视和性别弱势”，很明显，妇女和儿童属于易受环境损害影响的群体。特别程序和人权高专办还确定了

① Report of the Independent Expert on the Issue of Human Rights Obligations Relating to the Enjoyment of a Safe, Clean, Healthy and Sustainable Environment, John H. Knox: preliminary report, A/HRC/22/43, (2012)。中英文版原文参见联合国数字图书馆网站：https://digitallibrary.un.org/record/745746。

另外一些群体。例如，当时的人权与赤贫问题独立专家在提交大会的一个报告（A/65/259）中指出，“环境退化对生活极端贫穷者产生过度的影响”（第 37 段）。（……）

45. 许多种环境损害都会给土著人民带来特别大的风险，因为他们在文化和经济上都有赖于自然资源。（……）

（二）联合国特别报告员《气候变化报告》[①]

与气候变化有关的人权义务

33.（……）人权义务不仅适用于关于采取多少气候保护措施的决定，还适用于通过其实现保护的减缓和适应措施。

34. 在有些方面，这些义务的适用比较直截了当。然而，气候变化的规模带来了各种复杂的因素。与大多数对人权的环境损害不同，气候变化被人权机构视为一个真正的全球性挑战。任何地方排放的温室气体都促使全球各地变暖。数十亿人助成了气候变化，并将承受其后果，也许无法肯定地辨别个别助成因素与具体影响之间的因果链。

41. 一个可能的应对办法是把气候变化作为域外管辖的问题处理——即认定其涉及各国有义务保护在其管辖范围之外和之内的人的人权。特别报告员意识到，在其他情况下，域外人权义务问题一直存在争议。但他认为，尝试描述每个国家涉及气候变化的域外人权义务作用有限，姑且不论其潜在的争议。在人权方面，气候变化可能最好不被理解为一系列同时产生的跨界损害，应该由每个国家予以解决，同时考虑到其自身助成气候变化对世界上其他国家的影响的因素。这样做实际上困难极大，国际社会并没有试图这样来处理气候变化问题，这一点具有启发意义。

42. 相反，（……）各国一直将气候变化作为需要全球应对的全球问题处理。这种办法不仅最具实际意义，而且也符合并可被视为适用国际合作的责任。

43. 国际合作的责任得到各国的一般惯例，更具体而言，得到《联合国宪章》的支持。（……）

① UN Special Rapporteur on the Issue of Human Rights Obligations Relating to the Enjoyment of a Safe, Clean, Healthy and Sustainable Environment, Climate Change（2016）, http://daccess-ods.un.org/access.nsf/Get? Open&DS = A/HRC/31/52&Lang = E，中文版见 http://daccess-ods.un.org/access.nsf/Get? Open&DS = A/HRC/31/52&Lang = C。

（三）联合国特别报告员《生物多样性公约》[①]

人权和生物多样性

8.（……）经济和社会发展离不开生态系统的利用，包括在适当情况下将原生森林等自然生态系统转化为人类管理的生态系统，如牧场和农田。然而，为了支持人权的永续享有，也不应过度开发自然生态系统，破坏我们赖以生存的这些服务。发展必须是可持续的，可持续发展需要健康的生态系统。

9. 虽然人们普遍认识到健康的环境对享有人权的重要性，但人权与生物多样性之间的关系仍有待深入探讨。《生物多样性公约》（第 2 条）将生物多样性界定为“所有来源的活的生物体中的变异性，这些来源除其他外包括陆地、海洋和其他水生生态系统及其所构成的生态综合体；这包括物种内、物种之间和生态系统的多样性”。因此，生物多样性不仅包括地球上数以百万计的不同物种；“还包括物种内的特定遗传变异和性状（例如不同作物品种），以及这些物种在生态系统内的集聚，从而形成农业和其他景观（例如森林、湿地、草地、沙漠、湖泊和河流）”。

10. 用千年生态系统评估的语言说，“生物多样性是与人类福祉密不可分的生态系统服务的基础”。生物多样性支撑着生态系统服务，也支撑着在许多方面依赖这些服务的人权。一般而言，生物多样性促成生态系统过程的生产力和稳定性。更多样的生态系统具有更强的抵御自然灾害和长期威胁（如气候变化）的能力。具体而言，生物多样性贡献于直接支持充分享有人权的特定生态系统服务。本报告着重介绍以下方面的一些贡献：生命权和健康权；适足生活水准权；以及在享有权利方面不受歧视的权利。

三 国际文件与域外材料

（一）联合国特别报告员《人权与环境框架原则》[②]

8.（……）框架原则和评注并不产生新的义务，而是反映了在环境领域

① UN Special Rapporteur on the Issue of Human Rights Obligations Relating to the Enjoyment of a Safe, Clean, Healthy and Sustainable Environment, Biodiversity（2017）, http://daccess-ods. un. org/access. nsf/Get? Open&DS = A/HRC/34/49&Lang = E，中文版见 http://daccess-ods. un. org/access. nsf/Get? Open&DS = A/HRC/34/49&Lang = C。

② Special Rapporteur on Human Rights and the Environment, Framework Principles on Human Rights and the Environment（2018）, https://documents-dds-ny. un. org/doc/UNDOC/GEN/G18/017/42/PDF/G1801742. pdf? OpenElement，中文版见 https://documents-dds-ny. un. org/doc/UNDOC/GEN/G18/017/41/PDF/G1801741. pdf? OpenElement。

适用现有人权义务的情况。特别报告员知道并非所有国家都正式接受了这些规范。在框架原则和评注所述的义务中，虽然许多都是直接源于条约或人权法庭作出的有约束力的决定，但也有一些义务来源于人权机构的声明，这些人权机构有权解释人权法律，但不一定有权作出有约束力的决定。

9. 但这些解释的一致性有力地证明，对与环境有关的人权义务的理解正趋于更加统一和更加确定。国家惯例，包括国际环境文书中的国家惯例和人权机构审议的国家惯例，也进一步证实了这些趋势。因此，特别报告员认为各国应接受框架原则，将之视为对实际存在或正在产生的国际人权法的反映。他相信各国至少会将框架原则视作应尽快采纳的最佳做法。

享有安全、清洁、健康和可持续环境的人权

11. 与环境有关的人权规范的发展过程有一个不同寻常之处，即这些规范并不主要依托于对享有安全、清洁、健康和可持续环境的人权（简言之就是享有健康环境的人权）的明确承认。虽然这项权利已经以各种形式得到了区域协定和大多数国家宪法的承认，但并未在全球适用的人权协定中得到通过，并且在区域协定中，只有《非洲人权和民族权宪章》规定其审议机构的决定可对这项权利作出解释。

12. 条约机构、区域法庭、特别报告员和其他国际人权机构则通过“绿化”生命权和健康权等现有人权来将人权法适用于环境问题。正如调查分析报告所解释、框架原则所显示的，这一进程相当成功，在人权与环境方面建立了广泛的判例。回想起来，20 多年前这种动态最初出现时可能令人惊讶，但如今已不足为奇。环境损害会妨碍多种不同的人权的充分享有，各国尊重人权、保护人权免遭妨碍和落实人权的义务也适用于环境方面，与其他方面并无不同。

13. 因此，明确承认享有健康环境的人权并不是将人权规范适用于环境问题的前提。同时，世界绝大多数国家都已在国家或区域乃至国家和区域两级承认了这项权利，这一点具有重要意义。从已在宪法中规定了健康环境权的国家的经验来看，承认这项权利确实带来了真正的优势，不仅增加了公众对环境保护的关注、提高了环境保护的重要性，还为颁布更有力的环境法律打下了基础。司法机关适用这项权利，就帮助提供了一个安全网，保护人们免于因制定法的缺失而受到侵害，并创造了更好的诉诸法律的机会。许多国家的法院都在越来越多地适用这项权利（……）

14. 根据这一经验，特别报告员建议人权理事会考虑支持在一项全球文书中承认这项权利。可以将水权和卫生设施权作为参照模板，这两项权利与健康环境权一样，没有在联合国人权条约中得到明文承认，但显然都是充分享有人权的必要要件。2010 年，大会第 64/292 号决议承认“享有安全和清洁饮水和卫生设施的权利是一项人权，这项人权对于充分享受生命和所有人权来说必不可少”。大会可以通过一项类似的决议，承认享有安全、清洁、健康和可持续环境的权利，这项权利对于充分享受生命和所有人权而言也是必不可少的。

15. 如果“新”人权的内容并不确定，那么各国可能不太愿意承认这项人权。(……) “享有健康环境的人权”并不是等待填充的空罐子，恰恰相反，各人权主管机关承认安全、清洁、健康和可持续的环境是人们充分享有生命权、健康权、食物权、水权、住房权等权利必不可少的条件，就已经澄清了这项权利的内容。在这方面，健康环境权也与水权和卫生设施权相似，在大会于 2010 年通过有关决议之前，经济、社会及文化权利委员会和首任享有安全饮用水和卫生设施相关人权义务问题独立专家卡塔里娜·德阿尔布开克就已经详细论述过水权和卫生设施权的内容。

16. [确认“享有健康环境的人权”] 具有真正的优势。能够让人们认识到人权规范要求保护环境，还能重点指出环境保护与人类的其他利益同样重要，都是人类尊严、平等和自由的根基。上述做法还有助于确保与环境有关的人权规范继续以协调和一致的方式发展。(……)

18. 举例而言，需要开展更多的工作，澄清与环境有关的人权规范如何适用于各具体领域，包括性别歧视和其他类型的歧视问题、工商业在人权与环境方面的责任、武装冲突对人权与环境的影响，以及涉及跨国公司和跨界损害的国际合作义务。

人权与环境框架原则

框架原则 1——各国应确保营造安全、清洁、健康和可持续的环境，以尊重、保护和落实人权。

框架原则 2——各国应尊重、保护和落实人权，以确保营造安全、清洁、健康和可持续的环境。

框架原则 3——在享有安全、清洁、健康和可持续的环境方面，各国应禁止歧视并确保平等和有效地保护人们免遭歧视。

框架原则 4——各国应提供安全和有利的环境，让从事人权或环境问题工作的个人、群体和社会机构能在不受威胁、骚扰、恐吓和暴力侵害的情况下开展工作。

框架原则 5——各国应在环境问题方面尊重和保护表达、结社与和平集会自由权。

框架原则 6——各国应开展环境问题教育并培养公众对环境问题的认识。

框架原则 7——各国应收集和传播信息并向任何提出请求的人员提供负担得起、有效和及时获取信息的渠道，从而实现环境信息公开。

框架原则 8——对于拟议的项目和政策，各国应要求事先评估其可能造成的环境影响，包括对享有人权的潜在影响，以免采取或批准的行动的环境影响妨碍人们充分享有人权。

框架原则 9——各国应允许和便利公众参与环境相关决策，并在决策进程中考虑公众的意见。

框架原则 10——各国应让人们能够就环境方面侵犯人权和违反国内法的行为获得有效补救。

框架原则 11——各国应设立和保持不歧视、不倒退并尊重、保护和落实人权的实际环境标准。

框架原则 12——各国应确保针对公共和私人行为方有效执行其环境标准。

框架原则 13——各国应相互合作，设立、保持和执行有效的国际法律框架，以防止、减少和补救妨碍人们充分享有人权的跨界和全球环境损害。

框架原则 14——各国应采取额外措施，保护最易受环境损害影响或特别可能遭受环境损害的人群，同时考虑到他们的需求、风险和能力。

框架原则 15——各国应确保遵守对土著人民和传统社群成员所负有的义务（……）

框架原则 16——各国应在应对环境挑战和追求可持续发展的行动中尊重、保护和落实人权。

（二）联合国特别报告员《良好做法汇编》[①]

与跨界环境损害有关的义务

85.（……）一个尤其重要的良好做法是在法律上承认居住在一国领土之外但有可能遭受该国境内行动造成的环境损害的个人拥有权利。允许边界两侧的受影响市民参与跨界环境影响评估就是一个实例。这方面的主要国际

① UN Special Rapporteur on the Issue of Human Rights Obligations Relating to the Enjoyment of a Safe, Clean, Healthy and Sustainable Environment, Compilation of Good Practices (2015), http://ap.ohchr.org/documents/dpage_e.aspx? si = A/HRC/28/61.

协议是《跨国界环境影响评估埃斯波公约》，该公约对跨界环境影响评估提出了详细要求。截至 2015 年 1 月，已有 45 个国家加入，包括大多数欧洲国家。该公约规定，有关活动所在缔约国必须给予受影响国家居民与原籍国公民同等的参与环境影响评估的机会。

90. 另外两个国家提供了在减缓或适应气候变化行动中尊重土著和部落民族权利的良好做法。“减少毁林和森林退化所致排放量”（REDD +）方案是由《联合国气候变化框架公约》第十六届缔约方会议发起的，旨在通过森林保护和可持续管理等方式，鼓励发展中国家减少毁林和森林退化产生的排放量。为了避免冲突和保护可能受到 REDD + 项目影响的土著人民权利，苏里南制定了 REDD + 援助计划，政府对自己社区选出的代表进行培训，让他们了解 REDD + 方案，并帮助土著社区和部落居民参与 REDD + 决策过程。

（三）《巴黎协定》①

承认气候变化是人类共同关注的问题，缔约方在采取行动应对气候变化时，应当尊重、促进和考虑它们各自对人权、健康权、土著人民权利、当地社区权利、移徙者权利、儿童权利、残疾人权利、弱势人权利、发展权，以及性别平等、妇女赋权和代际公平等的义务，（……）

7.5. 缔约方承认，适应行动应当遵循一种国家驱动、注重性别问题、参与型和充分透明的方法，同时考虑到脆弱群体、社区和生态系统，并应当基于和遵循现有的先进科学知识，以及适当的传统知识、土著人民的知识和地方知识系统，以期将适应酌情纳入相关的社会经济和环境政策以及行动中。

（四）联合国《奥胡思公约》②

第二条

3. “环境信息”指下列方面的书面形式、影像形式、音频形式、电子形式或任何其他物质形式的任何信息：

（a）各种环境要素的状况，诸如空气和大气层、水、土壤、土地、地形

---

① UN, *The Paris Agreement on Climate Change* (2015), https://unfccc.int/process-and-meetings/the-paris-agreement/the-paris-agreement.

② United Nations Economic Commission for Europe (UNECE), Convention on Access to Information, Public Participation in Decision-Making and Access to Justice in Environmental Matters (Aarhus Convention) 1998, www.unece.org/fileadmin/DAM/env/pp/documents/cep43e.pdf.

地貌和自然景观，生物多样性及其组成部分，包括基因改变的有机体，以及这些要素的相互作用；

(b) 正在影响或可能影响 (a) 项范围内环境要素的各种因素，诸如物质、能源、噪声和辐射，以及包括行政措施、环境协定、政策、立法、计划和方案在内的各种活动或措施，以及环境决策中所使用的成本效益分析和其他经济分析及假设；

(c) 正在或可能受环境要素状况影响或通过这些要素受 (b) 项所指因素、活动或措施影响的人类健康和安全状况、人类生活条件、文化遗址和建筑结构。

第六条　公众参与有关具体活动的决策

2. 在一项环境决策程序的初期，应充分、及时和有效地酌情以公告或个别通知的方式向所涉公众告知各种信息，特别是：

(a) 说明拟议的活动以及有待决定的申请；

(b) 说明可能作出的决定或决定草案的性质；

(c) 说明负责作出这种决定的公共当局；

(d) 说明所设想的程序，并且在能够提供的情况下包括：(ⅰ) 说明程序的启动；(ⅱ) 说明公众参与的机会；(ⅲ) 说明准备举行公开听证会的时间和地点；(ⅳ) 说明可以向哪个公共当局索取有关信息以及说明存放有关信息供公众查阅的地点；(ⅴ) 说明可以向哪个公共当局或任何其他官方机构提交意见或问题，以及说明转达意见或问题的时间安排；(ⅵ) 说明具备哪些与拟议活动相关的环境信息；

(e) 说明对该活动要按国家或跨界环境影响评估程序办理。

7. 公众参与程序应让公众能够以书面形式或酌情在公开听证会或对申请人的询问过程中提出其认为与拟议活动相关的任何意见、信息、分析或见解。

8. 每个缔约方应确保公众参与的结果在决策中得到应有的考虑。

第九条　诉诸法律

1. 每个缔约方应在国家立法的框架内确保，任何人，凡认为自己按照第四条所提索取信息的请求被忽视，部分或全部被不当驳回，未得到充分答复或未得到该条所规定的处理，都能够得到法庭或依法设立的另一个独立公正的机构的复审。

（五）日内瓦大学全球研究所《与享受安全、清洁、健康和可持续环境有关的人权义务：欧洲人权公约报告》[①]

健康环境权

12. 虽然欧洲人权法院承认环境问题的重要性，但它没有承认享有健康环境是一项独立权利。法院在基尔塔托斯（Kyrtatos）诉希腊一案中指出，不管是“公约”第 8 条（尊重私人和家庭生活的权利）还是任何其他条款都不是专门为环境问题本身提供一般性保护而设计的；因此，其他国际文书和国内立法处理这方面问题更为恰当。

13. 然而，法院在保护基本权利时，间接承认了环境权利。据此，法院认定，各种各样的环境因素会影响并威胁个人及其根据“公约”享有的权利。具体而言，欧洲人权法院判例法将环境权利作为“公约”第 2 条（生命权）和第 8 条（“尊重私人和家庭生活的权利”）以及“公约第一号议定书”第 1 条、第 10 条和获得有效补救权等程序性权利的组成部分（第 6 条第 1 款和第 13 条）来处理。

生命权：第 2 条

15. 欧洲人权法院认为，第 2 条是实现本公约其他权利的决定因素。然而，法院在审议第 2 条，处理环境问题时受到限制。在这方面，只有少数法院认定存在违反第 2 条的情况，即申诉人置身于危险活动或自然灾害之中。

16. L. C. B. 诉英国案是确认环境与生命权之间联系的起点。然而，在本案中，法院的结论是，不存在违反第 2 条的情况，因为不能确定父亲（在核试验服役期间）受到辐射与随后受孕的儿童患白血病之间具有因果关系（……）。

17. 在厄内里尔迪兹（Öneryildiz）诉土耳其一案中，分庭强调，根据公约“第 2 条的要求，对生命权的保护可以指望在废品收集场的运营中实现，因为这一活动本身就存在潜在的风险”（……）。

18. 法院的这一立场在布达耶瓦（Budayeva）等人诉俄罗斯案中得到证实，在这起案件中确有违反第 2 条的行为，据官方报告，此次泥石流造成 8 人死亡，根据申诉人的说法，还有 19 人失踪（……）。这起案件发生在蒂尔

---

① Global Studies Institute, Individual Report on the European Convention on Human Rights and the European Union, Mapping Human Rights Obligations Relating to the Enjoyment of a Safe, Clean, Healthy and Sustainable Environment, University of Geneva (2013), www. ohchr. org/Documents/Issues/Environment/Mappingreport/14. ECHR-EU-report - 24 - June - 2014. docx.

诺兹（Tyrnauz）镇，因其地理位置，该镇一直遭受泥石流的威胁。2000年夏天，连续的泥石流袭击，造成该镇数人死亡和严重的财产损失。公共当局似乎没有采取适当措施来降低泥石流的风险，特别是在修复大坝方面（一年前被一次泥石流严重毁坏）。

19. 在科里亚登科（Kolyadenko）等人诉俄罗斯案中，由于降雨量在两小时内达到189毫米，导致水库泄洪。洪水淹没了水库周围的大片区域，严重损坏了申诉者的房屋和家具。法院认为，在可归责于国家的疏忽与水库附近居民的生命受到威胁之间所确立的因果关系，也适用于洪水对申诉人的住房造成的损害。

尊重私人和家庭生活的权利：第8条

20. 第8条是欧洲人权法院使用的主要条文，法院在该条的基础上确立了重要的环境判例。根据莫雷诺·戈麦斯（Moreno Gomez）诉西班牙一案，“公约没有明确规定享有干净和安静的环境权，但如果个人直接或严重受到噪声或其他污染的影响，那么根据第8条就会产生相关的问题”。

21. 在麦克金利（McGinley）和伊根（Egan）诉英国案中，麦克金利曾是英国陆军圣诞岛的一名核电站操作员，彼时太平洋正在进行核武器大气试验。在测试期间，服务人员根据命令要在开阔的地方列队，远离爆炸。爆炸发生时，伊根先生在离圣诞岛不远的一艘船上做司炉。爆炸发生后，申诉人出现了各种健康问题，他们将这些问题归因于辐射。“在没有任何个人监测的情况下，他们受到的辐射水平是否会对他们的健康造成威胁，这一点令人怀疑。”法院认为（……）“获取信息的问题既可以减轻申请人在这方面的恐惧，也可以使他们能够评估其所面临的危险，这一问题与第8条所指的其私人和家庭生活有着足够密切的联系，从而引出了该条款下的一个问题”。

22. 在洛佩斯·奥斯特拉（Lopez Ostra）诉西班牙案中，法院承认了此种情形违反了第8条，即废品处理厂所造成的污染距申诉人的住所仅数十米。根据医疗报告和专家的意见，该工厂的硫化氢排放量似乎超过了许可限度，并可能危及附近居民的健康。法院认为，“严重的环境污染可能会影响个人幸福，妨碍他们的家庭生活，从而对他们的私人和家庭生活产生不利影响，但不会严重危害他们的健康”。

23. 在著名的巴丝拉（Bacila）诉罗马尼亚案中，法院确认工厂污染违反了第8条，因为申诉人表明工厂污染（排放有毒物体）与其健康恶化（铅中毒）之间存在因果关系。

26. 塔塔尔（Tatar）诉罗马尼亚案事关一对父子，他们住在金矿附近。

申诉人辩称，提取、储存和使用氰化钠对人类健康构成真正的威胁。此外，他还声称，该公司开采黄金造成的污染是其子患哮喘的原因。由于申诉人未能从当局获得任何正式文件以证实黄金开采厂的活动是危险的，法院认定该国没有履行保障公约第 8 条所规定的权利的义务。尽管如此，法院根据缔约国提交的溢漏对环境影响的研究报告得出，工厂活动对申请人的安康存在严重和实质性的威胁。

第 2 条和第 8 条涵盖的情况

27. 法院阐明了第 2 条的范围，指出："《公约》第 2 条不仅涉及国家工作人员使用武力造成的死亡，而且在第 1 款第 1 句中规定各国有积极义务采取适当步骤，保障在其管辖范围内的人的生命。"因此，对生命的威胁可能来自自然现象或人类活动。法院进一步解释说，"从整体来看，这一条不仅涵盖国家的某些作为或不作为导致被申诉人死亡的情况，还包括这样的情况：尽管申请人幸存，但明显存在生命危险"。

28. 相比之下，法院对第 8 条范围的解释要比第 2 条宽松一点。法院已经接受各种侵权行为的来源。因此，第 8 条可以广泛地涵盖所有类型的污染，例如噪声、空气污染、金矿使用氰化物、核影响、在公共道路上堆积废物或使用烟火。

29. 法院的判例强调尊重"生活质量"和与审议违反第八条有关的"家"概念的重要性。自莫雷诺·戈麦斯（Moreno Gomez）诉西班牙一案以来，"家"是确立保护环境判例的关键概念："根据法院的说法，尊重住宅的权利不仅包括实体房屋上的权利，还包括在合理限度内平静地享有这片区域的权利。"根据法院对"家"相当广泛的定义，"家"是指"私人和家庭生活发展的场所，即物理界定的地区"。此外，"第 8 条保护仅限于家，如果申诉的主题是家以外的滋扰，则不能适用这一条"。"家"可以指"私人领域"。当一个人被监禁，他或她的牢房，即使不是"家"，也必须作为他或她的"生活空间"加以保护。

30. 在评估违反第 8 条的情况时，法院要求申诉人受到"直接和严重的影响"："严重的环境污染可能影响个人的幸福，妨碍他们的生活，对其家庭和私人生活产生负面影响，但不会严重危害他们的健康"。法院评估了第二个标准：达到的最低损害限度。法院认为在适用第 8 条时，并不要求申诉人提供对其健康有实际影响的证据。然而，要达到严重性的临界点，后果必须是严重且反复的。

31. 为适用公约，有必要在环境侵权与尊重私人和家庭生活之间建立一种联系：因果关系。环境的普遍退化是不够的，必须证明存在风险的可能性，否则就不存在受害者。

《公约》第一号议定书第1条

55. 法院保护第一号议定书第1条规定的财产权，将其作为个人财产的权利加以保护，这种保护必须“切实有效”。各缔约国也有义务采取措施，确保这一权利得到有效保护。在环境方面，这项义务引起的问题主要涉及危险活动，自然灾害的问题较少。与其他权利类似，申请人必须证明国家的行为与有效享有其财产权之间的因果关系。这项权利不是绝对的，因此，当局也保有一定的评估余地，并有权在涉及普遍利益事项和有需要的情况下，限制财产的使用。

57. 任何剥夺个人财产的行为都应遵守均衡标准：公共当局的任何决定都必须以“法律”为依据，以“公共利益”为基础，而且必须在个人利益和公共利益之间实现平衡。此外，法院在评估国家履行义务的情况时制定了严格的标准：当公共当局计划的危险活动涉及健康风险时，应建立一个有效和方便的程序，使个人能够获得适当的信息。

58. 欧洲人权法院可以评估有关个人是否得到了足够的赔偿金。在与环境保护有关的案件中，法院认为，社区的普遍利益是十分重要的，并给予国家一个比完全涉及公民权利时更大的判断空间。

（六）全球人权与环境研究网络《人权与气候变化宣言》[①]

序言

重申所有人权的普遍性、不可分割性、相互依存和相互关系以及地球上所有生命的相互关系和地球上所有生命对健康生物圈和地球系统完整性的依赖；

认识到人类工业和消费活动造成的气候变化严重影响土著居民、穷人、妇女和儿童、弱势群体、小岛屿和低海拔沿海社区、发展中国家、最不发达国家、后代以及无数生物及其系统；

认识到要在气候危机时代最终实现人权，就必须对人类赖以生存的生物和制度给予充分的法律保护；

认识到人类是地球生命系统的一部分；

① Global Network for the Study of Human Rights and the Environment（GNHRE），Declaration on Human Rights and Climate Change，https://gnhre.org/declaration-human-rights-climate-change/.

认识到假设人类与自然分离会造成气候和生态破坏；

认识到所有文化、信仰和传统都应当发挥作用，充分发展气候和环境管理、教导尊重所有生物和生态系统以及发展具有气候适应能力的社区；

认识到气候变化对地球系统及其多种生命形式的威胁；

认识到气候变化对当代人和后代人的生计和福祉构成威胁；

认识到气候变化严重影响无数具有内在价值并无法自卫的生物和系统；

认识到气候变化使人口流离失所，跨国和国内移徙因气候变化而增加，并有可能继续增加；

深切关注政治上长期未能就减缓和适应气候变化作出充分承诺所造成的严重人权后果，市场的协调国际社会应对气候危机的主导地位，以及侵犯人权、环境和气候权利的企业行为者问责制的缺失；

深信气候变化影响的潜在不可逆性导致迫切需要新形式的国家和非国家层面的责任制、问责制和赔偿责任机制。

宣布以下原则：

第一节

1. 人权和对气候变化的深刻承诺是相互依存和不可分割的。

2. 所有人类、动物和生物系统都有权拥有一个安全、健康和生态良好的地球系统。

3. 所有人都有权在所有气候恢复、适应和减缓措施及努力中享有公平、公正和正义。

4. 所有人都有权享有既能满足当代人的需要、又不损害后代人满足其需求的能力的地球气候。

5. 所有人类、动物和生物系统都有权享有能达到的最高健康标准的权利，免受环境污染、退化和有害物质排放的影响，免受危险人为因素对气候系统的干扰的影响，实现将全球气温上升的水平控制在不超过工业化前水平的2℃范围内。

6. 所有人有权获得防止人为气候变化引起不利后果的气候适应和减缓投资，并有权在发生气候变化导致的灾害时获得国际援助和及时援助。

7. 在应对气候变化威胁方面，所有人、动物和生物系统都有权享有公平、公正和正义。这包括保护免受为发展气候适应能力而采取的适应和减缓措施以及潜在的气候地质工程技术部署所造成的有害影响。

8. 所有人都有权公正地过渡到一个以有意义的包容和分配公正为特点的可持续发展社会。

第二节

9. 所有人都有权了解和参与与改变他们赖以生存的物质环境有关的决策过程。

10. 所有人都有权获得有关气候的信息。信息应及时、清晰、易懂，并且不会给申请人造成不必要的经济负担。

11. 所有人都有权保留和表达意见，并传播有关气候的想法和信息。

12. 所有人都有权接受气候和人权教育。

13. 所有人都有权主动、自由和有意义地参与可能对气候产生影响的规划和决策活动。这特别包括土著人民、妇女和其他代表性不足的群体享有平等参与的权利；包括有权事先评估拟议行动的气候和人权后果；包括平等听取意见和在过程中免受强大经济主体主导的权利；包括土著人民参与保护其土地权、领土权、自然资源权、占有权和文化遗产的权利。

14. 所有人都有权自由和平地与他人交往，并为保护气候或受气候危害者的权利而在公共场所和平集会。

15. 对于气候变化的危害或此类危害产生的威胁或风险，所有人都有权得到行政或司法程序有效的救济和补偿，包括金钱或其他形式的补偿。

第三节

16. 所有人，无论是独自还是同他人一起，都有避免和/或尽量减少已知的造成气候破坏做法的道德责任。

17. 所有缔约国和工商企业都有义务保护气候，尊重本宣言所规定的权利。

18. 所有缔约国应在所有与气候变化有关的行动中尊重、保护、促进和实现土著人民的权利。这些权利包括支持采取缓解措施；集体自决和自由、事先和知情同意的权利；充分和平等地参与环境和政治进程；尊重和保护土著传统。这应包括尊重和保护土著习惯法，并适当承认土著人民在确保自然生态系统的完整性和复原力方面的作用。

19. 所有缔约国应在所有与气候变化有关的行动中确保性别平等和妇女充分平等参与；代际公平；创造体面工作的劳动力的公正过渡；粮食主权；自然生态系统的完整性和复原力。

20. 所有缔约国都有义务向气候难民提供援助和声援。各国应尊重获得援助和声援的权利并建立必要的法律框架，协助和支持气候难民，保护他们的生命和尊严。

21. 所有缔约国都应尊重和确保享有安全、健康和生态良好的环境和稳定气候的权利，并保证本宣言第一至第三部分所述的权利。因此，国家应采取必要的行政、立法和其他措施，有效落实本宣言的各项权利。

22. 所有缔约国应确保与其他国家和国际组织及机构开展国际合作，以尊重本宣言第一至第三部分所述的各项权利。所有缔约国均应遵守本宣言所载的权利和义务，包括治外法权。

23. 所有国际组织和机构应遵守本宣言所载的权利和义务，包括土著人民、妇女和其他传统上代表性不足和被边缘化的群体和个人的人权和程序权利。

24. 所有采取行动减少气候危害的国家、国际组织、工商企业和个人都应尊重和承认任何受影响的人和其他生物及其系统不受气候变化危害的权利。

（七）联合国环境规划署《气候变化与人权》[①]

第一部分介绍气候变化的影响和应对措施如何影响环境、个人和社区的最新预测和观察。一些主要发现包括：

- 气候变化对淡水资源、生态系统和人类定居地的影响已经破坏了人们获得清洁水、食物、住房和其他基本人类需求的机会；干扰生计；迫使人们离开家园。即使我们将全球变暖控制在2℃的国际目标之内，这些影响在未来几十年也将急剧扩大。

- 气候变化影响严重干涉了基本人权的行使，如生命权、健康权、水权、食物权、住房权和适足生活水准权。

- 减缓措施、适应措施和地质工程措施也会对人权的行使产生不利影响。例如，有记录表明水电和生物燃料项目侵犯人权。为由于气候变化而流离失所或有流离失所风险的人实施的重新安置方案可能存在极大的侵犯人权风险，因此有必要确保这些方案得到充分投入并得到被安置者的同意。

第二部分概述了政府和私营部门应对这些影响的义务。本节首先回顾联合国各机构和各国政府是如何理解气候变化与人权之间的关系的。然后，报告更详细地讨论了这方面的具体义务。这些包括：

- 各国政府的程序性义务，以确保受影响的公众：（一）充分了解气候变化的影响以及为减缓和适应气候变化而采取的措施；（二）充分参与有关气候变化的公共决策；（三）在气候变化和应对措施导致权利受到侵犯时，可获得行政、司法和其他救济。

---

① UN Environment Programme, *Climate Change and Human Rights* (2015), http://apps.unep.org/publications/index.php?option=com_pub&task=download&file=011917_en.

• 各国政府的实质性义务：（一）保护人权不受与气候有关的损害；（二）通过在其管辖范围内管制温室气体排放，应对气候变化的核心驱动因素；（三）开展国际合作，保护人权免受与气候有关的损害；（四）处理气候变化的跨界影响；（五）在所有减缓和适应活动中保障人权。

• 各国对包括妇女、儿童和土著人民在内的某些群体也负有独特的义务。值得注意的是，各国在采取任何可能对土著人民的传统土地和资源产生不利影响的措施之前，必须获得自由、事先和知情的同意。

• 私营部门也有义务应对气候变化对人权的影响，并应参考《联合国工商企业与人权指导原则》，以确保他们在所有活动中充分尊重人权。

第三部分讨论了这些义务的履行情况，主要集中于各国政府在《联合国气候变化框架公约》范围内外开展的活动。报告记录了这一领域一些最新的事态发展：

• 在提交给《联合国气候变化框架公约》秘书处的报告中，一些国家开始认识到人权与气候变化之间的联系，但大多数发达国家的情况并非如此。

• 国家自主贡献（INDCs）中提出的减排承诺与将全球变暖控制在2℃或以下所需的减排量之间存在巨大的“排放差距”。

• 在适应气候变化所需资金、可用资金、技术和能力方面，也存在巨大的“适应资金缺口”。

• 最后，已经向发展中国家提供或承诺的财政和技术援助与确保气候变化不影响这些国家行使人权所需的资源之间存在巨大的“资金缺口”。即使我们确实达到了2℃的目标，情况也是如此。

• 大多数国际气候融资机制都附有保障人权的措施，但仍有改进的空间，特别是在监测和评估这些方案和任何侵犯人权行为方面。

（八）阿塔帕图《亚洲环境法原则》①

可持续发展已成为首要原则，而其他原则，特别是预防原则、污染者付费原则和公众信任原则，则被确定为实现可持续发展的工具或其组成部分。其他重要原则包括代际公平原则和利益相关方获取信息和参与程序的原则。这次讨论中遗漏的一项重要原则是作为气候制度和臭氧制度基础的共同但有

① Sumudu Atapattu, “Environmental Law Principles in Asia”, in Michael Faure (ed.), *Elgar Encyclopedia of Environmental Law* (2015), www.elgaronline.com/view/nlm-book/9781786436986/b-9781785365669-VI_33.xml.

区别的责任原则。虽然该地区的司法机构对这些原则的阐述值得赞扬，但这些原则的执行仍有许多不足之处。这里讨论的许多原则已被纳入该区域许多国家的环境立法中，但这些原则几乎没有得到执行。

（九）经社文权利全球倡议《环境人权方针指南》[①]

为了解决生态危机，许多参与式发展实践已经在进行中，但并非所有实践都明确提及人权。更具体地提及人权标准和原则将有助于“纵向扩展”和“横向扩展”这些新生的倡议。人权是国际公认的人类待遇标准，可以为气候行动的政治动员提供强有力的理由。它们还保证这种政治动员将集中于社会中最边缘化的群体，避免将当地社区视为同质化社区。有许多工具可用于整合或转变发展以应对生态危机和气候变化；但是，如果没有明确提及人权，实践者可能会发现，其会在所面临的现实困难中权衡和妥协而忽视了发展实践中潜在的社会和生态不公正。人权是防止这种情况发生的最好保障。

虽然有许多工具可以帮助进行不同方面的生态和气候分析，但没有必要重申 Jonsson 等人为联合国儿童基金会所述的基于人权的方法的关键方面——相反，它们应该对这些工具进行更新，认识到人权在生态领域的嵌入和气候变化的威胁。Jonsson 流程的更新版本可供实践者在规划中使用：

1. 因果关系分析——查明反映侵犯人权行为的问题的直接、根本和基本原因：使用参与式生态和气候相关工具（……），同时分析边缘化、歧视和侵犯权利的行为。在时间上，这必须包括对未来生态/气候相关变化的预测，这些变化必须纳入长期规划的考虑之中。在空间上，这种分析应在适当的最低生态水平上进行，并考虑到地方和全球生态系统之间的相互作用。

2. 模式分析——确定特定社会背景下的关键索赔责任关系。

• 这方面的关键是研究当前与控制资源有关的地方职责，特别是在存在传统或习惯安排的情况下。

3. 能力差距分析——通过分析责任、动机、承诺、领导力、权威、对资源的获取/控制、沟通能力以及理性决策和学习的能力来分析权利得不到实现的原因。

• 资源获取/控制是关键，必须确定为实现资源权利而进行宣传和动员的领域。学习对持续评估复杂的生态变化也尤为重要。

---

① Global Initiative for Economic, Social and Cultural Rights, *The Practitioners Guide on Human Rights Based Approach related to the Environment and Climate Change* (2014), https://hrbaportal.org/wp-content/files/GI-ESCR-Practitioners-Guide-Human-Rights-Environment-and-Climate-Change1.pdf.

4. 确定备选的行动

● 需要一个参与式过程，并不断回到生态和人权因果关系的分析上来。在这方面，人权原则作为确定优先次序的工具尤其重要。应利用环境影响评估和人权影响评估对活动本身进行气候/生态恢复筛查（……）。

5. 方案设计——从活动到更广泛的项目的聚合。

在这些步骤中，实践者应特别参考：

- 实质权利——特别是生命权、自由权和人身安全权；生存；土地；
- 程序权利——注重获取/提供信息、各级参与和补救机制；
- 妇女权利；
- 土著权利；
- 儿童权利。

（十）邓恩《法院判决减排是一项人权》①

在一个备受关注的案件中，荷兰最高法院判决，到2020年底，荷兰政府必须将排放量在1990年的水平上至少减少25%，超出欧盟20%的减排目标，该案可能会对全球范围内的诉讼产生广泛的影响。

该最高法院周五表示，它的判决基于《联合国气候变化框架公约》和国家在《欧洲人权公约》下的义务。（……）在以英文宣读的简要摘要中，主审法院的法官指出《欧洲人权公约》第2条和第8条——生命权与尊重私人和家庭生活的权利——表明应对气候变化的行动属于人权保护的范畴。

他说："这些条款规定了荷兰政府有采取合理和适当措施的积极义务，保护荷兰居民免受危险的气候变化的严重风险，该风险将威胁到许多荷兰人的生活和福祉。"法院表示，适用国际公约的义务胜过了政府主张，也就是决定减排的责任是由政治家而非法院来决定。

根据哥伦比亚大学萨宾气候变化法律中心的创始人和主任迈克尔·杰拉德（Michael Gerrard）的说法，在所有关于气候变化的国际诉讼中，乌尔根达（Urgenda）案走得最远。该中心与阿诺德和波特律师事务所（Arnold & Porter，在中国登记为美国凯寿律师事务所——编者注）一起运营一个数据库，目的是追踪国际和美国气候变化诉讼。"全球共有1442起气候变化诉讼。在本案中作出了有史以来最坚定的判决"杰拉德说，"荷兰最高法院维

① Katherine Dunn, "Climate Change Litigation Enters a New Era as Court Rules That Emissions Reduction Is a Human Right", *Fortune* (December 20, 2019), https://fortune.com/2019/12/20/climate-change-litigation-human-rights-netherlands/.

持了世界上第一个要求一个国家削减温室气体排放的命令。这一决定可能会在其他国家引发更多的案例”。

剑桥大学可持续发展法律专家马库斯·格林（Markus Gehring）也赞同这一观点。“妙就妙在只需要一个成功的案例”他说，“（现在）预计气候诉讼将会成倍增加。”

他说，迄今为止，气候变化诉讼的总体胜诉情况喜忧参半，一些案件侧重于政府责任，而另一些案件则关注主要的排放主体，包括能源公司。

（十一）冈萨雷斯《全球粮食系统、环境保护和人权》[①]

引言

全球粮食系统正在超越生态极限，却仍然无法满足世界很大一部分人口的粮食需求。根据联合国粮食及农业组织（FAO）的数据，当今营养不良的人比 40 年前更多。约有 9.25 亿人长期粮食无保障（……）。农业生产的广泛工业化给世界生态系统带来巨大压力，造成土壤退化、森林砍伐、农业生物多样性丧失以及淡水资源的污染和枯竭。农业是人为温室气体排放的主要来源，加速了气候变化；而气候变化又增加了干旱、洪水和飓风的频率和严重程度，降低了农业产量，并对有限的水资源造成了额外的压力，从而威胁到全球粮食生产。本文探讨了粮食、农业生物多样性和气候危机交汇的根本原因，并提出了国际社会可能通过法律和法规采取的综合措施，促进建立一个更加公正、更有弹性和可持续性的粮食体系。

农业目前是生物多样性丧失的主要驱动因素，主要是通过将森林、草原和湿地转变为大规模农业生产用地，还通过不可持续的水资源利用、湖泊和河流的污染以及引进外来物种。联合国千年生态系统评估的结论是，所审查的生态系统中约有 60% 已退化或被不可持续地用于满足对粮食、水、木材和燃料日益增长的需求。生态系统的这种退化对农村穷人造成了严重的影响，阻碍了消除贫穷和饥饿的努力。

世界粮食供应的遗传多样性也受到威胁。世界粮食作物多样性的 75% 在 20 世纪消失了，因为农民放弃了传统的粮食作物，转而选择种植范围狭窄的驯养植物。目前我们从植物中获得的食物能量的 80% 仅由 12 种作物提供。由于高产品种已经取代了当地的传统品种，这些作物的遗传多样性也在下降。这种遗传多样性的丧失增加了灾难性作物歉收的风险（……）。

---

① Carmen G. Gonzalez, *The Global Food System*, *Environmental Protection*, *and Human Rights* (2012), https://ssrn.com/abstract=2004732.

气候变化将加剧粮食的不安全和生物多样性的丧失。随着气候变得更加炎热和干燥，预计世界缺水地区将经历长期干旱，对拉丁美洲和撒哈拉以南非洲的半干旱地区造成严重影响。沿海地区将受到飓风、海平面上升和洪水的冲击。预计气候变化还将对生物多样性产生破坏性影响——降低世界渔业的生产力、加速物种灭绝和丧失对粮食生产至关重要的生态系统。最可能受到不利影响的家庭和国家是最依赖当地农业生产的家庭和国家，这些家庭和国家已经长期面临粮食不安全状况。

具有讽刺意味的是，农业也是造成全球变暖的最大因素之一。农业占全球人为温室气体排放量的近三分之一，包括化肥使用增加的一氧化二氮、水稻和畜牧业生产产生的甲烷、砍伐森林产生的二氧化碳以及以化石燃料为基础的农业投入的制造以及食品加工、包装和运输产生的间接排放。

相关问题：综合解决方案

在设计基于系统的方案来解决日益融合的粮食、气候和农业生物多样性危机时，有必要考虑三个关键命题。

第一，造成长期营养不良的原因通常是贫困，而不是粮食短缺。自 1950 年以来，全球粮食生产速度超过了人口增长速度，目前有足够的粮食来满足每个人的营养需要。即使在食物充足的国家，人们也会因为贫穷而挨饿。世界上大多数营养不良的人是发展中国家的小农，他们是粮食的净购买者。这些农民的收入往往太低，无法购买市场上的粮食。因此，消除饥饿需要增加发展中国家小农的收入，而不是简单地提高粮食产量。

第二，农业生物多样性对世界粮食供应的完整性和弹性至关重要。种植多种作物可以抵御环境冲击，使食物来源多样化，提高土壤肥力，并保存必需的遗传资源，以培育能够承受包括盐、热、洪水和干旱等气候变化相关压力的植物品种。从历史上看，小农在保护和加强世界农业生物多样性方面发挥了重要作用。然而，工业化农业的迅速扩张在世界范围内造成了农业生物多样性的下降，使小农边缘化，削弱了农民的自给自足能力，削弱了传统农业知识，同时助长了对少数跨国公司生产的昂贵种子、农药、化肥和机械的依赖。因此，促进小农生计和鼓励种植多种作物和多种遗传品种的贸易和生产政策对世界农业生态系统的健康和弹性至关重要。

第三，农业可以在减缓和适应气候变化方面发挥重要作用。可持续农业力求最大限度地利用自然害虫、养分、土壤和水管理技术，同时减少农用化学品的使用并加强农业生物多样性。可持续耕作方式尽量减少使用农用化学品，其产生的温室气体排放量低于工业化农业。通过利用动物粪便、作物轮作间作和农林复合，可持续农业减少了土壤侵蚀，提高了土壤和地面植被的固碳能力。可持续耕作方法可以增加土壤中的有机物质和提高土壤的保水能力，进而提高农业生产力，增强抵御洪水和干旱的能力。培育具有遗传多样性的作物品种可以提高对与天气有关的事件、害虫和疾病的抵抗力。因此，促进可持续农业的贸易和生产政策将加强粮食安全，保护生物多样性，并有助于减缓和适应气候变化。

（十二）安东《环境是人权问题吗?》①

冲突或互补?

《斯德哥尔摩宣言》中的主张“在一个有尊严和幸福生活的环境中，人类享有自由、平等和适足生活条件的基本权利，他负有保护和改善当代人和后代人环境的庄严责任”，引发了有关人权与环境之间联系的法理依据的早期学术研究，许多文本和文章出现，其中国际法律案例要求“保障个人享有纯净、健康和体面的环境”。

如今，越来越多的人认识到保护环境和促进人权是相互交织、相辅相成的目标。对于前国际法院副院长克里斯托弗·韦拉曼特里来说，这是不言而喻的（……）：“保护环境是（……）这是当代人权理论的重要组成部分，因为它是健康权和生命权等众多人权的必要条件。几乎没有必要详细说明这一点，因为对环境的破坏会损害《世界人权宣言》和其他人权文书中提到的所有人权。”

然而，也有一些学者拒绝承认人权与环境之间的联系，并认为它们的联结是不相容甚至危险的。他们认为人权和环境保护建立在根本不同、最终不可调和的价值体系之上。对他们来说，这些差异更有可能导致冲突，而不是互补。争议仍在进行，一方面，一些环境律师坚持认为，环境法的人权重点最终将所有其他环境价值简化为人类的工具用途，以便提高人类生活的质量。这种以人为本、功利主义的观点将生态系统的非人类和非生物方面降低到对人类的经济价值，并将不可持续的资源开发和环境退化作为人类的一种福祉加以促进。此外，一些人权律师认为，将人权与环境联系起来会降低保护更紧迫的人权问题的重要性，例如结束种族灭绝、法外处决、酷刑和任意拘留等方面的人权问题。

迪娜·谢尔顿教授提出了第三种观点，她说这种观点似乎最能反映当前

---

① Donald Anton, *Is the Environment a Human Rights Issue*? (2008), https://ssrn.com/abstract=1126470.

法律和政策的运行状态。这种观点认为人权和环境保护代表了不同但重叠的社会价值观。这两个领域有着共同的核心利益和目标，尽管显然并非所有侵犯人权的行为都必然与环境退化有关。同样，环境问题不可能总是在人权框架内得到有效解决，任何将所有这些问题强加给人权范畴的企图都可能从根本上扭曲人权概念。因此，这种办法认识到环境保护与人权之间的潜在冲突，也承认每个领域可以为实现其共同目标作出的贡献。

人权与环境的关系

这种关系可以从两个主要方面来设想。一是环境保护可以作为实现人权标准的一种手段。由于退化的自然环境直接导致对生命、健康和生计人权的侵犯，导致环境退化的行为可能构成对国际公认人权的直接侵犯，建立可靠和有效的环境保护制度将有助于确保后代的福祉以及这些人的生存，这些人往往包括土著居民或经济上处于边缘地位的群体，他们的生计直接依赖自然资源。

二是对人权的法律保护是实现环境保护目的的有效手段。因此，充分实现广泛的第一代和第二代权利将构成一种社会和政治秩序，在这个社会中，环境保护的要求更有可能得到尊重。

这一方面的另一种更有野心的观点认为，享有令人满意的环境是而且应该是一项不可剥夺的人权，应当有法律手段以一致和有效的方式落实这一权利。从这些术语来讲，法律的重点不再是环境对其他人权的影响，而是环境本身的质量。以这种定性的方式表达，享有一个体面环境的权利与可持续发展或代际公平等其他主张有很多共同之处，并存在类似的主观性、定义和相对性问题，这使任何普遍人权的概念都有其固有的问题。

四　中国相关文件与材料

（一）国家法律法规

1.《中华人民共和国环境保护法（2014 修订）》

第六条　一切单位和个人都有保护环境的义务。

地方各级人民政府应当对本行政区域的环境质量负责。

企业事业单位和其他生产经营者应当防止、减少环境污染和生态破坏，对所造成的损害依法承担责任。

公民应当增强环境保护意识，采取低碳、节俭的生活方式，自觉履行环境保护义务。

第十九条　编制有关开发利用规划，建设对环境有影响的项目，应当依法进行环境影响评价。

未依法进行环境影响评价的开发利用规划，不得组织实施；未依法进行环境影响评价的建设项目，不得开工建设。

第四十二条　排放污染物的企业事业单位和其他生产经营者，应当采取措施，防治在生产建设或者其他活动中产生的废气、废水、废渣、医疗废物、粉尘、恶臭气体、放射性物质以及噪声、振动、光辐射、电磁辐射等对环境的污染和危害。

排放污染物的企业事业单位，应当建立环境保护责任制度，明确单位负责人和相关人员的责任。

重点排污单位应当按照国家有关规定和监测规范安装使用监测设备，保证监测设备正常运行，保存原始监测记录。

严禁通过暗管、渗井、渗坑、灌注或者篡改、伪造监测数据，或者不正常运行防治污染设施等逃避监管的方式违法排放污染物。

第四十三条　排放污染物的企业事业单位和其他生产经营者，应当按照国家有关规定缴纳排污费。排污费应当全部专项用于环境污染防治，任何单位和个人不得截留、挤占或者挪作他用。

第五十六条　对依法应当编制环境影响报告书的建设项目，建设单位应当在编制时向可能受影响的公众说明情况，充分征求意见。

负责审批建设项目环境影响评价文件的部门在收到建设项目环境影响报告书后，除涉及国家秘密和商业秘密的事项外，应当全文公开；发现建设项目未充分征求公众意见的，应当责成建设单位征求公众意见。

2.《中华人民共和国环境影响评价法（2018修订）》

第十六条　国家根据建设项目对环境的影响程度，对建设项目的环境影响评价实行分类管理。

建设单位应当按照下列规定组织编制环境影响报告书、环境影响报告表或者填报环境影响登记表（以下统称环境影响评价文件）：

（一）可能造成重大环境影响的，应当编制环境影响报告书，对产生的环境影响进行全面评价；

（二）可能造成轻度环境影响的，应当编制环境影响报告表，对产生的环境影响进行分析或者专项评价；

（三）对环境影响很小、不需要进行环境影响评价的，应当填报环境影响登记表。

建设项目的环境影响评价分类管理名录，由国务院生态环境主管部门制定并公布。

第十七条　建设项目的环境影响报告书应当包括下列内容：

（一）建设项目概况；

（二）建设项目周围环境现状；

（三）建设项目对环境可能造成影响的分析、预测和评估；

（四）建设项目环境保护措施及其技术、经济论证；

（五）建设项目对环境影响的经济损益分析；

（六）对建设项目实施环境监测的建议；

（七）环境影响评价的结论。

环境影响报告表和环境影响登记表的内容和格式，由国务院生态环境主管部门制定。

（……）

第二十一条 除国家规定需要保密的情形外，对环境可能造成重大影响、应当编制环境影响报告书的建设项目，建设单位应当在报批建设项目环境影响报告书前，举行论证会、听证会，或者采取其他形式，征求有关单位、专家和公众的意见。

建设单位报批的环境影响报告书应当附具对有关单位、专家和公众的意见采纳或者不采纳的说明。

3.《建设项目环境保护管理条例（2017 修订）》

第七条 国家根据建设项目对环境的影响程度，按照下列规定对建设项目的环境保护实行分类管理：

（一）建设项目对环境可能造成重大影响的，应当编制环境影响报告书，对建设项目产生的污染和对环境的影响进行全面、详细的评价；

（二）建设项目对环境可能造成轻度影响的，应当编制环境影响报告表，对建设项目产生的污染和对环境的影响进行分析或者专项评价；

（三）建设项目对环境影响很小，不需要进行环境影响评价的，应当填报环境影响登记表。

建设项目环境影响评价分类管理名录，由国务院环境保护行政主管部门在组织专家进行论证和征求有关部门、行业协会、企事业单位、公众等意见的基础上制定并公布。

第九条 依法应当编制环境影响报告书、环境影响报告表的建设项目，建设单位应当在开工建设前将环境影响报告书、环境影响报告表报有审批权的环境保护行政主管部门审批；建设项目的环境影响评价文件未依法经审批部门审查或者审查后未予批准的，建设单位不得开工建设。

第十一条 建设项目有下列情形之一的，环境保护行政主管部门应当对环境影响报告书、环境影响报告表作出不予批准的决定：

（一）建设项目类型及其选址、布局、规模等不符合环境保护法律法规和相关法定规划；

（二）所在区域环境质量未达到国家或者地方环境质量标准，且建设项目拟采取的措施不能满足区域环境质量改善目标管理要求；

（三）建设项目采取的污染防治措施无法确保污染物排放达到国家和地方排放标准，或者未采取必要措施预防和控制生态破坏；

（四）改建、扩建和技术改造项目，未针对项目原有环境污染和生态破坏提出有效防治措施；

（五）建设项目的环境影响报告书、环境影响报告表的基础资料数据明显不实，内容存在重大缺陷、遗漏，或者环境影响评价结论不明确、不合理。

第十二条　建设项目环境影响报告书、环境影响报告表经批准后，建设项目的性质、规模、地点、采用的生产工艺或者防治污染、防止生态破坏的措施发生重大变动的，建设单位应当重新报批建设项目环境影响报告书、环境影响报告表。

建设项目环境影响报告书、环境影响报告表自批准之日起满5年，建设项目方开工建设的，其环境影响报告书、环境影响报告表应当报原审批部门重新审核。原审批部门应当自收到建设项目环境影响报告书、环境影响报告表之日起10日内，将审核意见书面通知建设单位；逾期未通知的，视为审核同意。

审核、审批建设项目环境影响报告书、环境影响报告表及备案环境影响登记表，不得收取任何费用。

第十三条　建设单位可以采取公开招标的方式，选择从事环境影响评价工作的单位，对建设项目进行环境影响评价。

任何行政机关不得为建设单位指定从事环境影响评价工作的单位，进行环境影响评价。

第十四条　建设单位编制环境影响报告书，应当依照有关法律规定，征求建设项目所在地有关单位和居民的意见。

第十五条　建设项目需要配套建设的环境保护设施，必须与主体工程同时设计、同时施工、同时投产使用。

第十六条　建设项目的初步设计，应当按照环境保护设计规范的要求，编制环境保护篇章，落实防治环境污染和生态破坏的措施以及环境保护设施投资概算。

建设单位应当将环境保护设施建设纳入施工合同，保证环境保护设施建设进度和资金，并在项目建设过程中同时组织实施环境影响报告书、环境影响报告表及其审批部门审批决定中提出的环境保护对策措施。

第十七条　编制环境影响报告书、环境影响报告表的建设项目竣工后，建设单位应当按照国务院环境保护行政主管部门规定的标准和程序，对配套建设的环境保护设施进行验收，编制验收报告。

建设单位在环境保护设施验收过程中，应当如实查验、监测、记载建设项目环境保护设施的建设和调试情况，不得弄虚作假。

除按照国家规定需要保密的情形外，建设单位应当依法向社会公开验收报告。

4.《生产者责任延伸制度推行方案（2016）》

重点任务分工及进度安排表

序号	重点任务	责任单位	时间进度安排
1	完善废弃电器电子产品回收处理制度	国家发展改革委、环境保护部、财政部在各自职责范围内分别负责	2017年底前提出方案

续表

序号	重点任务	责任单位	时间进度安排
2	制定强制回收的产品和包装物名录及管理办法，确定特定品种的国家回收利用目标	国家发展改革委牵头，工业和信息化部、环境保护部、住房城乡建设部、财政部、商务部、质检总局参与	2018 年完成
3	率先在北京市开展废弃电器电子产品新型回收利用体系建设试点	北京市组织实施，国务院有关部门加强指导	2017 年启动
4	开展饮料纸基复合包装回收利用联盟试点	相关行业联盟组织实施，国务院有关部门加强指导	2017 年启动
5	探索铅酸蓄电池生产商集中收集和跨区域转运方式	环境保护部牵头，国家发展改革委、工业和信息化部参与	2017 年启动
6	在部分企业开展生态设计试点	工业和信息化部、国家发展改革委	持续推动
7	在部分企业开展电器电子、汽车产品生产者责任延伸试点，率先开展信用评价	工业和信息化部、科技部、财政部、商务部组织试点，国家发展改革委牵头组织信用评价	持续推动
8	率先在上海市建设铅酸蓄电池回收利用体系	上海市组织实施，国务院有关部门加强指导	2017 年启动
9	建立电动汽车动力电池产品编码制度和全生命周期追溯系统	工业和信息化部、质检总局负责	2017 年完成
10	支持建立铅酸蓄电池全生命周期追溯系统，推动实行统一的编码规范	工业和信息化部、质检总局、国家发展改革委负责	持续推进
11	建设生产者责任延伸的信用信息采集系统，制定生产者责任延伸评价管理办法，并制定相应的政策指引	国家发展改革委牵头，工业和信息化部、环境保护部、商务部、人民银行参与	2019 年完成
12	修订《报废汽车回收管理办法》，规范报废汽车产品回收利用制度	国务院法制办、商务部牵头，工商总局、国家发展改革委、工业和信息化部等部门参与	2017 年完成
13	制定铅酸蓄电池回收利用管理办法	国家发展改革委牵头，工业和信息化部、环境保护部参与	2017 年完成
14	健全标准计量体系，建立认证评价制度	质检总局牵头，国务院相关部门参与	持续推进
15	研究对开展生产者责任延伸试点的地区和履行责任的生产企业的支持方式	国家发展改革委，财政部	持续推进

续表

序号	重点任务	责任单位	时间进度安排
16	加大科技支持力度	科技部牵头，国家发展改革委、工业和信息化部、环境保护部参与	持续推进
17	加快建立再生产品和原料推广使用制度	国家发展改革委、工业和信息化部、财政部、环境保护部、质检总局	2018 年完成
18	实施绿色采购目标管理	财政部牵头，国务院相关部门参与	2019 年完成
19	加强宣传引导	国家发展改革委牵头，国务院各部门参与	持续推进
20	加强工作统筹规划和分类指导	国家发展改革委牵头，国务院各部门参与	持续推进

5. 中国银监会《绿色信贷指引（2012）》

第十一条　银行业金融机构应当制定针对客户的环境和社会风险评估标准，对客户的环境和社会风险进行动态评估与分类，相关结果应当作为其评级、信贷准入、管理和退出的重要依据，并在贷款“三查”、贷款定价和经济资本分配等方面采取差别化的风险管理措施。

银行业金融机构应当对存在重大环境和社会风险的客户实行名单制管理，要求其采取风险缓释措施，包括制定并落实重大风险应对预案，建立充分、有效的利益相关方沟通机制，寻求第三方分担环境和社会风险等。

第十七条　银行业金融机构应当加强授信审批管理，根据客户面临的环境和社会风险的性质和严重程度，确定合理的授信权限和审批流程。对环境和社会表现不合规的客户，应当不予授信。

第十八条　银行业金融机构应当通过完善合同条款督促客户加强环境和社会风险管理。对涉及重大环境和社会风险的客户，在合同中应当要求客户提交环境和社会风险报告，订立客户加强环境和社会风险管理的声明和保证条款，设定客户接受贷款人监督等承诺条款，以及客户在管理环境和社会风险方面违约时银行业金融机构的救济条款。

第十九条　银行业金融机构应当加强信贷资金拨付管理，将客户对环境和社会风险的管理状况作为决定信贷资金拨付的重要依据。在已授信项目的设计、准备、施工、竣工、运营、关停等各环节，均应当设置环境和社会风险评估关卡，对出现重大风险隐患的，可以中止直至终止信贷资金拨付。

第二十条　银行业金融机构应当加强贷后管理，对有潜在重大环境和社会风险的客户，制定并实行有针对性的贷后管理措施。密切关注国家政策对客户经营状况的影响，加强动态分析，并在资产风险分类、准备计提、损失核销等方面及时做出调整。建立健全客户重大环境和社会风险的内部报告制度和责任追究制度。在客户发生重大环境和社会风险事件时，应当及时采取相关的风险处置措施，并就该事件可能对银行业金融机构造成的影响向监管机构报告。

第二十一条 银行业金融机构应当加强对拟授信的境外项目的环境和社会风险管理，确保项目发起人遵守项目所在国家或地区有关环保、土地、健康、安全等相关法律法规。对拟授信的境外项目公开承诺采用相关国际惯例或国际准则，确保对拟授信项目的操作与国际良好做法在实质上保持一致。

6. 中国银监会《绿色信贷实施情况关键评价指标（2014）》

第十一条 银行机构应制定针对客户的环境和社会风险评估标准，对客户的环境和社会风险进行动态评估与分类，相关结果应作为其评级、信贷准入、管理和退出的重要依据，并在贷款“三查”、贷款定价和经济资本分配等方面采取差别化的风险管理措施。
银行机构应对存在重大环境和社会风险的客户实行名单制管理，要求其采取风险缓释措施，包括制定并落实重大风险应对预案，建立充分、有效的利益相关方沟通机制，寻求第三方分担环境和社会风险等。

目标：根据客户的环境与社会风险对其进行分类管理

核心指标：

3.11.1	明确了本机构所关注的客户的环境和社会风险的内涵，对客户的环境和社会风险进行评估的（参照）标准。
3.11.2	根据客户面临的环境和社会风险，制定分类标准，将其分为不同的类别：
	A类：其建设、生产、经营活动有可能严重改变环境原状且产生的不良环境和社会后果不易消除的客户。从事以下项目开发及运营的客户原则上应划入A类：
	——核电站；大型水电站、水利项目；资源采掘项目；环境和生态脆弱地区的大型设施，包括旅游设施；少数民族地区的大型设施；毗邻居民密集区、取水区的大型工业项目等。
	B类：其建设、生产、经营活动将产生不良环境和社会后果但较易通过缓释措施加以消除的客户。从事以下行业的项目开发及运营的客户原则上应划入B类：
	——石油加工、炼焦及核燃料加工；化学原料及化学制品制造；黑色金属冶炼及压延加工；有色金属冶炼及压延加工；非金属矿物制品；火力发电、热力生产和供应、燃气生产和供应；大型设施建筑施工；长距离交通运输（包括管道运输）项目，城市内、城市间轨道交通项目。
	C类：其建设、生产、经营活动不会产生明显不良环境和社会后果的客户
	（不同行业客户的具体划分类别请参见附表2）
3.11.3	对A和B类客户控制环境和社会风险的进展情况进行动态评估，相关结果应作为其评级、信贷准入、管理和退出的重要依据，并在贷款“三查”、贷款定价和经济资本分配等方面采取差别化的风险管理措施。
	（对A和B类客户控制环境和社会风险的进展情况进行动态评估的方法请参见附表3）。
3.11.4	对存在重大环境和社会风险的客户实行名单制管理，列入名单的客户包括：

续表

	(1) 环境和社会风险分类属于A类的客户，以及环境和社会风险缓释措施不足的B类客户；
	(2) 国家和省级主管部门认定出现重大环境、安全违法违规的企业；
	(3) 国家主管部门认定在节能、节水、减排、环保、安全方面需要重点监控的企业；
	(4) 银行机构认为其环境和社会风险需要重点监控的其他客户。
3.11.5	对进入名单制的客户，针对其面临的环境和社会风险的特点，要求其采取有针对性的风险缓释措施，包括制定并落实重大风险应对预案，建立充分、有效的利益相关方沟通机制，寻求第三方分担环境和社会风险等。

第十七条 银行机构应加强授信审批管理，根据客户面临的环境和社会风险的性质和严重程度，确定合理的授信权限和审批流程。对环境和社会表现不合规的客户，应当不予授信。

目标：针对客户的环境和社会风险，强化授信审批管理，落实风险缓释措施

核心指标：

4.17.1	由环境和社会风险管理团队最终确认客户面临的环境和社会风险的性质及严重程度，并将其划入适当类别，实行动态管理。
4.17.2	对环境和社会风险队分类为A或B类的客户，环境和社会风险管理团队应对其风险出具书面审查意见，供授信审批部门及其他条线参考。环境和风险审查意见应涵盖以下内容：
	(1) 客户（或项目）的潜在环境和社会风险点；
	(2) 客户（或项目）后续应采取的环境和社会风险管理措施；
	(3) 对客户（或项目）环境和社会风险状况的总体评价。
4.17.3	根据客户所处环境和社会风险类别，设立差别化的授信流程和权限：
	(1) 对环境和社会风险分类为C的客户，直接进入正常授信流程；
	(2) 对环境和社会风险管理团队出具负面审查意见的A类或B类客户，不得进入授信审批流程；
	(3) 对环境和社会风险管理团队出具正面审查意见且分类为B的客户，项目贷款、固定资产贷款等中长期授信至少应在分行或其以上层级审批；
	(4) 对环境和社会风险团队出具正面审查意见且分类为A的客户，项目贷款、固定资产贷款等中长期授信应在授信权限最高的总行审批。
4.17.4	对用于支持绿色、低碳、循环经济的授信申请，在同等条件下优先审批。

可选指标：

4.17.5	对分类为A类或B类的拟授信客户及其项目，寻求以下适当方式缓释授信风险：
	(1) 要求提高资本金比例；
	(2) 要求发行中长期公司债（企业债）；
	(3) 要求加列节能环保、安全生产的技改项目和投改计划；

续表

	(4) 要求有效控制项目的资产、现金流、经营权等;
	(5) 要求对项目投保建设期保险，投保与环境和社会风险有关的工程责任险、环境责任险、产品责任险等，并在合适时，将贷款人列为第一顺位保险赔付受益人;
	(6) 要求为受到安全、健康潜在危害的员工购买相关人身损害保险和医疗保险;
	(7) 通过银团贷款加强管理，分散风险;
	(8) 其他可行的风险缓释办法。

第十八条 银行机构应通过完善合同条款督促客户加强环境和社会风险管理。对涉及重大环境和社会风险的客户，在合同中应要求客户提交环境和社会风险报告，订立客户加强环境和社会风险管理的声明和保证条款，设定客户接受贷款人监督等承诺条款，以及客户在管理环境和社会风险方面违约时银行机构的救济条款。

目标：以有力的合同条款督促客户加强环境和社会风险管理

核心指标：

4.18.1	对环境和社会风险分类为 A 或 B 的客户，授信合同中应包含督促客户加强环境和社会风险管理的独立条款。
4.18.2	对环境和社会风险分类为 A 的客户，应在签订授信合同的基础上，与其订立加强环境和社会风险管理的补充合同。
	有关环境和社会风险管理的合同文本内容请参见附表 5。

第十九条 银行机构应加强信贷资金拨付管理，将客户对环境和社会风险的管理状况作为决定信贷资金拨付的重要依据。在已授信项目的设计、准备、施工、竣工、运营、关停等各环节，均应设置环境和社会风险评估关卡，对出现重大风险隐患问题的，可中止直至终止信贷资金拨付。

目标：在资金拨付管理环节上督促客户加强环境和社会风险管理

核心指标：

4.19.1	将客户对环境和社会风险的管理状况作为资金拨付审核的重要内容。
4.19.2	在资金拨付审核中发现客户存在重大风险隐患的，可中止直至终止信贷资金拨付。
4.19.3	重视和加强对项目建设授信资金的拨付管理，制定了项目资金拨付和管理的办法和程序，确保以下规定能够得到实际执行:
	(1) 项目应获得而未获得环评、安全生产、职业健康审批的，不预先拨付资金进行开工前准备和建设;
	(2) 项目环保、安全生产、职业健康设施的设计、施工、运营与主体工程不同时的，暂停主体工程建设的资金拨付，直到“三同时”实现为止;
	(3) 项目完工后应获得而未获得项目竣工环评、安全生产、职业健康审批，不拨付项目运营资金。

第二十条 银行机构应加强贷后管理，对有潜在重大环境和社会风险的客户，制定并实行有针对性的贷后管理措施。密切关注国家政策对客户经营状况的影响，加强动态分析，并在资产风险分类、准备计提、损失核销等方面及时做出调整。建立健全客户重大环境和社会风险的内部报告制度和责任追究制度。在客户发生重大环境和社会风险事件时，应及时采取相关的风险处置措施，并就该事件可能对银行机构造成的影响向监管部门报告。

续表

目标：采取综合措施，对有潜在重大环境和社会风险的客户加强贷后管理	
核心指标：	
4.20.1	对环境和社会风险分类为A类的客户，应由总行的环境和社会风险管理团队制定专门的贷后管理措施，包括但不限于：
	（1）要求客户至少每半年一次报告环境和社会风险管理制度及风险应对计划执行情况；
	（2）贷款机构至少每半年一次到客户现场检查其环境和社会风险管理制度及风险应对计划执行情况；
	（3）必要时，可委托合格、独立的第三方对客户的环境和社会风险管理制度及风险应对计划执行情况进行检查和评估。
4.20.2	对环境和社会风险分类为B类的客户，应在总行的环境和社会风险管理团队指导下，由分行制定专门的贷后管理措施，包括但不限于：
	（1）要求客户至少每年一次报告环境和社会风险管理制度及风险应对计划执行情况；
	（2）贷款机构至少每年一次到客户现场检查其环境和社会风险管理制度及风险应对计划执行情况；
	（3）必要时，可委托合格、独立的第三方对客户的环境和社会风险管理制度及风险应对计划执行情况进行检查和评估。
4.20.3	密切关注国家政策对客户经营状况的影响，加强动态分析，并在资产风险分类、准备计提、损失核销等方面及时做出调整：
	（1）对达不到国家环境和社会标准的客户，及时作出预警，并在其环境和社会风险明显恶化时向下调整其风险分类；
	（2）在敏感性分析中，考虑到环境、资源税费创设或既有费率提高，或资源价格提高对企业或项目现金流的影响；
	（3）在宏观经济压力测试、行业压力测试中，将环境和社会风险作为重要的风险驱动因素；
	（4）针对高环境风险、社会风险行业计提特种准备。
4.20.4	建立健全客户重大环境和社会风险的内部报告制度和责任追究制度。在客户发生重大环境和社会风险事件时，应及时采取相关的风险处置措施，并就该事件可能对银行机构造成的影响向监管部门报告。
第二十一条　银行机构应加强对拟授信的境外项目的环境和社会风险管理，确保项目发起人遵守项目所在国家或地区有关环保、土地、健康、安全等相关法律法规。对拟授信的境外项目公开承诺采用相关国际惯例或国际准则，确保对拟授信项目的操作与国际良好做法在实质上保持一致。	
目标：加强对拟授信的境外项目的环境和社会风险管理	
核心指标：	
4.21.1	确保从事境外项目融资的人员，对项目所在国有关环保、土地、安全、健康等法律法规有足够的了解，对境外项目的环境和社会风险管理有足够经验，或在必要时在有关专家的协助下，对拟授信项目的环境和社会风险以及项目发起人的风险管理意愿和能力能做出恰当的判断。

续表

4.21.2	对授信的境外融资项目的环境和社会风险，实行全流程的管理。
4.21.3	对拟授信的境外项目承诺采用相关国际惯例或国际准则，如：
	——承诺采纳《赤道原则》；
	——签约加入联合国《全球契约》
	——签约加入联合国环境规划署《金融倡议》；
	——签约加入联合国环境规划署《银行界关于环境与可持续发展的声明》。
4.21.4	对国际融资项目的环境社会风险进行评估和控制的国际良好做法有充分了解，确保本机构对拟融资项目的操作与国际良好做法在实质上保持一致。
4.21.5	对因环境和社会风险产生较大争议的拟授信境外融资项目，应聘请合格、独立的第三方对其环境和社会风险进行评估和检查。

7. 中国银监会《关于规范银行业服务企业走出去加强风险防控的指导意见（2017）》

（二十六）重视境外业务环境和社会风险管理。银行业金融机构应积极借鉴赤道原则及其他国际良好做法，高度重视客户及其重要关联方在建设、生产、经营活动中面临的环境和社会风险，督促其建立健全环境和社会风险控制体系，制定并落实相关行动计划，严格遵守当地环保、产业等领域的法律法规。对能源资源、农林牧渔、重大基础设施及工程承包领域的环境和社会风险，在提供项目融资及贸易融资时应给予特别关注，必要时可征求相关行业主管部门意见，或向合格、独立的第三方进行咨询。

（二十七）实施环境和社会风险全流程管理。银行业金融机构应充分评估走出去项目的环境和社会风险，将评估结果作为项目准入、评级和管理的重要依据，并在贷款“三查”、贷款定价和经济资本分配等方面实施差别化管理。银行业金融机构应加强境外项目的环境和社会风险监测，对存在重大风险的项目，应加大跟踪力度，及时采取风险缓释措施。

8. 中国人民银行、财政部、发展改革委等《关于构建绿色金融体系的指导意见（2016）》

（五）构建支持绿色信贷的政策体系。（……）探索将绿色信贷纳入宏观审慎评估框架，并将绿色信贷实施情况关键指标评价结果、银行绿色评价结果作为重要参考，纳入相关指标体系，形成支持绿色信贷等绿色业务的激励机制和抑制高污染、高能耗和产能过剩行业贷款的约束机制。

（六）推动银行业自律组织逐步建立银行绿色评价机制。明确评价指标设计、评价工作的组织流程及评价结果的合理运用，（……）做好环境风险管理。对主要银行先行开展绿色信贷业绩评价，在取得经验的基础上，逐渐将绿色银行评价范围扩大至中小商业银行。

（十二）完善绿色债券的相关规章制度，统一绿色债券界定标准。（……）

（十四）研究探索绿色债券第三方评估和评级标准。规范第三方认证机构对绿色债券评估的质量要求。鼓励机构投资者在进行投资决策时参考绿色评估报告。鼓励信用评级机构在信用评级过程中专门评估发行人的绿色信用记录、募投项目绿色程度、环境成本对发行人及债项信用等级的影响，并在信用评级报告中进行单独披露。

（二十二）在环境高风险领域建立环境污染强制责任保险制度。按程序推动制修订环境污染强制责任保险相关法律或行政法规，由环境保护部门会同保险监管机构发布实施性规章。选择环境风险较高、环境污染事件较为集中的领域，将相关企业纳入应当投保环境污染强制责任保险的范围。鼓励保险机构发挥在环境风险防范方面的积极作用，对企业开展“环保体检”，并将发现的环境风险隐患通报环境保护部门，为加强环境风险监督提供支持。完善环境损害鉴定评估程序和技术规范，指导保险公司加快定损和理赔进度，及时救济污染受害者、降低对环境的损害程度。

9. 商务部、环保部《对外投资合作环境保护指南（2013）》

第五条　企业应当了解并遵守东道国与环境保护相关的法律法规的规定。

企业投资建设和运营的项目，应当依照东道国法律法规规定，申请当地政府环境保护方面的相关许可。

第六条　企业应当将环境保护纳入企业发展战略和生产经营计划，建立相应的环境保护规章制度，强化企业的环境、健康和生产安全管理。鼓励企业使用综合环境服务。

第七条　企业应当建立健全环境保护培训制度，向员工提供适当的环境、健康与生产安全方面的教育和培训，使员工了解和熟悉东道国相关环境保护法律法规规定，掌握有关有害物质处理、环境事故预防以及其他环境知识，提高企业员工守法意识和环保素质。

第八条　企业应当根据东道国的法律法规要求，对其开发建设和生产经营活动开展环境影响评价，并根据环境影响评价结果，采取合理措施降低可能产生的不利影响。

第九条　鼓励企业充分考虑其开发建设和生产经营活动对历史文化遗产、风景名胜、民风民俗等社会环境的影响，采取合理措施减少可能产生的不利影响。

第十条　企业应当按照东道国环境保护法律法规和标准的要求，建设和运行污染防治设施，开展污染防治工作，废气、废水、固体废物或其他污染物的排放应当符合东道国污染物排放标准规定。

第十一条　鼓励企业在项目建设前，对拟选址建设区域开展环境监测和评估，掌握项目所在地及其周围区域的环境本底状况，并将环境监测和评估结果备案保存。

鼓励企业对排放的主要污染物开展监测，随时掌握企业的污染状况，并对监测结果进行记录和存档。

第十二条　鼓励企业在收购境外企业前，对目标企业开展环境尽职调查，重点评估其在历史经营活动中形成的危险废物、土壤和地下水污染等情况，以及目标企业与此相关的环境债务。鼓励企业采取良好环境实践，降低潜在环境负债风险。

第十三条　企业对生产过程中可能产生的危险废物，应当制订管理计划。计划内容应当包括减少危险废物产生量和危害性的措施，以及危险废物贮存、运输、利用、处置措施。

第十四条 企业对可能存在的环境事故风险，应当根据环境事故和其他突发事件的性质、特点和可能造成的环境危害，制订环境事故和其他突发事件的应急预案，并建立向当地政府、环境保护监管机构、可能受到影响的社会公众以及中国企业总部报告、沟通的制度。

第十五条 企业应当审慎考虑所在区域的生态功能定位，对于可能受到影响的具有保护价值的动、植物资源，企业可以在东道国政府及社区的配合下，优先采取就地、就近保护等措施，减少对当地生物多样性的不利影响。

对于由投资活动造成的生态影响，鼓励企业根据东道国法律法规要求或者行业通行做法，做好生态恢复。

第十六条 鼓励企业开展清洁生产，推进循环利用，从源头削减污染，提高资源利用效率，减少生产、服务和产品使用过程中污染物的产生和排放。

第十七条 鼓励企业实施绿色采购，优先购买环境友好产品。

鼓励企业按照东道国法律法规的规定，申请有关环境管理体系认证和相关产品的环境标志认证。

10. 国家林业局、商务部《中国企业境外可持续森林培育指南（2007）》

5.1 生物多样性保护

5.1.1 应制定保护珍稀、受威胁和濒危动植物物种及其栖息地的措施。

5.1.1.1 应确定出森林培育范围内需要保护的珍稀、受威胁和濒危动植物物种及其栖息地，并在图上标注。

5.1.1.2 应根据具体情况，划出一定的保护区域，作为保护珍稀、受威胁和濒危动植物物种的栖息地。若不能明确地划出保护区域，则对每种森林类型应保留足够的面积。对上述区域的划分应考虑到野生动物在森林中的迁徙。

5.1.1.3 应制定被保护区域内的相应保护措施，对职工进行相关培训和教育。

5.1.1.4 必须保护所在国法律、法规和国际公约明令保护物种的栖息环境。

5.1.2 不得开展不适宜的采集活动。

5.1.2.1 采集活动应符合所在国有关野生动植物保护方面的法规。

5.1.2.2 采集活动应采用可持续利用资源的方法，最大限度地减少对当地资源的破坏。

5.1.3 应保护森林培育区域内典型的森林生态系统类型，维持其自然状态。

5.1.3.1 应通过调查，确定森林培育范围内典型的森林生态系统类型。

5.1.3.2 应制定出保护典型生态系统的措施。

5.1.3.3 应实施保护措施，保持典型生态系统的自然状态。

5.1.4 应采取有效措施恢复、保持和提高生物多样性。

5.2 环境影响

5.2.1 应考虑森林培育活动对环境的影响。

5.2.1.1　应根据森林培育的规模、强度及资源特性，对森林培育作业进行环境影响评估。

5.2.1.2　应根据评估的结果调整森林培育作业方式，减少采伐、集材、运输等活动对环境的影响，

5.2.2　应采取各种保护措施，维护林地的自然特性，避免地力衰退，保护水资源。

5.2.2.1　应采取有效措施最大限度地减少整地、造林、采伐、更新和道路建设等人为活动对林地的破坏，维护森林土壤的自然特性及其长期生产能力。

5.2.2.2　减少森林培育作业对水资源质量、数量的不良影响，控制水土流失，避免对森林集水区造成重大破坏。

5.2.2.3　宜在溪河岸边，建立足够宽的缓冲区，保持水土。

5.2.2.4　宜利用有机肥和生物肥料增加土壤肥力，减少化肥使用量。

5.2.3　应严格控制化学制剂的使用，减少因使用化学制剂造成的环境影响。

5.2.3.1　不得使用所在国法律、法规和国际公约明令禁止使用的农药。

5.2.3.2　应提供适当的设备和技术培训，减少使用化学制剂对环境的污染和对人类健康的危害。

5.2.3.3　应采用符合环保要求的方法处理化学制剂的废弃物和容器。

5.2.4　应严格控制和监测外来物种的引进和入侵，避免其造成不良的生态后果。

5.2.4.1　应在经过检疫，确保对环境和生物多样性不造成破坏的条件下引进外来物种。

5.2.4.2　应对外来物种的使用进行记录，监测其生态影响。

5.2.4.3　应制定并执行控制外来有害物种入侵的措施。

5.2.5　应维护森林生态服务功能。

5.2.5.1　应了解并确定森林培育区内森林的生态服务功能，如森林旅游、教育、科研、渔牧资源、水源涵养等。

5.2.5.2　应采取措施维护森林特别是高保护价值森林的相关价值和服务功能。

11. 国家林业局、商务部《中国企业境外森林可持续经营利用指南(2009)》

2. 基本原则和适用范围

2.1　基本原则

(……)

2.1.5　森林可持续经营利用原则：中国企业在境外进行森林资源经营利用活动时，应有利于当地的森林可持续发展，维护当地生态和环境安全。

2.1.6　节约资源的原则：中国企业在境外进行森林资源经营利用活动时，应尽量节约使用森林资源、土地资源和能源。

5. 生态环境保护

5.1　基本要求

5.1.1　因地制宜，采取科学合理的采伐方式和作业措施，尽量减少森林采伐对生物

多样性、野生动植物生境、生态脆弱区、自然景观、森林流域水量与水质、林地土壤生态环境和更新幼苗幼树的影响，保证森林生态系统功能得到快速恢复。

5.1.2 对森林特别是高保护价值森林应采取相应的保护措施。

5.2 环境保护

5.2.1 伐区设计应充分考虑森林采伐作业对地表降水和地下水资源的不良影响，减缓土壤侵蚀，控制水土流失，避免因采伐对森林集水区造成重大破坏。

5.2.2 在采伐、集材、更新和道路建设等作业过程中，采取合理、有效的措施最大限度地减缓人为活动对林地的破坏，防止地表破坏和土壤侵蚀，维护森林土壤的自然特性及其长期生产能力。

5.2.3 采取必要措施减缓采伐作业过程中机械噪声和机械尾气排放引起的空气污染等，及时、妥善处理生产建设废弃物和生活垃圾。

5.2.4 木材加工厂房和场地建设地点和用地应符合所在国有关规定的要求。木材加工项目所产生的固体、液体、气体废弃物和噪声等应达到当地环境保护部门所提出的排放标准和要求。

5.2.5 建立完善的森林防火、有害生物防治制度，制订和实施相关措施。按照所在国有关森林法规对森林防火安全和有害生物防治的要求，建设相应的防火和生物防治设施，并配备相应设备。

12.《关于推进共建"一带一路"绿色发展的意见》① （国家发改委、外交部、生态环境部、商务部，2022 年 3 月 29 日）

一、总体要求

（……）

（二）基本原则。

绿色引领，互利共赢。以绿色发展理念为引领，注重经济社会发展与生态环境保护相协调，不断充实完善绿色丝绸之路思想内涵和理念体系。坚持多边主义，坚持共同但有区别的责任原则和各自能力原则，充分尊重共建"一带一路"国家实际，互学互鉴，携手合作，促进经济社会发展与生态环境保护相协调，共享绿色发展成果。

政府引导，企业主体。积极发挥政府引导作用，完善绿色发展政策支撑，搭建绿色交流合作平台，建立环境风险防控体系。更好发挥企业主体作用，压实企业生态环境保护主体责任，健全市场机制，调动企业参与共建"一带一路"绿色发展的积极性，鼓励全社会共同参与。

统筹推进，示范带动。坚持系统观念，加强部门、地方、企业联动，完善共建"一带一路"绿色发展顶层设计和标准体系，统筹推进绿色基建、绿色能源、绿色交通、绿色金融等领域合作。完善绿色发展合作平台，扎实开展绿色领域重点项目，形成示范带

---

① 发改委等：《国家发展改革委等部门关于推进共建"一带一路"绿色发展的意见》，http://www.gov.cn/zhengce/zhengceku/2022-03/29/content_5682210.htm。

动效应。

依法依规，防范风险。严格遵守东道国生态环保法律法规和规则标准，高度重视当地民众绿色发展和生态环保诉求。坚持危地不往、乱地不去，严防严控企业海外无序竞争。强化境外项目环境风险防控，加强企业能力建设，切实保障生态安全。

（三）主要目标。到2025年，共建“一带一路”生态环保与气候变化国际交流合作不断深化，绿色丝绸之路理念得到各方认可，绿色基建、绿色能源、绿色交通、绿色金融等领域务实合作扎实推进，绿色示范项目引领作用更加明显，境外项目环境风险防范能力显著提升，共建“一带一路”绿色发展取得明显成效。

到2030年，共建“一带一路”绿色发展理念更加深入人心，绿色发展伙伴关系更加紧密，“走出去”企业绿色发展能力显著增强，境外项目环境风险防控体系更加完善，共建“一带一路”绿色发展格局基本形成。

（……）

三、统筹推进境外项目绿色发展

（十三）规范企业境外环境行为。压实企业境外环境行为主体责任，指导企业严格遵守东道国生态环保相关法律法规和标准规范，鼓励企业参照国际通行标准或中国更高标准开展环境保护工作。加强企业依法合规经营能力建设，鼓励企业定期发布环境报告。指导有关行业协会、商会建立企业境外投资环境行为准则，通过行业自律引导企业规范环境行为。

（十四）促进煤电等项目绿色低碳发展。全面停止新建境外煤电项目，稳慎推进在建境外煤电项目。推动建成境外煤电项目绿色低碳发展，鼓励相关企业加强煤炭清洁高效利用，采用高效脱硫、脱硝、除尘以及二氧化碳捕集利用与封存等先进技术，升级节能环保设施。研究推动钢铁等行业国际合作绿色低碳发展。

（……）

13.《国家人权行动计划（2021—2025年）》①（国务院新闻办公室，2021年9月09日）

（……）

三、环境权利

实施可持续发展战略，落实减污降碳总要求，推动绿色发展，构建生态文明体系，完善生态环境法律法规制度体系，加快推动绿色低碳发展，改善生态环境质量，不断满足人民群众日益增长的优美生态环境需要，促进人与自然和谐共生。

（一）污染防治

深入打好污染防治攻坚战，持续改善生态环境质量。

（……）

---

① 国务院新闻办公室：《国家人权行动计划（2021－2025年）》，http://www.scio.gov.cn/37234/Document/1712231/1712231.htm。

——加强环境法治建设。完善生态环境法律法规制度体系。推动黄河治理、噪声污染防治、海洋环境保护、碳排放权交易管理、生态环境监测等法律法规的制修订工作。稳步推进生态环境标准制修订。推进生态环境保护综合执法改革。依法严厉打击生态环境领域违法犯罪行为。

（二）生态环境信息公开

加大环境信息公开力度，切实保障公众知情权。

——加强政府环境信息公开。负有生态环境保护职责的部门通过政府网站、公报、新闻发布会以及媒体等便于公众知晓的方式，主动向社会公开生态环境信息。

——完善企业环境信息依法披露制度。制定环境信息依法披露管理办法，推进环境信息依法披露制度改革，确定强制性披露主体和披露内容，完善披露形式，及时披露主要环境信息。规范上市公司、发债企业环境信息依法披露，强化环境信息强制性披露行业管理，建立环境信息共享机制。

（三）环境决策公众参与

制定实施环境影响评价法，落实环境影响评价公众参与办法，促进公众有效参与环境决策。

——鼓励公众参与环境影响评价。对于可能造成不良环境影响并直接涉及公众环境权益的专项规划，鼓励公众参与环境影响评价。

——健全公众环境监督机制。支持全国各地“12369 环境保护投诉举报电话”与“12345 政务服务便民热线”归并运行工作。做好微信网络环保举报工作，督促解决公众身边突出生态环境问题。

（四）环境公益诉讼和生态环境损害赔偿

深入开展环境公益诉讼，拓宽环境公益诉讼受案范围，完善环境公益诉讼制度和生态环境损害赔偿制度。

——加强环境公益诉讼制度建设。探索开展预防性环境公益诉讼，研究制定环境保护禁止令制度相关规则，发布环境公益诉讼指导性案例。

——完善生态环境损害赔偿制度。省级、地级政府作为本行政区域生态环境损害索赔权利人，依法追究损害生态环境责任者的赔偿责任，修复生态环境，维护国家生态安全。

（……）

14.《企业环境信息依法披露管理办法》① （生态环境部，2021 年 12 月 11 日）

第一章　总则

（……）

第四条　企业是环境信息依法披露的责任主体。

① 生态环境部：《企业环境信息依法披露管理办法》，https://www.mee.gov.cn/gzk/gz/202112/t20211210_963770.shtml。

企业应当建立健全环境信息依法披露管理制度，规范工作规程，明确工作职责，建立准确的环境信息管理台账，妥善保存相关原始记录，科学统计归集相关环境信息。

企业披露环境信息所使用的相关数据及表述应当符合环境监测、环境统计等方面的标准和技术规范要求，优先使用符合国家监测规范的污染物监测数据、排污许可证执行报告数据等。

第五条　企业应当依法、及时、真实、准确、完整地披露环境信息，披露的环境信息应当简明清晰、通俗易懂，不得有虚假记载、误导性陈述或者重大遗漏。

第六条　企业披露涉及国家秘密、战略高新技术和重要领域核心关键技术、商业秘密的环境信息，依照有关法律法规的规定执行；涉及重大环境信息披露的，应当按照国家有关规定请示报告。

任何公民、法人或者其他组织不得非法获取企业环境信息，不得非法修改披露的环境信息。

第二章　披露主体

第七条　下列企业应当按照本办法的规定披露环境信息：

（一）重点排污单位；

（二）实施强制性清洁生产审核的企业；

（三）符合本办法第八条规定的上市公司及合并报表范围内的各级子公司（以下简称上市公司）；

（四）符合本办法第八条规定的发行企业债券、公司债券、非金融企业债务融资工具的企业（以下简称发债企业）；

（五）法律法规规定的其他应当披露环境信息的企业。

第八条　上一年度有下列情形之一的上市公司和发债企业，应当按照本办法的规定披露环境信息：

（一）因生态环境违法行为被追究刑事责任的；

（二）因生态环境违法行为被依法处以十万元以上罚款的；

（三）因生态环境违法行为被依法实施按日连续处罚的；

（四）因生态环境违法行为被依法实施限制生产、停产整治的；

（五）因生态环境违法行为被依法吊销生态环境相关许可证件的；

（六）因生态环境违法行为，其法定代表人、主要负责人、直接负责的主管人员或者其他直接责任人员被依法处以行政拘留的。

（……）

第三章　披露内容和时限

（……）

第十二条　企业年度环境信息依法披露报告应当包括以下内容：

（一）企业基本信息，包括企业生产和生态环境保护等方面的基础信息；

（二）企业环境管理信息，包括生态环境行政许可、环境保护税、环境污染责任保险、环保信用评价等方面的信息；

（三）污染物产生、治理与排放信息，包括污染防治设施，污染物排放，有毒有害物质排放，工业固体废物和危险废物产生、贮存、流向、利用、处置，自行监测等方面的信息；

（四）碳排放信息，包括排放量、排放设施等方面的信息；

（五）生态环境应急信息，包括突发环境事件应急预案、重污染天气应急响应等方面的信息；

（六）生态环境违法信息；

（七）本年度临时环境信息依法披露情况；

（八）法律法规规定的其他环境信息。

（……）

15.《锂离子电池行业规范条件（2018年版）》

五、绿色制造

（一）企业应持续开展清洁生产审核工作，并通过评估验收，清洁生产指标应达到《电池行业清洁生产评价指标体系》中Ⅲ级及以上水平。

（二）鼓励企业打造绿色供应链，建立以资源节约、环境友好为导向的采购、生产、营销、回收及物流体系，促进供应链中的利益攸关方遵守行业标准与规范，落实生产者责任延伸制度，建立废弃锂离子电池回收处理体系。

（三）鼓励企业参照《绿色工厂评价通则》（GB/T36132）等要求，建设绿色工厂。参照《生态设计产品评价通则》（GB/T32161）等要求，生产绿色产品。开展绿色制造相关标准制修订工作。

六、资源综合利用和环境保护

（一）企业和项目应严格保护耕地，节约集约用地。

（二）企业不得使用国家明令淘汰的严重污染环境的、落后用能设备和生产工艺，应设立专职节能岗位，制定产品单耗指标和能耗台账。鼓励企业开展节能技术应用研究，制定节能标准，开发节能共性和关键技术，促进节能技术创新与成果转化。

（三）企业应依法进行环境影响评价，落实环境保护设施“三同时”制度要求，按规定进行竣工环境保护验收。

（四）企业应按照《排污许可管理办法》（试行）、《固定污染源排污许可分类管理名录》依法取得排污许可证，并按照排污许可证的规定排放污染物，落实相关环境管理要求，废有机溶剂、废电池等固体废物应依法分类贮存、收集、运输、利用或无害化处置。

（五）企业应按照国家有关规定制定突发环境事件应急预案，妥善处理突发环境事件。

（六）企业应建立环境管理体系，鼓励通过第三方认证。

（二）《改革开放40年中国人权事业的发展进步》[①]（国务院新闻办公室，2018年12月）

环境权利保障日益加强。改革开放40年来，中国将生态文明建设纳入国家发展总体战略，对生态环境的治理力度不断加大，生态环境状况总体持续好转，人民群众的环保权益得到有效维护。1979年，通过第一部环境保护法。1982年，首次将环境保护作为独立篇章纳入国民经济和社会发展计划。1983年，将保护环境确定为基本国策。1994年，通过《中国21世纪议程》，成为世界上第一个制定实施本国可持续发展战略的国家。中国坚持绿色发展理念，以前所未有的力度治理环境污染，推进生态文明建设，美丽中国建设迈出重要步伐。中共十九大明确提出打好污染防治攻坚战的重大战略部署，全国生态环境保护大会正式确立习近平生态文明思想，中共中央、国务院印发关于全面加强生态环境保护坚决打好污染防治攻坚战的意见，明确了打好污染防治攻坚战的时间表、路线图、任务书。2017年，煤炭在中国能源消费中的比重为60.4%，比1978年下降10.3个百分点；天然气、水、核、风、电等清洁能源消费比重从1978年的6.6%提升至2017年的20.8%。2017年，全国338个地级及以上城市可吸入颗粒物（PM10）平均浓度比2013年下降22.7%，74个重点城市细颗粒物（PM2.5）平均浓度比2013年下降34.7%。2017年，全国完成造林面积736万公顷，森林覆盖率达21.66%；建成2750处自然保护区，总面积147万平方公里，约占陆地国土面积的14.86%。中国积极参与全球环境治理，已批准加入30多项与生态环境有关的多边公约或议定书，率先发布《中国落实2030年可持续发展议程国别方案》，向联合国交存气候变化《巴黎协定》批准文书，成为全球生态文明建设的重要参与者、贡献者、引领者。

（三）地方与行业标准

1. 辽宁省《环境保护条例（2020修正）》

第四十二条　建设项目中防治污染设施及其他环境保护设施应当与主体工程同时设计、同时施工、同时投产使用。

企业事业单位和其他生产经营者应当将防治污染设施的安全管理纳入安全生产应急管理体系，保障其正常运行，并建立环境保护管理台账，如实记录防治污染设施的运行、维护、更新和污染物排放等情况，以及相应的主要参数。

企业事业单位和其他生产经营者不得擅自拆除、闲置防治污染设施。确需拆除、闲置的，应当提前十五日向所在地生态环境主管部门书面申请，经批准后方可拆除、闲置；生态环境主管部门应当自接到申请之日起十个工作日内作出决定。

除国家另有规定外，因防治污染设施运行故障等原因导致污染物排放超过国家或者

---

① 国务院新闻办公室：《改革开放40年中国人权事业的发展进步》，http://www.gov.cn/zhengce/2018-12/12/content_5347961.htm。

地方规定的排放标准的，企业事业单位和其他生产经营者应当立即停止排放污染物，采取措施保证污染物达到国家或者地方规定的排放标准方可排放，并及时向所在地生态环境主管部门报告。

企业事业单位和其他生产经营者可以委托具有相应能力的单位运营其防治污染设施或者实施污染治理，并与受委托单位签订协议，明确双方权利、义务及环境保护责任。受委托单位应当遵守环境保护法律、法规规定和相关技术规范要求。

第四十三条 企业事业单位和其他生产经营者，委托污染物集中处理单位处理污染物的，应当签订协议，明确双方权利、义务以及环境保护责任。

污染物集中处理单位应当保障污染物集中处理设施正常运行，并建立事故应急制度。需要停止运行的，应当提前三个月向所在地有关部门申请并取得同意，并通知委托其进行污染物集中处理的企业事业单位和其他生产经营者。有关部门应当自接到申请之日起三十日内作出决定。

污染物集中处理单位应当定期向所在地有关部门报告企业事业单位和其他生产经营者交付处理的污染物的种类、数量、浓度等信息，并向社会公布；发现污染物种类、数量、浓度发生重大变化的，应当立即报告当地有关部门。有关部门接到报告后应当进行调查，有违法行为的，应当依法查处。

第四十四条 企业事业单位和其他生产经营者是环境保护和污染防治的责任主体，对其排放污染物的行为以及造成的环境污染和生态破坏承担责任，应当依法采取有效措施防治环境污染和生态破坏。

企业事业单位对其环境保护工作负有下列责任：

（一）建立健全环境保护责任制度，明确负责人和环境保护岗位等相关工作人员的责任；

（二）建立内部环境保护工作机构或者确定环境保护工作人员；

（三）制定完善内部环境保护管理制度和防治污染设施操作规程；

（四）保证各生产环节符合环境保护法律、法规和技术规范的要求；

（五）建立健全环境保护工作档案；

（六）建立健全环境应急和环境风险防范机制，及时消除环境安全隐患；

（七）其他环境保护工作责任。

其他生产经营者应当明确有关人员的环境保护责任，按照环境保护法律、法规规定和技术规范要求从事生产经营活动。

第五十一条 企业事业单位应当定期排查环境安全隐患，开展环境风险评估，并按照有关规定编制突发环境事件应急预案，报所在地生态环境主管部门和有关部门备案，并定期进行演练。

在发生或者可能发生突发环境事件或者其他危害环境的紧急状况时，企业事业单位应当立即向生态环境主管部门和有关部门报告，及时通报可能受到危害的单位和居民，并启动应急预案，采取应急措施，控制、减轻污染损害，消除污染。

企业事业单位和其他生产经营者因过错造成突发环境事件，导致他人人身损害、财产损失的，由企业事业单位和其他生产经营者依法承担赔偿责任。

第六十条　重点排污单位应当按照有关规定，公开下列信息：

（一）基础信息，包括单位名称、统一社会信用代码、法定代表人、生产地址、联系方式，以及生产经营和管理服务的主要内容、产品及规模；

（二）排污信息，包括主要污染物及特征污染物的名称、排放方式、排放口数量和分布情况、排放浓度和总量、超标情况，以及执行的污染物排放标准、核定的排放总量；

（三）防治污染设施的建设和运行情况；

（四）建设项目环境影响评价以及其他环境保护行政许可情况；

（五）突发环境事件应急预案；

（六）其他应当公开的环境信息。

列入国家重点监控企业名单的重点排污单位还应当公开其环境自行监测方案。

环境信息有新生成或者发生变更情形的，重点排污单位应当自环境信息生成或者变更之日起三十日内予以公开。法律、法规另有规定的，从其规定。

2.《中国企业境外可持续基础设施项目指引（2017）》

4. 环境可持续指引

环境可持续是指参与境外基础设施项目的中国企业须遵守当地环境法律法规，建立完善的环境保护制度，安排具体人员负责环境保护制度体系的建立、实施、监督和改进，并为环保工作提供必要的人力、物力、技术和财力的支持。对不符合企业环境保护政策的行为需予以纠正，并采取相应补救措施。

企业须注重生态保护，包括减少温室气体排放和污染物排放（包括水污染、大气污染、土壤污染、噪声污染、固体废物污染），加强水土保持、物种保护、生态自然区保护、海洋环境保护和合理有效利用资源。

4.1　温室气体减排

4.1.1　企业在开展基础设施项目过程中须尽可能减少温室气体排放，避免温室气体排放造成的气候变化直接或间接破坏自然生态系统平衡和人类生存环境。

4.1.2　在项目设计阶段，企业须建立科学的环境保护制度，完善环保方案。在技术和财务可行的情况下，设计能减少项目温室气体排放的具体方案，包括采用可再生或低碳能源等举措；规划和设计与基础设施项目建设、运营有关的绿色物流方案，使单位产值温室气体排放量符合当地排放标准，保证环境的可持续。

4.1.3　在项目建设和运营阶段，企业须通过提高能源转化效率以降低对能源的需求，减少化石燃料的消耗与二氧化碳排放。其中节能减排措施包括但不限于：

（1）对现有设备进行优化运行或技术改造；

（2）积极发展各种先进高效能源利用方式等；

（3）使用低碳燃料发电，提高天然气等低碳燃料使用比重；

（4）采用二氧化碳捕获与封存技术，将产生的二氧化碳捕获并封存；

（5）执行符合绿色理念的基础设施项目物流方案。

4.1.4　核心评估指标

（1）温室气体减排方案、措施；

（2）单位产值二氧化碳排放量。

4.2　污染防治

4.2.1　企业在开展基础设施项目过程中须进行污染防治，避免环境的正常构成和性质发生改变，直接或间接危害人类和其他生物生存，污染防治的措施需与主体工程同时设计、同时施工、同时投产使用。

4.2.2　在项目投资阶段，企业须根据项目性质与需要，委托有资质的评价机构出具环境影响评估报告，对项目所在地的地下水、土壤、空气等进行监测，并对项目所用原材料、可能产生的废弃物、项目环保设施设计等进行评价，评估项目对环境的影响，以此作为衡量环境成本的依据；同时环境影响评估报告需按照当地法律法规报备当地环保部门审批。

4.2.3　在项目设计阶段，企业须树立科学的绿色发展理念，尽量采用节能减排设备和清洁生产工艺，降低大气、水、固体废物、土壤和噪声污染。具体包括：

（1）设计具体方案减少大气污染，包括设置除尘器、脱硫系统、脱硝系统等三项大气污染物减排装置，降低污染气体排放；使用水喷淋装置抑制粉尘及扬尘污染；安装在线烟气检测系统进行实时检测等；

（2）对可能产生有毒气体的工业项目，设计安装毒气处理设施和检测仪表；

（3）规划废水的隔离措施与污水处理方式；

（4）综合利用污染物处理技术，实现废物循环利用；

（5）对于存在土壤污染的项目，通过设计防护措施避免毒性物质进入、重金属污染及其他离子污染；

（6）规划隔音措施消减噪声。

4.2.4　在项目建设和运营阶段，企业须根据自身需要，定期指派专人检查环保政策的实施情况，充分倾听当地居民意见和环保组织的专业性建议，促进污染防治落到实处。对不符合环境保护政策的行为须予以纠正，并采取相应补救措施，具体包括：

4.2.4.1　大气污染防治

（1）安装大气污染物减排装置；

（2）指派专人定期检查大气污染物减排装置运行状况；

（3）对扬尘项目施工沿线进行洒水或其他防尘处理。

4.2.4.2　水污染防治

（1）施工现场应尽量远离水体，若必须设在水体附近，其产生的施工废水和废弃物严禁直接排入水体；

（2）设立污水生化处理装置，污水经处理达标后排放。

4.2.4.3　固体废物污染防治

企业可根据固体废物的性质做如下处理：

（1）及时清理或处理生活垃圾和一般工业固体废物；

（2）妥善安置或无害化处理危险废物；

（3）废物循环利用。

4.2.4.4　土壤污染防治

（1）采取防护措施避免或减少毒性物质、重金属及其他离子进入土壤；

（2）根据行业性质，采用生物修复微生物催化降解有机物或采用物理及化学修复，减少或消除土壤污染，恢复土壤的生态功能。

4.2.4.5　减少噪声污染

（1）具有高噪声污染的基础设施项目应尽量回避噪声敏感区（如：学校、医院、疗养院等）；

（2）如基础设施项目无法回避噪声敏感区，尽量采用低噪声机械设备，对噪声超标的机械应禁止其入场施工；采用隔音屏障、通风隔声窗、降噪林、设立缓冲带等减少噪声污染；

（3）严格控制含有噪声污染的作业时间，减少对周边环境、居民及公共机构的影响。

4.2.4.6　环境信息披露

项目建设与运营过程中，须披露如下环境信息：

（1）项目建设与运营过程中环境保护目标及具体方案；

（2）项目环保投资和环境技术开发情况；

（3）项目排放污染物种类、数量、浓度和去向；

（4）项目环保设施的建设和运行情况；

（5）项目在生产过程中产生的废物处理、处置情况，废弃产品的回收、综合利用情况；

（6）其他相关环境信息。

4.2.5　核心评估指标

4.2.5.1　大气污染

（1）大气污染防治方案、措施、工艺；

（2）单位产出二氧化硫、氮氧化物、烟尘排放量；

（3）达标排放率。

4.2.5.2　水污染

（1）水污染防治方案、措施、工艺；

（2）污水处理率；

（3）达标排放率。

4.2.5.3　固体废物污染

（1）固体废弃物安全处置率；

（2）固体废弃物循环利用率。

4.2.5.4　土壤污染

（1）土壤污染防治方案、措施；

（2）受污染土壤的恢复情况；

（3）土壤污染防治投入。

4.2.5.5　噪声污染

（1）建设运营期间隔音降噪措施；

（2）是否有效回避噪音敏感区；

（3）项目周边民众投诉情况；

（4）当地社区对项目环境影响和污染防治的评价。

4.3　物种保护

4.3.1　企业在开展基础设施项目过程中须注重物种保护，项目选址要尽量避免对生态系统的破坏，采取措施保护生物栖息地，充分保护生物多样性。

4.3.2　在基础设施项目设计阶段，企业设计方案须有效回避区域内重要野生物种、珍稀保护物种的生长或栖息地、筑巢地、取食、产卵或孵育地以及重要的迁移通道，尽可能降低基础设施项目对所在区域内重要物种生存、繁育的影响。

4.3.3　在项目建设和运营阶段，企业须积极采取保护措施尽量减少对所在区内重要物种的影响，包括但不限于：

（1）建立生态廊道；

（2）圈地保护；

（3）建立缓冲区；

（4）设立隔离带。

（四）美团“青山计划”[①]

外卖行业快速发展对环保带来的影响广受关注。美团外卖一直高度重视环保问题。2017年8月31日，美团外卖启动“青山计划”，致力于为外卖环保问题寻求系统性的解决方案。

探索外卖行业环保问题的全链条解决方案

（1）通过资源整合，研究设计外卖行业环保问题的全链条解决方案。并且积极引入政府部门、专业机构、专家学者的资源，通过社会共治提升平台环保工作能力。

（2）与政府部门、科学机构、餐饮行业协会、环保企业、公益组织等共同策划推动外卖餐盒的环保化。积极响应发改委、环保部等政府主管部门的指导要求，配合出台绿色外卖相关指引性制度。

（3）通过与地方合作，设立研究试点，持续关注和研究绿色外卖各环节环境问题的解决方案。

关注外卖餐盒使用周期的各个环节

（1）通过平台持续运营，减少美团外卖用户在外卖用餐过程中筷子、餐巾纸等一次性餐具的使用。以平台的力量，不断强化商家和消费者环保意识，引导用户自主选择

---

① 《健康生活　绿色消费》，美团官网，https://about.meituan.com/details/society/green。

"不使用一次性餐具"。

（2）向用户、商户宣传科学的分类方法，并根据专家学者意见制定可执行的分类手段。

（3）利用平台优势推进餐具回收、下游供应商材料循环利用、尽量选用可在日常生活中多次重复利用的外卖包装餐具材料。

（五）腾讯《2018 年企业社会责任报告》①

2018 年 5 月 29 日，腾讯贵安七星数据中心一期投入试运营，腾讯采用第四代数据中心技术 T-Block，将这里打造成为一座特高等级绿色高效灾备数据中心。这座 IDC 能够容纳 30 万台服务器，是目前中国能耗最低的数据中心之一，经工信部实测，极限能源使用率 PUE 值可达 1.1，远低于国内平均值 1.73。为降低能耗，腾讯将 IDC 的选址放在气候、地质构造、能源成本和交通条件都得天独厚的贵阳，采用五横一竖的山洞六隧道结构，利用良好的散热、通风条件，气流可以将外部自然冷源送入洞内，大大提升了能源的使用效率。

2018 年 4 月 20 日，腾讯与世界自然基金会（WWF）宣布达成战略合作伙伴关系。双方围绕"以数字科技赋能生态保护"展开合作，以粤港澳大湾区为起点，探索数字科技引领建设"美丽湾区"，助力实现"美丽中国"。双方聚焦三个方向，以三个"连接"的方式共同开展一系列基于数字科技的生态保护项目，分别为连接数字科技与生态保护，探索新的赋能方向；连接全球与本地实践，打造中国生态样板；连接政府、企业与 NGO，促成多方科技助力。

2018 年 12 月 19 日，腾讯与国家林业和草原局签署战略合作协议，通过安全技术能力打击网络非法野生物贸易。此外，腾讯还与政府机构、公益组织共同发起"创造人与自然更美好的连接"联合倡议，联合多方力量共同探索用数字技术助力生态和野生动物保护、打击非法野生动物贸易的解决方案。成立由生态保护专家、科学家组成的"企鹅爱地球 - 自然生态保护顾问团"，搭建专业的物种鉴别知识库，提供法律法规培训，帮助平台更加高效准确地收集线索，开展工作。

（六）《"云南绿孔雀"公益诉讼案一审宣判：立即停止水电站建设》②（澎湃新闻，2020 年 3 月 20 日）

2020 年 3 月 20 日，昆明市中级人民法院对"云南绿孔雀"公益诉讼案作出一审判决：被告中国水电顾问集团新平开发有限公司（以下简称"新平公司"）立即停止基于现有环境影响评价下的戛洒江一级水电站建设项目。

---

① 《2018 腾讯企业社会责任报告》，第 79—83 页，https://cdc-tencent-com - 1258344706. image. myqcloud. com/uploads/2019/12/18/7f3c3ae1a9d2898ba977eb801bc495a2. pdf。

② 《"云南绿孔雀"公益诉讼案一审宣判：立即停止水电站建设》，澎湃新闻官网，https://www. thepaper. cn/newsDetail_ forward_ 6604431。

2017 年 3 月，环保组织“野性中国”在云南恐龙河自然保护区附近进行野外调查时发现绿孔雀，其栖息地恰好位于正在建设的红河（元江）干流戛洒江一级水电站的淹没区，该水电站的建设将毁掉绿孔雀最后一片完整的栖息地。为此，民间组织北京市朝阳区自然之友环境研究所（简称“自然之友”）、“山水自然保护中心”和“野性中国”向原环保部发出紧急建议函，建议暂停红河流域水电项目，挽救濒危物种绿孔雀最后完整栖息地。

2017 年 5 月，原环保部环评司组织环保公益机构、科研院所、水电集团等单位座谈，就水电站建设与绿孔雀保护问题展开交流讨论。

由于项目已开始建设，自然之友于 2017 年 7 月 12 日向云南省楚雄彝族自治州中级人民法院提起公益诉讼，请求判令“新平公司和中国电建集团昆明勘测设计研究院有限公司共同消除云南省红河（元江）干流戛洒江水电站建设对绿孔雀、苏铁等珍稀濒危野生动植物以及热带季雨林和热带雨林侵害的危险，立即停止该水电站建设，不得截流蓄水，不得对该水电站淹没区域植被进行砍伐等”。“该水电站的建设及配套工程将使中国面积最大、连续完整的绿孔雀栖息地遭到严重破坏，极有可能造成绿孔雀种群区域性灭绝。”起诉书称。

2017 年 8 月，该案立案受理之后，经云南省高级人民法院裁定，由昆明市中级人民法院环境资源审判庭审理。

据新华社报道，昆明中院经审理认为：戛洒江一级水电站的淹没区是绿孔雀栖息地，一旦淹没很可能会对绿孔雀的生存造成严重损害。同时，戛洒江一级水电站的《环境影响报告书》未对陈氏苏铁进行评价，新平公司也未对陈氏苏铁采取任何保护性措施。戛洒江一级水电站若继续建设，将使该区域珍稀动植物的生存面临重大风险。

2020 年 3 月 20 日，昆明中院据此作出一审判决：被告新平公司立即停止基于现有环境影响评价下的戛洒江一级水电站建设项目，不得截流蓄水，不得对该水电站淹没区内植被进行砍伐。对戛洒江一级水电站的后续处理，待被告新平公司按生态环境部要求完成环境影响后评价，采取改进措施并报生态环境部备案后，由相关行政主管部门视具体情况依法作出决定；由被告新平公司向原告自然之友支付为诉讼产生的合理费用 8 万元。

（七）《中国对外投资环境风险管理参考手册》[①]（创绿研究院，2019 年 2 月）

为了应对日趋严峻的环境社会挑战，世界各国越来越意识到需要根据国际先进经验调整自身的标准和规范，提高应对全球和区域性环境风险的能力，推动环境、社会、经济的协调发展。而投资机构在确保公共资金和引导民间资本投向绿色低碳产业并在投融资活动中妥善管理自身环境风险和生态足迹起着至关重要的作用，因此，国际社会越来越重视投资机构在其运行、管理和项目活动中准确识别、评估所面临的环境风险，并对其加以妥善控制和有效管理的能力，以降低由此引发的各类风险，助力国家/区域可持续

① 创绿研究院：《中国对外投资环境风险管理参考手册》，http://www.ghub.org/cio-erm_2019。

发展规划和战略的实施与实现。本报告所概括的中资金融机构和企业对外投资环境风险管理通用原则是动态的，反映国际国内在社会、环境和经济方面的发展及其关注议题的持续演变。因此，未来可能会根据社会经济的发展和环境风险管理水平的不断提高而出现更多的可供参考的通用原则。

原则 1. 投资机构组织治理

投资机构应结合投资所在区域/国家经济、社会和环境发展状况，尤其是生态环境和资源能源利用现状，参考现行国际公约、通用标准和指南、国际先进经验，遵守国家和投资活动所在国法律法规、标准、规定、指引等，建立一套完整、系统、适合机构所处行业和发展策略的、具有实操性的环境风险识别、评估和管理体系，环境绩效考核标准及客户使用指南（供应链管理指南）等。将可持续发展策略、负责任投资、ESG 准则等恰当地融入其投资决策、日常运行管理、项目建设和运营及供应链管理中。

一套运行良好的环境风险管理体系要具有连贯性、相关性、一致性、完整性、准确性和透明度，并可以持续改进，逐步完善。

投资机构要明确其环境风险管理政策和方针，建立相关的管理架构和组织机构。

投资机构要明确环境风险管理体系的总目标，阐述其原则和所关注议题及领域，确定实施过程，制定与之相关的可持续的绩效评估标准及环境政策实施指南。使用这些工具和方法，投资机构工作人员或第三方评估机构可通过尽职调查、评估和监督，来保证自身及与其有业务合作的组织在投资活动准备和实施期间的各项行为都符合其环境风险管理体系的相关要求和规定。

投资机构应建立合规制度，以监督投资业务/活动各阶段的环境影响、减缓措施和绩效是否符合其风险管理体系或制度的要求。如某一投资活动/业务有违反其管理或保障政策的风险，合规监督工作组即需对其提出改进措施，采取适当的控制措施，已达到符合环境风险管理体系或制度的要求和规定。

自带路倡议提出以来，中国在带路沿线投资日趋活跃。带路沿线多为发展中国家和新兴经济体，其发展过程中面临的环境和社会挑战会在不同阶段有所改变，中资金融机构和企业的环境风险管理体系/制度应在实践的基础上进行阶段性地调整，使之适应新的经济社会形势、投资方式和工具，以确保满足不断变化的需求并适应新的投资业务和项目机会。

原则 2. 环境风险识别、评估和管理

2.1　当投资活动处于立项、审批或融资阶段时，投资机构（包括金融机构和企业）应参考国际、国家相关标准/目录或机构风控评估体系，对投资活动潜在的环境影响及风险程度进行分类。同时，投资机构应详细调查和充分了解投资活动所在国对其所投资领域/行业的环境法规体系、合规标准和要求、相关政策和规定，以及领域/行业发展趋势等，以便对投资业务/活动所面临的环境及可能由此引发的各种风险进行准确识别与评估。

通常而言，投资活动可根据其可能造成的环境影响的程度分为以下三类：

A 类：项目对环境和社会有潜在不可逆的或前所未有的多种重大影响；

B 类：项目对环境社会可能造成不利影响的程度有限或数量较少，而影响一般局限于特定范围，且大部分可逆并易于采取减缓措施得以解决或控制；

C 类：项目对环境社会影响轻微或无不利影响。

2.2　投资机构需根据自身所处的环境确认其对外投资活动中可能涉及的环境议题，并根据投资活动对各议题的影响程度确定关键环境议题/因素。投资机构应在其投资分析、决策和投资活动的全生命周期充分考虑这些关键议题，并采取妥善措施应对所面临的关键环境风险。

建议投资机构在对外投资中识别、评估关键环境议题/因素时，考虑与投资活动所处领域相关的国际公约、标准、指南，以及国内和投资所在国相关的法律法规、标准和政策等。同时根据自身投资发展策略和投资所在国家/地区的经济、社会和环境发展状况来进行调整。建议包括但不限于以下环境因素：生物多样性保护、自然栖息地保护与恢复；

资源保护和可持续利用，如矿产、草原、森林、海洋、水资源、土壤资源等；

能源利用和管理；

应对气候变化：减缓与适应；

社区环境、健康与安全；

文化遗产及移民。

投资机构可根据投资业务/活动对不同环境议题的影响及其程度，将投资活动或业务所涉及的环境风险进行分类，并制定相应的管理措施和应对策略。

2.3　投资机构的环境风险管理体系应包括对整个投资业务/活动的影响进行评估和管理的标准与程序，保证投资活动在决策期即可评估潜在的负面影响，制定并采取相应的措施，以避免、减少、减缓或补偿可能产生的负面影响。在准备和实施过程中，要通过一定的渠道和制度向受影响社区和人群，以及其他利益相关方公开环境风险等信息，征求其意见和建议。在实施过程中，要对环境减缓措施及取得的环境绩效进行监督和评估，并通过恰当的机制向公众进行披露。在投融资周期的各个阶段应及时更新信息，使风险管理体系或制度融入从设计到实施的整个生命周期中。

2.4　投资机构应对其环境风险管理/保障政策制定的目的、目标、原则，及各具体政策的范围、目标和启动条件进行界定，并对其业务/投资活动合作方提出一整套具体的环境风险管理或保障要求，以控制和管理投资活动/业务中的环境风险，进行负责任投资，履行自身的社会责任。

2.5　投资机构可遵照当地法律法规、国家发展政策和相关技术标准，参考中国相关的法律法规和政策指南，借鉴国际先进经验和技术标准，根据自身的投资和发展策略，制定禁止和/或有限制的投资领域和活动清单以及鼓励和支持清单。

2.6　投资机构应推动其投资活动/业务关键合作方建立动态的、可持续改进的环境和社会管理体系（ESMS），以便在整个投资活动周期内对其环境和社会绩效进行有效的管理与监督。

原则 3. 信息公开与透明度

信息公开是提高投资机构经营和投资活动透明度，进行负责任投资的基础。特别是在环境管理水平不高，监管机构不发达，环境执法力度不够的国家和地区，及时、恰当、全面、有效、系统的信息公开和披露制度可以避免利益相关方的猜忌和不信任。同时，遵循高透明度的公开披露原则，有助于促进同业公平与良性竞争，以及良好社会监督机制的形成。

投资机构应建立并完善信息公开和披露制度，与投资业务/活动合作方一起，在适合的地点，以受影响人群能够理解的语言和符合当地文化习俗的方式，及时向投资所在国受影响社区、非政府组织、媒体和社会公众及其他利益相关方，发布与投资活动相关的环境信息，无论正面还是负面。以便利益相关方为投融资活动的决策、设计、实施、运营提供建议和意见，并进行恰当地沟通与交流。

信息公开和披露既包括决策前投资活动可能造成的环境风险，也包括投资活动全生命周期各阶段的环境风险持续信息公开。

投资机构应根据投资活动所处的行业/领域及所面临的关键环境风险，确定环境信息的公开范围。公开范围不仅限于投资活动全生命周期的环境风险及应对措施，也建议包括投资机构自身环境风险管理体系的相关信息，以便利益相关方能及时、准确、全面的了解自身可能受到的影响、影响的减缓和控制措施及投资机构如何通过系统的方法识别、评估和管理其投资业务/活动可能造成的各类风险。在此基础上，利益相关方可能更有效地与投资机构进行交流并参与投资活动的各个阶段，提出更恰当的建议和意见，供投资机构借鉴和考虑。

原则4. 利益相关方参与

利益相关方的识别与参与在中资金融机构和企业对外投资环境风险管理中的作用非常重要。

利益相关方指在投资活动中有一项或多项利益的组织或个人。由于这些利益会受到投资活动的影响，利益相关方由此会与投资机构建立某种关系，此类关系的建立是由于存在着受影响的利益，而不依赖于相关各方是否意识到该利益的存在。

投融资机构进行投资分析和决策时，应充分考虑利益相关方的需求和影响，并采用在结构、语言、文化和习俗等方面均恰当的方式，确保利益相关方在投资活动生命周期内全程参与。

利益相关方参与可采取多种形式，可由投资机构发起，或开始于与其有业务关系的机构。可通过召开形式广泛的非正式或正式会议来实现，如个人会晤、会议、研讨会、座谈会、公开听证、圆桌讨论、咨询委员会、定期开展的信息通报和咨询程序、集体谈判、网络论坛等。利益相关方参与宜为互动式和双向交流式，以便利益相关方对投资活动的诉求和影响能在投资决策及投资活动全生命周期中被妥善考虑、分析及响应，并予以合理采纳。

投资机构也应根据各利益相关方受投资活动所引起的环境社会风险影响的程度、利益相关方的诉求、对投资活动所能造成的影响，以及其他可能的相关因素，识别关键利益相关方，与其积极交流与沟通，确保关键利益相关方的影响和诉求能在投资活动中予以妥善和恰当地考虑、分析、响应和采纳。

原则5. 沟通与申诉/问题解决

投资机构应建立一套沟通与申诉机制，以便利益相关方、受影响的社区和人群可以对投资活动所引起的负面环境影响发表意见，与投资活动实施方沟通交流，寻求问题解决方案。

申诉机制是指服务于受到某些商业投资活动负面影响的个人、职工、社区和/或民间组织的一种正式且具备法律意义或不具备法律意义的投诉机制，也称为“争端”、“投诉”、“问责”或“问题解决”机制。一般而言，申诉机制会涵盖投资活动、投资机构、地区、国家以及政府间各层面，不同层面的申诉机制在目标、手段、目标群体以及支持的来源上有所区别。

作为提供沟通渠道、扩大利益相关方参与度的一种方式，申诉机制可能为投资机构决策、避免、减缓和/或纠正一些可能对当地社区产生负面环境影响的投资活动提供参考，同时也有助于投资机构与利益相关方充分交流，妥善解决由于负面环境影响而引发的各类风险。

申诉机制的建立，应尽量遵循可接触性、可预测性、公平性、透明性和独立性的原则。

沟通与申诉机制可根据投资机构的实际情况采取不同的方式，如设立专业专职的部门，任命专职人员或委托独立的专业第三方。不同的申诉机制处理投诉的方式也有所区别。可以促进对话甚至介入对话的方式解决争端，可通过查明事实并提供建议或陈述报告解决争端，也可通过其他具有强制性的方式来解决争端，如通过调查和评估。投资活动引起的环境风险如何严重违反投资机构环境风险管理政策和相关准则，则可撤销投资资金或停止投资活动。

原则6. 能力建设

在中资机构对外投资活动中，应向该投资活动/业务合作伙伴解释其环境风险识别、评估和管理制度/体系要求，通过能力建设帮助合作伙伴在其投融资准备和实施过程中满足这些要求，进行尽职调查、审查、监督和评估执行情况。

投资机构应建立、健全与其环境风险管理相关的培训制度，定期对其工作人员和投资活动关键合作方进行能力建设和培训交流，以便其理解并准确应用环境风险管理或保障政策，将其妥善融入日常业务和投资活动实施中。

投资机构在其环境风险管理培训制度中应包括对利益相关方的定期能力建设与培训交流，以便利益相关方更清晰、全面、准确地理解投资活动可能引起的环境风险及投资机构相应的管理体系和应对措施，以便其更好地反馈其利益考虑，更便于推动投资机构做出适当的决策并将其恰当的反馈融入投资活动环境风险管理措施中。

原则7. 第三方机构合作

投资机构在投资活动全过程中，应与包括NGO、环境咨询、风险管理、律师事务所、智库等在内的第三方专业机构进行沟通和合作，借助专业机构获得所在地信息、专业支撑及搭建与利益相关方的沟通平台，有效识别、评估并管理其投资活动可能引起的环境风险，并降低由此引发的各类社会或金融风险发生的概率，或妥善解决已引起的各类风险。

投资机构也可借助包括当地社区、媒体、社会组织在内的民间沟通和协调力量，与当地利益相关方形成良好的互动和磋商机制，建立信任，促进利益相关方更好地参与投资活动的决策和实施中，便于投资活动顺利展开。

五　延伸阅读

- Council of Europe, *Manual on Human Rights and the Environment* (2012), www. echr. coe. int/LibraryDocs/DH_DEV_Manual_Environment_Eng. pdf.
- Mary Robinson, *Why Climate Change is a Threat to Human Rights*, TED-talks (2015) (with a transcript in 24 languages), www. ted. com/talks/mary_robinson_why_climate_change_is_a_threat_to_human_rights/footnotes? referrer = playlist -486.
- Special Rapporteur on Human Rights and the Environment, *Selected Sources for Framework Principles on Human Rights and the Environment* (2018), www. ohchr. org/Documents/Issues/Environment/SREnvironment/ListSourcesFrameworkPrinciples. pdf.
- Special Rapporteur on the Implications for Human Rights of the Environmentally Sound Management and Disposal of Hazardous Substances and Wastes, *Annual Reports*, www. ohchr. org/EN/Issues/Environment/ToxicWastes/Pages/Annual. aspx.
- 程骞、徐亚文:《人权视角下的公司环境责任——兼论“工商业与人权”框架的指导意义》,《中国地质大学学报》(社会科学版) 2015 年第 4 期。
- 胡静:《环境权的相对性：兼论目的性环境权的证成》,《人权》2022 年第 3 期。
- 石平:《制造企业绿色供应链构建过程中运营决策问题研究》，经济科学出版社，2017。
- 田时雨:《基本权利视域下的环境人权——从环境权的法定化困境谈起》,《人权》2018 年第 3 期。
- 杨博文:《论气候人权保护语境下的企业环境责任法律规制》,《华北电力大学学报》(社会科学版) 2018 年第 2 期。
- 赵明霞:《论环境人权的正当性》,《理论观察》2018 年第 1 期。
- 张万洪、王晓彤:《工商业与人权视角下的企业环境责任——以碳达峰、碳中和为背景》,《人权研究》2021 年第 3 期。

六　案例

（一）“密松项目”

密松水电开发项目是中国电力投资集团拟在缅甸克钦山区、伊洛瓦底江上游投资开发的7个梯级电站中规模最大的一个电站，装机容量达600万千瓦，计划投资36亿美元。密松项目与中缅油气管道、莱比塘铜矿一起，是中国在缅甸的3个里程碑式的重大境外投资项目。这个曾被认为堪比中国“三峡”的境外投资项目，在完备了中缅两国所有的法律手续后于2009年开工，原预计2017年首台机组发电。此前，为流域内电站梯级开发提供电力供应的其培电源电站已经竣工投产。

然而2011年9月30日，缅甸总统吴登盛出人意料地宣布，密松项目可能会“破坏密松的自然景观，破坏当地人民的生计，破坏民间资本栽培的橡胶种植园和庄稼，环境变化造成的大坝坍塌也会损害电站附近和下游的居民的生计”，在其任期内单方面决定搁置该项目。雪上加霜的是，2012年3月以后，缅甸民族矛盾激化，政府军和克钦独立军之间日益激烈的交战不可避免地波及项目工地。虽然所有中资企业员工都安全撤离，但营地、工程设备、施工材料和那些已经建成的道路桥梁都留在了缅北。即使战事平息，等待中资企业接收的也只会是一个千疮百孔的残局。

（二）山东“樱桃案”

1995年，曲忠全承包一处集体土地种植樱桃。2001年，山东富海实业股份有限公司（以下简称“富海公司”）迁至曲忠全樱桃园毗邻处从事铝产品生产加工。2009年4月，曲忠全提起诉讼，请求富海公司停止排放废气，赔偿其损失501万余元。为证明其主张，曲忠全提交了烟台市牟平区公证处的勘验笔录、烟台市农产品质量检测中心出具的樱桃树叶片氟含量检测报告等证据。后经双方共同选定和取样，一审法院委托山东省农业科学院中心实验室对樱桃树叶片的氟化物含量予以检测，检测报告表明：距离富海公司厂区越近，樱桃树叶片氟化物含量越高。富海公司提供了樱桃树叶片氟含量检测报告、厂区大气氟化物含量检测报告、烟台市牟平区气象局出具的2008年2月至2009年5月的气候情况等证据，拟证明其不存在排污行为，曲忠全樱桃园受到损害系气候原因所致。

山东省烟台市中级人民法院一审判令富海公司停止排放氟化物，赔偿曲忠全损失204万余元。曲忠全、富海公司均不服提起上诉。山东省高级人民法院二审判令富海公司赔偿曲忠全224万余元。富海公司不服，向最高人民法院申请再审。最高人民法院审查认为，曲忠全提交的公证勘验笔录和检测报告，与相关科普资料、国家标准以及一审法院委托专业机构出具的检测报告等证据相互印证，足以证明曲忠全的樱桃园受到损害，富海公司排污，排污和损害之间具有关联性，已完成举证证明责任。富海公司作为侵权人，其提交的樱桃树叶片氟化物含量检测报告中距离厂区越近浓度越低的结论有悖常识；厂区大气氟化物含量检测报告系2010年5月7日作出，与本案待证事实不具有关联性；天气原因亦不能否定排污行为和损害之间的因果关系。考虑到确实存在天气恶劣等影响樱桃生长的原因，二审法院酌情判令富海公司对曲忠全的损失承担70%的赔偿责任，认定事实和适用法律均无不当。

七　思考题

1. 环境权是人权吗？是什么性质的人权？

2. 在环境退化的过程中，国家和工商企业分别扮演什么角色？

3. 为解决气候变化问题，国际社会采取了哪些联合行动？面临什么障碍？

4. 工商企业能够如何促进生物的多样性？

5. 如何认识“邻避运动”？

细　目

第一编　工商业与人权的法律和政策框架

第二编　人权尽责

第三编　各类具体人权标准

图书在版编目（CIP）数据

工商业与人权手册 /（瑞典）拉杜·麦勒斯（Radu Mares），张万洪，梁晓晖主编. -- 北京：社会科学文献出版社，2023.6

ISBN 978 - 7 - 5228 - 0946 - 5

Ⅰ.①工… Ⅱ.①拉… ②张… ③梁… Ⅲ.①工商企业 - 人权的国际保护 - 手册 Ⅳ.①D998.2 - 62

中国版本图书馆 CIP 数据核字（2022）第 197557 号

工商业与人权手册

主　　编 /［瑞典］拉杜·麦勒斯（Radu Mares）　张万洪　梁晓晖

出 版 人 / 王利民
组稿编辑 / 刘骁军
责任编辑 / 易　卉
责任印制 / 王京美

出　　版 / 社会科学文献出版社·集刊分社（010）59367161
　　　　　地址：北京市北三环中路甲 29 号院华龙大厦　邮编：100029
　　　　　网址：www.ssap.com.cn
发　　行 / 社会科学文献出版社（010）59367028
印　　装 / 北京联兴盛业印刷股份有限公司

规　　格 / 开　本：787mm × 1092mm　1/16
　　　　　印　张：66　字　数：1317 千字
版　　次 / 2023 年 6 月第 1 版　2023 年 6 月第 1 次印刷
书　　号 / ISBN 978 - 7 - 5228 - 0946 - 5
定　　价 / 398.00 元

读者服务电话：4008918866